労働法を理解するための基本三法

憲法・刑法・民法

河野 順一「著」

経営書院

はしがき

　本書「労働法を理解するための基本三法」は、

「労働法だけでは労使トラブルを予防・解決できない」

という、私が長年にわたって訴えてきた持論について懇切丁寧に、わかりやすく説明した、類例のない書籍となっている。

　労使トラブルの予防策・解決策を考えるにあたって、労働基準法を始めとした、労働関連法規にばかり目を奪われてしまう方々を、これまで多く目にしてきた。しかし、労使の関係は労働契約（雇用契約）という契約関係の一種であり、この契約関係を理解するには、私法の一般法である「民法」の理解が必須である。近時、労働法分野でも民法についての理解の必要性を解く書籍や記事がかなり登場するようになったが、私ははるか以前から、その必要性を訴えており、ようやく時代が追いついた感がある。

　だが、民法を学ぶだけでは、まだ足りない。「刑法」も必要なのである。労働基準法だけでは労使トラブルは予防・解決できないが、労働基準法は労働法の出発点である。その出発点である労働基準法は刑罰法規であるため、刑法の理解なくしては、真に使いこなすことはできないのである。

　そして、民法と刑法の学習だけでも、まだまだ足りない。民法や刑法、そして労働法といった法令は、すべて国の最高法規である「憲法」の理念を具体化したものであるため、日本国憲法の理解もまた、必須のものとなるのである。労働判例を学ばれた方ならお分かりだろうが、判例法理の随所に憲法の条文や憲法に関する理論・概念が登場している。労使トラブルの予防・解決のためには個々の法律の条文だけでなく、判例法理に対する深い理解も求められるが、その理解のためには、憲法の知識もまた欠くことができないということだ。

　だからこそ、憲法・民法・刑法という

「労働法を理解するための基本三法」

の学習が必要不可欠なのである。
　先ほど、「時代が追いついた」と書いたが、ならば再び私は時代の先を行こう。そう思い筆をとったのが本書である。
　民法だけでなく、憲法・刑法についても、その知識が労働法分野においていかに必要かを、本書で私は惜しむことなく披露している。基礎的な知識からわかりやすく説明するだけでなく、具体例を多く盛り込んだ。時には大胆過ぎるとも思われるような具体例もあるが、それらは全て、学習効果を最大限に発揮してもらうための工夫によるものである。
　そして、この豊富な知識と具体例に接する中で読者には、

「労働法と憲法・民法・刑法は相互にリンクしている」

ということをぜひ理解していただきたい。このことがわかるようになると、最初に掲げた「労働法だけでは労使トラブルは予防・解決できない」という言葉の意味が至極当然のことだと理解できるようになる。詳しくは、本書を最後まで読み通していただきたいが、本格的な学習に入る前に、労働法と憲法・民法・刑法はどのようにリンクしているかについて、全体像を眺めておこう。
　憲法には、「財産権は、これを侵してはならない」（憲法29条）と書かれている。この「財産権」には、「労働力」も含まれるのである。使用者が労働者に対して有する権利も、財産的価値を有するからである。憲法には「勤労者」という言葉は登場するが、使用者や経営者という言葉が登場しないため、どうしても労働組合など労働者側の権利ばかりに目が行ってしまいがちであるが、使用者もまた、この財産権や営業の自由（憲法22条1項）などによって、憲法上の保障を受ける立場なのである。労使トラブルには個別的労使紛

争だけでなく、集団的労使紛争もあるが、労働者と使用者、あるいは労働組合と使用者との関係を考える際には、ぜひ、両者が共に憲法上に根拠を有する存在だということを忘れないでもらいたい。

また、労使の関係は労働契約（雇用契約）という契約関係であると先に触れたが、その関係は、労働法の一種である労働契約法だけで規律されているわけではない。労働契約法に定めがないような事態が生じた場合、例えば、労働者や使用者が労働契約を重大な勘違いで結んでしまったような場合には、契約関係の理論について一般的に定めた法である民法の錯誤（民法95条）の規定を用いることなどによって解決が図られることになるのである。民法を理解しなければ、憲法による財産権や営業の自由の保障を真に実現できないため、両者は当然のことながら密接にリンクしているのである。

さらに、労働基準法は刑罰に関する規程が設けられているが、刑罰に関する法律（刑罰法規）は、刑法の原則が適用されるため、労働基準法を真に理解しようと思えば刑法の知識も欠かせない。例えば、一見すると、使用者が労働基準法違反として刑罰の対象になりそうな事案であったとしても、「被

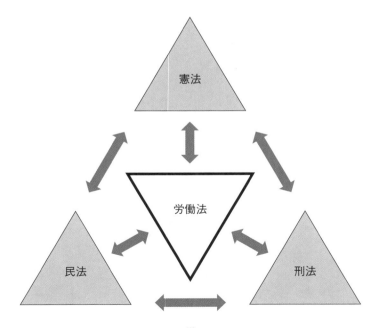

害者の同意（承諾）」や「故意」に関する理論によって、犯罪が成立しないこともあるのである。また、就業規則に懲戒規定を設ける際には、刑法の大原則である罪刑法定主義の理解が欠かせない。罪刑法定主義はその根拠が適正手続（憲法31条）に由来するものであるため、刑法は憲法とも、これも当然のことではあるがリンクしている。

このように、基本三法と労働法はリンクしているのである。ここでは概略の紹介にとどめるが、憲法・民法・刑法の各理論の詳細と、労働法とのリンクについては前図のような全体像をイメージしつつ、ぜひ本書の各項目の具体例を通して理解してもらいたい。

「理論」は、「実践」できなければ意味が無い。豊富な具体例は、理論を実践できるようにするための最大の道具なのだ。本書を読み進める際には、ぜひ、自分でも基本三法が現実の労働分野でどのような例として出現してくるかを考えてほしい。その思考の積み重ねが、実践力を育てていくだろう。

また、本書は初めに、「基本三法（憲法・民法・刑法）を学ぶ前に」と題した法学の基礎に関する章と、「哲学者らは「法」をどう考えたのか」という、哲学や法哲学に関する章を設けた。労働法の基礎が基本三法であるならば、哲学や法哲学、そして法学は、いわば「基礎の基礎」である。本書で学ぶ皆さんには付け焼刃的な知識ではなく、真の法的思考力を身につけてほしいという思いから、法学と法哲学についても、基本三法同様にわかりやすく丁寧な説明を心掛けた。

法学・法哲学、そして基本三法を通じての労働法。本書は「労働法」とい

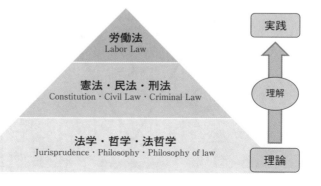

う山の頂上を目指すための道筋を示した一冊のガイドブックなのである。本書を通してこれらを全て学び終えれば、法を体系的・立体的に理解できるようになる。もちろん、それは「労働法」を理解することでもある。そして、本書で身につけた理解力は、労使トラブルの予防・解決の際に、真に労働法を活用できる実践力へと自ずとつながることになる。

　今、時代は大きな転換点を迎えている。

　「岩盤規制」と言われた労働法分野の規制にも、法改正の波が押し寄せようとしている。しかし、時代が変わろうとも、変わらぬ法の原点とその説明が本書には込められている。本書は、約1100頁にも及ぶ大著であるが、それはそのまま同時に、「労働法の伝道師」とも言われた私の労働法への熱い思いの現れでもある。「労働法」という山頂を目指しての、読破への道程は長く険しく感じられるかもしれないが、本書の中で私が読者の方々を導いている。ぜひ、私の導きに従って、法を体系的・立体的に理解できるようになってもらいたい。

　　　　　　　　　　　　　　　　　　　「一期一会」
　　　　　　　　　　　　　　　　　　河　野　順　一

目次

はしがき …………………………………………………… I

第1章　基本三法（憲法・刑法・民法）を学ぶ前に … 1

[1] なぜ法学を学ぶのか ……………………………… 3
[2] 法とは何か、なぜ必要か ………………………… 4
1．規範の一つである法……………………………………… 4
　　1）社会規範…………………………………………… 5
　　2）行為規範…………………………………………… 5
　　3）強制規範…………………………………………… 5
2．法と社会………………………………………………… 6
3．法が社会規範である根拠………………………………11
4．他の社会規範と法………………………………………11
　　1）法と道徳……………………………………………11
　　2）法と宗教……………………………………………12
　　3）法と慣習（習俗）…………………………………13
5．法源の分類………………………………………………13
　　1）成文法とは…………………………………………14
　　2）成文法の種類………………………………………14
　　　（1）憲法……………………………………………15
　　　（2）法律……………………………………………15
　　　（3）命令……………………………………………16
　　　（4）規則……………………………………………16
　　　（5）地方自治法規…………………………………16
　　　（6）条約……………………………………………17
　　3）不文法とは…………………………………………17
　　4）不文法の種類………………………………………18
　　　（1）慣習法…………………………………………18

— i —

　　　　（２）条理法 …………………………………………………18
　　　　（３）判例法 …………………………………………………18
　６．法形式相互の関係 ……………………………………………………19
　　　１）法の形式的効力 ……………………………………………………19
　　　２）後法優位の原則（後法は前法に勝る）…………………………19
　　　３）特別法優先の原則（特別法は一般法を破る）…………………19
　７．法の分類 ………………………………………………………………19
　　　１）国際法と国内法 ……………………………………………………19
　　　２）公法と私法 …………………………………………………………20
　　　３）一般法と特別法 ……………………………………………………20
　　　４）実体法と手続法 ……………………………………………………21
　　　５）強行法と任意法 ……………………………………………………21
　　　６）成文法と不文法 ……………………………………………………23
　　　７）固有法と継受法 ……………………………………………………24
　８．法の効力 ………………………………………………………………25
　　　１）法の効力の範囲 ……………………………………………………25
　　　２）時に関する効力 ……………………………………………………25
　　　　（１）法の公布と施行 ………………………………………………25
　　　　（２）法律不遡及の原則 ……………………………………………25
　　　　（３）限時法（時限立法）…………………………………………26
　　　　（４）法律の改正・廃止 ……………………………………………26
　　　　（５）経過法（経過規定）…………………………………………27
　　　３）人に関する効力 ……………………………………………………27
　　　　（１）属人主義と属地主義 …………………………………………27
　　　　（２）人に関する効力の考え方 ……………………………………27
　　　　（３）治外法権による例外 …………………………………………27
　　　　（４）法の規定による例外 …………………………………………28
　　　　（５）特定の身分に基づく例外 ……………………………………28
　　　４）場所に関する効力 …………………………………………………28
　　　　（１）場所に関する法の効力の原則 ………………………………28

（2）場所に関する法の効力の例外 …………………………28
　　　　　A）人に関する効力のところでみた属地的な考え方に基づ
　　　　　　いて、その法の適用範囲が領土外に広がる場合 …………28
　　　　　B）法自体が一定の制限された場所を対象としている場合 ……28
　9．法の適用 ……………………………………………………………29
　　1）法の適用とは ……………………………………………………29
　　2）事実の確定と法の検認 …………………………………………29
　10．法の解釈 …………………………………………………………29
　　1）有権解釈 ………………………………………………………31
　　　（1）立法解釈 …………………………………………………31
　　　（2）司法解釈 …………………………………………………32
　　　（3）行政解釈 …………………………………………………32
　　2）学理解釈 ………………………………………………………32
　　　（1）文理解釈 …………………………………………………32
　　　（2）論理解釈 …………………………………………………33
　　　　①拡張解釈 …………………………………………………34
　　　　②縮小解釈 …………………………………………………35
　　　　③反対解釈 …………………………………………………36
　　　　④類推解釈 …………………………………………………37
　　　　⑤勿論解釈 …………………………………………………38
　　　　⑥目的論的解釈 ……………………………………………38

[3] 法と権利義務　39

　1．権利の本質 …………………………………………………………39
　2．権利の分類 …………………………………………………………39
　　1）公権の分類 ……………………………………………………39
　　　（1）国家公権 …………………………………………………40
　　　（2）国民公権 …………………………………………………40
　　2）私権の分類 ……………………………………………………40
　　　（1）内容（目的）による分類グループ ………………………40
　　　（2）作用による分類グループ ………………………………41

目次

　3．義務の概念 …………………………………………………42
　　1）義務とは ………………………………………………42
　　2）義務の分類 ……………………………………………42
　　　（1）公法上・私法上の義務 ……………………………42
　　　（2）作為義務と不作為義務 ……………………………42
　　　（3）代替的義務と非代替的義務 ………………………42

第2章　哲学者らは「法」をどう考えたのか …… 43

[1] ソクラテス（紀元前469頃～紀元前399） ………… 45
　1．ソクラテスの暮らしたアテネ ……………………………45
　2．ソクラテスの「知」とは …………………………………46
　3．「無知の知」─「ソクラテスの弁明」………………………46
　4．ソクラテスの基本的立場 …………………………………48
　5．産婆術～ソクラテス・メソッド～ ………………………50
　6．知徳合一・知行合一 ………………………………………52
　7．ソクラテスの正義 …………………………………………53
　8．悪法も法なり ………………………………………………54

[2] プラトン（紀元前427年～紀元前347） ……………… 62
　1．ソクラテスの継承 …………………………………………62
　2．三角形のイデア（洞窟の比喩）……………………………67
　3．プラトンが考えた理想の国家とは ………………………68

[3] アリストテレス（紀元前384年～紀元前322）………… 70
　1．プラトン（イデア論）の否定 ……………………………70
　2．アリストテレスの徳論 ……………………………………71
　3．プラトンが考えた理想の国家とは ………………………72
　　1）配分的正義 ……………………………………………73
　　2）平均的正義 ……………………………………………73
　　3）手続的正義 ……………………………………………75
　　4）政治学～政治体制から実現する正義～ ……………79

— iv —

- （1）君主制（ひとりの王が支配） ……………………………… 79
- （2）貴族的政治（少数の特権的階級が支配） ………………… 79
- （3）民主政治（みんなで支配） …………………………………… 80
- 5）中庸（メソテース） ………………………………………………… 80

[4] ベーコン（1561〜1626) …………………………………… 80
- 1．近代思想の芽生え ………………………………………………… 80
  - 1）経験を重視すること ………………………………………… 81
  - 2）観察と実験を重視する ……………………………………… 81
  - 3）帰納法 ………………………………………………………… 81
- 2．知は力なり ………………………………………………………… 84
- 3．真理を受け入れない「4つの敵」がいる ……………………… 84
  - 1）種族のイドラ ………………………………………………… 84
  - 2）洞窟のイドラ ………………………………………………… 85
  - 3）市場のイドラ ………………………………………………… 85
  - 4）劇場のイドラ ………………………………………………… 85
  - 5）イドラと帰納法について考えてみる ……………………… 86

[5] トマス・ホッブズ（1588〜1679) ……………………………… 87
- 1．人はなぜ争うのか ………………………………………………… 87
- 2．人が争う理由 ……………………………………………………… 88
- 3．名誉と嫉妬 ………………………………………………………… 89
- 4．自然状態 …………………………………………………………… 90
- 5．互いの安全を守る契約 …………………………………………… 97
- 6．所有権をめぐるホッブズとロックの思想 ……………………… 100

[6] ルネ・デカルト（1596〜1650) ……………………………… 102
- 1．方法的懐疑論「疑っている自分は疑えない」 ………………… 102
- 2．正しく考える方法 ………………………………………………… 104
- 3．デカルトの道徳論〜3つの格律〜 ……………………………… 111
- 4．神の存在の証明 …………………………………………………… 116

[7] ジョン・ロック（1632〜1704) ……………………………… 117
- 1．ジョン・ロックとは ……………………………………………… 117

2．自然状態と戦争状態……………………………………… 120
　3．自然法……………………………………………………… 122
　4．戦争状態とは……………………………………………… 122
　5．所有権とは何か…………………………………………… 123
　6．労働所有権………………………………………………… 124
　7．政治社会と政府の起源…………………………………… 126
　8．政治社会の目的…………………………………………… 128
　9．ロックの政治思想………………………………………… 131
　10．ロックの権力分立………………………………………… 132

[8] ジャン＝ジャック・ルソー（1712〜1778） ………… 133
　1．典型的な啓蒙思想家……………………………………… 133
　2．不平等はいかにして発生するか………………………… 134
　3．家族と国家の違い………………………………………… 137
　4．なぜ社会契約が必要なのか……………………………… 140
　5．自由には二つの自由権がある…………………………… 140
　6．「一般意志」と「特殊意志」とは何か ………………… 141
　7．法の執行者………………………………………………… 143
　8．二つの社会契約論………………………………………… 146

[9] アダム・スミス（1723〜1790） ……………………… 146
　1．利己的な存在である人間………………………………… 146
　2．共感の原理………………………………………………… 148
　3．公平な観察者……………………………………………… 150
　4．称賛と非難………………………………………………… 151
　5．賢人と弱い人……………………………………………… 152
　6．一般の諸規則の誕生……………………………………… 156
　7．正義と慈恵………………………………………………… 158

[10] イヌマエル・カント（1724〜1804） ………………… 160
　1．二つの潮流………………………………………………… 160
　2．ヒュームの懐疑論に衝撃………………………………… 161
　3．「印象」と「観念」……………………………………… 161

- 4．「懐疑論」に疑問を抱く ……………………………………… 163
- 5．人間は果たして自由なのか……………………………………… 168
- 6．自由とは道徳法則に従うこと…………………………………… 170
- 7．カントの道徳法則〜道徳律と「格律」〜……………………… 171
- 8．「普遍妥当性」と「必然的性格」……………………………… 174
- 9．功利主義とその欠陥……………………………………………… 175
- 10．カントの義務論（規範主義）………………………………… 178
- 11．カントの動機説 ………………………………………………… 182
- 12．自律的自由と「人格」………………………………………… 185

[11] ヘーゲル（1770〜1831） ……………………………… 187
- 1．内なる良心の声…………………………………………………… 187
- 2．ヘーゲルの意志の自由…………………………………………… 189
- 3．弁証法……………………………………………………………… 190
- 4．道徳と法…………………………………………………………… 195
- 5．人倫………………………………………………………………… 196
- 6．家族………………………………………………………………… 197
- 7．市民社会…………………………………………………………… 199
- 8．国家………………………………………………………………… 199
- 9．ヘーゲルの精神哲学……………………………………………… 200

[12] ジェレミ・ベンサム（1748〜1832） …………………… 201
- 1．功利主義の登場…………………………………………………… 201
- 2．ベンサムの量的功利主義………………………………………… 202
- 3．快楽計算…………………………………………………………… 203
- 4．最大多数の最大幸福……………………………………………… 205
- 5．サンクション（制裁）…………………………………………… 206
  - 1）物理的サンクション ………………………………………… 206
  - 2）政治的サンクション ………………………………………… 206
  - 3）道徳的サンクション ………………………………………… 206
  - 4）宗教的サンクション ………………………………………… 207
- 6．結果主義…………………………………………………………… 209

目次

  7．刑罰の理想的な装置、パノプティコン············ 211
- **[13] J・S・ミル（1806～1873）**············ 212
  1．ベンサムの継承と変更············ 212
  2．自由論①　自分だけにかかわる領域············ 213
  3．自由論②　他人にかかわる領域············ 215
  4．人間の精神的幸福に必要な意思表現の自由について············ 215
  5．功利と自由・平等············ 216
  6．人間の尊厳について············ 217
  7．ミルの政治理念············ 217
- **[14] ジョン・ロールズ（1921～2002）**············ 218
  1．ロールズの正義論············ 218
  2．リベラリズムとは············ 219
  3．平等主義的リベラリズムとは············ 220
  4．功利主義の生み出す「不平等」············ 220
  5．社会契約説············ 220
  6．無知のヴェール············ 222
  7．正義の二原理············ 223
  8．平等の観点から検討する「正義の二原理」············ 225
  9．ロールズの正義論の問題点············ 228
  10．ロールズ的正義論からの発展············ 229
   1）制度的正義············ 229
   2）実践的正義············ 231
  11．ロールズの正義論と日本社会············ 233

第3章　労働法を理解するための基本三法　憲法編··· 235

- **[1] 憲法総論**············ 237
  1．憲法の概略············ 237
  2．憲法の特徴············ 238
   1）自由の基礎法············ 239

— viii —

2）制限規範と国民主権原理 …………………………… 240
　　3）最高法規性 ………………………………………………… 240
　3．立憲主義と現代国家、法の支配 ………………………… 241
　　1）法の支配と法治主義 …………………………………… 241
　　　（1）意義 ……………………………………………………… 241
　　　（2）内容 ……………………………………………………… 241
　　　（3）日本国憲法と法の支配 ……………………………… 242
　　　（4）法治主義（形式的法治主義）……………………… 242
　　2）立憲主義の展開 ………………………………………… 243
　　　（1）自由国家 ………………………………………………… 243
　　　（2）社会国家へ ……………………………………………… 243
　　3）立憲主義の現代的意義 ………………………………… 244
　　　（1）立憲主義と社会国家 ………………………………… 244
　　　（2）立憲主義と民主主義 ………………………………… 244
　　4）日本国憲法の基本原理 ………………………………… 244
　　　（1）国民主権 ………………………………………………… 245
　　　（2）基本的人権尊重主義 ………………………………… 246
　　　（3）平和主義 ………………………………………………… 247
　　5）憲法尊重擁護義務 ……………………………………… 247

[2] 基本的人権とは …………………………………………… 248
　1．人権とは ……………………………………………………… 248
　　1）人権の要素（固有性・不可侵性・普遍性）……… 249
　　　（1）固有性 …………………………………………………… 249
　　　（2）不可侵性 ………………………………………………… 249
　　　（3）普遍性 …………………………………………………… 250
　　2）個人の尊重とは（人間の尊厳―人権の根拠）…… 250
　2．人権の内容 …………………………………………………… 251
　　1）人権の分類 ……………………………………………… 251
　　　（1）自由権（「国家からの自由」）……………………… 251
　　　（2）参政権（「国家への自由」）………………………… 251

（3）社会権（「国家による自由」）……………………… 252
　　　（4）日本国憲法における人権の分類……………………… 252
　　2）分類の相対性……………………………………………… 253
　　3）自由権と社会権の関係…………………………………… 254
　3．人権の主体……………………………………………………… 255
　　1）法人の人権………………………………………………… 255
　　2）外国人の人権……………………………………………… 256

[3] 基本的人権の限界 …………………………………………… 257
　1．公共の福祉……………………………………………………… 257
　　1）公共の福祉とは…………………………………………… 257
　　2）公共の福祉による人権の限界…………………………… 260
　　　（1）一元的外在制約説 ……………………………………… 260
　　　（2）内在・外在二元的制約説 ……………………………… 262
　　　（3）一元的内在制約説 ……………………………………… 263
　　　（4）一元的内在制約説からのさらなる発展 ……………… 265
　　　（5）「内在」・「外在」についての再検討 ………………… 266
　　3）民主主義と自由主義の衝突……………………………… 267
　2．二重の基準理論………………………………………………… 268
　3．特別の法律関係………………………………………………… 271
　　1）特別権力関係理論………………………………………… 271
　　2）特別の法律関係…………………………………………… 271
　　　（1）公務員の人権 …………………………………………… 271
　　　（2）被収容者（在監者）の人権 …………………………… 274
　4．私人間における人権保障……………………………………… 276

[4] 包括的人権と法の下の平等 ……………………………… 279
　1．生命・自由・幸福追求権……………………………………… 279
　　1）プライバシー権…………………………………………… 281
　　　（1）プライバシー概説 ……………………………………… 281
　　　（2）プライバシーの権利の定義 …………………………… 283
　　　（3）「自己情報コントロール権」としてのプライバシー権 …… 284

（4）プライバシーの権利と知る権利……………………286
　　　（5）プライバシーの権利と表現の自由………………287
　　2）自己決定権……………………………………………293
　2．法の下の平等……………………………………………294
　　1）法と法適用の平等……………………………………295
　　2）憲法14条の「平等」の法的意味……………………298
　　3）機会の平等……………………………………………299
　　4）競争条件の平等………………………………………300
　　5）結果の平等……………………………………………301
　　6）形式的平等と実質的平等……………………………303
　　7）相対的平等……………………………………………304
　　8）差別の二類型…………………………………………305
　　9）合理的な区別か否かに関する要件…………………307
　　10）平等原則に関する最高裁判例………………………314

[5] 精神的自由の保障……………………………………315
　1．思想及び良心の自由……………………………………315
　　1）思想良心の意味………………………………………316
　　2）沈黙の自由と証言拒絶権……………………………318
　2．信教の自由………………………………………………319
　　1）信教の自由の内容……………………………………319
　　2）信教の自由の限界……………………………………320
　　3）政教分離………………………………………………321
　　4）休憩時間の勧誘活動と職場規律違反………………323
　3．表現の自由………………………………………………326
　　1）表現の自由の価値……………………………………326
　　2）送り手の表現の自由から受け手の表現の自由へ…326
　　3）表現の自由から導かれる様々な権利………………327
　　　（1）集団行動の自由……………………………………327
　　　（2）アクセス権…………………………………………327
　　　（3）営利的表現の自由…………………………………328

（4）報道の自由と取材の自由 ……………………………………… 329
　　　（5）名誉毀損とプライバシー権 …………………………………… 330
　　　①名誉毀損的表現 ………………………………………………… 330
　　　　　A）名誉毀損的表現の禁止と表現の自由の調整 ……………… 330
　　　　　B）事実の摘示 ………………………………………………… 331
　　　　　C）インターネットの掲示板と名誉毀損 …………………… 332
　　　②プライバシーと表現の自由 …………………………………… 334
　　　　　A）プライバシー侵害 ………………………………………… 334
　　　　　B）プライバシー侵害の違法性が阻却される場合 ………… 335
　　　　　C）宴のあと事件 ……………………………………………… 336
　　　　　D）名誉毀損とプライバシー侵害の関係 …………………… 337
　　　（6）通信の秘密（憲法21条2項後段）と社員の管理 ………… 341
　　　（7）スタイル・スピーチ（髪型・ヒゲ・服装の自由）………… 342
　　　（8）シンボリック・スピーチとスタイル・スピーチ ………… 342
　　　①総論 ……………………………………………………………… 342
　　　②髭・髪型・服装の自由と服務規律違反 ……………………… 343
　　　③イースタン・エアポートモータース事件 …………………… 345

[6] 経済的自由権 ……………………………………………………… 347
1．職業選択の自由（憲法22条1項）……………………………… 347
　1）居住移転の自由と出向命令 …………………………………… 347
　2）職業選択の自由 ………………………………………………… 348
　　（1）職業選択の自由と営業の自由 …………………………… 349
　　（2）経済的自由を規制する根拠 ……………………………… 349
　　（3）規制目的二分論とその修正 ……………………………… 349
　　　①規制目的二分論とは …………………………………… 349
　　　②規制目的二分論の修正 ………………………………… 350
　　（4）職業選択の自由と競業避止義務規定 …………………… 351
　3）財産権（憲法29条）…………………………………………… 353
　　（1）財産権の保障とは ………………………………………… 353
　　（2）財産権の制限根拠 ………………………………………… 354

（3）財産権の制約と補償（損失補償） ………………………… 355
　　　　①憲法29条3項の趣旨 ………………………………………… 355
　　　　②「公共のために用いる」とは ……………………………… 355
　　　　③「正当な補償」とは ………………………………………… 355
　　　（4）財産権保障と労働事件 ……………………………………… 356

[7] 社会権（生存権）と労働基準法 ……………………………… 357
　1．社会権 ……………………………………………………………… 357
　2．生存権（憲法25条） ……………………………………………… 358
　　1）生存権とは …………………………………………………… 358
　　2）生存権の法的性質 …………………………………………… 358
　　3）生存権と雇用関係（最低賃金） …………………………… 359
　3．勤労の権利（憲法27条） ………………………………………… 361

[8] 人身の自由と労働基準法 ……………………………………… 361
　1．身体的自由権 ……………………………………………………… 361
　2．人身の自由 ………………………………………………………… 362
　3．適正手続の保障 …………………………………………………… 364
　4．罪刑法定主義 ……………………………………………………… 364
　5．不当に逮捕されない権利 ………………………………………… 365
　6．不法に監禁されない権利 ………………………………………… 365
　7．住居・所持品等の不可侵 ………………………………………… 365
　8．捜索・差押と令状主義 …………………………………………… 366
　9．行政手続と令状主義 ……………………………………………… 366
　10．刑事被告人の基本的権利 ………………………………………… 367
　　1）公正な裁判所の迅速な公開裁判を受ける権利 …………… 367
　　2）証人審問及び喚問請求権 …………………………………… 369
　　3）弁護人依頼権 ………………………………………………… 370
　　4）不利益供述強要の禁止 ……………………………………… 371
　　5）自白強要の禁止 ……………………………………………… 377
　　6）自白と補強証拠 ……………………………………………… 378
　11．遡及処罰の禁止・一事不再理 …………………………………… 379

1）遡及処罰の禁止 ………………………………………… 379
　　　2）一事不再理・二重処罰禁止 …………………………… 379
　　12．拷問および残虐な刑罰の禁止 ……………………………… 379

第4章　労働法を理解するための基本三法　刑法編 … 381

[1] 刑法入門 ……………………………………………… 383
　　1．刑法とはどのような法律か ………………………………… 383
　　2．刑罰の種類 …………………………………………………… 384
　　3．刑罰の目的 …………………………………………………… 385
　　4．刑法の謙抑性 ………………………………………………… 387

[2] 罪刑法定主義 ………………………………………… 388
　　1．罪刑法定主義の意味・内容 ………………………………… 388
　　2．罪刑法定主義の派生的内容 ………………………………… 389
　　　1）慣習刑法の排斥 ………………………………………… 390
　　　2）類推解釈の禁止 ………………………………………… 390
　　　3）絶対的不定期刑の禁止 ………………………………… 391
　　　4）明確性の理論 …………………………………………… 391
　　　5）罪刑均衡の原則 ………………………………………… 391
　　3．責任主義 ……………………………………………………… 391

[3] 犯罪の成立要件 ……………………………………… 392
　　1．行為なければ犯罪なし ……………………………………… 392
　　2．構成要件という概念 ………………………………………… 393
　　3．犯罪論の三分説 ……………………………………………… 394
　　　1）犯罪論の三分説 ………………………………………… 394
　　　2）三分説と刑事司法の実務 ……………………………… 396

[4] 構成要件該当性 ……………………………………… 397
　　1．構成要件の解釈 ……………………………………………… 397
　　2．構成要件要素 ………………………………………………… 398
　　3．客観的構成要件要素 ………………………………………… 399

4．実行行為 …………………………………………… 400
　1）実行行為とは ………………………………… 400
　2）単純行為犯と結果犯 ………………………… 401
　3）実行の着手時期 ……………………………… 401
　4）中止犯 ………………………………………… 403
　5）不能犯 ………………………………………… 404
　6）因果関係 ……………………………………… 405
5．不作為犯 …………………………………………… 408
　1）不作為犯の種類 ……………………………… 408
　2）不作為犯の因果関係 ………………………… 409
　3）因果関係の証明の程度 ……………………… 410
　4）不真正不作為犯と罪刑法定主義 …………… 411
　5）不真正不作為犯の実行行為性 ……………… 412
　6）不真正不作為犯の成立要件 ………………… 412
　　（1）作為義務の存在 ………………………… 413
　　（2）作為の可能性 …………………………… 413
　　（3）作為と不作為の同（等）価値性 ……… 414
　7）不真正不作為犯の主観面 …………………… 414
6．間接正犯 …………………………………………… 415
　1）意義 …………………………………………… 415
　2）間接正犯の成立要件 ………………………… 415
　　（1）主観的要件 ……………………………… 415
　　（2）客観的要件 ……………………………… 416
　3）間接正犯の実行の着手時期 ………………… 416
　　（1）利用者標準説 …………………………… 416
　　（2）被利用者標準説 ………………………… 416

[5] 違法性 …………………………………………… 417
1．違法性阻却とは何か ……………………………… 417
2．違法性とは何か …………………………………… 418
　1）形式的違法性論と実質的違法性論 ………… 418

- 2）主観的違法論と客観的違法論 …………………………………… 418
- 3）行為無価値論と結果無価値論 …………………………………… 419
- 4）主観的違法要素 ……………………………………………… 421
- 5）可罰的違法性 ………………………………………………… 422
- 6）違法性阻却事由 ……………………………………………… 425
- 7）正当行為と緊急行為 ………………………………………… 425
  - （1）正当行為 ……………………………………………… 425
  - （2）正当業務行為 ………………………………………… 426
    - ①意義 …………………………………………………… 426
    - ②医療行為 ……………………………………………… 426
- 8）被害者の承諾 ………………………………………………… 427
  - （1）意義 …………………………………………………… 427
  - （2）被害者の承諾の要件 ………………………………… 428
    - ①個人的法益に関する同意であること ………………… 428
    - ②承諾が有効なものであること ………………………… 429
    - ③どこまで被害者の同意を認めるべきか ……………… 429
  - （3）被害者の承諾時期 …………………………………… 430
  - （4）労働関係の具体例に見る被害者の承諾〜被害者の承諾と労働基準法24条〜 …………………………………… 430
  - （5）自救行為 ……………………………………………… 434
    - ①意義 …………………………………………………… 434
    - ②成立要件 ……………………………………………… 434
- 9）労働争議 ……………………………………………………… 435
  - （1）意義 …………………………………………………… 435
  - （2）労働争議が正当化される理由 ……………………… 435
- 3．正当防衛 ………………………………………………………… 436
  - 1）正当防衛の意義 ……………………………………………… 436
  - 2）正当防衛の成立要件 ………………………………………… 436
    - （1）急迫不正の侵害があること ………………………… 436
      - ①急迫性 ………………………………………………… 436

②不正 …………………………………………………………… 436
　　③侵害 …………………………………………………………… 437
　（2）自己または他人の権利 ………………………………………… 438
　（3）防衛するための行為 …………………………………………… 438
　　①必要性 ………………………………………………………… 438
　　②防衛の意思 …………………………………………………… 438
　　　A）防衛の意思が必要 ……………………………………… 439
　　　B）「偶然防衛」と「防衛の意思不要説」………………… 439
　（4）やむを得ずにした行為 ………………………………………… 441
　　①「相当性」の意味 …………………………………………… 441
　　②相当性を欠く防衛行為 ……………………………………… 442
　（5）過剰防衛 ………………………………………………………… 442
　　①過剰防衛の意義 ……………………………………………… 442
　　②過剰防衛の類型 ……………………………………………… 443
　　③過剰防衛の効果と根拠 ……………………………………… 443
　　④誤想防衛・誤想過剰防衛 …………………………………… 443
　　⑤誤想防衛・誤想過剰防衛の処理 …………………………… 444
　　⑥盗犯等防止法における正当防衛の特例 …………………… 444
4．緊急避難 ………………………………………………………………… 445
　1）緊急避難 …………………………………………………………… 445
　（1）意義 ……………………………………………………………… 445
　（2）緊急避難の法的性格 …………………………………………… 446
　（3）緊急避難の要件 ………………………………………………… 451
　　①現在の危難 …………………………………………………… 451
　　②避難行為が危難を避けるためのやむを得ずしたもので
　　　あること（補充性）………………………………………… 452
　　③生じた害が、避けようとした害を超えなかったこと ……… 453
　（4）過剰避難・誤想避難 …………………………………………… 453
　　①過剰避難 ……………………………………………………… 453
　　②誤想避難 ……………………………………………………… 453

③特別義務者と緊急避難の特則 ……………………………… 454
[6] 有責性 …………………………………………………………… 454
　1．有責性とは何か …………………………………………………… 454
　　1）有責性 ………………………………………………………… 454
　　2）責任に関する理論的対立 …………………………………… 456
　2．故意・過失 ……………………………………………………… 457
　　1）故意・過失の体系上の地位 ………………………………… 457
　　2）構成要件的故意 ……………………………………………… 457
　　3）故意責任の本質 ……………………………………………… 458
　　4）認容説 ………………………………………………………… 459
　　5）構成要件的故意・過失の犯罪個別化機能 ………………… 459
　　6）責任故意 ……………………………………………………… 460
　　7）過失 …………………………………………………………… 461
　　8）旧過失論と新過失論 ………………………………………… 462
　　9）構成要件的過失 ……………………………………………… 463
　　10）責任過失 ……………………………………………………… 464
　　11）労働法を学ぶための故意・過失論 ………………………… 465
　3．責任阻却事由 …………………………………………………… 469
　　1）違法性の意識〜労働基準法と違法性の意識〜 …………… 469
　　2）責任能力 ……………………………………………………… 472
　　3）原因において自由な行為 …………………………………… 473
　　4）期待可能性 …………………………………………………… 475
[7] 共犯総説 ………………………………………………………… 477
　1．共犯の意義 ……………………………………………………… 477
　　1）共犯規定の存在意義 ………………………………………… 477
　　2）共犯の意義 …………………………………………………… 477
　　3）共犯と正犯 …………………………………………………… 478
　2．犯罪共同説と行為共同説 ……………………………………… 479
　3．共犯の従属性（従属性の有無の問題） ……………………… 480
　4．従属性の程度の問題 …………………………………………… 481

[8] 共同正犯 482
1．共同正犯の意義 482
2．共同正犯の要件 482
  1）共同実行の意思 483
  2）共同実行の事実 484
  3）共同正犯と同時犯の違い 484
  4）共謀共同正犯 485
  5）承継的共同正犯 486

[9] 教唆犯 487
1．教唆犯の意義 487
2．教唆犯の要件 487
  ①特定の犯罪の実行を決意させること 487
  ②被教唆者が犯罪を実行すること 487
3．教唆犯の処罰 488
4．間接教唆 488
5．再間接教唆 488
6．従犯の教唆 489

[10] 従犯 489
1．意義 489
2．要件 489
  ①幇助行為が行われたこと 489
  ②正犯の実行行為があったこと 490
3．間接幇助 490
4．処分 490

[11] 共犯の未遂 491
1．共同正犯の未遂 491
2．教唆犯・従犯の未遂 491
3．未遂の教唆 491

[12] 共犯と中止犯 492
1．総説 492

2．成立要件 ·· 492
　　　1）共同正犯の中止 ··· 492
　　　2）共犯からの離脱 ··· 493
　　　3）教唆犯・従犯の中止犯 ··· 493
[13] 共犯と錯誤 ·· 494
　　1．同一構成要件内の錯誤 ·· 494
　　2．異なる構成要件間の錯誤 ··· 495
[14] 共犯と身分 ·· 495
　　1．65条1項 ·· 496
　　2．65条2項 ·· 497
　　3．65条1項と2項の関係 ··· 497
　　4．65条1項と共同正犯 ··· 498
　　5．共犯と一身的な処罰阻却事由・刑の減免事由 ··············· 498
[15] 刑法各論の紹介 ·· 499
　　1．刑法各論とは ··· 499
　　2．労働基準監督官が職務権限を逸脱した場合 ··················· 501
　　　1）職権乱用罪とは ··· 501
　　　2）職権乱用罪の保護法益 ·· 501
　　　3）公務員職権乱用罪（刑法193条）····························· 502
　　　　（1）主体 ··· 502
　　　　（2）客体 ··· 503
　　　　（3）行為 ··· 503
　　　　　①職権とは ··· 503
　　　　　②濫用とは ··· 503
　　　　（4）結果 ··· 504
　　　4）特別公務員職権乱用罪（刑法194条）······················· 504
　　　　（1）主体 ··· 505
　　　　（2）行為 ··· 505
　　　5）特別公務員暴行陵虐罪（刑法195条）······················· 506
　　　　（1）主体 ··· 506

（2）客体 …………………………………………………… 507
　　　（3）行為 …………………………………………………… 507
　6）特別公務員職権乱用等致死傷罪（刑法196条）………… 508
　　　（1）総説 …………………………………………………… 508
　7）脅迫の罪 ……………………………………………………… 509
　　　（1）意義 …………………………………………………… 509
　　　（2）類型 …………………………………………………… 509
　　　（3）脅迫罪（刑法222条）………………………………… 510
　　　①客体 ……………………………………………………… 510
　　　②行為 ……………………………………………………… 510
　　　　A）広義の脅迫 ………………………………………… 510
　　　　B）狭義の脅迫 ………………………………………… 510
　　　　C）最狭義の脅迫 ……………………………………… 511
　　　③監督官が行う臨検等の場面で ………………………… 512
　8）強要罪 ………………………………………………………… 512
　　　①意義 ……………………………………………………… 512
　　　②客体 ……………………………………………………… 512
　　　③行為 ……………………………………………………… 513
　　　④未遂 ……………………………………………………… 514
　　　⑤他罪との関係 …………………………………………… 515
　　　⑥監督官が行う臨検等の場面で ………………………… 515
　9）恐喝罪 ………………………………………………………… 517
　　　（1）総論 …………………………………………………… 517
　　　（2）客体 …………………………………………………… 518
　　　（3）行為 …………………………………………………… 518
　　　（4）財産的処分行為 ……………………………………… 519
　　　（5）監督官が行う臨検等の場面で ……………………… 519
　10）逮捕及び監禁の罪 ………………………………………… 520
　　　（1）意義 …………………………………………………… 520
　　　（2）類型 …………………………………………………… 520

｜　（3）逮捕及び監禁 ·· 520
｜　（4）客体 ··· 521
｜　（5）行為 ··· 522
｜　　①「不法に」の意味 ·· 522
｜　　②「逮捕」の意味 ··· 523
｜　　③「監禁」の意味 ··· 523
｜　　④「逮捕」と「監禁」の限界 ····································· 525
｜　（6）監督官が行う臨検等の場面で ································· 526
11）逮捕等致死傷 ·· 526
｜　（1）結果的加重犯 ·· 526
｜　（2）成立要件 ·· 526
｜　（3）監督官が行う臨検等の場面で ································· 527
12）住居を犯す罪 ·· 527
｜　（1）保護法益 ·· 528
｜　（2）客体 ··· 528
｜　（3）行為 ··· 528
｜　（4）住居侵入罪 ·· 529
｜　（5）不退去罪 ·· 529
｜　（6）監督官が行う臨検等の場面で ································· 530
｜　　①住居侵入の罪 ··· 530
｜　　②不退去罪 ··· 530
3．おわりに ··· 530
　1）事例問題での復習 ··· 530
　2）入門の重要性と今後の学習の指針 ·································· 535

第5章　労働法を理解するための基本三法　民法編 … 539

［1］民法の基本原則 ·· 541
1．はじめに ··· 541
2．労働契約と民法の関係 ·· 542

1）「雇用」と「労働契約」……………………………………… 542
　2）労働契約の要件 ………………………………………………… 543
3．法の分類 ……………………………………………………………… 544
　1）公法と私法 ……………………………………………………… 544
　2）一般法と特別法 ………………………………………………… 545
　3）強行法と任意法 ………………………………………………… 545
　4）実体法と手続法 ………………………………………………… 545
　5）国内法と国際法 ………………………………………………… 546
　6）自然法と実定法 ………………………………………………… 546
　7）固有法と継受法 ………………………………………………… 546
4．近代民法の三大原則 ……………………………………………… 547
　1）私的自治の原則（契約自由の原則）……………………… 548
　　（1）原則 ………………………………………………………… 548
　　（2）私的自治の原則（契約自由の原則）の現代的修正 ………… 550
　2）所有権絶対の原則 ……………………………………………… 551
　　（1）原則 ………………………………………………………… 551
　　（2）所有権絶対の原則の現代的修正 ……………………… 552
　3）過失責任の原則 ………………………………………………… 553
　　（1）原則 ………………………………………………………… 553
　　（2）過失責任の原則の現代的修正 ………………………… 554
5．私権の公共性 ……………………………………………………… 555
6．公共の福祉 ………………………………………………………… 556
7．信義誠実の原則（信義則）……………………………………… 557
　1）信義誠実の原則とは ………………………………………… 557
　2）労働契約と信義則 …………………………………………… 561
　　（1）原則 ………………………………………………………… 561
　　（2）使用者側が負う信義則上の義務 ……………………… 561
　　（3）労働者側が負うべき信義則上の義務 ………………… 562
8．権利濫用の禁止（権利濫用法理）……………………………… 563
　1）権利の濫用とは ………………………………………………… 563

2）権利の濫用の具体的な場面 …………………………………… 567
　　　（1）権利濫用と年次有給休暇の時季変更権 ………………… 567
　　　（2）配転拒否と権利濫用 …………………………………… 569
　　　　①本件配転命令の違法性の有無 ………………………… 571
　　　　②懲戒解雇理由の存否 …………………………………… 573
　　　　③本件懲戒解雇の相当性 ………………………………… 573
　　　　④結論 ……………………………………………………… 574

[2] 人・能力 …………………………………………………………… 574
　1．能力～民法の対象となる者～ …………………………………… 574
　2．意思能力について …………………………………………………… 575
　　1）退職の意思表示について ………………………………………… 576
　　2）賃金請求権について ……………………………………………… 576
　　3）問題点 ……………………………………………………………… 577
　　　（1）Xの能力に関する意見・診断の聴取 …………………… 577
　　　（2）Xの能力の回復可能性についての意見・診断の聴取 ……… 577
　　　（3）Xが就労能力もなく、回復の見込みも存在しない場合 …… 577

[3] 法律行為 …………………………………………………………… 578
　1．法律行為概説 ………………………………………………………… 578
　　1）契約 ………………………………………………………………… 580
　　2）単独行為 …………………………………………………………… 580
　2．意思表示 ……………………………………………………………… 581
　　1）意思表示の意義 …………………………………………………… 581
　　2）意思表示の内容 …………………………………………………… 581
　　3）申込みの誘引 ……………………………………………………… 582
　　4）内定について ……………………………………………………… 583
　　5）意思表示の効力発生時期 ………………………………………… 584
　　　（1）到達主義 …………………………………………………… 584
　　　（2）意思表示の撤回 …………………………………………… 585
　　　　①原則 ……………………………………………………… 585
　　　　②事案の検討 ……………………………………………… 586

③問題 ……………………………………………………………… 587
　　A）速やかな退職の受理 …………………………………… 587
　　B）退職届の受理 …………………………………………… 587
　　C）発信主義 ………………………………………………… 588
　　D）到達主義と到達 ………………………………………… 589
　　　ア）到達とは …………………………………………… 589
　　　イ）労働問題と到達 …………………………………… 589
　　　ウ）内容証明郵便と到達 ……………………………… 591
　　E）内容証明郵便を出すことの意味 …………………… 591
　　F）本件の場合を考える …………………………………… 592
3．意思表示における問題 ………………………………………… 593
1）意思の欠缺 …………………………………………………… 593
（1）心裡留保（第93条） …………………………………… 593
①意義 ………………………………………………………… 593
②要件 ………………………………………………………… 593
③効果 ………………………………………………………… 594
④民法93条の趣旨（保護事由・帰責事由） …………… 594
⑤退職の意思表示と心裡留保 …………………………… 594
　　A）退職願は意思表示になる …………………………… 595
　　B）退職の意思表示と心裡留保 ………………………… 595
（2）通謀虚偽表示（94条） ………………………………… 596
①意義 ………………………………………………………… 597
②要件 ………………………………………………………… 597
③効果 ………………………………………………………… 597
④民法94条1項の趣旨（帰責事由） ……………………… 597
⑤民法94条2項の趣旨と善意の第三者（保護事由） …… 598
⑥権利外観法理 …………………………………………… 599
（3）錯誤（95条） …………………………………………… 601
①意義 ………………………………………………………… 601
②要件 ………………………………………………………… 601

　　　　③効果 ……………………………………………………… 603
　　　　④民法95条の趣旨（保護事由と帰責事由）……………… 603
　　　　⑤退職の意思表示と錯誤 ………………………………… 604
　　２）瑕疵ある意思表示 ………………………………………… 605
　　　（１）詐欺による意思表示 ………………………………… 605
　　　　①意義 ……………………………………………………… 605
　　　　②要件 ……………………………………………………… 606
　　　　③効果 ……………………………………………………… 606
　　　　④第三者が詐欺を行なった場合 ………………………… 606
　　　　⑤詐欺と錯誤の関係 ……………………………………… 607
　　　（２）強迫による意思表示 ………………………………… 608
　　　　①意義 ……………………………………………………… 608
　　　　②要件 ……………………………………………………… 608
　　　　③効果 ……………………………………………………… 609
　　　　④民法96条の趣旨（保護事由・帰責事由）……………… 609
　　　　⑤瑕疵ある意思表示と退職の意思表示 ………………… 609
　　　　　Ａ）詐欺・強迫の規定と退職の意思表示 …………… 609
　　　　　Ｂ）騙されて退職の意思表示を行った場合 ………… 610
　　　　　Ｃ）強迫による退職の意思表示 ……………………… 610
　　　　　Ｄ）詐欺・強迫による意思表示はなぜ無効ではなく取消し
　　　　　　　なのか？ …………………………………………… 612
　　　　　Ｅ）解雇事由の告知と合意退職 ……………………… 613
　４．代理 …………………………………………………………… 616
　　１）代理とは …………………………………………………… 616
　　２）代理制度の制度趣旨 ……………………………………… 616
　　３）代理に類似するもの ……………………………………… 617
　　　（１）代表 …………………………………………………… 617
　　　（２）使者 …………………………………………………… 617
　　４）代理の要件 ………………………………………………… 618
　　５）無権代理 …………………………………………………… 618

（1）原則 ……………………………………………………… 618
　　　（2）無権代理の例外　ⅰ（本人の追認）………………… 618
　　　（3）無権代理の例外　ⅱ（催告と取消）………………… 619
　　　（4）無権代理人への責任追及 ……………………………… 619
　　6）表見代理 …………………………………………………… 620
　　　（1）表見代理とは …………………………………………… 620
　　　（2）代理権授与表示による表見代理 ……………………… 620
　　　（3）権限外の行為の表見代理 ……………………………… 621
　　　（4）代理権消滅後の表見代理 ……………………………… 622
　　7）商業使用人 ………………………………………………… 624
　5．無効と取消し ………………………………………………… 625
　6．追認 …………………………………………………………… 627
　7．時効 …………………………………………………………… 629
　　1）時効概説 …………………………………………………… 629
　　2）時効制度の趣旨 …………………………………………… 630
　　3）時効の要件 ………………………………………………… 630
　　　（1）時効期間 ………………………………………………… 630
　　　（2）時効の起算点 …………………………………………… 632
　　　（3）時効の援用 ……………………………………………… 633
　　4）時効の利益の放棄 ………………………………………… 633
　　5）時効の中断 ………………………………………………… 634
　　6）時効と労働問題 …………………………………………… 634
　　　（1）労働基準法上の時効 …………………………………… 635
　　　①消滅時効の期間 …………………………………………… 635
　　　②不法行為を構成する場合 ………………………………… 636
　　　③労働基準法上時効が中断される場合 …………………… 638
　　　　A）請求 …………………………………………………… 639
　　　　ア）裁判上の請求 ………………………………………… 641
　　　　イ）催告 …………………………………………………… 641
　　　　　ⅰ）方法 ………………………………………………… 641

　　　　　ⅱ）内容 …………………………………………………… 644
　　　　　ⅲ）到達 …………………………………………………… 646
　　　　Ｂ）差押え、仮差押え又は仮処分 ………………………… 648
　　　　Ｃ）承認 …………………………………………………… 648
　　④時効の援用 ……………………………………………………… 650
　　⑤時効の利益の放棄 ……………………………………………… 650
　　⑥権利の濫用 ……………………………………………………… 653
　　　Ａ）権利の濫用に当たると判断された例 ………………………… 653
　　　Ｂ）権利の濫用には当たらないと判断された例 ………………… 655

[4] 債権総論 …………………………………………………… 656
1. はじめに　～債権・債務とは何か～ ……………………………… 656
　1）債権と債務 ………………………………………………………… 656
　2）債権の効力 ………………………………………………………… 658
　3）第三者による債権侵害 …………………………………………… 658
2. 受領遅滞 ………………………………………………………………… 659
3. 債権の強制履行 ………………………………………………………… 660
4. 債務不履行 ……………………………………………………………… 661
　1）債務不履行の3分類 ……………………………………………… 662
　　（1）履行遅滞 ……………………………………………………… 663
　　①履行遅滞の要件 ………………………………………………… 663
　　②立証責任 ………………………………………………………… 664
　　③履行遅滞の効果 ………………………………………………… 664
　　（2）履行不能 ……………………………………………………… 665
　　①履行不能の要件 ………………………………………………… 665
　　②履行不能の効果 ………………………………………………… 665
　　（3）不完全履行 …………………………………………………… 666
　　①不完全履行の要件 ……………………………………………… 666
　　②不完全履行の効果 ……………………………………………… 666
　　③安全配慮義務について ………………………………………… 666
　　（4）債務不履行と労働契約（1）―休業手当に関する問題 …… 667

（5）債務不履行と労働契約（2）――解雇予告手当の代わりに
　　　　休業手当を支払うことは可能か ………………………………… 669
　　　（6）債務不履行と労働契約（3）――労働者側・使用者側の
　　　　債務不履行 ……………………………………………………………… 670
　　2）債務不履行の効果としての解除 ……………………………………… 671
　　3）債務不履行の損害賠償の範囲 ………………………………………… 672
　　4）損害賠償額の予定 ………………………………………………………… 673
　　5）過失相殺 ………………………………………………………………… 677
5．債権の譲渡 ……………………………………………………………………… 678
　　1）債権譲渡 ………………………………………………………………… 678
　　　（1）意義 …………………………………………………………………… 678
　　　（2）債権譲渡の原則と例外 …………………………………………… 678
　　　　①原則 …………………………………………………………………… 678
　　　　②例外 …………………………………………………………………… 679
　　　（3）指名債権の譲渡と対抗要件 ……………………………………… 680
　　　　①意義 …………………………………………………………………… 680
　　　　②対抗要件 ……………………………………………………………… 680
　　　（4）指名債権の二重譲渡 ……………………………………………… 682
　　　（5）債権譲渡の効力 …………………………………………………… 683
　　　　①通知の場合 …………………………………………………………… 683
　　　　②異議なき承諾 ………………………………………………………… 683
　　　（6）賃金債権の譲渡と賃金直接払いの原則の関係 ………………… 684
　　　　①売掛金の場合 ………………………………………………………… 684
　　　　②賃金債権の場合 ……………………………………………………… 685
　　2）債務引受 ………………………………………………………………… 686
　　　（1）意義 …………………………………………………………………… 686
　　　（2）契約上の移転との区別 …………………………………………… 687
6．債権の消滅 ……………………………………………………………………… 687
　　1）債権が消滅する原因 …………………………………………………… 687
　　2）弁済 ……………………………………………………………………… 688

- （1）意義 ………………………………………………………… 688
- （2）弁済の提供 ………………………………………………… 688
- （3）弁済の場所 ………………………………………………… 689
- （4）使用者の受領と就労請求権 ……………………………… 689
- 3）代物弁済 ………………………………………………………… 691
  - （1）意義 ………………………………………………………… 691
  - （2）効果 ………………………………………………………… 691
- 4）供託 ……………………………………………………………… 692
  - （1）意義 ………………………………………………………… 692
  - （2）効果 ………………………………………………………… 693
- 5）相殺 ……………………………………………………………… 693
  - （1）意義 ………………………………………………………… 693
  - （2）相殺の要件（相殺適状） ………………………………… 693
  - （3）効果 ………………………………………………………… 697
- 6）更改 ……………………………………………………………… 698
  - （1）意義 ………………………………………………………… 698
  - （2）効果 ………………………………………………………… 698
- 7）免除 ……………………………………………………………… 698
- 8）混同 ……………………………………………………………… 699

[5] 債権各論①契約 ……………………………………………… 699

1. 契約総論 …………………………………………………………… 699
   - 1）契約の種類 …………………………………………………… 699
     - （1）典型契約と非典型契約 ………………………………… 699
     - （2）双務契約と片務契約 …………………………………… 700
     - （3）有償契約と無償契約 …………………………………… 700
     - （4）諾成契約と要物契約 …………………………………… 700
   - 2）契約の成立 …………………………………………………… 700
     - （1）労働契約と契約成立 …………………………………… 700
     - （2）労働契約といえるか否かの判断 ……………………… 702
     - （3）「労働者」といえるか否かの判断 …………………… 702

①「指揮監督下の労働」であるかの判断要素 ……………… 702
　　②報酬の労務対価性 ………………………………………… 703
　（４）「労働者」性の判断を補強する要素 ……………………… 703
　　①事業者性の有無 …………………………………………… 703
　　②専属性の程度 ……………………………………………… 704
　　③その他 ……………………………………………………… 704
　（５）具体的考察（横浜南労基署長事件を参考に） ………… 704
３）契約の効力 …………………………………………………… 706
　（１）成立上の牽連関係 ………………………………………… 707
　（２）履行上の牽連関係（同時履行の抗弁権） ……………… 707
　（３）存続上の牽連関係（危険負担） ………………………… 708
　　①履行不能が当事者の責任ではない場合 ………………… 709
　　②債権者の責めに帰すべき事由によって債務を履行すること
　　　ができなくなった場合 …………………………………… 709
　　③原因が「債権者の責めに帰すべき事由」による場合 ……… 711
　　④解雇予告と危険負担 ……………………………………… 712
　　⑤ストライキを行なった場合の正当事由 ………………… 714
　　　Ａ）ストライキに参加して労務提供をしなかった労働者の
　　　　　賃金 ……………………………………………………… 715
　　　Ｂ）ストを実行した組合の組合員だが、ストに参加しなかっ
　　　　　た場合の賃金 …………………………………………… 715
　　　Ｃ）ストを実行した組合に入っていない労働者の賃金 …… 715
　　　Ｄ）使用者側がロックアウトしたことによって就労不能と
　　　　　なった場合 ……………………………………………… 715
４）債務不履行と危険負担 ……………………………………… 716
　（１）債務不履行と危険負担 …………………………………… 716
　　①債務不履行が債務者の責めに帰すべき事由による場合 ……… 716
　　②債務不履行が債務者の責めに帰すべき事由によらない場合 … 717
　（２）特定物に関する債権者主義 ……………………………… 718
　（３）不特定物の場合 …………………………………………… 718

（4）債務者主義の原則 ………………………………………… 719
　　　　①536条1項 ……………………………………………………… 719
　　　　②536条2項 ……………………………………………………… 719
　　5）危険負担と労働契約 ……………………………………………… 719
　　　（1）危険負担の労働契約への適用 ……………………………… 719
　　　　①労働者の責めに帰すべき事由によるもの ……………………… 720
　　　　②労働者の責めに帰すべき事由によらないもの ………………… 720
　　　　③使用者の責めに帰すべき事由によるもの ……………………… 720
　　　（2）休業手当と危険負担 ………………………………………… 720

[6] 契約各論 …………………………………………………………… 722
1. 雇用契約 ………………………………………………………………… 722
　1）意義 …………………………………………………………………… 722
　2）雇用契約をめぐる債権・債務関係 …………………………………… 723
　3）労働者の義務 ………………………………………………………… 724
　4）使用者の義務 ………………………………………………………… 724
　5）終了 …………………………………………………………………… 725
　　（1）契約期間の定めがある場合 …………………………………… 725
　　　①民法の規程 …………………………………………………………… 725
　　　②契約の満了と雇止めの意思表示 …………………………………… 726
　　　③契約期間の上限 ……………………………………………………… 730
　　（2）契約期間の定めがない場合 …………………………………… 730
　　　①民法の規定 …………………………………………………………… 730
　　　②使用者からの解約申入れと労働基準法20条 …………………… 731
　　　③民法627条2項の「期間によって報酬を定めた場合」の意味… 732
　　　④労働者からの解約（辞職） ………………………………………… 732
　　（3）やむを得ない事由による解除 ………………………………… 733
　　（4）使用者の権利譲渡の制限（出向・転籍との関係）………… 738
　　　①出向・転籍の意義 …………………………………………………… 738
　　　②出向・転籍の要件 …………………………………………………… 738
　　　③出向期間中・転籍後の雇用関係 …………………………………… 740

　　　　Ａ）出向期間中の関係 …………………………………… 740
　　　　Ｂ）転籍後の関係 ………………………………………… 740
　　（５）その他 …………………………………………………… 741
２．請負 …………………………………………………………………… 741
　１）意義 ……………………………………………………………… 741
　２）請負人の義務 …………………………………………………… 741
　　（１）下請負について ………………………………………… 741
　　（２）目的物の滅失毀損と危険負担 ………………………… 742
　　（３）瑕疵担保責任 …………………………………………… 743
　　　①瑕疵修補請求権 …………………………………………… 743
　　　②損害賠償義務 ……………………………………………… 744
　　　③契約解除権 ………………………………………………… 744
　　　④担保責任の例外 …………………………………………… 744
　　　⑤担保責任の存在期間 ……………………………………… 745
　　　⑥担保責任の免除・軽減特約 ……………………………… 745
　　　⑦機密保持義務など ………………………………………… 745
　３）注文者の義務 …………………………………………………… 745
　　（１）報酬支払い義務 ………………………………………… 745
　　（２）協力義務 ………………………………………………… 746
　　（３）受取義務 ………………………………………………… 746
　　（４）安全配慮義務 …………………………………………… 747
　４）請負の終了 ……………………………………………………… 747
　　（１）注文者の任意解除権 …………………………………… 747
　　（２）注文者の破産 …………………………………………… 747
３．委任 …………………………………………………………………… 747
　１）意義 ……………………………………………………………… 747
　２）受任者の義務 …………………………………………………… 748
　　（１）善管注意義務 …………………………………………… 748
　　（２）その他の義務 …………………………………………… 749
　　　①報告義務 …………………………………………………… 749

②金銭その他の物の引渡義務 …………………… 749
③権利移転義務 ……………………………………… 749
④消費の場合の責任 ………………………………… 749
3）委任者の義務 ………………………………………… 749
（1）無償委任の原則 ………………………………… 749
（2）報酬支払請求権 ………………………………… 750
（3）費用前払義務 …………………………………… 750
（4）費用償還義務 …………………………………… 750
（5）債務弁済 ………………………………………… 750
（6）賠償義務 ………………………………………… 750
（7）配慮義務 ………………………………………… 750
4）委任の終了 …………………………………………… 752
（1）解除（告知） …………………………………… 752
（2）解除以外の終了原因（653条） ……………… 755
5）委任終了時の善処義務・対抗要件 ………………… 755
（1）善処義務 ………………………………………… 755
（2）対抗要件 ………………………………………… 756
6）法律実務家への委任とその意義 …………………… 756
5．その他の契約 …………………………………………… 759
1）贈与 …………………………………………………… 759
（1）基本事項 ………………………………………… 759
①原則 ……………………………………………… 759
②書面によらない贈与契約 ……………………… 760
③贈与契約の担保責任 …………………………… 761
（2）特殊な贈与契約 ………………………………… 762
①定期贈与 ………………………………………… 762
②負担付贈与 ……………………………………… 762
③死因贈与 ………………………………………… 762
2）売買 …………………………………………………… 764
（1）売買契約とは …………………………………… 764

（2）手付 ………………………………………………………… 765
　　　①手付とは ……………………………………………………… 765
　　　②手付の種類 …………………………………………………… 765
　　　③内金 …………………………………………………………… 766
　　　④「履行に着手するまで」の意味 …………………………… 766
　　（3）有償契約への準用 …………………………………………… 767
　　（4）売主の担保責任 ……………………………………………… 767
　　（5）買戻し ………………………………………………………… 769
　　（6）交換 …………………………………………………………… 770

[7] 債権各論②契約以外（事務管理・不当利得・不法行為）
………………………………………………………………………… 770
1．契約以外の法律関係 ………………………………………………… 770
2．事務管理 ……………………………………………………………… 771
　1）事務管理の趣旨 ………………………………………………… 771
　2）事務管理の要件 ………………………………………………… 771
　3）事務管理中の義務 ……………………………………………… 772
　4）事務管理の終了と費用償還請求 ……………………………… 772
　5）労働事件と事務管理 …………………………………………… 774
3．不当利得 ……………………………………………………………… 775
　1）不当利得の趣旨 ………………………………………………… 776
　2）不当利得の要件 ………………………………………………… 776
　　（1）他人の財産又は労務によって利益を受けたこと（受益）… 776
　　（2）他人に損失を及ぼしたこと（損失）……………………… 776
　　（3）因果関係があること ………………………………………… 777
　　（4）法律上の原因がないこと …………………………………… 777
　3）不当利得の効果 ………………………………………………… 777
　4）労働事件と不当利得 …………………………………………… 778
　　（1）使用者側が給料を支払過ぎている場合 ………………… 778
　　（2）退職金を支払ったが就業規則に反している場合 ……… 779
4．不法行為 ……………………………………………………………… 781

1）過失責任の原則 …………………………………………… 781
2）債務不履行と不法行為責任の関係 …………………… 783
3）不法行為責任 …………………………………………… 784
 （1）一般不法行為の成立要件 ………………………… 784
  ①故意・過失が存在すること ……………………… 784
  ②行為の違法性 ……………………………………… 784
  ③損害の発生 ………………………………………… 785
  ④加害者の責任能力 ………………………………… 785
 （2）不法行為の効果 …………………………………… 786
 （3）特殊不法行為 ……………………………………… 786
  ①報償責任の原理 …………………………………… 787
  ②危険責任の原理 …………………………………… 787
 （4）使用者責任 ………………………………………… 787
  ①使用者責任の要件 ………………………………… 788
   A）使用関係の存在 ………………………………… 788
   B）事業の執行についての加害行為であること …… 789
   C）被用者が第三者に違法に損害を与えること …… 790
   D）使用者について免責事由が存在しないこと …… 791
  ②使用者責任の効果 ………………………………… 791
   A）誰が責任を負うのか …………………………… 791
   B）求償権 …………………………………………… 791
 （5）共同不法行為 ……………………………………… 792
  ①共同不法行為とは ………………………………… 792
  ②共同不法行為の三形態 …………………………… 793
   A）狭義の共同不法行為 …………………………… 793
   B）加害者不明の共同不法行為 …………………… 794
   C）教唆者・幇助者 ………………………………… 794
  ③効果 ………………………………………………… 797
  ④責任の連帯性 ……………………………………… 797
  ⑤求償関係 …………………………………………… 797

（6）訴訟に見る債務不履行と不法行為（セクハラ訴訟と使用者責任）……………………………………………………………… 798
①メンタルヘルス事例に見る債務不履行と不法行為 …………… 800
　A）債務不履行責任と不法行為責任 ……………………………… 800
　　ア）債務不履行責任 …………………………………………… 800
　　イ）不法行為責任 ……………………………………………… 801
　　ウ）「結果予見の可能性」と「結果回避義務」……………… 801
　B）業務上の負荷と個体側の事情の調整 ………………………… 803
　C）債務不履行と不法行為責任の関係 …………………………… 804
（7）工作物責任 …………………………………………………………… 804
①意義 ……………………………………………………………………… 804
②責任を負うべき者 ……………………………………………………… 805
③成立要件 ………………………………………………………………… 805
　A）「瑕疵」の判断 ………………………………………………… 805
　B）因果関係の存在 ………………………………………………… 806
　C）無過失責任と過失責任 ………………………………………… 807
（8）労働者の損害賠償責任 ……………………………………………… 807
①労働者が使用者に損害を与えた場合 ……………………………… 807
　A）労働者の使用者に対する債務不履行責任 …………………… 807
　B）労働者の使用者に対する不法行為責任 ……………………… 808
②労働者が第三者に損害を与えた場合 ……………………………… 808
③労働者が同僚に損害を与えた場合 ………………………………… 809
④労働者の損害賠償責任と使用者責任 ……………………………… 809
　A）使用者責任に関する求償権をめぐる問題 …………………… 809
　　ア）代位責任説 ………………………………………………… 809
　　イ）固有責任説 ………………………………………………… 810
　　ウ）固有権説を前提とした求償権に関する解釈 ……………… 810
（9）製造物責任（PL法）………………………………………………… 822
①製造物責任法 …………………………………………………………… 822
　A）概要 ……………………………………………………………… 822

　　　　B）制度趣旨 …………………………………………… 823
　　　　C）保護される被害者の範囲 ………………………… 823
　　　　D）民法上の責任との関係（第6条）……………… 824
　　②対象とされる物（第2条第1項）……………………… 824
　　　　A）対象 ………………………………………………… 824
　　　　B）不動産 ……………………………………………… 825
　　　　C）ソフトウェア・プログラム ……………………… 826
　　③責任主体—誰が責任を負わされるか（PL法2条3項）……… 827
　　④「欠陥」とは ……………………………………………… 829
　　　　A）「欠陥」の意味（第2条第2項）………………… 829
　　　　B）欠陥の判断に際し考慮すべき事情 ……………… 829
　　　　C）免責事由（4条）………………………………… 831
　　⑤PL法における「責任」の内容………………………… 832
　　　　A）「責任」の意義 …………………………………… 832
　　　　B）PL法に基づく責任追及期間の制限（第5条）…… 833
　　　　C）免責特約 …………………………………………… 834

第6章　特別講義（1）労働基準監督官の権限と是正勧告… 835

[1] 事実行為と法律行為の相違性 …………………………… 837
　1．法律行為と事実行為……………………………………… 837
　2．権力行為と非権力行為…………………………………… 837
　3．「行政行為」と「行政指導」…………………………… 838
　　1）行政行為………………………………………………… 838
　　2）行政指導………………………………………………… 839
　4．労働基準監督官の是正勧告の法的性質………………… 840
　　1）是正勧告の法的性質…………………………………… 840
　　2）行政指導に従うか否かは任意………………………… 841
　　3）なぜ、強制手段ではなく是正勧告なのか？………… 842
　5．行政指導についてのさらなる理解……………………… 842

1）行政指導の意義とその要件 ………………………………… 843
　　　（1）意義 ……………………………………………………… 843
　　　（2）要件 ……………………………………………………… 843
　　　　①「行政機関がその任務または所掌事務の範囲内において行
　　　　　う行為」であること …………………………………… 843
　　　　②「一定の行政目的を実現するためにする行為」であること … 844
　　　　③「特定の者に一定の作為または不作為を求める行為」である
　　　　　こと ……………………………………………………… 844
　　　　④「指導・勧告、助言その他の行為であって、処分に該当しな
　　　　　い行為」であること …………………………………… 844
　　2）行政指導の存在理由 ………………………………………… 845
　　3）行政指導の一般原則 ………………………………………… 846
　　4）制裁を伴う行政指導 ………………………………………… 847
　　5）是正勧告と送検の関係 ……………………………………… 847
　　6）行政指導の種類 ……………………………………………… 850
　　　（1）助成的行政指導 ………………………………………… 850
　　　（2）調整的行政指導 ………………………………………… 851
　　　（3）規制的行政指導 ………………………………………… 851
　　7）行政指導の法律上の根拠 …………………………………… 851
　　8）行政指導の限界 ……………………………………………… 853
　　　（1）その限界とは …………………………………………… 853
　　　（2）行政指導が強制といえるかどうかの判断 …………… 854
　　　（3）行政指導と取消訴訟 …………………………………… 856
　　　（4）行政指導の内容を争うための方法 …………………… 860
　　　（5）公表を争うための方法 ………………………………… 868
　6．是正勧告に適切に対処するための法学の必要性 ………… 869
　　1）権力分立原理の具体化である三権分立とは ……………… 869
　　2）臨検調査における問題点 …………………………………… 870
　　3）三権分立を無視することは許されない …………………… 871
［2］法を体系的立体的に理解することの重要性 ……………… 872

- 1．残業代請求と是正勧告 … 872
- 2．具体的な設例 … 872
- 3．「結論」を理解するための「理由」 … 873
- 4．労働基準法の「理由」としての民法 … 875
- 5．民法の「理由」としての憲法 … 875
- 6．憲法の「理由」としての法学 … 876
- 7．法を体系的に学んだ後に見える立体的な世界 … 877

[3] 労働基準監督官の権限と是正勧告 … 877
- 1．憲法的観点からの説明 … 877
- 2．刑法の観点からの説明 … 881
- 3．民法的観点からの説明 … 886
- 4．法を体系的・立体的に学んで変わったもの … 887
- 5．監督官に支払命令の権限はないが … 887
- 6．労働法を理解するための法学・法律の素養の必要性 … 888

第7章 特別講義（2）問題社員対策 … 889

[1] はじめに … 891
[2] 保護事由と帰責事由 … 892
- 1．労働法のみでは労使トラブルは解決できない … 892
- 2．公法と私法 … 893
- 3．保護事由と帰責事由 … 894
  - 1）民法の基本原則によるバランス調整 … 894
  - 2）年次有給休暇に関する時季変更権の問題に見るバランス調整 … 895
  - 3）問題社員対策のための保護事由と帰責事由の理解 … 896
  - 4）整理解雇にみる保護事由と帰責事由 … 897
  - 5）問題社員に高度の帰責事由が存在する場合 … 899
  - 6）まとめ … 903

[3] 問題社員対策実践編① … 904
- 1．問題社員の種類総論 … 904

2．基本的な対応方法･･････････････････････････････････････ 906
　　0）第0段階：問題社員の発見･････････････････････････････ 906
　　1）第1段階：注意・指導･････････････････････････････････ 907
　　　（1）注意・指導が「パワハラ」とならないように･･･････････ 910
　　　（2）注意・指導に関する具体的流れ･･････････････････････ 913
　　　（3）注意・指導はその都度、根気強く冷静に･･････････････ 916
　　　（4）問題社員への対応は必ず記録････････････････････････ 917
　　2）第2段階：人事異動での対処を探る･････････････････････ 918
　　3）第3段階：懲戒処分･･･････････････････････････････････ 919
　　4）第3.5段階：合意退職･････････････････････････････････ 920
　　5）第4段階：解雇･･･････････････････････････････････････ 920

[4] 問題社員対策実践編② ･･････････････････････････････ 922
　1．就業時間前の行事参加拒否････････････････････････････････ 922
　2．就業時間中の私的行為････････････････････････････････････ 923
　3．就業時間外の行為･･ 926
　4．痴漢行為･･ 928

[5] 私生活上の非行と懲戒処分 ･･････････････････････････ 929
　1．私生活上の非行と懲戒処分とは････････････････････････････ 929
　2．懲戒処分の根拠･･ 932
　　1）懲戒処分･･ 932
　　2）企業秩序論･･ 933
　　3）懲戒処分の法的根拠･･････････････････････････････････ 935
　　4）懲戒処分の有効要件･･････････････････････････････････ 936
　3．私生活上の非行と懲戒処分････････････････････････････････ 939

第8章　特別講義（3）解雇予告除外認定の論点と理解･･･ 943

[1] 解雇予告除外認定の論点と理解 ･･････････････････････ 945
　1．即時解雇が可能な「労働者の責に帰すべき事由」の射程･･････････ 945
　2．解雇予告義務違反の場合の解雇の効力･･････････････････････ 947

3．解雇予告除外認定と公法私法関係……………………………… 950
　4．解雇予告除外認定の仕組み……………………………………… 951
[2] 解雇予告除外認定の実務的対応…………………………………… 952
　1．即時解雇と除外認定に関する行政通達の存在………………… 952
　2．労働者に帰責事由がある場合の労働者への予告手当………… 953
　3．解雇予告除外認定の取扱い……………………………………… 954
　4．労働基準監督署が除外認定の申請を受け取らない場合の対応…… 959
　5．出雲商会事件における除外不認定の理由とその対応………… 959
　6．ケーススタディ〜配置転換拒否を理由とした解雇と解雇予告〜… 966
　7．判例の立場………………………………………………………… 968
　8．解雇予告除外認定と就業規則の定め…………………………… 970
　9．就業規則と解雇予告除外認定の関係…………………………… 972
[3] 解雇予告除外認定なしの即時解雇………………………………… 979
　1．法的問題の所在と対応…………………………………………… 979

第9章　特別講義（4）安全配慮義務とは何か… 983

[1] 安全配慮義務の意義………………………………………………… 985
　1．安全配慮義務とは………………………………………………… 985
　2．安全配慮義務の内容……………………………………………… 988
　3．元請企業の安全配慮義務………………………………………… 990
　4．労働者がすでに健康を害している場合の安全配慮義務……… 993
　5．安全配慮義務の立証責任………………………………………… 999
　6．安全配慮義務と予見可能性………………………………………1001
　7．履行補助者の過失…………………………………………………1005
　8．安全配慮義務違反と損害賠償請求権……………………………1007
　　1）消滅時効期間……………………………………………………1007
　　2）消滅時効期間の起算点…………………………………………1007
　9．自殺と安全配慮義務………………………………………………1008
　　1）裁判例……………………………………………………………1008

（1）使用者の責任を肯定した例 …………………………………1008
　　　（2）使用者の責任を否定した例 …………………………………1016
　　2）自殺以外の死亡に関する裁判例 ……………………………………1017
　　　（1）使用者に責任があるとした例 ………………………………1017
　　　（2）使用者の責任を否定した例 …………………………………1018
　10．第三者による加害と安全配慮義務 ………………………………………1018
　　1）裁判例 …………………………………………………………………1018
　　　（1）肯定例 …………………………………………………………1019
　　　（2）否定例 …………………………………………………………1020
　　2）3つの要件—第三者による加害行為 ………………………………1021
　　3）労務給付の拒絶 ………………………………………………………1022
　11．安全配慮義務違反による損害賠償と労災補償との調整 ………………1024
　　1）安全配慮義務違反の損害賠償請求と労災給付 ……………………1025
　　2）第三者行為災害と示談 ………………………………………………1029
　　3）損害賠償請求と不法就労 ……………………………………………1033
　　　（1）3つの考え方 …………………………………………………1033
　　　（2）判例の立場 ……………………………………………………1034

第10章　改正行政不服審査法　改正行政手続法　社労士補佐人制度について …… 1039

[1] 改正行政不服審査法 …………………………………………… 1041
　1．はじめに ……………………………………………………………………1041
　2．改正行政不服審査法の理念・目的・特徴 ………………………………1041
　　1）改正の理念・目的 ……………………………………………………1041
　　2）新法の特徴 ……………………………………………………………1042
　3．改正の内容 …………………………………………………………………1043
　　1）公正性の向上　審理員による審理手続きの導入 …………………1043
　　2）公正性の向上　行政不服審査会等への諮問手続の導入 …………1044
　　　（1）国の行政不服審査会 …………………………………………1044

（2）地方における機関 …………………………………………1045
　3）公正性の向上　審査請求人の権利の拡充 ……………………1045
　4）使いやすさの向上　審査請求期間の延長 ……………………1046
　　　（1）審査請求期間 ………………………………………………1046
　　　（2）不服申立適格 ………………………………………………1047
　5）使いやすさの向上　「審査請求」への一元化 ………………1048
　　　（1）不服申立ての手続きを「審査請求」に一元化 …………1048
　　　（2）審査請求すべき行政庁 ……………………………………1049
　　　（3）再調査の請求 ………………………………………………1049
　　　（4）再審査請求 …………………………………………………1050
　　　（5）裁決 …………………………………………………………1050
　6）使いやすさの向上　標準審理期間の設定等による迅速な審理の
　　　確保 ……………………………………………………………1051
　7）口頭意見陳述 ……………………………………………………1051
　　　（1）口頭意見陳述の出頭者 ……………………………………1052
　　　（2）出頭する処分庁等の職員 …………………………………1053
　　　（3）処分庁等に対する質問 ……………………………………1053
　　　　①概要 …………………………………………………………1053
　　　　②質問対象 ……………………………………………………1053
　　　　③質問の申立て ………………………………………………1054
　　　　④審理員の許可 ………………………………………………1055
　　　（4）審理員の対応 ………………………………………………1055
　　　（5）口頭意見陳述の活用 ………………………………………1057
　　　　①的確な主張を行うために …………………………………1057
　　　　②事件記録の入手 ……………………………………………1058
　　　（6）処分庁等からの回答 ………………………………………1059
　8）使いやすさの向上　不服申立前置の見直し …………………1060
　9）使いやすさの向上　情報提供制度の新設 ……………………1061

[2] 改正行政手続法 ………………………………………………… 1062
　1．国民の救済手段の充実・拡大　行政手続法改正 ………………1062

1）改正行政手続法総論 …………………………………………1062
　（1）趣旨・目的 ………………………………………………1062
2）改正行政手続法各論 …………………………………………1064
　（1）権限行使を示す行政指導を行う際の根拠の明示
　　　（35条2項）……………………………………………1064
　　①概要・趣旨 ………………………………………………1064
　　②根拠明示の要件 …………………………………………1066
　（2）行政指導中止等の求め（36条の2）……………………1068
　　①概要・趣旨 ………………………………………………1068
　　②中止等申立の要件 ………………………………………1069
　　　A)「①法令に違反する行為の是正を求める行政指導」に
　　　　ついて ………………………………………………1070
　　　B)「②行政指導の根拠となる規定が法律に置かれている」に
　　　　ついて ………………………………………………1070
　　　C)「③弁明その他意見陳述のための手続きを経てなされた
　　　　ものでない」について ……………………………1071
　　　D)「行政機関」について ……………………………1072
　　③具体的な事案 ……………………………………………1073
　　　A) 事案その1 ………………………………………1073
　　　B) 事案その2 ………………………………………1074
　　④申出のための手続き ……………………………………1075
　　⑤行政の対応 ………………………………………………1078
　（3）処分等の求め（36条の3）………………………………1081
　　①概要・趣旨 ………………………………………………1081
　　②要件 ………………………………………………………1083
　　　A)「①法令に違反する事実がある場合」について………1084
　　　B)「①その是正のためにされるべき処分又は行政指導」に
　　　　ついて ………………………………………………1084
　　　C)「②処分等の権限を有する行政機関」について………1085
　　③申出のための手続き ……………………………………1085

　　　　④行政の対応 …………………………………………………………1087
　2．行政不服審査法の施行に伴う労災保険等の改正要綱案……………1088
　　1）従来の審査請求制度 ………………………………………………1088
　　2）労働者災害補償保険法の一部改正 ………………………………1091
　　3）労働保険審査官および労働保険審査会法の一部改正…………1092
　　　（1）審査請求 ………………………………………………………1094
　　　　①労働保険審査官の除斥事由 …………………………………1094
　　　　②標準処理期間 …………………………………………………1094
　　　　③審査請求の期間 ………………………………………………1094
　　　　④審査請求の手続の計画的進行 ………………………………1094
　　　　⑤口頭による意見陳述 …………………………………………1095
　　　　⑥文書その他の物件の提出 ……………………………………1095
　　　　⑦審理のための処分 ……………………………………………1095
　　　　⑧特定審査請求手続の計画的遂行 ……………………………1096
　　　　⑨審査請求人等による文書その他の物件の閲覧 ……………1096
　　　（2）再審査請求等 …………………………………………………1096
　　　　①秘密保持義務 …………………………………………………1096
　　　　②再審査請求期間 ………………………………………………1097
　　　　③参加 ……………………………………………………………1097
　　　　④意見の陳述 ……………………………………………………1097
　　　　⑤その他 …………………………………………………………1097
　　　（3）罰則 ……………………………………………………………1097
　　　（4）その他 …………………………………………………………1097
　　4）労働保険の保険料の徴収等に関する法律の一部改正…………1098
　　5）石綿による健康被害の救済に関する法律一部改正 ……………1098

[3] 社労士補佐人制度について …………………………… 1098
　1．補佐人制度…………………………………………………………………1098
　　1）補佐人制度の概要と他士業との比較 ……………………………1102
　　2）民事訴訟法における補佐人 ………………………………………1102
　　3）社会保険労務士法改正による補佐人業務 ………………………1103

4）民事訴訟法における補佐人と社会保険労務士法における補佐人
　　　業務の違い……………………………………………………………1104
　　5）補佐人となるには………………………………………………………1105
　　6）補佐人としての陳述事項の範囲……………………………………1106
　　7）陳述について……………………………………………………………1108
　　8）補佐人と和解……………………………………………………………1109
　　9）労働審判と補佐人………………………………………………………1109
　　10）調停と補佐人……………………………………………………………1110
　　11）終わりに…………………………………………………………………1111

第11章　労働者災害補償保険法 特別加入者の全部労働不能についての一考察 …………… 1113

[1] はじめに ……………………………………………… 1115
[2] 特別加入者、休業補償給付の支給要件 ……………… 1116
　1．特別加入の趣旨……………………………………………………………1116
　2．支給要件について…………………………………………………………1116
　3．法14条に関する通達………………………………………………………1117
[3] 判例検証から見える、法の要求 ……………………… 1119
　1．特別加入者の業務の範囲にかかる判例…………………………………1119
　　1）事件概要…………………………………………………………………1119
　　2）裁判所の判断……………………………………………………………1120
　　3）行政の主張………………………………………………………………1120
　　4）小括………………………………………………………………………1122
　2．全部労働不能の解釈にかかる判例（その1）……………………………1123
　　1）事件概要…………………………………………………………………1123
　　2）裁判所の判断……………………………………………………………1124
　　　（1）業務遂行性の認められる業務………………………………………1124
　　　（2）全部労働不能の判断について………………………………………1125
　　3）小結………………………………………………………………………1126

4）本判例の図解 …………………………………………………1126
　3．全部労働不能の解釈にかかる判例（その2）……………………1127
　　1）事件概要 ………………………………………………………1127
　　2）裁判所の判断 …………………………………………………1127
　　3）小結 ……………………………………………………………1128
　　4）本判例の図解 …………………………………………………1129
　4．判例と行政解釈の乖離………………………………………………1129
　　1）「全部労働不能」に関する行政解釈 ………………………1130
　　2）判例解釈と行政解釈の図解比較……………………………1131
　5．総説………………………………………………………………………1133
　あとがき ……………………………………………………………………1135
　事項索引 ……………………………………………………………………1139
　裁判例等索引 ………………………………………………………………1151

第1章 基本三法（憲法・刑法・民法）を学ぶ前に

Gnothi Seauton
「汝自身を知れ」

Cogito,ergo sum
「我思う故に我あり」

1 なぜ法学を学ぶのか

「**法三章**」という言葉がある。これは昔、「汝人を殺すなかれ」「汝人の物を盗むなかれ」「汝姦淫するなかれ」という三か条だけを法としたことから出た言葉である。

法がこの三か条だけで済むような世の中であったら何と素晴らしいことだろう。しかし、現実には数多くの法が定められ、私たちはそれを守ることが要求されている。あるいは、目の見えないところでさまざまな側面について、法によって生活を規律されている。例をあげよう。少し注意して新聞やテレビを見ていると、しばしば法律問題が登場してくる。殺人、傷害、強盗、窃盗、等々その事例に事欠かない。公害、医療過誤、製造物責任、労働災害といった近時著しく増加しつつある問題も見逃すことのできない重要な法律問題である。

また、私たちは意識しなくても法律問題に生活のいろいろな分野で関わっている。もう少し例をあげよう。私たちは通勤や旅行に電車やバスなどの公共交通機関を利用するが、これらも実は法律と無関係に運行されているわけではない。法律的にいうと、切符を買ったときに運送契約が成立し、電車やバスに乗っているときに、交通機関各社によって契約の履行がなされているということになるわけである。また、小学生が学校の運動施設で、たとえば鉄棒が腐っていたために落下して怪我をしたようなときに、小学生の両親が学校に対して損害賠償を請求し、それが認められるのは、学校が安全な施設を小学生に提供する法律上の義務を負っているのに、この義務を十分に果さなかったからである。さらには、人を殺せば刑法の殺人罪（**刑法199条**）の規定で処罰され、人の物を盗めば窃盗罪（**刑法235条**）として処罰されるであろう。

このようにみてくると、私たちは社会生活を一人前に営んでいくためには、法律上どのような行為をすればよいか、もしくはしてはいけないのか、あるいは、どのようなことをしたらどのような利益もしくはどのような不利益を受けるのかということを、あらかじめ知っておくのが良いことになる。もち

ろん、法律を知らなくても、普通は、常識に従った行動をしていれば思わぬ不利益が降りかかってくることはないだろう。しかし、法律の内容を常識だけでは十分捉えられない場合が少なくない。それだけに自らの身の安全を護り、いつ法律的なトラブルに巻き込まれて思わぬ不利益を受けないように、少なくとも社会生活をつつがなく過ごすためには、最小限必要な法律知識は身につけておく必要があるのである。

いずれにしても、世の中のことはすべてといっていいほど、すみからすみまであらゆる事柄が法律によって決められている。社会生活を一人前に営んでいくためにはどうしても法律に無知ではいられない時代なのである。

2 法とは何か、なぜ必要か

1．規範の一つである法

法とは、社会生活の**規範**（ルール）である。人間は社会的な動物であるといわれ、古くから集団で生活してきた。集団が円満に生活を営んでいくためには、規範が必要とされるため、自然発生的にあるいは人為的にさまざまな規範がつくられた。規範は、常に人間の歴史と共にあったということができるだろう。

自然界には、必然性に基づく「**法則**」というものがある。また、人間の社会にも「経済法則」や「社会法則」などと呼ばれるものがあるが、これらに共通するは、必然性を基幹とした、人為的には動かし難い法則性である。規範はこれらの「法則」と異なり、例外や違反がありうるものである。

"車は左、人は右"といってみたり、"汝、盗むことなかれ"といってみたりしても、これらは決して必然のものではなく、人間の自由意思に実践が委ねられたものであり、あらかじめ違反がなされることを想定したうえで、人間を律しているものと考えられる。多くの規範が禁止や命令の形をとるのは、そのせいである。規範がもつこうした性格は、法則のように必然ではなく、あくまでも「**当為**」（「こうあるべき」ということ）を内容としているからだ

と理解できる。

さて、ここでいう規範と法はまだイコールではない。規範にはさまざまな種類・性格があり、そのなかのいくつかの側面が合わさって、「法」という概念を構成している。社会規範の例としては、道徳・宗教・習俗（慣習）・礼儀・仁義などが考えられるが、「法」の特殊な位置づけについて説明する前に、法が持つ各種の規範としての性格についてまとめておこう。

1）社会規範

社会規範とは、先ほども述べたとおり、**社会生活のなかで人間が守るべきルールのこと**である。共同生活の秩序を維持するための準則といいかえることができるだろう。

社会規範には、法のほか、道徳・礼儀・宗教・慣習（習俗）などがある。法が社会規範に属するものでありながらこれらと区別される理由については後に詳述するが、政治的に組織された社会である国家によって強制されるものだからである。違反者に対して、国家は権力を発動して一定の制裁または不利益を課すことができるのが法の大きな特徴である。

2）行為規範

行為規範とは、**人間の意思が外部にあらわれて行為となるときのみ、これを規律する規範という意味**である。人間は自ら意思を決定する自由をもっており、法は、人間の行為はその人の自由意思によって導かれるということを前提にして、行為の基準を示す行為規範の一つなのである。

3）強制規範

法が強制規範であるというのは、**法がその本質において、人に従うことを要求するもの**だということである。たとえば、道徳上の規律はそれがどれほど厳しいものであったとしても、それに従うかどうかは各人の自由な判断に任せられている点で、法とは異質なものと考えられる。

2．法と社会

　もし、この世に**法**がなかったとしたら、世界はいったいどうなることだろうか。個人は勝手気ままができるだろう。しかし、社会はいっぺんに混乱し、修羅場になってしまうのではないか。それはなぜか。人間は皆、自分のことしか考えない狼だから、国家や法律がなければ、縄張りを競ったり、財産を奪い合ったりして争いが絶えない状態になってしまうからである。

　そう説いたのが、17世紀イギリスの**トマス・ホッブス**という思想家である。昆虫のアリは自然状態に放っておかれても、仲間同士で争いを始めたりしない。しかし、人間は自分の損得だけが大事で、他人の迷惑をかえりみない心や見栄を張る心の塊で、放っておくと、「**万人の万人に対する闘争**」が始まってしまうと、ホッブスは考えたのである。ホッブスの言うように「万人の万人に対する闘争」が始まれば、力の強い人間がやりたい放題で、暴力が支配する世の中や争いの絶えない社会、弱肉強食の世界となってしまうだろう、そして安定、平和、秩序などは地上からなくなってしまうことだろう。

　そうさせないための歯止めとなっているのが、「**法**」なのである。「**社会あるところに法あり**」といわれるが、法こそ、社会生活に秩序を与え、人間社会に平和と存続をもたらしてくれるものなのである。

　では、法とはそもそも何なのか。法は社会の規範やルール、定めの一つである。社会生活には、その社会を構成している人のだれもが守らなければならない共通のルールが必要である。人間は本来、「**社会的動物**」（アリストテレス）であって、共同社会秩序の中に生まれてそこで暮らす集団的存在、社会的存在である。

　したがって、人間は精神生活でも、物質生活においても、他人との交渉をもたないで、社会生活を営むことはできない。だから他の人間の無関係に存在するロビンソン・クルーソー的な人間は現実的なものではない。人間が人間として生きる限り、社会生活は一種の必然であり、社会生活は人間の本性に基づくものなのである。前述したように、人間には利己心、すなわち自分の損得だけが大事で、他人の迷惑を考えない心や虚栄心、すなわち見栄を張る心を内在している一面があるから、これを放置すると、「**万人の万人のた**

めの闘争」が始まり、無法状態になってしまう。それでは人間は安心して社会生活を営むことができない。

このような理由から、人間が共同の社会生活を維持していくためには、その社会を構成している人間の誰もが守らねばならない共通の**ルール**が必要となるのである。そのようなルールがなければ、社会生活は成り立たない。

ところで、社会のルールには、法のほかにも**道徳**があり、**慣習**があり、**宗教**もある。人々が、これらのルールに従って生活しているからこそ、社会生活は円滑に行われているのである。人の生命は尊重しなければならないという定めや、約束は守らなければならないという定めなどがあるから、人々は安心して社会生活を営むことができるのである。しかし、人間社会はそう簡単ではない。非常に複雑であって、これらの道徳、慣習、宗教によって律しきれない対立や利害関係をもっている。そうすると、社会は政治権力的な統一と規律がなければ秩序を維持することはできない。

法は、このような対立や紛争を調整・解決するために社会を規律する**規範**である。現在、人間の行動を規律する各種の社会規範の中でも、法というルールこそ、社会生活の平和秩序を維持する最も有効なものなのである。それに法は、国家権力によって規制される規範である。法の法たるゆえんは、人に対し必ずこれに従うべきことを要求する**拘束力**があり、その違反に対し一定の不利益すなわち**強制力**を発動して自らの意思を実現することにある。道徳や慣習、あるいは宗教の定めを守らなければ、その人は社会的非難や宗教的非難を受けるだろうが、直接的制裁はない。しかし、法に違反したときには、もっと強力な直接的な制裁を強制的に加えられることになるのである。

法というルールに違反したものがあれば、国家の強制力で社会から排除され、強制的に損害の穴埋めをさせられるのである。このような強い拘束力・強制力があるからこそ、社会の秩序・平和が保たれるのである。イタリアの大法学者、イエーリングは、「**強制力のない法は、それ自身が矛盾であり、燃えざる火、照らない灯のようなものである**」と述べている。

ところで、社会のルールの中で、最も重要なものは法と道徳であるが、この両者は密接な関係をもっている。たとえば、人を殺してはならない、他人の物を盗んではならない、約束は守らなければならない、ということは道徳

であるが、このような道徳は同時に法の内容とされている。つまり、**道徳内容と法内容とは重なる部分があるということ**である。そして、「人の生命は、かけがえのないもので、尊ばれなければならない」という道徳心があればこそ、我が国の場合、人を殺した者は死刑、無期または5年以上の懲役に処するという法律がある。そして、道徳心だけに頼っていては殺人行為を防げないから、死刑等に処するという強制的な制裁が必要なのである。

ここで、注意すべきことは、**すべての道徳が法として成立するものではない**ということである。ドイツの法学者イェリネックは、**法と道徳の関係**について次のように述べている。「法は道徳によって支持される、時に最も強力であり（例：**刑法199条**の殺人罪）、道徳に反する法あるいは道徳に関係のない法（例：各種の手続法）は、法としての価値に乏しいもので、存続の基礎は薄弱である。そうだからといって、すべての道徳が法として成立するわけではない。また、強制力を付与して法とすべきものでもない。なぜなら、社会の現実から乖離し一般への意思を無視する法は、恐怖のもとに人々の心を萎縮せしめ、自由な活動を抑圧して社会的弊害を発生させるからである。」

たとえば、溺れている人を見つけて、その光景を楽しんでいる人がいたとしたら、それは、道徳的には非難に対する許しがたい人物だろう。しかし、法的に見れば、特別に救助の義務を負っている場合でもない限り、他人に害を与えているわけではないから、違法ではない。なぜなら、人の不幸を喜ばないという態度は、本人の心の中の問題であり、それは自然に湧き出るもので、法の規制によってそれを実現しようとするものではないからである。

もう一つ例をあげよう。Aは保険金殺人を思いつき、Xをその標的として選んだが、しかし結局Aは何の行動もとらなかった。この場合、Aは道徳的には非難に値するが、これだけでは、法に反したことにはならない。なぜなら、Aが何の行動もとらなかったのだから、Xの利益は害されていないからである。したがって、AがいくらXの完全殺人を心の中で思い描いただけでは、違法とならないからである。

このように、どれほど邪悪なこと、卑劣なこと、不正なことであっても、心の中で思い描いたり、あるいは他人に害を与えたりしない限り、法の問題とはならないのである。

結局のところ、道徳を順守させたり道徳違反をとがめたりするものは、国家や社会という外から働く力ではなく、自己の内部から出てくる**良心**の力なのである。

以上のことから、道徳のうちで社会にとって本当に必要な物のみが取り出されて法になることがわかる。イェリネックが**法は道徳の最小限度を保障**するものであるとも言っているが、まさにその通りである。

さて、法と道徳とが密接だといっても、現代の法の一つの特徴は道徳とは無縁な法が数多く存在しているところである。たとえば、歩行者は道路の右側を通行せよという法規範がその例である。左側通行は不道徳で右側通行が道徳的だというわけではない。このような法は秩序維持のために設けられた技術的な法で、もともとは道徳とは無縁なものである。現代社会は複雑・高度化した社会であるため、そのような社会において秩序を維持しようとすれば、技術的な定めが数多く必要なのである。「訴えの提起は、訴状を裁判所に提出してしなければならない」（**民事訴訟法133条1項**）という手続法の規定は、道徳と無関係な法の典型的なものである。

さらには、法の中には道徳に反しているのではないかと思われるものもある。いくつかの例をあげよう。

消滅時効という制度がある。これは一定の期間が経過すると、法の効力により権利を行使することができなくなる制度をいう。消滅時効により、たとえば借主は借金を返す法律上の義務が無くなり、貸主は法律上請求できなくなる。法は債権についてそれぞれ異なる時効の期間を定めているが、なかでも民法174条にあがっている旅館・料理店・飲食店などに対する債権はわずか1年間で時効になってしまうのである。たとえば、飲食店において、ツケで料理を食べた場合に、1年経過してしまえば飲食料を払わなくて良いのである。道徳の見地から言えば、食事をした以上は当然にその代金を支払うべきで、1年経過すれば払わなくても良いなどというのは、道徳の要求に反することになるだろう。ところが法律は1年たてば払わなくてもよいということだから、どうも道徳に反するのではないか、というようにも考えられるのである。

また民法754条は「夫婦間でした契約は、婚姻中、いつでも、夫婦の一方

からこれを取り消すことができる(以下略)」と定めているが、これは夫が妻に何か買ってやるというような約束(契約)をしても、これはいつでも取り消してよいという条文である。

　これもまた道徳の見地からいえば、夫婦の間でも一旦約束した以上は、これは守るのが当然である。これも道徳に反した法律の規定ではないかと考えられる。

　さらに例をあげよう。法は不法といえる状態であったとしても、それが事実として存在することを尊重してこれを適法としたりして、法的に保護している例もある。たとえば**占有**である。占有とは、**物を事実上支配している状態**をいう。民法はこのような状態を占有権として認めているのである。仮に盗人が盗品に対してもっている占有権でも、法の保護を受け、みだりにそれを実力でもって侵害できないとされている。これなどは道徳に反する状態を法が保護しているといえるだろう。

　ではこのような不法な事実状態が適法になる理由は一体なんなのかということである。法はなにも道徳にかなうことだけを目的としているわけではなく、そのほかにも法はいろいろな要求をも満たさなければならないというのが主な理由と言えるのではないか。先に説明した法の目的の一つに、「社会秩序の維持」というものがあった。道徳的には問題のあるきっかけによって生じた事実状態であっても、それが一つの既成事実となってしまった場合に、社会秩序の維持の観点から、やむなくそれを保護しなければならない場面もあると、立法者は価値判断したのであろう。

　以上、法と道徳の関係について説明してみたが、法と道徳というものはきわめて密接な関係をもつ**行為規範**(人の行為を規律する規範)であり、両者あいまって社会の秩序を保持しようとしているのである。

　繰り返しになるが、現代のように複雑な社会になると、社会秩序維持のために道徳的には無色の技術的な定めが数多く必要となるのである。さらに法は、このように社会の秩序を維持するという任務を負っているとともに、後述する**正義**を実現するという任務ももっているのである。正義とは何か。これは人間が永遠に追い求める課題である。そして多くの価値観が併存している現代社会においては「正義」の意味するところも様々である。いずれにし

ても、われわれは法の理念の一つが正義の実現にあることを忘れてはならない。

3．法が社会規範である根拠

　ここまでにみてきた、規範としての法の特殊性をまとめて定義するならば、「社会生活の秩序維持のために、その実現が国家によって組織的に保障される強制的な社会規範であり、人間の行為を対象としている」ということになる。
　さて、法が社会規範として人間の行為を律する根拠はどこにあるのかということについては、昔から諸説があった。ここに主なものを挙げておく。

① **神意説**（法の権威を神の権威に求める説）
② **実力説**（法の権威の根拠は強者のもつ実力にあるとする説）
③ **歴史法説**（法の権威は歴史の産物であるとする説）
④ **自然法説**（法と自然法が一致するところに法の権威の根拠があるとする説）
⑤ **主権説**（法の権威は主権者の命令に存するとする説）

などである。
　しかし、現在では、その法が存在する社会の一般的な社会心理が法の規範性を承認するところに、法の基礎があるとする考え方が有力になってきている。

4．他の社会規範と法

　法を**社会規範**の一種であるとしたところで、道徳、**宗教**、慣習などの他の社会規範があることを述べておいた。ここで、これらの社会規範と法がどのような関係にあるのかをみておこう。

1）法と道徳

　古い社会においては、法と道徳ははっきりと分かれたものではなかった。法が道徳から分化してきたのは、政治組織が発達した社会の出現以降と考えることができる。したがって、法はその内容において道徳的な要素を多分に

含んでいると考えられる。

しかし、「目上の者を尊敬せよ」とか、「夫婦は仲良くするべきだ」などという道徳規範については、これを法として国家が強制することは不適切と考えざるをえない。また、法が定めていることと日常の道徳が必ずしも一致しないことも多く、道徳的には好ましくないものでありながら、一定の条件が備われば、法がこれを正式に許可する営業があるし、法の上では明らかに罪がある犯罪者も、やむを得ない事情があったとして道徳がこれを許容することがある。

法と道徳の区別については、下記のようなさまざまな説がある。

① **成立説**　法は経験的な規範だが、道徳は先見的な規範とする説
② **基準説**　法は現実に基づく規範だが、道徳は理想を目指す規範とする説
③ **対象説**　法は人の外面的な行為や態度を規律するが、道徳は人の内面的な意思や心情を規律するという説
④ **自律・他律説**　法には強制による他律性があり、道徳には良心による自律性があるとする説
⑤ **強制の種別説**　法はその実現を国家の物理的な強制力によって保障されるが、道徳は内心による心理的強制力によって保障されるとする説

しかし、道徳と法の決定的な相違を説明し、法を考えるときの基礎としてもっとも妥当なものだと考えられるのは「**法の性質は、その実現を国家の強制力によって保障されている点にある**」という見解である。この点については前に詳述したが、これから法を学ぶにあたっての根本になる考え方として、しっかり覚えておくようにしたい。

2）法と宗教

道徳と同じく、古い社会では法と**宗教**もまた未分化のものであった。信仰心の盛んな社会では、宗教もまた宗教規範として社会秩序を維持する作用を果たしてきたともいえる。しかし、社会の進歩により近代国家が確立すると、

社会生活と宗教生活は明瞭に分離され、法は社会的規範としての独自の機能を発揮することになった。
法と宗教の相違は、主に次の3点に求められる。

① 法は社会生活における規律であり、宗教規範は宗教生活における規律である。
② 法は社会生活を営むすべての人を等しく対象とするが、宗教規範はその宗教を信仰する人のみを対象とする。
③ 法は実効性の期待されるものであるが、宗教規範はその規範性と事実性がはなはだしく隔たっている。

3）法と慣習（習俗）

ここでいう**慣習（社会的慣習）**とは、社会生活のなかでくりかえし行われる行為が慣行となって、一定の規範性を有するようになったものである。

古代では法と慣習もやはり未分化だったから、慣習はそのままのかたちで法（**慣習法**）となったり、法の内容に大きな影響を与えたりしている。

しかし慣習は、それぞれの社会において慣行として成立したものであるから、社会の相違、事実性に根拠のあるものが多数あり、必ずしも法として理想のかたちとはいえない。法と慣習は密接な関係にあるものだが、法が国家による強制的な規範であるのに対して、慣習は構成員の自律的な遵守によって維持され、違反者も一般に一定の社会的非難を受けるにとどまる。

5．法源の分類

法源とは法が実際にどのようなかたちであらわれるか、つまり法の発現方式のことをいう。法は憲法というかたちをとることもあるし、政令というかたちをとることもある。このようにさまざまなかたちで存在する法を、法源の考え方では一般に成文法と不文法に大別し、両者をさらに細かく分けて位置づけている。

1）成文法とは

成文法は制定法とも呼ばれ、一定の手続と形式に従って内容が定められ、法の内容を文章に書き表した法である。成文法の長所として、下記のことが挙げられる。

① 法の内容が明確である。
② 法の制定や改正が比較的容易に行える。
③ 国内の法を統一整備することが容易で、法的安定性が期待できる。

短所としては、

① 固定的になりやすく、社会の変化に対する即応性に欠ける。
② 法の制定に要する過程が複雑・専門化するため、法に対する一般国民の理解が困難になる。
③ 法規万能主義の傾向に陥りやすい。

などが考えられるが、現在、各国はおおむね**成文法主義**をとり、かつ多くの国において、成文法はその国の法の大部分を占めている。わが国も成文法主義をとっており、わが国の法の大部分は成文法である。

2）成文法の種類

ここでは、わが国における成文法の種類を見ていくことにする。日本の成文法の頂点に位置しているのは、日本国憲法である。憲法以外にどのような法形式の成文法を認めるかを、まず憲法が定めている。日本国憲法および日本国憲法が定めている法形式を以下にまとめる。

・憲法
・国会の制定する法律
・各議院の制定する議院規則
・内閣の制定する政令

・裁判所の制定する裁判所規則
・地方公共団体の制定する条例

（１）憲法

　憲法とは、国の基本法で、国の統治および組織についての基本的な定めをした法をいう。また、このような事項を定めた法典を指す場合もある。「日本国憲法」という場合は後者の例だが、後者の意味の憲法をもたない国もある。たとえば、イギリスは不文憲法の国として有名である。
　憲法はその成立のしかたによって、
・**欽定憲法**（君主が単独で制定）
・**民定憲法**（国民または議会によって制定）
・**協約憲法**（君主と国民の合意によって制定）
・**条約憲法**（複数の国家間の合意によって制定）
に分類される。
　憲法は、他のすべての法令に対して、最上位の効力をもっている。憲法98条１項は、「この憲法は、国の最高法規であって、その条規に反する法律、命令、詔勅及び国務に関するその他の行為の全部又は一部は、その効力を有しない」と定め、このことを明確にしている。憲法は、国の最高かつ基本的な法だから、その改正手続については、他の法令の改正手続に比べて慎重にしているのが一般的である。日本国憲法では、憲法の改正は、衆参の各議院の総議員の３分の２以上の賛成で国会が発議し、国民投票でその過半数の賛成による承認を経なければならないとされている（**憲法96条**）。

（２）法律

　法律は、国権の最高機関たる国会によって制定される法形式であるから、国内法としては憲法に次いで最も強い形式的効力をもっている。
　したがって、法律の内容と矛盾抵触する政令その他の命令の規定は、効力をもたない。

（3）命令

命令とは、行政機関によって制定される成文法である。法規の定立は原則として立法機関の権能だが、例外的に、行政機関が一定の範囲で規範の定立を行う権限を与えられることがある。

命令には、法律の規定を執行（実施）するために必要な補充的法規を内容とする**執行命令**と、法律によって委任された事項を内容とする**委任命令**とがある。命令は、その制定に国会の議決を要せず行政機関が制定するものだから、その形式的効力は法律の下位にあるものとされる。

命令は、それを制定する権限の所在、機関によって、次のように区別される。
・政令　内閣が制定
・府令　内閣総理大臣が制定（内閣府令の略称）
・省令　各省の大臣が制定

（4）規則

最高裁判所は、訴訟に関する手続、弁護士、裁判所の内部規律および司法事務処理に関する事項について**規則**を定める権限を有している（**憲法77条1項**）。これを一般に「**最高裁判所の規則制定権**」と呼ぶ。また、最高裁判所は、下級裁判所に関する規則を定める権限を下級裁判所に委任することができるとされている（**憲法77条3項**）。

また両議院は、その議事手続や内部の規律に関し、規則を定めることができる（**憲法58条2項**）。

これを「**議院規則**」といい、それぞれの議院の議決だけで制定することができ、両議院の一致を必要としない点で法律とは異なる。

最高裁判所規則や衆議院規則・参議院規則の形式的効力は、いずれも法律のそれに劣る。このほか会計検査院、人事院なども規則を制定することができる。

（5）地方自治法規

地方公共団体の自治立法権は、憲法94条に定められている。これを受けて、地方公共団体が制定する法形式に条例または規則がある。**条例**は地方議会の

議決によって定められ、**規則**は地方公共団体の長が、その権限に属する事務に関して議会の関与なしに制定する。また、特別の法律の規定によって地方公共団体の機関が制定する特別の規則として委員会規則がある。

（6）条約

条約そのものは**国際法上の主体（国家）間の合意・契約**を意味するものだが、最近はそれに国法としての効力を認める国が少なくない。国家が国内法的内容をもつ条約を締結した場合は、その条約によって国家間の関係を規律すると同時に、それはまた国内法としての効力をもつと考えることができる。憲法も、日本国が締結した条約はこれを誠実に遵守することを必要とする（**憲法98条2項**）と規定し、また、条約も法律などと同様、天皇によって公布されるべきものと規定している（**憲法7条1号**）。

憲法と条約ではどちらが優位かという問題は議論のあるところである。学説も**条約優位説**と**憲法優位説**に分かれている。日本国憲法が、国際協調主義に立脚し、わが国が締結した条約と　確立された国際法規はこれを誠実に遵守することをうたっている（**98条2項**）ことや、裁判所の違憲審査権の対象から条約が外れている（**81条**）ことが条約優位説の根拠である。しかし、最高法規である憲法の内容が、条約の締結によって事実上書き換えられることを認めてしまいかねない条約優位説には問題が多い。よって、一般的には条約は憲法に劣り、法律に優る位置を占めるものと理解しておいてよいだろう。

3）不文法とは

不文法は非制定法とも呼ばれ、文章に表現されていない法をいう。したがって、制定手続や公布手続といったものはない。

成文法が主流となっている今日では、その重要性について一歩譲ったかたちになっているが、歴史的にみれば、不文法は成文法より先に成立したものであり、より社会生活に密着したものであることに違いない。制定の技術がどんなに高度化しても、成文法がすべての生活関係を規律することは不可能だし、また、成文法によって規律するのが適切でない事項も存在する。成文法のこうした欠陥を補うという意味で、なお不文法の重要性は失われていな

いといえるだろう。

4）不文法の種類
（1）慣習法
慣習法とは、長い期間にわたって事実上社会に行われてきた慣習が、そのままのかたちで法規範性を認められるに至ったものをいう。つまり、慣習法は、社会生活において事実上一般に行われているならわしが法になったものである。

いいかえれば社会生活の秩序を維持するためには、これに従うことがぜひ必要であると社会一般に認識されるようになり、強要性をもたれるようになったのが、慣習法であるといえよう。

（2）条理法
条理法の考え方の基礎となっている条理とは、簡単にいえば物事の道理、すじみちである。学説の中には、「条理法」という法の存在を否定するものも多いが、複雑多岐にわたる社会の動きを成文法がすべてとらえることは不可能であるし、慣習法もこれを完全にカバーすることができないため、条理がそのすきまを埋める役目を果たすものとしての意義は認めなければならない。条理は、成文法や慣習法のない場合に、はじめて適用されるもので、いわば補充的効力しかもたない。その意味では法源と考えることには、無理がある。ただし、法源を、裁判をする際のよりどころというように広義に解釈すれば、条理をここに含めることができる。

（3）判例法
判例法とは、裁判所の判例の集積によって成立する法である。判例を法源と認めるかどうかについては、学説上の争いがある。判例法を重視する英米の法体系においては、制定法よりも判例法を重視する伝統があり、判例に法的拘束力を認める。

大陸法系に属する日本においても、判例は一定の拘束力を認められている（**裁判所法4条**）。判例は、ただちに制度上の法源とはいえないが、実質的・

機能的には法源と同じ働きをする。

6．法形式相互の関係

1）法の形式的効力
各法形式間の優劣は、以下のようになっている。
規則＜命令＜法律＜条約＜憲法

2）後法優位の原則（後法は前法に勝る）
同じ法形式の２つの法の内容が矛盾する場合は、時間的に後に成立したものが先に成立したものより優先するという原則。

3）特別法優先の原則（特別法は一般法を破る）
特別法は、一般法に優先するという原則。

7．法の分類

わが国には膨大な数の法律がある。その法律の性格をどうとらえるかによって大きく「**公法**」と「**私法**」、あるいは「**一般法**」と「**特別法**」などと分けて考えられている。六法全書を読むために必要な基礎知識の一つとして、こうした法律の分類の仕方を説明しておこう。

1）国際法と国内法
国際法の法源は、原則として条約だが、国際社会における慣習法（国際慣習法）のかたちをとる場合もある。それに対して国内法は、一国によって制定され一国によって認められた法である。

国際法は、国家間の関係を規律する法であるから、その主体は国家である。ただし、最近では、国際社会の発展と緊密化に伴って、国際団体や、個人の権利義務についても規定をおく場合が出てきている。国内法では違反行為があったとき、これに対する制裁規定あるいは強制する手段があるが、国際法

ではこれを欠く場合が多くなっている。

2）公法と私法

公法と**私法**という分け方がある。何を目安に公法と私法に分けるかについては、まだ確立された定義はない。

一般的には、公法というのは**縦の関係**、すなわち上下の垂直的な関係を規律する法であり、国と私人との間の関係を定めている。私法は**横の関係**、すなわち左右にひろがる水平的な関係を規律する、私人間の私的関係を定めた法律であると理解すればよいだろう。

国と私人との間の関係とは、たとえば税務署と納税者のような関係を言う。したがって、賃金からの源泉徴収を定めた「所得税法」は公法ということになる。そのほか法体系においてみられるもので、憲法、行政法、刑法、労働基準法、訴訟法等は、公法に属する。一方、親と子、夫と妻、市民同士などの私的な関係たとえば相続とか不動産の売買などをさだめた「民法」は私法に入る。そのほか不動産登記法、借地借家法、商法、会社法等は私法に属する。

3）一般法と特別法

一般法とは一般的に適用される法であり、**特別法**とは一般法とは異なり、特定の人、特定の事象、特定の場所などに限って適用される法をいう。民法は一般人のあいだの行為のルールを定めるもので、すべての人に適用される。これに対して、労働基準法は労使間に限定して適用される。たとえば、使用者が労働者を解雇した場合に労働基準法の定める解雇の規定（**労基法20条**）が適用されるのか、または民法の定める雇用の規定（**民法627条**）が適用されるのかという問題が起こる。この問題を解決するために、一般法（ここでは民法）と特別法（ここでは労基法）との関係について「**特別法は一般法に優先する**」という原則により、労使間の雇用契約の解除をめぐる問題であれば労働基準法が民法に優先して適用されることになる。

一般法と特別法というのは絶対的な概念ではなく相対的な概念である。たとえば、刑法は民法に対しては特別法であるが、軽犯罪法、爆発物取締罰則、暴力行為等処罰ニ関スル法律、盗犯等ノ防止及処分ニ関スル法律、破壊活動

防止法、組織的な犯罪の処罰及び犯罪収益の規制等に関する法律等のように特殊の事項について規定した法に対しては一般法である。そこで両者の区別は法律の効力の点からの区別で、それを区別する実益は「特別法は一般法に優先する」という原則にある。したがって、特別法の規定のない部分については一般法が補充的に適用されるのである。

4）実体法と手続法

　実体法と手続法は、法の内容そのものを基準とする区別である。**実体法**とは、権利義務の実体を規定する法ということである。具体的にいえば、権利義務の種類、内容、発生、効力、変更、消滅などに関して定めているものである。民法・商法・刑法・労働法などがその例である。

　他方、**手続法**とは、権利義務を実現するための具体的な手続きを定めた法のことをいう。

　これは民事訴訟法や刑事訴訟法等訴訟や裁判手続を規律する法ということである。たとえば、金を借りた者はこれを返す義務があると定めた民法上の権利に関する規定が実体法であり、金を返さない場合に強制的に返させる手続きを規定した法（民事訴訟法・民事執行法）は手続法である。

　また、刑法に規定された各種の犯罪およびその刑罰に関する規定は実体法であり、検察官の起訴により裁判を経て、判決が下されるための一連の手続を定めている刑事訴訟法は手続法である。このように実体法と手続法は密接な関係を有しているということである。

　しかし、手続法にも実体規定があり、実体法の中にも手続規定がある。たとえば、実体法である民法の中にも債務不履行の責任等に関する第414条以下には、手続法的性質を有するとみられる諸規定がある。

　なお、原則として、私法はその全体が実体法の規定によって構成されている。

5）強行法と任意法

　強行法とは、当事者の意思如何にかかわらず適用される法をいう。たとえば、1日8時間、週40時間を超えて労働時間を定める雇用契約を締結することはできない（**労基法32条**）。このような規定は労基法だけでなく、憲法、

刑法、刑事訴訟法、民事訴訟法等がある。これらの法律は、国の基本に関わる法規定であって強行法に属するものである。

これに対して、**任意法**とは、その規定の適用を無視して、当事者が自由に決めることのできる規定をいう。

たとえば、民法614条は動産、建物、土地の賃料について、支払時期を定めたものであるが、この規定は当事者間の契約で賃料の支払時期を3ヵ月ごとあるいは半年ごとというように定めることができるものと解されている。賃料の支払時期をいつにするかというようなことは、社会秩序には大して関係のあることではないからである。ただし、当事者がその支払時期について何の契約もしなかった場合には、そのことで紛争が生じたりすることになるから、そういう場合には、賃料は月末に支払うべきであるということを法が命じているのである。

民法や商法のような私法は私的自治の原則によってその多くが任意法規である。民法91条は、「法律行為の当事者が法令中の公の秩序に関しない規定と異なる意思を表示したときは、その意思に従う」と規定しているが、実はこの趣旨をいっているのである。しかし、私法の中にも強行規定は少なくないのである。たとえば、物権に関する規定、夫婦関係や親子関係など、個人の親族的身分秩序に関わる親族法の規定などは、そのほとんどが強行規定である。

公法はほとんど強行法といってかまわないが、その強行法に違反した場合どうなるのか。その行為は**無効**となり、法の効力が認められない。公法の中でも、刑法その他の刑罰法規に違反した場合には、制裁としての刑罰が科せられる。ただし、刑罰法規は、原則として、故意でなければ処罰することはできない。もっとも、過失の場合でも刑罰を科せられることもある（**刑法38条1項**）。

ところで、民法その他の私法の中の強行規定に違反した場合には、一般に、無効となるほか、取り消されることもある。例えば、未成年者が法定代理人の同意を得ずにした財産に関する法律行為（**民法5条**）や、婚姻適齢に違反してなされた婚姻や重婚など（**民法731条ないし736条、744条ないし746条**）がある。

無効は法律行為が存在したときから効力が認められない。無効の場合には、その法律行為に基づく権利義務は生じないから、それに基づいて相手方に何の請求もできない。たとえば、売買が無効であれば、代金を支払う必要はないし、目的物の引渡しを請求することもできない。「無効」は後述する「取消」とちがって、意思表示によって効力を失うのではなくて、何人の主張がなくても、はじめからすべての人に対しても当然に効力を生じないのである。

これに対して**取消**しの場合には、その対象となる法律行為は、「取消」されるまでは有効であるから、それまでは、すべての人に有効なものとして取り扱わなければならない（**民法121条**）。

ただし、婚姻、養子縁組の取消は、取消の判決が確定されたときから、将来に向かって婚姻、養子縁組が消滅する（**民法748条1項**）。

6）成文法と不文法

成文法と不文法については、前に詳しく述べたが、ここでも説明しておこう。

成文法とは、文章をもって表現された法のことである。一定の手続きを経て定立された一定の形式に従って公布される法をいう。別の名を制定法ともいう。成文法はその内容が文書の形式をとっているから、**不文法**にくらべ明確性の点で優れている。

このような成文法は抽象的な形式の文章で、法の原則をかかげている法規範である。

例えば、刑法199条は「人を殺した者は、死刑又は無期若しくは5年以上の懲役に処する」と定めている。これは、一般的に、人の命を奪った者は死刑又は無期若しくは5年以上の懲役に処せられるということで、何もAという人がBという人を殺したから死刑又は無期若しくは5年以上の懲役に処するというような、特定した具体的なことが成文法に定められているわけではない。このように成文法とは、あらかじめ一般的、抽象的な形で、一定の場合を予測して、それを規律するために文章で書きあらわしたものであるといえよう。

そこで、どうしてもこの抽象的な成文法を具体的な事件に適用していくことが必要になり、ここに**解釈**の必要性がでてくるのである。

成文法は前述したような抽象的な形式で定められているので、具体的な事件ということになると、たとえば、AがBの時計を盗んだとか、あるいはAがBから金を借りながら、これを返さないというような、きわめて千差万別ともいうべき内容になっている。加えて、成文法という抽象的なものを適用しなければならないから、どうしてもそこに一定の解釈という仕事を必要とすることになるのである。

　しかし、他方において成文法は文章をもって表現されたものであるから、将来おこる事件をすべて予測するということができない。成文法は一度判定されるとその内容は、形式的、固定的となり、流動変転する社会に応じきれない。

　このように変化していく社会に対しその変化に応じた解釈をしなければならなくなるということである。そういう意味ではおよそ解釈をしないでは、法の融通のきかないものになり、もし解釈を禁止してしまうことになれば、法は動きのとれないものになってしまう。したがって、法を生かすためにはどうしても解釈ということが必要となってくるのである。最後にわが国の成文法に属するものとして、憲法、法律、命令、規則などがある。

7）固有法と継受法

　固有法と**継受法**は、法の成立要因を標準とした分類で、ある国の法が他の国の法を採り入れてできたものかどうかという点に注目する。

　法の継受は、古くから諸国で多くの例がある。日本の場合、大化の改新後に出された大宝律令が当時の唐の法令に基づくものだったことは有名である。

　明治以降もヨーロッパの法制が多く採り入れられている。明治憲法をはじめ民法、刑法、訴訟法などはドイツやフランスの法にならって制定されたものだし、第二次世界大戦後につくられた法律は、アメリカの法制に多くを学んでいる。日本国憲法、刑事訴訟法、親族法などはその典型的なものである。

8．法の効力

1）法の効力の範囲

　法の効力の範囲（**法の形式的効力**）とは、法の効力がどこまで及ぶかということ、つまり**法の適用範囲**のことであり、別のいいかたをすれば、法の限界を指し示すものであると考えられる。

　法というものは、歴史的な流れのなかで、国家権力がその時代の政治的・社会的要請に基づいて制定するものだから、特定の時代、特定の国といった限られた範囲内においてのみ効力をもつものである。すなわち、法の効力には、歴史的・社会的制約があるということになる。

2）時に関する効力

（1）法の公布と施行

　法の効力は、その施行のときにはじまり、廃止のときに失われる。つまり、その間に起こった事項についてのみ適用されるのが原則である。この期間を**法の施行期間**（**有効期間**）という。

　成文法が施行される前提として、法律はまず公布されることが必要である。これによって国民は法律の内容を知ることができる。公布から施行までの期間を**告知期間**（**周知期間**）といい、この期間は一様ではないが、原則として法律は　公布の日から満20日を経て施行されることになっている（**法の適用に関する通則法2条本文**）。ただし、法律で別に施行期日を定めたときはそれによる（**法の適用に関する通則法2条但書**）。

（2）法律不遡及の原則

　法律が適用されるのは、それが施行されたとき以降である。それ以前に生じた事項については適用されない。これを**法律不遡及の原則**という。それが施行される以前の事項についても遡って法律を適用することにすれば、国民の法的生活の安定は揺らぎ、国民の権利保障が不安定になる。

　しかし、このようなおそれがない場合には、例外的に施行以前に生じた事項への適用が認められることがある。このような法律は、**遡及効**があるという。

人がある行為をなした後で、法を制定し、その行為を犯罪として罰することができるということになれば、国民の自由の保障はきわめて不安定なものとなる。したがって、刑罰法規においては、特にこの法律不遡及の原則が徹底され日本国憲法も「何人も実行のときに適法であった行為または既に無罪とされた行為については、刑事上の責任は問はれない」(**憲法39条**)と規定している。

(3) 限時法(時限立法)

あらかじめ一定の効力期間が付されている法令のことを**限時法(時限立法)**という。行政刑法の分野に多くみられ、定められている有効期間が終われば、限時法は自動的に効力を失う。

これについては、効力期間経過後も有効期間中に行われた行為を罰することができるかという問題がある。外国には、失効後も有効期間中の行為に対しては罰則を適用できるとする、**追求効**に関する規定の例があるが、わが国には追求効を認める一般的規定はない。

(4) 法律の改正・廃止

法律は、制定後一定期間を経るとどうしても社会の実情に合致しなくなるものがでてくる。その場合は、不適合になった法律、不要になった法令を廃すか、あるいは不適合部分を改正しなくてはならない。

法令の改正・廃止は、その法律を制定した者が制定と同一の手続をもって行う。したがって、法律なら国会が、政令なら内閣が行い、これを公布する。

法律は、施行期間の満了であるとか、目的事項の消滅、新法による旧法の廃止などの事由によって廃止される。新法による旧法の廃止とは、一般に新法に規定を明示し、旧法の一部または全部を廃止する旨を明らかにすることである。

また、同一の事項について新法と既存の法が抵触する場合は、特に規定をおかなくても、その部分について旧法の規定は廃止されたものと認めるべきである。

（5）経過法（経過規定）

新しく法が制定されたり、改正されたりしたときに、以前の秩序から新しい秩序への移行をスムーズに行うため、一定の経過措置をとることがある。これを**経過法（経過規定）**という。

3）人に関する効力

（1）属人主義と属地主義

法の人に関する効力について問題になるのは、誰がその法の適用を受け、誰が除外されるのかいうことである。これに関しての大きな区分けが、属人主義と属地主義である。

属人主義とは、ある人の属する（国籍をもつ）国の法律を、その人がどこにいようと適用しようとするものをいう。**法の効力範囲の基準を人におくもので、国民はその所在にかかわらず自国の法の適用を受けるという考え方**である。

属地主義とは、ある国の法律を、その国の内部では、自国人・他国人を問わす適用しようとするものを属地主義という。**国家の領土の範囲を、法の効力の範囲**とする考え方である。

（2）人に関する効力の考え方

歴史的にみれば、人に関する効力の考え方は、**属地主義から属人主義へと移行してきた**ということができる。現在でも多くの国が、原則として属地主義を採用している。しかし、完全に一方だけに偏ってしまうと不都合もでてくるため、属人主義を加味した例外を設けているのが一般的である。

（3）治外法権による例外

各国の君主などの国際法上の特別な身分や資格を有することによって在留国の法の適用を受けない法的地位を有する人々は外国の法の適用地域内にあっても、**治外法権**として国際法の規定に基づいてその国の法の適用を受けない。

（4）法の規定による例外
　身分関係の法、国外犯などは、日本国民が外国にいるときでもその法の適用を受けることになる。

（5）特定の身分に基づく例外
　天皇、摂政、国務大臣、国会議員の在任中は訴追に関する例外である。

4）場所に関する効力
（1）場所に関する法の効力の原則
　一国の法の効力はその国の領土全域に及ぶというのが、場所に関する法の効力を考えるときの原則である。ここでいう**領土全域**とは、国家が領有する陸地（河川・湖沼を含む）、領海、領空をすべてさしている。

（2）場所に関する法の効力の例外
　（1）の原則には、次の2つの場合の例外がある。

A）人に関する効力のところでみた属地的な考え方に基づいて、その法の適用範囲が領土外に広がる場合

　たとえば、刑法1条2項には「日本国外にある日本船舶又は日本航空機内において罪を犯した者」についても、刑法が適用されるとあるが、これなどは好例である。

B）法自体が一定の制限された場所を対象としている場合

　法例の中には、領土全域に適用されず、限られた一定の地域にのみ適用されることを予定しているものがある。たとえば、憲法95条に「**一の地方公共団体のみに適用される特別法**」とあるが、ここで予定されている特別法は、法の場所に関する効力の原則に反して、限定された地域においてのみ適用されるものに該当する。具体的な例としては、罹災都市借地借家臨時処理法などがそうである。

9．法の適用

1）法の適用とは

個々の具体的な場合にあてはめて法令の効力を現実に発揮させることを、**法の適用**という。

慣習法やその他の不文法の場合には、その法が存在するということ自体が、実際に法が適用される状態にあるということと同義だが、成文法の場合をみると、法の制定、施行という手続を経てはじめて法が適用される状態になるといえる。

2）事実の確定と法の検認

法が定めるところは、一般的・抽象的なかたちをとることが多いので、具体的にある事実に関して法を適用するためには、まず、その事実を確定しなければならない。まず具体的な事実を確定し（**事実の確定**）、次にそういう事実を予定して法律上の効果を定めている法があるかどうかを探しだし（**法の検認**）、そういう法があれば先に確定した事実をそれに**あてはめて**法律上の効果を導きだすという順序で、法の適用はなされる。いいかえると、法を**大前提**とし、確認された事実を**小前提**として、**三段論法**によって**結論**を出すことが、法を適用するということなのである。

法の適用は、広い意味では日常の社会生活でたえず行われているといえるが、その典型的なものは裁判所における**裁判**にみられる。

10．法の解釈

法の解釈にはどういう方法があるのか、以下に説明しよう。

法の解釈とは、抽象的に規定されている法の意味内容を明確化することにあるといえる。そのために法の解釈が必要となるのである。

ところで、法は人間によって制定されるものであるから、完全無欠な法を期待することはできない。しかし、法はある程度将来を予測して制定されるものである。しかし、世の中に起こる事件は多くあるため、起こりうるすべ

ての事件を予め規定することは不可能である。したがって、法の解釈は、法の不備あるいは欠陥を補うことでもある。

　ここで解釈が必要となる例をとりあげてみよう。

　「人を殺した者は、死刑又は無期若しくは5年以下の懲役に処する」（**刑法199条**）という規定は、一見簡単な条文のように見え、何の解釈の余地もないように思える。しかし、この条文を実際に適用する場合にはいろいろ疑問が出てくるのである。たとえば、具体的な事案に対処するには、まず、これらの「人」を具体化する作業が必要となってくる。すなわち、「人」とは何をいうのかという点に解釈が必要となってくるのである。被害者が大人である場合はよいとしても、では生まれたばかりの新生児はこの規定にいう人に含まれるのかどうか。同じ「人」という概念にしても、民法と刑法とは違うのである。たとえば、胎児から人になるのはいつかという場合に、民法では母体から赤ん坊が生まれて全部露出した場合に、はじめて人になり、法律上の権利能力を取得する。したがって、それまでは人ではなくて、胎児であるというふうに考えているのである。ところが刑法の場合は、人ではない場合には、これを殺しても堕胎罪になるわけだから、いつから堕胎罪ではなく殺人罪になるのかという区別をしなければならない。心臓マヒで亡くなっていることがはっきりしている人を殺した場合にも殺人罪が成立するのかどうか。Aを殺すつもりでピストルを発射したところ、BにあたってBが死亡した場合にはBに対する殺害行為は殺人罪か過失致死罪か。AはBを殺したつもりでいたが、Bはけがを負っただけで、その後、医師の手当てが悪くて死亡した場合はどうか…というように疑問が次から次へと出てくるのである。これらの疑問が生じた場合、刑法199条の殺人罪の条文の背景にある**法の真の意味**はどこにあるのか、つまり、どういう行為を殺人罪として処罰することが法の目的であるのかということが探究されなければならない。つまり、その法の目的なり、趣旨なりを考えて、いったいどういう解釈が適当であるかを探究していかなければならないということである。このような態度がすべての法を解釈する正しい態度であるといえよう。すなわち、これが法の解釈である。

　ところで、私たちが、社会生活において使用している言葉の解釈と法律で

使用する**言葉の解釈**が異なる場合が多い。

　たとえば、刑法235条の窃盗罪について、「他人の財物を窃取した者は窃盗の罪とし、10年以下の懲役又は50万円以下の罰金に処する」と規定している。ここで「**財物**」という言葉をとりあげて解釈してみると、一般的な解釈では、品物とか金と解する。これに対して法の解釈では「財物」とは有体物と解されているが、物理的に管理が可能であれば無体物も含むとするのである。たとえば、電気とかエネルギーなどがその例である。

　次に他人の財物の「の」とはどんな意味があるのか。

　一般的な解釈では他人と財物との間にあって両者の関係を示すものであって、所属するという意味である。しかし、これだけでは法の解釈としては十分ではないだろう。法の世界では所属の態様が問題となるのであり、それは**所有権**があるという意味なのか、それとも事実上支配している**占有**という事態を意味するのか、この点が問題となるのである。占有といっても正当な原因に基づく占有なのか、それとも正当な原因にもとづかない占有なのかということである。

　思うに他人の財物の「の」というのは、所有権がなくとも占有をもって足りるものであると解するのが法特有の解釈というものである。

1）有権解釈

　法を解釈する方法としては、大別して有権解釈と学理解釈との二つに分けることができる。

　有権解釈とは法規の意味内容が国家機関によって確定され、あるいは明らかにされることであって公権的解釈ともいわれている。後述する学理解釈とは異なり、有権解釈には強制力、拘束力がともなう。このような有権解釈には立法解釈、行政解釈、司法解釈がある。

（1）立法解釈

　立法解釈とは**国会**の立法によって行われる解釈で、通常は法令の条文によってなされることが多い。代表的なものが法令でもって法令の用語の解釈を定める場合である。たとえば、民法85条は「この法律において『物』とは、

有体物をいう」と定めることによって民法典中の「物」の定義を定めている。また、刑法7条1項の「この法律において『公務員』とは官公庁その他公務員として職務を行う職員をいう」という規定、労働組合法の3条の「この法律で『労働者』とは、職業の種類を問わず、賃金、給料その他これに準ずる週によって生活をする者をいう」という規定などである。

(2) 司法解釈

司法解釈とは、**裁判所**が行う解釈のことである。通常は判決・判例という形で示す。ところで、憲法81条は「最高裁判所は、一切の法律、命令、規則又は処分に適合するかしないかを決定する権限を有する終審裁判所である」と規定し、裁判所に合憲性審査権を与えている。このような理由から、司法解釈は立法解釈及び行政解釈に対して優越した地位に立っていると言えよう。

(3) 行政解釈

行政解釈とは行政機関である内閣その他の行政官庁によって行われる解釈である。行政解釈は行政官庁が法を執行するにあたり、当該行政官庁が自ら解釈を行う場合もあれば、行政官庁が特定の法令の執行にあたり、当該法令の解釈統一を図るために大きな行政官庁に対して示す訓令、指令、通達などの形式で解釈が行われる場合もある。行政解釈は、指揮監督関係にある大きな行政官庁の法的な解釈に誤りがあるときは、大きな行政官庁によって取消されることもある。

2) 学理解釈

学理解釈とは、学者や法律専門家らが学問的見地から行う解釈である。つまり学説によって行われる解釈である。学理解釈には、文理解釈と論理解釈の二つに大別することが出来る。

(1) 文理解釈

文理解釈とは、法文の語句や文章の意味・意義を通常の語法や文章で成り立っているのであるから、その解釈においては、まず忠実にその文字をたどっ

て、その法令の意味内容を明らかにするように努めなければならない。

　たとえば、刑法235条の「他人の財物を窃取した者は、窃盗の罪とし、10年以下の懲役又は50万円以下の罰金に処する。」という規定の「財物」とはどういう意味か、文字の意味からすれば、これは財産的価値のある物ということになるが、では、石ころや砂はどうなのか、あるいは動産の他に不動産はどうなのか。権利はどうかというようなことを探究し、また、「窃取」とはどういうことかということなどを解釈するという。

　問題は、法の語句や文章を通常の語法や文法に従って解釈する文理解釈では、流動する社会の中に生起する事件に十分対応できないということである。このような場合は、文理解釈を捨てて、次の論理解釈に移行し、法文全体の趣旨、法令全体の目的から正しい法分の解釈を導き出すようにしなければならないのである。

　大法学者**穂積重遠**博士の「法学通論」という本の中に、ある学校の玄関に「靴ぞうりの外、昇るべからず」と掲示してあったという例を引いて、博士はこういう文章を杓子定規に文理解釈すると、靴とぞうり以外のものは、誰も玄関を昇ってはいけない、つまり人間は昇ってはいけないということになってしまうと説明した部分がある。博士は、こういう杓子定規の解釈はいけないと説いているのである。このようにあまり法文の文字、文言にこだわった解釈をすると、こんな奇妙な結果になるということである。

　以上述べたように法文を、その結論がいかに奇妙になろうとも、その文字、文言のみに即して、文字どおりに読むのは正しい法律解釈の態度ではなく、最も避けなければならないことである。

（2）論理解釈

　論理解釈とは法令の文字、用語のみにとらわれることなく、いろいろな**道理、理屈**を取り入れて、法を解釈することをいう。法を解釈するにあたっては、文理解釈だけでは妥当な結論を導くことが出来ない。そこで立法の目的、沿革、精神、適用結果等、その他一切の事情を考慮しながら、解釈するのが論理的解釈である。

　しかし、法の解釈はそれ自体が解釈である以上、法文の意味を無視して奔

放な論理的解釈をしてはならないのである。そしてあらゆる論理解釈に共通する事項として、その解釈がはたして社会における**正義と公平の観念**に合致するかどうか、また法の最終目的である**公共の福祉の維持・実現の方向**に合致するかどうかということを検討してみるという態度が必要である。何が社会における正義と公平か、何をもって公共の福祉とみるかは時代の変遷はあるにせよ、また人によって多少の考え方の違いあるだろうが、しかし概論的に言えば、社会における秩序を維持し、かつベンサムが言うところの「**最大多数の最大幸福**」の実現を図るということであろうと思われる。そして、その内容は**健全な社会通念**をもって判断すべきである。憲法12条は「この憲法が国民に保障する自由及び権利は、国民の普段の努力によって、これを保持しなければならない。又、国民はこれを濫用してはならないのであって、常に公共の福祉のためにこれを利用する責任を負ふ」としている。また憲法13条は「すべて国民は、個人として尊重される。生命、自由及び幸福追求に対する国民の権利については、公共の福祉に反しない限り、立法その他の国政の上で最大の尊重を必要とする。」とも規定している。すべての法令は、こういう意味の公共の福祉の維持および実現の目的をもって、その方向に向かって制定されているものである。そうだとすれば、すべての法令の解釈はこのことを念頭において、公共の福祉との適合、社会の公平と正義の観念との合致ということを目指してなされなければならない。したがって、論理解釈はいたずらな現状維持主義でも、いたずらな現状打破主義でもなく、国家社会における**法秩序の維持**と**法の理想の実現**という消極・積極の二面を常にもっていなければならないのである。

　以上説明したように、論理解釈とは、文理解釈とは違って、法令の言葉や文章にとらわれることなく、いろいろのものごとの道理、理屈によって解釈することであり、いわば自由に解釈をするというところに特色があるから、その解釈の方法について特に決まった法則があるわけではない。一般に学者は、論理解釈、拡張解釈、縮小解釈、類推解釈、反対解釈、勿論解釈、歴史的解釈（沿革解釈）、変更解釈（補正解釈）などを行っている。

①拡張解釈

　拡張解釈とは、法令の規定の文字を普通に使われる場合よりも意味を拡げ

て用いることである。たとえば、「車馬通行禁止」という立看板がある場合、車と馬の通行を禁止するものであるが、馬という意味の中に牛もロバも含むと広く解釈するのがこれである。刑法38条3項本文の、「法律を知らなかったとしてもそのことによって、罪を犯す意思がなかったとすることはできない。」という規定の「法律」という言葉について、この意味は国会の議決を経て成立する法律、すなわち狭義の法律のみを指すのではなく、もっと広く、政令、府省令、規則などからさらに地方公共団体の条例規則などを含むと解釈するようなのが、その例である。

また、刑法175条は、「わいせつな文書、図画その他の物を頒布し、販売し、又は公然と陳列した者は2年以下の懲役または250万円以下の罰金若しくは科料に処する」販売の目的でこれらの物を所持した者も同様とする」と規定してあるが、ここで「陳列」とは映画の映写も含まれる（**大判大6．5．19**）とする解釈や、刑法261条の器物損壊罪における「損壊」は、物を物理的に破壊することだけでなく、酒の銚子やすき焼き鍋に放尿することなど、本来の使用に耐えなくする行為も含むとする解釈などは拡張解釈の例である。

②縮小解釈

縮小解釈とは、法文の意味を通常の用例よりも縮小して解釈するもので、制限解釈とも言われている。これは**拡張解釈**の反対の場合として存在するものである。たとえば、「車馬通行止」と書いてあるから、車は通行できないが、しかし乳母車は車であるかもしれないが、通行して差し支えないだろう。つまり、ここでいう車には乳母車は含まないというふうに解釈するのが縮小解釈である。

これは法律の解釈の場合にもしばしば行われる方法である。たとえば、民法177条には、「不動産に関する物権の得喪及び変更は、不動産登記法その他の登記に関する法律の定めるところに従い、その登記をしなければ、第三者に対抗することができない」という規定があり、この規定は登記をもって対抗できる「第三者」の範囲については文言上、何らの制約をおいていないが、登記制度の全体の趣旨から見て、この場合登記がなければ対抗できない第三者の範囲は、全ての第三者ではなく、「登記のないことを主張するについての正当な利益を有する第三者」という意味に限定して解釈するなどは、この

縮小解釈の代表的な例としてよく挙げられている。
　また、刑法235条の窃盗罪における「財物」には、不動産は含まれない。コピー用紙1枚といった価値の極めて低いものは財物からは除外されるといった解釈が縮小解釈である。
③反対解釈
　反対解釈とは、ある法令に規定された事項の反面からそこに規定されていない事項を肯定することをいう。
　たとえば、「車馬通行止」ということになると、歩いている人は通行してかまわないと解釈するのが、反対解釈である。これは法律の解釈の場合にも非常に多く用いられる解釈方法である。
　いくつか例を挙げよう。
　民法737条1項は、「未成年者の子が婚姻するには、父母の同意を得なければならない」と規定していることから、成年の子が婚姻をするときには父母の同意は必要とはしないと解釈するのが、反対解釈のやり方である。
　さらに、憲法は第三章の国民の権利及び義務の章で、たとえば、22条では、「何人も、公共の福祉に反しない限り、居住、移転及び職業選択の自由を有する。何人も外国に移住し、又は国籍を離脱する自由を侵されない」と、「何人も」という言葉を用いているのに対し、25条1項では、「すべて国民は、健康で文化的な最低限度の生活を営む権利を有する」というように「国民」という字句を用いている。
　この両者の対照から25条1項の保障は日本国民のみを対象とし、外国人はそこから除外されるが、22条の保障は、日本国民のみならず、外国人も対象とする、というように解釈するのも、反対解釈である（なお、外国人の人権の問題に対して、このような形式的な解釈をする立場を「**文言説**」という）が、この立場を判例・通説は取っていないことには注意されたい。あくまで、その条文に定められた権利の性質を考慮して、外国人に人権の保障を及ぼすか否かを判断する「**性質説**」が判例・通説の立場である。なぜなら、22条で文言説を採用してしまうと、外国人にも国籍を離脱する自由を認めてしまうことになるからである。外国人がその属する国籍を離脱できる自由があるか否かは、日本国が決定できる問題ではないため、文言説だと解釈に問題が生

じるわけである。

　反対解釈は、論理解釈の中においても、有力な方法であるから、法令の解釈においてはしばしば用いられるものである。

　しかし、この反対解釈は法文に書いていないことを、法文に書いてあることの裏から論証しようとするものであるから、やみくもにこれを使うことはすこぶる危険である。

　したがって、この反対解釈の方法を用いることは、特に注意が必要である。法律家は、反対解釈の論理をふりまわすことを好む傾向があるから、やたらにこれを使うと、その言うところが**詭弁的**なものになりがちで、「**三百代言**」だとか、「**よき法律家は悪しき隣人**」などと悪口を言われることになりやすい。

　いずれにしても、反対解釈というものは、法令解釈にあたっての有力な武器になることには間違いはないが、それを用いるにあたっては、法と正義に照らし、常に**結論の妥当性**の反省が必要だということである。

④類推解釈

　類推解釈とは、ある事柄について、直接規定する明文がない場合に、類似した他の事柄の他の規定を適用して解釈することをいう。前例の「車馬通行止」が馬は通れないのは当然であるから、これから類推して象の通行もいけないと解するのが類推解釈である。

　また、「犬を殺してはいけない」とした場合には、猫も殺してはいけないのかということである。類推解釈によれば、犬は動物であるという一般的な規範の一例なので、猫も動物であるから殺してはいけないと解することができるのである。

　また、刑法134条1項の秘密漏示罪は、「医師、薬剤師、医薬品販売業者、助産師、弁護士、弁護人、公証人又はこれらの職にあった者が正当な理由がないのに、その業務上取り扱ったことについて知り得た人の秘密を漏らしたときは、6月以下の懲役又は10万円以下の罰金に処する」と規定しているが、看護師も医師、薬剤師、同様、医療業務に従事する者であるから、この場合には刑法134条1項を適用して解釈しようとするのが類推解釈である。

　このような類推解釈は民事法では認められているが、**刑事法では類推解釈は認められていない**。なぜなら、**罪刑法定主義**が支配する刑法において、こ

れを認めることは、裁判官や捜査機関が新たな立法を行うことになりかねないからである。ただし、**被告人の利益になる類推解釈は許されている**。

⑤勿論解釈

勿論解釈とは、法文には特に明文化されていないが、事の性質上、そのように理解することは当然であるとする解釈をいう。

たとえば、前記の「車馬通行止」の場合で、馬の通行を禁止するのは、象や牛はもちろん通行禁止であると解釈するのがその例である。

民法で過失が責任を負わせられる場合には、過失よりもっと重い故意は含まれると解するのが勿論解釈である。

さらに、日本国憲法9条1項は、「日本国民は、正義と秩序を基調とする国際平和を誠実に希求し、国権の発動たる戦争と武力による威嚇又は武力の行使は、国際紛争を解決する手段としては永久にこれを放棄する」と規定しているが、国際紛争も何もないのに武力を行使することはもちろんいけないとする解釈も勿論解釈である。

⑥目的論的解釈

目的論的解釈とは、文理解釈や論理解釈を行っても妥当な結論を導き出しえないときは、**法の目的や趣旨**に適合すべく法規の意味内容を合理的に解明し、確定するものである。

たとえば、「人」となる時期、つまり「出生」の時期はいつかについて、民法と刑法とでは解釈が異なる。民法では、母体から赤ん坊が生まれて、全部露出した場合に初めて、「人」になり、法律上の権利能力を取得すると解されている。

これは、権利義務の主体となる時期が明確に定まる必要があるからである。

これに対し、刑法では、母体から全部赤ん坊が露出したときに、人になるのではなく、一部でも赤ん坊が生まれてきた場合には、もう「人」となり、刑法の殺人罪の客体となる。

これは、できる限り早く生命・身体の安全を図る必要があるからである。

このように、法解釈は法の目的に適った方法によって行われる必要がある。このため、この目的論的解釈は、これまで述べてきた解釈方法の中で重要な地位を占めると同時に、法解釈の基礎となるものである。

3 法と権利義務

1．権利の本質

権利の本質については、昔からさまざまな学説があるが、主なものとしては、次のような学説がある。
① **意思説** 法律によって認められた人間の意思の力が権利の本質であるとする考え方。ただし、幼児などの制限能力者の権利については説明できない。
② **利益説** 権利とは法によって保護された利益そのものをさすとする考え方。権利の目的と本質を混同しているとの批判がある。
③ **利益意思説** 権利とは利益を保護するために法によって認められた意思の力であるとする折衷説。
④ **法力説** 権利とは、法上の利益を保護するために、法が認めた意思の力であるとする考え方。

このなかでは、**法力説**が、利益を「**法上の**」と限定したことで、比較的無理が少なく通説となっている。

したがって、**権利**とは、ある行為を行うことができるということを法によって認められた状態、または一定の利益を法の上で主張できる力あるいはその力をもった状態をいうと考えられる。

2．権利の分類

権利はさまざまに分類されるが、法を公法と私法に大別するように、権利もまた公権と私権に大きく分けることができる。簡単にいえば、**公権**とは公法によって認められた権利をいい、**私権**とは私法によって認められた権利である。

1）公権の分類

公権は、国際法上国家がもつ権利と、国内法上の公権に分けられる。国内

法上の公権は、さらに国家公権と国民公権の2種に分類することができる。

(1) 国家公権
　国や地方公共団体が統治の作用としてもっている権利。
　立法権、行政権、司法権、財政権、刑罰権、警察権など

(2) 国民公権
　統治される側の国民および地方住民のもつ権利。
　国民公権は、その内容から、自由権、受益権、参政権の3つに大別される。
ア．自由権
　　国民が一定の範囲を超えた国家の介入や干渉を排除し、各人の自由を確保する権利。
　　例　言論の自由や財産の不可侵などを求める権利
イ．受益権
　　国民が国家や地方公共団体に対して特定の行為を要求する権利。
　　例　訴権や請願権のほか、施設の利用などを通しての積極的な受益なども含む。
ウ．参政権
　　国民・住民が進んで政治に参加する権利
　　例　通常の選挙権のほか、憲法改正における国民投票権、公務員選定罷免権、最高裁判所の裁判官国民審査権、地方特別法に対する住民投票権などがある。

2) 私権の分類
　私法上の権利である私権も、さまざまな分類が可能である。これを大きく分けると、**権利の内容（目的）**を基準とした分類と、**権利の作用**を基準にした分類の各グループになる。

(1) 内容（目的）による分類グループ
ア　人格権

人格の保障を目的とする権利であり、その性質上権利者自身と切り離して考えることができない、**一身専属権**である。
例：生命権・身体権・自由権・名誉権など

イ **身分権**

親族・親子・夫婦など、特定の身分関係から生じる利益を目的とする権利で、これも権利者自身と切り離すことのできない、**一身専属権**である。
例：親族間の扶養請求権や相続権、夫婦間の同居請求権など

ウ **財産権**

経済的・財産的利益を目的とする権利で、他人に譲渡したり、相続の対象としたりすることができる**非一身専属権**に分類される。
例：物権、債権、無体財産権、社員権

(2) 作用による分類グループ

ア **支配権**

権利の客体を**直接支配**する**排他的**な権利。
例：物権、無体財産権（特許権、著作権など）、親権など

イ **請求権**

特定の他者に対して、ある行為をなすこと（**作為**）、またはしないこと（**不作為**）を請求できる権利。
例：債権、損害賠償請求権、物権的請求権など

ウ **形成権**

相手方の意思にかかわらず、権利者の**一方的な意思表示**によって、**一定の法律関係を発生・変更・消滅**させることができる権利。
例：取消権、追認権、解除権、相殺権など

エ **抗弁権**

法律行為の相手方の請求権に対抗して、その請求を拒絶する権利。しかし、これは相手方の請求権を一時的に阻止するためだけのもので、請求権自体を変更したり、消滅させたりするものではない。
例：同時履行の抗弁権、催告の抗弁権、検索の抗弁権など

3．義務の概念

1）義務とは
義務とは、ある行為を行うべきこと、または行うべからざることを、法によって命ぜられた状態をいう。これは、ある行為をなすこと（**作為**）、またはしないこと（**不作為**）についての、法律上の拘束であるともいいかえられる。

2）義務の分類
（1）公法上・私法上の義務
義務も権利と同様に、その義務を命じている法が、公法であるか私法であるかによって、**公法上の義務**と**私法上の義務**に分類される。

公法上の義務の例としては、子女に普通教育を受けさせる義務、納税義務など、私法上の義務の例としては、損害賠償義務などがある。

（2）作為義務と不作為義務
義務の内容が、作為であるか不作為であるかによって、作為義務と不作為義務に分かれる。

作為義務の例としては金銭支払義務、不作為義務の例としては競業避止義務などがある。

（3）代替的義務と非代替的義務
他人が代わって履行できるものかどうかという観点から、代替的義務と非代替的義務とに分かれる。

代替的義務の例としては金銭支払義務、非代替的義務の例としては、予防接種を受ける義務などがある。

第2章 哲学者らは「法」をどう考えたのか

Gnothi Seauton
「汝自身を知れ」

Cogito, ergo sum
「我思う故に我あり」

ソクラテス（紀元前469頃～紀元前399）

1．ソクラテスの暮らしたアテネ

　当時のアテネでは、**ソフィスト**（知恵者という意味）と呼ばれている職業教師が活躍した。彼らは諸国を遍路した幅広い教養の持ち主であり、市民たちに高額の授業料を徴収して弁論術を中心に立身出世に役立つ知識を教えた。彼らは白を黒と言いくるめる術を教える「**詭弁家**」と呼ばれた。
　ソフィストの代表的な人物がプロタゴラスである。
　彼は「**人間は万物の尺度**」である。という言葉を残している。「**人間**」とは「私個人」のこと。「**万物**」とは、「この世に存在する全てのもの」といったことを意味する。「**尺度**」とは、一種の基準、物差しのようなものである。彼の言葉をやさしく説明すると「**この世の中にある全てのものの基準は私個人にある**」のだということである。
　すなわち、プロタゴラスは、個々の人間の判断こそが、ものごとの真意や善悪を決める基準であって**万物を貫く普遍なる真理などは存在しない**と考えたのである。例えば、善と悪といった判断は私を基準にして決定されるということなのである。もう少し分かりやすい例をあげてみよう。冷たい風とか暖かい風とかいうものは風自体の在り方ではなく、それを感じている各人の知覚に依存するということである。同じく、同じ食べ物を食べて「甘い」という人もいれば「辛い」という人もいる。感じ方は人によって様々なのである。
　そうだとすると、**いつでもどこでも通用する絶対的な価値などない**のである。このような考え方を**相対的価値**という。すなわち、ソフィスト達は、各人のそれぞれの価値尺度が真実であり、誰もが受け入れなくてはならないような絶対的価値などはないと考えたのである。
　プロタゴラスを含むソフィストたちの思想をまとめると、客観的、絶対的な真実など存在せず、人それぞれの解釈があるだけだというのであり、その結果「真実を求めること」ではなく、「**議論に勝つこと**」が学問の目的であり「よいこと」であるという考えが社会に広がっていった。一方、いつでも

どこでも誰にでも当てはまる審理はないという立場の相対主義やゴルギアスのどんなものであろうと疑おうと思えば疑える以上、この世に普遍妥当する真理は存在しないのだという**懐疑論**では、社会秩序が成り立たなくなり、ポリスの崩壊を招くとして、ソフィストたちの「白を黒と言いくるめて相手を負かすことだけを目的とする弁論」は詭弁術であるとソクラテスはこっぴどく批判するのである。

2．ソクラテスの「知」とは

　古代の哲学者ソクラテスはこう言い放った。「**無知こそ悪**」であると。ソクラテスのいう「知」とは単に豊富な専門知識を有していることではない。まず彼は「知」とは人間が何をすべきかを知っていることであると考えた。しかし、もとより人間が何をするべきかなど神以外で知る者はいないであろう。そこで、ソクラテスはその探究を行なうことこそが「知」であるとしたのである。

　ある時、ソクラテスはデルフォイのアポロン神殿で「ソクラテス以上に知恵のある者はいないという神託（**デルフォイの神託**）を受ける。彼はその信託を疑問に思い、その真意を探るために、数々の賢者たちと対話を重ねるうちに、ひとつの結論に至る。それが「**無知の知**」である。

3．「無知の知」―「ソクラテスの弁明」

　そして長いあいだ、いったい何を神は言おうとしているのであろうかと、わたしは思い迷っていたのです。そして、まったくやっとのことで、その意味を次のような仕方でたずねてみることにしたのです。それは、だれか知恵があると思われている者の一人を訪ねてみることだったのです。ほかはとにかく、そこへ行けば、神託を反駁して、ほら、この者のほうがわたしよりも知恵があるのです。それなのにあなたはわたしを知者だと言われたというふうに託宣に向かってはっきりと言うことができるだろうというわけなのです。
　ところが、その人物を相手に問答しながら仔細に観察しているうちに、…

この人は他の多くの人たちに知恵のある人物だと思われているらしく、また、とくに自分自身でもそう思い込んでいるらしい。けれども、実はそうではないのだと、わたしには思われるようになったのです。…わたしは、彼と別れて帰る途で、自分を相手にこう考えたのです。この人間よりわたしは知恵がある、なぜなら、この彼も、わたしも、おそらく善美のことがらは何も知らないらしいけれど、この彼は、知らないのに何かを知っているように思っているが、わたしは知らないから、その通りに、まだ知らないと思っている。つまり、このちょっとした差で、わたしの方が知恵があることになるらしい。つまり、わたしは、知らないことは知らないと思う、ただそれだけのことでまさっているらしいのです。（田中美知太郎訳「世界の名著6」中央公論社）

　ソクラテスは、数々の対話の中で「自分が他の人よりも勝っているところがあるとすれば、それは物事の本質を知らないということを知っているところである。」ということを悟る。無知を自覚して初めて、人は素直にこの世界を見つめることができるのであろう。**無知の自覚は先入観の放棄**を意味する。ソクラテスは、自分の心の眼にかけられていた先入観というフィルターを外さなければならないことに気が付いたのである。そして、それはみずからが何者であるかを知ることをも意味する。つまり自己認識である。このような考えは**「汝自身を知れ」**という言葉にもよくあらわれているといえよう。

　人間は物事の本質を知らないにもかかわらず、本質を知っていると勘違いする。そこでソクラテスは、人は無知であることを自覚しなければならないと説く。無知であることを自覚していない人間は、先入観にとらわれてしまっていて、世界を見つめることができないので、自らが何者なのか、自らの役割がいったい何であるのかを見つけることはできないのである。

　無知を知ることが、知の探求の第一歩なのである。「知らないこと」が愚かなのではなく、**「知らないことを知ったかぶる」**ことが愚かなのである。

　無知であることの自覚により人間は「知」を求めようとするきっかけを得るのである。そうであれば、自己認識は個人が自らの生き方を求める上に必要なだけではなく、社会的な場で活躍する人々にとっては、その立場の本来的役割を知ることを意味する。「無知の知」は、真実の知の探究の出発点になる。

4．ソクラテスの基本的立場

　ソクラテスはおよそ次のようなことを教えていたと考えられている。
　「汝、自らを知れ」とは「**身の程を弁えろ**」「**節度を守れ**」、「**分を弁えろ**」という意味があり、与えられた運命や地位・身分・能力を超えてはならないということである。自分自身が何であるかをよく考えれば、心の限界、知識の限界、自分の知っていることの根拠の無さがよく分かってくる。
　また、人間の幸せとは魂を良い状態に保つことを意味しており、そのために何に価値を置くべきかを知る必要がある。
　ソクラテスは、若者たちに、本当の価値を知ったならば、それを実現できるはずであるというようなことを教えていたのである。
　では、何が価値あるものだとソクラテス自身は考えていたのか。それは、真善美である。つまり、「**真の知識**」こそ人間を幸福にし、国家を救うと考えていたのである。真善美は、人によって異なるような相対的価値ではない。**絶対的な真善美**こそ、人間が求めるべきものであるというのが彼の主張である。
　ここで「絶対（的）」「客観（的）」「普遍（的)」といった語句の意味を確認しておこう。
　絶対（的）とは、No.1が2つ、3つ…と多数存在しないことであり、いつでも、どこでも、誰にとってもNo.1はNo.1ということである。これに対して、時間・時代・場所・人によってNo.1が変わることを「**相対（的）**」という。
　客観（的）とは、誰が（いつ・どこで）見ても、聞いても、考えても、同じに見え、聞くことができ、同じ考えになることである。
　普遍（的）とは、すべてのものに共通することが前提にある。したがって、時間や時代が変わっても、場所が変わっても、誰であろうともれなく共通するものごとを意味する。
　ソクラテスの求める**普遍に妥当しうる真理**とは、時代が変わろうとも決して変わらない真理であり、どんな人にも共通して当てはまる真理なのである。
　では、**絶対的真善美**とは何か。それは、時間や場所によって変化しないものである。たとえば、美しい花はたしかに美しくあるが、時間が経てば枯れて腐ってゆく。絶対的な美は永遠に不変でなければならない。このことに気

づけば、自分が美しいと思っていたものが、本物の美でないことがわかる。かくて人間は真善美については、自分が無知であるということを自覚するのである。この**無知の知**こそ、**人間的知**なのだとソクラテスは言う。無知を自覚した人間は、知ることを求める。人は知らないからこそ、わからないからこそ、知りたいという欲求が働くのである。

したがって、自分が無知であることを自覚するようになれば、本当の真理を知りたいと思うようになる。すなわち、普遍妥当する真理を手に入れようと思うならば、まずは自分の無知を自覚しなければならないのである。そのことは、知に対する憧れであり、愛慕である。

それではどのようにすれば普遍妥当な真理を手に入れられるのであろうか。ソクラテスはモノロゴスでは本当の真理は得られないと言う。**モノロゴス**とは独話・私語のことをいう。モノロゴスは自分の頭の中で考える内省であり、聴衆に対する一方的な講話や演説のようなものであるから、モノロゴスでは本当の真理を発見することはできない。

しかし、**ディアロゴス**なら本当の真理を発見できるとソクラテスは言うのである。ディアロゴスとは、理解しあうための議論のことである。このようなわかり合うための議論は「**対話法**」とか「**問答法**」と訳されている。対話や問答は不鮮明なものをより鮮明に、不明確なものをより明確にする。ソクラテスの真理探求の方法である問答法とは、問い手と答え手が同意する自明の前提から出発し、相互に問答の内容を確認しながら進められる議論の方法である。ソクラテスは無知をよそおいながら問答を始め、次第に相手の考え方の矛盾をあばき、相手が自己否定をせざるを得ないように追い込むのである。

このように、ソクラテスのやり方は、**説教**とは異なるものである。説教には考えを一方的に押し付ける傾向がある。一方、ソクラテスの考えでは、人間は誰でも何が正しくて、何が間違っているのかを本当は知っている。だから、問答をくり返していけば、相手の中にある、真実の答えがおのずから明らかになってくるというのである。このような問答法は、真実を対話によって産み出すという意味から「**産婆術**」ともよばれている。これについて、以下で説明する。

5．産婆術〜ソクラテス・メソッド〜

　ソクラテスは街頭に出て対話を繰り返し、「産婆術」（助産術）によって、市民を主観的な思い込みである臆見（**ドクサ**）から解放して回っていた。産婆とは助産師のことである。出産そのものは妊婦の崇高な使命であり、助産師は新たな生命を自ら産み出すわけではない。助産師が妊婦から新生児を取り上げるように、ソクラテスは市民を無知の知の自覚へと導き、そして先入観なく物事を見つめる姿勢を引き出そうとしたのである。

　毛むくじゃらの手足を丸出しにしながら、ハゲ頭にしし鼻、それにタイコ腹というぶ男極まりないいち老人が一人の青年を捕まえては次のような対話（問答）をしている。

老人「友人にウソをつくことは不正であろうか？」
青年「もちろん不正です。」
老人「では、不治の病に冒された病気中の友人に、特効薬を飲ませるためにウソをつくことも不正なのか？」
青年「それは、不正とはいえないでしょう。」
老人「それじゃ、友人にウソをつくことは不正であって不治の病の友人に特効薬を飲ませるためにウソをつくことは不正でないことになるじゃないか。いったいウソをつくことは正か不正か、はっきりしてほしいね。」
青年「もはや僕には分かりません。」
老人「よろしい。よく分った。君は今までウソをつくことは正か不正かを知らなかったくせに、知っていると自ら思いこんでいたのだね。」

　二人の問答は、この後も続くが、最後に青年は、自ら「無知」であったことに気付いたようである。誰しも、ある物事について、誰かから答えを教えられたときではなく、その人自身が自覚的に「知らなかった！」と気付いたとき、はじめて本当のことを知りたいと思うのではないか。ソクラテスが問答法というやり方をとったのは、このことがよくわかっていたからにほかならないのである。

ところで、この老人こそ、知識において最も深く、最も正義感が強く、そして真の意味で最も勇敢な人間として褒め称えられているソクラテスその人である。

　彼はアテネのアゴラで誰彼区別なく市民を捕まえては前述したような問いかけをしかけるので、一部の者からは、「アテネという馬にたかるうるさいハエ」と忌み嫌われていた。そして、その相手を「無知の知」に追い込んでいったのである。ソクラテスはなぜ相手を無知の自覚に追い込んでいったのであろうか。彼は人間にとって最も大切な魂のことについては知らないくせに知ったつもりになっている。彼は「汝自身を知れ」こう呼びかけながらアテネ市民に対してその無知を自覚させることが、自分に与えられた使命であると確信していたのである。

　その意味で、彼は教育者であった。教育とは教え込むことではない。英語で**教育**を「education」というが、これは先にもふれたが、「educe」（引き出す）という言葉から転化したものである。ソクラテスは教育は引き出すこと、真理という子供をはらんだ妊婦（生徒）から、助産婦のように子（真理）を引き出す役目が教師の役割なのだというのである。その意味で彼の問答法は助産術とも呼ばれている。

　ソクラテスは言う。
「お腹がいっぱいの者は食べ物を探さないのと同じように、ある知を有していないのにもかかわらず、有していると思い込んでいる者は知を求めようとはしない。本当に無知を悟った者こそ、本当の知性を求めようとするのだ。」

　ソクラテスのいう「汝自身を知れ」「無知を自覚せよ」という呼びかけは、「自分は知っている」という慢心がある限り、その本あるいは人からは何も学べないというのである。そして、「無知の知」から脱却することによって、真実と虚構、善と悪、正義と不正を区別することによって、自らを知り自制心を持ち、分別をもってふるまうことを学ぶことができるのである。

　先入観を捨て、人々が自らの**理性**（**ロゴス**）によって、真の知恵へと到達するための準備をソクラテスは手伝った。それは、ただ生きるだけでなく「**善く生きる**」ことを目的とした行為なのである。

6．知徳合一・知行合一

　ソクラテスの思考について少し述べたので、彼の考える正義についても考えてみたい。

　ソクラテスが人生をかけて追い求めたものは、他の生物に対して人間が卓越して有しているもの、例えば勇気・正義・節約などの「**徳**」（**アレテー**）であった。ソクラテスによれば「徳」とは魂を善いものにすること、つまり魂への配慮であるとされている。

　魂への配慮とは、「徳」に従って生きることである。この「徳」とは人間固有のもので、**人間的卓越性**ともいえる。そこで、人間はこれら（**勇気・正義・節約等**）が何なのかを知らなければならない。人間が何をするべきかの答えは、この向こう側にある。ソクラテスのいう人間のなすべきことが「知」であるとすれば、この「徳」の探究こそが「知」であり、「知」を欠いた「徳」はあり得ないのである。これは**知徳合一**といわれる。

　ソクラテスの考えからすると、人間が「知」の探究をしないことは人間の本質を追い求めないことを意味する。つまり、これは人間であることを放棄することに他ならないのではないだろうか。人間は人間であるために、徳を探求し、魂を磨いて善く生きることが大切なのである。

　そして、彼はこの「知」を獲得すれば、必ず善い行為が実践できると説いている（**知行合一**）。そうだとすれば、人が不正を行なうという現象は、その人が正しさ（善）を知らないことを意味することになる。

　ソクラテスは、「人はなぜわるいことをするのか」と問い、それはその人が自分の為すことを「本当はわるいことだと知らない」からだと答えた。「**無知がための悪**」である。悪人として裁かれる者も、自らの行いの非を十分に自覚すれば、悔い改めて二度と悪を行わないとソクラテスは信じたのである。自分の行いを心から悪いと思っていながら、なお、悪を行う者はあり得ないと考えるのである。実際、犯罪者の中には、警察沙汰となってはじめて、自分のしたことが悪いことだと気づく者が少なくない。このことは、ソクラテスの答えの正しさを証明しているといえる。

　では、ソクラテスが探究した**正義**とはいった何だったのであろうか。

ある日、ソクラテスが人に殴られたにもかかわらず、殴り返さなかったのを見て、友人の一人がどうして訴えないのかと聞いた。ソクラテスは「ロバに蹴られて、ロバを訴える人がいるだろうか？」とはぐらかした。

　ソクラテスが暴力に対して無抵抗だったのは、彼が体格的に劣っていたからではない（事実彼は非常に屈強な体をしていたといわれている。）。それは、彼が「正義」について革新的な考えを持っていたからである。

7．ソクラテスの正義

　ソクラテスの「正義」とは、不正を行なわないこと、悪を行なわれても悪では復讐しないということを内容としている。悪には悪を返すことが正義ではない。すなわち、正義の人であれば、敵であろうと他人に害をなすことはあり得ないというのである。当時ハムラビ法典にあるように目には目を歯には歯をという応報論が唱えられる中、ソクラテスはいかなる苦難と苦痛の中にあっても正しい行為への絶対的義務があると考えたのである。

　ソクラテスの生きた当時のアテネでは、財産や権力を手に入れることが、善い生き方であると考える傾向があった。ソクラテスと野心家カリクレスとの対話において、次のようなことが語られた。

　カリクレスが強者とは、人々を支配する政治的な権力をもっている人間のことであると主張したのに対し、ソクラテスは自分で自分を支配できる者こそ本当の強者であると反論する。

　そして、彼は次のように述べる。「自らの欲望の赴くまま、たとえ不正を行なっても、その欲望を満たすような生き方はけっして人間として幸福であるとはいえない。地位も財産も、善い魂を持った人間に生かされてこそ、はじめて善いものになるのだ。健康な身体が大切であるように、正しく健やかな魂を持って生きることが大切なのだ。不正を行なって魂を傷つけ、くだらないものにしてはいくら地位や財産を手にしても、決して本当に幸福とはいえないのだよ。不正を行なって自らの魂を傷つけるものは、病気やけがで傷ついた身体を医者にもいかず、放っておくようなものだ。いかなる不正も行わず、正しい健やかな魂をもって生きることこそ、本当の善い生き方なのだ。」と。

8. 悪法も法なり

　また「**悪法も法なり**」というエピソードがある。アテネはその当時かなり退廃しており、国家は悪法により支配されていた。ソクラテスは本人も知らぬ間に、よく知らない者からとある罪で訴えられ、その結果死刑を宣告されたのである。はっきり言ってしまえば言いがかりで死刑を宣告されたようなものである。

　それにしても、ソクラテスはなぜ死刑の宣告を受けなければならなかったのか。「**ソクラテスの弁明**」（以下「弁明」）の中では、訴状の内容について「青年を腐敗させ、国家の認める神を認めずに、別の新しい鬼神のたぐいをまつるがゆえ」と述べられている。しかしソクラテスは「弁明」で、証拠をあげながら、訴状の内容に全く根拠がないこと、そして告訴の真の動機が嫉妬や中傷にあることを訴えている。ソクラテスは、嫉妬や中傷を受けなければならないような言動があったことを、彼自身認めているのである。つまり、人々の嫉妬や誹謗中傷を引き起こした彼の言動が、その過激さゆえに人々から理解されず、そのために死の宣告を招いたということになる。

　「弁明」によると、ことの発端はデルフォイ神殿での神託にあったようである。ソクラテスの友人であるカイレポンが神殿に行って、ソクラテスより知恵のある者がいるかどうか尋ねた。その時に、神から「アテネにソクラテス以上の賢者はいない」というお告げを受ける。これをデルフォイの神託という。友人は大喜びでその神託を伝えにソクラテスのもとに走った。

　ソクラテスは当惑した。友人のその知らせが彼の自尊心をくすぐったことは間違いがない。ソクラテスは真実かどうか確かめたかった。「私は自分のことを何も知らないと思っているのに、神は自分が一番賢者だという。何かおかしくはないか」と。しかし、神が嘘をつくわけがない。

　そこでソクラテスはアテネの街に出て、神託の告げたことが間違いかどうかを確かめるため、アテネで尊敬され「頭がよい」と思われていた詩人や政治家、ソフィストなどを訪ね始める。中でも知識そのものを売り物にしている、プロの知識人と対決した。当時のアテネで最も有名だったのは、「ソフィスト」すなわち「最高の知恵者」と呼ばれていたヒッピアスである。

プラトンの「ヒッピアス」によれば、二人が街なかで出会った時のことである。ソクラテスはヒッピアスに尋ねた。「あんたは知らぬものがないそうだが、美とは何だろうか」。ヒッピアスは答えた。「そんなのは朝飯前だよ。美とは美女のことだよ」。その言葉にソクラテスはひるまなかった。「たとえば美術は美人でもなければ美しい彫刻でもない。私の知りたいのは、美とは何かということなんだがね」とソクラテスは迫った。しかしヒッピアスは、美そのものを定義せよというソクラテスの言葉にまじめに回答できなかった。かといって、ソクラテスを自分の領域に引き入れることもできなかった。ヒッピアスはソクラテスに向かって「いいかげんにしろ、ソクラテス。たわけたことを言うな」と癇癪を起こしてしまった。

　それでは、この対決はソクラテスに軍配が上がったのだろうか。どちらも美を定義することはできなかったのであるから、ふたりは互角だといえるだろう。しかし、ソクラテスは、少なくとも知恵があると思われている人たちは確かに物知りであるが、善く生きるということについて自分が無知であることを分かっていないと考えるのである。デルフォイの神記が言おうとしていた真意とは何か。ソクラテスは思索するのである。

　この点について、プラトン著「ソークラテースの弁明」（新潮文庫）に書かれているので引用しよう。「……略……すると、そのわたしを一番知恵があると宣言することによって、いったい何を神は言おうとしているのであろうか。というのは、まさか嘘を言うはずはないからだ。神にあってはそれはあるまじきことだからです。そして、永い間、いったい何を神は言おうとしているのであろうかと、私は思い迷っていた。そして全くやっとのことで、その意味を、次のような仕方でたずねてみることにしたのです。それは、誰か知恵があると思われている者のうち一人を訪ねてみるのです。他はとにかく、そこへ行けば神記に反駁して、ほら、この者の方が私よりも知恵があるのです、それだのにあなたはわたしを知恵者だと言われた、という風に、託宣に向かってはっきり言うことができるだろうというわけなのです。ところが子細にその人物というだけで、特に名前をあげて言う必要はないだろう。それは政界の人だった男を相手に、これと問答しながら、観察しているうちに、何か次のようなことを経験したのです。つまり、この人は、他の多くの

第2章

人たちには知恵のある人物だと思われているらしく、また特に自分自身でもそう思い込んでいるらしいけれども、実はそうではないのだと思われるようになったのです。そうして、そうなったときに、わたしは彼に、君は知恵があると思っているけれどもそうではないのだということをはっきりわからせてやろうと努めたのです。するとその結果、わたしはその男にも、また、その場にいた多くの者にも、憎しまれることになったのです。しかしわたしは、自分ひとりになったとき、こう考えた。この人間より、わたしは知恵がある。なぜなら、この男もわたしも、おそらく真善美のことがらは、何も知らないらしい。けれどもこの男は、知らないのに何か知っているように思っているが、わたしは、知らないからそのとおりにまた知らないと思っている。だから、つまりこのちょっとしたことで、わたしのほうが知恵のあることになるらしい。つまりわたしは、知らないことは知らないと思う、ただそれだけのことで勝っているらしいのです。そしてその者のところから、また別のもっと知恵があると思われている者のところへも行ったのですが、やはりまた、わたしはそれと同じ思いをしたのです。そしてそこにおいてもまた、その者や他の多くの者どもの、憎しみを受けることになったのです」。

　ソクラテスが名のある人のところを訪ね歩いたのは、自分より知恵のある人間がいることを確かめるためであった。これらの人々は、人から知恵のある人物だと思われていて、また自分でもそう思い込んでいるのだが、しかし実際に会ってみてわかったことは、そうではなかったということである。周りから「知識人」「最高の知恵者」と呼ばれている人たちの多くは、ある特定の技術に関する知識を持っていることは確かだけれど、そのことだけで、自分はすべてのことをよく知っていて「知識人」だとか「知恵者」であるとうぬぼれているだけなのではないか。実は「表面的な知識」や「借りものの知識」を身につけているにすぎないのではないのかということだ。

　ソクラテスは、デルフォイの神託が意味することをこのように考えたのである。これは「無知の知」と呼ばれている。ソクラテスの思想の中でもっとも大切なところである。

　ところで、ソクラテスは、「知者と言われている人は自分でも知恵があると思っているけれども、そうではないのだということをはっきりわからせて

やろうと努めた」(「弁明」)と述べているが、これは「あなたは何も知らないのに、何かを知っているように思っていますが、あなたは本当は馬鹿ですよ」と相手に告げるのと同じことなのである。つまり、無知を自覚していない者は馬鹿であるということである。

　ソクラテスと議論する相手からすればたとえそれが真実であるとしても、このような言動がアテネ市民を怒らせないはずはない。ソクラテス自身もそのことを認めている。「弁明」によれば、「その結果、私はその男にもまたその場にいた多くの者にも、憎まれることになった」と述べている。ソクラテスは、知者といわれている人や権力者から憎しみを買ってしまった。彼らはソクラテスから執拗な攻めにあい、とことんやっつけられ、その憎しみは裁判所への告発につながっていったのである。

　ソクラテスは二つの理由から告発される。一つは、ソクラテスが青年に害悪を及ぼしているということ。もう一つは、ソクラテスは国家の認める神を認めずに、鬼神であるダイモンの類いを祀っているということである。彼だけに通用する独自の知識を広めて、青年に害を与えた罪で彼は訴えられたわけだが、それはかなり主観的な主張だと思われる。なぜなら、青年たちは熱心にソクラテスの話を聞き入っているからである。言いがかりの域を超えていない。もう一つの鬼神ダイモンとは何か。これは実態が何かよくわからないが、学者の中には「それはソクラテスの良心である」と言っている人もおり、今日のような宗教的な神ではないと思われる。

　ソクラテスは訴えられ、結果的には死刑判決を受けることになる。当時のアテネの裁判では、裁判官という職業はなく、市民の中から希望者をつのって、くじ引きで裁判官役を決めていた。ソクラテスの裁判では501名の市民が裁判官役を務めている。そして、多数決で有罪か無罪かを決めるというのが当時のやり方だった。結局は281対220でソクラテスの有罪が決定してしまう。ソクラテスに悪意をもっていた告発者は死刑を求刑した。それに対して、ソクラテスは次のような主張をした。「自分はすべてを投げ打って、知識の中身を問い続けるという神の命じる仕事をやったまでだ。だから私はこの裁判で罰を受ける必要はないんだ」。ソクラテスのこの発言は「反省」の言葉ではなかったから、これを聞いた市民の多くは反発して死刑を肯定してし

まった。ソクラテスは陪審員の神経を逆なでするような弁論を行ったことで、むしろ自ら極刑を招いたといえるのではないか。

ソクラテスは死刑判決を静かに受け止め、裁判の最後の時にさえ、口にしたのは罵言ではなくて**アイロニー**（**皮肉**）だった。毒舌を浴びせ続けたソクラテスの妻のクサンティッペが死を前にした夫を慰めようとしたときにも、彼はユーモアを忘れなかった。「ああ、無実の罪で死ぬなんて！」と嘆く妻に、ソクラテスは「なに？お前はおれが有罪で死ぬ方がいいのかね」と返したと、ディオゲネス・ラエルティオスは伝えている。

また、こんな発言もしている。「一つだけお願いがある。私の息子たちが大人になり、自分の魂を磨くよりもお金もうけに走り、本当の知識ある人物になるように努力をせずに、たいした中身もないのに知識があるような顔をしていたら、どうか厳しく叱って、私がきみたちを悩ましたように悩ましてくれないか。それをしてくれた時こそ、私も息子もきみたちが私たちにようやく正当な扱いをしてくれたと心から受け止めることができるだろう。別れの時が来た。私は死ぬために。きみたちは生きるために。でも、今後どちらがよりよい運命に出会うかは、神以外には他に誰もわからない」と。

そこで、ソクラテスをよく知る友人が死刑執行の前日、ソクラテスの牢屋を訪れ、ここから逃亡するように促した。すでに逃亡の手筈は整っており、ここを抜け出してほとぼりが冷めるのを待つようにと。しかし、彼はこう言って、この申出を断った。

「国を善くすることに関わってきたのに、国の状態が不愉快なものになったからといって国の法律に従わないというのは正しくない。」

不正とは「injustice」と書く。「jus」とは法のことである。「tus（tice）」とは「適った状態」ということである。「justice」つまり**正義**とは「法に適った状態」のことを言い、「injustice」とは法に背くことを指す。すなわち、不正とは法に背くことなのである。つまり、ソクラテスの「正義」は、たとえ法律とそれに基づく裁判が不当でも、法に従うことによって達成されることになる。彼によれば、人間にとって一番大切なのは悪法であっても法律と秩序に従うことなのである。これは、とにかく法に従わなければならないという消極的な姿勢ではない。ソクラテスは次のように考えている。

祖国が悪法に支配されているからといって法律に従わず、善い法律の支配する他国へ逃亡したとして、その他国で正しい生き方はできるのであろうか。正しい生き方とは正しいことを主張し行うことであるとすれば、すでに法律を破っている人が、一番大切なものは法律であると主張することはできない。
　かくして、ソクラテスは祖国にとどまり悪法であっても法律を守るべきという信念を貫き、甘んじて死刑を受け入れ、命を燃やしたのであった。
　それにしても、ソクラテスはなぜ死を恐れなかったのだろうか。ふつうの人にとって死は忌むべきものであり、また恐ろしいものであった。しかし、ソクラテスは死を恐れなかった。それはただソクラテスが勇気のある人だったからではない。ソクラテスにとっては、死とは魂が肉体から解放されることに他ならなかったからである。
　この点につき、詳しくはプラトンの著「パイドレ」の対話篇の中で、ソクラテスの死に対する考えが述べられている。ソクラテスは自らの死を前にして、知を愛する者は死を恐れる必要がないこと、むしろ死を好ましいものとして受け入れていること、そして知を求めるということは死ぬということを練習することに他ならないことなど、刑死の日の早朝に集まった弟子たちに、死に対する考えを回想の形式で淡々と説いて聞かせているのである。では、なぜソクラテスは死を好ましいものだと考えるのか。
　ソクラテスは、知を求める人は肉体との関わりからできる限り自分を解放しなければならないと考える。肉体を解放しないと、たとえば衣食や異性だとかに心が奪われてしまうことになる。肉体は真理を認識することにとって邪魔者でしかないのだ。
　感覚は時々、私たちを欺き、物事の真実を正しく伝えることはない。たとえば、太陽は地球の周りを周っていると考えられてきた。しかし、そうではないことがだんだんとわかってきた。つまり、あらゆる感覚は「見せかけ」であって、つねに「欺かれる」可能性がある。これを時間軸で考えると、たとえば、水は寒いと凍り、熱いと気体になるが、では、どれが水の「本当の姿」なのか。このように、感覚はあてにはならないのである。
　もう一つ取り上げてみよう。認識に時間軸を入れると、本当に存在するものが何かどんどん変化していくことである。**ヘラクレイトス**は言った。「誰

も同じ川に二度入れない」。彼は**万物流転説**だから、このことは当然である。彼の弟子のクラチュロスはさらに言った。「誰も同じ川に一度だって入れない」。

そこで、むしろ本当に存在するものは感覚の流れの向こう側にある、何か永遠不変のものではないかという考えが出てくるのである。それゆえ、思惟の働きによってのみ、物事の正しい姿を把握できる。思惟が肉体に煩わされることなく、純粋に機能するとき、私たちは物事の真実性をとらえることができるのである。

しかし、私たちは生きている限り、肉体から完全に離れることはできない。たとえば、病気をしたり、事件・事故などのトラブルに巻き込まれたり、日々様々な出来事に遭遇する。これでは知恵の探求どころではないだろう。また、衣食や異性に関することなど、世の中には、肉体の欲望を刺激するものがあふれている。それゆえに、知を求める者は、魂を肉体から完全に切り離すことによって、死を恐れることなく、むしろ死を好ましいものとして受け入れるのである。このような理由から、ソクラテスは国外逃亡などせずに、極端な死刑判決を甘んじて受け入れ、自ら毒にんじんを飲んで命を絶ったのである。

悪法も法であり、それに従うのは市民の義務であると主張して、脱獄の申出を受けてソクラテスはこれを頑として受け付けなかった。その理由はなぜか。

第一に、ポリス（都市国家）の命令は絶対であり、法は神聖である。法はこれまで、自分を育て、保護してくれた。その恩恵に浴してきた自分が都合の悪い時（死刑判決）だけそれを破るというのは一貫性がなく不正義である。自分がアテネ市民として国法に同意して、その保護下に生きてきている以上、その法に従うことは「よき市民」であるための義務である。よしんば、その法が悪法であるとしても、または間違っているとしても、逃亡という不正な行為で法に仕返しをするのは間違いであり、絶対にポリス市民たるもののするべきことではない。

第二に、判決は間違っていたとしても、それは国法そのものの誤りではない。衆愚政治の中で、堕落しきった市民から加えられた不正な行為なのである。その不正を否定することは自分の本意ではない。

第三に、アテネの法によれば市民は8歳になれば、その法に不満なものは

いつでもアテネを去る権利を与えられている。それにもかかわらず、その自由を行使しないで70年以上もアテネに住んできたのは、その法を認め従うことを約束したからである。

したがって、いまさらその法が悪法であるからといって、その法を破ることは契約違反といえよう。契約違反は何よりも悪である。

ソクラテスは、ざっとこのような理由を述べて、弟子であり、友人であるクリトンの脱獄の申し出を断り、死の道を選んでいったのである。

ソクラテスの「大切なのは単に生きることではなく、善く生きることである」との言葉は、実はこのとき述べられたものである。

このような徹底的な無抵抗主義というものには、当惑と疑問を感じるであろう。無抵抗で暴力を受け、殺されてもよいのかと。そうだとすれば、ソクラテスのいう理想はやはり理想でしかないのではないかと。結局ソクラテスは不正なことをしてはならないということがなぜ無条件に確実であるかを学問的に証明することはできなかった。しかし、いかなる苦難と苦痛の中にあっても、彼は不正を行なわず正しく生きることを選択した。正しい行為への絶対的な義務があるということは、ソクラテスにより発見された真理であった。

このような「**善く生きる**」という自らの信念を最後まで貫いたソクラテスは、真理を探究することの真剣さを戦争後の荒廃したアテネの人々の心に、そして我々にいかに生きるべきかを自らの命をもって問いかけた。彼はそれを神の命令と考え、この町のために死んでいったのである。

つまり、ソクラテスにとっては、死刑を受け入れるということが「善く生きる」という信念を貫徹する道だったのである。もしこのとき、彼が逃亡していたならば、ソクラテスという名は歴史に残りはしなかったであろう。

このソクラテスの思想は、人間の生き方の普遍的な原理を求めるものである。今日実社会で生き抜いていくためには、若干刺激の強いものではあるが、立法国家に生きる我々に対して、一つの指針を提示するものであるだろう。

プラトン（紀元前427年～紀元前347）

1．ソクラテスの継承

　ソクラテスは「勇気とは何か」「正義とは何か」「善とは何か」を問いかけて回ったが、しかし結局、それらが何かについて、自らは語らず終わった。
　プラトンは、師であったソクラテスの「～とは何か」ということを説明しようとした。そのため考え出されたのが**イデア論**である。
　ソクラテスの弟子にして、ギリシャの最大の哲学者の**プラトン**。彼はソクラテスの考えをさらに深め、ソクラテスの「勇気とは何か」「正義とは何か」「善とは何か」というテーマを追求した。ソクラテスは「書いた言葉は対話にならない」と言って、著作物を残さなかったが、プラトンはソクラテスに代わり、師を主人公とする**対話篇**を多数書き残した。その著書はプラトン自身の思想の結実でもあった。教育にも熱心で、アテネ郊外に学園**アカデメイア**を設立し、天文学をはじめ、様々な学問を教えた。
　プラトンの哲学の中心は後述するイデア論である。では、なぜプラトンはイデア論を唱えたのか。プラトンはこの世界がどのようにして生じ、どのように成り立っているのか、つまり、**世界の根拠（元のもの）**を明らかにしようとしたのである。この難問に、当時の哲学者は頭を悩ませていたのである。
　哲学的思索といっても、そんなに大げさなものではない。たとえば、変哲もない桜の花を見つめ、花の色について考えてみること、これも立派な哲学的思索の実践なのである。なぜなら、哲学的思索とは、徹底的かつ正確に考えようとするということだからである。目の前の桜の花はやがてしおれて消えてなくなる。しかし、あなたはまたどこか別な場所で、別な形で、桜の花を目にすることだろう。では、消えてなくなった桜はどこへいったのだろうか。また、なぜ、桜の花は別な場所で別な形で現れるのだろうか。要するに変化とは一体何なのかということである。この変化について、ソクラテス以前の哲学者たちは頭を悩ませていたのである。彼らは自然哲学者と呼ばれる人々である。**タレス**（前624～546）は、**世界の根源**は「**水**」であると言った。

彼は、水がこの世界のさまざまな現象を生み出した元のもの（**アルケー**）であり、根拠であると考えたのである。この世界は私たちの目には様々な姿に見えても、みな、水の変化した姿であり、換言すれば、タレスはこの世界を水として考えたのである。

　では、なぜタレスは世界の根源を「水」であると考えたのか。水は液体だが、凍れば固体となる。沸騰すれば気体になる。このように水は一つでありながら、様々な姿に変化する。世界は水で満ちている。海や川や湖だけではない。大地や大気だって水分を含んでいる。加えて、水は私たち人間ばかりか、動植物のすべてを養っている。タレスはこうした水の特質に目を止めたのだろう。

　しかし、この説に弟子の**アナクシマンドロス**が反対した。彼は言う。水には火という対立物がある。水には自然界の多様な現象を説明しつくすことはできない。だから万物の根源（アルケー）は水や火や土といった、特定の感覚物ではなく、そうしたものとは次元の異なるものでなくてはならない。このような理由から、彼は万物の根源を「**無限定なもの**」（アペイロン）であると言った。つまり、感覚的な対立物はみな、この「無限定なもの」から生じたものなのだ。

　ところが、この説には、さらにその弟子の**アナクシメネス**がこう反論した。万物の根源を無限定だと考えるのは、理屈としてはよくわかる。しかし、それは、誰もその存在を確かめることはできない。だから、万物の根源は「**空気**」だと考えたほうがいいのではないか。空気なら誰もが経験的に確かめられるし、また、万物の対称性をうまく説明できる。空気は濃淡により、多様な形や状態に変化するし命の源でもあるからだ。

　「万物の根源は水である」と説いたタレスから始まる自然哲学者たちは、変化する世界の奥にある変化しないものとしての「**根源・始源**」（アルケー）を問うことから始まったのだ。ところで、変化しない何かがあるという考え方は、すべてのものが変化するという考え方と真っ向から対立することになる。

　変化する現象と変化しない原理の両者を結びつけたのが、プラトンである。彼によれば現象世界の中にあるひとつの桜の花が消えても、他の桜の花が現れるのは、桜のもととなる何かが現実から離れたどこか別の場所にあるから

である。桜の花にかぎらず、今、目に見えているものすべてに原型があるからこそ、生成・消滅を繰り返すこの世界は一定の秩序が保たれているというのである。

　少し先走りすぎたようなので話を戻すことにする。

　たとえば、私たちがこの地上で美しいものや善いものを見たとしても、それはただそう見えるだけで、本当の美しいもの、善いものではない、とプラトンは言う。それらのもとになる「**美そのもの**」や「**善そのもの**」があって、私たちの目の前にあるものは、その**模像**（影）にすぎないとプラトンは考えたのである。このような、もとになるものを**イデア**といい、イデアだけが不変で絶対的で永遠なものなのである。つまり、美しい人や美しい景色、美しい音楽といった表現をするとき、人間と景色と音楽に共通するものはないのに、それらのどれをも美しいと私たちが言えるのは、それらの背後に共通して美のイデアを見て取れるからである。しかも、美しい花はいずれ消え去ってしまうけれど、美そのものは永遠に不滅なのである。だからこそイデアが、ものの真実の姿なのだとプラトンは考えたのである。このように視覚や聴覚といった感覚でとらえられない永遠不変の真の実在をイデアという。美そのものは、美のイデアと言い換えることができる。

　こうして、馬には馬のイデアがあり、鳥には鳥のイデアがあり、犬には犬のイデアがあるということになる。問題は、このイデアという考え方はいわゆる普遍概念というものではないということである。イデアは**永遠普遍の範型**とでもいうべきものである。だから、現実の馬が死んでも、鳥が死んでも、犬が死んでも、イデアの馬、鳥、犬は死なないのである。つまり、目にするすべての個物にはイデアが存在するということである。

　ところで、このようなイデアはどこにあるのだろうか。それは私たちの住んでいる世界（**現象界**）を超越した**イデア界**にあるとされている。だからイデアそのものを見たり、触ったりすることはできない。すなわちプラトンは目で捉えることができないイデアの方が目で見ることのできる現実よりも本質的であるという。つまり、プラトンによれば、「この世のものはすべて影のようなもので、本質的には目に見えないイデア界にあるというのである。プラトンは、ソクラテスが問い続けた「その本質とは何か」に対する一つの

答えを出したのである。それが「イデア界」なのである。
　例をあげよう。「老人に席を譲ってあげよう」とか、「身体の弱った母親の介護をしてあげよう」などと言った行動は「善」かもしれないが、しかし席を譲られたくない老人もいるかもしれないし、子供に世話をかけたくない母親もいることだろう。それはその人たちを誤った方向に導いてしまうことになる。つまり、この世界では「何が本当に善なのか」はわからないということなのである。この世界は人それぞれ、状況に応じて変化することだらけなので、常に変わらない「善」なるものはないわけである。けれども。私たちは確かに「善」なるものを知っているはずだとプラトンは考えた。それが何なのかうまく説明はできないものの、「善なる行為」「善なる考え方」などの根本に目には見えない「善」本体が存在していることを確信しているのである。「善」という言葉があるのだから、その本体が存在するに違いない。そこでプラトンは考えた。私たちの世界では見えないし、触ることも、聞くこともできないけれど、善の本体は別の世界にあるのではないか。善い行いの根本には、「善そのもの」が存在するはずである。
　こうして、プラトンはソクラテスの求めている「善」や「正義」などの客観的真理もまた、感覚的な個々の日常行為を超えた別世界に「善のイデア」や「正義のイデア」が存在していると考えたのである。ところで、私たちはどうやって感覚でとらえられない（本当のことである「イデア」を見たり聞いたりできない）イデアを知ることができるのだろうか。プラトンによれば、それは**理性の力**によってなのである。私たちはイデア界を理性で考えることによって、正しい生き方ができるのである。
　問題は、「この世のものはすべて影のようなもので、本質は目に見えないイデア界にある」というプラトンのイデア論である。確かにこのイデア論は魅力的であるが、実際にはかなり無理のある話なのである。
　確かに目でとらえることのできないイデアの方が、目で見ることのできる感覚より本質的であると思う。けれど、私たちの感覚、つまり五感、手で触ったり、目で見たり、匂いを嗅いだり、聞いたり、しゃべったりというのは、全部あてにならないから信用してはいけないのだろうか、ということである。
　確かに「感覚」はあやしい、しかし、一方で「永遠普遍の本質＝本体」が

どこかに存在するというプラトンの説も確実に証明できない。そこで、「この世に確実に言えることは何もない、という考えだけは正しいことになる。

では、感覚や経験を用いずにどのようにして本質に迫ればよいのか。プラトンはこう考えた。それは「理性」を用いればよい。しかし、感覚を一切排除して理性でとらえるということは、換言すれば「見えないものをただ信じなさい」ということになりはしないかということである。

イデアは時間や空間の中に隠れてあるのではなく、**実在的なもの**であると彼は言う。彼によればイデアこそ**真の存在**であり、現実にあるいろいろなものは非存在であるとされる。

プラトンによれば、現実世界はニセの世界だということになる。なぜニセの世界かというと、すべて変質して、滅亡していくことから免れないからである。

結局、プラトンによれば、世界は感覚がとらえる、たえず変化し、やがて消滅していく不完全な現象界と、それらの現象の原型となる完全で永遠のイデア界という２つの世界から成り立っている。これを**二元論的世界観**と呼んでいる。

では、この永遠不滅のイデアと現実の不完全な存在は、どのようにかかわりあっているのか。プラトンは、この２つの世界、すなわち、イデア界と現実界を**エロス**という働きで結びつけたのである。彼は比喩的に次のように語っている。

人間の魂はこの世に生まれる前に、このイデア界に住んでいて、ものの本質を知っていた。しかし、この世に生まれるとともに、肉体という牢獄に閉じ込められ、不完全なものに堕落してしまったのである。その結果、かつて住んでいたイデアの世界でものの本質を知っていたことを忘れてしまったのである。

ところが、現実の世界で善いものや美しいものを経験したり、それに近いものを見たりすると、かつて経験したことや見たイデアを思い起こすのである。これを「**想起説**」というのである。

2．三角形のイデア（洞窟の比喩）

　たとえば、三角形を描こうとするとき、私たちが描く三角形はいろいろな形をしている。それらがどれも三角形であるためには、それらを三角形として成立させている、三角形の本質のようなものがなければならない。それをプラトンは、三角形のイデアと呼んでいる。同様に、この世に正義はたくさんあるが、それらを正義として成り立たせている「正義のイデア」があるに違いない。そのように事物や事象を、事物や事象たらしめている「本質」がイデアなのである。しかし、私たちはイデアを完全に捉えることはできない。プラトンはそのことを「洞窟の比喩」を用いて次のように語っている。

　囚人が手枷足枷で洞窟に囚われているというものである。手足の自由を奪われているため、囚人は洞窟の壁しか見られない。加えて、洞窟の入口と囚人たちとの間には衝立があり、その向こうで太陽を背にした人がいて、操り人形のようにいろいろなものを動かしている。そうすると囚人は、それらの様子を壁に映る影でしか見ることができない。しかも囚人たちは、それらの影が本物だと思い込んでいる。つまり囚人はそれを現実の世界だと思ってしまうのである。

　ところが、何かのきっかけで囚人の一人が縄をとかれ、洞窟の入口に向けて歩き出したとしたら、その人は太陽のまぶしさで目がくらむだろう。しかし、やがて囚人は洞窟の外の世界が現実であることに気づくことにある。そして、仲間たちのもとへもどって、彼らを自分と同じように、洞窟から開放しようとするに違いないのである。プラトンによれば、太陽はイデアであり、影は目に見える現実の世界の事物である。目に見える世界の事物は、このイデアを分有することによって成立しているのである。つまり、正義とか善きものの根源であるイデアを求めていくことが、「より正義である」「より善く生きる」ことであるということになる。私たちの霊魂は、もともと、イデア界にあったものである。イデアを捉えるとき、私たちは、イデア界に憧れ、イデア界を想い起こしているのだとプラトンは説くのである。

　この洞窟の比喩の意味するところは、「真理を語ろうとするものは往々にして迫害を受けることになる」ということである。人は現状に安住しがちな

存在であり、また、人間社会には数々の既得権など、すでに確固として打ち立てられた権力構造がいつの世にも存在する。歴史上、真理を語ることで、閉塞し停滞した現状を打破しようとしたり、権力あるいは権力者を批判したりした者が迫害や弾圧を受けた事例は枚挙に暇がない。

例えば、「それでも地球は動いている」という言葉を残したガリレオ・ガリレイは、地動説を唱えたことで、当時の教会権力から迫害を受けた。また、戦前の日本においても、美濃部達吉（東京帝国大学名誉教授）の天皇機関説や、滝川幸辰（京都帝国大学教授）の自由主義的な刑法学説が弾圧を受けたこともその一例である。そして、現代においても、イラク戦争開戦時に、イラクの大量破壊兵器保有に関して、懐疑的姿勢を示した人々の声は押し殺され、大量破壊兵器をイラクが保有していることを大義名分として戦争に突入した。結果、大量破壊兵器は破壊されずに終わった戦争の傷跡により中東情勢はさらなる混迷を極めている。

プラトンがイデア説を唱えるきっかけとなった、ソクラテスの刑死から二千年以上の時を経ても、未だに人間は権威を盲信し、真理を語ろうとする者を迫害してしまう。このことを見るにつけても、ソクラテスやプラトンといった、先哲の言葉に我々が真摯に耳を傾けなければならないことがわかるだろう。

3．プラトンが考えた理想の国家とは

プラトンは、始めは政治家を志していたが、青年時代に出会った師のソクラテスの刑死が、彼の人生の転機となった。プラトンは敬愛する師匠のソクラテスを死刑に追いやった**アテネ民主制**を心から憎んでいた。知恵のない民衆が国家のあり方を決めるなどとはもってのほかだと考えていたのである。そして理想的な正しい国家や人生のあり方を考えるために、アカデメイアという学校をつくって理想的な人間像を育てる一方、イデア論に基づいた政治改革を志すのである。

一般に人間の魂は、考える働き（**理性**）、欲しがる心（**欲望**）、何かをしようとする意志（**気概**）の3つの部分からなると考えられている。これを**魂の**

三分説という。

　この３つの関係を、彼は御者と二頭の馬によって引かれる馬車にたとえた。白い馬は意志を、黒い馬は欲望をあらわす、そして、理性である御者が上に立ち、この二頭をあやつることで、欲望を抑えて節制させるのである。

　魂の３つの部分が、知恵・勇気・節制という徳をそなえ、それぞれの仕事を果たして、魂が全体として調和のとれた正しい秩序を保つ時、正義が実現するのだと彼は説いた。これに対して、魂の３つの部分の関係が逆転して、理性が統率力を失い、意志が弱体化して、欲望がわがもの顔にふるまって、魂を支配する無秩序な状態が不正である。また、**知恵、勇気、節制、正義**の４つを、人間が備えるべき４つの徳という意味で、「**四元徳**」という。

　プラトンは、魂の三分説をそのまま国家にあてはめた。彼は魂と同じように、国家を理性・意志・欲望にあたる三つの階級に分けて「**理想国家**」の計画を立てた。彼によれば、知恵をそなえた**統治階級**が国家を正しく治め、**軍人階級**が勇気をもって国家を守り、農夫や職人などの**生産階級**（**市民階級**）が節制を保ちながら勤勉に働く。そうなれば、国家の秩序は保たれることとなり、社会全体に正義の徳が実現するとプラトンは考えた。

　わかりやすく説明しよう。非常に頭が良い（「知性」の徳を持つ）人物（哲学者）には、ポリスのリーダー（**哲人王**）となって政治を行なってもらい、また、「勇気」という徳を持ち、体力に自信のある人には軍人としてポリスを防衛してもらい、最後に知性や勇気といった徳には恵まれていない大多数の人々には、農民や職人として、ポリスの生産を支えてもらう。プラトンは、農民や職人には、自分たちの生産したものを大切に扱い、贅沢しないという徳（「節制」）が備わっているという。

　このように、人々がもともと持つ「徳」に合った生活ができるような、また、人々がそれぞれ自分の役目を忠実に果たすようになったとき、国家は全体として秩序ある正しい姿になり、国家の正義が実現するとプラトンは考えた。

　このようにして、理想的国家を実現するための「**哲人政治**」がプラトンにより提唱されるようになったのである。しかし、この「哲人政治」の思想は、理想主義的ではあるが、同時に**民主主義否定**ともいえるものである。プラトンは、師であるソクラテスが無実にも関わらず多数決で処刑されたことから、

理性による支配を望むようになった。それはなぜか、知恵のない民衆が国家のあり方を決めるなどとはもってのほかだと考えていたからである。よって、彼が理想とするのは、知恵を持つ哲学者が王として統治するか、王が哲学を学ぶような哲人政治であった。

そのような理由から、プラトンの政治哲学は、**ファシズムや全体主義を擁護**するものだとして批判されることも少なくない。また、理想の国家がこの世に実在するかということにも疑問が出されるだろう。しかし、プラトンは次のように語っている、「大切なことは、理想国家が現在、また、将来、どこに存在しているかということではない。それがどこに存在するにせよ、わたしはいつも真の国家の精神に即して行動するよりほかないのである」と。

プラトンの時代から、長い時を経て、我々は民主主義国家に生きている。ファシズムや全体主義の時代を乗り越えて、民主主義のもとに現代国家の多くは運営されているが、民主主義には常に、流されやすい大衆の声が政治を誤った方向に導いてしまう**衆愚政治**の危険性というものが潜んでいるのも事実である。したがって、プラトンの議論から現代に生きる私達が教訓として学ぶべきなのは、大衆自身が知恵を身に付けることが必要だということになるのではないか。

アリストテレス（紀元前384年〜紀元前322）

1．プラトン（イデア論）の否定

アリストテレスは、師であるプラトンのイデア論をあっさりと否定する。プラトンは「ものの本質は世界の外側にあり、現実世界の物事はイデアの仮象である」と説いた。しかし、アリストテレスは、イデア論の中心となる概念である、イデアの性格がはっきりないと批判した。なぜなら、イデア界自体が確認できないものであり、もし仮にイデアが本当に存在したとしても、それが一体何の役に立つのかわからないからである。それに、この現実の世界では、次々と新しい物がうまれている。テレビ、冷蔵庫、洗濯機…が登場

してくるのは近代社会になってからのことであるが、それらがあらかじめイデア界にはあったというのは、説明として無理がある。

たとえば、「四足の顔の長い動物」を見て、「馬だ」と認識するとき、イデア論では、その人がイデア界にある「馬イデア」に照らして「馬」というイメージを得ていることになる。しかし、アリストテレスは、そのようなイデア論を持ち出すよりも、「現実の馬」をじっくり観察して、「四本足だ」とか「タテガミがある」とか「ヒヅメがある」とか、そういう馬固有の性質をたくさん集めて「馬とはどういうものか」をきちんと定義した方がよっぽどものの役に立つと考えた。実際のところ、私たちは、四足の顔の長い動物をみているうちに、頭のなかに馬という抽象的な概念を作り、「あれは馬だ」と認識できるようになったというのが妥当ではないだろうか。

そして、アリストテレスは現実世界と別の「イデア界」などというところにものの本質を見出すのではなく、今、見えている個々の事物や事象のなかにこそ、ものの本質が含まれていると考えたのである。この、**ものの本質**をアリストテレスは「**形相（エイドス）**」と呼んだのである。

「形相」とは、簡単にいえば「**かたち**」ということである。「もの」が「かたち」になるには、そのための素材が必要である。この**素材**のことをアリストテレスは「**質料（ヒュレー）**」と呼んだ。「もの」ができる順番としては、「質料」から「形相」ということになる。さらにアリストテレスは、ものの状態をさす言葉を加える。「質料」は「形相」になる可能性があるので、このことを「**可能態・可能性（デュナミス）**」という。そして、現実に「形相」になった状態を「**現実態・現実性（エネルゲイア）**」という。たとえば、種は、質料で、木になる可能態にある。木という形相になった状態が、現実態である。さらに、木は机になる可能態でもある。人間の場合は、霊が形相であり、肉体が質料である。

2．アリストテレスの徳論

アリストテレスは人間としての善いことを実現するために**知性的徳**と**習性的徳（倫理的徳）**に分けた。知性的徳は、**知識（エピステーメー）・思慮（フ**

ロネーシス)・技術(テクネー)などによって成り立つ。たとえば、腕の良い弁護士は法学の知識があり、訴訟(事件)についての判断が的確で弁論がうまい。これは知性的徳がすぐれていることを表す。

　しかし、この弁護士が人柄がよいかどうかは、別の問題である。人柄の善さ、人柄に優れている徳を倫理的徳という。倫理的徳は、善い行いを習慣化(継続)することで身に付く徳のことをいう。アリストテレスは、「人は家を建てることにより大工になり、ピアノを弾くことによってピアニストになる。同様に善き行いを重ねることにより善い人になる」と言っている。

　では、どんな行いが善き行いなのか。その善さとは、**「適度さ」**を指す。適度さとは**「中庸」(メソテース)**のことである。適度さ・中庸さといった徳は**「中間を発見し、それを選ぶ」**ことであり、多くも少なくもなく、極論を避けて物事を選べる能力のことである。いくら善いもの・善い行いでも、それが過剰(過度)ならば不足と同じくらい悪いことになる。なぜなら、何事もやり過ぎたり、足りなすぎるという両極端は不完全なものなので、その中間をいくのが良いと彼は考えたからである。これを**「中庸の徳」**という。ただし、過剰か不足かを判断し、中庸を的確に選びとる能力が思慮なので、適度さ(中庸)には思慮が関与していることになる。

3．プラトンが考えた理想の国家とは

　ギリシャ神話では、**正義の女神をディケー**という。**正義の女神は復讐・裁きの女神でもある**。人間が神から与えられた運命を生きていれば、ディケーは正義の女神となり、それに反した生き方をすれば復讐の女神にも転じ、運命に逆らって生きた人間には罰を与える。アリストテレスもまた、この考えを前提としている。

　アリストテレスは正義を**全体的正義**と**部分的正義**に分ける。全体的正義は法律のように万人に平等に適用される正義である。部分的正義とは、個人差やその場その場の状況に応じて変化する正義である。部分的正義の大前提は公正である。公正とは「誰もが同じ、平等に」という意味ではない。時や場所の変化や個人に応じてものを判断し、調整することを公正というのである。

さらに、部分的正義は、配分的正義と矯正（調整）的正義に分けられる。配分的正義とは、人が努力や能力や実績に応じて地位や名誉が与えられるのであって、誰にでも地位や名誉が平等に与えられるわけではない。このように、個人の能力や実績に応じて地位や名誉や報酬を分配することである。調整的正義とは、本来平等であるべき事柄において不公平が起こったときに利害の不均等を整えることである。たとえば、加害者には罰を与え、被害者には補償をするなど法を各人に公平に適用して利害の調整を図ることがその例である。

以下で具体的にみていこう。

1）配分的正義
　配分的正義とは、**実質的平等**をいう。名誉・財産・その他国民に分けられる配分が、それぞれの価値にふさわしく比例的に配分することをいう。すなわち人間が様々な観点から絶対的に同一に作られていない以上、その人間に応じた取り扱いをしなければならないというものである。不平等なものを平等に扱うのは、かえって不平等であるというわけである。所得の多い者からも少ない者からも同じ税金を徴収したなら、平等意識は育まれないと考えるのである。したがって、配分的正義は等しからざるものを等しからざるものとして取り扱うことである。

　労働関係においては、男女の労働条件に差をつけ、賃金にも格差をつけるのが、配分的正義だということになる。

2）平均的正義
　平均的正義とは、**形式的正義**をいう。当事者の能力・価値・人柄等を一切考慮することなく、すべて等しいとみなした上で、利害を過不足のないように調整する役目を果たす正義である。平均的正義は、すべての人間を差別なく取り扱おうとするもので、これは個人相互間の給付及び反対給付の均衡を得させることを意味する。

　例えば、売買契約においては、商品とその代金が等価値であることが正義である。売主と買主との間には平等な関係が存在するわけである。また、労

働関係においては、給付に応じて対価を支払うべきであり、窃盗・傷害によって被った不正・不法（窃盗・傷害）や損害に対しては、それに見合う対応がなされるべきであるという考え方である。

自分に危害が加えられたり、物が奪われたり、泥棒が盗んだ物を持って行ったりするときに、自分のところに返させたり持ち主の所に戻したり、物を盗んだり、危害を加えたことについて、損害賠償や刑罰による制裁を加えるように働きかけることである。

これは、不法行為をしたことと、それに対しての効果というものが算術的にかなったものか、バランスがとれているかどうかというところに着目している。つまり、**不正や不法に対して、バランスの取れた判断がとれているかどうかということ**である。

ところで、後代の法学者はアリストテレスの正義論を採用して、意義の深い考え方を展開している。

例えば、平均的正義の方は、民法とか商法といったような私法、つまり平等な個人の私的関係を規律する法の分野に妥当する正義であり。配分的正義は憲法とか行政法とかというような公法、つまり支配関係を規律する法に特にあてはまる正義であるというようなことが論ぜられている。

思うに、**そもそも法というものは、この平均的正義と配分的正義という２つの正義の間に正しい均衡をとることが必要である**。そこに、法における正義が実現されるのではないか。

例えば、刑法においては、人間はすべて同一の価値をもっているのであるから、その人の職業や身分や地位や能力というものによって差別してはならない。ある人が一定の地位にあるからといって、処罰が重くなったり、軽くなったりするのは不合理である。すべての人は同一の価値をもっているという立場から、犯罪には刑罰を科されなければならない。これは言うまでもなく平均的正義の要求である。

しかし別の見方に立つと、それぞれの罪を犯した者の具体的な事情を考えなければならないのである。

例えば、同じ物を盗んでも、「レ・ミゼラブル」のジャンヴァルジャンのように子の飢えを救うために、ひときれのパンを盗んだという場合と、自分

が贅沢をするために人の物を盗んだ大泥棒とでは事情が違うはずである。そうだとすれば、やはりそこには配分的正義の考え方がなければならないのである。

このような理由から、いずれの場合も配分的正義と平均的正義が正しい均衡をとって実現されることが必要ではないかと思われる。

アリストテレスは、これら2つの正義は、双方補って完全な正義を形成すると言っている。以上がアリストテレスの正義論である。

しかし、このような正義論は、平等の観念を実質的にとらえようとしたもので、その実質的内容について何かを提示したものとはいえない。確かに正義に対するアリストテレスの説明は、多くの学者の支持するところではあるが、具体的に何が正義かという問題になると、人々の考えは異なるのである。このような理由から、正義はわれわれの互いに理解した上での納得という点において、合法化あるいは目的化する必要があり、そのために正義の実現にあたっては、手続の正当化が極めて重要な役割を果たすことになるだろう。

3）手続的正義

手続的正義は、結論に至る「**手続自体**」が**公正**であることを求める考え方である。

日常生活において「**結果オーライ**」という言葉がよく聞かれる。もはや説明の必要はないであろうが、ある行為を行なった場合に、その過程にいろいろ不都合はあったが、何はともあれ結果が良かったのであるから問題ないという考え方を表した言葉である。

これは日常生活において、良い意味に捉えられることが多いのであるが、法律関係においては、あまり良いこととは評価されない。法律関係においては手続きの適正というものが非常に重要視されているからである。

かつて手続は、内容的な正しさを実現する手段にすぎないと考えられていた。すなわち、手続に違反しても、結果が正義にかなっていれば問題はない。結果よければすべてよしと考えられていた。しかし、手続的正義は結果よければすべてよしという考え方とは切り離して、**公正な手続に従うこと自体を正義**だと考えるのである。

では、なぜ手続的正義は重要なのか。
　一般的に国が究極的に目指すところは**国民全体の幸福**であり、それを「**正義**」であるとして考えてみよう。その正義を実現するためにとった行動の手続が適正なものでないのであれば、その目的達成の過程で、様々な権利や利益を犠牲にすることになり、結局国民の幸福を充足することはできない。つまり、正義とはいえないのである。
　正義は適正な手続きによってのみ達成されるものであり、適正な手続きなくして国民全体の幸せ、すなわちここでいう「正義」は実現されることはない。
　これは民事手続についても要求されるが、特に刑事手続について要求される。刑事手続が国民の生命・身体の自由・財産という権利を奪う可能性を含んでいるからである。
　手続的正義の具体例を考えてみたい。今、ある裁判で無期懲役の判決がでたとしよう。刑事裁判といっても、事件後に証拠を集めて事実を推測していくものであるから、その結論が絶対的真実とはいいきれない。東電OL事件、足利事件のように、間違った判決というものも少なくない。
　しかし、それでも私たちは判決が正しいものとして、それに従うのはなぜなのか。それは裁判が検察側にも被告人側にも偏っていない中立な裁判官によって、合理的で、かつ公正な適正手続に沿って証拠と合理的な議論を踏まえ、検察官の言い分だけでなく、被告人の主張にも十分耳を傾けた審理が行われたからである。
　したがって、私達は、このように不正義が排除された手続によって、裁判が行われるものであるからこそ、裁判が正しいものであるとして、その判断に従うことができるのである。
　思うに、法の世界、法学の世界では、結果が正しいかわからないからこそ、手続の正確さが求められるのである。
　次のような事例はどうであろう。いま、恋人とのデートのため繁華街を歩いているXがいたとしよう。昨今この繁華街で覚せい剤事件が多発しており、警察もその威信をかけて摘発にあたっていた。Xはいかにもスジものの格好をしており、その風体も、匿名の情報筋から寄せられたプッシャー（麻薬の売人）の外見と酷似していた。そこで、警ら中の警察官であるYとZはXを

呼びとめ、ポケットの中身を出すように促した。これに対して、Xは悪態をついて警察官らをからかい、ポケットの中身を提出することを拒んだ。これに激高したZがいきなりXの胸ポケットに手を突っ込んで、Xのポケットの中に入っていた銀色の煙草ケースを取り出し、そのカギを破壊して中身を開扉したところ、そのケースから小分けの袋に入った白色の粉末と注射器が発見され、その粉末は覚せい剤であることが判明した。これを理由にYはXを覚せい剤所持の現行犯で逮捕した。

「なんだ、結局Xは覚せい剤を持っており、犯人なのだから問題はないじゃないか。悪い奴は悪い奴だろ。」と考える方は多いであろう。しかし、この行為を容認することには大きな問題が存在する。

本件の警察官の行為はいわゆる**捜索・差押（刑事訴訟法218条、同220条）**あるいは**所持品検査（警察官職務執行法２条１項）**である。実際これらの手続は私人のプライバシー侵害を伴う行為である。しかも、ポケットの中に手を突っ込んで、その中身を調べるなどということはプライバシーに対する重大な侵害行為である。そうだとすれば、このような行為はおいそれとは認められないはずである。それにもかかわらず、単に「何かあやしい」という理由だけでこのような行為を許し、結果的に犯罪の証拠が見つかれば問題はないということになったらどうなるであろう。

想像してほしい。道行く人すべてが犯罪捜査の対象となり、警察官にポケットに手を突っ込まれても何も言えないということになってしまう。これによって、何か犯罪の証拠を発見するという目的は達成されるであろうが、その結果多くの国民のプライバシーや行動の自由が制約されることになる。これでは、目的は達成できても国民の幸せ、すなわち「正義」が達成されることはなくなってしまうのである。行為の表面的な目的が達成されても、手続的正義が認められない結果、当該行為のよって立つ正当性、すなわち正義が認められないということの代表的な例であろう。

実際、捜索・差押については刑事訴訟法によって厳格な手続が規定されている。すなわち、刑訴法は現行犯逮捕に付随する場合以外においては、原則的に捜索・差押には司法官憲の発する令状が必要であると規定している。いわゆる**捜索差押令状**である。これは憲法31条、同35条から導かれたものである。

また、**所持品検査**を行なうにあたっても、不審事由があり、犯罪防止のため所持品検査の必要性及び所持品検査を行なう緊急性が認められ、検査の手段が具体的状況のもと相当と認められる範囲のものであれば許されるという運用がなされている。

　捜索・差押と所持品検査の違いに関して詳述は避けるが、どちらにせよ捜査活動を行なう際には、慎重にこのような手続きをひとつひとつクリアしていくということが要求される。すなわち、慎重な手続きを踏むことで、相手の権利利益に配慮することになり、当該行為の正当性が担保されるということになるのである。つまり、手続的な正義が達成され、それゆえ当該行為の求める正義も達成されることになるのである。

　先の例で説明しよう。例えば、Xに不審事由が認められるのであるから、警察官YとZは、まずポケットの上から手を触れるなどして、ポケットに何かが入っていることを確認し、粘り強く説得を続け、対象となっている人物の様子などを確認した上で、不審事由が高まれば令状を裁判所に要求して、令状を対象者に提示してからポケットの中に手を入れるということになる。ここまで、手続をしっかり履践してはじめて適正な手続がなされたと評価できるであろう。すなわち、手続的正義が達成されたのである。

　この手続的正義は適正手続きともいわれ、「**デュープロセス**」と表現される。もともと国民の権利意識が高いアメリカで発展してきた議論である。「デュープロセス」に関してはアメリカ合衆国憲法修正5条、同14条に「何人も、法の適正な手続によらなければ、生命、自由もしくは財産を奪われない」と規定されている。アメリカは判例法の国であるが、このデュープロセス条項は、合衆国最高裁判所の判例のなかで、重要な、しかも多様な役割を演じてきた。アメリカのドラマ等を見てもわかるように、アメリカの警察官はひとつひとつ手続きを踏んで、対象者を拘束し、取り調べを行なっている（まれに例外もあるが、それは置いておこう）。その判例法の影響を受けて、日本国憲法にも適正手続について「何人も、法律の定める手続によらなければ、その生命若しくは自由を奪はれ、又はその他の刑罰を科せられない。」（憲法31条）と規定している。

　なお、この手続的正義は刑事手続きのみならず、**行政手続**についてもその

趣旨が及ぶ。行政機関の行なう行政的な行為も結局は手続的正義が達成されていないと、最終的な目的（**正義＝公共の福祉**）は達成できないということである。

例えば、税務署による所得調査や労基署の立ち入り検査についても、適正な手続が要求される。すなわち、令条まで要求されないまでも、事前通知や当該行為に至るまでの判断過程（審査基準）の提示、告知聴聞の機会の付与などが必要となってくる。

我が国では、**行政手続法**が制定され、行政手続における手続的正義に関しても一定の配慮がなされるに至っている。

4）政治学〜政治体制から実現する正義〜

正義を最終的に実現するのは政治であるから、アリストテレスの探求もおのずと政治に向かうことになる。彼は「政治学」の中でどんな国家（政治体制）が良いと考えていたのだろうか。

アリストテレスは、この問いについて、「この政治体制こそが最高である」と自分の信念を主張するのではなく、「そもそも、どういう政治体制がありうるのか、そして、それぞれどんな特徴を持っているのか、まず分析してみよう」と、3つの政治体制を体系的にまとめたうえで、それぞれの政治体制がどう変化するのかを動的に考察する。そして、結論としてアリストテレスは、どの政治体制をも否定した。

（1）君主制（ひとりの王が支配）

支配者がひとりであるため、素早く政治的決断ができ、トップがプラトンの言うような哲人のような存在なら、国家は素晴らしく発展していくというメリットはあるが、そうでない場合は問題である。権力に溺れた王は、独裁政治へと突き進む危険性がある。

（2）貴族的政治（少数の特権的階級が支配）

一部の富裕層が行う貴族政治は、権力が分散して独裁政治を回避することができる。しかし支配者である貴族たちが堕落した場合には、派閥争いや権

力闘争に明け暮れ、本来の政治がおろそかになる危険がある。

（3）民主政治（みんなで支配）
　みんなで国家を支配するため、うまくすれば一番公平な政治決断がなされるというメリットはあるが、大衆というのは一時の感情や欲望に流れやすく、衆愚政治に陥る可能性がある。

5）中庸（メソテース）
　このようにアリストテレスは、政治体制には最良というものはなく、どの政治体制も堕落・腐敗する運命にあると考えたのである。現在、欧米や日本で採用されている政治体制ですら格差を生み出している例をみるまでもなく、最良の政治体制というものは現実には存在しないのである。
　では、どうすれば良いか。アリストテレスはこれらの中間を取ることを薦めている。前述した「**中庸（メソテース）**」という考え方で、「極端なものをとるのではなく、かといって妥協点をとるのではなく、そのときどきの最適なものを選ぶ」という考え方である。すなわち、各政体の堕落形態まで考慮するならば、最もリスクが小さく安定的なのは共和制ということになる。みんなで統治をする共和制（民主主義）は手間もかかるし、ぱっとしない制度だけれども、それでもこれは中庸にかなった穏当なしくみであり、このしくみのもとで人々は善き社会作りに向けて努力すべきだというのがアリストテレスの考え方である。

ベーコン（1561～1626）

1．近代思想の芽生え

　神の時代であった中世が終わり、神と人間が共存していたルネサンスを経て、人間の時代となる近代に突入する。
　人間は科学なるものを手に入れ、それまで神の存在を前提にしないと説明

できなかったことを次々に神の存在の前提なしに説明することになる。
　もともと、人間は神によって自然の支配権を与えられていたとルネサンス期の人々は考えていたが、近代になると教会の権力も弱ってきており、神の存在を疑う人物も現れてきた。
　近代哲学には、**経験論**と**合理論**という２つの流れがある。ここでは経験論の代表的な存在である**ベーコン**と、合理論の代表的な存在である**デカルト**について、述べていこう。まずはベーコンである。
　フランシス・ベーコン（1561＝1626） はイギリス経験論の創始者である。彼の考え方を紹介する前に経験論の定義とその特徴を紹介しておこう。
　経験論とは、知識は経験によって得られるものであり、経験によって得られた知識は確実なものである。という立場である。経験論の特徴は次の三点である。

１）経験を重視すること

　経験とは人間の感覚器官・五感（聴覚・視覚・味覚・触覚・嗅覚）と、外界たとえば外的事物（みかん・バラ・机・いす）とが接触することである。視覚を使ってみかんを見たり、嗅覚を使ってバラの香りをかぐようなことを経験という。

２）観察と実験を重視する

　ここでいう観察とは現象や対象に手を加えることではなく、ありのままに観ることである。自然観察がその例である。実験とは、現象や対象を人為的に操作することである。
　たとえば、雷や雨の発生する環境・状況を設定し、実際に雷を発生させたり、雨を降らせることである。

３）帰納法

　正しい知識を得ようとしても、偏見や先入観、思い込みが邪魔することがある。こうした偏見や先入観などをベーコンは後述する「イドラ」と呼んだ。では、偏見や先入観、思い込みといったイドラを退け、本当の知識を獲得す

るにはどうしたら良いのか、そこで、ベーコンは「帰納法」という方法を提案したのである。

帰納法とは、具体的・個別的事例から抽象的・一般的真理を引き出すことである。例をあげよう。アメリカのリンゴは赤い、日本のリンゴは赤い、中国のリンゴは赤い…。これらは具体的・個別的事例であり、これらから、ゆえにリンゴは赤いという抽象的・一般的真理を引き出すことになる。

さて、彼は、1620年に発表した**「ノヴム・オルガヌム」**という著書で古い考えを批判し、新しい考え方を提唱した。ノブムとは「新しい」、「オルガヌム」とは、「道具」「方法」のことである。つまり、「ノヴム・オルガヌム」とは、**学問の新しい方法や道具とはどのようなものなのかを述べた本**なのである。

ベーコンが批判した古い考え方とは、キリスト教の教義を学問としたスコラ哲学のことである。彼はスコラ哲学の学問、具体的にはアリストテレスの**演繹法**では、新しい知識や真理を手に入れられないということを批判の理由にした。そこで、彼は発見のプロセスを新しい学問方法として、個々の経験や実験、観察から一般法則を導き出す帰納法を評価し、その活用を提唱したのである。

確かに、演繹法は決まりきった知識の再確認には使える。たとえば、「すべての生物は死ぬ」という一般法則に当てはまるものは、すべて「死ぬ」という結論を導き出せる。人間・ソクラテス・ライオン・カラスなどはすべて生物である。従って、「人間は死ぬ」「ソクラテスは死ぬ」「ライオンは死ぬ」「カラスは死ぬ」という命題は全て前提も結論も正しい命題ということになる。

しかし、このような演繹を何度繰り返しても、新しい真理は一向に出てこない。演繹によって導かれる結論というのは、すでに判明した真理の再確認にしか過ぎないからである。ゆえに、ベーコンは学問を停滞させた原因を演繹法にあるとするのである。

それはどういうことか説明しよう。先ほど、「すべての生物は死ぬ」という前提から、人間やライオンなどが死ぬという結論を導き出した。それらはたしかに正しい結論ではある。しかし、「新しい情報」といえるだろうか。演繹法は**「真理保存性」**があると言われる。これは前提に含まれている真理

が、結論にも伝わる（保存されている）という意味である。ということは、「すべての生物は死ぬ」という前提にはすでに「人間（やライオン）が死ぬ」という真理が含まれているのであり、導き出された結論は何ら新たな情報や新発見を生み出してはいないということなのである。新たな情報や新発見がなければ、科学は停滞するのはある意味必然といえよう。

　このような結論になることから、ベーコンは新しい知識を増やし、学問を発展させていくには**演繹法では無理であり、帰納法でなければならない**と提唱したのである。自然界の研究のためには帰納法の活用が必要だと考えたのである。

　帰納法は何らかの独断的な前提から出発するのではなくて、まず実験による観察で確認できる個々の経験的事実を取り出すことから始まる。そしてこの作業を積み重ねて全体に共通する要素を抽出し、最終的一般法則を見出すのである。

　ただし、帰納法による推論は絶対的正しさ・完全な正しさを保証するものではない。帰納法は可能性を示す推論である。このカラスAは黒かった、あのカラスBは黒かった…と観察を繰り返した結果、「すべてのカラスは黒い」と結論を導き出したとしても、白いカラスが見つかってしまえば、その結論は誤りということになる。事実、アルビノ（先天性色素欠乏症）のカラスというのがいて、その色は白いのである。

　このように、帰納法は100パーセントの正しさを保証するものではないが、それでもなお人類にとって有益な推論方法である。たとえば、治療法が確立されていないウィルス性の、感染すれば確実に死に至る病気が世界中に蔓延しているとしよう。この事態に対して、ある科学者がウィルスの遺伝子解析の結果、ある種のワクチンに有効性を認め、それを実際の患者に投与する治験をしたところ、患者Aにも、患者Bにも、患者Cにも、治験に応じてくれた患者全てにその病気の症状を抑える著しい効果が見られた。そうなると、その他の患者に投与しても効果が見られそうである。これが帰納法の考え方であるが、だからといって、患者Xに絶対効くという保証はないし、患者Yに未知の副作用が出る可能性も否定しきれない。それでも、感染した患者の死を防ぐ有力な手立てであることに変わりはなく、人類はそのウィルスと闘

うための有力な手段を手に入れることができたわけである。
　これで、帰納法の有益さがお分かりいただけただろう。帰納法は人間の生活を改善するために科学を発展させる有力な手段であり、だからこそベーコンはその活用を提唱したのである。

2．知は力なり

　人間の生活を改善するために活用できる知識こそが真の知識だとベーコンは言う。ベーコンは「効用のない真理」を追求するスコラ哲学は学問とはいえないと批判する。自然に分け入り観察して自然界の秘密は解明され、いずれ人は自然を支配することもできる。彼は自然を知るには自然に服従しなければならないという。服従するとは、親しくなること、素直になること、思い込みや偏見を持たずにあるがままに自然を観ることである。「自然は服従することによってしか制服されない」と言う。それは、自然を理解するには、自然の秩序をじっくり観察すること以外に方法はないということである。観察とは、自然という神の創造物に対する服従である。加えて、自然の秩序を発見する方法として、ベーコンは「実験」を重視した。

3．真理を受け入れない「4つの敵」がいる

　ベーコンは、この実験と帰納法の活用を妨げる人間の偏見や先入観にも敏感であった。ありのままの自然を観察するためには、正しい観察を妨げる様々な偏見や先入観を排除すべきだと考えた。このような偏見・先入観を**イドラ**と呼んだ（イドラはラテン語であり、「偶像」や「幻影」を意味する。英語の「アイドル」の語源でもある）。ベーコンはイドラには次の4つがあると説明している。

1）種族のイドラ
　人間という種は、人間特有の感覚に基づいて対象を判断する。見るもの、感じるものをありのままの姿だと信じこむ錯覚に陥りやすい。たとえば、棒

を水の中に入れれば曲がって見える。実際には曲がってはいない棒を、視覚は曲がっていると受け止めて見てしまうのである。これを錯覚という。このような錯覚は、人間の感覚機関に備わった人間という種族特有のイドラの一つなのである。

2）洞窟のイドラ

　個人の性格、教育、習慣などによって形成された偏見のことである。私たちが洞窟のような閉ざされた空間の中にいるために、その環境や教育によって身につけたものの見方から逃れていないことを意味する。

　この洞窟のイドラにとらわれている限り、人は正しくものを見つめ、理解することはできず、知的な傲慢に陥ってしまうのである。法学でも、例えば債権者の立場だけでなく、債務者の立場に立って考えること、あるいは、労働者の立場だけでなく使用者の立場やさらには社会全体を通して考える姿勢が求められるということである。

3）市場のイドラ

　人々の交際から生じる言葉の錯覚がある。市場では多くの人が色々な情報を取り交わす。中には誤った情報や根拠のないわさ話もある。このような言葉の不適切な使用から生じる思い込みや誤りのことを市場のイドラという。現代でも、インターネット上で根も葉のない噂や名誉を毀損する内容の書き込みが流布している。いったんそのような書き込みがなされると、根拠がなくても容易に人はそれを信じたり騙されたりしてしまうという例は枚挙に暇がない。

4）劇場のイドラ

　従来の伝統や権威に盲目的にしたがってしまうことを劇場のイドラという。劇で演じられていることを、劇場の観客が真実の出来事であると錯覚するような場合や、登場人物と一体化して泣き笑いしたりするように、その演劇に無批判になっている状態に似たようなものである。

　もう少しわかりやすい例をあげるなら、医師でない貴方が、白衣を着て病

院の中を歩いたとしよう。そうすると、来院患者が見ず知らずの貴方に向かって頭を下げてくることもあるだろう。ときには病院職員までが会釈をしてくるかもしれない。これは、医師の象徴である白衣という権威を人々が無批判に受け入れているからである。

　このように、ベーコンは、人は権威を無批判に受け入れがちで、権威あるものの唱えた学説ならば、批判の対象とすることなく受け入れてしまうような態度から偏見が生じるとしているのである。

　これら4つのイドラは、現代人も抱えている偏見である。**「知は力なり」**という言葉の意味するところは、先入観を捨てることで新たな知識を獲得し、世の中を進歩発展させていくべきということである。イドラを捨て去って、物事に先入観を抱かず、観察・実験を通して多くの事例に当たり、それらの現象の中にある共通の本質という新たな知識を引き出していく、それがベーコンが活用を提唱した帰納法である。帰納法によって求めるべきものは「形相」であると彼は言うのである。アリストテレスはものの生成の理由として「四原因」を挙げたが、ベーコンはそのうちの「目的因」を排除し、形相因・質料因・作用因に限定したのである。これはものの変化を規則的・数値的なものとする**「機械論的自然観」**に近い考えといえる。一方で、形相とは質量が運動の原理として「欲求」するものとも考えている。これはルネサンス期に主流だった「生命論的自然観」の色彩を遺した考え方だった。こうしたベーコンの考え方は、近代の科学的思考の形成に哲学的な根拠を与えることになったのである。

5）イドラと帰納法について考えてみる

　今の時代、意外に帰納法的思考が不足しているのではないか。

　車中で足を拡げてシルバーシートに座っている若者を見ては、「今の若い者は老人に席をゆずろうとすらしない」とか、レストランで騒いでいる子供を見ても「今の若い親は注意をしない。他人の迷惑をかえりみない。実にけしからん。」などと話す中高年の人がいる。しかし、それではあまりに事例は少なすぎるだろう。あるいは、近所の若者が挨拶をしなかったことに腹を立て、「今どきの若者は挨拶もできない。」などと決めつけるのも軽率な判断

だろう。ベーコンであれば、こういう中高年の人たちに対し、「それはイドラだろう。もっとたくさん、しっかり見てから判断すべきだろう。」と言うのではないか。

　もっとも、どれだけの数を見たり経験したりすればよいのか、とう問題はあるが、できるだけ多くの事例をといわれても限度はあるだろう。そうしてみると、ある程度のところで、ある程度の法則を導き出して、その後、不十分な点や良くない点を直して正しくするという方法が現実的であると思われる。前述したように正しい知識を得ようとしても、偏見や先入観、思い込みが妨げとなることがある。このため、こうした偏見や、先入観、思い込みといったイドラに引っかかってしまうと、正しい知識が得られず、適切な判断ができなくなってしまうかもしれない。そうしたとき、ベーコンの思考法は役に立つであろう。つまり、それは思い込みに過ぎないのではないか、それは事例が少ないのではないか、しっかり見て多方面からよく調べ研究したのか、見落としがないか、再検討したか。

　思うに物事を見る目や判断力は、イドラと帰納法を活用することで磨かれるであろう。ベーコンの思想と思考法を学ぶことによって、私たちの暮らしをいっそう実りあるものにしてくれるはずである。

トマス・ホッブズ（1588〜1679）

1．人はなぜ争うのか

　私たちはハチやアリのようにケンカもしないで平和的に暮らすことができないのか。アリやハチの社会では、内乱は起きないのである。理性を持たないアリやハチは平和に暮らしている。人間はなぜあのような動物たちのように平和に暮らすことができないのか。人間は戦争ばかりしている、なぜか。ホッブズはこう問うた。

　ホッブズは次のように答える。

　人間には「名誉」があるからだ。「名誉」を求めて人間は戦い争う。アリ

やハチは集団内部では仲間と戦うことはない。なぜならアリやハチには名誉心がないからからだ。これがホッブズの考えだ。人間にはプライドがある。社会からバカにされて生きるのはつらい。バカにされる対象が自分でなくとも腹が立つ。自分の家族・友人・恋人などがバカにされても腹が立つ。食欲であれば限度というものがある。なぜなら、1日に食べることができる量は限られているからだ。性欲についてもこれは同じだ。このような欲望は身体から発するものであるから、そこにはおのずと物理的な限度というものがある。しかし、名誉・名声となるとそういうわけにはいかない。これには限度というものがないからだ。困ったことに他人の名声が上がると自分の名声は下がる。社会の注目が他の人に集まると、それだけ自分の名声は低くなるということである。それゆえ、名誉を渇望する人々にとっては、いつも他の人のことが気にかかるのである。ここから嫉妬と羨望が生まれるのである。

「人間は名誉と威厳を求めて競い続けると（略）その結果、人間のあいだには、羨望と憎悪が生まれ、ついには戦争になる」

2．人が争う理由

　今、私たちが暮らす社会は、法律があって、警察や裁判所があり、政府や議会がある。盗みをすると逮捕され、監獄に収容される。それを拒否することはできない。なぜか。盗みをした場合、窃盗として処罰されるという法律があるからだ。警察、裁判所といった組織は、刑法に触れる行為をした場合に、監獄へ送る権力を与えられている。

　このような裁判所や警察や法律は、人類社会の最初からあったわけではない。いつからかできたのである。では、こういうものができる以前には人を殺したり、人の物を盗んだりするとどうなっていたのか。警察はない、裁判所もない、法律もない。交通規則がなければ、何をやっても交通違反として処罰することはできない。強盗をしても殺人をしても、法を犯したことにはならないのである。これが「自然状態」である。

　では法律や警察、裁判所が突然なくなれば、私たちはどうなるか。これには2つの回答が容易にできる。

①戦いがはじまり、殺しあう。
②特に変わらない。仕事をし、買い物をし、普通に暮らす。

　①がホッブズの考えであり、②が後で登場するロックの考え方である。
　人はなぜ争うのか、その原因は何か。
　富の希少性、名誉である。まず、富の希少性について考えてみよう。人間は空気をめぐって争うことはない。なぜなら、空気は誰でも自由に手に入れることができるからである。同様に、もし食物が無限にあって、誰でも必要なときに入手できるのであれば、それをめぐって人間は争うことはしない。しかし、この世に食物の量は限られているということになれば、あなたがそれを取れば、私の可能な取り分はその分だけ少なくなるから、私たちはそれをめぐって争うことになる。
　ホッブズはこの希少性論についてそう深くは考えてはいない。ホッブズは言う。食物の生産量・供給量を増やせば、争う必要度はそれに比例して低下する。ホッブズは食物より「名誉」を争いの原因として重要視した。これがホッブズの人間論のポイントとなる。

3．名誉と嫉妬

　ホッブズは、人間が本性的に平等であることから出発する。そして人々の能力は同等であることから、ある特定の人間が他を圧倒する権力や権利を優先的に持つことを否定する。全ての人間は能力が平等であるために、その人が優越する理由がないからである。こう述べても、人間の平等を信じない人がいるかもしれない。しかし、精神的能力を例にとってみても、たいていの人は自分よりも知力が優れた人が存在することは認めても、自分と同じ程度に賢い人がたくさんいることは認めることができず、自分が一般大衆よりも多くの知恵があるとうぬぼれているだけである。と、ホッブズは『リヴァイアサン』でこう書いている。
　私たち人間はどうしても他人とくらべたくなる。それならくらべなければ

良いという人もいる。しかし、それは難しいことだ。そもそも、他人のことが気にならないという人は、人生をあきらめた人なのではないか。人は野心がないと努力はしない。努力しない人間は能力が開発されない。このことについてホッブズは、**「善人は無能である」**と言っている。

　Xが私よりも上にいる。Xが私よりも金持ちとなる。私はそれが許せない。前述のように、人間の能力は大差ない。平等であると思っているからである。能力には大差がないのに、Xが私よりも金持ちであることは許されない。Xは運が良かっただけだ。実力で金持ちになったわけではない。宝くじが当たって金持ちになったにすぎない。そこで私は隙あらばXを倒そうとする。まさにこれが自然状態である。この場合、何をやっても不法ではない。Xを倒しても不法ではないのである。なぜなら、自然状態だからである。

　仮に、人間の能力は平等ではない、と考えたとしても、私はXのことが気にかかるから、Xの幸福を祝福することはない。ここから、嫉妬と羨望が生まれるのである。嫉妬の炎は燃え、羨望が生まれ、殺してしまうまではいかなくても機会あらば自分の手で直接Xを破滅に追い込んでしまいたい。できれば死んでしまえばいいと願うのである。

　ホッブズは、人間は、自分勝手でわがままな利己的な存在だと考えた。**「死に至るまで止むことのない力への欲望」**これが人間本姓である。このような権力欲があってこそ、人間は成長するのである。前の例を使うならば、Xが欲しいという欲望が強くなればなるほど、それにつれて人は努力する。弱い権力しか持たない人は、他人を押しのけてまでと遠慮する。そのような弱い人間は善人であるかもしれない。しかし無能であるに違いない。

4．自然状態

　「自然状態」を考えてみよう。もし、国家や法がなかったとしたらば、人々はどのようなことになるだろうか。ホッブズは自然状態、すなわち、国家や法が存在しない状況を仮定した上で、本来平等である人間が平等であるがゆえに闘争状態に陥ると考える。法がなければ不法行為を行うこともできない。何をしても不法行為にならない。確かに何をしても不法ではない。しかし、

ホッブズによれば、法律がなくても人間にはやって良いことと悪いことがある。

では、「やって良いこと」とは何か。それは「自分の身を守ること」である。自分が生き延びるためには、何をしても許される。これが「自然の法（掟）」である。自然状態では、法も警察もないから、自分のことは自分で守らなければならない。強盗が財産を奪いにくれば、自分で戦うしかない。自分や家族の生命を守るためであれば、強盗を殺しても自然の法に反しているわけではない。**「自己保存」**こそ全ての人がもっている最高の自然権である。

ここでホッブズに聞こう。

「全く自然状態、すなわち完全なる自由の状態は、およそ主権者も人民もない状態であり、それは無政府状態であり、戦争状態である」

戦争というと大げさに聞こえるが、要するに争いの火だねになるということである。さらに続けよう。

「自然状態では人々の行為を制限する障害＝法がないので、人々がどのようにも行為する自由がある。また法や取り決めがない状態では、人々の私的所有権も確定していない。所有権とは自然に存在するのではなく、人々の合意に由来するものだからである。そうすると、ある人が他人のものを奪おうとしても、その行動は制限されることがなく、かつその行動が犯罪となることもない。なぜならある行為が犯罪となるためには、その行為を禁じ、制限する法があらかじめ定められている必要があるからだ。（略）しかし、法がない自然状態では、自分の生命を守るために、人々はあらゆるものに対して、たとえそれが他人の身体であろうとも、それを思いのままに扱う自由があり、権利がある。」

これがホッブズのいう**『自然権』**である。

「自然権とは、各人が自分自身の自然すなわち生命を保護するために、自らの力を自らが欲するように用いることができるような各人の自由のことである。したがって、それは、自分自身の判断と理性において、自分が最も適切な手段であると考えることを何でも行う自由である。」（**『リヴァイアサン』**）。

では、あらゆるものに対する権利を有する二人が、同じものを欲求したらどうなるであろうか。彼らは互いに敵となる。たとえば、今、パン屋にある二個のコッペパンを二人の者が生き延びるために同時に必要としていたとし

よう。一人の人のお腹を満たすには1個のコッペパンで十分である。しかし、一方の者が「自分には二個のコッペパンが必要だ」としたならば、二個のコッペパンを買う権利が存在する。二人が同じように考えれば、お互いの欲求は衝突することになる。そして二人とも能力が平等なので、どちらが二個のコッペパンを買うかを決定するためには、相手を服従させるか滅ぼすしかない。たとえ、実際に侵害されることがなくても、その危険性が常に存在するような状況は、各人が各人に対する戦争状態にあるといえる。このような戦争状態は、誰にとっても望ましくないだろう。規律も正・不正もない中で、人々は常に他人からの攻撃や略奪に怯え、生命や財産を脅かされて暮らすことになる。そして落ち着いて働くこともできないであろう。であれば先制攻撃でもしかけるしかない。しかし他人も同じことを考えているはずである。したがって自然状態では人々はつねに戦争状態にある。安心して眠ることのできる人間は誰もいない。

「結局、自然状態において人間は、全く自由に行動できるとしても、その生活は惨めなものとなる。食べる物を作っても、それをいつ他人に奪われるかもわからない。また、自分の物になる保証もない。このため生産活動は行われず、絶えず他者から侵略される恐怖にさいなまれることになる。このような自然状態での人間の生活は自由を謳歌するどころか、孤独で貧しく、汚らしく、残忍で、しかも短い」

ホッブズは『リヴァイアサン』にこう書いている。

では、どうしたら人々はこのような戦争状態を止めることができるだろうか。ホッブズは言う。自然状態においては、「持続的な恐怖と非業の死の危険が存在し、人間の生活は、孤独で貧しく、険悪で残忍で、しかも短い」が、しかし「そこから抜け出す可能性はあり、その可能性の一部は情念に、一部は理性にある」と。「人々を平和へかかわせる情念は、死への恐怖であり、生活に必要なものを求める欲望である。（略）そして理性は、人々が同意へと導かれるような、好都合な平和の諸条項を示唆する。」それが**自然法**と言われるものなのである。人間が死を避け、自分の生命を守りたいと思うのは自然な欲求であり、平和を達成して快適な生活を送りたいと欲求することも当然である。しかし、それだけでは人々が全員平和を欲求するとは限らない。

なぜなら、自分は他の人より力があると、実質以上に自分の事を優れていると思い得意になって、何でも許される自然状態を望む人が少なくないからである。

しかし、人間の能力は平等なので、平和を求め、それを達成しなければ、人々はいつまで経っても戦争状態のままである。安心して眠ることのできる人間は誰もいない。そこで、全ての人が平和な状態を希求するよう、理性によって命じられる必要がある。ホッブズによれば、この「平和を求めそれに従う」ことこそが**理性の法則である自然法の基礎**となる。

ここで**自然法**と**自然権**の違いを確認しておこう。自然権とは、**人々が自分の生命を守るために好きなように自分の力を使う自由のこと**である。自然法とは、**理性がそこに見出す指図**で、それは、人々が自分の生命に対して破壊的に振る舞うことや、生命を守るのに一番適切なことをしないことを禁止することである。理性が教える自然法は、自己保存を本性とする人間にとって内在的なものではなく、外在的なものなのである。

では、自然法の内容を見ていこう。

第1の自然法は、「**各人は、その希望がある限り平和に向かって努力すべきである。**」である。その希望があると判断される限りにおいて、人間は平和に向かって努力するようになるのである。人々が自然法に同意して自然状態から抜け出すことができるのは、人々が死の恐怖から逃れ、平和を達成して快適な生活を送りたいからである。

ホッブズによれば、「自分の意志でなされるすべての行為は、自分の利益の実現を目的にしている。ここで決定的な役割を演じるのは、他人も自分と同じように自然法を守るかどうかという判断である。もし他人もそれを守るという条件が満たされていなければ、たとえ自然法を理性的に受け入れても、平和の実現のために必要な活動を実行するようにはならないからである。

では、平和を達成し快適な生活をするためにはどうしたらいいのだろうか。それは戦争状態を引き起こす原因を調べることである。戦争状態を引き起こす原因は、結局のところ、法が無い状況下において人々が自分の生命を守るために好きなように自分の力を使う自由があることにあったとするならば、平和を達成するためには、人々が有する自然権を放棄すれば良い。「自然権

を放棄せよ」という命令である。

　この点につきホッブズの言葉を聞こう。

　「他の人々もまたそうする場合には、平和と自己防衛のためにそれが必要だと考えられる限り、あらゆるものに対する自分の権利をすすんで捨てるべきである。また、自分が他の人々に対して持つ自由は。他の人々が自分に対して持つことを自分が進んで認めうる範囲で満足すべきである。」

　この第2の自然法は、**お互いの利益のためにお互いの自然権を放棄し合うことを求めている。**

　このようにして、第1法則の「平和を求め、それに従え」が理解されると、「自然権を放棄せよ」という第2法則も必然的に理解される。ともあれ、自然権の放棄が理解されても、個々人がそれぞれ勝手に放棄しただけでは平和は達成されない。なぜなら、自分だけが、先に自然権を放棄して、他の人が放棄しなければ、他の人には何をしてもいい権利が残され、またしても自分の生命は危険にさらされるからである。そうなるとそれは平和ではない。そこで、平和を達成するためには、全ての人が自らの自然権を放棄するとお互いに契約し、その契約に従わなければならないことが必然的に導き出される。これが、第3の自然法である。これは**「自分が結んだ契約は履行すべし」**というものである。

　人々は平和のために快適な生活を送るために自然権を放棄するという契約をお互いに履行しなければならないことを理性によって理解するのである。

　ここで、再びホッブズに聞いてみよう。

　「人々が、この自然法に従わなければならない義務は存在しない。自然法の内容は、理性を有する人であれば、容易に理解できる。自己保存のための結論であり、定理であるかもしれないが、それに必ず従わなければならない義務はない。なぜならば、法に従う義務が生じるには、その法が権威によって命令を発する人の言葉でなければならない。さらに、その法に従わせる力がなければ、ただの言葉に過ぎないからだ。」（『リヴァイアサン』）。

　では、どうしたら人々をその法に従わせることができるのか。それには法に従わなければ重い処罰を与えるという強制力が必要となる。そのためには契約を結ぶ者たちに履行を強制する巨大な権力の存在が必要となる。巨大な

権力を持ったその主権者の存在こそが、契約の履行を強制することができるのである。このような巨大な権力を持った主権者が、**コモンウェルス**という国家なのである。

　私たちはなぜ自然権を放棄し、主権者に従わなければならないのか。それは平和を達成し、自らの生命を守り、快適な生活を送るためである。人々は自然状態、すなわち戦争状態から脱出し、平和を達成するためには、法を遵守させる強制力であるところの公共的な権力が必要である。

　ホッブズによれば、この公共的な権力が確立するためには、「人々の力と強さを1人の人間あるいは、一合議体に譲渡することである」と言う。つまり、自分の生命保護と、快適な生活を可能にするため、あらゆる人々の自然権を一人の人間、あるいは一合議体に譲渡することを人々がお互いに契約する（「**社会契約**」）。そして、その人間、あるいは合議体が人々の平和と安全のために行うことは全て、自分たちの行為であると認めるのである。そうすれば、全ての人が一つの人格に結合されることになる。この集合体がコモンウェルスである。

　ホッブズによれば、「コモンウェルスとは一つの人格であり、その行為は人々の相互契約によって、人々自身がその人格の本人となる。その目的は、コモンウェルスが人々の平和と共同防衛のために、適切と思われる範囲で、人々の強さや手段を用いることができることである。そして、この人格を保持するものが主権者と呼ばれ、主権を有するとされている。そして、それ以外の全ての人は彼の人民である。（略）この主権者には、絶対的な権力が所属している。主権者は官吏の任命権があり、裁判権を有し、また人々に代わって国防にあたるため、開戦・講和の決定権を有する。人民は統治の形態を変更したり、主権者の行為を不正であると抗議したり、社会契約を解消することはできない。無制限の権力を手中に収めた主権者が、たとえ自分勝手に統治したとしても、戦争状態に戻るよりは、遥かにましである、と人民の自由は制限されるのである（『リヴァイアサン』）。

　こうして、ホッブズは、絶対的な主権者に従う義務を人民に義務付けるのである。契約したことによって、人々を義務付ける契約は、人々の生命を守るために、自然法の第1法則「**平和を求めよ**」を受け入れ、第2法則である

「所有権を放棄せよ」に従ったように、「契約は履行すべき」という第3法則に従うことに同意する。このような契約に同意したということは、契約を履行する義務に同意したことになる。したがって人々は、主権者との間で平和を達成するために自然権を放棄し、代わりに生命の保護と所有権を保証される契約を締結した人々は、主権者が自分達の代わりに権利を行使したことに同意したことになる。

　ということは、主権者が何を行ってもそのように行為する権威を主権者に与えたということになる。よって、人々は主権者から侵害されたからといって、不平を言うことはできない。人々には、主権者に反抗する権利はない。気に入らないからといって、主権者を倒して別のものに変える権利はない。なぜなら、もしそういうことをすると、また戦争状態に戻ってしまうからである。戦争を終わらせるために国家を設立したのに、国家に反抗するとまた戦争になるではないか、これは不合理だというのである。国家に強大な権力があれば、個々の人々の争いを防ぐことができることは確かである。また逆に、ホッブズによれば、人々はそういう共通の権力が存在しない限り、自然法を守ることはないとも述べている。主権者は人々の代表であることで、絶対的な権威を有し、人々の意見を受け入れることはないだろう。しかし、「現実の内乱に伴う悲惨さや災害」に比べれば、何であれ絶対的な権威を持つ主権者に従うべきなのである。とホッブズは強調する。こういうところが、ホッブズは専制政治の擁護者だと非難される所以なのである。

　問題となるのは、人々は自分の生存を守ってもらうために権力への服従という代償を払ったのだから、主権者から死刑の宣告を受けたり、身体を害するような命令にも従ったりしなければならないのか、ということである。この点につきホッブズは、「誤ってはならないのは、絶対的な主権であっても、**人々の生命を脅かすことはできない**ということである。なぜなら国家を設立し、主権者を制定した目的はまさに、自らの生存を保護するためだからである。だから、たとえ主権者が正当な理由で死刑を宣告したり、人々の身体を自ら害するような命令を発したとしても、人々はそれに従う必要はない」(『リヴァイアサン』)と述べている。主権者は、人々が自然権を放棄したことで、絶対的な権利を独占的に有する代わりに人々の生命や生活を保護しなければ

ならない義務を負うのである。

5．互いの安全を守る契約

　ヨーロッパにおける絶対王政時代では、国王の権利は神から与えられたもの、つまり**王権神授説**の考え方から主流であった。勝手に税を集めることは、また、権力に抵抗すれば殺すこともできたのである。この時代のヨーロッパでは、主権を考えるときの基準は、「**神**」や「**身分**」そして「**教会**」であった。

　当時教会が宗教的な力によって支配をしていた。とくにカトリック教徒にとっては自国の王や政府よりもローマにいる法王の方がえらい存在であった。彼らにとって自分たちの方が国家（政府）よりも上だ。したがって我々は、政府にしたがう義務はない。政府こそ自分たちに従うべきだと考えていた。

　17世紀のイギリスで、国王の支配をくつがえす事件が起きた。それは、**ピューリタン革命**である。国王チャールズ一世は処刑され、身分の違いや宗教をめぐって血で血を洗うような争いになった。そういう時代に、ホッブズは王権神授説を批判して、どうしたら個人の生命を守り平和な社会をつくることができるのかについて考えた。彼はそこで、国家がつくられる以前の人々の生活について考えることから始めたのである。

　もし国家がなかったらどうなるのだろうか。それは人々の生命を守るための強力な権力が存在せず、人々が認める法もない状態になるということである。このような状態を**自然状態**という。彼はこのような自然状態を経験したわけではないから、想像で考えるしかない。彼は想像から一つの思考実験を試みた。彼は、自然状態においては、人間は自分の生命や財産を守るために、どんなことでも行う自由があると考えた。このような権利を前に「自然権」と呼んだと思うが、仮に人々が一つしかないものを欲しがったらどうなるか。みなが譲り合えば、紛争は起きないであろう。しかしそうはいかないであろう。ホッブズは言う。「彼らはお互いに敵になり、自分の生命を守るために相手を滅ぼすしかない。**万人の万人に対する闘争**だ」暴力を抑える国家もなければ、法もない。このような自然の状態の人間はいつも恐怖におびえていなければならない。この恐怖から抜け出すにはどうしたら良いのか。そのた

めに必要なことは何か。それは、**「自分の身を自分で守る自由」**、この自然の権利を放棄することである。すべての人がいっせいにこの自然権を放棄し、この権利を自分とは別の「あるもの」(ある人)にこれ以降は、あなたには他人を好きなように攻撃して財産や生命を奪ったりする自由はない。人を殺せばあなたは処罰される。人を殺すことができるものは、この「あるもの」だけである。これを**「国家」**という。国家には大きな権力が認められている。国民の生命、自由、財産を守り、平和な社会を守るのが国家のつとめだからである。この「あるもの」、政治権力(国家)が何であるかは、大きな問題ではない。個人(王様)であってもいいし、議会や元老院のような組織であってもいい。人々がこの権力に服従するとき、そこに国家が誕生する。そこに人々は自分たちの自然権をすべて譲り渡すのである。その見返りとして自分たちの最も大切な生命などを守ってもらう契約を結ぶ。

　ここで、**国家(コモンウェルス)**が保証するものにについて、ホッブズの名言を聞いてみよう。

　国家が保証するものは**各個人の生命と所有権**である。その目的を達成するために法が制定される。人々が自然権を放棄し、国家の設立に同意する契約の目的は第一に自分の生命の保護である。「主権者の職務とは、彼が主権を信託(自然法の実現を権力者に任せる契約)された目的である人々の安全の獲得にある。主権者はそれを自然法によって義務付けられ、また自然法の作者である神に対峙してだけ説明を行う。しかし、ここでいう安全とは、単なる生命保護だけでなく、全ての人がコモンウェルスに危害を与えない限り、合法的な労働によって、生活に必要な全ての満足を自身に獲得することを意味する」としたうえで、「主権者は契約に従って、人々の生命と安全を確保しなければならない。そしてその職務は神の法である自然法によって義務付けられる。主権者の行為は市民法によっては制限されないが、ただ自然法には制限される。なぜなら自然法は理性によって理解される法であると同時に、神の権威によって従うべく義務付けられる法でもあるため、主権者は自然法に従わなければならないのである。よって主権者は恣意的に人民の土地や生命を奪ったりしてはならない。また、単に人々の生命の保護だけでなく、人々が勤労によって生活上の満足を得ることも確保しなければならない。また、

自然権の放棄によって、人民のあらゆるものに対する権利は一端完全に消滅する。そしてコモンウェルスが設立され、主権者の所有権を確定する市民法を制定すると、ここで初めて所有権が発生する。所有権がどのように配分されるかについては、主権者が決めることであり、彼自身が公平と共同利益という見地から適当と判断したことに、人々は従わなければならない。確かに主権者が自分勝手に配分することがあるかもしれないが、やがてそうした行為は人民間の争いを生み、平和と安全を損なうことになる。結果として自然法に反するため、主権者の恣意的配分は制限されるのだ」(『リヴァイアサン』)。

こうしてコモンウェルスが設立され、人々の権利が一つの人格に集約されることによって、人民の生命・自由・財産が保護されることが確約され、再度争いが起こらないように所有権が確定される。そして、争いの火だねになることを未然に防止し、あるいは争いを調停するために市民法が生まれる。

このようにホッブズの国家論における主権者は自由に法を制定する権威を絶対的に有しているが、それは絶えず自然法の制限を受けるのである。

ところでホッブズは、自然権を譲り渡された主権者を、聖書に登場する大怪獣**リヴァイアサン**になぞらえ、「**地上の神**」と表現した。人々は自然状態を終わらせるために、おたがいに約束しあって武器を捨て、「あるもの」に権力（暴力を行使する権利）を委ね、人々はこの権力に従う、人々は権力への服従という代償を払って安全を手に入れる。したがって、政治権力が国民の生命と安全を保障し、それを実行しているかぎり、人々は権力への服従の義務を負う。人々には政治権力（国家）に反抗する権利はない。そして、暴力の世界は終わり、平和な世界が訪れる。いまや暴力をふるうことができるのは国家だけである。国家だけが暴力を独占している。したがって、世界は平和になるのだ。ホッブズはそう考えたのである。

さて、先に述べたようにホッブズは「**国民は政府に反抗する権利はない**」と主張した。しかし、その論理は意外な展開を見せる。国家を見捨てる権利がここから出てくるのである。ホッブズによれば、「政府が国民の生命の安全を保障し、それを実行している限り、人民は政府への服従の義務を持つ」しかし、政府が人民に生命・自由・財産を守り平和な社会を守ることができなくなったときはどうするのか？ホッブズは言う「**主権者（政府）に対する**

国民の義務は、主権者が国民を保護しているかぎりでのみ存在する」(『リヴァイアサン』)。

　わかりやすく説明しよう。権力が人民との契約から生じるという理論は、当然ながら権力側がその契約を守らなければ、それをなかったことにしようということである。自然権をゆずりわたす目的はあくまで自分たちの生命・自由・財産を守るためだ。事実、ホッブズは主権者が、もしも法によって人々の生命を侵す場合、それは無効だとして主権者への不服従を認めるのである。

　このホッブズの思想を具体例を挙げて説明しよう。

　今、日本が中国と戦争をし、その結果日本は敗戦国となったとしよう。中国が日本を占領し、日本の政府は解体される。日本国の政府はもう、私たちの生命・自由・財産の安全を保障できなくなる。したがって、私たちは日本政府への服従義務を解除される。そして中国政府が私たちの生命・自由・財産を保証するとなれば、私たちは服従の対象を中国政府に移し、中国政府に服従する義務を負うことになる。ここにあるのは、「服従義務」と「安全保障」の単純な交換関係である。ホッブズは言う。私たちが生き延びる権利は何ものにも（国家にも）優先するのだと。

　こうして考えてみると、ホッブズという人は次のように言えるのではないか。彼は人々の争いを完全にやめさせるためには、圧倒的な力である主権が必要だと考えた。そこに自然権をすべてゆずり渡し、完全に従うことで平和をつくることを強調した。このことによって、主権者が絶対的な権力者だというイメージが作られていくことになる。しかし、それにとどまらず人間の存在のあり方に対していかにホッブズが深く考えていたかがわかる。彼はまず国家ありきではなく、人間が人間らしく生きることができる社会のためには何が必要かを考え続けた思想家だといえる。

6. 所有権をめぐるホッブズとロックの思想

　ロックについては後に詳述することになるが、ホッブズについての締めくくりとして、「所有権」というものに対する両者の捉え方を比較しておこう。

　ロックの社会契約説の最大の特徴は、国家状態よりも所有権が先に存在す

る点である。つまり、ロックによれば、所有権がまず成立して、そのうえでそれを守るために国家（政府）がつくられたというのである。

　したがって、**所有権（私有財産）を保護しないような国家はそもそも国家としての役目を果たしていない**と考えることになるのである。

　ただ、所有権が国家よりも先に成立するというロックの考え方が本当に妥当なものかは議論の余地が無いわけではない。ホッブズの社会契約説の論理によれば、そもそも所有権などというものは、国家状態が成立する以前には存在するはずはないということになる。国家状態が成立して、初めて各人の権利が設定され、保障されるのである。国家が成立するまでは、人々が「これは私に所有権がある」などと主張しても、それはただの物理的な占有でしかない。それを法的に保障してくれるものが存在しないからだ。国家が成立する前は、いくら「これは私の物だ」と主張しても、他人にそれを奪われたら終わりである。なぜなら、それは物理的な占有でしかないからだ。それが権利として保障されるには、国家ができて法というものが社会で確立される必要がある。ヨーロッパでは、法と権利とを同じ言葉で表す。フランス語だと「droit」ドイツ語だと「recht」、英語でも「right」である。これらの言葉は「**権利**」を意味すると同時に**法的な正しさ**をも表しているのである。

　このように、ヨーロッパの言語では、**権利と法は同じもの**として考えられているのである。ホッブズの論理でいけば、法も権利も起源は同じということになる。それは法を制定してはじめて国家が存在しうるということである。自然状態においては、いくらある人が苦労して土地を耕して野菜を栽培したからといって、その土地がその人のものになるわけではないのである。つまり、労働をその土地に加えたからといって、その土地の所有権が発生することはない。

　なぜなら、国家が成立する以前に、そもそも所有権を観念することはできず、それゆえに所有権を主張することなどできるわけがないからである。なるほど、物理的な占有なら主張できるだろう。しかし、法＝権利を確定出来る前に、どうやって所有「権」が確定されるのか、ということである。

　そういう意味では、国家ができる前に所有権があると主張する限り、ロックはそういう争いがある場合の所有権の確立がどうやって可能になるのかと

いうところまで論じるべきではなかったか。ロックの思想について学んだうえで、この点についてはもう一度考えてもらいたい。

ルネ・デカルト（1596〜1650）

1．方法的懐疑論「疑っている自分は疑えない」

　20世紀の哲学者・数学者である**B・ラッセル**は言った。
「世界は5分前に始まったのかもしれない」（**5分前仮説**）
　5分前に世界が出現して、すべての住民に過去のデータが植え付けられたとしたならば、彼らは世界がずっと昔から存在していると信じるだろう。
　私たちの住んでいる世界は本物なのか。神は存在するのか。過去の人生は真実だろうか。こうして世界への疑いが始まり、その疑いをもった時から哲学が始まるのだ。
　ところで、近代哲学の父**デカルト**は、このような疑問に前向きだった。デカルトは、真理の体系は絶対確実なものではなくてはならないと考えた。
　そして、絶対的な理論体系を創るには、学問の基礎に絶対確実な原理を置かなければならないと考えた。その際、デカルトが試みた方法論が、「**方法的懐疑**」である。
　方法的懐疑とは、**あらゆることを徹底的に疑って、それでも疑うことのできないものが残ったならば、それを真理として受け入れるという思考方法**である。
　デカルトがまず疑いの対象としたのは、人間の感覚であった。感覚はしばしば私たちを欺くのである。
　たとえば、水の中に棒を入れてみよう。すると、実際には、棒は曲がっていないにもかかわらず、水面から下では曲がって見えたり、遠くに見える丸いものが、近づいて見ると四角だったりする。
　さらにデカルトは、机の上にあるリンゴも、それが本当に存在しているのかどうかすら疑った。本当は「ない」のに、「ある」ように見えているだけ

かもしれない。

　周囲の人間が、すべてが「ある」と答えても、やはり、それは回りのすべての人にも「ある」ように見えているのかもしれない。どうやら、彼は、感覚に基づく認識すべてを疑うのである。つまり、目で見たり手で触ったりして経験できるものは、どんなにそれが確からしく思えたとしても、幻である可能性があるというのである。

　だとすれば、目の前に見える物の存在をも、すぐに信じるわけにはいかないとデカルトは言うのである。

　それだけではない。自分が今、暖炉のそばに座っていることや冬の服を着ていること等についても、デカルトは疑わしいというのである。

　なぜなら、私たちは、「暖炉のそばに座っている夢」を見ることがあるのだから、もしかしたら、この現実さえも真実ではないかもしれないからである。

　このような懐疑を徹底するために、デカルトはさらに、「欺く霊」というものを持ち出すのである。「このうえなく有能で狡猾な霊があらゆる策をこらして、私を誤らせようとしているのだと想定してみよう」（「省察」）。

　そうすると、自分の目の前にあるテーブルやソファ、窓の外に広がる風景、自分の身体さえもすべて夢かもしれないし、2＋3＝5という確実な数式は「悪い霊」が見せている幻かもしれない。確かに、その存在は疑おうとすれば、疑うことができる。

　デカルトは先の数学的真理についても疑いをもった。2＋3＝5というような明白な思考まで疑ってみたのである。

　これは常識的に考えれば、さすがに2＋3＝5は疑えないのではないか。しかし、デカルトは、全能な神あるいは悪魔が我々を欺いて、そのように推理させているのかもしれないというのである。

　ここまで疑うと、もう確実なものは何も残らないように思われる。しかし、デカルトは、ただ一つ疑いえないことがあることに気づくのである。

　どんなに疑っても、**この疑っている自分の意識（精神）の存在**だけは疑うことはできない。つまり、疑っている間も、この疑い続けている「私」は存在しているということ、それは疑いようがないことにデカルトは気づいたのである。

なぜなら、見間違えや計算間違いを犯し、夢を見ていたとしても、そうやって「間違えている」、「夢を見ている」という形で、「私」は存在するからである。

　したがって、たとえすべてが夢（虚偽）であっても、その夢を見て、夢じゃないかと疑っている自分が存在することは、決して疑えない事実である。幻影を見せる悪霊だって、そもそも「幻影をみるもの」が存在しなければ、幻影を見せようがないであろう。

　こうして、デカルトは、「疑っている自分の存在を疑うことはできない」（絶対確実に存在する）と結論づけた。

　これが、**「我思う、ゆえに我あり」**（コギト・エルゴ・スム）の意味だ。この簡潔な表現はデカルト哲学の核心として、後世に伝えられるようになった。

2．正しく考える方法

　人々がときとして間違ったことを考えるのはどういうわけか。なぜ間違うのか。その理由は、いったいなにか。デカルトは答える。

　頭の使い方が間違っているからである。正しい方法で考えることを知らないからである。この点について、デカルトは、**『方法序説』**という本にこう書いている。

　「正しく判断し、真といつわりを判断する能力、つまり良識あるいは理性と呼ばれているものは、すべての人が生まれながらに平等にもっているものである。私たちの意見が多様なのは、ある者が他の者より、より一層理性的であるというところからくるのではなく、私たちの考えをいろいろ異なった経路で導くことから起こるのである。これを正しく導き、正当に考察するならば、多数意見は発生するはずがない」と。

　それでは、**「正しく導き、正当に考察する」**とは、どんなことなのか。それには、四つの規則を守らなくてはならないとした。それは、次のようなものだ。

　一つは、自分が明らかに真であると認められなければ、どんなものも真実と認めないこと。速断と偏見を避け、明瞭判明に正しいと思われることだけ

を取り上げ、少しでも疑わしいなという不安、疑念のあるものは、除外しなければならない。

　第二に、検討しようとする問題を、単純な小部分に分けて考えること。

　第三に、単純なものや認識しやすいものから順序よく複雑なものの認識に向かうこと。秩序をつけ、また自分の思考を理性的に、順序を想定するようにして導くこと。

　第四に、見落としたものは何もないと自分が確信をもてるまで、すべての資料・材料を完全に取り出し、それに対し徹底的な再検討を加えていくこと。

　これらの方法に、われわれ現代人は意識しないほど慣れている。というのは、これらの方法を基本的に用いて、われわれは数学の問題を解いているからである。

　デカルトは、この数学的手法を用いて、「**感激に満たされて驚くべき学問の基礎を見出した**」と、彼自身が自信をもって宣言している。

　「**我思う、ゆえに我あり**」という基本的な原理（**第一原理**）から、彼が思索の出発点で否定したあらゆる事柄を、一つひとつ証明していったのである。

　ここに私たちは経験論とは全く違った思索の方法を見ることができる。つまり、第一原理から、数学的論理的方法を用いて、まったく経験要素を除外して、真理を発見していく方法である。これを「**演繹的方法**」という。

　では、「**方法的懐疑**」を簡単に理解してもらうために、ここで労働問題を例にとって説明しよう。

　スーパーを経営する社長の大空正義氏は、同社社員の田上幸男が店の売上金を横領し、家に持ち帰っているのではないかという妄想めいた疑いをし始めたという例でみてみよう。

　社長の大空は、休憩室前を通った際、田上幸男が売上金を毎日着服しているという話を、他の社員がしているのを聞いた。大空は社長室に戻る途中、あの彼に限ってそれはあり得ないと、そう思って社長室へと急いだ。

　なぜなら、彼の勤務態度はよく、礼儀もわきまえている。そして、何よりもあの大きな声での挨拶は天下逸品だ。他のパートさんも彼に見習ってほしいと、常日ごろ思っていたからだ。

　社長は、執務を終え、帰り支度を始めた。帰宅途中、彼に限ってそれはあ

り得ないのだと何度も自分に言い聞かせた。もし、彼が店の売上金を横領していることになれば、彼を、**就業規則**に則って懲戒解雇しなければならないことになる

　しかし、密かに疑いをもっている自分に気がついた。そして、家に帰ってテレビをつけた。そこで見たものは、スーパーで社員が店の売上金をポケットに入れているところだった。大空は隠れていた不安が噴き出した。

　確かに、田上幸男が店の売上金を横領していないという証拠はどこにもない。それを横領しているはずがないという私の確信があるだけだ。仮にその確信が単なる思い込みだったらどうだろうか。

　思い込みというのは、何らの根拠がないからこそ思い込むのではなかろうか、と大空は自問自答していた。

　実は、大空は大学で哲学を専攻していたのである。大空は、日ごろから哲学の本を読んでいたのである。彼は、デカルトの信奉者だった。

　大空の懐疑は、どんどん膨らんでいった。もう止まらない。何をしても疑いがまとわりついて離れない。

　大空は、デカルトに倣って理性的な考察を進めようとしてみたのである。彼は、理性的判断を効果的に行うための前述した四つのルールを確認した。

　第一のルールは、どんなものも、それが真であると明晰・判明に自分が認識しない限り、決して真として受け入れないこと。そして、よく注意して速断と偏見を避けるというものだ。

　田上幸男が、店の売上金を横領していることが絶対に正しいと認識できない限り、結論を受け入れて、彼を懲戒解雇にしてはいけない。

　第二のルールは、自分が吟味しようとしている問題のそれぞれを、都合よく解決できるように多くの部分に細分化する。

　たとえば、店内に設置されている監視カメラを巻き戻すことによって田上幸男の月曜から金曜までの行動をチェックしたり、商品仕入れの数と販売数の記録の記載内容が正確かどうか、チェックしたりする必要があるだろう。

　場合によって、本人から事実を確かめたり、事情を聴いたりする必要もあるだろう。

　第三のルールは、単純・簡単・容易なものから出発して、より複雑、最も

複雑なものへと認識をすすめてことである。

　これは、田上幸男の人間関係や職場の人間関係などを認識しやすいところから始めてより複雑な人間関係まで探求していくことになる。同僚と飲み会や送別会など頻繁に飲んでいるのは、あやしいのではないか。あるいは、私生活がみだれていないか。あるいは、私生活がみだれ、金使いがはげしくなっているのはどういうわけなのかなど、徹底的に理性的思考を遂行するわけである。

　第四のルールは、1〜3の手順で獲得した真理をあらゆるものに当てはめてみること、つまり見落としたものは何もないと自分が確信をもてるまで思考の流れをくまなく一つひとつ数えあげて、全般にわたる点検をすること、今までの自分の判断が正しいのかどうかについて、何度も何度もチェックを入れるということである。

　さて、いよいよ方法的懐疑のはじまりである。方法的懐疑とうのは、前述したとおり、絶対確実な真理を見つけ出すための懐疑であるから、普段ならあり得ないような疑いを遂行する。疑い続けても、もうこれ以上は疑えないレベルまで突き詰めるのである。

　企業においては、職場内で同僚の金品が盗まれたり、集金した金品の着服横領や出張旅費の不正請求が発覚したりするなどの金銭がらみのトラブルが少なくない。

　こうした場合、企業においては、組織維持や規律維持の観点から職場内の非行を厳しく処断するのが一般的とされる。窃盗・横領等はれっきとした刑事犯であり、刑法上、その罪は重い。

　したがって、金品を窃取・横領したなどのケースについては、就業規則の規定などに基づき、社内に設置の懲罰委員会などで審議され、場合によっては、当該労働者が懲戒解雇に処せられることもありうる。

　特に、社内で金品を取り扱う立場にある労働者の金品窃取等に関しては、被害額が些少であっても、懲戒解雇に処せられる可能性はきわめて高い。

　紛争が裁判になった場合は、証拠の有無、信用性が問われ、懲戒解雇の有効・無効の判断はそれに大きく影響される。

　まず大空社長は会社帰りの田上幸男を待ち伏せしてみた。田上は同僚の男

第2章 哲学者らは「法」をどう考えたのか

性と一緒に退社している。二人はそのままレストランに入ったが、小一時間で表に出た。そして、二人はそこで別れた。特に問題はなさそうだ。

この後、田上は、繁華街に行って、豪遊するのではないかと思った。社長はさらに、尾行を続けた。ふと気がついたら、田上は自分の家に着いた。背後に人の気配を感じた田上は、振り返った。

「あ！社長、何しているんですか」

「いやちょっと、この近くまできたものだから……」

今日は何事もなかったので、社長は胸を撫で下ろした。しかし、次の瞬間、田上の言葉を聞いたとたんに、社長は人間の判断における有限性を見せつけられた。

「社長、今日、帰りにいつも会社に来る生命保険会社のオバサンに勧誘されたから、レストランで話を聞いてきましたよ」。

ええ！そうか。あの同僚の男と思っていたのは実は女性だったのか。

人間の感覚には、錯覚というものがある。感覚を頼りにしたところで、絶対的な真理を見出すことは、難しいのである。

ここで、デカルトの「方法的懐疑」をチェックしてみよう。

デカルトは、感覚的な判断を疑っている。なぜなら、感覚による判断によって、錯覚が起こる可能性があるからだ。

先の例でいえば、デカルトはまっすぐな棒を水の中に入れると、光の屈折で曲がって見えることがあるように、感覚というものを信じてはいけないというのだ。したがって、絶対確実な真理を得るには、感覚による判断は排除されなければならないのである。

さて、社長はたった1日の売上金を着服横領的懐疑で相当疲弊してしまったようである。彼を疑ったことが間違っていたのではないかと、考え方が後退してきた。会社を経営するってなんだったのだろう。今まで信じてきたことは、全部夢のようなものだったかもしれない。今も夢を見ているのかもしれない。

デカルトは、机の上に置いてあるリンゴなどが存在することさえ疑わなければならないと言う。つまり、外部の物体の存在さえ、夢かもしれないというのだ。ここまでデカルトは疑ってしまうのだ。

社長はさらに、懐疑を徹底的に遂行するべく、月曜から金曜までの田上幸男の行動を検証した。調べるために、店内に設置してある監視カメラを1週間前の状態に巻き戻してみた。社長は先の四つの規則に従って、入念に監視カメラをチェックした。

特に、売上金を着服横領した事実をにおわせる行動や内容は見当たらなかった。さらに、懐疑は続く。もしかしたら、別の監視カメラに着服横領事実が写っているのではないか。

デカルトの懐疑は厳しい。確かに、世界が夢だったとしても、夢の中で2＋3＝5と計算したならば、少なくともその計算自体は正しいと思える。

また、「四角形は四つより多くの辺をもつことはない。なぜなら、四角形なのだから」。このような判断は夢の中でも疑えないように感じる。

デカルトは数学的真理までもあえて疑ってしまうのだ。もし、神のような存在が、あるいは悪魔のような存在がいたとする。そして、私たちが数学的判断をするごとに、その悪魔が常に誤るように誘導していたらどうなるのか。

デカルトの省察によれば、「とはいうものの、私の精神には、ある古くからの、何事をもなしうる神が存在していて、この神によって私は現に存在しているがごときものとして創造されたと言う（略）。この私が2に3を加えたり、四角形の辺を数えたり（略）。そのたびごとに、誤るというふうにさえ、神はしたかもしれぬではないか」。

社長は、デカルトに負けないように、監視カメラを無言で何回も操作し続けるのだった。

時間が深夜の3時を回った時だった。田上がレジから何かをポケットに入れた動きが見て取れた。社長は、田上が売上金を着服横領したと思った。そうだとすると、田上を就業規則に基づいて、懲戒解雇をしなければならない。でも、待てよ。田上が間違いなく売上金の一部を着服横領したかどうか、これだけの動作では分からない。ましていくら横領したのかも分からない。いずれにしても、金額を特定できないのだ。

10日前に、「解雇・退職をめぐる諸問題」というセミナーを受けたことを思い出した。早速、社長は、机の上に置いてある読みかけのテキストに視線を落とした。そこには、懲戒解雇の無効例が載っていた。

第2章　哲学者らは「法」をどう考えたのか

　路線バスの運転手がバス運賃を横領したとして懲戒解雇された事案について、判例は、次にあげる理由から運賃横領の意思はなかったとして、懲戒解雇を無効としている。
　「原告が1000円札を4つ折りにして大腿部の下に挟んだことから直ちに横領の意思を推認することができない。本件運賃箱が正常に作動していなかったこと、本件運賃記録の記載内容が不正確であること等の点を考慮すると、原告が運賃を横領したと認めることはできず、ほかに横領を認めるに足りる証拠はない」(**那覇地判平10．12．2（琉球バス事件）労判758-56**)。
　また、観光バスの運転手が同僚とのけんか、チップのピンハネなどを理由に諭旨解雇された事案について、判例は、次のように述べて、「諭旨解雇は解雇権の濫用として無効である」とした。
　「原告がピンハネした金額はわずか1200円であることに、鑑みるとき、ピンハネ行為の卑劣さ、悪質さなどを考慮しても、これを理由に直ちに原告を解雇するというのは、いかにも過酷に過ぎると言うことができる。被告（会社）が諭旨解雇をもって処分したのは重きに失し、相当性を欠くということができる」(**大阪地判平8．9．30（日本周遊観光バス事件）労判712-59**)。
　社長は考えてしまった。これらの判例によると、レジからポケットに何かを入れただけの理由では、田上幸男を懲戒解雇にすることはできない。
　しかし、社長は、あらゆることを疑った。この世に真実なんてないかもしれない。社長は、ここではたと気がついた、というか、『**方法序説**』に書いてあることだが、田上が売上金の一部を着服したということが絶対に正しいと認識できない限り、田上幸男を懲戒解雇することはできないということである。
　つまり、田上が売上金を着服横領したかどうかは結局のところ、分からない。疑い出したらきりがない。だが、少なくとも確実なことがたった一つだけある。それは、田上への疑いへの解答は得られなくとも、少なくとも田上を疑っている「私」については、疑うことができない。そうなのだ。
　疑っていることは、疑うことができないのである。
　世の中で唯一信じられるもの、それは自分が「考えている」ということだけだ。今まで自分はなんの疑いももたずに無条件に信じていた。しかし、真

実だと確信していたことは限りなく疑ってみることだということである。これが、『方法的懐疑』の最終的な解答といえよう。

デカルトは言う。

「天も地も色も形も、自分の手も、目も悪霊が私の信じやすい心に罠をかけた幻影に他ならないとしても、このように疑っている私は、間違いなく存在するのである。なぜなら、疑っている自分が存在しないということはあり得ないからだ。それゆえ、『我思う、ゆえに我あり』（Cogito ergo sum）はもっとも確実な第一の原理として受け取ることができる。

大空正義は、こうして徹底的に理性的思考を土台にして、自分の世界を取り戻そうとしたのである。田上幸男が売上金の一部を着服しているかどうかは分からない。

しかし、ほんの少しでも、疑いをかけうるものは全部切り捨てて、その後でも自分の意識のなかにまったく疑いようのないものが残る絶対確実なところからもう一度出発すれば、真実に近づけるかもしれないのである。

3．デカルトの道徳論～3つの格律～

デカルトは、あらゆる学問が研究し尽くされて、初めて学問としての道徳が完成すると考えた。逆にいえば、すべての学問が研究し尽くされた後でなければ、道徳も確立できないことになる。

しかし、道徳とは、社会秩序を保つために、一人ひとりが守るべき、行為の基準なので、道徳なしに生きられないことになる。

そこで、決定的な道徳には至らない暫定的な道徳（仮の道徳）を定める必要がある。暫定的な道徳とは、「**三つの格率**」ともいう。

ここで確認しておこう。デカルトのいう格率とは、「**行動の原理**」のことである。私たちは人から借りたものは返却しなければならないと考える。ここには自分の意志に対しての行為の原理がみられる。これを定型化したものが、格率である。

では、その内容はどのようなものか。

第一の格率は、**わたしの国の法律と習慣に従うことである**。その際、神の

恵みによって子供の頃から教えられた宗教を常に持ち続け、その他のすべての点では私が共に生きなければならない人たちのうちで、最も良識のある人たちによって、実際に広く受け入れられている最も穏健で極端から遠い意見によって自分を律するものである。

　要約するとこうだ。

　わたしの国の法律と習慣に従うこと、いちばん良識のある人たちに従うこと、いちばん穏健なものだけを選ぶこと、それはおそらくは、最善のものであるからだと、デカルトは言うのである。旧習を打破するのがデカルトの仕事だったのである。

　つまり、ゼロから考え直すのがデカルトの思考方法であったが、その第一格率の背景には、その頃はカトリック教会が危険思想を取り締まるのに躍起となっていた時代であったから、デカルトは火あぶりにされるのを恐れたのだったという学者も少なくない。

　確かに、ローマ法王庁はガリレオ・ガリレイの思想がコペルニクスの地動説を採るものとして否認している。

　ここでデカルトの説明を聞こう。

　「旧習を疑うなかで確実なものを追求する次元の話ではない。日常生活においてどう行為するかの問題である。他人の意見にしたがうのは、必ずしも理論的に納得してのことではない。実践の場における知恵としてそうするのである。

　逆に異郷オランダにあってその法律や習慣にしたがわずに生きることは、直ちに生活上の不都合を生むであろう。まさに、「郷に入っては郷にしたがえ」である。内には自分の宗教を堅持し、外には他人の穏健な意見にしたがっておくのが最善である。（略）毎日を平穏に生きるためには、それ以外に選択の余地はないことも事実である。」

　またデカルトは、「この格率を最高の規範として一生もち続けるわけではない。それは自分自身を教育しようという計画に基づくものである」としたうえで、「もし、のちに適当な時期が来たときに、私自身の判断力を用いて他人の意見を吟味しようともくろんでいたのでなければ、私は一瞬たりとも他人の意見に満足すべきであるなどとは思わなかったであろう」と述べている。

第二の格率は、**私の行動においてなしうる限り、確固として果断であること**であり、どんな疑わしい意見でも私がいったん決めた以上は、それが極めて確実である場合に劣らず、毅然としてそれにしたがうことである。要約するとこうだ。

　第二の格率は、**自分の判断で確固として決めた以上は、一貫して従うことである**。この点について、デカルトは、森の中で迷った旅人の例で説明する。

　私は旅人にならったのである。旅人がどこかの森で迷った場合、かれらはあちらへ行ったり、こちらへ行ったり、ぐるぐる回ってさまようべきではないし、ましてや一つの場所に留まるべきではない。むしろ、いつも一つの同じ方向へできるだけまっすぐに歩き続けるべきであって、たとえその方向をとるように決めたのは、最初は単なる偶然であったとしても、軽々しい理由でそれを変えるべきではない。

　というのも、こういう仕方で、かれらはちょうど望む場所にでることはないにしても、少なくとも最後にはどこかにたどり着き、それは森の真ん中にいるよりも、おそらくよいはずであるから」。

　この比喩はたいした理由もなく方向を変えてはならない。なぜなら、そんなことをしていたら、旅人は体力を消耗してしまうからだ。

　ビュリダンのロバのように、どっちの道を進むか迷っていると、森から永遠に抜け出すことはできない。飢え死にするか、森のオオカミに食われるかである。こうだと決めたら、同じ方向に向かってまっすぐ歩くことだ。

　決めた理由は偶然かもしれないが、決定したこと自体は疑ってはならない。行けるところまでやってみるべきだ。それでダメでも、やるべきことは尽くしたのだから、後悔はしないだろう。

　デカルトは森の中で道に迷ったら、やみくもに猪突猛進をすすめているのではない。この点について、デカルトはある友人に次のような内容の手紙を書いている。

　「いったん決めた意見に固執するといっても、それは頑固であることではなく、行為において、果断であるということである。

　それゆえ、たとえそれが疑わしくともそれ以上によいものが見出されない条件下では、最善とみなすべきである。しかし、これによって誤謬に陥るこ

第2章　哲学者らは「法」をどう考えたのか

とはない。なぜなら、これは暫定的にそうするのであって、よりよい意見があった場合、それを見つけるいかなる機会も見逃さないことを私は期待していたからである（ポロ宛1638．3．Ⅱ、34-35）。

　森の中で道に迷ったら、あちこち行くのではなく、同じ方向に向かって突き進まなければならないが、状況によっては、すぐにも進路を変更することもあるということである。

　第三の格率は、**自分に打ち克つように努めることである**。そして世界の秩序よりも自分の欲望を変えるように努めることである。

　この第三の格率について、デカルトの説明によれば、「完全にわれわれの能力の内にあるものは、われわれの思考しかないと考え、したがって、われわれの外なるものに関しては、最善を尽くした後でもうまくいかないことは、すべてわれわれにとって絶対的に不可能であると考える習慣をつけること」である。

　ここで、「内」と「外」の意味を確認しておこう。

　デカルトの言う「内」とは、私の思考の世界のことであり、そこに私の絶対の自由がある。外なる善とは、外界の物理的・社会的出来事のことを言っているものと思われる。

　したがって、このように外なる善は、すべてわれわれの能力では遠く及ばないものであり、自分は生まれつきそれとは無縁であるとみなして、それを欲しないようにすることが、運命にしたがうことであり、克己の意味である。

　つまり、わたしの手に入らないものは、いっさい望まないことだと、良識にもとづく判断を格率としてあげているのである。

　それについて、デカルトは次の例をあげている。

　中国やメキシコの王国を所有していないのを残念に思わないこと、鳥のように飛ぶための翼をもちたいとは思わないこと、病気であるのに健康でありたいと望まないこと、牢獄にいながら自由になりたいと思わないことである。

　そして、全生涯をかけて自分の理性を培うこと、自分の課した方法に従って、できる限り、真理の認識に前進していくことになるなど、生き方を厳しく律する方法が第二の格率である。

　では、デカルトは、最終的にどのような道徳を考えていたのであろうか。

ここでは、デカルトの「**情念論**」を参考にしよう。デカルトの名言を聞いてみよう。
　「**人間は、肉体に刺激が与えられると情念が生じる。**」情念とは、「驚き、愛、憎しみ、喜び、悲しみ、欲望」のことである。情念は、刺激を与えられて生まれるものなので、受動的なものと位置づけられている。
　デカルトは言う。
　「受動的な情念は、能動的な精神の働きを妨害するという。なぜなら、正しく判断する際に、欲望や憎しみなどの情念が働いて、精神の働きを狂わせるからである。精神の働きとはなにか。それは理性の働きである。
　では、理性とは何か。理性とは、何が正しくて、何が間違っているかを判断する能力のことである。このような理性を狂わせるのが情念なのである。したがって、情念を完全に制御しなければならないのである。」
　デカルトは、情念を制御することが善いことだと考える。これを「**高邁（まい）の精神**」という。高邁とは、人格が気高いということである。
　つまり、理性により感情や欲望を抑えることができる人が、人格の優れた人物だということである。
　ところで、このようなデカルトの道徳は、現代人が一つの規範をもって生きることの重要性を教えているものといえるのではないか。
　とくに、現代のように先が見通しにくい時代において、他人の意見に引きずられることなく、各人が自分なりのモラルをもって生きることは必要だろう。
　しかし、多くの現代人はデカルトの道徳をすでに実行していると言えよう。たとえば、よく分からない状況で、何かを判断しなければならないときは、とりあえず、穏健な意見にしたがっておくことだろう。
　合理的な理由が見出せず、行為の選択に迷うときは、途中でむやみに変更してはいけない。自己の責任においてある決断をださなければならない。
　この場合には、その決断自体を疑うことは避け、最後までやってみる。
　しかし、自分の力が及ばないと気づいたなら、それを断念するだろう。このように見ると、現代人の日常の生き方を大哲学者デカルトは後押ししてくれていることになろう。

4．神の存在の証明

「私は考える、ゆえに私は存在する」という命題を導き出した「方法的懐疑」を用いて、デカルトは**神の存在**を証明した。疑うという行為は、私の不完全さ、有限のあり方を示すと同時に、完全という存在の証明にもなる。

有限な存在としての私が、ここに存在するからには、先行的にそれを支える無限な存在があるに違いないのである。

つまり、何かほかに完全なものが最初に存在して、それがわれわれを創造し、完全性の観念を生み出したのに違いないのである。もし私を作ったのが私自身だとしたら、私は完全なはずである。

しかし、私は完全ではないのだから、何か他のものによって生み出されたに違いない。それは神だ。神が人間に誤った能力を与えるはずがないからだ。そして、神は存在する。なぜなら、不完全な人間が完全な神という観念を作り出すことはできない。

人間が神の観念をもっているのは、完全である神が不完全な人間に神の観念を与えたからである。これが、デカルトの考えた「**神の存在証明**」であった。こうして無限で完全な神が存在するとなれば、絶対の神が欺いたりするはずはない。したがって、神から付与された生来備わっているものは、人間以外の誰かによって、授けられたものに違いないのである。

その「**授けた主**」こそが、神なのだとデカルトは考えたのである。

12世紀のデカルトにとっては、「神の存在」は当然のことであった。しかし、これを単に信ずるのではなく、理性的に証明できなければならないとも、デカルトは考えていた。この証明は、現代の私たちから見れば、かなりの無理なものに見えるのだが、その時代の人々からすれば、それはどうしても必要なものだった。

ジョン・ロック（1632〜1704）

1．ジョン・ロックとは

　ロックは、哲学、政治学、法学など多様な分野で活躍した。フランス革命やアメリカ独立宣言にも、ロックの思想は大きな影響を与えた。彼は、人間を「タブラ・ラサ」という言葉で表現した。「タブラ・ラサ」とは、ラテン語で、「何も書かれていない板」のことである。ロックによると、人間は何も書かれていない白紙の状態で生まれてきたので、いろいろな経験する。そうした経験が白紙に書き込まれていくことで観念が生まれると、彼は考えたのである。赤ん坊などを見ていると、納得できる考え方である。

　彼が永遠の眠りについているその墓にはこう書かれている。

「旅人よ、足を止めよ。この地近く、ジョン・ロック眠る。彼がどういう人であったか問われるなら、つつましい運命に満足していた人だと答えよう。学者として育てられ、ただ真実の追求に研究を捧げた人である。このことは彼の著書から知られるであろう」

　では、彼は学者としてどんな真理を追求した人なのだろうか。

　彼はホッブズの政治思想であるいわゆる「**社会契約論**」を完成させたという一面を有している。また、経験論の哲学思想家という一面も併せ有している。

　まず、ホッブズの政治思想の意義について要約すると、次のようなことが言えるだろう。

　第一に、**彼は人間が政治社会や国家（主権者）を設けたのは、人間の生命を守るためのものだということを、**

　　　　　①**自然状態**→②**自然権**→③**自然法**→④**社会契約**→⑤**国家設立**

という順序で**定式化**した。彼のこの定式は、のちのロック、ルソーの政治思想に受け継がれ、またアメリカの独立宣言やフランスの人権宣言の精神となり、今日の基本的人権思想の基本原理となっている。

　第二は、**国家や政府の設立はあくまでも個々の自由・平等な人々との自発的同意によってのみ行われると主張したことである。**このような考えは、権

力の基礎は神にあり、神の代理人である国王のみがそのような権力をもち、したがって、国民は国王に絶対服従すべきだといく王権神授説に真っ向から対立するものだった。王権神授説とは、17世紀イギリスの思想家**フィルマー**が唱えたものである。彼は最初の人類アダムだけに、神はこの地球を支配する権利を与えたと解釈した。だからアダムの子孫である国王だけが全てを支配できると主張したのである。

　最後に、ホッブズのこのような考え方は、神の前での人間の無力性、とくにキリスト教の教説と矛盾するものであると考えられていた。ホッブズはキリスト教徒の説く人間の意思を超越した宇宙の法則である自然法という考え方に対して、自然法は人間の理性に内在するものと考えた。そして、人間が自然法に基づいて国家や社会を構築できるものとされたのである。

　このような人間による作為や構成という人間観の近代転換や宗教についての合理主義的考え方は、後述の「ロックの哲学思想」や「ロックの宗教思想」のなかでさらに詳しく述べることとする。

　ところで、彼の政治理論は、わが国の日本国憲法の基本原理を形成したものとして、見落としてはならない。1946年、わが国の日本国憲法起草にあたって、アメリカ合衆国憲法がモデルとして役割を果たしたことは有名である。日本国憲法の思想の源をたどっていくと、ジョン・ロックの**『市民政治論』**につきあたるのである。日本国憲法前文の「そもそも国政は国民の厳粛な信託によるものであって、その権威は国民に由来し、その権力は国民の代表者が行使し、その福利は国民がこれを享受する」という文章は。ロックの思想をたくみに要約したものといえよう。

　次に**経験論**であるが、近代哲学の流れはヨーロッパ大陸の合理論とイギリスの経験論の2つに分けられる。数学を重視し、たとえば幾何学での証明問題のような論理の展開で真理を発見できると考えるのが合理論、現実の観察を重視するのが経験論ということになる。合理論の代表格がデカルト、そして経験論の代表格はロックである。経験論はイギリスの**ベーコン**が始めた考えであり、その経験論をもとにロックは、**社会契約論**を論じた。

　私たちは何かを考える。考えるということは、これはこうだ、あれはこうだと判断する。では、どれが正しいといえるのか。この問題に対して合理論

は「**理性によって**」と答え、経験論は「**経験によって**」と答える。

「理性によって」真理を知るとは、たとえば、三角形の内角の和を知るためには、私たちは定規を持って実際の三角形を図るようなことはしない。推理推論によって、その和が二直角であることを推論するのである。しかし、合理論が理性を、経験論は感覚的経験を理解するといっても、それは程度の問題である。経験論にしても理性の働きを否定しているわけではない。ロックは、心は「白紙」だ、経験によって中身は書き込まれるのだという。これは、「人はだれでも、生まれたときは心は白紙の状態にある」というものである。生まれた時には白紙の状態であるが、その上に「**経験**」をもとに「**観念**」ができてくるとロックは考えた。「観念」とは、見たり、聞いたり、感じたりするなかで人間が意識することのできるすべてである。ロックの「白紙」という考えをもう少し具体的に見てみよう。人間は生まれてすぐに、感覚を通して、「明るい」「暗い」「赤い」「青い」「熱い」「冷たい」「固い」「やわらかい」などの印象を受ける。しかし、まだ意識が発達していない段階では、これらの印象に名前をつけることはできない。その印象を記憶しておいて、ほかのモノと関連付けるなかで、それらについての概念を段々とつくりあげていくのである。やがて、それぞれのモノに名前をあてはめ、世界に対する理解が深まり、考える能力を発達させるのである。そして、この流れのなかで重要なのは「感覚」である。観念をつくっていく「心」と心の外の「世界」との間にあるのが、「感覚」である。こうして感覚がさまざまな情報をキャッチし、それを頭脳で判断し、複雑で精巧な観念を作り上げていくのである。そして、ロックは経験するためには、経験するための能力があらかじめ心に備わっていなければならないと主張する。

このロックの主張に対して、彼と同時代の思想家**ライプニッツ**が、なるほど経験は大事だ、しかし、経験するための能力はいかにして得られるのであろうか。経験するための能力自体は経験から得られるものではない。ものを見るためには、見る前に目を持っていなければならない。同じように、経験するためには、それ以前に経験するための能力をもっていなければならない。目がなければ何も見ることはできない。それと同じで経験する能力がなければ何も経験できないのである」と反論した。

この反論に対してロックは、「経験する能力を事前に（先天的に）持っているとしても、この能力は使われないと何も経験できない。つまり、知識を得るためには、先天的な能力が必要であるし、また、経験も必要である。」と反論した。

「船乗りが沿岸を航海している。島々の間を縫うように船を進める。船が座礁しないためには、この海域の海の深さを知る必要がある。それをロープなどで測定する。ここは深い、あそこは浅いといった知識をそれで得る。それで十分である。私たちの地球のほんとうの深さ、その仕組みを知る必要はない。絶対確実な真理は必要ではない。この航海を無事に乗り切るために知識と知恵、それが求められている全てである。航海とは、私たちの人生そのものなのである。」

私たちはこれまで見たり聞いたりしたことによって、人生の経験をする。何が正しいか、何が安全か、何が危険かを知ることになる。このように、私たちは最終的にはこれまでの**経験（習慣）**から判断するのである。これがロックの基本的スタイルなのである。

2．自然状態と戦争状態

ロックもホッブズと同じように**自然状態**を想定する。ロックの思想を考察する場合、彼が**経験論の立場に立つ思想家**だということをまず押さえておく必要がある。経験論とは、イギリスの哲学者ベーコンが始めた考えであることはすでに述べたとおりである。その経験論をもとにして、ロックは社会契約説を論じている。ロックもホッブズと同じように、自然状態を想定する。

ロックによると、自然状態とは戦争状態ではなく、「**完全な自由の状態**」である。自然状態を支配する自然法は、何人も他人の生命、健康、自由または財産を傷つけるべきではないということである。ロック自身の言葉では自然状態とは、「なんら他人の許可を求めたり、他人の意思に依存したりすることなく、自然法の範囲内で、自分が適当であると考えるままに自分の行為を律し、自分の所有物と身体を処分するような完全に自由な状態」である。そこでは、だれもが同じように平等の権力を持っているのである。ホッブズ

ではこの平等はたがいに殺し合うことができるという否定的な意味で考えられたが、ロックでは人間の平等は、一切の権力と権限の平等であって、人間が他人に従属したり、服従したりすることがないという肯定的な意味で考えられている。

そして、ホッブズと異なり、ロックの自然状態では、各人が自然の法＝理性の法にしたがって生活しているから、本来戦争状態ではなく、**平和で牧歌的な状態にある**のである。ロックによれば、戦争状態とは、他人をその絶対権力の支配下に置くことを企て、相手の生命を奪おうとする場合をいうとしている。ここでロックのいう自然状態とは何かについてまとめてみよう。

「自然状態」とはロックの場合、次の4つの特徴を持っている。

（1）そこでは**人間が自由の状態にある**。その自由とは、自分の身体とか所有物とかを他人の許可を受けることなく、また、他人の意思に左右されることなく自分で適当と考えるままに処分することをいう。

（2）そこでは**人間が平等の状態にある**。人々が生まれながらに自然からの利益を無差別に受け、等しい能力を享受している。したがって、人々のあらゆる権力と権限は互恵的である。平等とは、とくにこのことをさしている。

（3）他人の生命・健康・自由・所有物を侵害してはならないという自然法が支配している。

（4）自然という一つの共同社会にすべての人があずかっている。

ロックは、人間の「**自然状態**」をこのように理想的な状態として描いている。ところが、この自然状態は犯罪や暴行が起こりうる危険な状態でもある。ここでは、あらゆる人々が犯罪を罰し、自然法の実行者となる権利を持っている。また、犯罪は平等に処罰されるのである。ロックにおいては、「**自然状態**」とは、一面では、自由な平等な理想像として描かれており、他面ではこのように私的に処罰を加える権利が認められる状態として描かれている。

3. 自然法

では、ここで自然状態を律している自然法の内容についてロックの言葉を聞こう。

「全ての人は自分自身を保存し、勝手にその地位を捨ててはならないという義務を負っているのだが、それと同じ理由によって、自分自身の保存と競合しない場合には、**人は出来る限り他の人類を保存すべきである**。そして、犯罪者を処罰する場合を除いては、他人の生命または生命の保存に役立つもの、自由、健康、四肢、あるいは財産を奪ったり害してはならないのである。」

自然状態においては、すべての人が自然法を執行する権利があり、この法に違反して他者の自然の権利を侵害する者は、「不正の暴力と殺人とによって全人類に対して戦いを宣した」ことになる。これは、**アリストテレスの定義**でいえば、矯正的な正義が自然状態においてすでに認められていることにある。

矯正的正義とは、本来平等であるべき事柄において、不公平がおこったときに利害の不平等を整えることである。たとえば、加害者には罰を与え、被害者には補償することなど法を各人に公平に適用して利害の調整を図ることである。

話をもとに戻そう。**ホッブズ**も**スピノザ**も国家が構築されて法律が定められた後に、初めて正義と不正が登場すると主張していた。しかし、ロックはちがう。彼はこの国家状態になる以前から、人々の間を正義が律していると考える。「**誠実と信義とは、人間そのものに本質的なもので、決して国家という政治的な社会の一員としての人間に属するものではない**」と主張した。

4. 戦争状態とは

自然法は全ての人々に人類保存を命じ、他者危害を禁じている。このような下で人々が未だ政治社会を形成することなく暮らしている状態こそが自然状態なのである。一方、他者に対して、その生命を脅かすことを言葉や行動によって宣言する者は、自分自身の生命を相手方とその加害者に晒すことに

なり、ここに戦争状態になる。

この点についてロックは次のように述べている。

「**戦争状態とは敵意と破壊の状態**である。それゆえ、他の人々や生命に対する意図を激情的かつ性急にではなく、冷静沈着に言葉や行動によって宣言することで、その者は自分がそのような意図を宣言した相手との戦争状態に自ら置くことになり、そうすることで自分が葬り去ろうしている相手の力に、あるいは、その相手を守るべく彼に加担し彼の争いを支持する者の力に、自らの生命を晒すことになる。私が私に対して破壊の脅威を与える者を殺す権利を有しているということは理にかなっており正当である。というのも基本的な自然法によると、人間は可能なかぎり保存されるべきであるが、全員の保存が可能でない場合には、無実の者の安全が優先されるべきだからである。」

他者の生命、自由、財産を脅かすことを宣言する者は、自分自身の生命を相手方とその加担者に晒すことになることから、ここにおいて戦争状態になる。

暴力を用いて、他者の生命、自由、財産を奪ったり脅かしたりする者は、その相手方に対する戦争状態となる。なぜなら、そのような行為に及ぶ者は相手方の自由や財産だけでなく、その生命をも奪い去ろうとしているからだ。

自然法は、暴力を用いて他者の生命や自由、そして財産を脅かす者よりも、無実の者の保存を優先するのだから、不当に戦争を仕掛ける物を殺すことは正当化される。

5．所有権とは何か

人々は**所有権**を確実かつ安定的に享受するためにこそ、政治社会を形成する。社会の成員の所有権保全こそが、政治権力の目的であり、したがってその目的から逸脱した政治権力の濫用は許されない。**所有権**の保全は政治的権力を正当化する根拠である。

では、ロックにおける所有権とは何か。ロックによれば、**所有権**とは**物に対する全面的かつ排他的な支配権**である。ただし、ロックの所有権は各人の財産だけでなく、各人の生命や自由についても、それらを一種の所有物とみなしていることに注意しておく必要がある。ロックによれば、所有権は実定

法に根拠を持つ権利ではなく、それは自然法上の権利である。したがって、**所有権は契約や立法などの人々の同意によってではなく、各人が営む労働によって正当化され確立する**のである。

6. 労働所有権

　ロックは自然状態にあって、神は人々に自己保存のために食物やその他のものを利用するような共有物を与えたと仮定する。ロックの仮定によれば、人々の食料となる動植物をはじめ、**自然資源は総じて人類の共有物**である。

　しかし、それらの一部を排他的に支配することができなければ、自己保存のために利用することができない。それゆえ、それらを私的に所有する集団が必ず存在しなければならない。そこで、ロックが提示するのが労働の役割である。労働こそが手段であるとロックは言う。

　ロックの言葉を聞こう。

　「大地と全ての下級の被造物は全ての人々の共有物であるが、しかし各人は自分自身の身体に対する所有権をもっている。これに対しては、本人以外のだれも何の権利ももっていない。彼の身体の労働と彼の手の働きは、固有に彼のものであると言ってよい。そこで、自然が準備し、そのまま放置しておいた状態から彼が取り去るものは何であれ、彼はこれに自分の労働を混合し、それに自分自身のものである何かを付け加え、それによってそれを自分の所有物とするのである。そのものは、自然によって置かれた共有の状態から、彼によって取り去られたのだから、この労働によって他人の所有権を排除する何かがそれに付け加えられたのである。」

　ロックは人間に自然にそなわる所有権として、身体の所有権があることを指摘する。つまり、「自然状態」では、この自分以外には誰も自分の身体には権利を持たない、ということである。このことをロックは、「**人は誰でも自分自身の一身については所有権を持っている**。これには彼以外の何人も何らの権利を有しないのである」と言っている。身体を「所有」という用語で考えるのがロックの特徴的な考え方である。

　ロックは、この「所有」という法律的用語を次々と拡張してゆく。まず、

身体の働きによって創りだした物に所有が認められる。「彼の身体の労働、彼の手の働きは、まさしく彼のものである」ということになる。身体は労働し、彼の手は仕事をする。これが身体の本来の働きなのである。だから、身体による人間の労働は彼自身のものである。

では、どのようにして私有財産というものが生まれるのか。ロックによれば、それは人々が自然に対して労働を加えることによってである。ロックの労働の例をあげよう。ロックによると、たとえば、ある人が樫の木のドングリを採取し、森のなかでリンゴをもぎとったとき、つまり労働をしたとき、それらはその人のものなり、また、土地を耕したとき、その土地はその人のものになるというのである。ロックはさらに、土地の所有についても同様の議論を展開する。大地は元来共有の状態にあるのだが、各人はその大地の一部を労働によって開墾し、そこに種を蒔き、農作物を育てることによって、その地をそこで生産された農作物ともども自分自身の所有物とする、ということである。

労働の成果はその労働を行った者に帰属すべきであると説く労働所有権には説得力がある。なるほど、ある人が樫の木のドングリを採取し、森の中でリンゴをもぎとったとき、つまり、労働をしたとき、それらはその人のものになり、また、土地を耕したとき、それらはその人のものになる。では、人は隙なだけドングリや果実を採取し、土地を獲得してもよいのか。

これに対してロックは、所有権獲得には次の二つの制約があるという。一つは「**十分性条件**」（これはロック的但書きとよんでいる）である。もう一つは「**浪費制限**」である。

「**十分性条件**」は労働によってある資源を所有するためには、それと同種類のものが他の者にも共有物として十分に残されていなくてはならない。先の例を使うならば、ある者が森の中でリンゴをもぎ取ることによって、リンゴの所有権を獲得しようとする場合、利用できるリンゴの木が他の者にも共有物として十分に残されていなければならない。

第二の制約である「**浪費制限**」は**所有物を適切に利用することなく、傷ませたり、腐らせたりすることや、所有物を浪費することを禁止する**ものであり、これによって労働で獲得できる所有物の量は利用可能な範囲へと制限さ

れる。利用可能な範囲を超える所有は、他者の権利侵害とみなされることになる。

　問題となるのは、**産物を必要以上に所有したという場合**である。人間の欲望は限りないのである。一人で食べることのできる鹿肉の量には限度がある。貯めておいても腐るから、人は鹿肉を無制限に得ることはない。それゆえ他人のための十分な鹿が残るだろう。ところが人間は、鹿肉だけを食べているわけではない。時には牛肉も食べたいと思うだろう。そこで、貨幣が登場するのである。消耗減失しない長続きのする黄金色の金属の小片を大きな肉の一片や穀物の一山に値するものと定めるようになったのである。

　この貨幣の登場によって、十分性条件と浪費制限の二つが解除されることになる。まず、一日で腐ってしまう鹿肉を、腐らない貨幣に交換するならば、人に害を及ぼすものではない。彼は共同の資源を浪費しなかった。自分の手の中で無駄に何物も減失しなかったのだから、他人に属するものの一部分といえども壊滅したことにはならないからである。これによって個人の共有（十分性条件）の確保という条件と、個人の享受（浪費制限）という**両方の制約が解除**されるのである。

　これらの二つの制約は、いずれも労働による所有を行う者に対し、自己保存のために自然資源を利用する権利を侵害することを禁止したものである。

　このように所有権を獲得し、それを行使する者には、資源の希少性を前提に、自己保存と他者保存を二つながら実現する義務が課せられているのである。ロックにおける労働と所有権の意義は、この二つを共に実現していくところにある。

7．政治社会と政府の起源

　自然状態とは、人々の間に支配と服従の関係は存在しない自然法のみが人々を律している状態のことをいう。このような状態は戦争状態ではなく、完全な自由の状態である。

　自然状態を支配する自然法は、何人も他人の生命、健康、自由、または財産を傷つけるべきではない、ということである。そこでは、自然法の範囲で、

自らの適当と信ずるところにしたがって、自分の行動を規律し、その財産と一身とを処置することができ、他人の許可も、他人の意志に依存することも不要である。

　政府も法律もなく、人間は完全に自由であるから闘争状態にはならない。したがって、そのような状態の下では自然法を解釈し、執行する権利（処罰権）は各人の手に委ねられているのであった。

　ロックは、「**すべての人は自分の理性にたずねてみさえすれば、だれも他人の生命・健康・自由、あるいは所有を傷つけるべきではないことがわかる**」のだから、ホッブズのように悲惨で死の恐怖と暴力に満ちた状態は現れない。と言っている。

　それでは「自由であり、またもし自分の身体と財産を完全に支配し、どんな偉大な人とも平等で、だれも服従していないとするなら、なぜこの自由を捨て、他人の権力と統制に服しようとするのであろうか」。

　それは、**自由が不安定・不確実**だからである。このことは審判なしのスポーツを考えれば分かるのではないか。審判なしでも野球の試合を行うことはできる。しかし、たとえば、ストライクかボールかについて投手とバッターとでは意見が合わないことが少なくない。やりにくいであろう。やはり、審判がいるとやりやすくなる。

　それと同じように、自然な状態にいる人間は、第三者的立場の審判の役割を担わせるために、政治社会を設ける。そうすると、その政治社会は神によってつくられたものではなく、人間が自分の都合でつくったものとなる。

　では、どうやって作ったのかというと、それはホッブズと同じように、やはり、社会契約を結び、個人の自然権（処罰権等）を政治社会に譲渡するのだ。

　では、それに対する政治社会とはどのようなものなのだろうか。政治社会について、ロックは次のように述べている。

　「**その（政治社会）成員のだれもが、この（犯罪者を処罰するための）自然の権力を手放し、それを共同体の手に譲り渡した場合に、その場合にのみ、政治社会は存在する**のである。（略）こうして、すべての個々の成員による私的な判決は全て排除され、全ての当事者に対して共同体により授権された裁判官が、公平かつ永続的な規則（法）によって執り行うことになるのであ

る」。

　政治社会とは、人々が自然法の権力を放棄し、それを政治権力（公共の手）に委ねることによって成立する社会なのである。この政治権力とは、「所有権を規制し、維持するために法律を作る権利」であり、そのために「死刑、あるいはそれ以下のあらゆる刑罰について、法を作る権利」であり、「法を執行し、また外敵に対して国を防御するために共同体の力を用いる権利」である。そして、これらのすべては、公共善のためだけに行われるのである。

　それはともかくとして、各人にとって、自然状態を脱して政治社会に加わるということは、政治社会がもつ政治的権力に服することを意味する。しかし、自然状態においては、各人は誰にも服従することなく、独立かつ自由の状態にあったのだから、その状態から政治権力への服従を意味する政治社会への移行を可能にするものは、各人自身の同意以外あり得ないのである。

　その目的は、自分の所有権を完全に享受し、共同体の外部の者に対してより大きな安全を保つことによって、相互に快適で安全で平和な生活を送ることにある。

　政治社会への加入には明確な約束ないし契約といった明示的な同意によって、自分たちが本来もっていた自然法の執行権を共同体に譲渡することによって政治社会は成立するのであり、これこそが政治社会の起源なのである。

8．政治社会の目的

　自然状態において完全に自由で平等で独立の存在であった人々が、その完全なる自由と平等の自然状態を脱し、政府を設立する。その目的は、人々の所有権の享受を確保し、かつ共同体に属さない者による侵害に対して、より強い安全保障を確立し、人々に安全、安楽、かつ平和な生活を互いに確保させることにある。

　この契約を人々は締結することで、人々は自然状態で享受していた自由を喪失することになる。しかし、その代わりに、自然状態で欠如していた次のものを獲得することになる。

　第一は、**確立され、安定した、公開された、正・不正の基準**であり、争い

を裁定する法が存在すること。この公開された法は、自然法に代わるものであり、全部の者の同意によって正義と不正の基準として認められ、彼らの間のいっさいの争いを裁決すべき一般的な尺度とみなされるものである。

　このような法によって、自然状態において、当事者が裁くことから生まれる不正、いわゆる自分の利益から偏見をもって裁くという不正が防止されるのである。

　第二に、**法に基づいて公平な裁判をする裁判官がいないこと**。この裁判官も、当事者による裁きの不正を防止するために必要な装置である。

　第三に、**自然状態では、正しい判決を適正に執行する権力を欠いていること**。この点につき、ロックは、こう言っている。

　「この正義を強制的に執行する権力が存在していないと、不正によって罪を犯すような者は、もし力によってその不正を遂行することができる場合には、たいていその目的を達せずにおかないだろう」。

　権力はこのような不正な状態を防ぐことができるのである。このような理由から、人々は契約を締結した、

　どんな契約か。それは**自然的自由で人が生まれながらにして持つ自由を捨てて、市民社会の拘束を受ける状態に入っていく**のである。

　自然状態におけるこれらの三つの欠陥に対する救済策となるのが、市民政府であり、この市民政府を求めて人々は政治社会へと加わるのである。

　政治社会には、その政治権力は多数者の意志（多数決）によるのだが、しかし、その権力が自然状態における前述の三つの欠陥に対する対策を講じ、それによって社会の成員の生命、自由、財産かつ平和な生活を保障する義務を彼らに対して負っているのである。

　そのため、多数者が政治権力を用いてなすべき第一の事柄は、確立され安定し公開された法の作成を担う立法権の確立である。この立法権こそが国家の最高権力なのである。

　しかし、この立法権をどこに置くかによって、国家の政府形態が決まることになる。社会契約の状態が締結された時点では、全員が、全ての権力を所有しているが、もしも立法を「**彼ら自身で任命した職員**」に行わせる場合には、それは民主国家であり、「法を作る権力を少数の選ばれた者あるいは一

人の者の手に委ねたとすれば、それは寡頭制である。一人の手に委ねた時には君主制の国民になる。

ところで、「**自由であり、また、もし自分の身体と財産を完全に支配し、どんな偉大な人とも平等でだれも服従していない**」とするなら、なぜ、この自由を捨て、他人の権力と統制に服しようとするのであろうか。

では、なぜ、人々はこのような完全なる自由と平等を棄ててまで、政治社会へと向かうのだろうか。

それは、一言で答えるならば、**そこには自由が不安定・不確実だからである**。この点について、ロックの名言を引用してみよう。

「自然状態において、彼は確かにそのような〈所有〉の権利をもっているのだが、しかし、その権利の享受は、とても不確実で、他者による侵害に絶えず晒されている。

というのも、万人が彼と同様に王であるのだから、誰もが彼と同等であり、そして大部分の者が公正と正義の厳格な遵守者ではないのだから、この状態において彼がもつ所有権の享受は極めて不安定であり、極めて不確実である。それゆえ、彼は、いかに自由とはいえ、恐怖と絶えざる危険に満ちた状態から自発的に離れるのである。自分たちの生命・自由・財産（略）の相互的な保全のために、既に結合しているか、結合しようと思っている他者と共に社会に加わることを、彼が求め、厭わないのは理由のないことではない」。

自然状態は確かに自由であるが、だれもが他者に服従することなく自分自身にのみ従い、そして大半の者は公正と正義に関して厳格ではないのだから、そこでの所有権の享受は極めて不安定、かつ不確実にならざるを得ない。

だから、人々がその自然的自由を放棄して、市民社会の拘束を受けるようになる唯一の方法は**快適・安全・平和な生活保障、財産の安全に関して、社会外の人々よりも大きな安全性をもつために、他の人々と一緒になって一つの共同体に結集しようと協定する**だけである。

そして、このようにしてつくられた政治社会においては多数の意志（多数決）がその共同体を動かすのである。このような政治社会を、各人の生命と自由と財産の保護のための、また各人の自発的同意に求めるという考え方は、政治権力の基礎は国家のすべての成員にあるとする。

国民主権の立場に立つロックの考えは、近代的な民主主義国家を支える理論となった。そして、**イギリスの名誉革命を正当化**、のちの**アメリカの独立戦争（1775～83）やフランス革命**にも影響を与えた。

9．ロックの政治思想

この契約（社会契約）におけるロックの特色は次の四点に要約できる。

第一は、「**だれもかれ自身の同意なしには、この状態（自然状態）から抜け出し、他人の政治権力に服従させられることはできない**」。

つまり、社会は各人の自由意志による契約によって成立するものであり、主権は国民各自にあることをロックは述べている。

主権者である国民は、その権利を国会に信託する。信託とは、「あずける」のであって、譲り渡すのではないから、所有権はあくまでも国民がもつことになる。

わが日本国憲法も、国民主権を規定すると同時に「そもそも国政は、国民の厳粛な信託によるものであって」と規定して、権利信託という立場をとっている。

第二は、社会契約の目的は、「**その所有、すなわち生命・自由・財産の相互保存のために**」ある。特に、彼が労働によって得た財産の私有を重視したことは、当時の名誉革命によって新しく支配階級に加わった新興ブルジョアジー、自営の農業経営者（ジェントリー）の立場を守ったと言えよう。

第三は、一つの政治体が構成されたならば、「**そこでは多数者が残りの人を動かし、拘束する権利を持つ**」。すなわち、議会制度における多数決の原理の主張ということになるだろう。

第四は、彼が「**政治権力が国民の信託に対して背任行為を行った場合には、いったん与えた権力を取り返し、自由を回復する権利を国民はもつ**」としたことがあげられる。これは、ロックの社会契約論のもっとも重要な特色であり、彼の社会契約論の民主主義的性格をもっともよく表す要素として注目されよう。

10. ロックの権力分立

　権力はたえず、専制化への傾向をもち、国民の自由を犯す危険性をはらんでいるものである。その危険性を除く方途についても、彼は二つ考えていた。

　一つは**権力の分立**である。彼は、国家の機能として、**立法権・行政権・連合権**をあげている。立法権は国会に属し、国民はこれに対して直接に主権を信託するのだが、ロックは、この立法権を至上権とした。

　権力の集中による専制政治の防止を考えたロックは、同一人が立法と執行との両権を手に入れれば、その者たちは自分の作る法への服従から免れ、法をその作成においても執行においても、自分自身の私的利益に適合させ、社会と政府の目的に背き、共同体の利益に反することをなすと考えたからである。

　この権力分立の思想は、フランスの**モンテスキュー**の『**法の精神**』によって発展させられ、アメリカの合衆国憲法や日本国憲法の基本原則ともなっている。三権分立論として確定するものである。

　もう一つの専制政治への歯止めとして考えたのが「**抵抗権**」という考え方である。権力の分立をたとえ行っても、国王や国会の専横のため、国民の権利が侵されることがあり得る。

　つまり、政治権力が所有権維持という社会契約の目的に違反して人間の自然権を侵害するような場合には、その時、国民は法の範囲内で合法的に抵抗する抵抗権をもち、さらに専制支配が行われたときには、反乱を起こす革命権を持つというのである。

　ホッブズはいったん社会契約によって政府をつくったならば、それに絶対服従しなければならないとしたが、ロックは政治権力のなし得ることはもっぱら国民の所有権の保全と公共の福祉という限定的な目的のために、社会から信託された制限的な権力なのであるとした。

　このように、政治権力が、社会からの信託に反して国民の所有権を侵害し、国民をその恣意的な権力の下に隷属せしめようとするならば、政治権力は国民との戦争状態に自らを置くことになるから、政治権力はその政治的権力を喪失し、その権力は国民の手中に戻り、政府は解体することになる。政府が解体した後は、国民は新たに政府を設立することになる。

このようなロックの抵抗権の考え方は、現在の欧米諸国でたとえ国家の命令であっても、道徳や自らの良心に反することには、服従しないという市民的不服従の権利として生きている。

ジャン＝ジャック・ルソー（1712～1778）

1．典型的な啓蒙思想家

ルソーは典型的な**啓蒙思想家**である。ところで、**啓蒙思想**とは何か。その本質は、一言でいえば、**人間が生まれつき持っている理性以外の権威を認めない**ということである。

つまり、従来の考え方、しきたりや思いこみを疑いもせずに信じ込む態度を批判する立場のことである。

ルソーは、一般市民の利益とは何かという、私たちの権利の正当性やその原則を追究した人であり、君主の統治権が「**神授権**」「**自然権**」でないと主張する点で、トマス・ホッブズやジョン・ロックの流れを汲んでいる。

前項で説明したように、ロックは**国民主権・議会制度（間接民主制）・多数決の原理・私有財産の保障・権力分立**などの特徴をもつ社会契約を主張した。

これに対し、ルソーは、国民主権の点では共通しているが、直接民主制・権力集中制を中心に、私有財産制を悪の根源とし、多数決の原理に対しても、あるところでは否定し、またあるところでは肯定する。ルソーは、ロックと大変違った社会契約論を主張した。

当時の政治状態を見て、ルソーは、『**社会契約論**』の最初のページに、次のような有名な言葉を残している。

「**人間は自由なものとして生まれた**。しかも、いたるところで**鎖につながれている。自分が他人の主人であると思っているようなものも、じつはその人びと以上に奴隷なのだ**」と。

なぜ、人間は鎖につながれてしまったのか。ルソーによれば、それは**文明の発達こそがその元凶**だということである。ルソーは自然状態こそが理想的

であると主張した。ルソーが考える自然状態をルソー著『**人間不平等起源論**』から引用してみよう。

「森の中をさまよい、器用さもなく、言語もなく、住居もなく、戦争も同盟もなく、少しも同胞を必要ともしないばかりでなく、彼らを害しようとも少しも望まず、おそらく彼らのだれからも個人的に見覚えることさえ決してなく、未開人はごくわずかな情念（感情）しか支配されず、自分ひとりで用がたせたので、この状態に固有の感情と知識しか持っていなかった」。

したがって、**自然状態においては、不平等はほとんどなく、平和で幸福で
あった**と、ルソーは考える。

ルソーによれば、人間の自然状態というのは、「人間は自然状態にあって、一人ひとりが自由に独立して生きており、自己保存の欲望（自己愛）は思いやりによって緩和されていた」としている。

つまり、疲れたら木陰で休む、腹が減ったら木の実を食べるといったような平和な状態をイメージしていたのである。

自然状態を人々は、だれからも束縛されない自由と平等の理想的な社会であると捉えている。

なぜならば、当時の人々は、無分別な赤ん坊が悪徳を知らないように、法の存在しない未開の社会に暮らしていたからである。

2．不平等はいかにして発生するか

ルソーは、人間の間に存在する不平等を**自然的不平等**と**政治的不平等**の二種類に区別する。

前者は、**年齢、体力、身体的性差、健康状態**といったものである。これは、個々の人間がそれぞれ違っているというだけで、自然的不平等には良し悪しといった価値は存在しない。存在するのは、ただの差異でしかない。

これに対して、政治的不平等とは、**財産の大小、社会的地位の差、権力**などを指す。これらの不平等は「**一種の合意**」に依存するものであり、「**他者を犠牲にすることで何人かの人々が特権を享受することになる**」と、ルソーは考える。

ここでルソーが問題とするのは、後者なのである。

なぜなら、前者の不平等の源泉は自然であって、それ以上問うことはできないからである。

では、後者の不平等はいかにして生じたのであろうか。

ルソーによれば、それは、「われわれの能力の発展と人間の精神の進歩から」生まれ、ついに、「所有権と法律の制定によって確固となり、正当となった」としている。

すなわち、私有財産制の発生と文明の発達によって、自然状態から社会状態へ堕落していくというのである。そして、それに拍車をかけたのは、冶金と農業の発達であったと、ルソーは言う。

人間は生まれた時は自由であった。しかし、**社会が人間を不自由にした**。

人間は生まれた時は、平等であった。しかし、**社会が人間を奴隷にした**。

人間は生まれた時は善良であった。しかし、**社会が人間を悪にした**。

私有が始まると、奴隷制と貧困・不幸と悪徳がはびこり始め、人びとの欲望や野心が刺激されて恐るべき戦争状態があらわれてくる。

ルソーによれば、人間の最初の私有から起こるものは、競争と対抗であり、利益の対立であり、また、他人を犠牲にして利益を得たいという隠された欲望である。

こうして、ルソーは、人間は貪欲的になり、野心的になり、また邪悪なものになったというのである。ここに戦争状態が生まれたという。

この戦争状態は、金持の支配者にも損害を与えた。その財産を戦争状態の中から守るために富者が考えたことは、「われわれの力をわれわれの利益に反するものに向けないで、われわれを賢明な法に従って統治し、結社の全成員を守り、共通の敵を撃退し、われわれを永遠に一致させる最高の権力に統一しよう」と。

このような法律を富者は制定し、社会制度を作って、自分たちの地位と富と権力を守ろうとする。だから、この法律と社会制度は、弱い者・貧しい者にとっては新しい奴隷と貧困をもたらしてくる。

この意味において、社会状態は、不平等と悪徳を示す以外の何ものでもないということになる。

このように、不平等がいかにして生まれたかを明らかにすることによって、次に問題となることは不平等のない状態を実現し、真に人間らしく生きることができるようになるには、どうしたらよいかということである。
　しかし、これは原始な自然状態に戻ることによって、達成されるものではない。ルソーは、その解決を『社会契約論』において、試みている。
　しかし、ここでは、その前にルソーの『**人間不平等起源論**』の概略について説明しておこう。
　自然状態においては、人々は互いに独立していて、質素で素朴ではあるけれども平等であり、生まれつき備わっている自己保存の本態と憐憫の情だけで十分に生きていけた。
　ところが、現在の社会状態をみよ。人間はいたるところで、人為的な取り決めによって生じた不平等に苦しめられているではないか。
　この人為的につくられた不平等の原因を究明し、それを克服するための新たな社会契約のあり方を探求するのが、自分の課題である。
　『**人間不平等起源論**』によれば、社会というものは、自然なものではない。それは、**人為的な産物であり、人間同士のなにがしかの合意によって、生まれたもの**である。
　そうだとすれば、合意に基づく社会とは何であるか。最初に、社会の最小単位と思われる家族について、ルソーは検討する。
　ルソーによれば、家族は自然な社会である。そして、それは、政治社会の最小のモデルであるとする。彼は、「**あらゆる社会の中で最も古く、そして唯一の自然的な社会は家族という社会である**」と言っている。
　父権に関しては、自然ではないと主張する。なぜなら、子供は父親の保証がなければ生きていくことはできないが、子供が自ら生命を維持できるように成長すれば、父親は不必要になるからだ。
　つまり、子供と父親を結びつけているのは、子供にとっては自分たちを保存してくれる間だけであるという。この必要がなくなると、この自然な結びつきは解ける。
　このとき、子供は父親に服従する義務を免れ、父親は子供を世話する義務を解かれる。もし、相変わらず、結びつきがあるならば、それは互いの自由

意志によるものであると考え、家族は約束によってのみ持続されるという。

以上のような父親と子どもとの合意によって家族が保たれるのと同じ原理に、社会の成立を求めるのがルソーである。

ルソーは家族と政治社会を比較して次のように言う。

「首領は父親のようであり、人民は子どものようである。そして、すべては平等で自由なものとして生まれたので、その有用性のためにしかその自由を譲渡しない。全く異なるところは、家族においては子どもに対する父親の愛情は、子どもへの世話によって報いられるが、国家においては、首領はその人民に対しての愛情をもたず、それには命令する喜びが代わるということにある」。

以上のように、ルソーは家族と社会との相似性を認め、とくに首領も国民も自由で平等なものとして、生まれたとしている。こうして、ルソーは合意にもとづく自由の譲渡による社会の成立に理想の国家の基礎を求めた。

3．家族と国家の違い

　家族は、政治社会の最初のモデルとなる。支配者は父親に似ており、人民は子どもに似ている。ここで、家族と国家の違いについて述べておくことにしよう。

家族の子どもに対する父親の世話は、「愛」であるが、国家においては、支配者は、「支配する喜び」が先の「愛」に代わる。このことも、ルソーの『社会契約論』をみていくうえで、重要なポイントになる。

次に、最も強い「権利」について考えてみよう。

家族でいえば、普通は父親に当たるが、最も強いものとは、他人が自分に対して服従するという義務を負わない限り、強いものの権利は生まれない。

「この私がいちばん偉い」と父親が思っても、家族（妻・子ども）の誰もそうは思っていなかったとしたら、父親には強い権力をもっていることにはならない。服従しなくても罰せられないとなれば、誰も服従する義務をもつことはないであろう。このとき、最も強いものの原理は、「暴力」である。

ルソーの言葉を聞こう。

「暴力は物理的な力である。この力からどんな道徳的な効果を生じるのか、私にはわからない。暴力に屈することは必要に迫られた行為であって、意志に基づく行為ではない。それはせいぜい用心深い行為である。それがどんな意味で、「義務」となるのだろうか。」

ルソーは言う。

「「力のあるものに従え」と言っても、その暴力による圧力が消滅した場合、服従する根拠がなくなる。つまり、もし、服従する義務があるとしたら、それは誰もが認める道徳的な権威が、権力者にある場合だけだ。」

このように、ルソーは暴力によって生み出される権力を否定するのである。よって、**暴力によって打ちたてられる権力は、「権利」ではない**。

このことは、暴力が社会に対して、立法する権利を持たないことを意味する。われわれは正当な力にしか従わなくてよいからである。こうして、ルソーは、暴力に則った社会は、けっして正当なものであるということはできないとする。

そして、ルソーは**奴隷制も否定する**。なぜなら、何の代償もなく自らを差し出すということは、あり得ないからである。

ところで、これまで述べたように、人間は平等に生まれついていて、「いかなる人間も、その同胞に対して生まれながらの権威を持つものではなく、また力はいかなる権利も生み出さない以上、人間の間のあらゆる正当な権威の基礎としては、ただの約束だけが残る」という結論に達する。

奴隷が自分の自由を譲るのは、自分の身を売ることによって、自分の生活の糧を得るためである。

しかし、全人民が一人の国王のために身を売ったりはしない。もしそうでなかったら、人民は奴隷以下となる。

ルソーは、人民が専制君主にその自由を譲渡し、その引き換えに「社会的平穏（安寧）」の保障を手に入れるという説を批判する。譲渡とは与えること、もしくは売ることである。しかし、たとえば、身を売るにしても、奴隷ならそれによって生活することができるという意味があるが、しかし、普通の人民にとって、それはいったいどんな意味があるのだろうか。

人民は自由の譲渡によって、自らの生活手段を何も与えられないだろう。

それによって、莫大な生活手段を得るのは、むしろ国王であろう。このように、一般人民はそれによって、何も得るところはなく、たとえば、専制君主の下では、人民は静かな生活でさえも、保障されないであろう。

そして、国王の野心による戦争やそのあくことを知らない貪欲などによって、かえって苦しめられるとすれば、一番人民はまたも何も得るところがないことになろう。

このようにしてみれば、人民がそれによって何も得ることのできないような譲渡は、社会成立の真の基礎になることはできないことは明らかである。

さらに、ルソーは言う。たとえ、人が自分自身を譲渡することができるとしても、その子どもを譲渡する権利はその父親にはまったくないという。

なぜならば、子どもは、人間としてまた自由なものとして生まれているからである。たとえ、子どもがまだ理性の年齢に達する前であっても、決定的に、また無条件的に子どもを他人に与えることはできない。

そのようなことは、自然の目的に反することである。家庭でいうならば、父親としての権利を超えている。そして、このように、子どもをその自由を無視して他人に与えるべきではないと同様に、われわれも無条件で自由を放棄すべきではない。

われわれがそのような自由を放棄することは、**人間たる資格、人類の権利と義務を放棄すること**になるというのである。これは、人間の本性と相いれないことだからである。

以上のような子どもの自由を奪って、他人に与えてしまう例やまた自ら自由を放棄する例から、無条件で一方では専制君主の絶対的権力を認め、また他方では無制限の服従を約束することは空虚であり、矛盾であり、無効であるとルソーは考える。

したがって、これは、『社会契約論』でいうところの約束ではない。このような専制君主の主張する約束は、次のように約束することだと、ルソーは例をあげている。

「わたしはお前との間に、負担はすべてお前にかかり、利益はすべてわしのものになるような、約束を結ぼう。その約束をわしはわしの好きな間だけ守り、そしておまえはわしの好きな間だけ守るのだ」。

このような一方的、身勝手な約束や権利があるわけではない。だれも承知しないであろう。このようにして、専制政治の本質を明確にし、次になぜ社会契約が必要なのかに入っていくのである。

4. なぜ社会契約が必要なのか

ルソーが、社会契約を重視する理由は**社会契約こそが人間が生き残るための唯一の方法である**からだ。ルソーの社会契約説は、この腐敗堕落した社会状態に、自然状態での自由と平等と平和を回復するにはどうすべきかを説いたものである。

『**人間不平等起源論**』において展開された人間の堕落の歴史は、ルソーによれば、自然状態から隷属や不平等に満ちた社会状態に至った人間たちは、どのようにすれば不平等もなく、他者に隷属することもない状態で生きることができるのか。そのためには、まず人々は生まれながらにして持っている自然的自由を捨て、全員一致の合意、これを原始契約というが、この契約によって、政治社会を形成しなくてはならない、と言うのである。

ロックの信託ではなく、ホッブズと同じく譲渡なのである。しかし、このようにして形成された国家は、ホッブズのいうリヴァイサンではなく、第二の自分ともいえるような「**公共我**」である。

しかも、ルソーによれば、人間はこの**原始契約によって国家を形成したからには、その権力に服従しなければならない**というのである。

しかし、このことは、自分に対立する国家の権力に服従するということではなく、第二の自分である国家に、自分が服従するのだから、それは服従ではなくて、それこそ**本当の自由である**といえると、ルソーは主張するのである。

ここで、ルソーにおける自由の概念の二つの区別を把握しておく必要がある。

5. 自由には二つの自由権がある

ルソーは、自由には**自然的自由権**と**市民的自由権**があるという。自然的自由権とは、**自然状態の中で人間が享受していた自由**である。

ルソーによれば、自然状態の中では、他者に支配されることもなく、また明確な所有権も確立していなかったが、しかしあらゆることを為す自由が人間にあった。自然状態には自己保存原理と憐みの情が存在し、それらが一種の法（道徳）の役割を担っていたから、人々を縛る法も何もない。だが、社会契約によって、人々はこの自然的自由を失った。

　この点につき、ルソーはこう言っている。

　「社会契約によって人間が失うものは自然的自由であり、彼が気をひかれ、手に入れたいと思ったものならなんでも手に入れることができる無制限の権利である。そして、「社会契約」によって人間が得るものとは、市民的自由であり、彼が所有するあらゆるものに対する所有権である」。

　これは新しい意味の自由の提唱であり、注目に値するといえよう。

　ここで、ルソーの政治思想について注意しなければならないことは、以上述べた国家は、第二の自分、いわゆる国家の命令に絶対服従しなければならないということである。

　これは一歩間違うと、**国家主義・全体主義に陥ってしまうおそれがあること**である。個人主義・自由主義とはまったく逆の結果になってしまうことである。個人主義・自由主義のルソーは、なぜこのような危険な主張をしたのだろうか。

　思うに、その理由は、ルソーが国家権力の基礎にある国民の総意、すなわち「一般意志」は常に正しいと考えたからではないか。つまり、国民ひとりひとりもっている特殊意志はいつも自分のことだけしか考えていないのである。

6．「一般意志」と「特殊意志」とは何か

　ここで「一般意志」と「特殊意志」とはどういう意志なのか確認しておこう。ちなみに、「一般意志」（普通意志）とは、**公共の利益を目指す誤りのない意志**をいう。

　具体的に、一般意志は、人民主権や直接民主主義といった形を取ることになる。ルソーは、「選挙のときだけ自由であるが、終われば奴隷になる」間接民主主義の代議制を批判した。

これに対して、**自分の利益を求める意志を「特殊意志」**という。

さて、ルソーは、この特殊意志を常に正しい一般意志、すなわち自由や平等を決して否定したりしない意志の支配下におく必要があるというのである。

すなわち、社会契約において、**個々人は自分の特殊意志、つまり個人の特殊な利益を求める意志を放棄して、一般意志に従いあうことを誓い合うの**である。

そして、一人ひとりの国民が、この一般意志によってつくられた法に忠実に従えば、従うほど、それだけ人間本来の自由が正しく実現されるというのである。

もう少し詳しく説明しよう。人間一人ひとりが個人の利益を追求する私的な意志は、特殊意志とよばれる。たとえば、間接民主主義（代議制）による議会は、特殊意志が衝突しあうことになるおそれがある。そうなると、多数決によって採択がなされることになる。こうして決議された意志は全体意志とされる。このような意志は全員の意志ではなく、少数者の意志を抑圧した結果ということになる。そこでルソーは、私利私欲とは無関係に公共の利益のみを目指す意志を一般意志と呼んで、特殊意志を放棄してこの一般意志にのみ服従することに社会契約の基礎を置いているのである。たとえば、自分が美味しいものを食べたいと欲するのが特殊意志であり、すべての人がひもじい思いをしないように願うのが一般意志であるといえよう。

国家（共同体）はこのような一般意志により形成されるのである。ルソーの考える国家は絶対的に服従しなければならない権威でも、一時的に自然権を信託している相手でもないということである。各人は共同体に結合されていながら自由なのである。なぜなら、一般意志は人間の自然的本性に根ざす普遍的な意志だからである。

しかし、それだけでは、問題は解決しない。

仮に、一般意志が正しいとしても、私たちはどのような理由で常に正しいといえるのかという問題がある。この一般意志が絶対化されるのも、私には危険に思われるのである。

ここにルソーの個性的な民主主義が展開されるのである。

ルソーは、一般意志は分割することができないと言っている。なぜなら、

分割すれば、特殊意志になってしまうからである。他人によって、代理することもできない。

また、**一般意志を譲渡することはできない**。もし、それが他に譲渡できるとすれば、それは「力」、若しくは「権力」である。

だから、ルソーは、人民大会によって決定されなければならないというのである、これは、ロックの間接民主制・権力分立制と明らかに異なるものである。人民大会にすべての権力を集中し、そこで全人民が参加して決定していく。これが、一般意志である。これは、明らかに直接民主制、そして権力集中制を描いているといえる。

このように見てくると、一般意志は、主権だということが分かる。この場合、個々人は、主権者の構成員である。また、主権者に対しては、国家の構成員として約束している。

ここに政治体、また主権者が生まれる。この主権者が存在理由を社会契約に基づいているため、社会契約に背くようなことはできない。たとえば、他の主権者に服従するようなことは、社会契約を破ることになる。

では、この主権者は、何を目的としているのか。それは、共通の善のために、法を作ることである。法は、市民の真の善のために定めたことを現実化してくれる限りにおいて、正当なのである。

また、この正当な法から生じる義務を果たそうとしないで、権利だけを要求するとすれば、それは社会契約の意味はなくなってしまうのである。

7．法の執行者

これまでみてきたように、ルソーの政治思想において重要なのが、**社会契約の考え方、自由の二つのあり方、一般意志概念**であった。

以上のことは『**社会契約論**』第1編および第2編で論じられている。そして、第3編からルソーは**政治論**を論じている。

政治論とは、**法の執行機関である政府には、どのような形態が存在するか**というものである。ルソーによれば、政府には、主に三つの形態が存在すると言っている。

まず**民主制**である。これは、いわゆる**直接民主主義制**である。次に、**貴族制**である。これは、貴族の一部の人々が政府を務めることをいう。

そして、最後は、**君主制（王制）**である。これは、**一人の人間が政府の役目を果たす形態**である。

ここで注意しなければならないことは、ルソーは**最善の政府形態はその国家の市民の数、気質に応じて変化する**と考えていたことである。

ところで、これまでみてきたように、政治体の存在理由が社会契約に基づくものであることが明らかになった。では、この政治体は何をしなければならないのか。

それは**立法**である。正義は確かに神から得たものである。もし、神からきた普遍的正義を、私たちが受け止める「力」があれば、政府も法も必要としない。しかし、現実には、法がなければ、「悪人の幸い、善人の不幸」となってしまう。そのためには、社会契約によって、権利を義務に結びつけ、正義を約束と法によって規定しなければならない。また、すべての権利は、法によって規定されなければならない。

では、法の目的は何か。これは**正義の二つの目標、「自由と平等」が実現されること**である。二つの目標で大事なことは、市民の自由であり、平等はその自由を確保するために必要とされる。

ルソーによれば、平等とは権力の平等と富の平等である。権力の平等とは、一人の市民のもつ権力があまりに大きくなって、いかなる場合にも暴力にまで高まることがないことであり、富の平等とは、いかなる市民も他の市民を買えるほどに富裕にならないことである。

そして、いかなる市民も身売りせざるを得ないほど貧しくならないことを意味すると述べている。

ルソーは、さらに言う。

この法律は、三つの法律で構成されている。まず、**国家法**である。これは、主権者である市民と国家の関係を規制するものである。具体的には、政府の形態を定める法律である。

第二は、**民法**である。これは、政治体の構成員の相互的な関係または構成員と全体の政治体の関係を規制する法律である。この民法では、すべての市

民は他のすべての市民への依存から完全に独立し、公民国家にきわめて強く依存するようになることを目的とすべきものである。そして最後に、**刑法**である。これは、人間と法の関係を規制し、法に服従しない者を処罰するための法である。これらの法律の役割を果たすのが、「世論」である。市民に社会契約を堅持させる精神的な支えとなるものである。

　このような法を作るには、作成者が必要となる。作成者はその一般意志を理性に一致させる能力のある人物でなければならない。

　このような人を**立法者**という。今日でいえば、政治家ということになる。

　ルソーによれば、立法者は優れた知性をもち、人間の情熱や性質をよく知っていて、自分の幸福よりも人民の幸福のために喜んで心をくだき、時代の進歩のかなたに光栄を用意しながらも、一つの世紀において働き、のちの世紀において楽しむことができる。そういう知性でなければならないといっているのである。

　さらに、ルソーは、こうも言っているのである。

　政治家はまず、神に近い知性がなければならない。その知性は人の心や性質をよく見通せる人でなければならない。そして、特定の人物と癒着してはならない。時代の先を見通すことのできる人でなければならない。

　このように、ルソーによれば、政治家は天才に近い人で、特別で優越した仕事であると言っている。

　しかし、法を支配するもの、すなわち立法者は、人々を支配してはならないのである。なぜなら、立法者が人びとを支配するようになると、立法者は自己の利益をもくろむため、不正が永続していくからである。

　ルソーは、歴史的な例として、ローマ帝国をあげている。

　ローマがもっとも栄えていた時代に内部に専制のあらゆる犯罪が復活した。それはなぜか。それは、同じ人びとの手中に、立法の権威と主権が集中したからである。このため、あまり長く同じ権力の集中が続くと、堕落すると、ルソーは言う。

8．二つの社会契約論

　以上、わたしはルソーの『社会契約論』を語り、さらに前項ではロックのそれについても説明をした。読者はここで、はっきり対する二つの社会契約論のあることを理解されたことと思う。

　ルソーの考え方は、社会主義国家の民主主義に大きな影響を与え、そして、ロックの社会契約論は日本を含めて、資本主義国家の民主主義の中に生きている。そのいずれが、真の自由を確保するのか。それは読者自身で決めてもらいたい。ただ、ホッブズ・ロック・ルソーを通して追求され深められた自由は、人間の個人的自由をいかに社会制度として確立するかというところに、焦点が置かれていることに注目してほしい。

アダム・スミス（1723〜1790）

1．利己的な存在である人間

　スミスは『道徳感情の理論』で、人間の自愛心の強さを次のように説明している。

　「遠く離れた大清国で大地震が起こり、多数の死者がでたとしたら、人々は彼らの悲運に哀悼の意を表明するだろう。だが、それよりも、もし自分の小指が明日切られるかもしれないとしたら、そのことのほうが心配で今夜は眠れないにちがいない」

　スミスはこのように、人間は自分のことしか考えないという意味で、人間を利己的な存在ととらえるのである。この点につき、スミスの名言を聞いてみよう。

　「人間がどんなに利己的（人間は誰でも自分の利益を優先すること）なものと想定されうるとしても、あきらかにかれの本性のなかにはいくつかの原理があって、それらは、かれに他人の運不運に関心をもたせ、かれらの幸福を、それを見る喜びのほかには何も、かれはそれからひきださないのに、か

れにとって必要なものたらしめるのである。この種類に属するものは、哀れみまたは同情であって、これは、われわれが他の人びとの悲惨を見たり、あるいはひじょうに生々しくそれを考えさせられるかするときに、それにたいして感じる衝動である。われわれがしばしば他の人びとの悲しみから悲しみをひきだすことはあまりにも明白な事実であって、それを証明するどんな例も必要としない。というのは、この感情は、人間本性の他のすべての本源的情念と同様に、決して有徳で人道的な人にかぎられているのではなく、どんな悪人でも共感することができるのであり、最大の悪人、社会の諸法のもっとも無情な侵犯者でさえも、まったくそれをもたないことはない」

つまり、**人間は利己的存在である**けれど、それだけではない。それは何かというと、**他人に関心をもつということ**である。人間は、自分の利害に関係はなくても、他人の運不運、あるいは境遇に関心をもち、それらを観察することによって、自分も何らかの感情を引き起こす存在なのである。このようにスミスは人間を自分の利益を第一に考える利己的存在と考え、このような人間の利己的性格を悪だとは考えない。なぜなら、それは人間にそなわった自然の本性だからである。

しかし、スミスは、次のことは認める。例としてよく挙げられるのが、利己心が制度的条件と結びつくと社会的害悪を生み出すという東インド会社のインド統治についてである。つまり、利己心は自己の境遇を改善しようという欲求を生み出す。そのため努力を人々に促すが、このような努力がある種の制度的条件に結びついた場合には、社会的害悪を生み出すということである。

スミスは、「**国富論**」のなかの東インド会社のインド統治を論じたところで、東インド会社の使用人たちの乱脈な行為や収奪を批判したうえで、次のように説明する。

「わたしが糾弾したいのは、統治制度であり、かれらがおかれた地位であって、その中で行為した人々の人格ではない。かれらは、かれらの地位が自然に指示したとおりに行為したのだし、かれらにたいしてもっとも声高に非難をあびせた人びとも、おそらくかれらよりもよく行為をすることはなかっただろう。」

平和時の家庭では、やさしい夫や父である男性が、いざ、そこが戦場であ

るということになれば、彼らはおそらく残虐な行為に走るのではないか。なぜなら、戦場では自分を守るために、あるいは恐怖心にかられて行動するからである。

　大切なことは彼らをそういう状況に追い込まないことなのである。以上のスミスの主張は、この理論と同じであろう。彼らがそれぞれに利益を追求しながら、平和が果たされ社会的害悪を生み出さないような人間と人間の関係の在り方、そして社会のしくみと国家のあり方を、スミスは探求しようとするのである。

2．共感の原理

　経済学の祖と言われる**アダム・スミス**は、すでにみたように、その著『**道徳感情論**』において、人間は他人の感情や行為に関心をもち、それに同感する能力をもつという仮説から出発している。ここでいう「共感（同感）」（sympathy）とは、「**他人の感情や行為の適切さを判断する心の作用**」を指す。

　スミスはこのような、同感する人間が社会秩序を形成するプロセスを、次のように説明している。人間は同感という能力を使って他人の感情や行為を観察し、それらに対して是認・否認の判断を下す。たとえば、何かの出来事にあって、喜んだり、悲しんだり、怒ったりしている人を当事者とし、それを見ている人を観察者とすると、観察者が当事者の感情を共有できるのは、観察者が想像力によって当事者の立場に自分を置いてみることによってであると、スミスはいう。観察者は、もしも自分が同じような出来事にあったなら、同じように喜ぶだろう、同じように悲しむだろう、あるいは怒るだろう、と考えることができたときに、当事者に共感できるのである。

　表現を変えて説明しよう。要するに「**人間は、自分の利害に関係ない他人の出来事に対しても、嬉しい、悲しいという感情を抱く**」ということである。「不治の病い」と言われたが治って喜んでいる人がいれば、「よかったね」と思い、家族や恋人を亡くした人を見ると「気の毒になあ…さぞや悲しいことだろう」と感じる。また、川に溺れている子供を助けようと川に飛び込む人を見たり、自分や他人の生命や財産を守るために戦っている人を見ると、

そのような人を応援したくなる。一方、理由もなく人を傷つけたり、人のものを盗んだり、人を騙したりする人に対しては怒りを感じるのである。たとえ、自分がその「事件」の被害者ではなくても、当事者の気持ちになって同類の感情、怒りや悲しみを覚えるのである。これが「共感」なのである。これは「当事者」と同じように感じるということである。

　スミスによれば、このような共感を繰り返すうちに、私たちは他人もまた私の感情や行為に関心を持ち、それらを観察し、想像の中で私の立場に立ってそれらを是認、または否認することを知るようになる。そうすると、人間は自分の感情や行為が他人の目にどのように映っているか、是認されているか否認されているかを知りたいと思うようになるのである。

　具体例として、ロビンソン・クルーソーをとりあげて説明しよう。ロビンソン・クルーソーは、無人島に漂着し、独力で生活を築いてゆく。この無人島には時に近隣の島の住民が上陸しており、捕虜の処刑および食人が行われていた。ロビンソンはその捕虜の一人を助け出し、フライディと名付けて従僕にする。ロビンソンがフライディに会った瞬間から無人島には「社会」が生まれる。なぜなら、ロビンソンにとっての外界は、自分と同様の予想し行動するフライディという「他人」が含まれることになるからである。こうしてロビンソンには、フライディとの共存関係が生まれる。そして、それが主従関係とはいえ、ロビンソンはフライディが彼に心服して従っているのか、精神的肉体的に是認できる範囲で形式的に彼に従っているのか知りたいであろう。ロビンソンは自分の感情や行為がフライディの目にさらされていることを意識し、フライディから是認されたい、あるいは、フライディから否認されたくないと願うようになる。もし否認されれば、戦国時代の織田信長のように、部下の明智光秀に寝首をかかれかねないのである。

　スミスは、この願望は人類共通のものであり、しかも個人の中で最大級の重要性をもつものだと考える。

　ここでスミスの言葉を借りよう。

　「自分が感じている激しい感情に周囲が同意・賛同してくれることほど嬉しいことはない。逆に、まったく賛同してくれない時ほど悲しく、不愉快なことはない。スミスによれば、わたしたち人間は、周囲の人、社会から認め

第2章

てもらえる、賛同してもらえるような行動をとろうと、「他人の目を気にして生きている」というのである。

3．公平な観察者

　ロビンソンとフライディの世界は、たった二人である。しかし、現実の世界は多くの人間と生活を共にしている。自分の感情・行為が多くの人から是認されれば、それは私たちに快感を与えることになるが、否認は私たちに不快感を与えることになる。このように私たちは他人から是認されることを願う結果、自分の感情や行為を他人が是認できるものに合わせようとする。

　では、私たちは誰の是認を基準にして自分の感情や行為を調整するのであろうか。この点についてスミスは次のように述べている。人は自分自身が様々な人の感情・行為を判断し、また自分の感情・行為が様々な人から是認され、あるいは否認されることを通じて、自分と利害関係になく、かつ、特別な好悪の感情をもたない「**公平な観察者**」の是認を基準として自分の感情や行為を調整する。

　例をあげよう、私は、自分の感情表現や行為について、近親者や友人から、「あなたは正しい」と言われるならば、うれしく思うであろう。しかし同時に、そのように言ってもらえるのは、その人が私に対して特別な好意をもっているからだと思うであろう。反対に私に対して敵意をもっているような人から、「あなたは間違っている」と言われた場合、私は大きな衝撃を受けるだろう。しかし、よくよく考え、冷静になれば、そのような非難や批判は公平さを欠くものであり、問題にする必要はないと思うだろう。

　いずれの場合にも、私たちが自分の感情や行為の適切性について確信をもつことができる基準を与えてはいない。それを与えてくれるのは、私と利害関係にない、私に対して特別な好意や敵意をもたない「公平な観察者」だけである。私たちは観察者としての経験、当事者としての経験を通じて、自分が所属する社会における判断基準を自分の胸中に形成する。つまり、他人の評価を意識し行動する中で、何が是認され、何が否認されるかを経験として学び、所属社会における判断基準を身につけるのである。こうして、**人は自**

分の胸中に公平な観察者の基準を形成し、その基準に基づいて自分の行為の適切性を判断するようになる。

4．称賛と非難

　スミスは、私たちが胸中の公平な観察者を通して、**是認・否認という判断を行う**とした。では、ある行為が称賛に値するか、それとも非難に値するかをどのようにして判断するのであろうか。

　私たちは、まず行為者の立場に立ってみる。つまり、自分（自分の中にいる公平な観察者）が行為を受ける人に対して同じ関係をもつと想像する。そして、胸中の公平な観察者がするだろう行為（これを「A'」としよう）と実際の行為者の行為（これを「A」とする）とが、ほぼ一致するなら、私たちはその行為の動機を是認し、まったく一致しないということになれば、それは否認することになるであろう。スミスは、このような判断の側面を「**直接的同感**」と呼んでいる。直接的同感は行為の動機の適切性を判断する心の作用であるといえる。

　次に、私たちは行為を受ける人の立場に立つ。つまり、自分（自分の中にいる公平な観察者）が、そのような行為を受けたならば、どのような感情を引き起こすであろうかを想像する。このような感情を「B'」としよう。仮にB'が感謝という感情ならば、私たちはその行為を有益な行為であると判断する。反対にB'が憤慨であれば、私たちはその行為を有害な行為であると判断する。スミスはこのような判断を、「**間接的同意**」と呼ぶ。間接的同意は、行為の結果を判断する、あるいは行為を結果から判断する心の作用であるといえる。

　ここで、具体例をとりあげてみよう。

　今、ある人が裕福とまではいえないにもかかわらず、生活に困っている友人を経済的に援助していたとしよう。私たちはまず行為者の立場に立って、行為の動機（同情または友情）が適切なものであることを認める。同時に、私たちは、行為を受ける立場に立って、感極まる感情が感謝であることを認める。この二つの判断を合わせることによって、私たちはこの行為が称賛に

値するものであると判断する。自分が経済的に助けてもらったわけではないのに、この人の行為を称賛し、この人に感謝さえするのである。

　もう一つ例をあげよう。

　今、ある人が通行人から金銭を奪うために、その人を殺害したとする。私たちは、まず行為者の立場に立って、自分（自分に中にいる公平な観察者）がそのような行為を行うか否かを検討する。通常の場合、直ちに「否定」という答えを得るであろう。同時に私たちは、行為を受けた人、つまり被害者の立場に立って、自分（自分の中にいる公平な観察者）が、このような行為を受けたならば、どのような感情を引き起こすかを想像する。間違いなく憤慨である。こうして、私たちは、金銭を奪うために通行人を殺害する行為を非難に値する行為であると判断する。自分が殺害されたわけでもないのに、私たちはそのような行為を行った人に対して憤慨し、何らかの処罰がなされるべきだと思う。

5．賢人と弱い人

　世間の評価と胸中の公平な観察者の評価が食い違う場合、私たちはどちらの評価を重視するのであろうか。この点につき、スミスは次のように述べている。実際の観察者、すなわち世間を裁判における**第一審**にたとえ、私たちは自分（自分の中にある公平な観察者）の行為について、まず、第一審、すなわち**世間の評価を求める**。しかし、世間の評価が適切でないと感じるとき、第二審、すなわち**胸中の公平な観察者に訴え**、最終的な判決を求める。

　例をあげよう。自分の子供が川で溺れているとしよう。周りには誰もいない。父親は泳ぐことができないため、2キロ先にある民家に助けを求めに行った。大勢の人達が子供を救助に来てくれたが、時すでに遅し、子供は溺死してしまっていた。

　この場合、裁判における第一審にあたる世間は、父親を非難するであろう。不運に同情しながらも、有害な結果をもたらしたことに対し、父親を完全に無罪とはしないのである。しかし、彼の胸中にある公平な観察者は彼に次のように告げる。「あなたは最善を尽くした。しかし、不運にもあなたは良い

結果を出すことはできなかった。世間は子供を溺死させてしまった結果に目を奪われ、あなたを評価しない。しかし、私はあなたの動機が全く善意であったことを、つまりあなたは子供が川で溺れそうになっているのに気づきながら、これを放置して立ち去ってしまったわけではないことを知っている。あなたは子供を助けたくても助けられなかった。なぜならあなたは泳ぐことができなかったからだ。そして、あなたは周囲に誰もいなかったから2キロ先にある民家に助けを求めに駆け込んだのである。あなたが最善を尽くしたことを胸中にある公平な観察者は知っている。あなたは、自分の行為を誇りに思ってよい。また、胸中の公平な観察者は、私たちに次のように告げるであろう。

「世間（実際の観察者）は、あなたを非難する。あたかもあなたに子供を溺死させる動機があったかのように。しかし、私はあなたにそのような動機は全くなかったことを知っている。あなたは絶望をしてはいけない。」

　父親は子供を溺死させてしまったことに対する世間からの非難を弱めるためにこのような公平な観察者の声を求めて自分を納得させるしか方法はないのではないか。なぜなら、世間（実在の観察者）は私と何らかの利害関係にあったり、私に対して何かの偏見をもっていたりする場合があり、必ずしも公平な判断を下すとは限らない。これに対して、胸中の公平な観察者は、実在の観察者の判断に依拠して形成されるのである。しかし、時として世間（実在の観察者）とは異なる判断を下す。世間（実在の観察者）が行為者の境遇、行為、動機についてすべてを正確に認識することはそもそも不可能なことである。たしかに行為者の境遇と行為は世間（実在の観察者）が注意深く観察すれば、かなりの程度まで正確に認識できるのかもしれない。しかし、行為者の真の動機については、世間（実在の観察者）は直接に認識することはできない。行為や表情などからの推測に頼らざるをえないから、完全な認識は不可能である。世間（実在の観察者）による行為者の境遇、行為、動機についての認識は、多かれ少なかれ不十分、不正確であり、世間（実在の観察者）の判断が、根拠のない称賛や非難を多少なりとも含むことは避けがたいのである。

　これに対して、行為者自身は、自分自身の境遇、行為、真の動機について、

通常はそれよりもよく認識できる立場にある。したがって、行為者自身が自分自身の行為や動機を直接的に判断する場合には確実な根拠に基づいて判断することになる。なぜなら**自分（公平な観察者）**が価値判断の対象となる行為者の境遇、行為、動機についてよく知っているからである。

　では、私たちは、つねに第二審の判決を第一審の判決よりも優先させるのであろうか。第一審は実際の称賛（報償）や非難（処罰）を私たちに与える。これに対して第二審は、私たちの行為が本当は称賛に値するものなのか否か、あるいは非難に値するものなのか否かを、私たちの心の中で告げる。したがって、第一審の判決を優先するのか、それとも第二審の判決を優先するのかということである。スミスによれば、**行為者が賢人であるのか、「弱い人」であるのかによって、第一審を優先するか、第二審を優先するかを決める**というのである。そして賢人の場合は、ほとんど第二審判決を重視し、弱い人はすべて第一審の判決を支持するというのである。自分の行為が称賛に値しないにもかかわらず、世間から称賛される場合、賢人はそのような称賛を喜ぶことはない。一方、弱い人間は、世間の称賛を素直に喜ぶ。たとえば、自分では失敗作であると思う「論文」を世間が称賛する場合、その執筆者が賢人であれば世間の称賛を軽蔑し、その論文を執筆しなければよかったと思うだろう。これに対して、弱い人は自分が世間から認められたことを喜び、有頂天となってうぬぼれるだろう。自分が称賛に値する行為を行ったにもかかわらず、偶然の理由によって世間から称賛を得られなかった場合、賢人は称賛されなかったことに対して意に介さない。しかし、弱い人は、称賛を得られなかったことを残念に思い、自分に対する世間の評価が下がり、「頼りにならない人」という烙印を押されるのではないかと心配するのである。

　このように、第一審と第二審の判決が異なる場合に、**賢人と弱い人がとる態度は正反対である**。しかし、両者が一致する場合がひとつだけある、とスミスは言う。それは非難（処罰）に値しないにもかかわらず、世間から非難される場合である。典型的な例として、冤罪が考えられる。この場合、弱い人は、世間の非難を苦にする。では、賢人はどうだろうか。賢人は胸中の公平な観察者の声、すなわち、「あなたは無罪である」という声にしたがって平静でいられるかということである。スミスによれば、「賢人といえども根

拠のない非難に対しては動揺する」と述べている。根拠のない称賛は無視できても、さすがに根拠のない非難は無視できないからである。賢人が残念に思うのは、無実の罪を着せられる不条理に対してというよりも、むしろ自分がこのような軽蔑すべき犯罪をしても仕方のない人間だと見られたことに対してである。自分のそれまでの行いから、あの人はそんなことは絶対にしないと思われるのではなくて、あの人だったらそういうこともやりかねないのではないかと思われたことに対してである。

　ところで、スミスのいう賢人や弱い人とはどういう人間のことをいうのか。スミスによれば賢人とは基本的に胸中の公平な観察者の判断にしたがう人のことをいう。そして、弱い人のことを、常に世間の評価を気にする人のことをいうと述べている。しかし、実際には、すべての人間は程度の差はあれ、賢人の部分と弱い人の部分の両方を持っているのではないか。これが普通の人間の姿ではないだろうか。スミスのいう「賢人」と「弱い人」とは、「**強さ**」と「**弱さ**」と読み替えることができる。私たちの強さは自己規制によって公平な観察者が是認するように行動しようとするであろう。反対に、私たちの中の弱さは、世間の評価を気にするだけでなく、自己欺瞞によって公平な観察者の是認・否認を無視するように自分をしむけるのであろう。

　ここで、スミスの言葉を聞こう。

　「激しい情念をもって行為をしようとするとき、われわれは、利害関心のない人物の公平さにもとづいて自分がしようとしていることを考察することがほとんどできない。（略）行為が終わり、それを促した諸情念が静まったときには、たしかにわれわれは、もっと冷静に利害関心のない観察者の諸感情に入り込むことができる。しかしながら、この場合においてさえ、それらが本当に公平であることは稀である。（略）自分自身を悪いと考えるのは大変不快なことであって、そのためわれわれは、しばしば意図的に、判断を不利にするかもしれない事情から目をそらす。（略）この自己欺瞞という人類の致命的弱点は、人間生活における混乱の源の半分をなす」（道徳感情論）。

6．一般の諸規則の誕生

　人間には、**強さ（賢人）**と**弱さ（弱い人）**の二面がある。いくら公平な観察者の判断にあわせようとしても、人間は、利害関心、気まぐれ、熱狂などのために、胸中の公平な観察者の声を無視し、自己欺瞞によって、自分の欲望の意向を正当化しようとすることがある。このような人間の「弱さ」に対し、人間の「強さ」は、他の人々との継続的な関わりの中で、気づかぬうちに何がなされたり、回避されたりするのにふさわしく適切であるかについての一般的規則を心の中に形成する。一般的諸規則は、次の二つを人間に指示する。

---

①胸中の公平な観察者が非難に値すると判断するであろう、すべての行為は回避されなければならない。

②胸中の公平な観察者が称賛に値すると判断するであろう、すべての行為は推進されなければならない。

　第1の規則は、**行為を受ける人が憤慨するような行為を禁止し**、第2の規則は**行為を受ける人が感謝するような行為を推奨する**といえる。第1の規則は、「正義」すなわち、他人の生命、身体、財産、名誉を傷つける行為を行わないことであり、第2の規則は、「慈恵」すなわち、他人の利益を増進するような行為を行うことを意味するといえよう。

　このような一般原則は、**生まれつき人に与えられているものではなく**、私たちが他人との交際によって、自分が所属する社会の中で**経験的に学び取っていくもの**である。こうした一般的諸規則に従って人びとが行動すれば、秩序だった住みやすい社会が実現されるのである。そして、このような一般的諸規則は、他人との交際によって、他人が自分の行動をどう見るかを考えるようになる。そして自分の行動を正すように、道徳感を身につけていくことによって、非難への恐怖と称賛への願望という感情によって形成されるといえる。加えて、どのような行為が一般的諸規則に適合し、どのような行為が一般的諸規則に違反するかということも、経験によって知られるのである。

たとえば、殺人事件を見たとき、私たちは加害者が被害者に対してする加害行為の動機や経緯を知る前に、加害者に対し「処罰に値する」と判断する。なぜなら、一般的諸規則によって私たちは、「殺人は処罰に値する」ことを知っているからである。もっとも、その後、私たちは加害者の動機や殺人行為の経緯、そして被害者の境遇を知ることによって、判断を改めるかもしれないが、しかし、最初の判断は、一般的諸規則に基づくものである。

ところで、スミスはこの一般的諸規則を自分の行為の基準として顧慮しなければならないと思う感覚を「**義務の感覚**」と呼んでいる。「人間生活において最大の重要性をもつ原理」であり、「**人類のうちの多数がそれによって自分の行為を方向づけることができる唯一の原則**」（道徳感情論）であると考えた。したがって、この義務の感覚に基づいて情念、欲望、自愛心を抑制することによって、人は胸中の公平な観察者の非難を免れ、私たちは心の平静を保つことができるであろう。

ここでもまた、表現を変えて説明しよう。結局、義務の感覚にしたがうことによって、私たちが得るものは「心の平静」なのである。

もう少しやさしく説明しよう。「心の平静」という言葉は、スミスの道徳感情論を理解する上で非常に重要である。これを一言でいうと、「**義務の感覚」を強く持ち、「公平な観察者」（以下「自分の中の裁判官」という）に従って生きれば、「心の平静」を得ることができる**。これが、スミスがもっとも言いたかったことなのである。

義務の感覚を持ち、「自分の中の裁判官」に従って行動するということは、安易な世間からの評価を拒否するということである。なぜなら、時には世間は気まぐれで、本質的ではない評価をするからである。いくら世間に認められたいと願っているとはいえ、そのような世間の気まぐれに振り回されることに意味はない。そこで人間は、自分の中に裁判官をつくり、その判断に従って行動しようと努力するものである。

世間からの評価を拒否することは、その間、称賛される機会が減少することになる。人間は誰しも「他人に認められたい」「他人からの称賛を受けたい」など感じているから、その機会が減ることは苦痛に感じることだろう。しかし、「本当はそれほどでもないのに、世間が評価してくれるからそれでよい」

といって不当な称賛にうつつを抜かしたり、「本当は悪いことをしたのに、世間が気が付かないから放っておこう」という精神で生きたりすることが、よいことであるはずがない。自分の心に従って生きていれば、「自分は間違っていない」「正しいことをした」と心の底から感じることができるだろう。それによって「心の平静」を得ることができるのだ。

スミスの名言を聞こう（道徳感情論）。

われわれの胸中に済む神の代理人に背くと、必ず自己非難に苦しむことになる。反対に、それに従って行動していれば、充足の気持ちを得られる。

スミスは、「心の平静」に強くこだわっている。それは「心の平静」がスミスが考える「人間の幸福」と密接に関わっているからである。「心の平静」は道徳観・倫理観を理解するうえで、必要不可欠なものなのである。

人間が道徳的に行動するのは、最終的には「心の平静」を得るためであり、自分が道徳的に行動することの最終目的は「周りの人にやさしくなれる」とか「尊敬される人間になる」というより「自分が幸せに生きられる」ことなのである。

7．正義と慈恵

一般的諸規則は、私たちに**正義**と**慈恵**を勧める。私たちは慈恵よりも正義に対して強い義務感を持つ。換言すれば、私たちは、慈恵よりも正義に関して一般的諸規則に厳密に従おうとする。それはなぜか。慈恵が人に快さの感情を与えるのに対し、正義に反する行為は人に憤慨の感情を与えるからである。

例をあげよう。前者の慈恵的な行為の例としては、自分の命を犠牲にして他人を助けるような行為を見た場合、私たちはそのような行為に対して感嘆するであろう。それは寛容、人間愛、親切、同情、友情などから生じるものだからである。後者の例として、ある人が通行人から金銭を奪うためにその人を殺害した場合、これは間違いなく憤慨の感情を抱くであろう。自分が殺害されたわけでも、金銭を奪われたわけでもないのに私たちは、そのような行為を行った人に対し憤慨し何らかの処罰がなされるべきだと思うのである。

私たちがある行為を処罰に値すると思うのは、前述の間接的同感によって、

その行為を受ける人の憤慨に同感するからである。スミスによれば、**正義とは、行為を受ける人（被害者）の憤慨の対象になるような有害行為を差し控えようとすること**であり、有害な行為がなされた場合、行為をした人（加害者）に対して、何らかの処罰を与え、行為を受けた人（被害者）の憤慨を鎮めようとすることである。したがって、**正義の背後にある感情は憤慨である**といえる。憤慨は、嫌悪や憎悪とともに、もともと人間にとって不愉快な感情である。私たちは、快さを得ることよりも憤慨を回避しようとするため、正義については一般的諸規則に厳密に従わせようとするのである。

　以上、みてきたように、私たちは、**慈恵は一般的諸規則に厳密に従うべきだとは考えない**のに対して、**正義は一般的諸規則に厳密に従うべきだと考える**。このため、私たちは慈恵に関して正確なルールを作らないのに対し、正義に関しては正確な社会的ルールを作る。普通、社会は他人の生命、身体、財産、名誉を侵害する行為に対する処罰に関して、厳密で普遍的なルール（「法」）を定めているとスミスは説明する。ほとんどの社会は、殺人罪、傷害、強盗、窃盗、名誉毀損に対する処罰をもっている。つまり、社会を維持し、存続させるために不可欠なのは慈恵ではなく正義だと考えるのである。

　慈恵は、この正義の概念とどのような関係にあるのか。**慈恵とは、他人の利益を増殖する行為を行うことを指示する徳のことである**。スミスは、この慈恵について、「建物を美しくする装飾であって、建物を支える土台ではなく、したがってそれは、勧めれば十分であり、決して押し付ける必要はない」としたうえで、反対に、正義については、一大建築の全体を支持する主柱である。もし、それが除去されるならば、人間社会の偉大で巨大な組織は、一瞬にして諸原子となって、砕け散るに違いない」というのである。つまり、建物を社会に置き換えると、正義は不可欠のルール、紐帯であるのに対して、慈恵は人々がにこやかに過ごすための単なるスパイスのようなものだというのである。スミスは慈恵が幸福な国家をつくる。正義が無いと社会はまとまらないけれども、慈恵がないと幸福な社会にはならない。人々がルールを守るだけの国家でしかない。そのような国家にとどまらず、さらに人々が助け合い、良いことをして、幸福に過ごせる国家までをも目指す必要がある。

　そう考えると、慈恵には大きな意味があるといえよう。正義は良い社会の

前提に過ぎず、慈恵こそが良い社会をつくりあげているのではないか、とスミスは言うのである。

この点につき、スミスの名言を聞いてみよう。

「自然は人類に対して報償に値すると意識することの喜びによって、慈恵の諸行為を勧める。しかし、自然は慈恵の実践を、それが無視された場合における正当な処罰への恐怖によって守り、強制することが必要だとは考えなかった。慈恵は建物を美しくする装飾であって、建物を支える土台ではなく、したがって、それは勧めれば十分であり、決して押し付ける必要はないのである。反対に正義は大建築の全体を支える支柱である。もしそれが除去されるならば、人間社会の偉大で巨大な組織は一瞬にして諸原子となって砕け散るに違いない。」(『道徳感情論』)。

10 イヌマエル・カント（1724～1804）

カントは古代ギリシャ以降、もっとも偉大な哲学者といわれている。カントの哲学の出発点は、認識の問題を軸に「私は何を知ることができるのか」と問い直すことから哲学の可能性を探っていた。

1．二つの潮流

16世紀以降の西洋哲学には大きく分けて二つの潮流があった。

一つはデカルトの典型的な合理論の立場。これは、「**理性によって正しいと認識できるものはすべて現実的に正しい**」とする考え方である。

もうひとつが経験論の立場。これは、ベーコンのように、「認識のためには、まず経験がなければならず、それの積み重ねによって正しい認識ができる」とする見解である。

こうして人間の「理性（主観）」は、その「対象（客観）」をどのように認識するのかという問題が出てきたが、カントは合理論も経験論のいずれも間違っているという立場を取りながら、独自の哲学を展開していくのである。

カントは、初めは合理論の立場にあった哲学者として出発した。

2．ヒュームの懐疑論に衝撃

カントは、イギリスの**デビット・ヒューム（1711～1776）**の**懐疑論**に触れたことによって合理論の「**独断の眠り**」から覚まされた。

もともとカントはデカルトと同じく理性を信奉する合理主義者であり、人間は理性を十分に働かせれば、真理に到達できるはずだと素朴に考えていた。

だが、彼はヒュームの哲学を知って衝撃を受ける。ヒュームの優れた懐疑論に自分の哲学者としての甘さを思い知らされたのだ。

では、カントに夢から覚めさせるほどの大きなショックを与えた懐疑論とはどんな哲学なのか。

ここで、ヒュームの懐疑論について少し説明しておこう。

ヒュームは経験論を徹底させ、すべての経験は人間の知覚に由来すると考えたが、その結果懐疑論に行きついた。彼は人間の知覚によって実体（精神や物体）や因果律の存在を客観的に証明することは不可能であると考えた。そして、ヒュームは経験を超えては何も知ることはできないと考え、経験を超えた事柄について判断する能力を否定した。

ヒュームは、人間の心に現れるすべての知覚は「**印象**」と「**観念**」とに分かれるという。では、その差は何なのか。

3．「印象」と「観念」

「**印象**」は、リアルティが強く、一方「**観念**」はモヤモヤしていて鮮明ではない。たとえば、みかんを食べているが、「印象」であり、みかんを食べたいなあと思うのが「観念」である。

彼は「科学の法則」と呼ばれている「**AならばB**」という因果法則（因果律）を疑った。つまり、ヒュームは、**因果律は存在しない**というのである。

因果律とは、Aが原因でBが結果として必然的に生じるという法則であるが、実際に知覚されるのはAに引き続き、いつもBが生じるということだけ

第2章 哲学者らは「法」をどう考えたのか

で、AがBを引き起こすという法則自体が知覚されるわけではないと、ヒュームは科学にまで疑い始めたのである。

彼は、科学法則も経験上の産物にすぎない、現実世界と一致しているかどうかも分からないと主張した。さすがにそれは、科学に慣れ親しんだ私たち現代人からすれば、困惑してしまう主張であり、間違った考え方のように思える。

なぜなら、石を上から落とせば落下する。説明する必要はない当たり前の法則だからである。しかし、もしもこの因果法則が誤っていて、本を開いたらリンゴが出てくるようでは本を読むことができない。

しかし、ヒュームは合理的で説得的である主張をした。

私たちは「原因」と「結果」の観念をどうやって知っているのだろうかと。それは**経験**によってである。

私たちは、二つの事象が結合して起こることを何度も経験すると、二つの事象の間には、必然的な関係があると考えたのである。

たとえば、私たちは「火は熱い」というのを絶対的な確実な科学法則だと思っている。だが、「火を触ると熱い」という因果関係は、火を触ったら熱かったという経験を何度も重ねるうちに理解できたものである。「火を触ると熱い」という因果関係は、人間が勝手に思い込んだだけにすぎないのである。

このように、私たちは因果法則を習慣によって信じているにすぎず、それはただの信念だったというのである。

確かなのは「火に触れると熱い」という事実だけであり、本当に火に触れると熱いのかどうかわからない。次に「火に触れる」と冷たいかもしれないではないか。

以上のことから分かることは、世の中のさまざまな事象に因果関係があると考えられるのは、二つの事象が近い時間内に発生するということが習慣的に繰り返し、**経験されるとやがて因果関係になる**ということである。

また、彼は、外界にあるすべての物質はそれが知覚されていない間は持続して存在するという保証もないと考えた。今、目の前にない物が持続して存在しているというのは想像であり、信念でしかない。

加えて、ヒュームはこう言う。

心も存在しない、心という実体は存在しない、ただ知覚だけがある。心、自我（わたし）と呼ばれているのは目に止まらない速さで継起し、絶えず変化し動き続ける「さまざまな知覚の束」（私たちが心だと思っているものは、実は形成された知識の集積にすぎない。ヒュームによれば、精神とは経験にしたがって作りあげられていく知覚の束にほかならない）に他ならないというのである。

このように、ヒュームは経験論を徹底させることで「**因果法則**」「**外界**」「**心（自我）＝実体**」をすべて消去して、懐疑論に至ったのである。このような考え方を「**懐疑論**」と呼んでいる。

4．「懐疑論」に疑問を抱く

カントはヒュームの哲学に出会い、合理論の「独断の眠り」から覚まされたが、しかし、カントは、ヒュームの懐疑論に満足しなかった。

そもそもヒュームの主張とは、「すべての知識や概念は人間が経験から作り出したものにすぎない」という内容であった。それは、とても説得力のある話のように思える。

だが、カントはそこにこんな疑問を感じた。

「**それならば、どうして数学や論理学など、多くの人間同士で通じ合える学問が存在し得るのだろう**」。

つまり、経験だけに頼っている限り、数学の定理や自然法則等が、「つねに」正しいということが言えなくなってしまうではないかということである。

カントは人間の認識が経験とともに始まるのだとしても、だからといって、それらがすべて経験から生じるということにはならない。

確かに経験から分かることもあるが、しかし、経験に基づかない判断（**アプ・リオリな判断**）もあるはずだ。

カントは、「**認識は経験によって始まる**」ということと、「**認識には経験に起源をもたない要素が含まれている**」ということを両方同時に認め、合理論と経験論を見事に調停して見せたのである。

カントの哲学は**批判哲学**といわれている。ここでいう「批判」とは、**理性**

にできることと、できないことを**区別する**という意味であって、何かを非難したり、責めたりすることではなく、物事をあらためて根本から吟味し直すという意味で使用されている。

カントは、従来の合理論が独断に陥ったのは理性を過信して、本来なら理性にできないことまでできると考えてしまったからだと考えた。

たとえば、神、霊魂、自由、宇宙の果て、物質の最小単位等については、いくら考えても分かるはずがない。それらは経験できない領域だからである。

カントの三つの著書「**純粋理性批判**」、「**実践理性批判**」、「**判断力批判**」は、**三批判書**と呼ばれている。

カントは「**純粋理性批判**」で、私たちが世界について何を知ることができ、何を知ることができないのかを吟味した。彼の言葉に「認識が対象に従うのではなく、対象が認識に従う」というものがある。

カントは、以前の哲学者たちは目の前に丸い、赤いもの（対象）がある。だから、私は丸い、赤いと認識できると考えていた。つまり、認識が対象に従っていると考えていたのである。

ところが、カントは、それが間違っていると、それまでの哲学者とは全く逆の考え方をした。

私が丸い、赤いと認識するから目の前のものは丸い、赤い対象になると考えたのである。つまり、カントの考えでは、それまでの考えとは全く正反対の発想であった。くり返しになるが、カントはこの考え方を「認識が対象に従うのではなく、対象が認識に従う」と表現する。そしてカントは認識と対象の関係を天地の動きが逆転したコペルニクスの地動説になぞらえて、発想の転換を自画自賛し、「**コペルニクス的転回**」と呼んだ。

もう少し説明しよう。

夜空に輝く7つのひしゃく形をした星座を北斗七星と呼んでいる。これは、7つの星を私たちがひしゃくに似ていると認識するから、北斗七星という対象がひしゃくの形になるのだ。対象が認識に従っているというわけである。

宇宙にサソリはいない、白鳥もいない。私たちは、星の並びを見て、サソリの形に似ている、白鳥の形に似ているなどと認識するから、星がサソリになり、白鳥になるのである。「対象が認識に従う」とは、そういうことなの

である。
　以上のことから、カントは「対象が認識に従う」という意味について、次のように定義している。
　「**対象（客観的世界）のあるがままの姿を人が認識するのではなく、ある『枠組み』にしたがって、対象を構成することで認識するのだ**」と説いている。
　では、「ある『枠組み』にしたがって対象を構成する」とは、いったいどういうことなのか。
　たとえば、コップを机の上から落ちるのを知るとき、そのコップは円筒形であるとか、机の上にあるなど、空間の中で一定の位置を占めていることが分かる。それと同時に、さっき机の上にあったコップが下に落ちたということを時間的に知ることができる。
　カントによれば、**人間は生まれつき備わった空間や時間という枠組みをもっている**。そして、その時間や空間の枠組みで対象物を理解することを「構成」と呼ぶ。
　したがって、私たちはこの「構成」をすることでしか世界を認識できないのである。時間と空間によって、認識できるものは現象（現われ）であり、コップそのものではない。コップそのものを「物自体」という。
　私たちがコップだと認識するのは、物自体ではなくあくまで現象なのである。カントによれば、この「物自体」とは人間の認識を超えた本質のようなものをいうと述べている。たとえば、「神」や「宇宙の無限」などは「物自体」の領域にあるため、「神は存在するか」、「宇宙の果てはどうなっているのか」などの命題はいくら考えても答えが出ないものとした。
　このように考えてみると、ベーコンの経験論のようにすべての認識は経験にとともに始まるとしても、だからとってもそれらがすべて経験から生じているとはいえないことになる。なぜなら、時間と空間という「色めがね」は、人間には生まれつき備わっているからである。
　ここで、もう少し現象と「**物自体**」について、説明しておこう。
　人間は、「**時間**」と「**空間**」の二つを使ってものを感じる。時間と空間は外部に存在するのではなくて、人間の意識の中に組み込まれ、枠がある。「物自体」には時間性も空間性もなく、知覚の中に入って初めて、時間・空間的

判断へとアレンジ（配列・手配・整頓）されるのである。

このように時間と空間という人間が持つ枠組みを、カントは「**感性**」と呼んでいる。「感性」は五感であり、「感覚」と理解してもかまわない。「痛い」、「かゆい」、「熱い」、「寒い」、「赤い」、「丸い」など感性に知覚された対象のデータは、人間に備わっている「悟性」（理解力）の働きによって整理・統合され、先の例の一般化がなされるのである。

たとえば、リンゴを考えてみよう。

リンゴは、「赤い」、「小さい」、「丸い」などの情報から「リンゴ」と判断するのである。

では、哲学の問題はどのようなレベルで考えられるのか。カントによれば、「理性」は悟性のさらに一段階上の能力である。悟性で把握された事柄を統合して、体系的に考える高度な能力である。

たとえば、この世になぜリンゴはあるのかを考えるようなものである。

この三つの能力のうち、①感性、②悟性は動物にもあると考えられるが、しかし、理性については人間特有のものといえる。

①感性、②悟性をもとに、客観的な世界の「物自体」に接近するのは、「理性」の力によることになる。

ところで、このような理性の性格から人間というものの徹底的に根拠を考えたい。それでもって、究極の答えを見つけたい。

人間は、四つの解けない謎に突きあたる。四つの謎とは、**①世界は有限か無限か**、**②物質はどこまでも分割可能か**、**③人間は因果律に縛られているのか**、**④神は存在するのか**——等、これら人間には解けない謎を「**アンティノミー**」**（二律背反）**という。

カントによれば、神、霊魂、自由、宇宙の果て、物質の最小単位などについては、いくら考えても分かるはずがない。これらは経験できない領域だからである。カントは、そのような領域のことを「物自体」（世界）と呼んでいる。

神は存在するのかどうか。この点につき、いろいろな時代の人々が考えてきた。これこそが妥当な結論だというものはない。神は現象として目に見えるものではない。しかし、人間は理性によって感性や悟性が感知できないも

のについて思考をめぐらすことは可能である。

　しかし、そういう思考は正しい結論を導くのだろうか。そこで、カントは次のように考えた。

　認識の限界を超えたことを思考すれば、二律背反に陥る。二律背反とは、互いに矛盾しながら互いに反駁もできないことをいう。たとえば、神の存在ついて肯定も否定もできる。

　二津背反する命題が出てくるだけである。神に関する思考は人間の理性思考が及ぶ範囲をはるかに超えている。宇宙についての理性の思考も同様である。宇宙は有限だ、いや無限だと論争している人々、あなたたちはどちらも間違っている。勘違いをしている。

　ものは空間（宇宙）の中に現れるのである。空間自体はどこかにあるといったものではない。それはあなたの頭の中にある。

　だから、「大きさ」をもつものではない。「大きさ」がないから、有限とも無限ともいえない。

　カントは、ビッグバン理論などを相手にしない。なぜなら、ビッグバンの前は何だったのか。その前は？と考えたくなるからである。このように、究極の答えを見つけるとなると、人間は出口の見えない苦しみを味わうことになる。だから、哲学は究極のものについて答えがあるとかないとか、言い争うのは愚かなことなので、論争はやめるべきだ。したがって、究極のものは、「物自体」として人間が問題にできないものとしておこう。

　カントは、人間が確実に分かることができるのは、経験の範囲内のことだけだという。例をあげよう。

　自然科学だったら、実験や観察を繰り返しているうちに、自然の法則を解き明かすことができるかもしれない。しかし、人間が理解できる能力はそこまでではないか。カントは言う。

　人間が自然や世界全体の事をいくら分かろうとしてもそこには限界がある。「神が存在するのか、しないのか」、あるいは「宇宙は有限か、無限か」何という問題も、それらは理性の能力を超えているから、単に信じるか信じないかの問題だという。

　時間を超えて未来に何が起きるか等についても同様である。こうしてカン

トはこれまでの哲学の問題が、理性では解決できないものであることを明らかにしたのである。

5．人間は果たして自由なのか

　カントは、神の存在や霊魂の不死といった哲学の諸問題が、理性では解決できないものだと考えた。しかし、私たちは目に見えない理想や理念（観念）のために、自分の意思や行為をコントロールすることができる。

　では、目には見えない理想や理念によって、人間はどのように行為するのだろうか。

　「**実践理性批判**」で、カントは、人間の道徳的行為の根拠を説明しようとした。カントによれば、目に見える世界は因果法則に縛られているが、目に見えない世界においては、それから自由であることが道徳の基礎なのである。いくつか例を挙げよう。

　たとえば、冤罪を着せられた友人を救うために裁判の証人台に立たなければならない朝、裁判所に向かっていた途中、道端の川に子供がおぼれていたとする。周りに、それを助けられそうな人は自分しかいない。自分がその子を助けていると、友人の裁判に遅れ、彼を刑から救ってやることができない。この原因と結果が自然の因果律というものである。

　しかし、「友人よりも子供を助けることが尊い」という理念を自分が持っていたら、自分のその理念に忠実であろうとするために因果律に背くことをする。それは、川におぼれている子供を救うことであり、自分はその子を助けることにより、友人の裁判に遅れ、彼を刑から救ってやることはできないということである。このような行動をとることができるのが、人間だというのである。

　もう一例をあげよう。

　ある人は、子供が大洪水に流されている状況に直面し、川へ飛び込んでその子を助けようとするかもしれない。川の状態を考えると、その人も死んでしまうかもしれない非合理的な行動である。

　しかし、その一方では、他人を助けるという目に見えない理想や観念のた

めに自ら死を選ぶという自由な行動でもある。

　これらの例でもわかるように、人間は自然の因果律の中に生きていながら、自分の意志で実体の世界にしたがった行動をとることができる。

　ここまでくると、**自由とは、カントによれば、この因果律の縛られている状態から脱することである**ということが分かる。

　一般に自由というルールを無視して、好き勝手気ままに自分の欲望に従って生きるのが自由だと思われがちであるが、実は本当の自由とは、そんなこととはまるで正反対なのである。

　さらに、もう一つ例をあげよう。

　今、ここに目の前で飢えている他人がいる。自分が持っている最後の食物をその人にあげてしまった。この場合、物理的には自分が餓死してしまう。この原因と結果が自然の因果律というものである。

　一方では、他者を助けるという目に見えない理想や理念のために、「自分よりも他人を助けることが尊い」という理念を持っていたら、自分のその理念に忠実であろうとするために、因果律に背くことをする。それは、飢えている他者に最後の食物をあげことであり、自分はやがて餓死するということである。

　かつて、戦後の混乱期に栄養失調でなくなった裁判官がいた。日本が戦争でやぶれ、少ない食糧を国民にいきわたらせるために、配給制度というものがあった。

　しかし、それだけでは足りないため、自分の着物などをもって田舎に米の買い出しに行った。このような行為は法律で禁止されていた。

　悪法も法である。裁判官である以上、法を守らなければならない。真相はよく分からないが、とにかく裁判官はヤミ米に手を出さず、栄養失調でなくなってしまった。皆さんはこの裁判官をどう思うだろうか。

　カントによれば、この裁判官は自由だったのである。

　法を守って餓死することが、なぜ自由なのか。

　たとえば、腹が減ったが金がない。そこでパンを盗んだとする。この泥棒は自由ではないと、カントは言う。なぜなら、彼は腹が減ったら何かを食おうとする自然の必然性にしたがっただけだからである。

このように、金がないから盗む、腹が減ったから食べる、頭にきたからケンカする、死にたいから死ぬなどというのは、因果の必然性に縛られた行為でしかなく、自由な行為ではないと誰にも分かることだ。

では、自由とは何か。**因果を超越した世界で意志決定して行動することなのである**。頭で、口先だけでもっともらしい理念を語っていても、行動が因果律にまみれていては、本当に自由に生きているとはいえない。

さて、先の裁判官の例であるが、ことの是非は別として、この裁判官が自分の意志に従って自分の行為を選んだことには違いないのである。

6．自由とは道徳法則に従うこと

以上は、「**純粋理性批判**」が扱う「**認識についての**」理性の話であった。ここからは「**実践理性批判**」の理性、つまり欲望を抑えて頑張らなければならないという「**道徳についての**」理性の話である。前述したように、人間は時間・空間の枠内で現象のみを認識し、「**物自体**」の認識に至ることはできないということが分かった。これらの事実から「**人間には自由はないのか**」という問題が起こる。

スピノザの決定論によれば、**人間には自由の意志は全く存在しないというのである**。なぜならば、人間は、自分が自由であるとだまされている。それは、自己の行為を決定する因果の連鎖に気づいていないからである。そのありさまは、あたかも投げられて飛ぶ石ころが物理的法則によって落下する地点は決まっているのに、「おれは自由だ！」と叫んでいるようなものである。

例をあげてみる。

今本をいったん閉じて、目の前にあるペンなどをあなたの自由意志で取ってみてほしい。どうだろうか。この行為の最中に、自分の自由な意志をあなたは感じただろうか。あなたがペンをとったという行為は、本書の指図にその原因がある。

ということは、ここには自由意志の入る余地はないということになる。この理屈、一見筋が通っているように思えるが、なぜかしっくりいかない。

もしもあなたに自由がないということになるならば、行為の最終決定権を

持っていないことになり、いかなる行為にも責任は問われないことになる。

この論理でいくと、たとえば、AがBを殺害したとしよう。Aは、「あれは事故でしてね」と言って、自分の外部に責任をなすりつけることができることになってしまうだろう。

しかし、カントは「自由はある」と答える。

例をあげて説明してみよう。

川に飛び込むという行為は、自然法則とかかわりなく自分だけの意志で決定したことである。このとき、人間は、原因と結果の因果関係には支配されていない。ここには自由がある。

つまり、人間は自分の利害・欲望に左右されず、道徳的命令(定言命令)にかなう行為をしたときに、初めて自由を勝ち取ることができるのである。

では、この命令はいったいどこから来るのだろうか。少なくとも因果律に支配された現象の世界からではない。なぜなら、現象の世界は、物理学的に「もしAならばB」という因果律の範囲で動くからである。それは、現象を超えた「物自体」の世界から届く声である。それは神の命令なのかもしれない。こうして、カントは、自然法則と同じように道徳の世界にも法則を立てた。**道徳こそが人間の自由の根拠であると、**カントはいうのである。

7．カントの道徳法則〜道徳律と「格律」〜

カントは、「**汝の意志は、格律が常に同時に普遍的法則として妥当し得るよう行動せよ**」と言っている。「普遍的法則」とは、世界中誰にとってもそれが正しいと思えるような行為の規則のことをいう。

もう少し分かりやすく言うと、あなたの意思基準がいついかなる場合でも、誰もが納得する法則にあうように行動しなければならないという意味である。

困っている人がいれば助けるなど、誰もが認める「**道徳律**」を意味する。「道徳律」は、**先天的に人間がもっているものである。**

たとえば、子供が川で溺れているのを見つけたら、とにかく子供を助ける。このような行為はいつ、だれが見ても納得のいくものだろう。だから、この行為は正しいということになる。

一方、「**格律**」とは、**主観的な行動指針のこと**である。つまり、個々人が持っている自分なりのルールのことである。

たとえば、「酒を飲んで運転すると飲酒運転になるなあ！でも、いつもは飲んで運転することはないんだから、今日ぐらいはかまわないであろう」。その人は「普段は真面目にやっているならば、たまの不正は許される」という自己を正当化する理屈、つまり自分なりのルールをもっていることになる。しかし、これは自分勝手なルールであって、誰もが採用できるような普遍的なルールとはいえない。

道徳法則は次のように命じる。

まず、自分がどういうルールをもっているのかを自覚せよ。次にそれがどんな人でも認めるような普遍性をもつかどうかを吟味せよ。

分かりやすく言えば、どんな人でも、**自分なりのルールをもっているが、それが自分勝手なものではないかとどうかを常に吟味しつつ、行為しなさい**ということである。

さて、このように「格律」とは、一人ひとりが決めることだというのである。前述したように、カントは「自分がやりたいようにしろ」と言っているわけではない。

ここで言う「格律」とは、くり返しになるが、自分で自分に定めた行動の法則である。また格律とは信念という言葉に置き換えてもいいだろう。たとえば、私は早寝早起きをすると決めたとか、私は彼女に対して親切にすることにしてもいいだろう。毎日肉を食べよう、私は1日3時間勉強すると決めた、などである。このように格律は自分自身で決めたルールのようなものである。このように格律は自分が自分のために良いと思って決めることである。

カントは、その内容を次のような**定言命法**で言い表した。「汝の意志の格律が、常に同時に『**普遍的な立法の原理**』（普遍的法則）として妥当し得るよう行為せよ」（実践理性批判）。つまり、**道徳は「〜したければ、〜せよ」ではなく「〜せよ」と断言できるものであるはず**だ。道徳的な行為をすることに理由はない。つまり、カントは道徳に理由も結果も重要ではない、褒美をもらえるから親切にする、親切にした結果、相手が喜ぶから親切にする。これらは道徳とは言わないということである。なぜなら、道徳的な行為をす

るのに理由は必要ないのである。

　ところで、道徳法則は誰もが納得できるような行いのことで、自分のためだけになることではない、カントにとって道徳とは普遍的なものなのである。加えて、カントは道徳は手段ではなく目的そのものであるべきだと言っている。

　たとえば、人に親切にされるために自分も人に親切にすることは道徳ではない。なぜなら、これでは道徳が何かの目的を達成するための手段になっているからである。**道徳法則は目的を達成するための手段ではなく、目的そのものでなくてはならないとカントは考えた。**『○○したければ、○○せよ』ではなく、『○○せよ』と定言命法で表現できるはずだ。人に親切にすることに目的はない。なぜなら親切にすること自体が目的だからである。

　道徳法則は両親の声で「汝〜すべし」と私たちの理性に訴えるものである。道徳法則の声にしたがって人が行為することは、実は自分の理性に従うのと同じことである。

　それは格律と道徳法則が一致している状態である。

　人には親切にせよという道徳法則を私の格律は人に親切にすることだということと一致すると、それは自分で決めたことをやっているので、心は自由だということになるのである。

　つまり、私たちが道徳的な行いをしているとき、道徳は神から与えられた他律ではなく、自分で作った自律となっている。カントは道徳的であることは、自律的であり、自由であると考えた。

　自分がやろうとしていることが、「常に同時に『普遍的な立法の原理』として妥当するか」を考えて、「正しいと思えばそれに従って行動しろ」というものである。

　さて、道徳法則とはどんなものなのか。

　カントによると、道徳法則とは、**自然界に自然法則が存在するのと同じように、道徳の世界にも万人が従わなければならないような普遍的法則が存在するということである。**そして、道徳法則の要件として、二つあげている。

8．「普遍妥当性」と「必然的性格」

　第一は、**普遍妥当性**。日本では、適用するが、アメリカではだめ、10年前には正しかったが、現在は正しくないというような法則を私たちは道徳法則とは言わない。**いつどこでも当てはまる法則でなければならない。**

　たとえば、川で溺れている子供を助ける行為は、いつ、どこでも誰が見ても納得のいくものであるから、これは普遍妥当性があるといえるだろう。

　第二の要件として、カントは**必然的性格**をもつものでなければならないと言っている。

　道徳法則は、「正直でありたいと思うならば、正直な行いをしなさい。あなたの気が召すままに」というものであってはいけないのである。

　私たちは必ず絶対に正直でならなければならないのである。このことを彼は「**必然的**」と呼んだ。

　そして、この二つの要件を兼ね備えている法則は、無条件に「〜せよ」（定言命法）という形式をもっているというのである。

　「**定言命法**」とは、もっと簡単にいえば、**断言的に命令する**ことをいう。このため、「**断言命法**」とも呼ばれる。

　もっとも、「人を殺せ」というのは一種の「定言命法」であるが、これは、道徳法則ではない。道徳法則とであるといえるためには、内容も問題となる。カントは、これを次のように言っている。

　「汝の意志の格律が、常に同時に『**普遍的な立法の原理**』（普遍的法則）として妥当し得るように行為せよ」（実践理性批判）という定言命法で言い表した。つまり道徳は「〜しなければ、〜せよ」ではなく、「〜せよ」と断言できるものであるはずだ。道徳的な行為をすることに理由はないということである。この「〜せよ」という無条件の命令を、前述の定言命法という。

　ここで言う「格律」とは、繰り返しになるが、行為の主観的原理のことである。いわば、自分自身で決めたルールのようなものである（分かりやすく言いなおすと、あなたが決めた自分自身へのルールを周りの人たちみんなが使ったときに、トラブルが起きないような内容にしなさい、というようなことである）。たとえば、「毎日肉を食べよう」や、「毎朝5km走ろう」は、「格

律」である。

　しかし、これらは、万人に適用するわけにはいかない。つまり、格律には普遍的なものとそうでないものがある。カントは、万人に妥当する格律だけが、道徳法則の名に値するというのである。

　これに対して、「もし〜ならば〜せよ」という形式（**仮言命法**）を、具体的に言うならば、「なぜ人を殺してはいけないのか？」ということで考えてみよう。なお、「**仮言命法**」は、言葉を換えれば、「〜が欲しいなら、〜をしろ」と命じるもので、「**仮定命法**」とも言われる。

　「刑罰を受ける可能性があるから」、「法律に書いてあるから」、「自然に反したことだから」、「誰かを悲しませることになるから」という場合には、これらの条件を満たしたときのみに、「人を殺さない」という行動が要請されることになる。

　これでは、普遍的必然的な道徳法則とはいえない。なぜなら、道徳にとって大切な普遍妥当性が損なわれてしまうからである。つまり、定言命法（道徳法則）によって、意志が動かされたときに初めて、いつでもどこでも、誰にとっても「よい」といえるのである。だから、無条件に「人を殺すな」という形を取るのが、道徳的法則だというのである。

　もうひとつ例をあげておこう。

　「もし、幸福になろうと思うなら、正直であれ」という場合、この場合「幸福になる」という条件を満たしたときのみに「正直である」行動が要請されることになる。

　この事例についても、前述同様、道徳法則としては無効である。条件付きの「仮言命法」の形であるから、カント的には道徳的とはいえないのである。

　以上の立場から、**カントは功利主義を否定する**。

9．功利主義とその欠陥

　以下に正しさの根拠をめぐってよく対比される功利主義とカントの義務論についてみていこう。

　功利主義とは、できるだけ多くの人ができるだけ幸福になる（**最大多数の**

最大幸福）のような行為は行うべきであり、それに反する行為は行うべきではないというものであり、**ベンサムやミル**によって唱えられた。

　高層ビルに発生し、9階に閉じ込められた10人を救うか、8階に閉じ込められた2人を救うか、どちらしかできないというときには、2人を犠牲にしても10人を救うのが望ましいことになる。

　この考えによれば、不幸になる少数の人のことは犠牲にしてもかまわないということになる。一見ひどい発想のようであるが、この考えを社会に適用すると、実は私たちの社会はこの功利主義に基づいて設計されている。

　たとえば、交通事故によって毎年死傷者が出るのを分かっていながら、私たちは便利さを優先して車社会を続けている。

　この考え方は、また、公共事業の運用などについても有用である。高速道路を、ほとんど人口も産業も観光資源もない地域にそれを造るよりは、首都圏に造った方が物流コストの低下などに結びついて、結局は社会にとって有用であることが分かる。

　しかし、**功利主義には重大な欠陥がある**。

　今、野中の一軒が火事になっていた。2人の人間が助けを求めていた。1人は有名な脳外科医であり、もう1人はその外科医の母親だった。

　このとき、どちらを救うかという問題で、人情としては母親を助けたいと思う人は少なくないだろう。

　しかし、功利主義の原理からすれば、助けなければならないのは、母親を見殺しにしても、脳外科医ということになるであろう。

　なぜならば、脳外科医を救出した方が、それによって手術を受け幸せになる人の数が圧倒的に多いからだ。このように見てくると、功利主義はときに誰かの犠牲を、つまり誰かの幸福や快楽が排除されることを正当化するものである。

　功利主義の欠陥について、もう一つ例をあげよう。それは、サンデルの正義で取り上げられている有名な例である。

　いま、電車が走っている。あなたは運転士だ。進行方向には、工事している人が5人いる。この電車にまったく気づいていない。それなのに、ブレーキが故障してしまった。このまま走っていくと、工事している5人に突っ込

んで全員を轢き殺してしまうことになる。しかし、そこにはちょうど引き込み線があった。あなたは、そちらに回避することができる。

ただし、引き込み線の方にも人が1人いる。このような場合、どのような選択をするのが正しいか。

ほとんどの人は引き込み線の方に回避するのがいいと言うのではないか。1人が死亡しても、5人の命が助かる方が、被害が大きくないから、引き込み線に逃げ込む方がベターであると判断されるからである。

とはいえ、そのように判断する人でも、1人を犠牲にすることには釈然としないもの。自分が、その犠牲になる1人だったら、なかなか納得できないのではないか。

もう一つ別のバージョンで考えてみよう。

今、電車が5人の工事作業員の方に走っていく。先の例と同じように電車のブレーキが利かない。その線路の上には、陸橋がかかっている。

今度は、あなたが運転士ではなく、陸橋の上から電車と工事作業員を見ている人物としよう。そして、電車が減速する様子はない。このようなことから、どうやらその電車はブレーキが故障しているかもしれないと推測できる。

その時、ちょうど体重が200キロを超える人間があなたのすぐ隣にいた。そして、彼は陸橋から身を乗り出すようにして下を見ていたとしよう。

この人間が線路の上に落ちてくれると電車がその人に衝突して停止するという状況である。この数百キロある人物は少し押せば、落下しそうな感じで身を乗り出している。

このとき、あなたはどうするかというのが、先ほどの別のバージョンの問題である。

さて、前者の例で1人死ぬ方が5人死ぬよりもベターであることを理由にして引き込み線への回避を支持した人は、先の理由と同じで、太っちょを突き落とさなくてはならない。

しかし、どうだろうか。ここで、太っちょを突き落とす方が絶対的に正しいと思う人は少ないのではないか。むしろ、この場合、ほとんどの人は、5人の工事作業員が死んでしまうのをあきらめてしまうのではないか。

しかし、功利主義の考え方からみれば、太っちょは突き落とすべきである。

どんなに非常識でひどいことであったとしても、ベンサムであれば、喜んで突き落とさなければならないことになる。突き落として「これは正しい」と言わなければならない。

しかし、これは納得いかないだろう。いや、釈然としないであろう。前者の引き込み線のケースと後者の太っちょのケースでは、本質的には同じ形式なのにどうして多くの人間が前者では1人を犠牲にすることを支持するのに、後者ではためらうのか。

さらに、後者のケースであなたの隣に太っちょがいるのではなく、あなた自身が太っちょだったらどうだろうか。

あなたは飛び込むだろうか。もし、あなたが飛び込まなかったら、あなたは正義に反することになるのだろうか。

いずれにしても、太っちょのケースで、1人か5人のために犠牲になることが正しいとみなし得ないのだとすれば、引き込み線のケースでも1人が犠牲になることは、正しくないはずである。

では、功利主義には、何か根本的な盲点が、どこに欠点があるのか。

これらの事例から分かるように、功利主義というのは公然と個人の権利とか尊厳を蔑ろにする。つまり、本件の犠牲のケースでは、功利主義には、正義の理論として根本的な限界があることをわれわれに教えている。

功利主義の何が問題か。**功利主義は普遍性を放棄している**。普遍性は、正義の理論にとって不可欠の要件である。つまり、理性的である全ての人が受け入れ得るものでなくてはならない。理性的な人間であれば、皆、賛成せざるを得ないと思わせるものではなくてはならない。

10. カントの義務論（規範主義）

功利主義に対抗するのが、**カントの義務論**である。カントの義務論はどういう意味で功利主義と違い、あるいは功利主義の欠陥を乗り超えられるのか。しかし、後で、カントの理論にも重大な限界があるということに触れることにしよう。

さて、先の自分の母親と息子である有名な脳外科医が火事に閉じ込められ

た例で、カントの道徳法則を考えてみよう。

　カントによれば、母親ではなくて有名な医師である脳外科医を助けたいと思うならば、母親を犠牲にして脳外科医を助ける行為をしなければならないという場合に、息子が脳外科医であるという条件を満たしたときにのみ、脳外科医を助ける行為が要請される。これでは、普遍的必然的な道徳法則とはいえない。

　このように、カントによれば、功利主義を道徳上の原理とした場合、道徳の普遍性・必然性が崩れるとして、この考え方に反対するのである。

　しかし、この定言命令の欠陥を指摘した人物がいる。フランスの思想家**バンジャマン・コンスタンス（1767～1830・フランスロマン主義を代表する人物の一人）**という人物である。彼があげているのは、こんな事例だ。

　今、あなたの友人X君が殺人鬼に追われているとしよう。そして、あなたは、X君をかくまったとする。もし、そこに殺人鬼が現れて、

　「Xが、来ただろう」と、殺人鬼にあなたが聞かれたら、あなたはどうするか。カントの定言命法にしたがうなら、如何なる場合にも嘘をつくわけにはいかない。「家の中にいる」と答えることになる。

　要するに、カントの場合、嘘も方便というわけにはいかない。方便というのは、仮言命法だからである。定言命法は、普遍的で絶対的な命令であるから、相手が殺人者であろうが、泥棒だろうが、気に入らない人間だろうが、テロリストであろうが、本当のことを言わなければならない。

　しかし、それでは、友人Xは殺されてしまうことになる。カントは、それでもやむを得ないというのである。

　なぜなら、誠実であることはすべての行為の基礎であり、もし「場合によっては嘘をついてもよい」という原則をすべてメンバーが採用すると、その社会では、およそ信頼関係が成立しなくなってしまう。それでは困るからというわけである。

　さらには、「嘘をついてはいけない」という命令は、人間だけに当てはまるわけではないとカントは言う。そして、この宇宙のどこか別の場所に知性をもった生物がいれば、彼らもまたカントのいう道徳法則にしたがわなければならないというのである。

道徳法則の真理性は絶対的な必然性と普遍性、いつ、いかなる場所、いかなるばあいでも成立しなければならないからである。

ところで、**サンデル**は、「ハーバード白熱教室」の講義の中で、先の殺人鬼と友人の例の限界について、カントを擁護している。

サンデルはどういうふうに擁護したか。嘘をつかずにその場を切り抜ける方法があるというのである。

サンデルは、仮にその友人が公園から来たとすれば、1時間前には1㌔ほど先の公園にいたよ」と答えればよい。確かに、これは嘘ではない。これは本当のことだ。あなたは、1時間前に公園で友人に会って、自分の家に連れてきたのだから。そうすると、この返事を聞いた殺人鬼は公園に向かうことだろう。あなたは、殺人鬼に対して嘘をついているわけではないし、友人も助かる。一石二鳥ということになる。めでたしめでたしとサンデルは言うのである。

サンデルがこのような誤解されるような真実を言うのは、ただの嘘を言うよりずっといい。つまり、定言命法の**アポリア（行き詰まり）** から逃れられると考えたのである。理屈は通っている。

しかし、何かがおかしいと感じるのではないか。それは、あなたがまともに殺人鬼の問いに答えたわけではないからである。

さて、社会学者の大澤真幸氏は、「**正義を考える**」の中で、嘘をつかずにその場を切り抜ける方法があるという回答につき、次のように分析している。

改めて整理すると、殺人鬼が友人を追ってやってきたとき、三つの選択肢がある。ここでは①真実を告げる、②誤解を招くような表現を使って真実をいう、③嘘をつくという三つの選択肢あるわけだが、カントおよびサンデルは、①、②と③の間に**道徳的境界線**を引こうというのである。

①、②は真実だから、定言命法に抵触しない。前述したように、カントは絶対に嘘を認めない。それは、帰結主義的な観点から、道徳法則の例外を認めることになるからである。

だから、③をカントは、認めるわけにはいかないのである。

大澤氏は言う。

「しかし、僕は、重要な道徳的境界線は、こんなときに引くべきではない。

①と②③の間に引くべきだと思います。皆さんはどうでしょうか。②は言表内容としては真実を言っていますが、言表行為全体を見れば、むしろ、嘘をついていることになると思いませんか。つまり、言われた内容だけ見れば事実ですが、言語行為の全体が表現していることは、『嘘』です」というふうに、大澤氏は、②は嘘だというのである。

その理由はこうだ。

「その言葉の表面的な意味だけでなく、それが発された動機や事情から照らして、言語行為の全体から判断すると誠実に答えていない」というのである。

そこで、この問題を別の視点から見るとどうなるか。つまり、それは、正義や公正といった視点からである。②は、確かに友人が家にいることを知っている。そして、それを隠そうとした。その意味で「私」は嘘をついているといえるだろう。しかし、自分に友人を救えるチャンスがありながら、そうしないことは果たして、

正義といえるのかということである。

今、川に溺れている子供がいたとしよう。川のそばを通りかかった男が川に飛び込んで助けたが、一歩間違えると、その男の命さえも落としかねない。

思うに、映画やドラマで正義の味方は常に自分の身をきけんにさらしている。もし、弱者が苦しんでいるのを見て見ぬふりをしたら、それは正義の味方とはいえないのではないか。

つまり、自分に助ける力がありながら、見過ごすのは、正義ではないだろう。このことは、サンデルも指摘しているように、先ほどの②は嘘をつくのが目的ではなく、誰に対しても嘘をつかないことが、目的の本来の苦肉の策と言えよう。

そういう意味では、②の誤解を招くような表現を使って真実を言うことは、誠実さの表れとも考えられるのではないだろうか。

以上、カントの道徳法則について、二つの要件をあげた。そして、その要件を満たすものは、定言命法の形式をとること。すなわち、自分がどう行動すべきかを理性的に判断して、自分で正しいことをやれ、というものであるから、道徳法則は理性の命令であるから、無条件に「汝～すべし」という命令である。

カントにとって、道徳的な行いとは、このような道徳法則に則ってなされた行いに他ならないというのである。

さらに、この道徳法則の下では、功利主義とは相いれないことが分かった。最後にカントの**動機説**について説明していこう。

11．カントの動機説

カントの考え方の基に、ある行為が道徳的であるといえるのはどういう場合であるか見ていこう。次の例を考えてみたい。

今、A君が駅のホームにいた。A君の他には誰もいない。そのとき、見知らぬ人が目の前で倒れたとしよう。

このとき、A君の心の中で、「駅員に知らせなきゃ」という声がした。その声は、「人間として、ここは知らすべきだ」という理性的な良心の声だった。A君は早く家に帰りたかったので、その場を立ち去りたかった。

しかし、そうもいかず、駅員にXが倒れていることを知らせた。

また、ある時、B君が駅のホームにいた。B君のほかには誰もいない。その時、見知らぬXが目の前で倒れたとしよう。

B君は、駅のホームで倒れているXを駅員に知らせたら周りの人に「今どきの若者にしては感心だ」と思われるだろうと思い、カッコいい自分を演出するために駅のホームで倒れているXを駅員に知らせたのだった。

A君もB君もともに、［駅員に知らせる］という正しい行為をした。しかし、カントは道徳といえるような行為をしたのはA君であって、B君は道徳的でないと考える。

A君は、無条件に「駅員に知らせた」という自ら発した理性の命令に従って行動した。このように、「汝〜せよ」といった、条件なしの理性の命令を、繰り返しになるが、**定言命法**という。このように、**道徳法則はすべて定言命法の形をとる**。

これに対して、B君の動機は、別のところにある。それは、自分の周りの人々から賞賛を得たいというものであった。この場合、B君は、「もし周りの人によく思われたいなら、駅員に知らせよ」といった条件つきの理性の命

令に従っている。目的はあくまで、自分が人々から賞賛を得ることである。

このように、「もし〜なら〜せよ」という形の命令を繰り返しになるが、**仮言命法**という。仮言命法に従って行動しても、結果的には道徳法則に従った善い行為をしたことには変わりはない。

しかし、結果的には、駅員に知らせたのだから、同じことだと思うが、カントは、結果をその行為が道徳的かどうかの判断基準とみない。

カントが道徳的だと認めるのは、あくまで条件なしで、「汝〜しなければならない」という義務に発する行為、つまり定言命法に従った行為である。これに対して、仮言命法に従った行為は、結果として、義務に適ってはいても、適法的であっても、道徳的だとはみなされない。

このような理由から、駅員に知らせるという善いことしたにせよ、カントによれば、B君の行為は道徳的とはみなされないのである。

カントは、結果よりも「**人間としてなすべき義務に従おう**」という動機を重視することから、カントの道徳論は、**動機説**とも呼ばれている。

ここで、功利主義とカントの**義務（規範主義）**論をまとめてみよう。

結果がすべてという「**功利主義**」の立場。この点に関する考え方として、行為の外面的な結果だけを見る方法がある。

これは何をどう考えて行為しようとも、善い結果が得られれば、それがすべてという考え方である。これを「**結果主義**」、あるいは「**帰結主義**」という。

帰結主義の代表的な考え方が、「最大多数の最大幸福」を実現するような「役に立つこと」を行うべしという「**功利主義**」である。

「人間はどう生きるべきか」という問いに対して、功利主義によれば、あなたは「最大多数の最大幸福」に資するような行為を選択し、有用な結果をもたらすことを人生の基本方針として生きることになる。つまり、功利主義は「結果こそ」がすべてということだ。

これに対して、動機がすべてという「**義務論**」の立場がある。これは、功利主義の逆の考えで、結果でなくて動機であると、つまり外見ではなくて内面が重要だという考え方である。

内面の動機に基づき、結果を考えずに物事を行うことは、その行為で何かを得たり、結果的に誰かが幸せになるためでなく、自分の義務だから行うの

だ。この考え方を義務論という。義務論では結果ではなく、「動機」がすべてとなる。

例をあげよう。

先の例において、駅のホームで倒れたXを助けるために駅員に知らせた行為につき、それは周囲の人からよく思われたいために行ったとするならば、本当は善い行為とはいえない。

なぜなら、人を助けるのは、助けることで得られる感謝のためではなく、困った人を助けるべきであるという義務を遂行する形で行われたものではないからである。義務の意識なしに人からよく思われたいという［不純な動機］での行為は、いかに有用で結果がよくても、それは偽善にすぎないということになる。

このように、駅のホームで倒れた人を助けるという「行為」の一つを取ってみても、大きく考え方が分かれるのである。

では、私たちはどう考えたらよいのか。それは、極端な考え方は善くないということだ。帰結主義のように、いっさいの動機を考慮しないというのも問題だろう。

一方、動機のみを考え、結果を配慮しないというのも問題があろう。

例をあげよう。

人を殺すのも、殺そうと思って殺せば「殺人罪」だが、誤って人を殺したならば、それは、「過失致死罪」であり、量刑に大きな差異が生じる。

もし帰結主義で考えれば、両者の違いはなくなる。逆に、義務論で考えれば、殺意という動機がなければ、無罪となる。これもまた不自然だろう。

このように考えると、「**外面的な結果**」も、「**内面的な動機**」も重要なことが分かる。したがって、人を殺した結果は、同じだからと言って、故意による殺人と過失によって人を死亡させた場合と量刑を同じくするわけにはいかないだろう。殺意がないからといって、殺害行為を罰しないのも、われわれの感覚から外れる。それが刑法に反映されているのである。

12. 自律的自由と「人格」

　ところで、「無条件な命令に従う行為が道徳的だ」という主張だけを取り上げると、カントの倫理学はひどく窮屈なものになるかもしれない。

　しかし、その命令そのものは、**自分**（**純粋理性**）が立てたものであるから、実際には自分で自分を方向づけていることになる。つまり、人間には、「理性」があって、理性によって、自分の中に道徳というルールを立てて行動することができるという。

　カントは、それを「**自律**」と呼んでいる。そこで彼は、このようなときだけ、人間の「**自由**」が実現すると考えた。

　自然は自然の法則に従って、動いている。たとえば、ボールを高いところから、落としたら下に落ちてくる。これは、重力の法則に支配されて落ちていくわけで、もちろんそこにはボールの自由な意志はない。

　では、人間はどうか。

　欲望や感情に支配されている限りは、自然と同じで、自由ではなく、他のものに支配されているわけだ。つまり、仮言命法に従っているときの方がさまざまな条件に左右されるため、「自由」ではないという。これをカントは、「**他律**」と呼んでいる。

　カントは、他律を排して自律的に行動することが重要だと考えた。カントは、自律的に道徳法則に従う自由な主体のことを「**人格**」と呼び、絶対的な価値をもつものとして尊重した。自由で自律的な意志決定をなしうる存在者である人間は、そもそも意志を持たない自然法則に従うばかりの単なる「物体」とは異なる尊い存在である。

　つまり、人格が他の何物にも代えられない絶対的な価値を持つということであり、その相違こそが人間の尊厳性の根拠だと考えたのである。

　カントは、「汝自身の人格にある人間性及びあらゆる他者の人格にある人間性を、常に同時に目的として使用し、決して単に手段として使用しないように行為せよ」（『**人倫の形而上学の基礎づけ**』）という道徳法則を説いている。

　つまり、「あなたの人格ならびにあらゆる他人の人格に備わっている人間性を常に、同時に目的として取り扱い、けっして単なる手段としてのみ取り

扱うことのないように行為せよ」という教えだ。

　すべての人に備わっている人格を、常に私たちの行為の目的として尊重し、他のもののための手段や道具としてのみ取り扱ってはならないのである（たとえば、他人を奴隷にすること。他人の奴隷になることの禁止などがその例である）。

　どんな人間でも、自由で自律的な意志を持っている。**自由で自律的な意志を持つ人間を「人格」**といって、人格を備えた人間は尊重しなければならないのである。したがって、人間を手段としてのみ扱ってはいけないのである。目的として尊重すべき対象が人間というわけである。

　したがって、他者の人格を自分の欲を満たすためや不満のはけ口のための道具としてはならないというのである。現実には、人間は他者とともに生きているが、協力し合う場合でも何らかの形で相互に他者を手段とせざるを得ない。だから、「つねに同時に」相手の人格の中の人間性を「目的」としなければ、人間は単なる「物体」と同じになってしまう。

　したがって、このような人格は自分自身と他者の両方に認められるものでなければならない。重要なのは、人格の人格たるゆえんである。それが「物件」と本質的に異なるゆえんである。

　それは、人格が単に手段としてではなく、常に同時に目的としてみなされるということである。「物体」は、徹底して手段化される。たとえば、時計は時間を知るための手段（道具）であり、それが壊れれば手段としての意味は失われ、捨てられるのである。そして、別の時計にとって代わられる。

　しかし、人格をもった存在者、いわゆる人間の場合はそうではない。確かに、人間も社会においてはたいがい手段である。

　たとえば、病気になれば、医者へ行くが、病気が治れば医者に行く必要はなくなる。医者はその点では、患者にとって手段としても意味を持つ。

　しかし、それらを担った存在者（人格）が道具と違うのは、手段としての意味をもつだけでなく、「つねに同時に」目的そのものとして存在するということである。

　たとえば、自動販売機から缶ジュースが出てきても、買い手はそれに対して挨拶することはない。これに対して、店で店員から同じものを買う場合、

通常は、「どうもありがとうございました」という最低限の挨拶ぐらいはするであろう。これは、店員を物を買うための手段として、利用しながらも、単なる道具、物体（機械）としてではなく、「同時に」人格を持った存在者として、すなわち完全には手段化できないそれ自体目的として認めているなによりの証拠と言えよう。

これは、一般に社会における「役割」とか、「係り」、「職業」とかは、それぞれの目的のための手段に他ならないのである。

こうした人間が互いの人格を「目的」として、尊重しあう人格主義に基づく理想の社会をカントは、「**目的の王国**」と呼んで、市民社会の理想とした。

また、カントは、理想の市民社会を実現するためには、国際平和の確立が不可欠であるとして、「**永遠の平和のために**」を著して、国際協力組織の創設と常備軍の撤廃を提唱した。

この構想は20世紀の創設された国際連盟や国際連合の先駆けとなった。

ヘーゲル（1770〜1831）

１．内なる良心の声

ヘーゲルの哲学を語るには、どうしてもカントから語らなければならない。よって、しばらくは再びカントについての話になるがお付き合い願いたい。

カントの倫理学は、人間が行為する際の行為基準として、内なる良心の発する普遍的命令に無条件に従うことを求めた。行為の動機は、結果の如何を意識したものではなく、純粋なものでなくてはならない。つまり、ある行為が道徳的かどうかを判断する際の基準は、それが「よい結果」を生み出したかどうかではなく、「**よい意志（善意志）**」から出たことなのか、どうかになるのである。

そうなると、いつでもどこでも、どのような場合にあっても、また誰に対しても妥協するような動機でなければならないということになる。カントによれば、どんな場合であっても「嘘をついてはいけない」ということになる

だろう。しかし、それは本当に正しいことなのだろうか。たとえば、癌の患者に医師が励ますために「あなたの病気は癌ではないから心配はいりませんよ」と言ってその患者に嘘をついた場合、それはどうだろうか。これは不純な動機から医者は嘘をついたわけではない。この場合の医師の嘘は、「自分のため」からではなく「患者を励ます」という医者の善意あるいは医者としての良心から出た言葉ではなかったのか。「医師の嘘」が良心に基づいた嘘であるかぎり、この嘘は実質的には道徳に合致するのではないか。嘘には人に迷惑をかける嘘と迷惑をかけない嘘とがあることを意味する。

　こうした矛盾が生ずるのは嘘がどのような状況下において為されたのかが考慮されないことによるものである。行為の道徳性の問題は、「嘘をついてはいけない」という単なる動機の純粋さだけで論ずることはできない。その行為がどのような状況のもとでなされたのかを全く無視して動機の純粋さに基づいただけの行為は時として悪となりうる。

　どんな場合においても「嘘をつくことはいけない」という純粋な動機から、医者が患者に癌の告知をすることは、患者の置かれた状況を無視した非人間的な行為となりうる。もう一つ例をあげよう。今、あなたの友人が殺人者に追われて、匿ってくれと言って、助けを求めてきた。あなたは、当然その友人を助けてあげようと思って自分の家の中に入れてあげるだろう。殺人者があなたの家のドアを叩き、あなたにその友人のことを尋ねるだろう。カントによれば、嘘は絶対に許さないので、あなたは本当のことを言わなければならないことになる。あなたに助けを求めてきた友人は、殺人者に殺されてしまう。この例も友人の置かれた状況を全く無視した非人間的行為ということになるだろう。

　ヘーゲルはカントと異なり、人の行為には動機と同時に、その行為がなされる具体的状況の重要性を強調する。同じ行為であってもそれがどのような状況のもとでなされるのかによって、その行為は善にもなりうるし悪にもなり得るのである。

　ヘーゲルは、そもそも人間の行為は、行為の展開される具体的状況あるいはその場との関連で考えなければならないというのである。

2．ヘーゲルの意志の自由

　カントの意志の自律は、ヘーゲルではどのように考えられるのか。もし意志が自然な衝動や欲望のままに動かされるとするならば、人間の行為は自然法則のように因果律に支配されている状態と同じことになってしまう。そうであれば、人間には意志の自由がないことになり、人間は動物と同じように自由を持たないことになる。しかし、人間は動物のように、自然必然（自然法則）の本能に従って生きてはいない。たとえば、動物は自然本能に従って獲物を腹いっぱい食いつくそうとする。しかし、人間は人の食べ物を力づくで奪えば強盗で、罪という刑罰を科されるということを念頭に入れて我慢しようとする。自然必然（自然本能）に従えば、強奪することが可能であるにもかかわらず強奪しないほうを善として選択することもできる。

　このように人間は動物と違って自由を持っている。たしかにカントの言うように、人間には意志の自由がある。人間には自然法則（因果律）に制約されない普遍的な道徳法則（道徳律）も**アプリオリ**に備わっており、いわば内なる「良心の声」として道徳的な判断を人間理性に命じるというのである。すなわち、個人が道徳的な意志決定をする際の判断基準は、「独り善がり」であってはならず、いついかなるときにも、また誰からも「そのとおりだ」と思ってもらえるものでなければならないということなのである。

　したがって、人間はこの道徳法則に気づき、これに「従おう」という判断を自らの意志によって行えるのだから、人間には意志の自由があるというのである。

　しかし、他方でヘーゲルは次のようにも考える。

　人間はたしかに動物と異なって、自由を持っている。しかしこれは自由を実現する能力を持っているにすぎない。ヘーゲルによれば、自由とは、それが行為において実現されるものでなければならないというのである。たとえば、駅のホームで酒に酔って倒れている人を見てもそのまま通り過ぎていくような場合、それは自由とは言わない。なぜなら、介抱という行為を行っていないからである。一方、倒れている人に介抱を行う行為はその行為を実現しているものだから、自由といえよう。

このように、人間は倒れている人を介抱するかしないかを実現する能力をもっているにすぎないということである。
　もしある人が自らの意志の自律によって自分の好きなように行為をしていたならば、他者と衝突することになり、自らの意志を実現できないことになる。自らの意志の自由を表現するためには、他者の自由と折り合うものでなければならないであろう。いくら表現の自由が保障されているからと言って、無制限に表現の自由を行使してよいというわけにはいかない。
　つまり、自由とはその行為がなされる場合である共同体において実現される限り、個人の自由の実現とは共同体の利益と合致した自由でもなければならない。わかりやすく言えば、**みんなの迷惑になるような行為は共同体の利益に合致しないから、このような行為には個人の自由は認めない**ということである。
　たとえば、暴力団が「麻薬や拳銃を売りたい」と言ったり、ならず者が「泥棒稼業で暮らしたい」「ヤミ金融で大もうけをしたい」と言って、それをすることはすべての他人の人権に迷惑をかける行為となる。このような行為は他者の自由と折り合うものではないから、共同体の利益と合致していないということになる。このような理由から、個人の自由の実現は同時に共同体の自由でなければならない。
　ヘーゲルにとって、この自由の問題は、単にカントの言う人格や道徳性としてとどまらず、後述する人倫の問題として、さらに歴史の事柄として論ぜられることになる。

3．弁証法

　ヘーゲルは、『精神現象学』『法の哲学』をはじめ、膨大な著作および講義ノートを残した。彼は、19世紀初めにヨーロッパ近代哲学を完成させたと言われている。16世紀にデカルトから始まる近代哲学の流れを一つの巨大な体系にまとめたからだ。
　まずは彼の哲学的方法である弁証法について説明しよう。
　ヘーゲルはあらゆる事物・事象の存在と展開（事物・事象の生成・発展・

消滅のプロセス）は、**弁証法**と呼ばれる法則に貫かれていると考えた。「あらゆる事物・事象」には「思考」も含む。弁証法とは、あらゆるものは矛盾・対立がより高次元で**総合（止揚、揚棄、アウフヘーベン）**され、**運動（変化・発展）**していくとする考え方である。

弁証法は次のような三つの段階を踏む。

> ①まず一つの立場からの主張である定立（正のテーゼ）が存在する。
> ②次にそれに対する矛盾・対立する反論である反定立（反定立、アンチテーゼ）があらわれる。
> ③そして議論が深まるとともに、ついに定立と反定立をともに否定しつつも、生かし、矛盾・対立を解消してより高い次元で総合される、総合（合、ジンテーゼ）へと発展する。

時代は変化する。人も物も万物は一瞬たりとも静止してはいない。この世は変化してやまない**諸行無常**であると説いたのは**釈迦**であり、古代ギリシャの哲学者**ヘラクレイトス**であった。この諸行無常は万物の流転の思想とソクラテスの対立的にものを考え、より確実なものとしようとする対話法に強く惹かれ教えられた青年ヘーゲルはナポレオンと戦った祖国ドイツの敗戦を目の当たりにして、自分はこの動いてやまない世界をどのように考えればよいのかという問題に真剣に取り組んだ。哲学したのだ。

彼はルソー、カントと同じようにひとつの共通の夢をもっていた。それは人間が自主独立で自由であること。人間がともに結び合って美しい共同性を形作ること。人間が高貴な道徳的な存在となること。そしてこれらの実現のために社会を変革すること。自由・共同性・道徳性をめざす革命の夢であった。こうして出された答えが、現実をいかに見て、考えるかの論理・法則の一つである弁証法だったのである。

このように**テーゼ（正）、アンチテーゼ（反）、ジンテーゼ（合）**という形で思考を発展させる論理が弁証法の原型といえるだろう。そして、ヘーゲルは対立物がより高い次元で総合されることを**止揚（アウフヘーベン）**と呼んでいる。重要なのはヘーゲルがこの弁証法を単なる思考の発展を貫く論理と

してとらえていたのではなくて、弁証法は、自然界のあらゆる現象や人類の歴史を社会の発展を支える原理であるとしたことである。このように、ヘーゲルはこの現実世界にある一切の生命、活動、運動を見ると、弁証法が原理であることについてその根底に原理として弁証法があるからだと主張するのである。ヘーゲルは、主著『**精神現象学**』の中で、次のように述べている。

「花が咲けばつぼみが消えるから、つぼみは花によって否定されたといえる。その花は果実によってさらに否定され、果実こそ真実の存在と宣告される。しかし、本当はそうではなくて、つぼみがあったからこそ花が咲き、花があったからこそ果実ができたのである。それぞれが成立するための重要な要素としてお互いが関係しているのである。このように、つぼみ・花・果実は互いにあいいれない矛盾の関係にあるが、それらは植物の全体の成長の過程では、生命そのものの表現として、互いに必然的につながっているのである。」

このようにあらゆる存在には「そうある」要素と、「なくなる」という矛盾する要素が対立して、否定しあい、本質的なものを保存して、次の新しい存在に高まっていくのである。このようにあらゆる存在には否定する・依存する・高めるという三つの働きが生成・発展・消滅していくのだというのである。

つまり、ヘーゲルが言いたいことは、「何かが成立するためにはその裏側で何かが否定されなければならない、そして物事は、このような変化を経ながらより高い次元へと向かう」ということである。そして、このように、「否定を通じて物事がより高い次元に発展する運動」のことを彼は『**止揚（アウフヘーベン）**』と表現している。

この例を政治でいえば、権力でおさえつける圧政は一つの強固な国家を維持しているように見えるが、しかし、強固な国家の内には自由への欲求が含まれている。そしてそれは国家の体制を揺るがしかねない。

このような互いの矛盾の状態を解消するために、ある程度の自由を許すような法律が生まれる。そして、以前よりも圧政の力がゆるい状態になって自由への欲求が以前より少なくなり、その国家が維持されることになる。

もう一つ別の例で説明しよう。現今の資本主義と社会主義の対立関係の中

で、からみあい、もつれ合いながら進んでいるうちに、必ず新しい資本主義もしくは社会主義が「合」として提唱されるに決まっているとものを見、考えるのである。つまり、動的そして包括的に総合的に考えるのが、弁証法的な考え方である。

　ただし、いかに必然的とはいえ、資本主義と社会主義の両国が「合」の事態になり形をとらざるを得ないのは、遠い将来が近き将来なのかという、「いつ」ということと、「合」がどのような形態となるのかは弁証法的な見方をもってしても予知しえない。このことが弁証法の欠点といえよう。

　しかし、「合」がいかなる形態になるにしても、その形態は現在の形態よりは、一段も二段も進歩・発展した形態になることは間違いのないところであろう。

　このように、あるものの中に含まれている矛盾あるいは否定的なものとして存在していた要素がより高次の段階では矛盾ではないものの、否定的ではないものとして新たに存在するようになり、その結果として全体が異常より新しく、より高い別の存在になっていくことが「**弁証法的運動**」だとされる。それが存在するあらゆるものの中に見られるというのだ。また、弁証法は決して１回で終わるものではない。テーゼがあって、アンチテーゼが現われ、それらを統合するジンテーゼが高い次元で現れるが、この結果が見える統合体の中にもまたアンチテーゼが現われ、さらにまたより高い次元で統合されることが繰り返されていくからである。ここで例を上げよう。富んだ者が多くあり、その一方で貧民が増えているが、この矛盾がいつかは統合されるような事態が来る。しかし、その中にも矛盾する要素が現われ、また別の形で解消、統合されていくのである。この生成・発展・消滅は結晶の連鎖のようなものである。この繰り返しが時代であり、歴史と呼ばれるものになるのである。そして、時代の変遷の中には理性の変遷が含まれているのである。

　難しい説明になったので、別の例でもう一度説明しよう。

　私たちのまわりに存在する一切のものは、矛盾をはらみ対立要素をもっている。

　あなたの心の中には「もう死んでしまいたい」という自殺願望と「こんなことをやってみたい」という生と死への祈念はないだろうか。

第2章 哲学者らは「法」をどう考えたのか

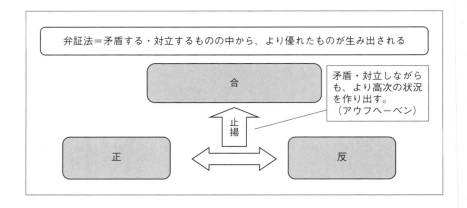

　社会の中には矛盾することはたくさんある。しかし、その矛盾や対立をそのままにしていたのでは、発展も進歩もないだろう。
　たとえば、今、相対する意見を持つ二人の者が、自分の意見に固執していたのでは、よりよい意見は出てこないであろう。なぜなら人間の考えることだから、真理と同時に誇りも含んでいるからである。したがって、互いに相手の意見をよく理解し、真理の部分を保存しながら、誇りの部分をとり除いて、よりよい意見に綜合し、統一すべきである。
　もし、この努力を怠るなら、二人の友人はいがみ合い、憎しみ合うことだけが残り、進歩も発展も望むことは出来ないであろう。
　しかし、条件が変われば、新たに矛盾を含んでいるので、その矛盾を統一して、正しい意見を創造していかなくてはならない。このような矛盾、対立、綜合というプロセスをえながら、あらゆる存在は生成、発展、消滅していくということである。そして、それは1回だけで終わるということではなく、矛盾を統合して新しい形態になり、その状態が永久に続くわけではなく、新しい形態の段階ではまた別の矛盾を含むのである。そして、またさらに、すぐに弁証法的運動が始まる。今の生成が次の生成を生んでいくということである。この生成、発展、消滅のあり方を**ヘーゲル的弁証法**と呼ぶのである。
　では、何が弁証法的に動かす原動なのか。
　それは**矛盾**だという。ヘーゲルによれば、すべてのもの（事物・事象）は、そのものの中にそのもの自身を消滅させ、そのもの自身を否定するものを含

んでいる。それが矛盾だというのである。

　たとえば、資本主義を否定し、資本主義を消滅させるのは、社会主義ではなくて資本主義それ自身だとみて、それこそが矛盾ではなくて何であろうというわけである。

　すなわち、あるものを消滅させ、否定するものは、何かそのものとは別個なものではなくて、そのもの自身の中に必然的に消滅させるものが含まれている。そして、それによって消滅されると考えられるのである。この自らが自らによって消滅されることが矛盾であるとヘーゲルは言うのである。

　「今を今として捕えるとき、今は今でなくなる」（精神・現象学）と、この生成、発展、消滅して変化してやまない動的な世界を動いている姿のままにとらえようとしたのがヘーゲルである。したがって、この弁証法によって人間を見るなら、この世界には純粋な善人も、純粋な悪人もいないことになり、同じ一人の人間に善と悪とが対立的にあるいは綜合的に存在するのだということになる。あるいは、日々の現実、世界の現実を直視するなら、これから先、何が消滅し、何が新しく生ずるかを、予知することもできるということにもなる。

　ヘーゲルは弁証法という手法を進めてゆけば、人間は絶対的かつ普遍的な真理を知ることができると考えた。ある一つの主張があれば、それには必ず反対意見が存在するのである。これを否定せず、お互いの良いところを取り入れて統一し、新たな考えを生み出せば、一つの高い次元の知識が完成する。したがって、これを繰り返していけば、人はいつか絶対的な真理を手に入れることができるのである。この**絶対知**を手に入れるまでの一連の手法が弁証法であるとヘーゲルは考えたのである。

4．道徳と法

　ヘーゲルは、自由に対してどのようにこの弁証法をあてはめていったのだろうか。人間は自分の自由を大事にするし、また。それをあくまでも貫徹しようとする。その意味で自我は排他的・個別的な存在だといえよう。しかし、そのような、人間の個人的自由をそのまま放置するならば、社会は大混乱に

陥り、個人のもつ自由も保障されなくなるだろう。そこで、社会秩序を維持し、人間の自由を実際に保障するものとして法が制定されてくるのである。

しかし、法は人間の行為がそれに自らすすんで従おうとする道徳（自覚）に支えられない限り、形式的なものになってしまい、効果もあらわれない。つまり、人間の行為が単に法に通っているというだけでは道徳的な行為とはいえないということである。

そこで、**形式よりも内面、強制よりも自律という道徳**が発展してきたのである。法の「正」（テーゼ）に対する「反」（アンチテーゼ）としての道徳が登場してくるのである。こうして、ヘーゲルは、自由とはカントの言うように単に道徳法則に自律的に従うことで個人の内面においてのみ実現される主観的なものではなく、法や道徳など現実の世界において客観的な形をとって実現されるものでなければならない。

確かに、道徳はカントが言ったように、内面的な心情（動機）を生命とする。しかし、心情（動機において）がどんなに純粋であっても、それが実際の行為として行われた時にも正当でなかったならば、それは真の「善」とはいえない。

心情（動機）における自由が、外面的にも自由として保障されていなければならないのである。

ヘーゲルは、それを共同体の秩序の中にみていこうとするものである。これを彼は**「人倫の体系」**と言っている。つまり、「正」（テーゼ）としての法と「反」（アンチテーゼ）としての道徳があり、それが弁証法的に統一された「合」（ジンテーゼ）として人倫の体系を考えたのである。

ここで、人倫とは何かについて確認しておこう。ヘーゲルの言う人倫とは、**人と人の間にあたる共同的な道徳や秩序**のことである。お互いの自己実現をめざす助けになるようなルールである。そうしたルールの実現のために争ったのが市民革命ということになる。

5．人倫

ヘーゲルは個人の内面である道徳と社会全体の秩序を作る法律が矛盾なく

共存する共同関係を人倫と呼んだ。つまり人倫とは、真の自由が実現される社会のことである。主観的な道徳と客観的な法律を相容れないもの同士のように思われるが、ヘーゲルはこの２つが弁証法によって統一されれば、それを生み出すことが可能であると考えたのである。

客観的精神として現れた法は、社会秩序維持のために機能し、人間の自由を客観的に保障するものであるが、しかし、人間の行為が単に法に適しているというだけでは道徳的な行為とはいえない。

また、道徳は、人間の主観の問題であり、各人がこれに従うだけでは社会秩序は維持されず、人間の客観的自由は保障されない。そこで、法と道徳を止揚し、両者の特徴を生かしうる「場」が必要となってくるのである。この場が人倫であり人間の自由はこの人倫において大きく発展するのである。人倫は「家族」「市民社会」「国家」というように発展していくことになる。次にその一つひとつについてみていこう。

家族とは愛情で結ばれているけれども、家族の呪縛から離れられない。このような家族は、愛情で結ばれた対立のない共同体である。しかし、個人の意識は独立できない。やがて子どもは独立して市民社会の一員となるが、そこはお互いの欲望のための競争から逃れることはできない。家族の愛情の結びつきと市民社会においての個人の意識の独立が、弁証法（矛盾する事柄を統一・統合することによって高い次元の結論へと導く思考方法）によって統一したものが国家であるとヘーゲルは言う。したがって、ヘーゲルにとって、国家は真の自由が実現される理想的な社会なのであると考えたのである。つまり国家は人倫の理想的な形なのである。この、家族・市民社会・国家については、項を改めて詳述することとしよう。

6．家族

家族の本質は「**愛**」にある。ヘーゲルはいう。二人の男女が愛し合い、自由意志によって結婚し、家族をつくる。

愛こそが家族の絆なのである。このような精神的絆によって結ばれ、社会的に一つの人格として承認される。ヘーゲルはこの**家族の絆（愛）**は「契約

関係」ではない。単なる「愛着」ともちがうということだ。愛着だったら、相手に飽きてしまえばすぐさま別れてしまうからだ。契約関係とは権利を持つ個々人が自分の利益のために結びつくものであるが、家族とは私的利益のための結合であり、相互に利用し合う関係ではない。相手のことを思いやり配慮することでそれが悦びとなり、そして相手への献身によってかえって「自由」を実感できるのである。家族内では自分の幸福よりも、自分を含めた家族全体の幸福が追求されることからも、このことは理解できるのではないか、このことをヘーゲルは「家族には普遍性の原理が支配している」と言っている。

　家族を営むためには、「資産」が必要となる。この資産によって家族は自立を維持すると同時に、子供はこの資産で扶養され教育され、将来自由な人格として自立していくのである。

　夫婦は労働によって所得を手に入れ、家族の成員の欲求を配慮し、資産を配分・管理する。このように夫婦は協力し合って家族全体を配慮するのである。また、二人の間には「子供」が生まれる。

　ヘーゲルによれば、子供とは両親の一体性（愛）が対象となったものである。「両親は子供において自分たちの合一の全体を目の前にもつのである。母は子供において天を愛し、夫は子供において妻を愛する」だから、子供は愛の結晶であり、家族を結びつけている愛は子供の出生によって完結する。

　その子の成長・独立という過程は愛の完成を意味する。このように、家族とは愛情と信頼において「自由」を実感するはずの場所なのだ。しかし、子供の独立は同時に、その家族の崩壊を意味しているのである。たとえば、親の遺産を分ける場面を想像して欲しい。兄として敬服し弟として愛していた二人の兄弟は、遺産相続について互いに譲り合いをしよう。しかし、その二人の兄弟のうしろには全くの他人である妻がひかえている。兄に譲ろうとする夫に「あなた、損をしますよ」と呼びかける。ここには家族に支配していた「全体に自己を埋める」「家族全体の犠牲になる」という原則にかわって、自分の利益を追求する市民社会の要素があらわれてくる。こうして家族は自然な愛情で結ばれていた「一体性」を原理とする共同体であったものが、やがて家族は子供の独立によって解体され、子供は次の「市民社会」の一員となっていくのである。

いやそればかりではない。夫婦の仲が悪くなって離婚したり、夫婦の片方がなくなったりすることによっても家族は解体していくのである。

7．市民社会

市民社会は個人間の自由な意志の結合体である。

市民社会の成員は互いに自由・平等であり、各人は無制限の自由を行使して、自分の欲求を追求する。このように市民社会は自由放任の競争社会であり、利己心の衝突がおこる。このような社会では、実際には、人間の自由が発展するどころか個人間で利益を奪い合うような「**欲望の体系**」と化しており、愛によって結ばれていた家族で成立していたような絆が失われている「**人倫の喪失**」状況が生まれている。

ここには、このような市民社会では労働による自由の実現が促される一方で他方で富の獲得を目指した競争が激化し、結果として貧富の差を生み出すことになる。そこで、ヘーゲルが問題としたのは市民社会の発展に伴って生ずる不平等な富の配分である。諸個人が得られる富は必ずしも当人の労働、技量、努力だけでは決まるわけではなく、その他偶然的諸事情によって決められる限り、富の配分には大きな不平等が生じてくる。

そこで市民社会で失われた人倫を回復され、人倫が完成する場が次の国家である。

8．国家

ヘーゲルは、人と人の間にある共同的な道徳や秩序というものは、**家族・市民社会・国家**という三段階をとりながら、弁証法的に発展していくと考えた。

これはどういうものなのかというと、まず家族・市民社会・国家に弁証法を当てはめる。家族がテーゼ、市民社会がアンチテーゼ、国家がジンテーゼとなる。家族にしても、市民社会や国家にしても、それらは集団であることには違いない。しかし、人間集団の基本単位は**家族**である。従って、家族からスタートすることになる。家族は愛の絆によって結びつけられた自然な集

団性であるならば、これを否定され、愛と引き替えに自由を手に入れた状態、すなわち、**市民革命**がアンチテーゼである。そして、家族の愛情（テーゼ）と市民社会（アンチ・テーゼ）の自由がともに具現化した状態が**国家**というわけである（ジンテーゼ）。このジンテーゼの段階で、愛の絆で結ばれ、個人の自由が尊重される仕組や制度が完全に実現することになる。

こうしてできたのが国家である。国家は、市民社会の矛盾を克服し、愛情によって結びついた自然な共同体である家族がもつ人間同士の連帯と、独立した個人が、契約にもとづいて各自の欲望を追求し、それを通じて互いに依存しあう市民社会のもつ個人の独立性とが、より高い次元でともに生かされた共同体であるとされている。

国家は個人の独立を保ちながらも、社会全体の秩序と統一を回復する**人倫の最高形態**である。ここにおいて、理性的な法の秩序をそなえた国家においては、法のそれを制定した理性のあらわれであるから、個人が法に従うことは、自らの理性に従うことになり、個人と共同体の対立は解消される。ヘーゲルはこのように、個人の主体的な自由と、共同体の普遍的な秩序とが統一された国家こそが、人倫の完成態であると主張した人々が国家の成員としての自覚を持ち、国家の秩序を尊重する理性的な態度を身につけることによって、はじめて具体的な社会生活の中で個人の独立と自由が実現される。

9．ヘーゲルの精神哲学

最後に、ヘーゲルの**精神哲学**を紹介しよう。ヘーゲルは、世界のすべてを成り立たせているのは、自由を本質とする「**精神**」であると考えた。彼によれば、精神を**主体的精神**（個人の精神のこと）・**客観的精神**（社会の精神）・**絶対精神**（世界精神・神）の三つに分ける。

人間は一人ひとり自由に、そして勝手に気ままに判断し、行為していると思っている。しかし、その背後から「**絶対者**」（絶対精神・神・世界精神）が各個人を操って、歴史や社会を発展させているという。たとえば、ナポレオンがヨーロッパを支配したのは、ナポレオン一人の意思によるものではなく、その背後に「**絶対精神**」の意見が働き、ナポレオン個人の自由と歴史の

中で、人類が実現する「自由」とが一致した結果というのである。

　ヘーゲルは、「世界史の発展は人間の自由が進歩し拡大することと言っている。これは、「絶対精神」が具体的な個人や民族の活動を通じて、自らの体質である「自由」を実現していく過程である」ととらえたことを意味する。

　ヘーゲルによれば、世界史は、まず、古代の東洋における専制君主一人が自由であった時代から、古代ギリシャ・ローマの少数の市民が自由であった時代を経て、近代のゲルマン社会において万人の自由が実現する時代へと発展していた。そして、世界史の発展には「共同体の原理」と「個人の自由」との対立・止揚という弁証法が背後にあると考えたのである。

ジェレミ・ベンサム（1748〜1832）

1．功利主義の登場

　18世紀のイギリスでは産業革命が起こり、個人の利益と社会の利益が対立するようになってきた。

　この時代には、経済面における資本主義、政治形態としての代表民主主義制度、さらには自然科学の著しい発展がもたらされた。

　一方、こうした社会変化に伴い顕在化してきた種々の社会問題により、さまざまな点で新たな秩序の構築が求められる大きな過渡期を迎えたのである。このような時代において登場するのが**功利主義**という思想である。

　では、功利主義とはどんな思想かというと、**「行為の善悪の判断を、その行為が快楽や苦痛をもたらすか否かに求める倫理観」**というものである。つまり、功利主義では、快楽が得られたら、その行為は正しいと考える。苦痛しか被らない場合は、その行為は間違っていると答える。このように、功利主義とは、社会全体の幸福の増大に「役に立つ」行為が、「善い」行為であり、「役に立たない」行為は「悪い」行為だとする思想である。

　この思想の代表的な人物は、ベンサムと後で紹介するJ・S・ミルの二人である。

2．ベンサムの量的功利主義

　ベンサムが目指したのは、理性と法律によって幸福を生み出し、「**誰もが一人として数えられ、それ以上でもそれ以下でもない**」社会を実現することだったのである。そのために、人間というものを客観的に見たうえで、法律の基礎となる善悪の客観的な基準を確立しようとしたのである。
　では、ベンサムのいう人間についての客観的事実とはどのようなものか。
　ベンサムは、人間は快楽を求めて苦痛をさけるものだと考えた。ベンサムは、この事実を『**道徳および立法の諸原理序説**』の中で、人間を支配する最も大きな二つの力として「**苦痛**」と「**快楽**」を挙げ、この二つの力こそがわれわれの行動決定の基礎になっていると指摘している。
　快楽とは幸福であり、苦痛とは不幸であると定義した。この定義を基に、ベンサムは功利の原理を提唱した。
　功利原理とは、社会全体の幸福、すなわち快楽を増進する行いが善い行為であり、逆に社会全体の不幸、すなわち苦痛を増進する行いが悪い行いだというものである。つまり、ある行為をして、みんながそれで喜んだなら、それは善い行為だと判断しようということである。
　もっとも、世の中にはいろいろな人がいるから、その行為を快く思わない人がいるかもしれない。だから、快く思う人と思わない人の数を比べて、前者が多ければ、それは善い行為だし、後者が多ければそれは悪い行為だということである。
　このような原理のよい点はといえば、まずあらかじめ価値判断をしなくて済むということである。かつて善い行為と思われていたことが、いまは悪い行為だと変更されることがある。
　なぜなら、価値観はどんどん変わるからだ。あらかじめ決まった基準に合わせていちいち解釈していたら面倒で仕方ない。むしろ、その時々の「多くの人が快く思う」ことに従えば、善いという考え方である。そのような考え方をすれば、情勢の変化にさっとついていけるだろう。
　ベンサムは言う。ある行為が社会にとって有益であるかどうかの決定は、その行為が社会の幸福を増大させる傾向にあるか、減少させる傾向にあるか

に基づくべきであると。

このことは、「**最大多数の最大幸福**」とも言い換えられる。なるべく多くの人がなるべくたくさんの快楽を感じられるようにする。そういう結果が出てくるような行為であれば、何事にもよらず、「善い」行為と判断される。

逆にいえば、結果がよければ、手段は正当化されるともいえる。いちいち手続きや理由づけにこだわる必要はないということである。

ベンサムは功利の原理を提唱することで、善悪という主観的で基準の曖昧な価値に、具体性のある明確な判断基準を設けたのである。

ベンサムは、また快楽や苦痛は量的に測定可能だと考えた。そして、快楽（善）を大きくするものが、「有用」「役に立つ」という前提に立って、次の快楽計算を行えば、個人にとっても社会にとっても、ある行為の価値を確定することができると考えたのである。

たとえば、泥棒が空き巣に入って金銭を盗めば、泥棒にとっては快楽となる。しかし、空き巣被害が大きくなれば、社会にとっては苦痛となる。そこで、泥棒を取り締まる法律を制定して刑罰を科せば、泥棒は魅力のない仕事だということになり、空き巣をやらなくなるであろう。

こうして、個人と社会の利害は調整されるのである。個人と社会の利益の調和を人工的に作り出すため、功利主義による道徳原理によって刑法を正当化できると、ベンサムは考えたのである。

これに対し、法律の制定による利益よりも刑罰による苦痛の方が大きいということになれば、そこでも個人と社会の利害が対立する。

当時のイギリスでは、小さい犯罪でも死刑が科せられていたが、ベンサムは法律の制定が生み出す快楽とそれを抑止する刑罰による苦痛の均衡するところに、法律が成立すると考え、死刑廃止を訴えていた。

この彼の立場は、**量的功利主義**と呼ばれる。

3．快楽計算

快楽量の計算を**快楽計算**という。ベンサムは、快楽を量として測定可能であり、幸福も快楽量から苦痛量を差し引いた値を幸福量とすることで、客観

的に算出できると考えた。

　快楽や苦痛の測定基準について、ベンサムは**強さ・持続する時間・確実性・遠近性・豊富さ・純粋さ・いきわたる範囲**の７つの項目を挙げ、これに従って計算することを提案した。

　このような快楽計算によって、行為の善悪を判断する基準に客観性を持たせようと考えたのである。

　①その快がどれほど強いか（**強度**）、②その快がどれほど持続するか（**持続性**）、③その快がどれほど確実さをもって生じるか（**確実性**）、④その快がどれほど速やかに得られるのか（**遠近性**）、⑤その快が他の快をどれほど生む可能性があるか（**多産性**）、⑥その快が苦痛の混入からどれほど免れているか（**純粋性**）、⑦その快は、どれほど多くの人に行き渡るか（**範囲**）。

　①②は、現在において感じつつある快苦の価値を判定するのに用いる基準で、その強さと長さである。

　③④は、将来感じられる快苦の価値を判定するのに用いる基準であって、確実に得られる快は不確実な快よりも価値がある。また遠い快楽と近い快楽を比べた場合、近いものが大きな価値を持つ。

　⑤⑥は、行為または事件の評価に用いる基準であって、ある行為が良い結果を次々と生むとき、それは多産性がありと賞賛される。良い結果ばかりを次々と生じる場合は純粋性がありといい、悪い結果が混じっている場合は純粋性がないと言われる。⑦は、快苦の及ぶ人数を問題とし、より多人数におよぶ快はより善く、そのような苦はより悪いとする。

　このように、快楽は強く、長く続き、確実に手に入り、広範囲に及ぶなどの条件を満たせば、それだけ大きなプラスの量に計算される。逆に、暴飲・暴食などはその場では快楽を求めることができるが、その結果、健康を害してより大きな苦痛を体験することになるから、この場合の幸福の総量としては、マイナスとして計算される。

　ここで具体的な例をあげよう。

　たとえば、今、Aが人事考課の結果、給料が昇給したとしよう。この場合の快楽数字をプラス100とする。そのあとに、Aが病気で欠勤したため、快楽数字がマイナス200になってしまった。

この場合、昇給によって上がった給料も欠勤したことで、快楽数字が100減少したことになる。次に、宝くじが当選したらプラス300になるとしよう。この場合、昇給することによって、快楽数字が100だったものが、当選すれば300になる。
　つまり、宝くじの当選は、昇給の3倍ということになる。ところが、この宝くじが外れてしまうと、プラス300だった快楽数字はマイナス500になってしまう。
　このように、ベンサムは、人間の快楽、苦痛は計算できると考えた。この考え方は、「最大多数の最大幸福」の思想につながっていくのである。

4．最大多数の最大幸福

　ベンサムの考え方には、どんな人間も同じ行為をしたら、同じだけの快楽や苦痛を感じるというある種の平等感が前提にある。
　つまり、人間一人ひとりに質的差異を設けないベンサムの考え方は、**すべての人間が等質であり、不平等ではないことを意味し、人間を身分的にあるいは社会的に差別するという発想を寄せ付けない**のである。
　さて、ベンサムの善い行為とは、幸福の量が多くなればなるほどその行為は善い行為とされる。つまり、それは、社会全体の快楽を増進する行為のことであった。
　では、どのようにして社会全体の幸福量を計算すればよいのか。
　ベンサムは言う。「それは、先の快楽計算式を使えばすぐわかる。快楽計算式を使い、快楽や幸福の度合いを量的に判断すれば、快楽や幸福の量を増大させる行為をして、その逆をもたらす行為をやめればよい」というのである。
　その結果、ベンサムは個人の快楽を最大多数めざして、最大限実現したものを「**最大多数の最大幸福**」とし、これを実現したものが、理想社会であると考えた。そして、この理想の社会のあり方に反する行為を行った者に対しては、制裁を科すことになる。
　ベンサムは、個人の幸福の総計が社会全体の幸福であると考えた。その中で、各人は「一」として数えられるべきで、決してそれ以上でもそれ以下で

もない。ベンサムのこの考えは、「一人一票」という選挙制度に引き継がれることとなった。

5．サンクション（制裁）

では、快楽追求をめぐって個人と他人や社会が衝突することはないのであろうか。つまり、個人の最大幸福が、社会全体の最大幸福といかにして調和し得るのだろうか。

このような問いに対してベンサムが強調したのが、**サンクション**という概念である。サンクションとは、元来、**個人の行為に対する肯定的、あるいは否定的な評価を伴った反応**のことである。

そして、ベンサムは、このサンクションとして、次の四つを挙げている。これらが最大多数の最大幸福に一致する仕方で行動するように個人に働きかけているという。

1）物理的サンクション

自然のプロセスによって快楽や苦痛が発生する場合をいう。これは自分の不注意のために、自然から受けるサンクションのことである。たとえば、暴飲暴食で健康を損なって苦痛を味わうなどがその例である。

2）政治的サンクション

これは、**主権者の意志によって立法や裁判を通じて快楽や苦痛が発生する場合**をいう。これは、刑法による刑罰などである。

3）道徳的サンクション

社会の多数者によって自発的になされる制裁であり、自身の性格による村八分や交誼の停止など、いわゆる「**世論によるサンクション**」と呼ばれるものである。例としては、不道徳な行為に対する隣人のサンクション等をあげることができる。

4）宗教的サンクション

神による救済や制裁であれば、それは宗教的サンクションである。

ベンサムが具体的にあげているサンクションには、次の例がある。

ある人が火事のために全ての財産を失ったとしよう。彼が火事の原因をいろいろ考えてみるとする。

まず、それが落雷のような自然の出来事のために発生したと考えるならば、その人は物理的なサンクションを受けたのである。

次に、それが当局の政治的な命令で焼き落とされたと考えるならば、それは政治的なサンクションであり、これは「**刑罰と名づけられる**」。隣人を助けなかったために恨まれて放火されたと考えるならば、それは道徳的サンクションである。彼が罪を犯していて、神が罰を与えたと考えるならば、それは宗教的サンクションである。

ここで重要なのは、隣人が放火したかどうか。神が実際に罰を与えたかどうかということではない。市民が自らの行動を選択するにあたって、どのようなサンクションが発生するのかと考えるかが問題なのである。

人々はこのサンクションを考えることで、自らの行動を律するのである。

人は本当に金に困れば、彼は人の家に入って盗みを働くかもしれない。金が手に入れば、彼にはさまざまな快楽が得られるだろう。また借金の取り立てから解放されるに違いない。しかし、彼は警察に逮捕されるかもしれない。投獄されて身体の自由を失うに違いない。これを物理的サンクションと呼ぶ。その場合、彼は名誉も失われるだろう。これは、道徳的サンクションだ。刑期を終えて社会に出てきても、仕事場は見つからないだろう。これを経済的サンクションといい、公的な場で彼は活動できないかもしれない。死んだら地獄に落ちるかもしれない。これを宗教的サンクションと呼ぶ。

こうして、**物理的、道徳的、経済的、宗教的なサンクションによって、人が犯罪に走るのをやめさせることが期待されている**のである。

この中でも、ベンサムは、法律的な制裁を重視し、法律の目的は公共の利益に合致する行為には報いを与え、それに反する行為には罰を与え、個人の利益と公共の利益を一致させることを説いた。

たとえば、空き巣に入って金銭を盗めば、泥棒にとっては快楽となる。し

かし、空き巣被害が大きくなれば、社会全体にとっては、苦痛となる。そこで、窃盗を取り締まる法律を制定して刑罰を科せば空き巣は魅力のない仕事となり、個人と社会の利害は調整されることになる。

こうして、個人と社会の調和を人工的につくりだすため功利主義による道徳的原理によって刑法を正当化できると考えた。

一方で、法律の制定による利益よりも、刑罰による苦痛の方が大きければ、そこでも個人と社会の利害が対立する。

当時のイギリス法では、小犯罪に対しても死刑が科せられていたが、ベンサムは法律の制定が生みだす快楽とそれを抑止する刑罰による苦痛の均衡するところに法が成立すると考えた。

すなわち、**ベンサムは人間を利己的な存在として捉え、それは同時に損得勘定のできる合理的な存在でもある。**

そこで、ベンサムは立法を通じて政治的サンクションを機能させることにより、人間の性格と行動を統制し、個人の自己利益最大化と社会の最大多数の最大幸福を合致させようとしたのである。

ここで、ベンサムの「量的功利主義」と「最大多数の最大幸福」という考え方を今の政治にあてはめてみよう。

たとえば、今、Xという政策を国が行ったときに、Aは300の快楽が得られ、Bは100の快楽が得られたとしよう。合計400の快楽が得られる。

次に、国がYという政策を行った場合には、Aは快楽が1,000で、Bは0になる。この場合、快楽の合計は1,000となる。

「量的功利主義」と「最大多数の最大幸福」を唱えるベンサムならば、どちらの政策を取るかということである。「最大多数の最大幸福」は、Xという政策ならば400、Yという政策ならば、1,000である。

そうすると、ベンサムの考え方によれば、答えは、Yという政策になる。ただ、Yという政策を選んだ瞬間にBの快楽度は0となり、一方のAの快楽度は1,000になる。Yの政策は、Bにとって大変酷な政策ということになる。しかし、それでも全体としては、Yの方が優れているということになる。これがベンサムの「量的功利主義」と「最大多数の最大幸福」の考え方である。ただ、問題がある。功利の原理は、ある程度の犠牲を生じてしまうことだ。

最大多数を目指して政府が、社会に積極的な介入を行えば、当然のことながら、少数派は苦痛を被ることになるということだ。国民の1割が苦しんでも、それで残りの9割が幸せになるならば、OKということだ。

これは非情な考え方のように思えるが、現実にはこうした功利主義な観点から成り立っているものはたくさんある。

たとえば、ダムや空港、ゴミ処分場といったものがそうだし、沖縄の負担が大きい在日米軍基地や周辺住民に大きなリスクを負わせている原子力発電所などもそうだろう。

ときに弱者軽視との批判を浴びることもある功利主義だが、一方では現実的な考え方ともいえる。

6．結果主義

快楽計算からは当然ながら「**算出結果**」の重視で、帰結する。つまり、何をどう考えて行為しようとも、善い結果が得られれば、それがすべてという考え方である。ベンサムは言う。

人間の行為には何らかの動機があるはずである。加えて、その動機により意図が生まれ、その意図によって具体的な行動が引き起こされるのである。そして動機には「快楽」を増大させる「**善い動機**」と苦痛をもたらす「**悪い動機**」とがある。

この場合、行為を引き起こす「動機」が絶対的に「**善**」であったり、「**悪**」であったりすることはない。善か悪かの判断は、実は動機ではなく、「**結果**」で決めるものだ。したがって、行為が悪い結果を生み出せばその行為を生じさせた動機も悪いことになり、善い結果をもたらせば善い動機とみなされる。

このように、ベンサムはあくまで、ミルの主張するような「**質的**」な動機を考慮することなく、あくまで快楽計算によって算出された「**結果**」を問題とするのである。

例をあげよう。

臓器移植の技術が大変発達したと仮定して、次のような強制的な臓器提供の制度が提案されたとしよう。

第2章 哲学者らは「法」をどう考えたのか

　今、ある健康な男性が定期健康診断を受けに病院に行った。彼を診察した医師は、臓器移植を待つ患者5人を抱える功利主義の信奉者だったとしよう。彼は、この5人の患者を救うために、無理やりドナーにさせられてしまったとする。医師は、ドナーから健康な臓器を5人の患者に移植手術をしようとする。

　そうすれば、1人の健康な人の犠牲によって5人の患者が助かることになるから、現在よりもはるかにたくさんの人々が長生きできるようになる。

　この移植手術も1人の人間が死ぬことによって、5人の人間が生きる。生きることが「善い」ことだとすると、1人の命が救われるよりも、5人以上の命が救われることは、より多くの人の命が救われることになるから、善い行為といえるだろう。

　なぜなら、功利主義は、結果説の立場をとることから、結果がよければ、善い行為、結果が悪ければ悪い行為となるからである。

　したがって、功利主義の立場からは好ましい社会制度であり、即時行うべきだということになる。しかし、これは、人間の倫理として不自然であることは理解できよう。

　前述の繰り返しになるが、刑罰を考えてみるとよく分かる。人を殺すのも、殺そうと思って殺せば、「殺人罪」だが、殺す気がなければ、「過失致死罪」であり、量刑に大きな違いがある。

　もし、結果主義的に考えれば、両者の違いはなくなることになる。これは、不自然であるとともに、人を殺した結果は同じだからといって、殺そうと思って殺したのと誤って殺してしまったのを同じ量刑にしたり、殺意がないからと言って殺害行為を罰しないのも私たちの感覚から外れている。

　それが刑法に反映されているのだ。いずれにしても、極端な功利主義はよくないだろう。

　結局、功利主義の原理だけでは、割り切るのは問題がある。何か別の原理によらなければ、善悪の判断はできない。

7．刑罰の理想的な装置、パノプティコン

　ベンサムは、「人間の快楽と苦痛は計算できる」と主張した。幸福や快楽の量だけをとにかく重視するベンサムに対し、イギリスの政治学者Ｊ・Ｓ・ミルは自著**『自由論』**『**功利主義**』において、「何を快楽とするかは個人によって異なるものだから、計算できない」と主張した。この考え方を**質的功利主義**という。

　ミルは、ベンサムの快楽計算の中には個人の幸福の質的な差異を考慮に入れていないというのである。快楽が苦痛であり、苦痛が快楽である事例があることから、快楽の価値は同等なものではない。したがって、快楽と苦痛を数量化することはできない。

　では、どちらが正しいのだろうか。

　筆者はＪ・Ｓ・ミルが正しいと考える。理由はこうだ。世間一般の誰もが金持ちになりたいと思っている。しかし、人によっては金持ちにならなくたってかまわない。私は世のため、人のために尽くしたいと、マザーテレサのように貧困な人々のために自分の生涯を捧げるような人もいる。

　マザーテレサは金持ちにはなれないだろうが、自分のしたいことができているわけだから、それはそれで快楽を得ているとも考えられるのである。

　このような考え方なら、功利主義のメリットを生かしながら、人間の個性に配慮することができる。ベンサムの功利主義は、高貴な快楽も下賤な快楽も区別しない豚向きの学説だと批判されていたが、もはやＪ・Ｓ・ミルの質的功利主義の出現で豚用の学説ではなくなった。

　実際、ミルは「**満足した豚であるよりも、不満足な人間である方がよく、満足した愚か者であるより、不満足なソクラテスである方がよい**」と言っている。ミルの質的功利主義に従うなら、量は少なくとも、質さえよければ幸福だといえるわけである。

　ソクラテスは自分の信念を貫き、最後は毒杯を飲み、死んだ人だ。

　ちょっと脱線してしまったようだ。ベンサムの功利主義に戻ろう。

　さて、立法者は、この快楽計算に基づいて、市民が正しく自分の行動を律するように、政治的なサンクションとして刑事罰を準備する。その刑罰の理

想的な装置がパノプティコンである。

　パノプティコンとは、「**全て（pan）**」と「**見る場所（,optiocn）**」というギリシャ語を組み合わせた造語であり、**一人の監視者が中央の監視人小屋から効率よく全収容者を監視する円形監獄施設**である。

　この施設が監視効率を高めて、経費を削減すると同時に、怠惰で放埓な犯罪者を勤勉で正直な人間につくり変える一種の人間矯正施設であった。そして、パノプティコンの建築構造は刑務所のみならず、労役場、手工作業場、生活保護施設、病院・学校や救貧院の建物にも応用可能だった。

　このように、ベンサムは産業革命時代の社会改革運動に積極的に取り組んだのである。

13　J・S・ミル（1806〜1873）

1．ベンサムの継承と変更

　J・S・ミルはベンサムの「**最大多数の最大幸福**」原理を受け継いでから、ベンサムの考えに重要な変更を加えた。ミルはベンサムが説いた快楽量の計算を認めず、**快楽の質を重視**した。ミルによれば人間は、快楽を追求するという利己的な面を持つ一方で、他者のためにみずからすすんで苦痛を引き受けることもある。

　ミルはまた、快楽には精神的快楽と肉体的快楽があるが、人間としての誇りや、他者のためにつくす利他的行為のなかにある精神的快楽こそ、より高い幸福であると主張した。彼は、「**満足した豚よりも、不満足な人間のほうがよい。満足した愚か者よりも、不満足なソクラテスのほうがよい**」と述べている。

　エサをたくさん食べて腹がいっぱいになりさえすれば、満足できる豚（あるいは愚か者）よりも、いくら腹がいっぱいになっても、それだけでは満足できない精神的な充足感を求める人間やソクラテスの方が優っている。人間やソクラテスが不満足であるのは、豚や愚か者と違って、それだけ人間にふ

さわしい質の高い快楽を追求しているからである。このようなミルの考えは、人間は感覚的な快楽だけではなく、他人への同情心などを備えた存在だという信念があったからである。外的制裁によって、従順に行為するのは家畜であり、人間ではない。それゆえ、ミルは内面的な良心から発する感情・義務の意識、すなわち内的制裁によって道徳的に行為することを説き、教育によって人間性を高める必要性を訴えた。

　このように、人間の精神的な側面を重視したミルは、社会全体の利益との調和を図る際の制裁についても、ベンサムが主張したような法律などの外部的制裁ではなく、自己の良心による内的な制裁を重視した。ミルは、人間は誰でも同情心を持っていると考えた。ベンサムは、人間は利己的だというが、ミルはそうは考えなかった。人間はただ利己的なだけでなく、良心を持った存在でもあるので、他者のために尽くすことで幸福を感じることができる。この時感じる快楽が最も質の高いものである。そのため、ミルは「もしあなたが幸福になろうと思うのだったら、自分自身の幸福を目的として生きるのはやめ、何か他の目的、たとえば他者の幸福や人類の改善などに心を傾けるべきだ。」と説いた。そしてミルは、「**何ごとでも人々からしてほしいと望むことは、人々にもそのとおりにせよ**」「**自分を愛するように、あなたの隣人を愛しなさい**」というイエスの「**黄金律**」こそ、功利主義の道徳の最高の理想だと考えたのである。

　良心に反して他者を裏切ったら、誰もが良心の苦痛を感じる。ベンサムは政治的制裁を重視したが、ミルは良心の痛みである内的制裁を重視した。

2．自由論① 自分だけにかかわる領域

　ミルは、個人の自由が保障されるような社会を構想し、それが成り立つような制度を考えていた。主著『**自由論**』には、あらゆる個人が「自分自身の身体と精神に対する主権者」だと記されている。自由は個人の発展に必要不可欠なものであり、もし政府や世論から自由を制限されていたら、自らのこころのうちにある判断を抑制し、十分に自分の能力、道徳的判断を発揮することができない。本当に人間らしくあるためには、自由に考え、自由に話せ

る状態が必要になる。

ミルは自由について、まず自由の領域を明らかにする。

「人の行為のうちで、社会に対して責めを負うべきただひとつの部分は、他人に関係する部分である。もっぱら自分にだけ関係している部分については、その独立はまさしく絶対的である。各個人は、自分自身に対しては、自分の身体と精神に対しては、主権者である」この自分だけに関わる領域が人間の自由の本来の分野である。ここでは、①**思想と良心の自由**、②**趣味及び探求の自由**、③**団結の自由**の3つが要求される。これらの自由が尊重されない社会は、自由だといえない。また、ミルは「他人に危害を及ぼさない限り、すべての個人に完全な自由を与えることは必要であり、望ましいことである」と主張した。これを「**他者危害の原理**」という。ミルは自由を擁護する根拠として、個性の発展の重要性を指摘している。

ミルは自由の尊厳性を説いた。彼によれば他人に害を与えなければ、個人はどんな危険思想をもっていようともかまわないし、どんな趣味や「ふしだらな」ことをしても良いというのである。この点についてミルはこんな例で説明する。「大酒飲み」や「同性愛」にしても、それが当事者の行為だけなら認めても差し支えない。また、自分に精神的・肉体的に悪影響を及ぼすにしても、行為者が成人で、その人だけが苦しむのなら、これはやむを得ない。このような行為に対して権力を発動して、「大酒飲み」や「同性愛」を禁止するという法律を作って取り締まるべきものではない。なぜなら、法律では本当の道徳性（誘惑に抗して善を選び取ること）を育成することはできないからである。社会にとって必要なことは、法律的禁止ではなく、すぐれた人格の育成であり、それにこそ力を注ぐべきである。

ところで、ミルが最も重視したのが、前述した個々人が持つ思想の自由なのである。外的な圧力によってではなく。人間が多様な個性を伸ばすことで社会は発展する。ミルは個性の育成こそが人間性の発展を可能にすると考え、各人の発展の基礎となる自由を擁護し、自己決定のための精神的自由の保障をうたったのである。

3．自由論②　他人にかかわる領域

　他人の利益ないし幸福に害を与えるような行為の場合には、当然社会の権力が発動されても仕方ない。しかし、権力の根源である社会の多数者の意志が、少数者の利益または幸福を抑圧することもあり得る。そうなると、それは多数者の暴政となる。なかでも世論という形をとって現れる多数の暴政は、人の心をいわば奴隷化するので断固排除しなければならない。思想と言論の完全な自由がとりわけ必要な理由はここにあるとミルは考えた。ミルの言葉を聞こう。

　「個々人に対して社会そのものが集団的に暴君としてのぞむとき、その圧制は、官吏の手によって行われる暴虐に限られていないということを、思慮ある人々は気づいた（略）、なんとなれば（世論による）社会的暴虐は、かつての政治的圧制におけるように、極端な刑罰によって行われるのではないか、人間生活の細部にまで、より深く浸透し精神そのものまでも奴隷にしてしまうからである。ゆえに役人の横暴に対する防御だけでは足りない。優勢なる世論、感情の横暴に対しても個人を守る必要がある。また法律的処罰以外の方法をもって、社会が思想及び習慣を、これに同意せぬ人々まで無理に押し付け、社会の風習と調和しない個性はその発展を拘束し、一切の性格を社会の型（モデル）に従って構築せんとする傾向に対しても警戒の必要がある。

4．人間の精神的幸福に必要な意思表現の自由について

　「**自由論**」の次の一部は不朽の一節といえよう。

　「われわれは、次の四つの明白な理由によって、意見を持つ自由、意見を発表する自由が人間の精神的幸福に必要な基礎であることがわかる。第一にある意見が、**沈黙を強いられるとき**、それはひょっとしたら真理である意見かもしれない。

　第二に黙殺された意見は誤っているかもしれないが、**幾分の真理を含んでいないともいえない**。また、実際含んでいることが往々にしてある。世間が100パーセントの真理をもつことはきわめてまれであり、絶対にないといっ

ても良いくらいである。したがって、そこに欠けている部分は、反対論との衝突によってのみ補足されていくのである。

　第三に、たとえ世論に真理があり、しかも完全に近い真理であるにしても、**依然として真剣にこれに反対することを許さず、また反対する者がいなければ味方する者はだいたいその合理的根拠を見失って、ちょうど偏見を抱くのと同様、ただただ世論に固執しているようになってしまう。**

　こればかりではない。第四には、**理論そのものの意味が失われ、弱められてしまう**おそれがある。こうして、信条は単なる形成的告白となり、人を徳化する力を失ってゆく。しかも地上面に蔓延して、理性または体験に基づく切実な信念の成長・発達を妨げるのである。

5．功利と自由・平等

　では、功利と自由・平等とはどのような関係にあるのだろうか。ミルは功利が究極原理であり、自由・平等は第二次的原理であると考えていた。自由と平等は第二次的原理である。だいたいにおいて功利の原理と一致するが、100パーセント主張できるものではない。自由にも限度があり、平等にも限度があるからだ。したがって、功利の原理に反するような自由・平等の主張は認めることができない。自由・平等が正当化されるのは、あくまで功利原理に反しない限りのことである。

　この点につき、ミルは以下のような例をあげている。

1）貴族制度に関する平等の主張

　この主張は、それを実現すれば社会全体の幸福をもたらす結果になるから、このような場合、平等は功利の原理と一致する。

2）誤った社会正義、社会の悪平等（機械的平等）

　これはずる賢い凡人が得をして、すぐれた天才の意欲をそいでしまうから、それは社会の発展にならない。したがって、この場合の平等は功利の原理と一致しないから正当化されない。

6．人間の尊厳について

　ミルは他にもいくつかの例をあげている。ここに１人の老人がいる。社会への貢献という点では、まったくの無能力者となっているとしよう。功利原理はこれをどう見るか。一般的に考えると、この老人はこれ以上生きていることが社会の他の成員の負担となることは明らかである。しかし、こういう老人の保護は、他の成員にもなんらの安心感を与え、社会の発展にかえって寄与するものと考えられる。同じことが、動くことのできない不治の重病人とか、治る可能性のない精神病者とかの場合でも、人間として如何なる発展の可能性も秘められていないとは、誰も断言できないであろう。したがって、結局どんな人間でも行動の障害者を含めて高い功利性をもつとミルは考えた。

7．ミルの政治理念

　ミルの政治理念については、自由と平等が完全に調和的に実現したものとして民主主義を考えた。すべての人がひとしく政治に参加するという完全平等主義を目指した。しかし、現状では、「完全な平等主義はある種の害悪を避けることができない」という結論に達した。その理由はこうだ。大衆の低い知性からして、ここで一挙に選挙権が拡大でもしたならば、数の上での多数者が、すぐれた少数派を圧迫することになりかねないと考えたのである。

　このような理由から、ミルは平等主義につきものの少数者を多数者が圧迫するという弊害を除去するための具体的な方法として、彼が取り上げた提案が比例代表制であった。現在、わが国でも小選挙区制と比例代表制の２つをかみ合わせた選挙制度が実施されている（小選挙区比例代表並立制）。このような考えは、1859年に出された**トーマス・ヘア**の『**代議士選挙論**』にあった。そして、ミルはこの著書を参考にして、「**この中で提案されている制度こそ、自分が兼ねてから模索してきた最善の方法である**」と述べたのである。

　この制度は、まず投票総数を議席数で割ったものを当選必要票数として定めておく。ある候補者が当選必要数以上を獲得した場合は、投票者があらかじめ希望した順位にしたがって余分の票を次の候補者に移譲する。もし移譲

を受けた第二の候補者が当選必要数に達したときは、さらにその余分の票を指定された第三の候補者に移譲していく。そして議席数が完全に満たされるまで、この手続が繰り返される。

さらにミルは、すべての投票に画一的な重みをもたせることに反対であった。なにもわからない衆愚と事情に精通している学識経験者が、同じ一票を持つというのは不合理であり、かつ危険だとミルは主張した。そこで一般の人の投票を一とすれば、学識経験者の投票は2倍移譲、複数の重みを持たせるべきだとしたのである。

最後に、ミルはベンサムの意志を継いで、社会改革に力を注いだ。1860年代に下院議員となったミルは、女性参政権の拡大や、職業選択の自由を訴え、イギリスで初めて女性参政権を認めるための法案を議会に提出した。彼は、「有権者はマン（男子）ではなく、パースン（人）ではなくてはならぬ、現にすべての重要な文書にあるピープル（人民）とはどう考えても男だけを指すとは考えられない」と主張したが、この提案は常識に反するとして否決されてしまった。それが実現したのは、約60年後の1928年のことであった。

ジョン・ロールズ（1921〜2002）

1．ロールズの正義論

アメリカの政治哲学者ジョン・ロールズは、代表作である『正義論』において、「**配分上の正義**」という課題に取り組み、少数派や社会的弱者の権益を擁護する立場から、資本主義を市場原理や功利主義のみで運営するのは不可能であるとし、功利主義を克服する理論を構築しようとした。

公共の福祉、つまりみんなの幸せを「**正義**」と捉えるのであれば、正義は社会全体の利益の最大化を目指す**功利主義**を目指すことになるのが一応の解答といえよう。しかし、功利主義によると、一部の人間の利益が不当に害されてしまうおそれが出てくる。一人の幸せ（利益）と、全体の幸せ（利益）を比較衡量した場合、常に全体の幸せの達成が優先されることになり、その

為に一人の幸せの達成が図れなくなってしまうのである。

そこで、このような考え方を批判し、克服するため登場したのが、**平等主義的リベラリズム**であり、その代表格とされるのがロールズなのである。

2．リベラリズムとは

　ロールズがその出発点としたのは、**リベラリズム**といわれる自由主義的立場である。価値の中立性を重んじるリベラリズムにとっての「**正義**」とは、民族や言語、宗教を異にする多様な共同体ごとの価値観（善）の違いを超え、人びとが**普遍的に合意することのできる価値中立的規範**のことである。このことを「**善に対する正の優先性**」という。その社会に属する人びとが、各人の有する様々な違いを乗り越えて、公正なルールとして受け入れられるものが「正義」となる。

　「**価値中立的**」という言葉は難しく感じるので、少し説明をくわえておこう。「価値中立的」という言葉の反対は、「**価値関係的**」である。何らかの価値、つまり政治的・社会的・経済的・道徳的といった立場による評価に関係するものを「価値関係的」というのである。それに対して「価値中立的」とは、そのような立場による評価と関係しない、中立的なもの、という意味なのである。

　たとえば、労働関係の言葉を例に取るなら「残業」という言葉のみでは、肯定的評価とも否定的評価とも即座に結びつくものではないが、「サービス残業」という言葉になると、これは正当な報酬を受けずに労働させられるという意味での否定的評価を含んだものとなる。つまり、「残業」は価値中立的な言葉であり、「サービス残業」は価値関係的な言葉ということになる。

　リベラリズムに立つ人々（**リベラリスト**）は、このような価値評価、つまり特定の立場とは関係なく、だれもが合意可能な中立的なルール、それを「正義」と呼んだのである。

3. 平等主義的リベラリズムとは

　ロールズが革新的といわれるのは、彼がリベラリズムにおける「正義」を福祉の分野において、どのように実現するのかということを主題とした点にある。ロールズが福祉の分野において実現すべきとした、「配分上の正義」とは何か、それは分配に関する公平さ、つまり、どのような方法を用いれば社会において最も公平な分配が可能となるかということである。
　このようにして、**平等主義的リベラリズム**という考え方が生まれた。ロールズの正義論はアリストテレスの「**分配的正義**」を理論的に緻密にしたものであるといえるが、難解なのでなるべく端的に語っていこうと思う。

4. 功利主義の生み出す「不平等」

　前述のように、資本主義社会を功利主義や市場原理だけで運営するのでは不完全かつ不十分であり、何らかの形で、公平さや少数者や社会的弱者の権益擁護を図る原則が必要であるとロールズは考えた。功利主義は、よく知られているように「最大多数の最大幸福」という言葉で象徴される立場である。この立場からは、幸福の最大化への追求がなされても、幸福の配分についての配慮はなされなかった。たとえば、産業資本主義の発達により、社会全体の幸福の総量が増大すれば、功利主義はそれで良いとするわけである。また、競争原理に基づく市場主義社会は必然的に格差という不公平を産み出すものであり、弱者や敗者の存在に目を向けることはない。そのような功利主義や市場原理に代わる、正義を実現する方法をロールズは模索したのである。

5. 社会契約説

　ロールズが示唆を得たのは、伝統的な社会契約説であった。**伝統的な社会契約説を一般化・抽象化することで、価値中立的な正義を構築**しようとしたのである。
　ロールズは、社会を「相互利益を求める共同の冒険的企て」と位置づけた。

そして、社会契約によって成立した社会において、いかなる方法で利益を分かち合うことが正義といえるかについての思考実験を行った。その際にロールズが設定したのが「**原初状態**」である。原初状態とは、基礎的な合意が公正であることを保証するための適切な初期状態のことをいう、といわれてもすぐには理解できないであろう。そこで、原初状態という概念を理解するための前提となる「**社会契約説**」についても簡単に加えておこう。

　かつて、16世紀から17世紀のヨーロッパには、「王様の権力は絶対」という、いわゆる絶対王政といわれる時代が存在した。その時代に生きる人々の多くは、なぜ王の権力は絶対なのかなどということを考えることなく、日々支配されていたことだろう。仮に、そのような疑問を抱く者があったとしても、「神が王に支配する権利を与えたからだ」という説明がなされてきた（**王権神授説**）。

　しかし、「神の前では皆平等」だというキリスト教の考え方からすると、なぜ、王だけが神に特別扱いされるかの説明に苦しむことになる。そして生まれたのが、社会契約説なのである。本来、国家が生まれる前は、人間は皆、神から平等に権利を与えられた平等な存在であった。この状態を**自然状態**という。しかし、自然状態のままでは、泥棒や戦争をしかける外敵など、自らの権利をおびやかす存在に対して有効適切に対処することはできない。放置しておけば、いわゆるホッブズの「万人の万人に対する闘争」状態となってしまう。

　そこで、人々はお互いに契約を結び、国家を作り上げ、その国家に権力を委ねたのである。王が権力を有するのならば、それは人々との契約の結果、与えられた権力なのである。つまり、社会は契約によって成り立っている。これが社会契約説の原点なのである。西洋社会が「契約社会」といわれる一つの所以がここにあることは、お分かりいただけるだろう。

　もちろん、社会契約説は、一種のフィクションなのだが、非常に重要なフィクションなのである。なぜなら、「契約違反」の問題が生じるからである。王権神授説のように、王の権力が神によるものであれば、人々は王の権力行使を神の意思として唯々諾々と従う他はない。しかし、神に寄って平等に作られた存在である人々が、自由な意思のもとに結んだ契約によって王の権力が

与えられているのだとすればどうなるだろうか。なぜ王に権力が与えられたかといえば、泥棒や外敵など、人々の権利をおびやかす存在に対処するためのものであった。しかし、王が「絶対王政」の名の下に、権力を濫用しているのならば、まさしくそれは契約違反であり、そのような契約は解除されるべきである。そう、これが抵抗権や革命権という考えにつながったのである。

抵抗権や革命権という思想によって、18世紀のフランス革命に代表される近代市民革命が起き、民主主義国家の歴史が今日まで続いている。ロールズはその原点である社会契約説に立ち戻るために、原初状態という舞台を用意したのである。人々が社会を作る際に、どういう社会だったら平等と感じるか、公平といえるかを先入観なしに考えるために必要な状態が原初状態なのである。

これを難しく表現すれば価値中立的な正義の原理を発見するために必要な舞台設定が原初状態ということになるのだが、その舞台設定に必要な小道具が「**無知のヴェール**」である。

6．無知のヴェール

この「**無知のヴェール**」という存在もまた、非常にわかりにくいものである。いきなり、こんな小道具を登場させられて面食らう方も多いだろう。

漫画「ドラえもん」には数々の「ひみつ道具」が登場するが、その中に「石ころぼうし」という道具が出てくる。これは被ると誰からも気にされなくなるという効果を持つ道具で、これ自体が「**自己という存在**」を問う非常に哲学的に興味深い道具なのであるが、「無知のヴェール」もそのような「**自己という存在**」に関わる道具だと思ってもらえばいいだろう。

理由はドラえもんの力によるものでもなんでも良いのだが、とにかく、人びとがそれぞれ「無知のヴェール」という道具に覆われていると仮定して、思考実験を始めてみよう。「無知のヴェール」を被った結果、人びとは「自己という存在」がどんなものか分からなくなっている。つまり、自分が何物であるか、どのような境遇にあるかをまったく知らないことになる。金持ちなのか貧乏なのか、才能に恵まれているのかそうでないのか、健康なのか病

弱なのか、教養があるのかないのかといった、個々の属性について、自分で自分のことが分からない状態を無知のヴェールは創りだすのである。社会に存在する人びと全てが、無知のヴェールに覆われた時、出現するのが原初状態ということになる。

　このような原初状態になって初めて、人は自らの利益のみでなく、その他の人々の立場についても真剣に思いをいたすようになれるのである。もちろん、無知のヴェールは人々に自分がどのような立場にあるかを忘れさせるだけで、世の中に様々な格差があること自体は忘れさせない。よって、人々は、何が正義であるかを問われた時、「もしも自分がXだったら…」のXの部分に、金持ち・貧乏人、強者・弱者、といった、ありとあらゆる立場を想定して、正義を考えざるを得なくなるからである。たとえば、たった一切れのパンを盗んだだけで、何年も刑務所に入らなければならないという法律が正義かどうか考えてみる。そのとき、もしも自分が金持ちだったら、と思えば、「金持ちだからパンなんか盗むわけがない。だから刑罰は厳しくてもいいぞ」と考えるかもしれない。反対に、もしも自分が貧乏人だったら、と思えば「貧しさのあまり、つい一切れのパンを盗んでしまうかもしれない、それで何年も刑務所暮らしになるなんていやだ」と、普通は考えるだろう。このように自己の拠って立つ場所を互換的にする（**立場の互換性**）ための舞台装置が、原初状態なのである。

7．正義の二原理

　そしてロールズが、原初状態から導き出されるとした、正義を判断するための公式、それが以下に示す「**正義の二原理**」である。

第一原理　他人の持つ自由の体系と抵触しない限りにおいて、最も広範で包括的な基本的自由・平等の権利を有する（自由・平等の原理）
第二原理　社会的・経済的不平等は次の二点が勘案された場合にのみ許容される。

（a）最も不遇な立場の人びとの利益が最大となるような不平等（格差原理）
（b）公正な機会均等という条件のもとで、全員に開放されている職務や地位に結びつくような不平等（公正機会均等の原理）

この「正義の二原理」は、実際には**第一原理⇒第二原理（b）⇒第二原理（a）**の順番で適用されることになる（レキシカル・オーダー：辞書的順序）。

第一原理によって、社会を構成する各人に対して平等に自由が分配されるとする。この自由とは、生命・身体の自由や、思想良心の自由、表現の自由といった基本的自由権を意味するものとされる。

次に、第二原理の（b）**公正機会均等の原理**によって、社会的・経済的不平等が許されるのは、職務や地位に就くための公正な機会均等が保障されている場合に限られるとする。

最後に、第二原理の（a）**格差原理**によって、残る不平等に関しては、最も不遇な人が最大の便益を得られるように調整することになるのである。

これをわかりやすくいうと、たとえば、ある会社に所属する人々には、第一原理によって基礎的な自由が保障されているのである。そして、その会社では、社長、部長、平社員の３つの地位があるとしよう。これらの立場の違いが許されるのは、第二原理の（b）によって、平社員でも昇進に関する公正な機会が均等に保障されていることが前提となる。どんなに実績を上げても万年平社員、といったシステムは許されないことになる。残るは、第二原理の（a）の格差原理となるが、会社における格差は地位以外だと、給与・報酬の格差が最大のものといえよう。この例における会社の一ヶ月の給与総額は100万円だとしよう。この100万円を、（ア）①社長60万円、②部長30万円、③平社員10万円という形で給与として分配するか、（イ）①社長50万円、②部長30万円、③平社員20万円として分配するか、どちらのほうがロールズからすると正義に適うのだろうか。格差原理から言えば、最も不遇な人である平社員が最大の便益を得られるのは（イ）ということになる。実際は自分が社長であるかもしれない、しかし一方で平社員である可能性もある。どちらの立場かは、無知のヴェールをかぶっている以上わからない。だったらどう

するか。

　このような原初状態で、人々が無知のヴェールに包まれつつ考えるとき、自分が弱者の立場に立たされた場合に最も負担の少ない事例を選択するであろうということである。これは、ゲーム理論にいうところの「**マキシミン・ルール**」、すなわち、不確実な状況のもとで、予想される最悪の事態を避けることを合理的とする行動決定の基準を採用したことになる。先行きが不透明かつ不確実な場合は、最悪の状況下でも最善が確保される戦略をとることが合理的な選択となるからである。

8．平等の観点から検討する「正義の二原理」

　平等という観点から、ロールズの「正義の二原理」を再度見てみることにしたい。

　まず、第一原理であるが、これは功利主義への最も鋭角な批判につながっている。すなわち、個々人の基本的自由権は、他人の権利を侵害しない限り、最大限尊重され、全体の利益のために、個々人にとって重要な基本的自由を犠牲にすることはできないというのである。基本的自由とは、生命・身体、思想・良心の自由、表現の自由、人身の自由など、人間として最も重要で、基本的人権の中核になるものである。

　この自由が保障されているということは、この自由を追求することも各人の自由であるということである。しかしながら、これまでの歴史が証明するように、自由競争は貧富の格差を生みだす。これは自由権についてもいえることで、力のある者がより多くの自由を得てしまうのである。つまり、自由であっても、競争の結果、各人ごとに**社会的な不平等**が生じてしまうことになってしまう。

　そこで、ロールズは少なくとも社会的不平等の発生について一定の制約を要求する。ここで登場するのが第二原理である。

　第二原理は不平等が生じるとして、それは少なくとも機会の平等が与えられた結果であることと、不平等な状態であっても、最も不利な状況にある人々を救うための最善な手段がとられることが必要であるというのである。

「機会の平等」とは全ての者が同じスタートラインに立ってスタートできるということである。機会の平等には形式的な機会の平等と実質的な機会の平等が存在する。

「**形式的機会の平等**」と、とにかく「スタートライン」が存在し、スタートを切れる状況が整っていることを意味する。つまり、皆が競争に平等に参加することができる前提があるということである。

「**実質的機会の平等**」は、単に競争に参加する状況が整っているということの意を意味するのではなく、個別の事情に基づいてスタートラインを変えることを意味している。簡単に言えば、徒競走で足の遅い者はスタートラインをゴールに近づけ、足の速い者についてはゴールを遠ざけるというような調整を行うということである。

具体的に考えてみよう。今、目の前に小さなパイが一つあるとして、お腹をすかせた人達が10人でそれを分け合うとする。そのとき正義論に基づいて分けるとすれば、どうやって分けることになるのであろうか。まず第１原理の「平等な自由の原理」からすると、生命や身体の自由は最優先されるから、人を殺して自己の食い扶持を増やしたりすることは許されない。

次に、第２原理①の機会の公正な均等原理である。前の例から考えると、10人全員がその気になればそのパイを食べることができる状態にあることが必要である。誰か一人でも鎖で繋がれていたり、一人だけ食器が使えなくなっていたりするような場合には、まずその状況が改善されなければならない。赤ん坊や身体の不自由な人がいる場合にはこの例が当てはまる。

もう一つ例を出す。細かい議論は抜きにしてイメージとして考えてほしい。都市部で家庭を作って子供を育てたいが、都市で子供を育てられるのは税金を100万円以上納めた者に限るとする制度があったとする。これでは子育てをする自由について形式的な機会の平等が達成されているとはいえない。あらゆる個人が子供を産み育てることができる機会を享受してはじめて子育ての機会の平等が保障されることになる。

しかしながら、税金で100万円以上を収めることは非常に困難な条件であるので、あらゆる人に都市において子供を育てる機会が保障されているとは言い難いのである。少なくとも、税金の額を全員が達成可能な額に落とすと

か、他の達成可能な代替措置が講じられれば、誰でも努力次第で都市部において子育てをすることができるようになるので、機会の平等が達成されたことになる。

次に、子供を育てる機会が全員に保障されるとして、子育てにはお金がかかるので、子供の数や世帯収入に合わせて税金を減らしたり、助成金を与えたりする「制度」を作っておくということが考えられる。こうすることによってやろうと思えば、収入が少ない人間であっても、普通の資金を持っている人と同じ位に子育てをすることができるチャンスが与えられるのである。これは子育ての自由に対する**実質的な機会の平等**である。

では次のような場合はどうであろう。収入の多い家庭と、収入の少ない家庭、そして一般的な収入の家庭があるとしよう。これらの家庭にかかる子育ての費用が同じになるように、年間に実際にかかった子育て費用を計算し、収入の多い家庭から一定額を徴収し、収入の少ない家庭に分配することにした。これは「機会の平等」に対して「**結果の平等**」を求めるものである。つまり、実質的機会の平等を与えるだけでは不十分で、結果の方も同じにしなくてはならないという考え方である。

徒競走の例でいえば、実際にスタートを切った選手たちを見て、リードした者のゴールを引き延ばし、もたついている者のゴールを手前に設置しなおして、最終的に皆が同時にゴールできるようにするということである。

これは一見して一番平等のようにも思えるが、逆に不平等を生んでいるのに気付くであろう。というのも、努力して一番の結果を出しても、自分より結果を出せない者がいる限り、結局その努力が水の泡となり、最終的に一番努力しなかった者の帳尻合わせをさせられるということに他ならないからである。

したがって、ロールズは結果の平等までは求めない。その代わり、機会の平等を充実させることで、誰でも努力次第で良い結果が得られるような状況を作り出すことが肝要であるとするのである。

しかしながら、機会の平等を充実させても、努力の有無に関係なく、どうしてもそこから漏れてしまって、最も不利な状況に立たされてしまう者が現れてしまうのも必然である。ロールズは、そのような場合できる限り**最善の**

手を差し伸べられるようになっていなければならないとしている。第2原理の②の制約（「**格差原理**」）である。パイの話であれば、通常パイを10等分するところ、よく見ると今にも餓死しそうな人が一人いるので、その不幸な人の状況が最善になるように、その人に少し多めにパイを分けてあげるということである。子育ての例でいえば、親や子の精神や身体に何らかの障害が生じてしまった場合の障害補償給付等の保護がその例であろう。このようなセーフティーネットをもとより設置しておかなければ、経済的・社会的に不平等な状態は許容できないとしたのである。

つまり、条件が平等になるように、ようやくパイを10個に分けることができるということである。

9．ロールズの正義論の問題点

ロールズの正義論は、**功利主義の問題点**つまり少数者の権利が全体の利益の前に、ないがしろにされてしまうという問題に対して一つの答えを提示したものである。それに加えて、功利主義の背後にある**価値相対主義**に対しても、これは何の基準にもならないという批判も込められている。すなわち、全体の幸せというけれども、一つひとつの物事の価値というのは客観的に数値化できるような代物ではなく、ある行為をする人とされる人の受け取り方もマチマチであるのであるから、一様に一方の利益が他方の利益に勝っているなどと客観的に区別することなど不可能だというのである。

この鋭い批判により、ロールズが後世に及ぼした影響ははかり知れない。

しかし、最近ではこの考え方にもさらなる批判が提出されている。自由主義、なかでもリバタリアニズムを主張する人（いわゆるリバタリアン）達からは、能力のある人の働きを最も不利な立場にある人たちの資源にするのは、能力のある人に対する制約であり、人間の自由は他者の自由を侵害しない限り認められるという原理に反するという批判がなされているのである。この批判は平等という理念を持ち込んだロールズに対して、やはり自由競争こそが大前提であるとするべきであるという立場からの反論である。

また、平等主義的な立場からも批判がある。ロールズの理論によると、実

質的平等のために、一定の利益分配の制度をあらかじめ構築しておく必要が生じるのであるが、このように分配のルールを固定してしまうことは、個人の自由を侵害するものであるというのである。分配の結果から考えるのではなく、特定の結果を得るに至った経緯などから柔軟な手続ルールを作るべきであるというのである。とにかく結果的に平等が達成されればよいように分配のルールを作るのではなく、その特定の財産を得るに至った経緯をルールに反映できるようなものでなければ、その分配は不合理なものになってしまい、結局、その個人の自由を侵害することになってしまう。

簡単に言おう。同じように大きな財産を得るに至った者が二人いるとして、一方は宝くじが当たって財産をなし、他方でこつこつ仕事をこなして大きな財産を得たとする。このような利益を得たプロセスを重視するということから考えれば、前者の方はその利益を貧しい者に多く分配してもよく、後者に関してはなるべく分配を控えることが合理的であろうというのである。

いままで述べてきたのは正義の話である。

このような考えの者もいる。歴史的に承継してきた基本的人権を保持するだけでなく発展させていかなければならないから、基本的人権の中核部分である、生命・身体・財産の自由について最大限の配慮を図ることが第一であるとする。つまり、すべての個人を一人の人間として尊重することが、現代日本の最大の価値であるとするのである。これは個人の尊厳をその中心に据える日本国憲法の考えにも合致しているといえるであろう。

まとめると、あくまで正義というのは個人の尊厳を侵害しないこと、個人の尊厳を侵害から守ることという捉え方をするのである。

10. ロールズ的正義論からの発展

この考え方をもう少し詳しく見てこう。このような考えに立つ者は、正義を「**制度的な正義**」と「**実践的な正義**」の2段階で考える。

1）制度的正義

まずは、第1段階の「**制度的正義**」である。

例えば、日本の刑法には強盗致死傷罪（刑法240条）と強姦致死傷罪（同181条）という犯罪が規定されている。強盗致死傷罪は「強盗が、人を負傷させたときは無期又は六年以上の懲役に処し、死亡させたときは死刑又は無期懲役に処する」と規定されている。これに対して、強姦致死傷罪は「百七十七条若しくは百七十八条二項又はこれらの罪の未遂罪を犯し、よって女子を死傷させた者は、無期又は五年以上の懲役に処する」と規定されている。百七十七条は強姦罪、百七十八条二項は準強姦罪である。

この違いを見て違和感を覚えた方もいるであろう。つまり、「物」を強奪して人を殺した者は「死刑又は無期懲役」であるに対し、「人」を強姦して人を殺した者は「無期又は五年以上の懲役」なのである。法律上、物の方が女性の性的尊厳よりも重視されていることになる。これは何ともバランスが悪いような感じがする。

このような場合に、法律や制度の規定上のアンバランスを基本的人権の尊重の見地から考察し、その法律や制度自体を改善していくのが「**制度的正義**」である。すなわち、まずは社会全体に影響を及ぼすような問題が発生している場合に、現状の制度自体に存在する問題点を改善するか、または新たな制度を創造したりして、枠組みから正義を実現していくというものである。具体的には、世間的に困窮者が増加している場合には生活保護に関する法律を制定・改正したりすることである。また、食中毒問題が多発したときに、食品衛生管理に関する法律を改正するといったこともその例であろう。

「制度的正義」の実現は、制度を変えることによって達成されるのであるから、直接的には制度を制定する立場に立たなければ実現されない。もっとも、圧力団体を結成してロビイ活動を行なったり、集会してデモを行なったりすることで制度に影響を及ぼすこともできるであろう。また、選挙権を行使することで、制度制定権者である代表（例：国会議員など）を選定することで間接的に制度的正義に関わっていくことは可能であるし、マス・メディアに訴えかけたり、個人でもインターネットのようなマルチメディア媒体を使って制度を変えていくようなことも不可能ではない。しかし、あくまでこのような方法は間接的なものであって、個人が直接に達成できるような性質のものではない。

2）実践的正義

　第2段階は、「**実践的正義**」である。次のような例を考えてほしい。A町では生活苦で苦しんでいる人がたくさんいたので、Xはその者達に生活改善のための寄付をするべく、一軒一軒A町の民家を回り、生活苦の者たちに集めた寄付を手渡したとしよう。また、会社において、仕事の関係で揉めたため、BはCを殴って全治1週間の怪我を負わせてしまったが、Bはこれまで10数年問題を起こすこともなく、会社のために尽力してきた者であること、相手方の行為があまりにも悪辣であったので、会社の使用者YはBに対して何ら処分をしなかった。このような場合、XYらは個別の事情を検討して、自らの判断で問題点を改善したといえる。

　これは、我々の日々の行動によって達成されることになる。つまり、日々の行動で実践していく正義ということである。

　しかし、この日々の正義の実践は自分勝手なものであってはならない。この日々の正義の実現が唯我独尊的なものになってしまっては、それは間違っても正義といえる代物ではなくなってしまう。

　そこで、指針となるのが「**全ての個人を人間として尊重する**」という理念である。簡単に解説しよう。

　例えばあなたが動物愛護主義者かつ徹底的なベジタリアンで、巷で人気のあるレストランに行ったとしよう。そんなあなたの目の前で、クジラの刺身と可愛い鴨のローストを食べている人がいたとしても、あなたはその人を怒ったり、やめさせたりすることは、ここでいう正義に反する。これに対して、電車やバスの中で、クサヤの干物を食べたり、床に食べカスを捨てたりしている人を注意することは正義に適うといえる。

　さて、なぜこのような違いが生まれるのであろうか。ポイントとなるのは「個人の尊重」である。最初の例では、どんなに可愛い動物を食べていたとしても、彼もしくは彼女はあなた以外の誰にも迷惑をかけていない。それにもかかわらず（あなたがどんなに動物愛護者であったとしても）、そのご飯を食べている者を怒ったり、やめさせたりすれば、その相手方に嫌な思いをさせることになるのである。それはつまり、その人の人権を侵害する行為である。

これに対し、後者は公共的なパブリックな場所で、他の者に迷惑をかける行為である。クサヤの干物を換気もついていない、狭い乗り物の中で食べれば、その匂いのきつさから、かなりの不快感を他の乗客に与えることになるし、食べカスを床に捨てることで、衛生状態も悪くなるし、他の人の靴を汚すことにもなる。それなので、このような行為に対して注意したり、やめさせたりすることは正義の実践に適っていると評価できよう。

まとめると、他の人に迷惑をかけない限り個人の価値観を最大限に尊重して余計な干渉をしないが、他人に迷惑をかけるような行為は現に他人の人権を侵害しているという点で個人の価値観の問題としては放置できなくなるため、それは不正義であるといえる。

もっとも、ここでもう一つのポイントがある。それは「価値観」というものが、社会によって、時代によって多様に変化するということである。

昔は歩きながら物を食べるという行為自体が良いものではなかったし、そのくせ煙草は電車の中でも吸えたというような時代が一昔前にあったのである。最も重要なのは「**個人の価値観の尊重**」つまり「**基本的人権の尊重**」であるけれども、その内容や線引きは常に変化している。そして、その線引きは常に価値観の衝突によって生まれている。

すなわち、かわいい動物を食べてはいけないと考える人の価値観と、かわいくても動物は動物なのであるから食べてもよいと考える人の価値観、同様に、煙草をどこでも吸ってよいと考える人の価値観とそれはよくないから吸ってほしくないと考える人の価値観というように、それぞれ価値観の衝突があり、利益衡量やこれまでの経験則を踏まえたうえで、どちらを優先させていくかが決められるのである。

もっとも、正義が基本的な人権を保持、発展させていくための指針であるとすれば、朝のラッシュ時に電車で煙草を数十本吹かすような人間がいたとして、そのせいで何百人もの人が迷惑を被っていたとしても、その人の命を奪ってその行為をやめさせるということはできない。

生命・身体・財産の自由のような基本的人権の核心部分は最大限尊重されなければならないのである。

つまり、この基本的人権を最大限尊重するということを軸に、時代や環境、

社会の変化に応じて発生する、新たな人権の矛盾や衝突を「制度」と「実践」の両方の側面から柔軟に調整していく。このように、基本的人権を保持・発展させていく先に正義があると考えるのである。

この正義の実現には、多様な価値観を尊重する公平無私なバランス感覚が必要とされる。しかしながら、現代社会は技術革新社会であり、高度情報社会でもあるためすさまじいスピードで変化・発展しており、新たな価値観の枠組みも、それにしがみついていてはあっという間においてけぼりをくらい、古い価値観へと変わってしまう。そこで、いわゆるソクラテスの「無知の知」に立ち返り、新たな価値観の探究をしていき、バランス感覚を養い、その時々の正義を見出していく必要がある。

社会の全体的な秩序は「**制度的正義**」により守られるが、それはバランス感覚をもって正義を実践（「**実践的な正義**」を達成）していく過程で、積み重ねが実を結んだ結果であるといえよう。

11．ロールズの正義論と日本社会

これまでに見てきた、ロールズの「正義の二原理」を労働問題で考えてみると、たとえば**整理解雇の四要件（四要素）**などは、ロールズの言う正義の観点が色濃く導入されているといえるかもしれない。判例法理で形成されてきた整理解雇の四要件は（1）人員整理の必要性（2）解雇回避努力義務の履行（3）被解雇者選定の合理性（4）解雇手続の妥当性、という四要件を満たして初めて整理解雇が認められるというものである（最近は「四要素」として、必ずしも四要素全てを満たさずとも整理解雇を認める見解が有力化している）。会社によって整理解雇の対象となるものは、その会社においてまさに「最も不遇な者」であるが、その最も不遇なものを選び出す際に、最大限の考慮が払われていることは、ロールズの格差原理の現実化と言っても良いのではないだろうか。

ロールズが正義に適うとする「配分上の正義」をある程度実現したといえるのが高度経済成長期以降、バブル経済が崩壊するまでの日本社会だといえるだろう。「一億総中流」などと言われるほど格差は少なく、終身雇用制や

国民皆保険、生活保護といったシステムで国民は保護や保障の下に暮らすことができていた。朝日訴訟が提起されたことで、生活保護者の受給レベルが引き上げられるなど、それはまさに、「もっとも不遇な立場の人々の利益が最大となるような不平等」へと向かう過程に見えた。

しかし、バブル経済崩壊により、その流れは終わりを告げたように思える。「失われた20年」とよばれる時を経て、今や日本は「格差社会」という言葉が当たり前のように語られ、生活保護受給者への風当たりも強くなっている。整理解雇に関する判例も、四要件の全てを必要とはしない四要素説によるものが出現するようになっているのが、社会の変化を如実に表しているといえよう。

もちろん、日本国民が社会の変化を無批判に是としているわけではない。しかし、同時に、進むべき道、実現すべき正義を見失ってしまっているのも事実である。日本社会がロールズ的モデルから乖離してしまった時、ロールズとは異なる立場から正義を語る正義論が人気を博したのも、時代の要請だったのかもしれない。ただ、それはロールズの提唱した数々の概念、多くの議論が無になったことを意味しない。我々が正義とは、自由とは、平等とは何かを考えるとき、常に立ち戻らなければならない一つの原点として、ロールズの「正義論」を位置づけるべきであろう。

ロールズは平等とは何かを考える時に、無知のヴェールという道具を導入することで、原初状態という舞台を設定した。このことは、「基本からものを考える」ことの重要性を示している。我々の社会にとって何が正義であるかを考えるならば、その社会の出発点を無視してはならない。社会契約という基本に立ち戻って思考実験を進めたロールズのように、我々もまた基本に立ち返らなければならない。基本とは何か、それは原理原則を知り、歴史を知ることである。法律を真に学ぶためには、個々の法律の解釈だけでなく、その背後にある法学の知識、さらには哲学や歴史を学ぶ必要があるとする、私の持論もまた同じである。

第3章 労働法を理解するための基本三法 憲法編

Gnothi Seauton
「汝自身を知れ」

Cogito,ergo sum
「我思う故に我あり」

1 憲法総論

1．憲法の概略

　小・中・高の社会科で一度は学ぶ憲法。日本において法学を学び実践するのであれば、我が国の最高法規である憲法がどのようなものであり、どのような論点があるのかを学んでおかなければならないであろう。そこで、憲法をこの機会に今一度学びなおしてみたいと思う。

　「憲法」は「法」であるが、一般的な「法」すなわち「法律」とどこが違うのかというところを理解してほしい。

　確かに、「憲法」も「法律」も同じ「法」であり、単なる「道徳」であるとか「マナー」の問題ではないという点では一致している。

　しかし、両者は法の中でも次元を異にする存在なのである。

　次のような例を想像してほしい。

　メディアの高速化・高度化によって、ネット社会が発達しすぎてしまったせいで、ネットを用いた犯罪の増加、例えば他人のPCの遠隔操作や、SNSを用いた性犯罪の増加が著しく、国民からも国に対して、この惨状をどうにかしてほしいとの声が多数上ってきていた。そこで、時の政府は「メディア良化法」を施行し、ネットを使用する全ての情報の送受信について、政府の許可を義務付けた。マスコミ各社から批判が出される最中、当該立法に携わった国会議員Xは「我々は選挙によって選ばれた国民の代表であり、立法権を有しているのであるから、どのような立法をしようとそれは自由であり、国民はそれを遵守しなければならないのである」と雄弁に語った。

　さて、これは法律と憲法が相対立する場面である。この「法律」の内容が不当であることはわかるであろう。不当な内容の「法律」が我々の人権を侵害し、生活を破壊してきたことは歴史的にも実証されていることである（治安維持法等）。

　そこで、このような人権侵害が起こらぬように、歯止めが必要である。その歯止めとなるものが、この憲法であり、憲法が担う重要な役割なのである。

第3章 労働法を理解するための基本三法 憲法編

当該「法」が誰に向かって義務を果たすように命じている法なのかを理解すれば、理解が進むであろう。すなわち、「法律」が国民に向けられた法であり、その自由を制約するものであるのに対して、「憲法」は国に向けられた法であり、その国家権力を制限するものなのである。

これは、日本国憲法（以下「憲法」という。）**99条**に**憲法尊重擁護義務**という形で規定されている。

権力を憲法によって制限し、憲法に基づく政治を行なうことを**立憲主義**という。立憲主義に基づく憲法は、人間の権利・自由の保障と国家組織の基本（権力分立）を制度化したものなのである。

すなわち、憲法とは、国家権力を制限して国民の権利・自由を保障するものと定義できる。

日本国憲法も立憲主義にもとづいて考えられている。憲法は「人権の保障と政治のしくみ」から構成されているが、国民の人権を保障するための手段として政治のしくみがある。この日本国憲法はあらゆる規則や法律の最高に位置する。したがって憲法を無視した法律は作っていけないことである。

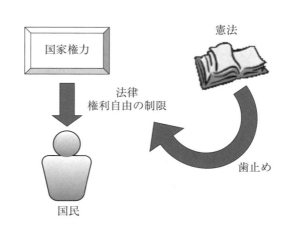

2．憲法の特徴

憲法の特徴は主に3つあるといわれる。一つは自由の基礎法であるということ、もう一つは制限規範であるということ、そして、3つめに**最高法規**で

あることである。

1）自由の基礎法

　過去、例えば中世やローマ時代といった時代においても、権力を抑制し特定の身分の特権を守るための憲法は存在していた。しかし、これらの憲法と、近代における憲法では、その本質が大きく異なっている。すなわち、近代憲法は市民革命を経て制定されており、その結果、個人に着目し、その**個人の人権を保障することを目的**としている。このような点から、近代憲法は「自由の基礎法」であるといわれるのである。すなわち、一人ひとりの個人の自由、つまり人権を定めているのである。

　確かに、憲法は国家権力の組織を定め、それぞれの機関に国家作用を授権するという作用も存するが、この組織規範・授権規範という統治機構的な要素は中核をなすものではない。これらの統治機構の規定は、自由の規範である人権規範に奉仕するための存在にすぎないのである。

　したがって、人権規範と統治機構は、目的と手段の関係にあるということができるであろう。人権規範こそが憲法の中核をなす「**根本規範**」であり、それを支える核心的価値が個人の尊重原理（人間の尊厳・個人の尊厳・人格不可侵）なのである。

　このように、人権規範が憲法の根本なのであるが、これは、一人ひとりをかけがえのない個人として、人間として最大限尊重しよう、大切にしたいという思いが、まさに人権という考えになって、憲法の条文に表れているのである。それは、一人ひとりの個人を具体的に生きている、かけがえのない個性をもった人間として大切にしよう、個人として尊重しようという価値観が、憲法の根本的な価値観として存在しているからなのである。

憲法　第13条【個人の尊重・幸福追求権・公共の福祉】
　すべて国民は、個人として尊重される。生命、自由及び幸福追求に対する国民の権利については、公共の福祉に反しない限り、立法その他の国政の上で、最大の尊重を必要とする。

憲法13条は、以上のような価値観を表現した規定であるといえよう。

2）制限規範と国民主権原理

自由の基礎法であるということは、同時に憲法が国家権力を制限する基礎法（**制限規範**）であるということを意味している。近代憲法は、すべて個人は生まれながら自然権を有するものであることを前提としていて、それを実体化するという形で制定された。これは、全ての価値の根源が個人にあるという思想を基礎としているのである。

したがって、政治権力の究極の根拠も個人（国民）に存しなくてはならず、憲法を制定してそれを守らせる主体は国民であると考えられる。これは、国民が政治の主人公であるということに他ならず、「**国民主権**」という制度に具体化するものなのである。

よって、人権規範は、国民主権原理とも不可分の関係にあるといえる。

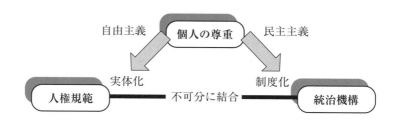

3）最高法規性

憲法は**最高法規**であり、国法秩序において最も強い効力を持つとされている（**憲法98条**）。これは、憲法の改正には通常の法律の改正の場合よりも困難な手続きが要求されている（これを**硬性憲法**という。これに対して、通常の法律の改正手続と同じ手続きで改正できるものを**軟性憲法**という。）ことから（**憲法96条**）、形式的には当然のことであるともいえる。

しかし、憲法が実質的には法律と異なるということから考えると、憲法が最高法規であるのは、その内容が人間の権利・自由をあらゆる国家権力から不可侵のものとして保障する規範を中心として構成されているというところから導かれることになる。

すなわち、「**自由の基礎法**」であることが憲法の最高法規性の実質的な根拠であり、「**実質的最高法規性**」こそが「**形式的最高法規性**」の基礎をなし、憲法の最高法規性を真に支えると考えられるのである。

つまり、**日本国憲法第10章「最高法規」**の冒頭にあり、基本的人権が永久不可侵であることあることを宣言する**憲法97条**は、硬性憲法の建前（**憲法96条**）、及びそこから当然に派生する憲法の形式的最高法規性（**憲法98条**）の実質的な根拠を明らかにした規定といえる。

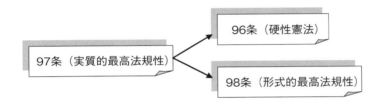

3．立憲主義と現代国家、法の支配

1）法の支配と法治主義
（1）意義

法の支配とは、英米法の根幹として発展してきた基本原理で、専断的な**国家権力の支配（人の支配）を排斥**し、**権力を法（憲法）で拘束**することによって、国民の権利自由を擁護することを目的とする原理である。

（2）内容

権力の支配を抜け出し、法の支配を達成するにあたり、重要な要素となるものがある。

まず、**憲法の最高法規性**である。憲法こそが**守るべき最高の法規**であるとすることで、これに反する他の権力行為を否定し、憲法に規定された権利・自由をそれらから保護しなければ、憲法による支配は達成されることはない。

また、その保護するべき権利や自由は個人の人権であり、権力からそれらが侵害されないということが内容となっていなければ、そもそも国民の権利

や自由は守れないであろう。

　そして、**法の内容・手続の公正、すなわち、適正手続が定められていなければならない**。いくら、内容が公正なものであっても、手続が公正さを欠くものであれば、結局不当なものとなり、人権を守ることなどできないのである。これはまた逆も然りである。

　最後に、**権力を抑制する司法府が尊重されていなければならない**。すなわち、司法府が権力から独立し、客観的に公正公平な立場から終局的な判断を下せるようになっていなければ、結局法を正しく執行するものとなり、法（憲法）は絵に書いた餅ということになってしまうであろう。

　以上見てきたように、法の支配を達成するためにはこのような内容が定められていなければならない。

（3）日本国憲法と法の支配

　いま法の支配における重要な要素について述べてきたが、日本国憲法もこの原理を採用している。すなわち、憲法第10章には憲法の**最高法規性**が明記され、第3章国民の権利義務においては個人の人権が侵害されるべきではないということが定められているのである。そして、**憲法31条**には「**適正手続**」について定められており、第6章司法の章においては、**裁判所に違憲立法審査権（憲法81条）**を与え、独立性と最終的な決定権を与えている。

　したがって、**日本国憲法は「法の支配」**の原理を採用した法であることが分かるであろう。

　国会は憲法に反する法律を制定することはできないし、国民にそれを強制することもできないのである。いくら国民の代表者によって構成されている国会による立法であっても、この憲法を破ることはできないのである。

（4）法治主義（形式的法治主義）

　「**法の支配**」に対して「**法治主義**」というものがある。これは似て非なる言葉である。そもそも、法の支配も法治主義も、行政は法律の制限の下に行動しなければならないという建前に基づく国家という点では同様である。

　しかし、法の支配にいう「法」は内容が合理的でなければならないとされ

ていたが、法治主義では「法」の内容は問題にしないのである。すなわち、ここにいう「法」は内容とは関係ない形式的な法を指すことになるのである。これはよく**「悪法も法なり」**という言葉で表わされる。国民の代表者によって定められた法さえあれば、個人の権利を侵害することも許されることになってしまうのである。

2）立憲主義の展開
(1) 自由国家

立憲主義の思想は、近代市民革命を経て近代憲法に実定化され、19世紀の**「自由国家」**の下でさらに進展した。そこでは、個人は自由かつ平等であり、個人の自由意思に基づく経済活動が広く容認された。このような思想を中心に運営される国家を**夜警国家、消極国家等**と呼んだ。すなわち、国家秩序、調和というものは、自由・平等な個人の競争を通じて実現されると考えられ、国家権力は経済的干渉も政治的干渉も行なわずに、社会の最小限度の秩序の維持と治安の確保という**警察的任務のみ（夜警のみ）**を負うべきものとされたのである。

(2) 社会国家へ

しかし、自由国家も行政権の役割が飛躍的に高まるとともに、社会国家・福祉国家へと変貌していく。

自由国家の時代、自由競争の結果、経済的弱者と強者の間に富の偏在が起こり、労働条件は劣悪化するに至った。その結果、憲法の保障する自由は、社会的・経済的弱者にとっては、貧乏の自由、空腹の自由でしかなかったのである。

そこで、このような状況を克服し、人間の自由と生存を確保するためには、国家が、従来市民の自立に委ねられていた市民生活の領域に一定の限度まで積極的に介入し、社会的経済的弱者の救済に向けて努力しなければならなくなった。

このようにして、自由国家は、国家的な干渉と計画とを必要とする**社会国家（積極国家・福祉国家）**へと変貌していくことになる。

3）立憲主義の現代的意義
（1）立憲主義と社会国家
　ここで、ひとつ問題を考えてみよう。**立憲主義**とは、**権力を憲法によって制限し、国民の権利・自由を確保するための考え方**である。そうだとすると、立憲主義は、国家が市民生活にみだりに介入するべきではないという消極的な権力観すなわち自由国家観を前提としていると評価することができるであろう。

　では、国家による積極的な社会への介入を認める社会国家思想は、立憲主義とは相反するものなのであろうか。

　答えは否である。立憲主義の根本的な目的は、個人の権利・自由の保障にある。そして、社会国家の思想とは個人の権利・自由を現実の生活において実現するというところにある。そうだとすると、立憲主義と社会国家思想は相矛盾するものとは考えられないであろう。

（2）立憲主義と民主主義
　立憲主義は民主主義とも密接不可分の関係にある。すなわち、国民が権力の支配から自由であるためには、国民自らが積極的に統治に参加する民主制度を必要とし、自由の確保は、国民の国政への積極的な参加が確立している体制においてはじめて実現することになる。つまり、民主主義は、個人尊重の原理を基礎とするので、すべての国民の自由と平等が確保されてはじめて開花するという関係にあるのである。簡単にいえば、いくら多数決によって政治を決定するといっても、手をあげる自由がないのであれば、民主主義は画に書いた餅以外のなにものでもなくなってしまう。

　また、民主主義は、単に多数者支配の政治を意味せず、少数者の権利や自由にも配慮するような、実をともなった**立憲民主主義**でなければならないのである。

4）日本国憲法の基本原理
　日本国憲法には①**国民主権主義**、②**基本的人権の尊重**、③**平和主義**の3つの基本原理が存在している。この3つの原理が密接不可分に関係し合い、日

本国憲法は成り立っているのである。
　以下でこれらの関係について説明しよう。

（1）国民主権
　国民主権とは、一般に国の政治のあり方を最終的に決定する権力ないし意思あるいは権威を国民がもっていることと説明されている。主権が国民にあることから、国政の最終決定を国王、君主、天皇ではなく国民がするというのが国民主権である。要するに国民が主人公ということである。すなわち、国民が政治的最終決定をする力をもっているものだから、政治は国民の意思に従って行われているということになる。
　このような理由から、国家権力の行使は国民によって権威づけられ、国民主権の体制のもとでの国家権力の行使だから正しいのだという正当性の根拠づけを与えられることになる。このように国民が政治を最終的に決定するというのは、**人権**、ひいては**個人の尊厳**を守るためである。
　また、国民主権は国民の総意にもとづいて国政が行われるとする原理を徹底させており、すべての国政に関する機能は、終局において国民がこれをもっているものであるから、国民主権は**民主主義の原理**によって実現される。したがって、国政は国民の厳粛な信託によって、国会、内閣、裁判所などの諸機関が担当している。これらの諸機関の中で、国民の代表する**国会**に、**国権の最高機関としての地位**を認めている。そして国政は国会を中心として行われている。これを国会中心主義という、民主主義の原則は①**国政の権威が国民に由来すること**、②**政治権力は国民の代表者により行使されること**、③**国政のもたらす福利は国民がこれを享受すること**の三つである。
　①が**国民主権主義**であって、これは民主主義の基礎であり、②が**代表民主主義**であって、その手段であり、③が**国民福祉主義**であって、その実体であるということになる。なお、国民主権主義は日本国憲法の規定の中で次のように具体化されている。
　①国民が憲法の制定権をもつこと（**前文**）、②国民に公務員の選定・罷免に対する固有の権利を保障したこと（**15条**）、③国民の代表者によって構成される国会を「国権の最高機関」と定めたこと（**41条**）、④最高裁判所裁判

官に対する国民審査制度を定めたこと（**79条2項**）、⑤憲法改正手続きとして国民投票制度を定めたこと（**96条**）。

（2）基本的人権尊重主義
　日本国憲法11条において「国民は、すべて基本的人権の享有を妨げられない。この憲法が国民に保障する基本的人権は、侵すことのできない永久の権利として、現在及び将来の国民に与えられる」と規定され、国民の権利・自由の性格・保障のあり方が示されている。詳細については別の箇所で述べることとするが、ここにおいては、明治憲法下の国民の権利・自由との比較を通じて日本国憲法下における基本的人権について述べてみたい。大日本憲法においても、この原理がなかったわけではない。国民の権利として一応は保障されていたが、しかし、**天皇統治の大原則**のもとに、国民の権利、自由は恩恵的なものとして天皇から与えられたものと理解されており、その内容は不充分なものであった。日本国憲法は、「人間は生まれながらにして人たる権利をもち、国家権力も国民のこの権利、自由を侵してはならず、国家の目的は、国民の権利・自由を守り、かつ増進することにあるとする思想を明確にとり入れたのである。
　この点につき、前述の**憲法11条**に加え、**97条**においても「この憲法が日本国民に保障する基本的人権は、人類の多年にわたる自由獲得の努力の成果であって、これらの権利は、過去幾多の試練に堪え、現在及び将来の国民に対し、侵すことのできない永久の権利として信託されたものである」（**97条**）と規定して、国民の各種の権利、自由に対し、強力なる保障がなされることになった。
　さて、日本国憲法は、18、9世紀的な自由権いわゆる**国家からの自由**のみならず、社会的経済的弱者の救済を目的とした社会権いわゆる**国家による自由**（**25条、26条、27条、28条**）もとり入れている。さらに、社会の進展と共に新しい人権が主張されるようになった。たとえば、**プライバシー権**、**環境権**などである。これらの一部は判例により基本的人権として認められたものもある。また、明治憲法下に見られなかった制度として憲法81条により裁判所は**違憲立法審査権**を付与され、司法による基本的人権保障が確立された。

（3）平和主義

　この憲法における第三の基本原理は、**徹底した平和主義**の採用である。日本国憲法はその**前文**において「日本国民は、恒久の平和を念願し、人間相互の関係を支配する崇高な理想を深く自覚するのであって、平和を愛する諸国民の公正と信義に信頼して、われらの安全と生存を保持しようと決意した」と平和への熱意を宣言している。

　ついで**9条1項**は「日本国民は、正義と秩序を基調とする国際平和を誠実に希求し、国権の発動たる戦争と、武力による威嚇又は武力の行使は、国際紛争を解決する手段としては、永久にこれを放棄する」ことを定め、さらに**9条2項**は「前項の目的を達するため、陸海空軍その他の戦力は、これを保持しない。国の交戦権は、これを認めない」と規定している。

　また、内閣総理大臣その他の国務大臣が**文民**でなければならないと規定している（**66条2項**）。いわゆる、「**シビリアンコントロール**」に関する規定である。

　問題は憲法が定める平和主義をめぐって、これは一切の軍備をもたない非武装平和主義なのか、自国を守るための必要最小限の武力をもつ平和主義なのか、さらには現在わが国が保有する自衛隊の存在や、集団的安全保障、PKOをはじめとする国際貢献のあり方をめぐって議論が紛糾している。

5）憲法尊重擁護義務

　憲法99条は「天皇又は摂政及び国務大臣、国会議員、裁判官その他の公務員は、この憲法を尊重し擁護する義務を負ふ」と規定している。

　この「**公務員**」とは、まさに国家権力の担い手たる地位を有する者全員を指し、「**国民**」は含まれていない。「国民」以外の国家権力の担い手の全てがこの憲法を守るように明言しているのである。

　このように、憲法は公務員に対して憲法を守る義務を課して、国家権力による人権の制限に歯止めをかけているのである。注意すべきなのは、この命令が「**公務員**」に向けられており、「**国民**」には向けられていないということである。したがって、この規定からしても、国家権力の方に向けられたもので、国家権力の側を規制するものであるといえるのである。

第3章 労働法を理解するための基本三法 憲法編

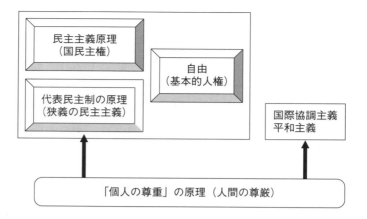

2 基本的人権とは

1．人権とは

　すべての人は生まれながらに、いつでもどこでも人間としての尊厳を守られ、個人として尊重される権利をもっている。これが「人権」である。誰もが思想や信教、居住、職業、表現、学問などの自由をもっている。このような自由を保障するのが「自由権」である。換言すれば、人は人種や性別、国籍、出身地、信条などによって差別されたりしてはならないことである。

　このような人権は「人間としての尊厳を最大限尊重する」という考え方である。つまり、一人ひとりを人間としての価値において対等に扱う、人はみな同じであるという考え方と、一人ひとりは個性をもった存在であり「皆違う」という内容を含むものである。この「皆同じ」と「皆違う」という矛盾するような内容を個人の尊重はあわせもっているのである。

　たとえば、スポーツや勉強の得意な人がいる一方で、スポーツは苦手だけれど楽器の演奏が上手い人や楽器の演奏は下手だけど絵を描くのが得意な人もいる。千差万別である。したがって、「人は皆同じだけど皆違う」は矛盾しないのである。

憲法が定める「個人として尊重される権利」とは、これらの違いを認めると同時に、他人の人格や自由を認めることから始まる。たとえば、自分の人権は認めてほしいけれど、自分と違う人種や性別、国籍、出身地、信条などや自分と違う考え方をする人の人権は認めないというのでは、自分勝手すぎる。

自分の人権の自由を主張するなら、他者の権利や自由を尊重する責任も負わなければならない。

日本国憲法における人権規定は、人権の固有性・不可侵性・普遍性という現代人権宣言の要素をすべて含み、それらは**「個人の尊重」**すなわち、人間の尊厳を根拠としている。

1）人権の要素（固有性・不可侵性・普遍性）
（1）固有性

人間であるがゆえに当然にその権利（人権）を有していることを人権の**固有性**という。

すなわち、人権が憲法や天皇から恩恵として与えられるものではなく、人間が生まれながらにして、当然持ち合わせているものであるということをいっているのである。憲法が、人権を、**「信託されたもの」**（憲法97条）、**「現在及び将来の国民に与へられる」**もの（憲法11条）と規定していることからも、その趣旨がうかがえるであろう。

憲法13条によって導かれる**新しい人権**（憲法には明記されていないが、認めるべきであるとされている権利）、例えば**プライバシー権**や**環境権**といったものは、このような人権の固有性から認められることになるであろう。

（2）不可侵性

人権の**不可侵性**とは、人権が、原則として公権力によって侵されないということを意味している。これも、憲法11条・97条の**「侵すことのできない永久の権利」**という文言から見てとれるであろう。このような文言がわざわざ規定されたのは、歴史的に見て人権が国家権力によって侵害されてきたという事実に基づく反省によってである。

もっとも、人権の不可侵性といっても無制約なものではない、限界も存在

する。すなわち、人間は一人で生きているわけではなく、社会というものを構築し、その中で生活している以上、その社会の中には同じような人権を持った人間が存在している以上、その者の人権との調整が必要なのである。簡単に言おう。社会という名前の箱があるとして、その中に人権というボールを詰めていくとする。ボールが多ければ多いほどボールはその形を変えざるを得ないであろう。このように、ボール、すなわち人権と人権のぶつかり合いがある以上、お互いどこかで制限されるべき部分が生じてくるのである。人権同士のぶつかり合いの調整を憲法では**「公共の福祉」**という文言で規定している（**憲法12条、13条、22条、29条**）。

（3）普遍性

人権の**普遍性**とは、人権が、人種・性・身分などの区別に関係なく、すべて享有できる権利であることを意味している。この人権の普遍性は、「国民は、すべての基本的人権の享有を妨げられない。」とする**憲法11条**の文言に示されている。

もっとも、これはあくまで日本国憲法上の規定であり、外国人にもこの規定の適用があるのかが、上述した公共の福祉との関係においても議論されている。後に説明するが、基本的人権にもいろいろと種類があり、精神的自由等の自由権については、認めていくべきなのであろうが、選挙権や国会議員になる権利等の参政権（国政に参加する権利）や、生活保障等の社会権については、その性質上、すべて認めることにはやはり問題があるであろう。

2）個人の尊重とは（人間の尊厳―人権の根拠）

これまでの説明をまとめる。憲法の大家である故芦部信喜博士は、**基本的人権**について「人間が社会を構成する自律的な個人として自由と生存を確保し、その尊厳性を維持するため、それに必要な一定の権利が当然に人間に固有するものであることを前提として認め、そのように憲法以前に成立していると考えられる権利を憲法が実定的な法的権利として確認したもの」と定義している。簡単に言おう。そもそも、人間が生まれながらにまず有している権利があり、その権利の中でも、人間が社会においていち個人として生活し

ていく中で必要不可欠なものを、憲法が現実的に法的権利として認めているものを基本的人権と呼んでいるのである。

憲法は、これを「**すべて国民は、個人として尊重される。**」（憲法13条）として規定し、表現している。人権を認めるにあたって、神様などの造物主や、自然法等を持ち出す必要はなく、人間の固有の尊厳に由来すると考えれば足りるということである。

２．人権の内容

１）人権の分類

（１）自由権（「国家からの自由」）

自由権とは、国家が個人の権利や自由に対して権力的に介入されない権利をいう。個人の活動や意思決定に国が関与してくることを防ぎ、個人の自由な意思決定と活動とを保障する人権である。これは、国に縛られない、国から離れる自由という意味合いを込めて**「国家からの自由」**といわれる。18世紀に市民革命を通じた、王政からの解放をきっかけにして生まれたので、18世紀的権利ともいわれる。

この中には、**精神的自由権（憲法19条―思想良心の自由、20条―信教の自由、21条―表現の自由、23条―学問の自由）、経済的自由権（憲法22条―職業選択の自由、29条―財産権）、人身の自由（憲法18条、31条）**等が含まれている。

（２）参政権（「国家への自由」）

参政権とは国民の国政に参加する権利であり、自由権の確保に仕えるものである。具体的には、選挙権・被選挙権（**憲法15条**）、憲法改正の国民投票（**憲法96条１項**）や、裁判官の国民審査（**憲法79条２項**）、公務員になる権利等をいう。

これらは、国家に対して自由を要求していくという側面があるため、「**国家への自由**」と呼ばれている。また、市民革命を経て19世紀になり、市民の国政参加が盛んになってきた中で認められてきた自由なので、「**19世紀的権**

利」とも呼ばれる。

（３）社会権（「国家による自由」）

ひととおり自由を手にした市民であったが、20世紀になり、自由競争の中で社会的・経済的弱者が生まれ、彼らが「**人間に値する生活**」を営むことができるように、国家の積極的な配慮を求めるようになったことから生まれた自由であり、「**国家による自由**」または「**20世紀的権利**」ともいわれる。例えば憲法25条の**生存権**といったものがこれにあたるが、現在憲法上これらの権利は国の代表者による具体的な立法をまって具体化されることで現実的な権利として認められると理解されている。国に要求するという権利の性質上、個々人が自分勝手に国に補償を要求することを許せば、国という存在自体が成り立たなくなるおそれがあるからである。

（４）日本国憲法における人権の分類

基本的な人権を説明してきたが、日本国憲法に規定されている人権をもう少し具体的に見ていこう。

まずは、憲法13条で**包括的基本権**について規定している。

> **憲法　第13条【個人の尊重・幸福追求権・公共の福祉】**
> すべて国民は、個人として尊重される。生命、自由及び幸福追求に対する国民の権利については、公共の福祉に反しない限り、立法その他の国政の上で、最大の尊重を必要とする。

次に、憲法14条は**法の下の平等**（「**平等権**」）を規定している。

> **憲法　第14条【法の下の平等・貴族の禁止・栄典】**
> 　すべて国民は、法の下に平等であつて、人種、信条、性別、社会的身分又は門地により、政治的、経済的又は社会的関係において、差別されない。
> 2　華族その他の貴族の制度は、これを認めない。
> 3　栄誉、勲章その他の栄典の授与は、いかなる特権も伴はない。栄典の授与は、現にこれを有し、又は将来これを受ける者の一代に限り、その効力を有する。

そして、各種**自由権**と**請願権**（憲法16条）や**裁判を受ける権利**（憲法32条）などの**受益権**である。

> **憲法　第16条【請願権】**
> 　何人も、損害の救済、公務員の罷免、法律、命令又は規則の制定、廃止又は改正その他の事項に関し、平穏に請願する権利を有し、何人も、かかる請願をしたためにいかなる差別待遇も受けない。

> **憲法　第32条【裁判を受ける権利】**
> 　何人も、裁判所において裁判を受ける権利を奪はれない。

2）分類の相対性

　いままで、人権を数々分類分けして説明してきた。しかし、誤解をおそれずいえば、**権利の性質を固定的に考え、厳格に分類することは不適当である**。すなわち、**個々の問題に対応して、権利の性質を柔軟に考えていかなければならない**ということである。

　例えば、「**知る権利**」というものがある。これは一般的には、情報を自由に受け取ることができることは、情報を発信する者にとって、不可欠の前提

であるということから、**表現の自由（憲法21条）**によって導き出される自由権であるといわれる。しかし、知る権利は単に情報の受領を妨げられないという自由権としての性質を有するのみならず、知りたい情報を提供してもらうために、積極的に情報を公開するように求める**社会権ないし国務請求権的な側面**も有しているといえるのである。

それに加えて、社会権といわれる教育を受ける権利（憲法26条）や生存権（憲法25条）なども、公権力によって教育を受けることや人間らしい生活を送ることを不当に制限されないという**自由権的側面**を有していて、その限度であれば社会権であっても、具体的権利性を認めるべきであるともいえるであろう。

また、自由権の中でも、様々に分類分けがなされており、それも固定的に考えるのは妥当とはいえない。例えば、憲法22条1項は職業選択の自由を定めており、一般的に当該権利は会社を経営したり、お金を稼ぐために営業を行なう権利といわれ、経済活動を自由に行えるといった意味で、経済的自由権のひとつであるとされている。しかし、職業というものが、自己の生きざまを表すものと評価すれば、なりたい職業になる権利として捉え、**自由権的な側面**を有しているともいえる。

有する権利がいかなる権利であるか、様々な角度からその権利の性質や内容を吟味して判断しなければならない。

3）自由権と社会権の関係

自由権は、自由国家思想や消極国家観念など、国家の干渉を否定する思想を基礎におく。つまり、国は我々（国民）に、あれやこれやと干渉するなという、国家に対する**不作為請求権**である。これに対して、**社会権**は国に面倒を見てもらう権利であり、**国民に対する国家の関与を広く認める社会国家思想や積極国家間を基礎として、国家の積極的な作為を請求する権利**である。

したがって、両者は前提とする国家観及び法的性質を異にしている。これについて、自由権を重視しすぎると、国が何も面倒を見てくれなくなり、国民の生活などが不安定になってしまう。反対に、社会権を過大に重視すると、自由権の領域に国の介入を認めていくことになり、世の中は国による管理社

会と化してしまうであろう。

　そこで、**個人の人格的自律**というものを第一に考えるのであれば、自由権、すなわち国家からの自由を基礎として、補完的に国によってフォローしてもらうという体制でなければならないと考える。多かれ少なかれ**社会権は自由のための権利**であるからであり、それが逆転してしまっては本末転倒であるからである。現在多くの近代的国家がこのような体制を構築している。

3．人権の主体

　人権は、人種・性別・身分などの区別に関係なく、人間である以上当然に享有できる普遍的な権利である。では、会社などの法人や外国人も、日本においてこのような権利を有しているのであろうか。これを「**人権の享有主体性**」の問題という。

　ちなみに、憲法は2条で**天皇**についての世襲制を定め、第3章の「**国民の権利及び義務**」より前に天皇の規定を置いている。天皇も日本国籍を有する日本国民であり、人間であることに基づいて認められる権利は保障される。もっとも、天皇が日本国の象徴であり、特殊な職務を担っているというところを考えて、人権保障の範囲には違いがあるとされている。

1）法人の人権

　法人とは、**一定の要件を備えることで、国によって法人格を認められた団体**である。会社などの営利社団法人や大学などの学校法人が典型的な例であろう。法人は、現代社会において、一個の**社会的な実在**として機能しており、重要な役割を担っていることを考えると、選挙権や生存権、人身の自由等、その性質上法人には認められないものを除き、可能な限り保障されると考えられている。

　もっとも、三菱やソニー等を考えればわかるであろうが、現代社会において法人は個人の人間をはるかに凌ぐ強大な経済力、社会的実力を有している。また、法人の中にも人権が保障された自然人が存在している。そこで、法人の人権の行使も、自然人の人権を不当に侵害しないように配慮しなければな

らない。もし強大な資金力を有する法人が、自由に政治活動ができるようになったらどうであろうか。大きな法人は自己に有利になるように政治活動を行うが、それとは反対意見を有する者の意見は見向きもされなくなってしまうであろう。

　これについて、税理士会による政治団体への寄付が、選挙による投票の自由と密接につながるものであり、税理士会が強制加入の団体で、脱退することが難しいことから、その構成員に政治献金の協力を義務付けることはできないという判例が存在する（**最判平８．３．19（南九州税理士会事件）判タ914-62**）。なお、阪神大震災で被害を受けた司法書士会への経済的支援のために、特別負担金の徴収を行なったことについて、他の司法書士会の業務性の回復のために援助することも、司法書士会の目的の範囲内であるから、拠出金の調達方法が公序良俗に反するなどの特段の事情がある場合を除き、会員から支援金を特別徴収することは許されるとするものもある（**最判平14．４．25（群馬司法書士会事件）判タ1091-215**）。

２）外国人の人権

　外国人についてはどうであろうか。外国人も人間であり、人権が国家の存在を前提としない前国家的な性格を有し（**憲法11条**）、憲法が国際協調主義（**同前文、98条２項**）を採用していることから、人権は保障されるが、国民主権との関係で外国人に特別の制限をかけるべきものも存在するといえる。よって、外国人には、**権利の性質上日本国民のみを対象としていると解されるものを除き、人権規定の適用がある**と判断されている。

　例えば、**入国の自由**について、国家が自国の安全と福祉に危害を及ぼす恐れのある外国人の入国を拒否することは、恣意的になってはならないが、**国際慣習法上も、国家の裁量に委ねられている**といえるので、**外国人に入国の自由は認められない**ということになるであろう。また、国会議員になる権利、いわゆる**被選挙権**は、国民の代表者となる権利であるから、国民主権の原理から考えれば、外国人に認めるわけにはいかないということは容易に想像がつくであろう。もっとも、**定住外国人地方参政権事件（最判平７．２．28）ジュリストL05010021**によれば、地方公共団体の選挙権について、現在国民主権

原理から外国人の選挙権は認められないものの、憲法第8章の地方自治の規定は、地方公共団体に住む人間（「住人」）によって、地方行政が営まれることを制度として憲法が保障したものといえ、その点を重視すれば、その地方公共団体と密接な関係を有するようになった外国人に法律によって、選挙権を与えることは憲法上禁止されてはいないと判断している。例えば、仮に外国人選挙法というような法律が制定されたとして、その中で永住者などの定住外国人に、選挙権を与えることは、憲法上は禁止されていないということである。

なお、生存権などの**社会権**については、年金や保険などの社会保障等は、本来自己が帰属する国によって達成されるべきものであるという観点から、憲法上は保障されてはいないが、財政上支障がない限りは、法律によって認めることはできるというのが多数説となっている。我が国において、法律上、外国人も労働災害保険等の社会保険に加入できることになっている。

3 基本的人権の限界

1．公共の福祉

1）公共の福祉とは

憲法12条、13条、22条1項及び29条2項には「**公共の福祉**」という言葉が出てくる。そして、いずれの条文においても権利は「**公共の福祉に反しない限り**」保障されているというようなことが書かれている。

> 憲法　第12条【自由・権利の保持の責任とその濫用の禁止】
> この憲法が国民に保障する自由及び権利は、国民の不断の努力によつて、これを保持しなければならない。又、国民は、これを濫用してはならないのであつて、常に<u>公共の福祉のために</u>これを利用する責任を負ふ。

第3章　労働法を理解するための基本三法　憲法編

> **憲法　第13条【個人の尊重・幸福追求権・公共の福祉】**
> すべて国民は、個人として尊重される。生命、自由及び幸福追求に対する国民の権利については、公共の福祉に反しない限り、立法その他の国政の上で、最大の尊重を必要とする。

> **憲法　第22条１項【居住移転及び職業選択の自由】**
> 何人も、公共の福祉に反しない限り、居住、移転及び職業選択の自由を有する。

> **憲法　第29条２項【財産権】**
> 財産権の内容は、公共の福祉に適合するやうに、法律でこれを定める。

　おかしいではないか。人権というものは「**侵すことのできない永久の権利**」（**不可侵性**）だったのではないかと思う人もいるであろう。人権の要素の箇所で、ゴムボールを例に人権の制約可能性と公共の福祉について述べたと思う。では、「**公共の福祉**」とはいったいどのようなものなのであろうか。

　「公共の福祉」という言葉を分析してみよう。「**公共**」とは「**みんなの**」という意味である。そして「**福祉**」とは「**幸せ**」ということである。つまり、みんなの幸せのために、個人の人権が制約される可能性がある。いくら人権、人権といっても、それは「**他人に迷惑をかけないかぎり**」という一定の歯止めというものが必要になる。「他人に迷惑をかけない限り」という歯止めのことを憲法は「**公共の福祉**」と呼んでいる。

　しかしながら、これは全体のために個人が犠牲になるというような全体主義的な考え方ではない。あくまでも、保護されるべき人権と人権がぶつかり合った時にこれを調整するための仕組みなのである。学術的にいえば、人権相互の矛盾・衝突を調整するための実質的公平の原理である。これは、憲法にいちいち明記しなくても、**人権に論理必然的に内在する制約**であると解さ

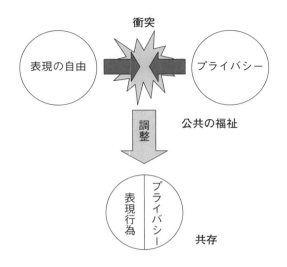

れている。ある人権に絶対的に優越する人権は存在せず、お互い不可侵が前提であるが、それらがぶつかり合ったときは、お互いがへこみあってとどまらなければならないということである。

　公共の福祉は人権と人権のぶつかり合いの調整原理であると述べたが、実際は国の制約と個人の人権のぶつかり合いというところで問題となる。というのも、純粋に個人と個人のぶつかり合いになった場合、それは私人同士の争いであって、憲法の出番ではなくなってしまう。あくまで憲法は国と個人との関係で、国の行為を規律するという性質を有するものなのである（**制限規範性**）。

　具体的に言おう。政治活動の自由等個人の権利が主張され、それを良としない他の者の利益（例えば、政治活動に巻き込まれず平穏に暮らす権利等）がある場合、国がその利益を代弁して個人の権利を制限してくる（公職選挙法上の個別訪問の禁止等）。そして、現実に個人の政治活動の自由が国によって制限されたときに、その制限が公共の福祉からみて合理的なものであるかないかを判断することになるのである。合理的であれば公共の福祉の範囲内の制約であり、国の行為は許される（合憲）ということになり、合理的なものでなければ、国の行為は許されない（違憲）ということになるであろう。

2）公共の福祉による人権の限界

これは、**人権と人権の衝突**と言われるものであるが、法の下における自由と平等とからめて具体的に見てみよう。

すべての人間の権利を同時に守ることは簡単なことではない。人権を自由権と平等権に限っていたとしてもこれらの権利をすべての人間に保障することは難しい。

たとえば、交差点に交通信号がなく、大混雑が生じている中で、誰かの通行の自由を実現させた場合、他の誰かの通行の自由を制限することになるであろう。個人と個人の通行の自由に関する権利が衝突するのである。人間には自由権があるからといって、当然他人の生命や財産を奪うことが許されてよいはずはない。多数の人間で議論をするときに、一人が続けて発言すれば、その人の発言の自由は実現されるが、他の人の発言の平等が失われてしまう。この場合の発言の平等に関しての人権と人権が衝突する。

このように社会を維持し人々の人権を守るには憲法から道路交通法に至るさまざまな法をつくり、法を守るためのさまざまなシステム（警察や裁判所など）をつくらなければならない。つまり現実社会において、各人の自由と平等を守るには法をつくり、そしてその法に従って社会運営を行わければならないのである。

人権の尊重は、現実には法の尊重をする掟として実現される。換言すれば現代社会における自由と平等は、あくまで法の下における自由と平等として実現されるわけである。

なお、日本国憲法13条では、人権は「公共の福祉に反しない限り」という文言で制約が付されている。また憲法22条、29条の経済的自由権に関する条文では、改めて「公共の福祉」という文言が使われていることから、それらが特別な意味を持つものかどうかも、解釈上問題となっている。

この「公共の福祉」とは何かについて、学説は以下の3説に大別されている。

（1）一元的外在制約説

「公共の福祉」は人権の外にあって、全ての人権を制約する原理と考える説である。つまり、「**外在**」というのは、人権の制約根拠が人権の外に存在

するという意味である。

　そして、憲法22条、29条の「公共の福祉」については、特別な意味を持たないと考えるのであるが、これではなぜ憲法22条と29条の経済的自由権については、改めて「公共の福祉」という文言が付されているのかという疑問点についての何らの答えも出していないことになる。

　また、「公共の福祉」を**抽象的な人権一般に対する制約原理**として解することは、戦前の「**法律の留保**」の考え方と何が違うのかという問題点もある。

　この点について例を挙げて説明しよう。人権をここでもゴムボールにたとえてみる。そのゴムボールをどのようにへこませようが国家の勝手、というのが、**一元的外在制約説**である。この考え方だと、人権制約に対する歯止めが乏しく、下手をするとゴムボールに力を入れ過ぎて、破裂させてしまうこともあり得る。

　かつて、占領下の日本において行われたGHQの統治が、一元的外在制約のイメージに近いかもしれない。日本という国家の外に、日本を制約する存在があったのである。そのため、過度に日本国民の権利が制約されることもあった。戦後しばらくGHQによって剣道が禁止されていたが、これは軍国主義につながるものというGHQの剣道に対する無理解の表れであった。

　よりわかりやすい例をあげるなら、「西遊記」の中で、孫悟空が筋斗雲に乗って自由自在に世界を飛び回っていたつもりになっていたが、実は全てお釈迦様の手のひらの中を飛んでいただけだったという話が出てくる。孫悟空は柱（実際はお釈迦様の指）に「斉天大聖」と書いてみたり、立ち小便を引っ掛けたりする。まさにやりたい放題、勝手気ままの自由な行動に見える。しかし、その行動に怒ったお釈迦様は、孫悟空を五行山に閉じ込めてしまった。孫悟空は自由だと思っていたが、その限界はお釈迦様によって決められていたのである。これは、人権（孫悟空）の外に、人権を制約する存在（お釈迦様）がいるということになろう。

　人権を制約する存在がお釈迦様ならば、人々を正しく導くことができるのだから、外在制約説でも構わないのかもしれない。しかし、実際に人権の外にあって人権を制約するのは「国家」である。国家が行き過ぎた人権制約をしたことは、歴史上枚挙に暇がない。外在制約説のように、人権の外に人権

を制約するものがあるという考え方では、行き過ぎた人権侵害に歯止めがかからなくなるおそれがあるのである。

　また、近代憲法を支える根本原理である立憲主義の観点からも外在制約説は支持できない。**立憲主義**とは、国民が国家を憲法というルールで縛ることによって、その暴走を抑え、人権を守るという考え方である。これを難しく言うと、憲法は**制限規範**であるということになるのだが、外在制約説のように、国家が国民を縛る形で「公共の福祉」を理解してしまうと、この制限規範性に真っ向から衝突してしまうからである。

（２）内在・外在二元的制約説

　この説は、**「公共の福祉」によって人権を制約することができるのは、憲法22条と29条の場合に限定されると考える立場**である。先ほど、一元的外在制約説の説明で、人権（孫悟空）の外に、人権を制約する存在（お釈迦様）がいるという例を用いたが、一元的外在制約説の評判があまりに悪いので、お釈迦様のような人権の外に存在する制約の登場範囲を経済的自由権と社会権にのみに限ったのである。なぜ、経済的自由権や社会権に、人権の外における制約原理を認めたかといえば、「国家」による政策的関与や規制がそもそも予定されているからであろう。国家的規模で政策を立案し、予算を確保して初めて、経済的自由権や社会権は保障される面がある。孫悟空が一人で筋斗雲に乗って自由に空を飛んでいる分には、お釈迦様が黙っていても問題なくても、その世界の住民がみんな筋斗雲に乗って空を飛ぶようになると、「国家」的存在であるお釈迦様も見過ごすわけにはいかず、空の交通ルールや標識やらを整備してやらないと、筋斗雲同士の衝突が起きかねないため手のひらを出して介入してくる、そんなイメージで考えれば良いだろう。

　内在外在二元的制約説の立場からは、憲法12条や13条に登場する「公共の福祉」は単なる**訓示規定**と解することになり、人権制約の直接の根拠とはならなくなる。経済活動に関する国家的規制の必要のある経済的自由権や、国家が政策的に関与する必要がある社会権については、「公共の福祉」による制約を認めるが、その他の自由権については、権利の社会性に伴う制約のみが認められる。この権利の社会性にともなう制約のことを**内在的制約**と呼ぶ。

この説は、なぜ経済的自由権にだけ「公共の福祉」の制約が働くかについての説明がなされておらず、また、憲法13条を単なる訓示規定と位置づけることは、13条を**「新しい人権」**を生み出す母体としての包括的基本権の規定と捉えることができなくなってしまうという批判がなされている。

（3）一元的内在制約説

一元的内在制約説と、内在・外在二元的制約説の問題点を受けて、提唱されたのが**一元的内在制約説**である。内在・外在二元的制約説において、内在的制約とは、権利の社会性に伴う制約であると説明されていた。この「内在」という言葉について、もう少し詳しく説明すると、人権を制約する根拠が人権の内側にあるということになる。これは人権は他者の人権によってのみ制約されるということを意味する。かつて、**ジョン・スチュアート・ミル**が、**「自由とは他人を害しない範囲でのみ認められる」**と唱えた。他者の人権を害するような場合には、その人の自由は完全には認められない、つまり人権は制約されなければならないということである。人権を制約する根拠が人権の内側に存在するという意味である。

一元的内在制約説は、「公共の福祉」を**人権相互の矛盾衝突を調整するための実質的公平の原理**と捉えているが、この人権相互の矛盾衝突とは、ミルのいうところの「他人を害しない範囲」を自由が超えてしまった場合を意味する。もっと簡単にいえば、「他人の迷惑」になってしまったということである。

権利とは人が幸せに生きるために存在するものである、その権利が人を不幸せにするようなことは許されないということは、権利がもともと有する性質である。公共の福祉とは、みんなの幸せ、という意味だが、みんなが幸せになるためには、お互いの権利に自ずと限界があることを意識しなければならないのである。自分の人権の中には、もともと限界が内在しているのである。

先ほどのゴムボールの例えをここでも用いるなら、一元的内在制約説は、そもそも人権とは社会という箱の中に詰め込まれたゴムボールのようなものだと考える。人々が社会の中で押し合いへし合い生きているのが現実の社会であるように、箱の中のゴムボールは必ずどこかがへこまざるを得ない。そ

のへこみの部分が、人権が制約されている部分だと思ってもらいたい。

　これは考えてみれば当たり前の話である。通勤電車の中で、大股を広げて座席に座っていたり、新聞紙を大きく広げて読んだりしている乗客は、たとえ乗車券や定期券を買ってその電車に乗る権利があるといっても、そこまでの横柄な態度を取る権利はなく、他の乗客や駅員から注意を受けて当然だろう。また、満員電車においては、乗客がドア際に集中することなく、列車の中に進んでいくようにすれば、より多くの人が電車に乗ることができるし、乗客がお互いのことを思いやれば、満員電車であったとしても、多少は快適さが増すというものである。

　このように、我々が社会共同の中で平和に生きていくためには、譲り合ったり我慢しなければならないことが必ずある。その状況を「**人権相互の矛盾・衝突**」と考えるのが一元的内在制約説である。そして「**公共の福祉**」とは、その**矛盾・衝突を調整するための実質的公平の原理**だと考えるのである。より具体的には、憲法12条・13条における「公共の福祉」は、**消極的な自由国家的公共の福祉**であり、憲法22条・29条は**積極的な社会国家的公共の福祉**であると区別して、両方とも、基本的人権に論理必然的に内在する制約だと考えるのである。

　この消極的・積極的の違いがわかりにくいところであるが、先ほどの電車のたとえでいえば、「ちょっと詰めてもらえますか」のレベルまでが許される、とするのが消極的な公共の福祉であるのに対して、弱者のために予算をかけてシルバーシートを設けて優先的に座ってもらうというのが、積極的な公共の福祉というイメージを持ってもらうと良いだろう。自由国家とは、国民への規制を最小限にとどめる国家のことである、そのため**自由国家的公共の福祉とは、**原則的に**必要最小限度の規制**を働かせる原理となるのである。これに対して社会国家とは、福祉目的の実現のために、人員や予算を確保し、制度を構築することが前提となる国家である。ゆえに、**社会国家的公共の福祉**とは、**必要な限度の範囲での規制**が許されることになるのである。経済的自由権や、社会権に関する人権の制約は、弱者救済や環境の保護という観点から、他の自由権よりも強い制約が求められることがあり得るので、憲法は22条や29条に再度「公共の福祉」という文言を登場させたと、この説は考える

のである。

(4) 一元的内在制約説からのさらなる発展

 一元的内在制約説が現在の通説なのだが、この説だけでは明らかにならないことがある。それは、「人々はお互いにどこまで譲り合い我慢しなければならないのか」を判断する基準である。人権を制約しなければならないとき、「それは譲ってあげなさい」「一部の人々の人権の制約にはなるが、社会全体の幸福のためにこの制度を作ろう」という、はっきりした限界が一元的内在制約説から直接導かれるわけではないのである。

 そこで、一元的内在制約説の考えをさらに実効性のあるものにするため考えられたのが、**比較衡量論**である。これは、**その人権を制約することで得られる利益と失われる利益を比較して、前者が上回れば人権制限は許される**という考え方ものである。この考え方は基本的に支持されるべきだろう。

 なぜなら、これは人が社会で生きる上で日々基本的に行っている価値判断そのものだからである。たとえば、電車でなくタクシーで目的地に行くかどうかを考えるとき、タクシーによって得られる時間の節約や快適さという利益が上回ると判断すればタクシーを使うだろうし、コストの節約という利益が上回ると考えれば、電車に乗るだろう。

 その意味で比較衡量論によって人権の限界を考えて行くべきなのであるが、国家と国民の利益が対立するような状況では、どうしても**国家の利益が優先されがちになるという問題点**が指摘されてきた。そのため、比較衡量論をベースとしつつも、よりきめの細かい判断基準が求められたのである。

 その判断基準として提唱され、判例通説が採用しているのが、**二重の基準**である。例えば、家庭で餃子を作るとしよう。その時、親が子に向かって「材料を切る時と、餃子を焼く時は親の目の前で必ずしなさい。後は勝手に材料を混ぜたり皮に材料を包んでも良いから」と言ったとしよう。なぜ、親はこのような区別をしたのだろうか。それは当然、刃物を使ったり、火や油を使うような危険なことを子どもだけでさせてはならないという慎重な配慮からである。

 二重の基準というのは、人権の制約の限界を考えるにあたって、どこまで

慎重に考えるかを人権の性質に応じてきめ細かく考える基準なのである。先ほどの例でいうところの刃物や火や油を使う場面を人権に置きかえるなら、表現の自由の制約が問題になる場面である。表現の自由は民主主義社会を根本から支える権利であるため、その制約には慎重にならなければならない。よって、他の人権を制約するとき以上に、その制約の目的や手段について、慎重な審査をする必要があるのである。この二重の基準については改めて説明することとする。

(5)「内在」・「外在」についての再検討

　以上、**「公共の福祉」**とは何を意味するのかについて検討してきた。ここでは改めて、国民主権原理の観点から「公共の福祉」について考えてみたい。

　「公共の福祉」という、大日本帝国憲法には用いられなかった言葉が、日本国憲法において採用されたことには深い意味があると思われる。

　かつて、日本で始めて衆議院選挙が行われたとき、選挙権を有していたのは、「直接国税15円以上を納める25歳以上の男子」であった。これは、当時の人口のたった1.1％にすぎない。残りの99％近くの人々は、議会で法律を作る人々を選ぶことすらできなかったのである。当時も今も、人権は法律によって制約される。この時代に生きる人々のほとんど全員が、自分で選んでいない、自分の外にある存在によって、自分の権利を制限されていたのである。その意味で、**「外在制約」**を受けていた時代と言っても過言ではないだろう。

　その後、選挙権を有する人々の範囲は少しずつ拡大されていったが、20歳以上の全ての男女に選挙権が認められたのは、戦後の新憲法（日本国憲法）制定によってであった。すべての成年に平等に選挙権が与えられたことで、議会で法律を作る人々を自分たちの手で選べるようになった。**民主主義**とは、**「みんなのことをみんなで決める」**ということである。だからこそ、「公共の福祉」という「みんなの幸せ」についても、「みんな」で決められるようになったのである。これはまさに、自分たちの権利の限界を自分たちで決めることであるから、人権を制限する根拠が自分の内側にある、つまり**「内在」**していることになるのである。

日本国憲法を支える基本原理は「基本的人権の尊重・国民主権・平和主義」の３つであるが、基本的人権を守るために、国民主権があるのである。人権、つまり自由という目的を達成するために、国民主権という手段を憲法は用意した。このような考え方を**立憲民主主義（自由民主主義）**というのだが、一元的内在制約説の考え方は、この立憲民主主義の観点からも支持されるべきものだと思われる。我々は、議会や世論を通じて、自分たち自身で自分たちの人権の限界を決め、みんなの幸せを実現して行かなければならないのである。

３）民主主義と自由主義の衝突

　権利と権利の衝突の話をしてきたが、日本国憲法がイの一番に大切にしているものは、**個人の人権の尊重**であるということを忘れてはならない。国民一人ひとりが侵されない不可侵の権利を有していることが前提である。極端な例だが、いま十人組のグループが捕まって、その中の９人は強盗殺人を繰り返す極悪人で、死刑判決が当然に下されるような者であるが、その中の一人だけは何の犯罪にも手を染めていない無実の者であるとしよう。様々な手段で調べてみても、どうしてもその一人を特定できない。あなたが裁判官であったらどうするであろう。全員を有罪で死刑にしてしまえば、社会に害を及ぼす極悪人はいなくなるかもしれない。しかし、それによって、罪を侵していない一人の無実の人間の生きる権利が犠牲になってしまう。反対に、全員無罪としてしまっては、一人の無実の者は救われるが、九人の極悪人が社会に放たれ、また社会が混乱する可能性が大きい。これについて、憲法は社会の安定のために一人を犠牲にしてはならないとしている。人間が生きていく上で最低限必要とされる権利は、社会の多数の利益のために犠牲にしてはならないとの考えているのである（「**疑わしきは被告人の利益に**」といわれる。）。それこそが個人の人権の尊重の精神である。例え、一人の命を犠牲にして苦痛を伴う人体実験をすれば、十万人の命を救えるワクチンを開発できたとしても、そのような実験をすることは許されない。あくまで、個人の人権が制約されるのは他の人権との衝突が生じる場合だけなのである。それを公共の福祉と呼んでいる。

　ここには、**民主主義と自由主義との衝突**がある。民主主義は**多数決の原理**

である。多数の者がよしとしたことを実現するものが民主主義である。多くの者がよしとすれば、それが正しいということになる。しかし、この民主主義は時として暴走する。戦前のドイツも民主主義を進めていって、結果的にナチス党が政権与党となり、あのような結果となってしまったのである。ここで重要となるのが、その歯止めである。その歯止めとなるものが自由主義であり、個人の人権である。普遍的に守らなければならないものが人権として憲法に規定されているのである。公共の福祉を考えるときにはこのような視点を忘れてはならない。

2．二重の基準理論

　公共の福祉による調整というものがあることは学んだ。人権相互の矛盾・衝突の調整の仕方として、比較衡量は緻密な分析をして妥当な結論を導き出すことができる方法だといえる。しかし、このような、いわば「**裸の比較衡量**」はどうしても国の方にその天秤が傾いてしまうという側面があり、少数者の権利を保障するという憲法の趣旨から外れてしまう可能性があるため、権利の性質ごとにある程度分類分けして、その権利の重要度に応じて基準を立てるという方法が**二重の基準論**であることは既に述べた通りである。

　これは、故芦部信喜博士が提唱されたものである。簡単にいうと、二重の基準とは個人の人権、特に自由権に着目して、自由権を精神的自由権と経済的自由権に分け、前者に対する国の制約については、司法府が厳しい基準で審査し、後者については若干緩やかな基準で審査するというものである。前者においては、国の制約が認められにくく、後者においては、国の制約が認められやすくなる。

　なぜ、このように考えるのであろうか。それは、これらの権利の規制に対する強度や、性質の違いによる。

　簡単な例を挙げる。駅前でたこ焼き屋であるＡが屋台を出して営業しているとしよう。そして、ここにはたこ焼き屋の他、次回の選挙のために演説をしているＢもいる。そこに警察官がやってきて、「公共の福祉のため、この場所を使用禁止とする。すぐ出ていくように」とＡＢを追い出した。

この場合、Aは職業選択の自由に制約を受け、Bは表現の自由に制約を受けている。どちらも、同じく憲法の保障する人権が警察によって制限が加えられていることに変わりはない。すなわち、警察の行為によって、Aはたこ焼き屋を営業して利益を上げる権利が侵害されたことになる。営業行為を自由に行うことは、後述するが憲法22条1項の職業選択の自由から導かれる営業の自由であり、経済的自由権の一つである。これに対して、Bは選挙活動をすることができなくなってしまった。これはまさしく選挙活動の自由を制約するものである。選挙活動の自由は、自己の政治的意思を表明する行為で、表現の自由（憲法21条）によって保障される。表現の自由は精神的自由権の一つである。

　さて、警察官の行為はこれらの権利自由を制約する行為であるが、二重の基準によると、たこ焼き屋の営業の自由への制約は認められやすく、選挙候補者の選挙活動の自由への制約は認められにくいということになる。

　では、同じ自由権が制約されているのに、このように違いを生じるのはなぜであろうか。それは精神的自由が侵害された場合と経済的自由権が侵害された場合とで、どちらがより深刻な事態をもたらすのかを考えてもらえば理解できるのではないだろうか。

　通常、国からある行為を制約されたとして、それを正すためには、国民の代表者を国会に送り込んで、当該行為を規制する法律を改正・改廃するということになる。国に自己の望む代表者を送り込むためには、その意思を伝える必要がある。そうだとすると、その意思を伝える行為が制約された場合、この制約を取り払うために国民は何らの行為もできなくなってしまうのである。つまり、表現の自由が大きな制約を受けているような状況では「自分はこの法律に反対だ」と候補者が発言することさえも難しくなっている可能性があるからである。そうすると、国民がその立法に否定的な候補者を国会に送り込んで法律を廃止させることが困難になってしまうのである。昔の治安維持法を考えてほしい、当時の政府に反対する意見が徹底的につぶされた結果、自己を顧みることができなくなった日本は戦争に突き進んでしまったのである。

　このような性質を捉えて、表現の自由などの**精神的自由**は、一度傷つけら

れると、政治の過程で自己回復が困難な権利であるといわれる（**壊れやすく傷つきやすい権利**）。つまり、精神的な自由は脆い、ガラス細工の瓶のようなものなので、厚く保護する必要があるということである。ガラス細工はいったん割れてしまうと、修復することはほぼ不可能である。

　これに対して、**経済的自由権**は、規制されたとしても、政治の過程において、個人の努力でその改廃を要求できる。すなわち、何か自己の思うことを行動に移す行為自体が制限されているわけではないので、業界団体を結成してたこ焼き屋の営業の自由を制約する法律を改廃するように動くことが可能である。つまり、経済的自由権は傷つけられても、後々回復することが可能な強い権利なのである。粘土でできた瓶であると考えればよいであろう。机から落として多少形が変わったとしても、後で元に戻すことが可能なのである。

　また、次のような考えもできる。すなわち、**精神的自由**はその保障によって、自己の人格的な自律を図り（思想信条の自由・信教の自由など）、国の民主政の過程に身を置き、国政に係る（表現の自由、政治活動の自由等）という側面を有するので、自己実現・自己統治の価値を有する重要な権利であり、裁判所もその価値の重要性が一目でわかるから、判断がしやすい、つまり司法判断に馴染む権利であるといえる。いわば精神的自由権は高級ブランドのガラス細工に例えられる。

　これに対して、**経済的自由権**については自己の人格を作り上げるといった価値はそこまで有してはいない。また、個人的で他者とのかかわりが弱い精神的自由に比べ、経済的自由権は社会との関連性が非常に強い。たくさんの者に影響を与える可能性が強いのである。そして、その種類も規制の仕方も様々なので、裁判所も判断が難しいという側面がある。いわば経済的自由権は、大量生産されているレディーメイドの粘土細工であるといえる。

　以上のような考え方からすれば、**精神的自由を厚く保護し、経済的自由についてはある程度緩やかにみていくべきであると解する**のが相当であろう。

　具体的には、精神的な自由を規制する行為については、原則的には制約の目的が必要不可欠で、その目的を達成する手段が必要最小限のものでなければならないとし、経済的自由の規制については、目的が正当で、その規制手段と目的との間に合理的関連性があれば許されるという理論が提唱されたの

である。

精神的なものと経済的なものとで判断の基準を分ける、すなわちダブルスタンダードで判断するので、**二重の基準**と呼ばれている。

3．特別の法律関係

1）特別権力関係理論

公共の福祉は人権相互の矛盾衝突を調整するための理論であり、個人の人権の制約根拠になりうるという話をしてきた。しかしながら、公共の福祉はあくまで一般的な個人と国との関係を前提とした話であり、憲法上一般人とは異なるような国との関わり合いを持つ者も当然存在する。それが、**公務員**や**被収容者**（受刑者等）、**国立大学の学生**である。

これらの者と国との関係について、かつては、特別の公法上の原因によって成立する「**特別権力関係**」と捉えられていた。

しかし、特別権力関係理論は、法律の根拠なくして公務員に命令や懲戒を科し、私人の人権を制限できることを内容としながら、それに対する司法審査を排除するというものであったので、法の支配を前提とし、国会を唯一の立法機関と定める憲法の理念とは相いれないものがあり、現在特別権力関係理論は採用されていない。

2）特別の法律関係

特別権力関係理論は採用しないとしても、公務員と国との関係や被収容人と国との関係は、やはり通常一般人とは異なってくるであろう。一般的には、通常人よりも強めの制約を受けることになりそうである。では、どれくらいの制約を受け、その制約根拠はどこにあるのであろうか。考えてみたい。

（1）公務員の人権

公務員は国の手足となって動く存在である。そのため公務員は、強い権力を有している。国会議員、裁判官、自衛官、警察官等を考えればわかるであろう。公務員は国の権力の行使者として大きな力を有しているのである。そ

こで、憲法は一般人とは異なる制約をかけ、公務員がその権力を濫用しないようにしているのである。制約される代表的なものは、政治活動の自由や労働基本権である。この一般国民とは異なる（すなわち、公共の福祉とは性質を異にする）制約は、憲法15条や73条4号等に規定されている。すなわち、**憲法自身が公務員関係の存在と自律性を憲法秩序の構成要素として認めて**いるのである。

> 憲法 第15条【公務員の選定罷免権・公務員の本質】
> 　公務員を選定し、及びこれを罷免することは、国民固有の権利である。
> 2　すべて公務員は、全体の奉仕者であつて、一部の奉仕者ではない。

> 憲法 第73条【内閣の職務】
> 　内閣は、他の一般行政事務の外、左の事務を行ふ。
> 四　法律の定める基準に従ひ、官吏に関する事務を掌理すること。
> ※官吏とは国家公務員のことを指す。ちなみに、地方公務員は吏員という（憲法九三条二項）。

　憲法尊重擁護義務が憲法上規定されている（**憲法99条**）ことから考えても、憲法が公務員を特別に扱っているのが分かるであろう。
　しかし、公務員も国民なのであるから、国民が持つ権利を不当に侵害することは許されないであろう、そこで、合理的な範囲で必要最小限の制約のみ許されると解することになる。
　具体的に考えてみよう。いま、労働局に勤める一般職員Xがいる。彼は、少数野党の乙党の党員であった。選挙が近くなったので、休日を利用し、私服で公共掲示板に乙党のポスターを数十枚貼ったところ、労働局長Yに呼ばれ、「君のやっていることは国家公務員法102条1項の『政治的行為』にあたる。懲戒処分と罰則の対象になるから、家で待機していたまえ。」といわれた。Xは、公務員も「国民」であり、政治活動の自由は自分の信念に基づく表現行為であるので、憲法21条で保障されると考え、懲戒処分や刑罰を受けるよ

うな行為はしていないと考えている。

似たような事案で**猿払事件**（最判昭49．11．6）労判212-36という事件がある。この事件において最高裁は、憲法15条2項が公務員は「**全体の奉仕者**」であることを前提に、行政の中立的運営が確保されて、これに対する国民の信頼が維持され、公務員の政治的中立性が維持されることは国民全体の重大な利益に他ならないとして、**公務員の政治活動を一律的に禁止しうると判断を下している**。つまり、公務員は国民全員のために働かなければならないので、中立公平であることが、中身だけでなく外見上も求められており、行政の中立的な運営の妨げになりかねない行為は認めることはできないということである。

しかし、公務員でも様々な公務員がおり、行動も影響力の大きいものから小さいものまで様々ある中で、その違いを捨象して、判断をすることが正しいかは疑問である。

個人的には、当該公務員の地位や職務の内容、行った行為の性質、態様、目的、内容等の諸般の事情を通じて個別具体的に判断しなければならないのではないかと考える。例えば、Xは管理職ではなく、勤務時間外に、公務員とわかるような格好ではなく、個人的にポスターを貼りつけるという些細な行為をしたにすぎないことを考えれば、本件のXの行為は、公務員の職務の中立性を損なうようなおそれが実質的に認められるようなものではないといえ、Xに対して懲戒処分及び罰則を課すことは不当にXを制約するもので、Xの表現の自由が侵害されているというように考えることも可能であろう。

なお、最近の判例は、この猿払事件判例を変更はしないが、公務員の性質に着目して、実質的に国民の信頼を損なう恐れがあるか否かを判断している（**最判平24．12．7**（堀越事件・世田谷事件）判タ1385-94〈2つとも同日〉）。

この他に、公務員関係では、**公務員の労働基本権の制限の可否**が問題となっている。この場合、**公務員の地位の特殊性**（「全体の奉仕者」であること）、**職務の公共性**（政治的行為については「中立性」）を根拠に、公務員の労働基本権に対して必要やむを得ない限度の制限を加えることは、十分合理的な理由があるとして、一律かつ全面的な国家公務員法の争議行為の禁止規定を合憲としている（最判昭48．4．25（全農林警職法事件）労判175-10）。

(2) 被収容者(在監者)の人権

被収容者(在監者)とは、簡単に言えば、お縄になって、刑務所や拘置所などの収容施設に入っている者のことを指す。そんな捕まった者たちに人権なんか認められるわけがないと考えるものもいるであろう。しかしながら、憲法は全ての国民に人権を保障しており、被収容者であっても国民であることに変わりはないから、その人権は保障されているのである。

もっとも、我が憲法は18条、31条等で収容(在監)関係について規定しており、**憲法自身が在監関係の存在とその自律性を憲法秩序の構成要素として認めている**ことからもわかるように、この収容関係を維持するため、被収容者の権利に対して特別な制約を課すことは許されるであろう。とはいっても、その制約は拘禁と戒護、及び受刑者の矯正教化という収容目的を達成するために必要最小限度にとどまるものでなければならない。

なお、被収容者といっても、以下で図示するように、未決拘禁者(まだ判決が出ていない者)、受刑者(有罪の判決が確定している者)、死刑確定者で、それぞれ**収容目的が異なってくる**ことに注意したい。目的の違いにより、制約される行為がそれぞれ異なるということが考えられるからである。

〈収容目的の相違〉

未決拘禁者…拘禁と戒護(逃亡・罪証隠滅の防止、施設内の秩序維持)を目的とするが、<u>有罪が確定していないので、それ以外はあくまで一般人と同様の権利を保障しなければならない。</u>

受　刑　者…拘禁・戒護に加えて矯正・教化(犯罪者の更生を促す)

死刑確定者…拘禁と戒護(もはや外に出ることはないので矯正・教化は問題とならない)

具体的に考えてみる。いま煙草を愛してやまない、ヘビースモーカーのＸが、煙草について仲間と口論になり、その中の一人を殴って重傷を負わせてしまったため、逮捕されて留置施設に収容されたとしよう。彼にとって煙草を吸うことは、生活の一部であり、それを禁じられることは耐え難い苦痛を伴うものであった。しかしながら、留置施設の規則により、マンガを読むことは許されたが、煙草を吸うことは禁止されてしまった。これに対して、Ｘは精神的苦痛を被ったとして、損害賠償を求めた。

まず、そもそも、煙草を吸う自由が憲法上の権利として認められるかが問題となる。禁煙が叫ばれる昨今、そんな権利など保障されるものかと思われる方もいるかもしれない。しかし、憲法は13条で、個人の私生活上の自由を保障しており、喫煙の自由もこの中に含まれる可能性はおおいにある。Ｘは未決拘禁者で、無罪推定の原則がある以上、判決で有罪が確定するまでは、原則的に一般国民と異ならない地位を有しているのであるから、この自由を享受することはできないことはない。

しかしながら、仮にこのような権利が憲法上認められたとしても、おいそれとは収容施設での喫煙を許すことはできないであろう。なぜなら、煙草は火力を用いることから、喫煙を許すことにより、その火を用いて罪証隠滅をするおそれがあり、また、火の使い方を誤り、火災を発生させた場合には被拘禁者の逃走も予想されるからである。すなわち、喫煙を許すことで、収容目的を達成することができなくなってしまう危険が発生するおそれがあるのである。そして、その危険を防ぐために、被拘禁者に火を扱わせないようにしなければならないので、喫煙を認めないことが必要最小限の制約であるといえそうである。

では、喫煙とは異なる行為ではどうであろう。

最判昭58．6．22（「よど号」ハイ・ジャック新聞記事抹消事件）判タ500-89がある。拘留中の被疑者Ｘが新聞を定期購読していたところ、たまたま発生した日航機「よど号」乗っ取り事件に関する新聞記事を拘置所長が法律及び規則に基づき全面的に抹消したので、その行為が憲法21条で保障される閲読の自由を侵害するとして国に対して損害賠償を求めた事件である。

さて、これをどのように考えればよいのであろうか。判例は、閲読の自由

が憲法上認められるとしても、逃亡及び罪証隠滅の防止という勾留の目的のためのほか、収容施設内の規律及び秩序の維持のために必要とされる場合にも、一定の制限が加えられることも許されるとした。そして、閲読を許すことにより、収容施設内の規律及び秩序維持の点で障害が生じる相当の蓋然性があると認められる場合は**必要かつ合理的な制限が許される**と判断したのである。結論として判例は、この新聞記事の閲読を許した場合、拘置所内の静穏がかく乱され、所内の規律及び秩序の維持に放置することのできない程度の障害が生ずる相当の蓋然性があるものとしたことには合理的な根拠があったとしている。

　しかし、現在この判例は当てはまるであろうか。この判例が出された昭和50年代は、まだ政治的な運動が過激で、政治活動により収監されていた者が多かったという事情も考慮しなければならない。つまり、同志の行なった政治的行為の記事を閲読することで、刺激された被収容者達が、収容施設内の秩序を乱す危険を生じさせる相当の蓋然性があると認めたということもあるであろう。そうだとすれば、収容されるものが外国人や薬物犯罪者が多数を占めるようになった現在では、このような記事を閲読したからといって、秩序維持が害される相当の蓋然性は認めることはできないであろう。

　いずれにせよ、収容目的とそれを達成するための手段とを考慮し、収容目的が害される相当の蓋然性があるかないかを判断し、ある場合には、必要かつ合理的な限度で、被収容者の権利を制約することができると考えるのが相当であろう。

4．私人間における人権保障

　これまで、憲法は国と国民との間の関係を規律する規範であるという説明をしてきた。憲法に明示されていない限り、憲法の効力は国家権力に向けられており、国家権力を制限して、国民の権利・自由を保障するのが憲法の役割なのである。私人同士はあくまで、私的自治の原則により、憲法に拘束されずにその関係を築くことができるとされている。

　しかし、資本主義経済社会が成熟し、高度情報化社会となった今日におい

て、国以外の大企業やマスコミといった、国家権力とは異なる**社会的権力**による人権侵害の危険が増大している。大企業が男女で雇用に関して差別を行なったり、マスコミが私人のプライバシーを暴露したり、憲法上の権利が、国ではない権力により侵害されているのである。このような例も考えられる。会社が社員全員に特定の宗教の信仰をしたら解雇することを決定したとする。この会社に勤めるクリスチャンのXは、生計を維持するために、少なくともおおっぴらにキリスト教を信仰することができなくなるであろう。会社という経済力を有する私的な存在が、個人の信教の自由を侵害することができるのである。

では、これに対して、権利を侵害されてしまった私人は何もいえないのであろうか。これについて、憲法の性質について今一度考えてみる必要があろう。

まず、国民である限り、基本的人権は不可侵であるということを忘れてはならない。これは、**憲法11条**を見れば明らかであろう。

憲法　第11条【基本的人権の享有】
　国民は、すべての基本的人権の享有を妨げられない。この憲法が国民に保障する基本的人権は、侵すことのできない永久の権利として、現在及び将来の国民に与へられる。

そして、この人権の価値というのは、いかなる法領域であっても尊重しなければならない大事なものであるといえる。知人の私的な行動をネットにアップロードし、プライバシーを暴露することは民法上の不法行為となり、損害賠償責任を負わされることになるであろう。すなわち、**人権の価値は、公法・私法を包括した全法秩序の基本原則**なのである。

では、憲法が**対国家的規範**であると言われるのはなぜであろうか。それは、国家が国民の権利利益を制限してきたという歴史があったからである。その結果、国民の権利を侵害する代表的な存在として国というものが想定されることになったのである。

対国家的規範性というものが**歴史的かつ事実上のもの**なのであれば、憲法の対象を国家のみに限定するという必然性はないといえるであろう。したがっ

て、人権保障は私人間にも効力を及ぼしうるものと解するのが相当である。

　もっとも、だからといって全ての人権規定が、そのまま直接的に私人間に直接適用されるかといえば、そのようには簡単には考えられない。なぜなら、私人間に人権規定を直接適用すると、**国家の過度の介入により市民社会の基本原則である私的自治の原則が害されてしまうおそれがあるからである**。また、憲法を私人に適用するということは、一方の人権を制約するということになるし、憲法の適用を決めるのは裁判所という名の国家機関なのである。そうだとすると、憲法を適用した結果、逆に人権が侵害されてしまうということにもなりかねないのである。

　例えば、企業YにXが入りたいXがいたとして、彼は学生時代に学生運動をしていたが、採用を拒否されるのが怖くて、採用時にその事実を黙っていた。しかしながら、後にその事実がばれて、Y社の内定が取り消されてしまった。この場合、Xの思想良心の自由が侵害されたとして、内定の取消を無効としてしまった場合、企業の採用の自由が害されることになる。そして、その逆もまた然りである。

　そこで、判例は次のように考えた。憲法上の人権規定が私人相互の関係を直接規律することを予定するものではなく、私人間の対立の調整は、原則として私的自治に委ねられるが、人権の侵害の態様、程度が社会的に許容しうる限度を超えたときは、私的自治の一般的規定である、民法1条、90条や不法行為の規定（民法709条等）の適切な運用によって、一面で私的自治の原則を尊重し、他方で人権を保護し、その適切な調整を図るべきであると。すなわち、**私法の一般条項（民法1条、90条、709条等）に憲法の趣旨を取りこんで解釈適用することで、精密な利益衡量をおこない、間接的に私人間の行為を規律するべきであるということである**（最判昭48.12.12（三菱樹脂事件）労判197-54）。これは**間接適用説**と呼ばれている。

　判例はこのような趣旨のことを述べ、「企業はかような経済活動の一環としてする契約締結の自由を有し、自己の営業のために労働者を雇用するにあたり、いかなる者を雇い入れるか、いかなる条件でこれを雇うかについて、原則として自由にこれを決定することができるのであって、企業者が特定の思想、信条を有する者をそのゆえをもって雇い入れることを拒んでも、それ

を当然に違法としたり、ただちに民法上の不法行為とすることはできないことは明らかであり、その他これを公序良俗違反と解すべき根拠も見出すことはできない。」と結論付けている。

したがって、企業者が労働者の採否決定にあたり、労働者の思想・信条を調査し、そのためその者からのこれに関連する事項について、の申告を求めることも違法ではないということである。

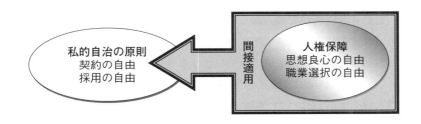

基本的に労働関係は使用者と労働者の争いであるので、労使間で紛争が発生したときには私的自治の原則が適用されることになる。しかしながら、今述べたように、私人間の紛争であっても憲法の趣旨を取りこんだ上での法律解釈が可能であるため、紛争解決のために憲法の規定を用いることはできる。以後本書においては、私人間における労使紛争の例も出すが、これについては**間接適用説**を前提とする。

包括的人権と法の下の平等

1．生命・自由・幸福追求権

憲法13条は**個人の尊厳**と**幸福追求権**を保障している。憲法13条はいわゆる新しい人権の根拠となる。

> 憲法　第13条【個人の尊重・幸福追求権・公共の福祉】
> すべて国民は、個人として尊重される。生命、自由及び幸福追求に対

> する国民の権利については、公共の福祉に反しない限り、立法その他の国政の上で、最大の尊重を必要とする。

　憲法は、14条以降に表現の自由や信教の自由といった権利を明文で保障しているが、人権として保障されているのは憲法に定められた権利だけなのであろうか。これまで、プライバシーや喫煙の自由といった言葉が出てきたと思うが、プライバシーや喫煙の自由などという言葉は憲法上どこにも出てこない。他にも、憲法が定められて50年以上が経過して、情報技術の発達や、国民の感情の変化等の社会状況の変化により、憲法制定時には考えられなかった利益（**新しい人権**）が諸々見られるようになった。

　例えば、憲法制定当初に比べて科学技術がすさまじいスピードで進化し、PCやネットワークシステムが高度化した。その結果、人々はPCやモバイル機器等に依存するようになっていき、その中に記録されている情報が一定の価値、権利性を持ち始めたのである。

　そうだとすると、PC機器やモバイルネットワークを監視することは、憲法制定当初は考えられなかった権利の制約であると評価することができるであろう。

　つまり、社会的状況の変化により、憲法記載の個別的人権規定では救済しきれない新しい侵害態様が生じており、その制約・侵害から個人を保護する必要性が高まってきているのである。

　これは、憲法が個人尊重の原理を採用していることから導かれる。すなわち、憲法上明記されていない利益であっても、それが個人の尊重のため必要であり、法的な権利として成熟した場合には、**新しい人権**として憲法上も保障されなければならないということである。また、憲法上の権利は歴史的に重要とされてきたものを列挙しただけで、それ以外の権利の保障を排除する趣旨ではない。

　したがって、新しい人権も認められるべきである。

　では、その**法律構成**（法的根拠のこと）はどのように考えればよいのかということになる。なんの規定もなく権利を認めることは躊躇しなければならない。そこで、個人尊重に基づく**幸福追求権**を定めた**憲法13条**を根拠にして、

新しい人権を導き出すことになる。

　憲法13条は個人の尊厳と幸福追求権を掲げ、いわば**人権にかかわる一般的包括的な規定**であり、全ての人権にかかわる目標的な規定なのである。

　そうだとすれば、いったい、どのような利益が新しい人権として認められるのであろうか。その基準が問題である。

　これには従来から二つの説が対立してきた。**人格的利益説**と**一般的行為の自由説**である。前者はアメリカ式の理論であり、後者はヨーロッパ式の理論である。

　人格的利益説は、新しい人権を認めるということは、憲法上の権利が創設されるということであり、国民の代表機関でも何でもない裁判所の主観的な判断で勝手に憲法上の権利が創設されてしまうおそれがあるため、憲法上の権利といえるためには、その権利が**個人の人格的生存に不可欠**であるものでなければならないとする考え方である。人格的生存に不可欠であるか否かは、長期間多数の国民生活において基本的なものであり、他の基本権を侵害するおそれがないかなどを慎重に検討しなければならない。

　一般的行為の自由説は、個人の尊重という原理を重視し、公権力の規制はなるべく人権の制約をしないよう構成していくという考え方である。

　前者については、人権保障の範囲が狭くなり、個人の救済が困難になるという批判があり、逆に後者に対しては、ありとある権利利益を人権と認めてしまう可能性があり、人権の価値を相対的に貶める結果となりかねない（**人権のインフレ化の発生**）という批判がある。

　判例上いずれの考え方を取っているか明確ではないが、裁判所は「個人の私生活上の自由を…有する」として、**プライバシー権**、**自己決定権**については、おおむね認めていく傾向にある。これに対して、**環境権**、**宗教的人格権**、**平和的生存権**などについてはまだまだ**議論がなされている**といった段階である。

１）プライバシー権

（１）プライバシー概説

　通信会社Ｚの管理部長Ｘは、職場内における人間関係の把握及び社内環境改善のために、社員達にカウンセリングを行なっていた。その中で、営業部

に所属するYから、毎週教会にお祈りに行って心を落ち着けているとの報告があった。この報告に感銘を受けたXは、Yに無断で朝の社員会議において「Yは毎週教会に行って心の静穏を保っている。皆もなにか心の拠り所を見つけてもいいのではないか。」と全社員に対して、声をかけた。これに対して、Yは自己の個人的な情報を暴露されたとして、何らかの請求ができないかと考えている。

プライバシー権とは、自分の私的な事項を他人に勝手に覗かれない権利である。**東京地判昭39．9．28**（「宴のあと」事件）**判タ165-184**において、裁判所は、**私生活をみだりに公開されない権利**というものを肯定している。これは、三島由紀夫が、とある政治家をモデルとした小説（「宴のあと」）を執筆し、その描写があまりにも、実体と酷似していたため、モデルとなった政治家が訴えたという事件である。

人間であれば誰しも、プライベートな空間がないところで、個人として生活していくことは不可能である。衆人監視の下、毎日の生活を営んでいくことは耐え難い苦痛を伴うし、他人と共生する社会において、何もかもをおおっぴらにして上手くやっていけるなどということはありえない。

したがって、プライバシー権は人格的生存にも不可欠であり、憲法13条で保障される。

そして、本件の事案では、Xによって、自己の信仰する宗教や休日の行動を暴露されている。このような事項は通常他人には知られたくない情報であり、一般的に公になっているものでもない。そうだとすると、XによってYのプライバシー権は侵害されているということになる。もっとも、この事案は**私人間**同士の関係であるので、憲法は**直接適用されない**。しかし、このプライバシー権の趣旨を民法の規定に取りこんで、例えば、709条の不法行為における違法性を基礎づける内容として把握することはできる(**間接適用説**)。すなわち、プライバシー権を侵害する行為は違法な行為であるから、それによって損害が発生していれば、損害賠償を請求することも可能であろう。

私人間においてもこのように法律構成をすることで、憲法上の主張をすることができるのである。

さて、もう少し発展的な話をしよう。先述したが、情報技術が高度化して

いる現代において、情報におけるプライバシーというものが保護の対象とされるべきであろう。情報技術の発達によって、個人の情報がデータベース化され、様々な人間や企業とネットワークを構築しているので、名前や連絡先等それだけでは重要とはいえないようなものであっても、その扱い方によっては個人の重要な情報が明らかになってしまう恐れがあるからである。このような状況を踏まえ、最近プライバシー権は**自己の情報をコントロールする権利**としても認識されている。自分に関する情報は自分で制御できるようにしておくということである。これに伴い、現在では情報公開法や個人情報保護法が制定され、個人の情報に対して保護が図られている。

(2) プライバシーの権利の定義

「新しい人権」の一つとして、憲法13条の幸福追求権から導かれるとされる**プライバシーの権利**であるが、その定義は時代により変化している。

19世紀末のアメリカでの「**一人で放っておいてもらう権利**」という定義に端を発し、その後、「**私生活をみだりに公開されない権利**」という定義付けがなされるようになった。

この「私生活をみだりに公開されない権利」という意味でのプライバシーの権利の侵害が、日本で最初に問題となったのが、先に紹介した「宴のあと」事件である。東京都知事選に立候補して落選した元衆議院議員有田八郎氏を題材にした、三島由紀夫の小説「宴のあと」が、プライバシーの侵害であるとして、有田氏が東京地方裁判所に訴えを起こしたものである。東京地裁は、プライバシーを不法行為法上保護されるべき利益と認め、その侵害に対し損害賠償を命じる判決を下した。

判例 ■宴のあと事件(東京地判昭39．9．28)

【事案】外務大臣の経験もある著名な政治家Xは、東京都知事選に立候補し、落選した。作家三島由紀夫は、このXと、その妻であり有名料亭の女将でもある妻をモデルにした小説を執筆し、出版した。Xはプライバシーの侵害を根拠に、謝罪広告と損害賠償を求めて訴えを起こした。

【判旨】「いわゆるプライバシー権は私生活をみだりに公開されない法的保障ないし権利と理解されるから、その侵害に対しては侵害行為の差し止めや精神的苦痛に因る損害賠償請求権が認められるべきものであり、民法709条はこのような侵害行為もなお不法行為として評価されるべきことを規定しているものと解釈するのが相当である。」

「宴のあと」事件判決では、プライバシーの権利の侵害が不法行為となる要件として、①**私生活上の事実または事実らしくうけとられるおそれのある事柄**であること、②**一般人の感受性を基準にして、当該私人の立場に立った場合、公開を欲しないであろうと認められる事柄**であること、③**一般の人々に未だ知られていない事柄**であること、を挙げている。これらの3要件は、現在でもプライバシーの侵害か否かを判断する際の重要な要件とされている（判決では、公開によって当該私人が実際に不快・不安を覚えたこと、も必要としているが、前述の3要件をもって判断されるのが通常である）。

ここで注意すべき点は、この判決はプライバシーの権利を不法行為法上の利益として肯定した点では画期的な判決といえるが、プライバシーの権利を憲法上の人権として認めたわけではないということである。

しかし、この「宴のあと」事件判決をきっかけとして、**学説上はプライバシーの権利を憲法上の人権として肯定するのが通説**となった。判例の立場としては、最高裁が**最判昭44．12．24（京都府学連事件）労判95-79**において、「承諾なしに、みだりにその容ぼう・姿態を撮影されない自由」について、「肖像権と称するかどうかはともかく」、**憲法13条**を根拠に認められるとし、弁護士からの前科照会に関する事件で、前科及び犯罪経歴は人の名誉、信用に直接関わる事項であり、区長が漫然と前科等のすべてを報告したことは、「公権力の違法な行使にあたるとした（**最判昭56．4．14）判タ442-55**。これらの判例の趣旨から、**最高裁が実質的にはプライバシーの権利を憲法上の権利として認めているものと解されている**。

（3）「自己情報コントロール権」としてのプライバシー権

「宴のあと」事件判決後、プライバシーの権利の定義がどのように変化、

あるいは進化してきたかを見ておこう。

本来のプライバシーの権利の定義は、「私生活をみだりに公開されない権利」であった。「宴のあと」裁判の時点では、この定義を基本として、プライバシー権の侵害の有無が争われたのである。

しかし現在では、プライバシーの権利を「**自己に関する情報をコントロールする権利**」（自己情報コントロール権）として捉えるのが、学説の通説的立場となっている。このような考え方が登場した背景には、情報化の進展がある。高度情報社会においては、個人情報が国家や企業によってデータベース化され、それらの情報が一元的に管理されるようになりつつある。たとえば、病院に記録された病歴などは、他人に知られたくない情報の最たるものであろう。このような個人情報が漏洩すれば、プライバシーの侵害による被害は回復不可能なほど甚大なものとなるため、その保護の観点からプライバシーの権利について再検討する必要が生じたのである。

個人情報のうち、一番根本的ともいえる部分を収集管理している存在はといえば、国や地方自治体という権力組織である。出生届に始まる家族関係や、納税の基礎として把握される財産、そして健康保険制度によって把握される健康状態まで、多方面にわたる個人情報が、国家や地方の各機関に収集蓄積され続けている現実が存在する。そこで、現代においては、プライバシーの権利を自己情報コントロール権として積極的に捉えることで、それらの個人情報の内容の適正さ、あるいは管理について、国家などの権力に対し積極的な保護を求めることを可能にする必要性が生じたのである。

従来の定義が「**私生活を公開されない権利**」として、消極的にプライバシーを捉えたものであるのに対し、**自己情報コントロール権と定義する立場は、国家に対して自ら行動を起こす、積極的な内容としてプライバシー権を捉えるもの**であるという点が大きな違いなのである。

このようにプライバシーの権利を自己情報コントロール権という形で積極的に捉えると、個人情報の開示等の扱いについては、本人の意思に委ねられることになる。正しい情報の保護を求めるだけでなく、仮に国家が個人について誤った情報を保持していた場合、その訂正を求めることも、積極的プライバシー権の行使として認められることになる。社会保険労務士の業務に関

して具体例をあげるなら、雇用保険に関係する記録や、社会保険、たとえば年金記録に誤りがある場合に、関係各機関にその訂正を求めることは、自己情報コントロール権の行使の一場面といえよう。

ここで気をつけなければならない点として、**プライバシーの権利の消極的定義と積極的定義は、矛盾対立するものでない**ことである。むしろ、前者を**消極的プライバシー権**、後者を**積極的プライバシー権**として、どちらもプライバシーの権利の内容を構成するものと考えるのが妥当である。

自己情報コントロール権という考えを提唱する立場も、消極的プライバシー権としての、自らの私生活に関する情報がみだりに公開されない権利の保障は当然の前提としている。その上で、現代社会においての積極的プライバシー権の必要性を主張しているのである。

(4) プライバシーの権利と知る権利

積極的プライバシー権を行使する際に必要になる権利がある。それが、「**知る権利**」である。国民に知る権利が保障されていなければ、自己に関する個人情報がいかなる形で記録されているかを知ることができず、誤りの存在を知ることすらできないことになる。知る権利がなければ、誤りを正す前提を欠いてしまうのである。

そもそも知る権利は、**表現の自由を現代的観点から捉えなおした権利**である。**表現の自由は、個人の表現活動を権力によって妨害「されない」**という意味で、ある意味消極的な権利ともいえる。それに対して、**知る権利は、権力に対して情報公開「させる」という意味で、積極的な権利と捉えることができる**。この関係は、プライバシーの権利における、消極的プライバシー権と積極的プライバシー権との関係と同様なものといえよう。

「宴のあと」事件では消極的プライバシー権と表現の自由の関係が問題になったが、積極的プライバシー権もまた、知る権利との関係において表現の自由と密接な関係をもつのである。

憲法を体系的立体的に理解するためには、人権相互の関連性を体系的立体的に理解しなければならない。プライバシーの権利も、表現の自由も、現代社会に適応するため、その中身が見直されている。権利とは静的な固定され

たものではなく、時代の移り変わりで動的に捉えなければならないことを示す例の一つといえよう。これらの権利間の関係はまさに、個々の権利だけを学んでも、人権を真に理解することはできないという最適の例であろう。

(5) プライバシーの権利と表現の自由

　ここまでに、プライバシーの権利は社会情勢の変化によって、その定義に再検討が加えられてきたことを概観した。そのような変化を経つつもなお、プライバシーの権利の原点である「私生活を公開されない権利」の意義はその重要性は失われていない。むしろ、従来のマスメディアだけでなく、インターネットという新たなメディアが登場したことにより、誰もが簡単に表現者として情報発信できる社会が到来したことで、プライバシーの権利と表現の自由との関係の緊張関係がさらに増している。それにより「私生活を公開されない権利」としてのプライバシー権もまた、その保護の重要性を増したといえよう。

　プライバシーの権利と表現の自由の関係を考える上では、重要な判例がいくつも出されている。その中でも難しい問題を抱えているのが、いわゆる「モデル小説」や「モデル映画」とよばれる、実在の人物をモデルにして創作された作品である。すでに、「宴のあと」事件判決については紹介済みであるが、「宴のあと」という作品も、実在の政治家とその妻をモデルにして創作されたものであり、プライバシーの権利に関する判例のリーディングケースであるとともに、モデル小説やモデル映画に関する表現の自由を考える上でもまた、リーディングケースであったのである。

　「宴のあと」事件の後に出された判決としては、モデル映画の上映の事前差止めを争ったものとしての、**東京高決昭45．4．13（「エロス＋虐殺」事件）判タ246-129**がある。この判決では、モデルとなった題材が歴史上公知の事実であることを理由に、プライバシー権侵害は認められなかった。また、**最判平6．2．8（ノンフィクション「逆転」事件）判タ933-90**では、ノンフィクション「逆転」は、大宅壮一ノンフィクション賞を受賞したほどの高い評価を得た作品であるが、この作品の中で、実名である人物についての前科について公表したことがプライバシー侵害となるかが争われた。判決では、「無

名の一市民」であり「公人」はない者の前科であることを理由にして、**プライバシー侵害を認めている。**

モデル小説で出版差止め命令が出された**最高裁判例**としては、**最判平14．9．24**（「石に泳ぐ魚」事件）判タ1106-72がある。「石に泳ぐ魚」は芥川賞作家柳美里のデビュー作であり、この小説の中に登場する「朴里花」のモデルとなった韓国人女性A氏が、プライバシーおよび名誉を侵害されたとして、裁判所へ訴えを起こした事件である。A氏は、幼少時に静脈性血管腫を患った結果、腫瘍による血管奇形が顔面に残ってしまった。そのA氏と柳美里は韓国で知り合い、交友関係を持つようになり、A氏の私的な事柄の数々を知るに至った。「石に泳ぐ魚」内で柳美里は、A氏と身体的特徴や経歴その他が酷似する人物を描くことについてA氏に事前に何ら伝えることはなかった。後にそのことを知ったA氏は、信頼していた柳美里の表現行為によって、自らの人格が否定されたような衝撃を受けるとともに、激しい憤りを感じたのである。

最高裁は、A氏のプライバシーと名誉感情が侵害されたことを認め、柳美里と出版社に対し、130万円の損害賠償と出版差止めを命じた。

判例 ■**最判平14．9．24（石に泳ぐ魚事件）**

【事案】雑誌『新潮』1994年9月号掲載の『石に泳ぐ魚』は、「朴里花」と作家柳美里の交友関係をテーマとする私小説であるが、「朴里花」の顔面の腫瘍についての記述等が、そのモデルとされる柳の友人女性Aのプライバシー、名誉を侵害するとして、Aは本件小説を単行本として出版しないよう、出版差止めを求めて仮処分申請した。柳および出版社である新潮社は仮処分の審尋期日に、小説としての公表はしない旨陳述したため、Aは出版差止めの仮処分は取消し、損害賠償、謝罪広告を求めて東京地裁に提訴した。その後、柳側が修正なしで単行本を出版しようとしたため、これの差止めについても、Aは訴えを追加した。

【判旨】「（1）本件小説中の「朴里花」と被上告人とは容易に同定可能であり、本件小説および「表現のエチカ」の公表により、被上告人の名

誉が毀損され、プライバシー及び名誉感情が侵害されたものと認められる。（2）被上告人は、本件小説および「表現のエチカ」の公表により精神的苦痛を被ったものと認められ」、「（3）人格的価値を侵害された者は、人格権に基づき、加害者に対し、現に行われている侵害行為を排除し、又は将来生ずべき侵害を予防するため、侵害行為の差止めを求めることができるものと解するのが相当である」「以上によれば、被上告人の上告人ら及び新潮社に対する本件小説の出版等の差止め請求は肯認されるべきである。

注：「表現のエチカ」とは、柳美里が『新潮』1995年12月号において、仮名を用いつつもAが「朴里花」のモデルだと公表したもの。

　この、「石に泳ぐ魚」事件でも問題となったように、表現活動、言論活動によるプライバシー侵害が問題とされるケースの多くは、私生活上の事実が、本人の意に反して公表される場合である。表現の自由も、プライバシーの権利も、どちらも尊重されるべき人権であり、両者の調整には慎重な考慮を要する。
　この調整に関しては、基本的には名誉毀損の場合と同様の枠組みで判断されるものと解されている。名誉毀損は、通常表現の形式で行われるため、名誉と表現の自由のバランス調整を図る必要があるという点で、同様の構成を持ち、プライバシーの権利という概念が憲法上の人権として議論される以前から、数々の判断が積み重ねてきたからである。また、名誉毀損は、権力者が自己に対する批判を封殺する際の理由付けとして用いられやすい。そのため、名誉毀損の成立と、国民の政治的表現の自由は対抗関係・緊張関係に立つことが多く、名誉毀損に関する解釈次第では、民主主義の根幹を支える自由な議論そのものを破壊してしまうことにもなりかねない。**刑法は名誉毀損罪について定めているが、その230条の2において「公共の利害」に関する特例を定めている。**①「**公共の利害に関する事実**」に係り、②その「**目的が専ら公益を図ること**」にあったと認める場合には、事実の真否を判断し、「**真実であること**」の証明があった場合には、名誉毀損行為を処罰しないとして

いる。これは、刑事責任に関する条文であるが、最高裁は民事責任においても、刑法230の2の趣旨を取り入れた判断をしている。

ここで注意をしておきたいのは、刑法上の名誉毀損罪（**刑法230条1項**）が成立するのが、事実が摘示された場合に対して、民事上は事実の摘示がなされた場合に限らず、意見や論評を表明した場合であっても、それが人の社会的名誉を低下させるものであれば名誉毀損が成立し、不法行為（**民法709条**）に基づく損害賠償請求の対象となるという違いがある点である。

では、刑法における名誉毀損罪の「**事実の摘示**」とは具体的にどのようなものであろうか。この点を理解するには、「事実」と「評価」の区別が知識として求められる。「**事実**」とは客観的な事項のことを意味する。**客観的**、とは誰が見ても同じことを意味する。たとえば、100点満点のテストにおいて「10点」という結果が出たことは、誰が見ても同じである。それに対して、「**評価**」は客観的な裏付けがなくてもできてしまう。たとえば、「バカ」という「評価」は特に客観的な裏付けなしになされることも多い。「あいつはバカだ」というように、事実の裏付けなしに単なる評価のみで人の**外部的名誉（社会的名誉）**を侵害すると、侮辱罪（**刑法231条**）にとどまることになる。それに対して、「あいつは100点満点のテストで10点しか取れない（からバカだ）」というと、これは「事実」を摘示して人の外部的名誉（社会的名誉）が侵害されているため、名誉毀損罪となるのである。侮辱罪が刑法に規定されている犯罪の中で法定刑が最も軽く（拘留・科料しかない）、しかも親告罪（告訴がなければ公訴ができない）であるのに対し、名誉毀損罪は法定刑が3年以下の懲役もしくは禁錮または50万円以下の罰金と格段に重くなっていることを見ても、**事実の摘示の有無による差は大きい**と言えよう。

では、なぜ事実の摘示がこれほど重要な意味をもつかといえば、単なる評価と違い、より説得力のある事実という裏付けを持って語られることで、名誉が侵害される危険性が格段に増すからである。ここで言う事実が真実であるか否かを問われていないのも、事実の摘示、という形で人の社会的名誉を低下させる表現がなされることによる危険性の大きさに配慮がなされているからである（刑法230条の2が、ただ発言が真実であることのみをもって免責の対象としていないのはその趣旨である）。

事実の摘示と意見・論評の違いについてもう少しみておくと、「Xは信用できない」というのは、単なる**論評**になり、「Xは借りた金を返さない奴だから信用出来ない」というと、事実の摘示にあたることになるのである。前者は、Aという人物に対して評価を述べたにすぎないのに対して、後者は「借りた金を返さない」という事実が摘示されているからである。「借りた金を返さない」というのは証拠によって具体的客観的に証明できるため、事実の摘示ありとされるのである。

先に、刑法においては事実の摘示の有無は大きな違いをもたらすが、民法ではその有無が名誉毀損の成否には影響しないと説明した。では、民法において事実の摘示の有無の区別に何ら実益がないのか、といえば、そうではないのである。前述のように、最高裁は民事責任においても、刑法230の2の「公共の利害」に関する特例の趣旨を取り入れた判断をしている。そのため、事実の摘示か意見論評かによって、被告の免責要件が変わるため、やはり事実の摘示の有無は大きな意味を持つのである。

プライバシー権の場合はどうだろうか。先ほど、プライバシー権の侵害についても、基本的には名誉毀損と同様の判断枠組を用いると説明したが、実は名誉毀損と大きく異なる点がある。それは**「真実性の証明」**に関する点である。名誉毀損では、「真実性の証明」を求めることで表現の自由とのバランスを取っていたが、プライバシー権の侵害に関しては、たとえ「真実性の証明」がなされたとしても、免責を受けることはないのである。なぜなら、プライバシー権に関しては、公表されたプライバシーに関わる情報の内容が真実であればあるほど、公表された側の被害が拡大するという性質を持っているからである。

たしかに、表現の自由は、別に詳述するように自己実現・自己統治という非常に大きな価値に支えられた、**「優越的地位」**を有するともいわれるほどの重要性をもつ権利である。憲法21条1項が「言論、出版その他一切の表現の自由は、これを保障する」と定めているのは、個人の幸せのためだけでなく、民主主義国家を支える根本となる権利だからである。全体主義国家では、表現の自由が大きく制約されていることが通例である。現代でも、インターネットの自由な閲覧や、自由な書込みが制限されている国家が存在している。

第3章 労働法を理解するための基本三法 憲法編

それらの国家の国民は、政府に対する批判も満足にできない状態におかれている、いや、批判の前提となる政府の問題点や腐敗した現状に関する情報にすら、自由な表現、自由な報道がなされていないため、アクセスできないのである。日本国憲法は、戦前・戦中のわが国においても、そのような情報統制、言論弾圧が行われていた事実の反省に立って、**表現の自由を「最大限に」尊重している**のである。

しかし、それは表現の自由を「無限定に」「無制約に」保障することを意味しない。内心の自由を除いて、外部との接触の中で行使される人権は、自ずとその限界が存在することは「公共の福祉」に関して、すでに学んだところである。表現の自由も、他人の名誉・プライバシーを侵害する表現や、社会通念を逸脱した過激な性描写にまでは認められないのである。

「石に泳ぐ魚」事件判決は、まさにその表現の自由とプライバシーの関係が問われたケースであった。たしかに、「石に泳ぐ魚」のような私小説は、その表現の真実性、言い換えるなら「リアル」さが、文学としての生命線とも言えるのは事実である。しかし、そのリアルさが、誰の「リアル」であるかについては、慎重な考慮を要する。たとえば、政財界の重要人物や、有名タレントに関する私生活上の事実については、政財界の重要人物ならばその有する社会的影響力、タレントならば、ある程度のプライバシーもそのタレント性を構成する要素となることから、発表の対象となってもやむをえない面がある。それに対して、市井に生きる一般人の私生活が本人の望まぬ形で「リアル」に公表されることが、果たして「公共の福祉」に適合するものと言えるだろうか。「石に泳ぐ魚」事件の場合には、モデルとされた女性は顔面に大きな血管奇形を有するという、それだけでも耐え難い過酷な運命の下に生きて来ざるを得なかったのである。その障害という事実が、世間に知れ渡ることを彼女が望むはずもなく、静かにしておいてもらいたいことは、誰もが容易に理解できることである。その彼女が、友人として出会った人物を信頼して話したことの数々が、ある日突然、その友人の著した文学作品のモデルとして使用されていたことを知った時の衝撃も、悲しみも、怒りも、誰もが理解できることであろう。だからこそ、最高裁も、その判決においてモデルとなった女性の「個人の尊厳」を守るために、損害賠償にとどまらず、

出版の差し止めまで認めたのである。

　今後も、表現の自由と名誉やプライバシーという、権利同士の衝突が問題となるケースは多く起きるであろう。ネット社会の進展により、その可能性は増大するばかりである。インターネットを通じて誰もが自由に表現できる時代だからこそ、誰もが簡単に権利の侵害者となってしまう可能性のあることを、肝に銘じなければならないのである。表現の自由の行使が、他人の幸せの犠牲の上に成り立つようなことがあってはならないのである。

　権利同士の衝突を解決する際に、何よりも心がけなければならないのは、憲法が保障する「個人の尊厳」を守るという観点を忘れないことである。「**一人ひとりを大切にする**」という「**個人の尊厳**」が守られた社会こそが、「**みんなの幸せ**」という「**公共の福祉**」が実現された社会であることを決して忘れてはならない。

2）自己決定権

　プライバシー権と並び、**憲法13条**から認められる権利として**自己決定権**がある。個人の人格的生存にかかわる重要な私的事項を公権力の介入・干渉なしに各自が自律的に決定できる自由を自己決定権というが、この権利も憲法上は明記されておらず、憲法13条から導かれることになる。もっとも、裁判上は「**意思決定をする権利は、人格権の一内容として尊重されなければならない**」として、「**保障**」という言葉は使っていない。しかし、多数説は、これを認めるべきだとしている。

　では、自己決定権が憲法上認められるとして、このような話はどうであろう。今とある企業で子育てを奨励するために、子育てを行なう社員に1年間の有給を与える制度を作ったとしよう。しかし、会社の負担を大きくしないように、育てる子供は一人のみとすることになっていた。このような制度は、家族の在り方を自由に決める権利との衝突が問題になるだろう。

　また、社員教育の一環で、男性社員は全員坊主頭、女子はショートカットにしなければならないという規定があるとしよう。そして従わなければ解雇処分とする、これは身じまい等のライフスタイルを自由に決定する自由を侵害する。

民法の規定に憲法の趣旨を取り込んで解釈すれば、このような子育て制度は社員の自己決定権を侵害し、信義則または公序良俗に反し無効となりうる。また、坊主にしないことを理由に解雇することは、そのような規定自体が社会通念上一般に合理的であると認められないから、公序良俗に反し無効となり、そうだとすれば、規定に基づかない解雇ということになるから、当該解雇は解雇権の濫用となるのである。

2．法の下の平等

さて、憲法13条はあらゆる分野に該当する包括的な規定であるが、この他にもあらゆる事項に共通する憲法上の原則がある。それが**平等原則**である。これは、憲法14条に**法の下の平等**という形で規定されている。

> 憲法　第14条【法の下の平等、貴族の禁止、栄典】
> 　すべて国民は、法の下に平等であつて、人種、信条、性別、社会的身分又は門地により、政治的、経済的又は社会的関係において、差別されない。
> 2　華族その他の貴族の制度は、これを認めない。
> 3　栄誉、勲章その他の栄典の授与は、いかなる特権も伴はない。栄典の授与は、現にこれを有し、又は将来これを受ける者の一代に限り、その効力を有する。

この規定は、日本がもともと貴族を認め、階級制度をとっていたため、一般の国民が不当な扱いを受けていたために、その反省から定めたものである。よって、貴族制度を廃止し（**憲法14条2項**）、永続的な特権も認めないこととしたのである（同3項）。また、基本的に国家は国民を不合理に差別してはならないという原則を定め（同1項）、その原則は直接的な法規範として、立法・行政・司法のすべての国家行為を拘束するものとした。そして、国が平等原則に拘束されるということは、個々の国民に対しては、**平等権**すなわち法的に平等に扱われる権利ないし不合理な差別をされない権利を保障して

いることを意味している。

なお、14条の後段に列挙されている事項（**人種・信条・性別・社会的身分・門地**）は、歴史的にみて差別がおこなわれてきたものを**例示列挙**しているのであって、これ以外の差別の禁止を認めないという趣旨ではない。

ちなみに、**社会的身分**とは、人が社会において一時的ではなく占めている地位で、自分の力では脱却することができず、それについて事実上ある種の社会的評価が伴っているものと一般的に解釈されている。嫡出子・非嫡出子などは社会的身分にあたるであろう。**門地**は、家柄のことである。

1）法と法適用の平等

憲法14条は、国家が国民を不合理に差別してはならないことを定めた。これは立法・行政・司法のあらゆる国家行為を拘束する一般的な原則である。また、個々の国民に対しては、法的に平等に扱われる権利を保障したものでもある。

刑事事件において、捜査機関が被疑者の血液や尿を証拠として採取したとしよう。この際に、重い罪にあたる事件の証拠についてはしっかりと封緘をし、厳重に取り扱い、軽い罪にあたる事件の証拠については、封緘もせずに取り扱うようなことは果たして許されるであろうか。たとえば犯罪捜査規範の185条では、「鑑識のため捜査資料を送付するに当たつては、変形、変質、滅失、散逸、混合等のことがないように注意するとともに、郵送の場合には、その外装、容器等につき細心の注意を払わなければならない。特に必要があるときは、直接持参する等の方法をとらなければならない。」と規定されており、捜査資料の取り扱いに関しては慎重かつ細心の配慮を求めているのである。その配慮を、重い罪に関する捜査資料に関しては行い、軽い罪に関する捜査資料に関して行わないとすれば、それはまさに法の適用において平等な扱いがされていないことになり、**法適用の平等**に反するのである。

また、14条1項は、「**法の下の平等**」を保障しているが、これは法を適用する際の平等（**法適用の平等**）のみでではなく、適用される法の内容に関しても平等でなければならないとされている（**法内容の平等**）。なぜなら、このように解さなければ、平等原則は実質的に空文化してしまうおそれがある

からである。

　たとえば、所得がある国民には税を課すという法律を作ったとしよう。この法律が平等に適用されるだけで良いのかといえばそうではない。

　この法律の内容がいかなるものかが問題である。仮に、所得のある者はその所得の40％を税として国家に納めなければならないとの規定があったとしよう。年収が多い者、たとえば1億円を稼ぐ者がその40％を税として納めたとしても、生活に困ることはないだろう。しかし、年収が少ないものがその40％を税として徴収されたら、生活そのものが成り立たなくなるおそれすらある。そこで、所得の多い者は税率を高くし、所得の少ない者には税率を少なくする配慮が必要となる。このようにあってこそ平等な内容の法律といえるのである。実際に、わが国の所得税は、所得が増えると税率も上がる**累進課税制度**を採用しており、法内容の平等に配慮している。

　労働関係における例も挙げておこう。労働者災害補償保険法に基づく労災保険には、その労災保険率または労災保険料額に関して**メリット制**とよばれる制度が設けられている。詳しい説明は省略するが、労災事故の発生率が少ない事業所には、労災保険料または労災保険料額を下げることでこの負担を軽減し、発生率の多い事業所は、労災保険率または労災保険料額を上げることで、さらなる負担を課す制度である。このような制度を導入することで、事業主にコスト削減の観点から、労災事故減少への動機づけをさせようというのが制度の趣旨であるが、それだけでなく、このメリット制もまた法内容の平等に配慮した制度なのである。労災保険率は事業の種類ごとに平等に適用されるわけであるが、同じ事業の種類の中で労災事故の発生が頻発する事業所と、労災事故の発生がきわめて少ない事業所があるとするならば、そこには事業所の労災事故防止に対する姿勢の真摯さの違いがおのずから表れていると考えるのが当然であろう。まじめに労災事故防止に取り組んでいる事業所と、そうではない事業所が、同じ負担というのでは、とても平等だとはいえない。労災事故を多く起こす事業所は、それだけ制度を利用して、多くの給付を受けているのだから、相応分の負担を求め、労災事故の少ない事業所はその逆となる。このようにして負担と給付のバランスをとることによって、法内容の平等が実現されているのである。

以上からわかるように、たとえ法律が平等に適用されたとしても、その法律の内容が不平等なものであれば、内容が不平等なものを平等に適用することとなり、結局、法の下の平等が実現されることはない。憲法14条の保証する平等とは、法適用の平等のみならず、法内容の平等をも要求されていると解さなければならない理由がここにある。不平等な内容の法の存在を認めることは、憲法が要請する国民の平等の実現を不可能にしてしまうが、平等を要請する憲法が、そのような不平等を認めているとは、到底考えられないからである。

　したがって、適用する法の内容に関しても、平等でなければならないという趣旨は、法を適用する裁判官だけでなく、法の内容を制定する立法者もまた拘束を受けることになる。これを**立法者拘束説**という。

　なお、14条1項後段に列挙されている、「**人種、信条、性別、社会的身分、又は門地**」の5事項は、歴史的に不合理な差別が行われてきたものを例示したもの（**例示列挙**）、教育や財産など、例示されたもの以外の事項であっても、不合理な差別は許されない。**人種**とは、人類学上の人の種別のことである。**信条**とは、宗教や信仰だけでなく、広く思想や世界観をも含むものである。**性別**は男女の別のことである。**社会的身分**とは、人が社会において継続的に占める地位のことをいう。労働法における、使用者や労働者は、ここにいう社会的身分にあたる。**門地**とは、家柄、つまり人の出生によって決定される家族的身分のことをいう。また、14条1項後段の「政治的、経済的又は社会的関係」についてであるが、「**政治的関係**」とは、選挙権・被選挙権、公務員に就任する資格などを意味し、「**経済的関係**」とは、勤労の権利に関する事柄や、租税や財産に関係することであり、「**社会的関係**」は前2つの関係以外の関係をさすものとされている。

　ところで、法律の内容が不平等なことなどあるのだろうか。実はあるのだ。法律を制定する際の立法趣旨が、時代の変化に合わなくなっていくということもある。裁判所による、法律の違憲審査権が憲法上認められているのは、法内容の平等を確保しようという憲法の意思の表れといえる。実際に法律が憲法違反とされた例としては、後述する**最大判昭48．4．4（尊属殺重罰規定違憲判決）判夕291-135**である。尊属殺人、いわゆる親殺しが、一般の殺

人よりも重い罪となっていた、旧刑法200条が、不合理で平等原則に反する差別であるとして、憲法違反とされ、この条文は平成7年に削除された。

次に、鉄道会社が、乗客の誤乗車に関して、たとえば目的地を居眠り等の事情で乗り過ごしてしまった場合に、目的地の駅まで戻る際の料金に関しては追加の負担を求めない配慮をしているのに、乗客が忘れ物をした場合の配慮に関しては無きに等しい状態であるような場合を考えてみよう。鉄道会社は国家機関そのものではないので、憲法が直接適用されるものではないが、運送契約等鉄道会社の諸規定の解釈に関しても、私法の一般法である民法における、1条の公共の福祉に関する解釈や、90条の公序良俗に関する規定といった**一般条項の解釈適用等を通じて、法の下の平等の実現が図られることになる**のである。誤乗車と忘れ物に関して救済措置に格段の差があるような場合には、法内容の平等に反する扱いとされる可能性が高いだろう。

2）憲法14条の「平等」の法的意味

憲法14条に示されている「**平等**」とは、すべてが同じでなければならないという絶対的・機械的な平等（**絶対的平等**）ではなく、**相対的平等**を意味するものと解されている。人をみな同じように扱うから平等であると言われたりするが、実はそうではない。ここでいう「平等」とは同一の事情や条件の下では誰でも均等に扱うというのが、14条で示される相対的平等である。等しいものを等しく扱い、等しくないものは等しく扱わないという意味である。

憲法13条が言うところの「**個人の尊重**」とは、国民を、「**みな違う個人**」として尊重するという意味であるから、一人ひとりの違いに応じて、違った扱いをすることは、当然に憲法が許すことであり、また求めるところでもある。そもそも人がみな、全く同じ存在ならば「平等」の概念すら必要ないであろう。人間は考え方も、姿かたちも、そして、性格、年齢、知的能力、財産、職業、収入など、何から何まで違う、唯一無二の存在なのである。憲法はこのように、人はみな違うからこそ、違った扱いをすることを認めているのである。

わかりやすい例をあげよう、大人は子どもに「人間はみな生まれながらに平等なのだから、差別をしてはいけない」などと教えるが、これを聞いた子

どもは「そうか、みんな同じだから差別をしてはいけないんだなあ。じゃあ、みんなと違う子どもがいたら差別していいのかな」などと考えてしまうことがあるかもしれない。つまり、「平等」の考え方が**「排除の論理」**を生んでしまいかねないのである。くり返すが、人はみな生まれながらに平等だから、平等に扱わなければならないというわけではない。むしろ、人はみな違う存在だからこそ、平等という概念が必要になってくるのである。人がみな同じ存在であれば、平等概念など無用になることは、先に触れた通りである。

もっとも、人そのものの価値としては、もちろん憲法上みな同じである。しかし、人がみんな違うからこそあえて平等に扱うことが必要なのだということを強調しておきたい。したがって「平等」という概念は、まず、「違い」を認めるところから生まれるものなのである。

3）機会の平等

憲法の定める平等の具体的内容とはどのようなものだろうか。

その内容を理解する上で、徒競走の例がよく用いられる。この例を見ながら平等の内容について考えることとしよう。

ある小学校の運動会の前日、小学校生活において、今までずっと徒競走でビリだった小学6年生のA君は、担任教師から、「お前は足が遅いからどうせ走ってもビリに決まっている。だから、明日の徒競走には出なくていい」と言われたとしよう。

たしかにA君は足が遅いのは事実だ。しかし、だからと言ってA君が走る前からビリになると決まっているわけではない。もしかしたらA君は、小学校生活最後の運動会くらい、せめてビリを脱出したいという夢や希望を持って、毎朝毎晩走り込みをしているかもしれないのである。それなのに、走るチャンスを奪われてしまったら、A君の夢や希望まで奪われてしまうことになる。

誰にでも平等にチャンスが与えられることを、**「機会の平等」**という。参加する機会があるからこそ、人は夢や希望を持って生きることができるのである。憲法13条は、個人の尊重原理と、幸福追求権について定めている。その次の14条が平等権についての条文であることは、決して偶然ではない。13

条の定める個人の尊重とは、「一人ひとりを大切にする」ということである。そして、幸福追求権とは、その大切な一人ひとりが夢や希望を持って、幸福を追い求めることができる権利である。

憲法ですべての個人に**幸福追求権**が与えられているのに、現実にはチャンスすら与えられない人間がいるとしたら、それは、大切にされていない人間や、幸福を追い求めることができない人間がいるという、13条で定めた理念が無視された現実があることになってしまう。

だからこそ、憲法は13条のすぐ後の14条で平等権について定めたのであり、その内容は何よりもまず、個人の尊重と幸福追求権を意味あるものにするために、誰にでも平等にチャンスが与えられる「機会の平等」を保障するものでなければならないのである。つまり、憲法14条の平等の具体的内容が、「機会の平等」を保障するものであるということは、憲法13条が個人の尊重と幸福追求権を定めた以上、当然の帰結なのである。

4）競争条件の平等

平等の具体的内容として、「**機会の平等**」が保障されなければならないことは理解いただけたと思う。では、平等の中身はそれに尽きるのだろうか。実はそうではない。話をもう一度徒競走の例に戻そう。

運動会での徒競走、初めての参加に小学1年生のB君はわくわくしていた。しかし、スタートラインに立って横を見ると、他の選手はみんな自分より上の学年の生徒ばかり、4年生や5年生、6年生のA君までいる。A君の足が遅いのはB君ですら知っているほど有名な話だったが、それでも6年生のA君が1年生のB君より足が遅いとは思えない。

このような状況で、果たして平等が実現されていると言えるだろうか。徒競走に参加するチャンスの平等、すなわち「機会の平等」が与えられていたとしても、それだけでは平等だとは言えないということが、この例から分かるだろう。B君は誰かが転びでもしない限り最下位確実であるし、A君も、小学校最後の運動会で、1年生に勝って最下位を免れたところで嬉しくも何ともないだろう。ではどうしたら真の平等が実現できるだろうか。

徒競走ならば、発育の程度が同じくらいの同学年の中で競わせなければ

フェアな競争とは言えないだろう（同学年の中でも早生まれと遅生まれの差はあるが、違う学年の生徒が混然となった状態よりは、はるかにフェアである）。チャンスを平等に与えられた上で、競争はあくまでフェアに行われなければならないのである。このような観点から求められる平等を「**競争条件の平等**」という。

「競争条件の平等」が保障されていなければ、いくら機会の平等が保障されたところで意味がなく、個人の尊重も幸福追求権も保障されていないのと同じになる。憲法の定める法の下の平等は、その具体的内容として「競争条件の平等」も要請していると考えるべきであろう。

5）結果の平等

さらに、徒競走の例による考察を続けよう。実際にあったこのような例を元に考えて頂きたい。

ある自治体の小学校では全校で、運動会の徒競走に順位付けをしないという扱いをしていた。多くの小学校では、徒競走の際には１位や２位と書かれた旗が校庭に立てられ、ゴールした生徒は自分の順位の旗の後ろに並ぶことになっている。しかし、この自治体ではそれをしない。理由は、「差別意識を植え付ける」からだそうだ。

旗を立てて並ばせることをしなくても、競争の結果自体は誰の目にも明らかである。しかし、中には徒競走の最後に、みんなで手をつないでゴールインさせるようなことまで行っている幼稚園や小学校まであるという。理由は同じく差別をなくすためで、「人間は皆平等」だからということを理由にしているらしい。人間は皆平等だから、「結果」まで平等にすべきという考えが根底にあるのだろう。

このような扱いが果たして平等だと言えるであろうか。むしろ差別的な扱いではないだろうか。人が一生懸命努力した結果を順位として表すことは、差別ではなく**合理的な区別**である。許されないのは、徒競走の順位が低かった子どもを、馬鹿にしたり、からかったりすることであり、それこそが差別なのである。順位付けが差別意識を植え付けるものならば、オリンピックもサッカーのワールドカップも野球のWBCも開催する意味すらなくなるだろう。

差別とは何かについては別に詳述するが、ここでは、皆を一律に扱うことが時として平等ではなく差別にすらなる、ということを指摘しておきたい。差別には、①**同じに扱わなければならないものを別扱いする類型**の他に、②**別扱いしなければならないものを同じに扱ってしまう類型**の２つが存在するのである（「**差別の二類型**」）。差別とは、単に誰かを別扱いすることだけを意味するものではない、本来、区別して扱わなければならない者を、一律に扱ってしまうと、それは個人を尊重しているとはいえず、差別になる。先ほどの、違う学年の生徒を一度に競争させる徒競走の例は、まさに②の類型に該当する差別なのである。

最近は男子校や女子校が共学化することも多い。その際に、一番費用や手間を要するのが、新たに加わることになる性別の生徒向けのトイレの増設工事だという。学校側がこの費用や手間を惜しんで、「男も女も平等だから、みんな同じトイレを使いなさい」などということは許されないことは、誰にでも理解できるだろう。男性と女性という区別が存在する以上、その区別を前提にして別扱いすることこそが、真に個人が尊重された平等な社会を実現するために必要だからである。

ここまでの例から理解できたと思うが、憲法の定める平等の具体的内容として、「結果」において平等であることを保障すること、つまり「結果の平等」までは保障されていないと解釈するのが妥当なのである。憲法が「結果の平等」を保障しているとすると、個性ある存在である人間一人ひとりの違いを無視するのと同じ結果を招きかねない。徒競走の最後にみんなで手をつないでゴールしたり、男子も女子も同じトイレを使わせたりする学校があるとすれば、それは人間の個性を無視した悪平等以外の何物でもない。

加えて、「結果の平等」を実現しようとすることが、自由の制約につながる危険があるということも指摘しておかなければならない。「自由と平等」という言い方はしても、「平等と自由」という言い方を普通はしない。その理由は人権の歴史を学べば明らかなことであるが、**絶対王政からの自由を求めることに端を発したのが近代市民革命なのである**。そして革命後、手に入れた自由を守るために、人々は平等な社会の実現を目指したのである。つまり、**自由は人権の歴史上、平等に先行する概念なのである**。あくまで各人が

自由競争によって自らの幸福を追及する権利を保障するという前提のもとに、平等は保証されているのである。それなのに「結果の平等」を認めてしまうと、その実現のために個人の自由な活動を制約しなければならなくなる。たとえば、個人の収入が結果において平等となる社会を実現しようとするには、持てる者から多額の税を取り、持たざる者に分配しなければならなくなる。そうすると、持てる者は、その蓄積した財産を投資して実現しようとした計画を放棄しなければいけなくなる。それは、持てる者の自由を過度に制約するのと同じなのである。

　さらに言えば、「結果の平等」を無理に実現しようとすることは、社会の全体の幸福や発展を阻害することにもなりかねないのである。持てる者が投資しようとした計画が、たとえばディズニーランドのような巨大な遊園地を建設する計画だったとしよう。この計画が「結果の平等」の実現のために犠牲になることは、ただ単に持てる者の自由の制約にとどまらず、その巨大な遊園地で多くの人々が享受するはずだった楽しみを奪うことにもなり、また、その遊園地が上げる収益や、その収益に国家や地方自治体が課すことができるはずだった税金すらも幻と化してしまうのである。

6）形式的平等と実質的平等

　以上見てきたように、憲法の定める法の下の平等の具体的内容とは、「**機会の平等**」と、それを実効性あるものにするための「**競争条件の平等**」を意味するものであった。社会で生きていく際の出発点において、すべての個人に平等な機会が与えられるべきだ、というのが憲法の目指す理想である。そして、その与えられた機会をどう活用するかは、一人ひとりの個人の自由であり、また生まれ持った能力と本人の努力次第によるものなのである。たとえば、憲法は26条で「教育を受ける権利」を保障している。すべての国民に等しく教育を受ける権利が保障されることで、教育の機会均等、つまり教育における「機会の平等」も保障されているのである。ある県の県立高校入学者が自己負担で購入することになっている数万円のタブレット型端末について、生活保護の支給対象とする判断が厚生労働省によって認められたことは、低所得の家庭の子女であっても現代社会にふさわしい高等教育を受けること

を可能とするものとして、「機会の平等」の実現の観点から、生存権を保障する憲法25条を根拠とする生活保護法を解釈した例といえよう。

　加えて、教育における「競争条件の平等」についても各種の配慮がなされている。たとえば、入試の際には様々なハンデを持つ受験生のために特別の措置が講じられているのがその例である。たとえば、視覚障害者のために、点字による入試問題を用意したり、試験時間の延長措置を講じたりすることで、ハンデを持つ人々がその能力を試験で十分に発揮できるようにしているのである。競争条件が平等に設定された上で、後は生来の能力と本人の努力の上に築き上げられた学力次第で、合否を決することで、真に平等といえる状況を実現しようとしているのである。

　ここまで、平等の具体的内容を見てきたが、その中身は決して機械的に与えられるようなものではなかった。ただ単に、参加する「機会」を形式的に与えるのではなく、その「競争条件」が実質的に平等なものであるか否かについてのきめ細かい配慮まで要求するのが、平等の具体的内容であった。その意味で、**憲法の定める平等とは「形式的平等」ではなく「実質的平等」なのである**。

　憲法14条によって、誰もが平等に「機会」を与えられ、フェアな「競争条件」で幸福を追求できる。しかし、幸福という「結果」は努力や生まれつきの才能や運によって一人ひとり違ったものになりうる。それが憲法の保障する平等の具体的内容なのである。だからこそ、憲法13条は「幸福になる権利」、つまり幸福という「結果」を手に入れる権利を保障せずに、「幸福を追求する権利」を保障しているのである。

7）相対的平等

　前述したように、人間は各自、具体的に精神的肉体的な差異がある以上、法がこれら一切を無視して平等に取り扱うことは、不合理な結果を生ずることになる。つまり、法の下の平等はどんな人間にも、どんな場合にも、同じものを与えるという平等を意味しているわけではないのである。人間には性別もあれば年齢もある。また、肉体的能力・知的能力、そして、財産、収入、職業などの事実上の差異があるだろう。このように人は千差万別である。し

たがって、こうした各人の事実上の差異を一切捨象して法律上均一に取り扱うことは、かえって不合理な結果を生じることになる。そのような場合には、事実上の差異を考慮に入れて、法律上異なった取扱いを定めることが必要となるであろう。では、どのような場合が考えられるだろうか。

具体例をあげよう。たとえば、男女は肉体的に異なっている。その相違に応じて、異なって扱われることは多い。男性ではないというだけで、女性の給料を安くしたり、採用を断ったりするのは、決して合理的ではない。しかし、深夜労働に関して妊産婦が請求したときは労働させてはならず、また、女性に産前産後の休暇を与えるのはどうだろうか。これらには、女性への配慮として合理的な理由があるといえるだろう。他にも、大人と子ども、高齢者と若者、障害者と健常者、日本国民と外国人、組合員と非組合など、その取扱いにおいて要求される場面は少なくない。

このような相対的平等を認める立場からすれば、憲法上許される差別と、許されない差別があることになる。憲法上許された差別を**合理的区別（合理的根拠のある区別）**という。ある差別が、合理的な区別といえるか否かの判断は、きわめて困難なものであるが、どのような場合が合理的な区別であり、どのような場合に不合理な差別であるかについての判断基準につき、後ほど考察してみることにする。

8）差別の二類型

憲法における平等は前述のように相対的平等を意味するものであった。そして、相対的平等の考え方から導かれる差別とは、合理的な区別を超えて人を別扱いするものであった。この不合理な差別については、2つの類型に分けて考えることができる。一つは、本来差がない、あるいは社会通念上差がないものとして扱わなければならないものを不合理に別扱いする類型である。もう一つは、差異が存在し、その差異に応じた取り扱いをすることが社会通念上求められるのに、同一のものとして不合理に扱う類型である。つまり、差別とは、表面的に別扱いすることだけを意味するのではなく、一見同じ扱いをしていても、本来は別扱いしなければならない人が混在していたとしたら、それもまた別扱いを受けられないという意味で差別になるのである。

前者は、同一の範疇から、ある部分を除外するという意味で、**除外行為としての差別**ということができよう。一方後者は、差異に応じたきめ細かい対処を拒否した取り扱いということで、**拒否行為としての差別**といえるだろう。見方を変えれば、前者は積極的な行為によって差別を生み出すものであるから、作為による差別であり、後者は、なすべき対応をしないという意味では不作為による差別であるという区分けも可能であろう。

　たとえば、何らかの障害を有しているが、小学校の普通教育を受けることが、学校側に格別の負担をかけることなく可能である児童を、本人や保護者の要望を無視して、障害者専用の学級に入れることなどは、前者の除外行為としての差別に該当する。ここでは、障害者専用の学級に入れるという積極的な作為が見られるのである。

　逆に、障害を有する児童に対して、その障害の類型や程度に応じた教育を施すことが可能であるにも関わらず、漫然と障害を有しない児童と同様の教育を与えていたような場合には、後者の拒否行為としての差別に該当し、不作為による差別ということになるだろう。

　もう一つ、例を挙げるなら、国家が税を課す際に、男性は体力があり労働力を発揮しやすいのだから、ある種類の税の税率を10％とし、女性は男性に比べて、か弱く保護すべき存在なので、その税の税率を５％とするというような法律が制定されたとしたら、どうであろうか。これはもちろん、差がないものとして取り扱わなければならないものを別扱いしているのだから、前者の類型に該当する。単に体力の面だけをもって男性を女性よりも強い存在ととらえることは、あまりに乱暴な取り扱いである。現代においては、男女同一の教育を受け、コンピューターの導入や機械化が進んでおり、個人の有する体力イコール労働力とは、即座にいえないという一点のみでも、このような取り扱いが社会通念上相当でないことは明白である。

　では、全国民一律に100万円の税を課すという人頭税のようなものに関する法律を制定するとした場合はどうだろうか。これももちろん、合理的な区別を超えた差別となる。なぜなら、国民一人ひとりは、年齢も性別も教育程度も体力も経験も異なる、個性を持った存在である。それに、そもそも現時点で100万円という資産を有していない、あるいは支払ってしまったら本人

の生活を維持することも家族を養うこともできない場合もあるだろう。このような現実に存在する差異を無視して、一律の取り扱いをすることは、まさしく、きめ細かい取り扱いを政策的に行うことを公権力が拒否した、拒否行為による差別の類型に該当するものであり、国家が適切な政策判断・政策決定を放棄したという意味で、**不作為による差別**ともいえるのである。

除外行為（作為）類型であれ、拒否行為（不作為）類型であれ、このような差別を許すことは、排除の論理を肯定することを意味し、「いじめ」を生み出し増大させることにつながるため、決して放置してはならない事柄といえる。

なぜなら、人は自らが差別されないという保障があるからこそ、日々の暮らしの充実や、各人が携わる職業における役割に向けて、安心してその力を発揮することができ、ひいては社会全体の発展につながり、公共の福祉に適合するからである。

9）合理的な区別か否かに関する要件

では、いよいよ合理的な区別か否かを判断する基準について考察を加えていこう。差別には大別して二類型があったが、その両者について、どのような場合が合理的な区別であり、どのような場合が不合理な差別であるといえるかが問題となる。異なって扱うことが、不合理な差別ではないといえるためには、それが合理的な取扱いであることを何らかのかたちで説明することが必要となる。

そもそも「合理的」や「合理性」とは何を意味するのだろうか。一般には、「合理的人間」というものを想定して、その合理的人間が合理的と考えるものをいうとされている。つまりは、その区別が、社会通念から見て合理的であるか否かということになるだろう。そして、裁判官が実際に裁判するにあたって、社会通念から見て合理的な区別か否かを判断する基準としては、**合理性の基準**というものが用いられている。これは、**①取扱いを区別する目的の合理性**と、**②その目的と、目的を達成するための手段（目的達成手段）の間に合理的関連性があること**、の2点からなる基準である。

この合理性の基準用いて合理的か否かを判断するには、実際には4つの段

階を踏むことになる。まず、第1段階として、①問題となるべき、区別された取扱いの事実が存在すること、を確認することになる。次に、第2段階として、②両者を区別して扱う目的が合理的であること（目的の合理性）が検討されることになる。目的自体に合理性がない取り扱いならば、この時点でそれは合理的な区別とはいえず、憲法の禁じる差別的取扱いということになる。

さらに、目的が合理的であるとされたとしても、その目的を達成する手段が、合理的なものでなければならないのである。ここで気をつけなければならないのは、手段だけを見て合理的か否かを判断してはならないということである。手段はあくまで、目的との関連で合理性が判断されるのである。これが、合理性の基準における、「目的と手段との間に合理的関連性があること」の意味である。

手段の合理性に関しては、第三段階の、③両者を区別して扱う手段に必要性が存在すること（**必要性の要件**）と、第四段階の、④両者を区別して扱う手段が社会通念上相当であること（**相当性の要件**）の2点で検討されることになる。必要性と相当性の2点を求めるのは、そもそも必要性がない手段なら、文字通り必要でないものとして差別となり、たとえ必要であっても、それが社会的相当性を超えた手段であるならば、やはり度を越えた差別として許されないからである。

このような4つの段階を踏んで判断するのは、人間一人ひとりはそれぞれ個性ある異なった存在であり、その人格的価値は平等であるという法の下の平等の原点に立った上で、どこまで区別が許されるかを慎重に検討する必要があるからである。社会には時において誰かを別扱いしなければならないこともあるが、それが真に必要なものなのか、その時代のその社会において合理的なものか否かを判断するための4要件なのである。

たとえば、企業が新たに労働者を採用する際に、男性のみを募集することや、企業内において男性のみを昇進の対象とするような、男女において別扱いをするような場合を考えてみよう。

まず、問題が男女を別扱いするものである以上、先ほどの要件のうち、①問題となるべき、区別された取扱いの事実が存在することは、問題なく肯定される。次に、②両者を区別して扱う目的が合理的であること（目的の合理

性）関する要件であるが、宣伝広告の分野で、男性向け商品、たとえば男性用下着のモデルを募集するような場合においては、男性のみを募集する目的の正当性は肯定されよう。けれども、企業内において男性のみを昇進の対象とするようなことは、同一企業内で女性も労働に従事しており、その女性が企業に貢献し、また管理職に相応しいだけの能力経験が育っていくことは通常であるため、そのような存在である女性を昇進の対象から外すことに目的の正当性は認められない。

③両者を区別して扱う手段に必要性が存在すること（手段の必要性）であるが、男性が使用する下着の広告ならば、男女を区別する必要性はもちろんある。それに対して、企業内の昇進において、女性を区別して扱う必要性は存在しない。

最後に④両者を区別して扱う手段が社会通念上相当であること（手段の相当性の要件）、であるが、男性モデルのみの採用の例であれば、これは男性用下着のモデルに関して男性のみを募集するわけだから、問題なく社会的に相当なものといえるが、昇進において女性を別扱いすることは、男女共同参画社会の理念の下にある現代の日本社会においては、相当な取り扱いとはいえない。

以上、例を用いて4要件を説明してきたが、現実の法制度においては、労働基準法や男女雇用機会均等法において、職場における男女差別を規制する条項がかなり整備されるようになっている。これらの立法がなされる際には、その規定が憲法14条の平等原則に反しないか、仮に男女において区別を設けるのならば、それが合理的な区別であるといえるかが検討されており、仮に上記の4要件を満たさない規定が存在すれば、それは憲法違反の規定ということになる。また、現時点においては合理的に区別とされる規定であったとしても、平等という概念は時代や社会の変化を受けて変動するものであるため、場合によっては、それらの変動の結果、4つの要件、特に④の要件を満たさなくなることも十分考えられるのである。

① （前提として）問題となるべき、区別された取扱いの事実が存在すること

② 両者を区別して扱う目的が合理的であること（目的の合理性）
③ 両者を区別して扱う手段に必要性が存在すること（手段の必要性）
④ 両者を区別して扱う手段が社会通念上相当であること（手段の相当性）

　この、合理性の要件に関して、前述した憲法14条1項後段の「人種、信条、性別、社会的身分、又は門地」の5事項に関して異なる取扱いがされる問題については、その目的が必要不可欠であり、目的達成手段については目的との事実上の実質的関連性を求めるべきであるという見解もある（**厳格な合理性の基準**）。5事項を憲法が明文で例示していることの意味を重くとらえ、5事項に関して取り扱いの違いがある場合には、それ自体不合理であるという要素が非常に強くなるというのがその理由である。

　また、平等に関する審査基準を三段階で判断しようという考え方もある。この考え方は、まず、表現の自由や、選挙権に関しての平等違反が問題になるような場合には厳格な合理性の基準を用いる。そして、憲法14条1項後段の5事項に関しての問題は、立法目的の重要性と、目的と手段との間に実質的関連性があることを求め（**実質的な合理性の基準**）、それ以外の問題については、合理性の基準を使用して判定するというものである。基準が細分化して分かりにくくなっている面もあるが、この三段階審査基準は、前述の4要件のうち、②の目的の合理性の要件を、求める合理性の高い順に、「不可欠」「重要」「正当」の三段階で判断するというものである。表現の自由や、選挙権について差別があると、言論によって社会に存在する誤りを指摘できなくなったり、少数派の人が、投票や立候補できなくなったりするおそれがあるなど、民主主義社会を支える基盤が崩壊するおそれすらあるため、それらに関する問題には、異なる取り扱いをする目的が「不可欠」であることを要求する。「不可欠」とは、他に代わる目的はないということを意味するため、非常に厳しい基準である。また、4要件のうち、③や④に関しても同様に、必要性や相当性の判断基準が異なる取り扱いの分野に応じて、3段階で判断される。複雑な社会における異なる取り扱いを合理性の基準一つで判断するのでは、あまりに大雑把すぎるため、基本的にはこの三段階審査基準の考え方を用いるべきであろう。

法適用の平等と、法内容の平等の際に用いた例を再び使って、合理的な区別か否かの基準について考察してみよう。

　刑事事件における捜査段階で、採取した血液に封緘もしないという雑な扱いが、それほど罪が重くない犯罪類型においては、当然のものようになされているそうである。しかし、軽い罪だから、証拠である検体を粗雑に扱うことが許されるのであろうか。重大犯罪であれ、軽微な犯罪であれ、証拠に関しては厳格な規制のもとに取り扱われなければならないはずである。

　憲法31条が要請するところである適正手続とは、かつて絶対王政による暴虐非道な行為に苦しみ、市民革命に至ったという歴史が生み出したものである。無辜の罪に苦しむ人を生み出さないという、適正手続の保障は人権保障の出発点であり、常に目指すべき到達点なのである。

　それにも関わらず、軽い罪だからといって、証拠物の取り扱いを粗雑にしているという現実があることはまことに悲しむべき事柄である。被疑事実の軽重に関わらず、証拠物の取り扱いには慎重を期するべきであり、それが軽い罪に関してなされていないのは、まさに除外行為類型の差別に該当するものである。その粗雑な取り扱いによって、ある被疑者・被告人が無実の罪に陥れられるようなことがあれば、回復不可能なダメージをその人に与えることにもなりかねない。

　この、検体の取り扱いに関しては、憲法31条の適正手続の観点だけでなく、憲法14条の保障する法の下の平等の観点からも重大な疑義が存在する。

　果たして検体の取り扱いが、合理的な区別といえるのであろうか。合理的な区別か否かについては、平等が問題となる対象に差異が存在することを前提とした上で、その正当性・必要性・相当性が認められて初めて、合理的な区別とされ、これらの要件を欠くならば、法の下の平等に反する差別ということになるのであった。

　まず、軽い罪に関する検体を重い罪に関する検体と区別して扱っている時点で差異は存在する。

　問題は軽い罪に関して、重い罪と比較して、封緘をしないような別扱いをすることが許されるか否かであるが、採取を医療機関で行い、その鑑定は科学的見地から専門的機器を使って行われている点に関しては、軽い罪であろ

うが重い罪であろうが、変わりはない。つまり、それだけの科学的客観性・専門性を具備した慎重な取り扱いが両者において要求されているのである。ならば、両者を別扱いし、軽い罪に関して封緘をしないようなことは、検体の同一性に重大な疑義を抱かせるものであり、科学的客観性を失わせる行為である以上、目的の正当性の要件を欠く。

また、敢えて軽い罪に関する証拠物は封緘をしないことで、捜査の目的である真実の発見に資するようなことはあり得ないため、捜査上の必要性も認められず、必要性の要件も欠くことになる。

そして、一般人の健全な感覚からしても、被疑者の体内から取り出した血液を、封もせずに取り扱えば、検体の取り違えや異物の混入等の危険があり得ることは容易に思い至るところであり、したがって、このような検体の取り扱いは社会的に相当なものとはいえず、相当性の要件も満たさない。

以上、各要件を満たさないことから、合理的な区別といえる取り扱いとはいえない。そもそも憲法31条における適正手続とは、平等原則を満たしてこそ適正な手続といえるものであり、検体の取り扱いに関して、憲法14条の保障する法の下の平等に反するという重大な憲法違反が存在する以上、本事例における証拠物が、証拠能力を欠くものであることは明らかである。

次に、新幹線を運行する鉄道会社の例についても、合理的な区別か否かについて考察してみよう。乗客が誤乗車をした場合には鉄道会社が救済措置を設けているのに対し、乗客が新幹線で忘れ物をした場合に関しての鉄道会社の救済措置はなきに等しいような場合である。2つ事態の片方に関しては対応がなされているのに、もう片方には対応がないというこのケースは、拒否行為による差別のケースといえる。問題は、鉄道会社が忘れ物に関して、救済措置を設けていないことが、合理的な理由のある区別といえるかどうかである。

まず、誤乗車と忘れ物は、どちらも乗客の過失行為によるものの、両者には以下のような差異が存在する。誤乗車は、乗客が目的地に到達したにも関わらず、居眠り等の理由で乗り過ごして、さらに先まで列車に乗り続けたというものである。忘れ物は、乗客が物品を出発駅等に置き去りにして列車に乗るか、列車内に物品を置き去りにして、列車から降りてしまうような場合

である。よって、両者には明白な差異があるので、4つの要件のうち、第1の要件を満たしている。

次に、誤乗車と忘れ物に関して区別する、つまり忘れ物に関する救済措置を設けないという区別に正当性があるかという、目的の正当性に関する要件を検討する。鉄道会社は国家からその営業を認可された企業であり、その存立の意義は、単に出発駅から目的駅までの輸送の便宜を提供するというだけにとどまらず、乗客に対して安全と安心というサービスを保証することも含まれることについては論を俟たない。特に、新幹線という高速度交通機関に関する業務について言えば、たしかに航空機業界との競争があるとはいえ、鉄道会社としては独占業務ともいってよい状態にあり、それだけ各種サービスに対する責任の度合いが大きい。

しかしながら鉄道会社は、乗客の忘れ物という、発生することが容易に予見でき、また実際に日々多数発生するトラブルに関して、明確な対処の基準を設けておらず、また、誤乗車のような救済措置も存在しない。このような扱いをすることが、正当化される理由はまずもって考えられない。同様に、必要性の要件について検討するが、発生が容易に予想するトラブルについて、救済措置をあえて設けない、ということの必要性がある場合などあり得ようか。

最後に社会的相当性の要件に関する検討であるが、新幹線を運行する鉄道会社は、新幹線の全駅構内にAED（自動体外式除細動器）を備え付けている。これは、心臓病等による生命の危機に瀕した駅利用者が発生することを予測し、迅速かつ適切な対応をとるために設置したものであろう。鉄道会社の利用者が、AEDを使用しなければならないケースと、現金その他貴重品を置き忘れたまま新幹線に乗るというケース、どちらも利用者にとっては重大な局面に立たされるとなるケースであるが、忘れ物の方が、より頻発しうる事象といえよう。起きうる可能性が低いAED使用のケースに関しては全駅で対処をし、より発生する可能性が高いトラブルに関しては放置しておくことが、果たして社会的に相当な対応といえるだろうか。AED使用は生命に関するケースであり、忘れ物は財産に関するケースにおいて、保護すべき対象の重要度によって、格段の差が存在するという反論も考えられるところではある。しかし、ほぼ全財産を入れたバッグを忘れた乗客のような場合、それ

は生命の危機にも匹敵する生活の危機、あるいは人生の危機ともいえるのである。このような危機が乗客に生じるであろうことは、AED使用ケースと同様に、容易に予想できるはずである。それにも関わらず何らの対処もしないことが社会的に相当とされる理由を見出すことは困難である。

　以上、4要件を検討した結果、鉄道会社が忘れ物に関して意義のある対策を講じていないことに合理的な理由はないことが明らかになった。誤乗車には、寛容な対応を示す一方、忘れ物の場合には、非常に重要な物品を忘れた場合ですら、救済措置が存在しないことは、明らかに差別である。鉄道会社という非常に公共性の高い企業がこのような差別的対応をしていることは非常に問題である。

　誤乗車の場合は、人そのものの乗り過ごしであり、人を差別的に取り扱うことはできないから、どのような乗客に対しても救済措置を与えることは至極もっともな、平等の理念に適う対応であるといえよう。それに対して、忘れ物の場合は、忘れた物の価値には大小大きな開きが存在するため、一律に救済措置なしとしているのは平等な扱いとはいえず、不平等ですらある。忘れ物すべてに救済措置を講じるべきと主張するのは行き過ぎであろうが、先に述べたように生活の危機、あるいは人生の危機ともいえる局面に立たされるような物品を遺失した要な場合には、乗客に対してその窮地を脱する手助けをすることが、真の安心と安全を提供することであると考える。そして、そのような対応こそが、実質的平等の実現として、鉄道会社に求められているものと考える。

10) 平等原則に関する最高裁判例

　平等原則についての判例はきわめて多いが、とくに重要と思われる尊属殺人被告事件をとりあげておこう。

　女性は、少女期より実父から性的虐待を受け、10年あまりにわたって、夫婦同様の生活を強制され、数人の子まで出産するという、異常な境遇に追いやられていた。女性は29歳になって、職場で正常な結婚の機会にめぐりあったが、父親にこのことを打ち明けたところ、父親は激怒し、昼夜の区別なく女性を監視し、脅迫・虐待を加えるなどしたため、女性は実父の虐待に耐え

かねて、これを殺害した。

　刑法200条（当時）には尊属殺人規定が定められていたが、これが憲法14条1項に違反するかが争われた。すなわち、この事件では、親など尊属である者を殺した場合（**尊属殺人罪：刑法旧200条**）とそうでない場合（**殺人罪：刑法199条**）とでは、刑罰に大きな違いがあり、その差別は著しく合理的なものとはいえないから、このような規定は憲法14条に違反して無効であると争われた。

　確かに、法的な取り扱いとしては、事実に差異がある。しかし、その取り扱いの差異に合理性はない。合理性の判断にあたっては、目的と手段から考察しなければならない。

　まず目的であるが、判例は尊属に対する尊重報恩は社会生活上の基本的道義というべく、このような自然的情愛ないし普遍的倫理の維持は、刑法上の保護に値する。したがって、自己または配偶者の直系尊属を殺害するがごとき行為をあえてした者の背倫理性は特に重い非難に値するという考え方なので、尊属殺人の場合に処罰を重くすることは、その目的自体には合理性があるとしている。

　これに対して、手段の相当性については、当該規定の尊属殺人の場合は量刑が非常に重く、どんなに酌量すべき情状があったとしても、刑の執行猶予がつけられず、処罰の仕方としてはあまりにも普通殺人の場合と比べて、刑の加重の仕方が極端であって、手段として重すぎるから、その差異について合理性が認められず、違憲と判断している。

精神的自由の保障

1．思想及び良心の自由

> **憲法　第19条【思想及び良心の自由】**
> 　思想及び良心の自由は、これを侵してはならない

憲法19条は、心の中で自由に思いを巡らせること、何を信条とし、意思決定するかを自由に決めることを保障している。

「思想及び良心」は内心の自由として個人の尊厳の中核をなすものであるにもかかわらず、過去の歴史において弾圧されてきた。明治憲法下における戦争時の特定思想の強制等はその最たる例であろう。この反省から、思想及び良心の自由は手厚く保護することとしたのである。

思想・良心の自由は、それが内心にとどまる限り、国家との関係では絶対的に自由である。すなわち国家権力は、内心の思想に基づく不利益取り扱い、特定の思想を禁止することはできない。これは、内心で日本を破滅に追いやろうという思想を抱いていたとしても、内心で国を破壊しているだけで、実際には何も作用を及ぼしていないのであるから、何ら人様にご迷惑をおかけしておらず、公共の福祉の観点からも何ら問題はないでしょうということである。

したがって、国家権力は、内心の思想に基づく不利益な取り扱いや、特定の思想を抱くことの禁止をなしえない（保持強制の禁止）ほか、沈黙の自由、すなわち国民がいかなる思想を抱いているかについて、国家権力がそれを明らかにするように強制することは許されないことが保障されている（表明強制の禁止）。

1）思想良心の意味

一般的に思想良心とは、世界観、人生観など個人の人格形成に必要な、もしくはそれに関連のある内面的な精神作用であるといわれる。これを人の内心におけるものの見方ないし考え方と広く捉える説もあるが、人格形成活動に関連のない内心の活動を含めると、保護するべきとされる対象が膨れ上がり、思想・良心の価値を希薄にし、その自由の保障を軽くしてしまうので妥当ではないであろう。

ここで、民法723条に名誉毀損における原状回復の規定があるが、これによれば、名誉を毀損された場合謝罪広告を出すことを強制することができるため、これは思想良心の自由を侵害することにはならないであろうか。謝るつもりもないのに謝罪を強制されるのは、どうなのかということである。

> 民法　第723条【名誉毀損における原状回復】
> 　他人の名誉を毀損した者に対しては、裁判所は、被害者の請求により、損害賠償に代えて、又は損害賠償とともに、名誉を回復するのに適当な処分を命ずることができる。

　これについて、思想良心を人生観、世界観などの個人の人格形成に関連する内面的な精神作用であると考えると、結局謝罪の意思表示の基礎にある道徳的な反省や誠実さというような事物の是非・善悪の判断（物事の善し悪しの判断）などは思想良心に含まれないとして、謝罪広告の強制は思想良心の自由を侵害するものではないということになる。判例も「単に事態の真相を告白し陳謝の意を表明するに止まる程度」であれば、これを代替執行によって強制しても合憲であると判示している（**最判昭31．7．4（謝罪広告事件）判タ62-83**）。

　つまり、これこれこういう事実があって、相手方がこういう損害を被りましたので、その点はお詫びいたしますという程度は、個人の人格形成にかかわるようなものではないということであろう。これに対して、その結果に至った動機が誤っていたとか、その根源にある信念をこれから変えますというようなことを強制させたときは、思想良心の侵害となる可能性は高いであろう。

　では、私人間である労使関係のなかでこういった問題は存在するのであろうか。会社が反省文の提出や始末書の提出をもとめ、反省や忠実義務を促すことは、思想良心の侵害にあたるのではないかということが問題となる。

　基本的に前述の謝罪広告程度であれば、思想良心の侵害とはならないであろう。これが、会社に忠実にさせるように思想を強制するような場合は侵害と評価されるということもあろう。しかし、企業にも雇用の自由があるし、営業方針もある。従業員には忠実義務が生じてくる。そうだとすると、企業の性質や、強制の内容・程度等を総合的に比較衡量して不法行為として認められるか判断されることになるであろう。

　例えば、とある利益追求団体を母体とする企業が、その団体の理念に基づいたセミナーを行なっていたが、その社員の一人が全く反対の信念を抱いて

いたとしよう。その社員を教化するために、セミナーで企業理念に反する話を行なうたびに、その点の反省文を書かせ、自分は自社の企業理念に従いますという念書を書かせていた。この企業の性質上、その母体の理念に合わせるように、社員を教育することは、あながち不合理とは言えないし、強制の程度も反省文を書かせる程度であることを併せて考えれば、不法行為性を認めることは難しいであろう。しかし、これが、密室に閉じ込めてマインドコントロールするなどに至った場合、これには強度の強制であるし、不合理な内容であるので不法行為性も認められるであろう。

2）沈黙の自由と証言拒絶権

次のような事例を考えてほしい。甲社経理部長のＸが横領の罪で逮捕されたとしよう。Ｘは刑事裁判において、当該事件についての証言を求められているが、Ｘは、思想良心の自由の一内容である**「沈黙の自由」**を主張して証言を拒むことができるであろうか。

これについて、憲法19条の沈黙の自由は、思想の表明を強制されない自由であるのであって、刑事事件における当該事件についての証言は事実についての証言であるので、憲法19条は直接的には関係ないといえるであろう。つまり、思想と関係のないような単なる事実の知不知に19条の保障は及ばないのである。

なぜなら、単なる事実の知不知に関しては、その沈黙が、時として他者の権利・利益と衝突することもあり得、事実についての沈黙を絶対的なものとすることは妥当とはいえないからである。

しかし、事実の知不知の沈黙に関して憲法上保障されていないというわけではなく、本件のような刑事裁判における事実の知不知については、憲法38条1項において自己負罪拒否特権として**証言拒絶権**を規定している。

> **憲法　第38条1項【自己に不利益な供述】**
> 　何人も、自己に不利益な供述を強要されない。

この証言拒絶権は、刑事手続きにおいて、その証言如何によって自分が不

利益になるであろうことがら、自分のみならず、親族が不利になるようなことがらについて、証言を拒絶することができることを保障するものである。

では、労使関係において懲戒処分を行なう際にも、労働者はこのような権利主張をできるであろうか。懲戒処分は制裁罰としての性質を有し、刑事処罰と類似性を持つため、罪刑法定主義類似の諸原則を満たすものでなければならないと解されている。これについて、懲戒処分にあたって適正手続き、すなわち本人に対する懲戒事由の告知及び弁明の機会の付与などが必要であり、このような適正手続きを欠いた懲戒権の行使は無効であるということになる。この適正手続きの一つとして、証言拒絶権の行使が考えられるが、不利益な供述を強制されないという点では、その権利は保障されると解する反面、供述しないことが労働者の態様として不利益に解される方向に働きうることは、当事者間における使用者の労働者に対する自由評価という観点からいたしかたないと解される。

２．信教の自由

> 憲法　第20条【信教の自由】
> 　信教の自由は、何人に対してもこれを保障する。いかなる宗教団体も、国から特権を受け、又は政治上の権力を行使してはならない。
> ２　何人も、宗教上の行為、祝典、儀式又は行事に参加することを強制されない。
> ３　国及びその機関は、宗教教育その他いかなる宗教的活動もしてはならない。

１）信教の自由の内容

信教の自由とは、自分が信じる宗教を信じ、それに基づき行動することを邪魔されない権利である。一般的には①**内心における信仰の自由**、②**宗教的行為の自由**、③**宗教的結社の自由**の３つの側面があるとされる。

①は自分が宗教を信仰し、または信仰しないこと、信仰する宗教を選択し、又は変更することについて、個人が任意に決定する自由である。自分が何を信じ、何を拠り所とするかを自由に決定するということである。これは内心における自由であり、絶対不可侵である。

②は、信仰に関して、個人が単独で、又は他の者と共同して、祭壇を設け、礼拝や祈祷を行なうなど、宗教上の祝典、儀式、行事その他布教等を任意に行う自由である。自分の信じる宗教に基づいて様々な行為を邪魔されないことを意味する。その他、宗教的行為をしない自由、宗教行為への参加を強制されない自由を含んでいる（**20条2項**）。

③は、特定の宗教を宣伝し、又は共同で宗教的行為を行なうことを目的とする団体を結成する自由である。宗教の布教のため団体を結成した方が都合がよいという場合があり、そのために、宗教団体を結成して、構成員を統制し団体活動を行なっていくのである。なお、**宗教団体**とは特定の宗教の信仰、礼拝又は普及等の宗教的活動を行うことを本来の目的とする組織ないし団体をいう。

2）信教の自由の限界

信教の自由は、結局19条で保障される思想・良心の自由の一側面である。思想良心の自由が定められているにもかかわらず、信教の自由が憲法上規定されたのは、少数派の宗教が歴史的に制約されてきたという経験から、憲法上特別に規定して保護する必要があったのである。以下で具体的に述べよう。

戦前から戦時中、神社神道に特権的な地位が与えられ、国費や都道府県費による神社運営が行われるなど、事実上神道が国教として扱われており、この中で学校教育はもちろん、日々の生活の中でも、国民が靖国神社への参拝を強制されることとなり、天皇を中心とする国家の仕組みが作り上げられた。つまり、日本は宗教を利用して、一定の価値観を国民に植えつけようとしたのである。

もちろん、このような状況下の中で神社神道以外の宗教は弾圧されてきた。そこで、その反省を踏まえ、憲法上特に少数派の信教の自由を守らなければならないということで、思想良心の自由の他に信教の自由を保障したのであ

る。この権利は重要な権利であるし、思想良心の自由の一つであるので、原則的に制約することは許されない。信教の自由も内心にとどまる限りは、誰にも迷惑をかけないものであるから、公共の福祉等によって制約を受けるということはなく、絶対的に自由であるといえる。

　もっとも、この宗教への信仰心が外部に現れた場合、社会との関連性が生じることになるので、公共の福祉との調整が必要な場面が出てくる。

　例えば、原因不明の病に侵されたXの母親が、Xの回復を望んで、宗教団体Yに祈祷を頼んだとしよう。YはXの病の原因がキツネ憑であるとして、Y宗教上独自の治療を施そうとXに大量に線香の煙を吸わせたり、高温の焚火の前で体を拘束して棒で叩いたりしたため、Xは死亡してしまった。このような行為は、いくら自己の宗教教義に基づく行為であっても許されるべきではないであろう。

　判例（最判昭38．5．15（加持祈祷事件）判タ145-168）は、憲法20条の信教の自由は何人に対してもこれを保障するが、公共の福祉による制約を受け、絶対無制約のものではないとした後に、「Yの加持祈祷行為の動機、手段、方法およびそれによって右被害者の生命を奪うに至った暴行の程度等は、医療上一般に承認された精神異常者に対する治療行為とは到底認め得ない。しからば、Yの本件行為は、所論のように一種の宗教行為としてなされたものであったとしても、憲法20条1項の信教の自由の保障の限界を逸脱したものというほかはない」として、宗教的行為についても限界があることを示した。

3）政教分離

> **憲法　第89条3項【公の財産の支出または利用の制限】**
> 　公金その他の公の財産は、宗教上の組織若しくは団体の使用、便益若しくは維持のため、又は公の支配に属しない慈善、教育若しくは博愛の事業に対し、これを支出し、又はその利用に供してはならない。

　明治憲法もいちおう信教の自由を認めていたが、旧天皇制国家の精神的支柱として、神社神道は事実上国家公認の宗教としての地位を認められ、様々

な特権を国から受けていた。敗戦後間もなく占領軍総司令部は国家と神道の分離を命じた。国家が宗教的に無色・中立であってはじめて純粋な私事としての信教の自由も完全になるので、憲法20条１項後段、同条３項及び89条は念入りに国家と宗教の分離、いわゆる**政教分離**を定める。

　国は、特定の宗教団体又はすべての宗教団体に対し、他の宗教団体又は一般国民に認められないような特別の利益を与えてはならないし、国及び公共団体ならびにその機関が、特定の宗教を信じさせるような教育及び宗教的活動を行なうことも許されない。例えば、以下のようなことがいえる。靖国神社や伊勢神宮に国や公共団体が特別な補助金を支出する、総理大臣がことさら靖国神社のみに参拝する、市長が公金から特定の宗教団体に高額の玉串料を支払う等は禁止されることになる。

　国家は宗教的であってはならない、国家はあらゆる宗教に中立的な立場でなければならない。このことを、国家の非宗教性、宗教的中立性という。憲法はこの実現のために政教分離という制度を作って、信教の自由の保障を強化しているのである（これを**制度的保障**という。）。

　もっとも、日本国は福祉国家理念の下、他の団体と同様、宗教団体にも平等に社会的な補助を行なっている。これについては、ミッション系の学校を想像すれば分かりやすい。また、宗教は多方面にかかわり合いを持っているのが一般的であって、国家が諸施策を実施するにあたって、宗教とのかかわり合いを生ずることは免れえない。

　したがって、国家が宗教とのかかわり合いを持つことを全く許さないということはできない。そこで、宗教とのかかわり合いをもたらす行為の目的及び効果に鑑み、そのかかわり合いが相当とされる限度を超えるものと認められる場合にこれを許さないものとすればよいと考えられている。

　判例（最判昭52．７．13（津地鎮祭訴訟）判タ350-204）も同様のことを述べたうえ、憲法20条３項の「宗教的活動」とは、「およそ国及びその機関の活動で宗教とのかかわり合いをもつすべての行為を指すものではなく、当該行為の目的が宗教的意義を持ち、その効果が宗教に対する援助、助長、促進、圧迫又は干渉等になるような行為をいう」と定義付けしている。

　そして、これらの判断については諸般の事情を考慮し、社会通念に従って、

客観的に判断しなければならないと述べた。

4）休憩時間の勧誘活動と職場規律違反

さて、この信教の自由が労働関係で問題となる場面を考えてみよう。あなたの事務所に以下のような相談事が舞い込んできた場合、あなたは法律実務家としてどのようにこの相談に応えればよいのであろうか。

相談者　㈱X社　社長Z

　私は、アルバイトを含めて従業員10数名の小さな会社（接客業）を経営しています。最近、当社のある社員が、社内で宗教の勧誘活動を行っていることが発覚しました。

　最近入社した社員から、「ある社員（Y）から宗教の勧誘をされて困っている。休み時間に事業所内で勧誘を受けている。断っているのに何度もしつこく勧誘されている」との訴えがありました。訴えてきた社員は入社直後から約1年半にわたって勧誘され続けたようで、あまりのしつこさに困って社長の私に訴えてきたようでした。しかし、相手との人間関係が悪くなったり、仕事がやりにくくなったりすることを気にして、中々訴え出られなかったようです。訴えてきた社員は、最近出勤するのも苦痛だそうです。理由は、出勤すれば勧誘をしてきた相手と顔を合わせなければならないし、顔を合わせればまた勧誘をされるかも知れないからということでした。さらに、訴えてきた社員の話では、別の社員も宗教の勧誘を受けて困っているとの情報もあり、別の社員の場合、仕事の後に食事に誘われて就業時間外に事業所外で宗教の勧誘を受けている様子です。

　会社としては、現在は、本人に隠密で勧誘の実態調査を行っている段階です。

　こんな状況では、職場の雰囲気が荒れて、営業に支障が出るのも時間の問題です。そこで、事業所外を含めて社員間の宗教の勧誘を禁止したいのですが、可能でしょうか？宗教の勧誘を理由に社員を解雇することは可能でしょうか？

さて、本件で問題となっているのは、もちろん信教の自由である。Yには信仰の自由、宗教的行為の自由が保障されており、自己の信ずる宗教に勧誘する行為は宗教的行為である。

信教の自由は人格の形成に関わる重要な権利である。通常このような精神的自由は、よほどのことがない限り公権力による制限を受けない。制約する場合には裁判所から厳格に判断されることになる。

しかし、今回の場合、制約の主体は私人であるX社である。私人間においては、原則的に直接憲法が適用されないため、私法の一般条項に憲法の規定を取り込んで解釈適用することで、間接的に私人間にも適用していく（間接適用説）。

本件では、宗教の勧誘活動について就業規則において禁止条項を設けることが信教の自由を侵害し、公序良俗に反して無効ではないかというように問題となる。Yには宗教行為の自由が認められている一方、X社には営業の自由（憲法22条1項）から導かれる職場秩序管理権が認められている。

確かに、宗教の勧誘の自由も憲法上の人権であるが、それによって職場の秩序が乱されるような場合には、会社の職場秩序維持管理権に配慮し、相当な範囲の合理的な制限は認められるべきである。

本件で「円滑に業務に専念できる職場環境の維持」に支障が生じているのであれば、就業規則で所定就業時間（始業から終業まで）に勧誘行為を禁止することは、勧誘行為が通常労働時間中に行なわれるような性質のものではないことから考えれば合理的な制限といえるであろう。

これに対して、所定就業時間外にまで勧誘活動を禁止することは職場秩序の管理維持としては合理的な範囲を超えるであろう。もっとも、Xの会社が接客業であることから、万が一、宗教の勧誘が顧客にまで波及すれば、変な噂が立ち、事業に決定的な悪影響がある可能性も否定できないし、そうなってしまってはもはや内部的な問題ではなくなる可能性も多分に秘めているのであるから、厳格な要件の下に顧客に対する勧誘活動を制限しても公序良俗には反しないであろう。

では、解雇はできるのであろうか。これは労契法16条の解雇権濫用法理の問題となってくるであろうから、解雇には客観的に合理的な理由があり、社

会通念上相当な場合でなければならない。

そうだとすれば、単に勧誘行為をしているというだけでは、信教の自由の重要性に鑑みても、解雇する正当事由は認められないであろう。しかし、勧誘行為の禁止を就業規則に定め、それに対する注意を度重なり与えたにもかかわらず、注意に従わないような場合は業務命令違反にあたるし、他の社員や顧客に実害を及ぼしたような場合、それは非違行為であると評価されるから、解雇の合理的理由が認められる。また、他の者に与える影響が大きかった場合、解雇の相当性も認められるであろう。

本件を理解する上で参考となる判例があるので紹介しよう。これは政治的なビラを就業時間中に配ったという事件である。ビラ配布の自由は、政治的表現の自由であり、重要性としては宗教的行為の自由と同様のものといえるので、比較検討してみるとよいであろう。

判例 ■最判昭52. 12. 13（目黒電報電話局事件）労判287-26

判例 被上告人のビラ配布行為は、許可を得ないで局所内で行われたものである以上、形式的にいえば、公社就業規則五条六項に違反するものであることが明らかである。もつとも、右規定は、局所内の秩序風紀の維持を目的としたものであるから、形式的にこれに違反するようにみえる場合でも、ビラの配布が局所内の秩序風紀を乱すおそれのない特別の事情が認められるときは、右規定の違反になるとはいえないと解するのを相当とする。ところで、本件ビラの配布は、休憩時間を利用し、大部分は休憩室、食堂で平穏裡に行われたもので、その配布の態様についてはとりたてて問題にする点はなかつたとしても、上司の適法な命令に抗議する目的でされた行動であり、その内容においても、上司の適法な命令に抗議し、また、局所内の政治活動、プレートの着用等違法な行為をあおり、そそのかすことを含むものであつて、職場の規律に反し局所内の秩序を乱すおそれのあつたものであることは明らかであるから、実質的にみても、公社就業規則五条六項に違反し、同五九条一八号所定の懲戒事由に該当するものといわなければならない。

3．表現の自由

1）表現の自由の価値

　内心における思想や信仰は、外部に表明され、他者に伝達されてこそ効果的であるといえる。社会は他者との関係で形作られていくものなので、いくら他人に誇る思想を有していても、それを他者に伝えることができないのであれば、他者からその思想を認識認容されることもないのであるから、その思想が実現されていると評価することはできない。

　思想は他者に伝達されてこそ社会的効用を発揮するのであり、その意味で表現の自由はとりわけ重要であるといえよう。

　表現の自由を支える価値は二つあり、一つは**個人が言論活動を通じて自己の人格を発展させるという、個人的な価値（自己実現の価値）と言論活動を通じて国民が政治的意思決定に関与するという、民主政に資する社会的な価値（自己統治の価値）**である。これらによって、表現の自由の優越的地位が導き出されることになる。

2）送り手の表現の自由から受け手の表現の自由へ

　通常、表現の自由は、**情報の送り手の権利**で、簡単に言えば言いたいことを言う自由である。そして、表現の発信には正確かつ必要な情報の収集が不可欠である。しかし、現代におけるマス・メディアの発達、高度情報社会化によって、大多数の国民は情報の受け手の側に固定化されてしまっている。このような状況下では、送り手の自由を保障するだけでは、表現の自由の有する価値（**自己実現・自己統治**）を達成することはできない。

　そこで、情報の受け手の側から、情報を保有している者（多くは政府やマスメディア）に、いま握っている情報を渡せといえるようにする必要がある。これを「**知る権利**」といい、これは表現の自由と表裏一体の関係にあると解されている。

　したがって、憲法21条は表現の自由を保障しつつ、知る権利も保障しているのである。

　もっとも、この権利は積極的な側面をもつ（相手方に請求していく）権利

なので、実質的な立法をまって具体化される権利であると解される（**抽象的権利**という）。

この点に関して、国は**情報公開法**を制定し、国民の知る権利を具体化した（しかし、情報公開法には「知る権利」という文言は使われていない）。

3）表現の自由から導かれる様々な権利
（1）集団行動の自由

集団行動とは、いわゆるデモ行進などであるが、これは憲法21条1項の「その他一切の表現の自由」によって保障されると解されている。集団行動は純粋な表現と異なり、一定の行動を伴うものでありから、特に他者の人権との調整において、特別の規制に服することになる。

例えば、デモ行進などは、大勢の人間が道路を占拠し、牛歩で進んでいくが、それすなわち道路を利用する者の権利を侵害していることになるであろう。また、集団が掲げる思想に反対する他の集団がその行進を阻止しようとすれば、衝突が生じ、近隣の人身に危険が及ぶ。

このような性質を有するため、集団行動に対する強い制約も認容されていたが、情報の送り手と受け手の分離固定化が顕著になった現代社会においては、集団行動は国民が自己の思想を表明する極めて重要な手段であることが再認識され、集団行動を規制する立法に関しては厳格に判断していくという姿勢に転換してきている。すなわち、当該立法の規制目的が必要不可欠なもので、手段が必要最小限度のものでなければならないというのである。

（2）アクセス権

アクセス権とは、古くは不法行為たる名誉毀損に対する一救済方法としての反論権であり、新しくは、不法行為たる名誉毀損の成立を要件としない反論権や、有料の意見広告を含めておよそ市民が何らかの形でマス・メディアを利用して自己の意見を表明できる権利である。

簡単に言えば、名誉を毀損する表現をした者若しくはその媒体に対して、表現に対する反論を掲載しろと請求する権利である。

誰しも言われたい放題言われる筋合いはないであろうし、名誉に関しては

言論を戦わせることで回復が可能であるが、マス・メディアの力は絶大なので、その力を借りることなく自己の名誉を回復させることは困難である。

そこで、アクセス権を認めていく必要性が叫ばれている。

しかし、反論権の制度は、新聞を発行販売する者にとっては、反論文の掲載のために紙面を割かなければならなくなるなどの負担を強いられるのであって、これらの負担が、ことに公的事項に関する批判的記事の掲載を躊躇させ、憲法の保障する表現の自由を間接的に侵す危険につながるおそれも多分に存する。つまり、新聞社やテレビ局が反論させなければならない負担を危惧して、政治的な事項についての批判等を行なうことに萎縮してしまうことにつながり（**萎縮効果**）、直接的に認めることは難しいであろう（**最判昭62．4．24（サンケイ新聞事件）判タ661-115参照**）。

そこで、アクセス権はあくまで抽象的な権利にとどまると解されている。もっとも、この権利を具体化するための法制度の確立は困難であるといえるから、実質的には当該権利が憲法上保障されているとは言い難い状況である。

なお、放送法4条は真実でない放送をした場合、真実であることが判明した日から2日以内に訂正・取消の放送をしなければならないとしているが、これは国民に訂正放送を求める**私法上の請求権を付与する趣旨の規定ではなく**、放送内容が真実でないことが放送事業者に判明したときに訂正放送を行なうことを義務付けているだけで、放送事業者に対し、**自律的に訂正放送等を行なうことを国民全体に対する公法上の義務**として定めたものであると解されている。

（3）営利的表現の自由

表現の自由はなにも政治や思想的な表現だけに認められるものではない。よくみてみれば、街中には政治的表現や思想的表現などよりも広告等の営利的表現であふれている。「まんじゅう一個100円！お買い得！」などの表現も立派な表現なのである。すなわち、表現の自由は消費者への情報の自由な流通を保障している点を考慮すれば、営利広告も表現の自由に含まれると解するべきであろう。

確かに、営業の自由などの経済的自由権との関連も強いといえるが、国民

の生活様式を広告に載せて訴えるという側面があることを考えれば、営利表現も自己統治の価値をもちうる。また、情報が社会生活においてもつ機能が大きく変化した今日、知る権利の意義を強調する立場から考えれば、国民の生活に深く関与してくる生活用品の情報を求める必要性が高まっているという状況からしても、営利的な表現の自由も表現の自由として厚く保護してもよいであろう。

(4) 報道の自由と取材の自由

　報道とは、報道機関がある事実を取材して、その取材内容を編集し、当該事実を、メディアを通して公開することである。直接的に思想を表明するという性質のものではないが、編集という知的な作業を経て公開されること、国民の知る権利に大きく奉仕するものとして重要な意義を有していることから、表現の自由を規定した憲法21条の保障の下にあるといえる（**最判44.11.26**（博多駅テレビフィルム提出事件）ジュリストL02410295）。

　また、報道には取材がつきものであるが、裁判において取材テープを提出せよと命じられ、それが取材の自由を侵害するとして争ったという事件がある。
　この事件で裁判所は、取材の自由も報道機関の報道が正しい内容をもつためには、報道の自由とともに、報道のための取材の自由も、憲法21条の精神に照らし十分尊重に値すると述べたうえで（「保障する」とまでは述べなかった）、公正な裁判の実現という憲法上の要請があるときは、取材の自由はある程度制約を被ることになってもやむを得ないと判示し、取材の自由と公正な裁判との実現との調和の観点から、比較考量して決すべきであるとしている。そもそも刑事訴訟法149条は証言や証拠の提出の拒絶権について規定しているが、当該条文の対象に報道機関は規定されていない。

　個人的には、取材は報道にとって不可欠な前提であって、取材の自由が保障されていなければ、報道の自由など画に書いた餅ということになってしまうので、取材の自由も憲法21条の保障の範囲内であると考える。そう考えると、利益衡量も個別具体的になされるべきであろう。民事訴訟において、取材源秘匿が秘匿されるべきであるとの判決が出ている（**最判平18.10.3**判タ1228-114）。

（5）名誉毀損とプライバシー権
①名誉毀損的表現
A） 名誉毀損的表現の禁止と表現の自由の調整

　表現の自由は、重要な権利で手厚く保護しなければならないことは既に述べた。しかし、その表現行為が誰かの社会的評価を低下させ、名誉を毀損してしまうような場合にまで保障しなければならないのであろうか。

　表現の自由は憲法21条で保障される、人権の中でも非常に重要な権利であるが、名誉権も社会生活における人格的生存に不可欠な権利であり、憲法13条で保障されている重要な人権である。これを受けて刑法230条は、「公然と事実を摘示し、人の名誉を毀損した者」を罰している。公然と事実を摘示するとは、不特定多数の人の前で、事実を発表することである。これはまさしく表現行為そのものであると評価されよう。

　では、名誉毀損的表現にあたれば表現行為は禁じられてしまうのであろうか。表現の自由との調整はいかに図るべきかが問題となる。

　これについて、刑法230条は名誉毀損罪を規定する一方、同230条の2で公共の利害に関する場合の特則を定めている。すなわち、名誉毀損的表現であっても、その事実が公共の利害に関するものにあたり、かつ、その目的が専ら公益を図ることにあったと認められる場合に、摘示した事実が真実であることの証明があるときには名誉毀損罪は成立しないとしている。政治家や大企業の社長についての事実は国民の生活に重大な影響を及ぼすものであるから、公共の利害に関する事実に該当するといえる。また、表現の自由が保障されるといっても、人の名誉を毀損してまで保護される表現は、それなりの公共的な価値をもっていなければならないので、表現の目的が公益を図るものであることを要求している。

刑法　第230条の2第1項【公共の利害に関する場合の特例】
　前条第一項の行為が公共の利害に関する事実に係り、かつ、その目的が専ら公益を図ることにあったと認める場合には、事実の真否を判断し、真実であることの証明があったときは、これを罰しない。　※前条第一項の行為とは名誉毀損行為のことをいう。

なお、判例（最判昭44．6．25（夕刊和歌山事件）判タ236-224）は真実であることの証明に失敗したときであっても、**行為者がその事実を真実と誤信し、その誤信したことについて、確実な資料、根拠に照らし相当の理由があるときも、犯罪の故意がなく、名誉毀損の罪は成立しないこととしてい**る。これは、表現行為に対する萎縮的効果を避けるための規定である。

以上は刑法上の理論であるが、私人間においても民法709条の不法行為に該当するか否かという場面でも妥当する理論である。

```
名誉毀損的表現と表現の自由の調整
1  事実の公共性  ｝ すべて満たせば不法行為
2  目的の公益性    は成立しない
3  真実性の証明
真実性の証明（3）がなくても、真実と誤信し
たことについて確実な資料根拠に照らして相当
の理由があるときは不法行為とならない
```

B）事実の摘示

ここで「**事実の摘示**」について考えてみよう。例えば、大勢の前で「Xはドジで間抜けで、どうしようもないバカなんです。Xを信じてはいけない！Xは悪魔のような人だ！」と述べたとしても、（侮辱罪の成立は別にして）名誉毀損罪は成立しない。なぜなら、バカであるとか、悪魔のようであるということは、**その人物に対する主観的な意見の表明ないし論評であって、事実の摘示ではないからである**。これが「XはA社の取締役で、会社の金を横領し、従業員を殴って奴隷のようにこき使っている。」と述べた場合には、事実の摘示となるため、名誉毀損罪が成立する。

事実の摘示が、社会的な評価を左右する重要な要素であることから、このように規定されている。

なお、主観的な意思の表明ないし論評であっても、**論評の域を逸脱した場**

合には名誉棄損罪が成立すると解するのが相当であろう。

　事実の摘示と意見の論評の区別については次の判例が参考となる。「新聞記事中の名誉毀損の成否が問題となっている部分において表現に推論の形式が採られている場合であっても、当該記事についての一般の読者の普通の注意と読み方とを基準に、当該部分の前後の文脈や記事の公表当時に右読者が有していた知識ないし経験等も考慮すると、証拠等をもってその存否を決することが可能な他人に対する特定の事項を右推論の結果として主張するものと理解されるときには、同部分は、事実を摘示するものと見るのが相当である。」(最判平10．1．30判夕967-120)。つまり、理論上証拠があれば証拠によって証明できるものが「事実の摘示」であるということである。先の具体例では、「Aさんが痴漢で逮捕されたこと」は、証拠(捜査機関の書類、当時の報道記事、場合によっては判決書など)があれば証拠により証明可能であるから、このような場合には「事実の摘示」といえるのである。これに対して、「Aさんはいやらしくて変態である」ことは、単なる人の評価にすぎず、証明しようがないから、これは「事実の摘示」とはいえない。

　刑事では、事実の摘示の有無は名誉毀損罪の成否に関わるので、この区別は重要になる。ところで、事実の摘示がなくても、侮辱罪が成立することには注意を要する。

　民事では、事実の摘示があろうと、論評であろうと名誉毀損の成否に影響しないから、この点について区別の実益はない。

　もっとも、事実の摘示か論評かによって、被告の免責要件が変わってくるが、この点においては、両者を区別する実益はある。このため、訴状では問題となる表現部分が事実の摘示なのか意見・論評の表明であるのかを明らかにする必要がある。この点において、訴状の記載から、不明確な場合、被告や裁判所から釈明を求められる場合がある。

C) インターネットの掲示板と名誉毀損

　現代はネット社会であるといわれるが、ネットワーク技術の発達で、表現行為も多種多様に発達している。特に掲示板などを用いた不特定多数への表現行為が問題となっている。会社がネットの掲示板で誹謗中傷されるような事件が多発している。

具体的に考えてみる。いまXは自ら開設したインターネット上のホームページ内に、個人的な恨みから、Zを知る知人Aから口聞いた瑣末な情報をもとに、被害会社Y及び社長Zについて、Y社が抱えている事件・裁判の情報やコンサルタント業を営むY社の指導方法及びZの私生活や家族の情報等を具体的に掲げて、不特定多数の者が閲覧可能な状態におき、「Yはカルトである」とか「Yはとち狂っている」、「Zさん目を覚ましてください！」などと掲載したとしよう。

これが原因でXは名誉毀損罪に問われたが、自分は一市民としてインターネットの個人利用者に対して要求される水準を満たす調査を行なった上で本件表現行為を行なっており、インターネットの発達に伴って表現行為を取り巻く環境が変化していることを考慮すれば、Xが摘示した事実を真実であると信じたことについて相当な理由があると争っている。

これに似た事件で最高裁判所は、以下のように述べている。「個人利用者がインターネット上に掲載したものであるからといって、おしなべて、閲覧者において信頼性の低い情報として受け取るとは限らないのであって、相当の理由の存否を判断するに際し、これを一律に、個人が他の表現手段を利用した場合と区別して考えるべき根拠はない。そして、インターネット上に載せた情報は、**不特定多数のインターネット利用者が瞬時に閲覧可能**であり、これによる**名誉毀損の被害は時として深刻なものとなりうること、一度損なわれた名誉の回復は容易ではなく、インターネット上での反論によって十分にその回復がはかられる保障があるわけでもない**ことなどを考慮すると、インターネットの個人利用者による表現行為の場合においても、他の場合と同様に、行為者が摘示した事実を真実であると誤信したことについて、**確実な資料、根拠に照らして相当の理由があると認められるときに限り、名誉毀損罪は成立しない**ものと解するのが相当であって、より緩やかな要件で同罪の成立を否定すべきものとは解されない。」として名誉毀損罪を成立させている。これは、私人間において不法行為を争う場合における一つの指針となるであろう。

> 判例からみるインターネット媒体の特徴
> ① 不特定多数のインターネット利用者が瞬時に閲覧可能（拡散力）
> ② インターネット上の反論によって名誉の回復を図ることは困難

②プライバシーと表現の自由
A）プライバシー侵害

　ある表現が他人のプライバシーの侵害となる場面がある。プライバシーも名誉権と同様、人格的生存に不可欠な権利であるとして憲法13条で保障される。そこで、表現の自由とプライバシー権をどのように調整すれば良いであろうか。

　これについて、両者はともに個人の尊厳確保のために必要不可欠な人権であり、その調整は等価的な利益衡量によるべきである。

　そして、表現の自由といえども、原則として他者のプライバシーを害することは許されず、不法行為が成立すると解すべきである。

　具体的に先述のインターネットの書き込みの事例ではどうであろう。Zに対するプライバシー侵害を考えてみたい。

　まず、Xが公開した情報がプライバシーとして認められなければならない。とある情報がある人のプライバシーであるとされるためには、その情報が当該人物の私生活上の事実もしくはそのように受け取られかねない事項であり、その者にとって当該事実が公開されることを望まないようなもので、かつ、未だ世間に知られていないことが必要となる。

　ここから判断すれば、Zの私生活上の事実や家族に関する情報は、上記の要件を満たす情報に属するものと評価することができるであろう。

　そして、表現の自由との調整を図るわけであるが、表現の自由といえども、原則として他者のプライバシーを害することは許されず、このような表現行為は不法行為を構成すると考えるべきである。

　もっとも、例外として、プライバシーに関する情報についても、公共の利害にかかわる公的な価値を有する表現はその民主政下における価値の重要性に鑑み違法とはいえず、不法行為は成立しないと解するべきである。

名誉と表現の自由の場合と同様に、基本的には刑法230条の2の趣旨が妥当する。ただし、名誉毀損の場合とは異なり、**プライバシーの侵害に関しては、公表された内容が真実であればあるほど、被害者の損害が大きくなる**から、新事実性の証明は問題とされず、**表現行為の公共性**が重要となってくる。

　すなわち、対象となった事柄の公益性、目的の公共性、手段の相当性、権利回復の容易性などを総合的に考慮し、当該事実を公表されない法的利益とこれを公表する理由とを比較考量し、個別具体的に審理することが必要である。これは判例でも述べられている（最判平15．3．14（長良川リンチ殺人報道事件）判タ1126-97）。

　より具体的にどのようなことを検討すればよいのであろうか。

　例えば、ある人の前科などどうであろう。前科は刑事事件・裁判という社会一般の関心あるいは批判の対象となるべき事項にかかわるので、事件それ自体を公表することに歴史的又は社会的な意義が認められるような場合には、実名を明らかにすることが許されないわけではない。また、**その者の社会的活動の性質**あるいは**これを通じて社会におよぼす影響力の程度**などのいかんによっては、その**社会的活動に対する批判**あるいは**評価の一資料**として、公表されることを受忍しなければならない場合もある。さらに、選挙で選出される公職にある者やその候補者など、社会一般の正当な関心の対象となる公的立場にある人物である場合には、その者が公職にあることの適否などの判断の一資料として公表されたのであれば違法とはいえないであろう（最判平6．2．8（ノンフィクション『逆転』事件）判タ933-90）。

B）プライバシー侵害の違法性が阻却される場合

　では、上述のインターネットによる名誉毀損の事例において、例外的な場合つまり違法性が阻却される場合にあたるか検討してみよう。

　まず、Xの書き込みは私的事項に関するものから裁判に関するものまでに渡っている。裁判に関する情報は、社会一般の関心の対象となる事実であるが、Zは世間によくある会社の社長というだけである。そうだとすれば、当該情報がその者の評価の一資料にあたるとしても、公表されることを受忍しなければならない場合にはあたらない。また、Xは個人的な恨みから当該行為に及んでいるわけで、公益を図る目的があったとは言い難い。

以上分析したところによれば、Xの行為は、プライバシーの侵害という観点（**私人間効力・間接適用説**）からも違法な行為であるといえ、不法行為に基づく損害賠償がなされることになろう。

C）宴のあと事件

プライバシー権について裁判所がどのように考えているか。興味深い事件があるので紹介しよう。三島由紀夫が被告となって著名となった**東京地判昭39．9．28**（「**宴のあと**」**事件**）判タ165-184である。これは、三島が書いた「宴のあと」という小説に、そのモデルとなった政治家の私生活が描かれており、それがプライバシーの侵害に当たるとして、訴えたという事件である。

この事件で、東京地裁はプライバシーを、**私生活をみだりに公開されない権利**であると定義したことで有名になった。

ここで、被告三島側が主張したのは以下のような内容である。

「**言論及び表現の自由はプライバシーの権利に優先する**。言論および表現の自由は、表現者の受ける個人的利益の他に社会一般の人がこの表現を受け取るという利益、すなわち「話す、書くことの自由」のほかに「読む、聞く、知ることの自由」をも包含しており、これらが民主主義の前提条件である。これに対して、いわゆるプライバシーは原告の主張によれば個人尊重の自由及び幸福追求の権利の一であるというから、この権利は個人の利益を図るものであるのに対して**言論および表現の自由は社会一般の利益を図るものであり、民主主義の基盤を作るものであるから、両者が抵触するときは後者の優位が考慮されなければならない。**」

つまりは、プライバシーのような個人的な権利が、民主主義の根幹をなす表現の自由とぶつかった場合は、当然プライバシーが一歩引くべきであろうという主張である。

しかし、裁判所はこれに異を唱えた。以下東京地裁の下した判決の判旨を紹介する。

「**元来、言論、表現等の自由の保障とプライバシーの保障とは一般的にはいずれが優先するという性質のものではなく、言論、表現等は他の法益すなわち名誉、信用等を侵害しない限りでその自由が保障されている**ものである。このことはプライバシーとの関係でも同様である。**文芸の前にはプライバ**

シーの保障は存在し得ないかのような、また存在し得るとしても言論、表現の自由の保障が優先さるべきであるという被告等の見解はプライバシーの保障が個人の尊厳性の認識を介して、民主主義社会の根幹を培うものであることを軽視している点でとうてい賛成できないものである。」
と痛烈に被告側を批判して、プライバシーの重要性を説いたのである。この裁判例がいうとおり、プライバシーとは民主主義社会の根幹をなすものであるという認識を忘れてはならないであろう。

D）名誉毀損とプライバシー侵害の関係

ここで、表現の自由との関係でよく問題となる名誉権侵害とプライバシー侵害の関係について考えてみたい。

これまで述べてきたように、名誉毀損とプライバシー侵害は、対象となる人物の情報、すなわち事実を適時し、それを公にすることによってなされるという点で類似性がある。

例えば、前に述べたように、単なるその人物に対する主観的な意見の表明ないし論評であって、事実の摘示ではないものについて名誉毀損罪は成立しない。これに対して、とある人物Kが「乙社社長甲は、従業員に時間外労働をさせておいて、時間外労働手当を支払っていない。こき使っている。とんでもない奴だ」などと、インターネットの掲示板に掲載した場合には、甲が従業員に時間外労働をさせているという事実を示しているので、**事実の摘示**となる。よって、Kには名誉毀損が成立するし、プライバシーの侵害にもなりうる。事実摘示があるか否かで正反対の結論となっている。

では、プライバシー侵害と名誉毀損の一番の違いは何であろうか。まず、名誉侵害があった場合前出夕刊和歌山事件において、真実性の証明があった場合には不法行為を成立させないとしている。つまり、表現の自由が優先するという判示がなされたのである。これは表現内容が真実であれば許されるとしたものである。

しかし、これに対してプライバシー侵害の場合、その内容が真実であったとしても許されないと解されている。なぜかというと、プライバシーの場合、真実であることが証明されたとしても、プライバシーの場合、かえって真実であればある程プライバシー侵害となるからである。例えば、政治家に愛人

がいることが証明されたとしても、それはますますプライバシーを侵害するだけである。そこで、プライバシー侵害の場合、真実性の証明によっては免責されないのである。これが名誉権侵害とプライバシー侵害の大きな違いとなっている。

　もう少し深く掘り下げて考えてみよう。

　プライバシーと名誉は、事実の摘示によって侵害されるものであるが、これらはそれぞれ異なる法益を有しており、この法益の違いが違法性阻却の有無に影響を及ぼすことになる。

　詳しく説明しよう。名誉毀損の法益は、**自己に対する社会的評価**、簡単にいえば**世間からのイメージ**と本人の持つ**名誉感情**である。これに対し、プライバシーとは**私生活をみだりに公開されない権利**であり、その法益は**個人の私生活**である。名誉毀損は社会で自分を出していくような人間が対象となっており、プライバシーは静かに暮らしている一般人が対象となっている。

　社会に出ていく人間は、ある程度世間からの批評にさらされることを覚悟しなければならない。そうだとすると、その者を判断する資料として、真実の情報が必要となってくるのは当然であろう。このような考えから、名誉毀損については真実性の証明が違法性を阻却するものとして規定されているのである。

　これに対して、静かに暮らしている一般人については、一般社会とは離れた私生活を保護してやらなければならない。誰しも、他人に知られたくない私生活上の事柄がある。その者が養子であるとか、非嫡出子であるとか、信じる宗教であるとかいうものは、他人にさらされることは予定されていない。社会一般の批評の対象にもならない。そうだとすれば、真実性が証明されたとしても、プライバシー侵害の違法性を阻却することは許されないということがわかるであろう。さらに、**プライバシーの侵害に関しては、公表された内容が真実であればあるほど、被害者の損害が大きくなる**ということを理解しなければならない。なぜなら、個人にとっては公表されたくない事実なのであり、それが真実であるというお墨付きをもらっては、動かし難い事実となって、その者のプライバシーが永遠に破壊されてしまうことになるのである。いったん破壊されたプライバシーは回復することが困難であり、反論や

真実の証明で回復される名誉とはこの点で決定的に異なる。

　もっとも、プライバシー侵害であっても、その違法性が阻却される場合がないではない。すなわち、当該情報の公表がプライバシー侵害行為として不法行為を構成するか否かは、当該事実を公表されない法的利益が、公表する利益に優越する場合には、その情報の公表により被った精神的苦痛の賠償を求めることができると考えるべきである。では、公表する利益が公表されない不利益を上回る場合とはいったいどのような場合であろうか。例えば、①当該情報を公表することに歴史的又は社会的な意義が認められる場合、②その者の社会的活動に対する批判、評価の一資料とする場合、③公的立場にある人物であり、その者が公職にあることの適否などの判断の一資料として当該事実が公表されたというような場合には、公表する利益が公表される不利益を上回る可能性があり、そのような場合には違法性が阻却されることになる。

　以上からわかるのは、本人が公表されることを望まない、私生活上の事実であっても、プライバシー侵害とならない事実とは、主として公共の利害に関係する事実であり、主に対象となる人物は社会的に影響力のある人物、つまり公人と言えるようなレベルの人物でなければならないといえる。政治家や巨大な宗教団体の教祖、経済界を左右する巨大企業の社長、経団連など、巨大な労働組合のトップ等その私生活上の暮らしぶりまでもが公的な評価の対象とされるべきものでなければならない。

　具体的に考えてみよう。このような公的評価がなされる人物とはいかなる人物であろうか。簡単にいえば、強く社会的影響力を持つ人物である。では、次のような例はどうであろうか。

　ある病気の治療分野で、医療業界において第一人者であると評価される医師Xがいたとしよう。過去に彼が治療に携わった患者が、その医師が行なった治療行為を取り上げて、セクハラをしてきたとして、実名とともにその事実を公表した。なお、これについて、元患者は民事訴訟を提起している。

　この場合、元患者の行為は、Xという医師がセクハラをしたという事実を摘示するものであるから、名誉毀損とともにプライバシーの侵害に当たる行為である。では、違法性は阻却されるであろうか。医師は、ある治療の分野の第一人者であり、その治療の現場におけるセクハラが問題となっていて、

訴訟にまでなっているのであるから、訴訟を提起されたことの事実を公表することには、相応の社会的意義が存することは否定できない。

もっとも、この医師は、医療業界においては良く知られた人物ではあるが、一般国民の間で広くその氏名が知られている著名人とはいえず、また、特定の医療分野の権威ではあるが、強い社会的影響力を有していたとまではいえないであろう。

また、訴訟が提起されてはいるが、判決が出ているわけではなく、しかも、当該事件は民事事件であり刑事事件とは異なるため、その公表について、社会的意義は低いといわざるを得ない。そうだとすると、当該事実を公表する必要性は高かったとはいえない。そして、実名が公表され、公表の対象となっている事実が、その医師の従事する医療業務に関するもので、その中でセクハラがあったと報道されれば、その医師の社会的立場や以後の医療業務の遂行に著しい不利益を被るおそれが存在する。

以上の通り、事件の報道には一定の社会的意義はあるといえるが、医師は著名人ではなく、社会的影響力が大きいとまではいえないから、その実名公表によって医師が被る不利益は著しいと評価できる。

よって、この場合元患者にはプライバシー侵害が成立するであろう。

以上論じてきたところから考えると、あくまでプライバシー侵害というのは公表されないことが前提のものであり、ただ例外的にその違法性が阻却されるのは、その対象となる人物は社会的な影響力が強い人物でなければならない。先述の例のように、確かに、特定の業界で著名であったとしても、その者が社会一般に強い影響力を持つような人物でなければ、プライバシー侵害の違法性阻却の対象となることはないであろう。

また、その公表については、公益を図るような、要するに表現の自由という権利を行使するに値する正当な理由がなければならない。これは、前から私が述べているように、権利の行使、すなわち法律の適用は、正当な理由を有する者が、そのために行使するのでなければ許されないということを意味していると解することができる。

以上からすると、プライバシー侵害における違法性阻却の可能性はかなり限定的に考えなければならないということになる。

(6) 通信の秘密（憲法21条2項後段）と社員の管理

　憲法は通信の秘密を保障している。昔は手紙のやり取り、そして電話のやり取り、最近では電子メールでのやり取りなど特定人間のコミュニケーションの保護を図ることが目的である。

　なぜ、この通信の秘密が憲法上、しかも表現の自由の箇所で保障されているかといえば、通信は特定人に対する表現の伝達手段であり、その特定人への伝達手段の秘密が守られてはじめて、表現の伝達者は安心して表現行為ができるからである。この通信の秘密は、その内容はもちろん、その存在（通信があったこと自体）についても保障の対象とされる。これはプライバシーの問題とも関連してくる。

　私人間である労使関係でいえば、社員のPCメールの管理などで問題となるであろう。

　多くの会社は、社員の使うPCメールを管理部において監視できるように設定している。これについて、まず日常の生活を営む上で通常必要な外部との連絡のために必要かつ合理的な限度の範囲内で、会社のネットワークシステムを用いた私的PCメールの送受信をすることは社会通念上許容されていると解するのが相当である。

　では、このPCメールを監視することが、憲法で保障する通信の秘密（憲法21条2項後段）及びプライバシー権（憲法13条）を侵害し、監視の禁止ないし損害賠償を求めることができるのではないかが問題となる（間接適用説）。

　社員の私的な使用が、家族への状況報告等必要かつ合理的な範囲に止まるものである限り、その使用について社員に一切プライバシー権及び通信の秘密がないとはいえないであろう。これを国が行った場合、通信の秘密及びプライバシー権の侵害となるおそれは大きい。しかし、会社には業務・社員の管理権（憲法22条1項及び29条1項）が存在するのであるから、その権利同士の調整が必要となる。

　これについて、その内容が即時に消滅する電話と異なり、PCメールの送受信については、一定の範囲でその通信内容等が社内ネットワークシステムのサーバーコンピューターや端末内に記録されるものであること、社内ネットワークシステムには当該会社の管理者が存在し、ネットワーク全体を適宜

監視しながら保守を行なっているのが通常である。そうだとすると、そもそも社員としては、社内のPCメールを私的に使用する場合に期待し得る保護の範囲は、通常の電話による場合よりも相当程度低減されることを甘受するべきである。簡単に言えば、PCメールは監視されるのが前提のものであり、それをわかってPCメールを使用しているのであるから、権利保護の度合が下がるということである。もっとも、もっぱら**個人的な好奇心から監視した**とか、**管理部などの第三者に監視の事実を秘匿したまま個人の恣意に基づく手段方法により監視したような場合**には通信の秘密及びプライバシー権の侵害ということになり、不法行為責任が問われることになるであろう。

すなわち、**監視の目的、手段及びその態様等を総合考慮し、監視される側に生じた不利益を比較衡量の上、社会通念上相当な範囲を逸脱した監視がなされる場合に違憲・違法という評価がなされる**ことになるのである。

（7）スタイル・スピーチ（髪型・ヒゲ・服装の自由）

会社等の職場においてよく問題となるのが髪型やヒゲ、服装に関する規制である。これは、身じまい等のライフスタイルを自由に決定する権利であり、憲法13条の**幸福追求権**によって保障されると書いた。しかしながら、この問題は表現の自由の問題ともなる。以下で説明する。

（8）シンボリック・スピーチとスタイル・スピーチ
①総論

通常表現の自由は、言論を使っての行使（**ピュア・スピーチ**）と、デモ行進や集会の開催など言論の他に行為を伴う表現の行使（**スピーチ・プラス**）とが考えられる。しかし、表現というものが、自己の思想や信条の発露であるとすれば、表現をなにも言葉による方法のみに限定する必要はないであろう。言論を伴わず、その行動自体が表現行為であるとされる場合も考えられるのである。例えば国旗を燃やしたり、写真を破ってみたり、音楽フェスや展覧会の開催などである。これらは、**シンボリック・スピーチ**と言われ、日本では「**象徴的表現**」とも言われる。学校や職場での国家斉唱の時に、胸や肩に君が代反対をあらわすピンクリボンをつけるような行為のことである。

これは、言葉で発していなくとも、その行為自体に一定の表現が含まれており、表現の自由の保障の範囲内であるのである。

「表現」という言葉には「言語」を用いたものであるという限定はなく、日本国憲法21条1項も集会・結社・言論・出版以外にその他一切の表現の自由を保障すると規定していることからも理解できるであろう。すなわち、「表現」とは、あらゆる身体行動を含めた**あらゆる手段による思想発表**を意味しているということができる。

では、髪型や口髭、服装などの日常生活における身じまいについて考えてみたい。どのような格好で、どのような風に日常を過ごすかは、本人の意思決定の自由にまかされている。これは身じまいの自由ということもできるが、もう一方で表現行為とも捉えることができる。つまり、髪型やヒゲや服装などを通じて、自分自身のアイデンティティを発信する行為であるとも捉えることは可能であろう。そうだとすれば、このような身じまいを通じて自己を発信することも表現の自由の射程に含まれているといってよいであろう。しかしながら、何かしらの象徴的な行為であるとも言い難いので、私はこれを「スタイル・スピーチ」(Style Speech) と呼ぶことにしている。

このスタイル・スピーチは会社の服務規律・服務規定と鋭く対立することがある。要するに、会社で茶髪や口髭の禁止をするとか、アクセサリーを着けてはいけないとか、派手な色の服を着てはいけないとかそういったルールが定められているような場合である。

この違反をめぐって、従業員が処分されるとしたら、それによっては憲法上いかなる問題が生じるのであろうか。以下で考えてみる。

②髭・髪型・服装の自由と服務規律違反

労働者は、一般市民として、ヒゲをたくわえるか否か、どのような服を着るか、どのような髪型をするかの自由（スタイル・スピーチ）を有している。そして、これらの自由は憲法21条1項で保障されるものであることは前述した。そして、原則これらの自由が公共に迷惑をかけるようなことはないので、公共の福祉による制約というものも考えにくい。

なお、昨今日本国旗の掲揚に反対する公務員が校長の職務命令に違反して、規律・斉唱しなかった結果懲戒処分を受けるということが問題となっている

が、これは教員の表現の自由(シンボリック・スピーチ)または思想良心の自由と公務員の職務の公共性確保の要請に基づく学校長の裁量権が衝突した場面である。なお、これについて最高裁は、憲法19条(思想良心の自由)の問題と捉え、職務命令は校長の裁量権の範囲内であるとして、その合理性を認めている。

もちろん使用者にも、**会社を維持・発展させていく権利と義務**があるので、学校長の認められる管理権と同様、**会社の従業員に対する管理権**が認められることはいうまでもないであろう。そうだとすると、ここでも**使用者の管理権**と従業員の**スタイル・スピーチの自由**の衝突が問題となるのである。そして、これは学校長と教職員のような公法関係ではないため、**私人間効力**によって判断される。つまり、労働者はスタイル・スピーチのせいで不利益を受けたとして、信義則違反や不法行為を争うということになる。

これについて、**労働者も一般私人である**から、好きな髪型にする自由、好きな服を着る自由、口髭等をたくわえる自由が認められている。何度も言うがこれは憲法21条で保障される権利である。

判例 ■最判平24. 1. 16(教職員国旗国家伴奏事件)判タ1370-80

判例 東京都立学校の教職員であった上告人らが、卒業式等に際して、国歌斉唱時に国旗に向かって起立し、国家を斉唱すること等を命ずる職務命令は、上告人らの思想及び良心の自由を侵害するなど違憲、違法なものであるから、これに従わなかったことを理由とする懲戒処分も違憲、違法であるとして、各懲戒処分の取消しを求めるとともに、損害賠償を請求した事案の上告審において、過去2年度の3回の卒業式等における不起立行為による懲戒処分を受けていることのみを理由としてした停職処分は、停職期間の長短にかかわらず、処分の選択が重きに失するものとして社会観念上著しく妥当を欠き、懲戒権者としての裁量権の範囲を超えるものとして違法であり、他方、積極的な妨害行為を非違行為とする複数の懲戒処分等を受けていた者に対する停職処分は懲戒権者として

の裁量権の範囲を超え又はこれを濫用したものとして違法であるとはいえないとした。

しかし、**使用者は業務遂行上の必要性**から従業員に対し口髭・茶髪などのスタイル・スピーチに対して、保健衛生上の観点から、あるいは顧客に対する快適なサービスの提供のため、若しくは他の従業員であることの識別を可能にするため**従業員の管理権の一環として一定の制約をかけることができる**。これも、憲法22条1項で保障される営業の自由として認められる権利である。

これら二つの権利の衝突を調整することが必要である。そこで、一定の制約にあたるか否かは、「**業務遂行上合理性が認められる**」か否かによって判断されることになる。

すなわち、**個人としての尊厳を最大限尊重しながら、業務遂行に必要な限度で最小限の制約は合理的な制約として、許容される**。その方法・態様が労働者の人格や自由に対する過度の支配や拘束となってはならない。

以下で具体的な裁判例を参考に、個別具体的な検討をしてみよう。

③**東京地判昭55．12．15**
（イースタン・エアポートモータース事件）労判345-46
原告は、鼻下に髭をたくわえていたところ、被告会社は、原告に対し「次の勤務日までに必ず髭をそるように。もし髭をそらないときは、ハイヤー乗車勤務につかせない」との業務命令を発した（以下本件業務命令という）。

ハイヤー営業は、タクシーと異って料金も高額であるためおのずから顧客も限定されるため、他社との競争も激しく経営の維持には一層の配慮をなさざるを得ない。そのため、被告会社は、ハイヤー運転手の顧客に対するサービスのあり方には殊更に意を用いている。すなわち、ハイヤー運転手は、外部において直接顧客等と接触してハイヤー営業行為を行うものであり、そのサービス活動の実績の推移がそのまま被告会社の経営面に大きな影響を与えることとなるので、顧客に対する接遇については遺漏なく、安全・確実かつ快適なサービスを提供して会社の信頼を保持し、これを高めるべきことを求めていた。

また、車両の手入れ、服装、みだしなみ等に関しては、こと細かな指示をしていた。

先にのべたとおりハイヤー運転手は、業務の性質上顧客に対して不快な感情や反発感を抱かせるような服装、みだしなみ挙措が許されないのは当然であるから、被告会社がこのようなサービス提供に関する一般的な業務上の指示・命令を発した場合、それ自体合理的な根拠を有するから、ハイヤー運転手がそれに則ってハイヤー業務にあたることは、円満な労務提供業務を履行するうえで要求されて然るべきところである。

顧客は、ハイヤー業務に対し安全、確実な輸送はもとより、くつろぎのある快適なサービスの提供を期待しているものである、ハイヤー運転手が、これに背向して顧客に不快感、反発感あるいは警戒の情感をかきたてるハイヤーサービスをした場合、企業の品格、信望が傷つけられることは必至であり、しかも、企業の品格、信望は一たび損なわれれば回復は著しく困難で、企業は計り知れない損害を被ることとなる（ハイヤー業務のように特定の顧客との継続的な取引が主体となる場合には特にそうである）。従って、**ハイヤー業務においては、顧客に対するハイヤーサービスの充実向上を図ることが、業務の正常な運営を維持確立するために不可欠な要素であるから、顧客が求めているハイヤーサービスと不調和をきたすようなハイヤー運転手の容姿、服装、みだしなみ、挙止等に対しては時宜に応じて必要な業務上の指示・命令をなし得るのは当然である**といわざるを得ない。ハイヤー運転手が、口ひげをはやしてハイヤーの乗車勤務することが、**円満な事業経営と両立し得るかどうかについても、ハイヤー業務の特殊性ことに顧客に対する影響を看過して考えることはできない。**

被告会社は、ハイヤー業務に伴う苦情あるいは提言についてはこれを真摯に聴取検討し、又、顧客も比較的自由にその都度苦情等の申入れをしていたのであるが、原告が口ひげをはやしてハイヤーに乗車勤務していた一〇か月間、顧客側から原告の口ひげに関して格別具体的な苦情等が申入れられたことはなったことが認められる。又、原告の口ひげが、顧客の求めているハイヤーサービスに違和し、徒らに反発感、不快感あるいは嫌悪の情感等をかき立て、これにより被告会社の品格、信望等につき鼎の軽重が問われているこ

とを認める証拠はない。このような事実関係においては、原告が口ひげをはやしてハイヤーに乗車勤務したことにより、被告会社の**円滑かつ健全な企業経営が阻害される現実的な危険が生じていたと認めることは困難**である。

そうであるとすれば、**原告が本件業務命令に従うことが原告の労務提供義務の履行にとって必要かつ合理的であったとは未だ認め難い**といわなければならない。

つまり、**口ヒゲをたくわえる権利と円滑かつ健全な企業経営を行なう権利とを比較衡量した結果、運転手は口ヒゲを剃るべき旨の業務命令に従う義務はない**としたのである。

以上論じてきたように、いくら私人間といえども、口ひげを生やすという、**憲法21条1項で保障されたスタイル・スピーチを制限するには、単なる会社側の都合ではなく、現実的な必要性が立証できなければならず、その制限の方法も社会通念に照らして相当といえるものでなければならない**。

6 経済的自由権

1．職業選択の自由（憲法22条1項）

> 憲法 第22条1項【居住移転及び職業選択の自由】
> 　何人も、公共の福祉に反しない限り、居住、移転及び職業選択の自由を有する。

1）居住移転の自由と出向命令

憲法は22条で、居住移転の自由を定めている。**居住移転の自由**は、封建社会において制限されていたが、近代社会において確立し、資本主義経済の基礎的条件となったものである。つまり、**人は生きていくために、自由に居所を変え、経済活動を営むことで生活を支えていくのである**。このような歴史

的な背景から居住移転の自由は経済的自由のひとつに数えられてきた。しかし、現代では、広く知的な接触の機会を得るためにもこの自由が不可欠であることから、**精神的自由の要素も併せ持っている**と考えられている。

労使間においてこれが問題となる場面として考えられるのは、**出向とそれにかかわる住居変更**であろう。就業場所が現在の場所と大きく変われば、住居も変更せざるを得ないということになる。では、労働者の同意なくなされる出向命令は居住移転の自由を侵害しないのであろうか。

出向は、企業間の人事異動であり、労務提供の相手方の変更を伴う。そして、労務提供の相手方の変更には、基本的には労働者の同意が必要である。出向が労働条件の変更を伴うものである以上当然であろう。

もっとも、会社にも人事権というものがある以上、適正な人事配置の要請もあり、常に労働者の同意がなければ出向を命ずることができないのも不合理である。

そこで、就業規則・労働協約において出向を命ずる明示の規定がある場合や、採用の際に出向命令に労働者が同意している場合に限り、個別的同意なく出向命令を発することができると解するのが相当であろう。

もっとも、就業規則・労働協約における出向命令規定、採用の際における同意があったとしても、それが包括的な内容である場合には、出向による労働者の不利益の程度を勘案すると、その不利益への配慮が必要となる。すなわち、**包括的規定や同意によって出向を命じることができるかは、出向先企業との関連性の程度、出向先における出向者の労働条件、出向期間、復帰の可能性、通例の人事異動として行われてきたか等を総合的に勘案して判断するべきである**。ここで、不必要かつ不相当な住居の変更がある場合は、当該出向命令は憲法22条1項違反となり、違憲無効という判断がなされる。なお、当該論理は職業選択の自由にもあてはまるもので、通常こちらの中で議論されるものであろう。

2）職業選択の自由

職業選択の自由とは、自己が従事する職業を決定する自由である。日常生活を営むために、自己で職業を選ぶという権利が憲法上で保障されている。

もっとも、現代において、自己の人生でいかなる職業を選ぶかは、その人の生き様を表すものであるという評価も可能であり、職業選択の自由には精神的自由の側面もあるといわれている。これはまさにその通りではないかと考える。

（1）職業選択の自由と営業の自由

自己の従事するべき職業を決定する自由だけでなく、**自ら選択した職業を行なう自由まで含まれる**と解さなければ、職業選択の自由を保障した意味はないであろう。そこで、職業を遂行する自由、すなわち**営業の自由**も憲法22条1項において保障されていると解されている（最判昭47.11.22（小売市場距離制限事件）判タ286-205）。

（2）経済的自由を規制する根拠

経済的自由も公共の福祉によって、一定程度の制約を受けることになる（**憲法22条1項、29条2項**）。これについて、精神的自由については経済的自由に比べて、その規制は厳格になされると説明した（二重の基準参照）。精神的自由は自己実現・自己統治の価値があり、また、いったん傷つけられると、民主政の過程でその権利を回復させることが困難であるということが、精神的自由が厚く保護される理由である。これに対して、経済的自由が非常に耐性のある権利であり、社会的相互関連性が強いということ、また、司法部による審査能力の適格性に問題があることが、経済的自由への規制に対して緩やかな審査がなされることの理由である。

したがって、経済的自由に関しては立法目的及び立法目的達成手段の双方について、一般人を基準にして合理性が認められるかという基準によって判断されることになる。

（3）規制目的二分論とその修正
①規制目的二分論とは

さらに、このような経済的自由の制約も、その制約の類型によって審査の基準が変わってくるという理論が提唱されている。

すなわち、経済的自由を制約する目的には二種類あって、一つは国民の生命及び健康に対する危険を防止するために加えられる規制である（**消極目的規制**）。例えば、国民の生命や健康に直結するのは医療分野や飲食業界に対する規制である。医師・薬剤師の資格、医薬品の検査、飲食店の公衆衛生の管理や提供食材の規制を思い浮かべればよい。

　もう一つは、経済の調和のとれた発展を確保し、特に社会的経済的弱者を保護するためになれる規制である（**積極目的規制**）。例えば、中小規模の小売店を保護するために、大規模店の出店を規制するとか、電気・ガス・水道・鉄道・バス等の公益事業の認定などである。

　経済的自由への規制をこのように分けた場合、前者の消極目的規制については、一定の害悪の発生の危険の存在を前提に規制の程度・手段が必要最小限化を判断することになる。なぜならば、消極目的規制については、関係事項が国民の健康に影響があるか否かというような客観的な判断が可能であり、政策的判断の余地が少ないため裁判所の判断に馴染むからである。つまり、裁判所によりある程度込み入った審査が可能であるので、じっくりと判断しようということである。

　これに対して、積極目的規制の場合、現在及び将来を見越した全体的な経済的判断が必要となり、これは多分に政治的判断となるから、裁判所はある程度身を引き、立法や行政の判断を尊重するという姿勢となる。そこで、当該規制措置が著しく不合理であることが明白である場合に限って違憲とする。

　以上がいわゆる規制目的二分論というものである。

②**規制目的二分論の修正**

　さて、規制目的二分論がいかなるものであるかはご理解いただけたであろう。しかし、現代において規制目的二分論では当てはまらないような事例、すなわち積極目的規制か消極目的規制かをはっきりと分けることができないような規制も多く、その区別が相対的になっているという指摘がある。公害規制や建築規制を考えてほしい。公害規制は一方面では、住民の生命・健康保護のためのものであるが、他方面では、良好な自然環境・生活環境という積極目的の側面も有していることになる。

　そこで、**規制の目的だけではなく、規制の態様をも併せて考える必要があ**

ると解されるようになってきた。規制態様が厳しければ厳しいほど、厳格な基準で判断しようということである。

　具体的に説明しよう。いま、駅前でたこ焼き屋を営んでいたXは、新たな市場を求めて、「痩せるたこ焼き」という健康食品を開発して売り出そうと考えたとしよう。しかし、厚生労働省から、現在健康食品業者が非常に多く存在しており、たこ焼き屋のような飲食業を営んだ者は、健康食品の販売をさせることはできないとして、販売の認可を下さなかったというような場合はどうであろうか。

　まず、Xは飲食業から健康食品販売の市場へと参入しようとしたが、それを規制されている。健康食品販売をはじめることは職業選択の自由であるといえる。そして、市場への新規参入規制のような職業選択の自由の制限は、営業行為のような職業遂行の自由の制限よりも、規制態様としてみると規制の度合いが大きい。また、飲食業をやっていたという過去の経歴は、一定の資格や試験ではなく、本人の能力に関係しない条件、すなわち本人の力ではいかんともしがたい要件による制限をする場合には、やはり規制態様としてみて、規制の度合いが大きいといえる。よって、このような規制に関しては、合理性の基準の中でも厳格な基準である、「厳格な合理性の基準」（規制目的が重要か、規制目的と目的達成手段との間に実質的な関連性があるか）によって判断しようということになるのである。

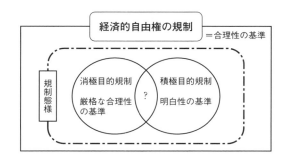

（4）職業選択の自由と競業避止義務規定

　多くの企業には、自社に所属している間または退社してしばらくの間、使

用者と競業する企業に就職したり自ら開業したりしてはならないという規則が存在し、競業避止義務に違反した者は「退職金を減額又は不支給とする」という定めを置いているところも多い。

しかし、この制約は従業員が自己の職業を自由に決められないということを導くものであるから、憲法上保障される**職業選択の自由（22条1項）**を侵害しているとはいえないであろうか。

労働者にとって、これまで培った技術や経験を活かして再就職することは、自己の食い扶持を得て、社会的・経済的にひとり立ちをする自由であるから、職業選択の自由によって保障されるものである。

しかしながら、企業の秘密を保有する労働者がライバル会社に就職することは、会社側からすれば、多大な損害を自社に及ぼす可能性があるため、それを阻止する必要性も大きい。つまり、競業他者への再就職を禁止することには、会社の財産権を保護するという側面がある。

そこで、**従業員の職業選択の自由と会社の財産権の調整が必要**となってくる。現実的には、民事訴訟における競業の差止請求や損害賠償請求の中の主張における不法行為や一般条項の解釈において、憲法の趣旨を取り込んでいくことになる（私人間効力・間接適用説）。

この点、**在職中についての競業避止義務**については、労働契約に内在する労働者としての義務であり、**信義則に基づいて当然に生じる義務**であるとされる。労働者として、当該会社に就職するときに、会社の権利を不当に制限しないことを約束しているとみなすことには問題はないであろう。

他方、**退職後の競業避止義務**については、**契約上の明確な根拠、すなわち当事者間の合意または就業規則等の規定が必要**であるとされている。競業避止義務が契約上の義務であり、契約上の義務は契約の終了とともに消滅するのが原則である。そこで、競業避止義務が労働者の職業活動を直接制限し、労働者の職業選択に対する高度の制約となる以上、その制約を正当化するには、特別の合意を得ておく必要があると考えるべきである。

もっとも、このような合意や規定を制定しても、**その合意や規定自体が労働者の職業選択の自由を不当に制約するものでなければならない**。

この点について、いくつかの裁判例が出ている。「**奈良地判昭45．10．23**」

(フォセコ・ジャパン・リミテッド事件）ジュリストL02550653等は、競業避止義務規定の違反については、使用者の正当な利益の保護に照らし、労働者の職業選択の自由を制限する程度が、就業制限の期間、場所的範囲、制限対象となっている職種の範囲、代償措置の有無等からみて、必要かつ相当な限度のものであれば、競業避止規定も合理的であり有効といえるが、その限度を超えた労働者の職業選択の自由を過度に侵害するような規定は公序良俗に反し無効となると判断している（大阪地判平15．1．22（新日本科学事件）労判846-39等参照）。

【競業避止義務規定の合理性判定要素】
① 対象となる労働者の地位の高さ・職務内容の機密性重要性
② 使用者の正当な利益の保護を目的とするか否か
③ 就業制限の対象（何が制限されるか）
④ 就業制限の期間・地域
⑤ 代償措置の有無・程度

3）財産権（憲法29条）

財産権は18世紀末の近代憲法においては、個人の不可侵の人権と理解されていた。しかし、社会国家思想の進展に伴い、財産権は社会的な拘束を負ったものと考えられるようになった。1919年ワイマール憲法、「所有権は義務を伴う。その行使は、同時に公共の福祉に役立つべきである。」としたのが典型例であろう。

（1）財産権の保障とは

憲法29条は財産権を侵してはならないとしているが、その内容はいったいどのようなものであろうか。

> 憲法　第29条【居住移転及び職業選択の自由】
> 　財産権は、これを侵してはならない。
> 2　財産権の内容は、公共の福祉に適合するやうに、法律でこれを定める。
> 3　私有財産は、正当な補償の下に、これを公共のために用ひることができる。

　一つは**私有財産制の保障**であろう。日本は資本主義体制をとっており、資本主義は生産手段の私有が内容となっているため、個人が生産手段である財産を所有できることを制度的に保障されなければならない。

　また、少なくとも**個人の日常生活に不可欠な個々の財産が憲法上保障を受けない**というのでは、「財産権」の保障があまりにも**相対化**されてしまう。そして、財産は国民の社会的経済的活動の基礎をなす。

　そこで、憲法29条は私有財産制という制度のみならず、**各人が現に有する基本的人権として財産権の不可侵を保障している**と解される。これは判例でも述べられている（最判昭62．4．22（森林法共有林事件）判タ633-93）。

　すなわち、私有財産制を保障しているだけではなく、権利として財産権というものを保障しており、国民は財産権を侵害された場合裁判所に権利侵害であるとして訴えることができるのである。

（2）財産権の制限根拠

　財産権を定める29条はその2項で財産権が**公共の福祉による制約**を受けることを明示している。簡単にいうと、他人の権利を侵害するような財産権の行使は許されないということである。いくら所有権があるというからといって、ため池の堤防に農作物を植え、その結果ため池を破壊する原因を作ることは許されないであろう（もっとも、このような行為は財産権の行使の埒外にあると評価できる（最判昭38．6．26（奈良県ため池条例事件）判タ146-182）。

　財産権は経済的自由のひとつとして、基本的には**合理性の基準**によって判断されることになるが、様々な考慮要素があるため、**財産権の性質、規制の**

目的・態様・程度などを総合的に考察し、規制の必要性・合理性を判断し、個人の生存にかかわる財産権の制限については厳格度を増した審査等を行なうべきであろう。

(3) 財産権の制約と補償（損失補償）
① 憲法29条3項の趣旨
　財産権は侵してはならないが（**財産権不可侵**）、公共の福祉による必要最小限の制約の可能性があると述べた。そして、財産権を定めた**憲法29条**はその3項で公共の福祉のために用いるには「**正当な補償**」を要求している。
　これは、公共事業の用に供するために私有財産を収容することは、財産権の不可侵性と真っ向から対立するが、その**損失を貨幣価値によって償うこと**で**財産権不可侵の原則**を貫こうとするものである。
　また、損失補償制度には公共の利益のために特定人に加えられる経済上の損失は全体において負担するべきであるという**平等原則の契機**も含まれている。

② 「公共のために用いる」とは
　憲法29条3項の「公共のために用いる」とはどのような場合であろうか。これについては、公用収用等の直接公共の用に供するため**特定の私有財産を収容する場合**だけではなく、農地改革における農地買収などの、被収用財産が結局他の個人に分配され、その私的な用に供される場合でも、**広く社会公共の利益のため**であれば、「公共のために用いる」場合に該当すると解するのが相当である。
　具体的には、侵害行為の対象が広く一般人か、特定の個人ないし集団かというような**形式的要件**と、侵害行為が財産権に内在する社会的制約として受忍すべき限度内であるか（29条2項の範囲内か）、それを超えて財産権の本質的内容を侵すほど強度なものであるか、というような**実質的要件**の双方によって判断することになる。

③ 「正当な補償」とは
　財産権の制約には「正当な補償」が必要であるが、それがどのようなものであるかについては争いがある。
　最判昭28. 12. 23（農地改革事件）判タ37-43においては、「正当な補償

第3章 労働法を理解するための基本三法　憲法編

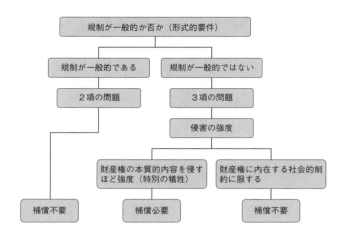

とは、その当時の経済状態において成立することを考えられる価格に基づき、合理的に算出された相当な額を言うのであって、必ずしも常にかかる価格と完全に一致することを要するものではない」としている。また、**最判平14．6．11（土地収用法事件）判タ1098-104**においては、上記判例の規範を引用しつつ、最終的に「収容の前後を通じて被収容者の有する財産価値を等しくさせるような補償」を要求もしている。

（4）財産権保障と労働事件

では、労働事件において財産権が問題となる場面は存在するであろうか。ひとつには労働基準監督官の残業代支払命令という問題が考えられる。

企業というものは営利団体であり、それを前提として認められた法人であるから、権利の性質上財産権の権利の享有主体となることは間違いない。

すなわち、残業代を支払う原資は会社の保有する財産であって、その財産を労働者に支払へと命じることは、財産権の制約にあたりうる。

そして、財産権の制約については「**公共の福祉**」に適合するようなものでなければならない。

では、残業代の支払いを命じることは公共の福祉に基づく最小限の制約といえるであろうか。

確かに、不当な残業代不払いがあり、それに対して支払いがなされるよう

に水を向けることは、一定の合理性があるようにも思われる。

しかし、あくまで残業代を支払うか否かは私人間における契約の問題であり、第1次的にはそれを支払うかいなかは当事者間の合意によって決まってくるものなのである。

何の正当性もない残業代の支払請求につき、裁判所の司法判断もなされず、詳細な調査もせずに、企業に対して残業代を請求し、是正勧告と称して労働者に不要な残業代を支払わせることは企業の財産権の侵害に他ならないであろう。

したがって、労働基準監督官の命令について、その内容が合理的で方法が客観的に社会通念上相当な手段であると認められるような特別の事情がある場合を除き、労働者の請求にそのまま応じてなされるような労働基準監督官の是正命令は、公共の福祉の範囲内の必要最小限度の制約とはいえず、財産権の侵害に当たると解するのが相当である。

社会権（生存権）と労働基準法

1．社会権

社会権は福祉国家の理想に基づき、特に社会的・経済的弱者を保護し、人々の実質的平等を実現するために保障されるにいたった人権である。

その内容は、国民が人間に値する生活を営むことを保障するものであり、法的にみると、国に対して一定の行為を要求する権利（作為請求権）である。この点で、国の介入の排除を目的とする権利（不作為請求権）である自由権とは性質が異なる。ただし、社会権にも、公権力による不当な侵害があった場合には、その排除（不作為）を裁判所に請求できる自由権的な側面も有している。

日本国憲法においては①生存権（25条）、②教育を受ける権利（26条）、③勤労の権利（27条）、④労働基本権（28条）という社会権が保障されている。

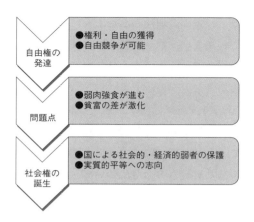

2．生存権（憲法25条）

1）生存権とは

憲法25条の定める**生存権**の保障は、社会権の中で原則的規定であり、その趣旨を実現するため、2項は国に生存権の具体化について努力する義務を課していると解されている。

> 憲法　第25条【生存権】
> すべて国民は、健康で文化的な最低限度の生活を営む権利を有する。
> 2　国は、すべての生活部面について、社会福祉、社会保障及び公衆衛生の向上及び増進に努めなければならない。

なお、2項を受けて具体化された法制度としては生活保護や児童福祉に代表される社会福祉立法や、社会保険・労働保険・年金保険などの社会保障制度、食品衛生法や環境基本法などの公衆衛生のための制度などがある。

2）生存権の法的性質

生存権とはいったいどのような権利なのかが昔から争われている。かつて25条1項は国家に対する政治的義務以上のものは定めていないと解し、法規範性を否定していた。

しかし、憲法が明文で「権利」としているものの法規範性を否定することは不合理であるから、法規範性は認めるべきである。しかしながら、生存権の権利の内容は抽象的かつ相対的なものであり、いかなる手段で生存権の保障を実質化するかにについては政治部門による選択の余地もあるとえる。

そこで、憲法25条の法規範性は肯定するが、憲法25条1項を根拠として国の立法や行政の不作為の違憲性を裁判で争うことは認められないとしつつ、この規定を具体化する法律の存在を前提として、その法律に基づく訴訟において、25条1項違反を主張し得るとする。また、この種の法律が存在しない場合でも生存権は法的権利であるので、**立法不作為**が国家賠償請求権の問題として争われる余地はあるであろう。

なお、国の行為により、直接国民の生存権が侵害されるような場合は、憲法25条を直接適用して、国民の生存権を守ることは可能である。

このような性質に鑑みれば、生存権に関する違憲立法審査基準は緩やかに解されることになる。

すなわち、「健康で文化的な最低限度の生活」の具体的内容は、時々における文化の発達の程度、経済的・社会的条件、一般的な国民生活の状況等との相関関係において判断決定されるべきである。そして、生存権の立法化の際には国の財政事情を無視することはできないし、また、多方面にわたる複雑多様な、しかも高度の専門技術的な考察とそれに基づいた政策的判断を必要とするのである。

そこで、一般的には、生存権についての立法が違憲であるか否かは、明白性の基準によって判断されるべきである。つまり、当該立法が合理性を欠くことが客観的に明白であるか否かによって判断されることになる。

3）生存権と雇用関係（最低賃金）

文化的な最低限度の生活を営む権利を有するとは、賃金論を指している。最低限度の生活を営むためには、人間らしく生きるための賃金、つまり最低賃金が決められていて、雇用も守られなくてはならない。雇用と賃金の確保こそ、この25条の核心的要素であるといえるのである。

しかし、その前に「健康で」という文言に注意しなければならない。工場

第3章　労働法を理解するための基本三法　憲法編

で働く人間が機械に腕を巻き込まれて傷ついたり、死亡したりしてしまった、あるいは技術者が過重労働で精神障害を引き起こしたりしてしまったら、賃金がいくらであろうと、人間らしい生活などは送ることはできないであろう。

したがって、会社の経営がいかなる状況にあろうとも労働者の安全と健康は守られねばならない。労働者を使う以上は決して職場で傷つけてはならない。精神障害等を引き起こさせてはならない。これが憲法の基本的な価値観であり、絶対論なのである。

そして、これを具体化するのが労働基準法であり、労働者安全衛生法、最低賃金法なのである。この生存権は国民に認められる権利ではあるが、抽象的なものであるので、それが権利として認められるには、具体的な立法が必要なのである（**抽象的権利説**）。

最低賃金を超えた賃金と雇用問題は、経営者にとって利益との均衡点である。先ほど述べた、財産権の侵害である労働基準監督官の残業代支払命令も、最低賃金の範囲での支払という方法であれば認められる余地もありそうである。

労働基準法が生存権を具体的に定めていると考えるにはもう一つ理由がある。

労働基準法119条には、罰則規定が設けてあり、同条項に該当する行為には罰金の他懲役刑が予定されている。

例えば、**三六協定**を締結せずに労働基準法32条に違反して割増賃金を支払わなかった場合、懲役刑に科せられる可能性がある。しかし、労働関係は私人間の関係であるから、通常債務不履行として債務不履行責任が問われるにすぎないと考えるであろう。

懲役というのは暴行・傷害・窃盗罪などについて定められている刑罰である。なぜ、単なる債務不履行であるにもかかわらず、これだけ重い罰則が定められているのであろうか。

それは次のような理由による。すなわち、労働基準法は最低の労働条件を定めたものなのであるから、それを守らなければ労働者は人間らしい生活ができず、人間の尊厳を奪ってしまう結果となってしまうからであろう。つまり、この規定は、憲法25条で保障された権利侵害を前提に定められたものであると評価することができるのである。

確かに、最低賃金しか支払っていない企業が割増賃金を支払わなかった場

合には、それは労働者の最低限の生活を奪ってしまう結果になるから、懲役刑とされてもいたしかたない部分はあるといえる。しかし、最低賃金の何倍もの時給・賃金を支払っている企業が、たまたま割増賃金を支払わなかった場合、なぜ懲役刑に処せられねばならないのであろうか。

労働基準法がなぜ法律違反に対してわざわざ懲役刑を課しているのかという理由を考えてみるべきである。それは使用者が労働者の生存を脅かすようなことのないように法により、労働者を保護するという趣旨であるとすれば、あくまでも労働基準法119条に該当するのは、労働者の生存権を脅かすような態様での賃金支払がなされていたような場合に限られると解するのが相当である。

3．勤労の権利（憲法27条）

19世紀から20世紀にかけて資本主義体制の下で、労働者は過酷な労働条件、低賃金、失業などによって生活を脅かされてきたが、社会国家の理想は、そのような状態の克服を目指して登場した。27条1項は、そのような社会国家の理念に基づくものである。

労働に関する契約は、もともとは労使間の契約の自由に委ねられていたが、経済的弱者である労働者には真の自由はなく、低賃金や過重労働などの不利な条件を強いられてきたという歴史的な経験を踏まえて、労働条件の設定に国が関与し、労働者の立場を保護することを目指した。

その具体化として表れるのが、労働基準法であり、最低賃金法、労働安全衛生法、労働者災害補償保険法、労働契約法である。

 # 人身の自由と労働基準法

1．身体的自由権

身体的自由権とは、身体的な自由を外部から不当に拘束されないことを内

容とする自由権である。内心の自由を出発点とする精神的自由権と対比される。憲法においては、主として刑事手続きに対する補償を定めているが、このほか身体的自由権一般に関する規定も置かれている。

2．人身の自由

憲法18条は、「何人も、いかなる奴隷的拘束も受けない。又、犯罪に因る処罰の場合を除いては、その意に反する苦役に服させられない」として、「**人身の自由**」を規定している。すなわち、国民が奴隷的拘束から解放されなければならないことを意味している。そして、これは直接的に国民同士にも適用される規定ともなっている。

> 憲法第18条【人身の自由】
> 　何人も、いかなる奴隷的拘束も受けない。又、犯罪に因る処罰の場合を除いては、その意に反する苦役に服させられない。

もっとも、これにあたるような行為は刑法上の逮捕・監禁罪にも該当しうるため、憲法上の権利が刑法によっても保護されているのである。
これは**労働基準法5条の解釈**にも関係してくる。
　Y会社の労働者Xが連日、定時を過ぎてもそのまま居残り、毎日4時間ほど仕事を続けていた。そしてある日、労働者Xの申告により、労働基準監督署による調査や臨検がY会社に入ったとしよう。その結果、これまでの未払い残業代について、労働基準監督官がタイムカード等を根拠として、「残業代をさかのぼって支払え」と是正勧告として支払命令を出してきたとしよう。
　世間では労働基準監督官の権限についての無理解による誤解が蔓延しており、会社は監督官の支払命令に使用者が唯々諾々と応じてしまったり、あるいは監督官に懇願して、残業代の支払いを半分にまけてもらったりしたなどという話があちらこちらから聞こえてくる。
　中には、残業をさせたことについて、労働基準監督官が刑罰の存在を持ち出して支払いを命令してくるような場合もある。

すなわち、労働基準法第5条は「使用者は、暴行、脅迫、監禁その他精神又は身体の自由を不当に拘束する手段によって、労働者の意思に反して労働を強制してはならない。」と規定しており、労働基準監督官はこれを持ち出し、残業をさせるのはよろしくないといってくるのである。もし、これが正しいのであれば、このような行為は憲法違反（人身の自由の侵害）ともなる。

しかし、はたしてそのように解釈できるであろうか。Y会社の社長が、Xが連日、定時後も居残っているのを見ていた、あるいは知っていたとすれば、たしかに事実の認識はある。しかし、社長は労働者に対して強制的に労働を命じたわけではないし、そのようにしようと思っていたわけではない。

労働基準法には刑罰が規定されており、その意味で**刑罰法規**であると解される。そして、刑罰法規の上位法である刑法で故意犯以外は法律に特別の規定が必要であるとしている（刑法38条1項但書）。そうだとすると、刑罰法規である労働基準法において、過失の規定は存在せず、その適用は**故意犯に限られる**ことになる。

そして、労働基準法が想定する故意による残業とは、労働基準法5条に鑑みれば、**労働者の意思に反して行動の自由を制限するレベル**のものであることが明らかである。同条の立法経緯からしても、**タコ部屋に監禁するようなレベル**のものを想定している。その程度の自由の制限が存在して、初めて社会通念上許されない客観的な違法性があるのであり、その違法性を認識して初めて、労働基準法違反として問えるだけの故意があるといえるのである。

今回取り上げたケースの場合、労働者Xが連日残業をしていたとはいえ、使用者Yがその居残りをただ単に認識し、認容していただけというだけならば、労働者は**帰ろうと思えばいつでも帰れる状態**にあったのである。そこにXが自発的に残って業務を行なっていたという事実があるだけである。そのことに関し、使用者であるY会社は何らの強制も強要もしていない。そのような状況をもってして、刑罰法規である**労働基準法の想定する故意があるとはいいがたい**。使用者Yに刑罰という厳しい制裁を与えるだけの認識があったとはとてもいえないだろう。

このように、労働者が自由を不当に拘束されていない、裏を返せば自由な意思で帰れる状態にあった以上、使用者は労働基準法違反として罪に問うだ

けの認識をしていた、つまり故意があるとはいえないのである。よって、Y会社において、労働者Xが残業をしていたことを使用者が知っていたというだけでは、故意に残業させたわけでも、故意に残業代を支払わなかったわけでもなく、刑罰法規である労働基準法の適用の対象になるようなことはないのである。そうであるとすれば、もちろん憲法違反に問われるということもないであろう。憲法と労働法、刑法と労働法が密接に絡み合う問題であるので、良く勉強してほしい。

3．適正手続の保障

　憲法31条は、「何人も、法律の定める手続によらなければ、その生命若しくは自由を奪われ、又はその他の刑罰を科せられない」と定めている。本条は刑事手続における人身の自由の保障に関する憲法の規定のなかで総則的な地位を占めている。

4．罪刑法定主義

　また、憲法31条は、**罪刑法定主義**を定めたものであるということもできる。
　罪刑法定主義とは、「どのような行為が犯罪とされ、これに対してどのような刑罰が科されるか」ということがあらかじめ法律により定められていなければならないとする原則である。
　さらに、本条は、刑罰法規がいかなる行為を処罰の対象としているかが明確にされていなければならないとする明確性の原則も要求している。
　漠然かつ不明確な法律による処罰は、適正手続の侵害であり無効とされる
【罪刑法定主義の内容】

①慣習刑法の禁止
②事後に立法して遡って処罰することの禁止
③類推解釈の禁止
④（絶対的）不定期刑の禁止

5．不当に逮捕されない権利

　憲法33条は「何人も、現行犯として逮捕される場合を除いては、権限を有する司法官憲が発し、且つ理由となつてゐる犯罪を明示する令状によらなければ、逮捕されない」と規定している。

　人間の身体そのものに対して直接国家が拘束を加えることは、人身の自由に対する最も重大な侵害であるから、同条は刑事手続上の逮捕について厳格な要件（**令状主義**）を定めその濫用を防止している。

　なお、令状主義の例外として、同条では現行犯の場合を挙げている。現行犯逮捕が令状主義の例外とされているのは、その場での逮捕の緊急性・必要性が高く、犯人が明白で逮捕権の濫用の危険性が少ないという理由によるものである。

6．不法に監禁されない権利

　憲法34条は、「何人も、理由を直ちに告げられ、且つ、直ちに弁護人に依頼する権利を与へられなければ、抑留又は拘禁されない。又、何人も、正当な理由がなければ、拘禁されず、要求があれば、その理由は、直ちに本人及びその弁護人の出席する公開の法廷で示されなければならない」と規定している。

　同法33条が逮捕の要件を定めたのに対し、本条は身体拘束の手続である抑留・拘禁に関する個人の権利を定めたものである。逮捕及び勾引に伴う留置は「抑留」に該当し、勾留及び鑑定留置は「拘禁」に該当する。

7．住居・所持品等の不可侵

　憲法35条第1項は、「何人も、その住居、書類及び所持品について、侵入、捜索及び押収を受けることのない権利は、第33条の場合を除いては、正当な理由に基いて発せられ、且つ捜索する場所及び押収する物を明示する令状がなければ、侵されない」と規定している。ここでいう「住居」は必ずしも住

宅に限らず、旅館や寄宿舎の一室や会社、学校なども含む。また、住居への「侵入」は物理的に内部へ押し入ることだけでなく、たとえば盗聴器などを使って内部の会話を盗み聞くといったことも該当する。加えて、「所持品」は、現に身につけている物品だけでなく、その者の専有に属する全ての物件を指す。また、同条第2項では「捜索又は押収は、権限を有する司法官憲が発する各別の令状により、これを行ふ」と規定している。

これは、不当な捜索・押収による捜査機関の人権侵害から個人を保護するものであり、住居の不可侵ないし個人のプライバシー保護を目的としている。

8. 捜索・差押と令状主義

刑事手続上、住居に侵入し、捜索し、物品を押収するには原則として令状が必要となる。

憲法35条では、令状主義の例外として、「第33条の場合を除いて」としている。これは、憲法33条による逮捕の場合を除く趣旨であるから、現行犯逮捕の場合に限らず、令状による逮捕、緊急逮捕の場合も憲法35条による令状を要しないということである。

9. 行政手続と令状主義

憲法35条は、もともと刑事手続に対する保障を定めているものであるが、行政手続のなかにあっても刑事責任の追及と関連するものについては、令状主義が及ぶことがありうる。

しかしながら、判例では令状主義が及ばないとする結論になっているものが多い。たとえば、所得税法に基づく税務職員の調査・検査が裁判所の発する令状を要しないことから、憲法35条に違反するのではないかと争われた事件（**最大判昭47．11．22（川崎民商事件）判タ285-141**）につき、最高裁は、憲法35条が行政手続にも及ぶことを原則的に認めたうえで、質問検査権は、特定の行政目的達成のためであることや、刑事責任の追及を目的とする手続ではないことなどを理由として、令状によらない検査も違憲ではないと判示

した。

10. 刑事被告人の基本的権利

1）公正な裁判所の迅速な公開裁判を受ける権利

憲法37条1項は、「すべて刑事事件においては、被告人は、公平な裁判所の迅速な公開裁判を受ける権利を有する」と規定している。

この規定は、裁判所の公平性および裁判の迅速性・公開性といった、三つの要件を定めている。

まず、第一の要件として、裁判は「公平な裁判所」によって行わなければならない。そこで、ここでいう「公平な裁判所」とは、偏頗や不公平なおそれのない組織と構成をもった裁判所の裁判という意味であって、個々の事件につき、内容実質が具体的に公平妥当なる裁判を指すのではない。すなわち、判例は個々の事件において、たまたま被告人に不利益な裁判がなされたとしても、それがいちいちこの条文に反するとして、違憲となるものではないとするのである。このために刑事訴訟法および刑事訴訟法規則では、裁判所職員の除籍、忌避、及び回避の制度を定めている（刑事訴訟法20条以下、377条、刑事訴訟法規則9条以下）。

つぎに、第二の要件として、裁判は迅速でなければならない。裁判の遅延は被告人の生活を長期にわたって不安定なものとし、被告人の人権が侵害されるおそれが強い。また、時とともに真実の発見は困難となるからである。

では、速やかな裁判というのは、どのくらいの日数をいうのかということである。それは、事件の性質や裁判実務の実情にもよるから一概にはいえない。しかし、社会通念からいって、不当に遅れた裁判は、この条文に反することになるだろう。

もっとも、不当に遅れた裁判に対して、その救済を求める方法があるかというと、憲法にも刑事訴訟法にも何も定められていない。そのため最高裁判所もはじめは、裁判の遅れを理由とする違憲の主張は、上告理由にならないとしていた。しかし、その後最高裁は15年以上にわたって審理が中断していた「高田事件」についての判決で、「憲法37条1項の保障する迅速な裁判を

受ける権利は、憲法の保障する基本的人権の一つであり、右条項は、単に迅速な裁判を一般的に保障するために必要な立法上および司法行政上の措置をとるべきことを要請するにとどまらず、さらに個々の刑事事件について、現実に右の保障に明らかに反し、審理の著しい遅延の結果、迅速な裁判を受ける被告人の権利が害せられたと認められる異常な事態が生じた場合には、これに対処すべき具体的規定がなくても、もはや当該被告人に対する手続の続行を許さず、その審理を打ち切るという非常手段がとられるべきことをも認めている趣旨の規定であると解する。刑事事件について審理が著しく遅延するときは、被告人としては長期間罪責の有無未定のまま放置せられることにより、ひとり有形無形の社会的不利益を受けるばかりでなく、当該手続においても、被告人または証人の記憶の減退、喪失、関係人の死亡、証拠物の減失などをきたし、そのために被告人の防御権の行使に種々の障害を生ずることをまぬがれず、ひいては刑事司法の理念である、事実の真相を明らかにし、罪なき者を罰せず罪ある者を逸せず、刑罰法令を適正かつ迅速に適用実現するという目的を達することができないことにもなるのである。上記憲法の迅速な裁判の保障条項は、かかる障害発生の防止をその趣旨とするものにほかならない。審理の著しい遅延の結果、迅速な裁判の保障条項によって憲法が守ろうとしている被告人の諸利益が著しく害せられると認められる異常な事態が生ずるに至った場合には、（略）これ以上実体的審理を進めることは適当でないから、その手続をこの段階において打ち切るという非常の救済手段を用いることが憲法上要請されるものと解すべきものである。具体的事件における審理の遅延が右の保障条項に反する事態になっているか否かは、遅延の期間のみによって一律に判断されるべきではなく、遅延の原因と理由などを勘案して、その遅延がやむをえないものと認められないかどうか、これにより右保障条項がまもろうとしている諸利益がどの程度実際に害せられているかなど諸般の状況を総合的に判断して決せられなければならない」(**最大判昭47．12．20）判タ287-165**とした。

　第三の要件は、裁判は原則として公開であることを求めている。この点については、刑事被告人に公開裁判を受ける権利を保障した37条1項とは別に、82条1項が「裁判の対審及び判決は公開法廷でこれを行ふ」と、82条2項が、

「裁判所が、裁判官の全員一致で、公の秩序又は善良の風俗を害する虞があると決した場合には、対審は、公開しないでこれを行ふことができる。但し、政治犯罪、出版に関する犯罪又はこの憲法第三章で保障する国民の権利が問題となつてゐる事件の対審は、常にこれを公開しなければならない。」と定めている。公開裁判は、裁判の公正を確保することを目的とすると同時に国の司法作用がどのように機能しているかを国民に知らせることを目的としているのである。

なお、軽微な事件についての略式手続（略式命令）（刑事訴訟法461条以下）という制度があり、被疑者が起訴事実を認めれば、裁判所（簡易裁判所）は公判なしで刑（100万円以下の罰金または科料）を科すことができるのである。

2）証人審問及び喚問請求権

憲法37条2項は、「刑事被告人は、すべての証人に対して審問する機会を充分に与へられ、又、公費で自己のために強制的手続により証人を求める権利を有する」と規定している。

これは、刑事被告人がすべての証人に対して直接に反対尋問をする権利を保障したものである。

憲法37条2項は、刑事被告人はすべての証人に対して審問する機会を充分に与えられるべきことを保障している。被告人自身が反論する機会がない不利益な証言が証拠として採用されたのでは、裁判の公正を期することができないこと、また、その場合には被告人の防御活動も十分に行うことができないことになる。すべての証人に対する被告人の反対尋問権の保障は、被告人の保護および裁判の公正から重要なことである。「証人」とは、被告人側の証人のみならず、相手方（検察側）の証人も含んでいる。したがって、証人に対する審問とは、自己に有利な証人に対して行う主尋問だけでなく、自己に不利な証言をする相手方の証人への反対尋問をも意味することはいうまでもない。なお、「証人」には、鑑定人、参考人、通訳または翻訳人、共同被告人が含まれる。

最高裁は、この規定の前段の趣旨は、裁判所の職権により、または訴訟当事者の請求により喚問した証人については、被告人に対し反対尋問の機会を

充分に与えなければならないが、被告人や弁護人の申請する証人は、裁判所が必要と認めないにもかかわらず、すべてこれを喚問し、被告人側に直接尋問の機会を与えなければならないというわけではないとしている（**最判昭23．7．14**）。また、証拠手続としては、必ず、被告人に立ち会わせる直接審理のみを行うべきであり、被告人の請求のない場合でも、常に現実に被告人の反対尋問にさらされない証人の供述またはこれに代わるべき証拠書類を証拠とすることを絶対に禁止する趣旨ではないとしている（**最判昭25．3．1**）。

憲法37条2項後段は、証人喚問権を保障したものである。前段が被告人に不利益な証人に対する尋問権の保障であるのに対し、後段は被告人に利益な証人の喚問権の保障であり、いずれも被告人の防御権の保障に欠かせない権利である。この点につき判例によれば、裁判所は被告人側申請の証人すべてを喚問する必要はなく、当該事件の裁判をなすのに必要適切な証人を喚問すれば良いとされている（**最大判昭23．7．29**）。したがって、証人申請の採否は裁判所の自由裁量によるものと解されている。しかし、まったく裁判所の自由裁量というわけではない。憲法の趣旨に反するような自由裁量は認められないからである。したがって、被告人の証拠調べの請求を却下するには、とくに積極的な理由が必要とされている。たとえば、証拠能力がないとか、事件に関係がない、証拠が重複しているなどがその例である。

ところで、ここにいう「公費」であるが、判例は、証人尋問に要する費用、すなわち、証人の旅費、日当などすべてを含むとする。ただしそれは、被告人の防御権を行使するために、その限度で認められるものだから、有罪の判決を受けたときには、被告人に負担させてもよいとする。これに対しては強い反対があり、公費で負担するのは証人の強制に必要な費用であり、その費用は被告人に負担させるべきではないとする。被告人の権利を本当に守るためには、被告人がその費用の負担をおそれて、証人を求めないということがあってはならないから、後説が妥当といえよう。

3）弁護人依頼権

憲法37条3項は、「刑事被告人は、いかなる場合にも、資格を有する弁護人を依頼することができる。被告人が自らこれを依頼することができないと

きは、国でこれを附する」として、刑事被告人が弁護人を依頼する権利を有することを規定している。また、被告人が貧困等の理由から自ら弁護人を依頼できない場合には、国選弁護人をつけることを請求する権利を有する。

ところで、刑事訴訟法289条は、死刑または無期もしくは長期3年を超える懲役若しくは禁錮にあたる事件を審理する場合には、弁護人がなければ開廷することはできない」とし、この場合、もし弁護人が出頭せず、または弁護人がいないときは裁判長が職権で弁護人を付さなければならないとして、いわゆる必要的弁護の制度を定めている。したがって、必要的弁護の場合を除いて、被告人からの請求がなければ、弁護人なしで裁判しても違憲ではない。この点につき、裁判所が国選弁護人の再任を拒否して、弁護人不在のまま審理し、判決に至った事件について、最高裁は、「被告人が正当な防御活動を行う意思がないことを自らの行動によって表明」していた場合には、被告人の国選弁護人の再選任請求に対して、裁判所が応ずる義務はない」としている。

4）不利益供述強要の禁止

憲法38条1項は、「何人も、自己に不利益な供述を強要されない」と規定している。供述拒否権を行使しても、それを理由として不利益を受けることは一切ない。また供述しないことを理由として有罪と認定されることもない。

刑事裁判においては、被告人の有罪を立証するため、被告人・被疑者の自由が事実上重要な意味をもつことになる。警察や検察などの捜査機関は、職務熱心になるあまり、被疑者に対し自白を強要しがちである。このような場合、取り調べが過酷になることから、虚偽の自白がなされやすく、それが冤罪の原因になったりするのである。

憲法は「何人も自己に不利益な供述を強要されない」（38条1項）として、いわゆる「**黙秘権**」を保障している。自白はかつて「証拠の王」と呼ばれたのであるが、自白を強要することは人権を無視した捜査や刑事裁判を生み出す原因ともなり得ることから、憲法は取り調べや証言に際して「自己に不利益な供述」を拒否し得る権利を保障しているのである。

憲法38条1項は、「自己に不利益な供述」を強要されないと規定しているが、

刑事訴訟法では被疑者には「自己の意思に反して」供述するよう強制されない権利（刑訴198条2項）を、また、被告人には「終始沈黙」する権利（刑訴291条3項、311条1項）を保障している。このような刑事訴訟法上の「黙秘権」は、憲法38条1項の保障した「自己に不利益な供述」の拒否権より広く、心理的に追い詰められ、何が有利で、何が不利かの判断力を失いがちな被疑者・被告人にとっては、「不利益な供述」の拒否権の保障だけでは不十分であることから、被疑者・被告人の場合には、38条1項は一切の供述拒否権まで保障しているものと解されるのである。

　38条1項でいう「不利益な供述」とは、自己の刑事責任に関する不利益な事実の供述をいう。たとえば、刑事責任の起訴となる供述、犯罪の構成要件に該当する供述、違法性・責任に関する供述、刑の量定にかかわる供述など刑事上の評価に不利益な影響を与えるいっさいの供述などをあげることができる。したがって、刑事責任にかかわらない財産上の損害を生ずるような事実、名誉を傷つけるような事実等の供述は含まれない。

　自分に不利益な事実を供述しないことを理由として、罰せられるような不利益を与えてはならないだけでなく、供述しないこと自体を罪として、罰することもできない。ところで、氏名の供述について自分の氏名さえも言わなくてよいかどうか争われたことがある。最高裁は氏名のようなものは、原則として、刑事上の責任を問われるおそれのあるような不利益なことがらには当たらないとした。以下に判例を紹介しておこう。

　被告人が自己の氏名を告げることが、不利益な供述にあたるかが問題となった事件につき、最高裁は、「いわゆる黙秘権を規定した38条1項の法文では、単に『何人も自己に不利益な供述を強要されない』とあるに過ぎないけれど、その法意は、何人も自己が刑事上の責任を問われる虞れのある事項について供述を強要されないことを保障したものと解すべきであることは、この制度発達の沿革に徴して明らかである。されば、氏名のごときは、原則としてここにいわゆる不利益な事項に該当するものではない」（**最判昭32．2．20**）と述べている。

　最高裁によれば、氏名の自署をしなかったため、弁護人選任届や上訴申立書が却下されたとしても、それは手続上の不利益にすぎないから、それをもっ

て、違憲とはいえないということである。

「強要されない」とは、その意思に反して不利益な供述を強要し、これに基づいて本人を有罪とするなど法律上の不利益を与えてはならないという趣旨であり、直接強制はもとより、罰則をもって強制するような、間接強制も許されない。この規定によって保証を受けるのは、「何人も」と規定するように、被告人および被疑者に限らず証人も含まれる。問題となるのはこの規定が刑事手続以外の場合においても供述拒否権を認めたものであるかどうかである。すなわち、これまで不利益な供述をしない自由は刑事責任との関係で考えられるとされてきた。しかし、行政上の取締法規の中には、行政上の目的を達するために申告・報告、質問に答えること、記帳とその帳簿の検査に応ずることなどの義務を課し、それに違反する者について刑罰を科するという法律が少なくない。

このような場合に、申告・報告・質問・記帳などの義務は自分に不利益な供述になるとして答えなくて良いことになるのであろうか。

一般的にいえば、申告・報告・質問に答えること・記帳とその帳簿の検査に応ずることなどを義務付けることは、行政上の目的を達成する上で必要なことである。しかし、その場合に、申告・報告・質問に答えること・記帳とその帳簿の検査に応ずる義務の中に刑事責任を問われるおそれのある事柄が含まれてはならない。

この問題についてさまざまな意見があり、定説がない。初期の下級審判決に法人税法による申告（旧21条、22条）にあたり、虚偽の申告をなし、同法の罰則により処罰された事件に関し、それは犯罪捜査のためのものでなく、所得の申告を求めるものであり、たとえば違法な利得を所得として申告せしめることもその原因たる犯罪行為の告知を求めるものではないから、憲法38条1項の関知せざるところであるとした判決がある（**名古屋高判昭26．6．14**）ジュリストL00620593。

最高裁も、麻薬取扱者として免許された者は麻薬取締法規による義務に服することを受諾しているものと見るべきで、記帳義務を怠って処罰されるに際し、この権利を援用できない（**最判昭29．7．16**）判タ42-30。まったく同じ問題について、麻薬の適正な管理を確保するために必要な行政的取締手

続だから、「憲法38条1項の保障とは関係ない」(**最大判昭31．7．18**)と言ったり、あるいは、「道路交通法が交通事故を起こした人に、もとより警察官への報告を強制しても、報告事項は刑事責任を問われるおそれのある事項の原因などを除いた客観的事実の報告に限られ、『不利益な供述』に当たらないから違憲ではない」(**最大判昭32．5．2**)とし、供述の拒否は認められないとする。

　しかし、これらの義務の中に、刑事責任を問われるおそれのある事柄が含まれていないとすることに対しては、有力な反対説がある。自動車事故の報告の場合には、事故処理という行政上の手続と犯罪の捜査が、ともに警察官によって担当されるというのが反対説の主な理由である。

　また、最高裁は、所得税法に基づく税務職員の所得調査のための質問、検査（罰則による間接強制）に関し、「もっぱら所得税の公平確実な賦課徴収を目的とする手続であって、刑事責任の追及を目的とする手続ではなく、また、そのための資料の取得収集に直接結びつく作用を一般的に有するものでもないこと、および、このような検査に公益上の必要性と合理性の存すること」を認めたうえで、憲法38条1項の保障は、「純然たる刑事手続においてばかりでなく、それ以外の手続においても、実質上、刑事責任追及のための資料の取得収集に直接結びつくに直接結びつく作用を一般的に有する手続には、ひとしく及ぶものと解するのを相当とする。しかし、(略) 検査、質問の性質が上述のようなものである以上、右各規定そのものが憲法38条1項にいう『自己に不利益な供述』を強要するものとすることはできない」とした(**最大判昭47．11．22**) 判タ285-141。刑事手続に直結するような行政手続に限って38条1項を適用するというのである。

　この最高裁判決は川崎民商事件という、大変有名なものなので、紹介しておこう。事案はこうだ。川崎民商会員Ｘが、川崎税務署によって所得税の過少申告の疑いにより帳簿書類などの検査をされようとしたところ、これを拒否した。このため、Ｘは上記の検査は憲法35条や38条の規定に照らして不当であり、検査を拒んだため、検査拒否罪を適用されて訴追されたことには理由がないとして無罪を主張した。

　この最高裁判決のポイントは憲法35条と38条はこのような検査にどの程度

適用されるかにある。「憲法35条1項の規定は、本来、主として刑事責任追及の手続における強制について、それが司法権による事前の抑制の下におかれるべきことを保障した趣旨であるが、当該手続が刑事責任追及を目的とするものでないとの理由のみで、その手続における一切の強制が当然に右規定による保障の枠外にあると判断することは相当ではない。」としたうえで、その検査は実質上刑事責任追及のための資料の取得収集に直接結びつく作用を一般的に有していないこと、また罰則による強制の度合いが、検査の相手方の自由な意思を著しく拘束して実質上直接的物理的な強制と同視すべき程度にいたっていないこと等を理由に本件では令状を不要とした。

また、憲法38条については、次のように判示した。

「右規定による保障は、純然たる刑事手続においてばかりではなく、それ以外の手続においても、実質上、刑事責任追及のための資料の取得収集に直接結びつく作用を一般的に有する手続には、ひとしく及ぶものと解するのを相当とする。しかし、旧所得税法70条10号、12号、63条の検査、質問の性質が上述のようなものである以上、右各規定そのものが憲法38条1項にいう「自己に不利益な供述」を強要するものとすることはできず、この点の所論も理由がない。」

以下、事案と判決をわかりやすく説明しよう。

今、Xが税務署に過少申告の疑いをもたれたため、税務調査（以下、「検査」という）が行われた。Xは捜索令状を持って出直して来いと、この検査を拒否したのである。この検査は刑事責任を追及するための検査ではない。税金を取るための検査であり、これは行政手続というものであり、行政処分なのである。Xはそのような行政手続に、憲法35条の物に対するプライバシーの保障の規定が適用されるのではないかと争ったのである。

判例は、この点について「当該手続が刑事責任追及を目的とするものではない」と述べた。すなわち、行政手続であるとの理由のみで、「一切の強制が当然に右規定の保障の枠外にあると判断することは相当でない」としたうえで、税金の徴収の手続、行政手続でも、35条が及ぶ場合はあり得ると言っているのである。しかし、「検査は実質上刑事責任追及のための資料の取得収集に直接結びつく作用を一般に有していない」。ここが大事なのである。

つまり、行政手続で35条の保障が及ぶのは、実質上刑事責任追及の資料の取得収集に結びつく作用についてのみであると最高裁は言っているのである。したがって、本件は税金の徴収なのだから、令状不要、違憲ではないと言っているのである。

この川崎民商事件は、一般論としては行政手続でも35条の保障が及ぶ場合はあるが、本件の場合は違うと判示しているのである。

その理由は、刑事責任追及のための資料の取得収集ではないからである。したがって、35条違反にならない、無令状で検査してもかまわないということである。

もう一つの38条1項についてであるが、「何人も、自己に不利益な供述を強要されない」という供述拒否権、いわゆる黙秘権について、最高裁は「実質上刑事責任追及のための資料の取得収集に直接結びつく作用を一般的に有する手続には、ひとしく及ぶ」とする。これには38条の黙秘権が及ぶが、本件はそれに該当しないから、黙秘していれば罰金を科するということであって、税金の徴収の手続にあっては、黙秘権という権利は保障されないということである。したがって、税務署の行政行為は、刑事責任追及に直接結びつく資料の取得収集ではないから、税金徴収のための段階で黙秘権を行使する権利はXにはない。よって、税務署職員の所得調査のための質問・検査・記帳とその帳簿の検査に応ずることなどの義務の履行をXがしなければ、罰金を課されてもやむを得ないということになる。

次に、外国人登録法が不法入国者に対しても旅券番号や入国年月日などの事項を含む登録申請書の提出を強制していることも、同様に憲法38条1項に違反しないとされている（**最判昭56．11．26**）判タ457-88。

以上のことから、次のようなことが言えるのではないか。

第一に憲法38条1項は、純然たる行政上の目的のために不利益な事実の供述を要求することまで禁止するものではない。第二に、行政手続を名目的に、あるいは38条1項の精神を没却することによって、この規定の保障が実質的に失われるようなことがあってはならない。したがって、行政法規の定める供述の強要が、何を目的にして、何を供述させ、その結果何をもたらすものであるかについて、慎重に検討することが必要である。

第三に、前述した麻薬取扱者の記帳義務のような例については、自らその義務を受諾して免許を受けた者なのだから、第38条１項の権利を放棄していると解してさしつかえないのではないか。

５）自白強要の禁止
　憲法38条２項は、「強制、拷問若しくは脅迫による自白又は不当に長く抑留若しくは拘禁された後の自白は、これを証拠とすることができない」と規定している。
　これは憲法38条１項に述べた不利益な供述を強要することの禁止を実質的に保障するために任意になされなかった**自白**の証拠能力を否認したものである。すなわち、自己の刑事責任を認める犯人の供述が自白であるが、暴行、強迫、監禁その他精神または身体の自由を不当に拘束する手段によって本人の意思に反してなされた自白は証拠能力が否定されるということである。
　「強制、拷問、若しくは脅迫による」とは、拷問、脅迫は強制の例示であって、強制によるという意味である。強制によるものかどうかは、裁判官の自由な心証によって判断される（**最大判昭28．２．12**）。
　憲法38条３項は、「何人も自己に不利益な唯一の証拠が本人の自白である場合には、有罪とされ、又は刑罰を科せられない」としている。自白を唯一の証拠とすることができれば、第１項の保障が無視されるおそれがあるので、進んで補強証拠を必要としたのである。すなわち、同３項は、任意性のある自白であっても、それを補強する他の証拠が必ず必要であるとして、自白の証拠能力を制限している。これによって自白偏重主義を排除しているのである。問題は同項の自白が公判廷外におけえる自白のみを指し、公判廷における自白を含まないかどうかである。この点について、判例は一貫してここにいう自白には公判廷における自白は含まないと解している。その理由は３つある。第一は公判廷においては被告人は身体の拘束を受けず、また陳述する義務も負わないのであるから、公判廷における自白には全く強制の加わる余地がないこと。
　第二に被告人は真実にあらざる自己に不利益な供述をしないであろうということ。第三に被告人はいつでも弁護人を付けることができるのであって、

もし被告人が虚偽の自白をした場合には、弁護人は再尋問の方法によって、ただちにこれを訂正することができることなどがあげられる（最判昭22.11.29、最判昭23．1．27、最判昭23．2．12）。

しかし、これらの理由について、以下に有力な反対説がある。自白が証拠能力を有するためには任意性があるものであることが明らかでなければならないのであり、それを前提とする限りは、公判廷の自白と公判廷外の自白とを区別する理由はない。公判廷外における自白であっても任意でなされたものがありうるし、逆に公判廷における自白でも任意性を欠くものもないわけではない。したがって、判例のような解釈をとるならば、任意になされた公判廷外の自白には補強証拠を要するにも関わらず、任意性を欠く公判廷の自白には補強証拠を要しないことにならざるを得ない。判例にも以上に述べた反対説と同旨の少数意見が出されている（最大判昭23．7．29、最大判昭24．4．20、最大判昭26．12．19、最大判昭27．6．25）

思うに、憲法38条3項は、公判廷外における自白と公判廷における自白をまったく区別するところがないのであるから、公判廷における自白が常に強制のないものということはできない。明文に反して、被告人に不利益な解釈をする判例の態度は、支持することができない。刑事訴訟法319条第2項は、「被告人は公判廷における自白であると否とを問わず、その自白が自己に不利益な唯一の証拠である場合には有罪とされない」と定めたが、これが憲法の趣旨と見るべきであろう。

6）自白と補強証拠

憲法38条3項は「何人も、自己に不利益な唯一の証拠が本人の自白である場合には、有罪とされ、又は刑罰を科せられない」と規定している。

最高裁は、「本人の自白」には「共犯者の自白」は含まれないものとしている。すなわち、唯一の証拠である共犯者の自白によって本人を有罪とすることは同条に違反するものではないとしているのである（最大判昭33．5．28）。さらに、「不当に長く抑留若しくは拘禁された後の自白」も同様に証拠能力が認められない。

11．遡及処罰の禁止・一事不再理

　憲法39条は「何人も、実行の時に適法であつた行為又は既に無罪とされた行為については、刑事上の責任を問はれない。又、同一の犯罪について、重ねて刑事上の責任を問はれない」と規定している。
　これは、「遡及処罰の禁止」、「一事不再理」および「二重処罰の禁止」の原則を定めたものである。

1）遡及処罰の禁止

　行為当時適法であった行為が、それ以後において新たに法律が制定されたり、または法律が改正された結果、犯罪構成要件（刑法上の犯罪となるための要件）に該当することとなったとしても、過去に遡って処罰されることはない。この原則は罪刑法定主義の一内容とされ広く承認されている。刑法6条はこの趣旨を具体化したものである。

2）一事不再理・二重処罰禁止

　一事不再理とは、一度判決が確定してしまうと、再びその事件について裁判を行うことはできないとすることである。たとえば、無罪判決が出た後で有罪を証明する有力な証拠が出てきた場合でも、同一事件で再び起訴して有罪にすることはできないのである。
　もしこれが保障されていないとすると、法的安定性が失われ、国民は常に不安の下におかれ、その結果さまざまな自由の保障が侵害されることになるからである。

12．拷問および残虐な刑罰の禁止

　憲法36条は、「公務員による拷問及び残虐な刑罰は、絶対にこれを禁ずる」と規定している。
　「公務員による拷問」とは、被疑者や被告人に対して証拠を得るために精神的・肉体的苦痛を加えることをいう。このような拷問は絶対的に禁止され

ており、公共の福祉による例外も認められない。また、刑事手続のみならず、行政手続においても拷問は禁止されている。

　「残虐な刑罰」とは、不必要に精神的・肉体的な苦痛を加えることを内容とする、人道上残酷とされる刑罰ないしその執行方法をいう。なお、死刑はこれに含まれないとされる。

第4章 労働法を理解するための基本三法 刑法編

Gnothi Seauton
「汝自身を知れ」

Cogito,ergo sum
「我思う故に我あり」

1 刑法入門

1．刑法とはどのような法律か

　集団生活において、**ルール**はなくてはならないものである。よく、スポーツは人間社会の縮図だといわれるが、スポーツからルールを奪ったら競技にならないのと同じで、人間社会からルールを奪ったら集団生活は成り立たなくなってしまう。利害が対立し、価値観の異なる多くの人々が集団生活を営んでいくためには、ルールを設けて社会を統制しなければならない。しかし、いかにルールを設けても、それに違反する者を放置しておくなら、ルールを守る者などいなくなってしまうであろう。したがって、ルール違反に対しては、何らかの制裁が科されなければならない。スポーツ競技も人間社会も、この点ではまったく同じである

　スポーツでは、ルール違反の質と程度に応じて、出場停止・退場・減点などのいろいろな**制裁**が科されるが、社会生活のルール違反に対して科される制裁も、「悪い」とされる行為の質や程度の違いに応じてさまざまである。新聞やテレビなどのマスコミにとりあげられて世間のひんしゅくを買うというのも、社会的制裁の一つといえるであろう。また、法律的に慰謝料などの損害賠償を強制するのも、社会的制裁の一つである。このように**社会的制裁**にはいろいろなものがあるが、そのうちでもっとも強烈な制裁が**刑罰**であり、刑罰という制裁を科される違反行為が**犯罪**である。どのような行為を犯罪とし、どのような刑罰を科すかは、**刑法**という法律に定められている。

　つまり、**刑法**とは、**犯罪と刑罰について規定した法律**ということになる。この刑法には、大きく分けて2つの機能があるとされる。その1つが、**法益保護機能**である。これは、社会生活における生命や自由や財産といった刑法によって守るべき利益（**保護法益**という）を保護し、この利益を犯そうとする者に犯罪を思いとどまらせる、つまり犯罪を抑止することによって、社会の平穏を保つ働きのことである。社会秩序を維持する機能ともいえるため、この機能を**法秩序維持機能**ともいう。

もう1つの機能は、刑法により人々の人権を保障する機能である。刑法は、どのような行為を犯罪とし、どのような刑罰を科すかをあらかじめ明確に成文の法典の形で規定しておかねばならず（これを**罪刑法定主義**の原則といい、後にくわしく説明する）、これによって、人々は刑法に規定されていないことは処罰されないという、行動の自由の保障が得られるということである。この機能を**人権保障機能**という。

　刑法は法益保護機能と、人権保障機能のバランスの上に成り立っている。この2つは車の両輪のようなもので、どちらかにバランスが傾きすぎてしまうと、上手くいかない。法益保護による法秩序維持機能を重視し過ぎると、刑法で取り締まる範囲が広い社会となってしまい、人々の行動の自由が制約される息苦しい社会となる。かといって、人権保障機能を重視し過ぎると、社会の平穏を乱す行為が増える結果、社会秩序が保たれず悪者がのさばる社会となってしまう。よって、両者のバランスをとりつつ、刑法を解釈して運用していくことになるのだが、刑法学の中でも、犯罪の成立についての問題について扱うのが「**犯罪論**」、どのような刑罰を科すかについての問題を扱うのが「**刑罰論**」というように分けられる。ここから先は、主に犯罪論の基礎について説明をしていくことになるが、刑罰についても軽く触れておこう。刑罰について知ることは、犯罪論にとっても大きな意味を持つからである。

2．刑罰の種類

　現在、わが国の刑法が定めている**刑罰**は、**死刑・懲役・禁錮・罰金・拘留・科料・没収**の7種である。死刑は、監獄内で絞首して行われる（**刑法11条**）分類上は**生命刑**とよばれる。懲役・禁錮・拘留は、施設に拘禁して自由を奪うもので、**自由刑**とよばれる。懲役には労役が義務づけられるが、禁錮にはその義務がなく、懲役・禁錮ともに、1月以上20年以下（加算すると30年以下、減軽すると1月以下も可能）の有期と無期とがある（**刑法12条～13条**）。無期の懲役・禁錮も、仮釈放の制度によって、終身拘禁されるということはほとんどない。拘留は、労役を義務づけられておらず、1日以上30日未満の期間である（**刑法16条**）。

罰金・科料は、金銭を奪うもので**財産刑**とよばれる。罰金は1万円以上（**刑法15条**）、科料は1,000円以上1万円未満（**刑法17条**）である。罰金・科料を完納できない者は、労役場に留置される（**刑法18条**）。以上の6種の刑罰は、それだけを独立して科すことができるので、**主刑**といわれる。没収は、犯罪に関係のある物の所有権を奪う刑罰で（**刑法19条**）、それだけを独立して科すことができず、主刑とともにだけ科すことができるので、**付加刑**といわれる。

以上の刑罰に共通していることは、意思に反して生命・自由・財産を奪うもので、科される者にとっては、非常に苦痛であり、害悪であるということである。かつて行われていた、はりつけ・釜ゆで・火あぶりといった死刑や、手足を切断し、目をつぶし、耳を切除するといった身体刑は、非人道的であるとして姿を消したが、**刑罰がもっとも強烈な制裁である**ということは、今も昔もかわらないのである。

3．刑罰の目的

すでに見たように、刑罰は生命・自由・財産を奪う非常に厳しい制裁である。そもそも刑罰制度はどんな理由によって正当化されるのであろうか。

この点に関しては、**絶対主義**と**相対主義**が基本的に対立している。絶対主義は、刑罰は目的のための存在ではなく、それ自体において正当化されるという立場である。一方、相対主義とは、何らかの目的を達成するための存在として刑罰は正当化されるという立場である。

絶対主義、相対主義の両者の対立は、**応報刑論**と**目的刑論**という形で具体化される。**応報刑論**とは、**刑罰は犯罪という作用に対する反作用であって、それ自体正しいものとして正当化される**という考え方である。入門の段階では、「やられたら、やり返す」という発想に近い考え方だと理解しておいて良いだろう。これに対し**目的刑論**は、**犯罪の予防や犯罪者の更生などの何らかの目的を達成するからこそ刑罰が正当化される**とする考え方である。

応報刑論にいう「**応報**」とは、行為者が犯した罪に応じた報いを受けるということである。「目には目を、歯には歯を」という**タリオ**（**同害報復**）の原理もこれにあたる。犯罪は正義の否定であり、刑罰はその犯罪を否定する

ものであり、それ自体が正義にかなうという考え方が根底にある。応報刑論の中でも、刑罰の正当化原理として応報の原理だけを認める徹底した立場は**絶対的応報刑論**とよばれ、**犯罪予防目的なども考慮に入れる立場を相対的応報刑論**という。

応報刑論は「目には目を、歯には歯を」という言葉から、一見すると過酷な刑罰を求めるようなイメージがある。しかし、同害報復の原理は、犯罪と刑罰は価値的に同等でなければならないという考え方でもあるため、**罪刑の均衡という点から国家の刑罰権に一定の限界を画する機能を有している**面もある。また、罪を犯せば、犯した罪に対応した刑罰を受けることが予告されていることから、一般人に対して事前に犯罪の実行を思いとどまらせる効果もあるとされている（**一般予防論**）。さらにいえば、応報という考え方は人々の素朴な感情に合う面が多分にあるのも事実である。

とはいえ、歴史的には刑罰を重くしても、犯罪が減少することがなかったため、応報としての刑罰は無力であり、刑罰の正当化根拠を別に求める考え方が登場した。それが目的刑論である。目的刑論は、犯罪の予防、抑止という目的達成に根拠を求める相対主義の立場に立つ刑罰の正当化原理である。犯罪者に対しては、改善・更生の目的で教育を施し、更生すれば社会復帰させることが、国家にとっても本人にとっても有益であるという考え方を背景としている。犯罪者が再び罪を犯す事のないようにする犯罪予防効果を目的としているのである（**特別予防論**）。この目的刑論にも難点はあり、改善・更生という教育目的で刑罰を科するということは、その効果が現れるまでいつまでも犯罪者を拘禁しておくことが正当化されることにもつながりかねず、また、仮に更生が認められたとしても、社会復帰までの期間があまりに短いと、一般人や被害者はその短い刑期に納得出来ないこともあるといった問題点を抱えている。

刑罰の正当化根拠は今も議論の続く、ある意味永遠の課題ともいえる領域であるが、現時点では、**応報の考えを基調としつつも、その範囲で犯罪防止目的（一般予防・特別予防）も考慮する相対的応報刑論**が通説的見解となっている。

4．刑法の謙抑性

　以上にみてきたように、刑法が定める刑罰は、人の生命や自由、財産を奪うという、もっとも強烈な制裁であり、いわば劇薬のようなものである。したがって、効果も大きいが副作用も大きく、その取り扱いは慎重を期さなければならない。社会生活のルールに違反する行為すべてに、刑罰を用いる必要はなく、その他の制裁で足りるときはそれによるべきである。このような考え方を刑法の謙抑性（**謙抑主義**）という。

　スポーツを例にとっていえば、強烈な制裁手段である「出場停止」や「退場処分」は、ささいなルール違反にまで科すべきではないということである。こんなあたりまえのことが、「**刑法の謙抑性**」とか「**刑法の謙抑主義**」といった言葉で表現されるのは、社会生活で少し不都合な事態が生ずると、安易に刑罰を用いることで統制を図ろうとする傾向があるためである。こうした傾向は刑罰万能主義とよばれ、交通事故・公害・性風俗の乱れなどが深刻な社会問題になると、ただちに罰則規定の拡大・強化によって対処しようという意見になって現れてくる。しかし、刑罰以外の社会統制手段によって対処することが可能なら、まずそれによるべきで、刑罰権の発動は必要最小限に抑えなければならない。

　このようにして、刑法の運用は謙抑的でなければならないとされる結果、社会生活上「悪い」とされる行為のうちから、刑罰を科すのが適当な行為だけが犯罪として処罰されることになる。しかし、どのような行為に刑罰を科すのが適当であるかは、非常に困難な問題であり、刑法の解釈、あるいは刑法改正をめぐって厳しく意見が対立している。

　外国では、既婚者が配偶者以外の異性と性関係をもつ、いわゆる姦通をはじめとして、近親相姦、同性愛行為など、その社会における道徳観念からの性的逸脱行為を犯罪として処罰する国が多い。わが国では、それらの行為は犯罪とされていないが、わいせつ物の頒布・販売は犯罪とされ、賭博も犯罪とされている。これらの行為は、成人が合意のもとに行なっている限り、直接被害を受ける者がいないので「**被害者なき犯罪**」といわれ、刑罰という強烈な制裁を科す必要があるのかどうかが問題とされている。

2 罪刑法定主義

1．罪刑法定主義の意味・内容

　刑罰を科されるということは、非常に苦痛であり、害悪である。したがって、どのような行為が犯罪となり、これに対してどのような刑罰が科されるかが、前もって明らかにされていなければ、刑罰を恐れて自由に行動できなくなってしまう。いつ、いかなる理由で刑罰を科されることになるかわからないというのでは、自由な社会とはいえないだろう。刑法には法益保護機能と人権保障機能があることは前述したが、法益保護をめざすあまり、自由という人権の基本がおろそかにされてはならない。

　そこで、犯罪となる行為と、それに対して科される刑罰は、あらかじめ法律で定められていない限り、いかなる行為も犯罪として処罰されないという原則が生まれた。これが**罪刑法定主義**とよばれる原則である。**フォイエルバッハ**が「**法律なくば犯罪なく、法律なくば、刑罰なし**」という標語で罪刑法定主義を端的に説明している。

　このようにして罪刑法定主義は、第一に市民の**行動予測可能性**を確保することで、市民の行動の自由を保障することを目的としている。

　罪刑法定主義の歴史は、ふるくイギリスのマグナ・カルタ（1215年）にまでさかのぼり、その後多くの国の憲法に採り入れられている。わが国の憲法も、**第31条**で「法律による**適正手続**」（デュープロセス）を保障し、**第39条**で「**遡及処罰の禁止（刑事事後法の禁止）**」を定めており、罪刑法定主義が採用されている。

　ところで、犯罪と刑罰を事前に決めておくことにしても、それは、誰がどのようにして決めるのであろうか。かつては、国王や貴族など、一部の独裁的権力者によって犯罪と刑罰は決定された。そのため、犯罪とされる行為は広範にわたり、国民の生活のルールは国民自身が決定すべきであるという、民主主義の原理にもとづいて政治が行われるようになり、犯罪と刑罰も、国民自身が決定すべきだとされるようになった。具体的には、国民の代表たる

国会が、法律という形式でこれを定めるものとされる。

　以上のように、罪刑法定主義は、その内容において国民の自由を保障するものでなければならないという**自由主義的要請**と、その形式において国民の代表からなる議会によって制定されなければならないという**民主主義的要請**の2つを基盤に持つのである。自由主義的要請からは、国民の行動予測可能性を前提とした行動の自由を保障するために、「前もって」犯罪と刑罰を定めておくことが要求されることになる。裏を返せば、「後になって」犯罪と刑罰を定め、それ以前の行為を処罰することを禁止する。これを「**遡及処罰の禁止**」または「**事後法の禁止**」という。また、民主主義的要請からは、犯罪と刑罰を必ず法律によって定めることが要求されるが、これは「**法律主義**」とよばれている。「**遡及処罰の禁止**」の禁止と「**法律主義**」は罪刑法定主義の基本的内容とされている。

　このように重要な機能を果たす罪刑法定主義であるが、実は刑法上、明文で罪刑法定主義について定めた条文は存在しない。しかし、刑法の上位規範である日本国憲法の31条が「何人も、法律の定める手続によらなければ、その生命若しくは自由を奪われ、又はその他の刑罰を科せられない。」と**適正手続**について定めており、これが罪刑法定主義についても定めたものであると理解するのが一般的である。

2．罪刑法定主義の派生的内容

　罪刑法定主義は、遡及処罰の禁止と法律主義以外にも、それらから派生したさらにいくつかの原則を含んでいる。

　処罰される場合があらかじめ明らかにしてあれば、自分の行為が犯罪となるかどうかの予測が可能になり、市民は安心して行動できるようになるということが、罪刑法定主義の大きなねらいであった。したがって、犯罪となるかどうかの予測が困難になるような不明確なことはすべて罪刑法定主義に反するとされるのである。

1）慣習刑法の排斥

慣習法は、成立した時期や内容が不明確である、したがって、**慣習刑法によって裁判を行うことは禁止される**。

2）類推解釈の禁止

法律は、いかに明文で定められていても、それを適用していくにあたっては、解釈が必要となる。

たとえば、一定の場所では「馬の通行」を禁止する法律があったとしよう。馬は大きくて邪魔になるから禁止されるのだとすると、この「馬」のなかに「子馬」は含まれないという解釈が成り立ち、子馬は通って良いことになる。このようにして、通常その言葉が有している意味よりも狭く解釈することを縮小解釈という。これとは逆に、「馬」のなかには「ロバ」も含まれるというように、その言葉が通常有している意味よりも広く解釈するのが拡張解釈である。これらとは別に、その法律の制定されている目的（立法目的）から考えて、「馬」が禁止されるなら「牛」も同じだというように、その言葉が通常もっている意味を超えて類似のものに適用するのが、**類推解釈**である。**類推解釈を許すと、結局、どのような行為が犯罪となるのかの予測が不可能となるため、罪刑法定主義に反する解釈として、刑法では禁止されている**。

ちなみに、旧刑法は、人の所有する「物」を盗んだ者を、窃盗として処罰していた（旧刑法366条）。勝手に電線を引いて電気を使った（「盗電」という）事件で、大審院は、「可動性および管理可能性」があれば有体物でなくても「物」にあたると解釈して、これを窃盗で処罰した（**大判明36．5．21**）。電気は物ではなくエネルギーであるため、これは類推解釈で罪刑法定主義に反するという有力な反対意見がある。なお、現在では電気窃盗も窃盗罪になることが明文で定められ（**刑法245条**）、この問題については立法的な解決がなされている。

例外的に**被告人に有利となる類推解釈ならば許される**ことも知っておこう。罪刑法定主義の理念は人権保障を図るものであり、被告人に有利となる類推解釈は、その理念に反するものではないからである。

3）絶対的不定期刑の禁止

懲役・禁錮・拘留といった自由刑を言渡すにあたって、ただ「懲役に処す」とのみ言渡すなど、刑期をまったく制限しないのが**絶対的不定期刑**である。このような刑罰を認めると、いつまで刑に服するかわからないばかりでなく、刑の執行機関に出獄時期を委ねてしまうことになって、刑罰権の恣意的な行使を招くおそれがある。そこで、絶対的不定期刑は罪刑法定主義に反するものとして禁止されている。

4）明確性の理論

罪刑法定主義が、罪刑の法定を要求するのは、犯罪となる行為をあらかじめ明確に示して、市民の行動の自由を保障するためである。したがって、たんに罪刑が法定されていればよいのではなく、その規定は明確なものでなければならない。

法の規定している内容が不明確であいまいなものであれば、どのような行為が犯罪として処罰されるのかわからず、結局、罪刑法定主義の目的に反するからである。**罪刑を定める法の規定があまりにも不明確であるときは、その法規は罪刑法定主義違反として無効とされなければならないとする理論**を、「**明確性の理論**」あるいは「**漠然性ゆえに無効の理論**」という。

5）罪刑均衡の原則

犯罪に対して科される刑罰は、犯罪と均衡のとれたものでなければならないとする原則を、**罪刑均衡の原則**といい、これも罪刑法定主義の一内容とされる。法律に定めてさえあれば、ささいな犯罪にも過大な刑罰を科すことも許されるとするならば、あまりに不合理であり、国民の自由を実質的に制約することになるからである。

3．責任主義

罪刑法定主義と並んで重要な刑法の基本原則として、**責任主義**がある。罪刑法定主義は「法律がなければ犯罪はなく、法律がなければ刑罰もない」と

する原則であるが、責任主義は「**責任なければ刑罰なし**」という標語で示される。

　刑法上の**責任**とは、違法な行為につき、行為者を**非難**しうること（**非難可能性**）であるが、責任主義とは、たとえ犯罪行為があったとしても、それを行った行為者を非難することができない場合には、犯罪の成立を認め、刑罰を科すことはできないとする原則である。たとえば、重い精神の障害により犯罪を行ったものに必要なのは刑罰ではなく治療であり、自己の行為の悪さが理解できない幼児が行った犯罪行為に必要なのは教育なのである。また、通常の判断能力を有する一般人であったとしても、時と場合によっては、それと知らずに犯罪行為を行ってしまうような場合があり、その責任を非難できないような場合もあるだろう。

　くわしくは後述することになるが、責任主義は犯罪の成立を論じる最後の段階で大きな意味を持つのである。

犯罪の成立要件

1．行為なければ犯罪なし

　犯罪が成立するためには、まず、人の「**行為**」がなければならない。すなわち、頭で考え、心に思うという主観的なものだけでは、犯罪として処罰されることはなく、それが**客観的な行為となって外部に現れたとき、はじめて法の干渉をうける**のである。「**行為なければ犯罪なし**」といわれるのは、行為が犯罪成立の基本要素となることを示したものである。

　たとえば、パン屋の前でパンを盗もうと思っているだけの段階で処罰するようなことは、そもそも人の内心を外部から知ることが果たして可能かどうかという話はさておき、主観面のみ、つまり内心のみを処罰することは、人の内心における過剰な干渉であり、思想良心の自由に反し、人権保障の要請に背くことになる。そのため、処罰の前提として客観的な行為を要求するのである。

刑法上の行為の定義をめぐっては諸説あるが、意思にもとづく身体の動静というのが通説的定義であり、たとえば夢遊病者の夢遊状態における行動やピストルを突きつけられて、やむを得ず行ったような絶対的強制下にある行為のように、意思の伴わない行動は「行為」とされず、犯罪とはならないのである。

　また身体の「動静」という言葉にも注意を要したい。これは、身体の積極的な挙動による行為である「作為」のほかに、一定の期待された行為をしないという「不作為」も刑法上の行為に包含する意図があるのである。たとえば、母親が乳児に授乳をせずに、その子を死なせてしまった、というような例を考えてみよう。この時、刑法における行為を、身体の積極的な挙動のみに捉えてしまうと、行為がなかったことになり、母親が授乳をしなかったことについて、犯罪の成否を論じることすらできなくなってしまう。対して、行為の定義を身体の「動静」として不作為を含むことで、授乳をすることを期待される母親が、その作為を怠ったことを、刑法上の行為として認めることができ、犯罪の成否を論じることが可能となるのである。

2．構成要件という概念

　刑法は、社会生活上「悪い」とされる行為のなかから、刑罰を科すのが適当と思われる行為だけを選び出し、類型化して、犯罪として規定している。刑法が、殺人・傷害・窃盗・詐欺などと類型化して規定した犯罪行為の「型」を構成要件という。犯罪を「構成」するのに必「要」な条「件」、であるため、構成要件とよばれていると理解してもらってよいだろう。構成要件は刑法学上一般的に、社会通念上違法・有責とされる行為の類型、と定義されている。なぜこのような定義になるのかは、後に詳しく説明するが、現段階では、構成要件を、いわば犯罪のカタログである刑法に載っている各種の「型」のようなものと捉えておいてもらえばよいだろう。

　罪刑法定主義のもとでは、刑法が犯罪として規定していない以上は、いかに社会的に非難されるような行為であっても、これを処罰することは許されない。刑罰を科しうるのは、刑法が犯罪行為として規定している「型」、す

なわち構成要件にあてはまる場合だけである。構成要件にあてはまることを構成要件該当性といい、犯罪が成立するか否かは、まず**構成要件該当性**があるかどうかを検討する段階から始まる。

つまり、構成要件に該当しない行為は、犯罪とならないのであり、これを構成要件の「**犯罪・非犯罪区別機能**」といい、罪刑法定主義が具体化したものである。

3．犯罪論の三分説

1）犯罪論の三分説

刑法の規定する構成要件に該当しなければ犯罪は成立しないが、形式的に構成要件に該当すればただちに犯罪が成立するというわけではない。犯罪が成立すれば、刑罰が科されることになるため、刑罰を科すべきでないという場合には、たとえ構成要件に該当したとしても、犯罪の成立を認めるわけにはいかないのである。

たとえば、傷害罪の構成要件は「人の身体を傷害した」（**刑法204条**）ことで、医師の外科手術も傷害罪の構成要件に該当する。しかし、適法になされた医師の治療行為を処罰すべきだという人はおそらくいないであろう。また、幼稚園児の喧嘩も暴行罪（**刑法208条**）の構成要件に該当するが、これを犯罪として刑罰を科すべきだとはいえないであろう。このように、**構成要件該当性**のみをもって、犯罪の成立を認めてしまうわけにはいかないのである。

犯罪が成立するためには、行為が刑法の定める構成要件に該当するだけでなく、さらに**法秩序全体からみて社会的相当性を欠くもの**であること、すなわち**違法**であることを要する。医師の外科手術は、刑法の構成要件に該当しても、法秩序全体からみれば、社会的に是認される相当な行為である。したがって、その行為は違法性を欠くとして、犯罪不成立となるのである。構成要件に該当するかどうかの判断は、刑法が定めている犯罪のカタログにあてはまるかどうかという、形式的で抽象的な「型」どおりの判断であったのに対して、違法であるかどうかの判断は、法秩序全体から見て社会的に相当な行為かどうかという、実質的で具体的な判断である。

構成要件に該当する行為が社会的に相当でない行為として**違法性**を認められたとしても、まだ犯罪は成立しない。幼稚園児の喧嘩は、暴行罪の構成要件に該当し、違法性も備えているが、これを犯罪として刑罰を科すわけにはいかない。犯罪が成立して刑罰を科すことができるようになるのは、構成要件に該当し、違法な行為が**責任**を問えること、つまり**非難可能性**がある場合でなければならない。すなわち、非難可能性がなく責任を問えない場合には、犯罪は成立しないのである。この責任があるかどうかの判断、すなわち**有責性**判断は、行為の責任を行為者に問えるかどうかという、**主観的な判断**である。構成要件該当性・違法性の判断は、行為者と行為とを切り離して、行為自体について客観的になされるのに対して、有責性判断は、行為と行為者とを結びつけ、主観的になされるのである。

　以上から、犯罪の定義は、「**構成要件に該当する違法で有責な行為**」ということになるのであるが、犯罪の成立要件として、構成要件該当性・違法性・有責性の3つを掲げ、この順に犯罪の成立を検討していく考え方を犯罪論の**三分説**とよんでいる。犯罪が成立するか否かの認定は、生命や自由・財産を奪う刑罰権の発動に関わるものであるため、慎重すぎるほど慎重になされなければならない。犯罪論の三分説は、この要請に応えるもので、行為をいわば3つのふるいにかけ、慎重に犯罪の成立を認定しようとするものである。

　犯罪論の三分説は、犯罪成立の認定を慎重にすることのほかにも、いくつかの利点がある。**形式的な判断**から**実質的な判断**へ移行する、**構成要件該当性→違法性→有責性**という判断の過程は、通常、人間が物事を判断していく過程にもっとも適しており、裁判官の個人的な意見や感情に左右されない公正で的確な裁判が期待できる。また、社会的な反響の強い事件に対するときでも、その影響を排して法に従った冷静な裁判を行うことが可能になる。さらに、裁判官によって同じような事件に異なる判断がなされるという事態を最小限度に抑えることも可能になる。

　このようにして、犯罪論の三分説は多くの利点をもつため、判例および通説が採用する体系となっているが、その細部については論者によって違いがある。

2）三分説と刑事司法の実務

　刑事司法の実務でも、構成要件という言葉を用いてはいるが、学説の唱える三分説の通りの運用がなされているわけではないことに注意を要する。

　実体法である**刑法**と、**手続法**である**刑事訴訟法**は、よく車の両輪に例えられる。犯罪と刑罰に関する実体を定めた刑法があっても、それを刑事司法手続、つまり警察による捜査、検察による捜査及び起訴手続、そして裁判所による審理および判決がなければ、刑法の規定は絵に描いた餅のごとく意味を成さない。刑法と刑事訴訟法が車の両輪のように、バランスをとって、社会全体の安全と秩序を実現することが何より大事なのである。そのため、実務においては最終的に裁判所において、刑法の規定が刑事訴訟法を通じて実現されることを常に意識して、解釈運用がなされることになるのである。

　その刑事訴訟法において、有罪判決をするためには「**罪となるべき事実**」を認定し、「**犯罪の成立を妨げる理由**」を当事者が主張する場合は、その判断をすると規定されている（**刑事訴訟法335条**）。

　「**罪となるべき事実**」とは、起訴状に具体的な日時場所方法等を特定して示される**犯罪事実・訴因**のことであり、罪名及び罰条によって法律構成が明示されることになる。この、罪となるべき事実は、刑罰を基礎づける積極的な犯罪成立要件にあたる具体的な事実であるので、犯罪の**原則的・積極的要件**（客観的要素・主観的要素を含む）にあたる事実である。

　一方で、「**犯罪の成立を妨げる理由**」とは、正当防衛や緊急避難などの**違法性阻却事由**、責任無能力（心神喪失）などの**責任阻却事由**と解されており、起訴状に検察官が訴因として積極的に示す必要はないものである。犯罪の**例外的・消極的要件**である。

　つまり、刑事裁判において犯罪の認定をする際には、「罪となるべき事実」と「犯罪を妨げる理由」という、**原則・例外の二分体系での運用**がなされているのである。刑法の学習の上では、構成要件該当性・違法性・有責性という三分説を理解することは重要であるが、それはあくまで学習の到達点であって、学習の始めの頃は、学説の深みに入り込まず、刑法総論の学習は、「犯罪を成立させるための要件」と、「犯罪の成立を阻却するための」要件の大きく２つに分かれるという原点から外れないように心がければ良いだろう。

構成要件該当性

1．構成要件の解釈

　刑法は、殺人罪・放火罪・公務執行妨害罪など、いろいろな犯罪の**構成要件**を規定している。犯罪とされる行為は、いずれも何らかの利益を侵害する行為である。侵害される利益（刑法によって保護すべき利益であることから、「**保護法益**」とよばれる）によって犯罪を分類すると、個人的法益に対する罪、社会的法益に対する罪、国家的法益に対する罪という、3つのグループに分けることができる。

　個人的法益に対する罪には、殺人罪や堕胎罪のように生命を侵害するもの、傷害罪や暴行罪のように身体を侵害するもの、逮捕監禁罪や強姦罪のように自由を侵害するもの、名誉毀損罪や侮辱罪のように名誉を侵害するもの、窃盗罪や詐欺罪のように財産を侵害するものがある。

　社会的法益に対する罪には、放火罪や往来妨害罪のように公共の安全を害するもの、通貨偽造罪や文書偽造罪のように公共の信用を害するもの、わいせつ罪や賭博罪のように風俗を害するものなどがある。

　国家的法益に対する罪には、内乱罪のように国家の存立そのものを侵害するものと、公務執行妨害罪や偽証罪のように国家の作用を侵害するものとがある。

　これらの犯罪の構成要件の意味・内容を明らかにする領域は、刑法学の主要な課題の一つで、「**刑法各論**」や「**犯罪各論**」とよばれている。

　たとえば、詐欺罪の構成要件は、「人を欺いて財物を交付させた」（**刑法246条1項**）こと、または同様の方法で「財産上不法の利益を得、又は他人にこれを得させた」（**刑法246条2項**）こととされている。いわゆる「だまし取る」行為が詐欺罪とされるわけであるが、これをめぐって次のような議論が展開されることになる。

　だまし取ったといえるためには、まず、欺く行為（欺罔行為）があり、それによって相手方がだまされて（相手方の錯誤）、財物を引き渡したり、利

益を与えること（処分行為）が必要である。つまり、欺罔行為→相手方の錯誤→相手方の処分行為→利得という一連の因果経過をたどらなければ、「だまし取った」ものとして、刑法の詐欺罪の構成要件に該当するものとは評価されないのである。欺罔行為は、言葉によるものに限られないから、飲食代金を支払う意志がないのに、それを隠して普通の客をよそおい、飲食店で料理を注文する行為も欺罔行為となる。したがって、いわゆる無銭飲食は原則として詐欺罪になる。しかし、飲食後に財布を忘れたことに気づき、黙って逃走するのは、欺罔行為が存在しないため、詐欺罪とはならない。ただし、外に用事があるなどと嘘をついて立ち去ると、そこに欺罔行為が存在するため、詐欺罪が成立する可能性がある。また、だまそうとしていることを相手は見破ったが、気の毒に思って財物を渡したというのであれば、相手方の「錯誤」がなく、欺罔行為と相手方の処分行為への因果の流れが途中で途切れているため、詐欺罪は既遂にならない。また、いわゆる「キセル乗車」については、詐欺罪が成立するという説と成立しないという説があり、詐欺罪の成立を認める説も、乗車駅の改札係を欺罔したのか、降車駅の改札係を欺罔したのかで争いがあって、それによって既遂時期も変わってくる。

　詐欺罪については、およそ以上のような議論が展開されているが、刑法各論ではこれと同様に、刑法が規定しているそれぞれの犯罪の構成要件を解釈して、詳細な検討を加えている。

2．構成要件要素

　構成要件が、社会通念上「悪い」とされるものを選び出し、類型化したものであるということは前に説明したが、ここでは構成要件についてより詳しく説明することとする。

　社会通念上「悪い」とされる行為とは、行為者が、客観的には社会的相当性を欠いた法益侵害行為を行ったこと、すなわち違法性を有することであり、主観的には、行為者を非難することが可能な内心的態度を有していること、すなわち有責性が存在することを意味する。つまり、**構成要件は、社会通念上、違法・有責とされる行為の類型（違法・有責類型）**なのである。これは、

前述した犯罪論の三分体系が、構成要件という概念に統合されていることを意味する。後述するが、構成要件に該当すれば、基本的に違法性が推定され、また責任が推定されるとされるのはそのためである。

構成要件の**違法類型**としての側面が、**客観的構成要件要素**であり、**有責類型**としての側面が、**主観的構成要件要素**である。それぞれの要素を満たしたときに、犯罪の成否を論じる三分体系の第一段階となる、構成要件該当性がみとめられることになる。以下、各構成要件要素について説明することとする。

3．客観的構成要件要素

客観的構成要件要素とは、行為の客観面、つまり、その存在が外見上認識できる要素であり、①**主体**、②**客体**、③**行為**、④**結果**、⑤**因果関係**、⑥**行為の状況**等の要素がある。

たとえば、殺人罪について**刑法199条**は「人を殺した者は、死刑又は無期若しくは五年以上の懲役に処する。」と規定している。ここから殺人罪の客観的構成要件要素は、①主体としての「人を殺した者」、つまり殺人者と、②客体である被害者、③行為としてのナイフで刺す、銃で撃つといった殺人行為、④結果としての人の死、そして、③と④との間に⑤因果関係があること、となる。⑥の行為の状況は、殺人罪の場合は問題とならない（**行為の状況**の具体例としては、消火妨害罪（**刑法114条**）における「火災の際」などがあげられる）。これらの客観的構成要件要素すべてを満たすと、後述する主観的構成要件要素の有無が問題となり、それも満たして初めて、構成要件該当性ありとなるのである。

なお、行為の「**客体**」と「**保護法益**」の関係についても触れておこう。殺人罪の行為の客体は被害者である「**人**」であり、保護法益は「**人の生命**」である。また、窃盗罪（**刑法235条**）の客体は「他人の財物」であるが、保護法益は「財産権」となる。これらは、客体と保護法益が大体において一致しているともいえるが、公務執行妨害罪（**刑法95条**）の場合は、客体としては暴行または脅迫を加えられた「**公務員**」になるが、保護法益は公務員によって執行される職務である「**公務**」ということになり、客体と保護法益が一致

しない場合もあることに注意を要する。たとえば、公務員である労働基準監督官に投石をしたり、猛犬をけしかけるなどして追い返した場合、客体である労働基準監督官が行う「公務」の執行が妨害されるという形で、法益侵害があったことになるのである。

　客観的構成要件要素のなかで、その中心となるのは行為であり、**構成要件に該当する行為**を、特に**実行行為**とよんでいる。

4．実行行為

1) 実行行為とは

　客観的構成要件要素である行為は、より正確には**実行行為**と呼ばれており、**構成要件的結果発生（法益侵害）の現実的危険性を有する行為**のことである。わかりやすくいえば、その構成要件が守らなければならない法益が侵害される現実的な危険性を引き起こす行為のことを実行行為とよぶのである。たとえば、殺人罪を例に取ると、AがBを殺そうと思い、暴力団員から非合法にピストルを入手した段階では、たしかにAは悪い行為を行なっているものの、ピストルを買っただけでは「Bの死」の現実的危険性が発生しているとはいえないだろう。人の生命という殺人罪の保護法益は、未だ現実の危険にさらされていないからである。よって、殺人罪の実行行為は行われておらず、当然殺人罪とはならない。

　「では、殺人未遂になるのではないか」と思うかもしれないが、**未遂**とは、後述するように、**実行行為は行われたものの、結果が発生しない場合**（あるいは、**実行行為と結果の因果関係が認められない場合**）のことをいい、しかも**未遂犯を処罰する規定がある場合に限って処罰される**のである。殺人罪には、殺人未遂罪（**刑法203条参照**）があるが、実行行為のない以上、Aは未遂罪にもならないのである。ただ、刑法には未遂以前の予備段階を**予備罪**として処罰する場合があり、殺人罪には、殺人予備罪（**刑法201条**）があるため、Aの行為はこれに該当するだろう。

　このように、実行行為があるかどうか、すなわち**実行の着手の有無**によって、犯罪が少なくとも未遂となるか否かという、大きな違いを生むのである。

2）単純行為犯と結果犯

　この実行行為がなされれば、それだけで犯罪となるものを**単純行為犯**という。たとえば、**偽証罪**（刑法169条）は、嘘の証言をすれば、それだけで犯罪が成立し、裁判官がだまされたかどうか、それによって間違った裁判がなされたかどうかということは問題にされない。嘘の証言をしたということ自体で処罰されるのである。

　これに対して殺人罪は、先ほどのAがピストルでBを撃ったとしても、その実行行為があっただけでは足りず、それによって人の死という結果が発生しなければ、既遂にはならない。このように、**実行行為のほかに一定の結果が発生することが要求されている犯罪**を、**結果犯**という。

3）実行の着手時期

　結果犯では、構成要件に定める結果（**構成要件的結果**）を発生させるような行為（**実行行為**）がなされたが、結局、結果が発生しなかったという場合が生じる。これがいわゆる「**未遂**」である。未遂は、これを処罰するという特別の規定がある場合に限って犯罪とされ（**刑法44条**）、殺人や強盗などの重大な罪について、未遂を処罰する規定がおかれている。未遂を処罰する場合には、刑を減軽することができるものとされる（**刑法43条**）、したがって、理論上は既遂と同様に処罰することも可能なわけである。

　刑法上、どこから未遂罪として処罰されるかという問題を、「**実行の着手時期**」という。実行の着手の有無によって、未遂罪が成立するか、それとも予備罪（予備罪処罰規定がある場合に限る）にとどまるかなどが決定されるのは、さきほどの例で説明したとおりであるが、よりくわしくこの点についてみていくこととしよう。

　実行の着手時期について古くは、行為者の内心を基準にする説（**主観説**）も唱えられていたが、内心において犯罪を決意するのみで未遂罪として処罰するのでは、行為者の主観面のみを捉えて処罰することに他ならず、憲法の定める思想良心の自由すら侵害しかねず、また、基準としても極めてあいまいであるため、罪刑法定主義に反するなどの点から支持を失っており、現在では**客観的な行為を基準にしてとらえる説**（**客観説**）が通説となっている。

客観説内部でも、考え方はさらに分かれるが、ここでは、実行の着手時期を「**構成要件的結果発生の現実的危険を有する行為を開始したとき**」という通説的基準を理解しておけばよいであろう。未遂犯を処罰するということは、法益侵害の結果は未だ発生していなくても、その危険が発生したことで、処罰するということである。実行の着手の定義の「**構成要件的結果発生**」とは、構成要件が予定する結果、つまり**法益侵害の結果**ということになる。たとえば、殺人罪（**刑法199条**）の予定する結果とは「人の死」であり、生命という法益が侵害されるという結果のことである。そして、「**構成要件的結果発生の現実的危険性**」とは、法益侵害という結果そのものは発生していなくても、その現実的危険性があることを意味する。殺人罪の例でいうならば、「人の死」という結果が発生する現実的危険性があるということである。

たとえば、先ほどのAが殺意をもって、ピストルをふところにBの家に向かったとしよう、このときはまだ、「Bの死」という現実的危険が発生したとはいえない。これは、AがBの家の玄関前に立った段階でも同じだといえよう。

しかし、ドアを開けて出てきたBに対しAがピストルを向け、引き金に手をかけたとしよう。まさにこのとき、「Bの死」という結果はいまだ発生していないが、「Bの死」という法益侵害を惹き起こす（「**惹起する**」という）現実的な危険性は発生したといえる。よって、通説の立場からは、この瞬間に未遂罪を認めることになるのである。

実行の着手時期は、それぞれの犯罪ごとに個別的具体的な検討を要する、大きな問題であるが、ここでは、いくつかの例を紹介しておこう。**窃盗罪（刑法235条）**の実行の着手時期の問題で、判例は単に人家に侵入しただけでは、窃盗の実行の着手を認めず、財物のある箪笥の方に向かった時点で実行の着手ありとしている。それに対して、別の判例では、土蔵に侵入した段階で実行の着手を認めている。この2つの判例の違いを導く基準こそが、「**結果発生の現実的危険性**」の有無なのである。行為者が単に人家に侵入しただけでは財物、わかりやすくいえば「金目の物」のありかが分かるとはいえない、その意味で結果が発生する現実的危険性はこの時点ではまだあるとはいえない。しかし、貯金通帳や宝石類などがしまってある箪笥のそばに近づけば、

それらが奪われる現実的危険性があるといえよう。一方、中に財物をしまうための土蔵ならば、その入口に入っただけで、財物の奪われる現実的危険性は十分にあるといえよう。よって、侵入した段階で未遂罪の成立を認めるのである。

4）中止犯

　実行の着手があれば、少なくとも**未遂**は成立するわけであるが、犯罪がそのまま**既遂**に達するとは限らない。先ほどの窃盗罪の例でいえば、箪笥のそばに近づいた、あるいは土蔵に侵入した段階で家人に見つかって、財物を手にできなかったような場合である。また、未遂のうちでも、犯人が「**自己の意思**」でやめた場合は、**中止未遂**または**中止犯**とよばれ、必ず刑を減刑されるか免除（**必要的減軽・免除**）される（**刑法43条但書**）。犯罪の実行行為を始めても、自分の意思でそれをやめれば、寛大な処遇が得られるわけである。犯罪を未然に防止するため、犯人に「**あと戻りのための黄金の架け橋**」を政策的に用意したものであるとか、自分の意思で反抗をやめたことにより、**非難の程度が減少（責任減少）**したためであるとかの説明がなされている。

　「自己の意思」によってやめたといえるかどうかの判断は微妙な問題で、悔悟したことまでは要求されないが、犯罪遂行を困難にするような事情を認識してやめたのでは、「自己の意思」によってやめたとはいえないものとされている。この判断基準について、いわゆる「**フランクの公式**」というものがあり、「**やろうと思えばやれた**」のに中止した場合が中止犯、「**やりたくてもやれなかった**」場合が未遂犯であるとする。

　この基準によると、警官がやってくると思ってやめたり、被害者の流血を見て驚いてやめた場合は、自己の意思でやめたとはいえないことになる。また、犯罪の実行行為を完了して、放置しておけば結果が発生するようになった後は、みずから結果の発生を防止するように誠実に努力し、結果を防止しなければ、中止犯にはならない。放火後に、「放火したからよろしく頼む」と依頼して逃げたり（**大判昭12．6．5**）、近隣の者の消火活動に協力したというだけ（**大判昭２．10．25**）では中止未遂にならず、通常の未遂である。中止未遂にならない通常の未遂は、**障害未遂**とよばれている。

5）不能犯

　結果の発生を目的とする行為がなされたが、その結果が発生しなかったという場合のなかには、たまたま結果が発生しなかったのではなく、**その行為からその結果を発生させることが、もともと不可能**だという場合もある。たとえば、ワラ人形に釘を打って、人が死ぬことを祈る丑の刻参りのような行為がそれで、このような場合を**不能犯**という。不能犯は、**構成要件的結果発生の現実的危険性がないから処罰する必要はない**とされ、未遂犯にはならない。これは未遂犯の理論的にも当然のことで、構成要件的結果発生の現実的危険性がないということは、先に説明した**「実行の着手」が認められない**のだから、**未遂犯になりようがない**のである。

　未遂犯と不能犯の区別は、構成要件的結果発生が現実的に可能かどうか（**構成的結果発生の現実的危険性の有無**）によるが、その判断の基準をどこに求めるかについては、意見が対立している。行為者が可能だと思っていれば未遂犯だとする説（**主観説**）は、不能犯を認めないのと同じことになる。著しい無知に基づいて可能だと思った場合は不能犯だとする説（**抽象的危険説**）は、祈りで人を殺せると思った場合や、砂糖水を飲ませて人を殺せると思った場合に不能犯を認める。その手段で、その客体に対しては絶対に結果が発生しない場合には不能犯だとする説（**客観的危険説**）は、毒薬を飲ませたが致死量に達していなかったという場合や、焼死させようと思って放火したが誰もいなかったという場合にも不能犯を認める。

　このようにいろいろな説が主張されているが、**行為の具体的状況から判断して、一般人は結果が発生する危険があると考える場合が未遂犯で、そうでない場合が不能犯であるとする説**（**具体的危険説**）が多数説である。この説は、未遂犯か不能犯かの区別の問題は構成要件該当性の問題であり、構成要件は**社会通念上違法かつ有責とされる行為を類型化したもの**であるため、その該当性を判断するにあたっては、**社会通念、つまり一般人の観点から行為の危険性を判断する**のが妥当であるという考え方に基づくものである。

　たとえば、交番の警官からピストルを奪い、通行人に向けて引き金を引いたところ、銃弾が装填されていなかったというような場合、警官が所持するピストルには銃弾が装填されているのが通常であるため、具体的危険説から

は一般人は結果が発生する危険があると考えることから、殺人未遂罪の成立を認めることになるのである。

判例は、殺意をもって硫黄を飲ませても、絶対に殺害の結果を生じないから不能犯である（**大判大6．9．10**）が、殺害するため空気を静脈に注射したが、致死量にはほど遠かったという場合は不能犯ではなく（**最判昭37．3．23**）、被害者がたまたま何も持っていなかったため、強盗の目的を達することができなかったという場合も不能犯ではない（**大判大3．7．24**）。とする。

6）因果関係

AはBを殺そうとして心臓めがけてピストルを撃ったが、弾丸が外れて左腕に命中し、怪我をしたBは入院した。その夜、火事が起きて病院は全焼し、それに巻き込まれたBは死亡したとしよう。Aは殺人罪の実行行為を行なっており、被害者Bの死亡という結果も発生している。したがって、Aは殺人罪の構成要件に該当し、しかも既遂の結果が発生しているようにみえるが、はたしてAは殺人の既遂犯となるのであろうか。

前述したように、実行行為のほかに、一定の結果が発生することが要求される**結果犯**（殺人罪もその一つである）**の構成要件では、犯罪の実行行為があっても結果が発生しなければ、構成要件該当性を欠き、未遂にとどまる**ことになる。たとえ結果が発生したとしても、それが実行行為と無関係に発生したのなら、やはり未遂にとどまることになる。すなわち、実行行為と結果の間には、因果関係が要求され、因果関係が認められなければ、構成要件該当性が否定されるのである。

では、実行行為と結果とを結びつける**因果関係**とは、どのようなものであろうか。この点、「**その行為がなければ、その結果が発生しなかっただろう**」（あれなくばこれなし）という条件関係があるときに刑法上の因果関係を認めるという**条件説**という立場がある。一般的に、あれなくばこれなしの関係を「**条件関係の公式**」（ラテン語ではコンディティオ・シネ・クワ・ノンというため**コンディティオ公式**、あるいは**CSQN公式**とも呼ばれる）という。

条件説の立場によれば、毒殺しようとして毒薬を飲ませたが、薬が効いて

くる前に別の誰かがピストルで射殺したという場合には、毒薬を飲ませなければ射殺されなかったとはいえないから、条件関係がなく、したがって因果関係が否定されて未遂になる。しかし、先にあげた例の場合には、ピストルで撃たれなければ入院することはなく、入院していなければ火事にあって焼死することもなかったのであるから、条件関係があり、したがって因果関係が認められ殺人罪になる。過失によって人にすり傷を負わせたところ、その治療にあたった医師が薬を間違えて劇薬を与えたため死亡したという場合も、すり傷を負わせたことと死亡との間に因果関係が認められ、死亡の結果についても責任を問われることになる。

このように、条件説からは、行為者に過大な責任を負わせがちになる。たしかに、**刑法上の因果関係を議論する前提として、自然的因果関係である条件関係の有無を問うことは必要**であろう。しかし、条件関係のみを持って因果関係ありとするならば、たとえば殺人者が用いたナイフを製造した者にまで因果関係が認められることにもなりかねず、因果関係が無限に拡散しかねない。それでは、構成要件の持つ、犯罪・非犯罪区別機能が事実上意味を失ってしまうため、条件説をそのまま受け入れることはできないのである。

刑法上の因果関係は、自然的因果関係そのものではなく、あくまで法的観点からみた因果関係であるべきである。因果関係は構成要件該当性の問題であり、構成要件は社会通念上違法とされる行為を類型化したものである以上、因果関係の有無の判断も社会通念を基礎として行われるべきであろう。

このような趣旨から提唱されるようになったのが、**相当因果関係説**であり、現在の通説となっている。相当因果関係説は、条件関係があるだけでは足りず、**その行為からその結果が発生することが経験上通常**(「稀有ではない」ということ)**である場合に因果関係を認めるべきである**とする。この説によれば、行為と結果に条件関係がない場合はもちろんのこと、条件関係がある場合でも、その行為からその結果が発生することが通常でなければ、因果関係は否定されることになる。最初にあげた例についていえば、ピストルで撃つという行為から、火事にあって焼死するという結果が発生することは経験上通常であるとはいえないから、因果関係は否定されるのである(Aは殺人未遂罪にとどまることになる)。

しかし、従来の判例は条件説によっているとみられるものが多く、医師の治療方法が悪かったために被害者が死亡した場合（**大判大12．5．26**）や、被害者の脳あるいは心臓に異常があったため、軽い暴行で死亡してしまったという場合（**最判昭25．3．31**判タ2-51／**最判昭36．11．21**）についても因果関係を肯定している。もっとも、Aの運転する自動車がBと衝突して、Bを自動車の屋根に跳ねあげたまま走行中、自動車に同乗していたCがそれに気づいて引きずり落とし、Bを死亡させたという事件では、Aの行為とBの死亡との間の因果関係を否定し（**最判昭42．10．24**）判タ214-198、また、相当因果関係説によるような態度を示したものがある。

このように、判例は基本的に条件説的立場をとり、学説の通説は相当因果関係説に立つという状況が長らく続いてきた。入門段階ではここまで理解しておけば十分ともいえるのだが、ある最高裁判例の登場によって、因果関係をめぐる議論の状況に大きな変化が生じつつあるので、参考までにその判例を紹介し、解説を加えておこう。

AはBを第一の現場で、洗面器や皮バンドを使ってBの頭部を何度も殴打し、Bに内因性の脳内出血を生じさせて意識喪失状態に追い込んだ後、自動車でBを第二現場まで運び、そのまま放置して立ち去った。Bは翌朝未明に脳内出血が原因で死亡したのだが、問題は死亡までの間にBは第二現場で何者かによって角材で頭部を多数回殴打されていたことである。この殴打によって、すでに生じていた脳内出血が拡大し、死期を早めるものであったことが確認されている。

相当因果関係説の立場からは、第一現場での暴行と、Bの死との間に、第二現場での暴行が介在することは、経験則上普通ありえないため、法的因果関係を否定することになるはずである。しかし、最高裁の結論は、Aの暴行とBの死との間に因果関係を肯定し、Aに傷害致死罪（刑法205条）の成立を認めた（**最決平2．11．20**）判タ744-84。

この結論自体には、異議を唱えるものも少なかったため、相当因果関係説を支持する通説側は、自らの説の見直しを迫られるようになったのである。これがいわゆる「**相当因果関係説の危機**」とよばれる問題なのである。学説は相当因果関係説を修正して対応しようとする立場と、新たな理論的枠組

用いて判例を説明しようとする立場に分かれているが、ここでは後者の立場について触れておこう。

後者の新たな理論的枠組とは「**危険の現実化**」とよばれる考え方である。これは、**因果関係とは、実行行為の有する危険性が現実化して、結果に結びついたかどうかを認定する概念だという考え方**を基本とする立場である。実行の着手の説明の際に、構成要件的結果発生の現実的危険性を有する行為が行われた時に、実行の着手を認めるとしたが、たとえるなら、この危険性が川の源流のように流れ出て、そのまま結果という海までたどりついた場合が、因果関係ありとする考え方なのである。この川の名をXとしよう。もし、このX川が別の大河Yと合流し、その大河Yの水の勢いの方が圧倒的に強かったらどうだろうか。最終的に海に注いだ時点の川の名は、X川といわず、Y川とよばれるはずである。「危険の現実化」はこれと同様の発想をし、途中に介在した事情の異常度（**介在事情の異常度**）が少なければ、実行行為の危険性が結果まで結びついたとして法的因果関係を認め、介在事情の異常度が高ければ、実行行為の有する危険性は結果に結びつかないものとして、法的因果関係を認めないのである。いいかえるなら、前者の場合は、**実行行為に結果発生の決定的な原因がある場合**であり、後者の場合は、実行行為ではなく、それ以外の行為によって結果発生の原因がつくられた場合といえよう。このように、**実行行為が結果発生に与える寄与度**によって、**因果関係を判断する考え方**が、現在有力に主張されているのである。

このように、因果関係に関する判例も学説も動きつつあるのが現状であるが、まず知っておいてほしい基本は、**刑法上の因果関係は、単なる事実的な因果関係ではなく、法的因果関係である**ということである。

5．不作為犯

1）不作為犯の種類

一般に犯罪は、人を殺したり、他人の財物を盗んだりという積極的な行為によって実現される。これを「**作為犯**」という。しかし、ある一定の行為をしないことによって、犯罪が実現される場合もある。これを「**不作為犯**」と

いう。

　不作為犯は、真正不作為犯と不真正不作為犯とに分けられる。**真正不作為犯**とは、法律自身が明文で不作為を犯罪とすることを定めたものである。たとえば、「老年者、幼年者、身体障害者又は病者を保護する責任のある者が、その生存に必要な保護をしなかったとき」に成立する保護責任者遺棄罪（218条）や「正当な理由がないのに、要求を受けたにもかかわらず」人の住居等から「退去しなかった」ときに成立する不退去罪（130条）などである。

　これに対して、**不真正不作為犯**とは、**作為犯の形式で規定されている構成要件を、不作為によって実現する犯罪**をいう。たとえば「殺した」と作為犯の形式で定められている殺人罪の構成要件を、母親が乳児に授乳しないという不作為によって乳児を死なせることで実現したような場合がその例である。

　問題は、不真正不作為犯が作為の形式で構成要件が定められているので、不作為がその構成要件に該当する行為、すなわち**実行行為といえるか**ということである。たとえば、通行人Xは、子供Aが川で溺れそうになっているのに気づきながら、これを放置して立ち去ってしまった。その結果、Aが溺死してしまった。この場合に、殺人罪の不真正不作為犯が問題となる。これを積極的にXから子供Aを川に突き落として溺死させた作為犯の場合と同視していいのかという疑問が生じてくるのである。つまり、不真正不作為犯には、作為の場合と同視できるほど、その犯罪の実行行為と評価できる不作為だけが処罰されるべきだからである。これを**作為との同価値性の問題**という。

　水に溺れかかっている子供Aの場合、仮にその場に保護者や警察官が居合わせた場合には、Aを救助する法的義務があるため、泳げるのに救助しないという不作為は、作為と同視できるだけの事情ありといえるだろう、しかし、単なる通行人にまで、救助義務をみとめることはできず、この場合には不作為犯は成立しないことになる。

2）不作為犯の因果関係

　不真正不作為犯については、**不作為と結果発生との間の因果関係**ということが、かつて中心の問題となって盛んに論議された。それは、不作為とは文字どおり何もしないということであると素朴に考えると、何もしない（「無」）

ことからどうして死亡という結果（「有」）が発生したといえるのか、無から有は生じないはずなのに、無から有が生まれてしまうという疑問があったからある。

しかし、現在では、不作為犯の因果関係については、単なる無を因果関係の起点と考えるのではなく、**「法によって期待された一定の行為をしないこと」**、という規範的評価を起点ととらえることで、問題に一応の理論的解決を見ている。

つまり、作為犯では「あれなければ、これなし」あるいは「当該行為をしなければ、当該結果が生じなかったであろう」という関係を基礎に因果関係を考えるのに対し、不作為犯では**「期待された行為がなされたならば、当該結果が生じなかったであろう」**という関係が存在すれば因果関係があるとするのである。

3）因果関係の証明の程度

不作為にも因果関係が認められるとすると、その判断方法も基本的に作為と同じであるとされ、その立証方法は**「合理的な疑いを超える程度」**になされなければならない。

では、「合理的な疑いを超える程度」の立証方法とはどのようなものをいうのか。作為犯の場合は「ある行為をしなければ100パーセント結果が発生しなかった」ということを立証しなければ因果関係は認められないが、その立証は容易である。たとえば、ナイフによる殺人の場合、ナイフを左胸に突き立てなければ、被害者は死ななかったという判断は明確に下すことができる。

これに対して、不作為犯の場合は、「期待された行為がなされたら100パーセント結果が発生しなかった」ということを立証することはかなり難しい。作為犯と異なり、不作為犯の場合には「期待された行為」という**仮定的判断が入り込む**から、期待された行為の内容が規範的である。

このような場合に100パーセント確実に結果を防止できたことの立証を要求すると、不作為犯の成立範囲を著しく限定してしまうことになり、法益保護が図れないことになるのである。

もっとも、刑法の自由保障機能の調和を図る必要もある。したがって、**不**

作為犯においては、100パーセント確実に結果が防止できたことまで説明は不要であるが、**十中八、九結果の防止が可能であったことの立証が必要**であると考えられる。この点につき、判例は、被告人らが、注射された覚醒剤により錯乱状態に陥った被害者の少女をホテルの客室に放置したために急性心不全のため死亡した事案について、「錯乱状態に陥った時点で直ちに被告人が救急医療を要請していれば、同女が年若く（当時13歳）生命力が旺盛で特段の疾病がなかったことなどから、「十中八九同女の救命が可能であったとすると同女の救命は合理的な疑いを超える程度に確実であった」として、被害者を放置した行為と急性心不全のため死亡した結果との間に刑法上の因果関係を認めている（**最決平元.12.15**）判タ718-77。

4）不真正不作為犯と罪刑法定主義

ところで、作為の形で規定する条文を使って不作為を処置するというのは類推解釈ではないのかという疑問が生じる。もしそうだとすると、不真正不作為犯は罪刑法定主義に違反することになるから処罰ができないのではないかという疑問である。この点につき、**規範**には**禁止規範**と**命令規範**があることから考えなければならない。規範とは、簡単にいえば**ルール**のことである。このルールには「～をするな」というルールと「～せよ」というルールがある。

前者を禁止規範といい、後者を命令規範という。**禁止規範に違反するのが作為犯**である。たとえば、人をナイフで刺すな、人に毒を飲ませるな、というのがその例である。

これに対して**命令規範に違反するのが不作為犯**である。不真正不作為犯の成立が問題となる、殺人罪や保護責任者遺棄致死罪の保護法益は「人の生命」であり、そのため「人命を尊重せよ」という規範が条文には含まれている。そして、人命を尊重せよという規範は、禁止規範と命令規範、両者を含むものと解される。「人を殺すな」という禁止だけでなく、「人が死なないようにせよ」という命令・禁止も含まれているのである。そのため、**不作為の形で命令規範に違反することも**、殺人罪や保護責任者遺棄致死罪は**立法の段階で当然予想するところである**と解されるのである。したがって、**不真正不作為犯を処罰しても、罪刑法定主義には反しない**ということになる。

ただし、無制限に不真正不作為犯の成立を認めることは、結果として法律の根拠なく無制限に刑罰を科すことにもつながりかねず、罪刑法定主義の観点から問題がある。類推解釈の禁止に反するという疑問をクリアしたとしても、明確性の要件に反するのではないかという疑問も残るところである。そこで、後述するように不真正不作為犯をいかなる場合に認めるべきか、その成立要件を厳格に確定しておかなければならないのである。

5）不真正不作為犯の実行行為性

不真正不作為犯の問題は、**実行行為性の問題**と、今日では理解されている。すなわち、**作為犯における実行行為と同価値と評価できる不作為のみに実行行為性を肯定するのである（作為と不作為の同（等）価値性）**。

いかなる場合に、同価値と評価できるかといえば、**作為犯の構成要件が予定する構成要件的結果（法益侵害）の現実的危険性と同程度の危険性が、不作為犯においても認められる場合**である。より具体的には、**不作為が当該構成要件の要求する作為義務に違反する**ことが求められるのである。この作為義務違反は、ある構成要件的結果発生の現実的危険性が存在する状況において、結果発生を防止すべき特別の義務（作為義務）を有する**保証人（保証者）**が、その保証人的義務を尽くすことが可能であったのに、それを怠った場合に、認められるものである（**保証人説**）。

たとえば、「母親が乳児に授乳しない」という不作為も乳児の死という、殺人罪の構成要件が定める結果発生の現実的危険性を有する行為である。そして、母親は結果発生を防止すべき作為義務を有する保証人であり（その根拠は親の子に対する監護義務（**民法820条**）に求められる）、母乳であれ粉ミルクであれ、乳児に対して必要な栄養を与えることは可能であったのにそれを怠った以上、母親の不作為にも実行行為性を肯定しうるのは当然といえよう。

6）不真正不作為犯の成立要件

不真正不作為犯の成立要件をまとめると、（1）**作為義務**の存在、（2）**作為の可能性**、（3）**作為と不作為の同（等）価値性**、ということになる。

（1）作為義務の存在

不真正不作為犯の成立要件としては、まず、作為義務が存在することが必要であることは前述した。前述の保証人説からは結果発生を防止すべき特別の地位である**保証人的地位**にある者に作為義務が認められることになるが、問題はその作為義務がいかなる根拠から認められるかである。この**作為義務の発生根拠**は大きく分けて3つのものがあるとされている。

まず第1が、**法令の規定に基づく場合**である。民法上の夫婦の扶助義務（**民法752条**）や、親権者の子に対する監護義務（**民法820条**）などがこれにあたる。第2は、**法律行為に基づく場合**である。契約や、事務管理といった法律行為によって、作為義務が認められることになる。たとえば、ベビーシッターのような、子どもの面倒をみる契約を結んだりするのも、この場合の例である。第3に、**慣習または条理に基づく場合**である。これは、個々具体的な場合に認められるため、様々なものがあるが、大別すると、①**先行行為**によるもの、②**管理者の地位**に基づくもの、③**信義則上**認められるもの、④**慣習上**認められるもの、などになる。①の先行行為による作為義務とは、自己の行為（先行行為）によって、結果発生の危険を生じさせた場合には、その結果発生防止の責任を負うという義務である。②の管理者の地位に基づく作為義務とは、たとえば、自己の所有する建物で火災が発生した場合、管理者である所有者は消火活動を行ったり、消防署に通報したりするなどの作為義務を負うといったような場合である。

（2）作為の可能性

たとえば、自分の子どもが川で溺れかけているのを見つけた父親がいたとしよう。（1）で見たように、父親には法令により、子どもを救助すべき作為義務が生じることになる。しかし、父親が泳ぐことができないような場合はどうだろう。**法は不可能を強いるものではない**以上、このような場合にまで作為義務違反を肯定することは不当な結論となる。そこで、作為義務の成立要件として、「**作為の可能性**」を求めることにしたのである。これにより作為義務は、抽象的・一般的なレベルではなく、**具体的な事情を考慮**して要求されることになるのである。

（3）作為と不作為の同（等）価値性

不真正不作為犯が成立するためには、（1）作為義務の存在・（2）作為の可能性に加えて、作為義務違反の不作為が、当該構成要件に該当する**作為と、法的に同価値（当価値）**であるといえるようなものでなければならない。消極的な行為である不作為を、積極的な行為である作為と同視しうるだけの強さを、要件として求めるのである。

たとえば、通行人を過失ではねてしまった自動車のドライバーに、不作為の殺人罪の罪を問うためには、ただ単に「救助しない」という不作為のみをもってしては、故意をもって作為で被害者を殺す行為と同価値と評価することはできないのである。

先ほどの例で、自動車のドライバーが被害者である通行人を病院に連れて行くため、いったんは車内に運び入れたものの、病院に行けば逮捕されることを恐れて、しばらく走行した後に、道路脇の草むらに被害者を放置して逃げ、結果として被害者は死亡したというような場合はどうだろうか。このようなケースでは、①自動車運転中に誤って人をはねるという**先行行為**があり、②被害者を車に乗せるという保護法益に関する事実上の**引き受け**があり、さらに③被害者の救助がドライバーのみに委ねられたという**排他的支配領域性**が認められることから、作為による殺人と同価値といえるだけの、結果発生の危険性が認められることになるのである。

7）不真正不作為犯の主観面

不真正不作為犯を認める際に、特に**行為者の主観面**を要件として強調する立場がある。判例には、放火罪に関して、「**既発の火力を利用する意思**」や「**既発の危険を利用する意思**」を要件として、不真正不作為犯を認めたものがあるが、**通説**は不真正不作為犯の主観面は、**通常の故意をもって足りる**ものと解している。

6．間接正犯

1）意義

　間接正犯とは、**他人を道具として利用することによって犯罪を実現する場合**をいう。直接自らの手で犯罪を実現する**直接正犯**と区別される。

　たとえば、医師Aが毒薬であることを隠して、あたかも通常の注射薬のように装い、情を知らない看護師Bに渡し、患者Cにこれを注射して死亡するに至らせたような場合である。たしかに、患者Cの死亡という結果に直結する行為を行ったのは看護師Bであるが、Bは毒薬を注射するという認識を一切有しておらず、また、医師Aの指示にしたがって医療行為を行うのが当然であるといえる。したがって、Bはいわば道具のようなものであるから、看護師の行為を強く支配し、道具のように扱った医師の利用行為が、医師自らの手で患者に毒薬を注射したことと、**実行行為性**において同様のものと評価できる（**道具理論**）。

　よって、医師Aは殺人罪の間接正犯として殺人罪（**199条**）が適用されることになるのである。

2）間接正犯の成立要件

　間接正犯は、他人を道具として利用し犯罪を実現する場合であり、**自己の意思によって一方的に他人を支配・利用し犯罪を実現する場合**であるといえる。したがって、間接正犯が成立するためには、行為者の利用行為と被利用者の行為とが間接正犯の意思によって統一され全体として行為者の実行行為と認められる事実がなければならない。そうすると間接正犯が成立するためには、以下の要件が必要となる。

（1）主観的要件

　行為者は、故意のほかに**他人を道具として利用しながら自己の犯罪を実現する意思**を有していること。

（2）客観的要件

行為者が、**被利用者の行為を道具のように一方的支配・利用し、被利用者の行為を通じて実行行為の全部又は一部を行っていること**。

3）間接正犯の実行の着手時期

間接正犯の実行行為においては、どの時点において実行の着手を認めるという問題がある。

（1）利用者標準説

利用者が被利用者を利用する行為を実行行為の着手とする説（前例で言うと、医師が看護師に注射器を渡したとき）。

（2）被利用者標準説

被利用者の犯罪行為開始の時期を実行の着手とする説（前例で言うと、看護師が患者に注射しようとしたとき）。

利用者標準説によれば、看護師に注射器を渡すことをもって殺人の実行行為と考える。**正犯とは実行行為を行うものである以上、実行の着手も正犯、すなわち利用者を基準に考えるべきという考え方**がその背後にある。しかし、この説に立つと**着手時期が早まりすぎてしまい**、看護師（被利用者）が医師から注射器を受け取った後、何らかの事情で行為に及ばなかったような場合にも殺人未遂罪になってしまうことになる。

一方、被利用者標準説は、「**構成要件的結果発生（法益侵害）の現実的危険性が発生したとき**」を実行の着手時期と解する通説の立場を背景に、看護師が患者に対してまさに注射をしようとしたその段階と捉える考え方であり、現在の**通説的見解**である。このように解したとしても、利用者は自らの意思に基づいて被利用者を**行為支配**していると認められるから、これを根拠に被利用者の行為も利用者の行為であると考えれば、実行行為の時期を被利用者の行為の開始時期とすることについて、何ら不都合はないといえる。

5　違法性

１．違法性阻却とは何か

　刑法は、理由もなく一定の行為を犯罪として規定しているのではない。社会生活上「悪い」とされる行為のなかから、処罰する必要性のある行為をとりだし、犯罪として規定しているのである。

　したがって、ある行為が刑法の規定している犯罪構成要件に該当すれば、通常、その行為は社会生活上「悪い」行為、すなわち違法な行為だといえる。**構成要件は社会通念上違法かつ有責な行為を類型化したものであるため、構成要件に該当すれば、違法性を有することが推定されることになる**、これを構成要件の**違法性推定機能**という。

　火のない所に煙は立たないという。例えば、隣家の方から猛烈な煙が漂ってくれば、取り敢えずは火事を疑ってみるだろう。ここでいう煙が構成要件該当性であり、火事が違法性ということになる。つまり、猛烈な煙を見たら、火事を推定するように、構成要件該当性があれば、ひとまず違法性が推定されるわけである。

　とはいえ、煙があれば必ず火事が発生しているというわけではない。煙の元をたどって、隣家の庭をのぞいてみたら、隣家の主人が庭で廃材を燃やしていたような場合はどうだろう。この場合、火事は発生していないが煙は発生している。この例を刑法に戻して考えると、構成要件該当性はあっても、違法性は存在しない場合ということになる。

　はたしてそのような場合があるかといえば、医師の外科手術やボクシングの試合で相手を殴ることを例に考えてみればわかるだろう。医師が患者の身体にメスをいれることや、ボクサーが対戦相手の顔面にパンチを打ち込み、鼻血を出させたような場合、「人の身体を傷害した」という傷害罪の構成要件に該当している（**刑法204条**）。しかし、医師の外科手術や競技としてのボクシングは社会生活上「悪い」とされる行為であろうか。そうではあるまい。たとえ傷害罪の構成要件に該当したとしても、医師の外科手術やボクシ

ングの試合を違法な行為ということはできない。このように、構成要件該当性が認められても違法ではないとする判断を、**違法性阻却**という。

違法性が阻却される場合として、刑法は、**正当業務行為・正当防衛・緊急避難**の3つを規定しており、これらは違法性阻却事由とよばれている。また、この3つの場合以外でも、社会的にみて相当な行為はやはり違法性が阻却されるものとされ、**超法規的違法阻却**といわれている。

2．違法性とは何か

1）形式的違法性論と実質的違法性論

違法性とは何かについて、「形式的違法性論」と「実質的違法性論」という2つの考え方がある。

前者は、**行為が形式的に刑法に違反する**ことを「違法」とする見解である。たしかに刑法に違反すれば「違法」ではあるが、それのみでは違法性とは何かという実質については何ら明らかにされていない。そこで、**行為が実質的に刑法に違反する**ことが「違法」であるという**実質的違法性論**が生まれたのである。

両者は必ずしも矛盾対立するものではないが、実質的違法性論からは、刑法に形式的に違反しているように見えても、実質的に違法性を阻却する場合である**超法規的違法性阻却事由**が認められることになる。

では、違法性の「実質」とは何かであるが、この点については、①**社会倫理規範に違反する**ことを違法性の実質としてとらえる**規範違反説**と、②**刑法が保護しようとする利益（法益）の侵害、およびその危険**ととらえる**法益侵害説**との対立が見られる。基本的には、刑罰という厳しい制裁を用いてまで守らなければならない法益を侵害することが違法であると解するべきであるが、法益の保護を通じて、社会倫理秩序が保たれている面が存在するのも事実である。

2）主観的違法論と客観的違法論

違法性に関する問題ではさらに、刑法に違反するとはどのような形で違反

するものなのかについても対立がある。一つの立場は「**主観的違法論**」という立場で、刑法は人々に対して何かを命じたり、禁止したりするものであり、その命令や禁止に違反することを違法と考えるものである。この立場からは、命令・禁止が理解できる能力（責任能力）がないものには違法は考えられないことになる。しかし、これでは、前に説明した刑法の三分説のうち、違法と責任の区別がつかなくなってしまうという問題があり、現在では支持されていない。

そのため、現在の**通説的見解**となっているのが、もう１つの立場である「**客観的違法論**」である。これは、発生した**客観的結果**（法益侵害およびその危険性）**に対して、刑法が否定的評価をすることを違法と考える立場**であり、この立場からは責任無能力者にも当然違法行為が認められることになる。

この客観的違法論からは、「**違法は客観的に、責任は主観的に**」という標語が唱えられることになるが、客観的違法性論の内部でも、違法性の判断対象は客観的なものに尽きるのか、それとも行為者の主観面も考慮に入れるのかについて争いがある。

3）行為無価値論と結果無価値論

違法性の本質に関して、大きく争われているのが、行為無価値論と結果無価値論の対立である。これは、違法とは何に対して悪いという評価を下すのか、ということに対する争いである。悪いという否定的評価を、価値に反するという意味で「**無価値**」と刑法学上は呼んでいる。の「**無価値**」とはちょっとわかりにくい表現である。これはドイツ語の直訳なので、こんな表現になってしまうのである。「価値がない」というように考えてしまうとわけがわからなくなってしまうので、これは「悪い」くらいの意味に置き換えて理解するのがよいと思う。

行為無価値論は、「行為」が無価値であるから、違法と評価する立場であり、行為者の行為が社会相当性を逸脱するという行為の無価値性を本質とする立場（行為態様「動機、目的、行為」が悪いから違法なのだ）である。**結果無価値論**は「結果」が無価値であるから違法と評価する立場であり、法益に対して侵害もしくは危険が及んだか否かを違法性の基準とする立場（結果が悪

いから違法なのだ）をいう。もう少し別の言葉で説明しよう。違法性の判断に行為者の主観面を取り込むのが「行為無価値」で、これに対して違法性の判断に行為者の主観面を取り込まないのが「結果無価値」である。

両者の違いは、違法という評価をするにあたって、主観的要素、つまり行為者の内心を含めて評価するか、それとも客観的要素のみで評価するかという点に存在する。現在のわが国においては、行為者の内心のみをもって違法評価の対象とする、純粋な行為無価値論は存在しない。結果無価値論における**「結果」**とは、**法益侵害とその危険**のことであり、法益侵害とその危険を違法評価の対象とする点では見解は一致している。

問題は、違法性の本質が結果無価値に尽きる（結果無価値論）のか、行為の無価値もあわせて考えるべきなのかにあるのである。従来の通説は、行為に対する無価値と、結果に対する無価値の両方を考慮して、違法かどうかを判断するものであり（**二元的行為無価値論**）、判例もこれに近い立場をとっているとされる。

ここで、結果無価値と行為無価値の違いを次の事例で見てみよう。

今、Bは保険金詐取の目的で、承諾を得てAの車に追突しAに傷害を負わせたとしよう。この場合、Bの行為は傷害罪になるのかということである。結果無価値論によれば、傷害罪にはならないということになる。そもそも結果無価値論は、法益に対し侵害もしくは危険が及んだか否かを違法性の判断基準とする考え方である。

ここで保護法益について説明しておこう。

これは、たとえば殺人罪であれば「生命・身体の安全」が保護されている。あるいは、窃盗罪であれば「私有財産を脅かされない安全」が保護されている。このように、法律によって保護されている利益を保護法益という。そうすると、上述の事例では、保険金詐取の目的で承諾を得て被害者Aの車に衝突したものであるから、Aには保護すべき法益がないことになる。したがって、Bの行為は傷害罪にはならない。では、Bの行為は無罪になるのか。Bは無罪にはならない。なぜかと言えば、Bが保険会社から保険金を詐取したからである。Bの行為は詐欺罪になる。つまり、追突してあげるという形でBの詐欺罪に協力したAは詐欺の従犯になるのである。Aは保険会社の法益

を侵害しているからである。従犯については、共犯の箇所で勉強する。これに対し行為無価値論は、行為者の行為が社会相当性を逸脱するから、あるいは社会論理に反するから違法だとする考え方である。そうすると、この立場によればBの行為は傷害罪が成立することになる。

もう一つ例をあげよう。

今、AがBを射殺しようとBに銃口を向けてきたので、Bが自分の身を守るために近くにあった花瓶でAを殴りつけて死亡させた場合、Bの行為は殺人罪（**199条**）の構成要件に該当するが、正当防衛（**36条1項**）が成立し、違法性が阻却される。

では、BがAを故意に射殺したところ、実はAもまたBを射殺しようとして銃を構えていたが、Bはそのことに気がつかなかったという場合はどうだろうか。（本事例では、BはAが自分を射殺するために銃を構えていたことを知らないで、偶然に防衛する形になっており、これを**偶然防衛**という）結果無価値論の立場からはBの行為は自分の身を守る正当防衛の形になったのだから、Aには保護すべき法益はなく、したがってAを死亡させても正当防衛が成立し、犯罪不成立となる。他方、行為無価値論の立場からは、Bの行為に正当防衛が成立するためには、行為の時点でBに正当防衛の意思（自己の身を守るための意思）がなければならず、本件ではBには単純にAを殺す故意しかないから、正当防衛は成立しない。殺人罪が成立する。偶然防衛の事例については行為無価値論の結論の方が妥当である。

4）主観的違法要素

通説の立場（**二元的行為無価値論**）からは、行為者の主観面が違法性の存否や程度に影響を与えることを肯定することになる。違法性に影響を与える主観的要素を**主観的違法要素**といい、①目的犯における「**目的**」や、②傾向犯における「**主観的傾向**」、表現犯における「**心理的経過・状態**」などがその例とされている。以下、それぞれについて簡単に触れておこう。

まず、①の**目的犯**であるが、これは行為者が犯罪の客観的要素の認識である故意を超えた、一定の目的を有している場合に初めて違法となる犯罪のことをいう。たとえば、**通貨偽造罪（刑法148条）**には、「**行使の目的**」とい

う言葉が用いられている。これは、本物の通過そっくりの偽造通貨を作るのみでは「行使の目的」が存在せず、違法性を有しないことを意味する。通貨偽造罪における行使とは**流通に置くこと**を意味するため、たとえば、学校の教師が、社会科の授業の説明用に通貨とそっくりのものを作ったとしても、それは流通に置くためのものではないので、偽造通貨としては処罰されないのである。もう少し分かりやすく言えば、「本物そっくりなお金を作っているぞ」という意思のみでは違法と評価するに足りず、それを超えた「本物そっくりなお金を作って使ってやるぞ」という意思があって初めて違法と評価されるということである。この「**超えた**」部分を要求するということから、主観的違法要素は、**主観的超過要素**ともよばれているのである。

次に、②の**傾向犯**であるが、この代表的な例として、強制わいせつ罪（**刑法176条**）があげられる。強制わいせつ罪として処罰するためには、行為者が自己の行為がわいせつだと認識しているだけでは足りないのである。わいせつ性の認識に加えて、**自己の性欲を満足させる**という「**主観的傾向**」を有してわいせつ行為を行なって初めて、処罰の対象となるのである。これについては有名な最高裁判例がある。「婦女を脅迫し裸にして、その立つているところを撮影する行為であつても、これが専らその婦女に報復し、または、これを侮辱し、虐待する目的に出たときは、強要罪その他の罪を構成するのは格別、強制わいせつの罪は成立しない。」（**最判昭45．1．29**）判タ244-230というものである。もっぱら報復・侮辱・虐待の目的で婦女を脅迫し裸にした場合、わいせつ性の認識はあったとしても、自己の性欲を満足させる意図がないため、強制わいせつ罪は成立しないとされたのである。

③の**表現犯**の例としては偽証罪がある。表現犯とは、**行為が行為者の心理的経過・状態の表現と認められる場合に犯罪が成立するもの**である。偽証罪においては、証人の証言が「**自己の記憶に反する**」という心理的経過・状態の表現という主観的要素が満たされて初めて、犯罪の成立が認められることになる。

5）可罰的違法性

違法性を形式的に刑法に違反することだけでなく、実質的観点から考える

実質的違法性論の立場からは、違法性の程度について問題にすることになり、処罰に値する程度の違法行為のみを刑法上の違法性として取り扱うべきという、「**可罰的違法性論**」という考え方が導かれることになる。これは（超法規的）違法性阻却事由の一つでもあるが、ここで扱うこととする。

この可罰的違法性論に含まれる内容は大きく3つに分けられる。①絶対的軽微性、②相対的軽微性、③違法の相対性である。

まず、①の**絶対的軽微性**であるが、これは法益侵害はあっても、その程度が極めて微弱なものである。かつて、煙草を栽培していた者が、専売制度により政府に納めなければならない葉煙草を一枚だけ自分で吸ったことが、旧煙草専売法違反に問われた事件である。この事件で大審院（現在の最高裁判所に相当する）は、「零細なる反法行為」であって、犯人に危険性があると認める特殊な状況が存するわけでもないため、刑罰による制裁を加える必要なしとして無罪の判決を下した。葉煙草一枚は当時の価格で一厘相当であったため「**一厘事件**」とよばれる有名な判決である（**大判明43．10．11**）。

ただし、近時の最高裁判例では、マジックホン事件において、被害の軽微性を理由とする可罰的違法性の阻却を認めていない（**最決昭和61．6．24**）ジュリストL04110056。

労働基準法36条に定める、時間外労働に関する協定（いわゆる**36協定**）を労働基準監督署に提出せずに、使用者が時間外労働をさせれば、労働基準法違反となるわけだが、それがごく短い時間のことであって、繰り返し行われるようなことがなければ、可罰的違法性の理論からして、処罰に値するだけの違法性があるとはいえないことになるだろう。

次に②の**相対的軽微性**であるが、これは相対立する2つの法益、つまり、その行為によって侵害された法益と、結果として守られた法益を比較し、刑罰を科するに値するだけの違法性が認められないというような類型である。たとえば、ストライキ中の労働組合員が「スト破り」に抵抗し線路上に横たわった場合でも違法に人の業務を妨害したとはいえないだろう。

最後に③の**違法の相対性**は、ある行為が他の法律には違反している場合であっても、刑法上の違法性が認められない場合である。たとえば、野良犬に追いかけられ、必死に逃げた結果、他人の家の柵に体当たりして室内に逃げ

込み、難を逃れたような場合、民法には違反し、柵の修理その他の損害賠償義務を負うことになるが、刑法においては**緊急避難**として違法性が否定される（**37条1項**）。

　ところで、可罰的違法性の理論は、労働事件をめぐる一連の判例の中で取り扱われることが多かったといえる。

　国家公務員法や地方公務員法で禁止されている公務員の違法な争議行為のあおり、そそのかしを組合幹部らが指令等で行ったとしても、直ちに刑事罰の対象となるものではなく、あおり、そそのかしの対象とされた争議行為に強度の違法性があり、かつ、あおり、そそのかし行為それ自体も違法性が強い場合に限って処罰できるとしている（**最大判昭44．4．2（全司法仙台事件）判タ232-260**）。同判決はこのような考え方によるものと解される。

　もっとも、その後、久留米駅事件（**最判昭48．4．25**）によって変更された。同判決は、違法性阻止事由の一般的基準として、「その行為が争議行為に際して行われたものであるという事実を含めて、当該行為の具体的状況その他諸般の事情を考慮に入れ、それが法秩序全体の見地から許容されるべきものであるか否かを判定しなければならない」と判示した。

　このように「**法秩序全体の見地から許容されるべきものであるか否か**」という基準をとれば、法律上はっきりと争議行為が禁止されている以上、よほどの理由がない限り可罰的違法性は否定されないことになる。これ以降、判例は労働刑法の領域における可罰的違法性論の適用に対し慎重かつ抑制的な態度をとることになった。しかし、その後、再び最高裁は見解を変更し、旧公労法に違反する争議行為への参加を呼びかけた者の処罰を肯定した（**最大判昭52．5．4（全逓名古屋中郵事件）労判274-12**）。

　同判決において、判決は争議行為に関する限り労働組合法1条2項を適用する余地はないと明示的に変更され現在に至っている。

　確かに、同判決によって解釈は変更された。しかし、変更後の判決も可罰的違法性の考え方自体を否定したものではなく、その具体的事件への適用にあたって厳格な態度を示したものとみるべきであろう。

6）違法性阻却事由

前述したように、構成要件に該当する行為は、違法であるという一応の推定を受ける（**構成要件の違法性推定機能**）。その、違法性の推定をやぶってその行為を違法でないものとする例外的な特別事情を**違法性阻却事由**という。

刑法は違法性阻却事由をある程度類型化して、**法令による行為（35条前段）、正当業務行為（35条後段）、正当防衛（36条）、緊急避難（37条）**を規定しているが、違法性阻却事由はこれらに尽きるものでなく、解釈によって他にも種々のものが認められる。これらは**超法規的違法性阻却事由**といわれている。今日、認められている非類型的違法性阻却事由をその性質に応じて大きく分けると正当行為と緊急行為の2つに分けることができる。

7）正当行為と緊急行為

（1）正当行為

正当行為とは、35条の規定する「**法令又は正当な業務による行為**」のことである。35条により、違法性が阻却される理由は、「正当な行為」という点から形式的には法文に触れるが、実質的には違法ではない場合である。結局、社会常識の見地からは犯罪行為といえないことである。正当行為には、①**法令行為**、②**業務行為**、③**その他の正当行為**に分けることができる。

犯罪構成要件に該当する行為でも、それが法令に基づいてなされる場合には違法性が阻却される。たとえば、死刑・自由刑の執行（**刑法11条ないし13条、16条**）、被疑者・被告人の逮捕・勾引・勾留（**刑事訴訟法58条・60条・199条**）、住居内における捜索（**刑事訴訟法102条**）における公務員の職務執行行為の場合には、それぞれ殺人、逮捕監禁、住居侵入罪の構成要件に該当するけれども、それは違法ではなく、したがって、それらの犯罪を構成することはない。

もっとも、行為が法令に基づく職権行為・権利行為としての体裁をとっていても、職権行使・権利行使の範囲・方法が**社会通念上、一般に許容すべきものと認められる限度を逸脱した場合**には、職権・権利濫用とされ違法性は阻却されない。つまり、法令に基づく行為が実質的にも違法性を阻却するためには、法令に規定された目的達成に必要な範囲内において、かつ、法令に

規定された方法又は社会通念上相当と認められる方法によって行われたといえることが必要である。

（2）正当業務行為
①意義
　正当業務行為とは、**社会生活上正当と認められる業務に基づく正当な行為**をいう。「**業務**」とは営利的・職業的なものに限らず、広く**社会生活において反復継続して行われる行為**をいう。必ずしも職業である必要はない。正当業務行為が違法性が阻却されるためには、業務の正当性と個々の行為の正当性がなければならない。したがって、「業務」として行われるすべての行為が正当化されるわけではない。たとえば、プロボクサーが、業務として行うボクシングであっても、ルールに反する行為によって相手に傷害を負わせたというように、その正当な範囲を超えた場合には違法性の阻却は認められない。

②医療行為
　「**医療行為**」とは、**患者の治療のために医学上一般に承認されている方法によって人の身体に加える治療行為**をいう。たとえば、医師が正当な医療行為として手術を行う場合、それが傷害罪（**刑法204条**）の構成要件に該当しても違法性が阻却される。違法性が阻却される理由は、治療行為により維持・増進される患者の生命・健康という利益のほうが、それにより侵害される患者の身体的利益よりも優越していると認められるからである。また、現在は「**患者の自己決定権**」の思想、つまり、自分の身体については患者が自分で判断し、決定することができるという考え方が採られているため、医療行為も、患者の同意があるからこそ許されるということになる。

　よって、**医師の医療行為によって違法性が阻却されるためには**、
・**患者が医療行為に対して同意していること**
・医療行為が患者の生命・健康の維持・回復にとって必要であること（**医学的適応性**）
・医療行為が医学上認められた医療技術に従って行われること（**医学的正当性**）
の3つが要件として求められるとされている。

患者の同意が医療行為の正当化にとって基本的な要件とされることから、医療行為に対して患者の有効な同意を得るために、病気の内容や医療行為の必要性などについての説明が必要となる。この説明を得た上での同意を「**インフォームド・コンセント（説明ある同意）**」という。たとえば、乳ガンの患者に対し、医師が乳房の切除がどうしても必要だと判断し、その手術の必要性を患者に対して説明したところ、患者が手術を拒否したような場合、医師は患者の意志に反した医療行為を行うことはできないのである。

8）被害者の承諾
（1）意義

正当行為と関係して、大きな議論がなされているのが**被害者の承諾（同意）**の問題である。被害者の承諾とは、**法益の主体である被害者が自らの法益に対する侵害に同意すること**をいう。明文では規定されていないが、違法性阻却事由の一つとされるものである。

たとえば、AがBの家の庭先に置いてあった鉢植えの花を盗もうとしていたところ、Bが「盗みたければ、どうぞ盗んで下さい」というような場合が、被害者の承諾にあたる。この場合、被害者Bは、財物という法益に対する侵害に承諾しているわけである。このように被害者の承諾がある場合には、原則として**違法性の阻却が認められる**。その理由は、**法益を有している者がそれを承諾によって放棄したため、刑法が保護する法益が存在しなくなるから**である。

この場合、同意の対象となっている法益は、**個人的な法益であることが必要**とされる。なぜなら、社会や国家の法益が侵害されることに対して、個人が同意を与えることはできないからである。したがって、不特定多数の生命・身体・財産の安全が法益となっている放火罪のような犯罪について、被害者の同意を認めることができず、被害者の承諾により違法性の阻却が肯定される犯罪は、被害者が放棄することのできる個人的法益に対する罪に限られる。

実際には、個人的法的でも、被害者の承諾によって違法性が阻却される場合は、財産権に限られ、それ以外は、違法性を阻却すべきではないとされている。たとえば、暴力団組織における制裁として人の指を切断するような場

合や、過失による自動車事故を装い、保険金をだまし取る目的で、被害者の承諾を得て、車へ故意に事故の車を衝突させて傷害を負わせる場合など、第三者に頼んで自分を傷つけてもらうような場合にまで、被害者の同意を認めるのは妥当ではない、というのがその理由である。

最高裁判例には、甲が、A、B、Cと共謀し、保険金をだまし取るため、Dの車の後部に自分の車を衝突させ、Dの車の前に停車していたA、B、C乗車の車に追突させ、彼らに軽い傷害を負わせたという事案に関するものがある（**最判昭55．11．13**）**判タ433-93**。この事案につき、最高裁は、A、B、Cに対する傷害が軽いものであっても、彼らの承諾が保険金をだまし取るという違法な目的に利用するために与えられたものであるから、違法性阻却は認められないと判示した。

いずれにせよ、被害者の承諾により違法性の阻却が肯定される犯罪は、被害者が放棄することのできる個人的法益に対する罪であり、かつ財産権である場合に限られる。

被害者の承諾の結果、問題となっている実行行為は構成要件に該当する行為でないと判断されるか、もしくは、構成要件に該当する行為ではあるが、違法性がなくなるとして、罪に問われないことになる。たとえば、他人の住居へ侵入する行為は住居侵入罪（**130条**）の構成要件に該当する行為であるが、被害者が住居に侵入することに同意を与えているのであれば、同罪の構成要件に該当しないことになる。また、傷害罪については、傷害が与えられることに被害者が同意していれば、違法性が阻却されると解されている。たとえば、手術行為は被害者の身体を傷つけているから、傷害罪の構成要件に該当する行為といえるが、手術を受ける者が同意を与えているから、違法性が阻却され傷害罪が成立しないことになるのである。

（2）被害者の承諾の要件

被害者の同意が成立するためには、①「**個人的な法益に関する同意であること**」と②「**承諾が有効なものであること**」の2つの要件が必要である。

①個人的法益に関する同意であること

この要件が必要とされるのは、たとえば、社会や国家の法益が侵害される

ことに対して、個人が同意を与えることはできないからである。したがって、不特定多数の生命・身体・財産の安全が法益となっている放火罪のような犯罪について、被害者の同意を認めることはできない。

②承諾が有効なものであること

被害者の同意が、自らの法益への侵害を許すという重要な結果をもたらすものであるから、その同意は有効なものではなければならないという考えに基づいて求められているものである。したがって、たとえば、幼児や重度の精神障害者の承諾、絶対的強制下でなされた承諾は無効なものとなり、違法性は阻却されないことになる。

③どこまで被害者の同意を認めるべきか

①、②の要件が満たされた場合であっても、被害者の同意の成立を認めるべきではない。すなわち、違法性を阻却すべきではないといわれている事例がある。たとえば、暴力団組織における制裁として人の指を切断するような場合や過失による自動車衝突事故のように装って保険金を騙し取る目的で被害者の承諾を得て車に故意に自己の車を衝突させて傷害を負わせる場合など第三者に頼んで自分に傷をつけてもらうような場合にまで被害者の同意を認めるのは妥当ではないというのがその理由である。

思うに、**基本的には、被害者自身が法益を放棄していれば、違法性が阻却される**のである。

同意傷害について、同意があっても社会的に相当な行為のみ違法性を阻却するとする**行為無価値論**と、同意があればすべて違法性が阻却するとする**結果無価値論**とが対立している。結果無価値論によれば、法益を持っているBが、その法益を放棄しているわけだから、つまり、前述の例で言えば、Bは「俺の車にぶつけて、俺をケガさせろ」と言っているのだから、AはBの身体を害したという傷害罪にはならないのである。すなわち、AはBの法益を侵害していないのである。

では、Aは何の罪にも問われないのだろうか。そういうわけにはいかないのである。AはBの保険金詐取の片棒をかついでいるのだから、保険金詐取の従犯になる。これが、結果無価値論の立場である。

これに対し、行為無価値論は、被害者の承諾があっても、その承諾により

なされる行為が社会倫理的観点から許容されない場合は、違法性は阻却されないということである。そうすると、詐取目的でBの車に衝突するAの行為は社会的に不相当であるからAのそのような同意は認められないので、Aには傷害罪が成立することになるのである。

このように、被害者の同意をどこまで認めるべきという問題については、**違法性の本質**をめぐって、行為無価値論の立場に立つか、結果無価値論の立場に立つかによって、その結果が大きく異なるのである。

ところで、問題となるのは、承諾する事項の内容と意味について錯誤がある場合、それに基づいてなされた承諾は無効である。これに対して、判例は、その性質に関係なく、**錯誤に基づいた承諾は一律に無効**であるとしている。たとえば、被告人が自分も一緒に死ぬと相手をだまし、同意させて殺害した偽装心中の事案につき、判例は「動機に錯誤がある承諾は、真意にそわない重大な瑕疵ある意思に基づくものであるから、無効であるとして、殺人罪の成立を認めている（**最判昭33．11．21**）ジェリストL01310350。

（3）被害者の承諾時期

これは、**行為の時**に存在していなければならない。事後に行われた承諾では違法性の阻却は認められない（**大判昭11．1．31**）。また、**事前になされた承諾**の場合には、それが行為時まで継続していることが必要である。

代理人によって行われた承諾は有効か無効か。そもそも承諾は、法益主体である。被害者が自ら行うことが必要であるから、**代理人によって与えられた承諾は無効である**。しかし、建物に入ることについて、その建物の管理者から看守を委任された者が与えた承諾は有効である。なぜなら、この場合、承諾を与えた者は単なる代理人ではなく、有効な承諾権限を有しているからである。

（4）労働関係の具体例に見る被害者の承諾～被害者の承諾と労働基準法24条～

被害者の承諾という論点について、**労働関係の割増賃金の放棄**に当てはめて論じてみよう。

賃金の放棄は、労基法24条の全額払いの原則に反するとして認められないとするのが一般であるが、放棄が、労働者の自由な意思に基づくことを認めるに足る合理的な事情が客観的に存在すれば、退職金の放棄が賃金の全額払いの原則に違反しないと示した最高裁判例に、**最判昭48．1．19（シンガー・ソーイング・メシーン事件）労判197-11**がある。

　思うに、退職金だけでなく賃金の場合も必要性、相当性、目的性等を相互勘案して、放棄が、労働者の自由な意思に基づくことを認めるに足る合理的な事情が客観的に存在すれば、これが許されるものというべきである。つまり、**賃金の放棄は、労基法24条（賃金の全額払い）の原則に違反し、構成要件に該当するが、労働者が使用者に対し賃金の放棄の同意を与えていれば、違法性は阻却され、労基法24条違反は成立しない**ことになる。

　ただし、これは無制限に違法性が阻却されることを許すものではない。違法性が阻却されるためには、労働者が使用者に対して自由な意思に基づく賃金放棄の**同意**が存在するほかに、**賃金放棄の目的の正当性**や**賃金放棄の必要性、相当性**が認められなければならないのである。

　たとえば、会社の経営状態が相当程度悪化しており、各種の経営努力がなされたものの、整理解雇や倒産を回避するには、賃金の放棄しか他に採るべき方法がないというような場合がその例として考えられる。このような場合にまで、法が厳格に適用され、賃金放棄を認めないということになると、それはかえって労働者の働く機会を失わせることになり、労働者保護に欠けることとなる。

　したがって、使用者が会社の窮状を労働者に説明したところ、労働者がその事情を斟酌し、自発的に賃金債権を放棄したのであれば、使用者は労基法24条の全額払いの原則に反し、たとえ賃金の一部を支払わなかったとしても、その違法性が阻却されるものと解される。具体的には、「経営悪化で、残業代は出せない。」という使用者に対し、労働者が「会社が潰れてしまっては、自分たちも困るので、時間外はボランティアで働かせてもらいます。」と自ら申し出るような場合は、労基法24条の労働者の賃金保障という法益に対する侵害を労働者があらかじめ承諾しているため、違法性が阻却されるものと解される。

ここで、**時間外労働手当の放棄**について、以下の事例をもとに考えたい。

労働基準監督署はA会社（以下、「A社」という。）を臨検し、それまで時間外手当が支給されていなかったとして従業員B（以下、「B」という。）への２年間の時間外労働手当の支払いを勧告した。ちなみに、これまでBはA社に対し、一度も時間外労働手当の請求を行なったことはない。

ところで、労基法24条の「賃金全額払いの原則」は**強行法規**であり、原則として同条に反する行為は認められない。また、たとえば臨検後にBに会社の窮状を説明した上で、Bが無給での時間外労働について承諾したとしても、労働させた事後に労働者が手当の放棄を承諾しても違法性は阻却されない。

しかし、このような場合、**推定的承諾**が認められれば、違法性は阻却されるのではないだろうか。「**推定的承諾**」とは、刑法において被害者は現実には承諾を与えていないが、仮に被害者が事態を認識していたならば、当然に承諾を与えていたであろうと推定される場合をいう。

たとえば、隣人が不在中に、隣家に無断で立ち入れば、通常、住居侵入罪に問われる。しかし、これが隣家から発生した火災を消化するため、無断で立ち入った場合には、推定的承諾が認められるので、違法性が阻却されるのである。なぜなら、他人が自分の家に立ち入ってでも、消火活動をしてもらいたいと欲することは、社会通念上容易に推定できるからである。

時間外労働手当の放棄に関する本件においても、Bが事態を認識し、承諾を与えていたと推定できれば、違法性は阻却されることが考えられる。本件の場合、BはA社に対し、これまで一度も時間外労働手当の請求をしたことがない。つまり、時間外労働をしていた期間に、いつでもA社に時間外労働手当の請求をすることができたにも関わらず、長年にわたり実際には請求していなかったのである。これは、まさに労基法24条の保護法益である労働者の賃金の保障を自ら放棄したとみなされる。すなわちこの場合、BはA社に対して、時間外労働手当を受け取らない旨の推定的承諾をしているから、違法性が阻却され、労基法24条に違反しないと解されるものである。

一方、労基法24条の違法性阻却事由に関連して、以下の事例について考えたい。

C会社（以下、「C社」という。）の従業員D（以下、「D」という。）は、

社用車を無断で使用した上に、酒気帯び運転の末、車に損害を与えた。これに対しＣ社は、就業規則に基づいて、本件損害賠償額をＤの給料から２年間にわたり月々天引きしたが、本件損害賠償の天引き完了後、ＤはＣ社を退職した。そして退職後、Ｄは労働基準監督署に対して、在職中の時間外労働手当の未払い、そして損害賠償と給料との相殺は労基法24条に違反するとして申告した。そこで、労働基準監督署はＣ社に対し、２年間遡った時間外手当の支払命令と、損害賠償と給料との相殺は労基法24条に違反する旨の是正勧告を行なった。

　前述したとおり、強行法規である労基法24条に反する行為は、原則として認められない。しかし、本件の場合、Ｄは退職前に時間外労働手当の放棄、ならびに損害賠償と給料を相殺することを承諾していたのである。このように、事前に労働者の承諾を得ている場合、前述の推定的承諾と同様に、労基法24条の保護法益である労働者の賃金の保障を放棄したものとみなされる。

　したがって、当該行為も違法性が阻却され、労基法24条に違反しないと解される。

　その他、考えられる例として、たとえば労働者には割増賃金の支払いを受けるために時間外労働をしているという意思がなく、とにかく仕事の完成に喜びを感じたり、自己のスキルアップあるいは自己啓発のために何年にもわたって、外形的には残業をしていたと認められるような時間の過ごし方をしていたケースがあったとしよう。つまりその期間、こうした時間について、労働者はいつでも会社に対し、時間外労働手当を請求することができたにもかかわらず、労働者がこれまで一度もそれをしたようなことがないようなケースのことである。

　このような場合、労働者は会社に対して何年も、しようとすればできた時間外労働の請求をしてこなかったのであるから、特段の自由がない限り、これは労働者自身が請求しないことを、その自由な意思で承諾していたものと解される。すなわち、これは労働者自身が労基法24条の保護法益である。労働者の賃金保障たる時間外労働手当を請求しないとする推定的同意を与えているものと解されるものである。そうであるならば、労基法24条の保護法益が存在しなくなり、したがって、使用者の同条における違法性は阻却され、

同条違反は成立しないと解される。

ちなみに、考えられる「前述した特段の事情」とは、こうした時間が労働基準法上の時間外労働である旨、使用者が承知していたにもかかわらず、労働者の無知を奇貨として、労基法37条の割増賃金の支払いを意図的に怠っていたような場合、あるいは、使用者が、前述した同様な事情における時間外労働につき、今後、当該時間につき割増賃金を支払うよう、監督署から再三是正勧告を受けていたにもかかわらず、それを放置していたような場合が想定される。このような場合は、もちろん、労働基準法違反である。

ただ、「**労働者が帰ろうと思えば帰れる**」状態にありながら、特に使用者から命令を受けること無く会社に残っていたような場合には、**そもそも使用者には時間外労働をさせることに関して、労働基準法という刑罰法規を適用するに足るだけの故意が存在せず、労働基準法違反とはならない**ということを付言しておく。

（5）自救行為
①意義

自救行為とは、法律上の手続による救済を求めていては、その時期を失し権利の実現が不可能若しくは困難となる場合には、**私人が実力によって権利の救済の実現をはかること**をいう。たとえば、電車の中で、窃盗にあった自己の所有物を所持している窃盗犯を発見し、下車して法的手続きをとっていては取り戻すことが不可能になるので、直ちにこれを取り戻すような場合である。ところで、このような私人の実力行使を広く認めることは、法秩序に反すると考えられるところから、現在のところ、自救行為であることを根拠として違法性の阻却を認めた最高裁判例は存在しない。

②成立要件

学説はかねてから、①**権利が不法に侵害された**こと、②**自力救済しなければ権利の実現が不能もしくは困難になるような緊急状態にある**こと、③その自救行為が**社会的に許容できる範囲内にある**こと（つまり過度な乱暴なものではないこと）を成立要件としてあげている。

なお、自力救済は緊急行為という点では正当防衛・緊急避難と同じである

が、正当防衛は、法益に対する侵害が現に行われているとき、またはまさに行われようとするときに、これを排除し法益を防衛するために行われるものであるのに対し、**自力救済は侵害行為または危難が去り、ただその侵害された状態が継続している場合に、その侵害された法益の回復をはかるために行われるものである**。したがって、正当防衛は現在の法益侵害に対する防衛であり、**自力救済は過去の法益侵害の回復である**といことができる。

9）労働争議
（1）意義
労働争議行為とは、労働組合の団体交渉その他の行為であって、労働者の地位を向上させ、労働組合を組織し、労働協約を締結するなどの目的を達成するためになされる行為をいう（**労組法1条**）。

（2）労働争議が正当化される理由
憲法28条は、労働者の団結権、団体交渉権、争議権を保障している。さらに**労働組合法1条2項**は労働組合の団体交渉その他の行為（**争議行為も含まれる**）について、**刑法35条の適用がある**としている。ここから、労働争議行為はそれが正当なものと認められる限り、仮に、それが業務妨害罪や強要罪、建造物侵入罪等の構成要件に該当するとしても、35条により違法性を阻却されることになる。

問題は、労働争議の際に行われる**実力行使**（暴行・傷害・脅迫・器物損壊・建物損壊・建造物侵入等）**の違法性**である。**労働組合法**でも、団体交渉その他の行為の違法性は阻却されるとしながら「いかなる場合においても暴力の行為は労働組合の正当行為と解釈されてはならない」（**同法1条2項ただし書**）としており、**暴力の行使はいかなる場合であっても違法性が阻却されるものでないことを明らかにしている**。

3. 正当防衛

1）正当防衛の意義

正当防衛とは、「急迫不正の侵害に対して、自己又は他人の権利を防衛するため、やむを得ずにした行為（36条1項）」について、**違法性が阻却される**ことをいう。**急迫**とは、法益侵害の危険が間近にせまっていることであり、**不正の侵害**とは、違法に他人の法益に実害もしくは危険を与えることである。

たとえば、今、夜道を歩いていた女性会社員Aが急に路地裏から出てきた男性Bに襲われそうになったので、Aは自分の身を守るためとっさに手持ちのハンドバッグを振り回したところ、ハンドバッグはBの顔面に命中し、その結果、Aはその場を走って逃げて難を逃れた。この場合、Aの行為はBの身体を傷つけたのだから傷害罪の構成要件に該当することは明らかである。

しかし、夜道で女性に襲いかかる男性Bの行為が急迫不正の侵害であり、ハンドバッグを相手にめがけて振り回した行為が自己の生命・身体という法益を守るための行為であるから、正当防衛が認められ、違法性が阻却されるのである。なお、**自分以外の第三者に対して急迫不正の侵害が加えられた場合**も、正当防衛は認められる。たとえば、Bにナイフで襲われたAを助けるために、CがBに棒で殴りかかり撃退したような場合にも、正当防衛は成立する。

2）正当防衛の成立要件

（1）急迫不正の侵害があること

「急迫不正の侵害」という要件は、①**急迫性**、②**不正**、③**侵害**の3つに分けることができる。

①**急迫性**

「**急迫**」とは、緊急避難における「現在」と同義であり、法益の侵害が現に存在しているかまたは間近に迫っていることをいう。したがって、過去の侵害や将来の侵害に対しては急迫性がなく、正当防衛は成立しない。

②**不正**

「**不正**」とは違法のことである。たとえば、AはBにいきなり花瓶で殴り

かかられた場合、Bの行為は暴行罪（**208条**）の構成要件に該当し、違法性阻却事由もないので、違法行為といえる。これに対して、Aが自分の生命身体を守るためBの財物である花瓶を手近な棒で叩き割ったような場合、このAの反撃行為は「不正」な侵害に対する反撃として正当防衛たりうるのである。

他方、Aが、逃げるために無関係の通行人であるCを押し倒した場合、これは「不正」の侵害に向けられた行為ではないから緊急避難とされる。

すなわち、**不正対正**の関係が**正当防衛**であり、**正対正**の関係が**緊急避難**である。では、AがBの飼い犬に襲いかかられた場合に、Aが自己の身を守るためにその犬を棒で殴って殺してしまった場合は器物損壊罪の構成要件に該当するが、この場合、正当防衛とすべきか、緊急避難とすべきかについて、動物による攻撃が「不正」たりうるかが問題となる。刑法上、動物は「物」として扱われるため、この問題は「**対物防衛**」の問題とよばれる。

この点、違法とは人間の行為に向けられた評価であるとして、対物防衛については「不当な侵害」はないから正当防衛が成立しないとする学説と、正当防衛の要件である違法はあらゆる違法状態として、対物防衛であっても「不正な侵害」があるから正当防衛が成立すると主張する学説が対立している。

しかし、正当防衛が成立しないとする学説も緊急避難が成立する余地を認めているから、大きな違いはない。

③侵害

「**侵害**」とは、法益に対する実害またはその危険を生じさせる行為をいう。作為・不作為によるとを問わない。作為による侵害が一般的であるが、不作為による侵害に対する正当防衛も考えられる。たとえば、住居に侵入し、退去しない者を実力で戸外に引きずり出す行為がその例である（**大阪高判昭29．4．20**）。これを労働関係に置き換えると、労働基準監督官の立ち入り調査に対し、事業主が当該調査は業務に支障をきたすから後日にして欲しい旨の再三の要請をしたが、監督官が応じなかっため、事業主がやむを得ず監督官を実力で戸外に押し出す行為などが不作為に対する正当防衛の例として考えることができよう。

（2）自己または他人の権利

正当防衛は、「自己」の権利を防衛するためのみならず、「他人」の権利を防衛するためであっても成立する。なお、ここでいう「**権利**」とは、狭い意味の権利ではなく、**法益**を意味すると解されている。

問題は、国家的・社会的法益を守るための正当防衛が許されるのかどうかということである。正当防衛は本来個人的法益を防衛するためのものと考えられるが、テロ行為の阻止などといった、ごく例外的な場合には、国家的・社会的な法益を守るための正当防衛も認められる場合があるだろう。

（3）防衛するための行為
①必要性

「**防衛するための行為**」とは、その行為が自己または他人の法益を守るのに役立つことを意味する。つまり、防衛者の反撃が、侵害行為を排除するのに必要であるということである（**必要性の要件**）。侵害行為を排除するのに不要な反撃を正当防衛とする理由はないから、このような要件が求められているのである。

②防衛の意思

正当防衛は、自分または第三者の権利を防衛するための反撃行為に認められる（**36条1項**）。ところで正当防衛が成立するためには、**防衛の意思**が必要か。「**防衛するため**」という文言から、行為者の主観面に**防衛の意思**があることが必要かが問題となるのである。この議論は、偶然防衛という問題と密接にかかわっているので、まず、そちらから説明することにする。

偶然防衛とは、防衛の意思がない行為が客観的には正当防衛に該当することをいう。たとえば、AがBを殺そうとしてピストルを撃ったところ、たまたまBもAを殺そうとしてピストルを発射しようとしてピストルの引き金に指をかけたところであったが、Aの撃った弾丸が先にBに命中したような場合、正当防衛の要件を充たしていれば、Aには正当防衛が成立し、犯罪が成立しないことになる。

なぜなら、Aの行為は客観的に見れば、Bの急迫・不正の侵害を避けるために必要かつ相当な行為をしているといえるからである。しかし、実質には

単に犯罪行為を行ったにすぎない。このような偶然行為を客観的な正当防衛の要件が備わっているからという理由で違法性を阻却して無罪としてしまうのは果たして妥当といえるだろうか。

実際、**偶然防衛は処罰されるべきだという**学説が通説で、その根拠は「**正当防衛が成立するためには、防衛の意思が必要（防衛の意思必要説）**」という考え方である。

A）防衛の意思が必要

ここで、前述の「違法性の本質」で登場した「行為無価値論」と「結果無価値論」について今一度考えたい。

「**行為無価値論**」とは、ある行為が違法であるか否かを判断する際に、「行為」の悪さ、つまり行為者の主観面を重視する考えである。他方、「**結果無価値論**」とは、「結果」の悪さ、つまり法益侵害という客観面を重視するものである。分かりやすく説明しよう。

たとえば、殺人罪の場合、「結果無価値論」では、「人を殺した」という客観的な結果が重要となる。しかし、「行為無価値論」では、人の死という「結果」はもちろん好ましくないが、それ以前に、「人を殺す行為」をしたこと自体が許されないと考える。

つまり、「結果無価値論」では、「人の死」という客観的側面に注目し、「行為無価値論」では、行為者が「どういうつもりでやったのか」という主観的側面を重要視するである。客観的な行為の結果と主観的な行為者の意思のどちらを重視するかの問題である。

B）「偶然防衛」と「防衛の意思不要説」

以上をふまえて、偶然防衛について考えてみたい。

たとえば、今、Aは、以前から恨みに思っていたBを拳銃で射殺しようと考えており、B宅のまわりをうろついていたところ、窓際にBの後ろ姿が見えたため、拳銃を発射してBを射殺した。しかし、AがBを射殺したのは、妻であるCとの別れ話がこじれた結果、BがCを殺害するためにナイフを振りかぶったまさにその瞬間であったことが後から分かった。Aは、そのことを知らず、間一髪でBを射殺し、結果としてCの生命を救ったのである。

刑法36条は、「急迫不正の侵害に対して、自己または他人の権利を防衛す

るため、やむを得ずにした行為は、罰しない」と規定している。この、「他人の権利を防衛するため」という規定から、Cの生命を救ったAに正当防衛が成立しうるかが問題となる。

　結論を先にいうと、この場合、「結果無価値論」の立場に立つと、本件Aの行為は、正当防衛が成立する余地がある。なぜなら、客観的な結果のみから判断すると、Aは、Cを殺そうとしていたBを殺害したわけであり、Cの生命を防衛したという結果が生じている。つまり、結果無価値論は、客観的な「結果」が重要視されるため、客観的にみて防衛の効果を持つ行為であれば足り、行為者の主観を問題にする必要はないのである。これを、**防衛の意思不要説**という。

　他方、「行為無価値論」の立場からは、本件Aの行為は、正当防衛が成立しないことになる。なぜなら、AがBを殺したのは、以前から恨みに思っていたBを殺すためであって、Bの妻Cの生命を守ることを意図したものではなかった。つまり、行為無価値論においては、「なぜ、殺したのか」という行為者の主観面が重要視されるため、結果的に他人の生命を守ることになったとしても、実行当時に「Bの妻Cの生命を守るためにはBを殺さなければならない。だから、Bを殺そう」という防衛の意思が認められない限り、正当防衛は認められないのである。これを、**防衛の意思必要説**という。

　通説は「防衛するための行為」と言えるためには、行為者の主観面に「防衛の意思」があることを要求する、防衛の意思必要説をとっている。判例も大審院の時代から現在に至るまで、防衛の意思必要説の立場に立っている。この立場からは、「偶然防衛」は正当防衛にならないことは明確である。

　では、防衛の意思が必要であるとして、その内容はいかに解すべきか。正当防衛は緊急事態において反射的・本能的に行われることも少なくないことから、このような場合にも防衛の意思を否定すべきではないと思われる。

　そこで、防衛の意思とは明確かつ積極的な防衛目的というのではなく、**急迫不正の侵害を意識しつつこれを避けようとする単純な心理状態**をいうと解されている。つまり、いきなり暴漢に襲われたようなケースで、「私は防衛しなければならないので、相手を殴ろう」などと、明確に防衛する意思を持たなくても、反射的に殴ったという場合も、防衛の意思がそこに存在したと

みなすわけである。

したがって、相手が殴ってきたところ、「何を生意気に」と必要以上に強く殴り返しケガをさせたというようなケースでは、**積極的加害意思**で反撃行為がなされたものであり、「避けようとする」とはいえないから、防衛の意思は否定される。他方、積極的な加害意識がない限り、たとえ憤激・逆上していたとしても、また、攻撃の意思を併有していたとしても防衛の意思は肯定される。

判例も、防衛の名を借りて積極的に攻撃を加える行為は、防衛の意思を欠くが、**防衛の意思と攻撃の意思が併存している場合**には、防衛の意思を欠くとはいえないとしている（最判昭50．11．28）判タ333-322。

また、「正当防衛行為は、防衛の意思をもってなされることが必要であるが、相手の加害行為に対し憤激または逆上して反撃したからといって直ちに防衛の意思を欠くと解すべきではない（最判昭46．11．16）判タ271-264」としている。

（4）やむを得ずにした行為

一般に「相当性」を満たした行為と考えられている。

①「相当性」の意味

「相当性」という言葉には2つの意味が含まれている。1つは、防衛行為によって害された**侵害者の利益**と、**侵害行為によって侵害された（害されようとした）防衛者の利益**とを比較して防衛行為が侵害者にもたらした**不利益よりも過大なものではない**、つまり相当なものであったといえることである。

たとえば、AがBの命を奪おうとしてナイフで斬りつけてきたので、Bが傍らにあった花びんでAを殴りその顔を傷つけたような場合、Bの防衛行為によって侵害されたAの利益は「身体」であるが、Aの傷害行為によって害されようとしたBの利益は「生命」である。そうすると両者を比較した場合、Bが自己の生命を守るために行った防衛行為によって、侵害者Aにもたらされた身体の傷害という不利益は過大なものではないといえる。したがって、Bの防衛行為は相当であると評価されるのである。

相当性のもう1つの意味は、防衛行為の**手段が相当**であるということであ

る。たとえば、相手が殴りかかってきたのに対し、自己の生命・身体を守ろうという場合でも、素手で殴りかかるのと日本刀で斬りかかるのでは大きな隔たりがある。すなわち、刑法によって類型化されている危険な行為に該当するわけだから、その行為はできるだけ安全なものであることが求められている。

したがって、防衛行為のためならどんな手段を使ってもよいということはできない。防衛行為の手段は相当でなければならないのである。すなわち、素手に対して素手で殴りかかるのは手段として相当といえるが、素手に対し日本刀で斬りかかるのは相当性を欠いているので、正当防衛は成立しない。

しかし、「やむを得ずにした」とは、あくまで行為の相当性を意味するのであって、結果の相当性を意味するのではないから、反撃行為が相当性を有するかぎり、反撃行為によって生じた結果が侵害されようとした法益よりもたまたま大きなものとなっても、なお、「やむを得ずにした」といえる。

判例も、Aに突然左手の指をつかまれ、ねじ上げられた被告人が、痛さのあまり、これを振りほどこうとしてAの胸を1回強く突き飛ばしたところ、Aは駐車してあった自動車の車体に後頭部を打ちつけ治療45日の傷を負ったという事案につき、正当防衛の成立を認めている(**最判昭44. 12. 4**)判タ243-260。

②**相当性を欠く防衛行為**

なお、防衛行為が相当性を欠く場合には、違法性が阻却されない。よって、責任が認められるかぎり犯罪が成立する。もっとも、正当防衛の他の要件をみたしている場合には、**過剰防衛**として刑が任意的に減軽・免除される(**36条2項**)。

(5) 過剰防衛

①過剰防衛の意義

過剰防衛とは「**防衛の程度を超えた行為(36条2項)**」をいう。防衛の程度を超えたとは、防衛行為をやむを得ずにしたものとはいえないということである。つまり、前述の「**相当性**」の**範囲を超えた行為**が、過剰防衛となるのである。防衛の程度を超えたかどうかは客観的観点から判定されなければ

ならない。

②過剰防衛の類型

過剰防衛は、質的過剰と量的過剰に分類される。

質的過剰とは、侵害と過剰反撃の間に性質上の相違がある場合をいう。たとえば、相手から下駄で打ちかかられたのに、匕首できりつけ、刺し殺した場合（大判昭8．6．21）、手拳で殴打されたのに、くり小刀で相手方の左胸部を突き刺した場合（最判昭46．11．16）判タ271-264、素手による傷害に対して日本刀で反撃したような場合など、いわゆる「**武器対等の原則**」に反する場合がその典型例である。

量的過剰の場合とは、侵害と過剰反撃の間に性質上の相違がある場合である。Aがすでに侵害行為を停止しているのに、侵害を受けたBが恐怖驚愕のあまり、反撃行為を続けたような場合である。過剰防衛の場合、その一連の行為は、全体として防衛の程度を超えたものと評価される（最判昭34．2．5）ジェリストL014100010。

過剰防衛は違法な行為であるから、これに対する正当防衛は許されることになる。

③過剰防衛の効果と根拠

過剰防衛の行為については、犯罪の成立は否定されないが、情状により刑を減軽または免除することができる（36条2項：刑の任意的減免）

この任意減免の根拠については、違法性が軽減されるからであるとする**違法性減少説**もあるが、恐怖・興奮などにより多くの行きすぎを犯したとしても、行為者を強く批難できないからであるとする**責任減少説**がある。これが通説・判例である。

④誤想防衛・誤想過剰防衛

誤想防衛とは、行為者が正当防衛の要件にあたる事実が存在しないのに存在すると誤信して防衛行為を行った場合である。

これには①急迫不正の侵害がないにもかかわらず存在すると誤信して相当な行為を行った場合、これを**狭義の誤想防衛**という。②急迫不正の侵害は存在したが、防衛の程度を超えたにもかかわらず、相当な行為と誤信した場合、これを**過失の過剰防衛**という。前者の典型的な例としては、たとえば、夜間

に前方からやってきた男がフラフラしながら自分に近づいてきたため殴られるものと思い、咄嗟にその男を避けるや男の顔面を殴打して傷害を行わせたところ、実はその男が酒によって自分を攻撃するつもりがなかったと判明したような場合である。

後者の例としては、手拳で殴りかかられた者が傍らにあった鉄パイプを木の棒と勘違いして反撃し相手方を殺害してしまった場合である。

誤想過剰防衛とは、**急迫不正の侵害がないのにあると誤信したことに加え、防衛の程度を超えた（相当性に欠く）反撃行為を行った場合**をいう。この場合、行為者が相当性のある防衛行為を行う認識をもっていたときは過失犯の成立が認められ、相当性を超える防衛行為を行う認識をもっていたときは、故意犯の成立が認められる（**最決昭**41．7．7）判タ195-110。

⑤**誤想防衛・誤想過剰防衛の処理**

誤想防衛も誤想過剰防衛も正当防衛ではないから違法性は阻却されない。しかし、誤想は錯誤によって行われているので、責任を問いうるか否かが問題となる。

誤想防衛の場合は、一般的には責任故意が阻却されて処罰されないことになり、誤想過剰防衛の場合は、防衛行為の相当性についての誤信、つまり過剰性について行為者に認識がある場合とない場合とに分けて認識がある場合は、全体として責任故意は阻却されず犯罪が成立するとした上で、刑法36条2項を準用して刑の減軽を行うこととし、認識がない場合は全体として誤想防衛の範疇に入ると解して責任故意を阻却するというのが実務的な処理の仕方になっている。もっとも責任故意が否定される場合も、誤想したことに過失があって過失犯の処罰規定がある犯罪ならば、過失犯として処罰されることになるのである。

⑥**盗犯等防止法における正当防衛の特例**

「盗犯等、防止及処分ニ関スル法律」（**昭5年法律9号**）は、昭和の初めに横行した説教強盗などを理由に急遽制定されたもので、正当防衛の要件を緩和するとともに、常習窃盗に対する刑の加重を定めたものである。この法律は、盗犯や住居侵入等に対する私人の防衛権の行使を容易にするため、1項において、刑法36条1項の正当防衛の要件を緩和し、防衛行為の必要性と相

当性を正当防衛の要件から除外し、同２項において、誤想防衛や誤想過剰防衛の場合でも行為者の驚愕、興奮又は狼狽によるときは、責任阻却を認め罰しないとする趣旨の規定を置いている。

４．緊急避難

１）緊急避難
（１）意義

緊急避難とは、自己又は他人の生命・身体・自由または財産に対する現在の危難を避けるため、やむを得ずした行為のうち、これによって生じた害が避けようとした害を超えなかった場合をいう。たとえば、歩行中自動車と衝突しそうになったので、避けようとして他の歩行者を突き飛ばして傷害を負わせた場合や、野良犬に追いかけられた者が難を避けるための近所の家のガラス戸を壊し、住居侵入をした場合などである。

正当防衛が不正な侵害そのものに対する反撃として「不正対正」の関係にあるのと違って、緊急避難は第三者の正当な利益を犠牲にするものであって、「**正対正**」の関係にある点において正当防衛と本質的な差異がある。

ここで、このような緊急避難の特徴を端的に示しているものとして、古代ギリシャの哲学者カルネアデスが問題提起した事例と言われている「**カルネアデスの板**」がある。船が難破して、乗客のＡとＢが海中に投げ出され、海上に浮かんでいるのは舟板一枚、しかも一人の身体なら支えられるが、２人がつかまれば沈んでしまうような大きさのものであった。Ａはその舟板に必死でつかまり、自分もその板につかまろうとしたＢを手で押しのけた結果、Ｂは溺死した。

この事例において、Ａの行為は殺人罪の構成要件に該当する。しかし、緊急事態において、自らの生命を守るために他に方法のなかった、Ａを殺人罪で処罰することはあまりにも酷である。

このような事例に対応するため、刑法37条は「現在の危難を避けるためやむを得ずにした行為」は処罰をしないこととしたのである。

では、このような緊急避難は正当防衛とどこが違うのか。正当防衛は「不

正の侵害」に対する行為であった。すなわち、「不正（攻撃者）」対「正（防衛者）」の関係に成立する。これに対し、「カルネアデスの板」の例で見ると、Aの行為もBの行為も不正な行為ではないから、緊急避難は「正（避難者）」対「正（侵害者）」の関係に成立する。このように正対正の関係にあることから、緊急避難の要件は正当防衛のそれよりも厳格であって、後述するように「**補充の原則**」と「**法益権衡の原則**」が要求されている。

（２）緊急避難の法的性格

正当防衛が違法性を阻却することには異論はない。しかし、緊急避難について、それが成立した場合、なぜ、緊急避難行為が処罰されないのかという理論的根拠（**緊急避難の法的性格**）については、①**違法性が阻却されるから**であるとする**違法性阻却説**、②**責任が阻却されるから**であるとする**責任阻却説**、③その両方を根拠とする**二分説**がある。

①違法性阻却説が通説であり、これは条文上、緊急避難行為を行った者とは無関係な、他人のための緊急避難も肯定されていること、さらに害の均衡が明文で要求されていること、などを根拠とする。もう少し詳しく説明すると、他人のために緊急避難を行うということは、侵害を無関係の他人に転嫁するということであり、これを認めるには刑法が緊急避難を違法性阻却事由と考えていると捉えざるを得ない。なぜなら、自分と無関係の他人のためにまで緊急避難行為を行うことを、責任阻却事由として説明することは困難だからである。責任阻却とは、後に説明するが、非難可能性の無いこと、つまり他行為可能性のないことを意味する。他にその行為をする可能性がないからこそ、行為者に責任がない、と考えるわけだが、自分と無関係の他人のために行う緊急避難の場合は、そもそも無関係の他人のためには行為をしないという可能性が多分に存在するからである。このことから、②責任阻却事由説は支持を失い、現在では少数説にとどまっている。

ちなみに、他人のための緊急避難の例としては、見知らぬ子どもがアパートの２階のベランダの柵にぶら下がって落ちそうになっているのを見た通行人が、急いで一階の前に置いてあった「液晶テレビ」と書かれた段ボール箱を移動したり、その上に干してあった布団を乗せたりして、クッションを作っ

た直後に子どもが落ちて、布団の下の段ボール箱の中の液晶テレビは壊れたが、子どもは幸いにも軽い怪我で済んだ。といった例を考えよう。液晶テレビの持ち主からすれば、通行人は器物損壊罪にあたる行為を行っているのであるが、通行人は、「正」の持ち主に対して、他人のために緊急避難行為として、器物損壊罪の構成要件に該当する行為を行ったというわけである。

　緊急避難の法的性格に関する見解の相違は次のような場合にあらわれる。

　たとえば、Xが恨みを抱く相手であるYを思い切り突き飛ばしたとしよう。Yは押された勢いで第三者Zにぶつかりそうになっている。この場合Zが自分に迫り来るYを払いのけるなどの反撃行為をした場合、その行為は刑法上、どのような取り扱いを受けることになるかについて考えてみよう。

　Zの反撃行為を考える前に、突き飛ばされて向かってくるYの行為がどのような評価を受けるか考えなければならない。Yにとっては、突き飛ばされた勢いで仕方なくZにぶつかりそうになっているという緊急状態である。このままZにぶつかることにしても、緊急行為としての正当防衛（**刑法36条**）あるいは緊急避難（**刑法37条**）の成立が考えられそうであるが、この場合は緊急避難しか認められないだろう。なぜなら、ぶつかる相手のZは何ら違法な行為を行っているわけではないため、Yも「正」、Zも「正」という「正対正」の状況にあるからである。

　では、Yが緊急避難としてZにぶつかってきたときに、Zが反撃行為、たとえば、Zを払いのけた結果、Yを怪我させてしまったような場合はどうなるのだろうか。このZの行為についても、緊急行為であるため、正当防衛あるいは緊急避難の成立が問題となるのだが、この問題を考える際に、前提として検討しなければならない重要な論点がある。それが先ほどの、「**緊急避難の法的性格**」である。

　緊急避難は「自己又は他人の生命、身体、自由又は財産に対する現在の危難を避けるため、やむを得ずにした行為は、これによって生じた害が避けようとした害の程度を超えなかった場合に限り、罰しない。」（**刑法37条本文**）と規定されている。この、「罰しない」という効果は、いかなる理由から認められるのか、というのが、緊急避難の法的性格の問題である。

　この点に関しては大きく分けて①違法性阻却事由説と②責任阻却事由説の

2説があったことは先に説明した。そして、このどちらを採るかによって、Zの反撃行為に対する法的な考え方がことなってくるのである。

まず、違法性阻却事由説に立ったとしよう。緊急避難によって違法性が阻却されるということは、Zにぶつかろうとするリの緊急非難行為は違法ではなくなるということである。つまり、「正」の行為として評価を受けることになるのである。

そうなると、先ほどと同様、「正」であるYと、「正」であるZという状態が出現するのである。「正」対「正」ならば、Zに認められるのは緊急避難しかないということになる。

[緊急避難を違法性阻却事由と考える立場]

①緊急避難
（違法性阻却事由説）
構成要件該当性　あり
違法性　　　　　なし
→Yの行為は「正」

②「正」の行為に対してZは緊急避難しかできない！

次に、責任阻却事由説に立って考えてみよう。責任が阻却される、ということは、それ以前の構成要件該当性、違法性の段階は認められていることになる。つまり、Yの緊急避難行為は違法ではあるが、責任はないということである。違法、つまり「不正」ということになる以上、「不正」対「正」の関係が成り立ち、ZはYに対して正当防衛が認められるということになるのである。

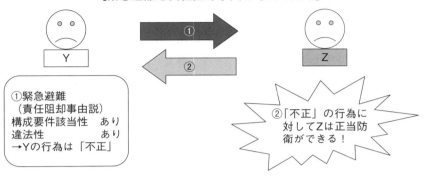

[緊急避難を責任阻却事由と考える立場]

①緊急避難
（責任阻却事由説）
構成要件該当性　あり
違法性　　　　　あり
→Yの行為は「不正」

②「不正」の行為に対してZは正当防衛ができる！

このように、ある論点（緊急避難の法的性格）に対して、いかなる立場に立つかで、結論（Zにできるのは正当防衛か緊急避難か）が異なってくることもあるのである。**刑法学は法律学の中でも特に理論的一貫性を求められる学問**であるため、今回の事例は、一つひとつの論点について、他の論点との整合性に注意して考えていかなければならないことを示す良い例であろう。

では、緊急避難の法的性格についてはどのように考えたら良いのであろうか。前述のように、学説上通説となっているのは、違法性阻却事由説である。**基本的には、違法性阻却事由と解するのが妥当**といえよう。この立場は、**自分と無関係な他人のために行う緊急避難も条文上認められている**ことや**法益の権衡が明文で要件**とされており、その要件を満たす限り、刑法は違法性を阻却するという判断をしたと考えるのが自然だということを根拠としている。この点についてもう少し詳しく説明しておこう。

まず、他人のために行う緊急避難も条文上認められていることが、なぜ違法性阻却事由説を根拠付けることになるかである。責任阻却事由説は、適法行為の期待可能性がないこと、あるいは減少することを緊急避難の要件としているが、自分が緊急状態に陥ったときならばともかく、他人の緊急状態にまで、責任阻却を認めるだけの期待可能性の欠如・減少があるとはいえないだろう。

たとえば、ナイフを持った強盗犯Xがコンビニを襲ったとしよう。その強盗犯が店員Yにナイフを突きつけた上で、入口近くのレジ付近にいた客Zに

対して、「おい、この店員を殺されたくなかったら、そこにあるカバンにレジの金を全部入れろ」と命令した時に、その命令に従って客Zがレジの金をカバンに入れれば、形式的には強盗罪の従犯（従犯は正犯の犯行を容易にする犯罪として処罰される）の構成要件に該当することになる。この場合に強盗犯を手伝った客Zは店員Yの生命を救うために行動したのに強盗犯の仲間扱いでは、あまりに忍びない。

　そこで、緊急行為として犯罪不成立にしたいのだが、金を奪われるコンビニ（という法人あるいは個人商店）自体は「正」の存在なので、緊急避難が成立するか否かを検討することになる。この際に責任阻却事由説の立場に立つと、客Zは、強盗犯を手伝わざるを得ない状況にあった（適法行為の期待可能性がない）という理由で犯罪不成立とすることになる。しかし、本当に期待可能性がないとしてよいのだろうか。期待可能性は別名「**他行為可能性**」ともいう。客Zは、自分の生命が危険にさらされているわけではなく、すぐそばの入口から、「あわわわ」や「きゃー」と叫びながら慌てて逃げ去ることもできた以上、他の行為をできる可能性（他行為可能性）は十分あったのである。他行為可能性がある以上、あえて強盗犯を手伝ったとなると、客Zには酷ではあるが、理論的に責任阻却は認められないだろう。

　そうなるとやはり、緊急避難の法的性格は責任阻却事由と捉えるべきではなく、他人のために緊急避難行為を行うこともまた、刑法は違法性を阻却すると解すべきであろう。

　次に、刑法37条は「生じた害が避けようとした害の程度を超えなかった場合」という**害の均衡**を要求していることもまた、違法性阻却事由の根拠となるのはなぜかについて説明しよう。責任とは行為者を法的に非難できること（非難可能性）を意味し、責任阻却事由説は非難可能性の欠如・減少を緊急避難の正当化根拠としているのである。先ほど、「他行為可能性」について説明したが、他行為可能性がないということは、非難可能性がないということでもある。しかし、それならば、行為者が避けようとした害の程度を超えた害を発生させた場合であっても、非難可能性が欠如・減少する場合はあるのではないだろうか。この点に関してもやはり責任阻却事由説は妥当でなく、**刑法は法益の権衡が認められる限りで、緊急避難行為が違法性を阻却すると**

規定したと考えるべきであろう。

　よって、ZがせまりくるYに対して行う反撃行為は、緊急避難の要件を満たす限りで正当化されるということになるのである。

　緊急避難の法的性質については、このように違法性阻却事由説が妥当である。ただ、責任阻却事由として働く場面が全くないか、というとそうも言い切れない面がある。緊急避難の法的性質について違法性阻却事由だけでなく責任阻却事由の面も有するとする考え方を**二分説**という。

　この二分説の中でも様々な考え方があるのだが、原則的には違法性阻却事由であると考えつつ、対立する法益が同等の場合には責任阻却事由と考える立場について説明しておこう。

　この立場は、「カルネアデスの板」のような場面、つまり、遭難によって海上に投げ出された二人の船客が、たった一枚の板にすがりつこうと争ったあげく、一方が他方を殺害してしまったケースにおいては、緊急避難を責任阻却事由として考えるのである。殺害された方は生命を奪われたわけだが、殺害した方は自己の生命を守るためにやむを得ないで行為に及んだわけである。

　つまり、「生命」と「生命」という**同価値の法益が対立する究極の状況**が出現している。この場合の殺害行為に関しては、「違法でない」というよりも、非難できない行為として「責任がない」と評価する方が実態に合うだろう。この二分説の立場が理論的には巧みといえる。

　しかし、違法性とは、社会的相当性を逸脱した法益侵害行為という判例・通説の立場からは、たしかに法益が同等の場合には優越的利益が緊急避難行為者には存在しないが、かといって、その法益侵害が社会的相当性を欠くとまではいえないと評価することも可能であろう。そうなると、二分説でなく違法性阻却事由説でも、同価値の法益が対立する究極の状況もまた、理論的に説明できることになるのである。

（3）**緊急避難の要件**
①**現在の危難**

　緊急避難は、「自己または他人の生命、身体、自由又は財産に対する現在の危難を避けるため」に行う必要があり、単に「自己または他人の権利を防

衛するため」とする正当防衛の規定に比べて、危難の対象となる法益が限定されているように思えるが、これは**例示**と解されている。そのため、名誉や貞操、さらに国家的法益や社会的法益が危難にさらされている場合にも緊急避難が許されると解されている。

「**現在の危難**」とは、法益の侵害が目前に切迫していることをいい、正当防衛の「急迫」と同じ意味である。そうすると、緊急避難と正当防衛との違いはどこにあるのかということになるが、正当防衛では「急迫」の「侵害」が「不正」である必要があったのに対し、緊急避難における「現在の危難」にはそのような条件は課されていない。「現在の危難」は、違法な侵害でなくても、**何らかの理由で発生した法益に対する危険一般**を意味した言葉である。

このように「急迫不正の侵害」と「現在の危難」にあらわれる差異が緊急避難と正当防衛との大きな違いといえる。ところで、危難の発生原因は、人の行為によるものに限られていない。動物の動作（**大判昭12．11．6**）や自然現象（地震・水害・火災・海難等）によるものも含まれている。（**大判昭8．11．30**）。この点は正当防衛と異なるところである。

「**自招危難**」とは、自らの行為が原因で招いた危難のことである。問題は、このような自招危難を避けるために緊急避難を行うことが許されるかどうかということである。これについては、（ア）緊急避難の成立を全面的肯定する見解、（イ）故意・過失で招いた危難は「危難」といえないとして、緊急避難の成立を否定する見解、（ウ）故意で招いた危難に対しては緊急避難の成立は否定するが、過失で招いた場合には、肯定する見解などが対立している。

しかし、自招防衛の場合と同様、具体的、個別的状況を考慮して避難行為が「やむを得ずにした行為」といえるかどうかという観点から解釈すべきである。

②避難行為が危難を避けるためのやむを得ずしたものであること（**補充性**）

「**やむを得ずにした行為**」とは、正当防衛の規定と同じ言葉が用いられているが、この「やむを得ずにした行為」は正当防衛の場合と異なり、緊急避難においては他にとるべき方法のなかったこと、いいかえれば、それが**法益を救うための唯一の方法**であったことを意味する（**大判昭8．9．27**）。これを**補充の原則**という。

正当防衛の場合には、防衛行為によって侵害される法益は、不法侵害者の法益であるので、防衛手段が必要かつ相当なものであれば、それが侵害を避けるための唯一の方法でなくてもよいが、緊急避難の場合には避難行為によって侵害される法益は、なんら不法と結びついたものではなく、また、危難の原因と全く無関係な第三者の法益であることもあるので、他に方法があるときは、そうした法益の侵害を避けて、被害は最小限にとどめるべきであるからである。

　避難行為は、危難の原因ないし相手方に向けられる必要はなく、危難とは無関係の第三者に向けられてもよい。

③**生じた害が、避けようとした害を超えなかったこと**

　これは「**法益の権衡**」という。したがって、価値の大きい法益を救うために価値の小さい法益を犠牲にすることや価値の等しい一方の法益を救うために他方の法益を犠牲にすることは緊急避難として許されるのである。

（4）過剰避難・誤想避難

①**過剰避難**

　過剰避難とは、**避難行為がその程度を超えた場合を過剰避難**という。具体的には、補充の原則に反すること、すなわち、唯一の方法とは認められない方法により他人の法益を侵害すること、及び法益権衡の原則に反すること、すなわち価値の小さな法益を救うために価値の大きな法益を犠牲にすることをいう。

　そこで、危難が切迫していないのに、主観的に切迫していると思って避難行為を行ったときは過剰避難にあたらない。過剰避難はもはや緊急避難にあたらないから、違法性は阻却されないが、過剰防衛と同じような理由から責任が減軽される場合がありうるので、「情状により、その刑を減軽または免除する」ことができるものとされている。

②**誤想避難**

　誤想避難とは、**現在の危難がないのにあると誤信して避難行為を行った場合**をいう。誤想避難は、客観的に現在の危難が存在しない以上、緊急避難は成立しない。したがって、違法性は阻却されない。ただし、行為者としては、

緊急避難のつもりなので、違法行為をしているという認識をしていないのである。それゆえ、故意犯としての責任が否定され、誤信した点において過失があれば過失犯として処罰されることになる。

誤想過剰避難は、現在の危難がないのにこれがあるように誤信して避難行為を行ったが、それが誤信した危難に対する避難としては過剰であった場合であり、かつ、行為者がその過剰性を認識している場合である。この場合も、誤想過剰避難と同様に、故意犯は成立するが、刑法37条1項ただし書を準用して、刑の減免ができると解される（**大阪簡判昭60．12．11**）ジュリストL04060045。

③**特別義務者と緊急避難の特則**

業務上義務のある者には、緊急避難の規定は適用されない（**37条2項**）。「業務上特別の義務のある者」とは、警察官、消防官、自衛官、船長等、業務上の性質上一定の危険に身をさらさなければならない立場にある者をいう。

そのような義務のある者は、他人の犠牲で自己の法益を救うことは許されないとの理由による。ただ、自己の生命、身体等の重大な法益を救うために軽微な法益を犠牲にする場合には、なお、緊急避難が許されると解することができる。

有責性

1．有責性とは何か

1）有責性

ある行為が、構成要件に該当し、違法であるというだけでは、まだ犯罪は成立しない。犯罪が成立すれば刑罰を科すことになるが、行為者を非難し、責任を問いうる場合でなければ、刑罰を科すことはできないからである。その行為を非難して責任を問いうることを**有責性**といい、有責性は構成要件該当性・違法性に次ぐ、第三の犯罪成立要件である。

違法性の説明のところで、構成要件は社会通念上違法かつ有責な行為を類

型化したものであるため、構成要件に該当すれば、違法性が推定されることになり（構成要件の違法性推定機能）、違法性阻却事由の有無を検討することが主要な作業になるという話をした。有責性の段階においても、基本は同じであり、**構成要件は社会通念上、違法かつ有責とされる行為を類型化したものである以上、構成要件該当性が認められれば、違法性だけでなく責任もまた推定される**（構成要件の責任推定機能）。

よって、有責性の段階（責任段階）においても、責任阻却事由の有無の検討が中心となるが、その際に気をつけるべきことは、**構成要件の違法性推定機能よりも、責任推定機能の方が、その推定される度合が低くなる**ということである。これは、違法性は主に客観的な事情を基準として判断されるのに対し、**責任は行為者の主観面という個別具体的な事情を基準として判断されるものであるため、違法性以上に、責任の有無の検討は詳細に加えられなければならない**ことによるものである。

違法性推定機能と、責任推定機能について、わかりやすく説明するならば、Xが石を投げて他人の家の窓ガラスを割る行為は、ほとんど違法な行為であると言っても特に差し支えがないだろう。例外的に、深夜に火事が起き、いくら叫んでも隣家の人間が起きてこないような場合に、隣人をたたき起こす目的で石を投げ、窓ガラスを割ったというような事情があるならば、それは社会通念上相当な行為として、違法とは評価されないだろう。これが、構成要件に該当する行為は原則として違法であるが、例外的に違法性が阻却されることもあるということの例である。

では、有責性についてはどうだろう。Xが石を投げて他人の窓ガラスを割ったことに違法性が認められるとすれば、刑法上の責任があると一応推定されるだろう。ただ、そのXとは一体何者なのか、という個別具体的な事情に踏み込んで考えてみると、たとえばXが3歳児であって、いたずらとして石を投げたならば、それでも刑法上の責任を負わすべきなのだろうか。あるいは、Xが大人であったとしても、精神の障害によって、善悪の区別が分からない者であったとしたらどうだろう。自らの罪の重さを理解できない彼に、それでも刑罰を科すことが適当なのだろうか。

前に、刑法上の責任がある状態のことを有責性というと説明した。刑法は、

この有責性を認めることができない場合（**責任阻却事由**）として、①罪を犯す意思（故意）がない場合（刑法38条1項）、②心神喪失の場合（刑法39条1項）、③年齢が14歳に満たない場合（刑法41条）をあげている。これらの事由に該当する場合は、責任が阻却され、犯罪は不成立となる。

先程の例でいえば、Xが3歳児の場合は③に該当し、Xが大人でも、精神の障害により、善悪の区別がわからない状態、つまり心神喪失の場合ならば、②に該当して、責任が阻却されるのである。

有責性を語る上で、大切な標語がある。それは「**責任なければ刑罰なし**」という標語であり、いわゆる**責任主義**を表したものとされる。刑罰を科すためには、責任がなければならないということである。この責任主義から、（ア）**主観的責任**と（イ）**個人的責任**という2つの要請が導き出される。（ア）主観的責任とは、刑罰を科す前提として、客観的な犯罪行為に対応した行為者の故意・過失が少なくとも要請されるということである。これは、結果さえ発生すれば行為者の責任を問うという、結果責任を排除するものである。

また、（イ）個人的責任とは、行為者個人の責任のみを問われ、団体の構成員であるというだけでその団体の有する責任を負わなければならないという、**団体責任**の考え方を排除するものである。

責任段階で考慮すべき要素（**責任要素**）としては、「**故意・過失**」、「**違法性の意識の可能性**」、「**責任能力**」「**期待可能性**」があるとされる。

2）責任に関する理論的対立

処罰するためになぜ刑罰が必要か、という点に関して、道義的責任論と社会的責任論の対立がある。

道義的責任論は、刑罰を過去になされた犯罪行為へ非難として捉える立場で、刑事責任も、過去の行為への倫理的な非難可能性であるとする立場で、応報刑論と結びつくものである。

一方、**社会的責任論**は目的刑論の立場から唱えられる見解で、刑罰はあくまでも将来の犯罪予防のために科されるものであるとし、刑罰の倫理的側面を否定する。そのため、刑事責任も将来の犯罪予防のために非難をするという考え方になる。

現在の通説は、責任は基本的に過去の行為についての非難可能性を内容としたものではあるものの、法的な観点からの非難可能性であり、また、刑罰を課す際の予防目的は、責任に応じた範囲でのみ追求しうるという、**法的責任論**とよばれる立場であり、相対的応報刑論とも根底を同じくするものである。

責任論における理論的対立はさらに、**責任の要件**として何を求めるかについても展開された。かつては、責任の要件として、故意と過失という心理的事情のみを考慮していた（**心理的責任論**）。しかし、20世紀になり、故意や過失があっても、なお責任を否定すべき事態が存在することが明らかになった。たとえば、適法行為の期待可能性がない場合（**期待可能性の理論**）などである。このように、故意・過失という心理的事情のみならず、規範的な動機付けの側面をも責任判断の要素として考慮する立場を**規範的責任論**といい、現在の通説となっている。

さらに、責任非難の対象についても、議論があるが、現在は客観的になされた過去の行為を非難の対象とする**行為責任論**が通説的見解となっている。

2．故意・過失

1）故意・過失の体系上の地位

構成要件に該当し、違法である行為について、行為者を非難できる、責任があるといえるためには、まず、故意または過失があることが必要である。

故意・過失は刑法上二重の地位を持つとするのが通説的見解である。その一つは、（ア）構成要件段階での故意・過失である**構成要件的故意・構成要件的過失**であり、もう一つが、（イ）責任段階での故意である**責任故意・責任過失**である。まずは、故意について、その二重の地位を説明していくこととする。

2）構成要件的故意

構成要件的故意とは、犯罪事実、すなわち**客観的構成要件に該当する事実を認識・認容**していることである。客観的構成要件に該当する事実とは、実行行為の客観面や構成要件的結果、および、両者間の因果関係に加えて、行

為の主体、客体、行為の状況等を意味する。つまり、構成要件的故意とは、犯罪事実（構成要件に該当する事実）の主要部分を認識・認容していることを意味する。

すなわち、行為者が自己の犯罪事実を認識し、将来の構成要件的結果の発生やそれに至る因果関係の経路について予見していれば、その行為が法的に許されるかどうかを検討する機会が行為者に与えられているからである。行為者には違法行為を断念して適法行為に出るよう自らを動機づけることができたはずなのに、あえて犯罪を実現しようと意思決定したことに対して故意犯としての重い刑罰を加えるほどの強い非難を向けることができるのである。

ところで、故意の体系的地位について、故意は主観的要素であるため本来的には責任の分野に属するものであり（責任故意）、行為者の責任の有無や程度に影響を与える要素であるが、その前に構成要件要素としても考慮される。この構成要件要素としての故意、いわゆる構成要件的故意が認められなければ、故意犯の構成要件該当性そのものが否定される。他方、構成要件的故意が認められれば、責任要素としての故意（責任故意）が検討されることになる。構成要件的故意は認められるが、責任故意が認められない例としては、夜間に前方から酒に酔ってやってきたY男がフラフラしながらX男に近付いて来たため、殴られるものと思い、とっさにYを避けるやYの顔面を殴打して障害を負わせたところ、実はYはXの父親だったというような誤想防衛の場合が挙げられる。この場合、Xには「人を殴る」という暴行罪あるいは傷害罪の構成要件に該当する客観的な事実の認識があるので、暴行罪あるいは傷害罪の構成要件的故意はあるものの、Xは暴漢に襲われたと勘違いしていることから、責任故意は否定されるのである。

3）故意責任の本質

なぜ、故意があるといえるためには、犯罪事実（構成要件該当事実）の主要部分を認識・認容していることが必要とされるのだろうか。それを知るためには、故意犯がなぜ重い責任非難を受けるのか、その理由、すなわち**故意責任の本質**を理解しておく必要がある。

構成要件は社会通念上違法な行為を類型化したものであるから、構成要件

に該当する事実を認識していたということは、違法な事実を認識していたということである。違法な事実を認識しているなら、行為者は心理的な障害（「**規範の壁**」という）に直面し、その行為をやめるよう決断すべきであるのに、やめなかったことが非難されるのである。この、やめようという意思のことを「**反対動機**」ともいう。

　故意責任の本質は、行為者が規範の壁に直面した以上、反対動機が形成でき、行為をやめることができたはずなのに、それをせずに規範の壁を乗り越えたことに対する重い責任非難にあるのである。

　以上から、行為者が「規範の壁」に直面したといえるためには、犯罪事実の主要部分を認識していることが求められるのである。それだけの事実（犯罪事実の主要部分）を認識していたのならば、反対動機を十分形成可能だったといえるからである。

4）認容説

　また、規範の壁を「乗り越えた」といえるためには、**客観的構成要件要素を認識した上で、主観面において結果の発生が「起きてもやむをえない」というレベルに達していたことが必要となる。**

　つまり、結果の発生を意図ないし意欲するまでのレベルでなくても、認容していれば、規範の壁を乗り越えたと評価できるということになる。

　たとえば、Aがマンションのベランダから廃品をマンションの裏庭に投げ捨てたとしよう。このとき、Aがベランダの下にもしかしたら人が歩いているかもしれないと考え、さらに「当たったら当たったで仕方ないか」と思って投下したとしたら、結果発生を意図ないし意欲はしていなくても、認容していたといえよう。このレベルの故意を「**未必の故意**」ともいい、故意の成立には、少なくとも結果の認容が必要とされるのである（**認容説**）。

5）構成要件的故意・過失の犯罪個別化機能

　先に、構成要件には「**犯罪・非犯罪区別機能**」があると説明したが、構成要件故意・過失には、「**犯罪個別化機能**」があることも知っておきたい。たとえば、マンションの上から落ちた植木鉢がBの頭に命中して、Bが死亡し

たとする。このとき、客観的には「人の死」という行為が発生しているが、植木鉢を落下させたAがわざと、つまり故意にBを狙ったのなら殺人罪（**刑法199条**）となり、うっかり植木鉢を落としてしまったような場合には、過失致死罪（刑法210条）の適用が問題になるのである。このように、**行為者の主観面によって、適用される構成要件（犯罪類型）が異なること**もあるのであり、これを**犯罪個別化機能**というのである。

構成要件的故意が認められない場合は、故意犯として処罰されないことはもちろんであるが、先ほどの植木鉢の例のように、過失犯処罰規定が存在する場合には、後述する構成要件的過失の有無が問題となる。

6）責任故意

構成要件的故意が認められたとしても、責任段階において、さらに故意について検討することになる。これを責任故意という。構成要件的故意は、構成要件が類型的存在であるため、あくまでその有無の判断も類型的、一般的抽象的な判断のレベルにとどまるのに対して、責任故意は個別具体的な行為者の主観面をより詳細に検討していく点に違いが存在する。

責任故意とは、違法性を基礎づける事実の認識、または正当化事情の不認識を意味する。「違法性を基礎づける事実の認識」とは、自己の行為の違法性を基礎付ける事実の認識のことであり、それは、自分の行為をやってはいけないと、行為者に訴える機能として働くことになる。先ほど、故意責任の本質を説明した際に、「規範の壁」という言葉を用いたが、「違法性を基礎づける事実の認識」もまた行為者にとって規範の壁となるものである。他方、「正当化事情の不認識」とは、裏を返せば、「**違法性阻却事由の不存在の認識**」のことである。つまり、自分の行為が違法性阻却事由に該当しないと知っているならば、その行為者に対して責任非難が可能となるのである。しかし、たとえば、自分の行為が刑法上の正当化事由に該当すると思って行動していたような場合、行為者は規範の壁に直面していたとはいえないため、重い責任非難をすることができず、責任故意は阻却されることになるのである。

責任故意が阻却される例として、誤想防衛が挙げられる。正当防衛にあたる事実を誤信して行為に出た場合は故意がないとするのが判例・通説である。

たとえば、Xが夜道でいきなり飛び出てきた友人Yを、自分を襲って来たものと勘違いして、パンチで殴り倒してしまったような場合、Xは自分が相手に対して攻撃行為を行なっている認識はあり、暴行罪あるいは傷害罪の構成要件故意は認められるのである。しかし、自らの行為が正当防衛にあたると誤信している以上、自らの行為の「違法性を基礎づける事実の認識」を欠いており、その意味でXは、それを知っていたら違法行為を思いとどまるはずという、規範の壁に直面しているとはいえないのである。そこで、構成要件的故意は認められても、責任故意が存在しないとして、故意が阻却されるのである。この場合、Xに過失が認められれば、過失傷害罪が成立しうる。

7）過失

次に、**過失**であるが、刑法上過失犯が処罰される場面は限定されたものとなっている。故意があるものを犯罪とするのを原則としているからであり（**故意犯処罰の原則**）、過失による行為を処罰するのは法律に特別の規定がある場合に限っているからである。刑法は、「罪を犯す意思がない行為は、罰しない。」（**刑法38条1項**）と規定して、原則として故意のない行為は処罰しないものとし、例外的に「法律に特別の規定がある場合」（**刑法38条1項但書**）に過失犯を処罰することにしている。

過失とは、**不注意によって犯罪事実を認識しなかったこと**である。注意すれば、その結果が発生することに気づいたはずで、気づけばその行為をやめたはずだ、というとき、不注意によって気づかなかったことを非難されるのである。

責任とは、**行為者の行為につき、非難可能性のあること**をいうが、故意犯に比べて過失犯は、その非難可能性が低いことから、例外的な存在として、特別の規定がある場合に限って罰することにしたのである。

刑法は、失火（**刑法116条**）、過失激発物破裂（**刑法117条2項**）、過失往来危険（**刑法129条**）、過失傷害（**刑法209条**）、過失致死（**刑法210条**）などにおいて過失犯を処罰しているが、実害が発生しているか、実害発生の危険がある状態を作り出したとき、すなわち結果が発生したときに処罰するという共通点を有している。つまり、現行法上、過失犯は**結果犯**（構成要件が一

定の結果の発生を必要としている犯罪）であり、**未遂処罰はない**ことになる。

8）旧過失論と新過失論

　過失犯処罰の根拠については、学説上の争いがある。大別すると「旧過失論」と「新過失論」に分かれる。「**旧過失論**」とは、過失は故意と並ぶ責任要素であり、故意犯と過失犯とは構成要件該当性の段階では共通のものとして捉える見解である。そして過失犯を結果予見義務中心に理解していた。結果の予見が可能であれば過失犯の成立を認め、不可能であれば過失はないとする立場である。

　この旧過失論に対して、結果の予見が可能であれば過失ありとするのでは、判断に幅がありすぎるため、過失犯処罰の限定が不可能となる批判がなされた。たとえば、自動車を運転する際に、交通事故が起きることは常に予見可能とも言える。旧過失論をそのまま維持したのでは、過失犯の処罰が無限定に拡散してしまうことになるのである。

　この、旧過失論の問題点を克服すべく登場したのが、「**新過失論**」である。新過失論は行為無価値論の立場から、**故意犯と過失犯は構成要件段階から区別**されるとし、結果予見義務違反ではなく**結果回避義務違反を過失論の中心に据えた**。これは、行為無価値論が違法性の本質を社会的相当性を欠くことに求めることから、違法行為の類型である構成要件段階においても、過失を社会的に不相当な行為、社会的相当性から逸脱した行為ととらえるのである。**結果の予見可能性を前提とした上で、結果の回避義務が問われ、回避義務ありとされた場合に、客観的に回避義務に違反する行為を過失とするのが、新過失論である。**

　過失論の展開は、その折々の社会情勢を反映したものであった。モータリゼーションの進展によって、交通事故数が増大した時代に新過失論が唱えられ、さらには公害事件が増加するようになると、新過失論をさらに推し進めた**危惧感説（不安感説）**が唱えられるようになった。この説は、何らかの不特定の危険が発生しうるという危惧感を抱いたならば、それを除去するための措置をとらなければならないとするものであったが、あまりに処罰範囲が広くなりすぎるという批判から、多くの支持を得るには至らなかった。

最高裁判例は、結果発生の予見可能性とその義務、および結果防止の可能性とその義務を過失犯の成立要件とする立場に立っている（**最決昭42．5．25**）判タ208-140。

9）構成要件的過失

過失のうち、**構成要件的過失**であるが、その要件として、①犯罪事実（客観的構成要件に該当する事実）の認識・認容の欠如、②注意義務違反、③結果の発生をあげることができる。③については、前に説明したので、①および②について説明をくわえることとしよう。

まず、①であるが、犯罪事実を認識・認容して行為を行なっていれば故意犯となるため、その欠如が要件となるのはある意味当然であるが、ここで気をつけておいてもらいたいのが、「**未必の故意**」と「**認識ある過失**」、および「**認識のない過失**」の区別である。未必の故意については、結果発生を意図ないし意欲しなくても、その認容はある場合で、故意犯となると説明した。たとえば、子どもが多く遊んでいる公園の脇の道路を自動車で走行し、「子どもが飛び出してきて轢いてしまっても仕方がない」と思って走行すれば、それは**結果の認容がある**以上、未必の故意があることになる。対して、自分の運転技術への過信から、「子どもが飛び出してきても轢くようなことはない」と信じて走行し、急に子どもが飛び出して轢いてしまったような場合は、**結果の認容が存在しない**ことから、「**認識ある過失**」となるのである。さらに、子どもの飛び出しの危険すら考えず、漫然と自動車を走行させて、飛び出してきた子どもを轢いてしまったような場合が、「認識のない過失」となるのである。認識ある過失と、認識のない過失は、同じ過失犯として扱われるが、**未必の故意と認識ある過失は故意と過失の分水嶺**となるため、その認定には注意を要する。

次に、②**注意義務違反**について説明しよう。犯罪事実の認識・認容が欠如したことのみをもって、過失犯として処罰するならば、事実上処罰の範囲は無限定に拡大することになってしまう。そのため、処罰範囲を適切なものに限定するために、注意義務という観点から過失犯の成否を論じることにしているのである。

この注意義務違反は、構成要件段階と、責任段階の両者で論じられることになる。まず、構成要件段階では、構成要件が社会通念上有責とされる行為を類型化したものであるため、その注意義務違反の判断は、社会通念、つまり社会における一般人を基準して判断されることになる。社会生活を営む上で通常必要とされる注意を尽くしていれば、行為者には「落ち度」がないものとして、過失犯として処罰されることはないのである。このような注意義務を、一般的注意義務または客観的注意義務という。

注意義務の内容は、**結果予見義務**と**結果回避義務**に分けられる。結果予見義務とは、結果の発生を予見すべき義務のことであり、結果回避義務は結果発生を回避すべき義務のことである。結果予見義務であるが、その義務の前提として、結果の予見可能性が求められる。同様に、結果回避義務についても、結果の回避可能性があることが前提となる。過失犯の成否を検討するにあたっては、故意がないことを前提に、（a）**結果予見可能性の有無**⇒（b）**結果予見義務違反の有無**⇒（c）**結果回避可能性の有無**⇒（d）**結果回避義務違反の有無**という順で検討することになる。

10) 責任過失

次に、責任段階での過失（**責任過失**）であるが、その成立要件としては、①**責任故意がないこと**、②**本人を基準にして、不注意があったといえること**の２点があげられる。責任故意についてはすでに説明したが、自己の行為の違法を基礎付けるだけの事情について誤認がある場合に、責任過失が問題となるのである。また、②の要件であるが、構成要件的過失の段階では一般的客観的な注意義務違反を問題としたが、**責任段階においては、行為者個人を基準にした注意義務違反を問うことになる**。

このような注意義務を、**個別的注意義務（主観的注意義務）**という。

刑法はあくまで個人に対して刑罰という制裁を与えるものである以上、究極的には行為者個人を基準にして非難可能であるかどうかを問わざるをえない。たとえ、一般的には結果の予見および結果の回避が可能な状況であったとしても、行為者本人には無理である場合に、それでもなお非難するというのでは、責任主義に反するものといえよう。

11）労働法を学ぶための故意・過失論

　故意・過失について学んできたが、ここで労働問題の例を使いつつ、その理解を確実なものとしておこう。それは、刑法に関する理解がいかに労働法を学ぶ際に重要であるかを確認できる作業でもある。

　　Y会社の労働者Xは連日、定時を過ぎてもそのまま会社に居残り、毎日4時間ほど残業をしていた。

　　この残業に関し、XはY会社に対し特に許可を求めることもなかった。また、Xは帰ろうと思えばいつでも帰宅できる状況であり、Xが定時を過ぎた後に行っていた業務は、その日のうちに処理しなければならないような必要性や緊急性を有するような、特段の事情がある業務ではなかった。

　　そして数年が過ぎたある日、Xが残業代の未払いについて労働基準監督署に申告をしたことにより、労働基準監督署の調査や臨検がY会社に入った。

　　その結果、労働者Xに関する過去2年分の未払残業代について労働基準監督官が支払命令を出してきた。支払命令にある金額は4時間の残業を時給1,000円で月20日間したとして、何と240万円にも上ったのである。

　　この、過去2年分という期間の根拠は、労働基準法115条で賃金債権の時効が2年と定められているためであるが、果たしてY会社は労働基準監督官の支払命令に従わなければならないのだろうか。

　労働基準法が問題となっているが、**労働基準法は刑罰法規**であるため、その適用は刑法の原則にのっとったものでなければならないことはいうまでもない。

　刑法において犯罪とは「構成要件に該当する違法かつ有責な行為」という定義がなされているのはすでに学んだところである。行為が犯罪の「構成要件」に該当すること、その行為に「違法性」があること、その行為を行った行為者に「責任」を問うことができること、の3つの要件を満たして初めて、犯罪が成立するのであった。

第4章 労働法を理解するための基本三法 刑法編

　構成要件とは、通説によれば社会通念上、違法かつ有責な行為を類型化したものである。簡単に復習しておくと、刑法の各条文で示されている、「犯罪の類型（枠組）」のことであった。そして、違法な行為とは、客観的に法律に違反している行為のこと、有責とは、その行為について、行為者に主観的に責任を問えること、を意味した。
　たとえば、刑法199条に殺人罪が規定されているが、そこに規定される「人を殺した」の部分が構成要件になる。
　では、人を殺せばすべて殺人罪になるのかといえば、そうではない。次に「違法性」があるかどうかが検討されるのである。違法とは、社会的相当性を逸脱して法益を侵害することを意味する。わかりやすく説明すれば、社会通念、つまり社会の一般常識で許されない形の権利侵害をすることである。
　仮に、人を殺してしまったとしても、自分が殺されそうになり、命を守るために、思わず手近にあった花瓶で相手の頭を殴打した結果殺してしまったような場合、正当防衛として違法とはされない。専門的には違法性が阻却される、という表現をするのだが、要するに、自己の生命を守るための反撃行為ならば、たとえ相手の権利を侵害しても社会通念上許され、違法とは評価されない（違法性が阻却される）ということなのである。
　先ほどの殺人の例で、正当防衛のような違法性を阻却する事由は存在しなかったとしよう。そうなると、構成要件に該当し、違法な行為ということになるが、犯罪が成立するためには、最後の関門がまだ待ち構えている。
　それが「責任（有責性）」の問題である。刑法上の責任ありとするためには、いくつかの要素を満たさなければならないが、その一つに、「**故意犯処罰の原則**」というものがある。これは刑法の大原則の一つとされるものである。
　刑法38条1項は「罪を犯す意思がない行為は、罰しない。ただし、法律に特別の規定がある場合は、この限りでない。」と定めている。ここにいう「罪を犯す意思」というのが、故意のことである。刑法は原則として、故意による犯罪のみを処罰する、というのが故意犯処罰の原則である。
　これを簡単に言うと「わざと」罪を犯した場合を処罰の対象にしているのである。例外的に、過失、つまり「うっかり」罪を犯してしまった場合を処罰することもあるが、その際には条文に「過失により」という文言が使われ

ている。この、刑法上の故意について理解をすること、すなわち「**故意の本質論**」について知ることは、同じく刑罰法規である労働基準法について理解するために必須の知識であるため、重複を厭わず説明することとしよう。

　刑法上の故意とは、客観的構成要件に該当する事実の認識・認容とされている。これを分かりやすく言えば、行為者が犯罪となる客観的な事実を知っていて、あえて行おうとする意思のことである。たとえば、そこに人がいると知っていて、その人に向かって石を投げつければ、暴行罪（**刑法208条**）または傷害罪（**刑法204条**）の故意ありとなる。石の大きさによっては、殺人罪の故意すら認められることもある。

　なぜ、刑法はそのような故意犯のみを処罰することを原則としているかといえば、刑法は刑罰という、生命や自由、財産を奪う厳しい制裁を予定している法だからである。厳しい制裁があるからこそ、その厳しい制裁に見合うだけの主観面を行為者に求めているのである。それだけの主観面を有していれば、刑罰という制裁を科すという形で法的に非難することが正当化されるのである。だからこそ、厳しい制裁に見合うだけの主観面として、自己の行為が違法であるというルールの壁に直面しつつ、あえてその壁を乗り越えて犯罪を実現するというレベルが求められているのである。

　刑法は例外的に過失犯を処罰しているが、その際にも、一定の重大な犯罪に関して、行為者が注意していればルールの壁に気付いたはずであり（**結果の予測可能性**）、そして気付いたならばルールの壁の前で引き返したはずだ（**結果の回避可能性**）というレベルに至って、故意と同様に法的に非難することができるため、処罰することにしているのである。

　このように刑法は、原則的に故意犯を処罰し、例外的に過失犯を処罰する体系を採っている。**では同じく刑罰法規である労働基準法はどうかといえば、故意犯「のみ」を処罰する刑罰法規となっているのである。**

　冒頭の例に戻ると、使用者であるY会社が労働者Xの残業を知っていたというだけでは、「罪を犯す意思」、つまり故意があるとは言えないのである。故意とは「客観的構成要件に該当する事実の認識・認容」であるというのが、判例・通説の立場である。Y会社の社長が、Xが連日、定時後も居残っているのを見ていた、あるいは知っていたとすれば、たしかに事実の認識はある。

第4章

しかし、それは刑罰法規である労働基準法違反として求められるレベルの故意に達しているとはいえないのである。なぜなら、労働基準法第5条には「使用者は、暴行、脅迫、監禁その他精神的又は身体の自由を不当に拘束する手段によって、労働者の意思に反して労働を強制してはならない。」とあり、その立法の経緯からもタコ部屋に監禁するようなレベルのものを対象としているからである。監禁とは、人が一定の場所から脱出することを不可能または著しく困難にし、その行動の自由を拘束することを言うが、強制労働においても、「帰ろうと思えば帰れる」という自由すら認められないレベルの客観的な行為と主観面が要求されているのである。刑法によって保護しようとする権利・利益のことを「保護法益」というが、刑罰法規としての労働基準法が保護しようとしているのは、労働者の自由な意思決定による労働なのである。したがって、この規定から、労働基準法が対象とする故意による残業とは、労働者の意思に反して行動の自由を制限するレベルのものであるといえよう。したがって、そのレベルの自由の制限が存在して初めて社会通念上許されない客観的な違法性があるのであり、その違法性を認識して初めて、労働基準法違反として問えるだけの故意があると言えるのである。

今回取り上げたケースの場合、労働者Xが連日残業をしていたとはいえ、使用者Yがその居残りをただ単に認識していただけというだけならば、そこに何らの強制は存在せず、労働者は帰ろうと思えばいつでも帰れる状態にあったのである。

ということは、ただ単に、Xが自発的に残って業務を行なっていたという事実があるだけなのである。そのことに関し、使用者であるY会社は何らの強制も強要もしていない。そのような状況をもってして、**刑罰法規である労働基準法の対象とする故意があるとは言えない**。使用者Yに刑罰という厳しい制裁を与えるだけの認識があったとはとてもいえないだろう。

このように、労働者が自由を不当に拘束されていない、裏を返せば自由な意思で帰ろうと思えばいつでも帰れる状態にあった以上、使用者は労働基準法違反として罪に問うだけの認識をしていた、つまり故意があるとはいえないのである。

よって、Y会社において、労働者Xが残業をしていることを使用者が知っ

ていたというだけでは、故意に残業させたわけでも、故意に残業代を支払わなかったわけでもなく、刑罰法規である労働基準法の適用の対象になるようなことはないのである。

さらに言えば、刑法理論の根底に流れる考え方として、**謙抑主義**というものがある。これは、刑法というものは、人の生命・自由・財産という基本的人権に係わることがらに関して刑罰という峻厳な制裁を予定する法律であるから、その適用はできる限り慎重にならなければならないというものである。この謙抑主義の立場からしても、今回のケースが処罰に値するものではないことは、火を見るより明らかといえよう。

3．責任阻却事由

故意・過失があっても、例外的に非難することができない場合がある。このような場合を**責任阻却事由**という。

1）違法性の意識～労働基準法と違法性の意識～

客観的構成要件に該当する事実の認識はあるが、自己の行為が禁止されているものだということを知らずに行った場合は、責任が阻却される可能性はないのであろうか。「違法性の意識」とは、自己の行為が違法であるという意識、つまり、「法的に許されないことをしている」という意識のことであり、この違法性の意識を欠く場合（違法性の錯誤・法律の錯誤）には刑事責任を阻却しうるとするのが通説の立場である。

この「違法性の意識」については、故意との関係をどうとらえるかという、**違法性の意識の体系的位置付け**について、学説が大きく対立している状況にある。学説は違法性の意識（またはその可能性）を故意の要件と考える立場（**故意説**）と、違法性の意識を故意とは別個のものとしてとらえ、違法性の意識の可能性を欠く場合は責任が阻却されると考える立場（**責任説**）に大別される。

戦前の故意説は、違法性の意識がない場合は、自らの行為が法的に許されないとは思っていない以上、行為者を非難することができず、故意が阻却されるとして通説的地位を占めていた（**厳格故意説**）。たしかに、悪いことをしているという意識がない者を「わざと」犯罪を行った故意犯として考えるというのでは、あまりに必罰主義すぎるであろう。

しかし、この厳格故意説には、確信犯や常習犯の処罰ができないか、できても過失犯としての処罰になってしまうという難点があったのである。確信犯は、自分の行なっている行為が道徳的、宗教的、あるいは政治的に正当なものだと認識しているため、自分の行なっている行為が「悪い」という意識が欠落している。

これは、テロリストを例として思い浮かべていただければ、理解できるだろう。また常習犯は犯行を重ねる度に罪の意識がどんどん減少してしまっていき、もはや「悪い」などとは思わず犯行に出てしまう場合もある。常習的に万引きを重ねるようなケースを例としてあげる事ができるだろう。これらの場合の処罰について、厳格故意説では対応できず、処罰の範囲が狭くなってしまうという批判がされるようになった。

この、厳格故意説の難点を解消すべく戦後になって登場したのが、同じく故意説に分類される**制限故意説**である。制限故意説は、故意犯として処罰するためには、現実の違法性の意識までは必要とされないが、**違法性の意識の可能性**は必要であり、その可能性すらなかった場合には、故意がないとする説である。

この説は、たとえ確信犯や常習犯であっても、自らの行為が一般的には悪いことだと意識する可能性があれば、違法性を意識する可能性があるのに違法性を意識しなかった人格を形成した点について非難可能であり、故意犯として処罰できるとしたため、厳格故意説の難点を克服したものとして通説化した。

とはいえ、制限故意説にも**理論的な難点**がある。それは、「（違法性の意識の）可能性があるから故意がある」とする点である。故意というのは、あるかないか、認識しているかいないかの話であって、可能性の話ではないのである。可能性を論じるならば、過失の領域でするべきだろう。すでに見たよ

うに、過失論は結果を予見する「可能性」と、結果を回避する「可能性」を問題とするものであるからである。

故意説は違法性の意識（の可能性）を故意の問題としてとらえていたが、厳格故意説・制限故意説のいずれも理論的に問題を抱える結果となった。そのような状況で、違法性の意識の問題を、**故意とは別個の責任要素としてとらえる責任説が登場したのである。責任説**は、制限故意説と同じく違法性の意識の可能性を必要とするのだが、その違法性の意識の可能性を欠いたときは、故意がないとするのではなく、**責任が阻却される**、と考える立場である。

このように違法性の意識学説に関しては各種の対立が存在している状況であるが、判例はどのように違法性の意識に関する問題を処理しているのであろうか。実は判例は大審院・最高裁を通じて伝統的に「**違法性の意識不要説**」を採用していると言われている。これではあまりに権威主義的・必罰主義的だという学説からの批判はあるが、実際の結論としてはそれほど問題のあるものはない。その理由は、判例の立場が、違法性の意識は不要であるとしつつ、**違法性の意識の可能性を不要とは言っていない**点にあるとされている。

最高裁は「百円札模造事件」において有罪の結論を導く上で、違法性の意識を欠いたことについて「**相当の理由**」がなかったことを理由としている（最決昭62．7．16）判タ647-124。裏を返せば、違法性の意識を欠いたことについて「相当の理由」があるならば、無罪の結論が出ていたということである。違法性の意識を欠いたことに相当の理由がある場合とは、違法性の意識の可能性がない場合とも考えられるため、**判例は実質的には違法性の可能性を考慮している**とも言われている。

実際問題として、判例が故意を認めているケースは行為者に「違法性の意識を可能にするような事実の認識」があった場合だという指摘もなされている。つまり、判例は違法性の意識は不要としつつも、「これだけの事実を認識しているのだから、自らの行為が違法であると意識できたであろう」という実質的な判断をしているのである。どこまでの認識があれば、違法性の意識を可能とするかは、あくまで実質的な判断なので、それぞれの犯罪に応じて異なることになろう。

刑法と同じく刑罰法規である労働基準法を例に考えてみよう。従業員が定

時を過ぎてもなお残業をしていることを認識した使用者がいたとする。この事業所は時間外労働に関する36協定の締結がなされていないとしよう。仮に定時が６時だとして、６時10分にまだ机に向かって時間外労働をしている従業員の姿を使用者が認識したら、労働基準法違反の故意ありといえるのであろうか。

労働基準法第５条には「使用者は、暴行、脅迫、監禁その他精神又は身体の自由を不当に拘束する手段によって、労働者の意思に反して労働を強制してはならない。」とある。

この規定からも明らかなように、刑罰法規である労働基準法が対象している故意とは、「労働者の意思に反して労働を強制する」レベルのものなのである。ただ単に、定時を10分過ぎても従業員が労働しているというだけの認識をもって、使用者に労働基準法の「違法性の意識を可能とするだけの事実の認識」があったとはとても言えないだろう。従業員は帰ろうと思えばいつでも帰れる状況にあったのであり、使用者も時間外労働に関して何らの指示をしていないのである。労働基準法は故意犯のみを処罰する刑罰法規であるが、この事例における使用者は違法性の意識を欠いており、故意があるとはいえないのである。

違法性の意識は刑法上でも学説の対立が激しく、また判例と学説も対立している箇所であるため、その理解は非常に難しい。しかし、故意とは何か、なぜ違法性の意識、あるいはその可能性を考えなければならないのかという原点だけはしっかりと押さえておいてもらいたい。責任とは行為者を非難することであり、どれだけの認識があれば、行為者を非難することが可能か、という点から考えれば、問題の理解が進むはずである。

２）責任能力

責任能力とは、構成要件に該当する違法な自己の行為について責任を負う能力のことをいう。現行刑法では、39条と41条が責任能力について規定している。

刑法39条１項は、「心神喪失者の行為は、罰しない」、とし、同条２項は、「心神耗弱者の行為は、その刑を減軽する」と規定している。

心神喪失とは、精神の障害により、事物の理非善悪を弁識する能力（**弁識能力**）またはその弁識に従って行動する能力（**制御能力**）のない状態をいう。弁識能力を欠けば、それだけで心神喪失とされ、また、弁識能力があったとしても、制御能力がなければ、同じく心神喪失の状態とされる。

心神喪失者は、法に従って自己の行為を動機づけるための能力を全く欠いている状態であるため、責任無能力とされ、犯罪が成立しない。

心神耗弱とは、精神の障害が、弁識能力または制御能力を欠如する程度には達していないが、その能力が著しく減退した状態とされる。心神耗弱者は法に従って自己の行為を動機づけることが不可能とまではいえないが、著しく困難になっている状態であるため、限定責任能力は認められるものの、刑を必要的に減軽することとされているのである。

心神喪失・心神耗弱の原因となる精神の障害のことを「**生物学的要素**」といい、弁識能力と制御能力のことを「**心理学的要素**」という。生物学的要素と心理学的要素の両方の存在が肯定されることで、責任無能力または限定責任能力の状態にあると判断される、**混合的方法**を刑法は採用している。判例は、責任能力の判断に関し、「被告人の精神状態が刑法39条にいう心神喪失又は心神耗弱に該当するかは法律判断であるから専ら裁判所の判断に委ねられている」としている（最決昭59．7．3）判タ535-204。

また、刑法41条は、「14歳に満たない者の行為はこれを罰しない」と規定している。14歳未満の者（**刑事未成年者**）は、人間形成の途上にあることを考慮して、一律に責任能力がない扱いをしている。

3）原因において自由な行為

刑法上の責任は個別の行為について問題となるものであるため、責任に関する要件は、個々の行為の時点で備わっていることを要する。刑法は犯罪行為がなされたとき、行為者に責任能力がない場合は無罪とする原則（39条1項）を打ち立てている。このことを「行為と責任の同時存在の原則」という。

この原則から、責任能力は行為（**実行行為**）の時点で備わっていることが要求されることになる。つまり、実行行為時に自分の行動が理解できないような人に対しては、構成要件に該当して違法な行為（たとえば殺人行為）を

しても責任非難を向けられず、犯罪が成立しないのである。

　しかし、この原則を単純に維持することができない場合が存在するのである。たとえば、気も弱く酒にも弱い男Aが、近隣トラブルのせいで長年恨みに思っていた隣人Bを殺す前にウイスキーでもがぶ飲みして勢いをつけようと自宅で大量に飲酒して、そのまま日本刀を持参してB宅に赴き、逃げまわるBを追いかけ刺殺したような場合、実行行為の時点では、アルコールによって病的な酩酊に陥っており責任能力がないことも考えられる。

　また、覚せい剤を打つと心神喪失になる体質の暴力団員Xが、覚せい剤を注射することで自己を何がなんだかわからなくなった状態に陥れて、対立する暴力団員にピストル持参で殴りこみをかけることを計画した。これは、自分を故意に責任無能力状態に陥れて実行行為を行おうというものである。そして、実際に殴りこみ直前に「景気づけだ」と覚醒剤を打ち、そのまま暴力団事務所に突入し、対立する暴力団員Yをピストルで射殺してしまった。この時点でXは覚せい剤の影響で**心身喪失状態**に陥っていたのである。

　これらの場合、AやXを殺人罪に問うことはできるのであろうか。覚せい剤を打ち始めた時点では完全な責任能力があったものの、法益侵害の結果を現実化させる行為の時点では、責任能力がなかった。このような場合に、同時存在の原則からは、AやXは無罪という結論が導かれてしまう。仮に、AやXが実行行為時に心神喪失の状態にまでは至らず、限定責任能力の状態であった場合でも、刑が必要的に減軽されることになる **(39条2項)**。AやXが実行行為時に責任無能力、限定責任能力、どちらであったとしても、自ら意図した結果を引き起こしているのに、あまりに不当な結論に至ってしまうのである。

　そこで、原因行為（飲酒行為や覚せい剤を注射する行為）の時点では完全な責任能力があることから、このような行為を「**原因において自由な行為（actio libera in causa）**」としてとらえ、行為者の完全な責任を問うための理論的工夫がなされている。

　これは、原因行為時に責任能力があって、事物の理非善悪を弁識できる者が、自分が将来陥るであろう心身喪失状態（あるいは心神耗弱状態）を利用して犯罪を実現した場合、行為時に心身喪失状態（あるいは心神耗弱状態）

に陥っていたとしても、刑法39条を適用しない、という考え方である。

　この、原因において自由な行為に関して、どのような理論的構成で行為者に完全な責任を問うかについては、学説上の対立がある。かつての通説は、原因において自由な行為を間接正犯と類似したものととらえている（**間接正犯類似説**）。この説は、責任無能力状態になった自己を道具として犯罪を実現したことは、責任のない他人を道具として利用し犯罪を実現する間接正犯の道具理論と同様の構造をもっていると解し、間接正犯における利用行為に相当する原因行為の時点で責任能力があれば、完全な責任能力を問えるとするものである。

　間接正犯の場合、たとえば医師が情を知らない看護師に毒入り注射を渡して患者を殺させるような場合が例に挙げられた。間接正犯の場合の医師が、原因において自由な行為での原因行為を行った時点、そして間接正犯における看護師が、原因において自由な行為では結果を発生させる行為を行った時点に相当するというように理解するわけである。

　ただ、間接正犯類似と捉えた場合、先の例の殺害行為の時点で、Ａに責任能力がない場合は道具理論で完全な責任を問えるのに、限定責任能力にとどまったような場合には、軽い処罰にとどまることになってしまう。これでは、より責任能力がある方が罪が軽くなるというバランスを欠いた結論になると批判されている。

　そこで、責任能力のある時点での犯罪実行に向けた意思が、結果として実現されている場合には、意思が連続しているととらえ、全体として完全な責任能力を問うことが可能であるとする説が登場した。この説では、殺害行為の時点で、行為者が責任無能力であろうと、限定責任能力の状態であろうと、完全な責任能力ありとすることができるとし、行為と責任の同時存在の原則に修正を加える立場で、近時の有力説となっている。

4）期待可能性

　期待可能性とは、行為時の具体的事情の下で、違法行為を避けて適法行為に出ることを行為者に全く期待することが出来ない場合をいう。適法行為の期待可能性がなければ行為者を非難することはできない。そこで、期待可能

性が要求されるのである。

かつては、責任の要素は故意・過失という心理的要素に尽きるものと考えられていた（**心理的責任論**）。これは、純粋に自然科学的見地から責任を考える立場によるものであったが、責任とは、法的見地からも検討されるべきものだという考え方が次第に強まり、行為者を非難し得ない事情が存在する場合には責任阻却を認めるべきという考え方が主流となった（**規範的責任論**）。期待可能性の理論は、この規範的責任論の中核となる理論である。

期待可能性が論じられるきっかけとなった事件としては、19世紀末ドイツの「暴れ馬事件」がある。手綱に尾を絡みつかせて、御者の思うように制御できない可能性のある馬がいた。御者だけでなく主人もその癖のことは知っていたが、主人は御者に対し、その馬に馬車を引かせるように命じ、その結果馬が暴れだし通行人を怪我させた。罪に問われた御者に対し裁判所は、御者にとって主人の命令を拒否することは職を失うことを意味するため、命令を拒否することは期待できなかったとして、無罪としたのである。

現行刑法において、期待可能性について定めた条文はない。そのため、責任阻却の事由として適法行為の期待可能性の不存在を肯定することは、条文にはない**超法規的責任阻却事由**を認めるということになる。

条文に直接の根拠を持たないとはいえ、刑法の規定には期待可能性の存在を前提としたと思われるものが各所に見られる。たとえば、過剰防衛（36条2項）・過剰避難（37条1項ただし書き）は、緊急事態において、過剰な行為に出てしまうことが、適法行為の期待可能性の面からすると、やむを得ない面もあり、その分責任非難の程度が減少するため、特別に刑の減軽・免除が認められていると通説は解している。また、犯人蔵匿罪（103条）は、犯人をかくまった者を処罰する法律であるが、犯人が逃げる行為そのものは処罰の対象となっていないのも、期待可能性がないことを考慮したものとされている。

では、その期待可能性は誰を基準に考えるべきなのであろうか。これが期待可能性の判断基準といわれる問題である。

この点に関し、①**行為者標準説**、②**平均人標準説**、③**国家標準説**の3つの説が唱えられている。①の行為者標準説は、適法行為の期待可能性を行為者

本人を基準として考えるという考え方だが、この考え方を貫くと、行為者本人にとっては仕方なかったのだ、という弁解を常に許すことになりかねないという批判がある。また、③の国家標準説とは、国家の視点から期待可能性を具体的状況に応じて判断すべきという考え方である。しかし、国家が期待できるときとはどのようなときなのかが曖昧であり、結局基準としての用をなさないと批判されている。そのため、従来の通説は、その状況に置かれた平均的な人間ならば、適法行為を期待することができたか否かという観点から期待可能性を判断する②平均人標準説を採用している。

判例は、大審院時代に**大判昭8．11．21（第5柏丸事件）**において、期待可能性の減少を考慮したものとされる判決が見られるが、最高裁判例においては、期待可能性を理由とした無罪判決は出ておらず、最高裁の態度は明確でないのが現状である。

7 共犯総説

1．共犯の意義

1) 共犯規定の存在意義

犯罪は1人の行為によって行われるとは限らない。2人または2人以上の者によって行われる場合もある。2人以上の協力または加功によって実現する犯罪を「**共犯**」という。そこで、このような犯罪に加功した行為をどのように考えるかが問題になる。これを解決したのが共犯の規定である。刑法は初めから多数人が関与する場合を犯罪類型として認める（**必要的共犯**）ほか、単独の犯行を予定した犯罪類型についても、刑法60条以下に共同正犯、教唆犯、幇助犯（従犯）という類型（**任意的共犯**）を置いて、これらの行為を処罰することにしている。

2) 共犯の意義

広い意味で共犯というときは、2人以上の者が互いに意思の連絡をして共

同して一個の犯罪行為を行う場合をいう。これには任意的共犯と必要的共犯とに分けることができる。

任意的共犯とは、本来は1人で行うことを予定して規定された構成要件（たとえば、殺人、窃盗、横領、詐欺、恐喝など）に該当する行為を2人以上の者が共同して実行する場合をいう。必要的共犯とは構成要件に該当する行為を2人以上のものが共同して実行する場合が本来的に予定されている場合である。

必要的共犯には、**集団犯（多衆犯ともいう）** と**対向犯**とがある。集団犯とは、たとえば、**内乱罪（77条）や騒乱罪（106条）** などのように、同一目標に向けられた数人の集団的行為を構成要件要素とするものである。対向犯は、**贈賄罪（198条）と収賄罪（197条）** のように対抗する数人の対立的行為を構成要件要素とするものである。

3）共犯と正犯

刑法における犯罪は、正犯と共犯に分けられる。狭義の共犯とは**教唆犯と幇助犯（従犯）** をいい、これに**共同正犯を含めたのが、広義の共犯**である。

正犯は、直接正犯と間接正犯にわけることができる。共同正犯は前述のとおり、広い意味では共犯に含まれるが、狭義の共犯である教唆犯と幇助犯（従犯）との関係では正犯に属することになる。共同正犯に対する概念としての単独犯は正犯であって、単独正犯とよばれている。

このほか、共同正犯と区別するべきものに「同時犯」と「同時正犯」とがある。これは2人以上の行為者が時を同じくして同一場所において犯罪を実行することをいう。各当事者間にその犯罪を共同して実行するという意思の連絡（共同実行の意思）がないという点で、共同正犯と区別される。同時犯は、それぞれ単独犯であり、各行為者は自らの行為から生じた結果について、正犯者としての責任を負うことになる。

問題は、犯罪的結果が発生したけれども、それがどの行為によるものであるかが証明できないような場合である。この場合には、すべての行為者は未遂の責任を負うことになる（未遂犯処罰規定がある場合）。

例をあげよう。今、AおよびBが、ともに殺意をもって同時にXに向かっ

てピストルを撃った場合に、Aの弾丸がXの心臓に命中して同人を死亡させ、Bの弾丸はXの腕に当たって、同人に傷を負わせた場合、Aについては殺人既遂罪が、Bについては殺人未遂罪が成立する。AまたはBのいずれかの弾丸によるものかが明らかでないときは、AおよびBについて、それぞれ殺人未遂が成立する。ただし、例外として傷害罪に関しては、同時犯を共同正犯に取扱う特別規定がある（207条）。これを**「同時傷害の特例」**という。

２．犯罪共同説と行為共同説

　共犯（ことに共同正犯）は、何を共同するものであるかということについて、**犯罪共同説**と**行為共同説**とが対立している。

　犯罪共同説は、客観主義の理論に基づくもので、共犯とは特定の犯罪を二人以上の者が共同して実現に向かって協力する現象であるとするものである。

　行為共同説は、主観主義の理論に基づくものであって、共犯とは、単に二人以上の者が、各自の犯罪を実現するために単に行為を共同するにすぎないと主張するものである。

　つまり、共犯を犯罪共同説は**「数人一罪」**と解し、行為共同説は**「数人数罪」**と解するという違いがあるのである（両説の対立は、**「罪名従属性」**の問題ともいわれる）。

　犯罪共同説からは、特定の犯罪を共同するものであるから、二人以上の者が行うところが、別個の構成要件に該当する場合には、たとえ事実上共同行為が行われても共犯は認められないことになる。たとえば、Aが強盗の故意を有し、Bが強姦の故意を有してC女に対する暴行脅迫の行為のみを共同したとしても、共犯は成立しない。この場合、単独犯としてのAの強盗罪とBの強姦罪が別々に成立することになる。

　これに対し、**行為共同説**によると、共犯としてAの強盗罪とBの強姦罪が成立するとされているのである。犯罪とは、必ずしも構成要件が同一の犯罪をさすものではなく、それぞれが異なった構成要件の犯罪を実現しようとしている場合でも共同正犯を認めてよいとする考えを背景とするものである。

　犯罪共同説と行為共同説の見解の相違は、構成要件という枠組みを厳格な

ものとしてとらえるか、共同正犯という犯罪現象の実質を直視するのかという、それぞれの根本的な考えの違いに基づくものである。したがって、どちらが正しく、どちらが誤っていると一概にいうことはできない。ただ、構成要件理論を犯罪概念の中核にすえる通説的立場からは、共犯とは構成要件を共同するという犯罪共同説が支持されている。この犯罪共同説に関していえば、特定の犯罪を基礎としてこれを共同するというが、そこに前提とされている犯罪とは、必ずしも同一の犯罪でなくても、同種の犯罪で構成要件的に重なり合っている限り、その重なりあっている部分について共同するものであれば、共犯と認めてさしつかえないだろうか。このような考え方を部分的犯罪共同説という。たとえば、Aが強盗の故意をもち、Bは窃盗の故意しかもたない場合でも、AB両名が他人の財物を取ろうとして共謀して、力を合わせてAが強盗をし、Bが窃盗をしたときには、ABの共犯として強盗罪が認められ、ただBは刑法38条2項により、その故意に見合う窃盗の刑に従って処断されるものと解されるのである。

Aが殺意をもち、Bが単純暴行の故意をもって共同してCに暴行を加え、その結果Cが死亡した場合にも、同様に共犯として殺人罪が成立し、Bだけは傷害致死罪の刑責を負うということになる。

3．共犯の従属性（従属性の有無の問題）

共犯の従属性とは、狭義の共犯（教唆犯、幇助犯）が成立するためには、正犯の行為が現実に行われたかを要するかという問題である（**「実行従属性」の問題**ともいう）。正犯の行為が行われた場合に、はじめて共犯が成立すると解するのが、共犯従属性説である。正犯の行為の有無にかかわらず共犯の成立を認めるべきであると解するのが共犯独立性説である。

共犯従属性説によれば、今、AがBを教唆して殺人行為を実行させようとした。しかし、Bはこれを実行しなかった。この場合、Bは何ら罪とならない。Aが幇助した場合も同じである。たとえば、AがBの依頼に応じて、殺人行為に使用する目的のためのナイフを与えたが、Bが殺人の実行を断念した場合は、共犯従属性説によれば、Aは殺人罪の幇助犯とはならない。

これに反して共犯独立性説によれば、先の設例の場合において、教唆または幇助の未遂犯は成立することになる。このように、教唆または幇助そのものの未遂を処罰することができるか否かに、共犯の従属性の理論と独立性の理論との根本的な差異があるといえよう。
　刑法は「**人を教唆して犯罪を実行させた**」（61条1項）、「**正犯を幇助した**」（62条1項）と規定し、狭義の共犯については正犯の実行行為の存在を予定した文言となっていることから、現行法の解釈としては、教唆犯、幇助犯が成立するためには、教唆行為、幇助行為があるだけでは足りず、正犯が犯罪を実行することを要すると解する（共犯従属性説）のが通説・判例の立場である。

4．従属性の程度の問題

　共犯従属性説を採るにしても、この正犯に備わるべき犯罪成立要件（構成要件該当性、違法性、有責性）は、どの段階まで具備していなければならないか、という問題について、考え方が分かれている。
　これについては、正犯の行為が構成要件に該当し、しかもそれが違法であるばかりでなく有責であることが必要であるとする**極端従属性説**と、構成要件に該当し、違法な行為であれば足り、必ずしも責任の要件まで備わっていることを要するものではないとする**制限従属性説**がある。**現在は制限従属性説が通説**となっている。
　たとえばAが責任無能力者のBを教唆して窃盗を実行させたという場合。極端従属性説によれば、Aに教唆犯は成立しない（もっとも、Bが責任無能力者であるということをAが知っていて、Bを自己の犯罪を実現するための道具として利用したならば、間接正犯が成立することになる）。それに対して制限従属性説によれば、Aに窃盗罪の教唆犯が成立することになる。正犯が責任能力を有することは必要ないからである。しかし、強度の精神病者や幼児のように意思能力を欠くような場合には、その動作は主体的ない行為ということはできないから間接正犯が成立する。

第4章 労働法を理解するための基本三法 刑法編

8 共同正犯

1．共同正犯の意義

　二人以上が共同して犯罪を実行する場合を**共同正犯**といい、全員が正犯として処罰される（**60条**）。自己の行為によって生じた結果だけでなく、たとえ、実行行為の一部を分担したにすぎないような場合であっても、他の共同正犯者の結果についても責任を負う（**一部実行の全部責任の原則**）。

　たとえば、AとBでCを殺そうとしてピストルを発射したところ、Aの弾丸が命中してCが死亡したという場合、BもAと同様に殺人既遂罪の共同正犯として処罰される。Bの発射した弾丸は命中しなかったから、Bは殺人未遂罪だというわけにはいかないのである。

　個人責任の原則からすれば、各人は自己の行為によって引き起こされた結果に限って刑事責任を負うことになるはずであるが、共同正犯者は他人と共同して犯罪を実行したものであるから、その他人の行為によって生じた結果についても、自己の行為によってその結果を引き起こした場合と同様に刑事責任を負わされても仕方がないからである。

　より詳しく説明するならば、共同正犯の本質は、各人が意思を通じ、相互の行為を利用し補充しあって、犯罪を実現することにある。この、相互利用・補充関係によって、結果を実現させているところに、一部実行の全部責任を認める根拠があるのである。

2．共同正犯の要件

　共同正犯が成立するためには、主観的に共同実行の意思があることと、客観的に共同実行の事実があることを必要としている。これは、先ほどの相互利用・補充関係があるといえるために必要な要件である。共同正犯者各人が意思を通じたというために、共同実行の意思が、相互に利用し補充しあった関係があるという共同実行の事実が存在することが求められるのである。

１）共同実行の意思

　共同実行の意思とは、二人以上の者が共同して構成要件に該当する事実を実現する意思であり、共同正犯が成立するためには、その主観面として、共同実行者全員が相互にそのような意思をもたなければならない。したがって、共同実行者の一部だけに共同実行の意思が存在するだけで、他方との間の共謀を欠いているとき（このような場合を片面的共同正犯という）は、刑法60条のいうところの共同正犯は成立しない。

　ここで、共同実行の意思の例をあげよう。「あいつを殺そう」「よし、わかった」というように、共に犯罪行為を行うことを合意することである。もっとも、共同実行の意思は明示的なものである必要はなく、黙示的なものでもよい。前述したように、「あいつを殺そう」「よしわかった」というような会話をしなくても、暗黙のうちに、共同で殺害行為を行うという意思の連絡があったことが認められれば、共同実行の意思があったとされるのである。

　もう一つ、例をあげておこう。AはCの名誉を毀損する事実を文書にして、Y新聞社に投稿した。Y新聞社の編集人Bは、Aの投稿文がCの名誉を毀損するのを認識しながら、これを日刊Y新聞紙上に掲載した、この場合、BとAに名誉毀損罪の共同正犯が成立する。A・B間に暗黙の共同実行の意思があるからである。

　共同者が数人の場合には、その中のある者を解して他の者に連絡されることによって間接的に意思の連絡を生じたものであっても、共同実行の意思を認めてよい。たとえば、AとB、BとCとの間に意思の連絡があれば、AとCとの間に直接の意思の連絡があることは必要ではない。

　また、共同実行の意思は行為の際に存すれば足り、事前に共謀し、また打ち合わせがなされたことなどは必要がない。

　意思の連絡は実行行為の一部が行われたのちに生じたものでもさしつかえない。この場合、意思の連絡を生じたのちの行為について共同正犯を認めることができる。これを「承継的共同正犯」という。

　例をあげよう。AがBを監禁している場合に、その後CがAと意思を通じてBの監禁を継続する場合である。

2）共同実行の事実

共同正犯が成立するためには、客観的な共同実行の事実を必要とする。通説は共同正犯者の全員が実行行為の一部を分担するとしている。しかし判例は必ずしもその必要はないとしている。

強盗罪を例に挙げると、AとBが共同で強盗をした場合、Aがナイフを突きつけて物を取っている間に、Bはその脇に立っていただけでも、Bは強盗罪の共同正犯となる。

問題となるのは、見張りは実行行為といえるのかということである。一般に見張り行為そのものは実行行為ではなく、犯罪の幇助に過ぎないと解されている。もっとも、監禁罪のような場合には、見張りも実行行為であるといえるのではないか。

3）共同正犯と同時犯の違い

共同正犯と客観的に見るとまったく同じように見える犯罪形態に**同時犯**がある。同時犯とは、**複数の行為者が同一機会に同一の客体に向けて同一内容の犯罪を実行したが、行為者間に共謀（意思の連絡）がないとき**をいう。このような場合は、主観的な共同実行の意思を欠くため、共同正犯は成立しないのである。

たとえばAがBに暴行を加えている場合に、Aの知らない間にCがBに暴行を加えていた、というような場合である。この場合は、AとCの共同正犯ではなく、単に同時犯が成立するにすぎない。同時犯には、一部実行の全部責任の原則が適用されないため、行為者は自らの行為から発生した結果のみに責任を負うことになる。もっとも、傷害罪（傷害致死罪）の場合には、同時犯の場合の特例がある（**207条**）。

さて、同時犯は複数の者が同一の客体に対して同じ時に犯罪の実行行為を行う点で共同正犯と共通しているが、外側からみるだけでは両者の区別は困難である。しかし、前述したように、共同正犯は行為者間に意思の連絡があるのに対して、同時犯では行為者間に意思の連絡が存在しない。つまり、共同正犯と同時犯の区別は意思の連絡の有無によってなされるのである。この区別によって、共同正犯では前述のように一部行為の全部責任の原則が認め

られるのに対して、同時犯ではあくまで自分の行った行為にしか、責任を負わないでよいことになる。

　たとえば、AとBとが共同してCを殺そうとしてピストルを同時にCに対して発砲したが、Aの発射した弾丸はそれ、Bの発射した弾丸だけがCに命中してCが死亡した場合には、CはAの発射した弾丸によって死亡したものではないが、Cの死亡はABの共同の殺人行為によって生じたものと認められるから、AはBとともに殺人既遂罪の責任を負うのである。しかし、同時犯の場合、AB間には意思の連絡がないから、それぞれが自分の意思だけでピストルを発射していたこのケースは、殺人既遂罪の罪責を問われるのはBだけで、Aは殺人未遂罪の責任しか負わないことになるのである。

4）共謀共同正犯

　共謀共同正犯とは、**二人以上の者が犯罪の実行を共謀し、そのうちのある者が共同意思に基づいて実行したとき、自ら実行しなかった他の共謀者も共同正犯とする説において、実行行為を分担しない共謀者**のことをいう。

　判例は、二人以上の者が犯罪実行を共謀して、これに基づいてその中の1人が犯罪を実行したときは、全員が共同正犯となるものとしている。

　具体例をあげよう。A、B、CがDを殺害することを図って、その日時、方法、場所などを話し合い、その後、BとCがDを実際に殺害したが、Aは謀議の中心人物で、殺害の実行には加わらなかった。しかし、このような場合でも、Aは、BCと同様に殺人罪の共同正犯として処罰されることになるのである。

　この場合、実際に殺害行為を行っていないAに共同実行の事実はないとして、共同正犯の成立を否定する見解（**共謀共同正犯否定説**）が、かつての通説であった。

　しかし、謀議の中心となった人物を、「**実行行為に参加していないから**」という理由で共同正犯ではないとするのは妥当ではない。共謀共同正犯否定説でも、教唆犯の成立を認めることは可能であるが、正犯としての罪を問うことと、狭義の共犯としての罪を問うことでは、意味が異なるといわざるをえない。

判例は前述のように共謀共同正犯を肯定している（**最判昭33．5．28（練馬事件）ジェリストL01310172**）。「共謀共同正犯が成立するには、二人以上の者が特定の犯罪を行うため、共同意思の下に、一体となって互いに他人の行為を利用し、各自の意思を実行に移すことを内容とする謀議をなし、よって犯罪を実行した事実が認められなければならない。したがって、右のような関係において共謀に参加した事実が認められる以上、直接実行行為に関与しない者でも、他人の行為をいわば自己の手段として犯罪を行ったという意味において、その刑責の成立に差異を生ずると解すべき理由はない。されば、この関係において実行行為に直接関与したかどうか、その分担または役割のいかんは右共犯の刑責自体の成立を左右するものでないと解するを相当とする」としている。

近時では、学説も共謀共同正犯を肯定する見解が通説化したといえよう。

5）承継的共同正犯

一人以上の者（先行者）が実行を開始した後に、事後的にその犯罪に加担する場合を承継的共同正犯という。

途中から加担した者（後行者）が、参加時点以後の行為について共同正犯の責任を負うことは当然である。後行者が先行者のすでに行っていた行為およびそれによって生じた結果を認識・認容するにとどまらず、さらにその結果を自己の犯罪完遂のために利用した場合には、加担する前の行為を含めた全体について共同正犯としての責任を負うことになる。

具体例を挙げよう。たとえば、Aが強盗目的でCに暴行を加えた後でBがCのカバンから財布を奪ったとする。BはAと最初から強盗を計画していたわけではなかった。Aの強盗行為を目撃してその隙に財布を奪おうと途中で強盗行為に参加したというのが承継的共同正犯の例である。

9 教唆犯

1．教唆犯の意義

　教唆犯とは人を教唆して犯罪を実行させることをいう（61条1項）。教唆犯は正犯に準じるものであるとみなされて、そそのかした犯罪の法定刑の範囲内で処罰されることになる（**61条**）。

　たとえば、殺人罪を教唆した場合、殺人罪の法定刑は「死刑又は無期もしくは5年以上の懲役」であるから、殺人を教唆した者も同様の刑罰を科されることになる。AがBに対してCを殺害するよう教唆したところ、BはCを殺すことを決意して、Cを殺したという場合、BはCに対する殺人罪の正犯であり、Aには殺人罪の教唆犯（199条、61条1項）が成立する。

2．教唆犯の要件

　教唆犯の成立のためには、①**特定の犯罪の実行を決意させること**。②**被教唆者が犯罪を実行すること**が必要である。

①**特定の犯罪の実行を決意させること**

　特定の犯罪の実行を決意させるための教唆行為は、勧誘、命令、要請、支持、嘆願、誘導、甘言、欺罔、嘱託、その他どんな方法でもよく、明示的のみならず黙示的な方法であってもかまわない。単に漫然と「犯罪をせよ」「窃盗をせよ」というだけでは足りない。具体的に「Aを殺せ」とか、「あの家から金を盗め」というように犯罪を特定する必要がある。

②**被教唆者が犯罪を実行すること**

　被教唆者が実際に犯罪の実行に着手しないと教唆犯は成立しない。**教唆犯が成立するか否かは被教唆者の実行にかかっている**。この関係を共犯従属性ということは前述した。また、要素従属性（共犯は構成要件・違法性・責任などの段階まで備えていることが必要か）の問題では、被教唆者は構成要件に該当し、違法な行為を行えば足り、有責性までも要する必要はなかった。

そこで、たとえば、Aが13歳の少年Bをそそのかして万引きをさせたという場合は、少年B自身は刑事未成年で無罪となるが、教唆したAは教唆犯として処罰されることになる。ただし、注意しなければならないのは、幼児や高度の精神病者のように規範意識を欠くものは、間接正犯の道具であって、被教唆者とはならないということである。さきほどの少年Bは13歳であっても、規範意識を有しているから、道具とはならないのである。

3．教唆犯の処罰

教唆犯には正犯の刑が科される（61条1項）。ただし、拘留または科料のみに処すべき罪の教唆者は、特別の規定がなければ処罰されない。

4．間接教唆

教唆者をさらに教唆した**間接教唆**は、教唆犯と同じく正犯の刑が科される（61条2項）。**間接教唆とは、教唆者を教唆した場合をいう。**これには2つの類型が考えられる。一つは、（ア）AがBに対してCを教唆してある犯罪を実行させるよう教唆する場合である。もう一つは、（イ）AがBに対し、ある犯罪を実行するよう教唆したところ、Bは自ら実行せず、Cを教唆してその犯罪を実行させたという場合である。

より具体的な例をあげよう。AがBに盗みをそそのかしたが、Bは自ら実行せず、Cにその盗みをそそのかして実行させた場合、Aは窃盗の教唆犯と同様に処断される。正しくはAは窃盗の間接教唆犯であるが、窃盗の教唆犯と同様に処断されるのである。

5．再間接教唆

間接教唆者をさらに教唆する場合も、刑法61条2項により教唆犯と同様に扱われるかについては争いがある。判例はこれを肯定している。

例を挙げよう。A、B、C、Dはいずれもxに対して恨みを抱いていた。

B、C、Dの3名は、Xに対する殺意までは抱いてなかったが、Xを殺害したいと考えたAは、Bに対してXを殺害するようそそのかし、これを受けたBは自ら実行せずに、Cに対してXの殺害をそそのかした。しかし、CもBと同様自ら実行せずに、Dに対してXの殺害をそそのかした結果、Dがその決意をしてXを殺害した。この場合、Aは殺人教唆罪の刑で処断されるというのが判例の立場である。

6．従犯の教唆

「従犯を教唆した者には従犯の刑を科する。」（62条2項）。とされている。

 従犯

1．意義

従犯とは、正犯を幇助した者をいう。幇助犯ともいう（62条）。

2．要件

従犯が成立するためには、幇助行為が行われたことおよび正犯の実行行為があったことが必要である（共犯従属性説）。
①幇助行為が行われたこと
　幇助行為というのは実行行為以外の行為をもって正犯の実行行為を容易にすることをいう。たとえば、他人が殺人行為を行う場合に凶器を貸し与えたり、窃盗を行う場合に現場を案内したりするようなことである。幇助行為の方法は正犯の実行を容易にするものであれば、限定されない。有形的援助（資金、武器の貸与など）のみならず、無形的援助（忠告、激励、助言など）でもよい。
　幇助行為のなされる時期は、正犯の実行行為の終了前に行われるか、また

は終了と同時になされることが必要である。正犯の犯罪終了後においては、幇助は成立しない。これを事後従犯とよぶことがあるが、62条の従犯ではない。事後従犯は独立の基本的構成要件とされていることがある。たとえば、犯人蔵匿罪（103条）、証拠隠滅罪（104条）、盗品譲受け等の罪（256条）などである。

　なお、他人の犯罪行為を認識しながら、法律上の義務に違反してこれを放置しその犯行を容易にした者は、不作為による幇助犯が成立する。たとえば、Aが勤務先で宿直中、同僚Bが事務室内の金庫から現金を盗み出しているところを発見したが、後で口止め料をもらう意図の下に気づかぬふりをして何らの措置もとらないまま見逃した場合、Aには不作為による窃盗罪の従犯が成立する。

②正犯の実行行為があったこと

　従犯が成立するためには、**被幇助者、すなわち正犯の実行行為があったことが必要である**。この意味で従犯は正犯に従属する。なお、従犯が成立するためには正犯の犯罪行為に加功すれば足り、正犯が処罰されたか否かは問わない。

3．間接幇助

　間接幇助とは、従犯をさらに幇助することをいう。間接教唆は明文があるが、(61条2項)、間接幇助は規定されていないので、再間接教唆と同様に解釈上争いがあるが、判例は肯定している。

4．処分

　「従犯の刑は正犯の刑を減軽する」（63条）。
　本条は、従犯の刑を正犯についての各本条に定めた法定刑に照らして減軽する趣旨であって、従犯は必ずしも正犯より軽く処罰しなければならないものではない。

11 共犯の未遂

1．共同正犯の未遂

　共同正犯の未遂は、共同者の一人について実行の着手があり、そのすべてが結果を生じさせなかった場合に認められる。

2．教唆犯・従犯の未遂

　教唆犯・従犯の未遂は、正犯者が実行に着手し、しかもそれが未遂に終わった場合にのみ、成立する。

　例をあげよう。人を殺害することを教唆したところ、被教唆者が殺人の実行行為に出たものの、その目的を遂げなかった場合、教唆者については殺人未遂の教唆犯が成立する。

　ところで、被教唆者が犯行の決意をし、または被幇助者が犯行の決意を強めたが、実行行為に出なかった場合、または、教唆行為、幇助行為が行われたが、被教唆者が犯行の決意をするに至らず、または被幇助者が犯行の決意を強めなかった場合には、教唆犯・従犯の未遂とはならず、不可罰である。

3．未遂の教唆

　未遂の教唆とは、はじめから未遂に終わらせる意図で教唆行為を行った場合をいう。たとえば、金庫が空なのを知りつつ、金庫破りを教唆する場合である。Aが死んでいるのを知りながら、Aをピストルで射殺するように教唆する場合もその例である。

　この点については、教唆の故意をどのように考えるかによって結論が異なる。教唆の故意とは、被教唆者の行為によって、犯罪結果が発生することまで認識する必要があるとする説と、結果発生の認識までは必要なく、被教唆者が実行行為を行うことまでの認識があればよいとする説がある。結果発生

の認識まで必要とする説からは、結果発生を意図しない未遂の教唆は不可罰となるが、結果発生の認識までは必要としないとする説からは未遂の教唆にも教唆犯が成立することになる。

 共犯と中止犯

1．総説

共犯にも43条但書の中止犯の規定が適用されるか。**問題となるのは、他の共犯者または正犯がいるので、どのような場合に中止犯が成立するのかということである。**

2．成立要件

1）共同正犯の中止

共同行為の全部または一部が、任意に「結果の発生を阻止」した場合に「中止した」といえる。共同行為者の一部の者のみが中止犯となるためには、他の共同行為者の実行を防止したことを必要とする。共同行為者中の一部が、自己の意思によって犯行を中止しても、他の者の犯行を阻止しなければ、中止犯は成立しない。

今、X女を強姦しようと、A、Bが共同で実行行為をしたところ、同女が哀願したので、Aは姦淫するのを止めたという事例を考えてみよう。この場合、A、Bはどのような罪になるのか。実行行為に着手したが、自己の意思に基づき、それを途中で止めた場合、共犯の場合でも原則的には**中止犯の規定（43条但書）の適用があると解されている。**

問題は、自分だけが実行行為を止めるのか、もしくは結果発生を防止する必要があるのか、ということである。いくら自分が実行行為を中止しても、他の正犯者が実行行為をそのまま継続していれば、結果が発生することになってしまう。そこで、共犯の場合には、他の正犯者が実行行為を阻止すべ

き手段を講じなければ、中止犯規定の適用は認められないと解されている。

2）共犯からの離脱

上記の問題に関連して、**共犯関係からの離脱**という概念が唱えられている。**これを共犯関係の離脱という**。共犯関係の離脱とは、共謀者中の一部の者が、他の共謀者が実行行為に出る前に、その共謀者によって了承されたときは、その後、他の共謀者の実行したところについて責を問われないという理論をいう。

たとえば、共同正犯を例にあげると、A・B・Cが共同でXを脅かして恐喝を行おうと謀議していたところ、Aが途中で「自分は止める」と言って、共謀から離脱することを表明し、それをB・Cが了承し、結局、B・Cだけで恐喝行為が行われ結果が生じたような場合である。この場合、Aは共同正犯の責任を負わない。もう一つ例をあげておこう。AがBとともにC女に対する強姦を共謀して、C女を旅館に連れ込んだが、Aは強姦の実行着手前にその実行を断念する意思を表明して退去し、Bがこれを了承したときは、それによって共犯関係は消滅し、その後BがC女を強姦したことについて、Aは共同正犯の責任を負わない。

共犯の中止犯と共犯関係の離脱との相違は、共犯の中止では結果が発生していないのに対して、共犯関係の離脱では、結果が発生しているという点である。結果が発生した以上、Aに中止犯の規定を適用する余地はない。しかし、Aが実行の着手前に共犯関係から離脱していることから、離脱後にB・Cによってなされた行為の責任をAに問うのは酷ではないだろうか。そこで、このような場合には、共犯関係からの離脱が成立したとして、Aが離脱した後のB・Cの行為の責任をAには問わない見解が唱えられるようになったのである。

3）教唆犯・従犯の中止犯

教唆者・幇助者が教唆行為・幇助行為を任意に中止し、かつ、正犯者の行為による「結果の発生を阻止」した場合に、「中止した」といえる。正犯の実行の着手前は中止犯を論ずるまでもなく、教唆者・幇助者は不可罰である。

中止犯の効果は、中止者個人に専属し、他の共犯者には効果を及ぼさない。したがって、結果の不発生を意外とする他の者については、障害未遂（**43条**）が認められる。

13 共犯と錯誤

　共犯と錯誤の問題は、単独正犯における錯誤の理論の応用である。単独正犯における問題は、先に詳しく説明した。ここでは、教唆犯における錯誤事例をあげておこう。その前に教唆犯における錯誤の定義を確認しておこう。教唆犯の認識した事実と正犯によって現実に実現された結果に不一致がある場合をいう。

　教唆犯における錯誤の例としては、１．同一構成要件内の錯誤と、２．異なる構成要件内の錯誤がある。

１．同一構成要件内の錯誤

　同一構成要件内の錯誤とは、たとえば、AがBに対して「Cを殺せ」と教唆したところ、BがCをねらってピストルを撃ったが、Cに命中せず、近くにいたDが死亡した。この場合、Bが誤ってDを殺したことは方法の錯誤にあたるので、**法定的符合説と具体的符合説**、いずれの説をとるかで結論は異なってくる。

　まず、**法定的符合説**の場合、教唆犯であるAには殺人罪の教唆犯が成立する。殺人の教唆を行って、殺人の実行行為が行われた以上、法定的符合説の立場からは殺された者が誰であるかは問わないからである。

　具体的符合説の立場からはAがBに殺害させようとした者が「C」である以上、それとは異なる客体であるDが殺されたことの責任は、Aに問えないことになる。**具体的符合説**では、教唆犯の意図した結果が具体的に実現されないかぎり、故意は阻却されることになるからである。しかし、具体的符合説の考え方に対しては、教唆行為によって人命が奪われる結果をもたらした

者が、罪に問われないのはすこぶる疑問だという批判がある。

2. 異なる構成要件間の錯誤

　AがBに窃盗を教唆したところ、Bは強盗を行ったというような異なる構成要件間に錯誤が生じた場合（**抽象的事実の錯誤**）についてみていこう。
　法定的符合説に立てば、この場合には原則として共犯の故意は阻却されるが、両罪が構成要件的に重なり合う範囲で共犯が成立することになる。すなわち、Aについて強盗罪の教唆犯は成立しないが、窃盗と強盗は窃盗の限度で構成要件が重なり合うので、Aには窃盗の教唆犯が成立する。なお、Bは強盗罪である。

共犯と身分

　刑法は、行為者が一定の身分を有していることをもって、ある犯罪の成立要件としていることがある。あるいは、これらの身分の有無によって刑罰の軽重に差異を設けている場合がある。このような犯罪を**身分犯**という。身分犯について、身分のない者が加功した場合に、この非身分者をどう取り扱うかという問題が発生する。これが共犯と身分という問題であって、わが刑法は65条に明文を設けてその解決をはかっているのである。
　では、ここでいう身分とはどのような意味なのか。判例は身分を次のように定義している。「**男女の性別、内外国人の別、親族の関係、公務員たるの資格のような関係のみに限らず、すべて一定の犯罪行為に関する犯人の人的関係である特殊の地位または状態**」をいう。犯罪の中には、収賄罪における公務員や偽証罪における宣誓した証人などのように、犯罪構成要件上行為の主体が一定の地位なり立場にいる者しか犯すことができないものや、業務上堕胎罪などのように、実行行為を行った者が、一定の地位なり立場にいるため、刑が加減されるものがある。このような一定の地位や立場にいること、行為をおこなったことを身分という。刑法65条は、この身分犯が共犯の形で

行われた場合について規定したものである。

1．65条1項

　65条1項の「**犯人の身分によって構成すべき犯罪行為**」とは何か。これは前述した一定の地位なり立場にいる者しか犯すことのできない犯罪のことである。たとえば、**収賄（197条・197条の3）、逃走（97条、98条）、秘密漏洩（134条）、公務員または医師の虚偽文書作成（156条、160条）、偽証（169条）、重婚（184条）、背任（247条）**などのように、犯罪構成要件上、行為の主体が一定の身分を有するものをいう。

　このような身分犯をとくに、**真正身分犯（構成的身分犯）**という。たとえば、強姦罪（177条）は男性という身分、すなわち、行為の主体が男性でなければ犯罪が成立しないので、このような身分を有することによってはじめて犯罪が成立するものを「真正身分犯」という。また、横領も他人の物を占有するという身分がないと犯罪が実現できないので、これも真正身分犯である。

　ところで、非身分者は単独でこれらの犯罪を行うことはできないが、このような身分犯に加功した場合には、共犯として処罰される。65条1項は身分のある者とない者が共犯関係にある場合、身分のない者にも身分犯の共犯が成立すると解されているからである（**連帯的作用**）。

　公務員でない者が、公務員に対して賄賂を受け取るよう教唆したような場合に、賄賂を受け取った公務員と共犯行為を行ったとして、同様の処罰を受けるのである。そもそも身分を持たない者に身分犯は成立しないはずである。しかし、「**身分のない者に身分犯は行えない、だからそのような者が身分犯と犯罪行為をしたとしても、身分犯の共犯として処罰できない**」とするのは**妥当とはいえない**だろう。このような趣旨から、65条1項のような規定が設けられているのである。

　そして、「**犯罪行為に加功したときは身分のない者であっても共犯とする**」とは、この真正身分犯を教唆・幇助するような行為をした者は、身分犯と同様に処罰するということである。

2．65条2項

　65条2項の「**身分によって特に刑の軽重があるとき**」とは、**不真正身分犯**、すなわち犯人が一定の身分を有することを理由として、身分を有しない者に対するよりも重い刑または軽い刑が定められている場合である。

　不真正身分犯としては、先にあげた**同意堕胎罪（212条）**に対する**業務上堕胎罪（214条）**のほか、**賭博罪（186条）**に対する**常習賭博罪（187条1項）**などが考えられる。

　このような身分犯を**不真正身分犯（加減的身分犯）**という。**不真正身分犯とは、身分を有することによって刑罰が加重され、または減軽される者をいう**。「身分のない者には通常の刑を科する」とは、不真正身分犯に身分のある者と身分のない者とが関与したときは、身分のある者にはその犯罪について定められた刑を科し、身分のない者にはその犯罪について定められた通常の刑を科すという趣旨である。

　業務上堕胎罪の基本となる犯罪は堕胎罪である。単なる堕胎罪であれば、その刑罰は212条により、「1年以下の懲役」である。しかし、医師等が堕胎行為を行った場合には、業務上堕胎罪が成立し、不真正身分犯として、214条により「3月以上5年以下の懲役」が科されることになるのである。

　このように刑を加重する際の基本となる刑が「**通常の刑**」なのである。以上の説明を整理する意味で、65条2項を具体的に述べると、妊婦C女の夫AがCの同意を得て医師Bに堕胎を依頼し、これに応じてBが堕胎手術をした場合には、医師Bは業務上堕胎罪の刑（3月以上5年以下の懲役）、夫Aは同意堕胎罪の刑（2年以下の懲役）で処断される。

3．65条1項と2項の関係

　この65条について議論されているのが、1項と2項の関係をどのように考えたらよいのかということである。1項も2項も、本来身分がなく、身分犯を行う立場にはない者が、共犯となった場合には、身分犯として処罰されることを規定している。

65条1項は真正身分犯に関する規定であって、65条2項は不真正身分犯に関する規定であるとするのが、通常の考え方である。問題となるのは二重の身分犯の場合である。それは、65条1項は真正身分犯・不真正身分犯の両者を通じて「**共犯の成立問題**」を規定したものであり、65条2項は特に不真正身分犯の「**科刑の問題**」を規定したものだとする考え方である。

具体例をあげよう。業務上横領罪において、業務者でも占有者でもない者が横領に加功した場合、その非占有者に65条1項をまず適用して業務上横領罪の共犯が成立するとし、そのうえで65条2項によって単純横領罪の刑を科すことにするのである（**最判昭32．11．29**）。非身分者は、まず65条1項によって加重的な身分犯である業務上横領罪の共犯として成立することが確認され、次に65条2項によって、軽い身分犯である単純横領罪の刑の範囲で処罰されることになる。

4．65条1項と共同正犯

65条1項が教唆犯・従犯のほか共同正犯の場合にも適用があるかについて争いがあるが、**判例は、65条1項は共同正犯にも適用されると解している**。

たとえば、公務員と非公務員とが共同して賄賂を受領した場合、非公務員は、65条1項により、収賄罪の共同正犯が成立する。女性が、男性と共謀して強姦行為に加功した場合、その女性は65条1項により、強姦罪の共同正犯が成立することになる。

5．共犯と一身的な処罰阻却事由・刑の減免事由

共犯者の中のある者に、一身的処罰阻却事由（**105条、244条、257条**）があっても、65条2項の趣旨に鑑み、他の共犯者には影響はない。一身的な刑の減免事由（**42条、170条、173条**）についても、同様である。

たとえば、**共犯者の一人が自首したとしても、他の共犯者の刑を減軽することはできない**。

15 刑法各論の紹介

1．刑法各論とは

　ここまでは、刑法の総論分野についての入門的内容を解説してきた。刑法の解釈論は、**刑法総論**と**刑法各論**とに分けられる。**刑法総論**とは、犯罪とされるために必要な一般的な成立要件について明らかにし、**各種の検討を加えることを目的とする分野**である。他方、**刑法各論**は、**刑法総論を前提としつつ、個別の犯罪における固有の成立要件について明らかにし、各種の検討を加えるもの**である。

　刑法総論というのは、およそ「犯罪」一般について抽象的に議論するものと言って良いだろう。犯罪が成立するためには、行為とその結果、そして両者の間に因果関係が存在する必要がある、などと各種の要件について検討していくわけだが、そこにいう「犯罪」とは、具体的に刑法第何条に定められた、何という犯罪なのかについて明示されているわけではないことが多い。一応、刑法総論では説明の便宜上、殺人罪（**刑法199条**）を念頭におきつつ説明を展開することが多いのは事実であるが、そこで説明されたり議論されたりする内容は殺人罪に限って当てはまる話というわけではないのである。

　これに対し、刑法各論では、いよいよ数々の具体的な犯罪が登場するのである。少しだけ本書を読み進めるのを中断して、刑法にはどんな犯罪が規定されているか思い浮かべてみてほしい。

　新聞報道やテレビの報道、インターネットのニュースや、サスペンスドラマなど、日常生活の中で具体的な犯罪名に触れる機会もよくあることなので、10個くらいの犯罪名は思い浮かぶのではないだろうか。殺人・傷害・暴行・窃盗・強盗・詐欺・横領・放火・業務上過失致死罪・危険運転致死傷罪、強制わいせつ罪、公務執行妨害罪…これらの罪が頭に浮かんだ方も多かったのではないだろうか。

　以上のような具体的な犯罪は、**「刑法第二編　罪」**に規定されている。手元に六法全書がある方は、ぜひ、刑法77条以下を見てほしい。刑法は全部で

264条あるが、その中で実に3分の2に相当する分量が刑法各論で扱う個別の罪なのである。このことからも、刑法各論の重要性が理解できるだろう。**刑法の真の主役は刑法各論と言っても過言ではないのである。**

　刑法総論と刑法各論の関係とは、言うならばパソコンのOS（ウィンドウズやMac OSのような基本ソフト）とアプリケーションソフト（ワープロソフトや表計算ソフト、ゲームソフトなど）の関係に似ている面がある。OSがなければパソコンは動かないが、OSだけを目当てにパソコンを買う人はいないだろう。ワープロで文書を作成したい、表計算ソフトで売り上げを集計したい、ゲームで遊びたいなど、多種多様のソフトを使うことで、初めてパソコンは本領を発揮するのである。もうお分かりだろうが、パソコンのOSに相当するのが、刑法総論であり、アプリケーションソフトに相当するのが刑法各論である。

　刑法各論の学習では、まさしく多種多様な犯罪を学ぶことになるが、その犯罪は**保護法益**の観点から、大きく3つに分類されている。保護法益とは、**刑法によって保護すべき利益**のことであった。たとえば、殺人罪の保護法益は、「人の生命」である。刑法は犯罪を保護法益の観点から**①個人的法益に関する罪、②社会的法益に関する罪、③国家的法益に関する罪**の3つに分類しているのである。①の個人的法益に関する罪とは、個人の生命・身体・自由・平穏・名誉・信用・財産などに対する罪であり、その代表例としては、先ほどの殺人罪が挙げられる。②の社会的法益に関する罪とは、公共の安全や信用、風俗などに対する罪であり、放火罪などが含まれる。③の国家的法益に関する罪とは、国家の存立・作用に対する罪であり、公務執行妨害罪や、公務員の職権乱用罪などが含まれる。

　刑法典上の条文の配列としては、国家的法益に関する罪、社会的法益に関する罪、個人的法益に関する罪の順番となっている。これは明治時代より受け継がれているものであるが、国民主権原理、個人の尊重原理に立脚する日本国憲法の下で刑法を講義する際は、個人的法益に関する罪から講義が始まり、社会的法益に関する罪、国家的法益に関する罪へと学習を進めていくのが一般的である。多くの基本書でも、現在はこの配列を採用している。

　本書では、労働法を勉強する上で特に必要となる、労働基準監督官が職務

権限を逸脱した場合に登場する犯罪について紹介しておくこととしよう。

2．労働基準監督官が職務権限を逸脱した場合

　労働基準監督官が職務権限を逸脱した行為を行った場合に、それが刑法上の罪に該当することがあり得る。以下、どのような犯罪のどのような構成要件に該当しうるのかを見ていくこととしよう。

1）職権乱用罪とは
　汚職の罪（刑法193条以下）は、職権乱用罪と収賄罪からなる。両者は国家の作用を担当する公務員により犯される罪であり、国家の作用をその内部から侵害する正確をもつ罪である。そのうち、職権乱用罪とは、公務員がその職務を適正に執行せず、職権を乱用することで、国民の権利・自由を侵害する罪である。
　職権濫用罪は、公務員職権濫用（193条）、特別公務員職権濫用罪（194条）、特別公務員暴行陵虐罪（195条）および特別公務員職権濫用致死傷罪（196条）に区別される。

2）職権乱用罪の保護法益
　職権乱用罪の保護法益については、①**公務の公正あるいは国家の威信にあるとする説**、②**個人の自由、権利であるとする説**、③**第１次的には職務の適正な執行という国家的法益**であるが、第２次的には、職権濫用行為の相手方となる個人の生命・身体の安全、身体活動の自由などの個人的法益であるとする説が対立している。
　公務の公正という国家的法益が保護されるべきことはもちろんであるが、公務員がその権限を不法に行使するときは、その相手方である国民の身体・生命や財産にまで危害が及ぶ可能性もありうることを考えると、国民の自由・権利という個人的法益もまた保護法益と解すべきであることから、**③の立場が妥当**といえよう。
　これは、国民主権・基本的人権の尊重の原理に基づく日本国憲法の制定に

よって、職権乱用罪の法定刑が大幅に引き上げられたという歴史的経緯にも合致する解釈である。

3）公務員職権乱用罪（刑法193条）

> （公務員職権濫用）
> 第193条　公務員がその職権を濫用して、人に義務のないことを行わせ、又は権利の行使を妨害したときは、二年以下の懲役又は禁錮に処する。

　ここで、刑法総論で学んだことを復習しておこう。犯罪が成立するためには、構成要件該当性・違法性・有責性の３段階の検討を経る必要があった。構成要件該当性では、客観的構成要件要素、主観的構成要件要素について、それぞれその要素が存在しているかを検討していく必要があった。客観的構成要件要素には行為の主体や客体、実行行為、結果、因果関係、行為の状況などがあり、主観的構成要件要素には故意・過失、主観的違法要素があるのはすでに学習したところである。

　刑法各論において、主に学ぶべきことは、構成要件該当性を満たすために必要な客観面、主観面の構成要件要素なのである。違法性や、有責性に関する問題については、個々の犯罪について、特に考慮を要する問題（論点）がある場合にのみ、触れていくことになる。

　では、公務員職権濫用罪の構成要件要素について、主なものを見ていくこととしよう。

（1）主体

　本罪の主体は、公務員である**（刑法7条）**。身分があることによって、初めて犯罪行為となる犯罪を**真正身分犯（構成的身分犯）**というが、本罪は公務員という身分を有するものでなければ犯し得ない真性身分犯ということになる。

（2）客体

本罪の客体は、人である。その範囲については制限がない。公務員も客体となる。

（3）行為

本罪の行為（実行行為）は、職権の濫用により、人に義務のないことを行わせ、または権利の行使を妨害することである。

①**職権とは**

職権乱用にいう職権とは、**判例によれば公務員の一般的職務権限のすべてをいうのではなく、職権行使の相手方に対し法律上、事実上の負担ないし不利益を生ぜしめる特別の職務権限をいうとされている**（**最決平元．3．14**）判タ696-83。

この職権を濫用することにより、「人に義務のないことを行わせ、又は権利の行使を妨害したとき」（「権利妨害等」を行ったとき）に公務員職権濫用罪が成立するわけだが、この権利妨害等について、かつては強要罪と同様に行動の自由を侵害するものと理解する立場が一般的であったが、現在では一定の作為・不作為を強制することまでは不要で、事実上の不利益を受任させることを含むと解する立場が多数説となっており、判例も職権行使の相手方の意思に直接働きかけて、何らかの作為を行わせることまでは要求していない（**最決平元．3．14**）。

②**濫用とは**

職権の「濫用」とは、公務員が、その一般的職務権限に属する事項につき、職権の行使に仮託して実質的に、具体的に違法・不当な行為をすることをいう（**最決昭57．1．28**）判タ460-63。

たとえば、裁判官が女性の被告人に対し、被害弁償のことで会いたいなどといって喫茶店に呼び出し同席させるような行為は、一般的職務権限に属し（**最決昭60．7．16**）判タ570-47、それを濫用しているので本罪が成立する。

これを労働基準監督官に置き換えれば、男性の労働基準監督官が、女性事業主に対し、「貴社在職中の労働者から時間外労働手当請求の申告があった」ということで、「会いたい」などといって、居酒屋に呼び出し同席させるよ

うな行為は、一般的職務権限に属し、それを濫用しているということである。さらに、男性の労働基準監督官が女性事業主に対して、個人の携帯電話の番号を聞き出し、勤務外に携帯電話をかけてくるような行為は、これも一般的職務権限に属し、これを濫用しているので本罪が成立する。

なお、職権の濫用については、**私的な行為にもかかわらず、職務の遂行を仮装する形式で濫用される職務仮装型**と、**職務行為の要件が充足されていないにもかかわらず職権が濫用される職務遂行型**とに分けられる。前述の裁判官が女性を喫茶店に呼び出す事例は、職務仮装型ということになる。他方、職務遂行型の例としては、警察官が警備情報を得るため、日本共産党中央委員会国際部長宅を盗聴した事案（**最決平元．3．14**）がある。

（4）結果

「義務のないことを行わせ」とは、まったく義務のないことを行わせることのほか、一応義務のあるときに、その義務の履行期を早めたり、これに重い条件を加えるなど、義務の態様を不利益に変更することも含まれる。

「権利の行使を妨害し」とは、法律上認められている権利の行使を妨げることである。強制や妨害は必ずしも法律上の権利であることを要せず、事実上の負担や不利益が生じる場合にも認められる（**前掲最決平元．3．14**）。

なお、本罪が既遂となるためには、現に人が義務なきことを行わされ、又は権利の行使が妨害されたという結果の発生が必要である。

なお、本罪は、結果犯であり未遂を処罰しないことになっているから、「人に義務のないことを行わせ、又は権利の行使を妨害したとき」にのみ成立する。したがって、職権を濫用して相手方を呼び出したところ、相手方がこの呼び出しに応じなかった場合、盗聴機器を設置したが盗聴できなかった場合などには本罪は成立しない。

4）特別公務員職権乱用罪（刑法194条）

（特別公務員職権濫用）
第194条　裁判、検察若しくは警察の職務を行う者又はこれらの職務を

> 補助する者がその職権を濫用して、人を逮捕し、又は監禁したときは、六月以上十年以下の懲役又は禁錮に処する。

（1）主体

　本罪の主体は、**裁判、検察、警察の職務を行う者とこれを補助する者である**。これらの者を一般の公務員と区別して特別公務員という。

　特別公務員は、その職務の性質上、人の逮捕や監禁に関する事務を取り扱うため、不当に逮捕や監禁をするなど、人権を侵害する危険があるところから、特別公務員が職権を濫用して、違法に逮捕、監禁したときは、一般の逮捕、監禁罪（**220条**）よりも刑を重くしている。

　逮捕・監禁罪は特別公務員という身分がない者でも実行し得るが、特別公務員という身分の存在によって刑が加重されることになるのである。このように、身分がなくとも犯罪行為となるが、身分の存在により刑が加重または減軽される犯罪類型を**不真正身分犯（加減的身分犯）**という。

　職権乱用罪は真性身分犯、特別公務員職権濫用罪は不真正身分犯であり、両者の区別については注意されたい。

　「裁判、検察若しくは警察の職務を行う者」とは、裁判官、検察官、司法警察員をいう。「補助する者」とは、裁判所書記官、検察事務官、司法巡査などのように、その職務上、補助者の地位にある者をいう。単に事実上補助する私人などは含まない。したがって、警察署長の委嘱を受けた少年補導員は警察の職務を補助する者にあたらない（**最決平6．3．28**）。

（2）行為

　本罪の行為は、**職権を濫用して、人を逮捕または監禁することである**。特別公務員が一般的な権限に属する事項についてそれを不法に行使する場合である。

　本罪は、特別公務員がその職務上行ったものでなければならないから、特別公務員でも職務と関係なく、人を逮捕、監禁したときは、本罪は構成しないが、逮捕、監禁の罪（**220条**）で処罰される。

第4章 労働法を理解するための基本三法 刑法編

労働基準監督官が行う臨検等の場面で、どのような行為を行ったときにこの罪に問われるかを考えてみよう。
　たとえば、監督官が労働者から「未払い残業代がある」と申告され、事業所で調査を行ったときに、「自分は司法警察員だ。私の説明がわかるまでかえさないぞ」などと、行政指導の相手方である事業主に、司法警察員であることを利用して恐怖の念を抱かせ、相手方の意思に反して、職務権限を逸脱した義務なきことの履行を強要させた場合は、特別公務員職権濫用罪を構成するものと解される。

5）特別公務員暴行陵虐罪（刑法195条）

> （特別公務員暴行陵虐）
> 第195条　裁判、検察若しくは警察の職務を行う者又はこれらの職務を補助する者が、その職務を行うに当たり、被告人、被疑者その他の者に対して暴行又は陵辱若しくは加虐の行為をしたときは、七年以下の懲役又は禁錮に処する。
> 2　法令により拘禁された者を看守し又は護送する者がその拘禁された者に対して暴行又は陵辱若しくは加虐の行為をしたときも、前項と同様とする。

（1）主体

本罪の主体は、1項については、前条同様、裁判、検察、警察の職務を行い、もしくはこれを補助する者であり、また、2項は、法令により拘禁された者を看守または護送する者であり、本罪も身分犯である。
　「裁判、検察若しくは警察の職務を行う者」とは、裁判官、検察官、司法警察員をいう。
　「補助する者」とは、裁判所書記官、廷吏、検察事務官、司法巡査をいう。職務上補助者の地位にない者は本罪の主体にはならない。

（2）客体

　本罪の客体は、①「被告人、被疑者その他の者」（195条1項）、および「拘禁された者（被拘禁者）」（同条2項）である。その他の者とは、証人、参考人など捜査・公判上取調べの対象になる者をいうが、およそ裁判・検察・警察の職務の対象となる者であれば足りる。

　本罪の主体は、特別の権力的地位にある者であるから、その職権を濫用するおそれを防止するため、職権行使の対象となる者については、その客体を広くしておく必要性が認められるためである。

（3）行為

　本罪の行為は、職務を行うに当たり暴行または陵辱・加虐の行為をすることである。

　「職務を行うに当たり」とは、職務を行うに際してという意味である。職務執行に際しての暴行・虐待行為であることが必要とされる。「暴行」は、広義の暴行で足りると解すべきである。

　「陵辱若しくは加虐の行為」とは、暴行以外の方法によって、精神的または肉体的に辱めたり、苦痛を与えるような一切の虐待行為をいう。

　それでは、労働基準監督官が行う臨検等の場面で、どのような場合がこの罪に問われるかを考えてみよう。

　監督官が労働者から「未払い残業代がある」と申告され、事業所に調査に出向いた際、事業主が思うように言うことを聞かなかったため、「ふざけるな！貴様は、労働法などというものを何も勉強していないくせに、監督官に対して生意気な口をきくな！ガタガタ言うなら、送検して逮捕するぞ」などと罵声を浴びせ、目の前の机を、勢いよく両手で叩いたり、椅子を蹴り倒したりして、義務なきことの履行を強要させるようなケースである。

　このような行為は、司法警察員の地位を利用し、行政指導の相手方に、恐怖の念を抱かせ、相手方の意思に反して、職務権限を逸脱した義務なきことの履行を強要させるものであるため、特別公務員暴行陵虐罪を構成するのである。

6）特別公務員職権乱用等致死傷罪（刑法196条）

（特別公務員職権濫用等致死傷）
第196条　前二条の罪を犯し、よって人を死傷させた者は、傷害の罪と比較して、重い刑により処断する。

（1）総説

本罪は、特別公務員職権濫用罪および特別公務員暴行陵虐罪の結果的加重犯である。

結果的加重犯とは、基本となる犯罪（基本犯）から重い結果（加重結果）が発生した場合に成立する、基本犯よりも刑が加重された犯罪である。たとえば、AがBを傷つけるつもり（死の結果に関する認識・認容、つまり殺人罪の故意はないものとする）で傷害罪（**刑法204条**）を犯し、その行為によってBの死という重い結果が生じた場合には、Aに傷害致死罪（**刑法205条**）が成立することになる。この場合、傷害罪が基本犯となり、傷害致死罪が結果的加重犯という関係になる。これと同様に、特別公務員職権濫用等致死傷罪の場合は、特別公務員職権濫用罪および特別公務員暴行陵虐罪が基本犯となり、特別公務員職権濫用等致死傷罪が結果的加重犯という関係になるのである。たとえば労働基準監督官が臨検の際に、質問に答えようとしない事業主に対して、机をドンドンと叩いたり、椅子を蹴り倒したりして威迫した結果、恐怖に駆られた事業主がその場から慌てて逃げようとして転倒して負傷したような場合は、特別公務員暴行陵虐罪の結果的加重犯としての特別公務員職権濫用等致傷罪が成立するのである（傷害の結果が生じた場合は「致傷罪」、死の結果が生じた場合は「致死罪」となる）。

「傷害の罪と比較して、重い刑によって処断する」とは、傷害罪、傷害致死罪の法定刑と特別公務員職権濫用罪、特別公務員暴行陵虐罪の法定刑と比較して、上限、下限とも重い方をもってその法定刑とするという意味である。

なお、本罪に関連して、国家賠償等請求事件がある（**和歌山地判平17．9．20（新宮労基署職員国家賠償事件）労判905-20**）がある。この事案は、夫

の労災申請のため労働基準監督署の窓口を訪れた妻に対し、担当官が申請を拒絶するため違法に断定的言辞及び侮辱的言辞を浴せて、うつ病状態に陥らせたとされたというものであり、被告の国に対して、不法行為に基づく損害賠償の支払いが言い渡された。

労働基準監督官が行う臨検等の場面で考えられるケースとしては、残業代支払いにつき２年間遡及是正の勧告につき、勧告に従わないからと、会社に執拗に電話を掛けたり、事業主の自宅に出向いたりした。この結果、事業主がうつ病になってしまったというようなケースで、監督官の行為と疾病の発症に因果関係が認められるとき、特別公務員職権濫用等致傷罪を構成するものと解される。

7）脅迫の罪
（1）意義

脅迫の罪とは脅迫・暴行を手段として個人の意思活動ないし意思決定の自由を侵害することを内容とする犯罪である。

脅迫罪の保護法益は、個人の意思の自由（意思決定および意思活動の自由）である。意思の自由は身体行動の自由とともに生命・身体に次いで重要な法益である。憲法19条は、「意思及び良心の自由はこれを侵してはならない」として意思の自由を基本的人権の一つとして保障している。

（2）類型

脅迫の罪として刑法が規定しているものとは、脅迫罪（222条）および強要罪（223条）である。

> （脅迫）
> 第222条　生命、身体、自由、名誉又は財産に対し害を加える旨を告知して人を脅迫した者は、二年以下の懲役又は三十万円以下の罰金に処する。
> 2　親族の生命、身体、自由、名誉又は財産に対し害を加える旨を告知して人を脅迫した者も、前項と同様とする。

> (強要)
> 第223条　生命、身体、自由、名誉若しくは財産に対し害を加える旨を告知し
> て脅迫し、又は暴行を用いて、人に義務のないことを行わせ、又は権利の行使を妨害した者は、三年以下の懲役に処する。
> 2　親族の生命、身体、自由、名誉又は財産に対し害を加える旨を告知して脅迫し、人に義務のないことを行わせ、又は権利の行使を妨害した者も、前項と同様とする。
> 3　前二項の罪の未遂は、罰する。

（3）脅迫罪（刑法222条）
①客体
　本罪の客体は、人である。自然人のほか法人を含むかについては、判例は、人の意思活動ないし意思決定の自由を保護法益であるという理由から**法人については否定している**。
②行為
　本罪の行為は**相手方またはその親族の生命、身体、自由、名誉または財産に害を加えるべきことをもって人を脅迫することである**。
　刑法上、脅迫という概念は、その方法および程度によって、次の3つの異なった意味に用いられているので、ここでこれをまとめて説明しておくことにしよう。
A）広義の脅迫
　広義の脅迫は、**単に害悪を告知すれば足り、害悪の内容・性質・程度のいかんを問わず、また、告知の方法を問わない**。たとえば、公務執行妨害罪（95条1項）にいう「脅迫」がこれにあたる。
B）狭義の脅迫
　狭義の脅迫は、**脅迫の罪における「脅迫」であり、これは、相手方またはその親族の生命・身体・自由・名誉・財産に対し害悪を加えることを相手方に告知することである**。

C）最狭義の脅迫

　最狭義の脅迫は、**強制わいせつ・強姦罪（176条・177条）および強盗罪（236条）における「脅迫」であり、これは何らかの害悪を告知する行為でよいが、通常相手方の反抗を抑圧する程度のものであることを要する。**

　脅迫罪にいう脅迫は狭義の脅迫である。ところで、ここで害悪の告知ということで注意しておくことは、**告知の事実の内容は人が怖がるようなものでなければならず、また、それだけで十分だということである**（大判明43.11.15）。ただし、告知した事実の内容が、一般人が怖がらないような事実であれば脅迫にはならない。

　しかし、一般の人を標準として客観的に人が怖がるようなことを告げたにもかかわらず、相手方がたまたま大胆な人物であったため、少しも怖がらなかったとしても脅迫罪が成立する。どの程度のものであれば人が怖がる性質の告知内容といえるかは、具体的には社会通念によって決めるしかない。

　つまり、**脅迫の際の時間とか場所といった具体的状況を考えて判断される**ことになる。同じことでも、昼間と夜間では、相手によって怖がる程度にも違いがあるし、夜間でも時間によって相当な違いがあり、また通行人の有無、場所などでも事情が違う。

　告知の方法に関しても、相手方が加害の告知を認識できればよいから、文書、口頭のいずれでもよく、明示的でも、暗示的でもよい。加害の告知方法のいかんを問わない。また、害悪の告知は、脅迫を自身が直接に加えるものであろうと、第三者をして害を加えさせるものであるとを問わない。

　多数の威力を借りて人を脅迫したときは、「暴力行為等処罰ニ関スル法律」違反になる（同法1条）。

　脅迫と他の犯罪との関係について触れてみると、強盗罪のような脅迫を要件とする犯罪が成立するときは、脅迫罪はそれに吸収されて、強盗罪だけが成立する（**最判昭23．7．1**）。監禁の手段として用いられた脅迫も監禁罪に吸収され、本罪は成立しない（**大判昭11．5．30**）。

　しかし、監禁中なされた脅迫でも監禁の手段ではなく別個の動機原因によるものであるときは別に本罪を構成する（**最判昭28．11．27**）判タ37-51。暴行を加えるべきことを告知した後、同一の日時・場所で殴打したときは、

本罪は暴行罪に吸収される。

したがって、**債権取り立てに行った先で、「払わなければ殴る」と申し向けて、支払いを拒んだ債務者を殴った場合は、暴行罪だけが成立する**（大判大15．6．15）。

しかし、他人を殺すといって脅迫し、かつ殺意なしに暴行を加えた場合は**暴行罪のほかに本罪が成立する**（大判昭6．12．10）。

③監督官が行う臨検等の場面で

監督官が残業代未払いにつき是正勧告を出したところ、会社が従わなかった。そこで、監督官は出頭命令を出し、社長と役員を役所に呼び出し説得したものの、会社が協力を拒否したため、「私の説明が理解できるまで、何時間でもここにいてもらいます。」などというようなケースが脅迫罪を構成するものと解される。

8）強要罪

> 生命、身体、自由、名誉若しくは財産に対し害を加える旨を告知して脅迫し、又は暴行を用いて、人に義務のないことを行わせ、又は権利の行使を妨害した者は、3年以下の懲役に処する（223条1項）。
>
> 親族の生命、身体、自由、名誉又は財産に対し害を加える旨を告知して脅迫し、人に義務のないことを行わせ、又は権利の行使を妨害した者も、前項と同様とする（223条2項）。
>
> 前2項の罪の未遂は、罰する（223条3項）。

①意義

本罪の保護法益は、意思決定の自由および身体活動の自由である。本罪が成立するためには、義務のないことを行わせ、権利の行使を妨害することが必要である。

②客体

客体は、脅迫罪におけるのと同じである。すなわち、人であり、自然人に限る。

③行為

　行為は、**相手方またはその親族の生命・身体・自由・名誉・財産に対して害を加えるべきことをもって脅迫し、または、暴行を用い、人をして義務のないことを行わせ、または、行うべき権利を妨害することである。**

　手段としての脅迫は、脅迫罪のそれと同一である。脅迫は、相手方に対して、直接相手方の生命・身体・自由・名誉または財産に害を加えるぞと言って脅かす場合だけでなく、「俺の言うとおりのことをしないと、お前の女房の命はないぞ」などと、相手方の親族の生命等に害を加えるような言動をして怖がらせることによって成立する。

　暴行は広義の暴行をいい、被害者に対して直接に暴行が加えられる必要はなく、第三者ないし物に対する暴行もそれが被害者において畏怖し、恐怖を抱くに足りるものであれば暴行にあたる。労働関係でいえば、監督官が調査と称して、何度も何度も出頭を命令するようなケースが考えられる。

　「**義務のないことを行わせる**」とは、行為者において、**本来なんらその権利ないし権能がなく、したがって、相手方にも義務がないのに相手方をして、作為・不作為を余儀なくさせることをいう。**それが法律行為に属すると、単なる事実行為であるとを問わない（大判昭16．2．27）。

　ちなみに、刑法学上、行為とは「人の意思に基づく身体の動静」と定義されることが一般である。行為には大きく二種類あり、まず、周囲の事物の因果の流れに変動を及ぼす行為を「**作為**」といい、他方、自らの意思に基づき敢えて周囲の事物の因果の流れに変動を及ぼさない行為を「**不作為**」という。作為の例としては、放置しておけばそのまま生存し続けていたはずの被害者を、その頸部を圧迫して窒息死させることであり、不作為の例としては、足を滑らせて川に転落した被害者を、敢えて救助せずにそのまま放置することが挙げられる。

　判例上に表れた強要罪の具体例として、13歳の子守の少女を叱責する手段として、水入りバケツ、醤油空樽などを数十分ないし数時間胸辺または頭上に支持させた場合（大判大8．6．3）、名誉毀損または、侮辱罪を犯していない相手方に対して謝罪文を要求し、交付させた場合（大判大15．3．24）、労働組合集会の視察に来ていた巡査部長に詫状を書かせて、参集者に

読み上げさせた場合（**最判昭34．4．26**）、官庁の雇員に恨みを抱いた者が、これを失業させようとして、その所属の長官に脅迫状を送り、部下である雇員を解雇させた場合（**大判昭7．3．17**）、隠匿物資の保管者を脅迫して、その物資を譲渡する旨の意思表示をさせた場合（**最判昭24．5．18**）などについて本罪の成立を認めている。

なお、他人を強要した行為の一部に、相手方が行わなければならない義務に属する事項があっても、他の部分に義務に属しない事項があれば、強要罪となる（**大判大2．4．24**）。

「権利の行使を妨害」するとは、他人の正当な権利の行使を妨げることである。判例は新聞記者を告訴しようとしている料理店営業者に対し、もし、告訴をあえてするならば、その経営する料理店に関して不利益な事項を自分の新聞に掲載すると告げて脅迫し、料理店の営業者をして告訴を思いとどまらせた場合について、本罪の成立を認めている（**大判昭7．7．20**）。

そのほかの例として、契約の解除権を行使させない場合、競技大会への出場を止めさせる場合、選挙権の行使を妨げる場合などをあげることができる。

これらの例でもわかるように、この犯罪と222条の脅迫罪との違いは、ただ脅かしを超えて人に義務のないことをさせたり、行うべき権利を妨害したりすることのほか、暴行を用いて強制することも、やはりこの犯罪になるということである。

④未遂

脅迫は未遂にとどまる限り処罰されないが、強要の未遂は未遂罪として処罰される。強要の手段として脅迫・暴行に着手したが、その結果として義務のないことを行わせ、あるいは権利の行使を妨害するに至らなかった場合に、強要未遂罪が成立する。

たとえば、人を畏怖させるに足りる暴行・脅迫を加えたが、相手方が恐怖心を抱かず、任意に義務のない行為をしたときは未遂罪になる。また、強要目的で相手に宛てた脅迫状をその職場を郵送先として発信し、その職場に脅迫状が届いたところ、相手がそれを読むに至らなかった場合、脅迫自体は未遂であるが強要未遂罪が成立するものと解される。

⑤他罪との関係

　職務強要、強制わいせつ、強姦、逮捕・監禁、威力業務妨害、強盗、恐喝については、これらの罪に当たる事実が本罪に該当する場合であっても、これらの罪のみが成立し、本罪は別個に成立しない。

⑥監督官が行う臨検等の場面で

　是正勧告は行政指導であり、その内容の実現は、相手の任意の協力によるところであるため、監督官には時間外割増賃金支払いの遡及是正につき、具体的な金額を示して支払うよう命令する権限はない。

　また、労働基準監督官には、民事で争いのある部分につき、労働者の側に立って、賃金請求権を代理して請求する権限があるのかをはっきりさせておかなければならない。

　つまり、公務員職権濫用罪のところで具体例として示したように、労働基準法上、すでに支払うべき残業代を支払っている事案につき、くわえて、是正報告書も提出済みの事案で、労使で争いがある部分についてまで、監督官に「支払え」と強要する権限があるかという問題である。

　交通事故が発生した場合、警察官が現場に出向き、その職務権限により、道路交通法の定めに従い、反則切符を交付したり、また、自動車運転死傷行為処罰法に規定される危険運転致死傷罪に該当するような場合には、加害者を現行犯逮捕することができる。

　しかし、加害者に対して、「被害者にいくらの損害賠償を支払いなさい」などど、命令する権限はない。

　また、警察官が税金滞納者に対して「税金を支払え、追徴金を合わせて○○万円いつまでに支払え」などということもできない。

　なぜならこれは、職務権限に含まれていない、つまり所掌事務ではないからである。

　これを労働基準法に置き換えれば、労働時間が既に確定しており、是正報告書に「いつまでに、いくら支払う」と具体的な金額が算出され、確定している場合には、仮に、その期日までに事業主が支払わなかったとすれば、「支払うといっていた残業代を支払いなさい」と再度、監督官が勧告することは職務権限であると解される。それでも、会社が支払いを拒むようであれば、

悪質な故意があると判断され、その先に司法警察権の発動、つまり送検という手続も考えられよう。

しかし、労働時間の中身に争いがある場合にまで、監督官が口を挟むのは、民事不介入の原則に違反している。今、まさに、労使が自主的な解決に向けて対応している場面において、公権力を用い、一方当事者に加担し、他方当事者を不利益にさらすことは、明らかに公正中立欠くものである。

いずれにせよ、**労働基準監督官に時間外割増賃金支払いの遡及是正につき、具体的な金額を示して支払うよう命令する権限はないし、また、監督官には労働者の賃金請求を当事者に代理して行う権限がない。事務所掌にないことを、そもそも公務員である監督官がしてはいけないのである。**仮に、未払い賃金の是正遡及の支払額につき、当事者に争いがある場合には、不服のある労働者が民事訴訟を提起し、公正中立な立場で裁判官がこれを決すべきものである。このとき行政が介入できない理由は、もちろん、行政の民事不介入の原則による。

したがって、**職務権限を有さないことを知っていながら、命令して、義務なき支払いを会社にさせた場合には、公務員職権濫用罪（刑法第193条）を構成**する。仮に、公務員職権濫用罪が認められなかったとしても、勝手に事務所へ入り込み、大声を上げて不当に水増しされた義務なき残業代手当の支払いを強要しているのだから、刑法223条の強要罪が成立する。この罪は未遂も罰せられるので、このような場合には、すでに罪が成立していることになる。

なお、監督官が、是正勧告に従わなければ、今後、会社に対して不利益に扱うと告知し、支払いを強要するケースも考えられる。具体的には、労働基準法では、第20条3項の解雇予告除外認定しない、第56条の年少者を就労させる場合の許可をしない、労働安全衛生法でいえば、第37条の、特に危険な作業を必要とする機械の許可しない、第56条の危険物及び有害物を製造する許可をしない、といった不利益処分を背景に義務なきことを強要するというものである。

9）恐喝罪

> 人を恐喝して財物を交付させた者は、10年以下の懲役に処する（249条1項）。
> 前項の方法により、財産上不法の利益を得、又は他人にこれを得させた者も、同項と同様とする（249条2項）。
> 未遂は、罰する（250条）

(1) 総論

恐喝の罪は、**恐喝を手段として人に恐怖心を生じさせ、その意思決定、行動の自由を侵害して財物または財産上の利益を取得する罪**であるから、自由に対する侵害を伴う。したがって、本罪の保護法益は財産のほかに自由を含むが、しかし、その本質は財産罪である。本罪は、詐欺、脅迫、強要の各罪に類似する。

とくに**被害者の瑕疵ある意思に基づく処分行為により財物または財産上の利益を取得するという点で、詐欺罪と共通する**。詐欺罪が欺罔という手段によるのに対して、恐喝罪では恐喝を手段とする点で違いがある。

また、恐喝罪と強盗罪とは、客体が共通するだけではなく脅迫を手段とする点で行為態様においても類似するが、恐喝罪は、暴行・脅迫の程度が相手方の反抗を抑圧する程度に達しない行動をその内容としている点で、強盗罪から区別される。

さらに、人を脅迫して恐怖心を生じさせる点で強要罪（**223条**）と共通の性格をもつが、強要罪が人格に対する罪であるのに対して、恐喝罪は同時に財産罪である点で異なる。

恐喝罪の法益は、被害者の財産であるとともにその自由でもある。財産罪たる恐喝罪の保護法益については、本権説と所持説（**最判昭24．2．8**）ジュリストL00410027とが対立する。

被恐喝者と財物の交付者が同一人でない場合には、詐欺罪における被害者と異なり、恐喝行為の相手方となる被恐喝者も被害者となることに注意すべ

きである。
　なお、監督官の臨検の場では、監督官が申告労働者のために、財産上の不法の利益を得させることになるので、2項恐喝の解説を試みる。

(2) 客体
本罪の客体は、財物以外のいっさいの財産上の利益である。

(3) 行為
　本罪の行為は、人を恐喝して財産上不法の利益を得、又他人にこれを得させることである。
　「恐喝」とは、財物を交付させる手段として、人を畏怖させるような行為をすることをいう。恐喝の手段は、脅迫のほかに、暴行も含まれると解する。**脅迫・暴行は、相手方の反抗を抑圧するに足りる程度に達していないものをいう（通説・判例）。**
　「脅迫」とは、相手方に恐怖心を生じさせるような害悪の告知をすることである。すなわち「そんなことをしたらこわい」と思わせるようなことを知らせることである。告知される害悪の種類には制限はない。脅迫罪（**222条**）におけるように人の生命・身体・自由・名誉・財産に対するものに限らず、もっと広いものであってもよい（**大判明44．2．28**）。
　2項恐喝罪が成立するための4要件は、以下のとおりである。
1．犯人が相手を恐喝する（おどすこと）こと
2．相手方が畏怖する（こわがる）こと
3．相手方が財産的処分行為をすること
4．その結果、相手方から犯人または他人へ財産上の利益が移転すること
　「財産上の利益」とは、財物以外の財産的利益を意味し、積極的利益であると消極的利益であるとを問わず、また、一時的利益であるとを問わない（**大判明45．4．22**）判タ230-252。たとえば、債務支払を一時猶予させること（**最決昭43．12．11**）、債務を免除させたり、一時その支払いを免れること（**大判昭8．12．18**）、他人を恐喝して金員の交付方を約束させた場合は、法律上正当にその履行を請求できないものであっても、財産上不法の利益を

得たものとして解してよい（最判昭26．9．28）ジュリストＬ00610285。不法原因給付の返還や対価の請求を恐喝行為によって免れた場合についても恐喝罪が成立する（わいせつな写真代金につき東京高判昭38．3．7、売春の対価につき名古屋高判昭25．7．17）。なお、非財産的利益を供与させるのは恐喝罪にならず、強要罪が成立する。具体例として、患者が医師を脅迫して、医師がその治療のために必要、適当と認めない麻酔薬の注射施用を強いる行為につき、強要罪の成立を認めたものがある（高松高判昭46．11．30）判タ276-271。

（4）財産的処分行為

　本罪においても、処分意思に基づいて、財産上の利益を移転する行為、すなわち、財産上の処分が必要である。それゆえ、畏怖に基づく処分行為によって、行為者または行為者と一定の関係を有する第三者に財産上の利益を移転させることを要する。処分行為は、**作為によると不作為によるとを問わない。**不作為の例としては請求者を脅迫して畏怖させ、その請求を断念させるとか、一時その支払いを免れさせるとか、あるいは飲食代金の請求を受けた者が相手方を脅迫して畏怖させ、その請求を断念させた場合（最決昭43．12．11）、タクシー代金を踏み倒す場合（東京高判昭31．4．3ジュリストＬ01120265）などである。

　恐喝手段によって財物交付を受ける形式的名義を取得すれば、本罪の既遂が成立する（大判昭2．4．22）。1個の恐喝行為によって、財物を交付させ、かつ財産上の利益を受けた場合には、両者を包括した1個の恐喝罪が成立する（大判明45．4．15）。

（5）監督官が行う臨検等の場面で

　営業時間中の会社に赴き、社長が再三制したにもかかわらず、「元従業員Ａ氏の残業代の算出につき、誤りがあるので、自分が計算してきたとおりの金額で差額を払え」などと、と大声を上げ続けた監督官の行為は、2項恐喝罪も構成する。

　よって、支払いの義務なき金額を、第三者（労働者）が不当利得になるに

もかかわらず支払えと、大きな声を出して会社をおどかし、こわがらせて支払わせるようにする行為は、会社が支払ってしまえば、恐喝罪が、また、実際に支払いがされていなくても、恐喝罪の未遂を構成するものである。

10）逮捕及び監禁の罪
(1) 意義

人は、公共の福祉に反しない限り、その意思決定及び身体的活動を行うこと（憲法13条）について、ある程度の自由を有しなければならない。このような個人の行動の自由は、生命、身体についで、個人の重要な法益である。

憲法33条は、現行犯逮捕の場合を除いては、司法官憲の発する令状によらなければ逮捕されないことを明らかにしている。

また、同法34条は、正当な理由がなければ拘禁されないとして、身体行動の自由を保障している。

そこで、**刑法は、第2編31章に「逮捕及び監禁の罪」をおき、人を拘束し、その人の行動の自由を奪うもっとも代表的な自由侵害の罪として規定している。**

(2) 類型

刑法は、逮捕及び監禁の罪として、逮捕及び監禁罪（**220条**）および結果的加重犯としての逮捕等致死罪（**221条**）を規定している。

なお、別に特別罪として、特別公務員職権濫用等致死傷罪（**196条**）、また、法律上正当な手続きによらないで身体活動の自由を拘束されている者に対しては、人身保護法による救済手段が用意されているほか、特別刑法の罪として人身保護妨害罪（人身保護法26条）、職業紹介の罪（職業安定法63条1号）などによって目的活動の自由の保護が図られている。

(3) 逮捕及び監禁

不法に人を逮捕し、又は監禁した者は、3月以上7年以下の懲役に処

する（220条）。

（4）客体

　本罪の客体である「人」が自然人であることはいうまでもないが、問題は本罪が人の身体行動の自由を保護しようとするものであるから、身体行動の自由を持たないものも客体になりうるのかどうかということである。

　この点については、たとえば、生後間もない嬰児のように**意思能力のない、しかも行動の自由を全くもたないものが本罪の客体となりえない**ことはもちろんである。しかし、たとえば、幼児や重度の精神障害者、泥酔者、睡眠中の者などについては議論が分かれている。

　否定説をとる者は、これらの者は現実に行動不可能の状態にあるから行動の自由を侵害するということはありえないと主張するのであるが、精神障害者や泥酔者は意思決定の自由は持たないにしても、本条でいう「人の行動の自由」とはその人が望むときに行動できることを保護するものであるから、そのような者でも不完全ながら、身体行動は自由になしうるものであり、また睡眠中の者はいつ目覚めて身体行動をするかもしれないものであるから、客体になるものと考える。

　本罪の客体の問題に関連して、本罪の成立に、被害者が逮捕・監禁の事実を認識していることが必要であるかどうかについて見解が分かれているが不知の間に拘束された場合でも、被害者が任意のときに自由な行動に移ることができない状態におかれているという意味において、自由が拘束されているものといえるから、被害者がその事実を認識しているかどうかに関係なく本罪は**成立するものと解すべき**であろう。

　生後1年7か月の幼児について、自分で任意に座敷を這い回ったり、壁、窓等を支えにして立ち上がり、歩き回ったりすることができた事実を認定して、右幼児が犯罪の被害意識を有していたか否かは本罪の成立におよそ妨げとなるものではない（**京都地判昭45.10.12**）。

　さらに、婦女を強姦目的で偽計を用いて自動車に乗車させ、疾走した事案について、被害者が監禁の事実を意識する必要はないとして、監禁罪の成立

を認めた（広島高判昭51．9．21）。

（5）行為
本罪の行為は、不法に人を逮捕・監禁することである。
① 「不法に」の意味
「不法に」とは、当然のことを表現したもので、ただ逮捕・監禁が適法に行われる場合が少なくないので、**注意的に規定されたものと解すべきである。**

たとえば、刑事訴訟法上の適法な令状による逮捕・拘引・拘留（**刑訴法199条・210条・58条・60条・62条等**）、現行犯逮捕（**刑訴法213条**）、精神保健及び精神障害者福祉に関する法律に定める手続による精神障害者の精神病院への入院措置（**精神保健及び精神障害者福祉に関する法律29条以下**）などは、法令による行為として違法性を阻却する。

これに対して、雇主が、作業を怠った未成年者の雇人を荒縄で制縛した場合は、雇主は未成年者の雇人に対して当然に懲戒権を有する者ではないから、不法な逮捕であり（大判大11．3．11）、工場主が職工の部屋の出入口の戸に外部から錠をかけて外部との交通を遮断した場合は、職工には、契約により労務遂行の義務はあるが、そのためにいっさいの自由が奪われているわけではないから、**不法な監禁となる（大判大4．11．5）。**

なお、親は子供をしつけるために懲戒権をもっているので、その行使と認められる範囲であれば、不法に逮捕・監禁したということにはならないが、その範囲を逸脱したような場合には、親の子供に対する懲戒行為でも違法である。

たとえば、9歳の児童が盗み食いをしたというので、その癖を直すために、その児童の両手を針金で緊縛した上、押入れ内に閉じ込めて、用便・食事のとき以外は制縛を解かず、十数時間以上継続して閉じ込めるなど放置した場合は、不法に人を監禁したことになる。

また、最近では労働争議に関連して、逮捕・監禁が問題となることが多いが、その行為が目的・手段の相当性からみて社会的に許容されるものかどうかを判断するしかない。

たとえば、解雇撤回要求を貫徹するため、執務中の課長を強いて広場まで

連れ出し、数時間にわたって数百名の組合員が円陣を作って取り囲み、その脱出を不可能にさせた事案について、監禁罪の成立を認めている（**最決昭32．12．24**）ジュリストL01210346。

また、警察官を無理にデモ隊の中に引っ張り込んで、スクラムを組んで行進中の列の中から脱出させないで連行する行為についても、監禁罪の成立を認めている。

② 「逮捕」の意味

「逮捕」とは、人の身体に対して直接的な拘束を加えることをいう。その手段・方法を問わない。

たとえば、ロープなどで人を縛りつけるとか、人の両手をつかんで離さなかったりするような**有形的な方法**によるものと、ピストルを突きつけて「動くと撃つぞ」などといって脅迫して、動けないようにしたり、警察官だと騙したりして官公署に連行したりする**無形的な方法**とがある。

脅迫の手段による場合には、被害者の抵抗または排除する程度に強度の脅迫を用いることを要する。もっとも、逮捕は、現実的な支配を必要とするから、脅迫して一定の場所に出頭させることは、まだ逮捕とはいえない。

逮捕は、監禁と同様、行動の自由を侵害することであるから、多少の時間継続することが必要である。そこで、一瞬時の拘束は暴行罪にはなっても、逮捕罪にはあたらない。わら縄で被害者の両足を縛り、約5分間引きずりまわした場合は逮捕罪が成立する（**大判昭7．2．2**）。この意味で逮捕罪は継続犯である。

③ 「監禁」の意味

「監禁」とは、人が一定の場所から脱出することを不可能、または著しく困難にし、その行動の自由を拘束することである。監禁も逮捕と同じく、多少の時間継続することが必要である。

これについてもその方法に制限はない。**有形的な方法（部屋に鍵をかける等）**によるものであろうと、**無形的な方法（脅迫による監禁）**によるものであろうとこれを問わない。人を一室に閉じ込めて出入口に鍵をかけるとか、釘付けにするとか、番犬をおいたりして被害者の脱出を防止するとかいった場合、有形的な方法による監禁にあたるが、監禁は人の恐怖心や羞恥心を利

用したり、偽計によって被害者の錯誤を利用したりする無形的な方法によっても可能である。

恐怖心を利用する監禁の例としては、被害者を自動車に乗せたうえ、これを疾走させて容易に降車できないようにすること（**大判昭10．12．3**）（**最決30．9．29ジュリストL01010227**）、人を脅迫して一定の場所に連れてきてその身体を抑留し、後難を恐れて逃避をあえてしないようにすること（**大判大13．10．13**）などがあり、羞恥心を利用する監禁の例としては婦人を浴室に閉じ込める意図で、入浴中の婦人の脱衣を持ち去るような場合があげられる。

偽計によって被害者の錯誤を利用した監禁を認めたものとされる判例として、接客婦として雇い入れた被害者が逃げたのでこれを連れ戻そうと考え、入院中の同女の母親のもとへ行くのだと騙して、あらかじめ自宅まで直行するよう言い含めて雇ったタクシーに乗り込ませ、自分もこれに乗り込み自動車を疾走させた事案につき、監禁罪の成立を認めたものがある（**最決昭33．3．19ジュリストL01310078**）。

婦人を強姦しようと企て、同女が帰宅中、「家まで乗せてやる」と騙して、同女を自分の運転する原動機付自転車の荷台に乗せて疾走した場合も同様に解することができる（**最決昭38．4．18ジュリストL01810143**）。

なお、監禁は不作為によっても可能である。たとえば、ビルの一室にいる者が誤って自動ドアを閉めてしまい、出ることができなくなっているのを管理人が知りながら、わざと外部から開けてやらずそのまま放置したような場合には、不作為による監禁が成立するものといえよう。

また、**間接正犯の形態でも行われる**。すなわち、**自分自身で手を下さず第三者、たとえば警察官を欺罔して逮捕させる場合**である。

被害者の脱出が不可能または著しく困難となる一定の場所は必ずしも囲まれた場所である必要はない。たとえば、バイクに乗せて疾走することも監禁である。海中に孤立した瀬標（陸地から最短距離約35メートル）に、被害者を脅迫したり暴行を加えたりして無理に上がらせたうえ、これを置き去りにして船で帰ったため、被害者が約1時間半ばかりそこから立ち去ることをできなくさせたという事案につき、監禁罪の成立を認めている（**長崎地判昭**

33．7．3）。

　逮捕・監禁は前述したように、人の行動の自由を奪う行為であるが、その自由剥奪は全面的である必要はない。**広大な邸宅に幽閉し、その内部での日常生活につき行動の自由を認めても、監禁である。**

　なお、監禁の場所の内部に相当の設備があり、健康保全及び慰安娯楽の方法が講じてあっても、本罪の成立を否定するものではない（大判大４．11．5）。

　また、**監禁罪が成立するためには、一定の区域からの脱出が不可能である必要はなく、それが著しく困難であれば足りると解するのが通説**であり、判例も同様の態度を示している。

　たとえば、深夜、海上の沖合に碇泊中の漁船内に強姦の被害者を閉じ込めた場合には、被害者が泳いで行けば脱出が全く不可能というわけではないが、脱出を著しく困難ならしめたものといえよう（最判昭24．12．20）。

　ところで、脱出が著しく困難であるかどうかは、具体的事情を考慮に入れたうえで客観的に決定されるべきである。たとえば、ある女性を部屋に閉じ込め鍵をかけて立ち去ったところ、その女性がたまたま錠外しの名人であったのですぐに脱出できたとしても、脱出を著しく困難ならしめたものとして、この場合は監禁にあたる。

　なお、争議行為に行われた監禁は、社会通念上一般に許容される範囲内においては適法であるが、その程度を超える場合は違法性を帯びるとしている（最判昭28．6．17ほか）ジュリストＬ00810186。

④「逮捕」と「監禁」の限界

　逮捕と監禁とは、一応概念的に区別することができるが、**その限界は必ずしも明確でない。**たとえば、路上の人にピストルを突きつけてその場から動くことができなくする行為とか、山林中の樹木に被害者を縛りつける行為とかは、逮捕であるか監禁であるかにつき見解が分かれるところである。

　もっとも両者は本来、同一構成要件内の行為態様にとどまるから、強いて区分する必要はないものといえる。また、逮捕と監禁とは、同一法条に規定された同一性質のもので、その態様を異にするにすぎないから、人を逮捕し、引き続いてこれを監禁した場合には包括して一罪を構成する（最判昭28．6．17）。

（6）監督官が行う臨検等の場面で

監督官が、職務権限の枠を超えてつまり、重大性・調査の緊急性・必要性・が全くないにもかかわらず、突然会社に訪問し、社長や社員を会社の執務室に集め、長時間にわたり拘束し、義務なき演説を延々と聞かせたようなケースでは、場合によって監禁罪が成立すると解される。

11）逮捕等致死傷

> 前条（逮捕及び監禁）を犯し、よって人を死傷させた者は、傷害の罪と比較して、重い刑により処断する（221条）。

（1）結果的加重犯

逮捕・監禁罪の結果的加重犯である本罪が成立するためには、基本的行為である逮捕・監禁と人の死傷との間に因果関係が存在することを必要とする。

たとえば、逮捕・監禁の手段として殴打その他の暴行を加え、そのために被害者に傷害を負わせ、または死亡させた場合には本罪が成立する。

しかし、人を監禁し、その機会に被害者に暴行を加えこれを死傷に致した場合でも、その暴行が、逃亡を防ぐ手段としてなされたといった監禁状態の維持・存続のために加えられたものでなく、別の動機原因から加えられたものであるときは、監禁と死傷との間には因果関係が存在せず、この死傷は監禁の結果として発生したものとはいえないから、本罪は成立せず、**監禁罪と傷害罪ないし傷害致死罪との二罪が成立し、併合罪**となると解する（最判昭28．11．27）判タ37-51。

（2）成立要件

本罪成立の前提としては、基本犯である逮捕及び監禁罪（220条）の成立したことが必要である。したがって、適法な逮捕・監禁行為の結果、人を死傷に致しめた場合には、過失致死傷罪が成立しうるにすぎない。

たとえば、精神病者に対して、その監護上必要な程度を超えた緊縛を加え、

そのために同人を死亡させた場合、右の程度を超過している事実を認識していたときは逮捕及び監禁罪が成立し、その認識を欠いていたときは、単に過失致死罪が成立するだけである。

なお、殺人の一手段として逮捕・監禁が行われたときは、それは殺人罪に吸収されて殺人罪が成立するだけで本罪は成立しない。

たとえば、はじめから人を殺すつもりで、被害者を山小屋に監禁して、これを放置し、餓死させたような場合には、この監禁は殺人の手段であるから、殺人罪（**199条**）が成立するだけである。

また、逮捕または監禁中に新たに殺傷の意思が生じたときは、殺傷の意思の生ずるまでの逮捕・監禁と殺人・傷害行為は別個独立のものであるから、逮捕及び監禁と殺人罪または傷害罪との併合罪と解する。

（3）監督官が行う臨検等の場面で

少々乱暴な設定だが、次のようなことも考えられなくはない。

たとえば、監督官が、突然会社に訪問し、社長や社員を会社の執務室に集め、営業時間中、長時間にわたり拘束し、義務なき演説を延々と聞かせた。社長は「もういい加減帰ってほしい」と再三頼んでいたが、監督官はお構いなしに「皆さんがわかるまで説明を聞いてもらいます。」と断固として耳を貸そうとしない。

社長が、「もう帰らせていただく。」と退室しようとしたとき、監督官が「まだ終わっていない」、と出て行こうとする社長の肩を掴み、乱暴に引き倒し、ケガをさせたようなケースが考えられる。

不法に監禁し、その状態を維持するために暴行したものであり、本ケースのような場合は、逮捕等致死傷罪が構成されるものと解される。

12）住居を犯す罪

> 正当な理由がないのに、人の住居若しくは人の看守する邸宅、建造物若しくは艦船に侵入し、又は要求を受けたにもかかわらずこれらの場所から退去しなかった者は、3年以下の懲役又は10万円以下の罰金に処す

> る（130条）。

（1）保護法益

住居は各人の城であるという諺はイギリスの諺であるが、どんなあばら家であっても、そこの私生活の平穏が外部から侵されないことはきわめて重要なことであって、住居の不可侵は憲法の保障するところである（**憲法35条**）。そこで、**刑法の住居を侵す罪は、これを受けて私生活の平穏を保護法益としている**。

（2）客体

客体は、人の住居及び人の看守する邸宅、建造物、艦船である。住居とは、人が日常生活を営むために占有する場所をいい、それが永続的であると一時的であると問わない。また、同一人が間断なく起臥侵食の用に供せられる場所であることを必要としないから、ホテル、旅館の一室も旅客が滞在しているときは住居である。**問題になるのは、家のまわりの生垣や堀などで囲いがあるとき、その囲まれた一区画（普通囲繞地とよんでいる）を含めて住居というかどうかであるが、積極的に解するのが最近の判例**である。

邸宅とは、たとえば空家のように住居の用に供する目的で作られた建造物であって、現に人の住居に使っていないものをいう。もちろん、囲繞地をも含む。

建造物とは、家屋その他これに類似した工作物で土地に定着し、人の起居出入に適する構造を有するものをいう。工場、事務所の建物、倉庫、官公署のようなものを指す。また、通常、市民の自由な出入りのために開放されている官公署の庁舎の出入口ないし廊下も建造物の一部である。囲繞地を含むことは住居の場合と同様である。

（3）行為

行為の第一は作為犯であって、故なく侵入することである。行為の第二は真正不作為犯であって、要求を受けてその場所から退去しないことである。故なく侵入するというのは、正当な理由が無いのに管理者の意思に反して立

ち入ることをいう。その方法は公然であると否と、暴力によると否とを問わないが、立ち入りが住居者、看守者の意思に反していることを必要とする。したがって、住居者の同意があれば犯罪にならない。

　しかし、住居の一部に入ることについて同意がある場合に、同意されていない他の部分に入ると不法に侵入したことになる。また、承諾は暗黙の承諾でもよいから、普通、友人や知人の宅を訪問するとか、喫茶店、公衆浴場、町役場などに立ち入る場合は、わざわざ明示の承諾を要しない。

　故なくとは、正当な理由なくという意味であって、窃盗の目的、密通の目的、のぞき見の目的などいずれも故なくに当たる。要求を受けて退去しない場合の要求は、住居の管理者又は邸宅の看守者などその要求をなす権利のある者の要求であることを要する。他人を介して看守する者も退去要求権がある。たとえば、退庁後の町長が町役場に入った者に対し宿直員を介して退去を求める場合がこれに当たる。

（4）住居侵入罪

　正当な理由がないのに、人の住居又は人の看守する邸宅、建造物、艦船に侵入することによって成立する。3年以下の懲役又は10万円以下の罰金に処せられる（**130条前段**）。未遂も罰せられる（**132条**）。

　住居侵入罪はいつ既遂になるかというと、身体の一部が入ればよいという説と、大部分が入ればよいという説と、全部入らなければならないという説があるが、身体の一部が入っておればよいという説が通説である。昭和22年までは、第131条で皇居や神宮などに侵入する行為を特に重く処罰していたが、同年の改正で削除された。

（5）不退去罪

　人の住居又は人の看守する邸宅、建造物、艦船に入った者が、要求を受けてその場所から退去しないことによって成立する。退去しないこと、すなわち、何もしない不作為そのものが犯罪となるので典型的な**不真正不作為犯**だといわれている。

　不退去罪は、はじめ適法に入った場合のみ成立し、はじめから不法に侵入

して退去しないときは単に住居侵入罪が成立するだけで、その他に不退去罪が成立しないというのが判例（**最判昭和31．8．22、刑集10巻8号1237頁**）である。不退去罪は、退去するまで継続する（**継続犯**）。不退去罪は故なく退去しないことによって成立するのであるから、退去しないことにつき正当な理由があるときは違法性を欠き不退去罪は成立しない。3年以下の懲役又は10万円以下の罰金に処せられる（**130条後段**）。

（6）監督官が行う臨検等の場面で
①**住居侵入の罪**
　「重大性」「緊急性」「必要性」「相当性」のない調査のため、事業所を訪問し、会社の許可を得ることなく無断で事務所に侵入した場合は、明らかに職務権限を逸脱しており、公務員職権濫用罪を構成すると同時に、住居侵入罪も構成する。
②**不退去罪**
　同様に先の例において、社長が再三にわたり、監督官に対して「帰ってください」「出て行ってください」「顧客に迷惑がかかります」などと、要請したにもかかわらず、退去しなかったということになれば、同条後段の不退去罪も構成する。
　以上、刑法各論については、主に労働基準監督官との接触の場面を例にとって、その限りで必要な犯罪類型についての解説を加えた。
　刑法各論には、その他にも各種法益を保護すべく多くの犯罪類型が規定されているが、どの罪にしろ、刑法の基本である総論部分の理解なくしては、真の理解は成し得ない、最後に復習問題を付しておくので、再度総論部分の重要性を認識してから、今後の学習に進んでもらいたい。

3．おわりに

1）事例問題での復習
　ここで、総論部分で学んだことを実際の事例問題で復習してみることとしよう。

> **事例問題**：「AはB所有の土地の上に物置小屋を建てて占有使用していたが、Bからその土地の明渡しを求められていた。まだ明渡交渉の決着がつかないうちに、Bは法的手段によらず作業員Cを動員して物置小屋を取り壊しにかかった。Aはそれを見てカッとなり、小屋を壊していたCの頭部を手近にあった丸太棒で殴りつけ、これに傷害を負わせた。
> Aの罪責について論ぜよ。

【解説】：そもそも、犯罪とは何であったかという基本から復習しておこう。

犯罪とは、**構成要件に該当する、違法かつ有責な行為**をいう。**構成要件**とは、刑法その他の刑罰法規で、法秩序を破壊する反社会的行為の類型として規定されているものである。したがって、構成要件に該当しない行為は、いかに社会的、道義的に非難される行為であっても、犯罪とはならない。

次に、**違法**とは、法秩序に反することをいう。上述した構成要件は、法秩序を破壊する反社会的行為の類型であるので、構成要件に該当する場合は形式的には違法性が認められることになる。これを構成要件の**違法性推定機能**という。しかし、形式的には構成要件に該当する行為であっても正当防衛や緊急避難などが成立する場合は、その行為の違法性は阻却される。

最後に、**有責**とは、違法行為をしたことにつき、行為者を非難しうることをいう。これが認められるためには、行為者に責任能力があること、故意または過失があり、かつ適法行為に出ることが期待されているにもかかわらず、あえてこれに反する違法行為をした場合でなければならない。

以上をふまえた上で、本事例におけるAの罪責について考えてみたい。Aが作業員Cを丸太棒で殴りつけ傷害を負わせた行為は傷害罪（**刑法204条**）の構成要件に該当する。

しかし、AがCを殴りつける行為に至った理由は、Aが占有する物置小屋を違法に取り壊すCに対して、自らの権利を守るためであった。つまり、構成要件該当性はあるものの、違法性阻却事由である正当防衛（**刑**

法36条1項）が認められ、違法性が阻却されて犯罪不成立となる可能性がある。本事例において、当該Aの行為が正当防衛であるか否かが争点となる。ここで、正当防衛についても復習しておくこととする。

　正当防衛の要件は、①急迫不正の侵害があること②自己または他人の権利を防衛するための行為であること③「やむを得ずにした行為」であること、である（**刑法36条1項**）。①の要件について、「**急迫**」とは、法益の侵害が現に存在しているか、または、間近に押し迫っていることをいう。また、「**不正**」とは、違法なことをいう。これは客観的に違法であれば足り、例えば責任能力のない者の行為や故意・過失のない行為であっても、それが違法な行為であるかぎり、正当防衛は成立する。②について、ある行為が「防衛行為」といえるためには、違法な法益の侵害が現存しているか切迫している状況という客観的要件以外に、防衛者による、急迫不正の侵害を認識しつつそれを避けようとする防衛の意思という主観的要件も必要かが問題となる。判例は、防衛の意思は必要であるとしている。さらに判例は、侵害者に対する攻撃的な意思と防衛の意思が併存する場合において、急迫不正の侵害に対し、自己または他人の権利を防衛するためにした行為と認められる限り、その行為は、同時に侵害者に対する攻撃的な意思に出たものであっても、正当防衛のためにした行為にあたるとしている。③について、「**やむを得ずにした行為**」とは、侵害を排除し、権利を防衛するために必要、かつ相当な行為のことをいう。たとえば、日本刀で襲いかかる相手に追い詰められて逃げ場を失った者が、たまたま包丁を見つけ、これで相手の腕を切るような行為は、「やむを得ずにした行為」と認められる。しかし、ごく軽微な法益を防衛するために極めて大きな法益に対して反撃を加えることは、相当性を欠くものである。判例では、豆腐の貸し売りを迫られたため、相手を角材で殴打するような行為は相当性を欠くものとされている。

　以上をふまえた上で、本事例における正当防衛の成否について考察したい。①について、自らが占有している土地の上に所有する物置小屋を現に取り壊されているAには、「急迫」した侵害が存在していたといえる。また、法的手段によらず無断でAの建てた小屋を取り壊すCの行為は建

造物損壊罪（**刑法260条**）に当たる可能性がある。つまり、本件Ｃの行為は違法行為である。よって、Ａには「不正」の侵害が存在していたといえる。②について、ＡがＣを棒で殴りつけた行為は、自己の権利を防衛するための行為であるといえる。Ａが本件行為に至った理由は、自らが占有している物置小屋を違法に取り壊しているＣに対して、その行為を止めさせるためであり、防衛の意思が存在している。しかし、③について、本件Ａの行為は「やむを得ずにした行為」であるとはいえない。Ａは、自らが占有している物置小屋が壊されることを守るためにＣの頭部を棒で殴りつけて傷害を負わせている。当該行為は、防衛する法益と侵害する法益に均衡が見られず相当性を欠くものと言わざるを得ない。

したがって、本件Ａの行為は、「やむを得ずにした行為」という要件に該当せず、正当防衛は成立しない。

しかし、本件Ａの行為に正当防衛が認められないとしても、情状の余地はある。なぜなら、本件Ｃの行為は建造物損壊に当たる可能性があり、また詳しくは後述するが、Ｂが作業員Ｃをして物置小屋を壊させる行為も違法であるため、Ａに通常の刑を科すのはあまりにも酷である。そこで、考えられるのが**過剰防衛**（**刑法36条２項**）である。

正当防衛の要件である「やむを得ずにした行為であること」の限度を超えて反撃行為をすることを過剰防衛という。例えば、棒で打ちかかってきた相手を斧で反撃し殺害する行為がこれに当たる。本件において、Ｃの目的は物置小屋を取り壊すことであり、Ａ自身には物理的な危害を加えてはいない。これに対し、ＡはＣに物理的危害を加えている。たとえ急迫不正の侵害に対して自己の権利を守るためとはいえ、本件Ａの行為は防衛行為の相当性を超えており過剰防衛であるといえる。過剰防衛は違法性が阻却されないため、犯罪として成立する。しかし、急迫不正の侵害を受けた者が、恐怖、驚愕、興奮、狼狽などにより、つい度を越した反撃行為に出てしまったような場合には、防衛者に通常の刑を科するのは酷であるため、情状によりその刑を軽減したり免除したりすることができる。本件においても、Ａには情状の余地は残されている。

上記のように、本件Ａの行為は正当防衛に該当せず過剰防衛として傷

害罪が成立するが、BやCには犯罪が成立しないのであろうか。

そこで、作業員Cをして物置小屋を取り壊させたBの行為の違法性について考えたい。

> 先の事例における、Bの罪責について検討せよ。

本件Bの行為について考えられるのが、間接正犯と教唆犯である。

まず、間接正犯について復習しておこう。**間接正犯**とは、他人を道具として利用することで、自己の意図した犯罪を実現することをいう。たとえば、医者が事情を知らない看護師を使って患者に毒薬を注射させ患者を殺すような場合など、他人を犯罪実行行為の道具として使って行う犯罪を間接正犯というのである。間接正犯が成立する場合として、①故意のない者の利用②責任無能力者の利用③強制力を加えて他人の意思を制圧し、これを利用する場合④身分のない者の利用⑤目的犯における目的のない者の利用、があげられる。

一方、教唆犯についても概要を説明しておこう。

教唆とは、人をそそのかして特定の犯罪を決意させることである（**刑法61条**）。教唆の成立要件は、①人をそそのかして特定の犯罪を決意させること②そそのかされて犯罪を決意した者が、その決意に基づいて犯罪を実行すること、である。①について、教唆行為は、利益の提供、誘導、懇願、威圧、命令、強制などの方法を問わない。また、明示的になされる必要はなく、暗示するような方法でもかまわない。②について、被教唆者が、教唆行為に基づいて犯罪の実行を決意し、かつこれを実行したことを要する。

このように、間接正犯と教唆の違いは、間接正犯は故意なき者の利用であるのに対し、教唆は故意ある者の利用である点である。

以上をふまえた上で、本件について考えたい。Bは自らの権利のために、法的手段によらず、作業員Cを動員して物置小屋を取り壊させている。ここで問題となるのが、物置小屋を取り壊すというBから指示された本件行為が、法的手段によらない違法行為であることをCが知った上での行動か否かである。第一に、Cがその違法性を認識していなかった

場合である。例えば、CがBから、当該物置小屋はBの所有物であり、それを取り壊してほしいと頼まれた場合である。この場合、Cには故意に違法行為を行う意思はない。つまり、Bは、故意なき者であるCを犯罪行為の道具として利用している。よって、当該Bの行為は、建造物損壊罪の間接正犯に該当する。第二に、Cがその違法性を認識していた場合である。例えば、CがBから、その土地の現在の占有者がAでありA所有の物置小屋を取り壊すことが違法行為であることを知らされた上で、金銭等の利益の供与を受けるために物置小屋を取り壊した場合である。この場合、Cには故意に違法行為を行う意思があり、実際に建造物損壊罪に該当する行為を行なっている。よって、Cには建造物損壊罪の成立し、Bの行為は、Cに犯罪を唆し、実行行為を行わせたため、建造物損壊罪の教唆に該当することになる。

このように、本件Cの行為がBから事情を知らされた上での故意による行為であるか否かによって、Bの行為が間接正犯に当たるか教唆に当たるかが変わってくる。

> 先の事例における、Cの罪責について検討せよ。

Cに犯罪を実行する意思はなく、Bに犯罪の道具として使われた場合は刑事責任を問われないが、犯罪行為と知った上で行動した場合は責任を問われる。本件の場合では、建造物損壊罪が成立することになる。

まとめとしては、本件においてAには過剰防衛としての傷害罪が成立し、Bは建造物損壊罪の間接正犯もしくは建造物損壊罪の教唆の罪に問われることになるだろう。Cは、建造物損壊罪の故意が認められず、Bが建造物損壊罪の間接正犯となるような場合は罪に問われないが、建造物損壊罪の故意を有している場合は建造物損壊罪が成立するということになるだろう。

2）入門の重要性と今後の学習の指針

以上、刑法の入門的分野について説明を加えてきた。本書は一人の行為者が犯罪を実行するという**単独犯（単独正犯）**を前提に説明を進めてきた。

しかし、実際には、複数の人間が犯罪の実行に関わることもあり、刑法総論には共犯論とよばれる分野もある。複数の人間が共同して犯罪を実行する場合は**共同正犯**、ある者がある者に対して犯罪の実行を唆し、実行させたような場合は**教唆犯**、ある者の犯罪の実現に手を貸すような場合は**従犯（幇助犯）**と、共犯にも様々な類型がある。

先の事例問題でも、教唆犯が登場したように、本格的な刑法の学習の際、事例問題を解決する際には、共犯論などの分野についても学んでいくことになるが、その際にも、この刑法入門で学んだ内容、特に構成要件に関する理解が学習のための大きな鍵となる。構成要件は違法かつ有責な行為を類型化したものであり、構成要件の機能について理解することは、犯罪論の大枠について理解することと同じなのである。共犯論のような複雑な事案を考える際も、構成要件という基本概念を理解していれば、もつれた糸をほどくように、すっきりと理解ができるようになるのである。

また、**罪刑法定主義**を始めとした、刑法の基本理念についても、改めて復習して貰いたい。罪刑法定主義は、労働法を理解する上でも大事な概念である。たとえば、就業規則に懲戒事項を記載しないと、原則として従業員に対して懲戒処分をできないとされるのは、罪刑法定主義と同様の理由によるものなのである。

ここで、先の事例問題にもう一度戻ってもらいたい。

> 「AはB所有の土地の上に物置小屋を建てて占有使用していたが、Bからその土地の明渡しを求められていた。まだ明渡し交渉の決着がつかないうちに、Bは法的手段によらず作業員Cを動員して物置小屋を取り壊しにかかった。Aはそれを見てカッとなり、小屋を壊していたCの頭部を手近にあった丸太棒で殴りつけ、これに傷害を負わせた。

この事例において、Cが物置小屋を取り壊すことが違法であることを知っていた場合、Bには建造物損壊罪の教唆犯が成立することになるのであった。教唆犯というのは、条文に「正犯の刑を科する」（**刑法61条1項**）とあるように、自ら犯罪を実行した正犯と全く同様の刑を科することができるのであ

る。つまり、正犯と条文上は刑罰において扱いが異ならないのである。

しかし、「**教唆**」という言葉から受ける印象は、「**正犯**」よりもどうしても罪が軽い印象を受けてしまう。今回の事例で考えてみると、Ｂが邪魔なＡの物置小屋を壊すことをＣに命じたような場合、実質的にはＢがＣを唆したというよりも、Ｂの犯罪そのもの、つまりＢを正犯として扱ったほうが納得行く気がしないだろうか。

事例を少し極端なものに変えてみると、より納得が行くと思う。

> 「Ａは建設会社社長Ｂ所有の山中の土地の上に物置小屋を建てて占有使用していたが、その土地に高級リゾートマンションを建設する予定のＢから土地の明渡しを求められていた。まだ明渡交渉の決着がつかないうちに、Ｂは法的手段によらず暴力団員Ｃに命じて物置小屋を取り壊しにかかった。その際、Ａが小屋にいて抵抗するようなら、殺して山の中にでも埋めてきて構わないともＣに命じていた。
>
> Ｃは取り壊し作業を妨害しようとするＡをナイフで刺殺し、Ａの死体を山中に埋めた。」

このような場合、暴力団員Ｃに建造物損壊罪に加えて殺人罪が成立する（さらには死体遺棄罪も成立する）のは当然だが、Ｂについて、それらの罪の「教唆」とするのはどうだろうか。

一連の犯罪はＢの計画とＢの指示によって行われており、Ｂこそが「背後の大物」「黒幕」であり、Ｂを「正犯」として扱うのが妥当だと考えるのが、一般人の素朴な法感情にも合致するのではないだろうか。しかし、刑法60条は「二人以上共同して犯罪を実行した者は、すべて正犯とする。」と規定しており、実際に犯罪を「実行」していないＢを正犯として扱うことは、条文を形式的に解釈すると、無理といえるのである。

しかし、組織的な犯罪では、主導的地位にある首謀者が配下や手下に命じて犯罪を実行させることが多々ある。このような背後の大物を正犯として扱うために「**共謀共同正犯**」という概念が唱えられ、判例は古くから共謀共同正犯を肯定している。この共謀共同正犯論からすると、Ｂは、教唆犯ではな

く、（共同）正犯として扱われることになるのである。

　共謀共同正犯の理論は、実際上妥当な結論といえるが、理論的にはクリアしなければならない問題点がある。それが、先に復習の重要性を強調した、**「構成要件理論」**と**「罪刑法定主義」**の２点における問題点なのである。

　たしかに、刑法60条が「実行」と定めているのに、実行行為を行なっていないものを共同正犯として処罰するのは、罪刑法定主義の観点から問題がある。しかし、ここにいう「実行」とは、構成要件に該当する実行行為のことであるが、自ら実行した場合に限らず、実行行為を「共同」で行ったと評価できる場合も含むと解釈できるならば、罪刑法定主義違反の問題は生じない。単独犯の場合ならば、自ら実行行為を行なっていない者を正犯とするのは問題があるだろう。しかし共犯の場合、背後にいるＢがＣを利用して犯罪結果を実現している以上、それは実行行為を「共同」で行ったと見ることができるのである。そのため、現在では、学説も共謀共同正犯という理論を肯定する立場が、通説化したのである。

＊

　最後は、少し高度な話を紹介したが、そこで繰り広げられる解釈は、入門段階で学ぶ基本概念から積み重ねていくものであった。入門編での学習内容がいかに重要であるか、これでおわかりいただけたであろう。

　この刑法入門で紹介した内容については、何度も復習し、ぜひともしっかり身につけて、今後の学習に進んでもらいたい。

第5章 労働法を理解するための基本三法 民法編

Scientiaotentia est
「知は力なり」

Live as if you were to die tomorrow.
Learn as if you were to live forever.
「明日死ぬと思って生きなさい
永遠に生きると思って学びなさい」

民法の基本原則

1．はじめに

　会社と**労働者**との間に労使トラブルが生じた場合、多くの人が、その解決を図るための法律として労働基準法を頭に思い浮かべるであろう。たとえば、「労働者を解雇する際は30日以上前に予告しなければならない」「入社後6か月を経過した労働者には有給休暇を与えなければならない」といったことは、今や一般常識となりつつあるが、それらはいずれも労働基準法に規定されている事項である。

　その一方で、労働契約も売買契約や賃貸借契約、委託契約等と同様、「**契約**」である以上、本来は**民法**をその根拠とするものであり、事実、戦前は民法でそのトラブルの解決を図っていた。しかし民法は、「**契約自由の原則**」をその基本原理の1つとし、契約の両当事者が対等の立場であることを原則的に想定していることから、労働契約においてはどうしても、使用者に比べて立場の弱い労働者に不利な結果を招いてしまうことが多々ある。そのため、昭和21年に特別法として**労働基準法**が制定され、弱い立場にある労働者を手厚く保護することとしたのである。

　ところが、その労働基準法は会社（使用者）に対して雇用問題に関する一定の義務を課し、これに違反した場合の罰則を定める**刑罰法規**であるため、同法に規定されていない紛争を処理する際には、一般法である民法に問題をフィードバックして解決を委ねざるを得ないのである。しかしながら、紛争当事者である使用者、労働者はもとより、残念ながら労働問題の専門家である社会保険労務士でさえ、この点を見落とす場合が少なくない。

　また、一般の民法の解説書において、労働問題を念頭に置いた記載や具体例が極めて少ないことも、社会保険労務士が労使トラブルと民法との関係を認識・理解することの妨げとなっている。

　そこで、民法と労働問題との関連性を解説し、労働法を活用するための民法の知識を深めていくこととする。

特に今回の講義では「**保護事由**」と「**帰責事由**」の観点から法律問題を解決するという基本的姿勢に関する説明を徹底強化した。すべての法律問題は、「保護事由と帰責事由のバランスで解決する」ものだと言っても過言ではない。その意味は後に詳述することになるが、民法がどれほど保護事由と帰責事由のバランスに配慮して規定を設けているか、そして、保護事由と帰責事由のバランスへの配慮を日々の実務にいかにして反映していくかについて、しっかりと学んでもらいたい。

2．労働契約と民法の関係

1）「雇用」と「労働契約」

私法の**一般法**である民法には、「**雇用**」に関する規定が存在する（**民法623条**）。

> （雇用）
> 第623条　雇用は、当事者の一方が相手方に対して労働に従事することを約し、相手方がこれに対してその報酬を与えることを約することによって、その効力を生ずる。

この規定により、「雇用」とは、「当事者の一方が相手方に対して労働に従事することを約し、相手方がこれに対してその報酬を与えることを約する」契約ということになる。

この「雇用」契約と、労働法上の「労働契約」とはどのような関係になるのだろうか。まず、労働法上で「労働者」がどのように定義されているかを見てみよう。

労働基準法第9条では、

> （定義）
> 第九条　この法律で「労働者」とは、職業の種類を問わず、事業又は事務所（以下「事業」という。）に使用される者で、賃金を支払われる者をいう。

と規定され、**労働契約法第２条**では、

> （定義）
> 第二条　この法律において「労働者」とは、使用者に使用されて労働し、賃金を支払われる者をいう。

と規定されている。

２）労働契約の要件

この２つの条文を見てわかるように、労働法における労働者とは、①使用従属関係が存在し、使用者の指揮命令を具体的に受ける下で、②労務を提供し対価を得ている者、ということになる。

労働契約といえるための要件
　①使用従属関係の存在
　②労務提供に対する対価支払の存在

よって、労働契約といえるためには、①使用従属関係が存在することと、②労務の提供に対する対価の支払が存在すること、の２点が必要となるわけだが、「他人のために仕事をして一定の報酬を受ける」契約関係は、民法上では「雇用」の他にも「**請負**」（民法632条以下）、「**委任**」（民法643条以下）が存在する。

契約形式としては「雇用」だけでなく、「請負」や「委任」であったとしても、実態として①使用従属関係と②労務提供に対する対価の支払が存在すれば、労働法上の労働契約としてとらえられる可能性があるということになる。

裏を返せば、労働法上の労働契約である場合、それぞれの契約形式によって、民法上の「雇用」や「委任」、「請負」、さらにはその他の混合契約として、民法の適用対象となる。

労働契約も使用者と労働者との間の私法上の契約の一つであるため、その法律関係については、強行的・直律的効力を有する労働基準法の規定に違反

しない限りにおいて、民法の規定が適用される。このことからも、労働法を真に理解し活用するためには、民法の理解が必要なことが理解できるだろう。

また、社会保険労務士は労働保険・社会保険の適用に関して、たとえば建設業の現場で作業する者が、会社との間で結んでいる契約が「雇用契約」なのか「請負契約」なのか、といった契約形態の区別の問題に出会うことが非常に多い。こういった場面でも正しい対応をするには、民法の知識の裏付けが必要となる。

このように、労働問題の解決のためには、労働基準法や労働契約法といった労働関係諸法令の理解のみでは足りず、私法の一般法である民法の理解が必要となるのである。社会保険労務士となった者の中には、社会保険労務士試験の試験科目として労働法を学ぶにとどまり、憲法や民法といった法律学の基礎をなす分野を体系的に習得していない者も多く存在するが、**労使トラブルの解決、あるいは未然防止、さらには社会保険労務士として日々の各種業務遂行のためには、民法の基礎概念の習得は必須であること**がこれでお分かりいただけただろう。

本講座では民法の基礎概念と労働問題の橋渡しをすることを主な課題としていきたい。

3．法の分類

先ほど、民法は「私法の一般法」であると書いたが、ここで法律の分類についても、簡単に触れておくこととする。

1）公法と私法

どのような者の間で適用されるかという区分。もっとも、公法・私法のいずれでもない社会法も存在し、また、近年では一層公法の私法化または私法の公法化が進んでいる。

公法と私法については、公法が「縦の関係」、つまり国家と国民の関係を規律するものであり、私法が「横の関係」、つまり国民と国民の関係を規律するものであるという区別を、まずは頭に入れておいてもらいたい。

労働法分野では、労働基準法は「縦の関係」を定める公法であるのに対して、民法が「横の関係」を定める私法であるという区別は頻出であるので、特に注意すべきである。

公法	国家と国民との関係を規律する法 例：憲法、行政法、刑法
私法	私人相互の関係を規律する法 例：民法、商法

2）一般法と特別法

効力の及ぶ範囲が一般的か否かという区分。一般法と特別法の内容が矛盾する場合、特別法が優先して適用される。

この区分はあくまで相対的なものであり、たとえば商法は民法との関係においては特別法となるが、信託法などとの関係においては一般法となる。

一般法	人・場所などの適用領域が限定されない法
特別法	人・場所などの適用領域が限定される法

3）強行法と任意法

当事者の意思で法の適用を排除できるか否かという区分。

公の秩序について当事者の意思による適用排除を認めることはできないので、憲法、行政法、刑法など公法の多くは強行法である。これに対し、民法などの私法は、人の能力に関する規定や物権の内容に関する規定などの一部例外を除き、多くが任意法である。

強行法	当事者の意思では法の適用を排除できない法
任意法	当事者の意思で法の適用を排除できる法

4）実体法と手続法

法律関係の内容そのものを定めるのか、またはその手続きを定めるのかと

いう区分。ただし、実体法の規定の中に手続規定がある場合や、手続法の規定の中に実体規定が含まれる場合もある。

実体法	権利義務などの法律関係の内容を定める法 例：民法、商法、刑法
手続法	実体法を適用する手続きを定めた法 例：民事訴訟法、刑事訴訟法

5）国内法と国際法

規定された内容が、一国家の内部に適用されるのか、または国家間において適用されるのかという区分。

国内法	当該国の国民及び領土内にいる者に適用される法
国際法	国家間の関係を規律する法

6）自然法と実定法

人間の行為によって制定されるのか否かという区分。なお、自然法なるものは存在せず、法はすべて人間が作為的に制定するものだとする説（**実定法主義**）もある。

自然法	場所・時代を問わず自然のうちに成立する法
実定法	人間が、その場所・時代等に応じて制定した法

7）固有法と継受法

法の成立が、その国独自の慣習などに基づいたものなのか、または他国の法を採り入れたものなのかという区分。

固有法	その国独自の慣習などを基礎として成立した法
継受法	他国で制定された法を採用して成立した法

4．近代民法の三大原則

　近代民法の原則は、封建社会を消滅させ、近代市民社会を発展させるために大きな役割を果たしてきた。近代市民革命以後に生まれた市民法としての民法は、個人主義的・自由主義的思想を背景として、個人を封建的拘束から解放し、**自由・平等・独立の個人**を中心として、個人の自由な活動を保障することを基本的な立場とした。

　民法は、一般法として、個人の生活を規律する最も基礎的な法律であるから、当然この個人主義を中心に組み立てられているのである。たとえば、衣食住や取引に関する財産生活、夫婦と親子の家族生活を定める法律である。民法を貫く近代法の基本原則として、通常私的自治の原則、所有権絶対の原則、過失責任の原則の３つがあげられる。

　確かに、このような民法の発達により経済活動の大規模化が促進され、企業というものの発展も、もたらされるようになった。しかし、一方において近代資本主義社会が成熟段階に入ってくると、果たしてこれだけで、すべて国民の幸せが達成されたのであろうかということが反省されるようになってきた。たとえば、土地を持たない者は、生きるためには持てる者から、その利用権を得て賃料を払いながら生きていくわけである。持てる者は、その交渉の過程で優位に立ち、また、契約成立後は、解約という武器によってさらに優位を保ちうる。こうして、富める者と貧しき者との対立を生ぜしめることになった。つまり、社会には、能力的にも、経済的にも実質的な平等があるのに、法律が単に形式的な平等や個人の自由を保障しても、それは結局のところ、社会的な強者の自由を保護するだけになってしまう。また、企業活動が巨大化するにつれて、たとえば、工場が有害な煤煙を出し、騒音をまき散らすような公害や副作用による健康被害、大規模な事故など予見が困難な損害も多く見られるようになった。

　そこで民法は、近代民法の諸原則を土台にしつつ、平等を旨とする法は**契約自由の原則**に積極的に干渉し、実質的平等の実現を目指すことになり、労働基準法、借地借家法、独占禁止法、消費者保護法などの制定となって現れた。また、大規模な事故や公害などに一部無過失責任の考え方が取り入れられた

ことなどは、その具体的な現れといえる。したがって、民法の学習は、単に民法を学習しただけでは不十分であり、民法の原則を修正しているこれら特別法をあわせて学ばないと、現時の司法秩序の全体を理解することはできない。

以下では、近代民法の原則がどのようなもので、それがどのように修正を受けているかを学んでいくこととする。

1）私的自治の原則（契約自由の原則）

（1）原則

人々は、自分の意思に基づいて約束をし、自分のした約束のみに縛られる。これを法律用語でいえば、「**人々は自己の締結した契約によってのみ、権利を得、義務を負う**」ことを原則とする。市民社会以前の封建国家は絶対身分社会であった。身分により一方的に命令され、義務を負わされていた。しかし、市民革命は、個人は自由な意思に基づく契約によってのみ拘束され、義務を負うべきであるとした。

このように、封建社会から近代社会への移行は、「**身分から契約**」への変遷と言い表される。このような原則の下で、人々はその経済生活において自由に活動することができるようになった。そして、その結果自由競争が促進され、今日のような資本主義社会の進展がもたらされたのである。

わが国の民法には、契約自由の原則を正面から保障する規定はないが、91条がその根拠条文とされている。

（任意規定と異なる意思表示）
第91条
　法律行為の当事者が法令中の公の秩序に関しない規定と異なる意思を表示したときは、その意思に従う。

民法の任意規定と異なる意思表示をしたとしても、その意思に従うということは、契約自由の原則を認めたことにほかならないからである。

もちろん労働契約においても、契約である以上は契約自由の原則が保障さ

れ、特別法などで制限を受けておらず、公序良俗にも反しなければ、その契約内容は自由である。

以下は仮眠時間に対する賃金について労使が対立した事例の判例だが、仮眠時間に対する賃金の定めを別に就業規則などに定めることで、通常の労働時間とは異なる契約をする自由があることを最高裁判所が明確に示したものである。

「本件仮眠時間は労働基準法上の労働時間に当たるというべきであるが、労働基準法上の労働時間であるからといって、当然に労働契約所定の賃金請求権が発生するものではなく、当該労働契約において仮眠時間に対していかなる賃金を支払うものと合意されているかによって定まるものである（最判平14．2．28（大星ビル管理事件）労判822-5）」

契約自由の原則は、（ア）**契約締結の自由**、（イ）**相手方選択の自由**、（ウ）**契約内容の自由**、（エ）**契約方式の自由**という４つの内容を含んでいる。

（ア）契約締結の自由とは、**契約を結ぶか否かは各人の自由意思による**ということであり、（イ）相手方選択の自由とは、**だれと契約をしてもよい**ということである。（ウ）契約内容の自由とは**契約の内容は当事者が自由に定めてよい**ということで、これが契約自由の原則の中心である。国家の干渉を排除して、自由に契約を結べるようになったことは、資本主義経済の発展に大きく寄与した。（エ）契約方式の自由とは、**当事者の合意のみで契約は成立する**ことを意味する。原則的には、契約において書面の作成は不要である。書面がなくても、契約そのものは有効に成立しているからである。ただし、民法は保証契約のような重大な契約に関しては書面（もしくは電磁的記録）の作成を義務付けている（**要式契約**という）ことに注意されたい。

（ア）契約締結の自由を、労働問題にあてはめると、使用者の採用の自由がその例として挙げられる。採用の自由には、①採用人数、②公募なのか縁故採用なのかなどの募集の仕方、③採用の基準、④誰と労働契約を結ぶか、⑤契約前にどのような調査をするか、の５つの要素が含まれている。

憲法は、広く思想・信条の自由や法の下の平等を保障すると同時に、財産権の行使・営業その他経済的活動の自由も基本的人権として保障し

ている。それゆえ、企業者は、かような経済活動の一環として契約維持の自由を有し、自己の営業のために労働者を雇用するにあたり、いかなる者を雇い入れるか、いかなる条件でこれを雇うかについて、法律その他の特別の制限がない限り、原則として自由にこれを決定できる。(**最判昭48．12．12（三菱樹脂事件）労判197-54**)

このように判例法理も広く採用の自由を認めているが「法律その他特別の制限」の存在には注意を要する。

（2）私的自治の原則（契約自由の原則）の現代的修正

私的自治の原則の中心となる契約自由の原則は、現代においては数多くの制限を受けることとなっている。社会的弱者保護の見地から、さまざまな分野で多くの特別法が制定されており、労働基準法を始めとした労働関係諸法令もその具体例である。一般法である民法では、当事者の合意さえあれば、それが強行規定や公序良俗に反するものでない限り、どのような契約をしても有効である。強行規定とは、規定に違反する行為に対して法律がその実現を認めないと明言しているものである。また、**公序良俗**とは、「**公の秩序または善良の風俗**」のことであり、公の秩序とは国家社会の秩序を、善良の風俗は一般的道徳観念を意味する。この公序良俗に反する合意は無効となる(**民法90条**)。

先述したが、強行規定の例として労働基準法では使用者に比べて社会的に弱い立場にある労働者を保護するために、労働時間その他の労働条件について詳細な規定を置いている。仮に、使用者と労働者との間の労働契約が労働基準法の規定よりも下回る劣悪な内容であったならば、労働基準法の規定が当事者間の合意よりも優先して適用（「**特別法は一般法に優先する**」）される。

つまり、当事者の合意した契約の効力は否定され、労働基準法に定められる基準まで自動的に引き上げられるのである。民法においては任意規定が原則であったものが、労働基準法ではそのほとんどが強行法規となっている。

公序良俗違反の例としては、企業における男女のコース別採用・処遇が挙げられる。男性社員については、将来の幹部社員候補として採用され、勤務

地の制限がなく難易度の高い業務を担当するのに対し、女性社員は勤務地限定の上、難易度の低い業務のみを担当するような場合である。

> 原告らが入社した当時において、(中略) 一定の合理性があり、それが公序に反するとまではいえないものの、男女雇用機会均等法の施行された平成11年4月1日以降は、原告らと会社との労働契約中、前記の処遇部分は同法六条に違反するとともに、不合理な差別として公序に反することになったというべきである。（東京地判平14．2．20（野村證券事件）労判822-13）

2）所有権絶対の原則
(1) 原則

わが国では、全ての財産が私人の私有に属し、それが自由な取引によって交換される制度を採用している。その基礎には、所有権という概念がある。所有権とは、個人が自己の所有物を自由に使用収益処分することが可能な権利のことである。このことは、憲法にいう財産権不可侵の原則というのと同じである。他人はもちろんのこと、国家権力と雖もその自由を侵害してはならないという原則である。

市民社会以前の封建国家においては、国家の意思により個人の所有物（財産）が勝手に取り上げられ、処分されていた。

しかし、個人の自由・平等を建前とする近代市民社会においては、個人の財産権を国家が恣意的に侵害することは許されないのである。この原則の下で、資本主義経済の高度の発達がもたらされたのである。すなわち、人々は安心して自己の支配する物、たとえば土地なり建物に資本を投下し、自由にその権利を行使することができることになった。

わが国の民法では、206条以下において所有権に関する規定が置かれている。

> （所有権の内容）
> **第206条**
>   所有者は、法令の制限内において、自由にその所有物の使用、収益及び処分をする権利を有する。

（2）所有権絶対の原則の現代的修正

　フランス革命時の人権宣言では、所有権は神聖不可侵なものとされ、フランス民法では「もっとも絶対的な方法で物を収益し処分する権利」と規定された。これによって確立された近代的所有権が資本主義社会の基盤をつくったことはすでに見てきたところである。

　しかし現代にあっては、その絶対的とされた所有権でさえ、権利の公共性・社会性からの修正を受けている。所有者といえどもその所有権の濫用は許されず、公共の福祉に適合するよう利用することが義務付けられるようになったのである。そのことを「所有権は義務をともなう」という言葉で憲法においてはじめて規定したのが、ドイツの**ヴァイマル（ワイマール）憲法**である。わが国の憲法29条も、1項において財産権の不可侵を宣言しつつ、2項においてその内容は「公共の福祉に適合」するものでなければならないとしていることから、現代的な所有権概念を採用していることは明白である。

　よって現行法上では、所有権は絶対のものではなく、公共の福祉の観点から多くの例外的な制限が加えられている。

　たとえば、洗濯物が風で飛ばされて隣家の庭に入ってしまったとする。その場合には洗濯物の所有権と隣家の土地の所有権が競合してしまう。洗濯物の所有者は自分のものを返せと主張できるし、隣の土地の所有者は自分の土地に立ち入るな、といえる。一方の所有権を絶対視すると、他方の所有権が侵害されてしまう。このような場合には、公共の福祉の観点から所有権の行使に制限が加えられる。洗濯物の所有者の返還請求権と、土地所有者の所有権とのバランス調整を相当性・必要性・手続きの正当性等の観点から法によって図ることになる。憲法29条2項・3項による制限や、民法206条には「……

法令の制限内において……」の制限があり、それをうけて各種の法律で制限が加えられている。

これについて、労働力の所有という面を考えてみよう。

所有権が絶対であるとすれば、労働力も例外ではなく、自己の土地が所有者の財産であるのと同様、賃金労働者の労働力も使用者の財産であるから、これを自由に使用・収益・処分してもかまわないということになる。

しかし、それでは労働者はたまったものではない。そもそも所有権絶対であるとしても、労働者を安い賃金、長時間労働・過酷な労働という劣悪な労働条件で働かせてもよいというものではない。

これについて、所有権絶対の原則は市民社会の理想の達成のために認められた原則であるのだから、「弱い立場の一般市民のために、所有権に一定の制限を認めてもよいではないか」という反省がなされるにいたった。労働基準法や労働災害補償保険法などが施行されているのもその表れである。

さらに労働者には、団結権・団体交渉権・団体行動権が保障されている。労働者は労働組合を結成し、労働組合はその支配下にある労働力を企業の場から引き揚げることによって、使用者の財産権の行使を阻止することができるようになった。

使用者の財産権に対抗し労働者の争議権が保障されている今日では、争議権の行使によって生産・営業がストップしても、これは違法にならない。もっとも、労働者のあらゆる争議権の行使が合法であるわけではない。

例えば、労働者が、職場を放棄して、設備、機械、材料を破壊し、会社の生産営業活動に対して積極的に妨害を加えるのであれば、それは違法なものであると評価できる。

このように、労働者は所有権に対抗できる争議権を与えられることによって、使用者と実質的に対等の立場に立つことができるようになったのである。

3）過失責任の原則
（1）原則

自己の故意や過失による結果に対してだけ責任を負い、これ以外の結果に対しては、いかなる権力によっても責任を負わされることはないとする原則

である。すなわち、人はどんなに大きな損害を他人に与えてしまったとしても、自分に故意又は過失がなければ責任を負うことはない。故意とは、結果を認容することであり、また責任とは、損害賠償責任のことである。

フランス民法に「他人に損害を惹き起こす人の行為はどんなものでも、その損害が過失により生じたときは、その人に損害を賠償する義務を負わせる」という規定がなされ、その影響を受けてわが国も民法709条などに過失責任主義を導入した。

> （不法行為による損害賠償）
> 第709条
> 　故意又は過失によって他人の権利又は法律上保護される利益を侵害した者は、これによって生じた損害を賠償する責任を負う。

（2）過失責任の原則の現代的修正

過失責任主義の基本は維持されつつも、社会経済の発展、高度化にともない、無過失責任という概念が新たに主張されるようになった。科学の進歩と産業資本主義が発達したことで、各企業は数多くの大規模な工場や建築物、さらには発電所、高速交通機関、空港などのインフラを建設し、日々その運用がなされている。それらの施設・設備は便利さ快適さを提供する反面、事故が発生した場合には非常に危険な存在となりうる。

現代において万一、そのような施設から事故が発生した場合に、従来の過失責任主義のままであれば、被害者が自ら加害企業の過失を主張立証しない限り、救済を受けられないことになる。被害者の立証の困難さは火を見るより明らかであろう。

各企業は、さまざまな危険を内包した施設の建設・利用によって多大の利益を得ている以上、その危険が現実化した際には、たとえ過失が立証されなくても責任を負うべきだとする**無過失責任主義**は、このようにして提唱されるようになった。わが民法でも717条の工作物責任において無過失責任主義が採用され、その他の規定でも、実際には判例において無過失責任に近い運

用がなされているものもある。

　以上（1）〜（3）において、近代民法の原則とその修正を紹介してきたが、このことは民法の三大原則の価値が減じたわけではないことに注意を要する。法秩序全体を見渡したとき、民法自身や特別法によって数々の修正を受けたことで、民法の三大原則が現代において実効性のあるものとなっていることを確認されたい。

5．私権の公共性

　ここからは具体的に民法の条文を見つつ、労働法との関わりを学んでいくこととする。民法総則と債権法、不法行為法の中で、重要な論点を取り上げて説明することとしたい。まずは、民法の基本原則と労働法との関係について説明しよう。

　民法の基本原則を定めた民法1条には1）**公共の福祉の原則**、2）**信義誠実の原則**、3）**権利濫用禁止の原則**、の3原則が定められているが、その3原則の前提にあるものも説明しておく必要がある。

　それは「**個人の尊厳**」（憲法13条）と「**両性の本質的平等**」（憲法14条）である。近代国家の法は「**自由**」と「**平等**」を求めた市民革命を経て成立した歴史がある。その人権獲得の歴史を受け継ぐ日本国憲法のもとでは、民法もまた、自由と平等をその基本原理としなければならない。**民法2条**は「この法律は、個人の尊厳と両性の本質的平等を旨として、解釈しなければならない。」と定めているが、これは、個人の尊厳と両性の本質的平等を民法全体に通じる解釈の指針として挙げることによって、民法が個人人格の自由・平等に基礎づけられたものであることを宣言したものである。

　つまり、民法やその特別法について解釈適用する際には、憲法の定める「自由」と「平等」の理念を常に念頭に置いておかなければならないのである。

　現代においては、パワハラやセクハラが違法かつ不法なものであるということは常識化しつつあるが、それらはもともと、民法上「**個人の尊厳**」を侵し、「**両性の本質的平等**」に反するものなのである。それにも関わらずセクハラ行為が頻発するために、男女雇用機会均等法のような法律が制定される

— 555 —

こととなり、将来においてパワハラ禁止法のような特別法が制定されるかもしれないが、常に労働問題を考える際には出発点を憲法や民法に置かなければ、真に特別法を活用することはできないのである。

　それでは、民法の３つ基本原則を学ぶこととしよう。

6．公共の福祉

（基本原則）
第１条　私権は、公共の福祉に適合しなければならない。
２　権利の行使及び義務の履行は、信義に従い誠実に行わなければならない。
３　権利の濫用は、これを許さない。

　民法１条は、**民法の基本原則**を定めたものである。この民法１条の重要性を理解することが、民法や労働法を学ぶ上での出発点であり到達点なのである。この条文の重要性はいくら強調してもしきれないほど大きなものであると思っていただきたい。

　民法１条１項は、「**私権は、公共の福祉に適合しなければならない。**」と定めている。「**私権**」とは、人々が有する一般的な権利のことだと、ひとまずここでは思っておいてもらえばよいだろう。民法は市民社会における市民のルールを定めた法律である。人々は権利を行使したり、義務を負ったりしながら日々暮らしているわけだが、たとえ権利であったとしても、そこには限界が存在することを民法１条１項は示している。その限界が「**公共の福祉**」である。「**公共**」とは、わかりやすく言えば「みんなの」という意味である。「**福祉**」も同じようにわかりやすく言い換えれば「幸せ」ということになる。残るは「適合」という言葉になるが、これも簡単にいえば「ふさわしい」ということである。権利の内容を解釈したり、運用したりする際に、「**みんなの幸せ**」にふさわしい内容となるようにしなければならない、ということを民法１条１項は定めている。人々が自分の権利のみを声高に主張するばかり

では円滑な社会生活など到底望むことができない。だからこそ民法はその冒頭に、「みんなの幸せ」という限界を示したのである。

公共の福祉について、具体的な事例に即してして考えてみよう。経費削減を徹底している会社が、コストダウンのために不法滞在の外国人を大量に雇うことは許されるであろうか。確かに、会社には雇い入れの自由が営業の自由のひとつとして保障されているといえるから（**憲法22条1項**）、誰を雇っても自由ではある。しかし、このように不法滞在の外国人を雇い続けることは、出入国管理制度への信頼を破壊し、労働市場をも混乱させるおそれが多分にある。このような状況を放置していては、社会共同生活全体としての向上発展を阻害し、社会一般の利益と調和を図ることができない。そこで、調和を図るべく、その範囲で雇い入れの自由という私権が、公共の福祉の見地から制限されることになるのである。

7．信義誠実の原則（信義則）

1）信義誠実の原則とは

民法1条2項は「権利の行使及び義務の履行は、信義に従い誠実に行わなければならない」と規定している。これは、「**信義誠実の原則**」を定めたもので、「**信義則**」とも略称される民法の基本原則の一つである。

信義誠実の原則とは、私的な取引関係では、当事者は互いを裏切ることなく、誠実に行動しなければならないという原則である。取引の両当事者に信義誠実を求めることで、当事者間の公平を図る原理といえる。

信義誠実の原則は、さらに3つの原則として具体化する。

①権利行使・義務履行の際の行動準則としての信義則
②矛盾行為禁止の原則（「禁反言」（エストッペル）とも言われる）
③クリーン・ハンズの原則

①の**権利行使・義務履行の際の行動準則としての信義則**とは、一般的に「信

義則」と言われるものである。ある権利者（義務者）が行動する際に、他者の信頼を裏切ってはいけない、不誠実なふるまいをしてはいけないという行動の準則として機能するのである。行動準則であるということは、その準則通りに行動していれば法の保護の対象となるということである。裏を返せば、準則に従わない行為者は法の保護を受けられなくてもやむを得ないということである。

　後で「**保護事由**」と「**帰責事由**」という概念については詳細に説明するが、信義則に従う者は法的保護を受け、信義則に従わない者は法的保護を受けられず、時には法的責任すら追求される可能性があるということである。

　②の**矛盾行為禁止の原則**とは、何人も自己の先行する言動に矛盾する言動をとることは許されないとの準則である。「**禁反言**」（エストッペル）**の法理**ともいわれる。

　たとえば、借金の時効が完成した後で、「ああ、そのお金ならちゃんと返しますよ」とその借金の存在を承認した者が、後に「時効が成立しているんだから支払わない」と言うことは許されないということである。

　③の**クリーン・ハンズの原則**とは、みずから法を尊重する者だけが「法を尊重せよ」と主張できるということである。この原則が具体化された条文の例が、「不法な原因のために給付をした者は、その給付したものの返還を請求することができない。ただし、不法な原因が受益者についてのみ存したときは、この限りでない」と、不法原因給付について定めた民法708条である。

　たとえば、Y会社の社長Aが、気に食わない社員Xを会社から追い出すために、社員Bに対して、Xの悪口を流布したりするなど、Xが会社にいられない状態に追い込むことを、特別ボーナス50万円を前渡しすることで依頼した。しかし、社員Bの田舎の父親が急死したことから突然家業を継ぐ必要が生じ、退社を申し出て来た。社長AはBに「辞めるんだったら、この前の50万円を返してからにしろ」と言ったとする。ここで社員Bが50万円を返還しなかったら、社長Aはその返還を裁判で求めることができるか、といえば、民法708条によってできないのである。理由は、自ら不法行為を依頼して現金を給付したものが、その現金を裁判によって取り返すことができるとしたら、不法行為を依頼した者に裁判所が助力することになってしまうからである。

ここにも、「保護事由」と「帰責事由」のバランスが図られている。法はクリーン・ハンズ、つまり「きれいな手」の者を保護するのであり、「汚れた手」の者には帰責事由ありとして保護しないことを宣言しているのである。

<u>民法改正案</u>

> 現行民法では「約款」についての規定が存在しないが、民法改正案（民法（債権関係の改正に関する要綱案―法制審議会民法（債権）部会が決定）によると、この約款について「消費者の利益を一方的に害し、信義則に反する条項は無効」と定められる予定である。
>
> この点に関して、就業規則の法的性質との関係が問題になる。就業規則の法的性質に関しては①法規範の一種と見る**法規範説**と②就業規則それ自体は法規範ではなく、労働者との労働契約の内容に取り込まれることによってのみ両当事者を拘束するという**約款説**の２つの立場がある。判例は法規範説に立つものとされているが（**最判昭43．12．25（秋北バス事件）労判71-14**）、法規範であればもちろんのこと、改正民法においては約款についても明文で信義則に反する条項は無効とされることから、就業規則作成の際には信義則の見地からのチェックが重要性をさらに増すことになるといえよう。

　この信義誠実の原則は、**労働契約法**にも規定がある。民法が私法の一般法であり、その理念が特別法である労働法によってさらに具体化されているということを示す格好の例であろう。

> （労働契約の原則）
> 第３条
> 　（略）
> 　4　労働者及び使用者は、労働契約を遵守するとともに、信義に従い誠実に、権利を行使し、及び義務を履行しなければならない。

第5章 労働法を理解するための基本三法　民法編

　労働契約法3条4項では「**労働者**」と「**使用者**」が両当事者として登場している。使用者に比して立場が弱い労働者を保護するために労働関係諸法令が制定されるわけであるが、だからといって、労働者は何が何でも保護を受けるわけではなく、労働者が使用者に対して有する権利もまた、「信義に従い誠実に」行使されなければならず、いかに権利であったとしても労使間の公平を欠くような権利の行使は許されないのである。

　労働法を理解する上で忘れてはならないのは、使用者の**安全（健康）配慮義務**が、この信義誠実の原則から派生する義務であるということである。判例において、信義則を基礎として安全（健康）配慮義務が肯定された結果、労働契約法5条に安全配慮義務の規定が設けられるようになったということも理解しておきたい。

（労働者の安全への配慮）
第5条　使用者は、労働契約に伴い、労働者がその生命、身体等の安全を確保しつつ労働することができるよう、必要な配慮をするものとする。

　ここで、信義則が問題とされた具体例を見てみよう。
　（ア）借地上の建物が消失したので再建しようとしたところ、貸主がそれを禁止していたので、建物が建てられないまま、賃貸借期間が過ぎ去っていったような場合に、借地上に建物が無いことを理由にして、貸主が借地法4条1項にいう借地権の更新請求権は無いと主張することは、信義則に反して許されないというのが判例の立場である。
　（イ）土地の売買において、契約をした後で価格が著しく高騰したので、売買契約を解除しようとすることも許されない。
　（ウ）長期にわたって家屋を借りている者がほんのわずかに家賃の支払義務を怠ったというので、これを理由として賃貸借契約を解除することもできない。
　（ア）と（ウ）のような主張は賃借人のわずかばかりの不履行で大きな利益を生み出すような契約解除を認めるわけにはいかないという好個の例である。ところで、反対に借主の方に著しい背信行為があった場合には、直ちに

契約解除できることになっているが、賃借している建物を無断で第三者に使用させた場合でも、それが借主に対する背信行為と認められない限り、民法612条2項の解除権の行使は許されない。

以下で、労働関係における信義則違反としてよく問題となる**安全配慮義務違反・競業避止義務違反**について解説しよう。

2）労働契約と信義則
（1）原則

私人と私人との間の権利義務については、民法で定められている**信義誠実の原則（信義則）が適用される（民法1条2項）**ことは上記で述べたが、労働契約を結ぶ場合においても、**労務提供義務（請求権）と賃金支払義務（請求権）以外に守るべき信義則上の義務がある**。労働契約は**人間同士が深くかかわり、長い期間において関係を築く**契約であるから、ある当事者が労働契約を結んだ場合、その当事者は一般的な他人同士の関係から、もっと密接な関係を有することになる。そのような**特別に密接な関係に入った当事者間**においては、**お互いに相手に損害を与えないように行動する義務**が信義則から考えて当然に生ずると考えられる。労働契約に基づく債権を行使し、債務を履行する際には、当該労働契約の内容に応じた信義に従い、誠実にこれを行なわなければならない。

（2）使用者側が負う信義則上の義務

労働者が負うことになるのが**配慮義務**である。例えば、高級なネックレスを扱い、自社で保管するような会社において、勤務する場所及び就寝する場所を会社社屋内として宿直を命じるような場合、会社は賃金支払義務さえ果たせばいいのであろうか。

これについて、使用者は労働関係において、労働者の生命及び健康等を危険から保護するよう配慮すべき一般的な義務（**安全配慮義務**という）を負っていることが判例上確認されている。そうであれば、このような事例の場合、安全配慮義務として、社屋内に盗難者等が容易に侵入できないような物的設備、あるいは万一侵入しても盗難者からの危害を免れられるような物的設備

を施すとともに、これが困難であるときには宿直員を増員するとか宿直員に十分な安全教育を行なう義務があるといえる(**最判昭59．4．10（川義事件）労判429-12**)。

なお、この他にも**職場環境配慮義務**や配転や出向における**人事上の配慮義務**等は特別の定めがなくとも当然に認められる。

（3）労働者側が負うべき信義則上の義務

これに対して、労働者側には**誠実に職務に従事する義務**が信義則上当然に認められる。労働者が負う信義則上の誠実義務としては、①企業秘密を保持する義務（**秘密保持義務**という。）であったり②競合他社に就職したり自ら開業したりしない義務（**競業避止義務**という。）などがある。競業避止義務について考えてみよう。

例えば、全国で有数の予備校Xでは、人気講師が他校に流出したり独立したりすることを防ぐために、各専任講師に「退職後二年間は、貴社と競合関係に立つ企業に、いかなる形態においても関与しませんし、自ら独立もいたしません。これらに反し貴社に損害が発生した時は損害賠償責任を負います。」との誓約書を署名捺印のうえ提出させているが、同校において長年NO1講師として先頭に立って営業を引っ張り続けてきたYは、自ら独立して予備校を開設したいと考え、退職金1千万円を受け取り、当該予備校を退職した後、1か月後受験指導校という名目で会社を設立し、受験指導をしている。この場合、Xは何がいえるのであろうか。

競業避止義務に関して労働者の在職中は特別の定めなくとも信義則上認められることに争いはない。しかし、退職後いかなる場合にも競業を行なわない義務があるといえるのであろうか。確かに、退職後についても特別の規定があるのであれば、守らなければならないのが原則である。しかし、労働者にも**職業選択の自由（憲法22条1項）**が保障されており、これとの調整を図る必要がある。そこで、使用者の正当な利益の保護の必要性に照らし、労働者の職業選択の自由を制限する程度が、競業制限の期間、場所的範囲、制限対象となっている職種の範囲、代償措置の有無等からみて、必要かつ相当な限度のものであれば、競業避止規定も有効であるといえるが、その限度を

超えて労働者の職業選択の自由を過度に侵害するような規定は逆に信義則上認められないということになる。

　上記の事例から考えれば、制限の期間が2年間と不当とはいえないが、職種の範囲、場所的範囲の制限も無限定であることから強度の制限であるといえる。また、退職金の額もその貢献度に対して1000万円と少なすぎ、代償措置とは到底考えられない。そうだとすると、この事件における競業禁止の誓約書は信義則に反し無効となるであろう（**東京地決平7．10．16（東京リーガルマインド事件）労判690-75）**。

　このように信義則は様々な具体的な事情を検討し、利益衡量を重ねて判断されることになる。

8．権利濫用の禁止（権利濫用法理）

1）権利の濫用とは

　民法1条3項は「権利の濫用は、これを許さない」という形で、**権利濫用法理を規定している**。権利の濫用とは、ある人の行為が、形式的・抽象的には権利の行使であるとみられる場合であっても、実質的・具体的には、権利の社会性に反し、その行使に正当性が認められない場合をいう。

　たとえば、隣家に日光が照らされないようにするためにわざわざ高い塀を作ったような場合とか、発電所用の水路のトンネルが自分の所有地の地下を通っているので、その撤去を求めたとか、貸主は差し当たり必要ではない家屋であるのに賃貸借契約を解除して相手方を困らせるとかいうように、加害の意思を持ってする場合、権利者の側の利益が小さいのに比べて相手方の被る損害が大きい場合、権利者の側には適法な利益が欠けている場合などは、権利の正当な行使とはいえない。

　これは、言い方を変えれば、権利者側の現状変更に対する保護事由の度合いが低いのに対して、相手方の現状維持に関する保護事由が非常に大きい場面といえる。このような場合は、両者のバランスからして、保護事由が非常に大きい相手方を保護することが求められる。そこで、保護の必要性が低いにもかかわらず、無理に権利行使をしようとする権利者に帰責事由ありとし

第5章 労働法を理解するための基本三法　民法編

て、その権利行使を認めない、という判断をすることになるのである。

　労働問題の例についてもみておこう。たとえば、Y会社の従業員Xが、就業規則の規定に基づいて、退職予定日の1か月前に退職の申入れを会社に対してしてきたとしよう。その際にXが、「未消化の有給休暇があと30日ばかり残っていますので、明日から退職日まですべて有給休暇を申請します」などと言ってきた場合を考えてみよう。たしかに、年次有給休暇自体は労働者の正当な権利である。しかし、正当な権利であったとしても、その権利の行使もまた「正当」であることが求められるのである。それは、民法1条1項の「公共の福祉」の精神からしても、1条2項の信義誠実の原則からしても明らかなことであるが、民法は1条3項ではっきりと、権利の濫用は許さないと規定することで、権利行使の正当性を求めているのである。

　社員が退職する際には、後任となる社員への引き継ぎや、現状の所掌業務に関する報告書作成、取引先等の担当者へのあいさつ回りなどといった、各種の残務整理を必要とする場合がほとんどであろう。にも関わらず前述のような有給申請をすることは、まさしく権利の濫用以外の何物でもないといえる。

　この例に見るように、労働法分野では権利濫用法理を根拠規定として解決に用いることが非常に多い。そのため、労働契約法でも、権利濫用法理が具体化された規定が見られる。

（労働契約の原則）

第三条

（略）

5　労働者及び使用者は、労働契約に基づく権利の行使に当たっては、それを濫用することがあってはならない。

（出向）

第十四条　使用者が労働者に出向を命ずることができる場合において、当該出向の命令が、その必要性、対象労働者の選定に係る事情その他の事情に照らして、その権利を濫用したものと認められる場合には、当該命令は、

> 無効とする。

> （懲戒）
> 第十五条　使用者が労働者を懲戒することができる場合において、当該懲戒が、当該懲戒に係る労働者の行為の性質及び態様その他の事情に照らして、客観的に合理的な理由を欠き、社会通念上相当であると認められない場合は、その権利を濫用したものとして、当該懲戒は、無効とする。

> （解雇）
> 第十六条　解雇は、客観的に合理的な理由を欠き、社会通念上相当であると認められない場合は、その権利を濫用したものとして、無効とする。

　たとえ、労働契約法３条５項の規定がなかったとしても、私法の一般法である民法の根本原則である権利濫用法理は労働契約にも当然適用される。しかし、あえて労働契約法３条５項で権利濫用法理に関する総則的規定を設けていることからも、この法理の重要性が理解できるだろう。

　特に、労働契約法16条の**解雇権濫用法理**については、くわしく説明しておく必要があるだろう。

　まず、解雇は「解雇権」という権利の行使であるという出発点を押さえておかなければならない。権利である以上、その権利を行使するか否かは本来権利者の自由であるが、もちろんその権利の濫用は民法１条３項によって許されないことになる。たとえ解雇権濫用に関する明文の規定が存在しなくても、もともと民法１条３項には解雇権濫用法理の根本が内包されているのである。

　そして、解雇権濫用に関する明文の規定が存在しない時から、民法１条３項の具体的適用場面としての判例が積み重ねられ、判例法理として形成されてきたわけだが、裁判所が解雇権濫用法理を判例法理として形成する上で、実質的な判断材料としてきたのも、「保護事由」と「帰責事由」のバランス

第5章　労働法を理解するための基本三法　民法編

である。判例が解雇権濫用法理において、求めているのは（A）客観的合理性と（B）社会的相当性である。この二つの要件の位置づけには諸説あるが、有力な解釈としては、（A）が**主に解雇の理由に関する要件**で、（B）が**その必要性に関する要件**であるとされている。

　まず（A）だが、これは法令や就業規則に定める解雇事由が存在し、その事由に該当する事実があることを意味する。これは、客観的な解雇基準の存在と、それに該当する客観的な事実の存在を求めているということである。そもそも、（A）を欠く解雇が違法であるのは言うまでもないだろう。ルールがない、あるいは、解雇の原因となる客観的事実もないのに解雇を認めるわけにはいかないからである。

　そうなると、解雇権濫用法理にとって主眼となるのは（B）の「社会的相当性」という解雇の必要性に関する要件ということになる。「社会的相当性」とは、（A）「客観的合理性」のある事実に対し、「解雇」という最終判断をくだしても「仕方がない」「やむを得ない」という理由が存在するか、その時代ごとの社会通念を基準に判断することを意味する。解雇は、労働者の生活の基盤、収入源である仕事を奪うという意味で、究極の問題である。そのような問題に関しては、その必要性に関しても高度のものが求められるのである。では、その必要性を判断する基準は何かというと、これも「**保護事由**」と「**帰責事由**」なのである。

　まず「保護事由」から見てみよう。使用者側と労働者側、それぞれに保護事由があることに気をつけなければならない。使用者にとっては、その労働者を雇用し続けることで起きるマイナス面の回避、というのが保護事由ということになる。労働者にとっては、生活の基盤である仕事そのものが保護事由になることは言うまでもないだろう。

　ここでは、使用者側が、労働者を雇用し続けることで生じるマイナス面をどれだけ立証できるかが重要になる。注意・指導を繰り返し、最後のチャンスを与えてもなお改善が見られない労働者や、重大な罪を現に犯した労働者などは、そのマイナス面が多大なものとなるため、労働者の「保護事由」を上回る会社側の「保護事由」が認められるだろう。

　また、「帰責事由」についても同様に使用者・労働者双方について考慮す

る必要がある。一度のミスで安易に解雇するような場合は、会社の解雇を権利の濫用として否定する「帰責事由」が認められるだろう。労働者側に関して言えば、先ほどの使用者側の保護事由の裏返しを考えれば良い。つまり、注意・指導を受けても改善しないことや、重大な罪を犯したことは、労働者にとって解雇処分という責任追及を受けるだけの「帰責事由」となるのである。

このような判断が積み重ねられて行った結果、解雇権濫用法理が確たる存在となったため、まず労働基準法内に成文化され、労働契約法の制定とともに、労働契約法内に規定されるに至ったのである。労働法も民法が基本となっていることがよくわかるだろう。

これもまた、特別法である労働関連法規を理解するために、一般法である民法の理解が欠かせないという例の一つである。

2）権利の濫用の具体的な場面

では、どんな場合が権利濫用に当たるのか。具体的な事例として、権利濫用と年次有給休暇の時季変更権の例に基づいて説明しよう。

（1）権利濫用と年次有給休暇の時季変更権

退職届と同時に有給休暇の残日数の消化を申し出るようなケースを考えてみてほしい。突然退職願を出した上で、その翌日から退職日までの継続した有給休暇取得の申請をし、業務に欠かせない引継ぎなどの配慮を全くせずに退職していくような労働者がいたとする。たしかに、年次有給休暇の時季指定権は、労働者の権利であり、その時季選択や利用目的は労働者の自由に委ねられている。よって、労働者からの取得申し出を使用者側が退職直前であるという理由で拒否することは原則的にできない。

しかし、業務引継ぎも行われないままの退職では、業務の正常な運営の妨げとなる可能性が多分にある。この際に「引継ぎをしっかりしてから退職をしてほしい」という時季変更権の行使を使用者ができれば良いが、退職日までの日数が当該労働者の有給休暇残日数と同じか、それを下回る場合にはもはや変更すべき労働日が存在せず、問題となる。

果たしてこのような場合に、使用者は労働者の言いなりに有給休暇の取得

を認めなければならないのだろうか？。

　これは、労働者の**時季指定権**と、使用者の**時季変更権**の衝突をどのように調整するかの問題である。判例は、当日になって年休を請求した労働者に関して、「その労働者の休暇に伴う代替え者の配置その他の対応措置を講ずることを困難にさせ、さらに事情によっては、使用者が時季変更権を行使しようとしても、それを行使しうる時間的余裕を与えられないこととなるから、正当な権利の行使と認められないので、かかる当日の年次有給休暇は、拒否することができる（最小判昭和57．3．18（**此花電報電話局事件**）労判381-20）」としている。つまり、有給休暇の時季指定権が労働者の権利であるとしても、社会通念上、それを行使することで使用者の事業の正常な運営を著しく阻害すると認められる場合には、権利の濫用となり制約されうることになる。

　先の事例の場合にも、本判例と同様な扱いをすることが可能ではないだろうか。すなわち、退職予定者の申し出が信義則違反ないしは権利の濫用と判断できる客観的事実が存在する場合には、使用者が労働者に対し、年次有給休暇の時季指定の請求が拒否できるものと解される。

　たとえば、退職申告時期・申告の様態、担当部署の繁閑（いそがしさ）、職種の代替性の可否、従来の年休の取り扱いといった事実から、使用者側と労働者の事情を総合的に勘案して権利の濫用か否かを判断するのである。

　たとえ権利といえども、無制限にその主張が許されるものではなく、社会通念上合理的な範囲内なものに制限されることを、権利の濫用を禁じた民法１条３項は示しているのである。

　さらに、もうひとつの観点から労働者の責任を問うことも可能であろう。それが、「**債務不履行**」である。「債務の本旨に従った履行をしないこと」が債務不履行であるが、**労働契約（雇用契約）**において労働者は多様な義務（**債務**）を負っている。それらを列挙すると、①**労働義務**、②**職務専念義務**、③**兼業禁止**、④**協力義務**、⑤**信頼関係構築義務**、⑥**企業活動専念義務**、⑦**忠実義務**、⑧**守秘義務**、⑨**自己保健義務**、といったものになる。これらにはその対象領域が重なり合うものもあるのだが、退職前の有給休暇申請という本論点に関し考えてみよう。

たしかに有給休暇取得の申請をすれば、①の労働義務に関しては免れるかもしれない（実際は権利の濫用となるため、労働義務を免れないことになるのだがそれはここではひとまず置いておく）。しかし、労働者は、会社との労働契約（雇用契約）関係にある限り、会社への④協力義務や⑤信頼関係構築義務、⑥企業活動専念義務など、企業秩序の維持と企業の向上発展に寄与するための義務を負っている。⑥の企業活動専念義務については、一見して分かりづらい義務であるため、説明を加えておくと、労働者は会社に在籍している限り、会社の業績が上がるように行動することが求められるということである。

　たとえ退職が決まった労働者であろうと、退職日まではその在籍する企業の企業活動に対して誠意を持って貢献することが求められているのである。退職前に後任者への引き継ぎ等を一切考慮しないで有給申請することは、労働者にとってそれらの義務を果たさないものであり、「**債務の本旨に従った**」履行とはいえない、**債務不履行責任**を追及することもできる行動なのである。

　具体的な対応策としては、就業規則上に退職を申し出る者は、自己の担当業務に関する引き継ぎ処理に関して配慮しなければならない規定を設けておくべきであろう。また、①から⑨に関する義務についても、就業規則上にそれぞれ明記しておくことが、会社を防衛する就業規則づくりに貢献することになる。

　次に、配転拒否と権利濫用が問題となった事件を考えてみる。

（２）配転拒否と権利濫用

　配転命令は会社の業務命令であるから基本的に拒否することはできない。これを拒否することは**業務命令に背くこと**になり、多くの場合配転命令違反は**解雇事由**となっているであろう。

　しかし、あらゆる場合にこれが解雇事由となるわけではない。使用者が有効に配転を命じるためには、配転命令権が労働協約や就業規則の定めなどによって労働契約上根拠付けられていることが必要である。

　例えば、就業規則上に「業務上の都合により配転を命じることができる」旨の規定がある場合、同規定は一般的には幅広い能力開発の必要性や雇用の

第5章 労働法を理解するための基本三法 民法編

柔軟性の確保の要請から合理的なものと解釈され、配転命令権が基礎づけられうる。もっとも、職種や勤務地を限定する明示ないし黙示の合意があるときには、配転命令権はその合意の範囲内のものに限定される(**労働契約法(以下「労契法」という。)7条)ただし書)**。

　そして、使用者に配転命令権が認められる場合においても、その行使には権利濫用法理による制約が課されることになる。そして、判例は配転命令が権利濫用になるような場合には、業務命令といえども拒否できるとしている。権利濫用という概念でこのような場面においても調整を図っている。

　最判昭61．7．14（東亜ペイント事件）労判477-6で最高裁判所は、**①配転命令の業務上の必要性、②配転命令の目的・動機、③不利益の程度を総合的に考慮して、特段の事情が存在する場合でない限り、配転命令は権利の濫用とはならない**と判断した。では以下のような事案ではどのように考えればよいだろう。

　会社Yは、リーマンショック以降、グループ全体で厳しい状況となり、人事広報部が退職勧奨による人員合理化を進めることとした。Y社部長は、原告に対し、技術者としての能力はあるものの、他の同僚等とのコミュニケーション能力に問題があると説明し、社外で能力を発揮した方が良いとして、退職勧奨の対象となっていることを告げた。Xは、理由には納得がいかないから辞めたくないとの意向を示した。部長は、従業員は仕事を選べないのであり、今後は不本意な仕事をすることになること、今後の被告からの業務命令に従わないと、懲戒になり得ることを告げた。部長及び応用研究部の統括部長は、Xに対し、菓子チームに異動となることを告げ、差し当たり検査等を行なうことという業務命令をした。部長は、給与をはじめとして待遇面での変化はないこと、将来はともかく、現在では降格ではないことを説明したがXは、本件配転命令には従わない意思を表明した。原告は、コーヒーに関する業務に強い自負を有しており、経験も豊富であるので、それから外されるのは不利益であると心情的に考えていた。

　同日午後1時ころ、Yは、Xに対し、Xが本件配転命令に従わず、職場で勝手な業務を行なったとして、譴責処分（第1譴責処分）をし、至急に始末書の提出を命じたが、Xはこの後も従前の業務を継続した。

同日午後3時ころ、Yは、Xに対し、異動前の業務に従事することは、業務妨害に該当するとして、第2譴責処分をし、同日中に始末書を提出することを命じた。その後も、Xは、従前の業務を継続した。部長は、Xを呼び、このまま従前の業務を行なっていたのでは解雇という結果となるから本件配転命令に従うように説得した。10分以上押し問答の間に、Xが、訴訟提起の予定を告げた。部長は、Xに対し、菓子チームに机は準備しておくから、翌週来るようにと告げた。それにもかかわらず、Xは翌朝から従前の業務を行なった。Yは、Xに対し、第3譴責処分を出し、出勤停止として自宅待機を命じた。Yは、就業規則に定める社内手続に則り、同日付け書面で、退職を勧告し、これに応じないときは、懲戒解雇になる旨を告げたがXがこれに応じなかったので、本件懲戒解雇の書面をXに交付した。そこで、Xは、本件懲戒解雇は違法無効であると裁判所に訴えた。

では、本件懲戒解雇は違法といえるか。これはひとえに配転命令が権利の濫用にあたるか否かによる。権利の濫用にあたるようであれば、原告であるXが配転命令を拒否することは適法であり、なんら違法のない配転命令拒否に基づく懲戒解雇は違法となるのである。以下判例に沿って見てみよう（東京地判平23. 10. 31（ジボダンジャパン事件））。

① **本件配転命令の違法性の有無**

被告であるY社の就業規則には、業務上の必要性に応じて、その従業員に対して、職務内容の変更を決定すると規定されており、原告・被告間には、職種限定契約等の被告の配置転換権を制限する合意を窺わせる事情は存しない。

そうすると、原則として、被告には、従業員である原告の職務内容を決定し、原告に対し、権利濫用に及ばない限り、配置転換権を行使する権限を有している。

そして、配置転換で必要とされる業務上の必要性とは、余人をもって替え難いという高度なものである必要はなく、労働力の適正配置、業務運営の円滑化等の事情で足りるものと解するのが相当であり、上記認定事実によれば、被告では人員合理化が必要となり、関係する複数の従業員から原告の職務内容に関する事情を聴取して、最終的に原告を欠いても、飲料・乳製品チームでの業務に支障はないとの判断をしたものであり、労働力の適正配置及び業

務運営の円滑化という観点から、原告に対して本件配転命令をすることに関しては、上述の意味での業務の必要性は認められるというべきである。

そして、現に、現在の飲料・乳製品チームでのコーヒーに関する業務は、原告を欠いた状態で遂行されていることを考えれば、上述の業務上の必要性を肯定することができる。

上記認定事実のとおり本件配転命令は、原告の権利である給与や職能資格等には変更がなく、勤務場所の変更は被告の本社東館×階から×階に移動するものであることを考えれば、原告の労働契約上の権利としての不利益性はなく、本件配転命令が権利濫用に該当すると評価できない。

なお、上記認定事実によれば、原告は、コーヒーに関する業務に強い自負を有しており、それから外されるのは不利益であると心情的に考えているのであるが、労働者には、原則として就労請求権は認められないのであり、使用者が、労働者の得意分野の職務を担当させなければ違法性が生じると解するだけの根拠は存しないのであるから、原告の心情的な不利益を根拠に権利濫用を認めることはできない。

原告は、本件配転命令は、退職勧奨に応じなかったことに対する嫌がらせと、原告を自主退職に追い込む目的のためのものであると主張する。

しかしながら、上記判断のとおり、本件配転命令が、原告に対する退職勧奨との関連性はあるものの、原告を欠いても被告が想定する水準のコーヒー関係の業務には支障がないという被告の経営判断が存し、応用研究部の菓子チームに従前と同様の職種で配転することが、原告にとってことさらに嫌がらせ目的であると評価することはできない

また、上記認定事実のとおり、原告は、本件配転命令時に、これに従う態度を寸毫も示すことがなかったのであるから、本件配転命令を、自主退職に追い込む目的であったと認めるのは困難である。

ちなみに、原告は、懲戒解雇により退職に追い込まれているが、上記認定事実のとおり、部長は、使用者である被告の命令に従わなければ、懲戒を受ける虞があると原告に告げ、被告の配転命令に従わなければ解雇になり得ると告げていることに照らせば、懲戒解雇に追い込む目的の配置転換との認定もまた困難である。このように、本件配転命令が、不当な目的のために行

なわれたと認定することは困難なのであり、この点からも、本件配転命令の権利濫用性の根拠は存しない。

②**懲戒解雇理由の存否**

上記認定事実によれば、原告は、本件配転命令の発令予定を部長から告知された際、明確にこれを拒否していること、部長から本件配転命令を告知された際も、これを拒絶していること、被告による第1譴責処分を告知された後に、本件配転命令には従わず、その態度は、第3譴責処分及び出勤停止命令に対しても同様であって、出勤停止命令に従わない行動を取っていることが認められる。原告が、このように、第1～第3譴責処分及び出勤停止命令に従わない意思を極めて明白に表明している以上、懲戒処分に服する意思は認められないのであり、就業規則上の解雇事由に該当することは明らかである。

③**本件懲戒解雇の相当性**

上記判断のとおり、原告の行動は、適法に発せられた本件配転命令について、正面からこれに従わない意思を表明し、認められる余地のない従前の業務への就労請求権を、いわば自力救済的に実現しようとし、譴責処分によって3回にわたり翻意する機会が与えられたのに、それを聞き入れようとしなかったものであり、自らの意向に沿わない使用者による指揮命令に従わないとする原告の明白な志向が現れていること、上記認定事実によれば、部長は、原告に対する説得に追われ、苦情等が部長のもとに寄せられる等、被告の職場の業務が混乱していたと認められることに照らせば、本件懲戒解雇には、相当性があるというべきである。

原告は、飲料・乳製品チームの他の従業員と普通に会話していたから、業務に混乱は存しないと主張する。しかし、上記認定事実のとおり、原告が、他の応用研究部の飲料・乳製品チームの従業員に話しかけた際、他の従業員が応答をしたというだけであり、これによって、混乱がなかったとして、上記判断を覆すだけの事情は認められない。

原告は、本件懲戒解雇は、手続的に違法であり、第1譴責処分に対する原告の意見書の受領が拒絶されたことが、違法であると主張する。仮に、懲戒解雇の処分を受ける者が、告知と聴聞を受ける機会がなければ違法になるという見解に立つとしても、上記認定事実のとおり、本件においては、原告は、

一貫して部長をはじめとする被告の従業員から、本件配転命令及び第1～第3譴責処分に従うべきであるとの告知を受けながら、明白にこれを拒否しており、しかも、原告は、退職勧奨の理由が十分ではないことから、本件配転命令及び第1～第3譴責処分は違法であるとの主張を、再三再四行なっていること、同年のやり取りは、現にその行動を行なっており、その際の原告の主張も、現に行なっていることに照らせば、少なくとも、告知と聴聞の機会を失しているとは考えられない。

④結論

上述のとおり、原告の行為は懲戒解雇事由に該当し、本件懲戒解雇を違法とするだけの事情は存しないから、原告の主張には理由がなく、また、それを前提とする原告の請求には、理由がないという結論になる。

2 人・能力

1．能力～民法の対象となる者～

民法を学ぶにあたって、まずその法規の対象となる「人」の話をしよう。民法は私的自治の原則をとっていると先ほど述べたが、この私的自治というものはいわば弱肉強食ということである。

すなわち自分のことは自分で守るということが前提となっているのである。そうだとすれば、この民法の主役となるべき対象者は自分のことを自分で守れるような人物でなければならない。すなわち、民法の主役となるには様々な資格、つまり、能力が要求されることになる。以下でその「能力」について解説する。

まずは「**権利能力**」である。これは民法上の権利義務の帰属主体となることができる地位のことである。動物や植物は権利義務の主体とは認められないが、人や会社は権利義務の主体となる。

次に「**意思能力**」を説明しよう。意思能力とは自分が行った行為の結果を認識できるだけの精神能力をいう。自分が行った行為の結果どのような結果

になるかがわかることができる者でなければ民法の主体とはできない。だいたい7歳から10歳程度の精神能力をいうとされている。これを欠いた者の行為は「無効」とされている。後に具体例を踏まえて詳述する。

そして、「**行為能力**」であるが、これは契約などの法律行為をするに足りる能力をいい、これを欠く者の法律行為は取り消すことができるとされている。判断能力の低い者につき、画一的な基準を設けてこれを「制限行為能力者」（未成年者・成年被後見人・被保佐人・被補助人など）とし、そのものが自らした行為を一定の要件のもとに取り消しうるとし、判断能力の低い者を保護しているのである。未成年が会社と雇用契約を結ぶ場合、まだ世間を知らない未成年者は仕事の内容もよくわからず契約を締結してしまう場合がある。

このようなことから未成年者を保護する必要があるため民法は未成年者の側から当該契約を取り消すことができると定めているのである（**民法5条2項**）。契約を有効とするには、親権者の同意が必要とされている（**同条1項**）。未成年を雇う場合に親権者の同意が必要とされているのはこのような民法の規定が存在するからである。

ただし、未成年者を含めた制限能力者がありとあらゆる行為を取り消せるというものではない。いかなる行為が取り消すことができないかは「**図解民法案内**」（酒井書店第2版）に詳しく書いてあるので参考にしてほしい。

最後に「**責任能力**」であるが、これは不法行為上の責任を判断することができる能力をいう（**民法712条以下参照**）。5歳くらいの幼児は石を投げて人にけがを負わしても不法行為の責任の判断能力はないので賠償責任を負うことはないのである。

2．意思能力について

ここで「**意思能力**」について、脳機能障害を負った従業員の退職という事例に即して詳しく考えてみよう。

いま事故で脳機能障害の後遺症が残ったXがいるとしよう。その後Xは通院しながら自宅療養しており、記憶障害、秩序だった行動の遂行が困難にな

るというような状態にあったが、会社の人事担当がXの様子を見に来たとき、Xは健常な人と一見変わらない受け答えをしていたため、人事担当者はXに退職を勧め、Xもこれに応じ退職届を提出した。この場合、Xの退職の意思表示は有効といえるであろうか。また、事故の後Xに賃金が支払われていなかったとして、Xは会社に対し、賃金の支払いを請求できるかを考えてみたい。

1）退職の意思表示について

　退職も雇用契約を解消するものであるから法律行為であるといえる。そこで、その意思表示が有効といえるためには、Xは意思能力を有していなければならない。もっとも、Xは事故後記憶障害を引き起こし、秩序立った行動の遂行が困難な状態なのであるから、Xは自分のとった行動の法的意味を理解することができない状況、つまり、意思能力を欠いた常況にあったといえる。よって、Xによる退職の意思表示は無効となる。すなわち、Xは未だ従業員たる地位を有していることになる。これに似た裁判例（**東京地判平18．2．6（農林漁業金融公庫事件）労判911-5**）においても意思能力について同様に判断している。

2）賃金請求権について

　労働契約は、労働者の労務の提供に対し、使用者が対価として賃金を支払う契約である。このように、契約当事者がお互い、対価的に**債務**を負担する契約を「**双務契約**」という。

　双務契約においては、当事者の双方の責任によらず、一方の債務が消滅した場合には、他方の債務も消滅すると考えるのが公平といえる（**民法536条1項参照　危険負担という※後述**）。

　よって、労働契約においても、労使双方の責任によらず、労働者が労務の提供をすることができなくなったような場合には、使用者は賃金支払い義務など負わないということになる。

　Xの状況を考えると、Xは就労能力を喪失しており、労務を提供することは不可能なのであるから、使用者の賃金支払義務も消滅し、Xは賃金の支払いを請求することはできないということになる。

3）問題点

　以上の通り考えると、会社は賃金を支払う必要はないものの、労働関係は継続していることになる。そうだとすると、Xには就労する能力がないのであるから、会社としては早期に労働契約を終了させたいところであろう。では、具体的にこのような事件に直面した場合どうするのがよいだろうか考えてみたい。

（1）Xの能力に関する意見・診断の聴取

　まずXの能力について、主治医等の意見を聴取すべきであろう。Xは、会社の担当者が様子を見に行った際に通常と変わらない受け答えをしていた等の事情があるにもかかわらず、「意思能力なし」との判断がなされているので、素人が外見と一見した様子のみで判断することは危険である。

（2）Xの能力の回復可能性についての意見・診断の聴取

　能力の回復可能性についても医師の意見診断を聴取して検討する必要があるであろう。回復の可能性があり、かつ、就業規則に私傷病休職の規定があるならば、休職命令を発する必要が出てくる。

　これに対し、就労能力の回復可能性がなければ、休職命令を発する必要はない。休職制度は、就労能力回復可能性が存在する場合に、一定期間解雇を猶予する制度である。

（3）Xが就労能力もなく、回復の見込みも存在しない場合

　Xが就労能力もなく、かつ、回復可能性もない場合、その時点で普通解雇できる場合にあたるといえるであろう。すなわち、就業規則によくある「精神又は身体に著しい障害があるため業務に堪えられない場合」に該当することになる。

　ただし、意思能力がない以上、Xには解雇の意思表示を受領する能力が生じないことになる。解雇の効力を生じさせるためには、まず、配偶者等を通じて後見開始審判・成年後見人専任の手続き（**民法7条8条**）を踏んだうえ、選任された成年後見人に対して解雇の意思表示をする必要がある。また、後

見人から退職の意思表示をしてもらうという手段もあろう。

3 法律行為

1. 法律行為概説

「**法律行為**」とは、法によって行為者が希望したとおりの法律効果が認められる行為をいう。具体的には、意思表示を要素として、私法上の権利・義務を発生・変更・消滅させる原因である私人の行為をいう。

権利と義務という言葉については理解できても、その発生・変更・消滅といわれると、具体的にはすぐイメージできないかもしれない。たとえば、権利・義務が「発生」する場面としては、契約が締結されたような場合がある。契約については後ほど詳しく説明することになるが、ここでは労働契約（雇用契約）を例にして説明しよう。

労働者Xが「Y社でアルバイトとして働きたい（労働力を提供したい）」、使用者であるY社が「Xをアルバイトとして雇いたい（報酬を支払う）」という意思をそれぞれ表示して、2つの意思が合致すると、効果として労働契約が成立する（**民法623条**）。そして、この契約から、様々な権利や義務が「発生」するのである。

Y社は、入社したXを社内のある部署に配属し、日々の業務を行うことを命ずることになるが、これは契約により会社に指揮命令権が「発生」しており、それに基づくものなのである。その部署でXが働き、契約に定める給料日が来れば、当然Xは「給料をください」とY社に対して言えるわけだが、これはXが労働に従事したことによって報酬請求権が「発生」しているからであり、その裏返しとして、Y社には報酬を支払う義務も「発生」しているからなのである。法律の中でも私法は、世の中を権利と義務という観点から規律するものなので、いつ、いかなる場面で権利や義務が「発生」したかを確認することは、非常に重要である。

さて、先程のXが非常に真面目に働いているのを見て、Y社はXを正社員

として雇いたいと思ったとする。Ｙ社の担当者から「来月から正社員にならないか」という意思の表示がなされ、Ｘが「ぜひお願いします」と返事をすれば、新たな契約が結ばれたことになるが、これによりＸとＹ社の間の権利義務関係はアルバイト契約から正社員としての契約に「変更」されたことになる。そして、このＸＹ間の権利義務関係は、Ｘが定年を迎えたり、自主的に辞職を申し出たり、あるいはＹからの解雇通知などにより「消滅」することになる。

　法律行為に話を戻すと、法律行為には、先程の例のように、二当事者間で約束事を定める「契約」、契約の解除や取消しといった、単独で法律行為を発生させる「単独行為」、複数人間の間で契約の効力を発生させる「合同行為」（多くは会社の設立）等がある。創業者ＡＢＣの三人の「合同行為」で設立されたＹ会社と労働「契約」を結ぶことでＸが就職したものの、労働契約の締結の際に明示された労働条件と実際の労働条件が違っていたので、Ｘは「単独行為」の一つである解除を行って契約関係を解消した（**労働基準法15条2項**）、というように、具体例と結びつけて法律行為を理解しておいてもらいたい。

　法律行為に対するものとして、**「事実行為」**がある。

　簡単な例をいえば、セブンイレブンでオレンジジュースを購入する行為は法律行為のうち、契約行為である。売買契約は、当事者の間の「これを売りたい」という申込の意思表示と、「これを買いたい」という承諾の意思表示の合致によって成立する。その結果、ジュースの売買の場合でいえば、代金の請求権とか、目的物であるジュースの引き渡し請求権が発生することになる。そして、その買ったジュースを飲み干すことは事実行為である。土地を買うのは法律行為であるが、その土地を検分しに行く行為は事実行為である。人を雇うのは雇用という法律行為であるが、雇用するために対象者を面接する行為などは事実行為となる。

　すなわち、契約行為は法律行為であるが、契約に至るまでの様々な行為は事実行為である。労働問題にひきなおせば、団体交渉事項に関し妥結したり、労働協約を締結したりする行為は、法律行為であるが、団体交渉の交渉自体は事実行為である。なお、法律行為の代理を業としてすることは弁護士でな

ければできないが、事実行為の代理であれば、社会保険労務士もできる。この理論からいえば、社会保険労務士も団体交渉において、交渉の代理をすることは可能となる。

1）契約

　売買契約や賃貸借契約等、私法上の権利義務を発生させる原因である私人の行為を**法律行為**という。法律行為によって、法律的な効果は発生する。いわゆる**契約**というものは、当事者の意思表示の合致によって成立する法律行為である。売買契約でいえば、このダイヤモンドを売りたいという**申込みの意思表示**と、これに対して相手方がそのダイヤモンドを買いますという**承諾の意思表示**という対応する意思表示が合致することによって契約が成立することになる。ここで「**意思表示**」とは、一定の法律効果の発生を目的とする意思のことをいう。

　今までの話を労働契約の場面に置き換えれば、労働者が会社に対し、「採用してほしい」と申し入れ（**申込みの意思表示**）、これに対して会社が「採用します」と労働者を受け入れること（**承諾の意思表示**）で意思表示が合致することになる。すなわち、労働契約が成立し（**法律行為**）、労働者には労務提供義務が、会社には賃金支払い義務が発生する（**法律効果の発生**）。

　この意思表示に勘違い、強制、制限などがある場合、法律効果の発生が制限されることがある。制限能力者については先に述べたが、意思表示に問題がある場合（心裡留保、虚偽表示、詐欺、強迫、錯誤等）については、後に詳述する。

2）単独行為

　法律行為には契約などの、当事者の意思表示の合致によって完成するものもあれば、一人単独でできるものもある。これを**単独行為**といい、契約の解除や取消しといったものがある。契約の解除にも一方的な**債務不履行解除**と当事者双方納得の上で解除をする**合意解除**というものがある。前者は単独行為であるが、後者のものは解除契約という契約の一種である。労働問題の場面でいえば、前者が解雇で後者が退職の合意などである。

2．意思表示

1）意思表示の意義

　意思表示とは、「このお菓子をあげる（贈与する）」、「このパンを買う」などのように、一定の法律効果（権利義務関係の変動）を発生させようとする意思を他人に伝えるために外部へ表示する行為をいい、法がその意思にかなった効果を認めるものである。簡単にいうと、意思表示は、**内心的な意思（効果意思）** と **外形的な表示行為** から成り立つのである。

　しかし、ときには外部に表示されたことが内心的な意思と異なることがある。この「意思」と「表示」が不一致の場合はどうなるのか、そのような意思表示も有効なのか、それとも、無効なものとして扱うのか。この問題について、後に具体的な労働関係の事例を用いて説明する。

2）意思表示の内容

　意思表示は、それがなされる心理的過程によって4つに分けて考えることができる。例えば、実力を正当に評価してくれないので、会社を辞めようとするサラリーマンのことを考えてみると、第1段階には、「実力を正当に評価してくれないので、会社を辞めたい」という「**動機**」がある。

　次に、「会社を辞めよう」と、意思を内心で決める。これが第2段階の効果を欲する意思、つまり「**効果意思**」である。

　それから、「一身上の都合により、今月末日で退職したい」ということを表示しようとする。すなわち、効果意思を外部に表示しようとする意思であって、これが第3段階「**表示意思**」となる。

　最後に「一身上の都合により、今月末日で退職したい」との辞表を、実際に会社へ提出する。これが第4段階の**表示行為**となるわけである。

第5章 労働法を理解するための基本三法 民法編

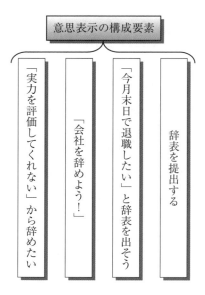

3）申込みの誘引

　意思表示の合致によって法律行為がなされることは説明した。それでは、このような場合はどうであろうか。

　例えば会社がアルバイトの求人を広告に出していたとしよう。「時給1,000円で雇います。軽作業で職歴・学歴不問！やる気のある人ならOK！採用係までご連絡を！」とあった場合、これは申込みの意思表示であるといえるであろうか。そうだとしたら、この広告を見た者が、この会社の採用係に電話して、雇ってくださいといった時点で承諾の意思表示があったとされ、意思表示の合致がある為契約が成立してしまうことになる。しかし、これは明らかにおかしい。

　会社は、通常採用面接をして、労働者の人柄や能力を見極めて、会社にとって必要な人材であると判断した場合に初めて雇おうと思うのであるから、求人広告は「応募を募る」ものにすぎないのである。タクシーの客待ちやお店の商品を陳列するようなことについても同様のことがいえるであろう。

　このように、「他人を誘って申込みをさせようとする意思の通知」を「**申込みの誘引**」といい、「申込みの意思表示」とは区別される。会社によるこ

のような申込みの誘引に応じて、労働者が応募をし、会社が採用を決定することで、初めて労働契約が成立することになる。

契約の成立、すなわち意思表示の合致があるか、それが意思表示なのか否かは社会常識や慣習などによって個別具体的に判断される。契約書等の書面が必要であると思われている方も多いであろうが、この意思表示の合致には特に書面は要求されてはいない。ラーメン屋でラーメンを食べる時に契約書は交さないであろう。食券は領収書にすぎない。

しかしながら、契約書や領収書は意思表示の合致があったことを強力に証明するものであることは確かであるので、法律効果を及ぼす契約を締結する場合には必ずなんらかの形で意思表示のあったという証拠を残しておくのがよいであろう。

なお、正式な採用通知に先立ち採用内定通知を行なう会社もあるが、採用内定関係について最高裁判所は、採用内定通知の他には労働契約締結のための特段の意思表示が予定されていないことを前提に、企業からの募集(申込みの誘引)に対して、労働者が応募したのは、雇用契約の申込みであり、これに対する企業からの採用内定通知は、その申込みに対する承諾であるとして、これによって両者間に**始期付解約権留保付労働契約**が成立すると判示している(最判昭54．7．20(大日本印刷事件)労判323-19)。これは内定の法的性質に関する問題も含んでいるから、次で簡単に説明する。

4)内定について

意思表示と申込みの誘引について説明してきたが、ここで「**内定**」というものがどのような性質を有するかを説明したい。

一般に、会社が労働者を募集し、応募者を面接した結果、その者を雇うことを一応決定し、その旨を通知することを「内定」と呼ぶ。では、この契約締結とも申し込みの誘引ともつかない内定という状態は一体どのような状態をいうのであろうか。

学説上は①内定は労働契約の締結過程にすぎず、未だ契約は成立していないとする**締結過程説**、②将来の労働契約の予約であるとする**予約説**、③内定により労働契約は成立しているとみる**労働契約成立説**といったものが存在する。

内定が会社から一方的に取り消された場合、①②は未だ労働契約は締結されていないので、債務不履行・不法行為による損害賠償の請求ができるにとどまり、③について労働契約は成立しているため、内定の取消は解雇にあたるから、その無効を主張して、契約関係の存在確認を求めることができることになる。

最高裁判所は**大日本印刷事件**（**最判昭54．7．20**）において、内定の実体は多様であるため具体的な事実関係に即してその法的性質を判断しなければならないと述べたうえで、当該事案においては、採用内定通知によって**始期付解約権留保付**（解雇する可能性があることをあらかじめ予告しておく）**の労働契約**が成立したと判断し、留保解約権の行使は内定取消しにあたり、客観的に合理的で社会通念上相当として是認することができる場合に限り認められるとした。採用内定により労働契約が成立している以上、その後の使用者による一方的な解約は解雇にあたり、内定取消にも解雇権濫用法理が適用されるとの構成がとられたのである。具体的には、成績不良による卒業延期、健康状態の著しい悪化、虚偽申告の判明、逮捕・起訴猶予処分を受けたこと等が内定取消事由としてあげられる。これに対して、会社の経営悪化を理由とする内定取消については、その合理性・相当性がより具体的で厳しいチェックがなされることになる（**整理解雇法理**という）。

5）意思表示の効力発生時期

（1）到達主義

意思表示は、原則相手方に到達したときに効力を生ずるとされている（**民法97条1項**）。これを**「到達主義」の原則**という（「到達」の意義については3を参照）。意思表示の効力発生時期について、当事者が同じ場所で対話をしている場合にはそれほど大きな問題は生じない。

例えば、採用予定者が当日直接面接会場を訪れ、面談の結果、使用者がその場で採用を決定した場合には、その場で申込みと承諾が行なわれたことになるので契約はただちに成立することになる。

しかしながら、当事者が離れた所において文書などでやり取りする場合（隔地者間の場合）には、意思表示がいつの時点で効力が生ずるのかという点は

重要な問題である。これについて民法は「到達主義」を原則としている。すなわち、契約の申込みにもその原則が適用されることになるのであるから、申込みについては相手方にその申込みが届いたときに意思表示がなされたとされるのである。

（2）意思表示の撤回

では、意思表示をしてみたものの、後に心変わりして意思表示をなかったことにしようという場合、「**意思表示の撤回**」について説明しよう。

例えば、次のような事例を考えてもらいたい。従業員Xは、条件の良い転職先が見つかりそうであったため、上司である営業部長に退職届を提出した。当該営業部長は、退職届が提出されたことを社長に報告しないままXと引継ぎ等について協議していた。その会社には職務分掌規程など権限の帰属に関する規定はなく、従業員の退職には常に社長が、退職届に押印して承認する手続を取っていた。ところがその後、転職先との話がうまくいかなかったため、Xは退職届を撤回することにした。

このような場合、従業員Xの退職届の撤回は認められるであろうか。すなわち、Xは未だ従業員としての地位を有するといえるのであろうか。

①原則

退職、つまり労働契約の解消も、債務不履行に基づくものでない限り会社と労働者との間の契約（**解除契約**）であり、申込みと承諾によって「労働契約の終了」という法的効果が発生することになる。退職届の提出は、労働者からの労働契約の解約の申込みであり、これに対する会社の承諾があれば労働契約が解約されることになる。

もっとも、契約の申込みについて到達主義をとっている以上、申込みが相手に到達したときに意思表示の効力が生じるのが原則であるから、いったん意思表示が相手方に到達した場合、その意思表示は有効となり、もはやその意思表示の撤回は許されなくなる。

すなわち、相手方の承諾により確定的に法律効果が発生することになるのではあるが、解約の申込み自体は、その申込が相手方に到達した時点で確定的なものになり、その意思表示を自ら取り下げることはできなくなるのであ

る。この時点で、申込みをした者は相手方の返事待ちをしている状態にある。

しかしながら、いつまでも意思表示の撤回ができないとするのは、合理的ではない。そこで、民法は承諾期間を定めないでした申込に関して相当な期間経過後は撤回が許されることとした（**同524条**）。これについては**図解民法1〈第2版〉（酒井書店）**に詳しく書いてあるので参考にしてほしい。

②事案の検討

さて、今までの議論も踏まえて先ほどの事例に当てはめて考えてみよう。意思表示は通常明示的に行われるが、それが明示でなくなされる場合、すなわち黙示において意思表示がなされることもある。特にはっきりと意思表示をしないが、全体的に見れば意思表示をしていると認められる場合である。これを「**黙示の意思表示**」という。本件では、従業員が退職届を提出し、権限のある人事部長が何も言わずその届け出を受理している。退職の届け出を受理する行為は、明示にその退職を承諾するものではないが、黙示的にその承諾があったものと考えることもできる。

もっとも、会社には営業本部長の権限に関する定めがなく、かつ、従業員の退職については社長が押印して承認するという手続きが取られていたのであるから、このような手続きがとられておらず、営業部長が退職届を受理しただけの段階では、会社が退職の申込みを承諾しているとはいえないであろう。似たような事案で裁判例（**岡山地判平3．11．19（岡山電気軌道事件）労判613-70**）も同様の結論を導いている。

このような黙示の承諾に関して、労働関係においては労働者に有利になるように修正されている。

労働事件の中にこのような事件がある。ある会社の経営陣が、管理職全員を招集し、管理職の賃金を20パーセントカットすることを伝え、これらの事項について出席者の意思確認を採ることなく賃金が減額して支払われたが、管理職側は特に異議を申し立てずにこれを受け取った。この場合、管理職者たちは賃金のカットを黙示に承諾したといえるだろうか。

これについて判例は、**労働基準法24条1項**が**賃金全額払の原則**を定めており、これは不当かつ一方的な賃金控除から労働者の経済生活を保護するための規定であることから、賃金カットについては、その承諾が**労働者の自由**

な意思に基づいてされたものであると認めるに足る**合理的な理由が客観的に存在する**ときに限り、その黙示の承諾を有効とすると判示した。そして、本件においては黙示の承諾を認めるに値する合理的な理由が客観的に存在するとはいえないとしたのである。

すなわち、労働者が黙示にでも同意したというためには、労働者が十分納得して同意しているといえる状況が外形的・客観的にわかる状況が必要であるということになる。この点において労働者を厚く保護しているといえる。

③問題

A）速やかな退職の受理

退職届がいったん提出されれば、会社は通常、顧客への周知を含めた業務引き継ぎを進め、補充採用のための募集を行うことになるから、その後に退職届の撤回がなされてしまうと、会社の業務に混乱をきたすし、余計な出費も余儀なくされることになる。

したがって、会社としては、退職届の撤回がなされないうちに速やかに退職届の受理を行うべきで、その後に退職届の撤回の申し出がなされたような場合には、その従業員を必要とする場合には、任意に撤回に応じればよいのである。

これについては、次の点に注意しなければならない。

ア）　従業員の任免に関する権限を規程類で明確にしておく
イ）　承認に関する規定や手続きは、簡単なものにしておく
ウ）　早急にルールに則り手続きを行う

こういったルール作りをしておくことで退職に関する煩わしい問題が生じることを防止できる。

B）退職届の受理

例えば、その事実がないのに従業員が「セクハラを受け、これ以上ここで働くことはできないので退職します。」と言ってきた場合、会社としては当該退職届を受理することをためらうかもしれない。セクハラなど根も葉もない事実であり、その退職届を受理することは、その事実を認めることになってしまうのではないかと考えてしまうからである。

結論から言えば、会社としてはまずはその退職届を速やかに受理し、労働

契約の終了という法律効果を発生させるべきである。従業員がこのような問題社員（トラブルメーカー）で、セクハラ等の退職理由も明らかに虚偽の場合、このまま雇用契約を継続することは、さらなるトラブルを発生させ、会社を混乱させる原因になりかねない。

退職届の受理という法律行為は**「労働契約を終了させることを承諾する」**という意味の法律行為であり、そこに記載されている理由付けを認めるかどうかとはまた別の問題であるので、退職届を受理したからといって、直ちに記載されている理由付けを認めるということにはならないのである。ただし、後に訴訟になった場合に「退職届を異議なく受理したということは、会社がセクハラの事実を認めたことを意味している。」などという主張が従業員からなされる可能性があるので、退職届を受理すると同時に、「退職届は受理するが、その理由は認めない。」など異議ある旨を、内容証明郵便などで明らかにしておくべきであろう。

C）発信主義

民法は到達主義の原則をとっており、申込みも到達主義をとっていると説明した。この到達主義に対応するものとして**「発信主義」**というものがある。これは意思表示を発信した時に、その意思表示が確定的になるというものである。民法は、承諾の効力発生時期について、承諾を発した時に成立していると規定している（**同526条1項**）。つまり承諾の効力発生時期については**「発信主義」**をとっているのである（但し承諾期間の定めのある場合で、承諾が承諾期間内に申込者に到達しないときには、申込みは効力を失うとされているので、その点は注意してほしい（**同521条2項**））。

承諾について発信主義をとるということは、申込みの意思表示に対する承諾の意思表示を発信した場合には、当該意思表示が、その後何らかの理由で申込者に到達しない場合にも、契約は成立していることを意味している。これは、返事をすれば即契約が成立するということになる。到達主義の例外となるが、民法は、迅速な取引関係の成立という観点から、承諾については発信主義をとるのが妥当と考えているのである。

D）到達主義と到達

ア）到達とは

> （隔地者に対する意思表示）
> 第97条　隔地者に対する意思表示は、その通知が相手方に到達した時からその効力を生ずる。

　いままで民法は到達主義をとっていると説明してきた。ここで「**到達**」（民97条）について説明しよう。

　「**到達**」とは、判例上、**意思表示の内容が、一般取引通念上、相手方の了知可能な状態に置かれること**、すなわち、相手方の勢力範囲（支配圏）内に届くことを意味し、相手方が現に了知することは必要ではないと解されている。

　したがって、例えば、契約の相手方の郵便受けに書面が投函されたり、同居の親族や内縁の妻がその書面や意思を受領していれば、相手方が現実に内容を確認していなくても、相手方の了知可能な状態におかれた、すなわち、到達があったものと評価される。

イ）労働問題と到達

　労働問題に置き換えて考えてみよう。いま、X社の営業社員Yが、ある日突然会社を無断欠勤し、現在まで1週間が経過している。無断欠勤した当初、自宅に連絡を取ってYの妻に確認したところ、先週末から家を飛び出したきりで自宅にも帰っていないとのことであった。また、会社が貸与しているXの携帯電話にも連日連絡を取り続けているが、電源が切られており繋がらない状態である。

　X社の就業規則では、懲戒解雇事由として、「無断欠勤が連続して14日以上となった場合」を規定しているため、X社としては、さらに1週間、Yから何の連絡もない場合には、Yを懲戒解雇処分したいと考えている。このような場合どのようにしたらよいのであろうか。

　この事例において、無断欠勤が14日以上連続した場合には、X社の就業規則上、Yに対する懲戒解雇理由が発生する。しかし、Yは失踪中であるので、直接解雇通知をすることはできない。

では、どうすればよいのであろう。X社が懲戒解雇通知をYに発送して、当該意思表示がYに到達したと評価できるような場合を考えてみる。

先述したとおり、民法97条1項の「**到達**」とは、意思表示の内容が、**一般取引通念上、相手方の了知可能な状態に置かれること**、換言すれば、相手方の勢力範囲内に置かれることであり、相手方が現に了知することを必要とはしていない。したがって、この事例においても、無断欠勤の開始から14日経過した時点でYに対する懲戒解雇通知をYの自宅に発送し、Yの妻がこれを受領すれば、実際にYが懲戒解雇通知の内容を了知しなくとも、法的には、X社の懲戒解雇通知はYに到達したと評価できるといえそうである。

しかし、これについても慎重に考えなくてはならない。妻に渡れば、それすなわち到達となるというように安直に考えるのはよくない。相手方が了知可能な状態とはどのような場合をいうのか、ある程度個別具体的に考える必要がある。

例えば、会社が自宅に連絡を取って妻に確認したところ、すでに夫は以前から他に愛人を作って別の住居で生活しており、自宅には全く連絡のない状態が続いているというようなこともあろう。

また、そのような事情を理由として、法律上の妻が、夫に対する懲戒解雇通知の受領を拒否することもあり得るであろう。このような場合には、妻が住んでいる自宅をもって、夫に対する意思表示を夫自身が了知する上での勢力範囲内と評価することは困難である。この場合はむしろ夫の生活の本拠である愛人宅宛てに通知を行なうことも念頭に置かなければならない。

判例には、法律上の妻ではなくとも、同居している内縁の妻が意思表示を受領したことをもって事実上の夫に対する意思表示の到達を認めたものがある。また、内縁の妻が事実上の夫に対する内容証明郵便を、夫が昼間不在であり、たまたま外泊していたに過ぎないという事情があったにもかかわらず、夫不在との理由で受領を拒否した場合について到達があったものとした判例もある。ここでは、夫が時々その同居先を訪問して2、3の通知書を受領していたという事情を重視している。

つまり、意思表示が相手方にとって了知可能な状態におかれたか否かという点を判断するうえで、相手方における現在の生活の本拠がどこにあるのか

という点を重視していると評価することができるであろう。

その他、例えば、一人暮らしの社員が失踪してしまい、現在の住居には誰もいないという場合に、両親が住んでいる実家などに書面を送付しても、当該社員が実家に戻っているという等の事情が存在しない限りは、意思表示が到達したとは評価できないであろう。

ウ）内容証明郵便と到達

では、次のような事例を考えてもらいたい。

Xがネット上の掲示板に、Yのプライベートに関する情報を書き綴っており、これを止めさせたいと思ったYは、後に訴訟に発展することも視野に、Xに対して内容証明郵便で、当該行為を行なわないように忠告した。しかしながら、Xはその内容証明の受取を拒否し、Yにつき返した。そのためXは郵便の具体的内容は知らないままであった。このように、相手が内容証明郵便の受け取りを拒否した場合、法的な問題、つまり、到達があったのかについていかに考えるべきであろうか。

E）内容証明郵便を出すことの意味

まずは、内容証明郵便制度について簡単に解説しておこう。

内容証明郵便は法律実務における意思表示でよく用いられる手法である。これは、いつ、いかなる内容の文書を誰から誰あてに差し出されたかということを、差出人が作成した謄本（コピー）によって郵便局が証明する制度である。

内容証明郵便の効果について見ていく。

ア）証拠力を得る効果

法的な効果が発生する重要な意思表示や通知の証拠を残したい場合に、内容証明郵便が利用されることになる。

（具体例）契約の解除・取消し、クーリングオフ、債権の放棄、時効の中断などの場合

イ）心理的圧力を加える効果

内容証明郵便は、郵便局（郵便事業株式会社）が手紙の内容を証明してくれるだけなので、文書の内容が真実であるかどうかを証明するものではなく、法的な強制力は存しない。

しかし、今後裁判に発展する可能性を示唆するなど、ある意味、宣戦布告ともいえる強い意志を表すものであるといえるであろう。内容証明郵便をもらった相手は、一般の感覚からすれば、心理的な圧力やプレッシャーを感じる。これを出すことにより、相手は行動を起こさざるを得ない状況になる場合があり、裁判を起こすまでもなく、自分の要求を相手に履行させる効果が期待できまるのである。

（具体例）貸金・売買代金の請求、損害賠償の請求　などの場合

ウ）確定日付を得る効果

内容証明単独では「いつ相手方に届いたか」までは証明することができない。そこで、郵便物の「配達した年月日」を証明してくれる「配達証明」の制度を利用してこの点を補うことで、確定日付を得る効果が発生する。

（具体例）債権譲渡の通知　などの場合

F）本件の場合を考える

Xは平成25年の初旬にYからの内容証明郵便の受け取りを拒否し、さらに、同年Yから提訴されたにもかかわらず、訴訟代理人である弁護士の内容証明郵便の受け取りをも拒否していた。

「到達」とは、先にも述べたとおり、意思表示が相手の活動圏内に入ることである。すなわち、社会通念上一般に了知しうる客観的状態を生じたと認められることで足りる。

したがって、今回のケースのように、現実に相手の下に内容証明郵便自体が届いている場合には「到達」していると評価できるであろう。そうだとすると、相手方が受領を拒否した場合、相手方はその郵便の具体的内容を了知していない可能性はあるものの、到達の事実により意思表示は成立すると解するのが相当であろう。

では、内容証明郵便の受け取りを拒否したということはどのように考えるべきであろうか。

内容証明郵便の受け取りを拒否したということには、法的に何らかの効力が発生するものではないが、裁判において、裁判官の心証を考えたとき、プラスの方向に向かないことは、まず明らかである。

なぜなら、裁判の前段階として、訴訟の相手方が「こちらの話を聞いてく

ださい。」と、公に記録を残す形で対話の申込みをしているのであるから、「私は知らない。聞きたくないから受け取らない。」とばかりに、受け取りを拒否することは、裁判に臨む姿勢として、褒められたものではないからである。

　もちろん正当な理由があるのであれば、この限りではない。

　同様の事例におけるいくつかの裁判例も意思表示の到達を認めている。

　東京地判平10．12．25判タ1067-206は、「XはYに対し、配達証明付内容証明郵便で本件貸金債務の催告書を送付したところ、Y事務所の事務員がその受取りを拒否し、その封筒表面に「受取拒絶」と記載してYの印鑑を押捺したうえ、その催告書がXに返送された場合において、本件催告は、Yの事務所に郵便局員が内容証明郵便を配達し、Yの事務所の事務員がその受領を拒絶したときをもってYに到達したものとみなし、催告の効果を認めるのが、時効制度の趣旨及び公平の理念に照らし、相当であるというべきである。」と示したほか、古くは大審院判決も、内容証明郵便の受領拒否につき、意思表示は到達したと認定している（東京地判平５．５．21、大阪高判昭53．11．７、大判昭11．２．14など）。

3．意思表示における問題

1）意思の欠缺
（1）心裡留保（第93条）
①意義

　心裡留保とは、表意者が表示行為と内心の効果意思との不一致を知りながら、故意にする意思表示である。たとえば、労働者が使用者に対して本当は辞める気がないのに、「もう会社を辞めます」といったような場合が心裡留保にあたる。

②要件

　心裡留保が成立するためには、①意思表示をすること②表示行為と内心の効果意思が一致しないこと③この不一致を、表意者自身が知っていることの３つの要件が必要である。

③効果

　原則として、表示行為どおりの効果が生じる。例えば、前例のように、B（労働者）がA（使用者）に対して本当は辞める気がないのに「もう会社を辞めます」と言ったとすれば心裡留保にあたり、退職の効果としては有効となる（**93条本文**）。つまり、Bは会社を辞めなければならない。

④民法93条の趣旨（保護事由・帰責事由）

　以上のような効果が認められる理由を、その条文が想定する保護事由・帰責事由が何であるかを検討しつつ考えてみよう。民法93条が以上のような効果を認めるのは、意思表示を受ける相手方が、表示行為どおりの効果が発生するものと期待しており、このような相手方（真意を知らない、または知ることができないことをは「**善意**」であるという）の期待を犠牲にしてまで表意者を保護する必要はないからである。AとしてはBが辞める気がないことがわからないため、仮に表示どおりの効果が発生しないと混乱が生じることになる。そこで、相手方の取引行為に対する期待の保護、すなわち一般社会取引における安全を図る必要があるのである。すなわち、相手方の取引が有効に成立していると信じたということが本条の保護事由であるといえるであろう。

　ただし、相手方、つまり使用者Aが、労働者Bは本当には辞める気がないことを知っていた場合、または辞める気がないことを知ることができた場合（このような場合を相手方が「**悪意**」であるという）には、Bの退職に関する意思表示は無効になる（**93条但書**）。このケースでは、悪意または有過失の（Bが辞めるつもりがないことを知っていた、もしくは知ることができた）Aを保護する必要はないので、真意に反したBの意思表示は無効となるわけである。つまり、Bの退職意思は、はじめからなかったことになり、Bは会社を辞めなくてもよいのである。これは、悪意有過失の相手方には契約通りの効果を発生させてもよいとすることの表れである。悪意・有過失は帰責事由であるということになる。

⑤退職の意思表示と心裡留保

　ここで、退職の意思表示と心裡留保の関係についてみていきたいが、その前に、退職の意思表示について、簡単に解説する。その後で、判例に現れた

具体例を挙げる。

A）退職願は意思表示になる

　一般的に自己都合退職とされているものには、大きく分けて二つの形態がある。ひとつは**従業員が単独で行う退職の意思表示**で、使用者の承諾のないものである。もうひとつは、**従業員が退職を申し出て、使用者がこれを承諾することで雇用契約を合意によって終了させるもの**である。前者の場合は、退職の意思表示の後14日の経過で原則として退職の効力が発生する（**民法627条**）。後者の場合は、使用者が退職を承諾した時点で効力が発生する。なお、後者の場合、使用者が退職の意思表示を承諾するまでは、従業員が退職の意思表示を撤回することは可能である。

　退職願の提出は従業員からの労働契約解約の申込であると解されており、会社がこれを承諾して意思の合致があった場合には、退職の合意が成立して労働契約は終了することになる。この場合の労働契約解約の申込も「**意思表示**」であり、民法の意思表示に関する規定の適用がある。

B）退職の意思表示と心裡留保

　従業員から退職願が提出されて会社がこれを承諾しても、効力が発生しない場合がある。例えば、従業員の退職に関する意思表示が真意に基づかないケースもその１つであるが、この場合、つまり93条但書が適用されるときには、退職の意思表示は無効となる。

　これは、退職の意思表示の撤回とは異なり、退職の意思表示に関する効力の問題であるから、たとえ会社が承諾していたとしてもその効力を否定できる。したがってこの場合、退職願を提出した従業員は退職しなくてもよいのである。

　以下、具体的な事例を基に検討してみよう。

　Ｙ社従業員Ｘは、業務上の取引先とトラブルを起こしてしまったが、Ｙ社の上司に自分が正しい旨を力説し、謝意を述べなかったため、上司はＸに反省の態度なしとして、反省文の提出及び不提出の場合は辞めてもらう場合もある旨を告げるにいたった。

　解雇されることを恐れたＸは、本気で謝意があることを示すために、実際には退職の意思はなく、働き続ける意思を有していたにもかかわらず退職届

を作成し、上司に提出するとともに、「十分に反省しているので、働かせてほしい。」と述べた。上司は「わかった。」と述べるとともに、しばらくの間自宅謹慎するようにと指示し、Xは待機していたが、その後突然、会社から退職に関する手続きが記載された文書が送付されてくるとともに、給与の支払いが停止した。

これに対して、Xは従業員たる地位の確認を求めて提起した訴訟において、会社は、「Xが自主的に退職届を提出し、会社がこれを正式に受理したのであるから、Xはすでに自主退職している。」と主張してきた。この主張は認められてしまうのであろうか。

これと同様の事案で裁判例**東京地決平４．２．６（昭和女子大事件）**労判610-72は以下のように判断している。

判例 ■東京地決平４．２．６（昭和女子大事件）

【事実】従業員が学長とトラブルを起こし、その解決のため提出された退職届による退職の意思表示が真意に基づくものではないので心裡留保に当たるとして、従業員から退職の意思表示は無効であるとの主張があった。

【判旨】認定事実によれば、従業員は反省の意を示すために退職願を提出したもので、実際に退職する意思を有していなかったものと認められる。そして、本件退職願は、勤務継続の意思があるならばそれなりの文書を用意せよとの学長の指示に基づいたものであること、従業員は本件退職願を提出した際に学長らに勤務継続の意思があることを表明していることなどの事実によれば、学校側は、従業員に退職の意思がなく、退職願による退職の意思表示が従業員の真意に基づくものではないことを知っていたものと推認することができる。そうすると、従業員の退職の意思表示は心裡留保により無効であるから（民法93条但書）、学校側がこれに対し承諾の意思表示をしても退職の合意は成立せず、従業員の退職の効果は生じないというべきである。

（２）通謀虚偽表示（94条）

ここで、一人ではなく複数で虚偽の意思表示を行なう通謀虚偽表示につい

て説明しよう。

①意義

通謀虚偽表示とは、複数の者が相通じて本心とは異なる虚偽の意思表示をなすことをいう。例えば、使用者Aと労働者Bが相通じて雇用契約を締結する気がないにもかかわらず、雇用契約を締結したように見せかけるような場合を通謀虚偽表示という。

②要件

通謀虚偽表示が成立するためには、①**相手方と通謀（相談等）すること**②**虚偽の意思表示をすること**が必要である。

③効果

通謀虚偽表示の効果は「**無効**」である。通謀虚偽表示を行なった当事者間においては、表示に対応した効果意思が存しないということになる。

④民法94条1項の趣旨（帰責事由）

以上のような効果が認められる理由を、その条文が想定する保護事由・帰責事由が何であるかを検討しつつ考えてみよう。94条がこのような効果を有するのは、当事者間において表示に対応した意思がないことを知っており、そのような当事者間に当該意思表示の効果を発生させて拘束力を認める必要がないからである。

例えば、先ほどの例のAとBが虚偽の雇用契約を締結していたという場合において、Aがハローワークに助成金の申請をしたとする。その契約を信じたハローワークの職員がAに対して助成金を交付してしまった。確かに、AB間の契約は外形上有効に成立しているといえるが、当事者間でこの契約に基づく効果を発生させるつもりはまったくないのである。そうだとすれば、この契約になんら効力は発生しない。しかし、助成金が欲しいからというような自分勝手な都合によってこの契約が有効であるとの主張を許すのでは契約の有効性は契約当事者の勝手次第ということになって**社会の契約関係が不安定になってしまう**。すなわち、**法的安定性を害する**ことになってしまい妥当ではない。そこで、このような契約は原則的に無効であるとしなければならない。そもそも、契約とは契約当事者間を拘束するものであるから、両者に契約を結ぼうという意思がないのであれば、拘束力を及ぼす必要もないの

である。すなわち、当該規定は虚偽表示を行なった当事者の帰責事由を定めた規定であるといえる。よって、ハローワークの職員はＡＢ間の雇用契約は通謀虚偽表示により無効であるから助成金を返還せよと請求することができるということになる。

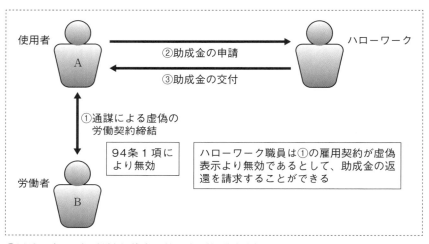

⑤民法94条2項の趣旨と善意の第三者（保護事由）

94条1項で作出された虚偽の意思表示に対して、新しく、独立して法律上の利害関係を結んだものがいた場合どうなるであろうか。

例えば、先ほどのＡＢ間の虚偽の雇用契約を信頼して、労働者Ｂの債権者Ｃが雇用契約によって支払われる賃金について差押えをしたとする（労働法上の制限は考えないものとする）。94条1項の原則からいえば、ＡＢ間の契約は無効であるから、賃金債権も発生せず、Ｃの差押えは無効であるということになろう。

しかし、これを許していては、**当事者内部の取り決めによって、すなわち、外部の者にはわからないＡＢ間の約束によって、新たに結んだ法律関係が無効になったり、有効になったりするので、こういった契約関係を新たに結ぶ者が後から害されることになってしまう**。これでは安心して取引などできたものではない。そこで、**取引の安全を図るために**、94条2項は、当事者間の意思表示が通謀虚偽であることにつき善意である者を害することはできないと規定して、新たに取引関係に入るものを保護している。すなわち、94条2

項は第三者の取引安全という保護事由を定めたものであるといえる。

先ほどの例からすれば、Bの賃金債権を差し押さえたCがＡＢ間の雇用契約が通謀虚偽表示であることについて善意であれば、Cを害することはできないので、ＡＢは雇用契約が虚偽表示により無効であると主張することはできないということになる（無過失を要求しないのは通謀して嘘の表示をでっちあげるという態様が悪質であるため、無過失まで要求するのは第三者にとって酷だからである。）。反対にCがＡＢ間の雇用契約が虚偽であることを知って差し押さえをしたのであれば、Cは善意の第三者であるとはいえないので、Bにおいて差押えは無効であると反論することができる。なお、この善意悪意の判断時期は新たに法律関係に入った時点である。すなわち、差し押さえの時点である。このあとにＸＹ間の契約が虚偽であることを知っても何ら影響はないことに注意しなければならない。

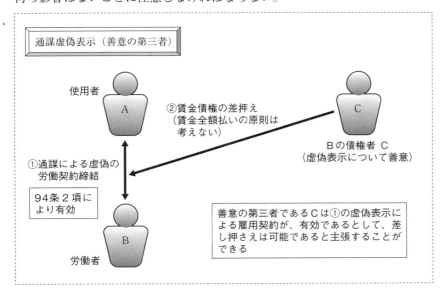

⑥権利外観法理

「**権利外観法理**」という考え方と絡めて説明しよう。

真実に反する外観が存在する場合に、それを作出した者に責めに帰すべき事由があるときには、外観（いま目に見える状態）どおりの権利関係を認める考え方を**権利外観法理**という。権利外観法理が認められるためには①**虚偽**

の外観があること②相手方がその外観を信頼していること③真の権利者に帰責性があることという要件が必要となる。例えば、債権者Xからの追及を免れるために、AがBと通謀してAの土地の名義をBに移したとする。すなわち、通謀の結果、土地の売買という外観を作出している。Cはその事を知らずに、登記名義人であるBが真実の所有者であると信じて、Bからその土地を購入した。

　このような場合、このAB間の売買契約は通謀虚偽表示にあたるから無効である。したがって、いまだ所有権はAの下にある。しかしながら、土地の名義はBになっている。そうであるから、現在の状態を外側から見ると（現実には登記簿を見ることになろう）、Bに所有権があるように見える。これを**「虚偽の外観」**という。これは、帰責事由・保護事由でいうところの帰責事由に該当する。虚偽の外観を作出した者は不利益を受けてもやむを得ないであろうという判断となるのである。

　次に、**「相手方の信頼」**であるが、この相手方とは、Bから土地を買ったCのことである。CはAB間の売買契約が無効であることを知らないのであるから善意である。つまり、Cは土地の登記名義人がBになっていることから、その土地はBのものであると信じてBから土地を買ったのである。これが「相手方の信頼」と呼ばれるものである。これは、保護事由であるといえる。権利の外観を信頼した第三者は不利益から保護してやる必要がある。

　最後に**「真の権利者の帰責事由」**について、**「真の権利者」**とは、Bと通謀して売買という外観を作り出したAである。帰責性とは、責めに帰するべき事由の事である。これは、自ら真実ではない外観を作った者が外観通りの責任を負うべきであるということである。この事例でいえば、仮装譲渡人Aは仮装譲受人Bに対し、譲渡は無効であると主張できるが、Cに対しては、CがBを所有者であると信じて譲り受けたのであるから、AはAB間の譲渡は仮装譲渡で自己に所有権があるとして返還を請求することはできない。これは、外観を信頼したCを保護し、取引の安全を図り、その不利益を仮装行為を行なった者に追わせるものであるからである。つまり、真実でない外観を作り出したことに責任のあるAは、その外観を信頼した者に対しては、外観が真実ではないとの主張は許されないのである。これはもちろん帰責事由

を示すものである。

以上のような「虚偽の外観」「相手方の信頼」「真の権利者の帰責性」の3つの要件が備わった場合には外観通りの権利関係を認めるという考え方を、**「権利外観法理」**という。

法律の規定は常にこのような保護事由と帰責事由とのせめぎ合いを整理して規定しており、これに該当する証拠が揃えば、その法律の規定に従った効果が認められることになる。これを裁判等の訴法実務において体系的に整理すると、いわゆる「要件事実」というものが浮き彫りになってくるのである。「要件事実」についてここで詳述は避けるが興味がある方は「社会保険労務士のための要件事実入門」（仮）（日本評論社）（平成29年2月発行予定）を参照して勉強してほしい。

（3）錯誤（95条）

次に錯誤について解説する。ここでも、退職の意思表示と錯誤の関連について考察する。その前に、錯誤について簡単に説明する。

①意義

錯誤とは誤信、思い違いなどから、意思（**内心的効果意思**）と表示（**表示行為**）との間に不一致を生じ、それを表意者自身が知らない意思表示をいう。表意者が意思と表示の不一致を知らないという点で心裡留保の場合とは異なる。

②要件

錯誤が無効となる要件には①**意思表示に錯誤（勘違い、書き違え、言い違い）があること**②**「要素の錯誤」があること**③**表意者に重大な過失がないこと**の3点である。

②の要素の錯誤の「**要素**」とは、もし、その点に関して錯誤がなければ通常人であれば、そのような意思表示をしなかったであろうと考えられる「**重要な事項**」である。この重要な事項について勘違いがあった場合に、はじめて無効という扱いをされるのである。また、③における**重大な過失とは、通常人に期待される注意を規準にして、注意義務を著しく欠くもの**をいう。したがって、表意者にこのような重大な過失があれば、無効にならないのである。

ここで「**動機の錯誤**」というものについて説明しよう。錯誤は内心的に思っ

ていることと、その意思の表示に食い違いがある場合のことであると説明した。すなわち、オパールを購入しようと考えていたにもかかわらず「トパーズをください」と言ってしまったような場合である。では、そもそもその動機に食い違いがあった場合はどうであろうか。例えば、土地の売買が行われた場合に買主は、この土地を買うという意思の表示をするが、内心では、地下鉄の駅が近くにできて著しく値が上がると思って、土地を買い受けたところ、実は、地下鉄の駅などできる予定はなかったという場合でに錯誤無効を主張できるのであろうか。

動機は、意思表示をした人の内心の問題であるから、これを当然に錯誤の問題とすることができないというのが従来の判例・通説である。つまり、動機というものは意思表示の形成過程であり、意思表示そのものとは異なると考えられており、そうだとすれば、動機に錯誤があってもそれは意思表示の錯誤ではないのだということである。もっとも、いわゆる錯誤という問題のほとんどが動機に勘違いがある場合であるため、まったく動機に錯誤がある場合に錯誤無効を認めないということになれば、民法95条の意義が失われてしまうという結果になる。そうだとすれば、動機の錯誤にも95条の適用を認める必要があるだろう。もっとも、動機は表意者の内心にとどまるものであるので、全面的に認めると今度は相手方にとって不意打ちとなる。そこで、判例はこれらの調和を図り、動機が意思表示の内容として相手方に表示された場合に限り、動機も意思表示の内容であると評価され、「錯誤」の対象となると判示するに至った。

労働問題に置き換えて言えば、定年退職まであと5年と迫ったX社の営業部長であるYが、早期退職をすれば退職金の支給額が上がると考えて、X社に退職の意思表示をしたが、X社にはそのような規定も、決定もなかったとする。ここでYが退職の意思表示に関して錯誤無効を主張できるかという問題において、退職金の支給額が上がるから辞めようという動機の部分に錯誤がある。判例に従えば、何も言わずに退職の意思表示のみを伝えた場合、動機がX社に明示されていないため、意思表示の内容とはならず、錯誤無効は認められないということになるであろう。これに対して、YがX社に退職金の支給額が値上がりするから退職しますと動機を明示していれば、その動機

は意思表示の内容となり、その部分に食い違いがある場合は錯誤無効の主張ができるのである。

なお、錯誤無効が認められるためには、その錯誤の内容が要素の錯誤であり、表意者に重大な過失がないことという要件をも満たさなければならないということも忘れてはならない。

③**効果**

錯誤による意思表示は**無効**である（**同法95条本文**）。ただし、錯誤があったからといってただちに無効となるのではなく、それが法律行為の要素に関するものである場合に無効となる。例えば、労働者Bが使用者Aに労働契約を締結する際に「結婚したら退職します」という誓約書を書かされたとしよう。この「結婚したら退職する」という内容は、法律違反であり実際には無効となる。

にもかかわらず、入社から数年経ってBが結婚した際、Bはいまだ入社時の宣誓書が有効であると信じて疑っていなかったため、結婚したら退職しなければならないものと勘違いしており、それを理由として本当に退職してしまったとする。

この場合、誓約書を信じて退職した労働者Bは錯誤に陥っていたのであり、退職の意思表示は錯誤に基づいた意思表示であるといえる。つまり、労働者Bには「**要素の錯誤**」があったといえるだろう。したがって、このようなケースの退職の意思表示は、錯誤により無効となるのである。

④**民法95条の趣旨（保護事由と帰責事由）**

さて、これも民法93条、94条同様このような効果が認められる理由を、その条文が想定する保護事由・帰責事由が何であるかを検討しつつ考えてみる。

上記のとおり、錯誤の効果は無効であり、無効ということは最初から何もなかった状態にするということである。そうだとすると、この規定は誤って意思表示をしてしまった表意者を保護するためのものであるといえる。表意者の保護、これが95条の基本原則である。しかし、錯誤というものはいわば「勘違い」であって、これには表意者の帰責性が認められる。それにもかかわらず、無効という強力な効果を及ぼすからには、錯誤の主張をする者にそれに相応する要件を要求する必要がある。それが、**表意者に重過失がないこ**

と、**錯誤が要素の錯誤であること**という要件である。これは95条の保護事由であるといえる。

表意者に重過失がある場合にまで、その者を保護する必要はない。

例えば、あわてて求人広告を見て電話したせいで、就職した会社が意中の会社ではないと気づかず雇用契約を締結してしまったような場合、雇用契約の申込みをした者を保護する必要はなく、それよりも会社の方を保護しなければならない。また、これは条文には明示されてはいないが、錯誤の内容が些細なものであるような場合にまで錯誤を認めるわけにはいかない。すなわち、会社と雇用契約を結んだ後、会社の定める休日が半日少なかった程度で契約を無効としてしまうのは、いたずらに社会を混乱させることになり妥当ではない。少なくとも、「要素の錯誤」を要求することでバランスを保っているのである。

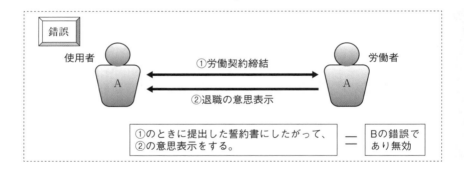

⑤退職の意思表示と錯誤

すでに述べたように、退職の意思表示も民法の意思表示の規定の適用を受ける。錯誤についても、退職の意思表示との関連を、判例を用いて説明したい。

以下に判例を掲げる。

|判例| ■大阪地決平11．5．26（ヤマハリビングテック事件）労判772-82

【事実】従業員Xは部下が架空売り上げを計上していることを察知していたが、

これを黙認していた。会社Yは、そのことに気付き、Xに対して懲戒解雇処分もありえることをちらつかせて退職を勧奨した。従業員Xはこれにより退職願を提出した。従業員Xから、退職願は提出しないと懲戒解雇になると思い提出したものであるが、Xには懲戒解雇になる理由がなく、退職の意思表示は錯誤に基づく意思表示であり無効であるとして提訴があった。

【判旨】Xは、以前から部下が架空売り上げを計上していることに気付き、これを黙認していたと推認されるが、部下がこのような架空売り上げを計上したのは、Xによる売上目標達成の強い指示によるものであるといえ、また、Xが売上目標達成の強い指示をしたのも、Xの上司からの強い指示に従ったためであり、Xのみを責めることはできない。部下の架空売り上げの計上を黙認していたことは許されるべきことではないが、前記のような理由もあり、また、Xの上司については、その処分について検討したことも伺われない。これらのことから、Xの責任は重いものの、Xのみを処分の対象として懲戒解雇するのは処分の均衡を欠くものである。そのため、Xには懲戒解雇事由が存在するとはいえない。以上によれば、Xは、懲戒解雇事由が存在しないにもかかわらず、これがあるものと誤信し、懲戒解雇を避けるために、任意退職の意思表示をしたものであって、その意思表示には要素の錯誤があったということができる。したがって、Xの行った退職の意思表示は無効である。

2）瑕疵ある意思表示

　意思表示に欠陥がある場合としては、以上で述べた心裡留保、錯誤などの「意思の欠欠」のほかに、**「瑕疵ある意思表示」**というものがある。「瑕疵ある意思表示」とは、**意思と表示との間の不一致はないが、意思決定の過程において、他人からの不当な干渉（詐欺・強迫等）のため表意者の自由な意思決定が妨げられた結果行われた意思表示**をいう（第96条）。これには、詐欺による意思表示と強迫による意思表示とがある。

（1）詐欺による意思表示
①意義

　詐欺とは、**嘘をつくなどの欺罔行為によって他人を錯誤に陥れ、それによっ**

て意思表示をさせることをいう。詐欺による意思表示は、取消しうるものとされている（**96条1項**）。

②要件

詐欺が成立するためには、①**詐欺をした者に故意があること**②**違法な欺罔行為であること**の2つの要件が必要である。

③効果

詐欺による意思表示は取り消すことができる（**96条1項**）。「取消し」の効果は、意思表示を取り消すまでは有効であるが、取り消されると意思表示をした時にさかのぼって初めから無効となる（**121条**）というものである。この取消権は、表意者（被害者）の側にある（**120条**）。ただし、詐欺を理由として意思表示を取り消した場合は、その取消しの効果を善意の第三者には主張できない（**96条3項**）。

④第三者が詐欺を行なった場合

たとえば、今、AがBに対して「Cが北海道に所有している土地がリゾート開発の対象区域内にあるから、すぐに値上がりするだろう。今のうちに買っておいたほうがよい。」とだましたとしよう。実際にはCの所有している土地はただの原野で価値のない土地であった。そうとは知らず、BはCからその土地を買うという意思表示をした。これは詐欺に基づいて意思表示をしているから、瑕疵ある意思表示といえる。このような場合には、騙されたBが騙したAに対して意思表示をしたわけではないという点に注意が必要である。意思表示の当事者はBとCで、Aは意思表示の当事者ではない。これを、第三者（A）の詐欺という。この場合は、Cが悪意であれば、つまり、Cが「**BはAにだまされていることを知っている**」場合には、Bは意思表示を取り消すことができる。しかし、Cが善意の場合、つまり、Cが「**BはAにだまされていることを知らない場合**」には、Bは意思表示を取り消すことができない。つまり、第三者（A）の詐欺の場合は、瑕疵ある意思表示をした相手方であるCが悪意の場合のみ、Bは取り消すことができるということである。詐欺によることを知って取引関係に入ったCを、Bを犠牲にしてまでも保護する必要はないからである。それに対して、Cが善意の場合はBがAから騙されているという事実を知らないわけであるから、このような場合、A

が詐欺をしたからという理由で、その法律行為（B・C間の売買契約）が取り消されたのでは、Cが不測の損害を被ることになる。そのため、Bを犠牲にしても、Cを保護する必要があるのである。

⑤詐欺と錯誤の関係

詐欺は、欺罔行為によって他人を錯誤に陥れ、それによって意思表示をさせることをいうから、錯誤と密接な関係にある。そこで、詐欺による意思表示をした者は、詐欺を理由とする取消しのほかに錯誤を理由とする無効の主張もできないかが問題となる。これを二重効の問題という。

通説は、この二重効を認めて、表意者はどちらでも選択的に主張しても差支えないとしている。詐欺によって錯誤に陥った場合は、内心の意思決定にさいして他人の欺罔行為によって思い違いをするのであるから、多くは動機の錯誤である。例えば、ここの土地は将来確実に値上がりするというように、錯誤の内容が相手方に表示されていたり条件となっている場合には、錯誤と詐欺とを選択する余地が出てくるのである。

ところで、両者はその要件・効果が異なっているので、詐欺を主張するためには、**欺罔行為があったことを立証しなければならない**。また、錯誤を主張するためには、**要素の錯誤のあることの立証が必要**とされる。そのため、表意者は、いずれか証明しやすいほうを主張すればよい。

双方とも認められる必要はないが、錯誤の場合には第三者にも対抗できるが、詐欺では善意の第三者に対抗できないから、善意の第三者がいる場合には、錯誤の主張をしたほうがよいことになる。

たとえば、代金支払いの意思も能力もない者（A）が登記を移転すると同時に、代金全額を支払うと欺いて土地を買い、その土地を抵当権の担保にしてしまった場合に、土地を欺き取られた者（B）の錯誤無効の主張を認めた判例がある（**大判大11．3．22、同昭17．9．30**）。A・B間では当然詐欺による取消（96条1項）が認められるところであるが、このように**第三者（抵当権者）**がいる場合には、詐欺による取消しでは対抗できないことがある。そのため、このケースでは錯誤無効が主張され裁判所がこれを認めたのである。

これを労働関係の問題にあてはめる。たとえば、Aが労働者Bに対して「君の会社はもうすぐ倒産するから、今のうちに辞めて退職金をもらっておいた

ほうが得だよ。倒産したら、退職金がもらえないかもしれないよ。」とだまし、Bがそれを信じて退職してしまったとする。ところが、使用者Cは、AがBをだましたことなど知らないとする。Cは善意の第三者というわけである。この場合、BがAの詐欺を理由に退職の意思表示を取り消すことはできない。なぜなら、第三者による詐欺の場合は、その取消を善意の第三者に対抗できないからである（**96条3項**）。しかし、錯誤を主張して認められた場合は、Bの退職の意思表示は無効となるので、はじめからなかったことになる（**95条**）。そのため、錯誤の場合は、善意の第三者に対しても無効を主張できるのである。つまり、この場合、労働者は錯誤による無効を主張すれば、退職しなくてもよいのである。

（2）強迫による意思表示

つぎに、強迫による意思表示についてみていきたい。これも、退職の意思表示と強迫について解説するが、その前に、強迫について簡単に説明する。

①意義

「強迫」とは、他人に対し害意を示して畏怖の念を生じさせる違法な行為をいい、この畏怖によってなされた意思表示を「強迫による意思表示」という。これは、意思が表示（たとえば署名捺印）されるが、内心ではそうした意思があるわけではなく、強迫によってやむなく表示したにすぎない場合をさす。強迫により意思表示をした場合は、表意者は強迫状態を脱したあと、この意思表示を取消すことができる（**96条1項**）。

なぜなら、強迫の下になされた意思表示は法的に効力あるものとして扱うことはできないからである。

ここで注意したいのは民法上の「強迫」とは刑法上の「脅迫」とは異なり、脅したり、暴力を振るったりすることだけが対象になるわけではなく、しつこく繰り返すというのも対象になる点である。

②要件

強迫による意思表示であると認められるためには、
・**強迫につき故意があり、相手方に畏怖の念を与えたこと**
・**強迫行為にもとづく畏怖により表意者が意思表示をしたこと**

・強迫行為が社会的に許容される範囲を越えた（違法性がある）こと
の3点が必要である。
③効果
　表意者は強迫による意思表示を取り消すことができる（96条1項、120条）。強迫による意思表示の取消しは、詐欺によるそれとは違って、善意の第三者に対しても主張できることになっている（96条3項参照）。また、第三者の強迫によってなされた意思表示の場合でも、相手方の善意・悪意にかかわらず取り消すことができる（96条2項）。
④民法96条の趣旨（保護事由・帰責事由）
　詐欺・脅迫による意思表示については、意思と表示は一致しているが、ただその内心的効果意思を決定する過程に瑕疵があるにすぎないので、その効果は「取り消すことができる」となっているのである。これは、意思表示をしてしまった者にも帰責事由があると考えられていることの表れである。これについては後に詳述する。
　もっとも、強迫と異なり詐欺取消の場合、善意者に対する保護を要求するのに対して、強迫による意思表示についてはそのような規定はなく、表意者の保護を強化している。これについて、詐欺の場合に比して強迫による意思表示の表意者が厚く保護されるのは、詐欺による場合は詐欺された方もどこかに注意の欠けるところがあったと思われるのに対して、強迫の場合は表意者の側に責められるところはなく、詐欺による意思表示の場合よりも一段と表意者を保護すべきだと考えられたためである。これによって、96条は保護事由と帰責事由のバランスを図っているのである。
⑤瑕疵ある意思表示と退職の意思表示
　退職の意思表示にも、民法の意思表示が適用となることはすでに述べたが、次に瑕疵ある意思表示（詐欺・強迫）の規定を、退職の意思表示を行った事例で説明していく。

A）詐欺・強迫の規定と退職の意思表示
　退職の意思表示にも、民法の意思表示の規定が適用になることはすでに述べた。ここで取り上げるのは、そのことを、詐欺・強迫によって退職の意思表示を行った事例である。

B) 騙されて退職の意思表示を行った場合

まず、詐欺のケースについて退職の意思表示に関する事例で説明する。たとえば、使用者Aが労働者Bに「うちの会社は危ないから辞めたほうがいいよ。」といい、労働者Bが退職してしまったような場合がある。この場合、労働者Bは使用者Aの詐欺によって退職の意思表示をしたわけであるから、この退職の意思表示は瑕疵ある意思表示となる。**したがって、労働者Bは、この意思表示を取り消すことができる**（96条1項）。

次に第三者が詐欺を行った場合である。第三者Aが労働者Bに「君の働いている会社はもうすぐつぶれるよ。早めに辞めたほうがいいよ。」という嘘をついて、それを信じた労働者Bが、実際に会社を辞めてしまったとする。これも労働者は詐欺によって退職の意思表示をしているのだから、瑕疵ある意思表示といえる。ところが、この場合は使用者Cの善意・悪意によって結果が異なる。使用者CがAの詐欺を知っていた場合、つまり悪意の場合は、Bは退職の意思表示を取り消せる。しかし、使用者CがAの詐欺を知らなかった場合、つまり、善意の場合は、Bは退職の意思表示を取り消せないのである（**96条3項**）。

C) 強迫による退職の意思表示

つぎに、強迫による意思表示の規定を退職の意思表示にあてはめて考えてみる。

強迫による退職の意思表示にも民法96条の規定が適用される。つまり、真意に基づかない退職の意思表示は、効力を否定されることがあるのである。たとえば、退職の意思表示をしなければ、懲戒解雇処分になるなどの不利益が生じると使用者から話されて、その不利益を避けたいために従業員が退職の意思表示をした場合で考えてみる。この場合、その不利益が現実には発生しないとすると、退職の意思表示をしなかったわけであるから、この退職の意思表示は強迫に基づく意思表示となる。つまり、懲戒解雇になる可能性がないか、低いにもかかわらず、懲戒解雇処分が確実であるかのような言動をなし、それによって従業員が退職の意思表示を行った場合、強迫による意思表示として取り消すことができる可能性が高い。なお、懲戒処分などありえないのに、懲戒処分をされると誤信して退職の意思表示を行った場合、錯誤

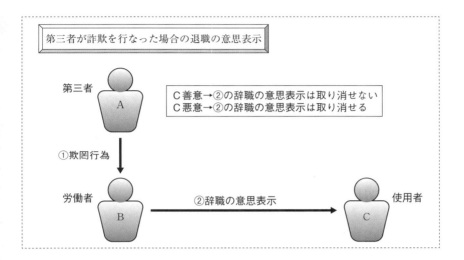

によって無効となることも考えられる。これは、詐欺と錯誤の項目で説明した部分を参照して欲しい。

以下で、具体的な判例を紹介する。

 判例 ■水戸地龍ヶ崎支決平12．8．7（ネスレ日本事件）労判793-42

【事実】従業員が職場でけんかをしたので、工場長から懲戒解雇もありえるから、自己都合退職したらどうかと勧められ、それによって自己都合による退職届を提出しこれが受理された。しかし、従業員はその後、自分はけんかに関与していないし、退職の意思もない、退職届は強迫により提出したもので取り消すことができると主張した。

【判旨】会社側がけんかに関与した従業員を会議室に呼び出し、懲戒解雇を含む懲戒処分になることは確実であると通告した上で、懲戒処分に不服なら裁判で争うことになるだろうから、それを避けるためには、従業員が自己都合退職をすることが賢明であると強く迫ったため、従業員がこれに心理的圧迫を感じ、自ら自己都合退職の退職願を提出したものである。したがって、従業員の本件退職の申込は、特段の事情のない限り、会社側の強迫によるものとして取り消しうるものというべきである。したがって、従業員が退職届

を提出した翌日にその取消の意思表示をしたことによって、退職の意思表示は取り消されたものと認められる。

D）詐欺・強迫による意思表示はなぜ無効ではなく取消しなのか？

　詐欺・強迫による意思表示は民法96条によると取り消すことができると規定されている。一方、錯誤や心裡留保は無効であるとされている。この違いはなぜであろうか？詐欺・強迫も一見して無効でもよいように思われる。詐欺も強迫も行為者は責められるだけの原因があると考えられるからである。

　そこで、詐欺と強迫、それぞれについて労働契約にあてはめて説明する。まず、詐欺のケースであるが、たとえば、使用者が辞めてもらいたい労働者に「うちの会社は危ないから、早めに辞めたほうが退職金もしっかりもらえて得だよ」といわれ、それを信じて退職したとする。しかし、退職した後で、会社が危機的状況にあることはうそであることが分かった。この場合、労働者は詐欺による意思表示をしたことになる。しかし、ここで詐欺による意思表示は無効ということになると、退職の意思表示は無効ということになる。そうすると、労働者は会社に復帰することになる。この効果についてはよい解決方法といえる場合ばかりではない。会社に復帰できて喜ぶ労働者もいれば、会社に復帰することを喜ばない労働者もいるだろう。しかし、無効ということになると、どちらの労働者も復帰しなければならないことになる。つまり、会社に復帰したくない労働者も強制的に会社に復帰することになってしまう。そのため、**詐欺の効果は取消しとして、表意者の選択に任せることにした**のである。

　これは、強迫の場合も同様である。たとえば、使用者に「会社を辞めないと不利益な取り扱いをされるかもしれない」と言われ、そのことによって、労働者は心理的に追い詰められて、自ら退職届けを提出したとする。この場合、意思表示が無効と言うことになると労働者は強迫された会社に復帰しなければならなくなる。確かに復帰したいと思う労働者もいるかもしれないが、大半の労働者はそんな会社には復帰したくないであろう。そのため、**強迫の効果は取消しにして、表意者に選択させる制度にしている**のである。

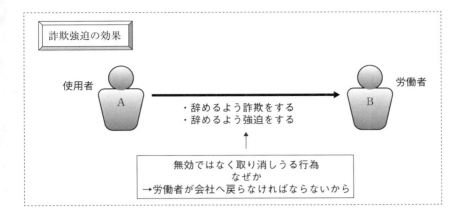

E）解雇事由の告知と合意退職

　本稿においては、民法の意思表示の規定を中心に解説を行った。ここで、これまで学んだものを踏まえて、比較的身近な労働問題の事案を考えてみよう。

　XはY社従業員として、十年間勤務していた。ある日突然、Y社人事部長から、営業成績の不振、遅刻が多いこと、暴言、取引先からの過剰接待を理由に、本日付で懲戒解雇とすることを口頭で申し渡された。それに加えて、即時に退職届を提出するのであれば、懲戒解雇するのではなく退職届を受理するという対応にとどめることも条件として告げられるにいたった。

　Xは懲戒解雇となるよりは、自ら退職届を出した方が将来のためには有益であろうという気持ちを抱くようになり、人事部長宛てに退職届を提出したものの、自己の解雇事由に関し、具体的な説明をなんら受けておらず、結局退職届の提出にも納得できなかった。Xは退職の意思表示の無効・取消しを主張することができるだろうか。

　この事案においては、錯誤無効（**民法95条**）と強迫取消（**民法96条1項**）が問題となりそうである。まず**錯誤無効**の主張から考えていきたい。本件では解雇に相当する事由がないのに、自己に解雇に相当する事由があると勘違いして退職の意思表示したような場合には、錯誤無効の主張が認められることになる。

　次に、**懲戒解雇**に相当する事由が存しないにもかかわらず、懲戒解雇がありうることを告げることは、労働者を畏怖させるに足りる違法な害悪の告知

となり、このような害悪の告知の結果なされた退職の意思表示は、強迫によるものとして、取消しうるものとなる。本件の場合はいずれであろうか。これについて、多くの裁判例は解雇事由の告知を伴う退職勧奨における退職届の有効性を判断するに当たり、その前提として、客観的に解雇に相当する事由があったか否かの判断を行ない、その結果によって錯誤か強迫かを判断することになる。当該事由があれば、退職勧奨は違法な害悪の告知にあたり、強迫が成立する。これに対して、事由がなければ、解雇相当事由があると勘違いしたということになるから錯誤無効ということになる。

　しかし、このように**形式的に判断することは妥当ではない**。実際には、使用者と労働者との話し合いの結果として、一度納得して退職届を提出するというようなことも想定されるのであり、このような個別具体的な事情も加味して考えていく必要がある。

　例えば、使用者が、解雇に相当する事由を使用者なりに検討の上で、具体的な事実として労働者に伝えた場合、少なくとも、使用者としては、解雇に相当する事由を十分に検討しないまま、解雇に相当する事由を告げているわけではない。また、労働者としても解雇に相当する事由を具体的な事実として告げられた場合に、その内容が真実に反するなど不服がある時には、退職届を提出することなく、解雇の有効性を争う途があり、裁判所によって解雇の不当性が認められるということもありうるのである。そうだとすれば、労働者としても、解雇の有効性を争うという選択肢があることも理解の上で、あえてそのような選択をせずに退職届を出したのであれば、決して、解雇に相当する事由があるとの「**勘違い**」をしたとは言えないのではないかと考えられるのである。仮に、自主退職の条件として、使用者が退職加算金などを提示したような場合は、労働者も、あえて、解雇の有効性について将来的に時間をかけて争っていくのではなくて、自主退職の上で、退職加算金という経済的メリットを受ける途を自ら選択したといえ、その事が、退職の意思表示が真意に基づくものであることをより裏付けることにもなるのである。同様に、当該解雇の告知の内容が懲戒解雇に相当するものであったとして、それが、客観的に懲戒解雇に相当する事由が認められなかったとしても、そのことをもって、**常に労働者を畏怖させるような違法な害悪の告知となり、当**

該労働者が畏怖状態の中で意思表示をしたということにもならない。使用者が、使用者なりに検討した結果である懲戒解雇に相当する事由を具体的な事実をもって告知したのであれば、使用者としても、懲戒解雇に相当する事由を十分に検討しないままに、懲戒解雇に相当する事由を告げたわけではないから、使用者が、労働者を強迫、すなわち、労働者を畏怖させるような害悪の告知をした、換言すれば、**懲戒解雇に相当する事由が存在しないにもかかわらず、懲戒解雇がありうることを告げたとはいえない**ということになる。このようなことから、退職の意思表示の有効性は、あくまで、当該意思表示を行なった時点での使用者からの説明内容と、それに基づく労働者の具体的な意思形成の内容に即して判断するべきであり、当該意思表示の時点において、客観的に解雇に相当する事由があったか否かという点も、**当該意思表示の有効性を判断する一事情に過ぎない**と考えるべきであろう。

　以上の議論を、この事例に当てはめて考えてみたい。まず、人事部長からXに対して、懲戒解雇事由となる具体的事実が、Bに対して、十分に告げられていない。換言すれば、Y社としては、懲戒解雇に相当する事由をY社なりに検討した上で、具体的な事実としてXに対して伝えているとはいえないということになる。そうすると、Y社としては、懲戒解雇に相当する事由があることを十分に検討しないままに、懲戒解雇に相当する事由をXに対して告げているといえ、その場合には、懲戒解雇に相当する事由が存在することを十分に検討しないままに、Xに対して、具体的事実を指摘することなく、懲戒解雇がありうることを告げたという意味において、強迫と判断されることになるであろう。また、Xとしても、懲戒解雇に相当する事由を十分に検討できるだけの具体的な事実が伝えられていなかったといえ、その結果、懲戒解雇に相当する事由がないのに、懲戒解雇に相当する事由があると「勘違い」して退職の意思表示をしたことになる。使用者として、このようなトラブルをできる限り防止するためには、解雇の告知にあたって、解雇理由書の作成は必須であると考えなければならない。また、解雇に相当する事由は、たんに就業規則の規定を引用するだけではなく、具体的に当該事実を特定・整理のうえ解雇理由書に記載しておかなければならないと考えておくべきであろう。さらに、使用者は、そのような解雇に相当する事由を労働者に明確

に伝えたうえで、その言い分も踏まえつつ退職届の提出の意思確認などを行うべきである。

4．代理

1）代理とは

本人に代わって他人が法律行為をした場合に、その行為の効果が本人に帰属することを「**代理**」という。民法は、代理人がその権限内において本人のためにすることを示してした意思表示は、本人に対して直接にその効力を生ずると定めている（**民法99条1項**）。

2）代理制度の制度趣旨

代理について述べたが、民法はなぜこのようなものを制度として作ったのであろうか。これについて、代理制度の趣旨は**私的自治の拡張・私的自治の補充**であるといわれる（**私的自治の拡充**）。

私的自治の原則は、当事者の自由な意思に基づく行動を保障するものであるが、自由な取引社会においてもっと取引をしたいと思う者もいれば、自分一人で法律行為を行なうには不安だという者もいる。このような者のために民法は代理という制度を用意し、本人の活動範囲を広げ（**拡張**）たり、本人のみでは補いきれない部分をカヴァー（**補充**）したりできるようにしているのである。

具体的には、今Xさんが、同日同時刻に札幌と沖縄で自分の事業に係る商談をまとめようとしているとしよう。このような場合、この商談を同時に進めていくことは物理的には困難である。そこで、Xさんは、Yさんを代理人に選任して、いずれかの商談をYに任せることで、Xにかかわる全く別の商談を同時に行うことが可能となるのである。このように、他人を代理人として利用することで、本人の活動範囲を広げることができるのである。これが「**私的自治の拡張**」である。

また、今Xさんが、借金の返済を迫られ、ローン会社のY社に訴えられたとしよう。Xさんは、法律の専門家ではないから、自ら訴訟を追行すること

をできる能力を持ち合わせてはいない。そこで、法律の専門家である弁護士Zを代理人として選任して、Xの代わりに訴訟を追行してもらい、事件を処理してもらうことになる。これは、本人が有していない能力を補充することを意味しているといえるであろう。これを**「私的自治の補充」**という。

代理制度はこのような目的を達成するために定められている。

なお、労働者から委任を受けた代理人や法定代理人に賃金を支払うことは賃金直接支払の原則（**労基法24条**）に反して許されないとされている。

3）代理に類似するもの
（1）代表

法人の意思決定機関のことを**「代表」**という。会社などの**法人**には権利能力は与えられているが、実際に自ら意思決定できるわけではない。その内部に存在する一定の自然人や合議体の意思決定に基づき行為することになる。この意思決定を行なうものが**「機関」**である。

代理の場合、代理の行為は本人の行為とは別の行為となるが、代表の場合には、法人の機関である自然人が代表者として行為をなした場合には当該行為そのものが法人の行為となる。

（2）使者

「使者」とは既に決定した本人の意思表示の伝達をおこなう機関をいう。例えば、**賃金直接払いの原則（労基法24条1項）**との関係で、労働者が病気欠勤中に妻子が賃金の受領を求めるようなときは、本人の使者として、これに対する支払は**直接払いの原則**に違反しないのである。なぜなら、使者はいわば本人の手足にすぎず、それ自体独立して意思表示を行なう者ではないので、本人に直接賃金を支払っているのと変わらないからである。これに対して、代理は、代理人が本人とは独立して意思表示を行なうものであるから、本人そのものとはいえず、賃金の受け取りに関して特別に受権されたような場合に限り賃金を受け取ることができるようになる。

4）代理の要件

代理の特徴は、意思表示を行なう者（**代理人**）と法律効果の帰属主体となる者（**本人**）が異なるということである。あくまで他人である代理人の意思表示の効果を本人に帰属させるには一定の要件を満たす必要がある。**民法99条1項**は「代理人がその権限内において本人のためにすることを示してした意思表示は、本人に対して直接その効果を生ずる。」と規定している。

「その権限内」とは、代理人の権限内という意味であり、代理人には代理権が存在していなければならない。また、「本人のためにすることを示してした意思表示」とは、相手方に対して、法律効果の帰属主体が本人である旨を明らかにして意思表示を行なうことである。これを「**顕名**」という。

例えば、Xの代理人Yが、Zと雇用契約を締結する際に、契約書に「X代理人Y」と署名することをいう。すなわち、代理権が認められるためには①**代理権の存在**②**顕名を伴う意思表示**が必要であるということになる。

〈代理の要件〉

① 代理権の存在

② 顕名に基づく意思表示

5）無権代理

（1）原則

代理権が存在しないにもかかわらず、他人が代理人として、代理行為を行なっても代理の要件を満たさず無効な行為であるといえる。これを「**無権代理**」という。

無権代理行為は本人には効果帰属しないとされている（**民法113条1項**）。

（2）無権代理の例外　ⅰ（本人の追認）

無権代理行為が本人に効果帰属しないことは、今述べたが、**事後的に本人が無権代理行為を追認した場合にまでこれを否定する必要はない**といえるであろう。そこで、民法113条1項及び116条は無権代理について、本人が追認

する場合は、行為の当初にさかのぼって、本人に代理行為の効果が帰属すると規定している。もちろん本人が追認を拒絶した場合は、確定的に無権代理行為を無効とできる。

なお、追認の意思表示は相手方に対して行う必要がある。無権代理人に行っても意味はない。もっとも、相手方が追認の事実を知っていれば、追認があったことを対抗できるとされている（**民法113条2項**）。

（3）無権代理の例外　ⅱ（催告と取消）

無権代理は相手が追認するか、追認を拒絶するまで、法律関係が確定しない状態にあるといえる。そうだとすれば、確定しない間、相手方は不安定な立場におかれることになる。そこで、その相手方を保護するべく、相手方に催告権と取消権とを認めている。

民法114条は、相手方は、本人に対して、相当の期間を定めて、その期間内に追認をするかどうかを確答すべき旨の催告をすることができると規定している。相手方に、追認するかしないのかを問い合わせることで、不安定な相手方の立場を確定させることが本条の趣旨であるといえよう。

また、民法115条は、相手方は、本人が追認をするまでの間、契約時に無権代理人の代理権の不存在を知っていた場合を除いて、無権代理行為を取り消すことができるとされている。これは、相手方の善意を求めている時点で催告とは要件が異なる。伺いを立てる催告に対して、一方的に関係を消滅させてしまうという強い効果を有するので、保護事由を求めているのである。

（4）無権代理人への責任追及

相手方が本人の追認が得ることができなかったり、代理人と称する者（無権代理人）が自己の代理権を証明することができなかったような場合、無権代理人は、相手方に対して、本来の債務の履行もしくは損害賠償の責任を負うことになる（**民法117条1項**）。もっとも、相手方が代理権の不存在について善意無過失であることが必要である（**民法117条2項**）。

6）表見代理
（1）表見代理とは

民法上、無権代理行為の効果が無効であり、本人に効果帰属することはないと規定されている。（民法113条）。

しかし、代理人と称するものに、真実代理権が授与されているような外観を有し、本人にもそのような外観を作出したことに責任があったような場合で、その外観を相手方が正当に信頼して取引をしたような時にまで、法律行為を無効としてしまうことは、取引行為に及んだ相手方を害することになるから妥当ではない。また、代理制度そのものの信用も害する結果となってしまいかねない。そこで、相手方を保護するべき一定の事情（外観の存在・本人の帰責性・相手方の信頼）があるような場合には、本人を犠牲にしてでも相手方を保護する必要がある。これを「**表見法理**」という。表見法理の詳細については前述した（前述）。

民法は表見法理を、本人が相手方に対して代理権を与えた旨を表示した場合（**民法109条**）、基本的な代理権は授与されているが、その代理権の範囲外の行為をしてしまった場合（**民法110条**）、もともと代理人だったものが、代理権の消滅後に代理行為を行なう場合（**民法112条**）に規定しており、これらは「**表見代理**」と呼ばれるものである。

（2）代理権授与表示による表見代理

> （代理権授与の表示による表見代理）
> 民法109条
> 　第三者に対して他人に代理権を与えた旨を表示した者は、その代理権の範囲内においてその他人が第三者との間でした行為について、その責任を負う。ただし、第三者が、その他人が代理権を与えられていないことを知り、又は過失によって知らなかったときは、この限りではない。

本条について具体的に説明しよう。いま従業員Xが代理権を授与するつも

りはないが、他人であるZに契約更改についての委任状を交付し、ZがY社から賃金を受け取ったとしよう。これに対して、Xが無権代理を主張して、契約の更改は無効であるから、自分と契約更改をしろといえるであろうか。真実はともかく、Zには代理権があるような外観が存し、それはXが委任状を渡したことによって作出されているのであるから、本人が相手方に対して代理権を与えた旨を表示した場合（**民法109条**）に該当する。この場合、相手方の信頼、すなわち、代理権が存しないことについて過失なく知らなかったという事情があれば、相手方は法律効果の本人への帰属を主張することができることになる（**民法109条但書**）。つまり、相手方であるY社は契約更改は有効である、と主張することができるのである。

この場合、代理権の存在や顕名については、相手方が立証する必要があるが、過失の有無については本人が立証しなければならない。本人には代理権が存在するような外観を作出してしまった責任があり、帰責事由が大きいので、相手方の保護事由については小さくてかまわないということの表れであるといえる。

（3）権限外の行為の表見代理

> （権限外の行為の表見代理）
> 民法110条
> 　前条本文の規定は、代理人がその権限外の行為をした場合において、第三者が代理人の権限があると信ずべき正当な理由があるときについて準用する。

代理人がその権限の範囲を超えて行為をした場合において、第三者が代理人の権限があると信じるにつき正当な理由があるときには、本人が責任を負うことになる。ここにいう「正当な理由」とは、**代理人が権限外の行為をなしていることについて、善意無過失であること**を意味する。

代理人が権限の範囲外の行為をしたということは、何らかの代理権が本人から与えられていたことが前提となっている。この代理権は「**基本代理権**」という。基本的には、これを与えたことが、本人の帰責事由であると評価さ

れることになる。

　本人が代理人に付与した基本代理権の範囲を超えて代理行為を行なった場合において、当該代理人が権限外の行為をなしていることを第三者が過失なく知らなかったときには、本人への効果帰属が認められることになる。これは正当理由がある場合であるが、相手方の保護事由となるものである。

　正当理由の判断について、実印、印鑑証明、白紙委任状、不動産権利証の所持等の提示があるような場合は、相手方の保護事由となり、特段の事情がない限り正当理由ありとされやすい。

　特段の事情としては、印鑑を所持している代理人が本人の親族である場合、親族間では印鑑の持ち出しが容易なため濫用がなされやすく、それを信じるには慎重にならなければならないし、代理人自身の債務のため本人を代理して担保や保証契約を締結する場合は、本人と代理人の利益が相反しているので、これも信じるには慎重にならなければならない。

　なお、本人が相手方に、代理人に代理権授与の表示をして、代理人がその表示の範囲を超えて行為を行なったような場合、民法109条と110条の合わせ技で（**重畳適用**という。）第三者を保護することもある。

（4）代理権消滅後の表見代理

> （代理権消滅後の表見代理）
> **民法112条**
> 　代理権の消滅は、善意の第三者に対抗することができない。ただし、第三者が過失によってその事実を知らなかったときは、この限りではない。

　かつてXはZに契約更改の代理権を授与しており、それを取り消したが、Zが代理人であるとして、Y社がZとXについての契約更改を行なってしまったような場合、これは112条に該当するが、基本的には109条の場合と同様に考え、相手方の過失を本人が主張立証する必要がある。これも、かつて代理人としてしまったXには帰責事由が認められるということからこのように考えられているのである。

ここで代理権を与えられていない代理人と交わした和解契約書の効果について考えてみよう。
　いま、Y社従業員であるXが、過重労働のためうつ病にり患したとしよう。Xは大学時代の先輩とされる人物Zを代理人として立てて、会社に損害賠償請求をしてきたので、Y社は、Zと交渉した結果、「Xは退職し、他方、会社は和解金を支払う」との内容の合意をし、和解契約書を作成した。当該契約書にはZが代理人として署名捺印し、Y社もZに代理権があるものと信頼していた。ところがその後、Xが、「Bに対して、損害賠償について交渉し、合意する権限は与えたが、退職合意をする権限など与えていない。退職には納得できない。自分は今でも従業員としての地位を有している」と主張してきた。Y社はXをもはや社内に置いておく気はない。このような場合、Zと交わした和解契約書による合意退職の効果を主張できるであろうか。
　本件は、「損害賠償請求と合意」の代理権が与えられてはいるが、代理人であるZがその代理権の範囲外の行為をしている場合にあたるので、民法110条が適用される場面であるといえる。民法110条が認められるためには、**①基本代理権が存在すること②顕名③相手方が代理権が存在すると信ずるにつき正当な事由、すなわち善意無過失**があることが必要である。これらは、民法109条112条と異なり、全て相手方が立証しなければならない。民法110条は代理人が代理権を濫用するものであることから、相手方の保護事由を求める度合いが大きくなっているのである。
　具体的にこの事案を検討していこう。本件で①や②、代理権外の行為をしたことなどの事情は認められるが、問題は相手方が代理権の存在を無過失で信じたといえるかという点である。
　これについて、Y社は、退職に関してXの意思を確認しておらず、和解契約書のほかに、Aの自署による退職届の提出も求めてはいない。
　当初Zは「うつ病に関する損害賠償請求」をしてきたのであり、「退職の合意」はこれとまったく性質の異なる事柄である。また、「退職合意」によってXは極めて大きな損害を被ることになる。
　以上の事からすれば、会社としては、X本人の動向を書面で確認してしかるべきであったし、そうすることに特に困難はなかった（Xが意識障害を患っ

第5章

第5章 労働法を理解するための基本三法 民法編

ている、留置施設におり連絡が取れない状況にあるなどの事情はない)。そうだとすると、確認を怠った会社には過失が認められ、代理権を信じたことについて、無過失であったとはいえないので、正当な理由は認められないといえる。

よって、Zが代理人としておこなった退職合意の効果はXに帰属せず、Xは従業員たる地位を未だ有しているとされる可能性が高いであろう。

では会社はどのように対応すればよいのであろうか。会社はそもそも無権代理行為を排除すべく、委任状に記載されている委任事項の確認、和解契約書の自署の存在、自署した退職届の提出を求めることで本人の意思確認を行なうべきである。そもそも、表見代理は本人、相手方、その他さまざまな事情を総合勘案して裁判所が判断するものであるから、いかなる結論がでるか不透明な部分が大きい。そのようないわば「最後の審判」に頼るより前に会社としての防衛策を講じておく必要がある。

7) 商業使用人

民法上の代理人について解説してきたが、民法上の代理人を企業法的に修正した者として、「**商業使用人**」というものがある。商業使用人は、企業内部の補助者として、営業主たる商人に従属して、その代理人として活動するものをいう。

商業使用人としてよく知られているものに、「**支配人**」というものがある。「支配人」とは、会社に代わってその事業に関する一切の裁判上又は裁判外の行為をする権限を有するものをいう (**会社法11条1項**)。支配人といえるかどうかは、単に名称ではなく、実質的にその事業に関する一切の裁判上又は裁判外の行為をする権限 (**包括的支配権**) を有するか否かによって判断されることになる。

支配人は、そもそも会社の内部において支配人の代理権に制限を加えたとしても、対外的には、善意の第三者には対抗することはできない (**会社法11条3項**)。この点は、第三者保護要件として無過失を要求する民法上の表見代理制度よりも、第三者保護が徹底されているといえる。

5．無効と取消し

これまで、無効・取消という言葉が出てきたが、これらの違いについて論ずる。「無効」とは、**法律行為が有効要件を欠く場合に、当初から全く効力を生じないものとして扱うことをいう。**

無効の場合、行なった行為の当初から、その効力は生じないし、原則追認もできない。主張権者も問わないから、誰から主張してもよいと考えるのが原則である。

これに対して、法律行為が有効要件を欠く場合に、いったん法律効果を発生させた後に、消滅させる余地を認めるものが「取消し」である。**法律行為に瑕疵がある場合に、一応は有効としておいて、取消権者にその効果の発生不発生を託すことになる。**すなわち、取消しは取消権者のみがなしえるのである（民法120条等）。なぜ、無効が当初から全く効力をないこととし、取消が取消の意思表示により遡って無効となるのか。以下のような事例を考えれば簡単だろう。

いま、ある会社の役員が、自分の気に入らない社員をどうにか会社から追い出したいと思ったので、その社員に1億円を退職金として支払うから会社を辞めてくれともちかけたところ、その社員は、行き先不安なこの会社にいるよりは、1億円をもらって居酒屋でも開いたほうがよいだろうと考え、その申し出を快諾した。しかしながら、この役員には、1億円を支払う意思も能力もなかった場合、これは詐欺にあたる。詐欺の場合、その法律行為は取消すことができる行為となるが、無効であるとすると、当初から何らの効力を発生させないということになるので、1億円を支払うという約束さえもなかったということになる。会社を辞めた社員が、会社にとどまるよりも、1億円が欲しかったとしよう。その場合、無効とするよりも、その契約を有効としておいた方が、その者にとっては都合がよいということになる。このように、一度発生した契約の拘束力の発生不発生を表意者の意思によることで、表意者の保護を図ることになる。

なお、法律行為が取り消された場合、その行為の効果は遡って無効となる（民法121条）。

今まで、取消しは表意者の意思によって、遡って効力をなくすもの、無効は最初から効力が発生しないものとして述べてきたが、実は無効にも絶対的な無効と相対的な無効がある。絶対的な無効は社会的に絶対に無効にしなければならないという場合である。例えば、**公序良俗違反（民法90条）**あったような場合には、その無効は絶対的に無効となる。これに対して、無効な行為であるからといって、意思表示をした者がその行為の効果を望んでいるにもかかわらず、いついかなる場合でも絶対的に無効としてしまうと、意思表示をした者を害する結果となることもある。そこで、法政策上、公序良俗違反のような絶対的無効事由がある場合を除き、意思表示の表意者を保護するべく無効とする場合があり、その場合は無効の主張権者が制限されることになる（相対的無効）。錯誤無効や虚偽表示の場合である。錯誤の時は、あくまで錯誤規定が表意者保護の規定であるから、相手方から「君は錯誤に陥っていたのだから、この売買契約は無効である。」とは言わせないのである。また、虚偽表示の場合、善意の第三者に対しては、「前提の行為が通謀虚偽表示で無効であるから、君の請求はお門違いである。」などと言わせないようになっている。これらも、取消しと同じように、表意者の意思尊重という側面から、このように考えられているのである。

	無効	取消し
意義	法律行為が有効要件を欠く場合に、当初から全く効力を生じないものとして扱う	法律行為が有効要件を欠く場合に、いったん法律効果を発生させた後に、消滅させる余地を認める
効力	当初から生じない	取消により遡及的に無効
追認の可否	×	○
主張権者	誰でもOK	取消権者のみ
消滅時効	×	○

6．追認

　意思表示等に瑕疵がある場合、取り消されるまでは、その法律行為は一応有効なものとして存在しており、それを遡って完全に効力のないものとするものが「取消し」であるが、反対に完全に有効とするものもある。それが「追認」である（民法122条）。なお、無効は、当初から行為自体が存在しないものとされるので、それを追認することはできない（民法119条）。もっとも、当事者が無効であること知って追認をしたというような場合は、それは新たな行為があったものとして扱うこととしている（民法119条但書）。

　追認は、法律行為を有効なものに確定させるという法律効果の発生を目的とした意思表示であるから、相手方に対して行わなければならない（民法123条）。

　ここで、特別退職金受領後の退職合意の取消という具体的な事例に則って考えてみよう。

　従業員X女は、不祥事を起こしたことを理由に「退職届を出せ」と要求された。密室で、男性従業員5人に囲まれ、朝九時から夜八時まで怒鳴られ続けたため、Xは畏怖し、疲れ果て、退職することに合意し、退職届を提出した。ただし、退職する代わりに、1ヶ月後に特別退職金の支払いを受けるという合意をした。

　その後、Aは退職を取消しうるのではないかと考え、友人の社会保険労務士、弁護士に自分の状況を説明して、どうするべきか相談した結果、当該合意は強迫の結果であるため、取り消せるであろうとの助言を得た。しかしながら、Xは自分のローンの返済が間近に迫る中、とりあえずローンを返済してから考えようと思い、合意した支払日に会社に出向き、Xは特別退職金の支払いを受けた。

　その後、Xは、会社に対し、退職合意を取り消す旨の通知書を発送した。

　このような状況で、取消の効力は認められるであろうか。

　この事案における、退職合意及びそれに伴う特別退職金の支払いは、力の弱い女性が男性に囲まれて長時間怒鳴られ続けた結果結ばれたものであるから、これは強迫による意思表示であり、取消うるものであると考えることが

できる（**民法96条1項**）。そして、取消がなされた場合は、当該法律行為の効果は遡って無効ということになる（**民法121条**）。そして、事案では、Xから会社に対して、未だ追認の意思表示はなされていないので、Xは退職合意を取消うるのではないかと考えることができるであろう。追認は法律行為であり、相手方に追認の意思表示をしなければならないことは説明した。

しかし、特別退職金をもらってそれを消費しておきながら、後に合意を覆すというのは、**信義に反する行為**であるといえるであろう。

そこで、次にXの行為が**民法125条**の「**法定追認**」にあたらないかを検討する必要が出てくる。

法定追認とは、一般的に見て黙示の追認の存在が推定されるような一定の事由が存在するときに、一律に追認を擬制したものであり、これにより当該法律行為は有効であるとの相手方の信頼を保護するとともに、法律関係の安定を図るために規定されている。

法定追認が認められるためには、**取消しの原因となっていた状況が消滅**した後に、表意者が以下のいずれかの行為を行なうことが必要である。**①全部又は一部の履行②履行の請求③更改④担保の供与⑤取り消すことができる行為によって取得した権利の全部または一部の譲渡⑥強制執行等**である。例えば、労働者が退職届を提出した後、規定に定められた退職金の支払いを請求することは「履行の請求」にあたるといえよう。

さて、本件ではどうであろうか。合意から一カ月が経過し、Xはその間に当該合意が取り消せる旨の助言を得ている。そうだとすると、Xが特別退職金を得た時点では、強迫により畏怖し、退職する以外はないと考えている状況からは脱していたと考えられる。Xは取消しの原因となっていた状況が解消された後に、特別退職金を受け取っているのである。すなわち、Xは合意に基づいて、債務の履行を受領している（上記①）と評価できるであろう。そうだとすると、Xには法定追認事由が認められることになる。

よって、取り消すことができた退職合意は、Xの法定追認により、有効な退職合意と確定し、もはやXはこれを取り消すことはできなくなるのである。

では、会社はどのような対応をすればよかったのであろうか。法定追認が認められるためには、先ほど述べたように「取消の原因となっている状況が

消滅していること」が必要である。消滅したかどうかは、取消権者がどのような行動を行なったかで決定されるので、会社は取消権者がいかなる行為をしたかを注意深く観察していなければならない。

　法定追認ではなく、**黙示の追認**というものもある。すなわち、先ほどのように取消しの原因となっている原因が解消されているにもかかわらず、会社から離職証明書が郵送されてきて、Aが何ら異議もとどめずにこれを受領し、しかもハローワークで失業保険の手続きまで行っているような場合には、黙示の追認が認められる可能性もある。

　しかしながら、裁判所は労働者に不利な内容の黙示の意思表示には厳格に対応することが多いので、簡単に黙示の意思表示が認められるということはないであろう。

7．時効

1）時効概説

　契約を中心とする法律行為というものは、当事者の意図した行為の私法上の効果が法律によって是認され、その達成に法が助力するところに特色がある。

　例えば、会社が従業員に約束した支払いを怠った場合には、従業員は賃金の支払いを求めて裁判所に訴えることができる。そして、従業員の訴えを認める判決が確定したときには、当該確定判決に基づいて強制執行を行なうことも可能となる。

　このように法律の本来の機能というものは、あるべき法律状態に反した事実関係があるときに、そのような事実関係を、あるべき法律状態に即して変更させることにあるといえる。しかしながら、あるべき法律状態に反した事実関係も、それが長期間にわたり継続してしまうと、その事実関係を本来のあるべき法律状態に即して変更することが、かえって社会生活の安定を害することにもなりかねないのである。

　当初はあるべき法律状態に反した事実関係といえども、それが長期間継続すればそのような事実関係を前提として多くの社会生活関係が積み重ねられ

て、もはやその権利状態を中心に社会生活関係が営まれることになるからである。

そこで、民法は、事実関係が永続した場合には、そのような事実状態を権利関係にまで高め、もって、社会生活の安定を図る制度として時効制度を設けている。

時効制度には、一定の要件を備えた占有が一定期間継続することによって占有者が所有権その他の財産権を取得する**「取得時効」**と、一定の権利の不行使が継続することによって当該権利者の権利が消滅する**「消滅時効」**の二つがある。

2）時効制度の趣旨

時効制度が**永続した事実状態の尊重による社会生活の安定**であることは先述したとおりである。また、永続した事実状態が権利関係にまで高められた場合には、当初は真の権利者であった者でも、もはや権利を行使することができなくなってしまうが、当該権利者は、長年権利行使を怠ってきたのであるから、社会生活の安定を覆してでも当該権利者の権利を保護する理由はないのである。これは**「権利の上に眠る者は保護しない」**という考えである。

もっと現実的な理由もある。事実関係が長期間継続すると、当該事実関係が真の権利関係に合致していたとしても、それを証明する証拠が散逸してしまい、時効を主張できなくなってしまうし、本来の法律状態がどのようなものであるかを証明する証拠もなくなってしまっていることが多いであろう。そこで、権利者が当該権利を証明することの困難性を救済する必要がある。

時効を制度として保障しているのは、このように権利者が当該権利を証明することの困難性を救済するためでもあるのである。

3）時効の要件
（1）時効期間

時効の成立には一定期間の事実状態の継続が必要である。すなわち、時効期間の経過が必要なのである。

取得時効は、対象となる物を所有の意思をもって平穏公然に占有を得てか

ら20年間占有を継続すれば、その物の所有権を取得することができると規定されている（民法162条1項）。所有の意思があるか否かは所有者と同様の支配をする意思であり、外形的・客観的に判断される。

また、**占有の開始時に善意無過失**であれば占有期間は**10年間**に短縮される（民法162条2項）。例えば、Y社社長から従業員Xに「仕事でも使えるし、君もプライベートで何かと必要だろう。使ってくれたまえ。」と言われ車を譲渡され、名義もX名義に書き換えたとしよう。Xは「これは社長が自分にくれたもので、社用にも使ってくれということなんだな。」と考え10年が経過した。その後、XがY社を退社することになったが、社長から「あの車は会社のものだから返してくれたまえ」と言われた場合であっても、10年間善意無過失で占有しているので、時効の成立を主張して車の所有権の取得することができるのである。なお、Xが「社用車だけど、まあ自分のものとして使おう」と思っていた場合には、善意無過失とはいえないが、名義書換をうけているので、外形的・客観的に見て所有の意思があるといえる形態で車を譲渡されており、20年間占有し続ければ時効の成立を主張することができる。

これに対して、民法上における消滅時効の時効期間は債権であれば**10年**（民法167条1項）、債権以外は**20年**（民法167条2項）である。なお、所有権は消滅時効にはかからないので注意してほしい（民法167条2項）。債権には、売買代金債権の他、債務不履行に基づく損害賠償請求権や供託金の取戻請求権、建物買取請求権や解除権なども含まれる。

債権であっても、民法上特別に制限されている場合や、特別法により期間が制限されているものもある。民法168条169条は定期金債権の消滅時効について定めてあり、170条ないし174条には短期消滅時効についての規定がある。174条の2には裁判で確定した権利の消滅時効が規定されている。また、不法行為に基づく損害賠償については724条で期間の制限がなされている。詳しくは、図解民法案内〈第2版〉（酒井書店）を参照してほしい。

なお、**労基法上は賃金・解雇予告手当請求権や災害補償については2年、退職金については5年と時効期間が修正されている**（労基法115条）。

（2）時効の起算点

　時効が成立するためには一定期間の事実状態の継続が必要であるが、一定期間はどの時点から計算するべきであろうか。時効期間の算定開始時点を「起算点」という。

　これについて、取得時効の起算点は対象となる物の占有を開始した時点であり、この占有は直接自分が占有する直接占有でも、自分に代わって他人に対象物を占有させる**間接占有**でもよい。

　消滅時効期間の起算点は、「**権利を行使できる時**」（**民法166条1項**）、すなわち、履行期が到来した時点であるが、これは法律上障害がなくなり請求が可能となった時を意味している。なお、同時履行の抗弁権（**民法533条　債務の履行と代金の支払いは同時になさなければならないという原則　後述**）が付着していたとしても、結局債権者が反対給付を提供すれば、いつでも権利行使は可能なのであるから、履行期到来の時から消滅時効は進行することになる。

　労働問題で例えると、賃金や退職金の消滅時効期間の計算は個別契約や**就業規則**における支給日の定めによるということがあげられる。あらかじめ定められた支給日以降でなければ、賃金や退職金の支払いを求めることはできないからである。すなわち、支給日以前には請求権が発生していないので、権利を行使する上での法律上の障害がある状態といえるのである。

　問題となっている請求権が何に基づく請求権を構成するかによって起算点や消滅時効期間が変わってくるということも考えなくてはならない。

　セクハラ・パワハラや労災民事賠償事案における、会社に対する損害賠償の消滅時効期間について、これらを「労働契約の付随義務としての環境調整義務・安全配慮義務違反（**債務不履行**）に基づく損害賠償請求」と構成すれば、「権利を行使することができる時から10年」であるから、義務違反の時から10年が時効期間となる。

　これに対し、「不法行為（使用者責任）に基づく損害賠償請求」と構成するのであれば、「被害者が損害および加害者を知った時」から3年が時効期間となる（**民法724条**）。「損害および加害者を知った時」とは、他人の違法な行為により損害の発生した事実を現実に知り、かつ、損害賠償請求権の行

使が事実上可能な程度に加害者を知った時を意味している。

(3) 時効の援用

　民法145条は「時効は、当事者が援用しなければ、裁判所がこれによって裁判することができない。」と定めており、単に時効期間が経過したのみでは時効を主張することができないようにも読める。**「時効の援用」**とは、時効によって利益を受ける者が、時効の利益を受ける意思表示をすることをいう。

　ここで、時効完成と時効援用の関係をどのように考えるかは、以前より争いがあるところであるが、判例および通説は、時効の完成によって権利の得喪という時効の効果が生じるものの、それは確定的なものではなく、当事者の時効援用によってはじめて確定的に生ずるものであると解している。これには、永続した事実状態の尊重という公的理由と、当事者の意思の尊重という個人的な理由との調和を図った結果、やはり時効制度を利用して現在の事実状態を尊重するか、真の権利状態を尊重するかを当事者の選択にまかせ、現在の事実状態を尊重したいと考えるのであれば、その通りにしようという考えに基づいているのである。

　時効の利益を得ようとする者は、時効援用の意思表示をしたことをしっかり証拠として残しておかなければならない。そこで、時効の援用の意思表示は口頭のみではなく、書面等にしておくことが大切である。

　ちなみに、時効の援用ができるのは時効によって直接利益を得る者のみであり、間接的に利益を得る者には援用権はない。判例では、保証人や抵当権者は時効の援用をすることができるが、建物の賃借人が、建物の存する土地の所有権について時効を援用することはできないとしている。

4) 時効の利益の放棄

　時効の利益は、時効完成後において放棄することができる（**民法146条参照**）。「時効の利益の放棄」とは、時効によって利益を受ける者が、時効の利益を受けない意思の表示をするこという。時効の利益の放棄が認められるのは、時効の利益を受けることを潔しとしない者が存在した場合に、その意思を尊重しようとする点にある。また、時効完成前に時効の利益の放棄を認め

ないのは、力ある当事者が時効の利益放棄の特約等を結ばせることで、永続した事実状態の尊重という時効制度の趣旨を没却してしまうことを防ぐためである。

5）時効の中断

これまで時効制度について解説してきたが、時効によって不利益を受ける側にも、時効を防ぐ手段がなければ公平とはいえないであろう。時効期間の途中で、権利者が権利を主張したり、または義務者が相手方の権利の存在を認めたりした場合には、時効の基礎となる一定の事実状態を覆すような事実が発生したことになるであろう。そこで、民法はこのような場合、時効期間の進行はなかったことになり、再び最初から期間を進行させることとしている。これを「**時効の中断**」という（**民法157条1項**）。

具体的には、裁判上の請求を行なった（**民法149条**）、支払の督促状を出した（**民法150条**）、和解調停の申し立てをした（**民法151条**）、破産手続に参加した（**民法152条**）、差押えを申立したてた（**民法147条2号**）、自分に**債務**があることを承認してしまった（**民法147条3号**）等によって時効は中断することになる。

なお、債権者が債務者に単に「早く代金を支払ってくれ」「早く債務を履行してくれ」と直接申し立てることは「**催告**」といわれるもので、内容証明郵便などでなされるのが通常であろう。もっとも、この「催告」は上記の中断手段に比べて弱い権利主張であるので、暫定的な時効中断の効力しか認められない。すなわち、催告の後六ヶ月以内に上記のような強力な手段を講じなければ中断は認められないと規定されている（**民法153条**）。ちなみに、この催告を繰り返しても意味はないので注意してほしい。

6）時効と労働問題

退職した労働者から未払い残業代を請求する旨の内容証明が届いた場合、まず会社がとるべき対応は、これに対する回答書を作成することである。

その際、到達した内容証明に記されている記述を詳細にチェックして回答する必要があることは言うまでもない。チェックすべきポイントの1つに「時

効」がある。

　賃金請求権の消滅時効期間は2年間（退職手当については5年間）である。しかしながら、たとえば未払い残業代について請求権が発生してから2年間経過すれば自然に時効の効果が発生するわけではなく、時効を援用する旨の意思表示をしなければならない。

　また、時効の完成を阻止する制度として「時効の中断」がある。これは、未払い賃金問題の場合、労働者側が主張するものである。しかしながら、会社が不用意な回答をしてしまうと、労働者側の主張を助ける結果となることもあり得る。したがって、「時効」に関する知識を正しく使えないと、思わぬ不利益を被る危険性があるといえよう。

　以下、時効に関する基礎知識と実務上の注意点を解説していく。

（1）労働基準法上の時効
①消滅時効の期間
　未払い残業代の請求権は、賃金の請求権に当たり、労働基準法第115条の規定によって、消滅時効期間は2年間と定められている。

【労働基準法第115条】

> （時効）
> 第115条　この法律の規定による賃金（退職手当を除く。）、災害補償その他の請求権は2年間、この法律の規定による退職手当の請求権は5年間行わない場合においては、時効によって消滅する。

　消滅時効は、権利を行使することができる時から進行し（**民法第166条第1項**）、消滅時効期間を計算する場合には、その初日は算入せず翌日から計算する（**大判昭6.6.9**）。

　では、未払い残業代の請求に関して、「権利を行使することができる時」とは具体的にはいつのことをいうのであろうか。

　結論から言えば、「権利を行使することができる時」は「支払日」となる。例として、多くの会社で採用されている月給制の場合を考えてみよう。

一般的に、月給制の場合、就業規則等において賃金締切日と支払日が定められている。たとえば、月末締め翌月10日払いの会社があるとしよう。この場合、月初から月末までの賃金は支払日である翌月10日になって支払われるのであって、支払日である翌月10日までは賃金を請求できない。

したがって、「権利を行使することができる時」は「支払日」である「翌月10日」となる。実際に時間外労働等を行ったときが「権利を行使することができる時」ではないことに注意しなければならない。

そして、消滅時効期間は、支払日の翌日から起算され、その日から2年間経過したときに消滅時効が完成することになる。

【未払い残業代請求権と消滅時効】

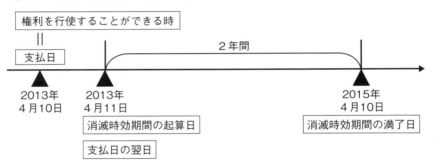

②不法行為を構成する場合

原則として、**未払い残業代**の請求権は2年間の消滅時効にかかることになる。労働者からの請求も、あらかじめ請求が可能な2年間分の残業代についてのみ行われることがほとんどである。しかしながら、労働者が2年間を超える期間の未払い残業代を請求し、実際に2年間を超える未払い残業代の支払が命じられたケースがある。これはどのような場合に起こり得るのであろうか。

参考となるのは**広島高判平19．9．4（杉本商事事件）**労判952-33である。同事件は、「会社は支払義務があること知りながら時間外勤務手当を支払わずに長時間労働させたこと」などが**不法行為**であるとして、労働者が当該不

法行為に基づく損害賠償請求を行った事案である。

不法行為による損害賠償請求権の消滅時効期間は、被害者又はその法定代理人が損害及び加害者を知った時から3年間である(**民法第724条**)。したがって、不法行為による損害賠償を請求すれば、賃金（＝未払い残業代）請求では時効によって消滅する1年間分の未払い残業代も請求できることになる。

裁判所は、営業所の管理者が「控訴人に対し、時間外勤務を黙示的に命令」しており、「控訴人を含む部下職員の勤務時間を把握し、時間外勤務については労働基準法所定の割増賃金請求手続を行わせるべき義務に違反した」と認定し、「被控訴人代表者においても、広島営業所に所属する従業員の出退勤時刻を把握する手段を整備して時間外勤務の有無を現場管理者が確認できるようにするとともに、時間外勤務がある場合には、その請求が円滑に行われるような制度を整えるべき義務を怠った」として、不法行為の成立を認め、3年間の未払い残業代の支払を命じた。

同事件では、①通常の時間外勤務を「自己啓発や個人都合である」と解釈し、時間外勤務手当を支払わない状態が常態化していたこと、②出勤簿に出退勤の時刻が全く記載されていなかったこと、③その後出退勤の時刻が記載されるようになってもそれが上司の指示による時刻であり勤務実態と合致していないことなどの事実があったことから、不法行為による損害賠償請求が認められたと考えられる。

したがって、時間外勤務を命じておきながら（黙示的なものを含む）、理不尽な理由により法所定の割増賃金を支払わなかったり、労働時間の把握を怠っていたりした場合には、不法行為に基づく損害賠償請求が認容される余地が生じると解されるのである。

判例 ■広島高判平19．9．4（杉本商事事件）

【事実】被控訴人会社を退職した控訴人が、被控訴人会社に対し、①時間外勤務手当金、②労基法114条に基づく付加金、③停年退職の場合の退職金と支払われた退職金の差額、④時間外勤務手当を支払わずに長時間労働させたことなどによる不法行為に基づく損害賠償を請求した事案。

【判旨】被控訴人の広島営業所においては、平成16年11月21日までは出勤簿に出退勤時刻が全く記載されておらず、管理者において従業員の時間外勤務時間を把握する方法はなかったが、時間外勤務は事実としては存在し、控訴人の時間外勤務時間は1日当たり平均約3時間30分に及ぶものであった。先に認定した同営業所の業務実態からすると、同営業所の管理者は、控訴人を含む部下職員の勤務時間を把握し、時間外勤務については労働基準法所定の割増賃金請求手続を行わせるべき義務に違反したと認められる。控訴人の勤務形態が変則的であるため、管理者において控訴人の勤務時間を確認することが困難であったとか、控訴人が業務とはいえない私的な居残りをしばしば行っていたといった事情は認められない。また、被控訴人代表者においても、広島営業所に所属する従業員の出退勤時刻を把握する手段を整備して時間外勤務の有無を現場管理者が確認できるようにするとともに、時間外勤務がある場合には、その請求が円滑に行われるような制度を整えるべき義務を怠ったと評することができる。広島営業所の管理者及び被控訴人代表者の上記の義務違反が職務上のものであることは明らかである。したがって、控訴人は、不法行為を理由として平成15年7月15日から平成16年7月14日までの間における未払時間外勤務手当相当分を不法行為を原因として被控訴人に請求することができるというべきである。

被控訴人は、前記（2）認定の時間外勤務手当については、仮に存在しても、本件提訴が平成18年7月14日であることからすれば、労働基準法115条によって2年の消滅時効が完成している旨の主張をする。しかしながら、本件は、不法行為に基づく損害賠償請求であって、その成立要件、時効消滅期間も異なるから、その主張は失当である。

③**労働基準法上時効が中断される場合**
未払い残業代の請求権は原則として2年間であるが、一定の事由に該当すれば時効の進行が中断し、時効の完成が阻止される。
時効の中断事由は、民法第147条において次のように規定されている。

> 【民法第147条】（時効の中断事由）
> 第147条　時効は、次に掲げる事由によって中断する。
> 一　請求
> 二　差押え、仮差押え又は仮処分
> 三　承認

　時効の中断事由が生じると、それまでに進行していた時効期間は効力を失い、中断事由が終了した時から新たに時効期間が進行することになる。
　時効の中断は、その中断の事由が生じた当事者及びその承継人の間においてのみ、その効力を有する（**民法第148条**）。
　上記中断事由のうち、未払い残業代については主に「請求」と「承認」が問題となる。

【時効の中断】

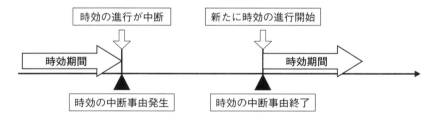

A）請求

　時効の中断事由である「**請求**」は、裁判上の請求だけでなく文書や口頭による裁判外の請求も含み、以下のような態様に分類される。

時効中断事由	留意点
裁判上の請求 （民法第149条）	裁判上の請求は、訴えの却下又は取下げの場合には、時効の中断の効力を生じない。
支払督促 （民法第150条）	支払督促は、債権者が民事訴訟法第392条に規定する期間内に仮執行の宣言の申立てをしないことによりその効力を失うときは、時効の中断の効力を生じない。
和解及び調停の申立て （民法第151条）	和解の申立て又は民事調停法若しくは家事事件手続法による調停の申立ては、相手方が出頭せず、又は和解若しくは調停が調わないときは、1箇月以内に訴えを提起しなければ、時効の中断の効力を生じない。
破産手続き参加等 （民法第152条）	破産手続参加、再生手続参加又は更生手続参加は、債権者がその届出を取り下げ、又はその届出が却下されたときは、時効の中断の効力を生じない。
催告 （民法第153条）	催告は、6箇月以内に、裁判上の請求、支払督促の申立て、和解の申立て、民事調停法若しくは家事事件手続法による調停の申立て、破産手続参加、再生手続参加、更生手続参加、差押え、仮差押え又は仮処分をしなければ、時効の中断の効力を生じない。

　また、このほか都道府県労働局の紛争調整委員会にあっせんの申請をした場合に、あっせん委員があっせんによっては紛争の解決の見込みがないと認めてあっせんが打ち切られたときは、あっせんの申請者が打ち切りの通知を受けた日から30日以内にあっせんの目的となった請求について訴えを提起したときは、時効の中断に関しては、あっせんの申請の時に、訴えの提起があったものとみなされることになっている(**個別労働関係紛争解決促進法第16条**)。
　これらのうち、未払い残業代請求の場合に主に関連してくるのは「裁判上の請求」と「催告」である。

ア）裁判上の請求

裁判上の請求とは、いわゆる訴訟のことをいう。たとえば「未払賃金を支払え」といった訴えを提起することである。訴えの提起による時効中断の効力を生ずる時期は、訴状が相手方に送達された時ではなく、訴状を裁判所に提出した時である。

イ）催告

催告とは、債務者に対して義務の履行を求める債権者の意思の通知のことである。たとえば書面もしくは口頭で、会社に対し「未払い残業代を請求する」と通知することが催告に当たる。

しかしながら、すでに見たように、催告をしただけでは時効は中断しない。6か月以内に、裁判上の請求等を行う必要がある。

催告後、6か月以内に裁判上の請求等を行った場合は、催告の時に遡って時効の中断が生じる。

【催告】

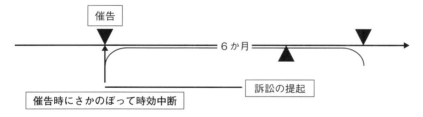

未払い残業代に関しては、催告と消滅時効の関係をめぐって争いになることが少なくない。

労働者が未払い残業代を請求をする旨の書面を会社に送付したとして、当該行為が民法第153条の「催告」に該当すると認められれば、催告から6か月以内に裁判上の請求等をすることにより催告時に時効の中断が生じる。

一方、当該行為が民法第153条の「催告」に該当しない場合は、裁判上の請求をするまでに消滅時効が進行することになる。

以下、主な問題点を取り上げてみよう。

i）方法

催告の方法として代表的なものは、内容証明郵便による送付である。この

第5章 労働法を理解するための基本三法 民法編

ほか、団体交渉において差額賃金の支払を請求した意思表明を催告とした例がある（千葉地判平20．5．21（学校法人実務学園ほか事件）労判967-19）。

一方、都道府県労働委員会に対する個別労働関係紛争に関するあっせんの申立ては、民法第153条の催告には該当しないとの判断がなされている（岡山地判平19．3．27（セントラル・パーク事件）労判941-23）。

 判例 ■千葉地判平20．5．21（学校法人実務学園ほか事件）

【事実】被告学校法人の教員として勤務していた原告が、被告による賃金引き下げが就業規則に違反するものであり、また就業規則の不利益変更によるものであると主張して差額賃金の支払等を求めた事案。

【判旨】上記団体交渉における原告の給与減額問題の交渉により、被告らに対し、支払われるべき賃金と実際に支払われた賃金との差額の支払を請求する原告の意思表明すなわち催告がされたと解される。

そうすると、この催告まで2年を経過しない平成16年4月分以降の賃金に関しては消滅時効は完成していないが、同年3月分（支給日は同月25日）以前のものについては、支払日から2年の経過により消滅時効が完成しているところ、被告が平成18年12月13日の本件口頭弁論期日においてこの消滅時効を援用する意思表示をしたことは当裁判所に顕著である。

これに対し、原告は、①被告らの時効の援用が権利濫用であり、また、②信義則上時効が中断している旨主張する。

しかし、①については、消滅時効の援用が権利濫用となり得るのは、債務者がその態度・言動により債務の弁済が確実になされるであろうとの信頼を惹起させ、債権者に時効中断の措置を採ることを怠らせた後、時効期間が経過するや態度を変えて時効を援用するなど、例外的な事情が認められる場合に限られると解されるところ、関係各証拠によっても、本件においてそのような例外的な事情の存在を認めることはできない。

②については、例えば、団体交渉の場において、被告らが原告の請求権の存否について調査するため猶予を求める等し、その回答を待つに民法153条

所定の期間を徒過したなどの事情が存する場合、信義則上6か月の期間が進行しないと解する余地もあるように思われるが、本件においてはそのような事情は認められず、原告の主張は採用できない。

　以上によれば、平成16年3月分以前の差額賃金については時効により消滅したというべきである。

判例 ②岡山地判平19．3．27（セントラル・パーク事件）

【事実】被告会社が経営するホテルのレストラン等で料理長として勤務していた原告が、1日の所定労働時間を超える労働をしたとして未払賃金、遅延損害金及び付加金の支払を求めた事案。

【判旨】原告の請求する賃金のうち、平成15年7月21日から同年8月20日までの労働についての賃金は同月25日に支払われるべきものであるところ（略）、同日から原告が本件訴えを提起した平成17年9月20日までに2年の時効期間（労基法115条）を経過したこと、被告が平成18年5月18日の本件口頭弁論期日において、原告に対し、上記消滅時効を援用する旨の意思表示をしたことは当裁判所に顕著な事実である。

　原告は、平成17年3月7日に岡山県労働委員会に対してした個別的労使紛争事件についてのあっせんの申立てが民法153条の催告に該当し、あっせんが打ち切りとなった同月22日までその催告が継続していた旨主張する。

　しかし、都道府県労働委員会に対する個別労働関係紛争についてのあっせんの申立てが、民法153条の催告に該当すると解すべき法的根拠はなく、原告の上記主張は採用できない。

　（なお、証拠（〈証拠略〉）によれば、原告は、上記の岡山県労働委員会に対するあっせんの申立てのほかにも、平成17年2月7日、個別労働関係紛争の解決の促進に関する法律5条に基づき、岡山労働局長に対し被告との間の紛争のあっせんの申請をしたこと、当該あっせんは同月10日同法15条に基づき打ち切られ、その頃原告に通知されたことが窺えるが、本件訴えは当該通知から30日以内に提起されたものとは認められないから（同法16条参照）、仮に岡山労働局長に対する当該申請を根拠に時効中断が主張されたとしても、これを認める余地はない）

　以上によれば、本件請求期間に係る原告の被告に対する1日の法定労働時

間外の労働に基づく賃金請求権のうち、平成15年8月25日に支払われるべき平成15年7月21日から同年8月20日までの法定労働時間外の労働（33時間）についての賃金請求権は、被告の援用した消滅時効により消滅したと認められる。

ⅱ）内容

未払い残業代を請求する旨の催告が行われた場合、請求金額や対象となる期間が特定されているのが一般的である。

しかしながら、労働者が残業時間や残業代を正確に把握しているケースは決して多くない。というのも、労働者は、残業時間や残業代を計算する根拠となるタイムカードや賃金規程などの資料をもっていないことが多いからである。

ここで問題となるのは、未払い残業代の金額や内訳が示されていない内容証明等が、果たして民法第153条の催告に当たるのか否かということである。

この点について判断がなされた裁判例として、**長野地佐久支判平11．7．14（日本セキュリティシステム事件）労判770-98**がある。

同事件では、原告である元従業員らが、未払い残業代の額や残業等を行った日時等の内訳を明示せずに、書面にて未払い残業代の請求を行った。

裁判所は、当該請求が民法第153条の催告に該当するか否かにつき、時間外手当及び深夜手当は、賃金台帳、タイムカード、勤務表に基づいて賃金規程に定められた「複雑な計算方法により算定すべきものである」とした上で、これらのタイムカード等は会社で保持しており、元従業員らは各月に給料明細書を所持しているに過ぎないから、元従業員らが時間外手当・深夜手当を「容易に計算することができないことは明らかである」として、「このような場合、消滅時効中断の催告としては、具体的な金額及びその内訳について明示することまで要求するのは酷に過ぎ、請求者を明示し、債権の種類と支払期を特定して請求すれば、時効中断のための催告としては十分であると解されるから、原告らの前記請求は時効中断の催告としての効力があるものというべきである」と判示した。

すなわち、未払い残業代の金額や計算根拠が示されていない請求であって

も、民法第153条の時効中断の催告に該当すると解されるのである。

判例 ■長野地佐久支判平11．7．14（日本セキュリティシステム事件）

【事実】被告会社において午後5時30分～翌日午前8時30分までの間の常夜勤務の警備員として雇われていた原告が、退職後に未払いの時間外労働及び深夜労働に係る割増賃金の支払を求めた事案。

【判旨】原告らは、被告に対し、平成5年6月4日到達の書面により、原告らの住所、氏名を明示した上で、賃金台帳、タイムカード、勤務表に基づいて、平成2年4月分以降の時間外及び深夜の割増賃金を計算して支払うよう請求したが、右請求においては、原告らの債権額及びその内訳は明示されていない。

ところで、時間外手当及び深夜手当は、賃金台帳、タイムカード、現実の勤務を記載した警備勤務表に基づいて、就業規則に基づく賃金規定に定められた複雑な計算方法により算定すべきものであるところ、これらの書類は被告において所持し、原告らは被告から交付された各月の給料明細書を所持し得いるに過ぎない（〈証拠・人証略〉）から、原告らにおいて容易に算定することができないことは明らかであるから、このような場合、消滅時効中断の催告としては、具体的な金額及びその内訳について明示することまで要求するのは酷に過ぎ、請求者を明示し、債権の種類と支払期を特定して請求すれば、時効中断のための催告としては十分であると解されるから、原告らの前記請求は時効中断の催告としての効力があるものというべきである。

（中略）

以上に認定した事実によれば、原告らは、組合結成後、数回の団体交渉、労働委員会での斡旋手続、催告の手続を行い、最終的に本件訴訟の提起に至ったものであり、必ずしも権利の上に眠っていたというものではない。また、労働組合結成後いきなり訴えを提起せず、右の各手続を履行したことは、労使対等の原則に基づく労使間の自主的な紛争解決を期待する憲法、労働組合法の基本理念に合致するものである。

その上、原告らには、給料明細書のほかは時間外手当、深夜手当を算出す

べき資料がなく、時間外手当、深夜手当の計算に相当程度の準備期間を要することは、被告においても十分に了知していたはずである。

このような経過のなかで、訴え提起後約2年4か月を経て、たまたま時効期間が経過したことを理由に時効を援用することは信義にもとるものであり、権利濫用として許されないものというべきである。

iii）到達

催告は、民法の到達主義の原則により、債務者に到達して効力を生ずると解されている（**民法第97条**）。

では、たとえば労働者から送付された内容証明郵便の受け取りを会社が拒否した場合、催告としての効力を生じないのであろうか。

この点について、判例は、配達証明付きの内容証明郵便を拒否した時点をもって、催告が債務者に到達したものとみなし、「催告の効果を認めるのが、時効制度の趣旨及び公平の理念に照らし、相当である」との判断を示した（**東京地判平10．12．25）判タ1067-206**。

したがって、会社は内容証明郵便の受け取りを拒否したからといって、労働者側からの催告の効力を否定することはできないと考えられる。

催告をした場合には、6か月以内に裁判上の請求等をしなければ時効の中断は生じない。

しかしながら、実際には、債権者（労働者）から未払い残業代の請求を受けた債務者（会社）が、未払い残業代の有無や残業時間などの確認をするために回答の猶予を求めるケースが多くみられる。

それでは、会社が回答を引き延ばし、催告から6か月を過ぎて回答した場合、当該催告に時効中断の効力は認められないのであろうか。

この点につき、最高裁は、債権者の催告に対し、債務者が請求権の存否につき調査のため猶予を求めた場合、「民法153条所定の6か月の期間は、債務者から何らかの回答があるまで進行しない、との判断を示している（**最判昭43．2．9　昭和41年（オ）第889号**）。

また、原告従業員らの未払割増賃金等の請求に対し、回答に時間的猶予を求めた被告会社が、原告の請求から約1年後に初めて支払うつもりがない旨

の回答をしたことなどにつき消滅時効の成否が争われたケースとして**東京地判平9．3．13（三晃印刷事件）労判714-21**がある。

判例は、先の最高裁判例を引用しつつ、民法第153条の6か月の期間は、原告による催告の時点からではなく、被告からの回答があった時点から進行すると解すべきであるとの判断を示した。

催告に対し、事実関係の確認等をするために債務者が回答の時間的猶予を求めること自体は否定されるものではないが、回答をしない期間については民法第153条の6か月間は進行せず、回答をした時点から進行することに注意が必要である。

|判例|■東京地判平9．3．13（三晃印刷事件）

【事実】原告従業員らが、被告会社に対し、支払われた固定残業代と実際に行われた時間外労働・深夜労働に応じた割増賃金との差額の支払いを求めて争われた事案。

【判旨】被告は、原告らの催告に対して、検討のための時間的猶予を求め、その後の原告らの請求に対しても基本的に同様の態度をとり続け、結局、平成3年7月5日に至って支払拒絶の意思を明確にしたので、原告らは同年12月20日に本件提訴に至ったという事実経過や原告らの多くは当時被告の従業員であり、原告らの中心的立場にある原告是村は現在においても被告の従業員であること、原告らの、訴訟により解決する旨の申入れに対し、被告は交渉による解決を強く望んだので、原告らもこれを受け入れたこと（原告是村尋問）、本件は、時効制度の趣旨の中でも債権者の権利行使懈怠という趣旨がより重視される2年間の短期消滅時効（労働基準法115条）が問題となっていること等に鑑みれば、原告らの本件請求債権については、前記6か月の期間は、信義則上、平成2年7月19日（原告内田を除く）ないし同年8月31日（原告内田）から進行すると解すべきではなく、被告からの回答があった平成3年7月5日から進行すると解すべきである。

そして、本件において、原告らは、被告の回答があった平成3年7月5日から6か月以内である同年12月20日に本訴を提起したのであるから、本件割

増賃金請求権の消滅時効は本件催告によって中断されたものと解するのが相当である。

B）差押え、仮差押え又は仮処分

時効を中断させる事由の一つに、差押え・仮差押え又は仮処分がある。

債権者（労働者）が債務者（使用者）の持つ財産に対して、差押え・仮差押え又は仮処分を行った場合、時効が中断することになる。

賃金を払うことができずに滞納が続いた場合、賃金の債権者である労働者が会社財産の競売を行うことがある。この場合、会社財産が差し押さえられることなるため、競売申立てがされた時点で賃金債権の消滅時効が中断してしまう。

ただし、競売申立てが取り下げられた場合には、時効中断の効果は申立ての時に遡って消滅することになる。

C）承認

承認とは、時効の利益を受ける者が、時効により権利を失う者に対し債務の存在を認識していることを表示することをいう。

未払い残業代で言い換えるならば、時効の利益を受ける者は「**会社**」、時効により権利を失う者は「**労働者**」、債務は「**未払い残業代（の負担）**」である。

たとえば、会社が労働者に対して「確かに未払い残業代がある」と回答する行為は、「承認」に該当する。また、「未払い残業代は必ず払うから、少し待って欲しい」とか「未払い残業代の全額は払えないが一部なら払う用意がある」などと回答した場合、労働者に未払い残業代という債務の存在があることを前提として猶予を求めていることから、「承認」に該当すると解される。

すなわち、書面にしろ口頭にしろ、未払い残業代の存在を会社が認め、これを労働者に表明した場合は、承認に該当すると考えられるため、交渉の場では慎重を期さなければならないといえよう。

ところで、どの程度の表現が「承認」に該当するのであろうか。

名古屋地判平17．8．5（オンテック・サカイ創建事件）労判902-72は、団体交渉の場で会社が時間外労働の存在を認めたものの、定額手当の支払により当該時間外労働に係る割増賃金の支払義務はないと主張したケースである。

この点につき、判例は、「被告らが法定時間外労働時間に対する未払債務

が存在することを団体交渉の場等において承認していたと認めることはできず、他に被告らによる債務承認の事実を認めるに足る証拠はない」として、時効中断事由の承認には当たらないとの判断を示した。

したがって、会社が交渉の場で時間外労働時間の存在を認めたとしても、それに対する未払い残業代の存在を認めなければ、時効中断事由である承認には該当しないと解されるのである。

判例 ■名古屋地判平17．8．5（オンテック・サカイ創建事件）

【事実】被告Ｙ１社との間で労働契約を締結し、のちに被告Ｙ２社へと転籍となった原告が、法定時間外労働に対する割増賃金の未払があるとして、その支払およびこれと同額の付加金の支払ならびに遅延損害金の支払を求めた事案。

【判旨】原告は、原告の団体交渉申入れによる未払割増賃金の請求に対し、被告らは、原告の請求する割増賃金の基礎となる法定時間外労働時間については認めた上で、業務推進手当に関する独自の解釈によりその全額の支払義務を否定する主張をしていたにすぎないから、債務を承認していたということができ、また、これまで一切消滅時効の援用を主張して来なかったのであるから、信義則上、被告らが消滅時効を援用することは許されないと解すべきである旨主張する。

しかし、原告本人によっても、被告らが法定時間外労働時間に対する未払債務が存在することを団体交渉の場等において承認していたと認めることはできず、他に被告らによる債務承認の事実を認めるに足る証拠はない。

また、被告らが本訴において初めて予備的に消滅時効の主張をしたからといって、その主張をすることが被告らの従前の対応状況等に照らし信義則上許されないものと認めるに足る証拠も存しない。

そうすると、平成15年11月20日の本件提訴（裁判所に顕著な事実）の2年以上前に支払期限の到来した平成13年10月分以前の割増賃金債権については、労働基準法115条により、支払期限からの2年の経過と被告らの時効の援用により、消滅したものといわざるを得ない。

④時効の援用

時効は、当事者が援用しなければ、裁判所がこれによって裁判をすることができない（民法第145条）。

ここでいう「当事者」とは、時効の利益を受ける者である。すなわち、未払い残業代問題に置き換えると、「**会社**」ということになる。

したがって、未払い残業代の請求権は、会社が「○○年○月分以前の賃金の請求権について、消滅時効を援用する」との主張をすることによって、初めて時効によって消滅する。

言い換えるならば、未払い残業代の請求権から２年を経過しているからといって、会社が時効を援用する旨の意思表示をしなければ、裁判所が勝手に「○○年○月分以前の賃金は時効により消滅した」というような判断をすることはないということである。

裁判例をみると、労働者らが６年10か月分の未払い残業代を請求した**東京高判平21．12．25（東和システム事件）労判998-5**では、会社による消滅時効の援用の主張が認められ、訴訟提起日から２年を超えて遡った分の賃金請求権については消滅時効が完成したとの判断が示されている。

裁判において、労働者側が２年を超える分の未払い残業代を請求する場合は、会社側による消滅時効の援用の意思表示が権利の濫用に当たると主張するケースが多い。

裁判となった場合に、会社側が消滅時効の援用をしないというケースは考えにくいが、一方で、裁判外において労働者側が２年を超える分の未払い残業代を請求してきた場合には、会社側は速やかに消滅時効の援用の意思表示をする必要がある。

⑤時効の利益の放棄

民法第146条では、「**時効の利益は、あらかじめ放棄することができない**」と規定されている。たとえば、AがBに金銭を貸し付けるとしよう。この場合、金銭を貸し付けるAの方が立場が強いといえる。そのAがBに対し、「Bは時効の利益を主張しない」との約束をさせると、Aは時効完成後もBに対して債権を主張できることになり、時効制度の趣旨を没却することになる。

一方で、民法第146条を反対解釈すると、「時効完成後は、時効の利益を放

棄できる」ということになる。

これを未払い残業代問題に当てはめると、2年間の消滅時効が完成した後に、会社が時効の利益を放棄し、労働者に対して2年間分以上の未払い残業代を支払うということになる。

しかし、このようなことは実際には考えづらいことである。時効の利益の放棄は、時効が完成したことを知っていることが前提になっている。会社が消滅時効が完成していることを知った上でわざわざ2年間分以上の未払い残業代を支払うことは、意図的に損失を生みだすようなものであるから、通常は時効の利益の放棄はしないであろう。

ここで問題となるのが、時効の完成を知らずに**債務**の承認をした場合である。

たとえば、時効制度に明るくない社長が労働者側と交渉するケースを考えてみたい。

> 労働者Xは、5年間分の未払い残業代をY会社に請求した。Y会社のZ社長は、時効制度のことを全く知らず、Xに対して「今すぐは難しいが、3か月後には全額支払えるだろう」と回答した。
>
> その後、Z社長は顧問の社会保険労務士に相談し、時効制度のことを知ったため、Xには2年間分の支払をすればよいと考え、その旨をXに伝えた。
>
> しかし、Xの代理人弁護士から「Z社長は時効完成後に債務の承認をしたのであるから、時効の援用をすることは許されない」との主張を受けた。果たして、Z社長は5年間分の未払い残業代を払わなければならないのであろうか？

この設例では、請求された5年間分の未払い残業代のうち、3年間分については時効が完成している。ところが、時効制度のことを全く知らないZ社長は「今すぐは難しいが、3か月後には全額支払えるだろう」と回答している。この回答が、「時効完成後に債務の承認をした」というのがX側の主張である。

この点につき、最高裁は、「債務者は、消滅時効が完成したのちに債務の承認をする場合には、その時効完成の事実を知っているのはむしろ異例で、知らないのが通常であるといえるから、(略)消滅時効完成後に当該債務の

承認をした事実から右承認は時効が完成したことを知ってされたものであると推定することは許されないものと解するのが相当である」とした(**最判昭41．4．20（請求異議上告事件）判タ191-81**)。

　時効の利益の放棄は、時効が完成したことを知っていることが前提となるため、最高裁の判断によれば、時効の完成を知らずに債務の承認をしても時効の利益の放棄には該当しないと解される。

　しかしながら、最高裁は、上記に続けて「債務者が、自己の負担する債務について時効が完成したのちに、債権者に対し債務の承認をした以上、時効完成の事実を知らなかったときでも、爾後その債務についてその完成した消滅時効の援用をすることは許されないものと解するのが相当である」として、

　時効の完成後に、債務者が債務の承認をすることは、相手方においても債務者はもはや時効の援用をしないと考えるであろうことから、その後においては債務者に時効の援用を認めないものと解するのが、信義則上相当との判断を下した。

　先の設例でいえば、時効完成後にZ社長が「今すぐは難しいが、3か月後には全額支払えるだろう」と回答した内容が、Xにとって「Y社（Z社長）はもはや時効の援用はしないだろう」との期待を抱かせ、その後にZ社長が時効制度の内容を知ったとしても、時効完成後に債務の承認をした以上、その後時効の援用をすることは信義則上許されないと解されることになる。したがって、Z社長はXに5年間分の未払い残業代を支払う必要が生じるということである。

　実際にこのようなケースが生じる可能性は少なくないといっていい。時効制度をよく知らない社長は思いのほか多いはずである。そして、何気ないやり取りのつもりで、うっかり上記のような回答をしてしまう。その後、困って社会保険労務士等に相談する──

　このようなトラブルを避けるためには、社会保険労務士が当該知識を知っておくことはもちろんのこと、顧問先の社長に対しても常日頃から適切な指導をしていく必要があるといえよう。

判例 ■最判昭41．4．20（請求異議上告事件）

【事実】金銭貸借契約に基づく債務不履行をめぐって争われた事案。

【判旨】債務者は、消滅時効が完成したのちに債務の承認をする場合には、その時効完成の事実を知っているのはむしろ異例で、知らないのが通常であるといえるから、債務者が商人の場合でも、消滅時効完成後に当該債務の承認をした事実から右承認は時効が完成したことを知ってされたものであると推定することは許されないものと解するのが相当である。

（中略）

しかしながら、債務者が、自己の負担する債務について時効が完成したのちに、債権者に対し債務の承認をした以上、時効完成の事実を知らなかったときでも、爾後その債務についてその完成した消滅時効の援用をすることは許されないものと解するのが相当である。けだし、時効の完成後、債務者が債務の承認をすることは、時効による債務消滅の主張と相容れない行為であり、相手方においても債務者はもはや時効の援用をしない趣旨であると考えるであろうから、その後においては債務者に時効の援用を認めないものと解するのが、信義則に照らし、相当であるからである。また、かく解しても、永続した社会秩序の維持を目的とする時効制度の存在理由に反するものでもない。

⑥権利の濫用

会社側が消滅時効の援用を行った場合、労働者側から消滅時効の援用が権利の濫用であるとの主張を受けることがある。

実際の裁判例においても会社側の消滅時効の援用が権利の濫用であると認めたケースがある。

A）権利の濫用に当たると判断された例

会社側の消滅時効の援用が権利の濫用に当たると判断された例として、**福島地白河支判平24．2．14（前掲日本セキュリティシステム事件、東栄衣料破産管財人ほか事件）労判1049-37**がある。

前掲日本セキュリティシステム事件では、原告らが、団体交渉、労働委員会での斡旋手続、催告の手続を行った上で最終的に提訴に至っていること、

第5章 労働法を理解するための基本三法　民法編

また、給料明細書以外に時間外手当、深夜手当を算出する資料がなく相当程度の準備期間を要することが被告においても十分了知していたはずであることから、「訴え提起後約2年4か月を経て、たまたま時効期間が経過したことを理由に時効を援用することは信義にもとるものであり、権利濫用として許されない」との判断が示された。

　福島地白河支判平24．2．14（東栄衣料破産管財人ほか事件） は、原告のベトナム人研修生・技能研修生らに対し、被告会社らが労基法及び最賃法を下回る賃金の支払をしていた事案である。

　判例は、被告会社が、技能実習生の賃金の処遇について労働基準法等の労働法令を遵守しようとする意識がなく、その前段階にある研修生に支払うべき金員の処遇についても労働基準法等の規定が適用されることを潜脱する意図をもって、外形上はあたかも研修生であるかのような処遇を続けていた、と述べ、「そうでありながら、本件訴訟において原告らが労働者であるとすれば賃金請求権の消滅時効を援用するということは、信義則に反するものと言わざるを得ない」として、消滅時効の援用は権利を濫用するものとして許されないと判示した。

|判例| ■**福島地白河支判平24．2．14（東栄衣料破産管財人ほか事件）**

【事実】被告会社においてベトナムからの研修生として縫製作業に従事していた原告らが、労基法及び最賃法に満たない賃金を支払われていたことなどから、その差額賃金などを請求した事案。

【判旨】本件会社には、技能実習生の賃金の処遇についても労働基準法等の労働法令を遵守しようとする意識がなかったものと言わざるを得ない。そして、上記事実からは、その前段階にある研修生に支払うべき金員の処遇についても、本件会社が労働基準法等の規定が適用されることを潜脱する意図を有していたことが推認されるというべきである。

　上記の本件の事実関係のとおり、本件会社は、研修生に支払うべき金員の処遇については労働基準法等の規定が適用されることを潜脱する意図をもっ

て、外形上はあたかも研修生であるかのような処遇を続けていたのであり、そうでありながら、本件訴訟において原告らが労働者であるとすれば賃金請求権の消滅時効を援用するということは、信義則に反するものと言わざるを得ない。そして、原告らは平成21年7月に本件会社を退職した後、同年8月には本件訴えを提起しているのであるから、原告らが研修期間中の賃金について長期間権利行使をしていなかったという事情があったとはいえない。以上のような本件事情の下では、被告会社破産管財人がした消滅時効の援用は、権利を濫用するものとして許されないというべきである。

B）**権利の濫用には当たらないと判断された例**

一方、権利の濫用を否定した例として**前掲学校法人実務学園ほか事件、東京地判平21．3．9（東和システム事件）労判981-21**がある。

前掲学校法人実務学園ほか事件は、「消滅時効の援用が権利濫用となり得るのは、債務者がその態度・言動により債務の弁済が確実になされるであろうとの信頼を惹起させ、債権者に時効中断の措置を採ることを怠らせた後、時効期間が経過するや態度を変えて時効を援用するなど、例外的な事情が認められる場合に限られると解される」と述べた上で、本件においては関係各証拠によってもそのような例外的な事情の存在を認めることはできないとして、権利の濫用には当たらないと判断した。

また、**東京地判平21．3．9（東和システム事件）**では、「被告が、原告の時間外手当請求権の行使を妨げるため、時効完成を企図して原告の権利行使を妨害するような行為に出た事実は、本件全証拠によるも認められず」、また、「原告らにおいて権利行使をためらわせるような事情が存したとはいえない」と述べた上で、「被告がその行為によって原告らの前記請求権の時効を完成させたとはいえないから、被告の時効の援用は権利の濫用に当たるとはいえない」との判断を下した。

これらの裁判例を見るに、まず、会社側が時効を完成させるために意図的に労働者側の賃金請求権行使を妨げた場合は、時効の援用が権利の濫用に該当すると思われる。たとえば、交渉の過程において、提訴しなくても残業代が支払われるとの期待を労働者側に持たせておきながら、消滅時効期間が経

過してから一転して「残業代は支払わない」などの主張をした場合は、信義則に反するものであると解され、消滅時効の援用をしたとしても権利の濫用と判断されるであろう。

また、**日本セキュリティシステム事件**や、**東栄衣料破産管財人ほか事件**のように、資料提出や交渉過程などに不誠実な対応がある場合にも、会社による消滅時効の援用は権利の濫用と判断されることがあるといえる。

判例 ■長野地佐久支判平11.7.14（日本セキュリティシステム事件）

【事実】被告会社において管理職の職位にあった原告らが、給与規程の改定により時間外手当等が支払われなくなったため、時間外労働に係る割増賃金等の支払を求めて争われた事案。

【判旨】被告が、原告の時間外手当請求権の行使を妨げるため、時効完成を企図して原告の権利行使を妨害するような行為に出た事実は、本件全証拠によるも認められず、証拠（略）及び弁論の全趣旨によれば、支部と被告間の労使交渉において、課長代理を管理職と扱うか否かについて双方で様々なやりとりがあったが、少なくとも支部は、時間外手当の請求を繰り返し行っており、これに対し被告は、原告らに対し時間外手当を支払う旨述べたり、そのようなそぶりを見せたことはなく、したがって、原告らにおいて権利行使をためらわせるような事情が存したとはいえないというべきである。であれば、被告がその行為によって原告らの前記請求権の時効を完成させたとはいえないから、被告の時効の援用は権利の濫用に当たるとはいえない。

 債権総論

1．はじめに　〜債権・債務とは何か〜

1）債権と債務

所有権などの物権が物に対する支配権（絶対権・対世権ともいわれる）で

あるのに対し、債権は人に対して行為をさせることを内容とする（相対権・対人権といわれる）。すなわち、**物権は、いつでも、誰に対しても権利を主張できる**。例えば、どこの誰でも、自分の土地の中に入ってきた者をここから出ていけと主張できる。これに対し、**債権は特定の人が他の特定の人に対して、ある一定の行為をなすことを請求できる**。例えば、XとYが雇用契約を締結したらXはYに賃金をよこせと言えるが、関係ないZに働いたから賃金をよこせとは主張できない。

　請求する人が債権者、請求される人が債務者である。債権と債務は、それぞれ請求する側の権利と捉えるか、請求される側の義務と捉えるかの違いであって、実質は同じものである。

　「債権」というと、お金を請求する権利を思い浮かべることが多いが、それだけではなく、大工に家を建ててもらったり、マッサージ師にマッサージをしてもらうこと、占い師に占いをしてもらうことも「一定の行為」であるから、これらは全て債権ということになる。

　労働関係では、使用者が従業員に対して業務に従事するように請求する権利も当然「債権」ということになる。

　このように、請求する「一定の行為」にも様々なものがあることから、債権（債務）を分類する方法として、**「与える債務」**と**「なす債務」**という区分の仕方をすることがある。お金を支払ったり、物を引渡したりする債務が「与える債務」であり、大工が家を建てたり、マッサージ師がマッサージをする、占い師が占いをする債務が「なす債務」ということになる。従業員が使用者の指示に従って就労する債務も「なす債務」である。

　これを労働契約の例で具体的に見てみよう。労働者Xが契約によりY社の指揮命令下に入って働けば、賃金請求権が発生する。この賃金請求権は特定の人（X）が他の特定の人（Y社）に対して、ある一定の行為（賃金を支払う）ことを請求できる権利であるので、債権といえる。

　この債権と表裏の関係にあるのが**債務**である。Xに賃金請求権があるということは、裏を返せばY社には賃金支払いの義務があることになる。このように債権に対応する義務のことを債務という。債権を有するものを債権者、債務を有するものを債務者というが、ここで気をつけてもらいたいのが、「何

第5章

に関する」債権者であり債務者なのか、ということである。労働契約の例でいえば、「賃金に関して」はXが債権者でありY社が債務者であるが、指揮命令下に入り働くこと、つまり「労務の提供に関して」はXに義務があるのでXが債務者となり、Y社には指揮命令権があるのでYが債権者となる。

2）債権の効力

債権は原則として最終的には裁判所を通して実現されるという効力をもつのであるが、その態様は強制執行、債務不履行に基づく損害賠償、債権者代位権、債権者取消権といったものがある。

3）第三者による債権侵害

所有権のような物権が侵害されたときには不法行為（709条）が成立し、妨害排除請求権の行使が認められるが、**債権侵害**の場合はどうであろうか。

具体的には、XがY社と雇用契約を締結していたが、社外組合ZがXに不当に働きかけ、Xが就労するのを妨げたような場合を想像してほしい。このような場合、組合Zに**不法行為**は成立するのであろうか。

先述のとおり原則債権は債権者と債務者の間の人的・相対的な権利に過ぎないので、第三者が入り込む余地はなく、第三者による権利侵害はあり得ないという考え方があった。

しかし、判例は、およそ債権も権利である以上、権利には不可侵性が認められ、第三者による権利侵害も想定できるので、侵害があった場合は不法行為に基づいて損害賠償ができると判断した。もっとも、債権は相対的な権利であることには変わりないから、ある程度強い態様での権利侵害がなければならないとし、債権の存在を認識したうえで、債権者を害する意図が必要であるとしている。

すなわち、債権侵害の場合過失による不法行為というものはありえず、原則として加害者に故意があることが必要なのである。

2．受領遅滞

　債権者が債務の履行を受けることを拒み、又は受けることができないときは、その債権者は履行の提供があった時から遅滞の責任を負うと規定されている（**413条**）。例えば、X社がYと雇用契約を締結し、Yは就労の準備をしてX社に赴いたが、X社は今会社が大変だから今は来なくていいと追い返したとする。この場合、X社に責任があるといえる。これを**受領遅滞・債権者遅滞**という。この場合遅滞の責任が何であるか議論があるが、判例・通説は、これはそれほど重い責任ではなく、債務者に不利益を生じさせないとしている。すなわち、債権者は結局受領するかしないかの権利を有していて、受領しない場合には債務者に債務不履行の責任が生じないということになるにすぎないと考えている。つまり、Yが債務の履行の提供をした効果と、受領遅滞の効果とは同一であるというのが一般的な考え方である。

　ただし、こうした場合に債務者にも損害が生じる場合もあるのであるから、全く義務違反が認められないというのでは不当である。判例には売買契約において、信義則上の引き取り義務が認められる場合には買主に引き取り義務違反が認められ、買主に対して損害賠償請求ができるとしたものがある。

　雇用契約関係においての確たる判断はないが、裁判例には、労働者が使用者に対し、労働契約の本旨に従った労務の提供をしたのにもかかわらず、使用者がその受領を拒否した場合は、受領遅滞があればその期間の労務給付の履行が客観的に不能となる労働契約の特殊性（通常2012年8月1日の業務は2012年8月1日にしか履行できない）に鑑み、労務給付義務の履行不能にともなう危険負担の問題として民法536条の規定によって反対給付である賃金支払義務の有無を決すべきものであり、債権者たる使用者は、右履行不能について帰責事由がないと認められる場合に限り、同条1項の規定により賃金債務を免責されることになると解するを相当とするとして危険負担の問題としている。

　危険負担については後述するが、使用者側に責めに帰するべき事由があれば反対給付債権たる賃金請求権が消滅せず、従業員は賃金を請求することができることになる（**民法536条2項**）。両者に過失がない場合は前述の通り、

賃金債務は免責されることになる（**民法536条1項**）。

危険負担の話になってしまったが、労務を受領する使用者の側に合理的な理由もなく、労働者がある程度就労の準備をしてしまっているような場合、例えば他の企業からの誘いを断っているというような事情があれば、信義則上の受領義務を認めて、債務不履行に基づく損害賠償も可能であろう。

3．債権の強制履行

債権者は債務者に対して、一定の行為をなすよう請求する権利があることは先述のとおりである。例えば、**特定物**を売買したとき、買主は目的物引渡請求権を、売主は代金支払請求権を有することになる。

自分の所有する土地を、第三者が勝手に建物を建てて占有している場合、土地の所有者は、「建物を収去して土地を明け渡せ」と占有者に請求することができる。これは、**物権的請求権**（所有権に基づく返還請求権）である。

いずれにせよ、それぞれの義務者は誠実にその義務を果たすことが期待されているのであるが、実際には不誠実な義務者がその義務を果たさないというのも少なくない。

この場合でも、法は権利者が自分の力だけで権利を実現することは、禁止している（自力救済の禁止）。これが許されるのであれば、力の弱い人は泣き寝入りしなければならないし、「自分が権利者だ」と主張する人が本当に権利を持っているのかどうかは必ずしも明らかではなく、結局、社会秩序が乱れてしまうからである。

そこで、国家は、自力救済に代わるべき強制履行制度を設けて、この制度を通じて、権利者の有する権利を実現させることとしている。

強制履行制度の大枠については、民法414条が規定している。民法は「誰にどのような権利義務があるのか」を定める実体法であるが、民法414条は、「その権利をどのように実現するのか」という手続法的な規定である。

具体的な手続は、主として手続法の一つである民事執行法に規定されている。債務不履行の場合に、債権者が裁判所の力を借りて強制的に債務の内容を実現する強制履行の方法には、次の四種がある。

①**直接強制** 債務者の意思を問わず、強制執行によって直接に債務の内容を実現する方法。与える債務（たとえば、Ｘの所有家屋をＹに引き渡す債務）についてのみ認められ、為す債務（たとえば、ある場所でピアノを演奏するという債務）については許されない。

②**間接強制** 裁判所が債務者に対し、損害賠償などを命じることによって心理的に圧迫し、その結果、強制的に履行させようとする方法。これは、直接強制や代替執行のできない場合にのみ許される。

③**代替執行** 債務の内容の実現を第三者に行わせ、その費用を債務者に負担させる方法（たとえば、Ｘが前金を得て壁を塗装する債務を負っているのにそれを履行しない場合に、Ｙに塗装をさせ、その費用をＸに負担させること）。為す債務のうち第三者が代わっても目的を達成できる行為についてだけ認められる。

④**意思表示義務の執行** 意思表示を目的とする債務について、そのような意思表示をせよという判決をもって、現実にその履行があったものとする方法（たとえば、農地を売買した者が許可申請をしない場合に、申請を命じた判決書を添付すれば、その譲渡人の申請があったのと同じ効力が生じる）。

　労働関係上の強制執行については、雇用契約で労働者が負う債務が「なす債務」であるから直接強制はできないので、間接強制ということになるであろう。すなわち、Ｘのデザインの才能を見込んで、アパレルメーカーのＹ社が雇用契約を締結したが、いっこうにＸは出社しようとせず、Ｙ社は次のショーの準備が遅々として進まない状況にあった場合、Ｙ社はＸが出社するまで、遅れてしまった分の損害賠償を請求することができる。

4．債務不履行

　債務不履行とは、債務者が正当な理由がないにもかかわらず、債務の本旨に従った履行をしないことをいう（**民法415条**）。

　労働契約における債務不履行とはどのようなことをいうのであろうか。労働契約の成立により、労働者には労務提供義務が、使用者には賃金支払義務が、契約の本来的な義務としてそれぞれ生じることになる。労働者が使用者

の指示に従わずに労務の提供を拒めば、労働者が「その債務の本旨に従った履行をしない」ということになり、労務提供義務の不履行ということになる。例えば、使用者が労働者に配転命令を行ない、労働者がその命令を拒否したとする。配転は業務のいち内容であるから、それを拒否することは労務提供義務を果たしていないことになる。すなわち債務不履行である。そうだとすると、労務の不提供により使用者が損害を被った場合には、使用者は、労働者に対して損害賠償を請求することもできる。

これに対し、賃金の支払期日に使用者がこれを支払わない場合には「賃金支払債務の不履行」ということになる。賃金債務は金銭債務であるから、民法419条の金銭債務の特則が適用されることになる。すなわち、使用者は不可抗力によっても責任を逃れることはできず(**同条3項**)、損害賠償額は、法定利率で計算されることになる(**同条1項本文**:年率5％)。

これらの他に、使用者が労働者に対する安全衛生管理を怠り、職場にセクハラ・パワハラ・長時間労働等が横行しており、これによって労働者が傷病を発症した場合には、使用者の**安全配慮義務**の債務不履行が問題となる。以下で詳しく述べていく。

1) 債務不履行の3分類

債務不履行は通常、①**履行遅滞**、②**履行不能**、③**不完全履行**の3つの類型に分類される。

①**履行遅滞**とは、履行期に履行が可能であるのに期限を徒過してしまった場合をいう。会社が給与を遅配してしまったような場合には、賃金支払債務が履行遅滞に陥ってしまったことになる。

②**履行不能**とは、履行することが不能となったため、履行できない場合をいう。会社員が多少の遅刻では済まず、休日にスキーへ出かけて骨折し、翌日出社できなくなったような場合は、②の履行不能に変わる。労働契約に基づく労務提供義務が履行不能となっている。

③**不完全履行**とは、履行期に履行はしたものの、その給付が債務の本旨に従ったものでない場合を意味する。会社員の例ならば、就業時間の半分近くを本来の趣旨とは関係ない無駄話に費やして、不十分な業務しなかったよう

な場合である。他には、出社はしても仕事に集中しない、あるいは遅刻・早退を繰り返すようなときは、労働契約を完全に履行していないため、労働義務の不完全履行となる。その他には、給与計算は行ったものの、その一部についての計算が間違っていたような場合も不完全履行の例として挙げられる。

（1）履行遅滞

労働関係において履行遅滞とはどのようなものであるかといえば、給料日に給料を支払わない場合、すなわち、賃金債務の履行の遅滞である。または、退職金であったり、解雇予告手当が支払われなかったりする場合である。これは使用者側の履行遅滞であるが、労働者側の履行遅滞とは、例えば期日を決めて開発を任され雇われた研究員が、いつまでたっても研究に取り組もうとしない結果、得られたはずの研究結果が未だ得られなかったような場合である。このような場合に会社は履行遅滞を主張して契約の解除及び損害賠償を請求することができる。

①履行遅滞の要件

A）履行期に履行が可能であるにもかかわらず、履行しないこと。

履行が可能かどうかの判断は「社会の取引観念（取引上の社会通念）」によって判断され、物理的不能のみならず、法律的不能も含まれる。物理的不能の例としては、売買の目的物が火災で消失したような場合が挙げられ、法律的不能の例としては、契約の対象物が法律で取引禁止になっているような場合がある。

B）履行期を徒過したこと。

C）履行しないことが債務者の責めに帰すべき事由に基づくこと。

「責めに帰すべき事由」（帰責事由）とは、債務不履行の事態について、債務者に故意または過失があることをいう。ここにいう過失とは、一般人を基準にして客観的な注意を欠くことである。

また、履行補助者に故意・過失があった場合も、信義則上、債務者に故意・過失があったものと推定される。**履行補助者**とは、債務者が債務の履行にあたって使用する者である。

> 債務者は、被用者を選任監督するにつき、過失がないことを要するだけでなく、債務の履行をさせる範囲において被用者による必要な注意を尽くさせる責めを負うものであるから、使用者たる債務者は、被用者の不注意から生じた結果に対して債務不履行責任を負う（**大判昭4．3．30**）

D）履行しないことが違法であること。

　債務者が履行せずに履行期を過ぎても、それが違法とならない場合もある。債務者が**留置権（民法295条）**や、**同時履行の抗弁権（民法533条）**を行使するような場合は、履行しないことが法律上正当化されるため履行遅滞とはならない。たとえば、時計の修理を終えた時計店が、修理代金を受け取るまでは預かった時計を引き渡さない、というような場合は履行遅滞にならないのである。

②立証責任

　債務不履行においては、債権者は債務者に故意・過失があることを立証する必要はなく、争いがあれば債務者のほうが自らの故意・過失がないことを立証しなければならない（**大判大14．2．27**）。これは、契約という特殊な社会的関係に入った以上、債務不履行があれば、一般的には債務者に故意・過失があると推定されるからである。対して、不法行為責任を追及する場合は、契約のような関係を前提としないため、その責任を追求する側に立証責任があることに注意されたい。

③履行遅滞の効果

　債権者は相当の期間を定めて履行を催告し、その期間内に履行されないときは契約を解除（**民法541条**）し、遅滞による損害が発生すればその賠償も請求できる（**民法545条3項**）。一方、契約を解除しないで本来の給付を請求し、または履行を強制（**民法414条**）するとともに、遅延による損害賠償を請求することもできる（**民法415条前段**）。

(2) 履行不能

①履行不能の要件

ア　債権成立後に不能になったこと（後発的不能）

イ　債務者に帰責事由があること

ウ　不能が違法であること

　要件、イ、ウについては履行遅滞と内容がほぼ同じである。よって、ここでは要件アについて見ていくことにする。

　契約が成立することによって、契約当事者に債権・債務関係が発生する。この契約成立時にすでに債権が給付不能になっていた、というような場合があり得る。Aが自己の所有するリゾートマンションをBに売却する契約を東京で4月1日に交わしたとしよう。この別荘が3月31日に実は全焼していたというような場合である。このような場合を**原始的不能**という。原始的不能の場合はそもそも債権そのものが成立せず、よって債務も成立しないため、債務不履行の問題にはならないのである。

　債務不履行の問題とはならないが、原始的不能の場合に債務者に責任が認められる場合があり、「**契約締結上の過失**」という。Aのリゾートマンションが燃えた原因が、Aの火の不始末によるような場合は、契約が成立したと信じてマンション用の家具などを注文したBに対して、注文のキャンセル料などの損害賠償義務をAが負うことが信義則上認められる場合がある。

　原始的不能に対して、債権の成立後に給付が不能になった場合を後発的不能という。債務不履行が認められるためには、不能が後発的なものであることが必要である。リゾートマンションが焼けたことが契約成立時以降であり、それがAの故意・過失によるものであれば、履行不能となる（Aに帰責事由がない場合は民法534条以下の危険負担の問題となる）。

②履行不能の効果

　履行遅滞と違い、すでに給付が不可能となっている以上、催告は無意味であるため、債権者は直ちに契約を解除でき（**民法543条**）、損害があればその賠償を請求することができる（**民法545条3項**）。また、契約を解除せずに本来の給付に代わる損害賠償（填補賠償）を請求することも可能である（**民法415条後段**）。

（3）不完全履行
①不完全履行の要件
ア　不完全な履行であること
イ　債務者の責めに帰すべき事由であること
ウ　不完全履行が違法であること
要件イ、ウに関しては履行遅滞と同様である。

　不完全履行の不完全な給付には様々な場合があり、①**給付された目的物ないし履行の内容に瑕疵のある場合**、②**履行の方法が不完全な場合**、③**給付する際に必要な注意を怠った場合**などに分類できる。①②は給付義務そのものの不完全履行であるのに対して、③は付随義務違反による不完全履行と呼ばれることもある。

　①の例としては、ネット通販で注文したノートパソコンが届いたが、キーボードを押しても何の反応も無いような場合や、医学実験用の動物を注文して、届いた内の何匹かが病気に感染していたような場合が挙げられる。

　②の例としては、配達員の乱暴な取り扱いで配達された家具に傷がついたような場合や、支払いの際に相手に現金を投げつけるような場合がある。

　③はオフィス機器などの導入の際に、業者が操作方法についての説明を怠ったような場合である。

②不完全履行の効果
　あらためて完全な履行を行うこと（「**追完**」という）が可能かどうかで、履行遅滞または履行不能に準じた扱いをすることになる。追完が可能であれば、履行遅滞に準じて処理し、不可能であれば履行不能として処理することになる。

③安全配慮義務について
　先述したが、ある法律関係に基づき特別な社会的接触の関係に入った当事者間において、当該法律関係の付随義務として当事者の一方または双方が相手方に対して信義則上負う債務のことである。

　もう一度判例を確認してみる。

> 安全配慮義務は、ある法律関係に基づいて特別な社会的接触の関係に入った当事者間において、当該法律関係の付随義務として当事者の一方、または双方が相手方に対して信義則上負う義務として一般的に認められるものであって、公務員が義務を安んじて誠実に履行するためには、国が公務員に対し安全配慮義務を負い、これを尽くすことが必要不可欠である。**最判昭50. 2. 25（陸上自衛隊八戸駐とん地事件）労判222-13**

　安全配慮義務は判例によって形成されてきた理論であるが、平成20年施行の労働契約法5条には、「使用者は、労働契約に伴い、労働者がその生命、身体等の安全を確保しつつ労働することができるよう、必要な配慮をするものとする」と定められ、成文の根拠ができた。
　この安全配慮義務に違反することは、債務不履行の問題であると同時に不法行為の問題でもあるといえるので、どちらの責任を追求するかの問題も生じる。
　信義則上の安全配慮義務や競業避止義務については先に詳しく述べたのでこれ以上の説明は割愛する。

（4）債務不履行と労働契約（1）─休業手当に関する問題

　ここでは、債務不履行と労働契約の問題について考えるために、債務不履行の具体的なケースを労働契約にあてはめてみよう。
　たとえば、労働者Xと使用者であるY社とが3月28日に労働契約を結んだとする。そして、労働者Xは4月1日からY社で働き始める予定だったとしよう。しかし、Xが入社日である4月1日に会社へ出社すると、Xの働く予定だった工場がY社の過失により、火災で焼失してしまっていた。この工場が再稼働可能になるまでに7か月かかるとのことだった。この場合、Xは出社したわけだから、労働提供義務を果たしていたことになる。
　民法415条によると、「債務者がその債務の本旨に従った履行をしないときは、債権者は、これによって生じた損害の賠償を請求することができる。債務者の責めに帰すべき事由によって履行をすることができなくなったとき

も、同様とする」と書かれている。これを労働契約にあてはめると、使用者が労働契約に従って労働の場を提供していないことは、労働契約の本旨に従った履行がなされていない、つまり使用者側の債務不履行ということになる。したがって、債権者である労働者は損害賠償を請求することができるのである。このケースの場合、工場が火災で消失している以上、使用者側の債務は履行不能ということになる。そうすると、使用者側としては損害賠償を支払わなければならないのだが、火事で工場を失った上、労働者に何の仕事もしてもらっていないのにお金を払うようなことをしたくない使用者側が思いつく手立てとしては、とりあえず、労働者に裁判に訴えるようけしかけることである。裁判を起こすとなれば、かなりのお金と費用がかかるため、労働者は損害賠償の請求をしてこないだろうという読みからである。

では、裁判に訴えることをあきらめた労働者Xはどうするだろうか。今度は民法でなく労働基準法を根拠に請求をすることが考えられる。労働基準法26条により、使用者の責めに帰すべき事由で休業しているときは、賃金の60％を支払ってもらえる権利があるのである。

（休業手当）
第二十六条　使用者の責に帰すべき事由による休業の場合においては、使用者は、休業期間中当該労働者に、その平均賃金の百分の六十以上の手当を支払わなければならない。

そこで労働者Xは「労働基準法上の**休業手当**を支払ってくれ、でないと、労働基準監督署に申し出るぞ」ということになる。これなら、裁判と違ってお金も時間もかからずに済む。

こうなると、また使用者側が困ってしまう。工場が再稼働するまでの間の7か月間は休業せざるを得ないが、その7か月間休業手当を支払い続けることは中小零細企業にとっては大変な負担である。困り果てたY会社は、Xを解雇することとした。解雇ならば、解雇予告手当として30日分の平均賃金を支払うだけでよいからである。まさに使用者側の苦肉の策といえよう。

ところが、解雇されるとなると、今度は労働者側が納得いくはずがない。

追い込まれて初めて、労働者は重い腰を上げて裁判に訴えることになるが、この場合、どのような理由で争うかがポイントとなる。使用者の過失によって工場が焼失しているのだから、労働者には何らの帰責事由はない。それにも関わらず、使用者が休業手当を払いたくないがばかりに解雇されてしまったのだから、解雇権の濫用を理由に、不当解雇を訴えていくことになるだろう。

このケースの場合は、結局は**解雇権の濫用**で不当解雇であることが認められ、使用者は損害賠償を支払わなければならないことになるだろう。

（5）債務不履行と労働契約（2）―解雇予告手当の代わりに休業手当を支払うことは可能か

さらに、休業手当と解雇の関連では、解雇予告を行うと同時に、労働者に休業を命じ、その間、休業手当を支払うという方法は有効なのかという問題もある。

解雇予告をしたとしても、予告期間満了までは労働契約は存在しているから、事業主は労働者に対して賃金を支払う義務がある。この期間に事業主が休業を命じた場合であったとしても、事業主には賃金の支払い義務がある。民法536条2項によると、「債権者の責めに帰すべき事由によって債務を履行することができなくなったときは、債務者は、反対給付を受ける権利を失わない」と規定されている。つまり、ここでいう債権者は事業主のことであり、その責めに帰すべき事由によって、債務者である労働者が就業できなかったときは、労働者は労働の提供の反対給付である賃金を請求できることになる。

ただし、この規定は任意規定であるので、当事者間の特約で排除することができる。労働契約においては、事業主の力が強いことが多いため、当事者の自由に委ねたならば、特約で排除されてしまうであろう。そのため、労働基準法では、使用者の責めに帰すべき事由で休業する場合は、使用者は休業期間中、労働者に休業手当を支払わなければならないと定めた（**労基法26条**）。これは強行規定であるので、当事者間の特約でも排除できず、違反した場合の罰則もある（**労基法120条**）。

ここでいう事業主の責めに帰すべき事由であるが、使用者の故意・過失はもちろんのこと、信義則上これと同視すべき場合も含まれる。これには資金

難などの経営上の理由による休業も含まれる。したがって、事業主が休業を命じた場合は、事業主の故意による休業となるため、休業手当の支払いが必要となる。

次に、休業手当の性格であるが、通達を見ても、賃金であるとされている。さらに、通達によると、「解雇の意思表示が解雇予告として有効と認められ、かつ、その解雇の意思表示があったために予告期間中労働者が休業した場合は、使用者は解雇が有効に成立するまでの期間、休業手当を支払えばよい」（昭24．7．27基収1701号）とされている。

また、**解雇予告手当**は30日分の平均賃金であるのに、休業手当は平均賃金の100分の60でよいというのは不合理ではないかとも思える。しかし、解雇予告は、労働契約を解除するための意思表示であって、解雇するための手続にすぎない。解雇予告手当の支払いは、予告義務を免除するにとどまるものである。

したがって、解雇予告をすると同時に予告期間満了まで休業を命じ、休業手当を支払うことは法令には違反しないと考える。

なお、6割の支払いで済むのはあくまで労働基準法上の休業補償に関してであって、のこりの4割に関しての民法上の支払い義務は残っていることを付言しておく。

（6）債務不履行と労働契約（3）─労働者側・使用者側の債務不履行

労働契約が締結されると、労働者には労務提供義務が、使用者には賃金支払義務が、それぞれ生じることになる。

まず、労働者側の債務不履行についてみてみよう。労働者が労務提供義務を拒めば、労働者が債務の本旨に従った履行をしないということになるため、労働者の債務不履行ということになる。労働者は、当然反対給付である賃金の支払いを受けることもできず（**ノーワーク・ノーペイの原則**）、使用者は債務不履行を理由とした労働契約の解除も理論的には可能となる。また、労働者の債務不履行によって、使用者に損害が発生すれば、使用者は債務不履行に基づく損害賠償を労働者に請求することもできる。労働契約に特有な問題として気をつけなければならないのが、労働者が労務を提供しないことが、

正当な争議行為を原因とする場合である。この場合は、民法の特別法、労働組合法により、労働者は免責されることになる（**労組法8条**）。

反対に、使用者が履行期である賃金支払日に賃金を支払わなければ、賃金に関する債務不履行となる。先に述べたように、賃金債務は金銭債務であるため、金銭債務の特則（**民法419条**）の適用によって、たとえ不可抗力によって、賃金支払ができなかったとしても責任を免れないことになる。

2）債務不履行の効果としての解除

以上債務不履行の種類について説明したが、債務不履行の効果としての**解除**（**民法541条・543条**）について労働法とはどのような関係にあるであろうか。

契約の解除に関する条項は、契約一般に適用されるものであるから、当然労働関係にも適用される。しかし、民法は「雇用」契約（**民法623条〜631条**）について特別の解除規定を置いている（**民法625条3項、626条、627条、628条、629条1項、630条**）。簡単にいえばこれらの規定は「**民法上の解雇の自由**」を定めたものである。雇用契約は人的・継続的契約であって、必要もないのにその関係を存続させておいてもしょうがないのであるから、比較的容易に雇用関係の解消ができるようになっている。そして、その性質から解除の効力は将来に向かってのみその効力を生じるとされている（**民法630条、620条**）。＜通常、解除の効果は、その契約によって生じた権利義務の（始めからなかったことにすること）であるのだが、雇用契約は継続的な契約であり、労務の提供も終わり、賃金の支払いも済んだ状態から積み重ねてきたものを元に戻すというのでは手間がかかってしまうので、それを回避するという趣旨である。

もっとも、契約当事者が対等であるのが前提の民法上においてはこのようにいえるかもしれないが、これらは、労働法によって大きく修正されている。労使関係が対等ではなくなった現代社会において、弱者の立場に置かれている労働者を厚く保護するためである。

例えば、労働契約法16条は労働者を解雇するにあたって①客観的に合理的理由を欠き、②社会通念上相当と認められない場合には、その解雇は権利の

濫用であるとして無効となるとしている（解雇権濫用法理）。労働者保護のために民法上の解雇の自由を制限する一場合である。他に労働契約法17条、労働組合法7条1号等、雇用機会均等法6条4号、9条2項3項等、育児介護休業法10条、16条等の規定が民法を修正している。

3）債務不履行の損害賠償の範囲

債務不履行の損害賠償の範囲とは、どこまでの範囲の損害が賠償されるかという問題である。単純に、その債務不履行がなかったならば生じなかっただろう全ての損害、としてしまった場合、債務不履行と事実的な因果関係のある全ての損害が対象となりかねず、賠償の範囲が無限定に拡散してしまいかねない。

そこで判例は当該債務不履行によって生じた、社会通念上相当な範囲内の損害に限定する考え方（**相当因果関係説**）をとっている。

> 本条（民法416条）の規定は相当因果関係の範囲を明らかにしたもので、債務不履行の場合にのみ限定されることなく、不法行為の場合にも類推される。
> （大判大15．5．22（富貴丸事件））

損害の範囲とは別に、損害そのものにも種類が存在する。大別すると、（A）**財産的損害**と（B）**精神的損害（慰謝料）** に分けられる。

（A）の財産的損害は、さらに①**積極的損害**と②**消極的損害**、に分けられる。①の積極的損害、とは債務不履行によって積極的に支出を強いられることになった損害である。②の消極的損害とは「得べかりし利益」や「逸失利益」とも言われ、債務不履行がなければ本来得られたであろう利益を損害としてとらえたものである。

（B）の精神的損害とは、財産以外の精神的苦痛をさす。この精神的損害への賠償に関して民法は明文の規定を置いていないことが問題となる。不法行為の場合は財産以外の損害に対する賠償請求についての規定（**民法710条**）が存在する。この規定を類推して、債務不履行による精神的損害に対する慰謝料請求を認めるのが判例の立場であるが、安全配慮義務違反に基づく損害

賠償などのケースを除いて、特別事情（**民法416条2項**）がある時を除いて、原則的に慰謝料請求は認められない。

4）損害賠償額の予定

　債務不履行に基づく損害賠償について、契約によってあらかじめ損害賠償額を予定することができる。それは契約の自由に基づくので、裁判所もその予定を尊重する。すなわち、当事者は、債務の不履行について損害賠償の額を予定することができるのである。この場合において裁判所は、その額を増減することができないとされている（**民法420条1項**）。また、賠償額の予定は、履行の請求又は解除権の行使を妨げないとも規定されている（**同条2項**）。損害賠償以外の債務不履行の効果は、この予定によって影響を受けないという趣旨である。違約金は、賠償額の予定と推定される（**同条3項**）ので、債務者は違約金を支払うことによって債務を免れることになる。

　これについて、労働関係ではどのように規定されているのであろうか。労基法16条は「使用者は、労働契約の不履行について違約金を定め、または、損害賠償額を予定する契約をしてはならない。」と規定している。これは労働者が一定期間を経ずに退職する場合に違約金や損害賠償金を支払わせることで使用者が労働者の足止めを図るという弊害を禁止する趣旨である。

　民法上規定されていることが、労働者保護の要請から禁止されることの一例である。

　この規定をめぐって次のような問題を考えてみたい。

　Y証券会社に入社したXは、入社3年目から2年間会社の海外留学制度を使ってフランスに留学した。留学先は会社が指定したフランスのいくつかの学校の中からXが選択し、留学先での科目選択や留学中の生活についてはXが自由に決定できた。この留学にかかる費用4000万円は会社負担であったが、留学に際しXが署名捺印した誓約書には「留学期間中あるいは留学を終えて帰任した後5年以内に自己都合によって退職したときは、留学費用の全部を即時に弁済しなければならない」との規定が定められていた。留学を終えY証券に戻ったXは、その約二年後に同社を退職し他社に転職した。これに対し、Y証券はXに留学費用の一部（費用の五分の三）である1000万円の返還

を請求したいと思っている。

　会社において使用者が労働者の留学や研修にかかる費用を支出する場合、労働者がすぐに転職したり、退職したりしてその出費が無駄になるのを防ぐために、一定期間勤務を続けなければその費用を返還することを義務付ける旨の規定が置かれることが多い。この約定は、労基法16条が禁止する「違約金・賠償予定の定め」にあたるか。この点について、裁判例は留学や研修の「業務性」の有無を重視して判断する傾向にある。すなわち、留学や研修の経緯・内容に照らし、①当該企業の業務との関連性が強く労働者個人としての利益性が弱い場合には、本来使用者が負担するべき費用を一定期間以内に退職しようとする労働者に支払わせるものであって、就労継続を強制する違約金・賠償予定の定め**（16条違反）** にあたるとされ、逆に、②業務性が弱く個人の利益性が強い場合には、その費用は、本来労働者が負担するべきものであるが、労働契約とは別の契約として（消費貸借契約）使用者が貸し付けたものであって、労働契約の不履行についての違約金・賠償予定の定めには当たらないと判断されたものもある。

　なお、使用者が実際に負担した費用の返還ではなく、使用者が労働者にいったん支給した賃金や違約金の返還を求める約定については、いずれも労基法16条違反にあたると解されている。

判例 ①■東京地判平10．9．25（新日本証券事件）労判746-7
【事案】本件は、原告が、その従業員であった被告に対し、「被告は、原告の留学規程に基づき、アメリカ合衆国ボストン大学経営学部大学院に留学した後、五年以内に自己都合により退職したが、このような場合について、原告の留学規程が留学費用を返還すべきことを定めており、また、原被告間で留学費用返還の合意がされていた」として、留学費用の返還及び遅延損害金の支払を請求する事案である。
【判旨】（留学費用返還に関する本件留学規程18条と労働基準法16条）
　前記認定事実に、（証拠略）及び弁論の全趣旨を併せて考えれば、原告の就業規則七七条は、「会社は、従業員の能力開発を援助するため、別に定めると

ころにより研修を行う」旨定め、従業員研修要綱は、この規定に基づき、研修体系を定めており、本件留学規程は、従業員研修要綱の定める職場外研修のうち派遣研修について定めるものであること、本件留学規程は、従業員を大学、大学院及び学術研究機関等に派遣して、証券業務に関する専門的知識の吸収、諸資格の取得及び国際的視野の拡大に努めさせ、もって会社の発展に寄与することを目的とするものであり（一条一項）、人事部長が指名して留学を命ずる場合のほか、留学を希望する者が応募した場合であっても、選考により留学が決定されると、原告が当該従業員に対し、海外に留学派遣を命ずるのであり（一条二項、二条二項）、留学派遣先の専攻学科は原告の業務に関連のある学科を専攻するものとし（六条）、留学に要する費用は原則としてその全額を原告が負担するものとし（一五条）、留学生は、修了後遅滞なく、留学に要した費用を、領収書等の証憑を添付して原告が指定する方法で精算しなければならないとし（一七条）、留学期間中の給与等について特則を規定している（二一条、二二条）ほか、就業規則、海外勤務規程等を適用することとしている（三条）のであって、これらの諸条項とともに「この規程を受けて留学した者が、次の各号の一に該当した場合は、原則として留学に要した費用を全額返還させる。

（1）（略）、（2）留学終了後五年以内に自己都合により退職し、又は懲戒解雇されたとき」と規定している（一八条）こと、以上のとおり認められる。

　そうすると、原告は、海外留学を職場外研修の一つに位置付けており、留学の応募自体は従業員の自発的な意思にゆだねているものの、いったん留学が決定されれば、海外に留学派遣を命じ、専攻学科も原告の業務に関連のある学科を専攻するよう定め、留学期間中の待遇についても勤務している場合に準じて定めているのであるから、原告は、従業員に対し、業務命令として海外に留学派遣を命じるものであって、海外留学後の原告への勤務を確保するため、留学終了後五年以内に自己都合により退職したときは原則として留学に要した費用を全額返還させる旨の規定を本件留学規程において定めたものと解するのが相当である。留学した従業員は、留学により一定の資格、知識を取得し、これによって利益を受けることになるが、そのことによって本件留学規程に基づく留学の業務性を否定できるわけではなく、右判断を左右

するに足りない。
　これを被告の留学についてみれば、被告は、留学先のボストン大学のビジネススクールにおいて、デリバティブ（金融派生商品）の専門知識の修得を最優先課題とし、金融・経済学、財務諸表分析（会計学）等の金融・証券業務に必須の金融、経済科目を履修したこと、被告は、留学期間中、本件留学規程に基づいて現地滞在費等の支給を受けたこと、被告は、帰国後、原告の株式先物・オプション部に配属され、サスケハンナ社と原告の合弁事業にチームを組んで参加し、原告の命により、サスケハンナ社の金融、特にデリバティブに関するノウハウ、知識を習得するよう努め、合弁事業解消後も前記チームでデリバティブ取引による自己売買業務に従事したことが認められ、被告は、業務命令として海外に留学派遣を命じられ、原告の業務に関連のある学科を専攻し、勤務している場合に準じた待遇を受けていたものというべきである。原告は、被告に右の留学費用の返還条項を内容とする念書その他の合意書を作成させることなく、本件留学規程が就業規則であるとして就業規則の効力に基づき、留学費用の返還を請求しているが、このことも被告の留学の業務性を裏付けるものといえる。
　右に基づいて考えると、本件留学規程のうち、留学終了後五年以内に自己都合により退職したときは原則として留学に要した費用を全額返還させる旨の規定は、海外留学後の原告への勤務を確保することを目的とし、留学終了後五年以内に自己都合により退職する者に対する制裁の実質を有するから、労働基準法一六条に違反し、無効であると解するのが相当である。

判例②■東京地判平20．6．4（コンドル馬込事件）労判973-67

【事案】本件は、被控訴人が、元従業員であった控訴人に対し、不当利得返還請求として、平成17年6月分の給与の前払金合計5万5000円、研修費用返還合意に基づく費用返還請求権として、19万9500円及びこれらの合計25万4500円に対する請求の拡張申立書の送達の日の翌日である平成19年7月7日から支払済みまで民法所定の年5分の割合による遅延損害金の支払を求めた事案である。

【判旨】（被控訴人の控訴人に対する研修費用返還請求権の成否）
（1）控訴人は、本件雇用契約の締結に際し、本件誓約書及び養成乗務員取扱規則に署名押印して、被控訴人との間で、研修費用返還条項を前提として、本来控訴人が負担すべき費用を被控訴人が立替払することで、交通センターでの研修を受けることを合意したものと認めるのが相当である。

そして、被控訴人は、交通センターから請求された控訴人の免許取得費用19万9500円を支払ったこと、控訴人は研修後2年を経過しない平成17年6月7日に退職したことが認められる。

（2）ところで、第2種免許の取得は被控訴人の業務に従事する上で不可欠な資格であり、その取得のための研修は被控訴人の業務と具体的関連性を有するものではある。

しかしながら、第2種免許は控訴人個人に付与されるものであって、被控訴人のようなタクシー業者に在籍していなければ取得できないものではないし、取得後は被控訴人を退職しても利用できるという個人的利益がある（現に控訴人はこの資格を利用して転職している）ことからすると、免許の取得費用は、本来的には免許取得希望者個人が負担すべきものである。

そして、研修費用返還条項によって返還すべき費用も20万円に満たない金額であったことからすると、費用支払を免責されるための就労期間が2年であったことが、労働者であるタクシー乗務員の自由意思を不当に拘束し労働関係の継続を強要するものであるとはいい難い。

したがって、研修費用返還条項は、本件雇用契約の継続を強要するための違約金を定めたものとはいえず、労働基準法16条に反しないと解するのが相当である。

（3）したがって、被控訴人は、控訴人に対し、研修費用返還条項に基づき、研修費用19万9500円の返還を請求できるというべきである。

5）過失相殺
　債務不履行に関して債権者に過失があった場合、裁判所は損害賠償責任およびその金額を判断する上で、これを斟酌しなければならない（民法418条）。これを「過失相殺」といい、当事者間の公平の見地から設けられている規

定である。この斟酌は、債務者に故意・過失が存在する限り、必ず斟酌しなければならない（**必要的斟酌**）。また、その結果として債務不履行責任そのものが否定されることもある。

例えば、セミナー講師が講演に遅刻したため会場使用料が余分にかかってしまったという例を考えてみる。債権者である依頼者が講演会場となるホテルへの案内図を事前に債務者である講師にFAXしていたが、実はその案内図はホテル移転前の案内図だったというような場合、遅刻という債務不履行に関してFAXを送った債権者に過失が認められる可能性があり、損害賠償責任および金額の判断に影響をおよぼすこともあり得るのである。

なお、不法行為責任についても過失相殺の規定があるが、その斟酌は任意的なものであることに注意を要する。

> 過失相殺は、債務者の主張がなくても、裁判所が職権ですることができるが、債権者の過失となるべき事実については、債務者において立証責任を負う。（**最判昭43．12．24）判タ230-170**

5．債権の譲渡

1）債権譲渡

（1）意義

債権譲渡とは、法律行為によって債権を移転することをいう。例えば、X社がY社に対する売掛金債権をZ社に譲渡することなどがその典型である。この場合の売掛金債権の譲渡は、X社とZ社との契約によって行われ、X社が譲渡人、Z社が譲受人、Y社が債務者となる。

（2）債権譲渡の原則と例外

①原則

債権は、自由に譲渡できるのが原則である（**民法466条1項**）。債権は、それ自体、重要な財産権であり、債務者にとって不利益が及ばない限りは、

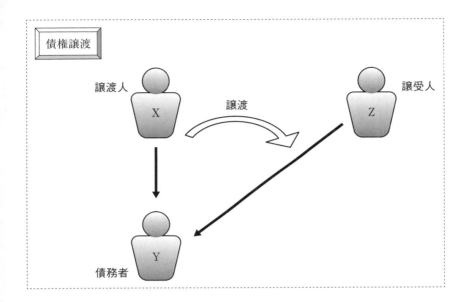

自由な譲渡を認めるべきであるというのが民法の趣旨である。

②**例外**

債権の自由な譲渡の例外として以下の場合がある。

A）**債権の性質上、譲渡ができない場合（民法466条1項）**

例えば、有名講師にセミナーを開催してもらう債権のように、債権者が変わると給付の内容が変わってしまう債権などは、典型的にこれにあたることになる。使用者が、労働者に対して雇用契約に基づいて労務提供を求める権利も、原則的には、譲渡ができない債権である。労働者は、原則として、特定の使用者に対してのみ義務を負担したと見るべきであるからである。民法625条1項が「使用者は、労働者の承諾を得なければ、その権利を第三者に譲り渡すことができない。」と規定しているのも、そのような趣旨に基づいているといえる。

これに対して、労働者が、使用者に対して、雇用契約に基づいて報酬を求める権利は、純粋な金銭債権であり、譲渡の対象となるが、労務提供の対価としての報酬は、労働基準法上は**「賃金」（労基法11条）**にあたり、使用者による賃金の支払については、賃金直接払いの原則（**労基法24条1項**）と

の関係が問題となる（後述）。

B）法令によって禁止されている場合

　金銭債権は、通常は譲渡の対象となる債権であるが、中には、金銭債権でも特定の債権者個人に弁済させようとする趣旨の債権もある。例えば、労働者が業務上負傷し、又は疾病にかかった場合（いわゆる労災の場合）、災害補償を受ける権利（**労基法83条2項**）などがこれにあたる。

C）当事者の意思に基づく場合（民法466条2項）

　譲渡性のある債権でも、債権者と債務者との間で譲渡禁止の特約を締結することができる。そのような債権を「**譲渡禁止債権**」という。

　譲渡禁止債権を譲渡しても、原則として無効となるが、譲受人が善意の第三者であるときは、無効を対抗できない結果、譲受人は債権を有効に取得できることになる（**民法466条2項但書**）。この点について、判例では、譲渡禁止特約のある債権の譲受人は、その特約の存在を知らずに債権を譲り受けた場合でも、これにつき重大な過失がある時は、悪意の譲受人と同様、その債権を取得することはできないとされている（**最判昭48．7．19**）判タ301-170。そうすると、民法466条2項但し書きの「善意」というのは、「**善意かつ無重過失であること**」を意味していることになる。

　譲渡禁止特約は、強制執行の場面では効力を認められておらず、差押債権者は、その善意・悪意を問わず、譲渡禁止債権を差押え、かつ、転付命令によって移転することができる（**最判昭45．4．10**）。

(3) 指名債権の譲渡と対抗要件

①意義

　債権者の特定した債権のことを「**指名債権**」という。民法は、**指図債権**（**民法469条など**）、記名式所持人払債権（**民法471条**）、無記名債権（**民法473条**）という3種類の証券化した債権についての規定を設けている。

②対抗要件

　指名債権の譲渡は、譲渡人が債務者に通知をし、または債務者が承諾をしなければ、債務者以外の第三者に対抗することはできない（**民法467条1項**）。債務者以外の第三者との関係では、通知・承諾は、**確定日付のある証書**によっ

て行なう必要がある（同２項）。

　債権譲渡は、債権自体を直接譲受人に移転させる処分行為であり、物権を譲受人に移転させる行為と類似している。このことから、債権譲渡の法的性質は**準物権行為**であると説明される。

　そうであるとすれば、売買契約に基づく所有権の移転などの物権行為において物権の帰属を公示することによって物権**取引の安全**を図ることと同様に、債権譲渡においても、債権の帰属を公示することによって債権譲渡取引の安全を図る必要がある。

　すなわち、民法上、不動産物権変動については、**登記**という公示制度が設けられているが（**民法177条**）、債権譲渡については、登記のような公示手段に代わるものとして、通知または承諾という方法を要求し、取引安全を図っている。

　また、物権行為の場合、例えば、売買契約に基づく所有権の移転であれば、売主と買主という二当事者と、当事者以外のものである第三者との関係が問題となるが、債権譲渡の場合には、債権の譲渡人と譲受人という二当事者だけでなく、譲渡される権利の債務者が存在することになる。債権譲渡は、通常、譲渡人と譲受人との契約によって行われるので、債務者も当事者以外の者、すなわち、「第三者」となり、債権譲渡の場合には、「第三者」である債務者との関係が常に問題となる。

　民法は、債務者とそれ以外の第三者についての対抗要件の取決めを区別し、債務者との関係では、単なる通知または承諾を、債務者以外の第三者との関係では、確定日付のある証書による通知承諾を要求している。確定日付のある証書とは、例えば内容証明郵便といったものである。

　なお、債権譲渡の場合における譲渡人と債務者との関係は、後述するように二重譲受人相互間と異なり、債権の帰属が両立し得ないものではないので、本来の意味での対抗関係ではなく、譲受人が債務者に対して債権譲渡を主張するための要件（債務者は、通知または承諾が欠けていることを主張して譲受人の権利の行使を阻止することができる）となる。

(4) 指名債権の二重譲渡

今、X社がY社に対する売掛金債権をA社とB社に同時に二重に譲渡したとしよう。この場合、A社とB社はY社に対する債権の帰属を争う関係に立つので対抗関係となる。そして、**二重譲渡**された債権の譲受人自らがY社に対する債権者であることを対抗するためには、A社とB社にとって、お互いの会社は「債務者以外の第三者」となるので、確定日付ある証書による通知承諾が必要となる（**民法467条2項**）。そして、その優劣は、Y社への通知の到達の前後またはY社による承諾の日時の前後によって決せられることになる（**最判昭和49．3．7**）ジュリストL02910023。これは、債務者が通知承諾により、債権譲渡の有無を認識することで、第三者へと表示される点に鑑みて判断されたものである。すなわち、債務者は、通知・承諾によって債権者が誰であるかを把握することができ、それに従って対外的に誰が債権者であるかを示すことができるのである。

なお、確定日付のある証書による通知がY社に同時に到達した場合には、A社とB社ともに対抗要件を備えていることになるので、A社とB社は、Y社に対してそれぞれ全額の請求を行なうことができ、Y社は、単に同順位の

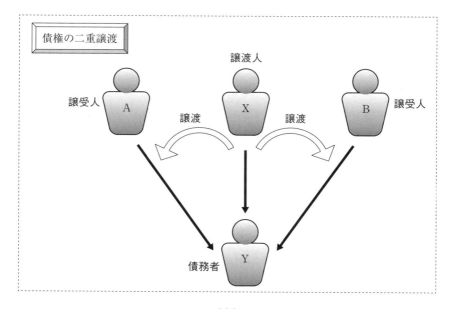

譲受人が存在することを理由に弁済の責を免れることはできない（一方の支払いを拒むためには、他方に弁済するなどの債務消滅事由がなければならない（**最判昭55．1．11**）判タ412-86）。また、到達の先後が不明のため債権額が供託された時は、債権額に応じた還付請求権の分割取得が認められる（**最判平5．3．30**）。

（5）債権譲渡の効力
①通知の場合
　債権の譲渡人が譲渡の通知をしただけの場合、債務者は、その通知を受け取るまでに譲受人に対して生じた事由を譲受人に対抗することができる（**民法468条2項**）。債権譲渡がなされたとしても、債務者が譲渡人に対して対抗できる事由は、原則的には、そのまま譲受人に引き継がれることになるから、債務者は譲受人に対して従来譲渡人に対して有していた防御手段を講ずることができるのである。

　例えば、X社がY社に対する売掛債権をZ社に譲渡し、X社からY社に対して通知がなされた場合において、通知を受けた時に、Y社がX社に対する反対債権を有している時には、Y社は相殺の意思表示をもって、Z社に対抗することができるのである。

　これは、債権譲渡の性質が、債権の同一性を保ったまま移転するというものであることから導かれるものである。すなわち、あくまでX社とY社の間で生じた債権がそのまま移転してくるので、Z社とY社の間の債権となる者ではないのである。

②異議なき承諾
　債権譲渡をする場合、債務者が譲渡人に対して対抗できる事由が、原則的にはそのまま譲受人に引き継がれることになるのは（**民法468条2項**）、債権譲渡の性質が、債権の同一性を保ったまま移転するというものであるという点に起因するものであることは説明した。

　しかし、債務者が異議をとどめないで承諾を行なったときには、譲渡人に対抗することができた事実であっても、これを譲受人に対抗することはできないことになる（**民法468条1項**）。

民法468条1項は、債権譲渡における取引の安全の見地から、いわゆる異議なき承諾を信頼した譲受人を保護しようとする趣旨を有しており、譲受人がかかる規定によって保護されるためには、譲渡人に対抗することができた事由について、善意でなければならないと考えられている（**最判昭42．10．27）判タ214-150**。

（6）賃金債権の譲渡と賃金直接払いの原則の関係

今まで学んできたものを基に次のような事案を考えてみたい。

ある日、X社に消費者金融であるZから連絡があり、X社従業員YがZから多額の借り入れがあること、YがX社に有している債権を譲り受けたので、直接Zにその債権分の支払をしてほしいとの要請があった。

X社は、以前に自社の取引先であるB社が倒産した際、B社とB社の債権者（C社）の連名で、B社がX社に対して有していた売掛金債権を譲渡した旨の書面が内容証明郵便でX社に配達され、売掛金をCに支払ったことがあった。

今回の従業員のケースでも、債権譲渡通知書面が内容証明郵便で配達された場合には、どのようにすればよいのであろうか。

これについて、債権譲渡の対象となっている債権が売掛債権等の単純な金銭債権であるか、**賃金債権**であるかによって、最終的な取り扱いが異なってくるので、場合を分けて比較検討してみよう。

①売掛金の場合

B社からCに対する債権譲渡について、譲渡人であるB社から債務者であるX社に対して、通知が行なわれているので、譲受人であるC社は、債務者であるX社との関係で対抗要件を備えていることになる（**民法467条1項**）。したがって、本件X社とZとの間の行為も、以前X社がC社に対して行ったものと同じであり、特に問題はなかった。

なお、債権譲渡の対象となった売掛金債権が、X社とB社間の取決めによって、譲渡禁止の特約が付されていた場合には、譲受人であるC社に債権が有効に帰属しているか否かは、C社が善意無重過失であるか否かで決まってくる（**民法466条2項**）。C社が、譲渡禁止特約の存在についてどのような認

識を抱いていたかという点について、債権譲渡の当事者ではないＸ社（債務者）には関知できない事情であるので、このようなケースにおいては、Ｘ社は、自らの債権者が、Ｂ社であるのか、Ｃ社であるのか、を確知できないという理由で、債権者不確知供託を行うこともできる（**民法494条後段**）。債務者としては、債権者側の倒産等によって、無用なトラブルに巻き込まれないように、基本取引契約書などにおいて譲渡禁止特約を明記しておくのが望ましい。

②**賃金債権の場合**

まず、ＹからＺに対する賃金債権の譲渡には、ＹからＸ社に対する通知が行われれば、Ｚは、Ｘ社との関係で対抗要件を備えることになる。

しかし、いかにＺが民法上の対抗要件を備えたとしても、Ｘ社がＺに対して賃金を支払うことは、賃金直接払いの原則（**労基法24条1項**）に違反することになる。したがって、結論的には、Ｘ社は、労働者であるＹに対して直接賃金を支払わなければならず、Ｚもまた自ら使用者に対して、その支払を求めることはできないことになる。これについては、**最判昭43.3.12（小倉電話局事件）**労判40-2、**最判昭43.5.28（伊予相互金融事件）**労判76-63も「労働基準法24条1項が、『**賃金は直接労働者に支払わなければならない**』旨を定めて、使用者たる賃金支払い義務者に対し、罰則をもってその履行を強制している趣旨に徴すれば、労働者が賃金の支払いを受ける前に**賃金債権を他に譲渡した場合においても、その支払については、なお同条が適用され、使用者は労働者に対し賃金を支払わなければならず、したがって、右賃金債権の譲受人は、自ら使用者に対してその支払を求めることは許されない**」と判示している。

もっとも、労働基準法24条1項に基づく**賃金直接支払の原則**は、使用者による賃金の支払に関する強行規定であり、ＹからＺに対する賃金債権の譲渡そのものを禁止する規定ではない。したがって、債権譲渡そのものは有効であり、ＺがＸ社に対する債権を有効に取得していることは否定できないのである。

そうすると、この場合の使用者であるＸ社、労働者であるＹ、賃金債権の譲受人であるＺとの関係をどのように理解するかということが問題となる。

未だ立法上解決がなされておらず、ZをYの代理人と構成したりする考えもあるが、どのような判断がなされるか、今後の判例の動向が待たれる。

なお、国税徴収法・民事執行法等の法律に基づいて賃金債権が差し押さえられた場合（差押えの範囲は毎月の給料の4分の1。**民事執行法152条1項**）には、差押え債権者に支払ってもよいと解釈されている。また、最も無難な対応なのは、債務の履行地の供託所に供託をするという方法であろう（**民事執行法156条3項**）。

2）債務引受
（1）意義

債務引受とは、法律行為によって債務を移転することをいう。例えば、Y社がX社に対する買掛金債務をZ社に移転することなどが典型例である。Y社を旧債務者、Z社を引受人、X社を債権者となる。

債務引受には、引受後に旧債務者の債務が消滅する場合と、旧債務者の債務が存続する場合の2種類がある。前者を「**免責的債務引受**」、後者を「**重畳的債務引受**」という。これに加えて、似た概念として、債権者と債務者の関係に変更のないまま、引受人が債務者との契約に基づいて債務の履行を引き受けることを「**履行の引受**」という。

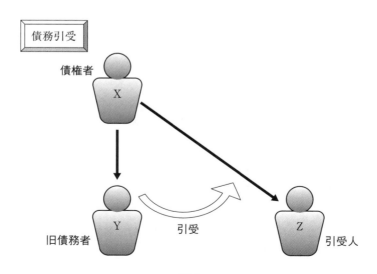

重畳的債務引受の場合は、旧債務者の債務も存在し、旧債務者と引受人は連帯債務の関係に立つので、債権者にとって不利益はない。そこで、債権者の承諾は特に必要とはされていないのである。

　これに対して、免責的債務引受の場合は、引受後に旧債務者の債務は消滅することになるので、債務者の資力を責任の引き当てとする債権者にとっては、重大な問題になる。したがって、免責的債務引受を行なうためには、債権者の意思確認が必要であり、債権者・旧債務者・引受人の三者契約か、債権者の承諾に基づく、旧債務者・引受人間の契約によってのみ可能となる。

（2）契約上の移転との区別

　契約上の地位の移転とは、自己の有する地位その物を移転するもので、債権債務はもちろん、解除権や取消権など、その当事者独自の地位に基づく権利も移転させるものをいう。

6．債権の消滅

1）債権が消滅する原因

　契約等の法律行為によって有効に成立した債権は、時効や契約の解除などの一般的な消滅原因によって消滅するのは当然であるが、民法は、債権に特有な消滅原因として次のようなものを規定している。

　まずは、債権がその目的を達成して消滅する場合である。これには**弁済**（474条以下）がある。次に、債権の消滅を目的とする法律行為があり、それが双方の意思に基づくものとして、**代物弁済**（482条以下）や**更改**（513条以下）がある。債権の消滅を目的とする場合で、債務者の意思のみで債権を消滅させるものには、**供託**（494条以下）、**相殺**（505条以下）が存在する。そして、債権の消滅が債権者の意思による場合として**免除**（519条以下）がある。この他に、債権を存続させる必要自体が消滅してしまった場合で**混同**（520条以下）がある。

2）弁済

(1) 意義

弁済とは、**履行と同じ意味を有しているといえる**。つまり、契約で定めた通りに債務を果たすことにより、正常に債務が消滅する場合である。売買契約であれば、代金の支払いと目的物の引渡しである。これらによって、代金債務と目的物の引渡債務が消滅することになるのである。

つまり、債務を弁済するときには、もちろん債務者の行為は必要であるが、債務者の行為のみによって債権を消滅させることはできないのである。すなわち、債権者の受領が必要なのであって、債務者と債権者との協力によって最終的に債権が消滅することになるのである。

なお、弁済には必ずしも弁済意思を必要としない。弁済の内容の給付が単なる事実のこともあるが、それが何らかの行為であるときは弁済は法律行為に準じる準法律行為となって、法律行為の規定を類推適用できる。

(2) 弁済の提供

債務を消滅させるために、債務者はどこまでのことをやればよいのであろうか。給付に必要な準備をして債権者の協力を求めるところまですれば、債務不履行責任を免れさせてもかまわないといえるであろう。この給付に必要な準備とその申出を「**弁済の提供**」という。弁済の提供は、債務の本旨に従って現実にしなければならない（**民法493条**）。いわゆる「**現実の提供**」というものが必要となる。例えば、代金支払い債務を負う買主は、売主に現金を持参して、これを差し出すことが必要である。債務の本旨に従った提供が必要だから、一部の提供では現実の提供とはいえない。ただし、計算違いによりわずかに不足があるような金銭の提供のように重大ではない軽度の瑕疵があるに過ぎない場合は信義則上、現実の提供を認めることができる。

これを労働関係に置き換えて説明する。今病気にかかって、工事現場において会社の要求する水準の仕事はできないが、事務作業なら労務の提供ができる労働者Ｘがいるとしよう。この場合、現に就業を命じられた特定の業務について労務の提供が十全にはできないとしても、その能力、経験、地位、当該企業の規模、業種、当該企業における労働者の配置・異動の実情及び難

易等に照らして当該労働者が配置されている現実的可能性があると認められる他の業務について労務の提供をすることができ、かつ、その提供を申し出ているならば、信義則上債務の本旨に従った労務の提供がないとはいえないと解されている**最判平10．4．9（片山組事件）労判736-15**。判例は、労働者の身体的な原因によって労務の提供に制約が生じた場合に、その能力、経験、地位等にかかわりなく、現に就業を命じられている業務によって、労務の提供が債務の本旨に従ったものになるか否かが左右されることは不合理であると考えたのである。

　以上のとおり、債務の消滅には現実の提供が必要ではあるが、例外的に、債権者があらかじめ弁済の受領を拒んでいたり、または、債務の履行に債務者の行為が必要な時には、口頭で弁済の準備をしたことを告げれば足りると規定されている（**民法493条但書**）。ただし、債務者がいかなる場合も債務の履行を拒むと、強固に意思表示している場合には、口頭の提供すら不要であるとするのが判例である（**最判昭23．12．14ジュリストL00310342、最大判昭32．6．5判タ72-56**）。

（3）弁済の場所

　弁済をすべき場所について別段の意思表示がないときは、特定物の引渡しは債権発生の時にその者が存在した場所において、その他の弁済は債権者の現時点での住所において、これをしなければならない（**民法484条**）。

　労働者の雇用契約に基づく労務提供義務についていえば、労働者は、始業時間までに就業場所に赴いて通常業務を行いうる体制を整えておかなければならないということである。

（4）使用者の受領と就労請求権

　債権者、労働者の労務提供義務でいえば使用者の労務提供の受領によって、弁済が完了することになるが、使用者は常に、労働者の労務提供を受け取らなければならないわけではない。通説的には、特約がある場合や特別の技能を有する労働者である場合を除いて、労働者の側から使用者に対して就労させることを請求する権利（就労請求権）は認められないと考えられている。

以下で就労請求権について詳しく見てみよう。

労働契約により労働者は使用者に対して、自分を実際に業務に従事させるように請求することができる権利（**就労請求権**）が発生するかが議論されている。たとえば、使用者が訳あって労働者を待機させているような場合、労働者に「現実に就労させろ」といえる権利があるのかということである。

これについて、労働者にとって現実に労働することは人格を形成する上で不可欠なものであるから、労働者に就労請求権を認めるべきであるという考えがある。この場合労働者から「現実に就労させよ」という請求に応じない場合、使用者は債務を履行していないということになる。反対に、労働契約の本質は労務の提供と賃金の支払という対価関係であるとして、使用者は賃金さえ支払えばなすべき義務は果たしているのであるから、労働者に就労請求権など認めなくてよいという考えもある。この場合使用者に就労させる義務は生じないので債務不履行とはならないのである。

では、実際の判例ではどのように運用されているのであろうか。**東京高決昭33．8．2（読売新聞社事件）判タ83-74**では①労働契約等に就労請求権についての特別の定めがある場合、または、②労務の提供について労働者が特別の合理的な利益を有する場合を除き、一般的には労働者は就労請求権を有するものではないとしている。すなわち、原則的に否定しており、特別な約束がある場合及び特別の合理的理由が認められる場合に限り、就労請求権が発生すると考えているのである。例外的に就労請求権が認められた事件として**名古屋地判昭45．9．7（レストラン・スイス事件）労判110-42**や**仙台地判平9．7．15（東北福祉大学事件）労判724-34**等がある。

①■特別の合理的理由があるとした裁判例

レストランのコックが、裁判所に対し「レストランはコックが就労するのを妨げてはならない」旨の命令を求めたという事案である。この事件で裁判所は「調理人としての技量はたとえ少時でも職場を離れると著しく低下するものである」として、レストランのコックには「特別の合理的理由」がある

> とした。(名古屋地判昭45．9．7（レストラン・スイス事件））

② ■大学教員は特別の技能者であることを認めた裁判例

> 　大学の教員が学生への講義を禁止する旨命じられ、この命令の無効を主張して訴えを提起した事案である。裁判所は「大学の教員にとって、学生に教授することは、その学問研究の成果の発現の機会であるとともに、このような機会において学生との対話等を行なうことは、さらに学問研究を深め、発展させるための重要かつ不可欠の要素であるということができるから、大学の教員が、学生に対して講義を担当することは、単なる義務というにとどまらず、権利としての側面をも有しているものと解するのが相当である」として、教員に就労請求権を認めた。(仙台地判平9．7．15（東北福祉大学事件））

3）代物弁済

(1) 意義

「代物弁済」とは、債務者が、債権者の承諾を得て、本来の給付に代えて別の給付をなすことによって、債務を消滅させることをいう **(民法482条)**。代物弁済は、債務の本旨に従った履行の提供ではない別の給付であるから、いわば、新たな契約の結びなおしに近いものがある。

　そこで、債権者の承諾を必要としているのである。

(2) 効果

　代物弁済は、本来の債務を消滅させて、これに代わる対価を現実的に給付することによって成立する有償の要物契約であり、弁済と同一の効力が認められることになる **(民法482条)**。

　すなわち、借金の肩代わりに不動産を譲渡する場合には、不動産の明け渡しと登記の移転まで必要となるということである。

4）供託
（1）意義

　もし、債務者が債権者の受領を待たないで債権を消滅させたいという時には**供託制度**を利用することができる。すなわち、供託することによって、債権者の協力なしに債務を免れることを認めるのである。民法494条は、①債権者が弁済の受領を拒み、または②これを受領することができないときは、弁済をすることができる者は、債権者のために弁済の目的物を供託してその債務を免れることができる、③弁済者が過失なく債権者を確知することができないときも、同様とすると定めている。

供託の要件（494条）
① 債権者の受領拒絶
② 債権者の受領不能
③ 債権者の確知不能

　上記のような場合に債務者は目的物を供託所に供託することによって、債務を消滅させることができるのである。

　具体的に説明しよう。今、使用者Xが、労働者Yとの雇用契約を即時に解消しようとしているとしよう。労基法上の手続として、解雇予告金として30日分以上の平均賃金の支払いが義務付けられているが（**労基法20条**）、実際に、使用者が労働者に対して、解雇を言い渡すとともに解雇予告金の支払いを準備した場合において労働者が解雇予告金の受領を拒否したような場合には、使用者は、供託をすることによって、解雇予告金の支払義務を免れることができる。

　なお、供託によって使用者が解雇予告義務を免れることと、解雇理由の合理的理由の有無とは無関係である。また、仮に、労働者が使用者の用意した予告金を受領したとしても、その事で直ちに使用者の解雇を労働者が受け入れたとの黙示の追認を認めることを意味するものでもない。つまり、使用者が適法な手続きに則り労働者を解雇したことと、後日、労働者が解雇の合理的理由の存否を争いうることとは別の問題なのである。

（2）効果

供託は、弁済者が債務の履行地の供託所に供託の目的物を寄託（預けること）することによって効力を生ずることになる（**民法495条**）。

供託によって、債務者は債務を免れることになり（**民法494条**）、その代わりに、債権者は、供託所に対して供託物を受領する債権（**供託物還付請求権**）を取得することになる。このように、供託は、供託者（弁済者）と供託所（国家）との間に締結される第三者（債務者）のためにする寄託契約ということになるのである。なお、供託物還付請求権及び供託物の取戻し請求権は**10年の時効**にかかるので、注意しなければならない。

5）相殺

（1）意義

同一当事者が個別に締結した契約であっても、その契約によって生じた債権が同じ種類であれば（金銭債権と金銭債権等）、それらを互いにぶつけ合って消滅させる手段がある。これを「**相殺**」という（相殺の詳細な解説に関しては図解民法案内Ⅲ〈第2版〉189頁参照）。例えば、XがYに対し、3月3日に雛あられを売ったことにより生じた代金債権10万円と、YがXに対し五月人形を売ったことによって生じた代金債権10万円があるとしよう。これは対立する同種の債権（両方とも金銭債権）である。当事者の一方が、これらの債権を「相殺する」旨の意思表示をすることにより、両債権が消滅するという法律効果が生じる。すなわち、相殺は一方当事者によってなされる単独行為であり、ある意味債権による債務の弁済である。これにより決済の簡略化及び当事者の公平を図ることができるようになる。これを**相殺の簡易決済機能**という。また、取引相手の手元に現金がない場合には相殺によりその債権を担保するという機能も有する。これを**相殺の担保的機能**という。

（2）相殺の要件（相殺適状）

ⅰ　相殺の要件を備えることを「相殺適状」という。民法505条がこれを定めている。

第5章　労働法を理解するための基本三法　民法編

> （相殺の要件等）
> 第505条
> 　二人が互いに同種の目的を有する債務を負担する場合において、双方の債務が弁済期にあるときは、各債務者は、その対当額について相殺によってその債務を免れることができる。ただし、債務の性質がこれを許さないときは、この限りでない。

すなわち、①**債権が対立していること**　②**両債権がともに弁済期に達していること**　③**債権の性質が相殺を許さない者でないこと**という要件が揃えば「**相殺適状**」となり、相殺が可能となる。

相殺の意思表示をする場合、意思表示をする側が持つ債権を「**自働債権**」という。相殺される側の債権を「**受働債権**」という。上記の例でいえば、Xが雛あられを売って得た十万円の金銭債権を、Yが有するXへのひな人形の売買代金請求権十万円と相殺しようとした場合、相殺しようとしているXが有する債権が「**自働債権**」、Yが有する相殺される側の売買代金債権が「**受働債権**」となる。

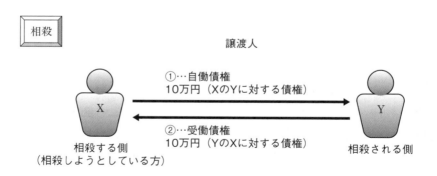

ⅱ　相殺をするには同種の債権が、弁済期に達している必要がある。
　これについて、自働債権は相殺時に必ず弁済期に達している必要があるが、受働債権は、弁済期に達していなくともよい。受働債権の債務者である（上

記の例でいえば）Ｙが**期限の利益を放棄（民法136条２項）**すれば相殺を行なうことができるのである。無理やり猶予している債務履行までの期限を奪うことはできないが、自分の方から猶予されている期限を放棄することはかまわないということである。

> （期限の利益及びその放棄）
> 第136条
> 　期限は、債務者の利益のために定めたものと推定する。
> ２　期限の利益は、放棄することができる。ただし、これによって相手方の利益を害することはできない。

相殺はその性質がこれを許さないときにはできないとされている。雇用契約に基づく労務提供義務は、その性質上、現実の履行が必要となるので、相殺の対象とはならない。

　ⅲ　では、その他に相殺が許されない場合にはどのようなものがあるだろうか。自ら不法行為を行ない、相手方に対して損害賠償債務を負担することになったときは、自分が相手方に対して別途債権を有していたとしても相殺によって消滅させることはできない（**民法509条**）。なぜなら、わざと不法行為をして自ら有している債権をそれでチャラにしようとすること（「**不法行為の誘発**」という。）を防ぐためである。

　また、差押えが禁止されている債権について相殺は禁止されている（**民法510条**）。例えば、債務者である相手方が勤め先から受ける給料等に関する債権は、原則として、４分の３に相当する部分を差し押さえることはできない（**民事執行法152条１項２号**）。これは給料の大半を差し押さえられてしまうと、相手方は生計を維持することができなくなってしまうので、少なくともその４分の３に相当する部分は差押えを禁止して、現実に相手方に給料等が支払われるようにしたものである。それにもかかわらず、相殺を許してしまうと、相手方の生計維持のために差押えを禁止した趣旨に反する結果となってしまう。そこで、このような債権については差押えを禁止することとしたのである。

第5章 労働法を理解するための基本三法　民法編

　ⅳ　次のような事件があったとする。従業員Ｘが会社の金銭を横領したことが発覚し、現在その従業員については、解雇または自主退職させることを検討中であるが、当面会社は、横領された金銭の返還請求権と今月分の給与や退職金の支払い債務とを相殺しようとしている。はたしてこの相殺は許されるのであろうか。

　原則的に民法上給与債権は差押えが禁止されている（**民法510条**）。もっとも、その範囲は給与の４分の３に相当する部分である。そうだとすれば、民法上４分の１に相当する額において相殺することは可能であるといえそうである。

　労働基準法（以下「労基法」という。）24条１項は、いわゆる「**全額払いの原則**」というものを定めており、賃金に関しては全額を支払わなければならないとしている。これは、債権者による相殺を全面的に禁止したものといえるだろうか。これが肯定されるとすれば労基法が民法を修正しているものと評価することができるであろう。

　これについては判例がある。判例は労基法24条１項の全額払いの原則は使用者による相殺も禁止するものであると評価している。すなわち、会社はとりあえず、従業員に対して給与の全額を支払い、別途損害賠償を請求するということになる。

　これは退職金にも該当する。なぜなら、退職金は一般的に賃金の後払い的なものであるとされているからである。よって、退職金と損害賠償債権を相殺することはできないのである。もちろん賃金と損害賠償債権も相殺することはできない。

　ただし、懲戒解雇をする場合に退職金の全部または一部を不支給とする旨の退職金規定の条項がある場合、これに基づいて退職金を支給しないとする扱いが許容されるとする裁判例がある（**東京地判平11．３．26（ソニー生命保険事件）労判771-77**）。この規定は多くの会社の就業規則に明記されているのが普通である。

　ちなみに、使用者が労働者に対して以前から有している借金を賃金債務と相殺することも労基法17条によって禁止されている。

　これに対し、労働者の側から相殺することは禁じられてはいない。なぜな

ら、これらの規定が労働者の生活基盤を守るために、賃金を労働者に確実に受領させることにある以上、その労働者がその利益を放棄するというのであれば、もはや労働者側を保護する必要がないからである。

ⅴ では、先ほどの事案でYが賠償は退職金で弁償したいとの意向を示したため、X社もその方向で話を進めようとしている場合はどうであろうか。

本件では、お互いがこの相殺について合意している。このような「合意相殺」に関しては、当該同意が労働者の自由な意思に基づいてされたものであると認めるに足りる合理的な理由が客観的に存在するときは有効であり、賃金全額払いの原則に反することにはならないと考えられている。

本件でのYの行為は、会社の帳簿を操作して、金銭を着服するという会社に対する直接的な加害行為であり、重大な企業秩序違反として懲戒解雇事由に該当し、かつ、それまでの勤続の功を抹消せしめるという意味においては、会社の就業規則に基づき、退職金の没収も十分可能となるケースといえよう。そのようなケースにおいて、会社が、懲戒解雇及び退職金没収、さらには損害賠償請求と一方的な手段をとることなく、労働者との同意に基づいて自己都合退職（合意退職）および損害賠償債権と退職金債権との合意相殺という処理を行なうことで早期解決の途を選択することは、労働者側にとっても、その後の転職などを考えた場合には、十分なメリットがあるといえよう。したがって、そのような労働者の同意は、労働者の自由な意思に基づいてなされたものであると認めるに足りる合理的な理由が客観的に存在するといえるであろう。よって、本件合意相殺は有効であり、賃金全額払いの原則には反しないと考えられるのである。

（3）効果

相殺は、相手方に対する意思表示によって行い、その効果としては、両債権は、**互いに相殺に適するようになったときに遡って**、対等額で消滅することになる。なお、この際に**条件や期限を付することはできない**ということに注意してほしい（505条1項、506条2項）。

6）更改

（1）意義

「更改」とは、新債務を成立させることによって、旧債務を消滅させる契約である（**民法513条**）。先述した代物弁済と似ているが、代物弁済が、本来の債務を消滅させてこれに代わる対価を現実的に給付することによって成立する要物契約であるのに対し、更改は、対価を現実的に給付するのではなく、一定の給付をなすべき新たな債務を負担するのみ（**諾成契約**）である。すなわち、本来の債務の履行の代わりにこれこれこういうものを提供するから、本来の債務が履行されたことにしてくれとするのが、代物弁済であるのに対して、契約自体を結びなおすのが更改である。

更改には、**①債務者の交替による更改　②債権者の交替による更改　③債務の目的又は態様を変更することによる更改**の3つが想定されている。契約当事者は、①であれば債権者と新債務者（**但し民法514条**）、②であれば旧債権者、新債権者及び債務者の三面契約であり（**民法515条参照**）、③においては同一の債権者・債務者間である。

（2）効果

更改契約の効果として、旧債務が消滅して、新債務が成立することになる。保証や担保がどのようになるかは「図解　民法案内〈第2版〉（酒井書店・育英会）を参考にしてほしい（**他民法518条参照**）。

7）免除

「**免除**」とは、債権を無償で消滅させる債権者の行為である（**民法519条**）。債権者の承諾を必要とすることなく、債権者が単独で行うことができる（**単独行為**）。免除とは、債務を免れる債務者の側からの表現であるが、債権を消滅させる債権者の側からは、「**債権放棄の意思表示**」ともいう。

判例で、労働者の行なう賃金債権の放棄について、賃金債権の意思表示が労働者の自由な意思表示に基づくと認めるに足りる合理的な理由が客観的に存在すると評価できる場合には有効であり、賃金全額払いの原則にも違反しないと解している（**最判昭和48．1．19（シンガー・ソーイング・メシー**

ン事件）労判197-11）。

8）混同

「混同」とは、債権と債務が同一人物に帰属することをいう。混同が生じる場合、原則として債権は消滅することになる（**民法520条**）。混同が生じたことで、債権を存続させる必要がなくなるからである。

もっとも、当該債権が第三者の目的であるようなときには、第三者の権利を害するべきではないので、混同が生じても債権はなお存続することになる（**民法520条但書**）。

5 債権各論①契約

1．契約総論

前述において契約は当事者が互いに申込と承諾の意思表示をすることによって成立する法律行為であると説明した。本稿では、契約における基本的なルールを説明した後、労働関係でよく出てくる契約である雇用・請負・委任について特に解説していきたいと思う。

1）契約の種類

契約は様々な角度で分析することができる。

（1）典型契約と非典型契約

贈与・売買・賃貸借など、民法典が定めている13種類の契約は、一般社会で行われる典型的な契約であるから、これを**典型契約**という。これに対し旅行契約とか、出版契約というものなどは、民法典には定められておらず、このような契約類型を**非典型契約**という。フランチャイズ契約なども非典型契約の一般的なものである。労働契約は雇用契約という形で、民法典の中に規定されており、典型契約の一つである。

（2）双務契約と片務契約

　売主が引渡義務、買主が代金支払義務を負うというように、契約の両当事者が債務を負う契約を**双務契約**、金銭の貸借において借主だけが借り受けた金銭の弁済義務を負うように、契約の一方当事者のみが債務を負う契約を**片務契約**という。

（3）有償契約と無償契約

　売主に対して買主が代金を支払うというように、契約の両当事者が対価的意味をもつ給付義務を負う契約を**有償契約**、負わない契約を**無償契約**という。双務契約は有償契約、片務契約は無償契約となりがちであるが、利息付消費貸借契約は片務契約かつ有償契約である。

（4）諾成契約と要物契約

　当事者の合意だけで成立する契約を**諾成契約**というのに対し、物の受取りによって効力が生ずる契約を**要物契約**という。売買契約は諾成契約、消費貸借契約（金銭を貸し借りする契約）は要物契約の典型である。

2）契約の成立
（1）労働契約と契約成立

　契約は申込の意思表示と承諾の意思表示によって、互いの意思が合致したときに成立するものである。基本的な契約成立についての事項は前述したので、そちらに譲るとして、ここでは少し具体的に契約の成立というものがどのようなものであるか考えてみたい。

　労働関係について考えていこう。雇用契約は「賃金を受け取る代わりに労働に従事する」「労働をしてもらう代わりに賃金を支払う」という合意ができたときに成立する。労働契約法には「労働契約は、労働者が使用者に使用されて労働し、使用者がこれに対して賃金を支払うことについて、労働者及び使用者が合意することによって成立する」と規定されている（**労契法6条**）。雇用契約も労働契約も同じ意味である。

　労務提供と賃金支払の合意によって、労働契約が成立し、その効力が発生

する。とはいうものの、その具体的な内容は当事者によってそれぞれで微妙な場合もある。「労働に従事すること」とはいかなる意味なのか、「**報酬**」とはどのようなものなのか、個別具体的に考えていかなければならない。

　いま、急成長を遂げている企業Xがあったとしよう。社長のZは一人で切り盛りしていたので、とりあえず誰でもいいから労働力が欲しいと思い、道行く不特定の人に「給料いい額出すから、わが社で働かないかい？」と声をかけた。それに対して通行人Yが反応して「いいっすよ！」と答えた。このような場合、労働契約は成立したといえるのであろうか。確かに、働くことと、賃金を支払うという合意がある。しかし、どのような内容の労働で、どれ程の給料が支払われるかの取り決めはなされていない。

　労基法規則には、使用者は、労働者に対し、契約期間や就業場所、始業及び終業時刻、時間外労働の有無、休憩時間、休日、賃金の支払時期、昇給の有無などを明示しなければならないとされている（**労基法規則5条1項**）が、これらについて全て合意しなければ契約が成立しないとすることもいささか厳しすぎるであろう。

　これは、契約の成立にはどのような合意事項が要求されているのかという問題である。

　これについて、通説は、民法や労働契約法は、抽象的に労務の提供と賃金の支払いについて合意すれば、契約は成立させてよいと解している。詳細かつ具体的な内容の契約事項は労働契約の成立要件ではないと解されているのである。なぜなら、契約の初期段階で、多くの事項について当事者間の合意を求めることは現実的ではないからである。お互い見ず知らずの者同士が契約をすることが前提となっているのであるから、抽象的な形でまず契約を締結し、その後に内容を煮詰めていくという態様を許さない理由もないのである。

　しかし、そうだとしても、当事者間で労務の提供と賃金の支払について、確定的に合意したといえることが必要であろう。そうだとすると、先程の道端でのやりとりでは、確定的な合意がある状況とは到底言い難いものがあり、これについて、契約の拘束力を及ぼすことは不当であろう。したがって、労働契約を締結するにふさわしい態様で、当事者間で合意が得られたという状況が要求されると解するのが相当である。具体的には、会社の事務所や会議

室等において、会社や業務についての一応の説明があった後に、労働者に確定的に合意するか否かを求めるといったことは必要であるといえる。

しかしながら、後々争いごとにならないように、やはり会社としては一応の契約書を交わすことが最善であるといえるであろう。

(2) 労働契約といえるか否かの判断

労務供給を内容とする契約が労働契約にあたるか否かは、労務を提供している者が、①労基法上の適用事業に使用され、かつ、②賃金を支払われる労働者といえるか否かによって判断される。

まず、①労基法上の適用事業については、一定の適用除外（**労基法116条**）を除いて、原則としてすべての事業が適用対象となっている。

次に、②「**労働者**」の意味であるが、労基法上は、職業の種類を問わず、事業または事務所に使用される者で、賃金を支払われる者をいうと定義されている（**労基法9条**）。そして、「賃金」については、賃金、給料、手当、賞与、その他名称のいかんを問わず、労働の対象として使用者が労働者に支払うすべてのものと定義されている（**労基法11条**）。つまり、労基法上の「**労働者**」**といえるか否か**は、事業に使用されて、労働の対象として賃金を支払われるものであることが判断基準となっており、結局、労働契約といえるか否かの判断基準と重なってくることになる。

(3) 「労働者」といえるか否かの判断

労働者といえるか否かは、「**報酬の労務対価性**」によって判断されることになる。つまり、使用者の指揮監督下にあるか否か、労務の対価として適正な報酬を受けているかというような視点で判断されるのである。

① 「指揮監督下の労働」であるかの判断要素

まずは、仕事について諾否の自由があるか否かである。仕事の依頼、業務従事の指示などに対する諾否の自由がなければ、指揮監督関係を肯定する要素となるし、諾否の自由があることは指揮監督関係を否定する要素となる。

次に業務遂行上の指揮監督の有無である。業務の内容及び遂行方法について、通常の注文者が行うような指示を超えて、「**使用者**」の具体的な指揮命

令を受けていることは、指揮監督関係の基本的かつ重要な要素である。また、「使用者」の命令、依頼などにより通常予定されている業務以外の業務に従事することがある場合には、「使用者」の一般的な指揮監督を受けているとの判断を補強する重要な要素となる。

さらに、拘束性の有無が問題となる。勤務場所及び勤務時間が指定され、管理されていることは、一般的には、指揮監督関係の基本的な要素である。しかし、当該指定が、業務の遂行を指揮命令する必要からではなく、業務の性質によるものであれば指揮監督関係の有無とは無関係のものといえるので、その見極めは重要である。

最後に代替性の有無が問題となる。本人に変わって他の者が労務を提供することが認められていること、また、本人が自らの判断によって補助者を使うことが認められていることなど、労務提供の代替性が認められている場合には、指揮監督関係を否定する要素の一つとなる。

②報酬の労務対価性

報酬が時間給を基礎として計算されたり、欠勤控除があったり、さらには、残業手当の支給があるなど、報酬の性格が使用者の指揮監督の下に一定時間労務を提供していることに対する対価と判断される場合には、**「使用従属性」**を補強する要素となる。

（4）「労働者」性の判断を補強する要素

①事業者性の有無

まず、機械、器具の負担はだれが行っているか等を考えてみる。本人が所有する機械、器具が著しく高価な場合には、自らの計算と危険負担に基づいて事業経営を行なう「事業者」としての性格が強く、「労働者性」を弱める要素となる。

次に、報酬の額である。報酬の額が当該企業に置いて同様に業務に従事している正規従業員に比べて著しく高額である場合には、当該報酬は、自らの計算と危険負担に基づいて事業経営を行なう**「事業者」**に対する代金の支払いと認められ、その結果、「労働者性」を弱める要素となる。

さらに、裁判例では、業務遂行上の損害賠償責任を負うことや、独自の商

号使用が認められていることなどが「事業者」としての性格を補強する要素としているものがある。

②専属性の程度

他社の業務に従事することが制度上制約され、また、時間的余裕がなく事実上困難である場合には、専属性の程度が高く、いわゆる経済的に当該企業に従属していると考えられ、「労働者性」を補強する要素の一つと考えることができる。その他、報酬に固定部分があり、その額も生計を維持しうるものであるなど、報酬に生活保障的な要素が強いと認められる場合には、「労働者性」を補強する要素の一つとなる。

③その他

裁判例では、「使用者」がその者を自らの労働者と認識していると推認されるか否か（採用・委託等の選考過程、報酬についての給与所得としての源泉徴収、労働保険の適用、服務規律の適用、退職金制度、福利厚生の適用など）を「労働者性」を肯定する判断の補強事由とするものがある。

(5) 具体的考察（横浜南労基署長事件を参考に）

いま、自分が所有するトラックをY社の横浜工場に持ち込み、同社の運送係の指示に従い、同社の製品の運送業務に従事している運転手Xがいるとしよう。Y社とXとの関係は以下のようなものであった。（1）Y社のXに対する業務の遂行に関する指示は、原則として、運送物品、運送先及び納入時刻に限られ、運転経路、出発時刻、運転方法等には及ばず、また、一回の運送業務を終えて次の運送業務の指示があるまでは、運送以外の別の仕事が指示されるということはなかった、（2）勤務時間については、同社の一般の従業員のように始業時刻及び終業時刻が定められていたわけではなく、当日の運送業務を終えた後は、翌日の最初の運送業務の指示を受け、その荷積みを終えたならば帰宅することができ、翌日は出社することなく、直接最初の運送先に対する運送業務を行うこととされていた、（3）報酬は、トラックの積載可能量と運送距離によって定まる運賃表により出来高が支払われていた、（4）Xの所有するトラックの購入代金はもとより、ガソリン代、修理費、運送の際の高速道路料金等も、すべてXが負担していた、（5）Xに対する

報酬の支払に当たっては、所得税の源泉徴収並びに社会保険及び雇用保険の保険料の控除はされておらず、Xは、右報酬を事業所得として確定申告をした。

このような場合において、Xが仕事中の事故で怪我を負ったために、Y社が加入している労災保険の適用を申し立てた。これについて、Y社はXがY社の「労働者」ではないとして、その適用を拒否することができるであろうか。

右事実関係の下においては、Xは、業務用機材であるトラックを所有し、自己の危険と計算の下に運送業務に従事していたものである上、Y社は、運送という業務の性質上当然に必要とされる運送物品、運送先及び納入時刻の指示をしていた以外には、Xの業務の遂行に関し、特段の指揮監督を行っていたとはいえず、時間的、場所的な拘束の程度も、一般の従業員と比較してはるかに緩やかであり、XがY社の指揮監督の下で労務を提供していたと評価するには足りないものといわざるを得ない。そして、報酬の支払方法、公租公課の負担等についてみても、Xが労働基準法上の労働者に該当すると解するのを相当とする事情はない。そうであれば、Xは、専属的にYの製品の運送業務に携わっており、同社の運送係の指示を拒否する自由はなかったこと、毎日の始業時刻及び終業時刻は、右運送係の指示内容のいかんによって事実上決定されることになること、右運賃表に定められた運賃は、トラック協会が定める運賃表による運送料よりも一割五分低い額とされていたことなど原審が適法に確定したその余の事実関係を考慮しても、Xは、労働基準法上の労働者ということはできず、労働者災害補償保険法上の労働者にも該当しないものというべきである（最判平8．11．28（横浜南労基署長事件）労判714-14）。

判例 ①■東京地判平23．5．19（執行役員）労判1034-62

【事案】原告が、夫が出張中に橋出血により死亡したことについて、亡夫が勤務していた会社における業務に起因するものであるとして、処分庁である船橋労働基準監督署長に対し、労働者災害補償保険法に基づき遺族補償給付及び葬祭料の請求をしたところ、亡夫は労働者とは認められないとして、支給しない旨の処分を受けたことから、被告国に対し、処分の取消しを求めた。

【判旨】亡夫は、業務実態等の観点からは、理事、取締役及び執行役員にそれぞれ就任していた間も、本件会社の指揮監督の下に、業務執行権の一部を分担してそれを遂行していた者ということができ、また、亡夫が本件会社から支給を受けていた報酬は、労務に対する対償に当たるものと評価するのが相当であり、従業員としての実質を有していた者と認められるから、労災保険法（労働基準法）上の労働者に該当するというべきである。

判例②■大阪地判平18．8．31（フランチャイズ店舗店長）労判925-66
【事案】被告Ａが被告Ｂとのフランチャイズ契約に基づき経営する店舗において、店長として労務を提供した原告が、被告Ａ、その取締役ら及び被告Ｂに対し、労働契約ならびに不法行為または労働契約上の債務不履行に基づき、各金員の支払いを求めた。
【判旨】原告は被告Ａの労働基準法上の労働者に当たらないから、それに基づく請求（最低賃金法に基づく賃金、時間外・休日賃金等）は失当であり、また、被告Ａにおいて、原告の採用、原告との業務委託契約の締結等に違法はなく、また、被告Ａにおける労務提供の条件が被告Ｂが作成した求人票と異なるものであったことについて、被告Ａ及び同Ｂに違法行為があったとは認められないことなど、被告らに対する損害賠償請求はいずれも理由がないとして、請求を棄却した。

3）契約の効力

雇用契約は、労働者と使用者が互いに労務提供義務と報酬支払義務を負い、持ちつ持たれつの関係、すなわち「**対価関係にある**」といえる。すなわち、雇用契約は双務契約である。

民法は、533条及び534条において、双務契約における特殊な効力を定めている。**同時履行の抗弁権、危険負担**などである。もともと、双務契約における双方の債務には密接な関係がある。第1に、契約の成立段階において、売買契約前に目的家屋が焼失していたというように、一方の債務が最初から（原始的に）不能なときには他方の債務の効力も生ぜず、契約は成立しないという問題がある。これを**成立上の牽連関係**という。ここでは、契約締結上の過

失などが問題となる。第2に、契約の存続期間中に危険負担が登場する。家屋の売買において、引渡の履行前に家屋が類焼によって焼失したとき、引渡債務は（後発的に）不能となるが、他方の債務はどうなるか、その場合の危険をいずれが負担するか、具体的には代金を買主は支払うべきかという問題である。これを**存続上の牽連関係**という。最後に、契約の履行段階において、一方の当事者が履行をしないときでも、他方の当事者は履行をするべきかという、同時履行の抗弁権の問題がある。これを**履行上の牽連関係**という。

（1）成立上の牽連関係

　雇用契約ではあまり想定はしにくいのであるが、双務契約の目的物が契約当時そもそも存在しない場合には、当該目的物の給付は法的に実現が不可能である。

　「**契約が有効である**」ということは、当事者が任意に給付を行なわないときに、法が強制力を用いて、その内容の実現に助力してくれるという点に意味がある。

　そうすると、契約締結時に契約の目的物がそもそも存在しない場合には、当該目的物の給付は法的に実現不可能である以上、そのような給付義務を有効と認める意味はないことになる。このように、契約当初から法的に実現不可能な債務は、そもそも無効となる（**原始的不能**）。

　このように、双務契約に基づく一方の債務が原始的不能として無効である場合に、もう一方の債務はどのようになるのだろうか。双務契約に基づく債権債務は対価関係にあるので、対価関係にある一方の債務が原始的不能として無効である場合には、もう一方の債務もまた無効となる。そうすると、双務契約に基づく債権債務は互いに無効となるから、結局、契約もまた無効となる。

　このように、契約成立時において、一方債務の無効という事情が他方債務に影響を与えることを「**双務契約における成立上の牽連関係**」という。

（2）履行上の牽連関係（同時履行の抗弁権）

　次に、双務契約の一方当事者が、自らの債務の履行を拒否しつつ、相手方

にだけ債務の履行を求めることが不公平であることは明らかであるから、債務の履行については、特別な取り決めがない限り基本的に同時に行うようにしなければならないと考えるべきであろう。すなわち、対価関係にある債務は、当事者の公平の観点から、特約無き限りは同時に履行しなければならない。民法はこのことを「**同時履行の抗弁権**」という形で規定を設けている（**533条**）。

同時履行の抗弁権とは、双務契約の当事者において、相手方が債務の履行を提供するまでは自分の債務の履行を拒むことができる権利をいう。

同時履行の抗弁権が認められるためには、相手方の債務の履行期が到来している必要がある。そうだとすると、自己の債務を先に履行する特約が存在する場合には同時履行の抗弁権は認められない（**533条但書**）から、債務を履行しなければならない。

同時履行の抗弁権が認められる場合には、相手方から債務の履行を求められたとしても、相手方も債務を履行しない限り、履行遅滞にならないのである。逆もまた然り、自らの債務の履行ないままに相手方の債務の履行を求めることはできない。

このような関係を「**双務契約における履行上の牽連関係**」という。

なお、雇用契約に基づく債権債務関係においては、法律上、労務提供義務が先履行となっているので（**民法624条**）、特段の取決めがない限り、労働者は、日々の労働について、その日の賃金払いとの同時履行を求めることはできない。

（3）存続上の牽連関係（危険負担）

成立上の牽連関係は、契約当初からすでに契約の目的物が存在しないなどの事情があって、一方債務の給付が実現不可能（**原始的不能**）である場合の問題であったが、契約締結時点では目的物が存在していたが、その後にその物が存在しなくなってしまった。すなわち、後発的に不能となった場合をどう考えればよいであろうか。契約締結時点で目的物が存在するということは、その時点においては、債務の給付は実現可能である以上、契約は有効に成立する。

存続上の牽連関係は、契約締結当時、すでに契約の目的物が存在しなくなっ

た場合などのように、契約が有効に成立した後に、一方の債務の実現が不可能になった場合に問題となる。

契約に基づく債務が履行不能となった場合には、履行不能になったことについて債務者に責任があるか否かが問題となる。責任が認められる場合には、履行不能となった債務は、損害賠償支払い義務に変化することになる。いわゆる**債務不履行に基づく損害賠償**である。また、契約関係を解消したいと望む場合には、契約を解除することもできる（**543条**）。

これに対して、**債務者に責任がないような場合**には、**履行不能となった債務は、損害賠償に変化することなく消滅**することになる。

このように、双務契約に基づいて、一方の債務が消滅した場合の、もう一方の債務の運命の問題、これが民法上の「**危険負担**」の問題である。

以下で具体的に考えてみよう。

①履行不能が当事者の責任ではない場合

例えば10月にXが長野の別荘をYに頼んで改築したとしよう。しかし工事から一週間後、Xに別荘の改築が完了する前に大きな落雷が別荘に落ちて、別荘が燃えてしまったとする。落雷による別荘の焼失は当事者のどちらのせいでもないので、Yの債務不履行という状態は存在しない。しかし、損失が発生している以上どちらかが責任を取らざるを得ない。そこで、民法534条以下に規定されている**危険負担の規定**を使うのである。

民法536条1項は、**当事者の責めに帰することができない事由**によって債務が履行不能になったときは、「**債務者は、反対給付を受ける権利を有しない**」としている。つまり、債権者が負っていた反対債務も消滅することになるのである。履行不能がどちらのせいでもないのであるから、債権者は債務を履行してもらうことができない代わりに、反対債務を履行しなくてもよいということになる。先ほどの例から考えると、別荘が燃えてしまった場合、注文者であるXは、代金を支払わなくてもよいということになるのである。

②債権者の責めに帰すべき事由によって債務を履行することができなくなった場合

次に、536条2項は、**債権者の責めに帰すべき事由**によって債務を履行することができなくなったときは、「**債務者は、反対給付を受ける権利を失わない**」と規定している。債権者のせいで履行不能になったのであるから、債

第5章 労働法を理解するための基本三法　民法編

権者は、なお反対債務を履行しなければならなくなる。先ほどの例であれば、改築の最中にＸの不注意によって建物を燃やしてしまったという場合には、業者であるＹはＸに代金を請求できるのである。但し、その範囲は履行が済んだ部分に減額されることになる。

では、この話を労働関係に置き換えて考えてみよう。金銭債務は履行不能とならないから、労働契約関係において履行不能が問題となる債務は労務提供債務である。この場合、使用者が債権者、労働者が債務者ということになる。

労働災害以外の傷病が原因で、労働者が労務提供債務を履行できない場合というのを民法536条１項にあてはめて考えてみよう。同条項は当事者双方の責めに帰することができない事由によって債務を履行することができない場合、債務者は反対給付を受ける権利を有しないとしている。そうだとすると、労働者は、反対給付、つまり賃金を請求はできないということになる。

これに対して、同条２項は、債権者の責めに帰すべき事由による履行不能については、債務者は、反対給付を受ける権利を失わないと規定している。したがって、例えば、従業員に長時間労働をさせたことが原因で、その者が傷病を発症した場合には、労務提供債務の債権者である使用者の責めに帰すべき事由によって、労務提供義務の履行ができなくなった場合といえるので、債務者である従業員は、賃金請求権を失わないということになる。

リーマンショックによる深刻な業績の悪化により、工場のラインを月に数日間止めざるをえず、その期間工場を休まなくてはならないというような場合に、その休みの期間中の賃金は支払わなければならないのだろうか。

民法規定からすれば、「リーマンショックによる深刻な業績の悪化」がラインの停止、すなわち、労務提供不能の原因となったのであれば、「当事者双方の責めに帰することができない事由」によって債務不履行となったといえるのであるから、民法536条１項によって、従業員は賃金を請求することができないという結論となる。

一方、原因が「債権者の責めに帰すべき事由」、例えば、使用者がたばこを不始末にした結果、工場を燃やしてしまい閉めざるを得なくなったとかいうような場合であれば、同条２項によって、従業員は賃金全額を請求できることになる。

以上民法に則って労働問題を考えてきたが、このような問題について労基法にも規定が存する。労基法26条には、「使用者の責めに帰すべき事由」による休業の場合には、使用者は、平均賃金の６割以上の休業手当を支払わなければならないと規定されている。この条文の「使用者の責めに帰すべき事由」という文言は、民法536条２項の「債権者の責めに帰すべき事由」とはどのような関係に立つのであろうか。

　これについて、労基法の規定は民法の規定よりも広く、民法上は使用者の帰責事由とならないような経営上の障害等にも、天災等の不可抗力に該当しない限りはこれに含まれると解している（**最判昭62．７．17（ノースウェスト航空事件）労判499-6・民集41巻５号1283頁**）。すなわち、**労務の提供不能の原因が、使用者の支配領域に近い部分で生じたのであれば、広く休業手当の支給義務を認めるべきである**としているのである。したがって、「リーマンショックによる深刻な業績の悪化」が工場のラインの停止の原因である場合、民法上の賃金支払義務の根拠である「債権者の責めに帰すべき事由」には該当しないが、労基法上の休業手当の支払義務の根拠である「使用者の責めに帰すべき事由」には該当するということになる。

　債権者の責めに帰すべき事由によって労務提供が不能になった事例をもう少し考えてみよう。

③原因が「債権者の責めに帰すべき事由」による場合

　例えば、先ほどの使用者がたばこを不始末にした結果、工場を燃やしてしまい閉めざるを得なくなった例を考えてほしい。先ほど536条２項によって、従業員は賃金全額を請求できることになると説明した。

　では、例えば、３月28日に４月１日から雇用することを約束したが、４月１日には工場でのタバコの不始末により働く工場が焼失してしまっていたせいで、労務を提供することができなくなってしまったような場合も賃金請求権は存続することになるのであろうか。

　このような場合、使用者は労働者を解雇するか、休業を命じることになるであり、「ノーワーク・ノーペイの原則」からすれば、賃金を支払う必要ないのではないかという主張もあろう。しかし、実際に仕事をしなければ、賃金を支払う必要がない、ということにはならないので注意してほしい。労務不

提供の原因が使用者の責めに帰すべき事由に基づく場合には、やはり使用者は、賃金支払義務を免れないことになるということである。労基法上の規定でみると、26条の「使用者の責めに帰すべき事由」に該当することとなるため、最低でも平均賃金の6割の休業手当を支給しなければならないであろう。

これは労基法による労働者保護のための民法規定修正の一事例である。

判例 ■最判昭62.7.17（ノースウェスト航空事件）

【事案】民間定期航空運輸事業等を営むアメリカ法人である上告会社における部分ストライキによって通常便の運行が不可能になったことで、ストには直接参加していない被上告人らに対して上告会社より休業が命じられ、その間の賃金が支払われなかったため、被上告人らが右賃金または休業手当の支払を求めた事案

【要旨】1．労働基準法26条の「使用者の責に帰すべき事由」は、民法536条2項の「債権者ノ責ニ帰スヘキ事由」よりも広く、使用者側に起因する経営、管理上の障害を含む。

2．定期航空運輸事業を営む会社に職業安定法44条違反の疑いがあつたことから、労働組合がその改善を要求して部分ストライキを行った場合であっても、同社がストライキに先立ち、労働組合の要求を一部受け入れ、一応首肯しうる改善案を発表したのに対し、労働組合がもっぱら自らの判断によって当初からの要求の貫徹を目指してストライキを決行したなど判示の事情があるときは、右ストライキにより労働組合所属のストライキ不参加労働者の労働が社会観念上無価値となったため同社が右不参加労働者に対して命じた休業は、労働基準法26条の「使用者の責に帰すべき事由」によるものということができない。

④解雇予告と危険負担

Y社が問題社員である労働者Xを辞めさせたいと考え、解雇予告したとしよう。解雇予告がなされても、予告期間が満了するまでは労働関係は存続するのであるから、その期間中労働者は労務の提供をしなければならず、使用

者はこれに対して、賃金を支払わなければならない。したがって、予告期間中に労働者が自己の都合により欠勤した場合は、通常の労働関係と同様、賃金を減額することができ、また、使用者の都合によって労働者を休業させたときは、労基法26条の規定により休業手当を支払わなければならない。このような場合において、30日前に解雇予告をした直後、使用者が当該労働者の就労を拒否し、その期間中の所定労働日数に対して平均賃金の60％に相当する休業手当を支払うといったことは違法ではないだろうか。

　これについて、予告に代えて30日分の平均賃金の支払を義務付けている労基法20条の脱法行為という見解も考えられるが、536条２項により賃金請求権は存続し、労働関係も存続しているのであるから違法とすることはできないという行政通達が出ている（行政通達：昭和24年12月27日基収第1224号）。すなわち、使用者側が現在従事している仕事に見合った勤務の割り当てをしていないと認められる場合には、これは債権者である使用者の責任で労務提供義務が履行不能となった場合にあたり、民法第536条第２項に基づき賃金を請求することは可能であるということから、結局請求ができるのであるから、本件のようなＹ社の行為も違法とはいえないというスキームである。

　もっとも、現在従事している仕事に応じて一定程度の勤務の割り当てはなされるべきであり、使用者がそれを行わなかった場合は、労働契約違反と認められる可能性もあるであろう。加えて、解雇予告制度の趣旨が、労働者が突然の解雇から被る生活の困窮を緩和する目的であることからすると、解雇日までまったく勤務をさせないことはこの趣旨に反するおそれもある。また、労働者とも複雑な遺恨関係を残す種ともなりうる。そうだとすれば、特別な事情がない限り、**簡単にこのような対応をするべきではないだろう。**

　536条２項の使用者の帰責性が認められるか否かについていくつかの判例がある。

|判例|■宇都宮地栃木支決平21．5．12（いすゞ自動車事件）労判984-5

　【事案】本件は、債務者（いすゞ自動車）との間で有期の労働契約を締結して債務者の栃木工場で勤務していた債権者（労働者）らが、債務者に対し、債務

者が平成20年12月24日に、同月27日以降、契約期間満了日の平成21年4月7日までを休業としたことについて、民法536条2項による賃金請求権として、平成21年1月分から同年4月分の賃金の仮払いを求める事案である。債務者は、平成20年11月17日、製造現場で作業に従事していた期間労働者全員に対して、「急激な需要の冷え込みによる大幅な生産計画の見直し」を理由として解雇日を契約期間の途中である平成20年12月26日とする解雇の予告をした。

【判旨】労働契約における労働者の賃金請求権は、労働契約上の権利の根幹を構成するものであり、使用者がした受領拒絶(受領遅滞)に責任事由がなく、賃金請求権が消滅するという一方的な不利益を労働者に課するためには、そのことを正当化する合理性の要件を要すると考えるのが、正義・公平の理念または条理にかなうが、その合理性の有無は、具体的には、使用者による休業によって労働者が被る不利益の内容・程度、他の労働者や同一職場の就労者との均衡の有無・程度、労働組合等との事前・事後の説明・交渉の有無・内容、交渉の経緯、他の労働組合又は他の労働者の対応等を総合考慮して判断すべきであるが、本件については、休業の合理性を肯定することはできないので、債権者らの債務者に対する民法536条に基づく賃金請求権の被保全権利があり、債権者らは極度に切り詰めた生活をして現在まで生活している実情にあり、収入もなく、困窮しており、本案解決まで相応の時間がかかる見込みであることからすると、被保全権利の全額について保全する必要がある。

　この他にも、経営上の理由による休業の際の手当として、正社員には賃金全額が支給されるのに対し、有期契約労働者には平均賃金の6割しか支給されていなかったことから、労契法3条2項(均等待遇)の理念を考慮に入れて、使用者の帰責性を肯定している。
⑤ストライキを行なった場合の正当事由
　では、ストライキを行なった場合正当事由は認められるのであろうか。
　ストライキのために労務提供をしなかった(できなかった)労働者の賃金請求権はどうなるのであろうか。賃金請求権の帰趨は、基本的には個別の契約の解釈の問題となる。したがって、①賃金のいかなる部分がいかなる条件で発生するか(消滅するか)は、契約の解釈の問題として、個別具体的な事

情に照らして判断されることになる。そのうえで、②個別の契約の解釈によってもその帰趨が明らかにならない場合には、民法上の任意規定等に照らして解釈される。具体的に考えていこう。

A）ストライキに参加して労務提供をしなかった労働者の賃金

　個別の労働契約にストを行なっても賃金を支払う旨が規定されていたとき、又はそのような黙示の契約があったといえる場合以外は、賃金支払時期に関する民法上の任意規定（624条）を参考に、労務の提供がなければ賃金請求権は発生しないと解釈されることになるであろう。

B）ストを実行した組合の組合員だが、ストに参加しなかった場合の賃金

　スト不参加者の就労不能について、使用者に賃金や休業手当の支払義務を課す「責めに帰するべき事由」（536条2項、労基法26条）があるかどうかが問題となる。仮に団体交渉において使用者が譲歩をしなかった結果ストが起こったとしても、使用者には団体交渉における譲歩の自由が認められるため、使用者には帰責性は認められないと解されている（**ノースウェスト航空事件判決**）。したがって、スト不参加者の労務不提供については、特段の契約上の根拠がない限り、使用者は賃金や休業手当の支払義務を負わない。

C）ストを実行した組合に入っていない労働者の賃金

　これらの労働者の就労不能については、使用者に、民法上の過失責任という意味での帰責性はないが（**民法536条2項**）、労働者の最低限保障という観点からは帰責性が肯定されうる（**労基法26条**）。組合員のスト参加者やスト不参加者についてはスト組合が積み立てたスト資金から生活保障費用が拠出されることが想定されるが、他組合員や非組合員にはそれがないため、少なくとも労基法26条の最低生活保障という趣旨に照らすと、使用者に帰責性が肯定されうるのである。したがって、他組合員及び非組合員の就労不能に対して、使用者は、特段の契約上の根拠がない場合でも、平均賃金の6割の休業手当を支払わなければならないといえるであろう。

D）使用者側がロックアウトしたことによって就労不能となった場合

　判例は、労使を対等な立場に立たせるという「公平」の原則からすれば、力関係において優位に立つ使用者に労働者と同様の争議権を認める必要はないとして、使用者から先制する攻撃的ロックアウトについては正当性はない

とする。しかし、同時に、労使の均衡を保つという「衡平」の原則からすると、労働者の争議行為によって労使間の勢力の均衡が破れ、使用者側が著しく不利な圧力を受けている場合には、労使間の勢力の均衡を回復するための防衛対抗手段として使用者による対抗防衛的ロックアウトを正当なものと認めている。ここでいう「正当」なロックアウトについては、民法536条2項の使用者の「責めに帰すべき事由」が否定され、使用者の賃金支払義務が消滅するものと解される。

4）債務不履行と危険負担
（1）債務不履行と危険負担
たとえば労働契約の場合、労働者には労働力を提供するという債務と、賃金支払を求める債権が発生し、使用者には、賃金を支払うという債務と、労働力の提供を求めるという債権が発生している。このように、当事者の双方に債権・債務が発生する契約を「**双務契約**」ということはすでに解説した。

つまり、当事者の「双」方が債「務」を負担するから、双務契約というのであるが、売買契約を代表例として、契約の多くは双務契約である。

この双務契約特有の問題として、双務契約の一方の債務が履行できなくなった場合に、他方の債務がどうなるのか、という問題（双務契約の存続上の牽連関係）があり、この点に関して以下説明する。

この点に関しては、その債務不履行（履行遅滞や履行不能）が（ア）債務者の責めに帰すべき事由による場合であるか、（イ）債務者の責めに帰すべき事由によらない場合であるかによって、その後の法的処理が異なってくる。

①**債務不履行が債務者の責めに帰すべき事由による場合**

債務の履行が遅滞し、あるいは履行不能となった場合、債務者に責めに帰すべき事由があれば、債務不履行となり、債権者は債務者に対して損害賠償を請求することができる（**415条**）。その債務が、理論上履行可能なものである場合には、債務は消滅せず、債権者はなお債務の履行を求める事ができる。それに対して、理論上履行が不可能となってしまった場合は、履行不能として確定し、債務は消滅することになるが、損害賠償請求が可能なため、本来の債務が損害賠償債務に転化したということもできる。

②**債務不履行が債務者の責めに帰すべき事由によらない場合**

　債務の履行遅滞や履行不能が債務者の責めに帰すべき事由によらない場合は、履行不能ならば債務は消滅し、しかも損害賠償の義務もないことになる。これは債務者に帰責事由がない以上は当然のことである。履行遅滞の場合は、遅延に関する賠償をする必要はない。

　一方の債務が履行遅滞、履行不能となった場合に、反対債務はどうなるのだろうか。前述のように、履行不能が債務者の責任であるときは、その債務者が本来履行すべきであった行為に代えて損害賠償をすることになるのだが、債務者の責任ではない不可抗力によって債務の履行ができなくなった場合は扱いが異なる。

　たとえば、Aが自己所有の家屋をBに売る契約をした後、その引渡し前に家屋が落雷により焼失してしまったとする。するとAの家屋引渡債務は不可抗力によって履行不能となり、消滅することになる。この場合において、反対債務であるBの代金支払債務も消滅するとすれば、不可抗力による家屋焼失の不利益は債務者A（焼失した家屋に関する債務者）が負担することになるが、Bの代金支払債務が存続することにするならば、その不利益は債権者B（焼失した家屋に関する債権者）が負担することになる。

　この、債務者の責によらない履行不能に関する不利益を、履行不能となったものに関する債権者・債務者どちらが負担するかという問題を「危険負担」の問題という。債権者に負担させるという主義を「債権者主義」といい、債務者に負担させる主義を「債務者主義」という。

　なお、危険負担における債権者・債務者というのは、履行不能となった目的物を基準にして見ることにくれぐれも注意されたい。その目的物を給付すべき立場にあった当事者が債務者で、その給付を要求する立場にあった当事者を債権者とよぶのである。

　民法は534条から536条に危険負担に関する規定をおいている。民法の原則は債務者主義なのであるが、**特定物**に関しては例外的に債権者主義を採用している。以下、順に見ていくこととする。

（2）特定物に関する債権者主義

双務契約の内容が特定物に関する物権の設定または移転である場合に、その目的物が債務者の責めに帰することができない事由によって、滅失または損傷したときは、その滅失または損傷による損失を債権者が負担する（**534条1項**）。

特定物とは、その物の個性に着目した物のことをいう。たとえば、家屋や、中古車などは、まさにその個性が問題となる物である。先ほどの例でいえば、売主Aの責任によらない事由（不可抗力）で目的物である家屋が焼失した場合には、買主Bはそれでも代金を支払わなければならないのである。しかし、目的物の引渡しを受けてもいないのに買主が代金を支払わなければならないというのはいかにも不公平でないかという問題が生ずる。たしかに、当事者間の公平、ということを考えれば、買主の代金支払債務も消滅すると考えた方が自然であろう。

このような民法の債権者主義に関する規定は、今日の取引慣行にそぐわないため、学説上債権者主義の適用制限論が有力に唱えられているだけでなく、実際上も534条1項は**強行規定**（違反したら無効となる規定）ではなく、**任意規定**（その規定と異なる特約をすることは自由であり、そのような特約のない場合にのみ、適用される規定）であると考えられていることからも、通常の不動産売買では、売買契約締結後、建物の引渡完了前に不可抗力によって建物が滅失した場合は、債務者（売主）負担とする特約がなされることが多い。

（3）不特定物の場合

物の個性に着目した特定物と違い、単に種類に着目する不特定物の場合は、同種の物が存在する限り危険負担の問題は生じない。

たとえば、ハリウッドの有名スターが所有していたクラシックカーならば特定物であるため、その売買契約締結後に債務者の責めによらない事由によって滅失すれば、危険負担の問題となる。一方、自動車のディーラーからトヨタの新型クラウンを購入するような場合ならば、トヨタの同型クラウンが存在する限りは危険負担の問題は生じないのである。

ただし、不特定物が一定のもとに特定したときは別である。民法は、不特定物に関する契約については、その物が確定した時より534条1項の規定を適用することとしている（**同条2項**）。

（4）債務者主義の原則
①536条1項
　民法は、特定物に関する債権者主義はあくまで例外とし、原則は債務者主義であるとしている（536条1項）。すなわち、534条および535条（停止条件付双務契約の場合）に定めた場合を除くほか、当事者双方の責めに帰すことのできない事由によって債務を履行することができなくなったときは、債務者は反対給付を受けることができないということである。つまり、債権者が負っていた反対給付も運命を共にして消滅することになるのである。履行不能が債権者・債務者どちらのせいでもないことから、債権者は債務を履行してもらえなくなることと引き換えに、自己の反対債務を履行しなくてもよくなるのである。

②536条2項
　民法536条2項は、債権者の責めに帰すべき事由によって債務を履行することができなくなったときは、「債務者は、反対給付を受ける権利を失わない」と規定している。債務者ではなく「債権者」の責めに帰すべき事由であることに注意されたい。債権者のせいで履行不能になった以上、債権者は反対債務を履行しなければならないのは当然であろう。

5）危険負担と労働契約
（1）危険負担の労働契約への適用
　民法の危険負担が、労働契約においてどのように適用されるかについても検討することとする。
　労働契約において危険負担を考える際に、履行の不能が問題となるのは労働者の労務提供義務である。この義務に関しては使用者が債権者、労働者が債務者、ということになる。
　労働者Xが傷病を発症したしたとしよう。この場合、その傷病の原因が①

労働者の責めに帰すべき事由によるもの、②労働者の責めに帰すべき事由によらないもの、③使用者の責めに帰すべき事由によるもの、の3つが考えられる。

①労働者の責めに帰すべき事由によるもの

①については、たとえば労働者がスキー場でスキーやスノーボードで滑走中、自己の不注意によって負傷したような場合などが例としてあげられる。この場合には、労働者に帰責事由が存在するため、労務提供義務に関する債務不履行の問題となり、危険負担の問題とはならない。

②労働者の責めに帰すべき事由によらないもの

労働者の傷病が、不注意など労働者の責めに帰すべき事由によらないものであり、使用者にも帰責事由がない場合は、危険負担の問題となり、民法536条1項が「当事者双方の責めに帰することができない事由によって債務を履行することができなくなったときは、債務者は、反対給付を受ける権利を有しない」と規定する債務者主義の原則通り、労働者は反対給付、つまり使用者からの賃金を請求することはできないことになる。

③使用者の責めに帰すべき事由によるもの

労働者の傷病が使用者の責めに帰すべき事由によるものである場合は、民法536条2項が「債務者は、反対給付を受ける権利を失わない」と規定していることから、使用者に対する賃金請求権は存続し、たとえば、健康を害するような長時間労働によって傷病を発症したような場合は同時に、使用者の安全配慮義務違反という債務不履行責任も追求可能である。

（2）休業手当と危険負担

冷凍食品に農薬のマラチオンが混入していた問題は記憶に新しいが、たとえばこの問題の影響を受けて、農薬が商品に混入していた冷凍食品メーカーA社とは別の冷凍食品メーカーY社の売上にも大幅な減少が生じたとしよう。このY社は、当面商品の生産を停止せざるを得ない事態に追い込まれ、従業員である労働者Xを始めとした社員に自宅待機を命じることとなった。この場合、労働者Xは労務提供義務が履行不能となったわけであるが、その履行不能の原因がY社の売上の大幅な減少である。この売上大幅減少による

生産停止は、A社の冷凍食品に農薬が混入された影響を受けたものであり、Y社に「責めに帰すべき事由」があるとまではいえないであろう。もちろん、労働者Xにも帰責事由があろうはずがない。そのため、当事者双方に帰責事由が存在しない場合について定めた民法536条1項が適用され、債務者主義の原則から、労務提供義務の債務者であるXは、反対給付の賃金支払をY社に対して請求することができないことになる。

以上が、民法の原則になるが、**労働基準法26条**には、

> （休業手当）
> 第26条　使用者の責に帰すべき事由による休業の場合においては、使用者は、休業期間中当該労働者に、その平均賃金の100分の60以上の手当を支払わなければならない。

使用者に責めに帰すべき事由がある休業の場合には、平均賃金の60パーセント以上の休業手当を支払わなければならないという規定が存在する。ここで問題となるのが、**労働基準法26条**における「使用者の責めに帰すべき事由」と、**民法536条2項**の「債権者の責めに帰すべき事由」が、果たして同じなのか否かということである。

両者が同一の内容を意味するとすれば、先程の例のY社には、「債権者の責めに帰すべき事由」が認められなかったため、労働基準法上も「使用者の責めに帰すべき事由」が認められないことになり、休業手当の支払義務を免れることになる。しかし、この点に関して判例は、労基法26条の「使用者の責めに帰すべき事由」を民法536条2項の「債権者の責めに帰すべき事由」よりも広く解しており（**最判昭62．7．17**（ノース・ウエスト航空事件）**労判499-6**）、民法上の帰責事由とならない経営上の障害等も、天災等不可抗力でない限りは帰責事由に含まれるとしている。よって、労働者XはY社から労基法上の休業手当の支払を受けられることになる。

契約各論

　いままでは、契約行為一般にいえることを解説してきた。今回は民法が定める典型契約の一つひとつをミクロ的に分析していく。典型契約については解説したが、このうち、他人のために仕事をして一定の報酬を受けるという契約関係について規定しているのが、雇用（**民法623条以下**）、請負（**民法632条以下**）、委任（**民法643条**）である。**典型契約**を全て解説するには膨大な時間が必要となる。今回は労働関係において特に問題となる雇用・請負・委任について解説することにしよう。

　労働契約も、使用者と労働者との私法契約であり、その法律関係については、強行的・直律的効力を有する労基法の規定に反しない限りは、民法の規定が適用されることになる。したがって、労基法が適用される労務提供契約である労働契約の法律関係を理解するうえでも、民法上の雇用契約・請負契約・委任契約を集中的に学ぶことは非常に有用であるといえるであろう。昨今アウトソーシングの一環として業務委託がなされるケースも増加してきている。業務委託契約という契約は存在しないので、基本的には契約自由の原則により当事者の合意によって決定されることになるが、いかなる契約と類似点があり、どの部分を修正しているかを知ることは、その契約の性質が何であるかを理解するために重要な指針となるのでよく理解してほしい。

1．雇用契約

1）意義

　「**雇用契約**」とは、当事者の一方（労働者）が相手方（使用者）に対して労働に従事することを約束し、相手方がこれに対しその報酬を与えることを約することによって成立する契約をいう（**民法623条**）。

　雇用契約は、労働者の労務提供義務と使用者の報酬支払義務が対価関係にある、有償・双務契約である。

　なお、ここでいう「**報酬**」は、労働基準法上「**賃金**」（**労基法11条**）となる。

2）雇用契約をめぐる債権・債務関係

　「**債権者**」と「**債務者**」という概念は、雇用契約のような有償双務契約（契約当事者の双方が互いに対価的な債務を負担する契約）においては基礎的なもので、ここのところが理解できていないと、労働法としてはそれ以上先の理解が困難となるであろう。

　雇用契約については、民法623条で、「雇用は、当事者の一方が相手方に対して労働に従事することを約し、相手方がこれに対してその報酬を与えることを約することによって、その効力を生ずる」と規定されている。

　この雇用契約をめぐる債権・債務関係において、A（労働者）はB（使用者）に対して労働義務を負い、BはAを指揮命令して自己の事業のために必要な労務を手に入れるという労務給付請求権（労務指揮権）を有する。一方、Bは報酬の支払義務（報酬を賃金と言い換えれば、賃金支払義務）を負い、Aは報酬請求権（賃金請求権）を有することになる。これが雇用契約から生ずる基本的な権利・義務関係である。

　ここで、使用者側Bから労働者側Aに「報酬を与える」という点に着目すると、使用者側は報酬（賃金）を与えることを約束するわけだから、雇用契約上、賃金を支払う義務を負い、反対に労働者側はこれに対して賃金を請求する権利を有することになる。報酬という点に着目すると、労働者が「債権者」であり、使用者は「債務者」であると言うことになる。

　もう一方の「労働に従事する」という点から見ると、債権・債務関係は逆方向になるから、この場合には使用者が「債権者」となり、これに対して、労働者は「債務者」という関係になる。

　このように「債権者」、「債務者」というのは、着目する権利によって立場が入れ替わる相対的なものである。この債権者、債務者という概念を明確に区別し認識できないと、例えば、労働関係においても重要な意義を持つ、民法536条2項の規定を正確に読み取ることができないことになる。

　たとえば使用者が労働者を解雇したが、労働者が不当解雇だとして解雇の効力を争った結果、解雇が無効となった場合、解雇日以降も雇用契約は続いていることになるから、使用者は解雇した日以降の賃金を労働者に遡及して支払わなければならないのである。

その根拠条文が民法536条2項である。「労働に従事する」という点に着目すれば、労働者＝債務者、使用者＝債権者ということになる。この場合、労働者が労働に従事できなくなったのは、債権者である使用者の責めに帰するべき無効な解雇によるものである。

したがって、民法536条2項の規定は、その前段だけについてみると、「使用者の責めに帰すべき事由（無効な解雇）によって（労働者が）労働に従事することができなくなったときは、労働者は反対給付（賃金）を受ける権利を失わない」と認めることになる

3）労働者の義務

労働者は、使用者に対して労務提供義務を負担している。労務提供義務の具体的内容は、契約によって定まることになるが、雇用契約は、本質的に、労働者の使用者に対する従属的な労働を前提に継続的な契約関係を形成するものであるため、労働者は、使用者の指揮命令に従って、原則として自ら労務を提供しなければならない（**民法625条2項**）。労働者が、使用者の承諾なく第三者を労働に従事させたときは、使用者は契約を解除できることになる（**同3項**）。

他方、使用者もまた、労働者の承諾なく労務提供を受け取る権利を第三者に譲渡することはできない（**民法625条1項**）。この規定は、労働者にとって労務適用先が変更される場合であるいわゆる転籍の場合に、労働者の同意が必要であることと関係している。

その他、労働契約に付随して、信義則上の競業避止義務、情報保護義務、忠実義務などが認められるが、これらについては解説済みである。

4）使用者の義務

使用者は、雇用契約に基づいて、労働者に報酬の支払義務を負担している（**民法623条**）。

民法は、報酬の支払時期について、契約に従って労務提供を行なった後でなければ報酬を請求できない、いわゆる「**報酬後払いの原則**」を規定している（**民法624条1項**）。また、期間をもって報酬を定めた場合には、その期

間が経過した後に、その期間相当分を請求することができる（**民法624条2項**）。

　報酬の支払について、民法は、上記の点以外に特に規定を設けておらず、当事者の合意に委ねているが、労基法上は、いわゆる**賃金払い5原則**が規定されているため、最低限、使用者には、これらの原則の遵守が刑事罰をもって強制されている。

「賃金払い五原則」
① **通貨払い**
② **直接払い**
③ **全額払い**
④ **毎月一回以上払い**
⑤ **一定期日払い**

　また、雇用関係が成立することで、付随的に信義則上の安全配慮義務や就労配慮義務等も発生するが、これについても解説済みである。

5）終了
　雇用契約の終了については、期間の定めがある場合とない場合があるので、分けて解説していく。

（1）契約期間の定めがある場合
①民法の規程
　契約期間の満了によって雇用契約は終了する。ただし、契約期間の満了後も、労働者が引き続き労務提供を継続し、かつ、使用者がその事実を知りながら異議を述べなかったときには、前の雇用契約と同一の条件をもってさらに雇用したものとする（黙示の更新）と推定されることになる（**民法629条1項**）。

　黙示の更新が認められた場合の契約期間については、説が分かれている。民法629条1項が、黙示の更新後も民法627条の規定により**解約**の申し入れを

することができると規定しているのであるから、**期間の定めがない雇用契約として更新されると考える説**が通説である。一方、**前の雇用契約と同一期間の契約として更新されるとする説**も有力に主張されている。

雇用契約書には従前の条件に基づいて更新されるのが一般的であることから、実務的には後者の見解に従った処理がなされている。

②契約の満了と雇止めの意思表示

この黙示の更新の規定との関係上、契約期間を定めた雇用契約の場合において、使用者が契約満了によって契約を終了させようとするときには契約期間の満了前に契約を更新しない旨を明示的に労働者に伝える必要がある。この意思表示が、いわゆる**雇止めの意思表示**ということになる。雇止めの意思表示が有効となるか否かについては、いわゆる**解雇権濫用法理の類推適用の有無**が問題となる。

具体的に考えてみることにする。いま、Y航空という航空会社があり、経費削減のため、フライトアテンダントはすべて契約社員として採用し、1年の期間の定めのある労働契約を4回まで更新ができることとしていたとしよう（最長5年勤務）。

同社に契約社員として1年契約で採用されたフライトアテンダントのXは、勤務成績も優秀で、同契約を4回にわたり更新し、5年間勤務してきた。この5年間の勤務期間が満了するひと月前、同社はXに対し、「採用時からお伝えしている通り、後1カ月でXとの契約は終了です。契約の更新はもうありません。5年間ありがとうございました。」と告げた。確かに、採用のときに、1年契約で更新は4回と伝えられ、これまで4回の契約更新時にはその都度新たな契約書に署名捺印するという手続きがとられてきている。しかし、Xは同僚の中でも成績が優秀で、会社から機内販売奨励賞やお客様アンケート優秀賞の表彰も受けたことがある。また、これまで同社に契約社員として採用されたフライトアテンダントの中には、有期契約での5年間の勤務が終了する際に会社から声が掛けられ、チーフとして、期間の定めのない労働契約で新たに雇用されている者も少なくなかった。（約3割程）。それにもかかわらず、自分が5年で契約終了とされることにXは強い不満をもっている。Xは、同社に対して労働契約の継続を求めることはできるのであろう

か。

　使用者が期間の満了に際して、満了後は契約を更新しない旨を通知した場合には、労働契約は当然終了することになる。しかし、この原則を貫いた場合、使用者がその事実上のイニシアチブに基づきいかなる契約形式をとるかによって、労働者の法的地位が不安定なものになってしまう恐れもある。そこで、判例は、契約の形式ではなく実態に基づいて労働者の実質的な保護を図ろうとする法理を構築している。この法理を「**雇止め法理**」というが、この法理には大きく分けて2つのタイプがある。

　第1に、**実質無期契約型**である。これは、期間の定めがある労働契約によって雇用されている場合でも、①**業務の客観的内容**（従事している業務が臨時的・季節的なものでなく恒常的なものか）、②**当事者の主観的態様**（雇用を継続することについての当事者間でいかなる言動認識があったか）、③**更新の手続**（長期にわたる反復更新があったか、更新手続が曖昧であったか、これまで更新を拒否した例がないか）などの諸事情を勘案し、当該契約が期間の定めのない労働契約と実質的に異ならない状態で存在していたと認められるときには、雇止めの通知は実質的に解雇の意思表示にあたるため、解雇権濫用法理など解雇に関する法理が類推適用されるものである。

　第2の構成は、**期待保護型**といわれるものである。これは、例えば、長期にわたる反復更新がなく更新手続も曖昧とはいえないため、実質的に無期契約と異ならない状態で存在しているとはいえないような場合でも、**業務内容の恒常性や当事者の言動・認識などから、労働者が雇用継続を期待するにつき合理性があると認められる場合には、同様に解雇に関する法理が類推適用される**とするものである。

　この法理（特に期待保護型）は、裁判例上かなり広い範囲にわたって適用されるにいたっており、例えば、契約更新が一度もない事案（1回目の期間満了時点での更新拒否）にもこの法理を及ぼした裁判例が見られる。また近年、使用者があらかじめ契約の更新限度を定めておいたり、最後の更新の際に次回は更新しない旨の不更新条項を差し入れたりする例が増えている。

　本件の事例もそのような事案であるといえる。しかし、このような定めがあったからといって雇止め法理の適用が当然なくなるということにはなく、

他の事情をも合わせて**労働者の雇用継続の期待に合理性があったか否か**を判断し、雇止め法理が適用されるか否かが決定される。この法理が適用され、**雇止めに客観的合理性・社会的相当性（労契法16条参）が認められない場合**には、契約が更新されたのと同様の法律関係が生じるものと解釈されている。

　労契法は、使用者は、期間の定めのある労働契約について、その締結の目的に照らして、必要以上に細分化された契約期間で反復して更新することのないよう配慮しなければならないとの規定を定めている**（労契法17条2項）**使用者がこの配慮を欠いている場合には、労働者の保護の可能性が高まると解釈することができよう。

　なお、2012年労働契約法の改正法案が国会を通過したため、労働契約法18条19条20条が改正され、雇止め法理が明文化されることになった。

※労働契約法改正条文
（有期労働契約の期間の定めのない労働契約への転換）
第十八条　同一の使用者との間で締結された二以上の有期労働契約（契約期間の始期の到来前のものを除く。以下この条において同じ。）の契約期間を通算した期間（次項において「通算契約期間」という。）が五年を超える労働者が、当該使用者に対し、現に締結している有期労働契約の契約期間が満了する日までの間に、当該満了する日の翌日から労務が提供される期間の定めのない労働契約の締結の申込みをしたときは、使用者は当該申込みを承諾したものとみなす。この場合において、当該申込みに係る期間の定めのない労働契約の内容である労働条件は、現に締結している有期労働契約の内容である労働条件（契約期間を除く。）と同一の労働条件（当該労働条件（契約期間を除く。）について別段の定めがある部分を除く。）とする。

2　当該使用者との間で締結された一の有期労働契約の契約期間が満了した日と当該使用者との間で締結されたその次の有期労働契約の契約期間の初日との間にこれらの契約期間のいずれにも含まれない期間（これらの契約期間が連続すると認められるものとして厚生労働省令で定める基準に該当する場合の当該いずれにも含まれない期間を除く。以下この項において「空白期間」という。）があり、当該空白期間が六月（当該空白期間の直前に

満了した一の有期労働契約の契約期間（当該一の有期労働契約を含む二以上の有期労働契約の契約期間の間に空白期間がないときは、当該二以上の有期労働契約の契約期間を通算した期間。以下この項において同じ。）が一年に満たない場合にあっては、当該一の有期労働契約の契約期間に二分の一を乗じて得た期間を基礎として厚生労働省令で定める期間）以上であるときは、当該空白期間前に満了した有期労働契約の契約期間は、通算契約期間に算入しない。

（有期労働契約の更新等）

第十九条　有期労働契約であって次の各号のいずれかに該当するものの契約期間が満了する日までの間に労働者が当該有期労働契約の更新の申込みをした場合又は当該契約期間の満了後遅滞なく有期労働契約の締結の申込みをした場合であって、使用者が当該申込みを拒絶することが、客観的に合理的な理由を欠き、社会通念上相当であると認められないときは、使用者は、従前の有期労働契約の内容である労働条件と同一の労働条件で当該申込みを承諾したものとみなす。

　一　当該有期労働契約が過去に反復して更新されたことがあるものであって、その契約期間の満了時に当該有期労働契約を更新しないことにより当該有期労働契約を終了させることが、期間の定めのない労働契約を締結している労働者に解雇の意思表示をすることにより当該期間の定めのない労働契約を終了させることと社会通念上同視できると認められること。

　二　当該労働者において当該有期労働契約の契約期間の満了時に当該有期労働契約が更新されるものと期待することについて合理的な理由があるものであると認められること。

（期間の定めがあることによる不合理な労働条件の禁止）

第二十条　有期労働契約を締結している労働者の労働契約の内容である労働条件が、期間の定めがあることにより同一の使用者と期間の定めのない労働契約を締結している労働者の労働契約の内容である労働条件と相違する場合においては、当該労働条件の相違は、労働者の業務の内容及び当該業務に伴う責任の程度（以下この条において「職務の内容」という。）、当該

職務の内容及び配置の変更の範囲その他の事情を考慮して、**不合理と認められるものであってはならない**。

③**契約期間の上限**

民法は、契約期間については、特に制限を設けておらず、当事者をあまりにも長期間拘束することから生じる不都合を避けるために、契約期間が5年を超過した場合に、各当事者が3カ月の予告をして契約を解除できることを規定している（**民法626条**）。

しかしながら、労基法では、労働契約は、原則として3年（例外として5年）を超えてはならない旨定めている（**労基法14条**）。この上限を超えて締結した労働契約については、3年に短縮されることになる（**労基法13条**）。また、3年を超えても労働関係が継続されたときには、民法629条1項に基づく告示の更新が適用されることになる。

(2) **契約期間の定めがない場合**

①**民法の規定**

各当事者は、いつでも解約の申し入れを行なうことができ、その**二週間経過後に契約は終了することになる**（**民法627条1項**）。いつでも解約の申し入れを行なうことができるとの点は、期間の定めなき雇用についての解雇事由の原則に係ることになる。

次に、解約申入れから二週間の経過によって終了するとの点は、**時給・日給者**について**適用**されることになり、**週休・月給者**の場合は、「**期間によって報酬を定めた場合**」として、給与計算期間の前半に解約を申し出ることにより、次期以降についてのみ契約の解消をすることができる（同条2項）。

例えば、給与計算期間が月の初めから末日までとなっていた場合には、月の15日までの間に解約の申し入れをすれば、その月末以降に雇用契約の終了の効果を発生させることができる。これに対して、月の16日以降の場合には、次期の給与計算期間（翌月）に雇用契約終了の効果を発生させることはできず、次々期の給与計算期間（翌々月）に効果が発生するので、雇用契約の終了の効果は翌月末日以降に発生することになる。

月の後半に解約を申し入れても、結局翌月の前半に解約の申し入れをした

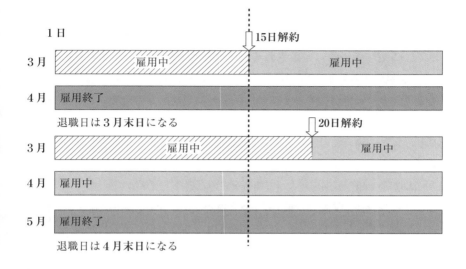

と同様に扱われて、その翌月から解約の効果が発生するというように理解しておけばよいであろう。

さらに、民法では、「六箇月以上の期間をもって報酬を定めたる場合」には、解約の申し入れは、3か月前にしなければならないと規定されている（**同条3項**）。

なお、就業規則や労働協約によって、これより労働者の保護となる取り決めがなされていた場合、そちらが優先されることになる。

②**使用者からの解約申入れと労働基準法20条**

使用者からの解約申し入れに関して、いわゆる解雇予告に関する労働基準法20条がどのように適用されるか考えてみる。

民法が労基法を超える条件を定めるときには、民法の規定を優先するとの考え方がある。このような考え方によれば、例えば、月給者の場合に給与計算期間の後半に行った使用者からの解約申し入れは、民法627条2項により次々期以降にしか雇用契約終了の効果を発生させることができず労基法20条は適用されない、すなわち、30日分の予告手当を支払ったとしても即時解雇ができないということになりかねない。

しかしながら、このような解釈は妥当ではない。労基法20条は、解雇の手

続に関して、一律に、十分な予告期間もしくは予告手当の支払を使用者に義務付けているのであるから、**民法627条との関係では、常に民法の特別法として、同条が優先的に適用されると考えるべき**である。したがって、民法627条が規定する解約の申し入れについては、労働者からの申し入れの場合、就業規則等の定めがあるときには、民法と就業規則等の定めの有利な方を適用し（就業規則等の定めがなければ、民法に則って処理する）、使用者からの申し入れの場合には、一律に労働基準法20条の規定に従って処理がなされるべきである。

③**民法627条2項の「期間によって報酬を定めた場合」の意味**

これについて、学説上、民法627条2項が、いわゆる完全月給制の場合（遅刻・欠勤による賃金控除なし）のみに適用されるとの考え方がある。

しかし、基本給の額を月額で定めて、遅刻や欠勤があるとその分の賃金を控除するという場合でも、あくまで月給制である以上は、「期間によって報酬を定めた」ことにかわりはなく、「期間によって報酬を定めた場合」の意味を、いわゆる完全月給制に限る必然性はないであろう。

したがって、民法627条は、1項について報酬が期間によって定められていない時給・日給者に適用され、2項について報酬に関して期間によって定められている週給・月給者に適用され、その中での月給者はいわゆる完全月給者には限られないというべきである。

④**労働者からの解約（辞職）**

いままでは、使用者側からの解雇について主に論じてきたが、反対に労働者側が辞職すると言い出した場合で、会社はそれを引き留められるのであろうか。

いま、Y社従業員Xが2012年2月20日に2月末での退職の届出を提出していたとしよう。Xは優秀で、Y社も引きとどめにかかってはいたが、Xはかたくなにy社に慰留に応える気はない。この場合、どの時点で雇用契約が終了しているといえるのであろうか。Y社は月給制を採用しており、給与計算期は月初から末日までとなっている。また、就業規則には契約終了時期に関する規定は置いていなかった。なお、Xとの雇用契約に期間の定めはない。

Xによる退職届の提出は、労働者がその一方的な意思表示によって労働契

約を解約すること、すなわち「辞職」である。期間の定めのない労働契約の場合、労働者は2週間前に申し入れればいつでも辞職ができる (**627条**)。辞職は、労働者の一方的な意思表示によって効力が発生するもの（形成権の行使）であり、使用者にその意思表示が到達した時点以降は撤回できない。この場合、予告期間満了によって契約終了の効果が発生することになる。

　もっとも、本件においては月給制がとられており、「期間によって報酬を定めた場合」にあたるので627条2項が適用されることになる。

　Xの退職届は給与計算期間の後半に提出されたことになるので、雇用契約解消の効果は、労使間における特段の合意なき限り、次々期の給与計算期間（翌々月の4月1日から31日まで）以降に発生することになり、退職日は3月末日付けということになる。

　なお、本件で就業規則に特段の定めもなく、やむを得ない事情もないことから、他に問題はないといえよう。

（3）やむを得ない事由による解除

　今まで述べてきた期間の定めの有無に関係なく、「やむを得ない事由」があるときには、各当事者は直ちに契約の解除（使用者からの意思表示であれば「即時解雇」となる）を行なうことができる (**民法628条**)。「やむを得ない事由」の発生が当事者の一方の過失に基づく場合には、相手方に対する損害賠償義務が生ずることになる。このように、628条が、「やむを得ない事由」が認められ、契約の即時解除が有効になったとしても、そのような事由が発生したことについて、過失があれば、なお損害賠償義務を負担することを規定していることには注意しなければならない。

　民法627条と628条の関係について、民法628条は、**「契約期間の定めのない雇用契約」**と**「契約期間の定めのある雇用契約」**のいずれにも共通の解除事由として規定されている。したがって、契約期間の定めのない契約についても、民法628条の「やむを得ない事由」が認められれば、民法627条所定の解約申し入れの期間を待たず即時解除が認められることとなる（但し損害賠償が生ずる余地があることに注意）。

　ここにいう「やむを得ない事由」とは、条文の趣旨から考えれば、即時解

除に合理的な理由が認められる事由が存在することをいうと解するのが相当であろう。契約期間の定めのない雇用契約の場合には、解約申し入れの期間を要求することが不当であるような事由であり、契約期間の定めのある雇用契約の場合では、契約期間の満了を待つことが妥当ではないと思われる程度の事由を指すと解するのが相当であろう。使用者側の解除を考えれば、労働者の今後の完全な就労が不可能となったときや、重大な職場秩序違反行為があり、直ちに雇用関係を終了させなければならないような事態を生じさせたときなどが当該事由にあたりうると考えられる。

　契約期間の定めのある雇用契約の場合、当該契約期間内の雇用保障への期待は、契約期間の定めのない雇用契約よりも強く保護されるべきものといえるであろう。したがって、使用者による安易な即時解雇は、民法628条の「やむを得ない事由」の存否（即時解雇の有効性）の問題だけではなく、同条但書を根拠とする労働者からの損害賠償請求（具体的には、労働者側から残期間の賃金相当額の支払いを求められる可能性がある）を含めたトラブルに発展する可能性が高いといえるので、慎重に対応しなければならない。

　また、民法628条が有期雇用契約に関して意味するところの、雇用期間中は当事者双方が雇用を継続しなければならないとの点は、労働者からの辞職についてもあてはまることになる。

　つまり、労働者もまた有期雇用契約の期間中に辞職することは、原則としてできない（例外的に即時解除事由としての「やむを得ない事由」がなければできない）というのが、民法の考え方ということになる。

　但し、民法628条について、解除事由を同条よりも緩やかにする合意は禁止されないと考えるか、もしくは、同条を強行規定と考えつつ、同条に違反する合意は、両当事者にとって無効となる（両面的強行規定）のではなく、使用者からの解除（解雇）についてのみ無効となる（片面的強行規定）と解するのであれば、就業規則等において、辞職に関する別段の定めを設ければ、そちらが優先すると考えることになる。

　雇用契約の解除には、いわゆる**遡及効**はない（**民法630条**）。また、使用者からの解除（解雇）については労基法20条の規定に従った処理が必要となる。

　以下のような事例を考えてみよう。

いま、Xが、眼鏡の製造販売をおこなっているY社に雇用され、同社の販売促進業務に従事してきたとしよう。雇用契約は、1年の有期雇用契約であり、これまでに契約が9回更新されていた。Y社は、ある日の取締役会決議において、経営合理化の観点から、販売促進業務を外注化することを決定し、この決定に基づき、Xを含めて同業務に従事していた有期雇用社員20余名全てを解雇するとの意思表示を行なった。Xについては、現在の雇用契約の期間を約5カ月残しての通告であった。XY間の雇用契約書には、「契約期間の途中といえども、以下に規定する解雇事由が認められる場合には、労働基準法20条の定めに従って解雇できる。」との条項があり、解雇事由の一つとして、「使用者としての事業運営上やむを得ない都合によるとき」との点が規定されている。Y社は、このような契約条項に基づき、所定の解雇事由に該当するものとして解雇を行なった。Xとしては、契約期間の途中で解雇されたことについて納得がいかない。

　Y社がXに対して行った解雇の有効性について考えてみよう。

　Y社の解雇は、雇用契約期間中での解約であるので、民法627条、628条からすれば、「やむを得ない事由」がなければ一方的な解雇はできない。しかし、XY間の雇用契約書の内容として、所定の解雇事由が存在する場合には契約期間の途中といえども解雇できるとの条項がある。では、民法の規定と当該契約条項のいずれが優先的に適用されることになるであろうか。

　有期雇用契約の途中解消と期間の定めなき雇用契約の解雇とを単純に比較した場合、628条の「やむを得ない事由」は、原則的には期間内の雇用継続を前提として、あくまで例外的に期間途中での契約解消を認める事由であることから、原則的に解雇の事由があることを前提に、例外的に解雇権の濫用の有無をチェックする期間の定めなき雇用契約の解雇の有効性判断よりも、解雇ができる基準は厳しいことになる。

　そして、期間雇用の意義を、期間中は当事者双方が雇用を継続しなければならないという点で、雇用の存続期間を相互に一定期間保障し合うものと理解し、かつ、628条の規定を強行規定と捉える場合には、いかに当事者間において、使用者からの期間途中の解消を所定の解雇事由の定めに従うとの合意をしたとしても、契約の途中解消は、結局のところ、628条が規定する「や

むを得ない事由」が認められなければできないことになる。つまり、解雇の基準が、民法628条の「やむを得ない事由」の有無というレベルまで引き上げられてしまうということになる。

　裁判例の中にも、雇用期間を3カ月と定めて雇用された者の期間途中での整理解雇が争われたケースにおいて、「期間の定めのある労働契約の場合は、民法628条により、原則として解除はできず、やむを得ざる事由ある時に限り、期間内解除（ただし、労基法20条、21条による予告が必要）ができるにとどまる。したがって、就業規則9条の解雇事由の解釈にあたっても、当該解雇が3カ月の期間雇用の中途でなされなければならないほどのやむを得ない事由の発生が必要であるというべきである」と判示するものがある（**福岡高決平14．9．18（安川電機八幡工場事件）労判840-52**）。

　このような考え方に従い、この事案を検討すると、Y社がXに対して行った解雇の有効性判断にあたって、所定の解雇事由の存在が認められるためには、同時にそれが、628条の「やむを得ない事由」を充足しなければならないということになる。さらに、「やむを得ない事由」が充足されたとしても、同条所定の損害賠償の問題が別途生ずる余地もある。

　これに対して、近時の裁判例の中には、解除事由を民法628条所定の「やむを得ない事由」よりも緩やかにする合意は、同条には違反しないと判示するものがある（**大阪地判平17．3．30（ネスレコンフェクショナリー関西支店事件）労判892-5**）。

　具体的には、「民法は雇用契約の当事者を長期に束縛することは公益に反するとの趣旨から、期間の定めのない契約についてはいつでも解約申し入れをすることができる旨を定める（**627条**）とともに、当事者間で前記解約申し入れを排除する期間を原則として5年を上限として定めることができ（**626条**）、628条はその場合においても、「やむを得ない事由」がある場合には解除することができる旨を定めている。

　そうすると、民法628条は、一定の期間解約申し入れを排除する旨の定めのある雇用契約においても、前記事由がある場合に当事者の解除権を保障したものといえるから、解除事由をより厳格にする当事者間の合意は、同条の趣旨に反し無効というべきであり、その点においては同条は強行規定という

べきであるが、同条は当事者においてより前記解除事由を緩やかにする合意をすることまで禁ずる趣旨とは解しがたい。」と述べ、さらに、労働者が期間中に解雇されないとの利益を付与したとの点は、「民法626条の趣旨というべきであり、民法628条は合意による解約権の一律排除を緩和するためにおかれた規定と解するべきである。」としている。

このような考え方に従って、本件を考えると、ＸＹ間において、所定の解雇事由がある場合に使用者からの途中解消を認める旨の合意をすることは、解除事由を民法628条の「やむを得ない事由」よりも緩やかにする合意となるので、民法628条には違反せず有効となる。したがって、Ｙ社がＸに対して行った解雇の有効性は、所定の解雇事由の有無によって判断され、民法628条の適用は排除されることになる。ただし、その場合であっても、解雇権濫用法理（**労契法16条**）が適用されることになるので、当該解雇について、客観的に合理的な理由であって、社会通念上の相当なものであるか否かが問われることになる。

民法628条の「やむを得ない事由」は、解雇権濫用法理における、「客観的に合理的な理由であって、社会通念上相当なもの」よりも限定的なものと考えられているが、大阪地裁判決の考え方によれば、当事者の合意によって、民法628条の限定を緩和することができる。

このように、前記の福岡高裁判決と大阪地裁判決とでは大きく考え方が異なっている。しかも、大阪地決の考え方の方が、理論的には、解除事由が当事者の合意によって緩和されるため、労働者保護に欠けることになるようにも思える。

しかし、実際結論に違いは生じないといえる。

この事例でも、解雇の有効性を判断するにあたっては、解雇権濫用法理によるチェックを受けることになるので、その判断の中で、有期雇用の期間満了を順次待つことなく、全ての有期雇用社員を直ちに解雇せざるを得ない事情があったといえるかどうかが厳格に審査されることになれば、民法628条の「やむを得ない事由」の有無によって判断した場合と比べ、結論に違いはないといえる。

したがって、いずれの考え方によるとしても、実務的には、使用者が有期

雇用契約を期間途中で解消することには、慎重な対応が求められていると考えておくべきであろう。

（4）使用者の権利譲渡の制限（出向・転籍との関係）

　ここで、転籍・出向と雇用契約に関する権利譲渡の関係について説明したい。一企業内での異動である配転とは異なり、一企業の枠を超えた労働者の異動として、出向や転籍があるが、これらは、いわゆる債権譲渡にも置き換えることができるが、民法625条に固有の規定があるので雇用の事項で説明しておくことにする。

①出向・転籍の意義

　「**出向**」とは、元の企業との間で従業員としての地位を維持しながら、他の企業においてその指揮命令に従って就労することを指す（**在籍出向**）。「**転籍**」とは、元の企業との労働関係を終了させ、新たに他の企業との労働契約関係に入ることをいう（**移籍出向**）。

　労働者にとって出向や転籍は、労務を提供する相手方である企業が変わることを意味する。使用者は労働者の同意なしに出向や転籍を命じることができるか、出向先・転籍先企業と労働者との関係はどのようなものとなるかが重要な問題である。

②出向・転籍の要件

　「**出向**」は配転とは異なり、労働者が労務を提供する相手方である企業が変更されることになる。これは法的には出向元企業が労働者への労務提供請求権という債権を出向先企業に譲渡するものであるから、債権譲渡ということになる。しかしながら、民法は労働者保護の必要性から、これを単なる債権の譲渡とはせず、雇用契約においてこれを定め、労働者の労務提供権を譲渡するには**労働者の承諾**が必要としている（**民法625条1項**）。そして、ここで問題となるのは、この「労働者の承諾」がいかなるものかである。具体的な問題に触れて考えてみる。

　いま、大学卒業以来30年間大手銀行のX銀行に勤務していたYがいたとしよう。Yはある日X銀行人事部長Zに呼ばれ、「取引先の甲社が君を今すぐに経理部長としてほしいと言っている。これまで長い間ご苦労様だったが、

第二の会社人生を甲社の幹部として頑張ってくれないか？もちろん、在籍出向ということで君の籍はここに残しておくし、給料の差額は本行が責任をもって負担するから。」との通告を受けた。Yは甲社の属する業界に興味がなく、また、半年後の長女の結婚式まではX銀行に勤めていたいと思っている。Yはこの命令を拒否することができるであろうか。なお、X銀行には出向・転籍に関する就業規則が整備されている。

　学説上は、①労働者本人の同意を要するという考え（**個別的同意説**）、②労働協約や就業規則に根拠規定があれば足りるとする考え（**包括的同意説**）、③出向規定が整備され不利益への配慮もなされている場合には労働協約や就業規則上の包括的同意で足りるとする考え方（**条件付包括同意説**）などがある。かつて、裁判例の中には個別的同意説をとるものもあったが、近時の最高裁判決は、労働協約と就業規則に出向命令権を根拠づける規定があり、出向期間、出向中の地位、出向先での労働条件など出向労働者の利益に配慮した出向規定が設けられている事案において、使用者は労働者の個別的同意なしに出向を命じることができると判示し、条件付包括同意説に近い立場に立っている。

　なぜなら、**出向**が量的に増加し、かつ、質的にも出向規定が整備され賃金等処遇面でも労働者の不利益が防止されるといった出向をめぐる実態の変化があり、このような社会変化の中で、出向が実質的に配転と同視できるような事情が存在する場合には、配転と同様に包括的な同意で足りると考えたからである。

　このように就業規則等の包括的規定によって出向命令権が基礎づけられる場合でも、その行使が権利の濫用など強行規定に反してはならない点は、配転の場合と同様である。

　労働契約法は、出向命令が、その必要性、対象労働者の選定状況などの事情に照らして権利を濫用したものと認められる場合には、当該命令を無効とする規定として、この点を確認している（**労契法14条**）。

　よって、本件のような事情において、X銀行には出向に関する就業規則が整備され、Zから出向後の地位や待遇も約束されている以上、YはX銀行の出向命令を拒否することはできないということになろう。

これに対して、「転籍」については、**旧労働契約を解約し新たな労働契約を成立させる**ものである以上、**労働者本人の個別の同意が必要**であり、使用者が一方的に転籍を命じることはできない。新たな労働契約の成立を含む場合には、旧使用者に対する労働者の承諾（**民法625条1項**）だけでは足りず、新使用者との間で労働契約を成立させる**個別の合意（労契法6条参照）**も必要となる。

③出向期間中・転籍後の雇用関係

A）出向期間中の関係

出向期間中は、基本的な労働契約関係（従業員としての地位）は出向元企業との間で維持されるが、労働契約上の権利義務の一部は出向元企業から出向先企業に譲渡されることになる。権利義務のうちどの部分が譲渡されるかについては、出向元企業と出向先企業の間の出向協定に定められることが多いが、労働者との関係では、労働協約、就業規則または個別の労働契約上の根拠（労働者の承諾（**民法625条1項**）があって初めて有効に譲渡されることになる。

どの部分が出向先企業に譲渡されるかについての明示的な定めがない場合には、黙示の合意や信義則による補充的解釈として、労務提供請求権、指揮命令権、出勤停止処分権など就労に係る権利義務は出向先企業に移り、解雇権、復帰命令権など労働契約関係の存否変更に係るような権利義務は出向元に残ると解釈されることになる。

出向期間中の労働関係法規の適用については、出向関係の実態に応じ、各法規の趣旨に沿って、出向元企業と出向先企業のいずれに適用されるかが決定されることになる。例えば、労基法の各規定は当該規制事項の決定権限をもっている者に適用されるため、賃金支払に関する24条以下は賃金支払義務を負っている使用者、労働時間に関する32条以下は就労を命じる権限をもつ出向先企業に適用されることになる。労働安全衛生法は、現実に就労を命じている出向先企業が遵守する義務を負う。

B）転籍後の関係

転籍の場合、それが有効に行なわれれば、そこでの合意内容に従って移籍先企業との新たな労働契約関係に入ることになる。例えば、退職金の支払い

について、転籍元における在籍期間を通算して転籍先を退職するときに転籍先からまとめて支給される旨の合意が転籍時になされたときには、転籍元には退職金を支払う義務はないということになる。

(5) その他

その他、民法は、使用者が破産した場合には、契約期間の定めの有無に関係なく、各当事者からの解約申し入れによって契約を終了させることができると規定している（**民法631条**）。また、労働者が死亡した場合、労務提供義務の一身専属的な性質から、雇用契約は終了すると考えられている（これに対して、使用者が死亡しても雇用契約は終了しない）。

2．請負

1）意義

「請負契約」とは、当事者の一方（請負人）が、ある仕事を完成することを約して、相手方の注文者がその仕事に対して報酬を与えることを約束することによって成立する契約である。

請負契約も、雇用契約と同様、有償・双務契約であるが、仕事の完成を契約の目的とするところで、雇用契約や委任契約とは区別される。

実務上も、請負的な性質を有する契約（業務請負契約など）は多く存在する。そのような契約の契約書などをチェックするときなど、民法上の原則と比較して、個別契約書による修正点とその結果どのように法的リスクが配分されているかを確認しなければならない。

2）請負人の義務

請負人は、注文者に対して、仕事を完成させる義務を負う（**632条**）。

(1) 下請負について

請負人は、注文者との関係で、一定の時期までに所定の仕事を完成させればよいわけであるから、その仕事を請負人自らが遂行しなければならないの

かどうかという仕事の完成に至るまでの過程は、注文者との関係では原則として重要なことではない。したがって、請負契約においては、当事者に特別な合意がない限り、**下請負**契約を締結して、下請けを使うことは自由である。

もっとも、実務的には、契約書上、下請契約についてはあらかじめ注文者からの承諾を必要とする下請禁止特約が付されることが多い。

なお、請負人が注文者の承諾を得て下請を用いた場合いおいて、下請人の故意・過失によって注文者に損害を与えたとしても、請負人は、注文者に対して損害賠償責任を負うと考えられている。下請人は、請負人のいわゆる履行代行者であり、下請人の故意・過失は、請負人の責めに帰するべき事由に含まれると考えられるからである。

これに対して、もし、請負人が下請禁止特約に違反して下請人を用いて、注文者に損害を及ぼしてしまったような場合には、下請人を用いたこと自体が請負人としての債務不履行になるので、たとえ下請人に故意・過失がなかったとしても、注文者に対する損害賠償責任を負担することになる。

（2）目的物の滅失毀損と危険負担

請負人が仕事を完成させる前に目的物が滅失もしくは毀損した場合の処理について考えてみよう。

請負契約の目的は仕事の完成であるから、仕事の完成が可能である限り、請負人の仕事の完成義務は存続しているということになる。そうだとすると、滅失・毀損の原因が請負人の責めに帰するべき事由に基づく場合には当然、両当事者の責めに帰すことができない事由に基づく場合にも、仕事の続行による予定外の費用は、全て請負人が負担することになるとするのが民法の原則的な考え方である。これに対して、滅失・毀損の原因が、注文者の責めに帰すべき事由に基づく場合には、当該費用を、別途損害賠償として請求することはできる。

次に、仕事の完成が不可能となってしまったような場合、請負人の仕事完成義務は履行不能となる。そして、履行不能となったことについて債務者である請負人の責めに帰すべき事由が認められる場合には、当該債務は損害賠償支払い債務に変化することなる。

これに対して、請負人に帰責性がない場合には、当該債務は、損害賠償支払債務に転化することなく消滅することなる。そして、反対債務である注文者の報酬支払債務がどうなるのかが問題となる。いわゆる**危険負担**が問題となるのである。

　注文者に帰責性が認められれば民法536条2項により、請負人は報酬支払請求権を失わないことになり、両当事者に帰責性がなければ民法536条1項の危険負担における債務者主義の原則により、請負人の報酬支払請求権も消滅することになる。

（3）瑕疵担保責任

　請負人は注文者に対して仕事を完成させる義務を負っているので、仕事の目的物に瑕疵（キズ）がある場合には、請負人の義務として、担保責任を負担しなければならない。瑕疵担保責任とは、契約自体は有効であるが、契約の結果相手に損害が生じたり、契約自体に問題があった場合で、それ以上の履行が不可能な時に、当事者の一方にその負担を負わせる責任である。有償契約における等価的均衡（当事者の公平）という観点から認められる責任である。

　請負に関する瑕疵担保責任としては、注文者の瑕疵修補請求権（**634条1項**）、損害賠償請求権（**634条2項**）、契約解除権（**635条**）を規定している。

①**瑕疵修補請求権**

　仕事の目的物（結果）に瑕疵があるときには、注文者は、請負人に対して、相当の期間を定めてその瑕疵の修補を請求することができる。ただし、その瑕疵が重要ではなく、かつ、瑕疵の修補に過分の費用を要するような場合には、瑕疵の修補を請求することはできない（**民法634条1項但書**）。もっとも、これは損害賠償請求を禁ずるものではない。

　次に「**瑕疵**」とは何を意味するのか考えてみたい。売買契約において「瑕疵」とは「隠れた瑕疵」を意味する。しかし、請負契約においては、「瑕疵」は隠れている必要はなく、目的物が通常有する性質・性能を有していないことを指すと解されている（売買契約の瑕疵担保責任については767頁参照）。そして、この瑕疵が重要か否かは、契約の目的・目的物の性能などの客観的

事情によって定められることになる。

また、ここでの瑕疵は、請負人の過失によって生じたものであることを要しない「無過失責任」である。有償契約の等価的均衡（当事者の公平）という観点から導かれるものである。

そして、費用が過分であるか否かは、修補に必要な費用と修補によって生ずる利益とを比較して定めるべきものとされている。

②損害賠償義務

注文者は、瑕疵の修補に代えて、または瑕疵の修補とともに、損害賠償請求を行なうことができる（**民法634条2項**）。

先述の通り瑕疵担保責任は、有償契約の等価的均衡という観点から導き出される特別な責任であるから、損害賠償義務も無過失責任であると考えられている。また、瑕疵修補義務が請負人としての仕事完成義務に基づくものであるから、瑕疵修補義務に代わる損害賠償義務として請負人が負担すべき責任の範囲は、瑕疵のない完全な仕事が行なわれれば得られていたであろう利益（**履行利益**）となる。

これに対して、瑕疵修補とともに請求する損害賠償の場合には、仕事の完成の遅延による損害や、瑕疵修補によってもまかなえない損害が対象となる。

注文者が請負人に対して有する損害賠償請求権と、請負人が注文者に対して有する報酬請求権は同時履行の関係に立つ（**民法634条2項**）。

③契約解除権

仕事の目的物の瑕疵によって契約の目的が達成できない場合には、注文者は契約を解除することができる。（**民法635条**）。

瑕疵が重大であったり、その修補のために長期間を要するような場合には、無催告で解除ができるが、修補が可能な場合には、相当期間を定めた催告をした後でなければ解除することができないと解されている（**民法541条**）。

また、契約の解除をした場合でも、損害が残る場合には、その賠償を請求することができると解されている（**民法545条3項**）。

④担保責任の例外

仕事の目的物の瑕疵が、注文者の提供した材料の性質または注文者の与えた指図によって生じたときには、原則として請負人は担保責任を負わないこ

とになるが、請負人がその材料又は指図の不適当なことを知って告げなかったときにはこの限りではない（**民法636条**）。

⑤**担保責任の存在期間**

担保責任は、土地の工作物に関する場合を除き（**民法638条**）、1年の除斥期間に服することになる（**民法637条**）。その起算点は、目的物の引渡しを要する場合には引渡時、引き渡しを要しない場合には仕事の終了時である。

担保責任の存続期間は、当事者の特約により、その期間を延ばすことも短縮することもできる。ただし、延ばすことについては、普通の時効期間（10年）を限度とする（**民法639条**）。

⑥**担保責任の免除・軽減特約**

請負人の担保責任の規定は、民法636条但書の場合を除いては任意規定であるので、当事者が担保責任を負わない特約や責任軽減の特約をなした場合には、その特約に従うことになる。しかし、そのような特約があったとしても、請負人が知っていて告げなかった事実については免責の対象とならない（**民法640条**）。

⑦**機密保持義務など**

請負契約の内容によっては、請負人が、仕事を実施する上で、注文主から一定の秘密情報の開示を受けることがある。当該情報の扱い等に民法上特に規定は用意されてはいない。もっとも、先述の通り信義則上秘密を保持する義務はあるといえ、これに反した場合には損害賠償義務を負うことになろう。

しかしながら、信義則によって判断されるため、判断はまちまちになってしまう。そこで、このような事態にならぬように、当事者間で前もって業務上の情報の取り扱いについての明確な規定を設けておくことが必要となる。

この他、信義則上認められる義務はいろいろ存在するが、前もってはっきりと明文で契約書という形で残しておくことが望ましいのである。

3）注文者の義務

（1）報酬支払い義務

注文者は、仕事の完成の対価として、請負人に対して、報酬を支払う義務を負担する（**民法632条**）。

報酬の支払時期について、民法は、後払いを原則としている。すなわち、目的物の引渡を必要とする場合には引渡と同時に報酬を支払い、目的物の引渡しを必要としない場合には仕事の完成と同時に報酬を支払わなければならないとされている（**民法633条**）。請負契約に基づく報酬の支払義務と対価関係にあるのはあくまで仕事の完成義務であるからである。

もっとも、報酬後払いの原則は、当事者の合意によって修正することができる。たとえば、前払いを特約することも可能であるし、また、仕事の進行にも応じて分割払いをする特約をすることも可能である。後者の場合、すなわち、仕事の進行に応じて分割払いをする特約をする場合には、仕事が具体的にどのような段階に至った時に支払が行われるかを明確に取り決めておく必要がある。

（2）協力義務

注文者は、請負契約の趣旨に従い、請負人に適切な指示や情報の提供を行なうことによって、仕事の完成に協力する義務を負っていると考えられている。

請負契約において、仕事の完成義務を負っている請負人のみの義務履行だけでなく、注文者からの一定の協力があってはじめて所期の目的物を完成させることができる場合もある。このような場合にもトラブルとならないように、契約書においてどのような協力義務を負っているかを明確にしておく必要がある。

（3）受取義務

注文者に目的物の受取義務があるかどうかについては争いのあるところである。これについて、判例は、注文者の受取義務不履行を理由とする解除・損害賠償請求を認めていない（**最判昭40．12．3**）判タ188-102。やはり、権利は権利であって義務ではないということであろう。仮に、請負人において受取義務を認めないと不都合があるようであれば、当事者間の個別的な契約において明確にしておくべきである。

（4）安全配慮義務

　請負契約の内容が、実態としては雇用契約に近く、請負人もしくはその従業員が注文者の実質的な指揮監督下で請負業務に従事していると評価できる場合、注文者は、請負人もしくはその従業員に対して、いわゆる安全配慮義務を負担していると考えられる。

　安全配慮義務の内容は雇用契約で述べたところと変わりはないので、割愛する。

4）請負の終了

（1）注文者の任意解除権

　請負人が仕事を完成しない間は、注文者はいつでも損害を賠償してから契約を解除することができる（民法641条）。注文者にとって無意味となった仕事を継続することは社会経済的にも無意味であるといった趣旨に基づく規定である。

（2）注文者の破産

　注文者が破産の宣告を受けた場合には、請負人または破産管財人は契約を解除することができる。この場合には、請負人はすでになした仕事の報酬及びその報酬に含まれない費用について破産財団の配当に加入することができる（民法642条1項）。また、この場合、両当事者は解除によって生じた損害の賠償を請求することはできない（民法642条2項）。

3．委任

1）意義

　「委任契約」とは、当事者の一方（委任者）が法律行為をなすことを相手方である受任者に委託し、相手方がこれに承諾することによって成立する契約をいう（民法643条）。民法上の「委任」は「法律行為」を委託することをいうが、法律行為ではない事務の委託についても、委任の規定が準用される（民法656条）。

2）受任者の義務
（1）善管注意義務

　受任者は、委任の本旨に従って、善良なる管理者の注意（「**善管注意義務**」）を持って委任事務を処理する義務を負担する（**民法644条**）。このことは、いわゆる無償委任の場合にもあてはまる。「**委任の本旨**」とは、「債務の本旨」と同じ意味であり、委任の目的にそって、事務を処理することを意味している。また、「**善良なる管理者の注意**」とは、**具体的な状況に応じて受任者の職業・地位・知識等において一般的に要求される平均人の注意義務**をいうと解されている。

　したがって、例えば、医師や弁護士であれば、いわゆる医療や法律のプロフェッショナルとして、具体的状況に応じて、一般的に要求される医師や弁護士としての平均的なレベルで事務を処理する義務を負担していることになる。これと同様に、例えば、取締役は会社と委任関係にあるが、会社経営のプロフェッショナルとして、具体的状況に応じて、一般的に要求される経営者としての平均的なレベルで経営判断を行なう義務を負担していることになる。

　このように、いったん受任者ともなると、自らの知識・経験不足などは、当然には免責の理由とはならないので、取締役などに就任することには注意が必要である。大きな責任が背負わされている代わりに、大きい額の報酬が用意されているのである。

　委任契約は、仕事の完成が目的ではないので、依頼された目的が果たせなくても債務不履行にはならない。これは請負契約と異なる点である。

　また、委任契約では、事務処理をするにあたって受任者に広い裁量権が与えられ、受任者は自らの判断で事務処理ができる。この点は雇用契約と異なる点である。雇用契約は、使用者が被用者に指揮・命令するなど被用者の使用者への従属関係がある。一方、受任者は原則として自分で事務を処理しなければならないとされている。委任される事務には専門的な能力が必要とされる物が多く、委任者は受任者の能力などを信頼して委任することが多いからである。この点は雇用契約と似ているが、請負契約と異なる点である。

　ただし、例外もあり、本人の許諾を得るか、やむことを得ない自由があるときには復委任を認めて良いとされている（**民法104条参照**）。

主たる目的である請負とは異なり、受任者に対する個人的な信頼関係を基礎としているので、当事者間の特別な合意がない限り、受任者は原則として自ら事務を処理しなければならない。原則的に下請け、再委任等をすることはできないということになっている。

（2）その他の義務
①報告義務
受任者は、委任者の請求があるときには、いつでも委任事務処理の状況を報告しなければならず、また、委任が終了した後は、遅滞なくその顛末を報告しなければならない（645条）。
②金銭その他の物の引渡義務
責任者は委任事務を処理するのにあたって受け取った金銭その他の物を委任者に引き渡さなければならない。果実を収受した場合も同様である（民法646条1項）。
③権利移転義務
受任者が委任者のために自己の名をもって取得した権利は、委任者に移転しなければならない（民法646条2項）。
④消費の場合の責任
受任者が委任者に引き渡すべき金額またはその利益のために用いるべき金銭を自己のために消費した場合には、その消費した日以後の利息を支払わなければならない。さらに、損害がある場合には、その損害を賠償しなければならない（民法647条）。

3）委任者の義務
（1）無償委任の原則
民法上の委任は、特別の合意なき限り無償委任を原則としている（民法648条1項）。もっとも、今日的な委任は、有償契約であるのが一般的である。商法512条では、商人間における委任については有償委任が原則である旨規定されている。

（2）報酬支払請求権

　報酬の支払を合意した場合、後払いが原則となる。ただし、期間をもって報酬を定めた場合には、その期間の経過後に請求することができる（**民法648条2項**）。委任が受任者の責めに帰すべからざる事由によってその履行の途中で終了した場合には、受任者はそのすでになした履行の割合に応じて報酬を受け取ることができる（648条3項）。

（3）費用前払義務

　委任事務を処理するにつき費用を要するときは、委任者は、受任者の請求によって当該費用を前払いする必要がある（**民法649条**）。

（4）費用償還義務

　受任者が委任事務を処理するにあたって必要な費用を支出したときは、委任者に対してその費用および支出の日以後の利息の償還を請求することができる（**民法650条1項**）。

（5）債務弁済

　受任者が委任事務を処理するにあたって必要な債務を第三者に負担したときは、これを委任者に弁済させることができる。債務が弁済期にないときには、相当な担保の提供を求めることができる（**民法650条2項**）。

（6）賠償義務

　受任者が委任事務を処理するために自己の過失なくして損害を受けたときには、委任者に対してその賠償を求めることができる（**民法650条3項**）。

（7）配慮義務

　請負契約の場合と同様に、その内容が実態としては、雇用契約に近く、受任者もしくはその従業員が委任者の実質的な指揮監督の下で請負業務に従事していると評価できる場合には、委任者は、受任者もしくはその従業員に対して、安全配慮義務を負担していることになる。

そこで、もう一度社外労働者に対する安全配慮義務を例にとって**安全配慮義務**について考えてみよう。

Yは家具を製造販売しているX社に雇用され、X社の発注先であるZ社の作業場で、家具の完成品のNG検査に従事していた。Yは、Z社から指導を受けて、その後の日常的な業務における仕事の割り付けや、順序・微調整等についても、Z社の管理職であるAの指示を受けながら業務に従事していた。Yの勤務シフトは、ひと月ごとに、X社の総務人事部長から事前に書面で渡されていたが、後に、シフト変更や、残業・休日労働の必要が生じた場合には、AがYに対して指示を出しており、X社には、事後的に連絡がなされる形をとっていた。

Yは、ここ半年ほど、1週間当たり80から90時間程度の残業を行なっていた。なお、住宅ローンや養育費の支払等でモノイリだったYは自ら進んでAに残業を申し入れていたという事情もあった。

このような状況の下、Yは、仕事中に突然倒れ、脳梗塞と診断された。

Yは、自らの健康被害について、Z社に対して、安全配慮義務違反に基づいて損害賠償請求ができるであろうか。

これまで説明してきた通り、安全配慮義務とは、労働者が労務提供のために設置する場所、設備もしくは機器等を使用し、または使用者の指示のもとに労務を提供する過程において、労働者の生命及び身体等を危険から保護するように配慮すべき義務である。このような義務は、ある法律関係に基づいて特別な社会的接触関係に入った当事者間で、当該法律関係の付随的義務として当事者の一方または双方が相手方に対して信義則上負う義務とされている。

ここでいう、ある法律関係に基づく特別な社会的接触関係とは、必ずしも、直接的な契約の当事者間のみには限られない。例えば、注文企業と下請企業の労働者との関係のように、直接的には契約の当事者ではない場合でも、職場環境や業務内容等から注文企業と下請企業の労働者との間に実質的な意味において指揮監督関係が認められるときには、「**特別な社会的接触関係**」が認められることになる。

本件でYは、シフト変更、残業・休日労働の指示、業務上の指示をZ社の

管理職であるAから受けて業務を処理しており、Z社の労務管理の下で業務に従事していたといえる。このようなZ社とX社の間の実質的な指揮監督関係により、Z社とYは、Z社とX社との間の業務委託契約及びX社とYとの雇用契約を媒介として間接的に成立した法律関係に基づき特別な社会的接触関係に入ったものと評価されるので、具体的には、Z社は、直接の雇用契約関係にはないYとの関係でも、安全配慮義務として、業務の遂行に伴う疲労や心理的負荷などが過度に蓄積して心身の健康を損なうことがないように、労働時間、休憩時間及び休日等について、適正な労働条件を確保する義務を負っているのである（**大阪地判平16．8．30（ジェイ・シー・エム事件）労判881-39**）。

そして、Z社にこのような意味での安全配慮義務違反が認められるか否かについて、Yの残業時間が週80から90時間もあったということで、厚生労働省が発表している、脳・心臓疾患に関する業務災害の認定基準からしても、過重業務に該当するので、業務と脳梗塞発症との関連性が強いといえる。他の事情をも総合的に考慮して決定されるが、そのような過重な業務量を課したZ社には、労働時間、休憩時間及び休日等について適正な労働条件を確保する義務を怠ったという意味での安全配慮義務違反が認められる可能性があるといえる。

仮に、Z社に安全配慮義務違反が認められる場合には、他方で、Yの基礎疾患や既往症、脳梗塞発生当時の生活習慣等の過失相殺の規定（**民法418条**）の適用や、その類推適用により斟酌されるべき事情を考慮に入れつつ、Z社として賠償すべき損害額が決定されることになる。

4）委任の終了

委任は、契約の共通の終了原因として、委任事務の終了、委任事務の履行不能、終期の到来、解除条件の成就等によって終了するが、以下の理由によっても終了することになる。

(1) 解除（告知）

委任は各当事者において、いつでも解除することができる（**民法651条1**

項)。当事者の一方が相手方にとって不利な時期に委任を解除した場合に、相手方に生じた損害の賠償をしなければならないのが原則であるが（**同条２項**)、やむを得ない事由があるときにはその必要はない（**同条２項但書**)。

なお、ここでの「解除」は、遡及効がない（**民法652条**)。委任契約は継続性を有する契約であるから、最初からなかったことにするというようにした場合、法律関係が混乱するからである。

委任は各当事者の信頼関係を基礎とする契約であることから、各当事者間において契約の基礎となる信頼関係がなくなれば、委任者・受任者の双方からいつでも解除できることとし、相手方にとって不利な時期に解除がなされた場合には、やむをえない事由がある場合以外は、損害賠償義務を負わせるというのが、立法者の意思である。しかし、その後、民法651条に基づく解除の事由については、判例学説により一定の制限が加えられている。

まず、民法上は任意規定であり、公序良俗に反しない限りは当事者間の特約によって解除権を放棄することは有効であると考えられている。

次に、通常の委任の信頼関係というのは、もっぱら委任者の受任者に対する信頼を念頭に置いている。つまり、本条はもっぱら委任者の利益となる委任を想定した規定であると考えることができる。このことから、委任が委任者の利益であるとともに受任者の利益でもある場合には、民法によって解除はできないとされている（**大判大９．４．２**)。

ここでいう「受任者の利益」とは、例えば、債権者の有する債権の取り立てを債務者に委任し、取立額の一割を債務の弁済にあてる特約がある場合など、**委任事務処理と直接関係のある利益**のことであり、受任者が委任者との関係で約束した報酬はこれに含まれない。委任処理に基づく「報酬」というのは、委任事務処理の結果として得られるものであり解除によって当然に失われるものではなく、報酬があり有償であるからといって、当該委任契約が受任者の利益でもあるとはいえないと解するのが相当である。

大正９年の判例によれば、委任が受任者の利益でもある場合、たとえ当事者の信頼関係が失われた場合であっても解除ができないようにも思えるが、そのように考えることは、当事者間の信頼関係を基礎とする委任契約の本質や、信頼関係が失われてもなお契約関係に拘束されてしまうことになる委任

者の利益を害することになる。

　そこで、後に判例は、委任契約が受任者の利益でもある場合においても、受任者が著しく不誠実な行動にでたなど、やむを得ない事由があるときには、民法651条によって契約を解除することができるとした（**最判昭40．12．17ジュリストL02010430、最判昭43．9．20判タ227-147**）。さらに、判例は、その後、この「やむを得ない事由」がない場合であっても、委任者が委任契約の解除権自体を放棄したものとは解されない事情があるときには、当該委任契約が受任者の利益のためにもなされていることを理由として、委任者の意思に反して事務処理を継続させることは、委任者の利益を阻害し委任契約の本旨に反することになるから、委任者は、民法651条に則り委任契約を解除することができるとしている（**最判昭56．1．19判タ438-93**）。また、受任者がこれによって不利益を受けるときは、委任者からの損害の賠償を受けることによって、その不利益を補填されることになる。

　大正9年判例では、受任者の利益のためでもある委任について、民法651条に基づく解除の自由を認めない旨を判示していたが、その後の判例において、原則的には、解除の自由を認めないと考えつつも、例外的に、やむを得ない事由があるときには、民法651条に基づく解除を認めるようになった。

　ところが、またその後の判例においては、やむを得ない事由の有無を問わずに契約を解消できることを認めるにいたっている。この判決は、それまでの判決が、民法651条の適用範囲を限定していこうとする傾向であったものを変更し、民法651条に基づく解除自由の原則に忠実な解釈に戻ったものと理解できる。

　現在では、信頼関係を基礎とする委任関係において、当事者間の信頼関係が損なわれているにもかかわらず契約を継続させることは委任の本質に反するものであるから、解除を認めたうえでその後の処理は損害賠償で行うべきである、との考え方がその根底にあるといえる。とはいえ、昭和56年の判決がいう「委任者が委任契約の解除権自体を放棄したものとは解されない事情があるとき」がいかなる事実を指すのかなど不明確な点も多く批判がなされているところでもある。

　委任といっても、その内容は、ケースによってまちまちであり、複雑であ

る。契約書等にしっかりその内容を明示しておかなければトラブルの種となるであろう。

（2）解除以外の終了原因（民法653条）
ア）委任者または受任者の死亡
　委任は、当事者間の信頼関係を基礎にして成り立っている契約である以上、当事者の一方が死亡した場合には、契約が当然に終了するものとされている。

イ）委任者または受任者の破産
　当時者の一方が破産した場合には、相互に信用も喪失し、義務の履行も不可能となることも多いので、委任を継続させることは相互に不利かつ無駄であるとの考えから、契約は当然に終了するものとされている。
　なお、受任者が破産しても他人の事務の処理を引き続き行うことは可能であるので、特約によって委任が終了しない旨を合意することは有効であると考えられている。これに対して、委任者が破産した場合には、委任者の財産管理権は破産管財人に移るので、委任者が破産しても委任が終了しない旨の特約は無効であると考えられている。

ウ）受任者の後見開始
　受任者が後見開始の審判を受けると、行為能力を制限され、委任者の信頼を失うことになるので、契約は当然に終了するものとされている。しかし、委任が終了しない旨の特約をすることは可能であると解されている。これに対して、委任者が後見開始の審判を受けても、財産管理人は後見人が独占するわけではないので、当然には契約は終了しない。

5）委任終了時の善処義務・対抗要件
（1）善処義務
　委任終了の場合において急迫の事情があるときは、受任者、その相続人、または法定代理人は、委任者、その相続人、または法定代理人が委任事務を処理することができるようになるまで、必要な処分をしなければならない（**民法654条**）。これは、信頼関係を基礎とする委任の本質から考えて当然の義務であり、委任契約に付随して生じる法律上の義務であると考えられてい

る。この義務は委任契約の延長である以上、有償委任の場合には、受任者は報酬請求権を有することになる。

(2) 対抗要件
　委任終了の事由が委任者側にあるか、受任者側にあるかを問わず、委任の終了を相手方に通知し、または相手方がこれを知っている場合でなければ、委任終了の効果を相手方に対抗することはできない（**民法655条**）。委任の終了を知らない相手方が不測の損害を被ることのないようにする趣旨で規定されている。「対抗することができない」というのは、自ら委任終了の効果を相手方に主張できないという意味であり、相手方において委任終了の効果を主張することは可能である。

6）法律実務家への委任とその意義
　法律実務家である社会保険労務士・行政書士・弁理士・税理士・会計士・弁護士等は何らかの商品を扱っているわけではなく、何らかの業務、行為を依頼することになる。そして、通常これらの士業者に業務を委託する場合、委任契約（**民法643条**）・準委任契約（**同656条**）を締結することになる。では、このような士業者の負う義務とは具体的にどのようなものなのであろうか。
　準委任契約については「委任」の規定が準用されるのであるが、委任契約であっても準委任契約であっても、委任事務を処理するにあたっては委任の本旨に従い、善管注意義務を負うことになる（**民法644条**）。
　これは既に述べた。では、士業者に業務を依頼する場合に生じる委任の本旨というのは、具体的にはいったいどのようなものなのであろうか。社会保険労務士や弁護士に労働事件を依頼することを想定してみてほしい。
　労働事件において、社会保険労務士であれば、当事者に労務管理の観点から使用者に法的アドヴァイスを行なうし、弁護士であれば紛争解決のために当事者の代理人となって、裁判や和解の場に立ち、そのための準備（書類の作成・証拠の収集等の法律事務）をする。
　弁護士に的を絞って説明しよう。弁護士が上記のような仕事をするべきな

のは、弁護士法の3条や72条を見れば明らかである。

確かに、委任事務を処理する義務を負い、委任事務の法的専門性を踏まえると、弁護士は、自由かつ独立の立場を保持して職務を行うことができるよう合理的な裁量を与えられていると解することもできる。

しかし、弁護士との委任契約といっても、結局は私法上の取引関係なのであるから、依頼者としては、弁護士が不利益な行動をすることを前提として契約を締結するものはいないであろう。

そうだとすれば、弁護士は委任関係を締結するにあたり、信義則上当然に、依頼者の意思を尊重して、その自己決定権を十分に保障するために適切に業務を行なう義務があると解するのが相当である。具体的には、事件の経過等を適宜報告し、それに適した法的アドヴァイスとクライアントの意思確認を行なわなければならない。

裁判例も、一般的に期待される弁護士として著しく不適切な説明しかしなかったと認められる場合には、弁護士は、委任契約の付随義務として、信義則上、説明義務に違反するものとして、債務不履行責任を負うと判断したものがある（鹿児島地裁名瀬支判平22．3．23）判タ1341-11。

相談料等が、30分で5,000円超という高額なものであることに鑑みれば、それに見合うだけの内容、すなわち法のプロフェッショナルである弁護士による法的な見解を踏まえたうえでの、具体的な回答という形でなされるべきである。

具体的には、巷には街頭アンケートという仕事がある。企業が新商品や既存の商品について、一般の消費者にアンケートを実施し、対象の商品についてあれこれと評価するというものである。受任者である消費者は1時間以上を費やし、何十ページにわたるペーパーを提出して、3,000円程度の報酬を得ることになる。3,000円という微々たる報酬であっても、それを得るために、時間を使い、評価報告書を書きあげなければならない。

これに対して、弁護士には一般消費者と比べられない、法律のプロとしてのロイヤリティや弁護士事務所の経費等から考えれば、適切な価格だと考える方もいるかもしれない。

しかしながら、1時間1万円という費用は、一般社会通念から考えても高

額な部類に入るものであるといえるであろう。もっとも、費用がかかるのはよくないといっているのではない。士業者はその費用に見合うだけの働きをしなければならないということである。少なくとも、事件について自己が行なった行動の報告をペーパーで提出するとか、依頼者の質問に対して、法的な観点を踏まえた返答と、紛争の解決についてそれがどのような意味を持つのか、これからどのように戦っていくのかという説明をしなければならない。法的な紛争というものは自身を滅ぼしかねないものであることを考えれば、同じように生命を扱う医者のアカウンタビリティと同じ程度の責任があるといえるであろう。

　大阪地判平５．９．27判タ831-138は以下のように述べている。「思うに、依頼者が弁護士に悩み（事件）の解決を依頼する場合、通常、依頼者の弁護士に対する法律相談、依頼者からの事情聴取、資料などの分析・検討、弁護士による法的助言・指導（アドバイス）という過程を経るものであり、右アドバイスには、弁護士において依頼者の抱えている悩み（事件）を解決する方法として訴訟提起などの法的手続を選択することも含まれるものである。もっとも、依頼者の事件依頼に対し、弁護士は事件を受任するか否かの自由を有するものであるから、右アドバイスをする前に受任を断る場合もあろう。しかし、**弁護士は、基本的人権の擁護及び社会正義の実現を使命とし（弁護士法一条一項）、依頼者のために誠実に職務を行う（同条二項、三条一項）**とされていること、また、**弁護士は極めて高度の専門的・技術的な法律知識・経験を有するものであって、依頼者は、かかる弁護士を信頼して自らの法的悩みの解決を相談・依頼するものである。**そして、同法二九条は、弁護士は事件の受任を断る場合には、速やかにその旨を依頼者に通知しなければならない旨規定しており、右規定は、弁護士の法律専門家としての地位、依頼者の弁護士に対する信頼などからすれば当然の規定であるといえる。そして、依頼者（相談者）と弁護士との法律相談は、それ自体弁護士が依頼者に対し、当該相談に対する法的助言・指導などのアドバイスというサービスを提供し、依頼者はその対価として相談料を支払うことを内容としていることに鑑みれば、法律相談自体、委任又は準委任契約（法律相談契約）とみることができる。**以上の諸点に鑑みれば、依頼者の法律相談を受けた弁護士が、依頼者の**

事件依頼を受任しない場合には、速やかにその旨を依頼者に通知するとともに、他の弁護士に法律相談することを勧めたり、依頼者が自ら事件を解決するための方策を教えるなどして、**依頼者が当該事件について速やかに何らかの法的措置を講じたり、解決できるようにするために助言・指導（アドバイス）をする義務がある**というべきである。そして、弁護士が右義務に違反し、その結果依頼者に不測の損害を与えた場合には、弁護士は、法律相談契約上の善管注意義務違反による債務不履行として右損害を賠償する義務を負うというべきである。」

加えて、弁護士職務基本規程35条は、「事件受任後は、必要に応じ、依頼者に経過報告する義務がある。」と規定している、民法645条も委任に関する報告義務を規定している。そして、この報告は、前述のようなリーガルサービスの提供者としてしかるべきものである必要がある。

クライアントへの報告が、まるでインタヴューの記事のようなものであったり、備忘録のようなものであってはならない。相談に行ったとしても、事件とは関係のない私的事項を興味本位で探ったり、自己の思想を語る等というのはもっての外である。

5．その他の契約

1）贈与

（1）基本事項

①原則

「贈与契約」とは、当事者の一方が相手方に無償で財産を与える契約のことをいう。例えば、お土産を渡す、お中元・お歳暮を贈る、誕生日プレゼントを渡す、寄付を行なうなど、一般的に何かを相手に「あげる」という行為を指す。

契約の分類でいえば、諾成・不要式・片務契約である。したがって、合意のみで成立し、契約書の作成は不要となる。また、贈与する側のみが、債務を負う片務契約である。

贈与契約の要素である「財産を与える」とは、贈与者の財産が減少し、そ

れによって、受益者の財産が増加することをいう。
　以上のことを踏まえて条文を見てみる。

（贈与）

民法549条

　贈与は、当事者の一方が自己の財産を無償で相手方に与える意思を表示し、相手方が受諾をすることによって、その効力を生ずる。

　条文上「自己の財産を」となっているが、他人の物でも贈与はできないのであろうかということが問題となっている。
　確かに、人のものを勝手にあげることなどできないし、他人のものを勝手にあげるなど、泥棒のようなものだなどと思う方もいるであろう。しかし、法律上他人の物の売買は有効であると解されており（**民法560条が「他人の権利を売買の目的物としたときは」と他人のものを売買できることを前提とした規定となっていることを根拠とすることができる。**）、売買ができるのであれば、贈与もできるであろうという理論である。すなわち、経済取引において、まず他人の物であっても売買契約を締結して、その後債務者が対象となった物を入手して債権者に渡すといった場面はよくある。
　これについて、他人物譲渡は「債権的に有効」と表現する。判例においても、他人物譲渡は肯定されている（**最判昭44．1．31**）判タ232-106。

②書面によらない贈与契約
　贈与契約は、諾成契約であるので、その成立には、特別の方式や、書面は必要がない。しかし、書面によらない贈与契約は、各当事者により、履行が終わるまでは、いつでも取り消すことができるとされている。
　この規定の趣旨は、贈与は贈与者が好意で行う性質が強く、無償の契約であることから、書面がない場合拘束力が弱い方がよいというところにある。その反面として、書面の作成を促すことによって、贈与の意思の明確を期し、もって後日の紛争の発生を防止することもその趣旨とされている。

> （書面によらない贈与の撤回）
> 民法550条
> 　書面によらない贈与は、各当事者が撤回することができる。ただし、履行の終わった部分については、この限りではない。

　例えば、「30万円贈与する」と口頭で約束し、5万円は、既に渡したが、後の25万円は渡したくなくなったという場面を想像してほしい。

　550条によれば、残りの25万円を渡していなければ、いつでも贈与者は贈与の意思表示を撤回できることになる。つまり、贈与者は、25万円を渡さなくても債務不履行責任は問われないということを意味している。

　では、ここで「履行の終わった」とはどのような場合をいうのか考えてみよう。「履行の終わった」とは、贈与者がその負担する債務の主要な部分を履行することを意味すると解するのが相当である。すなわち、動産ではその物の引渡、不動産では引渡もしくは登記の移転である。

　書面は贈与契約成立のときに作成されていなくても、後日これを作成したならば、その時から撤回することができなくなると解されている。

③贈与契約の担保責任

　贈与契約は、無償契約であるので、原則として贈与者は、有償契約の対価的均衡から認められる担保責任は負わないということになる。

> （贈与者の担保責任）
> 民法551条
> 　贈与者は、贈与の目的である物又は不存在について、その責任を問わない。ただし、贈与者がその瑕疵または不存在を知りながら受贈者に告げなかったときは、この限りではない。

　ただし、公平の観点から、贈与者が瑕疵を知っていて告げないような場合には、贈与者は担保責任を負うことになり、損害賠償などをしなければならない。

（2）特殊な贈与契約
①定期贈与

> （定期贈与）
> 民法552条
> 　定期の給付を目的とする贈与は、贈与者又は受贈者の死亡によって、その効力を失う。

　毎月一定の生活費、学費を与えるなどの贈与を「**定期贈与**」という。この契約は、当事者その人に重きが置かれている信頼関係に基づくものであるので、当事者の一方の死亡によって終了することになる。

②負担付贈与

> （負担付贈与）
> 民法553条
> 　負担付贈与については、この節に定めるもののほか、その性質に反しない限り、双務契約に関する規定を準用する。

　老後の世話をしてもらうことを条件に土地・建物を贈与するような、受贈者に一定の義務を負わせる契約を、「**負担付贈与**」という。受贈者が負担を履行しない場合には、贈与者は解除することができるし、負担の限度で売主と同じ担保責任を負うことになる。
　このように、贈与契約は片務契約ではあるが、負担の限度で対価関係を有する契約となるため、同時履行の抗弁権、危険負担の規定が準用されることになる。

③死因贈与

> （死因贈与）
> 民法554条
> 　贈与者の死亡によって効力を生ずる贈与については、その性質に反しない

> 限り、遺贈に関する規定を準用する。

　自分が死んだら、不動産を譲る等の約束を「**死因贈与契約**」という。「**死因贈与**」と「**遺贈**」とは、契約（死因贈与）か単独行為（遺贈）かという点で異なっている。
　死因贈与は、死んだら譲りましょうという意思表示に、それならばいただきましょうという合意が必要となる。もっとも、両者は似ているので遺贈の規定が準用されることになるのである。もっとも、そうであっても、以下の遺贈の規定は準用されないので注意しなければならない。
① 　能力（961条、962条）
　遺言は15歳以上であればできる。すなわち、制限能力者規定の適用がない。
② 　方式（967条以下）
　遺贈は要式行為であるが、贈与は不要式である。
③ 　承認・放棄（986条、987条、988条、989条）
　遺贈には承認・放棄がある。
　以上の事項を踏まえたうえで以下の事案を考えてみる。
　いま貨物運送会社の従業員Xは、経営者（Y１）とその妻（Y２）との間で、会社所有のマンションの１室（本件建物）が自らに贈与される内容の約束をしたものと信じて、長年安月給で働いてきたとしよう。
　しかし、その後、Xは、事故により就労ができなくなり、結果として、Y１らは本件建物の贈与をしない旨決定した。そこで、納得できないXは、Y１らに対して不法行為に基づく損害賠償請求をした。
　本件で問題となるのは、そもそも贈与契約は成立しているのか。成立しないとしても、YらはXに対し、贈与により本件建物の所有権の移転を受けるものと期待させて労務を提供させたといえ、損害賠償が請求できるかということである。
　Y１らは、将来本件建物を贈与する趣旨のことを述べているが、贈与契約は諾成・不要式なので、当事者の意思表示があれば、契約は成立すると考えることができる。もっとも、贈与契約が成立するか否かはともかくとして、Y１らがXに将来本件建物の贈与を受けることができるとの期待をさせたこ

とは否定できないであろう。また、その後、Ｙ１らが贈与を取り消す意思表示をしており、贈与契約が締結されていたとしても、書面によらないものであり、撤回によりその効力は失われることになる。

このような態様（書面によらない贈与）において、期待を裏切られたからといって、不法行為による損害賠償を請求することもできないと解するのが相当である。

550条の趣旨は、贈与契約が無償契約であり、贈与者が軽率に契約することが少なくないことを考慮し、書面を作成しない場合には容易にこれを取り消すことができるとし、その反面として書面の作成を促すことによって贈与の意思の明確を期し、もって後日の紛争の発生を防止する点にあると解することができる。

そうだとすれば、書面によらない贈与の場合、これを取り消しても特段の事情がない限りは不法行為は成立しないとするのが妥当であろう。

2）売買
（1）売買契約とは

> （売買）
>
> 民法555条
> 　売買は、当事者の一方がある財産権を相手方に移転することを約し、相手方がこれに対してその代金を支払うことを約することによって、その効力を生じる。

売買契約は、上記条文の通り、財産権を相手方に移転し、相手方が代金を支払うことを約束することによって成立する契約である。売買契約は、売主と買主の意思の合致によって成立する諾成・双務・有償・不要式の契約である。

具体的には、土地建物、自動車、食物、日用品等を売ったり買ったりする契約で、あらゆるものが売買契約の対象となる。

売買契約は、所有権移転型契約の中心であり、また13種類の典型契約の基本となるものであるといえる。

売主は、財産を移転する義務を負い、買主は、代金を支払う義務を負う。代金の支払いと目的物の引き渡しは、代金を支払わなければ、目的物の引渡しを拒むことができる、目的物の引渡をしなければ、代金の支払いを拒むことができるという同時履行の関係に立つ（**民法533条、573条**）。

売買契約を締結する際に要する費用は売主、買主が等しい割合で負担することになる（**民法558条**）。

（2）手付
①手付とは

> （手付）
> 民法557条
> 　買主が売主に手付を交付したときは、当事者の一方が契約の履行に着手するまでは、買主はその手付を放棄し、売主はその倍額を償還して、契約の解除をすることができる。

手付とは、売買契約の際に、当事者の一方から他方に対して支払われる金銭、その他の有価物、またはその原因となる当事者間の契約のことをいう。

例えば、マンションの売買の場合、3000万円が売買の価格であるとして、買主が、100万円の手付を支払い、残りの2900万円は1ヶ月後の引渡し、移転登記と引き換えに支払う場合には、売主は、倍額の200万円を支払って契約を解除することができ、買主は、100万円を放棄して契約を解除することができる。

なお、この手付契約は、本体たる契約とは別個の独立の契約で、しかも、要物契約であるいう性質を有している。

②手付の種類

手付には主に3種類あり、契約の成立の証拠とする趣旨で交付される「**証約手付**」、手付として交付した分を放棄して、解除することができるとする「**解約手付**」、手付を交付した者が債務の履行をしない場合に、違約金として当該手付金を没収する趣旨で手渡される「**違約手付**」である。

手付はみな「証約手付」としての効力をもち、「違約手付」は、その旨の合意が必要となる。そして、手付を交付した場合「解約手付」の趣旨であると推定されることになる。そうだとすると、「解約手付」としての機能を排除したければ、手付を交付するときに「解約手付」ではない旨の合意が必要ということになる。

③内金

よく大きな金額の買い物をする場合「**内金**」というものが手渡される場合がある。この「内金」は手付とは異なるのであろうか。

内金が手付の性質を有するという合意があれば、手付となるが、それ以外は、単なる代金の一部前払いということになる。なお、手付も、売買契約が、解約されずに債務が履行された場合、代金の一部として充当されることになる。

④「履行に着手するまで」の意味

手付は、当事者の一方が契約の履行に着手するまで効力を有するということになる。

判例（**最判昭40．11．24**）判タ185-88は、これを客観的に外部から認識できるような形で履行行為の一部をなし、または、履行の提供をするために欠くことのできない前提行為をした場合を指すとしている。行為の態様、債務の内容、履行期の定められた趣旨、目的、行為の時期等の諸般の事情を考慮して個別具体的に判断されることになる。

では、「**当事者の一方**」とは誰のことを指すのであろうか。自らも含まれるのであろうか。これについて、「当事者の一方」とは、相手方のみを指すと解されている。

手付は、そもそも、解約や債務不履行があったとき、相手方に損害を被らせないようにするためのものであり、また、本条は契約を履行したのであるから、もはや手付によって解除されないであろうと期待する者を保護する必要性という点に趣旨があるため、「当事者の一方」とは、相手方のことを指すと解するのが相当である。すなわち、相手方が契約の一部でも履行し始めたら、こちらから手付解約はできないが、自ら着手した後、手付解約をすることには問題はないということになる。

なお、手付解約の場合は、債務不履行による解除ではないため、解除して

も損害賠償の問題は生じない（**民法557条2項**）。

もっとも、手付解除以外にも、相手方に債務不履行があった場合には、法定解除である債務不履行による解除も可能である。

（3）有償契約への準用

> （有償契約への準用）
> **民法559条**
> 　この規定は、売買以外の有償契約について準用する。ただし、その有償契約の性質がこれを許さないときは、この限りではない。

売買の規定は、交換、賃貸借、利息付消費貸借、雇用、有償委任、有償寄託などの有償契約に準用される。

（4）売主の担保責任

請負の章などでも瑕疵担保責任は出てきたが、少し詳しく見ていこう。

> （売主の担保責任）
> **民法570条**
> 　売買の目的物に隠れた瑕疵があったときは、第566条の規定を準用する。ただし、強制競売の場合は、この限りではない。

条文上はこのように規定されているので、566条を見てみる。

> （地上権等がある場合等における売主の担保責任）
> **民法566条**
> 　売買の目的物が地上権、永小作権、地役権、留置権又は質権の目的である場合において、買主がこれを知らず、かつ、そのために契約をした目的を達することができないときは、買主は、契約の解除をすることができる。この場合において、契約の解除をすることができないときは、損害賠償の請求の

> みをすることができる。
> 2　前項の規定は、売買の目的である不動産のために存すると称した地役権が存しなかった場合及びその不動産について登記をした賃貸借があった場合について準用する。
> 3　前二項の場合において、契約の解除又は損害賠償の請求は、買主が事実を知った時から一年以内にしなければならない。

　例えば、1点もの（**特定物**という）のテーブルを購入したのだが、見た目は丈夫そうだったにもかかわらず、強度が弱く脚がすぐに折れてしまった、というように目的物に隠れた瑕疵がある場合、善意（目的物に瑕疵があることを知らない）・無過失の買主は売主に対し、解除、損害賠償請求をすることができる。なお、この請求は、買主が事実を知った時から1年以内にしなければならない。

　では、「**隠れた瑕疵**」とはどのようなものなのであろうか。条文上の規定だけからでは意味が不明確なので検討する。

　そもそも、この**瑕疵担保責任**は有償契約の等価的均衡（当事者の公平）という観点から規定されたものである。そして、この売買契約における瑕疵担保責任は特定物（この世界にただ一つのもの。例えば、ゴッホの絵やAさんが使っていた中古車など）について認められるものである。

　すなわち、**不特定物**に関しては、瑕疵のある物の給付は債務不履行にあたり、その物と瑕疵のない物とを取り換えるなどして、債務の履行を果たさなければならない。しかし、特定物に関しては、世界にそれ一つしかないので、その物に瑕疵があろうが無かろうが、その引渡しをすべき時の現状のままでその物を引き渡せば、債務の履行として完了するということになる。

　これは条文上も定められている（**民法483条**）。そうだとすれば、要求された額を支払っているのにかかわらず、キズや問題がある物を渡されて、履行が完了してしまう債権者の立場に立てば、それは不公平であると考えるのが通常であろう。その不公平感を穴埋め（解除や損害賠償）する必要性がある。これが有償契約の等価的均衡というものである。そして、この有償契約の等価的均衡を保つために、単なる瑕疵ではなく「隠れた」瑕疵を要求する

ということになる。そうだとすると、「隠れた」とは、**取引上通常要求される、一般的な注意では発見できない欠陥**をいうと解するのが相当であろう。そして、それは取引時を起点に考えなければならない。

そして、「瑕疵」とは、その種のものとして**通常有すべき性質、性能、または、当事者が表示した特殊な品質、性質を欠くこと**をいう。

また566条3項に規定してある通り、瑕疵担保責任は買主が事実を知った時から一年以内にしなければならない。

なお、売買契約における瑕疵担保責任で、請負契約で認められていた瑕疵修補請求は認められず、一部他人物（**民法563条**）や数量指示売買（数量と単価を定めて売買する契約）（**民法565条**）でないので、代金減額請求はできない。

(5) 買戻し

> （買い戻しの特約）
> 第579条
> 　不動産の売主は、売買契約と同時にした買戻しの特約により、買主が支払った代金及び契約の費用を返還して、売買の解除をすることができる。この場合において、当事者が別段の意思を表示しなかったときは、不動産の果実と最近の利息とは相殺したものとみなす。

売買契約の際に買戻しの特約を付け、売主が、代金及び契約の費用を買主に返還することによって、売買契約を解除し、目的物を取り戻すことを、**買戻し**という。

買戻しの目的物は不動産に限定される。また、買戻し特約は、契約と同時に行なう必要がある。なお、不動産の帰属が長らく不安定になることを防止するために、買戻しの期間は、10年までとし、伸長することはできない（**民法580条**）。

また、売買契約と同時に買戻しの特約の登記をしたときには、買戻しは第三者に対抗することができる（**民法581条**）。

（6）交換

> （交換）
> 第586条
> 　交換は、当事者が互いに金銭の所有権以外の財産権を移転することを約することによって、その効力を生ずる。
> 2　当事者の一方が他の権利とともに金銭の所有権を移転することを約した場合におけるその金銭については、売買の代金に関する規定を準用する。

交換契約は、当事者が互いに金銭の所有権以外の財産を移転する契約である。諾成・双務・不要式の契約であり、売買の規定が準用される。

債権各論②契約以外（事務管理・不当利得・不法行為）

1．契約以外の法律関係

　これまで、契約によってどのような債権債務が発生し、それがどのように形を変え、消滅するかということを学んできた。契約によってということは、当事者双方の同意があってということである。しかし、当事者の合意によらず、すなわち契約以外で債権債務が発生する原因となるものも存在する。

　例えば、首輪をつけた犬がうろうろしていたため飼い主の元に届けてやった場合の交通費、また、テナントの契約期間が終了したにもかかわらず居座り続ける店子の賃料分の費用、そして、知人から暴行を受けて怪我をした場合の治療費である。これらは、それぞれ事務管理・不当利得・不法行為という根拠に基づいて、相手方に債務の履行を請求できることになる。以下でこれらについて解説していこう。

2．事務管理

事務管理とは、例えば台風で破損している隣家の屋根を修繕するなど、義務がないにもかかわらず、他人のためにその事務を処理する行為をいう。民法697条にその規定がある。

（事務管理）
第697条
　義務なく、他人のために事務の管理を始めた者（以下この章において「管理者」という。）は、その事務の性質に従い、もっとも本人の利益に適合する方法によって、その事務の管理（以下「事務管理」という。）をしなければならない。
2　管理者は、本人の意思を知っているとき、又はこれを推知することができるときは、その意思に従って事務管理をしなければならない

1）事務管理の趣旨

本来、人は自己の事務を自由に処理するべきであり（私的自治）、他人の事務に干渉するには委任・請負・代理等の相当の原因に基づく権限や義務がなければならない。しかし、例えば、海外赴任で長期出張中の隣家の屋根が台風によって破損していた場合に、家主である本人に代わって修理をすることを否定するのは、社会常識に反するのではないであろうか。社会生活における相互扶助の観点から、一定の場合には権限や義務のないものにも他人の事務を管理することを認める必要がある。

そこで、民法は事務管理を認め、本人に対して事務管理者の支出した費用を償還する義務を負わせるとともに、管理者に対し本人の意思や利益に適合するように管理を継続すべき義務を課している。

2）事務管理の要件

以上のような事務管理の趣旨から、事務管理に関しては「義務なく」「他

人のために事務の管理を始めた」ことが必要となる。

　「**義務なく**」とは、本人のためにその事務を管理すべき義務を負担していないということである。「**他人のために事務の管理**」とは、本人の利益を図る意図で事務を管理することを意味する。最初から義務があれば、それは何らかの契約（例えば請負や委任、雇用）に基づいて、その義務が発生しているということであるから、事務管理とはいえない。また、自分の利益のみを図って行為を行なって費用の請求を認める、つまり自分勝手なおせっかいに権利を与えてしまうのは、私的自治の原則にも反する。そこで、**事務管理をする場合には本人の意思や利益に適合することが求められている**（もちろんその意思が強行法に違反する場合や公序良俗に反する場合にはこの限りではない）。もっとも、自己の利益と相手方の利益が並存するような場合であっても、自己の利益のみを追求するような場合でなければこの要件には反しない。

3）事務管理中の義務

　事務管理を始めた場合、管理者は、原則として、「**善良な管理者の注意をもって**」事務の管理を継続する義務が発生する。この善管注意義務は債務者（管理者）の属する職業・地位などにおいて一般的に要求される注意の程度を意味している。そして、事務管理は管理者が勝手に始めるものであるという側面があり、始めたからにはきちんと最後まで責任を持たなければならないのも当然のことであろう（**民法700条**）。

　また、管理者が事務管理を開始した場合には、遅滞なく本人にその旨を通知する必要があり（**民法699条**）、本人から報告を求められた場合には状況報告、事務が終了した場合には終了報告を行なわなければならない（**民法701条、同645条ないし647条**）。

4）事務管理の終了と費用償還請求

（管理者による費用の償還請求等）
第702条
　管理者は、本人のために有益な費用を支出したときは、本人に対し、その

> 償還を請求することができる。
> 2　第650条第2項の規定は、管理者が本人のために有益な債務を負担した場合について準用する。

　事務管理は相互扶助のために行なわれるもので、営利を求めるものではないが、かかった費用は請求できる。これは当事者の公平、信義則といった観点から導かれる。

　これについて、1項にさだめる「**有益費**」とは、**保存費**と**必要費**を指す。有益であるか否かは、事務管理の当時を基準として客観的に定めることになる。その当時において有益であれば、その後有益でなかったことが判明したとしても「有益費」に該当することになる。

　そして、事務管理はあくまで相互扶助の精神における当事者間の公平という点がその趣旨であるので、原則的に「報酬」というものは観念できない。つまり、報酬はプラスアルファの費用であって、ここで請求することができるのはあくまで実費としてかかった費用のみである。

　いままでのことを具体的に考えてみる。Y（本人）の隣に家を構えるX（管理者）は、Y家族が留守中、台風によって飛ばされた屋根瓦の修理費用として、瓦を10万円で購入してY家の屋根を修繕した。しかしながら、その後円高の影響によって、屋根瓦の原材料の価格が下落し、Yが帰国したときには瓦の価格は8万円となっていた。ここで、Xは瓦の代金10万円と自分が修理をしたことによる手間賃1万円の計11万円をYに請求した。これに対してYは、屋根はXが勝手に修理したのであるから手間賃など考えられないし、瓦の代金は払うとしても、価格は8万円なのであるから、8万円しか払わないと反論している。

　さて、上記の考え方によれば、屋根の修理費用はYにとって不利なことではなく、その意思に明確に反するものであるとはいえない。そして、X自己の利益を図っているわけではないし、もともと屋根を管理する義務があったという事実もない。そうだとすれば、XとYの間に事務管理が成立すると解するのが相当である。そして、事務管理にかかった有益費は瓦の代金10万円で、その基準は事務管理の当時を基準として判断されるのであるから、10万

円ということになる。もっとも、管理者には報酬の請求権は存在しないので、手間賃を請求することはできない。よって、XはYに10万円の瓦の代金を請求できるにとどまる。

5）労働事件と事務管理

労働事件において、あまり事務管理の例は存在しないので、少々強引ではあるが次のような事例を考えてみた。

Y商事は半導体をメインとして輸出する企業である。XはY社で30年間働き、営業2課の課長として尽力していた。しかし、折からの円高と長引く不況で、Y社の経営再建の努力もむなしく、Y社は整理解雇を敢行することになった。Xはそのリストラの対象となり、Y社を去ることになった。しかしながら、責任感の強いXは仕事の引き継ぎも中途半端であったことから、このままでは進行中の計画も頓挫し、会社が損害を被りかねないと考え、解雇後もY社において仕事を続け、その結果進行中の計画はうまくまとまった。これを受けてXは、解雇はされたものの、自己の果たした仕事分は事務管理にあたるとして、給与相当額の請求をY社にすることにした。Xの請求は認められるであろうか。

この事例でXはYのために残りの仕事を遂行している。XはY社を解雇されており、Xには労務提供義務はもはや存在しない。そうだとすると、「義務なくして」の要件は満たすといえる。そして、当該業務はY社のものであり、「他人のために事務を管理」しているといえそうである。

しかし、Y社としては特別な事情でもない限り、解雇した者に会社の業務を任せる意思はなく、特別な事情も特に存在していいない。そして、このように考えるのが一般社会通念上通常であるといえる。そうだとすると、Xの行為はYの意思に反しているといえる。

したがって、本事例において事務管理は成立せず、Xの請求は認められないということになろう。

では、もう一つこのような事例ではどうであろう。

Y商事に勤めるXは、営業部に所属している。Xは社内で残業をしていたところ、台風が急速に発達してY社のある地区に上陸するというニュースを

聞いた。このままでは、翌日に発送予定の荷が危険であると判断したXは、引っ越し業者であるZを呼んでY社の荷を倉庫内に運び込んだ。Zへの費用はXが負担した。通常の管理の業務は管理部の仕事で、営業部のXには、荷の管理権限は与えられていなかったが、退社時間を過ぎていたということもあって、管理部の職員は誰一人いなかったという事情がある。このような事情の下で、Xは翌日Y社の経理部にZに支払った費用を請求した。しかし、Y社経理部はXが権限外のことを勝手にしたのであって、支払う義務はないとXの請求を突っぱねた。さて、Xは事務管理が成立するとして、費用分を請求できるであろうか。

これについては、管理部ではないXに荷物の管理義務は存在しておらず、「**義務なくして**」の要件に該当する。また、Xの行為はY社のための行為であり、「**他人のために事務管理を始めた**」といえる。そして、一般社会通念上荷物を避難させることは本人の利益に合致するものであり、意思に反するとはいえない。したがって、本件においては事務管理が成立することになる。

3．不当利得

不当利得とは、法律上の根拠がないにもかかわらず、利益を得た者（受益者）がいる一方で、損失を被った者（**損失者**）がいる場合に、損失者が受益者に対して、受益者の得た利得の返還を請求することをいう。

例えば、車の売買契約で、ディーラーYが新車の売値を300万円としたのに対して、買主Xが間違えて600万円支払ってしまったという場合、300万円については売買契約が成立しており、ディーラーYは法律上の根拠をもって利得を得ることができるが、残りの300万円についてYは何の法的根拠もなく得ているということになる。法的根拠のことを法律上の原因というが、法律上の原因なく利得を得ている場合、その原因のない部分に関して利得を得た者は、損失を被った者へその利得分を返還しなければならない。つまり、XはYに対して300万円の返還を請求することができるのである。

1）不当利得の趣旨

不当利得という制度は、法律関係にない受益者と損失者の間の利得と損失の均衡を図り、正当な理由なくして財産的利得をなし、これによって他人に損害を及ぼした者に対して、その利得の返還を命じ、当事者間の公平回復を実現する為に定められている。実質的な公平の実現ということである。

2）不当利得の要件

> （不当利得の返還義務）
> 第703条
> 　法律上の原因なく他人の財産又は労務によって利益を受け、そのために他人に損失を及ぼしたもの（以下この章において「受益者」という。）は、その利益の存する限度において、これを返還する義務を負う。

（1）他人の財産又は労務によって利益を受けたこと（受益）

他人の財産権・財産的利益の移転を受ける場合が通常であるが、他人の財産が消滅し、それによって自己の財産が増加する場合をも包含する。

例えば、自己の占有する他人の動産を善意の第三者に有償譲渡し、第三者が所有権を取得した場合や、他人の債権を行使して善意の債務者から弁済を受けたような場合である。

（2）他人に損失を及ぼしたこと（損失）

直接的に自己の財産が減少することのみならず、その事実がなければ財産の増加することが普通である場合、「損失」があるといえる。また、財産は金銭的価値を有する権利の総和にとどまらず、これを利用し得る可能性をも含む。

例えば、権限なく他人の家屋を利用した場合、家屋所有者の事情を問わず、家賃相当額の「損失」ありとされる。また、銀行の預金が相続財産となっており、共同相続人の一人が銀行からその相続分を超えて払い戻しを受けた場

合も、他の相続人は自己の相続分については未だ債権者であるから、銀行には損失があるといえる。

(3) 因果関係があること

受益と損失の間に、社会観念上相当因果関係があることが必要である。厳密な意味での法的因果関係は要求されていない。ある程度の関連性があれば足りるとするのが通常である。

(4) 法律上の原因がないこと

利得者に帰属した利得をそのまま損失者に対する関係においても保有せしめることが公平の原則に反することをいう。すなわち、ある者が利得を得たが、その利益を得させる原因もなく、帰属した利益をそのまま帰属者に残存せしめておくことが、不当不公平だと思われる場合のことである。なぜならば本来利益が帰属すべき者に返還されていないからである。公平に反するといえる場合のことである。

3）不当利得の効果

民法703条によれば、利益の存する限度において返還をする債務が生じることになる。利益の存する限度とは、現存する利益の範囲で、その利益を返還する必要があるということである。

利益の現存の有無は実質的に考える。例えば、金銭や物を利得して、その財物を他の人に貸している場合や、金銭であれば銀行に預金している場合などは、実際の現物が手元になくなっても、返還請求権という形で債権が手もとに残っているので、未だに利益が存在していると評価できる。

また、得た利得を生活費に充てたような場合にも利得は未だ現存していると評価できる。というのも、生活費とは、あえて支出しようとしなくても、支出されるという性質のもので、現実的に得た利益から支出されたとしても、それはすなわち、他の支出が免れたということであるから、利益は未だに現存していると評価できるのである。

これに対して、競馬や競艇、飲み代やデートなどの個人的な交際費に支出

されてしまった場合は、利益が支出されるたと評価できることになる。
　では、損害があった時や、利息が発生しているようなときはどのように考えればよいのであろうか。
　これについては、以下のような規定がある。

> （悪意の受益者の返還義務等）
> 第704条
> 　悪意の受益者は、その受けた利益に利息を付して返還しなければならない。この場合において、なお損害があるときは、その賠償の責任を負う。

　「悪意の受益者」とは、「法律上の原因がないことを知りながら利得した者」である。取得した利益に、利息及び損害が発生している時は損害分も追加して返還する必要がある。
　つまり、悪意の受益者は、利得賭博で使い切った場合であっても、利息分や、損害賠償金を返還する義務を免れないということになる。

4）労働事件と不当利得
　不当利得が労働事件とどのようなかかわりを有しているか、典型的な例を参考に考えてみたい。

（1）使用者側が給料を支払過ぎている場合
　以下のような事例を考えてみよう。
　ネット広告の会社であるX社は、1年前から社員Yを月給35万円で雇っていたが、手違いで月40万円の給与が支払われていた。X社はYに対して、過払い分である60万円を会社に戻すように求めた。これに対してYは「俺は、もらいすぎていたなんて知らなかった。いまさら払えといわれても、家も買ってしまったし、返すお金などない。会社が間違って支払ったのは会社の責任なのであるから、返す必要はないはずだ。」と主張して応じない。
　さて、まず本件を不当利得の要件に当てはめて考えてみよう。まず、Yは月5万円の利得を1年にわたり受けているので、60万円の**利得がある**といえ

る。これに対して、X社には60万円の**損失が発生している**。そして、この利得と損失の間には、関連性があるといえるので、**因果関係も肯定できる**。そして、Y社が払いすぎた分については、本来支払われるはずの賃金以上の給付分には**法律上の原因があるとはいえない**。そうだとすれば、不当利得の要件を満たし、Y社はXに不当利得返還請求をすることができるということになろう。

もっとも、Xは過剰な給付であることに気づいておらず、**善意で給付を受け取っていた**のであるから、**現存利益の返還で足りる**ということになる。

では、現存利益はいかほどであろうか。Xは利得分をつぎ込んで家を買ってしまっている。そして、家を購入した費用は、通常の日常生活で支出されるものとはいえず、生活費とはいえないので、現存利益は存しないということになる。よって、Y社は不当利得返還請求が可能であるものの、Xには現存利益はなく、Y社に対して金銭を支払う必要はないという結論になろう。

なお、仮にXが悪意であったとすれば、民法704条により、利得の元本である60万円に加えて、民事法定利息分の年5％分の利息を支払わねばならないということになる（**民法704条**）。

（2）退職金を支払ったが就業規則に反している場合

以下のような事例を考えてみたい。Xは伝統ある家電メーカーである。X社に勤めるYは掃除機の開発主任として、X社製掃除機のほとんどを手掛けていたが、ある時「一身上の都合により退職いたします。」とのみ申告してX社を退職した。本件退職にあたってX社からYに対し、退職金規程から算出された賃金の後払的報償として500万円、これまで開発主任としてX社に尽くした報償として100万円の計600万円が退職金として支給された。しかし、実際にはYは競合他社である外資系のZ社に、掃除機の開発主任待遇で引き抜かれ、Z社にて就業するに至った。これを知ったX社法務部の甲は、X社の退職金規程に「特段の事情がない限り、退職後3年以内に退職時と同様の業務を行なうことを約して、当社と同様の事業を展開する他者に入社する場合には、退職金は支払わないこととする。」との規定があることを主張し、Yに対し退職金の返還を請求することにした。この請求は認められるであろ

うか。

　これについて、本来退職金規程が有効で退職金が支払われない場合であれば、X社は600万円の損害があり、Yは法律上の原因なく600万円の利得を得ており、その間には因果関係が存在する。反対に本件退職金規程が無効であれば、Yの利得には法律上の原因が存するということになる。そうだとすると、本件で問題となるのは、**当該退職金規程の有効性**であろう。

　就業規則上の退職金不支給条項の有効性については、その条項の合理性の有無が問題となる。これについて判例は、一般に、退職金は賃金後払的性格を持つと同時に功労報償的性格を持つものであるから、功労の消滅に応じた減額・不支給条項も合理性がないとはいえないとしつつ、その適用において、背信性など過去の功労の抹消の程度に応じた限定解釈を行なっている。これに対して、近年増加している賃金後払的性格の強い退職金については、過去の功労の抹消によってこれを減額・不支給とすることには合理性がなく、その旨を定める就業規則規定は無効であると解するのが相当であろう（**名古屋地判平6．6．3（中部ロワイヤル事件）労判680-92**）。

　なお、理論的には別次元の話であるが、**競業避止義務違反**か否かの判断基準が多くの裁判例で述べられている（**奈良地判昭45．10．23（フォセコ・ジャパン・リミテッド事件）ジュリストL02550653、大阪地判平15．1．22（新日本科学事件）労判846-39**）。すなわち、競業避止義務規定の違反については、使用者の正当な利益の保護に照らし、労働者の職業選択の自由を制限する程度が、就業制限の期間、場所的範囲、制限対象となっている職種の範囲、代償措置の有無等からみて、必要かつ相当な限度のものであれば、競業避止規定も合理的であり有効といえるが、その限度を超えた労働者の職業選択の自由を過度に侵害するような規定は公序良俗に反し無効となると判断している。

　競業行為に対する退職金の減額・不支給という措置の適法性は、理論的には賃金（退職金）の請求権の成否の問題であり、競業避止義務特約の有効性とは理論的には別次元の問題であるが、競業避止義務特約の有効性の考え方は、退職金請求権の発生の有無を考えるにあたって指針となりうるものである。

　本件の競業避止義務規定は、禁止される職種を退職時と同様の業務に限定

しており、加えて対象となる企業を競合他社に限定している。また、その期間も3年と社会通念から考えても相当な期間であるといえる。そして、退職にあたりYには功労報償分の支給もなされており、全体からみても不合理なものであるとはいえない。したがって、本件退職金不支給条項は合理的な規定であると解される。

もっとも、先述の通り退職金不支給の理由が功労の消滅であるので、退職金不支給条項により退職金が消滅するのは功労報償的な部分のみで、賃金後払的部分については、その適用が及ばないことになる。

以上から考えれば、本件においてYが法律上の原因なく受け取っている部分は100万円であり、この分については不当利得が成立するが、残りの500万円の部分については法律上の原因がある利得ということになるので、不当利得の要件を満たさず、返還請求はできないということになる。

よって、本件でX社はYに対して100万円の部分についてのみ不当利得返還請求ができるということになる。

4．不法行為

1）過失責任の原則

X会社の経営者と社員が口論になり、興奮した社員Aが投げつけた湯のみが経営者の頭に命中し怪我をさせてしまったというような場合、社員Aは「わざと」相手に物をぶつけているのだから治療費その他の損害を賠償するのは常識から考えても当然といえる。

では、別の社員Bが自家用車を運転して帰宅中に、前方不注意の結果、通行人をはねてしまったとしよう。この場合はどうだろうか。注意していれば、通行人の存在に気付けたはずなのに、運転に集中せず「うっかり」していたBが事故の責任を追求されてもやはり問題はないだろう。

最後は極端な例だが、社員Cが会社の出口でいきなり誰かに背後から殴られた際に意識を失い、すぐ前にいた通行人を巻き込んで倒れて怪我をさせてしまったとする。この場合、社員Cが転倒したことは「わざと」でもなければ「うっかり」でもない以上、社員Cに通行人が怪我したことへの責任を負

わせるのは酷だといえる。

　近代市民法では、自らの故意または過失がなければ損害賠償責任を負わない、という「**過失責任の原則**」をとっている。民法でも過失責任の原則は当然採用されていて、故意または過失によって他人の権利または法律上保護される利益を侵害した者は、それにより生じた損害を賠償する責任（**不法行為責任**）を負う（**民法709条**）のが原則である。先の例では、「わざと」（故意に）怪我をさせたAや、「うっかり」（過失で）通行人をはねたBは不法行為責任を負うが、故意も過失もないCには責任がないのである。

> （不法行為による損害賠償）
> 第709条
> 　故意又は過失によって他人の権利又は法律上保護される利益を侵害した者は、これによって生じた損害を賠償する責任を負う。

　なお、ここで紹介した民事責任以外にも、AやBは刑罰法規に触れる行為を行なっているため、刑事責任を問われて罪になる可能性がある。

　今度は、違法な争議行為が行われた場合を考えてみる。正当な争議行為ならば、労働組合法8条によって民事責任が免責され、同法1条2項で刑事責任が免責される。しかし、違法な争議行為となれば話は別である。民事免責が認められないため損害賠償責任が生じ、また、刑事罰を受ける可能性が出てくる。

　その損害賠償であるが、通常は労働契約上の違約があったものとして、「債務不履行責任」がまず問われることになるが、それだけにとどまらず不法行為責任も問われる場合がある。2つの責任はどう違うのであろうか。

　両者の区別は、「契約」という信頼関係のあるなしによるものである。①の債務不履行責任は、契約違反をした場合の責任であるため、契約責任ともいわれる。それに対して不法行為責任は、信頼関係、契約関係を前提としない者が、故意または過失によって相手の権利や利益を侵害する場合をいう。

　両者を比較した時、債務不履行の方が、契約という約束に違反して相手の利益を侵害している分、利益侵害の程度が高いと見ることもでき、その点が

民法の規定にも反映されているのである。

	債務不履行責任	不法行為責任
故意・過失の立証責任	加害者が証明	被害者が証明
消滅時効	10年（167条1項）	3年（民法724条）

　立証責任とは、裁判においてある事実が存在する、または存在しないことを証明する責任のことである。債務不履行の場合、故意・過失がないことを加害者が立証できないと、加害者が責任を負うことになる。また、時効によって責任追及ができなくなるまでの期間も、不法行為に比べて長くなっている（ただし、不法行為の時効は、「損害および相手方を知った時」から3年なのは注意を要する）。立証責任、時効の両者とも、被害者側に有利になっているのがわかるだろう。一方、何の関係も無い相手を訴えることになる不法行為の場合、加害者の故意過失は被害者自らが証明しなければならないのである。

2）債務不履行と不法行為責任の関係

　1つのトラブル（事実）が、債務不履行と不法行為の両方の要件にあてはまるときの関係はどうなるのだろうか。たとえば、ある有名セミナー講師と公演を依頼する契約を結んだが、セミナー当日、講師がうっかり日程を間違えて会場に姿を現さなかったというような場合、当然に債務不履行の問題となるが、一方で過失によって相手方の権利を侵害しているので不法行為責任も問えそうである。

　このような場合に債務不履行と不法行為、いずれの責任でも任意で主張できるとされている（**請求権競合説**）。法律上の別個の要件を満たす事実が存在する以上、どちらを主張することも当然可能となるのである。

　要件を満たせばどちらも主張可能ではあるとはいえ、先程比較したように、通常は立証責任の点でも消滅時効の点でも、債務不履行責任を追求した方が有利だろう。なぜなら、被害者側としてはセミナー講師の契約違反、つまり債務不履行の事実を指摘さえすれば、後はセミナー講師が故意・過失のないことを立証しなければならないという点で負担が軽いのである。また、時効

についても10年と、不法行為責任より時間的に余裕があるからである。

3）不法行為責任

民法709条に定められた不法行為は原則的な類型であるため、「**一般不法行為**」とよばれている。その一方で民法は、社会の諸事情に適応するため、714条以下で過失責任の原則を修正もしくは否定した諸条文を置いている。これらは「**特殊不法行為**」と総称されているが、まずは原則である一般不法行為から説明する。

（1） 一般不法行為の成立要件

一般不法行為の成立要件としては、①**故意・過失**が存在すること、②**行為の違法性**、③**損害の発生**、④**加害者の責任能力**、⑤**因果関係**が要求されている。

①故意・過失が存在すること

故意とは、結果に対する認識があることをいう。怪我という結果が発生するとわかっていてわざと相手にぶつかって転倒させたような場合である。

過失とは、不注意すなわち注意義務違反のことである。注意をしていれば結果の発生を防げたのに、うっかりしていて怪我をさせてしまったような場合である。過失はまず、行為者が結果を予見できたかどうか（**予見可能性**）が問題になる。結果の予見可能性がある場合、さらにその結果を回避できたか（**回避可能性**）が問題となる。法は不可能を要求するものではないから、予見可能性と回避可能性が認められる場合に、注意義務違反としての過失が認められることになる。

注意義務の基準は、平均的人間が払うべき注意（**抽象的過失**）とされている。加害者個人の注意力を基準とする（**具体的過失**）ではないことに注意を要する。

故意・過失の立証責任については前に触れたように被害者側が負うのが原則だが、公害問題など被害者側に相手方の過失を具体的に証明させることが酷な場合は過失の推定が認められるなど、負担の軽減がなされる場合もある。

②行為の違法性

不法行為の成立要件として「他人の権利又は法律上保護される利益を侵害

した」ことが求められる（**民法709条**）。

「権利又は法律上保護される利益」（権利または法的利益）が侵害されたということは、当該行為について不法行為としての違法性が認められることを意味する。この違法性が認められるかどうかの判断は、①**権利または法的利益の侵害（被侵害利益）の有無**と、②**侵害行為の態様の程度**によってなされる。

平16年改正前の民法旧709条は「他人の権利を侵害したる者」となっていたため、判例も「権利」の意味を厳格に解していた（**大判大３．７．４（桃中軒雲右衛門事件）**）が、一般人の法感覚に合わないという批判が強かった。その後判例は法律上保護に値する利益であれば足りると見解を改め、平16年改正の際に条文の文言も「他人の権利又は法律上保護される利益」と改められたのである。

> 本条の「権利」は厳密な意味においての権利でなくても、われわれの法律観念上その侵害に対し不法行為に基づく救済を与えることが必要であると思惟される利益であれば足りる。（**大判大14．11．28（大学湯事件）**）

③損害の発生

損害賠償が不法行為責任の内容であるため、損害の発生が当然に不法行為の要件となる。損害は財産的損害・精神的損害を問わない。損害の立証責任は被害者側にある。不法行為と損害の因果関係については、債務不履行と同様に考えるのが判例の立場である。

> 不法行為による損害賠償についても、民法416条の規定が類推適用され、特別の事情によって生じた損害については、加害者において右事情を予見しまたは予見することを得べかりしときに限り、これを賠償する責を負うものと解すべきである。（**最判昭48．６．７**）ジュリストL02810108

④加害者の責任能力

責任能力とは、自己の行為が法的な非難を受けることを認識できる能力をいう。この判定は、個別的・具体的になされるため、知能の発達程度・地位

や環境などによって違ってくる。責任能力が認められないものを責任無能力者というが、民法では未成年者で行為の責任を弁識するに足りる知能を備えていないもの（**民法712条**）と精神上の障害により自己の行為の責任を弁識する能力を欠く状態にある者（「**心神喪失者**」713条）を責任無能力者として定めている。

判例は11歳11か月の少年店員に責任能力を認めており（**大判大４．５．２**）、12歳くらいが責任能力の有無の基準とされているとみることができよう。

（２）不法行為の効果

加害者に対して損害賠償請求を行うことができる（**民法709条・710条**）。債務不履行との共通点としては、

① 損害賠償は金銭賠償が原則であること（**民法722条１項**）
② 損害賠償の範囲は相当因果関係の範囲内で生じた損害に限られること
③ 過失相殺が認められること（**民法722条２項**）

ただし、過失の斟酌が任意的（任意的斟酌）であること、過失の斟酌の結果責任を否定することまではできないというのが債務不履行（**民法418条**）との違いである。

（３）特殊不法行為

過失責任の原則や自己責任の原則は近代市民法の重要な原則であり、近代資本主義の発展を大きく促進したが、その反面で私人の経済活動による被害者の救済が不十分なものとなりがちという問題も抱えていた。

たとえば、宅配便会社の運転手が業務中に大型トラックで、通行人を誤って轢いてしまったような場合を考えてみよう。もちろん、運転手本人に過失があるならば不法行為による賠償責任が生じるのは当然ではある。しかし、その運転手を雇用している宅配便会社は何らの責任を負わないで良いのであろうか。被害者の受けた損害は、あくまで運転手という「他人」の起こしたものだとする宅配便会社の言い逃れを許して良いはずがない。正義・公平の見地からすれば、その運転手を使用することで利益を得ている宅配便会社にも責任を負わせるべきであろう。一社員よりも資力のある企業にも賠償責任

を負わせることは、被害者の救済の可能性を増し、また、企業に今後の不法行為抑止に向けた配慮をとらせる契機ともなるはずである。このような事情から、「自己責任の原則」もまた、修正を受けることになったのである。

「過失責任の原則」「自己責任の原則」がそれぞれ抱える問題点を解消するために提唱された考え方が**「無過失責任」**である。損害の原因を作った者は、故意または過失の有無にかかわらず、当該損害の責任を問われるべきだという考え方であるが、近代法の原則に重大な修正を加えるため、より積極的な根拠が必要となる。その根拠として挙げられるのが、①報償責任の原理と②危険責任の原理である。

①報償責任の原理

経済活動において利益を上げているものは、その活動が原因となって他人に損害を与えた場合には、その利益の中から当然に賠償させるのが公平に資するという考え方である。「利益の存するところに損失も帰する」と表現されることもある。民法では、**使用者責任（民法715条）**がこの原理に基づいているとされる。先の宅配便会社の例は、使用者責任が問われるケースである。

②危険責任の原理

危険物を支配・管理する者は、その危険物が有する危険性が現実化したと認められる損害については、過失の有無を問題とせず絶対的な責任を負うという考え方である。「危険を支配する者が責任を負う」とも表現される。民法では**工作物責任（民法717条）**がこの原理によるものである。

以下特殊不法行為の中でも、労働関係を考える上で必須となる使用者責任を特に取り上げることにする。

（4）使用者責任

>（使用者等の責任）
>第715条
>　ある事業のために他人を使用する者は、被用者がその事業の執行について第三者に加えた損害を賠償する責任を負う。ただし、使用者が被用者の選任及びその事業の監督について相当の注意をしたとき、又は相当の注意をして

> も損害が生ずべきであったときは、この限りでない。

「ある事業のために他人を使用する者は、被用者がその事業の執行について第三者に加えた損害を賠償する責任を負う」（**民法715条1項**）、これが使用者責任である。使用者責任の根拠は、前述①の報償責任の原理で説明されるのが通常である。

ただし、使用者が被用者の選任およびその事業の監督について相当の注意をしたか、相当の注意をしても損害が生じたであろう場合は、使用者の免責を認めている（**民法715条但書**）。その意味で過失責任の原則になお立っているとも言えるが、実際に免責が認められた例は戦後に存在せず、無過失責任に近い運用がなされている。

また、ここでの過失の立証責任は使用者側に負わされている。このような、一般の不法行為責任とは立証責任が転換されているものを「**中間責任**」と呼ぶこともある。

①使用者責任の要件

使用者責任の成立要件は、①**使用関係の存在**、②**事業の執行についての加害行為であること**、③**被用者が違法に第三者に損害を与えること**、④**使用者について免責事由が存在しないこと**、である。

A）使用関係の存在

使用関係とは、「**ある事業のために他人を使用する**」関係ことである。「**事業**」は営利・非営利・継続的・一時的を問わない。他人を使用しているかは、契約の形式ではなく、実態で判断する。つまり、使用者が被用者を実質的に指揮監督している関係が存在すれば足りるのである。この考え方は労働基準法第9条の使用従属関係とも相通じるものがある。さらにいえば、指揮監督命令が契約によらずとも認められる場合もある。

たとえば、注文主企業⇒元請企業⇒下請企業という契約関係で、注文主企業が下請企業に業務上の指示を行なっていれば、たとえ直接の契約関係になくても、実質的な指揮監督命令が存在するものとして使用者責任を問われることもあり得るのである。

B) 事業の執行についての加害行為であること

報償責任の原理からすれば、使用者はあくまで利益を得る元となる事業についてのみ責任を負い、**被用者の行った事業と関わりのない私的行為にまで責任を負う必要はない**ことになる。そのことから設けられた要件である。

「事業の執行について」の意味であるが、これを単純に職務執行行為そのものと考えてしまうと問題が生じる。なぜなら、不法行為が職務執行行為となることはあり得ない(「他人の権利利益を侵害する」ことが職務の組織など、公序良俗違反で認められない)、ので、「事業の執行について」を職務執行行為そのものと定義してしまったら、不法行為が使用者責任の対象から外れてしまうからである。

そこでこの「**事業の執行について**」に関しては、厳密な意味の職務執行行為でなく、権限逸脱や地位濫用も含めた職務執行に関連してなされた行為を広くとらえることになる。

判例は職務執行行為に関連してなされたかを行為の外形から判断する「**外形標準説（外形理論）**」を採用している。なぜ、外形標準説が採用されているかというと、被用者の行為を信頼して取引を行った相手方の信頼保護のためである。

> 被用者の職務執行行為そのものには属しないが、その行為の外形から観察して、あたかも被用者の職務の範囲内の行為に属するものと見られる場合をも包含する（最判昭40.11.30）判タ185-92

外形標準説は相手方の信頼保護をその根拠としている以上、相手方が行為の外形に信頼をおいていなかった場合には、その適用がなされないことになる。

> 被用者のなした取引行為が、その行為の外形から見て、使用者の事業の範囲内に属するものと認められる場合においても、その行為が被用者の職務権限内において適法に行われたものでなく、かつその行為の相手方が右の事情を知りながら、または、少なくとも重大な過失により右の事情を知らないで、当該取引をしたと認められるときは、その行為に基づく損害は、民法715条に

> いう「被用者がその事業の執行について第三者に加えた損害」とはいえず、したがって、その取引の相手方である被害者は使用者に対してその損害の賠償を請求することができない。(最判昭40．11．30)

　この、相手方の信頼の有無という主観的事情は、全ての不法行為に求められるわけではないことに注意を有する。不法行為を取引的不法行為と事実的不法行為に大別した場合、手形取引等の取引的不法行為では、取引の相手方の信頼ということが観念できるが、暴力行為や交通事故といった事実的不法行為の場合、相手方の信頼の有無を観念し得ないため、外形的に見て使用者の事業執行の範囲内に属する場合には、事業執行関連性が直ちに認められる。
　たとえば、先ほどの宅配便会社の運転手の起こした交通事故が、休日に自分の家の引越しのため、会社の大型トラックを無断使用していた際に発生したとしよう。この場合、相手方である被害者に宅配便会社のトラックだからという信頼があったわけではないが、宅配便のトラックが道路を走行することは行為の外形的に見て事業の執行の範囲内に属し、事業執行関連性が認められる。よって、宅配便会社は使用者責任を負うことになるのである。

C）被用者が第三者に違法に損害を与えること

　被用者の第三者に対する加害行為は、その加害行為自体が民法709条の不法行為の成立要件を満たしていなければならない。

　「第三者」とは、使用者および加害者である被用者以外のすべての者を意味する。X会社の同じ工場で勤務しているAとBが作業中に、Aの機械操作によってBが負傷をした場合、Aが民法709条の不法行為の成立要件が満たしていることを前提として、Bは「第三者」として使用者責任をX会社に追求することができる。宅配便のトラックの例でも、まず宅配便トラックを無断使用していた社員に民法709条の不法行為責任が成立しなければならず、仮に交通事故の責任が社員にないならば、使用者責任は問題とならないのである。

D）使用者について免責事由が存在しないこと

> （使用者等の責任）
> 第715条（略）　ただし、使用者が被用者の選任及びその事業の監督について相当の注意をしたとき、又は相当の注意をしても損害が生ずべきであったときは、この限りでない。

　使用者が使用者責任の追求から免れるためには、被用者の選任監督について相当な注意をしたことを証明しなければならない（**民法715条但書**）。

②使用者責任の効果

A）誰が責任を負うのか

　使用者責任を負うのは、使用者（**民法715条1項**）と、使用者に代わり被用者を選任監督する代理監督者（**民法715条2項**）である。

　注意すべきは、先に触れたように使用者責任が認められるためには、被用者自身が709条の不法行為責任の成立要件を満たしていることが必要であるため、被用者も独立して不法行為責任を負うという点である。

　使用者の責任と代理監督者の責任との関係、および使用者・代理監督者の責任と被用者の責任との関係は、それぞれ不真正連帯債務の関係となる。不真正連帯債務とは、民法が連帯債務について規定している、いわゆる絶対効（民法434条から439条）が適用されない連帯債務をいう。たとえば、被害者が共同不法行為者の一人に対してその債務を免除したところ、他の共同不法行為者に対してもその免除の効力が生じてしまうのでは被害者の保護の観点から好ましくない。したがって、不真正連帯債務は連帯債務のような絶対効を認めると被害者の損害賠償請求権の効力が弱められ、被害者の救済に支障が生じるのではないかというところから生まれてきたのである。不真正連帯債務は、債務者の一人について生じた事由（債務の免除など）が他の債務者に影響しないため、それだけ被害者の保護が厚くなっているのである。

B）求償権

　使用者や代理監督者が被害者に生じた損害を賠償した場合に、使用者や代理監督者から求償権を行使することを認めている（**民法715条3項**）。

被用者自身に不法行為責任がある以上、被用者がその損害賠償について負担するのは当然のこととも思えるが、「事業の執行について」の損害賠償を被用者に全額負担させるようなことになるのは、報償責任の考え方からすると妥当とはいえないため、判例は求償権の行使を一定の範囲に限定している。

> 使用者が、その事業の執行につきなされた被用者の加害行為により、直接損害を被り又は使用者としての損害賠償責任を負担したことに基づき損害を被った場合には、使用者は、その事業の性格、規模、施設の状況、被用者の業務の内容、労働条件、勤務態度、加害行為の態様、加害行為の予防若しくは損失の分散についての使用者の配慮の程度その他諸般の事情に照らし、損害の公平な分担という見地から信義則上相当と認められる限度において、被用者に対し右損害の賠償又は求償の請求をすることができる。（**最判昭51．7．8（茨石事件）労判275-12**）

（5）共同不法行為
①共同不法行為とは

> （共同不法行為者の責任）
> 第719条　数人が共同の不法行為によって他人に損害を加えたときは、各自が連帯してその損害を賠償する責任を負う。共同行為者のうちいずれの者がその損害を加えたかを知ることができないときも、同様とする。
> 2　行為者を教唆した者及び幇助した者は、共同行為者とみなして、前項の規定を適用する。

単独の行為者によって行われた不法行為の場合には、その行為者の行為と相当因果関係にあう損害を単独で賠償することになる。では民法709条の不法行為が複数の者によって計画されて実行されたり、偶然複数の不法行為が重なって損害を発生させた場合には、どのような処理をすることになるのだろうか。この場合に、被害者が複数の加害者それぞれについて民法709条の

不法行為が成立することを立証し、しかも、その不法行為と相当因果関係にある損害の賠償請求をしなければならないとしたら、主張立証のははげしく困難になってしまう。

> ［設例A］
> 　X会社に勤務するYは、同僚のZが勤務中に自分が私的に開設したブログに匿名で自社や自社の社員の悪評を書き込んでいることを知った。上司に不満を持っていたYは、Zがブログに記事を書き込むことを期待しつつ、上司のプライバシー情報や上司に関する根も葉もない噂をZに話をし、これを書けばもっとブログ読者が増えて注目されるとアドバイスした。その結果、Zは上司の名誉を毀損する内容やプライバシーを侵害する内容をブログに書き込んだ。
> 　上司は、酒席でYとZがその話をしていることを耳にした他の社員からの報告で、YおよびZが不法行為者であることを知り、精神的損害を受けたことを理由に300万円の慰謝料請求をしようと考えている。

　このような場合、YもZも上司の精神的苦痛を発生させた名誉毀損およびプライバシー侵害行為に関わっていることは間違いないが、どちらがどの程度の苦痛を与えたことになるのかは、すぐには明らかにならない。
　このような場合を想定して、民法はこれら共同した加害者は、被害者に対して連帯して責任を負うとする共同不法行為に関する条文を設けている（**民法719条**）。共同不法行為には3つの形態がある。①狭義の共同不法行為、②加害者不明の共同不法行為、③教唆者・幇助者、である。これらの共同不法行為制度を認めたのは、共同不法行為者に連帯責任を負わせ、被害者の保護を厚くするためである。

②共同不法行為の三形態

A）狭義の共同不法行為
　数人が共同して他人を殴打したり、家屋を破壊したり、強盗した場合のように、共同行為者全員が損害の発生につき共同している場合である。
　狭義の共同不法行為（**民法719条1項前段**）が成立するためには、各自の

行為が独立に不法行為の要件を備えていなければならない。たとえば、家屋の不法占拠者である主人と同居している被用者・内縁の妻・家族などの不法占拠については独立性がないから共同不法行為ではない。妻は加担したとみなされる場合に限り共同不法行為者となる。この点に関して「妻が夫に従って他人の家屋に同居したのではなく、夫の不法占拠に加担して、」ともに所有権を侵害した場合には、共同不法行為者として夫ともに連帯責任を負う」（**大判昭10．6．10**）と判示している。

また関連共同性があることも必要とされる。すなわち、数人が「共同の」不法行為によって損害を生じさせたことが必要なのである。共同不法行為とは、不法行為の関与者相互間に関連共同性がある場合をいい、各行為者間に共謀や共同の認識は必要ではなく、各自の行為が客観的に共同していればいい（客観的関連共同性）。判例は、「共同不法行為が成立するためには、不法行為者間に意思の共通、もしくは共同の認識があることは必要ではなく、単に客観的に権利侵害が共同でなされれば足りる」（**最判昭32．3．26**）**判タ69-63**としている。

B）加害者不明の共同不法行為

たとえば、数人の投石で他人にけがをさせたが、誰の石があたったのか不明であったり、数人が他人に殴打中裂傷を負わせたが、誰の行為によるものか不明な場合がある。このようなときでも、直接の加害者を証明しなければ賠償請求できないというのであれば、被害者にとって不利益が生ずる、そこで**民法719条1項後段**では、「共同行為者のうちいずれの者がその損害を加えたかを知ることができないとき」は、各自が前段と同様の連帯責任を負うと規定しあれ、被害者の保護が図られている。

C）教唆者・幇助者

他人をそそのかして不法行為を実行する意思を決定させた者（**教唆者**）や、見張りのように補助的行為によってその実行を容易にした者（**幇助者**）は、加害に直接かかわった者とはいえないが、共同行為者とみなされて、実行者と連帯して責任を負う（**民法719条2項**）。

教唆・幇助についてもう少し説明を加えておこう。教唆とは、**他人をそそのかして不法行為を実行する意思を決定させた者**である。ここでポイントと

なるのが、不法行為そのものを行った者（**不法行為者**）が教唆者に教唆されて「初めて」、不法行為を実行する意思を決定したということが教唆成立の条件ということである。

　先の例を用いて考えると、同僚のZはすでに自分のブログに自社であるX会社の悪口を匿名で書き込む行為を繰り返しているため、Yが根も葉もない噂を流した段階で、「初めて」X会社に対する不法行為を実行する意思を決定したわけではない。よって、この場合のYの行為は不法行為の教唆にはあたらないことになる。それに対して、「なあ、Z、お前ネットに詳しいんだろ、だったら匿名でうちの社長の悪口を書き込んじゃえよ」とYが言って「初めて」Zが不法行為を行う意思を決定したのなら、Yは教唆者となり、Zとともに共同不法行為の責任を負うことになるのである。

　では、先の例のYは教唆にならないとしたら、不法行為の責任を問われないのか、といえばそんなことはない。不法行為の幇助を行ったことで、共同不法行為の責任を負うことになるのである。幇助とは、補助的行為を行うことで、不法行為者の実行を容易にした者のことをいう。この、補助的行為とは、物理的・心理的援助を与えることで、不法行為の実行を容易にすることをいう。物理的な幇助とは、たとえば金銭を貸したり、道具を貸したり、あるいは不法行為を行う現場へ道案内をしてついていくなどである。心理的な幇助とは、すでに不法行為を決意している者に、激励をしたり助言をしたりすることをいう。道案内ではなく、単に不法行為者といっしょに現場についていってやることで勇気づけするような場合は、心理的な幇助ということになる。

　先の例のYは「根も葉もない噂」というブログ書き込みの材料を提供したという意味では物理的な幇助を行い、これを書けばブログ読者が増えるというようにZの意欲をかき立てたという意味では心理的な幇助を行ったことになる。いずれにせよ、Yの行為によって、Zの不法行為は容易になったといえるので、Yは幇助者として共同不法行為の責任を負う。

　さきほどの説例を少し変えてみよう。

第5章 労働法を理解するための基本三法 民法編

> [設例B]
> 　X会社に勤務する営業1課長Yは、部下Zが勤務中に自分が私的に開設したブログに匿名で自社や自社の社員の悪評を書き込んでいることを知った。その悪評の中には、Yと出世争いでライバル関係にあり仲も悪い営業2課長Pの悪口も含まれていたため、YはZの行為を見逃すこととした。
> 　Zはその後も悪口を書き続け、X会社の悪評はインターネット上で広く知れ渡るようになり、会社はその対応に追われるようになってしまった。

　これは、「**不作為による幇助**」である。不法行為者の不法行為を制止し、結果の発生を防止すべき法律上の義務（**作為義務**）を負う者が、その義務に違反して不法行為者の不法行為を静止せず、不法行為を容易にした場合には、幇助者として共同不法行為の責任を負うことになるのである。

　たとえば、会社の倉庫係が、倉庫から同僚が会社の物品を窃取するのを黙認したような場合には、不作為の不法行為が成立する。設例のYは営業1課長として部下の行動を管理監督する義務があり、厳に部下が会社に損害を与える行為を行っているのに黙認したことは、不作為による幇助にあたるといえる。同時に、営業1課長はX会社との労働契約に伴い、管理職として部下への指導を行う義務や上司への報告を行う義務があるため、それを怠ったということで債務不履行責任を問われることにもなるだろう。

> [設例C]
> 　X会社に勤務する営業1課長Yは、部下Zが勤務中に自分が私的に開設したブログに匿名で自社や自社の社員の悪評を書き込んでいることを知った。そこでYは、自分の出世争いでライバル関係にある営業2課長Pについての根も葉もない噂をワープロ打ちした匿名の文書をYの机の上においておいたところ、Zはそれもブログに書いてしまった。

　このようなケースを「**片面的幇助**」という。幇助者は必ずしも不法行為者と意思を通じている必要はなく、幇助者の行為によって不法行為者の行為が

容易になったという関係があれば良い。

　さらに、**不法行為者が知らないうちに不法行為者のその実行を容易にする幇助行為をした場合でも不法行為は成立する**。たとえば、勤務中に会社のパソコンでブログを書いているZのところに、上司が行こうとしたので、Zを助けるためにその上司を呼び止めたというような場合は、片面的幇助になりうる。

　助言に関して付言しておくと、助言は特に教唆と幇助との区別が問題となるが、不法行為を決意していないものに対し助言をした結果、不法行為の決意を生じさせたのならば教唆となり、すでに決意をしているものに助言をすれば幇助となるということである。

　なお、幇助は不法行為が終わったあとには成立しない。不法行為が終わった後に幇助行為をしても、それにより不法行為が容易になったわけでないからである。

③効果

　賠償の範囲は、各共同行為者は、共同行為と相当因果関係に立つ全損害について賠償すべき責任を負い（**大判大14. 10. 23**）、「**特別損害**」については予見可能性を有する者のみが賠償責任を負う（**大判昭13. 12. 17**）とするのが判例・通説である。

④責任の連帯性

　共同不法行為者は、「各自連帯」にて責任を負わなければならない（**民法719条**）。これは、各人が損害の全部について賠償義務があるということを明らかにするためである。この連帯の性質については、連帯債務とみる説と不真正連帯債務とみる説がある。

　判例・通説は、不真正連帯債務説に立っている。両者の違いは、434条以下の連帯債務の絶対効に関する規定が適用されるか否かにある。たとえば、共同不法行為者の1人について消滅時効が完成した場合や、被害者が共同不法行為者の1人に対して免除をした場合、不真正連帯債務説では、他の共同行為者は全額の賠償義務を負うことになる。

⑤求償関係

　共同不法行為者の1人は、加害者に損害を賠償したときは、これによって

第5章　労働法を理解するための基本三法　民法編

責任を免れた他の者に対して、その者の負担部分に応じて求償することができる。この負担部分は、加害者の公平を図るため、過失割合や違法性の大小など、諸般の事情を総合考慮して決められるべきものと解されている。

（6）訴訟に見る債務不履行と不法行為（セクハラ訴訟と使用者責任）

　A（女性）は、X出版社においてB編集長のもと、取材・執筆・編集等の業務を行なっていた。Bは社内外の関係者らに対し、Aの異性関係は派手であること、不倫をした経験があるなどという発言を繰り返した。また、BがAに転職を勧めたなどの結果、両者の関係は険悪なものとなっていた。

　これを知ったX出版社の専務らは、あくまでAB間の個人的対立としてこの問題を見てAを呼び出し、Bと妥協できないかと話を持ちかけた。しかしAは応じなかったため、X出版社専務らは、AB間で話し合いによる解決ができないのならどちらかに退職してもらう旨伝え、あくまで謝罪を要求するAが退職することになった。

　AはBの行為が**セクシュアルハラスメント**（セクハラ）に該当する不法行為であり、X出版社は当該行為が業務の執行につき行われたものであるから使用者責任を負うとして、損害賠償および慰謝料を請求した。

> 　Bが職場または関連する場において、Aの個人的な性生活や性向を窺わせる事項について発言を行い、その結果、Xを職場に居づらくさせる状況を作り出した場合には、それはAの人格を損なってその感情を害し、Aにとって働きやすい職場環境のなかで働く利益を害するものであるから、BはAに対して民法709条の不法行為責任を負う。
>
> 　Bの一連の行為はXの『事業の執行に付き』行われたものと認められ、XはBの使用者として不法行為責任を負うことを免れない。（福岡地判平4.4.16（福岡セクシュアルハラスメント事件）労判607-6）

　これが、セクハラ訴訟のリーディングケースとなった福岡セクシュアルハラスメント事件である。セクハラには、職務上の地位を利用して解雇あるいは昇格・昇給といった不利益・利益と引き換えに性的な関係を強要する「**対**

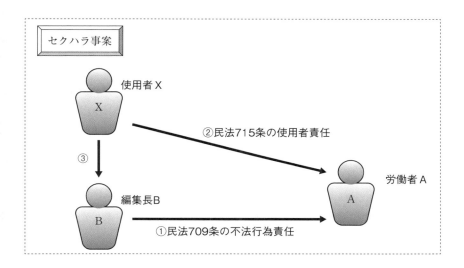

価型」と、性的に不快な環境（性的な言葉を発する、性的なポスターを職場に貼ったり、性的な内容の画像をパソコンのディスプレイに表示させる）を作りだす「**環境型**」という２つの概念が含まれている。

　このようなケースについては、①ＡＢ間の法律関係、②ＡとＸ社の法律関係、③ＢとＸ社の法律関係について考えていくことが必要である。

　①については、Ｂに民法709条の不法行為責任が成立するかを検討する。その際に問題になるのが、侵害されたＡの利益とは何なのかである。セクハラ事件の場合は、被害者の性的自由や人格権の侵害が問題となる。セクハラ行為が、その行為態様、反復継続性、目的、時間、場所、加害者・被害者の関係（職務上の地位）などを総合的に考慮して、社会通念上許容される限度を超えるものであるかによって判断される（**東京高判平９．11．20（横浜セクハラ事件）労判728-12**）。

　社内外においてＡに関する性的な発言を繰り返したＢの行為は社会通念上許容される限度を超え不法行為とされたのである。

　②については、Ｘに民法715条の使用者責任が成立するかが問題である。Ｂの加害行為に事業執行関連性が認められるかどうかだが、セクハラ発言が編集長という立場でなされた発言であり、認められる。よって、Ｘ社は、被用者Ｂの選任監督について注意義務を尽くしたことを証明しないかぎり、使

用者責任を負うのである。今回のケースでは、あくまでＡＢ間の個人的問題として処理しようとしたＸ社には注意義務を尽くした事情が認められないため、使用者責任が成立する。

③は、Ｘ社がＢに対し職場秩序を乱した行為として、懲戒処分を講じる必要性を検討する必要があり、また、問題を把握した以上、事態の再発を防ぐために職場環境を整備する義務が労働契約上の付随義務として生じる。

福岡セクシュアルハラスメント事件はまだセクハラという言葉が一般的でなかった時代に、セクハラを初めて認めた裁判例であり、その歴史的意義は大きく、以後セクハラ訴訟が次々と提起されることとなったが、それらの中でも**津地判平９．１１．５（三重セクシュアルハラスメント事件）労判729-54**では、使用者責任ではなく、労働契約上の職場環境整備義務違反という債務不履行責任を認めた事例である。債務不履行責任を認定したのはセクハラが深夜休憩時間中の休憩室で行われた個人的行為であることによるものだが、このケースからも民法の債務不履行責任と不法行為責任の関係に対する理解の重要性が理解できたことと思う。

①**メンタルヘルス事例に見る債務不履行と不法行為**

Ａ）**債務不履行責任と不法行為責任**

従業員が精神疾患であることが判明したものの、本人が休職を拒んでいるため様子を見ていたところ、いくらも経たないうちに**自殺**してしまった。

このような場合に、会社は民事上、どのような責任を問われる可能性があるのだろうか。それが、すでに学んだ「**債務不履行責任**」と、「**不法行為責任**」である。

ア）**債務不履行責任**

債務不履行責任は、債務者が債権者に対して約束したとおりの債務を正当な理由なく履行しないこと、すなわち、債務の本旨に従って履行しないことであった。精神疾患の発症に業務起因性がある場合には、債務者である会社が債権者である労働者に対して、安全配慮義務を怠ったことによりその責任を問われる可能性がある。

使用者である会社は、労働契約上、従業員の安全あるいは健康に配慮するという債務（安全配慮義務）を負っており、これが「債務の本旨」の内容を

なすことになる。会社が安全配慮義務を履行せず、または不十分であった場合には、債務不履行となる。そして、そのことにより債権者に損害を与えた場合、損害賠償を支払う責任を負うのである。

労働契約においては、たとえ就業規則などに明文化していなくても、使用者が労働者に対して負う当然の義務として位置づけられている。

近年、こうした安全配慮義務が裁判で問われることが多いので、ここのところをしっかり押さえておきたい。

イ）不法行為責任

次に不法行為だが、これは民法709条に「**故意又は過失によって他人の権利又は法律上保護される利益を侵害した者は、これによって生じた損害を賠償する責任を負う**」との定めがある。

このうち「故意」とは、ある行為が意図的なものであることをいう。また、「過失」とは、誤りや失敗をいう。たとえば、憎い相手を殴ろうとして殴った場合は故意であり、殴る気はまったくなかったのに、ゴルフの素振りをしていたら歩いてきた人に気付かず、殴ってしまったというような場合が過失である。

さて、長時間の過重な労働によりうつ病を発病し、自殺をした事案の場合、会社の不法行為を問うことができるのかが問題とされる。

自殺という行為は、外形的には、うつ病患者が自らの自由意志で自死という選択をしたと考えられがちだが、近年、実は病気がさせる行為であることが臨床的にも広く知られるようになった。

そこで、うつ病に業務起因性があった場合、一定の要件を満たせば会社の故意・過失が存在し、労働者の自殺に関して会社の不法行為が成立するとされている。ひいては、自殺した労働者の遺族が、会社に損害賠償の支払を主張できるということになる。

この一定の要件は、債務不履行を判断する際にもポイントとなるので、よく理解しておきたい。

ウ）「結果予見の可能性」と「結果回避義務」

その一定の要件とは、（Ⅰ）結果予見の可能性と、（Ⅱ）（Ⅰ）を前提とした結果回避義務である。結果の予見ができず、回避措置が講じられなかった場

合は、会社に故意・過失が否定され、会社の不法行為は成立しない。また、結果の予見が可能であっても、現実問題として物理的に回避する策が講じられないような場合にも、会社の不法行為は成立しない。

ところで、責任が問われるとされる結果予見可能性は、「抽象的予見可能性」か、それとも「具体的予見可能性」か、といった問題がある。

抽象的結果予見可能性とは、たとえば、飛行機を空に飛ばせば、墜落するという可能性があるので、回避措置はどうすればよいかということになるのだが、飛行機の航路すべてに、墜落防止の防護ネットを張り巡らせることは不可能である。では、事故を回避できないのだから、不測の事態を回避するために、飛行機を飛ばさなければよい……という結論を導けるかという問題である。いまや、飛行機は人々の生活になくてはならない乗り物である。抽象的予見可能性が、不法行為や債務不履行を構成する要件であるとしたならば、航空会社は事故がこわくて飛行機を飛ばせなくなる。そこで、社会的な公共の利益と回避措置が比較衡量され、免責の幅を考えることになるのである。

また、雇用に関しても同じことが言える。人を雇えば、労災が発生することは結果の予測がつく。そこですべての労災が発生しないようにするにはどうしたらいいかの議論になるわけだが、極論を言えば、人を雇わなければよいということになってしまう。これでは、社会が成り立たない、現実的ではないということになるのである。

したがって、ここでいう「結果予見の可能性」とは、抽象的予見性を含まず、具体的な予見可能性の存在が要求されることになる。

精神疾患の従業員に対し、会社に求められる「結果予見の可能性」とは、長時間労働をしており、顧客のクレームに頭を悩ませている社員が、誰の目から見ても奇異な行動をしている、といった場合に、これはうつ病の可能性があるぞと、労務管理をしている人なら誰でもが予測できる結果をいう。逆に、コンプライアンスにのっとった労務管理および衛生管理をしていた会社で、普段と様子がまったく変わらない従業員が突然自殺してしまった場合に、後日、この従業員は実際のところ、職務上の大きな悩みを抱えていたことが判明したような場合には、結果予見の可能性は否定される公算が高い。

次に、「**結果回避義務**」であるが、これは、従業員がうつ病にかかってい

る可能性が高いと認識したら、会社が取るべき手段を講じなければならないという義務である。具体的には、労働者を専門医に受診させるとか、休職させるといった方法が考えられる。

したがって、本書の最初の事例のように、精神疾患の症状がある従業員に対し、会社は手をこまねいて何もせず、その結果、当該従業員を自殺させてしまったような場合には、「**結果予見の可能性**」があったにもかかわらず、「**結果回避義務**」を怠ったために自殺させてしまったと判断される可能性が高いといえる。

しかし、だからといって、予見可能であればすべての予見される結果を防ぐために、可能な限りあらゆる手段を講じ、未然に結果を回避することが会社の義務であり、それを怠った場合すべてに損害賠償責任を負わされたら、会社は安心して労働者を雇えなくなるだろう。

会社は、従業員の健康管理施設ではなく、こと精神疾患の従業員についていえば、社会復帰のためのリハビリ施設ではないからである。

したがって、「結果予見の可能性」における「結果回避義務」は、本来、会社が営利を追求する組織であることにも鑑み、社会通念上相当とされる限度で、つまり、一般人が「従業員の精神的な健康を守るためにその程度のことは使用者にやらせることが公平だ」と考えられる程度のものに対して、責任を問われるものと解すべきである。

B）業務上の負荷と個体側の事情の調整

さて、ここで、精神疾患を患ったことにより、当該従業員が自殺をしてしまった場合を考えてみる。具体的な予見可能性があり、かつ結果回避義務を尽くさなかったケースでは、会社は安全配慮義務違反を問われ、債務不履行あるいは不法行為を判断する際、過失があったとして、それを理由に、損害賠償の支払を余儀なくされることがあることは前述したとおりである。

では、これらの要件が整えば、会社が全損害を負わなければならないかという問題がある。

この点につき、従業員の個体側の資質にもともと精神疾患の要素がある場合にまで、会社に全責任を負わせるのは公平を失するとして、過失相殺により、割合認定を認めた判例がある。

和歌山地判平14．2．19（みくまの農協（新宮農協）事件）労判826-67では、組合に安全配慮義務違反及び不法行為上の過失は認められるが、精神疾患に罹患していたと認められる自殺以前に、家族からその旨の連絡がなされていれば、組合側も相応の対処ができたものと考えられると判示し、損害を7割減額している。

また、東京高判平14．7．23（三洋電機サービス事件）労判852-73でも当該労働者本人の性格や因子からくる心因的要素の寄与や会社への情報提供の不足を考慮し、民法722条の過失相殺およびその類推適用によって、損害賠償から8割を減じている。

C）債務不履行と不法行為責任の関係

うつ病による社員の自殺について、債務不履行責任も不法行為責任も問えそうな場合はどうすれば良いのだろうか。詳細についてはすでに触れたが、結論的にはどちらの責任も追求できるので、どちらかを選んで請求しても構わないし、両方を請求しても構わない。実務的には、かつては不法行為責任を追求することが多かったのだが、判例が安全配慮義務を明確にしてからは債務不履行責任を主張する際に、あわせて不法行為責任も主張することが多くなった。

安全配慮義務というのは、債務不履行責任にも不法行為責任にも登場する言葉である。ただし、その内容が異なることに注意を要する。債務不履行における安全配慮義務とは、「ある法律関係に基づいて特別な社会的接触の関係」に入ったものに要求される義務であるのに対して、不法行為における安全配慮義務とは、社会における一般的な安全配慮義務にとどまるのである。その違いはまさに、「契約」という特別の信頼関係によって生まれるものなのであり、会社には従業員に対して、一般人に対する以上の配慮をしなければならないのである。

(7) 工作物責任

①意義

土地の工作物の設置又は保存に瑕疵があることによって他人に損害を生じたときは、その工作物の占有者または所有者は、被害者に対してその損害を

賠償する責任を負わなければならない（**民法717条1項**）。このような責任を「**工作物責任**」という。

土地の工作物の設置・保存上の瑕疵によって他人に生じた損害について、当該工作物の占有者または所有者が責任を負わなければならない根拠については、いわゆる「**危険責任主義**」の考え方が反映されている。

②責任を負うべき者

工作物責任の第1次的な責任者は当該工作物の占有者であるが、当該占有者は、損害の発生を防止するのに必要な注意をしたことを証明できた場合には、免責されることになる（**民法717条1項**）。

占有者が免責される場合に第二次的に責任を負うのが所有者である。占有者の責任は、過失責任ではあるが、占有者自らが無過失を証明しなければならないという意味で、過失の証明責任が転換された、いわゆる「中間的責任」であり、所有者の責任は、そのような免責事由がないため、無過失責任であると理解されている。ちなみに、工作物の占有者と所有者が同一人である場合には、その者は、所有者として無過失責任を負うことになる。

③成立要件

A）「瑕疵」の判断

工作物責任が成立するためには、「**土地の工作物の設置または保存に瑕疵があること**」が要件となる。

「**瑕疵**」とは、その物がその種類に応じて本来備えているべき性状や設備を欠いていることをいう。例えば、階段の足場が壊れていた場合のように、明らかに物が壊れているような状態のみではなく、池の周りに転落防止用の柵がなかった場合のように、必要な性状や設備が存在しないという消極的な状態もまた瑕疵となる。また、設置の瑕疵とは、工作物の建造当時から存在する瑕疵であり、保存の瑕疵とは、設置後に維持・管理されている間に生じた瑕疵のことをいう。

通説的な理解によれば、「瑕疵」の有無は、その物がその種類に応じて本来備えている性状や設備を欠いているか否かを客観的に判断するべきと考えられている。もっとも、単にその物自体の状態のみだけではなく、物の用途、用法など、諸々の要素を考慮して同種の物が通常備えているような安全性が

欠けているかどうか、換言すれば、設置や保存にあたって安全確保のために通常なされるべき行為がなされていたかどうかという観点が重要となる。

ここで、設置や保存にあたっての安全確保のために通常なされるべき行為の判断というのは、当該工作物の用途・用法など諸々の要素を考慮して予見される危険に対して、そのような危険を回避するために必要な措置を施したか否かという観点からなされる。すると、「瑕疵」の判断は、行為義務としての結果回避義務に違反することを本質とする「過失」の判断と近接してくることになる。

以上のような観点から、民法717条の「瑕疵」とは、主観的な過失を客観的に定式化したものであり、瑕疵が証明されれば注意義務違反は推定されるわけであるから、工作物責任は、過失責任によるものと解すべきであろうという考え方や、より直接的に、民法717条の「瑕疵」は、行為義務違反に他ならないという考え方もある。

「瑕疵」の判断を行為義務違反の観点から行なうことは、当該工作物に瑕疵がないといえるためには、当該工作物の占有者や所有者が設置や保存にあたっての安全確保のために何を行なわなければならないかという観点を明確にして、その事が損害発生の予防や将来の改善にもつながるという積極的な意義があると説明されている。より個別具体的に判断していこうという取り組みである。

B）因果関係の存在

工作物責任は、土地の工作物の設置又は保存上の瑕疵によって損害が発生した場合に認められる。したがって、全く予想に反するような大規模な自然災害によって損害が発生した場合などは、当該損害は、工作物の瑕疵によって生じたものではなく、不可抗力としての自然災害によって生じたものとして工作物責任は生じないことになる。

もっとも、工作物に瑕疵がないといえるためには、一般的に予想される自然災害等には耐えうるものでなければならないので、自然災害が原因であれば、責任を負わないものであると軽々に判断してはならない。「瑕疵」の有無は、物の性状に加え、用途・用法などの諸々の要素を考慮して、発生する危険とその回避措置を十分に検討しておく必要がある。

C）無過失責任と過失責任

通説的には、工作物責任は、所有者との関係においては、いわゆる危険責任主義の考え方に基づく無過失責任を規定したものであると考えられているが、「瑕疵」の有無は、法的観点からの評価が必要な規範的な概念の判断であって、その内容は「過失」の判断と重なってくることになる。

すなわち、「瑕疵」の判断も「過失」の判断と同様、危険な結果の発生が予測できたか、予測できたとして、その危険を回避する手立てを講じたかという点によって判断されるのである。

なお、工作物責任が無過失責任であるといっても、不可抗力によって生じた損害についてまで責任を負わせるものではない。

このように、無過失責任とはいっても、それは、行為者の故意・過失という主観的な事情を要件とはしないという意味をもつにとどまり、当然に結果責任が認められるものではない。個別具体的な検討と判断が必要となってくるのである。

（8）労働者の損害賠償責任

労働者が労働する際に、自らの過失などを原因として損害を誰かに与えた場合、どのような損害賠償責任を負うのだろうか。

その責任は、労働者が損害を与えた相手が誰であるかによって、以下のように分類される。

①労働者が使用者に損害を与えた場合

この場合はさらに、労働者が使用者との間で結んだ労働契約に関しての損害賠償責任である（1）債務不履行責任（民法415条参照）と、労働契約とは関係のない（2）不法行為責任（民法709条参照）とに分かれることになる。

（1）債務不履行責任、（2）不法行為ともに、労働者は故意による行為だけでなく、過失による行為（重過失あるいは軽過失）についても、使用者に対して完全な責任を負うことになるが、使用者に過失がある場合は過失相殺の規定（民法418条、民法722条2項）が適用される場合もある。

A）労働者の使用者に対する債務不履行責任

労働者が使用者に対して債務不履行による損害賠償責任を負う場合は、す

第5章 労働法を理解するための基本三法 民法編

でに学んだように①債務不履行の存在、②帰責事由（故意・過失または信義則上これと同視すべき事由）の存在、③損害の発生、④債務不履行と損害との間の因果関係が要件となる。

【債務不履行による損害賠償責任発生のための要件】

---

①債務不履行の存在
②帰責事由の存在
③損害の発生
④因果関係

B）労働者の使用者に対する不法行為責任

　労働者が使用者に対して不法行為による損害賠償責任を負う場合は、これもすでに学んだところだが①故意または過失の存在、②権利侵害、③損害の発生、④不法行為と損害との間の因果関係などが要件となる。

②労働者が第三者に損害を与えた場合

　この場合、労働者は通常第三者と契約関係にないため、不法行為責任が問題となる。不法行為責任成立に必要な要件は、前述の説明したものと同じである。

　この場合に、労務管理上重大な問題となるのは、労働者の不法行為に関して、使用者が使用者責任（**民法715条**）を第三者に対して負うか否かということである。

　民法715条1項但書は「ただし、使用者が被用者の選任及びその事業の監督について相当の注意をしたとき、又は相当の注意をしても損害が生ずべきであったときは、この限りでない。」という形で免責規定を設けている。しかし、判例は免責に関して相当の注意をしたとの使用者の主張をほとんど容れることがないため、使用者責任は実質的には無過失責任に近い運用がなされている。

　労働者が第三者に損害を与えた場合に、使用者責任による損害賠償責任が認められ、使用者が第三者に損害賠償を行った場合、使用者は労働者に対して求償権を行使する（使用者が支払った損害賠償額を労働者に請求する）こ

とができる。

③**労働者が同僚に損害を与えた場合**

　労働者が同僚に損害を与えた場合、それが労働災害であるならば、第三者行為災害として、労働者災害補償保険法（労災保険法）の補償給付の対象となる。労災保険法12条の４第１項は、「政府は、保険給付の原因である事故が第三者の行為によつて生じた場合において、保険給付をしたときは、その給付の価格の限度で、保険給付を受けた者が第三者に対して有する損害賠償の請求権を取得する。」としているが、実務的には、政府は加害行為を行った労働者に対する求償権の行使を差し控える取扱いがなされている。

④**労働者の損害賠償責任と使用者責任**

A）**使用者責任に関する求償権をめぐる問題**

　前述のように、民法715条は、労働者が故意または過失によって、第三者に損害を与えた場合に関する使用者責任を定めており、使用者が実際に第三者に対して損害賠償を支払った場合は、労働者に対して求償権を行使できることを定めている。

　労働者の不法行為については、使用者にも損害賠償責任があるが、損害賠償を支払ったのならば、労働者にその賠償額を請求しても良い、というのが民法の採用した制度である。では、使用者は支払った損害賠償額全額を労働者に対して求償することができるのだろうか。

　この点に関して、民法の法文上は、使用者の求償権に関して特に制限が加えられていない。しかし、実際の裁判例において使用者の求償権は制限されている。この点に関して理解するためには、そもそも使用者責任はいかなる趣旨から認められるものなのかについて、まず理解する必要がある。

ア）**代位責任説**

　使用者責任を、労働者が本来負うべき責任を使用者が代わって負担する制度と理解するのが代位責任説である。あくまで責任を負うべきなのは労働者であるため、使用者が損害賠償を支払うにしても、それは他人の債務を履行したにすぎないと考えるのである。この考え方からは、損害賠償は労働者が支払うべきものであるため、使用者に求償権が認められるのは当然であり、また、その求償権を行使できる額についても、全額求償できるのが当然とい

第5章　労働法を理解するための基本三法　民法編

うことなる。そのため、使用者の求償権の行使を制限することに関しての説明がつきにくいという難点を抱えているのである。

イ）固有責任説

使用者責任は、使用者が固有の責任として負うべき責任であると理解するのが固有責任説である。なぜ、労働者の不法行為を使用者の固有責任、つまり使用者自身の責任として考えられるかといえば、その理由は主に2つある。

一つが、「**報償責任**」という考え方である。使用者は労働者を使用することで経済活動を行い、その結果利益を得ている以上、労働者が他人に与えた損害について負担するのが実質的に公平であるという考え方がその背景にある。「**利益の帰するところに責任もまた帰する**」という言葉で表現される。

たとえば、宅配ピザ業者は、労働者を雇いバイクでピザを客の自宅やオフィスなどに配達する事業を展開している。宅配ピザ業者が収益を得られるのは、労働者がバイクを運転して注文者の自宅やオフィスにピザを届けているからであり、その労働者がバイクの運転で人や物に損害を与えたならば、その損害は事業者が利益を得るための経済活動によって引き起こされたものである以上、事業者が責任を得るのは当然だ、ということである。

この、「**報償責任**」を使用者責任が認められる根拠として理解するのが、現在の通説である。

もう一つ、「**危険責任**」という考え方も根拠にあげるのが有力説である。これは、経済活動を行う場合、程度の差こそあれ、危険の発生するリスクは常に存在する。先の宅配ピザの例ならば、バイク運転による事故発生のリスクである。そのような危険が発生しうる活動を継続的に行う使用者は、その危険から発生した損害について賠償する責任を負うことがやはり実質的な公平にかなうという考え方である。

ウ）固有権説を前提とした求償権に関する解釈

通説である固有権説を前提として民法715条の条文を見てみると、使用者から労働者への求償権に何らの限定も付されていないことが問題であることに気付く。使用者自身の責任として理解しておきながら、支払った損害賠償額全額を労働者に請求することが無限定に許されるのならば、それは実質的には使用者自身の責任を否定しているのと同じことになってしまうからである。

よって、使用者による求償権を制限する方向での解釈が肯定されることになるが、問題はその理論的根拠である。この点に関しては「**損害の公平な分担**」という見地から信義則をもとにして制限するのが判例の基本的立場である。リーディングケースとなった判例をみてみよう。

判例 ■最判昭51．7．8（茨石事件）労判275-12

【事案】X会社は、石油等の輸送・販売を業とする株式会社であり、Y1は、X会社において運転業務に従事する労働者であった。Y1は、業務上タンクローリーを運転中、追突事故を起こした。そのため、X会社は、使用者責任に基づき、追突された車両の所有者に対してその車両損害の賠償として約7万円を支払った。また、破損したX会社のタンクローリーの修理費及び修理のための休車期間中の逸失利益として約33万円の損害を被った。

そこで、X会社は、Y1及びその身元保証人であるY2らに対し、Aへの損害賠償分の求償と、X会社が直接被った損害に対する賠償を請求した。原審は、損害額のうち4分の1を超える部分についての賠償及び求償の請求は信義則上許されないと判断したので、X会社が上告した。

【判旨】 1 石油等の輸送および販売を業とする使用者が、業務上タンクローリーを運転中の被用者の惹起した自動車事故により損害を被つた場合において、使用者が業務用車輛を多数保有しながら保険に加入せず、また右事故は被用者が特命により臨時的に乗務中生じたものであり、被用者の勤務成績は普通以上である等の事実関係のもとでは、使用者は、信義則上、右損害のうち4分の1を限度として、被用者に対し、賠償および求償を請求しうるにすぎない。

2 石油等の輸送及び販売を業とする使用者が、業務上タンクローリーを運転中の被用者の惹起した自動車事故により、直接損害を被り、かつ、第三者に対する損害賠償義務を履行したことに基づき損害を被った場合において、使用者が業務用車両を多数保有しながら対物賠償責任保険及び車両保険に加入せず、また、右事故は被用者が特命により臨時的に乗務中生じたものであり、被用者の勤務成績は普通以上である等の事実関係のもとでは、使用者は、信

第5章　労働法を理解するための基本三法　民法編

> 義則上、右損害のうち4分の1を限度として、被用者に対し、賠償及び求償を請求しうるに過ぎない。

　本件は、石油等の輸送、販売業を営むX会社の従業員Yが重油を満載したタンクローリーを運転中に追突事故を起こし、Xが使用者責任に基づき、追突された車両の所有者Aに対しその車両の損害賠償として7万円余を支払い、また、破損したタンクローリーの修理および修理のための期間中の逸失利益として33万円余の損害を被ったので、Aに対する賠償義務を履行した分については民法715条3項による求償を、Xが直接損害を被った分については同法709条による賠償を、それぞれYに対して請求した事案である。
　原審は損害額のうち四分の一を超える部分についての賠償および求償の請求は信義則上許されないと判断したので、Xから上告し、原審の判断の当否が問題となった。
　民法715条3項は、使用者の求償権を創設する規定ではなく、求償権の法的根拠は、使用者と被使用者の契約関係に基づく債務不履行行為を理由とする損害賠償請求権にほかならず、民法715条3項は、このような意味での使用者の求償権の行使を妨げない旨を注意的に規定したものであると解されている。本件においても、賠償請求と求償請求を特に区別することなしに統一的に論じられている。
　問題は、使用者がその事業の執行につきされた被用者の加害行為により損害を被った場合に、使用者の被用者に対する賠償または求償の請求がどこまで認められるかについてである。この点に関しては、前述のように使用者責任を代位責任として理解する立場からは、本来的には労働者が負うべき責任であるものである以上、使用者からの求償を全面的に認めるという考え方が疑問なく提示されていた。
　しかし、固有権説が通説化すると、報償責任あるいは危険責任、あるいは保険制度によって使用者はある程度損害をカバーできることなどの関係上から、使用者の求償権を制限すべきとの考え方も一般化するようになり、下級審判例にもこの考え方を採用するものが相当数現れるようになった段階で、本判決が登場したのである。

本判決は、考慮すべき諸要素を例示的に挙げたうえで、原審の認定した事実関係のもとにおいて、賠償および求償請求を制限した原判決を是認したものである。最高裁判例において求償権の制限を実際に認めたものとしては本判決が初のものであり、その意味で画期的なものといえよう。

　判例　■名古屋地判昭62．7．27（大隈鉄工所事件）労判505-66

　【事案】YはX社の従業員であったが、昭和42年1月7日午前6時20分ごろ、プレナー（平削盤）を操作中、約七分余居眠り状態に陥り、右プレナーテーブルに損傷を与え、また、工作不良品を生じさせた。これに対し、XがYを出勤停止10日の懲戒処分に付したところ、Yはこの処分に従ったものの、処分明け後に本処分は過去の例に比して重過ぎるとして、その取り消しを求める要望書を提出した、これに対しXは、「Yは懲戒処分を受けたにもかかわらず、改心の見込みがない」として被告を通常解雇した（第一次解雇）。

　そこで、Yが右解雇に対し、地位保全の仮処分を申請したところ、名古屋地裁は右解雇および予備的に主張された整理解雇のいずれも無効としたが、Xはこれを不服として控訴した。

　本件は、これに対し、①Xが本件居眠り事故に関し、Yに対する損害賠償の支払いを、②Yの反訴として、Xが本件出勤停止処分に対する被告の異議申立権を侵害したこと、昭和48年2月5日、名古屋地裁よりYの行為を理由に解雇してはならない旨の仮処分決定がなされていたにもかかわらず、本件第一次解雇に及んだこと、本件損害賠償請求をあえて提起したこと、本件一次解雇を無効にした判決につき控訴したことは不当控訴であり、いずれも不法行為を構成するとして、損害賠償の支払いを求めた事案である。

　【判旨】1　夜勤においてプレナー（平削盤）を操作中、約七分余居眠り状態に陥り、右プレナーテーブルに損傷を与える等の結果を生み出したことは、重大な労働契約上の義務違反であり、損害賠償責任を免れない。

2　右賠償責任につき、諸般の事情を考慮して、損害額の4分の1と弁護士費用を相当とする。

3　会社からの右損害賠償請求に対する反訴として、右事故に対する懲戒処

第5章 労働法を理解するための基本三法 民法編

分（出勤停止）後の態度等を理由とする解雇等に関し、会社の不法行為を理由に損害賠償を請求することは、形式的にみれば、右本訴とは関連性を有しないが、実質的にみれば、両者は前記居眠り行為の有責性の点において深く関連しており、反訴として適法性を有する。
4 右解雇等の会社の行為が不法行為を構成するとまではいえない。

　本判決は、前掲茨石事件最高裁判決が「使用者が、その事業の執行につきなされた被用者の加害行為により、直接損害を被り又は使用者としての損害賠償責任を負担したことに基づき損害を被った場合には、使用者は、その事業の性格、規模、施設の状況、被用者の業務の内容、労働条件、勤務態度、加害行為の態様、加害行為の予防若しくは損失の分散についての使用者の配慮の程度その他諸般の事情に照らし、損害の公平な分担という見地から信義則上相当と認められる限度において、被用者に対し右損害の賠償又は求償の請求をすることができるものと解すべきである」としたのに対し、当該事故が労働者の「軽過失」による場合には、使用者は損害賠償請求はなし得ないが、それ以外の場合にはこれをなし得るとするとともに、過去の取り扱い、会社の規模、会社と労働者の資力・経済力の格差、保険加入の有無などは、「損害賠償額を定めるに当たり、考慮されるべき事由に止まる」とした。
　この判示は、前掲最高裁判例と表現をやや異にする部分があり、両者の関係をどのように評価するについては難しい面もあるが、実質的には同様の判断構造を採用したものとされている。
　結論としても、労働者の損害賠償責任を四分の一の限度で認めたことは妥当なものであると評価されており、前掲最高裁判決からも同様の結論が導かれよう。

 判例 ■福岡高裁那覇支判平13．12．6（M運輸事件）労判825-72
　【事案】本件は、運送業者であるX社が、従業員であったYがX社のクレーン車を運転中起こした交通事故について、Yに対し、民法709条及び715条3項に基づき、損害賠償金468万1247円及びこれに対する上記事故の日である平

成8年11月20日から支払済みまで民法所定の年5分の割合による遅延損害金の支払を求めた（本訴）のに対し、Yが、X社に対し、未払の労災保険金及び源泉徴収還付金合計25万4944円及びこれに対する反訴状送達の日の翌日である平成12年8月17日から支払済みまで民法所定の年5分の割合による遅延損害金の支払を求めた（反訴）事案である。

【判旨】1 使用者が零細企業で赤字経営であったとしても、その業務内容、事故発生の危険性等にかんがみると、保険加入等による損害の分散措置を講じないで事故によって生じた損害を従業員の負担に帰せしめることは相当でない。

2 クレーン車を運転中にクレーンのブームを所定の位置に伏せるのを怠ったため歩道橋に衝突させる事故を起こした労働者に対する使用者の損害賠償請求及び求償権の行使について、本件事故について本人に重過失があったとは認められず、また使用者は危険を予測できたにもかかわらず適切なリスク管理や予防策を怠ったとして、総損害額（169万6201円）の約24.7パーセントに当たる42万円を弁済した労働者に対して更に損害賠償の請求や求償権の行使をすることは許されないとした第一審判決が維持された事例。

本判決においては、当該事故が労働者の「軽過失」にとどまることや、使用者の結果予測可能性を前提としてリスク管理等の結果回避措置違反を前提として、労働者への損害賠償請求権や求償権の行使が制限されている。

ここまでは使用者による労働者への損害賠償請求権や求償権の行使についての制限がなされた判例を紹介したが、そのような制限がなされない判例も存在する、近時の判例をみてみることとしよう。

判例 ■名古屋地判平24．12．20（損害賠償求償（X社）事件）

【事案】X社に勤務していたYは社員寮の厨房において同僚のAと職務中に、Aの発言が自分を馬鹿にしたものと受け止め激昂し、襟首をつかむなどの暴力行為におよんだ。Yの行為によりAは転倒し、後頭部を打撲した。Yは傷害罪に問われ略式命令を受けた。

その後、Aは、X社およびYを被告として、不法行為および使用者責任に基づく損害賠償請求訴訟を提起した。本訴訟は「X社とYは連帯してAに対し131万余円およびその遅延損害金を支払え」との判決がなされ確定した。

　この判決を受け、X社はAに遅延損害金を含む全額158万余円を支払ったが、民法500条を根拠に、Aに代位してYに強制執行すべく、Yに対し民事執行法33条1項、27条2項に基づく承継執行文の付与の訴えを提起した。

　一方、Yは、X社が使用者として被用者であるYに損害賠償請求または求償することは信義則上許されないとして、民事執行法35条に基づき請求異議の訴えを提起した。

　Yは、X社が従業員の適切な管理を怠り、また、X社のAへの対応の不備などからAへの損害賠償金額が増加したのであり、信義則上、Yに対する求償権行使は制限されるべきと主張した。

【判旨】 1　Yの主張によれば、X社がAの勤務態度が真面目なものではなかったにも関わらず、これを放置し、あえてYとAとを一緒に仕事をさせた結果、本件傷害事件を誘発させたと主張するが、Aの勤務態度が真面目なものではなかったことと、それにもかかわらずあえてYとAとを一緒に仕事をさせたことは認められない。また、本件傷害行為は偶発的なものであり、傷害事件が発生することを予見することは不可能で、X社に勤務配置等において何らかの過失があったということはできない。

2　Yは、X社の寮長の発言から、Aが被害届を出す決意をし、X社において、示談の対応を放置し、また、Yに謝罪をさせず、早期の示談解決の機会を奪ったなどと主張する。確かにX社の担当者がYに対し、Aに会わない方がよいなどと指示したことは認められるが、X社が、YのAに謝罪することを遮断し、早期の示談解決の機会を奪ったまでとはいえず、X社の対応に損害額を増加させる原因があったものと認めることはできない。

　なお、前訴判決では、慰謝料額の算定にあたり、Aの強い被害感情やYの謝罪がないことなどを考慮しているが、本件がYの故意による不法行為であることを勘案すると、Yに対するX社の求償権の範囲を制限するような事情とまではいえない。

3　X社は、Yと連帯して負担したAに対する損害賠償金の全額を支払った

のであるから、民法500条によりAに代位することができる。X社の求償権の範囲を制限するような事情は認められず、X社は、Aの債務名義成立後の承継者として前訴判決に基づく強制執行が全額について可能である。

Yの請求異議については、前記のとおり、X社のYに対する求償権の範囲を制限するような事情は認められない。

　本事案は、職場における暴力行為と使用者の責任が問題となったものである。従業員間の暴行傷害事件で、会社（X社）と加害者（Y）に連帯して損害賠償の支払いを命じた判決（前訴判決）を受け、全額を支払ったX社が、加害者へ求償できる権利の確認を求めたところ、Yは、損害の公平な分担の見地から求償の減額を主張した。

　この点に関し判決では、事件の予見は不可能であり、X社の人員配置に過失はないとしたうえで、事件はYの故意による不法行為であり、求償権の範囲を制限する事情はないとしたものである。

　すでに見たように、民法715条は、従業員が「事業の執行につき」他人に損害を与えた場合に、使用者にその損害を賠償する責任（使用者責任）を負わせるものである。同条の適用範囲は、本来の職務の執行について損害を与えた場合だけでなく、職務と密接な関連性のある行為についても広く適用されるのが判例の採る立場である。

　職場における暴力行為について使用者責任が肯定された例としては、工事現場でのこぎりの受け渡しをめぐって口論になり暴力事件に発展した事案（**最判昭42．6．30**）、調理場で食器洗いをしている際に出た水しぶきがかかったこと等に腹を立て、けんかになって刺殺した事案（**東京高判昭56．8．31**）、インクカートリッジの注文を指示した口調等をきっかけとする暴力行為（**大阪高判平14．8．29**（アジア航測事件）労判837-47）などがある。

　この使用者責任に関しては、民法715条3項で加害者である被用者に対する求償権の制限を妨げないとしているが、「損害の公平な分担」という見地から信義則上、その求償の範囲が制限されることがあることはすでに見てきたとおりである。この求償権の範囲が制限されるケースについてこれまで紹介したケースは、リーディングケースとなった茨石事件では自動車事故、大

隈鐵工所事件では工作機器に関する事故といった、業務上の過誤に関する事案に関する求償権の行使の場合であった。

しかし、本判例のような従業員の暴力行為や、セクハラ、パワハラといった故意による加害行為については、最終的な責任を負うべきなのは故意行為を行った行為者である従業員であるため、他に信義則上求償権を制限すべき特段の事情が存在しないならば、全額の求償が認められることになる。本事案では、使用者であるＸ社に暴力行為に関する落ち度は認められるなかったため、加害者であるＹに対して全額の求償がみとめられた。

なお、本事案では、使用者から労働者への具体的な求償の手続き面も問題となっているので、それについても紹介しておこう。本事案では、暴力行為の被害者であるＡがＸ社とＹを被告とした損害賠償請求訴訟を起こし、勝訴判決が確定している。Ｘ社は損害賠償を支払ったため、Ａの得た判決、つまり債務名義を利用してＹに強制執行することで、支払った金額を回収することを考えた。Ｘ社は、連帯債務者としてＡに弁済をするについて正当な利益を有する者であり、民法500条（法定代位）の規定により、弁済により当然に債権者Ａに代位することが可能となる。

［民法］

> （法定代位）
> 第500条　弁済をするについて正当な利益を有する者は、弁済によって当然に債権者に代位する。

つまり、Ｘ社が損害賠償債務を弁済することで、Ａが有していた損害賠償請求権（原債権）は弁済したＡ社に当然に移転し、Ｘ社は民法501条の規定により「自己の権利に基づいて求償できる範囲内において」債権者が有していた一切の権利を行使することができることになる。

［民法］

> （弁済による代位の効果）
> 第501条　前二条の規定により債権者に代位した者は、自己の権利に基づいて

> 求償をすることができる範囲内において、債権の効力及び担保としてその債権者が有していた一切の権利を行使することができる。
> （略）

　原債権に**債務名義**があるときは、原債権を承継した者として、承継執行文の付与を受け、求償権の限度で強制執行をすることが可能になる。ただし、加害者が不服である場合は「求償できる範囲」について紛争となる可能性があるため注意を要する。なお、債務名義とは、強制執行によって実現されることが予定される請求権の存在、範囲、債権者、債務者を表示した公の文書のことである。強制執行をするには、この債務名義が必要である。なお、債務名義の例としては、確定判決、仮執行宣言付判決、などがある。承継執行文とは、執行当事者に承継があったときに債権債務関係が承継された事実を執行文に付与したものである。

　さらに、今度は、使用者の労働者への損害賠償請求が制限（否定）されたものを紹介しておこう。

|判例|■京都地判平23. 10. 31（エーディーディー事件）労判1041-49

【事案】X社はコンピュータシステムおよびプログラムの企画、カスタマイズ業務を含む設計等を主な業務としており、その売上は大口顧客3社で全体の6割程度を占めていた。

　Yは平成19年に課長となり、大口顧客A社を担当するチームの責任者兼担当窓口、顧客の窓口対応、納品後の不具合対応、プログラミング、部下の管理等の業務を担当していた。このうちプログラミング業務については、Yも含めて、チームの各従業員は、1か月あたり特定額に換算される業務をこなすというノルマが設定されていた。

　X社では平成20年9月に組織変更があった頃より、多くはYおよびそのチームのメンバーのミスによりカスタマイズ業務に不具合が生ずることが多発し、また、A社との間では不具合対応について24時間以内に対応が完了しない場合には納期を通知するルールとなっていたにもかかわらず、Yがその通知を

第5章 労働法を理解するための基本三法　民法編

失念していていたこともあった。A社は、X社のカスタマイズ業務の質が低下してきたことにより、X社への発注量を減らし、X社のA社への売上は平成20年7月には約420万円であったのが同年12月には約320万円に低下した。

Yの上司がA社を訪問し謝罪したところ、A社からは「こちらからお願いしている不具合の改善依頼を達成せずに、仕事がほしいというのは都合が良すぎるのではないか」、「不具合対応について取り決めたルールが守られていない」といった不満を伝えられた。同日、Yの上司はYを叱責し、ノートで頭を叩いた。その頃から、Yは仕事が手につかない状態となり、A社の担当窓口のYから別の者に変更となった。

平成21年1月、Yは退職の申し出をしたものの、上司より慰留を受けたが、同年2月より出勤できなくなり、うつ病と診断された。

X社は、同年3月1日、YにA社との関係で多額の損失を被っており損害賠償請求をする予定であるが話し合いで解決したいとの連絡を内容証明郵便で行い、同年3月5日、上司よりYに対し、損害賠償請求をするとの話をされた。

同年3月22日、YはX社を退職し、X社はYに対し、業務の不適切実施、業務未遂などを理由に、2034万円余の損害賠償を求めてYを提訴した事案である。

＊Yは同年12月10日、労基署に休業補償給付の請求をし、平成22年8月、うつ病が業務に起因するとして労働災害認定がされた。

【判旨】1　労働者のミスはもともと企業経営の運営事態に付随、内在化するものであるといえる（報償責任）し、業務命令内容は使用者が決定するものであり、その業務命令の履行に際し発生するであろうミスは、業務命令自体に内在するものとして、使用者がリスクを負うべきものであると考えられる（危険責任）ことなどからすると、使用者は、その事業の性格、規模、施設の状況、労働者の業務の内容、労働条件、勤務態度、加害行為の態様、加害行為の予防もしくは損害の分散についての使用者の配慮の程度その他の諸般の事情に照らし、損害の公平な分担という見地から信義則上相当と認められる限度において、労働者に対し損害の賠償の請求をすることができる。

2　X社に勤務していたYが、労働契約上の義務違反により会社に損害を与

えたとして、X社がYに対し、債務不履行による損害賠償請求をしたことにつき、Yに故意または重過失は認められず、売上減少、ノルマ未達などは報償責任・危険責任の観点から本来的に使用者が負担すべきリスクであると考えられることなどからすると、Yに対する損害賠償請求は認められない。

　本判決は、茨石事件最高裁判例の考え方を踏襲して、労働者が業務中の行為により使用者に損害を与えた場合であっても、報償責任や危険責任の法理により、損害の公平な分担という見地から信義則上相当と認められる限度において、労働者に対し損害の賠償を請求できるという考え方から、本件においては、労働者に故意または重過失が認められず、本件における使用者の損害は、取引関係にある企業同士のトラブルに起因するものであり、被用者に損害分担を負わせるのは相当でないとした。
　もう少し詳しく判決を紹介すると、「チームの従業員のミスもあり、大口顧客からの不良改善要求に応えることができず、受注が減ったという経過（中略）であるが、Yにおいてそれについて故意又は重過失があったとは証拠上認められないこと、X社が損害であると主張する売上減少、ノルマ未達などは、ある程度予想できるところであり、報償責任・危険責任の観点から本来的にX社が負担すべきリスクであると考えられること、X社の主張する損害額は2000万円を超えるものであり、Yの受領してきた賃金額に比しあまりにも高額（略）などからすると、X社が主張するような損害は、結局は取引関係にある企業同士で通常に有り得るトラブルなのであって、それを労働者個人に負担させることは相当ではなく、使用者の損害賠償請求は認められないというべきである」と判示している。
　労働者に対する損害賠償請求が認められないという、使用者にとっては大変厳しい内容の判決といえる。しかしこれは見方を変えれば、使用者にとっては、このようなケースで労働者に対して損害賠償請求訴訟を提起しなければいけない段階にまで事態を発展させてしまったことに対しての「当然の報い」とも言えるのではなかろうか。「当然の報い」という厳しい言葉を用いたのは、本判決が使用者にとって厳しい内容であることと表裏一体の関係にあるからである。判決の指摘する「企業同士で通常に有り得るトラブル」に

第5章 労働法を理解するための基本三法　民法編 ◆

関するリスクは労働者個人の問題に帰する形ではなく、企業としてリスク回避の手段を事前に構築しておくことの重要性を指摘するものとして受け止めなければならない。保険等による金銭的なリスクヘッジも当然求められることになるが、それ以前の問題として企業が人的結合体である以上、人事・労務管理面においてのリスク回避策が真剣に検討されなければならない。

その回避策とは、「**安全衛生対策**」や「**問題社員対策**」のように、常日頃社会保険労務士が職務を遂行する上で求められる各種の知識の延長線上にしか存在しないということをここに強調しておきたい。労使トラブルとは、文字通り労働者と使用者との間に発生するトラブルのことであるが、企業が労働者の損害賠償責任を問わなければならない事態が生じる場合とは、労働者の安全面への配慮を企業が怠っていたり、問題社員・能力不足社員についての対策が遅れていたりする場合が多い。判例法理は労働者個人が故意や重過失によって損害を発生した場合は、その損害の賠償に関する求償を制限することなく肯定することもある。そうであるならば、労働者が（軽）過失によって、問題を発生させることの無いよう、企業が安全配慮義務を尽くし、問題社員に対しては注意書・指導書によって改善の機会を与え、それでも事故を誘発するおそれの高い社員には、やむなく解雇という道でリスクを回避するという道をたどる他はないのである。そのためには、企業の根本規則たる就業規則の整備もまた欠かすことはできない。

まさに社会保険労務士としてなすべきことをすることが、一番の「労働者の損害賠償責任」に関する対策である

（9）製造物責任（PL法）
①製造物責任法
A）概要

製造物責任については「**製造物責任法**」（以下「**PL法**」という。）が定められている。一般に、製造物は、メーカーから卸売業者を経て小売店に渡り、そこから消費者に販売されることになる。

この法律の内容は、例えば製造物に欠陥があり消費者が損害を被った場合、消費者が小売店ではなく、直接、メーカーに対し無過失責任を負わせ、損害

賠償責任を追求できるというものである。
　消費者だけでなく、損害を受ければ第三者でも責任を追及できるものとなっている。

B）**制度趣旨**

　PL法が制定された趣旨は、第1条に「目的」として記載されているが、分かり易く説明しよう。
　例えば、買ったドライヤーが漏電して火を噴いたり爆発したりして人が大怪我をしたり死亡したようなケースを考えてほしい。
　この場合、このドライヤーを販売した小売店には民法570条の規定する売主の瑕疵担保責任に基づき一定の範囲で責任が認められることになる。販売業者に過失があれば契約責任を追求して広い範囲の損害を賠償してもらえることになるが、小売店は、自分で設計したり製造したりしているわけではないので、欠陥についての過失責任が認められるケースは稀である。また、仮に小売店に何らかの過失責任が認められる場合でも、零細な小売業者の場合には、支払能力が乏しい場合も多い。
　他方、欠陥品を製造したメーカー自身に責任を負わせようとしても、メーカーと消費者との間には、直接の契約関係は存在しないので、従来は民法709条以下に定められた不法行為責任により責任を追及するほかなかった（「**過失責任の原則**」）。しかし、この規定では、訴えた消費者の側が過失を立証しなければならないので、責任追及は、なかなか困難である。客観的に見て欠陥があっても、メーカーに予見可能性や回避可能性がなければメーカーに過失有りとすることはできないからであり、消費者は、メーカーの工場内を覗くわけにもゆかず、専門技術的なことについて素人である消費者が検討を加えることも難しいであろう。
　そこで、このような困難さを避けるためにメーカーに**無過失責任**を負わせるというのが、PL法の制度趣旨である。

C）**保護される被害者の範囲**

　本来は**消費者保護**がPL法の主たる目的であるが、欠陥品により被害を受けた者であれば、例えば企業のように、いわゆる末端消費者個人以外であっても保護されると規定されている。

例えば、企業が他のメーカーから購入した素材その他の半製品に欠陥があった場合は、当該企業がメーカーに責任を追及できるわけである。そうだとすると、企業としては、自社がメーカーとしてどのような責任を負わされるのかという観点から検討するだけでなく、自社が被害者になった場合に、PL法を使って、どのような責任追及をすることができるかという観点からも検討しておく必要があり、その意味で、両面から検討する必要があることになる。

D）民法上の責任との関係（第6条）

この法律ができたということで、従来の民法上の責任がなくなったということにはならない。PL法6条には「製造物の欠陥による製造業者等の損害賠償の責任については、PL法の規定によるほか、民法（明治二十九年法律第八十九号）の規定による。」と規定されている。つまり、消費者の側からすると、メーカーの責任を追求する極めて強力な道具がひとつ増えたことになる。

②対象とされる物（第2条第1項）

A）対象

それでは、我が国のPL法で、どのような物が製造物責任の対象となるのであろうか。PL法2条1項で、対象となる「製造物」とは、「製造又は加工された動産」をいうものとされている。

ここに「製造」とは、**部品又は原材料に手を加えて新たな物品を作り出すことであり**、「加工」とは、**物品に手を加えてその本質を保持しつつこれに新しい属性又は価値を付加すること**をいうものとされている。

したがって、例えば未加工の農産物などは、部品や原材料に手を加えて製造されたわけでもなく加工されたわけでもないので、製造物責任の対象とはならない。

これに対し、農産物を加工して漬物にした際に、有害物質が混入したようなケースでは、漬物は製造物責任の対象となる。

また**「加工」はPL法の対象となるが、「修理」は対象とならない**。

両者の区別は時として困難であるが、取りあえずは、「加工」は何かを付け加えるものであるのに対し、「修理」は元に戻すことという意味として区

別するほかない。

B）**不動産**

次に、PL法は、動産を対象としたものであるから、目に見えないサービス自体や、目に見える物でも、動産と違って不動産には原則として適用がない。

造成した宅地も、上物（うわもの）である建物自体も動産ではない。

したがって、不動産である宅地造成や建築物の工事に欠陥があっても、原則として、PL法による責任が発生するわけではない。

これは、建売住宅ではなく単にビルなどの請負をして請負工事に欠陥があった場合でも同様である。不動産については、施主との関係では民法上の契約責任でまかなわれるにとどまる。

また、建物の不具合により第三者に被害が生じた場合には、民法に戻って、土地工作物責任（**民法717条**）による救済がなされることになる。製造物責任以外のこれらの法律上の責任については、後から詳しい説明を加えるが、なぜ、立法のプロセスで、不動産についてPL法の適用が除外されたかというと、前述のような民法による救済手段が用意されているだけでなく、建物は耐用年数が長く、その間の劣化や維持・補修を十分に考慮する必要があること、EC諸国でも不動産は製造物責任の対象外なので、国際的な制度との調和が必要であることなどが理由とされている。

もっとも、何が不動産なのか動産なのかについては、その範囲は必ずしも明らかでない。PL法には、何が動産であるのか不動産であるのかについて定義した規定は置かれていないからである。

そこで、一般原則に従い、民法の規定を手がかりにすることになる。

この点については、民法86条という規定があり、この規定によると、不動産とは、有体物の中で、土地及びその定着物をいうものとされている。

定着物というのは、建物や樹木の他、石垣やテレビ放送用の鉄塔など、付着された土地に吸収され土地とは別個独立とされないものとされている。

他方で、経済的に独立の価値があり、簡単に移動できる仮小屋、足場、公衆電話、仮植中の樹木は定着物でないので不動産ではなく動産である。

したがって、これらの仮小屋などに欠陥があった場合にPL法の対象にな

第5章 労働法を理解するための基本三法 民法編

ることは争いがない。

　もっとも、仮植中であっても樹木は「製造又は加工された」という物ではないので、この点で、PL法の対象とはされないであろう。

C）ソフトウェア・プログラム

　ソフトウェア単体の場合は、おおむねこの法律は適用されず、したがってまた、ソフトウェアベンダーは製造物責任を負わないと考えられている。

　その理由であるが、この法律にいう「製造物」とは、「製造又は加工された動産」をいうと規定されている（**PL法2条1項**）。

　したがって、コンピューター・ソフトウェアそのものは情報であり、動産ではないので製造物責任の対象とならないというのが立法時の政府見解であり、学説でも異論なく認められている考え方である。

　ちなみに、これに対し、機械に組み込まれた場合には動産であるから対象になるとされている。

　したがって、埋め込みマイクロチップは製造物責任の対象となりうる。

　問題は、ソフトウェア単体と埋め込みマイクロチップとの中間形態である。

　このような中間にあたるのが、まず、OSやソフトウェアがプレインストールされたコンピュータである。これについては、ソフトウェアに欠陥があった場合、ハードウェアとソフトウェアのメーカーが同一であれば製造物責任法の対象になるが、ハードウェアとソフトウェアのメーカーが同一でなければ、ソフトウェアに欠陥があっても製造物責任法の対象にならないと考える説、プレインストールされることによって製造物の一部になったとする説などが対立している。

　次に、CD-ROMやFDなどの物理的な外部記憶媒体に記録されて納品されたり販売されているソフトウェアも、製造物責任法の対象となるのかどうか問題となりそうに思われる。

　しかし、一般的には、やはり製造物責任法の対象とならないと考えられている。

　その理由として、「**ハードの場合にはソフトと一体となって機能を発揮するうえで、それ自体も不可欠の作用を果たし、人の目にはむしろソフトも含めた全体がハードの機能として意識されるのと異なり、FD等の媒体自体は**

そのような機能をもたず、単にソフトを入れて運ぶための容器のようなものであるから、この解釈は無理だろう。」という点が指摘されている。

③責任主体—誰が責任を負わされるか（PL法２条３項）

次に、建設会社は自社で部材を製造していないので安心かというと、そうでもない。PL法２条３項に誰が製造物責任を負わされるのかということが問題提起されている。

１号は、「**当該製造物を業として製造、加工又は輸入した者**」と記載されている。ここで注意が必要なのは、「**製造、加工**」だけではなく「**輸入した者**」も責任を負わされるということである。

つまり、自分で外国から部材を輸入すれば、自分で製造や加工をしていない会社であっても、PL法が適用されるリスクを負うことになることを意味している。

これは、被害者が海外の製造業者に直接責任を問うことは困難であるから、とりあえず輸入業者に責任を負わせ、後日、輸入業者が海外の製造業者に求償してゆけばよいという考えに基づいている。

そうだとすると、大手の建設会社が、円高の恩恵を考えて、自社で大量輸入した部材を使って建築しようという新規プロジェクトを企画した場合に、当該部材に欠陥があって被害が発生したときは、これを輸入したことに基づき、PL法に基づく賠償義務を負わされることになる。

さらに、同条項２号は「**自ら当該製造物の製造業者として当該製造物にその氏名、商号、商標その他の表示（以下「氏名等の表示」という。）をした者又は当該製造物にその製造業者と誤認させるような氏名等の表示をした者**」にも責任を負わせることを規定している。

これは「**表示製造業者**」と呼ばれる。まず、２号前段の「自ら当該製造物の製造業者として当該製造物にその氏名、商号、商標その他の表示をした者」というのは、要するに、主としてOEM製品の供給先がこれにあたるものとされている。

OEM製品の供給先は、ほとんどの場合、自社で設計や製造をしているわけではないが、製造者としての外観を製品に付与した以上は、これに対する消費者の信頼を保護すべきとの考え方からPL法の責任主体とされているの

である。

　次に、第2項後段の「当該製造物にその製造業者と誤認させるような氏名等の表示をした者」というのは、主としてプライベート・ブランドの販売業者を指している。

　そうすると、OEM製品やプライベート・ブランド商品に欠陥があったときは、製造元は1項で、供給先は第2項で、連帯して責任を負うことになる。

　第3号の「前号に掲げる者のほか、当該製造物の製造、加工、輸入又は販売に係る形態その他の事情からみて、当該製造物にその実質的な製造業者と認めることができる氏名等の表示をした者」に関しても説明をしておく。

　これは、例えば、製品によっては、製造元の名前を一切出さずに、発売元が自社名で広告をしているようなケースがあり、特に薬品などにはよくみられる。このようなケースでは、往々にして製造元は中小企業であって、発売元は大企業であることが多い。このような場合、消費者は有名な大企業の製造した製品であると誤解して購入することがあり、こういったケースで発売元に責任を負わせるという趣旨である。

　3号の場合はともかく、2号のOEM製品やプライベート・ブランドで部材の供給を受けて建築した場合は、やはり、いくら製造していなくともPL法で責任を負わされることになるという事実は、覚えておいていただく必要があると思われる。

　この場合、一旦損害賠償に応じておいて、その後に実際に製造したメーカーに対して求償をしなければならないことになる。

リース業者、レンタル業者、販売業者などの供給者

　以上の立場の者が、PL法により責任を負わされることになるのに対し、リース業者、レンタル業者、販売業者などの供給者は原則として責任を負わない。

　これらの者は、いくら欠陥製品の最終提供者であるとはいえ、自社で設計や製造に関与したわけではないので、製造物の技術内容の詳細を知ることができる立場にはないからである。

　ここで原則として責任を負わないと言ったのは、これらの者でも第1号の輸入業者に該当したり、第2号や第3号に該当する場合には、例外的に責任

を負わされることになるからである。また、ここで責任を負わないと言ったのも、PL法により責任を負わされることがないという意味にとどまり、PL法以外の民法による責任を負わされることはあり得るので、一切責任を負わないという意味ではない。

④「欠陥」とは

A)「欠陥」の意味（第2条第2項）

　PL法は「欠陥」についての責任である。いくら無過失責任といっても、何ら欠陥がなければ責任を負うことはない。

　そこで、何がPL法に言う「欠陥」に該当するかという点が問題となる。

　PL法にいう「欠陥」とは、第2条第2項に定義されており、「当該製造物が通常有すべき安全性を欠いていることをいう」とされている。欠陥には、次の3つの種類があるといわれている。

ア）設計上の欠陥

　製造物の設計段階で十分に安全性に配慮しなかったために、製造される製造物全体が安全性に欠ける結果となった場合。

イ）製造上の欠陥

　製造物の製造過程で粗悪な材料が混入したり、製造物の組立に誤りがあった等の原因により、製造物が設計・仕様どおりに作られず安全面を欠く場合。

ウ）指示・警告上の欠陥

　有用性ないし効用との関係で除去し得ない危険性が存在する製造物について、その危険性の発現による事故を消費者側で防止・回避するに適切な情報を製造者が与えなかった場合。

B）欠陥の判断に際し考慮すべき事情

　どのような事情を考慮して**「通常有すべき安全性を欠いている」**と判断するのかについては、この点は条文自体に、**「当該製造物の特性、その通常予見される使用形態、その製造業者等が当該製造物を引き渡した時期その他の当該製造物に係る事情」**を考慮すると記載されている。

　まず、**「当該製造物の特性」**という点については、次のように説明されている。

　例えば、包丁は鋭利な刃物であるから、その意味で使い方次第では危険な

ものである。しかし、切れない包丁では使い物にならない。鋭利な刃物でなければ意味がないのである。

したがって、もし、包丁で指を切った人が、その包丁が鋭利であるから危険であって欠陥があると主張したとしても、刃物である包丁が鋭利で危険だからというだけで欠陥があるということにはならないことは当然である。このような意味で、「当該製造物の特性」を理解してほしい。

次に、「**その通常予見される使用形態**」というのは、例えば、マンションの室内で花火をした人がいて、その結果として畳に火が燃え移り火事になったとする。この場合、畳に火が燃え移るほどの火が出る花火だから欠陥があるということはできないであろう。問題は、通常の人であれば室内の畳の上で花火をするようなことはないし、してはいけないことは判っているはずであるという点である。

そういう意味で、合理的に予見できる通常人の使用形態ということが問題となるということである。先ほどの包丁の例では、包丁は料理に使用するものであって、戦争ごっこの武器として使用するものではない。

世の中は広いので、そのような非常識な人がいることは全く予見できないわけではないが、通常人の使用形態という見地からは合理的に予見できるわけではないのである。

他方で、いくら取扱説明書で用途を限定してあり、当該用途外の使用方法がなされた場合であっても、それが通常人の使用形態という見地からは合理的に予見できる使用方法であれば、PL法の対象となる。

なお、「**その製造業者が当該製造物を引き渡した時期**」というのは、後述する。

さらに、「**その他の当該製造物に係る事情**」としては、その例として行政上の安全基準があげられている。

しかし、行政上の安全基準というのは、守るべき最低基準を定めた取締法規であって、これを守ったからといって、必ずしも責任がないということにはならない。

もっとも、行政上の安全基準をクリアしておれば、守るべき最低基準を満たしていることになり、実際には欠陥がないとされる可能性が事実上は高い。

C）免責事由（4条）

　欠陥があれば、常にメーカー等は責任を負わされるというものでもない。PL法の第4条は、メーカー側の「免責事由」を定めている。

　「**免責**」という法律用語は、本来、原則として責任を負わされるが、例外的に一定の事情が存在することを立証した場合には、責任を免れるという意味である。

　PL法の第4条が定める「免責事由」には、第1号の「**開発危険の抗弁**」といわれるものと、第2号による免責事由がある。どちらか一方が立証されれば、メーカー側は責任を免れることができるが、どちらについても、メーカー側に立証責任がある。

　ここに立証責任があるというのは、メーカー側で、これらに該当すべき事実の裏付け証拠を出さなければならないということであり、そうである以上、もし、裏付け証拠が不十分なため、これらに該当すべき事実が本当に存在しているかどうかにつき裁判官がどちらともいえないと思った場合は、メーカー側が裁判に負けてしまうということを意味している。

　そこで、まず第1号の「開発危険の抗弁」であるが、法律を見ると、「当該製造物をその製造業者等が引き渡した時における科学又は技術に関する知見によっては、当該製造物にその欠陥があることを認識することができなかったこと」と書かれている。要するに、製造物の引き渡し時点の科学技術の水準では欠陥があるかどうか判りようがなかった場合には、メーカー側は責任を免れるという意味である。

　例えば、昔は「チクロ」という人工甘味料があり、厚生省でも認められていたので、「みつ豆」の缶詰などには普通に使われていた。ところが、ある時、発ガン性があることが判り、以後は、これを使ってはならないということになった。昔の段階では、誰も「チクロ」が発ガン性である有害物質かどうかを知ることは不可能であったから、もし、昔、PL法が存在していて「チクロ」は有害物質だといって訴えた人があったとしても、この「開発危険の抗弁」により、「チクロ」製造メーカーは責任を負わずに済んだことになる。

　次に、第2号は「当該製造物が他の製造物の部品又は原材料として使用された場合において、その欠陥が専ら当該他の製造物の製造業者が行った設計

に関する指示に従ったことにより生じ、かつ、その欠陥が生じたことにつき過失がないこと。」を免責事由としている。この意味も、一度読んだだけでは分かり難いので、具体例で説明する。

例えば、ある自動車メーカーのような完成品メーカーが下請業者を使って部品を作らせた場合に、部品の仕様や規格などはすべて完成品メーカーが定め、下請業者は機械と手間だけを提供するというような場合がある。ところが、指示された仕様や規格どおりに製造したところ、完成品メーカーが定めた仕様や規格自体の誤りにより部品に欠陥が生じるという事態が発生することがある。

こういう場合にまで下請業者に製造物責任を負わせるのは余りに過酷であるので、下請業者の責任を免れさせたのが本号である。もっとも、下請業者が責任を免れるためには、完成品メーカーの指示に従うと欠陥が発生することを知ることができなかったというように、下請業者に過失がなかったことも必要とされている。これが、「かつ、その欠陥が生じたことにつき過失がないこと。」の意味するところである。

⑤PL法における「責任」の内容

A）「責任」の意義

製造物責任法（以下「PL法」という。）に基づく「責任」とは、同法3条に規定されているとおり、**製造物の欠陥により他人の生命、身体又は財産を侵害したときに、これによって生じた損害を当該製造物の製造業者が賠償責任を負うという責任**である。例えば、買ったテレビに欠陥があって火を噴いた事例で、これにより人が大怪我をしたり死亡したという人身損害だけでなく、火を噴いた結果、家が火事で燃えてしまったというような物件損害についても負わされることになる。

もっとも、火事が発生したことを苦にして住民が自殺したような場合についてまで責任を負わなければならないかどうかは別である。

裁判所の考え方によれば、過失責任については、欠陥と**相当因果関係**のある損害の限度で賠償すれば良く、およそどんな損害でも賠償しなければならないわけではないものと考えられており、PL法についても、同様の考え方が当てはまる。

次に、同条但書において「**その損害が当該製造物についてのみ生じたときは、この限りでない。**」としている。

つまり、欠陥のため燃えてしまったテレビ自体、製造物自体の賠償についてはPL法による責任を負わないということである。損害の原因がテレビの欠陥であるから、一見すると奇妙に感じられる。しかし、テレビ本体の損害については販売店の責任を追及すれば足りるから、敢えてPL法によるまでもないとされたのである。

問題は、先程の事例のように、テレビが消失しただけでなく、同時に、人が怪我をしたり家が燃えたりした場合にも、この但書が適用されるかどうかという点である。

もし適用されるとすると、人が怪我をしたり家が燃えたりした損害についてはメーカーに損害賠償請求し、テレビ本体の損害については販売店に請求することになり、分けて裁判をしなければならないことになって不便この上ない。

そこで、このように、テレビ本体以外にも損害が発生した場合は、但書は適用されず、まとめてメーカーに責任を追及できるものと考えられている。

B）PL法に基づく責任追及期間の制限（第5条）

PL法5条で、「**被害者又はその法定代理人が損害及び賠償義務者を知った時から3年間行わないときは、時効によって消滅する。その製造業者等が当該製造物を引き渡した時から10年を経過したときも、同様とする。**」とされているが、このうち10年という期間は、「身体に蓄積した場合に人の健康を害することとなる物質による損害又は一定の潜伏期間が経過した後に症状が現れる損害については、その損害が生じた時から起算する。」とされている。

そうすると、やはり、いつ引き渡したか、出荷したかを記録にとどめておく必要があることになる。

ところで、製品に添付された保証書で、保証期間を1年と定めておくように、PL法に基づく以上の責任追求期間を例えば1年に限定することができるかどうかが問題となるが、**このようなことは許されず、これを定めても無効となる。**

なお、契約責任の時効期間は10年である。

したがって、損害及び賠償義務者を知った時から3年間経過したときは、製造物責任は問えなくとも契約責任は問えることになる。

また、不法行為責任は、製造物責任と同様に、損害及び賠償義務者を知った時から3年間で時効消滅するが、そうでない限り、事故が20年以内に起これば不法行為責任は追求することができる点で、10年以内とされる製造物責任よりも重い。つまり11年目に事故が発生したときは、製造物責任は問えないけれども不法行為責任は問えるということである。

C）免責特約

当事者間で免責特約や責任制限特約が締結される場合がある。かかる免責特約等は、もともと特約の当事者以外の第三者を拘束するものではない。なお、製造者等が、取扱説明書や製品の表示などで免責特約を記載していることがあり、その場合、このような記載がエンドユーザーを拘束するかどうかという点が問題となるが、立法時における衆議院の商工委員会での1994年6月10日の説明では、エンドユーザーを拘束するものでないという説明がなされている。それでは、免責特約等の当事者間における効力については、どのように考えるべきか。

この点、民法の不法行為の原則によるが、**公序良俗違反（民法90条）** として無効と解される場合が多いと考えられている。

最後に…

私法の大原則となっている民法を学ぶことは、企業の労務管理を行なう際、経験したことがない法的問題への対処のとっかかりとなるものである。

また、労働契約の根拠である民法をよりよく学ぶことで、労働法という法律が今まで以上に鮮明に浮かび上がってくることであろう。

本書では民法についての基本的な概念・考え方については触れてきたが、民法についてのより詳しい論点・知識は拙著「図解民法案内」（酒井書店・育英堂）を参考にして大いに学習に励んでいただきたい。

第6章 特別講義（1）労働基準監督官の権限と是正勧告

Scientiaotentia est
「知は力なり」

Live as if you were to die tomorrow.
Learn as if you were to live forever.
「明日死ぬと思って生きなさい
永遠に生きると思って学びなさい」

事実行為と法律行為の相違性

1．法律行為と事実行為

　ここで、行政行為や行政指導をより深く理解する意味で、「**法律行為**」と「**事実行為**」について説明をしておこう。行政の行為は、法効果（国民の権利義務に直接影響を与えるもの）を生じる行為とそうでないものに分類することができる。前者を「**法律行為（法行為)**」と呼び、後者を「**事実行為**」と呼んで区別している。

　ここで、注意を要したいのは行政法学上の「**事実行為**」と、私法上の「**事実行為**」はその意味する内容が異なることである。ここでは行政法学上の「事実行為」について解説しており、くれぐれも混同しないよう注意されたい。私法上の「事実行為」については、民法を学ぶ際に出会うことになる。

　まずはひとまず、簡単なたとえを使って説明しておこう。あくまで分かりやすくするためのたとえであって、正確な説明は後ほどすることに注意されたい。

　ある人物が、駅の売店でオレンジジュースを買ったとしよう。その際に、自分で商品棚からジュースを抜き取って、店員の前に差し出せば、それはジュースを買うという意思表示となり、代金の支払義務が発生することになる。そして、代金を支払い、そのジュースを売店の前で一気に飲み干した。

　この例の中の、どの部分が「法律行為」であって、どの部分が「事実行為」となるだろうか。簡単なたとえなのですぐに分かると思うが、ジュースを買うという行為が行政法上の「法律行為」に相当し、ジュースを飲むという行為は「事実行為」に相当することになるのである。

2．権力行為と非権力行為

　次に、「**権力行為**」と「**非権力行為**」という分類についても知っておく必要がある。行政をその性質により分類した場合、「**権力行政**」と「**非権力行政**」

とに分けることができる。「権力行政」とは、**国民の意思にかかわらず一方的に行われる行政活動**をいう。たとえば、行政行為、行政強制、放棄命令などがこれにあたる。他方、「非権力行政」とは、**国民の同意を要件に行われる行政活動**である。具体的には行政契約、行政指導がその例である。両者の違いは、強制性があるか否かに存することは理解しやすいだろう。

3．「行政行為」と「行政指導」

1）行政行為

では、「**行政行為**」と「**行政指導**」とはどう違うのだろうか。ここまでに紹介した分類を使って理解することとしよう。

まず、**行政行為**であるが、これは一般に「**法令によって、行政機関に授権された活動のうち、法行為であり、権力性を有し、具体性を有する行為**」である。と定義される。この定義からも明らかであるが、**行政行為は「法律行為」であり、「権力行為」**であることになる。つまり、行政行為は、行政府（行政機関）が、国民の合意に基づくことなく、一方的・権力的に行政目的を実現するものといえる。対外的行為であることも、その特徴の一つである。

行政行為の具体例としてはどのようなものがあるだろうか。たとえば、課税処分をその例としてあげることができる。所得税であろうと、固定資産税であろうと、国民はひとたび課税をされれば、原則としてその税金を納付しなければならない。たとえば、税務署長に「50万円の税金を支払え」と言われた国民には、「50万円の税金を税務署長に払う義務」が生じるから、この行政行為は法的行為である。そこに国民の同意は求められず、国民の意思で納税する、納税しないを選ぶことはできない。もし、税金を納付しなければ、追徴課税がされたり、滞納処分がされ、法違反により検挙されることもある。労働基準監督官の権限を例にとれば、その出頭命令や、停止命令に従わなければ罰則がある。いずれの場合も、事業主が法に違反した場合の明文規定があり、権力性を有するものである。行政契約も成立すれば土地の所有権が移転したり、代金支払義務が発生するので、これも法的行為である。

2）行政指導

　これに対して、**行政指導**は、「**事実行為**」であって、「**非権力行為**」である。法的行為以外の行政指導は事実行為となるのである。

　行政指導とは、行政手続法2条6号によれば、「行政機関がその任務または所掌事務の範囲内において一定の行政目的を実現するため、特定の者に一定の作為または不作為を求める指導、勧告、助言その他の行為であって処分に該当しないもの」をいう。行政行為との区別という意味で重要なのは、この定義の最後の部分であり、権力的で法的行為である行政行為と異なり、行政指導は非権力的な事実行為なのである。また、所掌事務を超える行政指導はできないこと、国民全員に対してなされている不特定の行為も行政指導にはあたらないということに注意する必要がある。

　事実行為は、さきほどジュースを飲む行為の例をあげたように、それによって権利が発生したり、義務が発生したりするものではない。行政の活動の中で、たとえば警察官が道案内をしたりすることも事実行為の例である。その他に、ゴミをどかせるとか、道路を掃除するとか、これらは事実上の状態を実現する行為であって、それによって権利が出てきたり、義務が出たりするものではない。

　つまり、東京スカイツリーへの道順を警察官に教えられた国民に、別にその通りの道順でスカイツリーへ行く義務が発生するわけではないし、道順通り行かないからといって罰則があるわけでもない。また、ゴミをどかさなかったからといって、道路を掃除しなかったからと言って、処罰されるわけではないのである。

　もっとも、ゴミの分別回収で燃えるゴミと燃えないゴミを一緒に出そうとしたところ、市役所の清掃員に見つかれば「可燃物と不可燃物は分別して出して下さい」と注意されることはあるだろう。

　このように事実行為である行政指導は道順の助言を受けたり、協力を求められたりするだけで、一方的にそれに従わなければならないというものではない。

　それに対して、「あなたは掃除しなさい」とか「ゴミをどかせなさい」とか「道路を掃除しなさい」等という命令をだす。そうするとそれは行政行為

となる。

そして、その義務を実現する、その人が従って行っているのが事実行為である。契約があってその履行があるのと似ている。請負契約をして道路掃除をするとなると、それは道路掃除をする義務を負わせるという法律行為があって、その履行として事実行為があるということになる。

4．労働基準監督官の是正勧告の法的性質

1）是正勧告の法的性質

では、労働基準監督官の是正勧告の法的性質はどのようなものだろうか。

是正勧告は、行政指導に分類されるのである。行政指導の一般原則は、行政手続法32条1項、2項に、

> （行政指導の一般原則）
> 第三十二条　行政指導にあっては、行政指導に携わる者は、いやしくも当該行政機関の任務又は所掌事務の範囲を逸脱してはならないこと及び行政指導の内容があくまでも相手方の任意の協力によってのみ実現されるものであることに留意しなければならない。
> 2　行政指導に携わる者は、その相手方が行政指導に従わなかったことを理由として、不利益な取扱いをしてはならない

と定められている。

つまり、労働基準監督官の発する是正勧告は、次の要件が求められることになる。

> ①所掌事務の範囲を逸脱しないこと
> ②相手方の任意の協力によってのみ実現されること
> ③行政指導に従わなかったことを理由として、不利益な取扱いをしてはならないこと

労働基準監督官による時間外労働手当をめぐる是正勧告は、行政指導であり、行政指導は事実行為である。たとえば労働基準監督官が立ち入り調査の結果、事業主に対して、時間外労働手当を「3か月分あるいは2年間分を従業員に支払ってください」という指導をしたとしても、それによって労働基準監督官に指導されたとおりに労働者に対し2年間分（賃金の請求権は2年間で時効となる）の支払義務が生じるわけではないのである。

　この指導に従って事業主が労働者に時間外労働手当を支払うか否かは、事業主の自由である。当該行政指導は事業主の任意の協力のもとに行政の目的を実現するものであるから、法的強制力を持つものではない。

　このように、労働基準監督官による行政指導は、法律上の効果（権利・義務）が生じないものであり、この意味から行政行為ということはできない。ただ、いつまでも労働基準監督官の指導に従わなければ書類送検されることがあることには注意されたいが、たとえそうだとしても、労働基準監督官による是正勧告自体は行政指導であり事実行為であるという原点が揺らぐことはないのである。

2）行政指導に従うか否かは任意

　労働基準監督官による是正勧告の法的性質は、行政指導であった。この、行政指導を理解する上で大切なことは、先ほどの行政手続法32条1項から導き出される要件の②にある、**行政指導が「相手方の任意の協力によってのみ実現」**できるということである。この要件により、行政指導に従うかどうかは、全く相手の自由意思で決められるということになるのである。

　この点が相手方に義務を課する行政行為と異なるところである。したがって、行政指導にあたって、**相手方を強制したり、威嚇的な態度をとることはできない**のである。このように行政指導は相手方の任意性が前提となるのである。かりに、相手方が行政指導に従わなかったとしても、行政手続法32条3項から導き出される要件③にあるように、それを理由に不利益な扱いをすることは許されないのである。そうしないと、行政側が指導に従わなければ将来不利益に扱うことを告げて、結果として従うよう、事実上の強制をしてしまうことになりかねないからである。

たとえば、労働基準監督署が事業主に対して、時間外労働違反に関する2年間遡りの是正勧告のように、最終的に罰則を背景にして強制的に支払命令をかけてくる場合には、それをバックとして指導に従わなければ処分するといった脅かしが効いてしまうことがある。また、労働基準監督署としても強制力をちらつかせながら指導することになりやすいのである。

かりに事業主に対して時間外労働に関する出頭命令などの行政処分がなされたとすれば、事業主はそれに従った法的義務が発生するのは当然のことである。

しかし、あくまで行政指導の段階では強制力がないので、その指導に従うのかどうかは全く事業主の自由であり、その自由意思に圧力をかけるような発言や行動は慎まなければならないのである。

3）なぜ、強制手段ではなく是正勧告なのか？

このように言うと、強制手段があるならば、是正勧告ではなくそれを使えばよいではないかという人が少なくないが、労働基準監督署が強制手段を行使するには、根拠となる法に定める一定の手続き（刑事訴訟法など）が必要となり、大変な手間と時間がかかることになるのである。

そこで、労働基準監督署があえて伝家の宝刀である強制手段を持ち出さなくても、事前に同じ内容の指導を行うことによって事業主が納得すればスムーズに労働基準監督署が目的とした内容を実現できることになるし、時間がかからずに済むという実益があるのである。

たとえば、労働基準法違反のケースでいえば、労働基準法違反、すなわち、時間外労働違反の部分を指導したところ、事業主が納得して、時間外労働手当の違反部分を労働者に支払ってくれるならば、労働基準監督署が出頭命令などをかけて強制的に出頭させる手続きは一切いらなくなり時間的にも費用の面でも大変効率的になるのである。これが行政指導の重要な働きなのである。

5．行政指導についてのさらなる理解

労働基準監督官による是正勧告の法的性質が行政指導である以上、是正勧

告に対し適切に対処対応するためには、行政指導についてより深く理解しておく必要があるだろう。よって、ここでは、行政指導についてさらなる説明を加えておく。これまで説明したことと重複する点もあるが、深い理解のためにあえて再度説明することとしたい。

1）行政指導の意義とその要件
（1）意義
行政指導とは「行政機関がその任務又は所掌事務の範囲内において一定の行政目的を実現するため特定の者に一定の作為又は不作為を求める指導、勧告、助言その他の行為であって処分に該当しないものをいう」(**行政手続法2条6号**)。

すなわち行政指導とは、行政庁が行政目的を達成するために助言・指導といった非権力的な手段で国民に働きかけ、国民を誘導して、行政庁の欲する行為をなさしめようとする作用であるといえよう。

（2）要件
では、どのような場合が行政指導になるかというと、この条文で規定しているように、以下の要件にあてはまる場合である。

第1に「行政機関がその任務または所掌事務の範囲内において行う行為」であること

第2に「一定の行政目的を実現するためにする行為」であること

第3に「特定の者に一定の作為又は不作為を求める行為」であること

第4に「指導・勧告、助言その他の行為であって、処分に該当しない行為」であること

各要件について具体的に説明しよう。

① 「行政機関がその任務または所掌事務の範囲内において行う行為」であること

行政機関の任務または所掌事務は、通常、その行政機関の設置の根拠となる法律、組織令などに定められているほか、個別の法律で規定されていることもある。

第6章 特別講義（1）労働基準監督官の権限と是正勧告

　行政機関が、その任務または所掌事務の範囲を超えてした行為は違法な行政指導となる。たとえば、労働基準監督官は労働基準行政を行うものであるから、税務相談をしたり、具体的な金額をあげて賃金の支払いを命じたりすることはできない。賃金の支払命令を発することができるところは、行政機関ではない。それは裁判所である（**憲法76条1項**）。

> **参　考**　■憲法
> 　**第76条**　すべて司法権は、最高裁判所及び法律の定めるところにより設置する下級裁判所に属する。
> 　2　特別裁判所は、これを設置することができない。行政機関は、終審として裁判を行ふことができない。

② **「一定の行政目的を実現するためにする行為」であること**
　行政主体としての行政機関が、行政客体としての国民に対して、その任務または所掌事務の遂行を目的として行うものである。
　したがって、たとえば、行政機関が国民と対等の立場に立って、私人間において行われるのと同様な売買などの契約を結ぶ行為や、公営バス事業などの経営上行われる行為は行政指導に含まれない。
③ **「特定の者に一定の作為または不作為を求める行為」であること**
　これは、**行政機関が特定の人に向かって、一定の行為を「してください」、「しないでください」と「求める」行為**である。
　たとえば、法令に規定されている義務を履行していない者に対して、自主的な改善や是正を促したり、あるいは省エネ対策として、各ガソリンスタンドに対して日曜日の営業を自粛するように求めたりするように、公益的見地から特定の者に一定の協力を要請する行為などが、その例である。
　これに対して、電気の使いすぎで送電ストップしないように呼びかけたり、広い地区に向けて節水を呼びかけたり、また、交通事故の多発によりドライバーなどに対し、安全運転を呼びかけるような、個別具体性の薄いものや、国民一般へのPRのようなものは、「行政指導」とはいえない。
④ **「指導・勧告、助言その他の行為であって、処分に該当しない行為」であること**

指導・勧告、助言は、一般に相手方の自発的な意思、すなわち国民の合意と協力に基づいてその目的を達成することができる性質のものである。他に「要請」とか「勧奨」といったものもある。
　行政機関が、国民に対して一定の作為または不作為を求める行為で「命令」といったような相手方に一方的に義務を課するものは「処分」といわれる行政行為であるから、これは「行政指導」には含まれない。

2）行政指導の存在理由
　行政指導の存在理由には、次の3つがある。
　1つ目は、**行政庁としては法律で規定されていない分野に問題が生じる場合、法律に規定がないことを理由としてこれを放置することはできない**ということである。
　たとえば、隣家の騒音がうるさいとか、新築された建物によって日陰になってしまうので何とかしてほしいなどと、行政の窓口に対して、住民からの苦情が寄せられた場合に、その音は法令の規制以下だから規制できないであるとか、その地域の新築の建物には日陰制限がなく、違法ではないからといって、まったく取り合わなかったとしたならば、調整役を果たしたことにはならず、国民からは「行政の怠慢」との誹りを免れないだろう。
　一般に、法律で細部にまでわたって、あらかじめ規定しておくことは困難である。また、仮に規定しておくことができたとしても、ケースバイケースで適当でない場合が起こりうる。さらに、法律に規定があったとしても、その法律が制定された当時には、予想もされなかったような事態が生ずることもある。
　このような場合に応えるのが「行政指導」である。行政指導の存在理由および必要性の1つはここにあるのである。
　2つ目は、**行政庁においては、法律による強制手段をとるにしては慎重な手続が必要となり、そのためには手続が繁雑にならざるを得ない**ということである。そこで、行政指導の方式をとることによって、国民の同意を得ることができるし、合目的に行政を遂行できるという利点がある。
　たとえば、違反建築の是正において、行政庁が除去命令をかけて、強制的

に違反建築物を取り壊すことは可能ではあるが、相手方を呼んで是正指導する方法もある。

そして、仮に相手方が納得して自ら建物を取り壊してくれれば、同じ行政目的を果たすにしてもその方が望ましいことはいうまでもない。しかし、このような権力性をバックにした行政指導は、行政庁側において行政指導自体が強制力を有するかのごとく錯覚し、相手方の自由意思を尊重しないということが起こりえるので、それが難点である。

3つ目は、**最新の科学技術の進歩あるいは経済情勢に対処するために、国民の側で行政機関の指導を要請する**ような場合である。

たとえば、経済行政の分野を取り上げてみた場合に、中小企業の近代化、農業の構造改善など経済行政の分野で行政指導が重要な役割を果たしていることなどが考えられる。

3）行政指導の一般原則

行政指導にたずさわる者に対して、以下の3つの一般原則が規定されている**（行政手続法32条1項・2項）**。

①いやしくも行政機関の任務または所掌事務の範囲を逸脱してはならないことに留意しなければならない。

②行政指導の内容があくまでも相手方の任意の協力によってのみ実現されるものであることに留意しなければならない。これは、行政指導が事実行為であり、2条2号の処分に該当しない以上、任意的な行為しか許されないことの当然の帰結である。

なお、事実行為とは、後に詳述するが、たとえば、「燃えないゴミは木曜日に出すこと」というように権利義務が変動（発生・変更・消滅）しない行為をいう。

③その相手方が行政指導に従わなかったことを理由として、不利益な取扱いをしてはならない。これは、かかる不利益な取扱いが許されるならば、指導を黙示的に強制することになり、法治主義の原則に反するおそれがあるからである。

4）制裁を伴う行政指導

　前述したとおり、原則として行政指導は任意であるため、それに従わないことによる制裁はないが、例外的に法律上、行政指導に従わない場合について制裁が定められている場合がある。これは、特に指示と呼ばれる措置についてみられる。

　すなわち、勧告に従わない場合について、その事実の公表や補助金等の返還が定められていることがあれば、また指導に従わない場合に指定の取消しが定められていることもある（国土利用法26条、資源有効利用法20条2項、23条2項、社会福祉法58条3項、生活保護法62条）。

　このような指示は、行政指導の一種であると理解するとしても、機能的には行政行為に近い役割を果たすものであるから、手続上あるいは争訟法上は行政行為に準じて扱うことができるものと解される。

5）是正勧告と送検の関係

　今、Aは高層マンションを建てようとして、市に建築確認の申請をした。しかし、市は付近住民からの日照の問題、電波の問題、風害の問題などの反対運動を考慮して、Aに対して近辺住民との話し合いを求めたり、ビルの高さを低くするよう協力を求めたりした。このように、市がAに対し協力を求めることを「**行政指導**」という。もちろん、協力を求められたAは、行政指導に協力してもよいし、協力しなくてもよい。

　その後、市は、Aの建築計画は一部建築基準法に違反していることがわかった。このため市は、建築確認の拒否処分をした。しかし、建築確認の拒否処分がなされたにもかかわらず、Aは建築を続行し、工事を完了してしまったとする。

　この場合、市は、違法な建築物を取り壊すようにAに対し除却命令を出すことができる。除却命令が出されたにもかかわらず、Aがこれに従わなかった場合には、市は強制的に違法な建築物を除却することができるのである。

　さらに年金の不正受給を例に挙げてみる。

　不正受給者の多くは、老齢年金などの受給者が存在していないにもかかわらず、法定の死亡届などを提出しないことで、本来ならば支給が打ち切られ

第6章 特別講義（1）労働基準監督官の権限と是正勧告

るはずの年金をもらい続けているというものである。この場合、たとえば、市区町村が受給権者の生存を確認するための調査依頼をすることなどが行政指導に該当する。この依頼に不正受給者が応じなかったため、市区町村の職員が自宅へ行き、結果として受給権者の死亡を確認した場合や遺体を発見した場合は、不正受給者が詐欺罪や死体遺棄罪に問われることとなるが、しかし、これは行政指導に従わなかったことを理由とした詐欺罪や死体遺棄罪ではなく、全く別の事件として捉えるべきである。

　以上のことを労働関係に置きかえてみると、たとえば、労働基準監督署長は、A社に対し、立ち入り調査をしたところ、A社は、それまでは時間外労働手当を支給していなかった。このため労働基準監督署長は、従業員らに対し2年間分の時間外手当を支払うよう、A社に勧告した。このような勧告を「行政指導」という。行政指導の場合、勧告されたA社は、その勧告に従ってもよいし、従わなくてもよい。

　これに対し、事業主が求められた報告を行わなかったため、労働時基準監督官が再来したとする。このとき、当該事業所における過労死が発覚し、もしくは労働災害が発生するなどの事故があり、調査を進めると会社の管理に落ち度があったり、施設に欠陥があるなどの事実が判明した。

　そして、これらの事故を通し、過労死や労働災害の原因の一つとして、法違反となる時間外労働が見つかったとする。

　そこで労働基準監督署長は、A社に対して時間外労働違反に関する出頭命令処分を行った。しかし、出頭命令がなされたにもかかわらず、A社は労働基準監督署に出頭しなかった。

　この場合、労働基準監督署長は出頭命令違反（**労基法104条の2**）として、検察庁にA社を書類送検することができるのである。

　さらにこの場合、過労死や労働災害の原因となった会社側の時間管理不十分や施設の欠陥についても書類送検されることはいうまでもなく、労基法違反となる時間外労働についても書類送検されることになるが、この時間外労働についての書類送検は、「先の是正勧告にも従わなかったことを理由として行われたものではない」というのが、行政指導を理解するうえで重要なポイントである。

つまり、残業代支払に関する「是正勧告」に関しては、事実行為たる行政指導であるため、事業主が従っても従わなくても処罰されることはない。また、残業させていたことに故意がなければ（初犯であり、残業になることに事業主が気が付いていなかったというような場合）、**労基法119条1号**に規定された罰則（**同法37条違反**）に関し違法性は阻却されるため、この適用はない。
　そもそも労働基準法は、故意があって初めて罰せられるものである。過失では罰することができない。ただし、同様な事情で、監督官から何度も指摘されていたような場合は、事業主に故意が認められるため、罰則は適用される。
　「故意」これが、労働基準法の肝の部分であるといえよう。
　他方、「出頭命令」は行政行為であり、行政行為は権力的行為であるため、これを拒むと罰則（**労基法120条5号**）が適用される。命令を受けた事業主側が、「この命令はおかしい」と行政に対抗するためには、不服申立てをすることになる。是正勧告のように、相手方の任意の協力により実現する行政指導と異なり、出頭命令は、命令でありもちろん強制であるため、おかしいと主張する場合でも、とりあえず命令に従っておかなければ罰則が適用される。
　ところで、判例には、使用者が労働安全衛生法66条に基づく労働者の雇入れ時及び定期の健康診断を行わなかったこと、労働基準法36条の手続を履行しないまま違法に時間外労働を行わせ、同法37条に基づく割増賃金を支払わなかったことにつき、事業者としての基本的業務を怠ったものであり、労働関係法規を守らなかったことに対する反省の念も疑わしく、刑事責任は無視できないとして罰金刑に処した事案（**大阪地判平12．8．9**）もある。
　しかし、この事案では「**使用者としての所要の手続をとらず、違法な状況を続けてきたものであり、未熟な者は時間を多く使うことからそのような者が残業をしても割増賃金を支払わなくても良いかのように主張するに至っては労働関係法規を守らなかったことに対する真の反省があるのかどうかに疑問を感じざるを得ない面があるなど、被告人の刑事責任は軽視できないものであると認められる。**」と判示されており、所要の手続が取られなかったことに関し、そうすることに違法性があることを認識し、故意があったと認められたものと解されたものである。
　では、たとえば労働者に1日10時間、週60時間、これを、何十年にわたっ

て働かせていた場合、使用者に違法性の意識を喚起し得る余地はないから事実の錯誤であり、故意は認められない。したがって、このような場合は無罪になるのではないか。

これに対して、使用者は、労働基準法上許されると思って、1日10時間、週60時間労働者を働かせていた場合は、1日10時間、週60時間働かせたということの認識はあり、そのこと自体から通常は労働者を働かせることの違法性の意識を喚起し得るものであるから、それを労働基準法上許されると思ったとしても、このような場合、法律の錯誤として故意が認められるから違法性は阻却しない。

よって、残業代の支払なしに残業するのが常態化しており、労働者も事業主もそれがあたりまえと考えてきていたような状況下では、事業主が残業代の支払をしないことに違法性の認識がない。つまり、監督署の調査が入って初めて、労基法37条の存在を知ったような場合には、送検はないと考えるのが妥当であると解される。しかし、これは最初の1回だけのことであり、監督官から指摘を受けたにもかかわらず、2度3度と同様の状態が改善されない場合には、故意があるとして送検の対象とされるものと解される。

6）行政指導の種類

行政指導は、相手方を服従させるためだけでなく、利益を与えたり、紛争を解決したりするためにも用いられている。行政指導は、その機能により①「助成的行政指導」、②「調整的行政指導」、及び③「規制的行政指導」の3つに分けることができる。

（1）助成的行政指導

これは、**相手方に助成や保護を与えるための行政指導**である。たとえば、情報の提供、職業指導、税務相談・労働相談、生活改善指導、経営指導・助言などがその例である。

このように、行政主体が個人・法人に対して積極的に、あるいは相談に応じた助言を与える形態のものを、助成的行政指導という。

（2） 調整的行政指導

これは、**相対立する当事者の間に立って双方の利害を調整し、その対立を解決しようとする形態**のものをいう。たとえば、賃金をめぐる労使間の紛争、近隣騒音、建築紛争の解決などがその例である。

（3） 規制的行政指導

これは、**現に発生している私人の違法行為の是正のために行われる指導**である。たとえば、割増賃金の支払いの指導、事業者に対する一定事項の報告の指導、公衆衛生上の問題による食堂営業自粛の指導、運輸事業者に対する安全確保措置の指導などがその例である。

7） 行政指導の法律上の根拠

行政指導は、相手方の任意の協力によってのみ実現できるということであるから、行政指導に従うかどうかは、全く相手方が自由意思で決められるということである。この点が相手方を義務付け、拘束する行政行為と大きく異なるところである。

したがって、行政指導は、指導される側の相手方の意見に反して強要されることのないのが建前である。

こうした行政指導を行うについては、その非権力性に着目し、法律上の根拠を必要としないとする見解がある。これに対して、非権力的行政にも法律上の根拠が必要であるとの見解もある。しかし、行政指導の機能ははなはだ多様であり、一律に法律上の根拠が必要だとすることは適切ではない。

たとえば、「町内をサルが逃げ回っているので外出しないように」と呼びかけるとか、クーラーの使いすぎで送電がストップしないように全国民に省エネを呼びかけるとか、広い地区に向けて節水を呼びかけるといった場合、こうしたケースにまですべて行政指導には法律上の根拠が必要であるというのは、あまりにも杓子定規すぎるであろう。

また、規制的あるいは負担的な行政指導には、法律上の根拠が必要とする見解なども見られる。

いずれにせよ、現実には法律の規定が万全といい難い以上、法律上の根拠

がない行政指導を一切否定するには無理があるというのが一般的な見方である。

　思うに、このような考え方によれば、行政指導はなんらかの制約を受けることなく、行政庁の独断によってやりたい放題にそれを行うことができることになり、行政庁の恣意により国民に不当な制約が加わることにもなりかねないのである。もっとも、指導内容が違法だとか、不適切だと考える者は毅然とした態度で臨み、納得がいかないのであればその行政指導には従う必要がないのである。

　しかし、行政庁側には多くの権限があるから、行政指導を拒否して行政当局の機嫌をそこねてしまうと「江戸の仇を長崎で討たれるおそれ」があり、国民は後難をおそれて、納得のいかない指導にも不本意ながら従っているというのが実情ではなかろうか。

　さらに、悪いことには、指導内容が違法なものであっても行政庁に対し弱いのが国民の立場であり、何らかの心理的圧迫を受けることなく、これに対処する者はよほどの剛毅な人間であろう。しかも、国民がいったん行政指導に従ってしまうと法律上は任意に従ったと受け取られ、後日、指導の違法性を争う道はほとんどない。このようなことから、違法な内容の行政指導が権力行政の代替物としてまかり通っていると指摘する声も少なくない。

　今日の行政において、行政指導が有用かつ有効な行政手段であることは否定するものではないが、一方、国民の権利保護という観点からみれば、まったく問題がないとはいえない。伝統的に官（行政庁）に対して弱い国民性を考えれば、非権力的な行為（私人の自由意思を無視して有無を言わさず一方的に行う権力的行為とは異なり、私人の自由意思を認める法律関係、すなわち私人が「いやだ」と言える行為を非権力的行為）という外形をとりながら、実質的には権力的行為と異ならず、国民の「任意の同意・協力」といいながら、実は「強制された同意・協力」にほかならないという実態がある。

　このような実態面を考えるならば、行政指導に対して、それが行政庁の濫用にわたるようなことがあってはならない。そして誤った行政指導の結果、国民が損害を受けた場合、国家賠償の道を開くなど、国民に救済の機会を広く確保することが、行政指導の濫用を抑えるために必要である。

　とりわけ、救済手続のあり方は、今後の行政指導論における重要なテーマ

とされるべきであると考えられる。

8）行政指導の限界
（1）その限界とは
　行政指導は、法律上の根拠を必要としないとしても、行政指導には以下のような限界がある。
　第1に行政指導は、当該行政機関の組織法上の権限（所掌事務の範囲）内でなければならない。たとえば、警察官が税務指導をすることはできない。自分の職務と関係のない事項については、指導することはできないのである。
　この点について、行政手続法は、「当該行政機関の任務又は所掌事務の範囲を逸脱してはならない」（**同法32条1項**）と規定している。
　第2に行政指導といっても、法律優先の原則に服する。すなわち、法律に違反するような行政指導は許されない。また、憲法上の一般原則である「平等原則」や「比例原則」等に反することも許されない。
　行政指導の限界について、石油業法に直接法律上の根拠がない行政指導を適法とした判例がある。ここでは、通商産業省（現在の経済産業省）が石油業者に対して生産調整や製品価格の維持を指導していたところ、こうした指導は独占禁止法に違反し、法律優先の原則に反しないかが問題となった。
　この点について、最高裁は、「流動する事態に対する円滑・柔軟な行政の対応の必要性にかんがみると、石油業法に直接の根拠を持たない価格に関する行政指導であっても、これを必要とする事情がある場合に、これに対処するため社会通念上相当と認められる方法によって行われ、『一般消費者の利益を確保するとともに、国民経済の民主的で健全な発達を促進する』という独禁法の究極の目的に実質的に抵触しないものである限り、これを違法とすべき理由はない。そして、価格に関する事業者間の合意が形式的に独禁法に違反するようにみえる場合であっても、それが適法な行政指導に従い、これに協力して行われたものであるときは、その違法性が阻却されると解するのが相当である。」とした（最判昭59．2．24　石油価格協定刑事事件）判タ520-78。
　第3に、私人が自由意思で放棄することができない類の権利や利益の制限

を求めることは許されない。たとえば、人身の自由や精神の自由は、人間の根幹にかかわる権利であるから、これらの自由に対して法定外の制限を求めることは違法である。

第4に、**行政指導をするかどうかは、ある程度行政庁の裁量に任されているが、強制にわたることがあってはならない**。行政指導はあくまで法的拘束力のない事実上の協力要請行為であって、行政指導に従うのかどうかは相手方の任意の協力で実現されるべきものである。

したがって、行政指導に従わなかったことを理由に、相手方に不利益を与えることは許されない。

たとえば、産業廃棄物最終処分場の設置申請について、地元住民の同意書を取るように行政指導をしたのに、業者が同意書を取らずに、申請書を提出したとしても、指導に従わなかったことを理由に設置申請を不許可にすることは違法としている（札幌高判平9．10．7）ジュリストL05220308。

第5に、行政指導をする場合に処分権限があることをちらつかせ、無理に相手を従わせるようなことは許されない（**行政手続法34条**）。つまり、相手が「やめてほしい」、「迷惑である」などの意思表示をしているのに、強引に指導を続けることは許されない。あまりしつこく指導を繰り返すと、事案によっては、精神的苦痛に対する慰謝料（損害賠償）を命じられることがある（最判昭55．7．10　下関商業高校事件）労判345-20。

（2）行政指導が強制といえるかどうかの判断

行政指導の、「**強制にわたることがあってはならない**」という限界については多数の判例がある。

こうした判例の基本的な態度は、①行政指導が行われていることを理由に処分の留保などを行うことは、それだけでただちには違法とはならないが、②相手方が指導に従わない意思を明確に示した場合には、③特段の事情がない限り、その時点以降、違法となるというものである。

行政指導に不協力・不服従の意思を表明している建築業者に対し、建築計画の確認処分を留保した事案につき、最高裁は、「行政指導中の建築計画の確認の留保について、地方自治法および建築基準法の趣旨目的に照らせば、

生活環境の維持・向上を図るため、建築主に対して行政指導を行い、建築主が任意にこれに応じているものと認められる場合においては、社会通念上合理的と認められる期間、確認処分を留保することは違法とはいえない」と判示しつつ、「建築主が行政指導にはもはや協力できないとの意思を真摯かつ明確に表明し、当該（建築）確認申請に対し直ちに応答すべきことを求めている」ときには、「当該建築主が受ける不利益と右行政指導が目的とする公益上の必要性とを比較衡量して右行政指導に対する建築主の不協力が社会通念上正義の観念に反するものといえるような特段の事情が存在しない限り、行政指導が行われているとの理由だけで、確認処分を留保することは、違法である。」との判断を示している（最判昭60．7．16　品川マンション事件）ジュリストL04010060。

　また、水道事業者たる地方公共団体が、宅地開発等について行政規則としての性格しかない「指導要綱」に基づく行政指導に従わなかったことを理由に、建築会社との給水契約の締結を留保・拒否することは許されないともしている（最決平元．11．8　武蔵野市マンション事件）判タ710-274。

　さらに、指導要綱に基づき負担金の納付を求める行政指導をすることも、負担金の納付を事実上強制しようとするものと認められる場合には違法となる（最判平５．２．18　武蔵野市教育施設負担金事件）判タ861-183。

　ところで、前掲の**品川マンション事件**は、マンション建設のための建築確認が申請された後、建設に反対する周辺住民と申請者との紛争を解決するため、申請への応答を留保しつつ行政指導（調整的行政指導）を継続することは許されるかが問題となった事案として知られているもので、その判決は行政関係では最も有名な判決の一つとして重要である。

　この判決によれば、①「行政指導の相手方が当該行政指導に協力しないとの意思を真摯かつ明確に表明し」、②「相手方の不服従が社会通念上正義の観念に反するものといえないこと」という２つの要件が備わっている場合に、行政指導を継続して処分を留保することは違法と評価されるのである。

　なお、**行政手続法33条**は、この判決を基礎とし定められている。

（3）行政指導と取消訴訟

　行政指導に従うかどうかは、前述したとおり、相手方の任意である。これが行政指導の建前である。この建前からいえば、行政指導は取消訴訟の対象とはならないと解すべきである。
　なぜなら、気に入らない行政指導に対しては、相手方は服従をしなければよいだけのことであり、何も取消訴訟の力を借りるまでもないからである。
　しかし、行政機関は行政指導の実効性を担保するために相手方に対して各種の抑制的措置を講ずるのである。
　ここでいう「抑制的措置」とは、所与の行政権限（たとえば、料金変更・営業停止をする権限、営業許可の取消しをする権限、立入調査権等）に基づく権限であって、行政指導に服従しない者に不利益を与えるもののことである。
　この点からみれば、相手方にとっては、取消訴訟の力が必要ではないとはいえないであろう。行政指導の取消しを求める訴訟がしばしば提起されるのは、このためである。
　そこで問題となるのは、行政指導の中でも取消訴訟の対象になるものがあるのではないかということである。
　従来行政指導は、本来的には「公権力の行使」とは言い難いことから、一般的には取消訴訟などの対象となる「処分」には該当しないとされ、取消訴訟などによる救済を求めることができないと解されてきた。
　しかし、近年は事後の不利益な取扱いと法的に結びついた行政指導について、これを取消訴訟の対象とする最高裁判決が登場してきている。
　その一つが**最判平17．7．15**（病院開設中止勧告取消等請求事件）**判タ1188-132**である。この事件で、問題となったのは、医療法30条の7（現30条の11）の規定に基づき、都道府県知事が病院を開設しようとする者に行う病院開設中止の勧告は、抗告訴訟の対象となる行政処分に当たるのかどうかということであった。
　この点につき、最高裁は、「この勧告は行政事件訴訟法3条2項にいう『行政庁の処分その他公権力の行使に当たる行為』にあたると解するのが相当である。後に保険医療機関の指定拒否処分の効力を抗告訴訟によって争うことができるとしても、そのことは上記の結論を左右するものではない」と判示

している。

　若干長文となるが、以下に判例を紹介しよう。

　判例　■最判平17．7．15（病院開設中止勧告取消等請求事件）

【事案】Xは、富山県高岡市内において病院の開設を計画し、知事（Y）に対し、医療法7条1項の許可の申請をしたところ、Yから、「医療法30条の7（現30条の11）の規定に基づき高岡医療圏における病院の病床数が、富山県地域医療計画に定める当該医療圏の必要病床数に達しているため」との理由で、病院の開設を中止するようにとの勧告を受けた。

　Xがこの勧告を拒否すると、今度は、Yから申請について許可する旨の処分と同時に、富山県厚生部長名で医療法の遵守事項に加えて、「中止勧告を無視して病院を開設した場合には、保険医療機関の指定を拒否する」といった内容を記載した文書が送付されてきた。そこで、Xは、Yに対し、勧告の取消または本件通告処分の取消しを求めて提訴した。

　第1審、第2審とも本件勧告は抗告訴訟の対象となる行政処分に当たらないとして、Xの訴えを却下した。そこで、Xが上告した。

【判旨】（1）医療法は、病院を開設しようとするときは、開設地の都道府県知事の許可を受けなければならない旨を定めているところ（7条1項）、都道府県知事は、一定の要件に適合する限り、病院開設の許可を与えなければならないが（同条3項）、医療計画の達成の推進のために特に必要がある場合には、都道府県医療審議会の意見を聴いて、病院開設申請者等に対し、病院の開設、病床数の増加等に関し勧告することができる（30条の7）。そして、医療法上は、上記の勧告に従わない場合にも、そのことを理由に病院開設の不許可等の不利益処分がされることはない。

　他方、健康保険法（平成10年法律第109号による改正前のもの）43条ノ3第2項は、都道府県知事は、保険医療機関等の指定の申請があった場合に、一定の事由があるときは、その指定を拒むことができると規定しているが、この拒否事由の定めの中には、「保険医療機関等トシテ著

シク不適当ト認ムルモノナルトキ」との定めがあり、昭和62年保険局長通知において、「医療法第30条の7の規定に基づき、都道府県知事が医療計画達成の推進のため特に必要があるものとして勧告を行ったにもかかわらず、病院開設が行われ、当該病院から保険医療機関の指定申請があった場合にあっては、健康保険法43条ノ3第2項に規定する『著シク不適当ト認ムルモノナルトキ』に該当するものとして、地方社会保険医療協議会に対し、指定拒否の諮問を行うこと」とされていた(…中略…)。

(2) 上記の医療法及び健康保険法の規定の内容やその運用の実情に照らすと、医療法30条の7の規定に基づく病院開設中止の勧告は、医療法上は当該勧告を受けた者が任意にこれに従うことを期待してされる行政指導として定められているけれども、当該勧告を受けた者に対し、これに従わない場合には、相当程度の確実さをもって、病院を開設しても保険医療機関の指定を受けることができなくなるという結果をもたらすものということができる。

そして、いわゆる国民皆保険制度が採用されているわが国においては、健康保険、国民健康保険等を利用しないで病院で受診する者はほとんどなく、保険医療機関の指定を受けずに診療行為を行う病院がほとんど存在しないことは公知の事実であるから、保険医療機関の指定を受けることができない場合には、実際上病院の開設自体を断念せざるを得ないことになる。

このような医療法30条の7の規定に基づく病院開設中止の勧告の保険医療機関の指定に及ぼす効果及び病院経営における保険医療機関の指定のもつ意義を併せ考えると、この勧告は、行政事件訴訟法3条2項にいう「行政庁の処分その他公権力の行使にあたる行為」にあたると解するのが相当である。後に保険医療機関の指定拒否処分の効力を抗告訴訟によって争うことができるとしても、そのことは上記の結論を左右するものではない

本件は画期的な判例であるといわれている。なぜなら、本件で問題となった医療法に基づく病院開設の中止勧告の法的性質は行政指導である。行政指

導は、本来法的な効果がなく、行政行為には当たらないから、処分性は認められないと解されており、本件判決が出るまでは一般に行政指導には処分性は認められないものと解されていたからである。

　それにもかかわらず、本件は処分性を認めたのであるが、本件の勧告が行政指導であって、行政行為にはあたらないとしても医療法30条の7の規定に基づく病院開設中止の勧告は、医療法上は当該勧告を受けた者が任意に従うことを期待してされる行政指導として定められている。

　しかし、医療法および健康保険法の規定の内容やその運用の実情に照らすと、勧告を受けた者に対し、これに従わない場合には、「相当程度の」確実さをもって病院を開設しても保険医療機関の指定を受けることができなくなるという結果をもたらすものということができる。

　そして、国民皆保険制度が採用されているわが国においては、健康保険、国民健康保険等を利用しないで病院で受診する者はほとんどなく、保険医療機関の指定を受けずに診療行為を行う病院がほとんど存在しないのは公知の事実であるから、保険医療機関の指定を受けることができない場合は、実際上病院の開設自体をあきらめざるを得ないのである。

　このような医療法30条の7（現30条の11）の規定に基づく病院開設中止の勧告が医療機関の指定に及ぼす効果および病院経営における保険医療機関の指定のもつ意義をあわせかんがえると、この勧告は行政事件訴訟法3条2項にいう「行政庁の処分その他公権力の行使に当たる行為」に当たるであろう。

　確かに、「勧告」、「指導」、「助言」等は、一定の行政目的を達成するため、相手の任意の協力を期待するものであるから、本来は単なる行政指導であって処分ではない。

　しかし、条文の文言が「勧告」等とされていて本来的には非権力的なものであっても、実体上は、これらの行政庁の行為について、直接国民の権利義務を形成し、またはその範囲を確定するという法律効果が付与されていると認めることができるのであれば、当該行為の処分性が肯定されることになるのである。

（4）行政指導の内容を争うための方法

　次に、問題となるのは、行政指導のうち、是正勧告についてである。勧告に服従しないと起訴される可能性がある場合がある。その意味においては、これを取消訴訟の対象にする必要があるようにも思えるが、起訴は過去の行為について行われるものであって、是正勧告それ自体に対する不服従について行われるものではない。したがって、これを取消訴訟の対象にすべきではないものと解される。

　○**是正勧告の取消しを求める訴訟を拒否した判例**

　この判例には、**熊本地判昭26．5．7**（労働基準監督署指示取消事件）がある。

　同判例は、「原告等の本訴は、要するに、被告（労働基準監督署長）が昭和24年3月3日付をもって訴外A建設株式会社に対し、同会社と原告等間の労働関係につき、昭和23年6月1日解雇予告がなされたものと認め、同年6月8日以降同月末日まで平均賃金の支払をなすよう指示したのは違法であるから、右指示の取消を求めるというにあって、被告が右のような指示をなしたことは当事者間に争いのないところであるが、もともと労働基準監督署長は行政処分をもって直接使用者及び労働者間の雇用関係を消滅せしめ、または使用者に対して賃金支払義務を負担せしめるような権限はこれを有しないのであって、弁論の全趣旨によれば、被告のなした右指示は、被告が原告等と右訴外会社間の労働関係についての紛争を解決するためになした勧告行為にすぎないとみるべきもので、このような行為は何ら直接国民の権利義務に影響を及ぼすような具体的法律効果を発生せしめるものではなく、本来行政処分としての性質を有しないのであるから、本件については抗告訴訟の対象となるべき行政処分は存在しないといわなければならない」として、「本件については抗告訴訟の対象となるべき行政処分は存在しない」と、原告の本訴は不適法との判断を示し、訴えを却下した。

　また、同様に「是正勧告」の取消しを求めた訴えを、「不適法」として「本件勧告は労働省労働基準局長の通達たる監督業務運営要領に基づく処置であること、一般に是正勧告というのは労働基準監督行政を実施した際に発見された法違反に対する行政指導上の措置であるに止まり、勧告を受けた者が自

主的に是正することを、右是正勧告をした労働基準監督官として当然期待するであろうが、たとえ、勧告に従った是正をしないにせよ、何らの法的効果を生ずるものではないことが認められる。

しかして、行政事件訴訟法3条の抗告訴訟の対象たる行政処分とは、当該処置がそれ自体において直接の法的効果を生ずる行為、すなわち直接に国民の権利自由に対する侵害の可能性のある行為に限られると解されるから、本件是正勧告は抗告訴訟の対象とならない。」として却下した判例がある（福井地判昭45．9．25（橋本商事是正勧告取消請求事件））。

判例 ■労働基準監督官の行政指導のひとつである是正勧告の処分性を否定しその取消しを求める訴えが却下された事例（東京地判平21・4・28（国・亀戸労基署監督官（エコシステム）事件）労判993-94）

【事案】　原告Xが、雇用する労働者Bの労働条件通知書の勤務時間の記載について、管轄する労基署の労働基準監督官から是正勧告を受けたことについて、これを「処分」であるとして取消を求めたもの。

【判旨】「労働基準監督官が行う是正勧告は、行政指導として行われるものであって、それ自体何ら法的効果を生じさせるものではないし、被勧告者において、是正勧告に従わなかったとしても、そのこと自体を理由に何らかの不利益処分を課されたり、義務を負わされたりすることはないのであり、被勧告者の権利義務ないし法的地位に何らの影響を及ぼすものではないといえ、本件是正勧告もこの点について異なるところではない。」

「Xは、本件是正勧告が行政事件訴訟法3条2項に定める『行政庁の処分その他公権力の行使に当たる行為』であることを前提に、その取消しを求めて訴えを提起している。

『行政庁の処分その他公権力の行使に当たる行為』とは、公権力の主体たる国又は公共団体が行う行為のうち、その行為によって、直接国民の権利義務を形成し又はその範囲を確定することが法律上認められてい

るものをいうと解されるから、被勧告者であるＸの権利義務ないし法的地位に何らの影響を及ぼすものではない本件是正勧告がこれに該当しないことは明らかであり、本件訴えのうち、本件是正勧告「処分」の取消しを求める部分については、却下すべきこととなる。」

「本件是正勧告においては、所定期日までに是正しない場合には送検手続をとることがあるとされているが、是正勧告に従わなければ、必然的に送検等刑事手続に移行することを意味するものではなく、送検等がされたとしても、それは是正勧告に従わなかったことを理由とするのではなく、労働基準法等の法違反の事実によるものである。そうすると、送検手続をとることがあり得ることが予告されているからといっても、それは是正勧告違反に基づくものではないから、これを理由に是正勧告に処分性があることになるものではなく、また、被勧告者は、その後送検されても、刑事手続で争うこともできるのであるから、本件是正勧告が刑事訴訟法上の処分を予告しつつされた威嚇的なものであることを理由に処分性があるとのＸの主張は採用することができない。」

「労働基準法15条１項は、同法施行規則５条１項２号、３項によれば、使用者は、労働契約締結の際に、労働者に対し、「始業及び終業の時刻、所定労働時間を超える労働の有無、休憩時間、休日、休憩並びに労働者を２組以上に分けて就業させる場合における就業時転換に関する事項」を含めた労働条件を書面で明示しなければならないとされている。

……本件労働条件通知書には、９条において、勤務時間帯が複数記載されており、そのうち一つに「10時～翌日午前４時」という記載がされている。しかし、証拠（甲１）によれば、本件労働条件通知書には、休日や休息期間について記載がなく、就労日（就労頻度）が不明であるから、二労働日の勤務を一勤務にまとめて連続して行い、終業後に次の始業まで休息をとる勤務形態である隔日勤務については、就労日における始業及び終業時刻が特定されておらず、その記載がされているということはできない。」

「労働基準法15条１項は、労働条件が不明確なことによる紛争を未然防止するため、使用者において、労働条件を明示することを求めるもの

であるから、誤解されるおそれがないよう明確に記載すべきところ、……本件労働条件通知書は、休息期間の記載がなく、就労日における始業及び終業時刻が特定されていないため、始業及び終業時刻という観点からすると隔日勤務の記載がされているとはいい難い。したがって、タクシー業界の常識からすると隔日勤務の趣旨であることは明らかであるから労働基準法違反はないとのXの主張は採用できない。」

「A監督官による本件是正勧告は、本件労働条件通知書には隔日勤務の始業及び終業時刻並びに休日の記載がなく労働基準法15条1項に違反するという点について誤りがないから、国家賠償法上違法であるとするXの主張は理由がなく、XのYに対する国家賠償請求は棄却されるべきである。

なお、Xは、本件の背景には、Xと対立関係にあったBの言い掛かりというべき労働基準監督署への申告に基づき、本件是正勧告がされたという事情があると主張するが、かかる事情は、上記に説示した国家賠償法上の違法性の有無とは何ら関係がなく、本件是正勧告に違法性がないとの判断を左右しない。

また、Xは、A監督官において、本件是正勧告に先立つXの事業場への立入調査の際に、Xに対し、Bの希望である隔日勤務の指定をかなえてやってほしいなどと労働基準監督官の権限を越える行為もしたと主張するが、Xの主張によっても、その態様からして事実上の強制であるとはいえないし、このようなA監督官の行為によって本件是正勧告の違法性が基礎付けられる関係にあるともいえない。」

労働基準監督官は、労働基準法及び関係諸法令を施行するため、日常活動の一環として法適用事業場に対する監督・指導を実施し、関係諸法令に違反する事実を認めた場合に、使用者に対し違反事実を指摘した是正勧告書を交付する。

この是正勧告書の法的効力につき、次の判例がある。

第6章 特別講義(1)労働基準監督官の権限と是正勧告

 判例 ■労働基準監督官の行う是正勧告書の交付について、事業者はこの取消あるいは無効確認を求めて行政訴訟を提起することはできないとされた事例（札幌地裁平2.11.6（札幌東労働基準監督官（共永交通）事件）労判576-59）

【事案】 被告（札幌東労働基準監督官）は、原告（共永交通(株)）に対し、平成元年3月20日付け是正勧告書によって、原告が法定の除外事由がないにも拘わらず従業員（タクシー乗務員）である訴外Xらの2月分の賃金について、1回の客待ち時間が15分を超える事を理由として、超過時間に相当する賃金を支払っていないのは労働基準法24条に違反するとして是正勧告をなした。これに対し、原告が是正勧告の取消を求めたが、却下された事件。

【判旨】 1. 労働基準監督官の発する是正勧告というのは、一般に労働基準監督行政を実施した際に発見した法違反に対する行政指導上の措置に止まるもので、何らの法的効果をも生ずるものではないと解されている。

すなわち、是正勧告は、これにより法違反の状態を当然に変更するものではなく、また、勧告を遵守しない使用者に対し、罰則を科するとか、その他これの遵守を強制する制度も設けられておらず、あくまで、勧告を受けた使用者が自主的に勧告に従った是正をするのを期待するものに過ぎない。使用者は、勧告に従った是正をしなかったとしても、その法的地位に何らの影響も受けないのである。

なお、原告主張の本件是正勧告の内容からして、本件是正勧告も右の意味での是正勧告といえる。

ところで、行政事件訴訟法3条2項の抗告訴訟の対象たる処分とは、当該措置がそれ自体において直接の法的効果を生ずる行為、すなわち、直接に国民の権利自由に対する侵害の可能性のある行為に限られると解される。したがって、何らの法的効果も生じない本件是正勧告が抗告訴訟の対象とならないのは明らかである。

2. この点について、原告は是正勧告に従わない場合必然的に刑事処分

に移行する等の不利益を被り、その他是正勧告を取り消させなければ救済をはかれないと主張する。
　（1）しかしながら、労働基準監督官が検察官に事件を送致するのは、使用者が是正勧告に従わなかったという事実に基づくのではなく、使用者に労働基準法違反が存するという嫌疑に基づくのである。また、労働基準法違反の事実の態様、労働基準監督官の抱く嫌疑の程度によっては、是正勧告を発せずに直ちに検察官に事件を送致することもあれば、是正勧告を発しても事件を検察官に送致しないこともある。さらに、送致された事件が当然に起訴されるわけでもない。
　以上のように是正勧告と刑事処分に伴う不利益とを法律上結び付けることができない以上、原告の主張を採用することはできない。

　以上の通り、是正勧告は何らの法的効果もない。また行政処分にも該当しないため、勧告内容に不満があっても、事業主としては行政不服審査法や行政事件訴訟法により争うことはできないといえる。
　○**労働基準監督官の違法な行為に対する訴状例**
　行政指導は、行政機関が私人等に対し、任意の協力を求める形式で行われる様々な内容の働きかけであり、事実行為にすぎない。そのため、行政指導はあくまで任意の協力を求めるものでなければ違法となる。しかし、実際にはたとえば労働基準監督官によって、事実上の強制性を伴う行政指導が行われることもある。
　そのような場合に、違法な行政指導の差止めや、違法確認を求める訴えを、訴訟の場で行う必要が生じるのである。行政指導に関しての確認指導としては、たとえば、労働基準監督官による事業主への「勧告」「指導」「指示」に従わないことが不利益処分の発動事由となっている場合、そもそもそのような不利益処分を課せられる義務は事業主に存在しないのだから、「義務不存在確認訴訟」という形式で訴えを起こすことになる。
　また、事業主からの何らかの届出を「不受理」とするようなことを行政機関が行った場合であるが、行政手続法37条には、「届出が届出書の記載事項に不備がないこと、届出書に必要な書類が添付されていることその他の法令

第6章　特別講義（1）労働基準監督官の権限と是正勧告

に定められた届出の形式上の要件に適合している場合は、当該届出が法令により当該届出の提出先とされている機関の事務所に到達したときに、当該届出をすべき手続上の義務が履行されたものとする。」とある。

　つまり、「不受理」という行為自体が行政手続法によって存在しないことになっている。行政手続法37条の立法趣旨は、同法制定以前には行政機関が自らの意向に従わない事業者の届出を「不受理」や「保留」と称して届出があったものと取り扱わないこと（届出受理の不作為）がしばしばみられ、「行政指導」の名の下に法令上その権限が与えられていないはずの規制を行政機関が事実上行ってきたことから、それを防ぐためというものである。

　よって、現在において「不受理」という違法な行為が行政機関によってなされたとするならば、届出をすべき義務が履行したという地位の確認訴訟を起こすのが適当である。

　他に行政指導に関しての確認訴訟としては、行政機関の不作為の違憲確認訴訟を起こすのが効果的な場合もあろう。行政機関が行政指導の名の下に本来なすべきことを行っていない場合には、その不作為の事実が違憲であることの確認を求めるのである。

　以下、労働基準監督官が事業所に対し執拗な臨検を行った上、未払い残業代の支払い命令を内容とする是正勧告を行ったことに対する、損害賠償請求と是正勧告の違法確認を内容とする訴訟の訴状例を載せておこう。なお、労働基準監督官の是正勧告は、あくまでも行政指導であるため、未払い残業代の「支払い命令」をすることは当然できないことを付言しておく。

［書式］労働基準監督官の違法な行為に対する訴状例

訴　状

平成〇〇年〇月〇日

〇〇地方裁判所　御中

原告訴訟代理人弁護士　〇　〇　〇　〇　印

当事者の表示別紙目録記載のとおり

　損害賠償請求事件

　訴訟物の価格金〇〇〇〇円

貼用印紙金○○○○円

第1　請求の趣旨
1　被告が平成○○年○月○日になした是正勧告が違法であることの確認を求める。
2　被告は、原告に対し、金○○万円及びこれに対する平成○○年○○月○○日から各支払済に至るまで年５分の割合による金員を支払え。
3　訴訟費用は被告の負担とする。
との判決並びに第２項及び第３項について仮執行の宣言を求める。

第2　請求の原因
1　当事者

　　原告は東京都○○区において○○業を営む者であるが、平成○○年○月○日より、○○労働基準監督署の労働基準監督官○○○○より、数度に渡る臨検を受けた。最初の臨検に関してはその場で対応したが、その後平成○○年○月○日、業務繁忙の時間に執拗な臨検がなされたため、日時の変更、あるいは時間のみの変更を申し出るもこれに応じず、事業場内を歩きまわり、就業中の従業員に対し質問をしたりしたため、原告が再三にわたり「帰ってください」と要請したにも関わらず退去しなかった。また、未払い時間外労働手当に関して、原告が対象労働者との話し合いで解決する旨の口頭での説明を行ったことに加えて書面での回答をしているにも関わらず、「平成○○年○月○日までに未払い残業代計○○○円を支払うこと。」との内容の是正勧告書を交付したものである。

2　労働基準監督官の必要性緊急性を欠いた臨検の違法性
　　（略）
3　労働基準監督官の是正勧告の法的性質
　　（略）
4　求める判決
（1）労働基準監督官の是正勧告の違法確認訴訟
　　　（略）

> (2) 損害賠償
>   （略）
> 5　結論
>   よって、原告は、労働基準監督官による是正勧告が違法になされたことを確認するよう求めるとともに、平成〇〇年〇月〇日の臨検の際に行われた行為によって苦痛を受けたことに対する慰謝料として、金〇〇〇万円及びこれに対する損害発生の翌日である平成〇〇年〇〇月〇〇日から各完済まで民法所定の年5分の割合による遅延損害金を支払うように求める。
>   （略）

　一般的にいえば、行政指導は相手方たる国民の協力を求める事実行為に過ぎない。国民はそれを拒む事も自由であるから、それは「公権力の行使」にあたらない。したがって、「処分」にはあたらないと解されている。

　国民は違法と思われる行政指導については、単にそれを拒否すればよいのであり、取消訴訟を提起するまでもないということである。しかし、それにもかかわらず、国民に行政指導に対する取消訴訟を認めてやらなければならない場合がある。というのは、行政庁が、国民に対して行政指導に従うべきことを強制するに等しいような場合も事実上は存在するから、したがって、このような自由のない強制的な行政指導の場合には、そのような指導そのものの違法性を確認するという実益が国民の側に存することもあるからである。

　なお、行政指導に従わないことを主たる理由として、行政庁が別の事柄に関して不利益処分を行った場合において、その処分の取消しを請求することが可能である。ただし、行政指導に従わなかった事を理由に国民が不利益を受けたとする立証は困難である。

(5) 公表を争うための方法

　行政指導の実効性を確保するため、不服従の**事実の公表**という制度が設けられているものについては、たとえ行政指導といえども、これを取消訴訟の対象にすべきものであると考えられる。

なぜならば、不服従者として氏名が公表されると、相手方は回復すべからざる損失を被ることになる場合があるからである。

したがって、これ以外の行政指導は、取消訴訟の対象とする必要はないものと解される。もっとも、行政指導の実効性がしばしば行政権限の濫用によって図られることのある場合には、その濫用が行われた時点で、これを争う訴訟を起こす以外に手立てはないように思われる。

6．是正勧告に適切に対処するための法学の必要性

1）権力分立原理の具体化である三権分立とは

労働基準監督官の是正勧告に適切に対処するために行政法学だけでなく、法学の基礎から学ぶ必要がある。以下、それについて説明しよう。

是正勧告に適切に対処するためには、私たちは「三権分立」を念頭において対応しなければならない。憲法が定める内容は、人権に関する規定と、統治機構に関する規定に大別できる。統治機構とは、司法・立法・行政という国家を統治するために必要な組織の総称である。

近代憲法において、人権は憲法が守るべき目的であり、統治機構はその人権を保障するために奉仕すべき手段という位置づけとなっている。統治機構が適正に働いていなければ、国家による人権侵害が現実化することは、歴史を見れば明らかである。

国家による人権侵害を防ぐための根本原理が「権力分立」原理である。これは権力を一箇所に集中させることにより、権力の暴走を招くことの無いように、権力をいくつかの異なる機関に担当させるという原理である。この権力分立原理の具体的現れが、日本国憲法も採用している「三権分立」である。

「三権分立」とは、民主主義国家において、権力が集中して、専断的な国家運営がなされないよう、権力を立法・行政・司法の3つに区別し、それぞれ異なる機関に分担させ、三権が互いに抑制し合い、均衡を保つことによって、権力の行き過ぎを防ぐしくみである。

三権分立の仕組みを確認したうえで、是正勧告における、労働基準監督機関の対応について検証を加える。

第6章　特別講義（1）労働基準監督官の権限と是正勧告

　国民の代表である国会議員が、民意を反映させて国会で労働基準法等の労働関係各法を作る。これが「**立法権**」である。次に、「**行政権**」は内閣が持つが、政治の内容は多岐にわたるため、行政主体（国・地方公共団体）のために、その手足となって職務を行う機関が必要となる。それが「行政機関」であるのだが、行政機関には、法律により、一定の権限と責任が割り当てられる。労働法令違反行為が事業所に働く労働者に、重大にして、かつ、深刻な被害を及ぼす前に、それを是正し、労働法令を遵守させることを目的に、労働法令に定められた「行政機関」たる「**労働基準監督官**」が、司法警察官の役割を担う。

　最後に、法律に基づいて、行政がうまく活動しているかチェックする機能が、裁判所が受け持つ「**司法権**」である。

2）臨検調査における問題点

　これまで当然に行われていた、監督官が行う一般的な是正勧告の取り扱いは、たとえば、「退職労働者等の申告に基づき、臨検調査を行う。調査の結果、タイムカードの打刻時刻から時間外労働をした時間を算出して、未払いの分につき、過去2年間分さかのぼって事業主に支払うよう、是正勧告を出す」というものであった。勧告に従わない場合には、送検することもあると、罰則をちらつかせて勧告することもあった。

　ここで、大きな問題となる点は、監督官が事業主に対して「タイムカードの打刻時刻に基づいて計算し、残業代を支払え」と、是正勧告とは名ばかりの、命令を出してしまうことである。しかも、不利益処分を背景としてという点である。

　タイムカードに打刻された時間中、その全部につき、事業主の指揮命令下に労働者が労働を提供していたならば、事業主が労働者に対して未払い残業代を支払うのは当然である。しかし、労働者が事業主のあずかり知らぬところで、勝手に事業場に滞留していたとしたらどうだろうか。つまり、労働者が残業代欲しさに居残り、労働者と事業主が、残業した時間に対して争いのある場合にまで、監督官が労働者側に立って、事業主に残業代の支払いを命令することができるのかという問題である。

3）三権分立を無視することは許されない

　前述の「行政行為」と「事実行為」のところでも触れたが、罰則を背景に、国民の意思にかかわらず、権力的に行う行政活動は、「行政行為」である。行政行為には、法律の授権が必要である。なぜなら、行政行為は国民の同意によらず、その権利義務を制限できるため、国民の代表者からなる国会によって制定された法律の授権なくしては行うことが許されないからである。

　他方、**是正勧告は行政指導であり、行政指導は事実行為であるため**、本来、**原則として国民の同意を要件に行われる**。

　したがって、事業主に残業代の支払いを命令するような監督官は、自分で勝手に法律があるものとして、行政行為をしてしまっているのである。

　次に、監督官は行政庁の執行機関であるから、行政権を有していることに異論はないだろう。前述したように、自分が勝手に作った法律に基づいて、行政活動をしたことになる。

　さらに労使に争いがある時間外労働時間について、一方的に労働者の肩をもち、タイムカードの打刻時刻を基礎に、時間外労働の未払賃金を算定する。これにつき、消滅時効にかからない「2年間さかのぼって残業代を支払え」と命令する行為は、司法権を持つ裁判所の役割を代行していることになる。

　このように考えると、本来は、立法・行政・司法と3つに分散させ、三権が互いに抑制し合い、均衡を保たなければならないはずの国家権力を、監督官が思いのままに、3つまとめて行使していることに他ならないことになる。権利の濫用も甚だしい実態といえよう。

　労働基準監督官の是正勧告の問題点については、項を改めてさらに憲法民法刑法行政法といった各種の法律の観点から詳しく論じることとする。その問題点を指摘した理論を真に理解するためには、基礎法学の知識は必須であることは、三権分立の例をもってして明らかになったといえよう。法学の基礎力なくして、各種の具体的な法制度が抱える問題点を見抜き、対応策を講じることはできないのである。

法を体系的立体的に理解することの重要性

1．残業代請求と是正勧告

　事業所に臨検・調査に入った労働基準監督官が、タイムカード等の勤怠記録を根拠として、事業主に対し「**残業代を２年間さかのぼって支払え**」という、支払命令を内容とする是正勧告を行なっている事実を見聞きした方も多いだろう。

　このような、**支払命令を内容とする是正勧告を行う権限は、そもそも労働基準監督官に存在しない**ことを、以前より誰にも先駆けて理論的に説明してきたが、この労働基準監督官の権限について、憲法を頂点とした法体系を体系的立体的に理解しなければ、真の理解ができないことを以下説明することとする。すでに学んだ憲法の知識が随所で生かされることになるので、必要に応じて憲法の項目を読み返していただきたい。

　労働問題、労使トラブルを解決するためには、労働法の知識だけでは足りないと、日ごろから説いている。問題を最終的に解決するためには、憲法を頂点とした各種の法律について、体系的・立体的な理解がなければならない。特別法である労働法についてだけ、狭い視野で見つめ続けていても、体系的・立体的理解は永久に得られないのである。憲法や民法、刑法といった一般法の理解を根本から深めて行かなければならず、また、行政法に関する知識も必要となる。

　労働基準監督官の権限や是正勧告の問題は、憲法の体系的・立体的理解なくして、労働法の理解はあり得ないということを知るための格好の例でもある。是正勧告の問題にとどまらず、すべてに通じる論点であるので、しっかりとマスターしてもらいたい。

2．具体的な設例

　では、具体的な設例を検討していくこととしよう。

Y会社の労働者Xは連日、定時を過ぎてもそのまま会社に居残り、毎日4時間ほど残業をしていた。

　この残業に関し、XはY会社に対し特に許可を求めることもなかった。また、Xは帰ろうと思えばいつでも帰宅できる状況であり、Xが定時を過ぎた後に行っていた業務は、その日のうちに処理しなければならないような必要性や緊急性を有するような、特段の事情がある業務ではなかった。

　そして数年が過ぎたある日、Xが残業代の未払いについて労働基準監督署に申告をしたことにより、労働基準監督署の調査や臨検がY会社に入った。

　その結果、労働者Xに関する過去2年分の未払残業代について労働基準監督官が支払命令を出してきた。支払命令にある金額は4時間の残業を時給1,000円で月20日間したとして、何と240万円にも上ったのである。

　この、過去2年分という期間の根拠は、労働基準法115条で賃金債権の時効が2年と定められているためであるが、果たしてY会社は労働基準監督官の支払命令に従わなければならないのだろうか。

　世間では労働基準監督官の権限について、誤解というより無理解が蔓延しており、監督官のいきなりの支払命令に驚いた使用者が、唯々諾々と、無抵抗に支払いに応じてしまったり、あるいは監督官に懇願して、残業代の支払を1年分にまけてもらって助かった、などと感謝の言葉を漏らす使用者がいたりする、などという話があちらこちらから聞こえてくる。

　結論から言えば、**Y会社は、未払残業代の支払命令に従う必要はない**。中には、この結論自体は知っている人もいるだろう。しかし、理由のない結論だけを知っていても、労使トラブルの防止や解決に役立つはずがない。

3．「結論」を理解するための「理由」

　では、その理由とは何だろうか。

第６章　特別講義（１）労働基準監督官の権限と是正勧告

> 労働基準監督官に、未払残業代の支払命令を下す権限はない。

これがその理由である。権限のない命令である以上、従う必要はないのは当然である。

> （Ａ）監督官に権限がない⇒（だから）⇒（Ｂ）命令に従う必要はない。
> 　　　＝（イコール）
> （Ｂ）命令に従う必要はない⇒（なぜなら）⇒（Ａ）監督官に権限がない。

「ＡだからＢ」と、「ＢなぜならＡ」は論理的にイコールの関係にある。「労働基準監督官に支払命令を下す権限はない、だから支払命令に従う必要はない」「労働基準監督官の支払命令に従う必要はない、なぜなら支払命令を下す権限がないから」どちらの表現でも同じ意味であるが、中には、労働基準監督官に未払残業代の支払命令を下す権限がない、という結論だけを聞いて、「そんなはずはない」と理解できない方々も多くいるという。

なぜ「結論」（Ｂの部分）が理解できないかといえば、「理由」（Ａの部分）が理解できていないからである。では、どうして「理由」が理解できないのだろうか。それは、**法学や法律の基礎知識を身につけていないためである。法律学の基礎的素養が欠けているからなのである。**結論を聞いて納得出来ないのは、その前提となる理由を理解できる能力や知識が欠けているからである。

親の言うことを聞かない幼い子供がいたとしよう。その子供に向かって親が、「我慢しなさい」「言うことを聞きなさい」と結論だけを言ったとしても、子供は納得しないだろう。だからといって、親が子供に言葉を尽くして説明をしたとしても、幼い子供にはその理由を理解する能力が欠けているため、結局は親の言うことがわからない。例えは悪いかもしれないが、法律学の基礎的素養を身につけずにいる状態は、親の言うことを聞かない幼い子供と変わらない、危うい存在なのである。

子供ならば、親が叱りつけて無理やり言うことを聞かせ、子供を正しく導くこともできるだろう。また、「あっちに行くとお化けが出るから行っちゃいけないよ」といった、「嘘も方便」的なごまかしの理由で何とかすることもできるだろう。

しかし、人事・労務に関連する仕事に携わり、労使トラブルを解決しようという大人が、法学や法律学の基礎知識すら身につけずにいたら、どうなるのだろうか。もちろん、強引に叱りつけたり、ごまかしたりが通用するわけがない。そうなると、顧問先や所属する企業を守れない結末を迎えることは、火を見るより明らかである。結論を導く理由が理解できないものは、労働基準法という「結論」の丸暗記でその場しのぎの対応ができたとしても、事案の変化には対応できないのである。現実の社会は時々刻々と変化するものであり、その複雑な変化に対応するためには、法を体系的・立体的に理解するしか方法はないのである。

4．労働基準法の「理由」としての民法

「**法を体系的に理解する**」とはどういうことか。それは、繰り返しになるが、**結論を導く上で必要となる理由を理解すること**である。たとえば、労働基準法は、民法の特別法である。一般法である民法では対応しきれない専門的な領域について、より詳細なルールを定めたのが労働基準法なのである。このことからも明らかなように、労働基準法の根本には民法の理論が存在するのである。民法を理解せずに労働基準法を理解しようとするのは不可能と言って良い。労働基準法という「結論」を理解する、「理由」の一つが民法なのである。

5．民法の「理由」としての憲法

では、民法を学べばそれで足りるのだろうか。結論を導く理由を、マスターしたことになるのだろうか。いや、それでもまだ理解が足りないのである。なぜなら、民法という「結論」を理解する「理由」をマスターしていないからである。

民法は市民社会における権利義務について定めた一般法であるが、その権利とは、どこに根拠を持つものであろうか。その答えはもちろん、日本国憲法にある。日本国憲法はその第3章に、人権について定めた数々の規定が存

在するが、その人権、特に財産権や、家族関係にまつわる事項を現実社会において有効適切に機能させるための存在が、**私法の一般法**である民法なのである。

私法という言葉については、後にまた説明することになるが、基本的には対等平等な者同士の「**横の関係**」を思い浮かべてくれれば良い。憲法で保障された財産権を具体化するために、民法が作られ、対等平等な市民同士が契約によって、財産関係を築き上げていく。これが基本なのである。

しかし、労働者と使用者の労働関係においては、対等平等な関係が期待できないので、労働基準法を始めとする労働関係の諸法令によって、労働者と使用者の間のパワーバランスを修正することになったのである。ただし、修正されたとしても、「横の関係」という原則は変わらないのである。この「横の関係」という言葉は、労働基準監督官の権限について具体的に見る際に、再度登場するので、特に忘れないでほしい。

6．憲法の「理由」としての法学

こうなると、次に何が必要か思い浮かぶ方もいるかもしれない。そう、憲法に定められている人権の保障という「結論」（例として、憲法第11条の、「国民は、すべての基本的人権の享有を妨げられない。この憲法が国民に保障する基本的人権は、侵すことのできない永久の権利として、現在及び将来の国民に与へられる」という条文を挙げておこう）は、なぜ正当化されるのだろうか。その「理由」とは何か。

それが「**法学**」なのである。「法学」こそが法の源泉であり、出発点なのである。法を体系的に学ぼうと思うならば、法学の素養を身につけなければならないのである。法学には、正義や公平といった概念とは何なのかといった、物事を根本から思考するために必要な要素が満載されている。本来ならば、法学という源流から、憲法、民法、労働法、そして現実社会で日々生じる労働問題という大海へと、カヌーを漕いでいくように学んで行くのが理想なのである。

この特別講義では、法学そのものに触れる余裕はないが、この後で説明す

ることになる、憲法的な観点（行政法を含む）・民法的な観点・刑法的な観点といった視野からの労働基準監督官の権限に関する考察を学ぶなかで、法学のエッセンスが知らず知らずに身につくことになるだろう。

7．法を体系的に学んだ後に見える立体的な世界

　ここまでは、「法を体系的に理解する」ことの重要性について説明してきた。労働法から民法へ、民法から憲法へ、憲法から法学へと、「理由」を求めることで、法を体系的に学ぶことになるのである。そしてそれは同時に、**「法を立体的に理解する」**ことなのである。法を体系的に学べば、美しい富士山を仰ぎ見るように憲法を頂点とした法体系が見えてくるはずである。そして、富士山の上には大空と無限の宇宙が広がるように、憲法の上には、人類がその歴史の中で正義とは何か、自由とは何か、平等とは何か、について思索や議論を重ねてきた法学の世界が広がっているのである。

　この立体的な視野を身につけることができれば、日々変化する社会で起きる労働問題を、「理由」のある解決策をもって対処できるようになるはずである。常日頃、**「労使トラブルを解決するためには労働法の知識だけでは足りない」「労働基準法では労働問題を解決できない」**と言い続けてきたが、その言葉の意味するところの一端がここにあるのである。

　では、いよいよ憲法（行政法を含む）・民法・刑法いずれの観点からも、労働基準監督官に支払命令を下す権限がないということを、以下、順を追って説明していこう。

3　労働基準監督官の権限と是正勧告

1．憲法的観点からの説明

　まずは、法体系の頂点にある憲法（および関連する行政法学）の観点から、労働基準監督官の権限と是正勧告について説明しよう。

第6章 特別講義（1）労働基準監督官の権限と是正勧告

たしかに、労働基準監督官は未払残業代について調査し、その支払を**勧告**することはできる。しかし、それはあくまで「**行政指導**」に分類される行為なのである。

> ［行政指導］
> 行政機関がその任務又は所掌事務の範囲内において一定の行政目的を実現するため特定の者に一定の作為又は不作為を求める指導、勧告、助言その他の行為であって処分に該当しないもの。

行政指導とは、「処分に該当しない」法的拘束力のない行為であるため、強制力はないのである。

この時点でもうおわかりの方もおられるであろうが、労働基準監督官が未払残業代を支払うことにつき「指導、勧告、助言その他の行為であって処分に該当しないもの」である「**勧告**」をすることができはしても、強制力をともなう「**命令**」ができるわけがないのである。

行政法上、強制力をもつのは、「**行政処分**」である。行政処分とは、行政が命令によって権利を制限したり義務を課したりすることをいう。

> ［行政処分］
> 行政が命令によって権利を制限したり義務を課したりすること。

この行政処分を行うには、法令の根拠が必要とされる。これを「**法律による行政の原理**」という。

法律による行政の原理とは、行政活動は主権者である国民の代表である国会で決められる法律に従って行わなければならないという原則である。三権分立については後に詳述するが、主権者である国民の代表者によって構成される立法権が、法律の制定を通じて行政権を民主的にコントロール（**民主的統制**）するのが原則なのである。

三権のうち、実際にはどれが国民にとって一番脅威となる存在であろうか。もちろん、立法権を有する国会で不当な内容の法律が作られたり、司法権を担う裁判所で不当な内容の判決が下されたりすれば、それは国民に甚大な被害を与えることになる。しかし、現実問題として日々の国民生活にとって具

体的な脅威となるのは、行政権、たとえば警察がずさんな捜査をして不当逮捕をしたり、食品や医薬品、さらには原子力発電の安全性について監督官庁がいい加減なチェックをしていたりした場合であろう。だからこそ、法律による行政の原理によって、国民の代表者が定めた法律なくして行政権が強制的な処分をできないようにしているのである。

法律による行政の原理について、もう少し詳しく見ておこう。この原理は、**①法律優位の原則**、**②法律留保の原則**という２つの原則を内容としている。①の法律優位の原則とは、行政活動は現に存在している法律に違反してはならないという原則であり、②の法律留保の原則とは、ある行政活動を行うには必ず法律の根拠が必要であるという原則である。両者の違いが分かりにくいところであるが、仮に①の原則だけでは、法律に書いてなければ何をやっても良い、ということになってしまうのである。

たとえば、ある家庭には、「子供だけで遠くに行ってはいけない」というルールがあったとしよう。この場合に①の原則だけだと、子供が「じゃあ、子供だけで近くのプールで泳いで来ていいんだね、だって遠くに行くわけじゃないから」という都合の良い解釈を許してしまうことになるのである。②の原則があれば、「子供だけでプールに行ってよい」という家庭内ルールが存在しない限り、子供は近くでも遠くでも子供だけでプールに行くことはできないことになる。

このたとえでおわかりいただけたと思うが、法律による行政の原理とは、行政活動が法律に反しないことだけを求めているのではなく、行政活動が法によって積極的に定めることを求める原理なのである。そうであって始めて、行政活動を「民主的にコントロール」したことになるのである。

ただし、行政活動すべてに法律の根拠を必要としてしまうと、行政の機動性や迅速性、効率性が失われてしまいかねない。そこで、国民の自由と財産を侵害するような行政活動についてのみ法律の根拠が必要であるという**侵害留保説**が通説となっている。

では、行政権に属する労働基準監督官が支払命令をするための法律の根拠はあるのだろうか。残業代の支払命令は、使用者にとって金銭的な負担を強いられるものであるため、侵害留保説からしても法律の根拠が必要な場合と

いうことになる。

　しかし、六法全書のどこをどう読んでも、労働基準監督官が未払残業代の支払命令を出せるという根拠条文は出てこない。にもかかわらず、監督官が行政処分として支払命令を出すというのならば、法律による行政の原理に反するばかりか、三権分立の原理という、近代憲法の大原則に反することになる。

　三権分立とは、国家の権力を、立法・行政・司法に区別し、それぞれを異なる機関に担当させ、相互の抑制・均衡を図るための制度であり、モンテスキューの提唱した近代憲法の基本原理である。フランス人権宣言の16条には、「権利の保障が確保されず、権力の分立が明記されていない全ての社会は憲法を持つものではない」と規定されているが、ここにいう「権力の分立」とは、権力を一手に集中させず、分立させて相互にチェックすることで、バランスをとり、権力の暴走を防ぐもので、**権力分立原理**ともいう。権力分立原理にはもちろん、三権分立が含まれる。近代憲法の一つである日本国憲法も、当然この三権分立を採用している。

　三権分立をよりわかりやすく言えば、国の権力をそれぞれ別の者に担当させて、お互いがお互いをチェックすることで、バランスをとっているのである。ルールを作るのが立法権、ルールを適用するのが行政権、そして、ルールを用いて裁判を行ない、また、ルールそのものをチェックするのが司法権なのである。

　三権分立の考え方は、会社法にも導入されているくらい身近で基本的な法原理なのである。先の立法権を株主総会、行政権を取締役会、司法権を監査役に置き換えて考えてみれば理解できるだろう。

　労働基準監督官が法令に根拠のない支払命令を出したならば、それは自ら新たなルールを作ったことになり、行政権がその枠を踏み越えて立法権を行使したことになる。まさに三権分立違反そのものである。

　労働基準監督官が支払命令をする根拠がないというと、「税務署の職員が課税処分をするのとどう違うんだ」という疑問が出てくることがよくある。課税処分の場合は、そもそも法律の根拠に基づいてなされるものである。憲法84条では、「あらたに租税を課し、又は現行の租税を変更するには、法律又は法律の定める条件によることを必要とする。」という租税法律主義を採

用しており、この法律の根拠にもとづき課税がなされるのである。そして、実際になされる課税処分は強制力をともなう行政処分であって、これらの点に関して、労働基準監督官が法令の根拠に基づかずに出す支払命令とは大きく異なるのである。

さらにいえば、憲法の定める三権分立を無視した労働基準監督官は、**憲法尊重擁護義務（憲法99条）**違反にもなる。憲法99条には、「天皇又は摂政及び国務大臣、国会議員、裁判官その他の公務員は、この憲法を尊重し擁護する義務を負ふ。」とあるが、ここに登場する「**その他の公務員**」には当然、労働基準監督官が含まれるからである。

憲法の観点からの説明はまだある。憲法29条1項は「財産権は、これを侵してはならない。」と定めている。労働基準監督官が、法令の根拠もなく、私人に対して金銭の支払を命令することは、重大な財産権の侵害行為であるといえる。冒頭の事例の、労働基準監督官がある会社に対して調査に入り、その結果判明した未払残業代について2年間遡って支払命令を下すようなことは、憲法に定める財産権の侵害ということになる。

2．刑法の観点からの説明

次に、残業をさせたことについて、労働基準監督官が刑罰の存在を持ち出して支払いを命令してきたような場合について、刑法の観点から論ずることとしよう。**労働基準法は刑罰法規**であるため、その適用は刑法の原則にのっとったものでなければならない。

刑法において**犯罪**とは「構成要件に該当する違法かつ有責な行為」と定義される。行為が犯罪の「**構成要件**」に該当すること、その行為に「**違法性**」があること、その行為を行った行為者に「**責任**」を問うことができること、の3つの要件を満たして初めて、犯罪が成立するのである。

構成要件とは、社会通念上、違法かつ有責な行為を類型化したものである。構成要件を簡単に説明すると、刑法の各条文で示されている、「犯罪の類型（枠組）」のことである。違法な行為とは、客観的に法律に違反している行為のこと、有責とは、その行為について、行為者に主観的に責任を問えること、

を意味する。よりわかりやすく言えば、個々の「悪い」行為のパターンが構成要件であり、その構成要件をカタログのように集めているのが刑法なのである。

たとえば、刑法199条に殺人罪が規定されているが、そこに規定される「人を殺した」の部分が構成要件になる。

では、人を殺せばすべて殺人罪になるのかといえば、そうではない。次に「違法性」があるかどうかが検討されるのである。違法とは、社会的相当性を逸脱して法益を侵害することを意味する。わかりやすく説明すれば、社会通念、つまり社会の一般常識で許されない形の権利侵害をすることである。

仮に、人を殺してしまったとしても、自分が殺されそうになり、命を守るために、思わず手近にあった花瓶で相手の頭を殴打した結果殺してしまったような場合、正当防衛として違法とはされない。専門的には違法性が阻却される、という表現をするのだが、要するに、自己の生命を守るための反撃行為ならば、たとえ相手の権利を侵害しても社会通念上許され、違法とは評価されない（違法性が阻却される）ということなのである。

先ほどの殺人の例で、正当防衛のような違法性を阻却する事由は存在しなかったとしよう。そうなると、構成要件に該当し、違法な行為ということになるが、犯罪が成立するためには、最後の関門がまだ待ち構えている。

それが「責任（有責性）」の問題である。刑法上の責任ありとするためには、いくつかの要素を満たさなければならないが、その一つに、「**故意犯処罰の原則**」というものがある。これは刑法の大原則の一つとされるものである。

刑法38条1項は「罪を犯す意思がない行為は、罰しない。ただし、法律に特別の規定がある場合は、この限りでない。」と定めている。ここにいう「**罪を犯す意思**」というのが、**故意**のことである。刑法は原則として、故意による犯罪のみを処罰する、というのが故意犯処罰の原則である。

これを簡単に言うと「わざと」罪を犯した場合を処罰の対象にしているのである。例外的に、過失、つまり「うっかり」罪を犯してしまった場合を処罰することもあるが、その際には条文に「過失により」という文言が使われている。

この、刑法上の故意について理解をすること、すなわち「**故意の本質論**」

について知ることは、同じく刑罰法規である労働基準法について理解するために必須の知識であるため、以下詳述することとしよう。

刑法上の故意とは、客観的構成要件に該当する事実の認識・認容とされている。これを分かりやすく言えば、行為者が犯罪となる客観的な事実を知っていて、あえて行おうとする意思のことである。たとえば、そこに人がいると知っていて、その人に向かって石を投げつければ、暴行罪（**刑法208条**）または傷害罪（**刑法204条**）の故意ありとなる。石の大きさによっては、殺人罪の故意すら認められることもある。

なぜ、刑法はそのような故意犯のみを処罰することを原則としているかといえば、刑法は刑罰という、生命や自由、財産を奪う厳しい制裁を予定している法だからである。厳しい制裁があるからこそ、その厳しい制裁に見合うだけの主観面を行為者に求めているのである。それだけの主観面を有していれば、刑罰という制裁を科すという形で法的に非難することが正当化されるのである。だからこそ、厳しい制裁に見合うだけの主観面として、自己の行為が違法であるというルールの壁に直面しつつ、あえてその壁を乗り越えて犯罪を実現するというレベルが求められているのである。

刑法は例外的に過失犯を処罰しているが、その際にも、一定の重大な犯罪に関して、行為者が注意していればルールの壁に気付いたはずであり（結果の予測可能性）、そして気付いたならばルールの壁の前で引き返したはずだ（結果の回避可能性）というレベルに至って、故意と同様に法的に非難することができるため、処罰することにしているのである。

このように刑法は、原則的に故意犯を処罰し、例外的に過失犯を処罰する体系を採っている。**では同じく刑罰法規である労働基準法はどうかといえば、故意犯「のみ」を処罰する刑罰法規となっているのである。**

冒頭の例に戻ると、使用者であるＹ会社が労働者Ｘの残業を知っていたというだけでは、「罪を犯す意思」、つまり**故意があるとはいえない**のである。Ｙ会社の社長が、Ｘが連日、定時後も居残っているのを見ていた、あるいは知っていたとすれば、たしかに事実の認識はある。しかし、それは、**刑罰法規である労働基準法違反として求められるレベルの故意に達しているとはいえ**ないのである。

なぜなら、労働基準法第5条には「使用者は、暴行、脅迫、監禁その他精神又は身体の自由を不当に拘束する手段によって、労働者の意思に反して労働を強制してはならない。」とあり、その立法の経緯からもタコ部屋に監禁するようなレベルのものを想定しているからである。この規定から、**労働基準法が想定する故意による残業とは、労働者の意思に反して行動の自由を制限するレベルのもの**であることが明らかである。そのレベルの自由の制限が存在して初めて社会通念上許されない客観的な違法性があるのであり、その違法性を認識して初めて、労働基準法違反として問えるだけの故意があるといえるのである。

今回取り上げたケースの場合、労働者Xが連日残業をしていたとはいえ、使用者Yがその居残りをただ単に認識していただけというだけならば、そこに**何らの強制は存在せず、労働者は帰ろうと思えばいつでも帰れる状態**にあったのである。

ということは、ただ単に、Xが自発的に残って業務を行なっていたという事実があるだけなのである。そのことに関し、使用者であるY会社は何らの強制も強要もしていない。そのような状況をもってして、刑罰法規である労働基準法の想定する故意があるとは到底言えない。使用者Yに刑罰という厳しい制裁を与えるだけの認識があったとはとてもいえないだろう。

このように、労働者が自由を不当に拘束されていない、裏を返せば自由な意思で帰ろうと思えばいつでも帰れる状態にあった以上、使用者は労働基準法違反として罪に問うだけの認識をしていた、つまり故意があるとはいえないのである。

よって、Y会社において、労働者Xが残業をしていることを使用者が知っていたというだけでは、故意に残業させたわけでも、故意に残業代を支払わなかったわけでもなく、刑罰法規である労働基準法の適用の対象になるようなことはないのである。

さらに言えば、刑法理論の根底に流れる考え方として、**謙抑主義**というものがある。これは、刑法というものは、人の生命・自由・財産という基本的人権に係わることがらに関して刑罰という峻厳な制裁を予定する法律であるから、その適用はできる限り慎重にならなければならないというものである。

この謙抑主義の立場からしても、今回のケースが処罰に値するものではないことは、火を見るより明らかといえよう。
　刑法的観点から、あわせて説明しておきたいことがある。たとえば、調査・臨検にきた労働基準監督官に対し、使用者Ｙが「今は忙しいから対応できないので、日を改めて来てくれ」と丁寧にお願いしたとしよう。それにも関わらず、労働基準監督官が立ち去ろうとしないため、使用者は再三お引取りを願ったが、それでも事業所から出て行かないため、ついに使用者は労働基準監督官の腕を取り、力ずくで事業場外へと引っ張りだした。このような場合に、使用者は刑法上の罪に問われるのであろうか。
　前述した犯罪の定義に関する説明を思い起こしてもらいたい。犯罪とは構成要件に該当し、違法で有責な行為であった。使用者が労働基準監督官を力ずくで事業場外に追い出した行為は、暴行罪（**刑法208条**）の構成要件に該当する。しかし、構成要件該当性はあったとしても、違法性が阻却されることになるのである。なぜなら再三のお願いにも関わらず、事業場から立ち去らなかった労働基準監督官の行為は、不退去罪（**刑法130条後段**）に該当するのである。そして、刑法は「急迫不正の侵害に対し、自己又は他人の権利を防衛するため、やむを得ずにした行為は、罰しない」（**刑法36条1項**）と、正当防衛について規定しており、使用者Ｙの行為は、労働基準監督官の不退去という「急迫不正の侵害」に対して、自己の権利を守るためにやむを得ずにした行為であるため、違法性が阻却され、犯罪が成立しないからである。
　この不退去罪に対する正当防衛に関しては、さらに興味を引く論点が隠されている。それは、「不作為に対する正当防衛」という問題である。前述のように、正当防衛とは「急迫不正の侵害」に対する防衛行為なのだが、この急迫不正の侵害には作為のみならず不作為も含まれることが、この事例からも明らかになるのである。不退去罪は、構成要件に該当する行為が不作為の形式で定められた真性不作為犯とよばれる犯罪類型の一つである。不作為とは、一定の期待された行為をしないことである。不退去罪は、本来その場から立ち去らなければならないのに、立ち去らないという不作為が罪となる犯罪である。この、立ち去らないという一見何もしていないように見える不作為が、違法な侵害行為とされ、防衛行為の対象となるところに、解釈論的な

興味深さがあるのである。

3．民法的観点からの説明

　最後に、民法の観点から問題を検討することにしよう。憲法（および行政法）・刑法は「**公法**」に属するのに対し、民法は「**私法**」に属している。公法・私法の区別について、簡単に言うならば、国や地方公共団体と国民との「**縦の関係**」について定めたのが公法であり、国民と国民の「**横の関係**」について定めたのが、私法ということになる。

　横の関係である私法の基本として、「**私的自治の原則**」がある。これは近代私法の基本原則とされるもので、個人は自分の権利・義務関係について自由に決定できるという原則である。その中心を担うのが民法という法律である。

　労働基準監督署、あるいは労働基準監督官は国家権力に基づく存在であり、Y会社との関係は、国家と国民との縦の関係ということになる。それに対して、XがY会社に対して未払いの残業代について請求することは、横の関係の問題である。労働基準監督官が未払残業代の支払命令を出すということは、この縦の関係と横の関係、つまり公法・私法の区別を無視した行為になるのである。

　「**民事不介入の原則**」という言葉を聞いたことがあると思うが、これは警察が民事紛争には介入しないという慣行のことを言う。前述した私的自治の原則を守るために、民事不介入が求められるのである。労働基準監督官も刑罰法規である労働基準法を運用する側であるため、その活動には当然民事不介入の原則が妥当することになる。そのため、未払い残業代に関しての「支払命令」は民事への介入となり許されないことになる。

　このことを知った、ある労働基準監督官は「そうなると私達にできることがなくなりますね」と言ったのだが、まさにその通りで、権限のないことはできないのが当然なのである。

4．法を体系的・立体的に学んで変わったもの

最後に再び、以下を読んでもらいたい。

> 労働基準監督官に、未払残業代の支払命令を下す権限はない。

これが、労働基準監督官が出した未払残業代の支払命令に従わなくて良い「理由」であった。今回の特別講義の冒頭で、この理由が理解できなかった方も、ここまで法を体系的立体的に学んできた今は、権限がないという「理由」も、権限のない命令である以上、従う必要はないという「結論」にも納得できるだろう。

説得とは「説明」して「納得」してもらうことである。そして、納得の行く説明をするには、「理由」のある「結論」がなければならない。以上の説明で、労働基準監督官の権限について納得がいったことと思う。

今後、労働問題を考える際には、法を立体的・体系的に学ぶという視点を忘れずに、各自が納得できる「理由」と「結論」を見つけてもらいたい。

5．監督官に支払命令の権限はないが…

残る問題として、一生懸命夜遅くまで残って仕事をしていた労働者Xは未払い残業代を支払ってもらえないのか、という問題がある。

これに関しては、労働基準監督官の権限とは話が別で、この問題は私法である民法の問題として解決すべきものなのである。労働者Xと使用者Yとの交渉の中で、私法上の権利・義務関係の表れである残業代の支払いについて話し合い、それでも話し合いがつかなかったら、裁判所の判断に委ねることになる。それが法律の用意している道筋なのである。

労働基準監督官を警察官、使用者を交通事故の一方当事者、労働者を交通事故の他方当事者と置き換えて考えてみると分かりやすいだろう。交通事故が起きた際に、被害者は加害者に対して不法行為による損害賠償を請求できる。その根拠は民法などの私法であり、被害を弁償しようとしない加害者から損害賠償を獲得するためには究極的には裁判所の判決が必要なことは誰で

も知っているだろう。それなのに警察官が加害者に対して、「あなた、これだけの事故を起こしたのだから１千万円支払いなさい」などということは、許されないのである。**損害賠償問題の問題は「横の関係」であり、「縦の関係」ではないのである。**

6．労働法を理解するための法学・法律の素養の必要性

　以上で、未払い残業代問題について労働基準監督官が支払命令を出すことが、あるいは、その支払命令に疑いを抱かないことが、法学・法律の無理解によるものであることはご理解いただけただろう。

　労働法および労働法にまつわる実務を真に理解し、正しく事態に対処するためには、法学の基礎、そして憲法・民法・刑法といった法律の基礎を学び、その素養を身につけておくことが大切であると、深く認識してもらいたい。

第7章 特別講義（2）問題社員対策

Scientia otentia est
「知は力なり」

Live as if you were to die tomorrow.
Learn as if you were to live forever.
「明日死ぬと思って生きなさい
永遠に生きると思って学びなさい」

1 はじめに

　企業が人の集合体である以上、企業にとって最大のリスクは「人事」関連の問題であるといっても過言ではない。社員の能力不足・非常識行動・犯罪行為といった各種トラブルは、対内的な問題にとどまらず、企業の対外的信用を失わせ、その存立の基盤すら揺るがせることになる。よく言われることではあるが、信用を築き上げるには長い年月を要するのに対し、信用を失うのは一瞬である。「**問題社員**」対策は、その「一瞬」のリスクをいかに低減するかという戦いなのである。

　企業の人事・労務関連のコンサルタントに携わる社会保険労務士は、個々の労働問題という部分的解決にとどまらず、企業全体をいかにして守るかという総合的視点をもって、日々の相談業務に当たらなければならない。問題点を発見するときは、個別の問題点であったとしても、その解決策を模索し、提示する際には個別事案の解決にとどまらず、企業の人事労務システム全般の改善・向上につながる形での戦略的な提案ができるようでなければ、真に企業を守る社会保険労務士とはいえないのである。

　そのような総合的視点による戦略的な提案の代表例が、就業規則の作成・改定、そして運用の指導の提案である。個別の労働問題については、法や理屈ではなく、義理や人情による解決が図られることも多々ある。しかし、全ての労働問題について、そのような解決ができるわけではない。法的問題として、労働審判や訴訟の場で解決せざるを得ないケースは、今日この瞬間も発生しているはずである。

　労使トラブルに関して、予防および対応可能な就業規則を企業のために作成し、そして、作成した就業規則の適切な運用を社会保険労務士が指導する。

　これこそが戦略的な労務管理であり、企業にとって最大のリスクである人事関連のトラブルや、信用を失う「一瞬」のリスクを減少させるための処方箋なのである。その意味で、**問題社員対策**は、労務管理の最優先項目といえよう。

　本講義では、問題社員対策にとって必要な法的思考について基礎からわか

りやすく説明していく。今回は、個別の類型別の問題社員対策ではなく、問題社員対策全般に通じる法的思考をマスターしてもらうのが主眼となる。

本題に入る前に伝えておかねばならないことがある。それは「**遵法精神**」を育てることの大切さである。わが国は世界的に見て非常に犯罪が少なく、モラルが高い国である。これは、刑法や銃刀法等の各種の法律が整備されていることに加えて、家庭や学校で、「遵法精神」を育てるためのしつけや教育がしっかりなされているからこそである。企業においても、同様でなければならない。就業規則を整備したならば、その就業規則について、企業が社員に対して理解させ、その遵守を求める機会を設けるべきなのである。それも、一度ではなく、定期的に説明会や勉強会を開催することで、浸透を図らなければならない。このように就業規則を遵守する精神を育てることもまた、就業規則の「運用」の一つなのである。ぜひ、顧問先に対して、就業規則に関する説明会や勉強会を提案し、自らが講師や司会を務めるようになってほしい。目の前で説明を聞いている顧問先の社員一人ひとりが「問題社員」にならないように語りかけることもまた、立派な問題社員対策なのである。

2 保護事由と帰責事由

1．労働法のみでは労使トラブルは解決できない

労使トラブルの一つである「問題社員」対策を考えるとき、その根本に据えてほしい法的思考法がある。

それは、「**労使トラブルは保護事由と帰責事由のバランスで解決する**」ということである。

社会保険労務士の悪癖の一つとして、労使トラブルを労働法のみで解決してしまおうとするというものがある。たしかに労働法は労使の関係を対象としているが、労働法のみでは、労使間における問題の一部分を解決できるに過ぎない。労使間には、契約関係に基づく権利義務の問題もあれば、契約関係以外から生じる権利義務に関する問題も起きうる。前者は主に債務不履行

（**民法415条以下**）の問題であり、後者は主に不法行為（**民法709条以下**）の問題として表れることになる。いずれにしても、**民法**の知識がなければ、解決策を探ることも提案することもできないのである。

特に前者の契約関係についていえば、**労働契約法**（平成20年より施行）の存在意義がこれで明確になったことと思う。**労働基準法**は労働基準の最低基準を定め、その基準の遵守を罰則で担保している**公法**であるが、それはあくまで労働条件の最低基準の確保という形で労働者の保護を図っているに過ぎない。労働者と使用者の間には、「**契約**」という**私法**の関係が存在し、その関係に紛争が発生した場合（**個別的労使紛争**）には、民法を始めとした私法によって終局的には解決されなければならないのである。そして、それらの紛争に対して積み上げられた判例法理を明文化・立法化したものが、労働契約法なのである。つまり、労働契約法は民法の特別法という位置づけになる。労働法のみでは、労使トラブルは解決できないということは、労働契約法の存在からも明らかなのである。

2．公法と私法

ちなみに、公法と私法について、簡単に触れておこう。これは問題社員対策だけでなく、労働基準監督官の権限について理解し、是正勧告対策を考えるためにも必要な知識なのでしっかり理解しておきたい。

公法とは、国家と国民の関係を定める法である（国家そのものについて定める法も含む）。いわゆる「**縦の関係**」を定める法ということになる。労働基準法も公法であり、国家が国民である使用者に対して、労働基準法を守るよう求める指揮命令の関係にある。

私法とは、私人間の関係を定める法である。「**横の関係**」を定める法ということになる。使用者と労働者の関係もまた、基本的には対等平等の関係であるため、横の関係であるといえる。

労働基準監督官は、労働基準法に基づいて使用者に対して監督・指導を行う存在であり、労働基準法違反には刑事罰が用意されている。それに対して、労働契約法に基づいて労働基準監督官が監督・指導を行うことはなく、労働

契約法違反に刑事罰はない。これがまさに公法・私法という区分の具体的表れである。労働基準監督官はあくまで公法領域をその監督・指導対象とするものであるということである。労働基準監督官の権限について学ぶ際には、この区分を常に意識してほしい。

3．保護事由と帰責事由

1）民法の基本原則によるバランス調整

労使トラブルを解決する際には、公法だけでなく私法の知識も必要であることが理解できたと思う。そのためには、私法の一般法である民法の理解が必要不可欠なのである。本講義では民法全般について解説する余裕はないため、民法の基本原則のうち、問題社員対策を考える際にどうしても必要となる、保護事由と帰責事由という概念について解説を加えることとする。

（民法）

> （基本原則）
> 第1条　私権は、公共の福祉に適合しなければならない。
> 2　権利の行使及び義務の履行は、信義に従い誠実に行わなければならない。
> 3　権利の濫用は、これを許さない。

民法1条に掲げられている基本原則は、その1項で権利は**公共の福祉**のために用いられること、2項で権利は**信義誠実の原則（信義則）**に従って行使や履行されなければならない。3項で**権利濫用の禁止**を定める内容となっている。

1項の「**公共の福祉**」とは、平易な言い方をすれば、「**みんなの幸せ**」ということになる。権利は、「みんなの幸せ」が実現されたもの、といえるようなものでなければならない、ということである。たしかに、みんなが幸せならばそれが理想である。しかし、幸せとは人それぞれの面があるため、社会生活においては時として、その幸せをめぐって矛盾や対立衝突が生じてし

まうこともある。

　もちろん、行き過ぎといえる幸せの追及は許されない。そのことは3項で権利の濫用を許さないという形で明言されている。問題は、ぎりぎりの局面で、私人間の権利と権利、幸せと幸せが対立するような時に、どうバランス調整するかという問題である。

2）年次有給休暇に関する時季変更権の問題に見るバランス調整

　労働問題でいえば、**年次有給休暇（年休）に関する時季変更権**の問題がその一つの表れである。

　使用者には労働者に労務の提供を求める権利があり、労働者には年次有給休暇の請求権がある。その両者のバランス調整として、時季変更権があるわけだが、実際の場面で労働者が年次有給休暇の時季指定をした場合には、バランス調整といっても難しい。一般論としては、その年次有給休暇取得により事業の正常な運営が妨げられるときには、使用者は年次有給休暇の時季変更権を行使できることになっている。時季変更権の行使の適否は、事業の内容、規模、労働者の担当業務、事業活動の繁閑などから判断されることになるが、業務の正常な運営が妨げられ、代替要員の確保も困難というような場合でないと、時季変更権が実際に認められることはないだろう。その意味で、年次有給休暇に関しては、法が労働者の権利の保護の方向に圧倒的にバランスを傾けているということになる。

　ただし、労働者が就業規則に定める30日前の退職申し出をすると同時に、残りの期間全てを年次有給休暇取得申請してきたような場合には、話が異なってくる。このような申し出をされても会社業務の正常な運営に支障が出ないような労働者であれば別だが、通常はそれまで担当していた業務に関する報告や後任者への業務引き継ぎ、関係取引先等への挨拶回りなどが必要になるだろう。それにも関わらず、いきなり権利行使をすることは民法1条3項に定める「権利の濫用」ということになり、認められない。退職を申し出た者とはいえ、退職日までは社員である以上、このような社員もまた「**問題社員**」なのである。

　問題社員対策の出発点として民法について説明する理由がこれでお分かり

いただけただろう。いきなり年次有給休暇を取得されるのは権利の濫用だが、社員である労働者に年次有給休暇を取得する権利があることは事実である。ゆえに、会社業務の必要性と、労働者の権利との間のバランスを調整するという問題はやはり残るのである。

そのバランス調整の際の考慮要素が民法1条2項に登場する「信義誠実の原則」、ということになる。とはいえ、権利の行使および義務の履行は信義に従い誠実に行われなければならないのは正しいにしても、どのような内容であれば、信義に従っているのか、誠実なのかについてはどう考えれば良いのだろうか。

その答えが、「**保護事由**」と「**帰責事由**」なのである。私法とは私人間の権利義務関係について定めた法であり、それは、法によって、どれだけの**保護**をすべきか、あるいは、どれだけの**責任**を負うべきかについて定めた法律であるということを意味する。よって、ある者が法的保護に値するだけの理由をどれだけ有しているか、あるいは、ある者が法的責任を追及されるだけの理由をどれだけ有しているかを考えずにして、民法のような法律の適用はできないのである。

もう少しやさしい言い方をすれば、対立する者がそれぞれどれだけプラス面とマイナス面を有しているか、ということを考慮しなければならないということとである。

3）問題社員対策のための保護事由と帰責事由の理解

問題社員対策として、会社がたとえばある社員をその問題行動を理由に解雇したいというような場合、考えなければならないのは以下の4つである。

（A）会社（使用者）側の保護事由（プラス面）
（B）会社（使用者）側の帰責事由（マイナス面）
（C）社員（労働者）側の保護事由（プラス面）
（D）社員（労働者）側の帰責事由（マイナス面）

4つもあると複雑なように思えるが、そうではない。問題社員対策の場面

では、通常、保護事由と帰責事由は表裏一体の関係になるからである。

たとえば、解雇という、社員の地位そのものに関わるような処分の場合には、（A）会社（使用者）側の保護事由としては、どうしても解雇しなければならない理由が会社に存在することが求められる。解雇も懲戒処分の一つであるが、懲戒処分を行う根拠は、究極的には「企業秩序の維持」に求められる。その社員を解雇しなければ企業秩序が保てないという事由が会社側にあることが保護事由となるのである。

社員の問題行動、たとえば、飲酒運転で人身事故を起こしたりしたなどということであるならば、（D）社員（労働者）側の帰責事由がそのまま、（A）会社（使用者）側の保護事由になるということは、お分かりいただけるだろう。飲酒運転による人身事故のような場合には、問題社員が企業秩序を乱したという帰責事由は大きく、それによって、会社側の企業秩序維持のための解雇の必要性という保護事由も大きくなるのである。解雇までは行かない各種の懲戒事案の場合でも、同様である。懲戒に値するだけの帰責事由がある行動を社員が行えば、会社には懲戒処分をして企業秩序を保たなければならない保護事由が発生することになるからである。

4）整理解雇にみる保護事由と帰責事由

問題社員対策からは外れるが、保護事由と帰責事由が必ずしも表裏一体とはならない場合についても紹介しておこう。たとえば、リーマン・ショックのような経済危機による、製造業の会社が**整理解雇**を行わなければならなくなったような場面である。整理解雇に関しては、会社の経営上の危機という、（A）会社（使用者）側の保護事由が存在する。しかし、その経営危機は経済危機によるものであり、（D）社員（労働者）側の帰責事由によるものとはいえない。つまり、保護事由と帰責事由は表裏一体とはならないのである。このような場合は、先の（A）から（D）までの４つを一つひとつ検討し、そのバランスから、整理解雇の妥当性を判断しなければならないのである。

ここまで説明して来て、気がついた方もいるかもしれないが、実は判例による「**整理解雇の４要件**」とは、この保護事由と帰責事由のバランス調整の一つの表れなのである。

第7章 特別講義（2）問題社員対策

ご承知のように、「整理解雇の4要件」とは以下のようなものである。

---

① 人員整理の必要性
② 解雇回避努力義務の履行
③ 被解雇者選定の合理性
④ 解雇手続の妥当性

---

①**人員整理の必要性**とは、会社がどうしても人員を整理しなければならない経営上の理由があることを意味する。これは、前述の（A）の保護事由が会社側にあるか否かの判断ということになる。先の例のような経営危機の場合には、人員整理の必要性という保護事由ありとされよう。それに対して、単に業務効率化のための人員整理などという場合には保護事由ありとはいえない。このような場合に整理解雇を実行すれば、逆に会社側に（B）の帰責事由が認められ、不当解雇の責任を負うことになってしまうのである。

②**解雇回避努力義務の履行**とは、早期退職者・希望退職者を募集したり、役員報酬をカットしたり、出向・配置転換等の対策を講じたり、一時帰休（レイオフ）を実施したりするなど、整理解雇を回避するためにあらゆる努力を講じているかを問題にするということである。これもまた、それらの努力を積み重ねてきたことが（A）の保護事由となる。

③**被解雇者選定の合理性**とは、解雇対象者の人選基準が評価者の主観に左右されるものではなく、合理的かつ公平であることを意味する。合理的公平な基準で被解雇者を選定していること自体は、（A）の保護事由であるが、会社が整理解雇をしなければならない際に対象者となる事由が存在した場合、それは（D）の帰責事由が存在する場合ともいえよう。

④**解雇手続の妥当性**とは、解雇の対象者および労働組合または労働者の過半数を代表する者と十分に協議し、整理解雇について納得を得るための努力を尽くしていることを意味する。解雇手続の妥当性もまた、（A）の保護事由が会社にあるかどうかを問う要件ということになる。

4要件の内容を見て分かる通り、いずれも会社側に保護事由があるか否かを問うものであった。整理解雇という、従業員側に特に帰責事由があるわけ

ではないケースにおいて解雇を可能にするには、会社側に相当程度に高度な保護事由がなければならず、そのために4要件という高いハードルを判例は課しているのである。

　整理解雇の4要件については、4つの要件を全て具備しなければ解雇が不可能（**4要件説**）なのか、4つの要件はあくまで要素であって、全てを具備せずとも、総合的に整理解雇が是認しうるだけの状態にあるか否かを判断すべきとするもの（**4要素説**）とするかという2つの立場が存在する。近時の判例で4要素説をとるものが登場し（**東京高判平18．12．26（CSFBセキュリティーズ・ジャパン・リミテッド事件）**労判931-30など）、学説でも4要素説が主流となりつつある。

　この問題に関してもまた、保護事由と帰責事由という観点から見れば決着がつく事柄である。整理解雇の4要件は、いずれも整理解雇の妥当性を判断する上で必要な考慮要素であるが、先に説明したように、それらは会社（使用者側）にどれだけの保護事由が存在するか、ということを判定するための要件であった。であるとするならば、4つの要件すべてではなくても、4つの要素を総合的に判断した際に、相当高度の保護事由が会社（使用者）側に存在するならば、私法上の契約関係のバランス調整としての整理解雇を是認することは可能であるはずである。

　よって、4要件の意義自体は変わらないが、整理解雇の可否を判断する際は4要素説の考え方が妥当といえよう。

5）問題社員に高度の帰責事由が存在する場合

　高度の保護事由が会社（使用者）側に存在すれば、整理解雇が可能になるのであった。では逆に、高度の帰責事由が社員（労働者）に存在するような場合はどうであろうか。以下のようなケースについて考えてもらいたい。

> 　中古車販売会社Y社に勤務するXは、会社の決済を得ずに勝手に値引きをした見積書を作成し、業務を受注したりするなどの独断専行が目立つ上に、業務日報を提出しなかったり、他の社員（3名）に対して全く口を利かず業務上必要な連絡を怠るなどの行為により、Y社の業務に多

第7章 特別講義（2）問題社員対策

大な支障を与えていた。Y社は、Xに対し代表者Zが再三注意を与えるなどしていたが、Xは「ほっといてくれ」と発言するなど改善の見込みは全くなかった。それでもY社は減給や出勤停止などの処分は下していなかった。

　平成26年10月になり、Xが勝手に無料で多数のオプション品などを自動車につけて販売していたことが、顧客の話から明らかになった。Xが担当する客にはオプション品のサービスがされているのに、その他の社員が担当の場合にはそのようなサービスがなく不公平などという話が地元で噂となって広がり、会社がオプション品の在庫を確認したところXの不正が発覚した。

　これを受けたY社は、職務上の義務に違背し重大な規律違反があったとして、平成26年10月14日、Xに対して同年11月28日付けで普通解雇する旨通知した。

　これに対しXは通知を受けた場では沈黙したままだったが、翌日、11月末日までの有給休暇届を提出し、出勤しなくなった。

　そして有給期間終了後に、「Y社が私に対して、今まで処分をしたことがありますか？軽い懲戒処分すら行われなかった上に、弁解の機会も与えられないまま、いきなり解雇とは納得がいかない」として、Y社の解雇は解雇権の濫用であり解雇は無効として、労働契約上の地位の確認、給料、賞与および慰謝料100万円などの支払いを請求する訴訟を提起した。

　これは大阪高判平24．4．18（南淡漁業協同組合事）労判1053-5をベースにしたケーススタディである。預金の無断振替などの規律違反や勤務態度を改めないことから解雇された職員が地位確認を求めたケースである。

　本事件の一審判決（神戸地裁洲本支判平23．9．8労判1053-16）では、組合（Y）が職員（X）に対し職務状況に照らして、解雇を含む厳しい処分があり得る旨を明示して指導や警告をしていれば、あるいは職務態度を大幅に改善できたのではないかとの蓋然性は否定できないと指摘した上で、減給や出勤停止というような段階的処分をしないで解雇を行ったことは、著しく不合理で社会的相当性を欠くと言わざるを得ず、本件解雇は解雇権を濫用し

たものとして無効とし、Yの解雇無効の請求と慰謝料（10万円）を認容したというものであった。

XとY双方が控訴した控訴審では、解雇を有効とする逆転判決が下された。その理由は、XにはYの職員としての重大な規律違反行為があり、Yの信頼を損ねたほか、わずか4人の職員しかいない職場において日常的に他の職員との間で業務上必要な連絡や連携を拒むことで、Yの業務に少なからぬ支障を生じさせており、Yの代表者による再三にわたる注意に対しても、反発を強めるばかりで一向に改善の見込みがなかったことに照らすと、本件解雇は客観的に合理的な理由があり、社会通念上相当として是認することができ、有効であるとした。

解雇に関する問題を考える場合、（1）**解雇事由該当性**と、（2）解雇の**社会的相当性**という2段階の考慮を要することになる。労働契約法に「解雇は、客観的に合理的な理由を欠き、社会通念上相当であると認められない場合は、その権利を濫用したものとして、無効とする。」（**労働契約法16条**）、とあるのは、解雇事由該当性と社会的相当性を解雇の要件として明文化したものである（**解雇権濫用法理**）。

（1）の解雇事由該当性に関して言えば、解雇の事由は、就業規則に規定される必要がある（**労働基準法89条3号**）。本件の場合は、Yの就業規則49条に「組合の信用を傷つけ又は重大な過失により組合に損害を及ぼしたとき」とあり、それに該当するとの認定を受けた。

（2）の社会的相当性に関しては、①解雇事由が懲戒解雇事由にも該当するという重大なレベルであり、②Xの貢献や再就職を考慮し、退職勧告することを決定し、Y代表者がXに対し、平成21年4月7日に、同年5月31日付けで退職届を提出してほしいと告げたところ、Xは黙ったままであったが、翌日に5月末日までの有給休暇届を提出して出勤しなくなったため、解雇を回避する手段も、弁明の機会を与える余地もなく、③XがYの代表者から、職場での態度を改めるように注意されたのに対し、「ほっといてくれ」と発言するなど、Xには宥恕すべき事情もないことに徴すれば、社会的相当性を欠くことはなく、解雇権の濫用には当たらないとした。

このようなケースを、保護事由と帰責事由という関係で見てみるとどうな

るだろうか。判例でなくケーススタディの中古車販売会社の例で考えてみよう。

　Xは勝手な値引き、業務日報の不提出、他の社員との連絡拒否など、それぞれが通常就業規則に定められる懲戒事由に該当するレベルの問題行動を繰り返している。これ自体が先ほどの保護事由と帰責事由の分類の（D）にそれぞれ該当するのであるが、さらにオプション品を無断で付けて自動車を販売するという、業務上横領あるいは窃盗罪にも該当するような行為まで行っている。その点からすると、高度の帰責事由が認められるケースといえる。

　では、Xに保護事由（C）が存在するかといえば、ケーススタディからは特段の保護事由は認定できない。仮に、XがトップセールスとしてY社の売り上げに貢献していたとしても、それは無断値引きや無断でオプションをつけていたことに起因する可能性が高く、Xに有利に考慮する材料とはならない。むしろ、オプション品に対して、社員ごとにサービス内容に格段の差があることが噂となって広まるという、会社の信用を害する行為を行っているわけである。

　対して、会社の方はどうか。もちろん、問題行動を繰り返す社員に対して処分を加えなければならないという意味で、保護事由は存在する。これは前述したように、社員（労働者）の帰責事由と会社（使用者）の保護事由が表裏一体の関係にあることが多いということの現れである。それでは、帰責事由の方はどうだろうか。Xが主張するように、解雇の際には段階的処分や弁明の機会という手続的保障を与えるべきである。その点、段階的処分がなかったことに関しては、Yにも帰責事由ありといえるだろう。弁明の機会を与えなかったことに関しては、有給休暇届を出されてしまったことを考えると、帰責事由があるかどうか微妙な点ではある。ただ、弁明の機会を与えなかったことに関して帰責事由ありとしても、それら会社側の帰責事由は、社員側の帰責事由に比べて圧倒的に少ないものである。

　社員側に高度の帰責事由があり、それが懲戒解雇事由にも該当するようなものであったという今回の事案について、普通解雇処分としたことは、保護事由と帰責事由のバランスの観点からみて、相当性を欠くものではなく、本ケースで解雇は有効と考えるべきといえよう。

　南淡漁業協働組合事件の控訴審判決も、まさに問題社員に高度の帰責事由

があることを理由として解雇を有効としたものなのである。

ただ、このような判例があるからといって、実際に段階的処分をせずに解雇とするようなことは厳に慎むべきであろう。解雇に関する社会的相当性の判断は、①解雇事由の軽重のレベル、②労働者の悔悟、反省、謝罪などの有無、③合意退職、配置転換など、解雇を回避する方策の存否などを総合的に考慮して決せられる（東京地判平24．8．23（ライトスタッフ事件）労判1061-28）ものであり、③の解雇を回避する方策として、注意・指導、処分という段階を踏むことは当然求められるからである。問題社員がトラブルを起こした際に、適宜指導をしていれば、その社員に以後の改善が見られるかもしれず、改善されれば、解雇に至るようなトラブルを引き起こすことはなかったと、司法の場で判断されるリスクを敢えて犯す愚は避けなければならない。

6）まとめ

問題社員などの労使トラブル解決のためには、労働法だけでなく、民法などの知識も必要であるということがわかってもらえたと思う。実は、ケーススタディーの際に登場した「弁明の機会」というのもまた、労働法だけではその重要性が理解できない概念なのである。

憲法31条には

憲法

> 第31条　何人も、法律の定める手続によらなければ、その生命若しくは自由を奪はれ、又はその他の刑罰を科せられない

とある。

これが「**適正手続（デュープロセス）の保障**」である。この条文もまた、労使トラブルを解決するために必須の知識なのである。憲法は不利益な処分をする際には、その**実体**（中身）や**手続**が法定されていることを求めている。

この「適正手続の保障」という考え方から、犯罪や刑罰はあらかじめ成文の法律で法定されていなければならないという考え方が導かれ、これを「罪

刑法定主義」という。刑法や刑事訴訟法はその具体的な成文の法律である。刑罰法規である労働基準法もその例の一つであり、適正手続の保障や罪刑法定主義の原則に拘束されるのである。先に登場した、解雇の事由を就業規則に定めなければならないとした労働基準法89条3号は、まさに罪刑法定主義の現れなのである。

そして、就業規則が定められただけでは、適正手続の保障として十分ではないことにも注意を要する。手続だけでなく、実体（中身）も適正でなければならないのはもちろんだが、さらに処分を下す際には「**告知と聴聞**」の機会を与えられて始めて適正な手続があったといえるのである。この「告知と聴聞」の機会こそが、「**弁明の機会**」のことなのである。

問題社員対策のためには、従業員の帰責事由となる事実を会社が適切に把握することが第一歩となる。そして、その帰責事由を把握したら、従業員に対し弁明の機会を与え、その上で、指導をし、注意をする。指導や注意をしたのにも関わらず問題行動を行った場合、あるいは注意や指導をする暇もなく、問題行動を行った場合には、就業規則に定める懲戒処分を行う。その積み重ねを怠ると、それは労働法だけでなく、憲法の精神にも背く、会社側の帰責事由となってしまうのである。

社会保険労務士として、問題社員対策を考える際には、「**帰責事由と保護事由のバランス**」や「**適正手続の保障**」という考え方を常に念頭においてもらいたい。そして、労働法だけでなく、基礎法学や憲法・民法・刑法といった法律の学習に努めることが、労使トラブルの予防・解決能力を育てることになることを理解し、各種の勉強に努めてもらうことを願う。

 問題社員対策実践編①

1．問題社員の種類総論

問題社員といってもその種類は様々であり、抱えている問題の内容によって対処方法が異なってくる。問題社員の種類としては、以下のような者が挙

げられる。

- ミスが多い社員
- 遅刻、早退、欠勤を繰り返す社員
- 業務命令や注意に反発する社員
- 会社の金品を横領する社員
- 会社の服務規律を守らない社員
- セクハラ、パワハラを行う社員
- 休職を繰り返す社員
- 私生活で問題を起こす社員　等

　これらの問題社員について、何らの策も講じず放置しておくと、いかなるデメリットが会社に生じるのだろうか。

- 問題社員自身のミスによる直接的な損害
- 問題社員が支払われる給与に見合わない労働しかしないというマイナス
- 問題社員の言動による対外的信用の低下
- 問題社員の言動による職場内のモチベーション・士気の低下
- 問題社員を他の社員がフォローすることによる労働生産性の低下
- 問題社員の言動に関して会社が使用者責任を追及される可能性

　などなど、ざっと挙げただけでもこれだけある。問題社員対策を放置しておくと、会社が被る有形無形の被害は甚大なものになり得るのである。いや、問題社員に対して何ら対策を講じないでいることが帰責事由となって、会社は被害者ではなく「加害者」という立場に立たされかねない。たとえば、個人情報管理が杜撰な社員について適切な指導や改善策の構築、あるいはその社員の配置転換等、打つべき手を打たずにいて、個人情報が流出してしまえば、会社は個人情報流出の「加害者」となり、社会的信用を失い、法的責任を追及されることになる。このような事態は何が何でも防がねばならない。
　問題社員対策とは、これほどまでに重大な問題なのである。

第7章　特別講義（2）問題社員対策

2．基本的な対応方法

0）第0段階：問題社員の発見

　問題社員について、会社側の帰責事由を減らし、保護事由を増やす観点から一番重要なことは、会社が常に「**なすべきことをなした**」といえる状態にあるよう努めることである。

　その観点から言うと、第1段階の前に、実は「**第0段階**」がある。それは「**問題社員の発見**」である。そもそも、会社内に問題社員がいることがわからなければ、個別の対応策を取ることができないという当たり前の話ではあるが、ある意味、この第0段階が一番重要ともいえる。いかなるリスクコントロールも、まずはリスク要因を見つけ出すことから始まるからである。

　その意味で、採用活動から第0段階としての問題社員対策が始まるということを肝に銘じておきたい。入社前に「**水際阻止**」、つまり問題行動をする人物の入社を防ぐことができるならば、それに越したことはないからである。また、仮に将来問題行動を起こす人物を入社させてしまったとしても、採用時に情報を入手しておくことは、問題社員への対応に際して貴重なヒントとなる事が多い。さらに、入社時に「**質問票**」「**申告書**」「**誓約書**」などの各種形式で書面を提出させていれば、その書面と入社後の行動の違いについて、問いただす機会を設けることで、入社時に虚偽の事実を申告したことを明確化できたり、指導の材料とすることができたりするなどの効果がある。たとえば、**メンタルヘルス**に問題を抱える人物に関するチェックは、差別にならない範囲で採用時の選考過程のどこかで行っておきたい。

例：［採用面接時質問シート］

　以下は、会社が社員の安全配慮義務、健康配慮義務を果たす上で必要になる事柄に対する質問事項となります。回答は強制ではありませんので、お答えでできる範囲で回答ください。
1．あなたは、現在通院している病気がありますか（記号に○をつけてください）
　　A．はい

>   B．いいえ
>
>   （Aを選んだ方にのみ質問です）それはどのような病気ですか。
>
> 2．あなたは、現在、または過去にうつ病などの精神疾患で医師の診療を受けたことがありますか
>   A．はい
>   B．いいえ
>
>   （Aを選んだ方にのみ質問です）その症状について、会社が配慮する必要がありますか。あるとしたら、どのような配慮ですか。
>
> 3．（女性の方のみに質問です）あなたは現在妊娠していますか。
>   A．はい
>   B．いいえ
>
>   （Aを選んだ方にのみ質問です）その症状について、会社が配慮する必要がありますか。あるとしたら、どのような配慮ですか。

　問題は、採用時にはリスク要因を見抜けない、あるいは見つけにくいタイプの社員である。典型的なのは「試用期間」が終了するまでは、猫をかぶり続けるタイプの社員である。使用期間終了後、態度が豹変し自己主張を全開にする。このような社員に関しては、この後説明する第1段階の注意・指導から始まる対策を地道に行っていくことが対策の基本となる。

　ただ、それでも採用時の履歴書に記載を見て、転職が頻繁になされていることなどがわかった場合には、その点について何度か質問をすることでその応募者に違和感を覚えることがあるなど、リスク要因が浮き彫りになることもある。会社の規模にも左右される話だが、面接は必ず会社側の複数人で行う（一人の目より二人の目）ようにすることなど、採用段階で打てる手は打っておきたい。

1）第1段階：注意・指導

　第1段階の話に戻ろう。問題社員を発見したら、まず行うべきは**注意・指**

導である。「注意」「指導」というと簡単な話に思うかもしれないが、方法によっては問題社員対策の重要な武器になる。問題社員の行動について注意をすることは、会社にとってなすべきことの第一歩であり、将来的に懲戒権を行使したり、最終的に解雇したりするための前提事項となるのである。

注意は、口頭で行うだけでなく「**注意書**」「**指導書**」という形で書面を残しておきたい。たとえば、問題社員の問題行動をその場で発見したような場合には、最初に口頭で注意しなければならないのは当然であるが、一言「後で注意書を交付する」と申し伝え、後で交付することを忘れないようにしたい。

注意書・指導書の違いだが、注意書は問題点の指摘とその反省を促す程度、指導書は問題点の指摘および具体的な改善方法の指摘をした上で、その具体的対応を求めるような内容という違いになるだろう。日時を指定して、何らかの対応を問題社員に求めるような場合は「指導書」名目で出すべきである。

さらに、注意書・指導書を「誰が」出すかについても、工夫をすると良いだろう（**段階的注意・指導**）。規模の大きな組織ならば、１回目の注意書・指導書は直属の上司が上長の確認を得た上で行い、２回目は人事担当者、３回目は会社代表者、といったように段階を踏んでおけば、回を重ねた注意・指導は会社として相当の覚悟を持ってのことだというメッセージが問題社員に伝わるだろうし、紛争に発展した際には会社として深刻に受け止め指導をしていたという証明にもなる。

段階的注意・指導を行う場合には、注意書・指導書に指導回数を明示しておくべきである。「平成２〇年〇月〇日、〇月〇日の二度に渡り注意書を交付したにも関わらず」といった文言を入れることで、「よって、会社は厳重なる注意を行い、以後同様の行為を行った場合には厳罰をもって臨むことを…」という文言の正当性が増すことになるからである。

注意書・指導書は社員に交付したもののコピーを必ず控えとして保存しておくようにすることであるが、できれば、注意書を２部つくり、それぞれ注意・指導を受けたことを確認する**サイン欄**を設けて、問題社員にサインを求めておくべきだろう。サインに関しては強制にわたることは人権問題となるためできないが、数度の注意・指導を行ったにも関わらず、一度もサインをしなかったことは、真摯に反省する姿勢に欠けるものとして、問題社員の帰

責事由を増す材料となるだろう。

　理想をいえば、「**始末書**」「**念書**」と言う形で、会社が用意したフォーマットではなく、社員自らが自発的意思で問題行動について報告・謝罪し、以後同様の行為を繰り返さないことを誓約する内容の文書を取っておきたい。

　なお、注意・指導をする際には問題社員に「**弁明の機会**」を与えておくことは、先に説明した「適正手続」の観点から大切なことでもある。もちろん、問題行動をする社員自体に責任があるのだが、その問題行動が会社に対する何らかの不満から出るものであったりする場合には、それを聞くことによって、会社側で何らかの改善策を講じることができ、次の問題行動を防げるかもしれない。逆に、何も聞かずに漫然とこれを放置していると、労使トラブルが本格化した際に、会社側の帰責事由となりかねないのである。会社に問題があるのではなく、私生活でトラブルを抱えていることが問題行動の原因、という場合もある。特に近時は、プライバシーの尊重が叫ばれたり、「オンとオフ」の区別が徹底されたりしているため、社員の私生活についてあまり把握していない上司も増えている。いわゆる「飲みニケーション」や社員旅行など労働時間外で社内のコミュニケーションを図る機会も減少しているため、問題社員を注意して始めて、その心の中を知ることができた、などというケースも多々存在する。このようなケースでは、注意・指導の段階ならば「災い転じて福となす」という方向にもっていきやすいため、上から目線で「注意・指導」をするのでなく、「弁明の機会」を上手く利用して事態を改善していきたい。

　注意書・指導書へのサインは、問題行動に関して弁明の機会を与え、注意・指導をした「その場」で取っておくようにしたい。時間が経つと、問題社員の反省の色が失われる危険性があることや、問題社員本人や、目撃者などの記憶も薄れていく危険性があるためである。

　なお、注意書・指導書（さらには始末書・念書）だけでなく、その他の形でも問題社員に対応した記録を残しておくべきである。一番良い方法は、会社が「問題社員」と認識した時点で、その社員専用の「問題社員ファイル」を作ることである。担当部署の上司等が業務日報等でその問題社員の行動について記録を残すことは当然だが、そのコピーを問題社員ファイルにもファ

イリングしておくことである。

　問題社員対策を行う上で、注意・指導の重要性は強調しても強調しきれないことであることを理解してもらいたい。問題社員対策は行き着くところ「解雇」となることが多いが、その場合、問題社員側が解雇を不当とする訴訟を提起することもまた多い。そのような訴訟リスクへの対応としては、何よりも「解雇の正当性」を裏付ける客観的資料を問題社員対策の第一歩から収集・整備しておくことである。それは問題社員の帰責事由の証明であると同時に、会社側の保護事由の証明ともなる重要な作業なのである。

　この点に関しては（1）でも解説しているが、ここでは、注意・指導に関して別の観点から説明したい。

（1）注意・指導が「パワハラ」とならないように

　パワーハラスメント（パワハラ）とは、「①同じ職場で働く者に対して、②職務上の地位や人間関係などの職場内の優位性を背景に、③業務の適正な範囲を超えて、④精神的・身体的苦痛を与える又は職場環境を悪化させる行為」という定義がなされている（厚生労働省「職場のいじめ・嫌がらせ問題に関する円卓会議ワーキンググループ」報告書：平成24年）。

---

①同じ職場で働く者に対しての行為か
　　…通常当てはまる
　⬇
②職場内の優位性を背景にしているか
　　…注意・指導権限のある者によって行われるため、通常当てはまる
　⬇
③業務の適正な範囲を超えているか
　　…ここが問題社員対策におけるパワハラ問題回避の第1のチェックポイントとなる
　⬇
④精神的・身体的苦痛を与えたか、又は、職場環境を悪化させたか

> …これが第2のチェックポイントとなる

　本定義から、問題社員対策としての注意・指導がパワハラとされないためのチェックポイントは、通常③と④に関して注意を払えば良いということになる。詳しくは後述するが、まずは③業務の適正な範囲内といえる範囲での注意指導を行わなければならず、さらに、その指導が④対象の問題社員に対して精神的・身体的苦痛を与えたり、職場環境を悪化させる内容になったりしてはいけないということである。パワハラも一種の「いじめ」といえる面があり、そのいじめに関しては現在、「「いじめ」に当たるか否かの判断は、表面的・形式的に行うことなく、いじめられた児童生徒の立場に立って行うものとする。」（文部科学省）とされている。

　児童生徒に対するいじめと、パワハラ問題を完全に同一視するわけにはいかないが、「被害を訴える側」に立って問題を捉える視点は、前述のパワハラの定義の④にも表れている。そのため、特に問題社員が「精神的苦痛」を受けた、と主張してきた場合に、会社側の注意・指導がパワハラに該当するとされるケースが発生することを防ぐためには、「業務の適正な範囲において」「対象社員に精神的・身体的苦痛を与えることなく、また、職場環境を悪化させることのない」指導を心がけなければならない。

　くり返しになるが、問題社員がパワハラ問題を訴えてくる場合、特に問題となるのは「精神的苦痛」を訴えてきた場合である。身体的な苦痛に関しては外傷等の客観的証明をしやすいが、精神的苦痛に関しては、「言ったもの勝ち」になってしまうリスクを避けるために十分留意しなければならない。それには、「結果」ではなく、そもそもそのような結果を発生させるような「行為」を行なっていないという形で反論していくのが良いだろう。

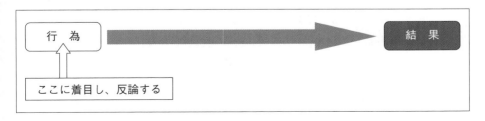

第7章　特別講義（2）問題社員対策

　では、注意すべき行為とはどのようなものであろうか。この点に関しても厚生労働省のワーキンググループの報告書によるパワハラの分類が参考になる。

	分類	行為
①	身体的な攻撃	暴行・傷害
②	精神的な攻撃	脅迫・名誉毀損・侮辱・ひどい暴言
③	人間関係からの切離し	隔離・仲間外し・無視
④	過大な要求	業務上明らかに不要なことや遂行不可能なことの強制、仕事の妨害
⑤	過小な要求	業務上の合理性なく、能力や経験とかけ離れた程度の低い仕事を命じることや仕事を与えないこと
⑥	個の侵害	私的なことに過度に立ち入ること

　これらの「行為」を行うとパワハラに該当するということになる。通常、問題社員に対する注意・指導に①が伴うことはないだろう。あれば論外である。
　問題は②以降ということになる。
　注意・指導に関しては、（A）注意・指導の様態と（B）注意・指導の内容に分けて考えるべきであろう。たとえ、（B）注意・指導の内容が適正であったとしても、注意・指導が怒鳴り声と共になされたり、不当に長時間に及んだり、衆人環視の元でなされたり、人格を否定するような言葉とともになされたりしたような場合、それは違法・不当なパワハラとなるのである。
　また、様態においては穏やかに、職場の他の社員の視線のない場所で適切な時間内になされたとしても、その注意・指導の内容が問題社員の能力を遥かに超えた改善の要求であったり、問題行動の原因を探る過程で過度にプライバシーに関する事項に干渉するような質問をすればパワハラ問題となる。
　また、注意・指導とあわせて行われた処分や措置が「人間関係からの切離し」とされるようなものであってはいけないのである。たとえば、職場の隅に机を移動させ、業績が上がるまではそこで仕事をしろ、といったようなことをすれば、それはパワハラとなるのである。
　注意・指導がパワハラの定義に当てはまるような場合には、その注意・指導が民法上の不法行為（**民法709条**）に該当し、損害賠償の責任を負うこと

にもなるので注意を要する。注意・指導を行なった者の個人責任だけでなく、会社にも使用者責任（**民法715条**）が問われることがある。

また、先ほどのパワハラの分類にもう一度目を通してもらいたいのであるが、「罪」をつければ刑法上の犯罪とも成り得る行為が列挙されている。暴行罪・傷害罪・脅迫罪・名誉毀損罪・侮辱罪などだが、他にも、遂行不可能なことを強制すれば強要罪になる。つまり、場合によっては民事上の責任だけでなく、刑事上の責任もまた、パワハラ問題から発生するのである。

このように問題社員対策を始めとした労使トラブル解決のために、社会保険労務士としては、民法や刑法の基礎的な素養も身につけておかなければ、実効的な対策を講じることはできないことを肝に銘じておいてもらいたい。また、労使トラブルは人権問題との絡みが多い事案でもあるため、日頃から憲法の人権分野に関しても関心をもって学習しておくようにしておきたい。

（２）注意・指導に関する具体的流れ

注意・指導に関する具体的な流れを表に整理しておこう。表では、注意・指導以降の段階についても記載しているが、これは、問題社員対策の終着点が「解雇」となることを注意・指導段階から意識しておくことの重要性を強調するためである。

第０段階　問題社員・問題行動の発見
①問題行動の客観的な証拠・証言の収集
②過去の問題行動に関する記録の照会
↓

第１段階：注意・指導
①段階的注意・指導体制の構築
　・注意・指導を行う担当者を明確にする
②指導・注意の場所・時間に注意
　・軽微な問題行動ならば、即座の口頭注意でも十分だが、ある程度のレベルを超えた問題行動の場合、他の社員の目に触れない場所で指導・注意するように配慮する。

第7章 特別講義（2）問題社員対策

　　　・指導・注意が長時間に及ぶことの無いように注意する。
　③指導・注意の事前準備
　　　・問題社員に交付する予定の指導書・注意書の作成
　　　・指導書・注意書は二部作成し、会社控分には、問題社員の指導を受けたことの確認サイン欄を設けておく。
　　　・作成した指導書・注意書の上長への確認
　　　↓
　④指導・注意を行う
　　（ア）口頭注意・口頭指導の場合
　　　・指導・注意を行なった日時・内容について必ず記録に残す
　　　・口頭による注意・指導が繰り返されるような場合は、文書による指導に移行する
　　（イ）文書による注意・指導
　　　・会社側担当者はできれば2名体制で臨みたい。
　　　　（1名が主に指導・注意し、もう1名は記録係という分担）
　　　・時には叱責するために強い調子が必要になる場合もあるが、基本的には、冷静さを保って指導・注意を行うようにする。
　　　・パワハラ問題が生じないように配慮する。
　　　・最終的に指導書・注意書を交付する前に必ず、問題社員側から釈明を聞き、それも記録に残しておく（釈明の内容によっては、注意書・指導書を即交付せず、再検討する慎重な姿勢も必要）。
　　　↓
　⑤2度目以降の注意・指導
　　　・2度目以降も基本的には④と同じであるが、反省の色が見えない場合、(同一行動のくり返しの揚合など)は、「厳重注意書」のように、より厳しい態度で会社が注意・指導していることを明確化した書面を交付するようにする。
　　↓
第2段階：人事異動での対処
　　↓

第３段階：懲戒処分
　↓
第3.5段階：合意退職の可能性を採る
　↓
第４段階：解雇

　まず、①の「段階的注意・指導体制の構築」だが、これは、「注意・指導担当者の段階」と「注意・指導内容の段階」の２つの意味を含んでいる。規模の小さい会社だと、ある問題社員を注意できる立場が社長しかいない、というような場合もあるだろう。このあたりは企業規模に応じて柔軟に捉えていく他はないが、就業規則の作成・提出義務があるような規模の顧問企業ならば、人事担当者に対して、この内容をもとに「問題社員対策」のレクチャーを予めしておくと良いだろう。

　この①の段階は、かなり重要であることを強調しておきたい。「誰が」注意・指導をするかは、問題社員対策の死命を制する面がある。問題社員に限らず、企業のクレーム対応や、学校でのモンスターペアレント対策などで、問題が複雑化したり、訴訟にまで発展したりするようなケースでは、この「誰が」という点で不適任者が対応にあたるという初動対応のまずさが尾を引いていることが多いからである。

　先般、警察官が殺人事件を起こした際に、その警察官の所属警察署の署長が、被害者の葬儀に参列せず、被害者の自宅に謝罪に赴くのもかなり遅くなり、しかも、殺人事件を「トラブル」と発言するなどして、遺族の激しい憤りを買ったというケースがあった。これなどはまさに初動対応のまずさの象徴的事例である。「誰が」「何について」「どのくらいのスピードで」「どのように」対応するかを予め明確にしておかないと、組織は有効に機能しないのである。ある程度の規模のある会社ならば、問題社員の問題行動が目についた段階で、第２段階の人事異動での対処も視野に入れて行動すべきである。

　特に、第１段階では問題社員そのものを動かすのではなく、問題社員のいる部署に、問題社員対策を熟知した上司を異動させるなどということも、それなりの規模のある会社ならばできるだろう。それが無理ならば、現在の上

司が、先の社会保険労務士によるレクチャーを受けておくなどの備えをしておきたい。

(3) 注意・指導はその都度、根気強く冷静に

問題社員に対する注意・指導は「まとめて」行うのではなく、問題行動の発覚・発見のたびにその都度行う必要がある。たとえば、「喫煙室に行ってきます」と行って離席し、戻ってくるのが30分後だったり、1時間後だったりするような場合には、職場に戻ってきた段階で、その点について理由を尋ね、口頭で注意し、以後速やかに行動するように指導し、その指導内容についての記録を残しておくべきである。

後日同様の行為が繰り返された場合にも、同様に即座に注意しなければならない。悪いのは問題社員なのだが、このようにたびたび注意を受けると、問題社員からすると、上司に圧迫干渉を受けているように感じることもあるため、口頭注意に関してはポイントを押さえて、手短に行なった方が良いだろう。

もちろん、注意・指導に関しては、あくまで問題行動のレベルに応じて臨機応変になされなければならない。軽微な問題行動ならば、先のように口頭での注意を繰り返し、ある一定の段階に達したところで書面を交付すれば良いが、重大な問題行動の発見・発覚の場合には、即座に書面での対応や懲戒処分へと動かなければならないからである。

さらに、注意・指導が「パワハラ」とならないようにすることも忘れてはならない。

以下に、注意・指導の「禁止事項」を掲げておくので参考にされたい。

注意・指導の「禁止事項」		
①	人前で注意してはならない。 →	恥をかかせないようにすること。
②	大声を出してはならない。 →	怒鳴ったりしてはいけない。
③	興奮してはならない。 →	冷静を保つこと。
④	反論・議論してはならない。 →	会社側の注意・指導を伝達する。
⑤	人権侵害をしてはならない。 →	人格を否定するような言葉は使わない。

| ⑥ | 長時間にわたってはならない。→　20〜30分程度にとどめる。 |

(4) 問題社員への対応は必ず記録

　先にも触れたが、問題社員への対応は、口頭であろうと文書であろうと、会社側が何らかの対応をした際には必ず記録をしておくべきである。

[問題行動関連記録表]

問題行動関連記録表

記録者名

　　　　　　　　　　　　印

1．対象社員　　　　所属部署
　　　　　　　　　　氏名
2．問題行動の日時・場所
　　　　　　　　　平成２〇年〇〇月〇〇日　〇〇時〇〇分
3．問題行動の概要　[社内トラブル・社外トラブル・私生活トラブル]
　　　＊以上のような（問題行動は）（　　　）回目である。

4．被害者・発見者・目撃者からの聞き取り内容

5．担当者（上司）の注意・指導内容および意見

　　＊口頭注意回数　通算（　　　）回
　　　＊注意書・指導書交付回数　通算（　　　）回

6．その他

2）第2段階：人事異動での対処を探る

　問題社員の問題行動が、「人間関係」にまつわるトラブルであるような場合には、ある程度問題が顕在化した段階で、配置転換、部署異動等の人事異動での対処を探るべきだろう。

　もちろん、企業規模によっては、異動での対処ができない場合もある。その場合は、第一段階の注意・指導を繰り返した上で、第3段階の懲戒処分へと進むしかない。人事異動での対処ができるならば、思い切って人を動かすことで事態の打開を図るべきである。

　「人間関係」にまつわるトラブルは多岐に渡るが、**特定人同士のトラブル**と、**セクシュアルハラスメント（セクハラ）の「対女性（あるいは男性）」**のように、**あるカテゴリに含まれる人々に対するトラブル**など、その類型に応じて対応策を考えなければならない。

　近時特に増えているのは、やはりメンタルヘルス系のトラブルである。精神疾患を発症した社員が、その発症の原因は他の社員との人間関係によるストレスによるものだとし、会社がその点に関して配慮をしなかった、という安全配慮義務・健康配慮義務違反について責任を追求してくるケースが増加しているのである。これは、特定人同士のトラブルということになる。会社の安全配慮義務・健康配慮義務違反の点に関しては、当然謂れ無き責任を負う必要はないが、事前の防御策として配置転換、部署異動、さらには転勤が可能ならば、対立関係にある社員同士を切り離すようにしておくべきだろう。

　セクハラの場合、特定人物に対してのみセクハラに該当する言動がある問題社員の場合と、女性（あるいは男性）全般に対して性的嫌がらせともいえる言動を行う場合とが考えられる。前者の場合は、先ほどの人間関係のストレスに関しての説明がそのままあてはまるが、後者の場合は、注意・指導を重ねても改善が見られないとなると、女性（あるいは男性）のいない職場に配置転換・人事異動・転勤することを考えることになる。とはいうものの、女性（あるいは男性）のいない職場がすぐに用意できるケースは少ないため、この場合は第3段階の懲戒処分による対応ということになるだろう。

　人事異動での対処は、会社の人事権の行使ではあるが、場合によっては権利の濫用とされるリスクがあることに留意しておきたい。会社側が人事異動

を行う必要性・相当性・緊急性等を根拠付けるだけのものを用意した上で、合理性のある人事異動を行いたい。その立証の観点からも、第1段階の注意書・指導書が必要になるが、それらに加えて、問題社員によって被害を受けた他の社員からの事情を聴取した記録を残しておくべきである。

ただし、この場合は、会社側が事情を聴取する際に、当該社員からどれだけ協力を得られるかが問題になる。たとえば、セクハラ被害を会社に申告した結果、問題社員から恨まれ、さらに被害を受けた、などといったことのないようにしなければならない。そのため、聴取した内容は慎重かつ厳重に取扱うことを、被害を受けた社員に説明し、納得を得ることも必要になるだろう。

なお、転籍の場合には、転勤と違い本人の同意を得ることが条件となるが、この同意が得られることはレアケースといえよう。

3）第3段階：懲戒処分

第1段階の注意・指導、そして可能な場合は第2段階の人事異動という方策を取っても、なおも問題行動を続けるようならば、就業規則に基づく**懲戒処分**を行うことになる。

社会保険労務士としては、就業規則の服務規律部分を作成・あるいは改定する際には、多様な問題社員の事例を収集し、できるだけ反映すること、そして、それら問題行動を有効適切に懲戒できる規程の作成に意を砕かなければならないことは言うまでもない。この際にも必要なのが「帰責事由」という発想である。社員の帰責事由の大きさに比例して懲戒が重くなるのは当然であるが、その帰責事由とは、結局、懲戒権の行使を可能とするだけの理由の積み重ねである。また、懲戒権の本質は刑罰権の行使といえるため、前述の「適正手続」の観点から、必ず「弁明の機会」を与えなければならない。「前に問題社員から話を聞いた」では済まされないのである。最低限、問題社員に実際に懲戒処分を言い渡す際に「これまでの××の行動を理由として懲戒処分を課す。処分に不服の場合は［担当部署］まで、1週間以内に書面にて申立をすること」といった書面を交付するようにしておきたい。

懲戒処分は、これまでの裁判例から、問題の重大性や問題行動の頻度と、減給（賞与減額）や出勤停止、降格などの各種懲戒が均衡の取れたものになっ

第7章　特別講義（2）問題社員対策

ているかを特に注意して行いたい。ここでも、社員（労働者）の問題行動という帰責事由と、会社（使用者）の企業秩序の維持という保護事由のバランスが問われるのである。

懲戒処分の究極は解雇、ということになるのだが、これは別に触れる。

4）第3.5段階：合意退職

「**第3.5段階**」とは微妙な言い回しだが、次の第4段階が「解雇」という最終手段であるとするならば、その前段階として退職勧奨による「合意退職」の可能性を探っておくべきであろう。というのも、解雇は究極の問題社員対策であり効果は非常に大きいものの、その副作用ともいうべきリスクもまた大きい。解雇事案は労働審判や裁判に発展することも多く、会社側も人員・時間・費用等をその対応に割かれる可能性が大きいからである。

合意退職には通常、会社から何らかの形で金銭が支払われることになる。なぜ解雇も考えられるような問題社員に金銭を支払う必要があるのか、「○○に追い銭」ではないか、と疑問に思う使用者もいるかもしれない。しかし、仮に後日、退職した問題社員が合意退職の有効性を争ってくるような場合でも、労働審判や訴訟の場で、一定の金銭が使用者側から出たことをもって、合意退職したという「**退職合意書**」が存在するならば、それは、退職社員本人の納得があったゆえのこととして、その有効性が認められることがほとんどだからである。

よって、合意退職が出来る場合は、「退職合意書」を必ず作成しておくべきであろう。

5）第4段階：解雇

問題社員への最終的な対応策として、解雇を検討する場合、その選択肢としては**懲戒解雇**と**普通解雇**、ということになる。「**諭旨解雇**」は分類上、懲戒解雇に含まれるが、その程度がやや緩やかなものである。具体的には、退職金の支給が受けられるか否かに一番の差が現れてくる。

まず、普通解雇であるが、これは「当該具体的な事情のもとにおいて、解雇に処することが著しく不合理であり、社会通念上相当なものとして是認す

ることができないとき」には解雇権の濫用とされることに注意する必要がある。先に説明した、「**解雇権濫用法理**」のことである。つまり、①**解雇事由該当性**と②**社会的相当性**を具備しない解雇は無効なのである。この点について、もう少しわかりやすい説明を加えておくと、

（ア）問題社員の問題行動がどれほど会社に被害を与えたか
　　　⇒①解雇事由該当性の問題（社員の帰責事由）
　　　⇒②社会的相当性（会社の保護事由）
　　　「これだけ被害を与えたら、解雇しても社会的に相当である」
（イ）問題社員に適切な注意・指導、あるいは懲戒処分を行うことで反省を促し、改善の機会を与えたか
　　　⇒①解雇事由該当性の問題（社員の帰責事由）
　　　⇒②社会的相当性の問題（会社の保護事由）
　　　「これまで何度も注意を促しても反省・改善が見られないのだから解雇しても社会的に相当である」

（ア）と（イ）という2点について、それぞれ帰責事由と保護事由の存在について考慮が加えられるのである。さらに、第三の判断要素として（ウ）会社がこれまで社員にどれだけ賃金や安全面等で配慮をしてきたか（さらには解雇後についての配慮）、という要素も実際の裁判例では登場するが、「問題社員」として会社がその対策に頭を悩ませてきた類型の場合、（ア）と（イ）が主たる判断要素となるだろう。

　懲戒解雇の場合は、「**重大な企業秩序違反**」と言えるだけの行為を行った場合、ということになるが、それは就業規則に定められた懲戒事由に該当することが大前提となる。先に説明した罪刑法定主義の現れである。この、懲戒解雇事由に該当する場合であったとしても、単なる形式的判断で懲戒解雇を行うのではなく、常に保護事由と帰責事由のバランスから、その処分が妥当か検討する姿勢が必要である。たとえば、社員が強盗殺人行為を働いて現行犯逮捕（あるいは緊急逮捕）されてしまった、というような「一発退場」の「レッドカード事案」ならば社員の帰責事由は最大であり、そのような社

員の雇用を継続しなければならない理由や必要性は会社にはない。そのような事態でない場合は、懲戒解雇以外の処分（諭旨解雇など）をとることができる可能性はないか、あるいは、解雇ではなく社員として出直しの機会を与えられないか、について、会社が検討しておくことが、万が一解雇トラブルに発展した場合に会社の保護事由として考慮されることになる。その際にも、注意書・指導書などの証拠が重大な役割を果たすのはいうまでもない。

なお、問題社員対策としては、注意・指導・懲戒処分以外に、「**損害賠償請求**」という方策もあることを最後に付言しておく。問題社員が会社に対して被害を与えた場合は、その損害の賠償請求をすることも検討したい。もちろん、問題社員が損害賠償の請求額を支払えるだけの資力がない場合が多いだろうが、たとえば、会社の機密を社外に漏らしたり、あるいは、取引先に対して会社の信用を極度に貶めるような言動のあった社員には、会社として懲戒処分にして終わるのでなく、損害賠償の賠償を請求することで、問題行動に対しては断固たる対応を取るという姿勢を見せることは、同種事案の防止のためにも必要といえよう。

問題社員対策実践編②

1．就業時間前の行事参加拒否

> 最近X社に転職してきた社員Yは、X社では始業時刻前に行われることになっている、10分間の一斉清掃と5分程度の朝礼への参加を「始業時刻前なのになぜ参加しなければならないのですか？」と言って拒否している。

始業時刻前であっても、業務に必要な行事であれば、会社は業務命令として、社員にその参加を命じることはできる。ただし、就業規則に始業時刻よりも前に業務を命じることができるという根拠条文を設けておくことは必要であろう。加えて、始業時刻前の労働は時間外労働となるため、いわゆる36

協定の締結、提出も必要となる。

　問題社員の行動は、究極的には「社内秩序破壊」につながるものである。たとえば、遅刻を繰り返すことは、規則正しい業務スケジュール遂行という社内秩序を破壊しており、勤務中に私用でパソコンを使用することは、職務に専念するという社内秩序を破壊することになる。会社行事への参加もそれは同じで、各種行事は社内秩序維持のために行っているものである以上、その行事への不参加は社内秩序の破壊につながるものといえよう。

　もちろん、行事の内容にも各種あるが、一斉清掃や朝礼は、整理整頓された職場での業務開始と、各種の情報伝達、情報共有のための貴重な機会として重要度が高いものであり、社内秩序を形成する一材料となっているといえる。ただ、そこまで重要な行事ならば、本来は始業時間以後に行うこととした方が良いだろう。

　始業時間前、始業時間後に行うか否かはともかく、社内の各種行事に関しては、社員の入社時にその意義について説明した文書を交付しておくとよい。

　また、年に一度程度は、全社員を対象に就業規則等の社内規則、社内慣行についての説明会を開催し、社内秩序を維持することの重要性を認識させ、遵法精神を育てる機会を持つことも重要である。遵法精神が育てば、問題行動も減るだろうが、それでも従わない問題社員に対しては、会社が文書の交付や説明会を開催するなどして、社内行事の重要性を認識させていたにも関わらず、行事に参加しなかったということで、懲戒処分を行いやすくなるからである。

2．就業時間中の私的行為

　最近Ｘ社では、社内で勤務時間中にスマートフォン（スマホ）に触っている社員が増えた。社内・社外での連絡事項をスマホのメールやSNSを通じて行うこともあるため、スマホの使用を特に禁止しているわけではなかったが、特にスマホを手にすることの多かったＹ社員について上司が観察していたと

第7章 特別講義（2）問題社員対策

> ころ、オンラインのゲームをスマートフォンでしていたことがわかった。

　ゲームや私用メールは、スマートフォンに限らず、携帯電話やノートパソコンでもできるものなので、特にスマホばかりを問題視するわけにもいかないが、現状ではスマホが一番、仕事以外のことをしやすいデジタルツールといえよう。携帯ゲーム機などを手にしていれば、遊んでいると一目瞭然だが、スマホの場合には遠目に見ると何をしているかわからないところが難点である。最近では、スケジュール管理もスマホで行っていることが多いので、業務中に何度もスマホを手にすることも多くなっている。

　問題社員の問題行動対策においては、「**行為**」からみるか「**結果**」からみるか、という対策の取り方の違いがあることを常に意識しておくべきである。これは「**モラル（道徳）**」と「**モラール（士気）**」という概念からも整理できる話である。

　たとえば、飲酒運転などは「行為」そのものを徹底的に警戒し防ぐべきであろう。たとえ人身事故や物損事故という「結果」が置きなくても、酒を飲んでハンドルを握る「行為」自体が許されざるものだという認識で社内秩序や懲戒制度を整備する必要がある。飲酒運転に対し厳しい態度で会社が臨むことはモラル（道徳）の観点から当然のことであり（法的観点からも当然である）、また、そのようにしても従業員のモラール（士気）が下がることは通常ない。

　それに対して、勤務時間中に私用でスマホを使用することなどは、もちろんモラル（道徳）的にはよくない（後で説明するが、服務規律違反でもある）ことだが、その「行為」自体を一律に禁止してしまうと、社内の雰囲気が息苦しいものになり、モラール（士気）が下がってしまうこともあるだろう。残業時間中に、スマホでプロ野球やサッカーの試合経過に目をやり、また仕事に打ち込むようなことまで禁止してしまうことは、社員のやる気を削いでしまい、結局は会社のためにならない。「原則」的には駄目だが、「例外」はある、というラインを維持できるようにしたい。

　設例のような、ケースでは基本的には「結果」から見ていくことになるだろう。スマホ等の使用そのものより、その社員の業績などの結果に影響が出

ていないか確認し、その結果を問題社員につきつけて、結果の原因が「行為」にあることを認識させ、改善を促すという形をとるべきであろう。

　飲酒運転の場合が「全体対応型」、つまり、一律に基準を明示し、基準違反に関しては容赦なく懲戒するケースであるとするならば、私用スマホの場合は「個別対応型」のケースであるともいえるだろう。ただ、勘違いしてはならないのは、「結果」に影響が出ないのならば、何をやっても良い、私用スマホも許されるというわけではないということである。原則的には許されないことであるが、その対応はケースバイケースで行う方が良く、時には例外があるというだけである。勤務中に私用スマホをすること自体がいけないという認識を従業員にもたせることは、別個の考慮を要する。たとえば、私用スマホについても、会社が何らの注意喚起もしないでいるならば、社員はそれを会社に黙認されたものと誤解されてしまうこともありえる。前述で扱った朝礼や説明会で、就業時間中は職務に専念する義務があることを説明するなど、機会をとらえて注意喚起をし続けることも大事である。

　この点に関しては、社員に労働契約（雇用契約）とは何かについて、認識を深めさせる必要があるだろう。

労働契約法

> （労働契約の成立）
> 第6条　労働契約は、労働者が使用者に使用されて労働し、使用者がこれに対して賃金を支払うことについて、労働者及び使用者が合意することによって成立する。

　労働契約は、労働者が使用者の指揮命令下に労務を提供し、使用者は労働者に対価として賃金を支払うという点に本質がある。よって、労働者は就業時間中は使用者の指揮命令にしたがって労働する義務があるのである。そして、その労働する義務の程度について判例は「職員がその勤務時間及び職務上の注意力の全てをその職務遂行のために用い職務にのみ従事しなければならない」（最判昭52.12.13（目黒電報電話局事件）労判287-26）としている。この最高裁判例は「全て」という厳しい文言を用いて、労働者の「職

務専念義務」について判示している。

よって、就業規則にスマホの私的使用を直接禁じる文言がなくても、一般的な職務専念義務違反の規程違反として懲戒処分の対象にはなり得るのだが、スマホや携帯電話といったデジタルツールに関しては、今後も新たな機器や新たな利用方法が登場することが予想されるため、就業規則においてデジタルツールの利用に関する条項を設け、時代の進展や社内の状況を見つつ、その改定を行うように心がけたい。本来的に職務専念義務がある領域の話であるため、新たに登場したツールの私的使用を新たに禁じたとしても、それをもってただちに不利益変更の問題にはならないことにも注意したい。

3. 就業時間外の行為

> X社のY社員は最近、作成した文書に誤変換などのミスが目立ったり、勤務中に居眠りをしていることがあったりしているため、上司が個別面接を行い、健康状態や私生活上の問題点の有無などについて質問をしたところ、いずれも「問題ない」という返答が帰ってきたため、その場では睡眠時間を確保するようにと口頭で注意するにとどめた。ところがその後、Y社員の自宅近くの駅前のドラッグストアで、Y社員が店員として深夜までアルバイトをしているのを目撃したという情報が上司に寄せられた。
>
> X社では就業規則の服務規律において「社員は、会社の承認を得ることなく、在籍中に他社の役員または従業員になったり、営利を目的とする事業を営むことはできない」と規定している。

Y社員の行為は就業時間外の行為とはいえ、深夜までの勤務が就業時間内のパフォーマンスに影響を及ぼしているのは明白であり、Y社員は「問題社員」といえる。しかも多くの企業と同様にX社では就業規則において兼業を禁止している。

このような場合、まずY社員を呼び出して再度個別面接を行い、就業時間外のアルバイトの事実を会社が把握していることを前提に注意・指導を行う

ことになるが、ここで注意しておきたいことは、「問題社員対策」は会社だけのために行うものとは限らないということである。

問題社員対策は「企業秩序維持」という目的のために行うものであり、対策のための手段もその目的達成のために必要な範囲で認められる。目的達成のために必要ならば懲戒処分を行うことも可能ではあるが、社員に反省と行動の改善を促し、それによって、会社業務が円滑に運営されるようになるならば、懲戒処分を行わないことや、軽い処分にとどめることも検討されるべきである。

今回のケースの場合、会社業務に支障をきたすという「結果」も発生しているが、その前にY社員がなぜ、そのような「行為」に及んだかについて聞き取り調査をしっかり行う必要がある。就業時間外にアルバイトをしなければならないということは、会社から支給する給与のみでは経済的に困窮するという事情が背後にあるのが通常である。その原因が何であるのかについて、会社として把握せずに処分したのでは、問題社員は同様の行為を繰り返すことになりかねない。ただし、私生活上の問題に立ち入った質問をせざるを得なくなりがちなので、プライバシーの面に配慮しつつ行うことが大切である。

経済的困窮の原因は、家族の入院やギャンブルによる借財など様々であるが、会社からの金銭の貸付や、期間を限定してアルバイトを認めるなどの、弾力的解決を模索することで、場合によっては、会社が社員に助力することができる場合もあるだろう。問題社員対策は、会社だけでなく問題社員そのものにとってもメリットがある場合がある例の一つである。

聞き取り調査に際しては、その概要を記した「調査記録（録取書）」のようなものを会社が作成し、「内容に相違ありません」というサインをもらっておくと良いだろう。後に本人が申告した内容とは違う理由でアルバイトをしていたような場合には、虚偽申告が本人のさらなる帰責事由となるからである。

会社にとっての要点は「企業秩序を維持すること」である。社員にミスや居眠りが出るようなレベルの兼業で、発覚後、注意・指導を受けても勤務を続けるようなケースならば、就業規則違反で懲戒処分を行わざるを得ないだろう。

判例では、タクシー運転手がタクシー会社の休日に輸出車の移送や船積みをするアルバイトを行っていたことを理由にタクシー会社が運転手を解雇したケースで、解雇無効の判断が出されたものがある（**広島地決昭59.12.18（都タクシー事件）労判453-154**）。これは、本業と副業の時間の比較において、副業をしても休養時間は確保できることや、本業に支障が出たという具体的資料がないといったことが判断の材料とされている。この判例では、他の運転手も同様のアルバイトを行っていたことや、タクシー会社がアルバイトについて具体的な注意をしていなかったことも考慮要素とされている。

兼業に関していきなり解雇処分にしたタクシー会社の問題はともかく、他の運転手もアルバイトを行っているようでは、就業規則の兼業禁止規定は有名無実化し、しかも兼業禁止について具体的な注意をしていないようでは、もはや兼業に関しての「企業秩序」が崩壊しているともいえる。

ここでもやはり、「原則」としては兼業禁止であるということを会社として明確化し、兼業禁止にあたる行為に関しては早めの指導注意をすることが必要なのである。例外的に兼業の許可を社員が求めてきて許可したような場合には、兼業の内容・時間等について定期的に報告させ、会社業務と本人の健康に影響が出ないよう留意する必要もある。

4．痴漢行為

> X会社のY社員が無断欠勤をしていたため心配していたところ、翌日になって警察から「Y社員が通勤電車内での痴漢行為で逮捕された」という内容の電話があった。

痴漢行為は犯罪行為であるが、それに基づく処分に関しては慎重にならなければならない。通勤時間中の行為とはいえ、就業規則には通常「犯罪行為を行った場合」が懲戒処分事由となっているため、処分の対象とはなる。ただし、痴漢行為は冤罪である場合も時としてあるため、まずは事実の確認をしっかりしなければならない。

犯行を認めて被害者との間で示談が成立するなどした場合には、不起訴処分や起訴猶予処分となったり、あるいは略式起訴手続（有罪の場合、罰金刑が科される）にとどまったりすると、身柄の拘束も短時間で済むことが多い。

　このような場合、「企業秩序の維持」という観点からは、解雇などの重い処分が正当化される余地はほとんどないだろう。マスコミに報道され、社名が明らかになるようなレベルならともかく、そこまで行かない場合には、訴訟になった場合、解雇を正当化するほどの企業秩序維持があったとは、認定されないだろう。とはいえ、会社としては何らかの処分を科さないわけにはいかない。ここでも「痴漢」という「行為」のみを捉えるのではなく、「結果」も理由として処分を行うようにしたい。具体的には痴漢行為によって会社を欠勤したことや、それにより業務に支障を与えたことなどを理由にして、懲戒処分を行うということである。

私生活上の非行と懲戒処分

1．私生活上の非行と懲戒処分とは

> 　製造業であるX社は、埼玉にある製造工場のすぐそばの住宅街に社員寮を有している。その社員寮に単身赴任し、一人暮らしを始めたX会社の製造部長Yは、深夜自宅で飲酒をし、酔いを覚ますためにベランダに出た。しばらくして、Yは隣の部屋との境界線にある仕切り板が外れていることに気付き、そちらに近づくと、隣室の風呂場のガラス窓が開いており、シャワー音がするため中を覗き込むと、若い女性が入浴中であった。Yは自室に戻り、ビデオカメラを手に隣室のベランダに戻り盗撮行為と覗き行為を続けていたが、女性に気付かれ、悲鳴を上げられたため、慌てて逃走した。
> 　その後、110番通報で駆けつけた警察によりXは警察に捕まったが、深夜にパトカーがサイレンを鳴らして現場急行したため、この事件は製造工場周辺住民の知るところとなり、また、被害者の女性がX社の社員であったことから、

> X社社内だけでなく、取引先各社にまでYの破廉恥行為の噂が広まってしまった。
> 　このような事態を受けてX社は、就業規則の懲戒規程にある「不正不義の行為を犯し、会社の体面を著しく汚した者」に該当することを理由に、Xを懲戒解雇とした。Xは住居侵入罪および軽犯罪法違反で起訴され、罰金刑に処せられている。

　本事例は、「私生活上の非行と懲戒処分」にまつわる事例である。労働者が使用者の指揮命令下にある状態を離れ、私生活において行った犯罪等の非行行為を「**私生活上の非行**」という。

　たとえば、労働者が勤務時間外に駅で利用客や駅員との間でトラブルを起こし、利用客や駅員に暴行や傷害を加えたような場合、あるいは通勤電車の車内で痴漢行為を行ったような場合に、そもそも使用者は当該社員に懲戒処分を加えることが可能であろうか。

　この点に関して、私生活は労働者のプライベートな時間である以上、使用者はそれに干渉するべきではないという考え方と、たとえ労働者のプライベートな時間における行動であったとしても、その時間において犯罪等の非行行為を行ったことが、会社の経営上多大な影響を及ぼすような場合には放置することはできないという考え方が分かれるところである。

　もちろん、実際には、私生活上の非行について懲戒処分がなされているのが現実であるわけだが、問題はその懲戒処分の根拠と、許される処分の限界について正しい認識がなされているかである。

　先に掲げたケースの元となったのは、**最判昭45．7．28（横浜ゴム事件）労判114-37**である。これは、酒に酔った従業員が他人の住居の風呂場に侵入し、住居侵入罪で罰金処分を受けたという事案であるが、一審、二審ともに懲戒解雇処分を無効とし、最高裁も会社側の上告を棄却している。ただし、この判決は、従業員の行為が、会社の定める懲戒解雇事由にはあたらない、としているのであり、私生活上の非行そのものを懲戒処分の対象とすることを否定するものではない。

　また、最高裁は、私生活上の非行であることに加え、受けた刑罰の程度と、従業員の職務上の地位についても判断材料に加えているため、私生活上の非

行の程度が、判例の事案よりもさらに強度のものとなった場合や、対象従業員の職責如何によっては懲戒解雇処分が有効となる可能性を否定するものではないことに注意を要する。

判例 ■横浜ゴム事件（最判昭45．7．28）
【事案】夜半他人の居宅に故なく入り込み住居侵入罪として処罰されたことが懲戒解雇事由にあたらないとされた事例
【判旨】会社が、企業運営の刷新を図るため従業員に対し職場諸規則の厳守、信賞必罰の趣旨を強調していた時期に、従業員が、午後11時20分頃他人の居宅に故なく入り込み、住居侵入罪として処罰されたとしても、右行為が会社の業務等に関係のない私生活の範囲内で行なわれたものであり、その受けた刑罰は罰金2,500円の程度にとどまり、会社における職務上の地位も単なる工員であるにすぎなかつた等原判示の事情のもとにおいては、右行為は、「不正不義の行為を犯し、会社の体面を著しく汚した」という右会社の就業規則に定める懲戒解雇事由にはあたらない。（反対意見がある。）

冒頭の事例の場合、私生活上の非行であったとしても、住居侵入（マンション等のベランダも居住者の専有部分であるため、そこに侵入すれば住居の平穏を害し住居侵入罪となる）に加えて、衣服を身につけない場所である風呂場の覗き行為や盗撮行為まで行っている。この点において行為の悪質性が最高裁判例の事例より数段上回っているといえよう。さらに、YはX会社の製造部長という要職にあるため、職務上の責任も非常に高い。しかも、社員寮という、私生活の場であるとはいえ、職務に関係する者が居住する場所であることも考慮の対象となりうるだろう。Yのような地位にある者が、私生活の場とはいえ悪質な行為を行い、その結果地域住民や取引先にまで破廉恥行為の噂が広まったことを総合考慮すると、Yに対する懲戒処分を行うこと事態は十分肯定されよう。

ただし、「懲戒解雇」まで正当化するものであるか、というと、同種行為を繰り返していた場合や、以前に別の理由で懲戒処分を受けていたなどの事

情が存在しない限り、処分としては重すぎると**解雇権濫用法理**（**労働契約法16条**）によって判断されることになるだろう。

　私生活上の非行についても懲戒処分は行われているわけであるが、いかなる根拠において、私生活上の非行についても会社は懲戒処分をすることが可能になるのであろうか。この点に関して、懲戒処分とはそもそもいかなる根拠をもって可能となるのか、という点について理解しておく必要がある。

2．懲戒処分の根拠

1）懲戒処分

　企業は、多数の労働者を組織し企業秩序を維持することで円滑に企業活動を行っていくために、就業規則に、労働者が組織の構成員として遵守すべきルールである服務規律に関する規定を定めるのが一般的である。そして、この服務規律に違反した場合、同じく就業規則に定めた制裁罰である懲戒処分を労働者に課すことになる。

労働基準法

> （作成及び届出の義務）
> 第89条　常時10人以上の労働者を使用する使用者は、次に掲げる事項について就業規則を作成し、行政官庁に届け出なければならない。次に掲げる事項を変更した場合においても、同様とする。
> 　（略）
> 九　表彰及び制裁の定めをする場合においては、その種類及び程度に関する事項

　服務規律は企業秩序の維持を目的とするものである以上、その服務規律違反に対して課される**懲戒処分**は、「使用者が従業員の企業秩序違反行為に対して課す制裁罰」という定義がなされることになる。この懲戒処分を行う根拠となる権限を「**懲戒権**」と呼ぶが、判例はこの懲戒権など使用者が職場秩序維持のために有する各種の権限を基礎づける枠組みとして、「企業秩序論」

という理論を展開している（最判昭52．12．13（富士重工業事件）労判287-7、最判昭58．9．8（関西電力事件）労判415-29など）。懲戒処分を理解するためには、この企業秩序論の理解は必須であるため、以下説明していくこととする。

2）企業秩序論

判例の展開する**企業秩序論**とは、使用者は、企業の存立と事業の円滑な運営のために必要不可欠な権利として企業秩序を定立し維持する権限（**企業秩序定立権**）を有し、労働者は、労働契約を締結して雇用されることによって企業秩序を遵守すべき義務（**企業秩序遵守義務**）を負うとするものである。

この企業秩序論の背景には、そもそも使用者は企業経営上の必要から企業秩序定立権を有し、労働者は雇用されることにより当然企業秩序遵守義務が発生するという考え方がある（「**固有権説**」という。労働契約によって初めてそのような権利義務が発生するという（「**契約説**」を判例はとっていないとされる）。

固有権説的考え方を採用しているということは、企業秩序の維持には企業の存立の基盤そのものであり、企業秩序の定立と維持に関しては企業に高度の保護事由が認められるということである。そのため、使用者の企業秩序定立権がいかなる範囲に及ぶかについて判例は、

①企業秩序維持のための具体的な指示・命令
②企業秩序違反行為に対する事実調査
③使用者が所有・管理する「物的施設」に関する施設管理権
④「人的要素」「物的施設」に関する秩序違反に対する懲戒処分

というように、「人的要素」のみならず、「物的施設」に関しても広く認めている。それだけの射程範囲を認めないと企業の存立は保てないからである。

このように広汎にわたる企業秩序定立権（労働者側からすれば、企業秩序遵守義務）ではあるが、当然限界はあり無制限には行使できない。

> ①権利濫用や公序違反など強行法規違反にあたる場合
> ②職場規律について定めた規定（就業規則規定など）の限定解釈される場合

などの場合には、企業秩序定立権の行使が制限を受けることになる。

①の場合には、権利の濫用（**民法１条３項**など）や公序良俗違反（**民法90条**）、などに関しては、それを行えばもはや使用者側に「帰責事由」が認められる場合であるため当然のことであり、強行法規の例としては労働基準法が代表例であるが、これは労働者側に「保護事由」が認められる場合には、企業秩序定立権を自由に行使することができないということである。

②の職場規律について定めた規定の限定解釈とは、本来使用者には企業秩序定立権に基づき各種規定の定立権が当然存在する。このことは、就業規則の作成に関し、労働者の意見を聴取しなければならない（**労働基準法90条**）とだけ定めていることからも明らかである。就業規則の作成も、企業秩序定立権の行使であり、定められた就業規則に関し労働者は企業秩序遵守義務の一環として従わなければならないのである。ただし、定めた規定の内容が不明確であったり、規制の範囲が広汎である場合は、裁判上限定解釈がされ、妥当な範囲に制限されるということである。たとえば、不明確かつ広範な規制に関して限定解釈がなされた例として、郵便事業職員の「ひげ」や男性職員の「長髪」に関して禁止した身だしなみ基準について、「顧客に不快感を与えるようなひげ及び長髪は不可とする」という内容に限定して適用されるべきとしたものがある（**大阪高判平22．10．27（郵便事業（身だしなみ基準）事件）労判1020-87**）。

なお、企業秩序定立権があるにも関わらず、原則として労働者の同意なくして就業規則の不利益変更が許されず（**労働契約法９条**）、例外的に、変更後の就業規則の周知とその内容の合理性を条件に同意なき変更を認めている

（**労働契約法10条**）のは、いったん契約関係に入った労働者には、その就業規則に従って行動すれば良いという信頼が生じており、その信頼は保護事由として評価されるべきものだからである。就業規則の不利益変更に関する労働契約法の規定は、判例法理の積み重ねを反映したものであるが、これは使用者側の企業秩序定立権という保護事由と、労働者側の労働条件等に関する安定性への信頼という保護事由の衝突のバランスをとったものである。周知もなく合理性もない就業規則の変更を行えば、使用者側にはその変更を無効とされるだけの帰責事由が生じるということである。

3）懲戒処分の法的根拠

企業秩序を乱す行為を行った従業員に対し使用者が行う懲戒処分の理論的根拠は何であろうか。この点に関し学説は、①経営権の一環として当然に懲戒権を有するとする固有権説と、②労働契約上の根拠に基いてその限りで懲戒権を有するとする契約説の2説に分かれている。

前述のように最高裁は、使用者は企業の存立と事業の円滑な運営のために必要不可欠な権利として企業秩序定立権を固有権説考え方である「企業秩序論」に立っており、懲戒権についても使用者の固有権として捉えている（**最判昭58．9．8（関西電力事件）労判415-29**）と解されてきた。

しかし近時の最高裁判例では、使用者が労働者を懲戒するには、あらかじめ就業規則に懲戒の種別および事由を定めておくことが必要であると判示している（**最判平15．10．10（フジ興産事件）労判861-5**）ことには注意を要する。この判例をもって、最高裁の立場は固有権説ではなく契約説と捉える見解も有力であり、下級審判例では契約説の立場に立つものが多い。契約説が有力化した背景には、たしかに使用者には「営業の自由」（**憲法22条**）が認められるにせよ、そこから労働者を強制し、懲戒する権利まで一気に導き出すのは人権保障の観念上無理があり、また、民法の規定に加えて労働契約法が制定されるなど、労働関係を契約関係として捉える現行法との整合性もとれるといった理由がある。

契約説からは、懲戒処分を就業規則（など）に定めることで、初めて懲戒処分が可能になる。

懲戒処分の法的根拠にかかわらず、懲戒の種別と事由を就業規則に定めることは「罪刑法定主義」からも要請される。

罪刑法定主義とは、「犯罪と刑罰はあらかじめ成文の法律で明確に定めておかなければならない」という近代刑法の大原則であるが、これは、国民の自由を守るための原則であり、あらかじめ成文の法律で犯罪と刑罰が定められていなければ、国民はどのような行動をすれば適法か違法かわからない（これを「行動の予測可能性がない」という）のでは、自由が保障されているとはいえないため、求められるものである。労働契約においても、労働者がどのような行動をしたら懲戒処分になるのかわからないのでは、行動の予測可能性がないことになってしまうから、懲戒の種別および事由を定めることが必要になる。

以下、判例学説とも近時有力な契約説にそって懲戒処分の有効要件について説明しよう。

4）懲戒処分の有効要件

> ①就業規則などの根拠規定が定められていること
> ②（根拠規程が就業規則である場合）就業規則が「周知」されていること
> ③（根拠規程が就業規則である場合）就業規則の内容に「合理性」があること
> ④懲戒権の行使が権利の濫用など強行法規違反にあたらないこと

①から③は就業規則そのものに関する要件、④は就業規則の運用に関する要件ということになる。

懲戒処分の有効要件については、とくに④の要件が重要である。懲戒処分を行う際には、それが権利の濫用にならないことが必要であるが、懲戒処分が権利の濫用か否かについても「保護事由」と「帰責事由」のバランスによって判断されるのである。この点について詳しく説明しよう。

労働者が懲戒処分を受ける可能性があるということは、労働者に何らかの帰責事由が存在するということである。しかしながら、たとえ労働者に帰責事由をが存在したとしても、それに対応した懲戒処分をしなければ企業秩序

を維持できないという使用者側の保護事由もまた存在しなければならない。裏を返せば、懲戒処分をしなくても企業秩序が維持できる程度の労働者の帰責事由ならば、その懲戒処分を行うだけの保護事由が使用者側にはないということなのである。

保護事由と帰責事由を考える上で、さらに注意すべきは、懲戒処分の種別によって、懲戒処分が権利の濫用になるかが変動するということである。ある労働者の行為が、「懲戒解雇」するほどの帰責事由がないにしても、「出勤停止」や「降格処分」を課すには十分な帰責事由という場合もある。先ほどの設例では、社員Yの破廉恥行為が、懲戒解雇をするだけの帰責事由がなかったというだけであって、たとえ私生活上の行為であっても、その他の処分が肯定されるだけの帰責事由はあるのである。

使用者側に視点を置けば、懲戒処分を行うことで企業秩序を維持する必要性という保護事由があるか否かという問題となり、労働者側に視点を置くと、当該懲戒処分を受けるだけの帰責事由があるか否かという問題となる。この「保護事由と帰責事由のバランス」という総合考慮をした結果、労働者の帰責事由に比して不相当に重すぎる懲戒処分を使用者が下した場合には、社会通念上相当として是認できない懲戒処分として権利の濫用であり無効であると判断されることになるのである。

この、保護事由と帰責事由のバランスについて明文の規定を労働契約法は設けたのであるが、たとえ明文の規定がなくても、**権利濫用法理**（**民法1条3項**）から、当然導き出されるのが④の要件なのである。

労働契約法

> （懲戒）
> 第15条　使用者が労働者を懲戒することができる場合において、当該懲戒が、当該懲戒に係る労働者の行為の性質及び態様その他の事情に照らして、客観的に合理的な理由を欠き、社会通念上相当であると認められない場合は、その権利を濫用したものとして、当該懲戒は、無効とする。

とはいえ、労働契約法15条が制定されたことで、懲戒処分の妥当性の判断

第7章 特別講義（2）問題社員対策

要素が明確になったことは大きな意義がある。

労働契約法15条では「**労働者の行為の性質・態様その他の事情**」が「**客観的に合理的な理由**」を欠き、「**社会的通念上相当であると認められない場合**」は、**権利の濫用として懲戒は無効になる**わけであるが、「労働者の行為の性質・態様その他の事情」は判断材料（X）、「客観的に合理的な理由」（客観的合理性）は判断基準（Y）、「社会通念上相当であると認められない場合」（社会的相当性）は、解釈適用（Z）、と整理できる。

判断材料（X）とは労働者の帰責事由のことであり、判断基準（Y）とは就業規則上の懲戒の種別および事由の定めのことであり、解釈適用（Z）とは、XをYに当てはめて、実際にどのような結論を導き出したかという就業規則の解釈運用ということである。労働契約法15条は、XをYに当てはめて解釈し判断を下す際に許される大枠を「社会的相当性」の範囲内に限定したのである。これをわかりやすく言うと、先に説明した「**保護事由と帰責事由**」のバランスがとれている範囲内で、懲戒処分を認めると、法が宣言しているということである。

X　判断材料　＝労働者の行為の性質・態様その他の事情
Y　判断基準　＝客観的合理性
Z　解釈適用　＝社会的相当性（保護事由と帰責事由のバランス）

この判断要素から、「**就業規則作成**」と「**問題社員対策**」に徹底的に力を入れなければならないことがわかるだろう。

判断基準（X）とは、「問題社員」の存在そのものなのである。問題社員（非常識社員・モンスター社員）であればあるほど、判断材料は増えていく。それはつまり「帰責事由」が増えていくということである。この判断材料は、「1回の行為」だけを材料とするものではないということに注意したい。問題行動ごとに会社が注意し、指導したこと、これが判断材料（＝帰責事由）を積み重ねていくのである。それは取りも直さず、会社側に懲戒処分をするだけの保護事由が認められやすくなっているということである。だからこそ、日頃から、問題社員に対しては注意書・指導書という形のイエローカードを

交付し、その記録を残して置かなければならないのである。その積み重ねが、解釈適用（Z）において、懲戒解雇というレッドカードを可能にするか否かの局面において大きな差になって現れるのである。この判断材料については、労働契約法15条の法文にある労働者の行為・性質その他の態様という労働者の行為そのものの内容と悪質さだけでなく、判例では、企業秩序への影響という「結果」や、過去の処分歴や反省の有無という「情状」、他の労働者の処分との均衡、行為から処分までの期間なども「その他の事情」として斟酌されている。

判断基準（Y）とは就業規則の懲戒種別と懲戒事由であることは前述したが、これにより、就業規則の服務規律を整備する必要性が理解できるだろう。判断基準の明確さは、罪刑法定主義の観点からも求められるが、そもそも服務規律にない行為は、契約説的立場においては懲戒処分が不可能になってしまいかねないのである。就業規則の服務規律等を入念に整備することは、企業のリスク管理にとって必須であり、その不備は時として処罰不能という生命取りとなるものなのである。

最後に、解釈適用（Z）であるが、これこそが保護事由の帰責事由のバランスという法的思考の根本にある、法的トラブル解決のための基礎となる思考法なのである。詳細については、筆者の「就業規則作成セミナー」を受講して理解してもらいたいが、保護事由と帰責事由を明確に整理する姿勢を普段から身につけておくことが、使用者の安易な解雇による労使トラブルを防ぎ、労働者の問題行動の早期発見・早期対応につながることをここでは強調しておきたい。

3．私生活上の非行と懲戒処分

私生活上の非行であったとしても、「企業秩序論」の項目で説明したように、それが**企業の存立と事業の円滑な運営を阻害するものであるならば、懲戒処分の対象となりうる**。ただし、懲戒処分を行うには、それが就業規則上に定められた懲戒の種別及び事由に該当するものであることが必要であることもまた説明した。では、私生活上の非行を特に対象にした、特別の規定を設け

る必要があるかといえば、そうではない。あくまで労働者の行為が企業秩序の維持にとって影響を及ぼすものか否かから判断されることになる以上、「暴行、脅迫、その他犯罪行為を行って著しく社内の秩序を乱したとき」や「不正不義の行為をなし従業員としての体面を汚したとき」「素行不良により、会社内外で風紀秩序を著しく乱した者」というような概括的規定をおくことでも対応は可能である。もちろん、詳細な規定をおくこともあって良いが、ポイントはあくまで以下の2点である。

一つは「企業秩序を紊乱した（乱した）」ことを理由とする懲戒規定を設けること。もう一つは、「懲戒処分の有効要件」で説明した、判断材料（X）、判断基準（Y）、解釈適用（Z）の関係を常に意識し、特に保護事由と帰責事由のバランス確保を徹底することである。

最後に近時の判例を紹介し、まとめとしよう。

判例 ■神戸地判平25．1．29（姫路市（消防職員・酒気帯び自損事故）事件）労判1070-58

【事案】非番の日に行われた同総会からの帰宅中、酒気帯び運転をして自損事故を起こしたことを理由に、被告市から懲戒免職処分を受けた消防職員であった原告が、本件処分は社会通念上著しく過酷であり、裁量権を逸脱、濫用したものであるとして、その取消しを求めた事案

【判旨】本件酒気帯び運転は私生活上の行為といえ、管理職でもない原告の社会的責任、社会に与える影響は管理職のそれよりも相対的に少ないこと、酒気帯び運転以外の違反はなく、第三者に対する具体的被害もなかったこと、勤務期間中、原告は勤務態度が良好と評価され、過去に処分歴等はなかったこと、非違行為後の原告の態度に非難すべきところはないこと、原告と同様の公務員が飲酒運転以外の事故で人に傷害を負わせた場合、減給又は戒告処分にとどまることなどによれば、本件懲戒免職処分はなお社会通念上著しく妥当性を欠き、裁量権を逸脱したものといえるとして、本件処分を取り消した。

本件は消防職員という公務員に関する事案ではあるが、私生活上の非行に

関する懲戒処分の妥当性という観点からはこれまでの説明と同様に考えられる。判断材料（X）としては酒気帯び運転による自損事故であり、判断基準（Y）は姫路市職員の懲戒処分の基準（酒酔い運転した場合は免職、ただし特段の事情がある場合は停職）、解釈適用（Z）は懲戒免職、というケースである。

　判断材料を判断基準に形式的に適用した結果、裁判では処分取消しの判決が出てしまうという典型的なケースである。たしかに、飲酒運転に対して社会から厳しい目が注がれ、法令や就業規則など各種規定も飲酒運転に関しては厳罰化の傾向が著しいのは事実とである。しかし、飲酒運転の事実を犯罪材料（X）として直ちに懲戒解雇（公務員の場合は「懲戒免職」）とするような判断基準（Y）は問題である。本件の場合、酒気帯び運転による自損事故であるが、これをもって直ちに懲戒解雇としてしまった場合、立法技術（就業規則の作成技術）としていかなる問題が生じるだろうか。問題点はいくつもあるが、中でも「人身事故」を起こした場合の対処の関係が一番大きいだろう。飲酒運転の結果、事故を起こし、人の身体を傷害し、あるいは人命を失わせてしまったような場合には、厳罰をもって臨むことになる。ところが、酒気帯び運転の段階ですでに懲戒解雇（懲戒免職）という、いわば「極刑」を科するような規程であると、人身事故という労働者の「帰責事由」が非常に大きい場合にそれ以上の制裁を科することができないのである。

　たしかに、酒気帯び運転自体が問題である。しかしながら、懲戒処分の根拠が企業秩序の維持であるとするならば、懲罰は企業秩序をどれだけ乱したかという観点から段階的に用意されるべきである。そうなると、酒気帯び運転による人身事故という、人の身体に関わる事故に関しては特段の事情が存在しない限り懲戒免職（懲戒解雇）とし、酒気帯び運転による物損事故や酒気帯び運転のみであれば、「懲戒解雇（懲戒免職）も可能」という程度の規程にとどめておくべきであろう。この区別をした方が、「酒気帯びで人身・人命に被害を与えることは許さない」という形で、組織として飲酒運転に対し厳しい姿勢を示すとともに人命尊重の理念を抱いていることもまたアピールできるだろう。

　このような場合に「極刑」になる、と適用場面を明確化することは、抑止

第7章

効果を最大限に発揮できるメリットもある。現在、日本の刑法では、1名のみの殺人では死刑判決が出ることは、強盗殺人のような場合を除いてまずない。それは、犯人が「1人殺しても2人殺しても同じ死刑ならもう1人殺してやる」と自暴自棄になることを抑止することを狙っている面がある。あってはならないが、たとえ1人殺してしまったものに対しても、それ以上の犯罪を防ぐ仕組みを用意するのが、刑罰に関する運用の妙なのである。就業規則の作成運用にも、この考え方は参考になるだろう。「これだけは絶対に許さない」という基準を明確にすることは、不当解雇を防ぐだけでなく、労働者の問題行動抑止にもつながるのである。

　誤解のないように書き添えると、酒気帯び運転による物損事故であっても、懲戒解雇（懲戒免職）が可能になる場合があることは忘れてはならない。本事案の判例でも、職員の地位や、過去の処分歴や勤務態度、事故後の態度等々、様々な考慮要素が列挙されている。ここから論を展開すれば、責任ある地位にある人物であったり（他者を指導すべき地位にある人物ならば、当然それだけ高い倫理観が求められるため、非違行為の帰責事由も高まる）、過去に処分歴があったり（特に酒気帯び運転に関してあれば帰責事由は高まる）、事故後に反省がない、といった事情を総合勘案すれば、懲戒解雇の社会的相当性が認められることもあり得るのである。

　繰り返しになるが、私生活上の非行といえども、それが企業秩序の維持に関して支障を生じるようなものであるならば、懲戒処分の対象となる。この点をしっかりと押さえておけば、あとは通常の就業規則作成および運用の問題と何ら変わることはない。そして、本事例から得られる教訓としては、就業規則の懲罰規定をきめ細やかなものにしておくべきだということである。そのきめ細やかさは、「帰責事由」の程度に応じた形で処罰規定を分けることで達成されるのである。

第8章 特別講義（3）解雇予告除外認定の論点と理解

Scientiaotentia est
「知は力なり」

Live as if you were to die tomorrow.
Learn as if you were to live forever.
「明日死ぬと思って生きなさい
永遠に生きると思って学びなさい」

解雇予告除外認定の論点と理解

1．即時解雇が可能な「労働者の責に帰すべき事由」の射程

　解雇をする場合、労働基準法20条に定められた解雇予告をしなければならないことは大原則である。しかし、原則に対して、例外があるのが法律の常で、「労働者の責に帰すべき事由」として認定されれば解雇予告をしなくて良いと定めている。つまり、30日の予告もいらず、解雇予告手当の支払いをしなくても、即時に解雇できるというものである。

　この点について、即時解雇を可能とする「**労働者の責に帰すべき事由**」の**射程**が問題となる。具体的に見ていこう。行政解釈は次のように解釈している。

> 行政解釈【昭和23．11．11　基発1637号、昭和31年3月1日　基発111号】
> １．原則としてきわめて軽微なものを除き、事業場内における盗取、横領、傷害等刑法犯に該当する行為のあった場合。
> 　　また一般的に見て「きわめて軽微」な事案であっても、使用者があらかじめ不祥事件の防止について諸種の手段を講じていたことが客観的に認められ、しかもなお労働者が継続的に又は断続的に盗取、横領、傷害等刑法犯又はこれに類する行為を行った場合、あるいは事業場外で行われた盗取、横領、傷害等刑法犯に該当する行為であっても、それが著しく当該事業所の名誉もしくは信用を失墜するもの、取引関係に悪影響を与えるもの又は労使間の信頼関係を喪失せしめるものと認められる場合。
> ２．賭博、風紀紊乱等により職場規律を乱し、他の労働者に悪影響を及ぼす場合。
> 　　また、これらの行為が事業場以外で行われた場合であっても、それが著しく当該事業場の名誉もしくは信用を失墜するもの、取引関係に悪影響を与えるもの又は労使間の信頼関係を喪失せしめるものと認め

られる場合。
3．雇入れの際の採用条件の要素となるような経歴を詐称した場合及び雇入の際、使用者の行う調査に対し、不採用の原因となるような経歴を詐称した場合。
4．他の事業場へ転職した場合。
5．原則2週間以上正当な理由なく無断欠勤し、出勤の督促に応じない場合。
6．出勤不良又は出欠常ならず、数回に亘って注意を受けても改めない場合。
の如くであるが、認定に当たっては、必ずしも右の個々の例示に拘泥することなく総合的かつ実質的に判断すること。
　なお就業規則に規定されている懲戒解雇事由についてもこれに拘束されることはない。

　これらの判定にあたっては、労働者の地位、職責、継続勤務年限、勤務状況などを考慮のうえ、労働者の責に帰すべき事由が労働基準法20条の保護を与える必要のない程度に重大または悪質で、使用者に解雇予告を行わせることが当該事由と比較して均衡を失しないかどうかの観点から総合的に判断し、就業規則などに規定されている懲戒解雇事由に拘束される必要はないとされている。（**昭和31．3．1　基発111号**）
　また以上の事項に該当しない場合でも即時解雇は可能であるが、数分遅刻したとか、ちょっと態度が悪かったというようなことでは到底無理であろう。すくなくとも、その労働者が労働し続けることで、その企業に重大な損害が発生する、現実的な危険性が存在していることが必要である。働くと、会社の工場の機械を必ず壊してしまうとか、その労働者が担当する顧客から必ずと言っていいほど重大なクレームがよせられ、これ以上教育・改善の余地がないような場合などもこれに当てはまるであろう。
　ただし、上記のような場合にあてはまっても、解雇予告の適用を除外するためには、労働基準監督署長の認定（**解雇予告除外認定**）が必要となるのが原則である（**労働基準法20条3項、19条2項**）。

２．解雇予告義務違反の場合の解雇の効力

　では、労働基準法第20条に違反した場合、解雇の効力はどうなるのであろうか。つまり、解雇予告をしないで解雇した場合に、その解雇は無効なのかという問題である。労働基準法20条の所定の手続の履行の有無が、解雇の意思表示の効力に及ぼす影響を考える。

　これについて、かつて学説・判例は「有効説」、「無効説」そして「相対的無効説」で対立していた。もっとも、最近「選択権説」が台頭し、近年ではこの説が有力となっている。

　まず「有効説」は、20条違反については使用者に対しては罰則規定（**労働基準法119条**）が適用され、かつ労働者が解雇予告手当を請求することができるが、解雇の効力自体は有効であるとするものである。裁判例には、「労働基準法20条の**予告手当支払を欠く解雇の意思表示といえども即時に効力を生じ、ただ使用者がこれにより同条所定の予告手当支払債務を負担し、その債務が即時履行期に達するにとどまる。**」とするものや、「労働基準法20条に定める手続を経ないで、労働者を解雇しても、その解雇は無効ではない。」と示した**新潟地決昭26．8．31**（日通新潟支社事件）ジュリストL00650230などがある。簡単に考えれば、解雇予告手当の支払と解雇の効力は別と考え、使用者が解雇をした場合には、解雇予告を支払う債務が発生するにすぎないと考えているのである（**名古屋地判昭30．11．19**（津田パチンコ店事件）ジュリストL01050344）。

　次に、「無効説」である。これは、「有効説」とは反対に、解雇予告の手続がされなければ、当該解雇は無効であるとする立場である。裁判例には、「労働基準法20条1項は、月俸を受ける被傭者についてもそのまま適用されるから、民法627条2項の規定の適用の余地がなく、従って使用者が時期にかかわりなく30日以上の平均賃金に相当する金員を支払って、被傭者を即時解雇しても解雇は有効である。」とするものがある。他にも、解雇予告（解雇予告の支払い）をしないでなす即時解雇は無効であるとする**大阪高判昭33．9．10**（平安学園解雇事件）ジュリストL01320507や、「即時解雇は、労働基準法20条1項但書所定の要件もみたさなければその効力を認められないもの

であり、これを本件に関していえば、天災地変その他これに準じる程度の不可抗力に基づく事由が生じて、被申請人が本件店舗における事業の継続をすることが不可能になった場合でなければ、右即時解雇を有効とすることはできないというべきである。」とした**大阪地判平元.10.25（小料理屋「尾婆伴」事件）労判551-22**等がある。

さらに、「相対的無効説」は「有効説」と「無効説」の折衷説であり、労働基準法20条に違反して行われた**即時解雇は、使用者が即時解雇に固執している場合には無効であるが、そうでない場合には法所定の予告期間である30日を経過するか、法所定の額の予告手当が支払われた時点で効力を生ずる**という立場である。行政解釈（昭24．5．13　基収第1483号）やリーディングケースとして**最判昭35．3．1（細谷服装事件）**がこの説を採用している。

最高裁判決後、現在にいたるまで裁判実務においては、この相対的無効説が主流となっており、「雇用契約書に退職するときは3か月前の予告が必要である旨の定めがある場合において、3か月前に退職の申入れをした労働者に対して、明日から来なくてもよいとの通告が、即時解雇の意思表示に当たるとして、該日から30日後に解雇の効力が発生する」とされた、**大阪地判平5．9．27（アクティ英会話スクール事件）労判646-55**や、「解雇は、解雇予告手当の支払をしないまま行われているところ、会社は即時解雇に固執する趣旨ではないので、解雇から30日が経過した日に懲戒解雇の効力が発生するとして、効力が生じる日までの賃金及び賞与の支払請求が認容された」**大阪地判平10．3．23（関西フエルトファブリック事件）労判736-39**などがある。

最後に、「選択権説」である。この説は、**労働基準法20条違反の解雇が行われた場合には、解雇の無効を主張するか、（解雇は有効としたうえで）予告手当の支払いを請求するかを労働者が選択できる**というものである。ただしこの場合、労働者が相当な期間内に選択権を行使しないかぎり、**解雇無効の主張はできなくなる**。この考え方に立つ裁判例として、「解雇予告手当の支払がない以上解雇の効力は生じないことになるが、被告において雇用関係を即時に終了させる旨の意思を有していたことは明らかであるとともに、原

告においても雇用関係の即時終了の効力が生じること自体は容認し、解雇予告手当の支払を求めているものであるから、**右意思表示によって原告と被告との間の雇用関係は即時に終了し、被告は原告に対し解雇予告手当を支払うべき義務が生じるものと解するのが相当である。**」と示した、**東京地判平4．1．21（セキレイ事件）**労判605-91などがある。

 関連判例

① 津田パチンコ事件名古屋地判昭30．11．19

要旨 なお当裁判所は同法第二十条第一項本文後段の規定は、使用者は解雇の意思表示の到達と同時に三十日分以上の平均賃金を支払うべき債務を負担し、かつ該債務は即時履行期に達するものではあるが、仮令この債務の履行を遅滞しても解雇の意思表示の効果は依然有効であると解する。

② 平安学園解雇事件（大阪高判昭33．9．10）

要旨 労働基準法第20条第1項は、使用者が労働者を解雇しようとする場合においては、少なくとも30日前にその予告をなすか、またはその予告をしないときには、30日分以上の平均賃金を支払うことを解雇の有効要件として定める一方、使用者が30日分以上の平均賃金を支払うときは、特に雇用期間の定めある場合を除き、即時に労働者を解雇しうることを認めたものであつて、また、この場合における金員の支払は、いかなる名目をもつてなされるかを問わないものと解するのを相当とする。

③ 細谷服装事件（最判昭35．3．1）

要旨 使用者が労働基準法二〇条所定の予告期間をおかず、または予告手当の支払をしないで労働者に解雇の通知をした場合、その通知は即時解雇としては効力を生じないが、使用者が即時解雇を固執する趣旨でない限り、通知後同条所定の三〇日の期間を経過するか、または通知の後に同条所定の予告手当の支払をしたときは、そのいずれかのときから解雇の効力を生ずるものと解すべきであつて、本件解雇の通知は三〇日の期間経過と共に解雇の効力を生じたものとする原判決の判断は正当で

ある。

裁判実務に関しては、未だ相対的無効説で動いていると解されるが、相対的無効説は労働基準法上の即時解雇を通常の解雇の中に取り込んで考え、即時解雇が認められなくても、いわゆる解雇の意思表示としての効果は残っていると考えるものである。分析的に考えれば、即時解雇は労働基準法上の概念で、公法関係に該当するものであり、通常の解雇は民法上の概念であり、私法関係に属する概念であるということになる。以下で解雇予告除外認定をめぐる公法関係と私法関係の関連性について述べていく。

3．解雇予告除外認定と公法私法関係

労働契約の**解除**は、民法上、債務不履行（不完全履行）に基づく、契約の解除であると解される。そして、解雇とは、労働契約の当事者（使用者）からの一方的な解約の意思表示である。

労働契約上、就業規則の解雇事由に該当する重大な非行（債務不履行）をした労働者に対して、使用者が解雇の意思表示をすれば、解雇は有効となるのが原則である。

もっとも、解雇は労働者にとって大きなダメージとなるものであるから、使用者が恣意的に懲戒解雇をしたり、解雇予告をせずに即時解雇をすることを抑制する必要がある。そこで、労働基準法は客観的な立場で即時解雇「事由」を判断すべく、その事実の有無について行政官庁の認定を受けるよう、使用者側に義務付けている。これが、**解雇予告除外認定**である。

以上から考えれば、民事上は有効な解雇であっても、行政上の義務として、使用者は当該労働者を解雇しようとするときは事前に解雇予告除外認定を受けなければならないとされていることがわかるであろう。

ここで、注意しなければならないのは、公法関係と私法関係は全く別次元のものであるということである。あくまで、公法関係は国と国民との関係を規律するもので、これらの関係は刑法や行政諸法令等の「公法」によって定められている。国と使用者の労働関係は公法上の関係に該当する。これに対

して、国民と国民の関係を規律するのは民法をはじめとする「私法」である。使用者と労働者の労働関係は国民相互の私法関係上のものであるから、原則は私法によって規律されている。

特別な規定がなければ、公法上の効力の有無と私法上の効力の有無とは無関係である。簡単にいえば、詐欺的な行為を行なって、会社に損害を与えた場合、刑法上の詐欺罪は成立しなくても、民法上の詐欺は成立する場合があるのである。

そこで、裁判例において私法上（解雇）は有効であるが、公法上違法（解雇予告除外認定を受けなければならない）という表現がなされるのである。

本来解雇予告除外認定と解雇の有効無効は直接的な関係は有さないということを覚えておいて頂きたい。あくまで、解雇予告除外認定が問題となる「即時解雇」と、民法上の「解雇」は別のもので、この二つは分けて考えなければならない。

4．解雇予告除外認定の仕組み

では、いったい公法上の概念である解雇予告除外認定とはいったいどのようなものなのであろうか。ここで、解雇予告除外認定の申請の仕組みについて考えてみたい。いま一度労働基準法19条、20条を見てみよう。

労働基準法19条2項は「前項但書後段の場合においては、**その事由について**行政官庁の**認定**を受けなければならない。」と規定している。つまり、この解雇予告除外認定というものは、いわゆる**「事実認定」**の一つなのである。解雇するには解雇事由が必要であるが、その解雇事由たる事実があるか否かという、事実の有無の判断を労働基準監督署にさせているのである（労働基本法施行規則7条）。

解雇の効力について、除外認定を受ければ有効であるというのは、除外認定によって労働基準法20条1項但し書きに規定されている「事由」が認められ、即時解雇ができるようになるということなのである。反対に、予告除外認定が認められなかった場合、即時解雇の「事由」が認められないため、具体的に言えば「労働者の責に帰すべき事由」が認められないということとな

り、即時解雇はできないということになる。

　もっとも、後に述べるが、この解雇予告除外認定は行政のおこなう事実確認行為、講学上の言葉でいえば「**確認行為**」といわれる性質のものである。この確認行為は、通常単なる事実行為であり、国民の権利義務に影響を及ぼす、「処分行為」ではないとされている。

　東京地判平14．1．31（上野労基署長（出雲商会）事件）労判825-88において、裁判所は「解雇予告除外事由の認定の制度は、解雇予告除外事由の存否に関する使用者の恣意的な判断を抑止するという、**行政取締り上の見地**から、使用者に対して解雇予告除外事由に該当する事実の存在についての**行政官庁の認識の表示を受けるべきものとしたものであって、その認識の表示自体に直接国民の権利義務を形成し又はその範囲を確定することを認めているものではない**」と判断している。つまり、この解雇予告除外認定の有無によって、国民である使用者及び労働者の権利義務は左右されないということである。この判断は高等裁判所にも持ちこされ、解雇予告除外認定は行政処分ではなく、単なる事実確認行為であって、最終的に解雇予告除外事由があるかないかは裁判所が判断する性質のものであると断言している。この判例については、行政行為の性質類型とともに後に解説する。

解雇予告除外認定の実務的対応

1．即時解雇と除外認定に関する行政通達の存在

　さて、ここからが本題である。労働関係実務を考えよう。次のような例を考えてほしい。

【CASE】
　いま、悪質な競業避止義務違反、ならびに詐欺による刑法犯に該当する行為があった労働者を、会社は解雇予告手当の支払をせずに即時解雇したところ、当該労働者が、労働基準監督署に対して「労働基準法20条

違反」であるとして申告をし、同時に、裁判所に解雇予告手当の支払いを求め提訴したとしよう。後に、労働基準監督署から出頭命令が出され、会社は労働基準監督署に呼び出されて事情聴取された。そして、所轄の労働基準監督署長の解雇予告除外認定を受けなければ、解雇予告の必要がある旨の是正勧告を受け、それを支払わないと、罰則があることも指摘されてしまった。

このようなケースで、あなたは社会保険労務士として、会社に対してどのようなアドバイスをするだろうか。「監督官の勧告に従わないと、送検される恐れがあります。今となっては、解雇予告除外申請を出しても、認められないから、解雇予告手当を支払って、送検されないようにしましょう。」などと、提案する人が多いのではないか。

確かに、労働基準法には解雇予告除外認定を受けないことに対する罰則規定が定められている。解雇予告をしないで、一定要件に該当する労働者を解雇した場合、同法119条1号は、6か月以下の懲役または30万円以下の罰金に処するとされている。

また、行政通達では、「認定されるべき事実がある場合には、使用者は有効に即時解雇をなし得るものと解されるので、除外認定を得た場合にはその解雇の効力は即時解雇の意思表示をした日に生じると解される。ただし、認定申請を遅らせることは、法第20条違反である（昭63．3．14．基発第150号）」などとあるから、ますます解雇する前に、除外認定を取り付けておかなければ、大変なことになると考えるわけだ。

しかし、行政通達は、行政機関内部において、機関の所掌事務や行政事務取扱いについて上級機関が下級機関を拘束するものでしかない。つまり、この通達を根拠にして、解雇予告手当を必ず支払わなければならないなどとすることはできないのである。

2．労働者に帰責事由がある場合の労働者への予告手当

では、本件で問題にしている、労働者の責めに帰すべき事由があるときの

即時解雇で、解雇予告除外認定を事前にせず、解雇した場合の解雇予告手当の支払いは、どうしなければならないのか。

結論から言うと、**支払う必要はない**。そもそも、労働者の責に帰すべき事由があれば、解雇予告は必要ではなく、予告手当を解雇予告の代替機能を有するものと捉えれば、**解雇予告が必要ない時にまで、予告手当を支払う必要がないことは当然である**。

では、それにもかかわらず**是正勧告が出たとき**はどうすればよいのか。解雇予告手当は労働者から要求されたら、即時に出さなければいけないというものではなく、**出さなければならない場合に会社が出すもの**である。その点について、疑義が生じているのであれば、**当然その判断を待って結論を出す**ことになる。そして、その判断を最終的になすのは、**労働基準監督署ではなく、裁判所である**。

そこで、「**今、裁判をしているので、裁判の結論が出てから判断します。**」と報告書を提出すればよい。かなり悪質な場合を除き、労働基準監督署が送検することはほとんどないと思われるが、仮に送検をされたら、当該勧告の内容や処分について訴訟の場で争うことになる可能性がある。

3. 解雇予告除外認定の取扱い

では、解雇予告除外認定の扱いはどうなるのであろうか。すなわち、解雇をした後に、解雇予告除外認定をして、これが認められるのかという問題である。

結論からいうと、**解雇予告除外認定は、原則として事前に受けておかなければならないものだが、即時解雇したときにそれに該当する事実があるならば、確認処分が後日に行われても有効**であり、行政通達でも、「**即時解雇の意思表示をした後、解雇予告除外認定を得た場合は、その解雇の効力は使用者が即時解雇の意思を表示した日に発生すると解される**」とされている（昭和63．3．14　基発150号）。

なぜなら、解雇予告除外認定の制度が、労務行政の立場から、使用者が恣意的に懲戒解雇をしたり、解雇予告をせずに即時解雇をすることを抑制する

ことが目的（取締り目的）としたものであり、そのために、客観的な立場で判断する行政官庁の認定を受けるよう、法が使用者側に義務付けたものであるからである。つまり、**明らかに即時解雇可能な事実があるような場合にまで、必ず事前に除外認定をする必要はない**ということである。

したがって、労働者の責めに帰すべき悪質かつ重大な懲戒解雇事由がある場合には、たとえ、解雇予告除外認定の申請が事後になったとしても、解雇の効力自体に影響がなく、かつ、解雇予告除外認定の申請が事後になったからといって、使用者に罰則が適用されるということにならないと解するのが相当であろう。ただし、使用者が故意に申請を遅延させあるいは除外認定を受けることを拒否しようとした事実がある場合には、労働基準法の罰則の適用を受けることがあるので注意をしなければならない。

要は、**労働者の責めに帰すべき悪質かつ重大な事由で懲戒解雇することになった場合、解雇予告除外認定を受ける前に即時解雇することはやぶさかではない。ただし、この場合でも、労働基準監督署に可及的速やかに同申請を出しておくことが肝要である**と解される。

したがって、法律実務家は、このようなケースにおいて、「とにかくまず解雇予告手当を支払わないと大変なことになりますから、向こうの言う通りの解雇予告手当を支払ってください。」などと、クライアントにアドバイスをすれば、クライアントに無駄な出費をさせることになり、ひいては自分の信用を失うという結果をもたらしてしまうことにもなろう。

インターネットのサイトでこんなやり取りがあったので紹介しておく。労働者の責めに帰すべき事由で解雇された労働者につき、解雇予告除外申請の届け出が事後になったケースの解雇の効力および、罰則規定の適用についてのＱ＆Ａである。これはその抜粋である。

【Ｑ＆Ａ】
Ｑ「懲戒解雇する場合において、解雇予告をする必要があるでしょうか？ちなみに、我が社の就業規則には『懲戒解雇の場合を除き、社員を解雇する場合には30日前に予告するか予告手当を支払う』と明記してあるのですが、これは労働基準法に違反しているのでしょうか？」（注：「懲戒解

雇の場合を除き」ということは、即時解雇を意味するものと思われる。)

A「懲戒解雇でも、30日前の解雇予告もしくは30日分の解雇予告手当の支払いをしなければなりません。それをしなければ、間違いなく労働基準法20条に違反するので注意してください。解雇予告もしくは、解雇予告手当の支払いが免除されることもありますが、それはあくまで、所轄労働基準監督署長に解雇予告除外認定申請を行い、認定を受けた後に行う解雇のみです。除外認定申請中に、「あいつは刑事事件になるような悪いことをしたのだから、間違いなく認定されるだろう」との思い込みで、除外認定を受ける前に、解雇予告手当なしに即時解雇を行うと、これも労働基準法20条違反になります。(後日、認定を受けても認定前の予告手当なしの即時解雇は法違反になります。)」

【Q&A】
Q「では、『労働者の責に帰すべき事由』で解雇の意思表示をした後、解雇予告除外認定をうけた場合、その解雇の効力は、解雇の意思表示をした日にさかのぼって発生する(昭和63．3．14基発150)」という通達がありますが、20条違反だけれど、解雇そのものは有効ということになるのでしょうか?」
A「そのとおりです。上記の通達は、解雇の効力について言及しています。従って、20条違反にはなりますが、解雇は有効であるということです。同様のご相談を事業所からいただき、何度か労働基準監督署の監督官から説明をしてもらいましたが、この通達は『認定前の解雇は違法であるので、解雇も無効となるでは』というこれまでの民事裁判での労働者側の訴えに対して、『解雇は有効である。』という判例をもとに構成されているとのことです。

したがって認定前の予告手当なしの即時解雇は違法であるという前提はなんら変わりはないとのことです。念のため、今日も労働基準監督署に問い合わせましたが、労働基準監督署にも問い合わせが多いようで、

明確に『20条違反である。』と回答をいただきました。」

また、ある社労士のサイトでは
「除外認定が決定される前に即時解雇の通知を出してしまうと、理由の如何に関わらず解雇予告手当の支払義務が発生してしまいますので、必ず事前に手続を済ませておいて下さい。」
とある。

会社に危機感をあおり、このようなフレーズを意識して用いているとしたならば、形式的には間違いとも言い切れないが、「理由の如何に関わらず」の一文が気になる。おそらく、この事務所では、前出のＱ＆Ａの回答者同様、罰則規定を恐れて、解雇予告除外認定がされていない場合における「労働者の責めに帰す場合」の即時解雇であっても、理由の如何に関わらず、会社に平均賃金30日分の解雇予告手当の支払いをさせているのだと思われる。

もちろん原則的に解雇予告除外認定は、事前に得るべきものであるが、ある程度うがった考えも必要である。少し話がそれるが聞いてほしい。法律に反するか否かの最終判断を下すのは労働基準監督署などの行政機関ではない。行政機関は法律を解釈して、運用する機関なのである。つまり、行政機関も法律に反することがあるのである。様々な行政訴訟が起こされ、「国が負けた」という話は聞いたことがあるであろう。多くの場合、行政機関は自分に都合のよい解釈をし、運用しているのである。これは「**通達**」という形で我々は目にすることがある。しかし、後述するが「通達」とは行政機関相互でこのように取り扱いましょうという取り決めにすぎず、基本的にわれわれ国民に効力を有するようなシロモノではない。確かに、法律の運用を現実的に行うのは行政機関であるから、実務上一定の方向性を定めることが必要なのは当然である。しかし、それがあたかも法律と同じ効力を有していると考えるのはいささか勉強不足であると言わざるを得ない。

具体的に考えよう。さまざまな社労士関連のインターネットのサイトや発刊されている本には、解雇予告除外認定に関しても「**事前に**」監督署の認定を受けることが決まりのように述べられているものも多い。しかし、労働基準法20条及び19条のどこにも「事前に」認定を受けなければならないなどと

は規定されていないのである。仮に、ここに「事前に」という文言が規定されているとすれば、事前に解雇予告除外認定を受けなければ労働基準法に違反していることとなる。しかし、本条にはそのような文言は一言も規定されていない。そのような文言が規定されていないのは、この条文が、即時解雇もやむをえぬような緊急性があるような場合にまで、事前に必ず除外認定を求める趣旨ではないことを意味していると解することができるであろう。

そういった観点から考えれば、即時解雇の必要性と緊急性があり、解雇後速やかに解雇予告除外認定を受ける等社会通念上相当と解される事情があるような場合には、除外認定を受けない即時解雇も有効である。

もっとも、だからといって、解雇予告除外認定を無視することで、労働基準法上違法となり制裁を受ける恐れはあるであろうが、労働基準法20条違反の罰則規定の適用については、本来は解雇する前に申請するべき解雇予告除外認定につき、**使用者が故意（わざと）に申請を遅延させあるいは、除外認定を受けることを拒否しようとした場合に限って、同法119条による罰則の適用を受けることがあるに過ぎない**ものと解すべきである。

そもそも、労働基準監督署の解釈が全てであるとすれば、われわれの存在意義がなくなってしまう。上記の社会保険労務士たちは自分で法解釈をすることを放棄し、労働基準監督署の言うがまま、疑問も抱かず納得し、闘うことをあきらめてしまっている。言ってしまえば、行政官庁の出先機関になり下がっているにすぎない。われわれはあくまでも法律を扱う士業者である。自分の頭で法を理解し、その解釈を行なっていく努力を怠ったとき、我々の存在価値はゼロとなり、単なる保険の代行屋になってしまうのではないだろうか。

しかし、このような法解釈ができる社会保険労務士がどれだけいるであろうか。そのようになる理由は簡単である。社会保険労務士達の法学に対する無知が原因である。法の解釈の作法を知っているか、我々の私生活を規律する民法の仕組みを理解しているか、こういったところを知っているか否かで、法律実務家としての価値が判断されるのである。

4．労働基準監督署が除外認定の申請を受け取らない場合の対応

　仮に、労働基準監督署が「解雇後の申請を受け取らない。」と拒否した場合には、行政不服審査法に基づき不服を申し立てることになる。解雇予告除外認定の申請に対する不認定について、行政不服審査の対象となるとした裁判例が存在する。

 関連判例　■前橋地判昭43．12．24ジュリスL02350793、同旨京都地判昭47．4．1労判151-33、大阪地判昭57．12．20労判401-23

　労働基準法第20条第1項但書、第3項、第19条（解雇制限）第2項に基づき労働基準監督署長がする**解雇予告除外認定は、除外事由たる事実の客観的な存否を確認する処分**ではあるが、使用者がした事前の認定申請に対して不認定処分があった場合には、**使用者としては罰則適用の危険をおかさなければ即時解雇することができないという行政法上の拘束を受ける**ことになるから、これを免れるため使用者は右不認定処分に対して**不服申立てをする法律上の利益があり**、したがって右の場合に限って、**労働基準監督署長がした解雇予告除外不認定処分は行政不服審査ないし行政訴訟の対象となる。**

　もっとも、この後に東京地判平14．1．31（上野労基署長（出雲商会）事件）労判825-88において、**解雇予告除外認定の不認定に対しては裁判等訴訟で争うことはできない**という判断が出された。なぜそのような判断がなされたのか、その理由と不認定を争えないとすると、解雇予告除外認定がなされないまま解雇した時はいったいどうなるのかを検討していきたい。

5．出雲商会事件における除外不認定の理由とその対応

　繰り返しになるが説明していこう。労働基準法上、使用者が労働者に解雇

第8章　特別講義（3）解雇予告除外認定の論点と理解

予告又は解雇予告手当の支払いをする義務があるにもかかわらず、それを怠ったまま解雇をすると、労働基準法20条違反として同法119条による罰則（6月以下の懲役又は30万円以下の罰金）が科されることになる。また、解雇予告手当を支払わないで解雇したことについて解雇予告手当の請求を労働者が裁判所に提起して支払請求を認容する判決が出された場合には、解雇予告手当分に加え、同一額の付加金を支払うように命じられる可能性が生じる（**同法114条**）。これに対して、解雇予告手当を支払わないで解雇したことにより解雇が無効であるとして、解雇された労働者が、労働者としての地位を確認するように求める請求を裁判所に提起したときは、その結論にも影響を与えることにもなる。

これらを避けるためには、解雇予告除外認定を受けなければならないとされていることは何度も説明してきた。

しかし、使用者側からすると、「労働者の責に帰すべき事由」があると判断して、除外認定を申請したとしても、労働基準監督署においてある程度の帰責事由の存在を認めているにもかかわらず、除外事由にまでは至っていないとの評価により、労働基準監督署長の認定がなされない（不認定）ことも実務上は存在する。そして、この不認定について、不服申立てをすることも考えられるが、先述した出雲商会事件において裁判で不認定について争うことはできないと判断されている。

それは以下の理由による。除外認定制度は使用者が労働者を解雇するにあたり解雇予告除外事由の有無を恣意的に判断することを抑止するため行政監督上の見地から事実認定を行なうものであるにすぎず、結局除外認定について不認定を受けても解雇予告等をせずに即時解雇をすること自体はできるし、それにより刑事手続に付されたとしても、結局除外事由は最終的に裁判所が判断するのであるから、除外事由自体が客観的に存在していれば刑罰に処されることはないのである。つまり、**除外事由該当事実の有無に関して労働基準監督署長に決定権限はなく、あくまで裁判所が、除外事由に該当するか否かを判断するとしているのである。**

客観的に見て、除外事由があれば、裁判でしっかり判断がなされるのであるから、除外事由さえあれば除外認定如何にかかわらず、即時解雇は認めら

れるので、労働基準監督署の不認定を争う必要はないということである。

　もっとも、刑事手続におかれるリスクも生じることから、コンサルタントとして顧問先にあらゆる可能性を提示する必要はあるであろう。しかし、何の疑いも差し挟まず、絶対解雇予告手当を支払わなければならないと考えることは、士業者としてはいささか物足りないものがある。

 判例

① ■東京地判平14．1．31（上野労基署長（出雲商会）事件）労判825-88

　事案　甲野は、X社において貴重品である金やプラチナの地金の管理を担当していた者であるが、永年にわたり、（ア）加工業者に渡すべき新地金を自ら領得し、代わりに原告において行われた金やプラチナの加工に伴い発生した古い地金を無断で持ち出し、これを加工業者に交付し、（イ）かつ、これらの事実をX社に秘匿し、X社には地金をその都度購入して加工業者に交付したごとく装い、（ウ）これらの事実が発覚しないよう地金台帳の記載を中止し、あまつさえ伝票を破棄していた。X社はこの非行が重大で、甲野について解雇予告除外事由である「労働者の責に帰すべき事由」があることは明らかであるとして即時解雇の後、解雇予告除外認定を申請したが、労働基準監督署は当該解雇予告除外認定の申請を却下したため、その不認定を争い抗告訴訟を提起した。

　簡単にいえば、即時解雇したあと解雇予告除外認定を申請したが、不認定となったため、行政訴訟を提起したということである。ここで問題となったのは、解雇予告除外認定とはいったいどのような性質のものなのか。法律的にいえば、行政訴訟である抗告訴訟（取消訴訟等）の対象となる「処分行為」なのか単なる事実行為なのかである。

　行政訴訟を提起するにはいくつかハードルがあり、まずその対象となる行政庁の行為が国民の権利義務に直接作用するようなものでなければならず（「処分性」という（1））、その訴訟を提起することで、国民の権利が救済される可能性があるか（「訴えの利益」という（2））ということが判断される。これが認められなければ、行政訴訟は訴訟の要件が

第8章　特別講義（3）解雇予告除外認定の論点と理解

満たされていないということで、却下されることになる。
　では、裁判所はどのように判断したのであろう。

|裁判所の判断|

（1）抗告訴訟の対象となる公権力の行使に当たる行為とは、<u>公権力の主体である国又は公共団体が行う行為のうち、その行為によって、直接国民の権利義務を形成し又はその範囲を確定することが法律上認められているもの</u>をいうのであるから（最判昭39．10．29・民集18巻8号1809頁参照）、そのような意味で国民の法律上の地位に直接の影響を及ぼすものとはいえない行為は、たとえ国又は公共団体が行う行為であっても抗告訴訟の対象とはならないものと解される。

　ところで、使用者は、労働者を解雇しようとする場合においては、少なくとも30日前にその予告をするか又は30日分以上の平均賃金を支払わなければならないのが原則であるが（労働基準法20条1項本文）、例外として、天災事変その他やむを得ない事由のために事業の継続が不可能となった場合又は労働者の責に帰すべき事由に基づいて解雇する場合においては、上記予告期間を置かず、かつ解雇予告手当を支払うことなく解雇（即時解雇）することができ（同項ただし書）、この例外の場合（解雇予告除外事由がある場合）においては、使用者は、解雇予告除外事由について行政官庁の認定を受けなければならないものとされている（同法20条3項、19条2項）。しかし、同法及び関係法令上、行政官庁の上記認定に不服のある者の不服申立てや抗告訴訟の提起などの争訟に関する定めは用意されておらず、一方、同法119条1号には、19条及び20条の規定に違反した者は6月以下の懲役又は30万円以下の罰金に処する旨の定めが置かれているものである。

　解雇予告除外事由の認定の制度に関する上記規定の内容、体裁等に照らして考えると、<u>解雇予告除外事由の認定の制度は、解雇予告除外事由の存否に関する使用者の恣意的な判断を抑止するという、行政取締り上の見地から、使用者に対して解雇予告除外事由に該当する事実の存在についての行政官庁の認識の表示を受けるべきものとしたもの</u>であって、<u>その認識の表示自体に直接国民の権利義務を形成し又はその範囲を確定</u>

することを認めているものではないと解される。したがって、**解雇の効力は**行政官庁による解雇予告除外事由に関する労働基準法20条3項、19条2項の**認定の有無・内容にかかわりなく、**専ら同法20条1項ただし書の定める**客観的な解雇予告除外事由の存否によって決せられ、使用者は、不認定行為を受けた場合であっても有効に即時解雇をすることを妨げられず、**反対に認定行為を受けた場合であっても、客観的に見て解雇予告除外事由が存在しないときは、即時解雇を有効なものとすることはできないこととなるものであり、そうとすれば、**行政官庁による解雇予告除外事由の認定の有無・内容は、使用者の雇用契約上の地位に何らの影響を及ぼすものではないこととなる。**

　もっとも、**使用者は、行政官庁による不認定行為にもかかわらず即時解雇を行えば、刑事手続に付されて刑罰に処せられる可能性の存する**ことは、労働基準法119条1号の規定内容に照らして明らかであって、**不認定行為があった場合、**使用者は、労働基準法20条3項違反の罪により**処罰を受ける危険を冒さなければ、即時解雇をすることができない**という事実上の制約を受けることは否定できない。しかし、この場合においても、**使用者が刑事手続に付されるか否かは何ら確定的なものではない**し、仮に使用者が刑事手続に付された場合であっても、解雇予告除外事由の存在を主張して処罰を免れることが可能であって、**不認定行為に従わないことのみをもって直ちに処罰を受けるものではない**ことからすれば、同法119条1号の規定内容との関係から見ても、**不認定行為が使用者の法律上の地位に直接の影響を及ぼすものとはいえないというべきで**ある。

　（2）この点につき、原告は、不認定行為を受けた使用者の地位は、実体法的に見れば同罪の構成要件に該当する違法、有責な行為者として処罰の対象たりうる地位にあり、実際にいかなる刑事手続に付されるかは、使用者が有する上記の実体法上の地位を前提とした捜査機関及び裁判所の判断いかんによるにすぎないなどと主張するが、**解雇予告除外事由が客観的に存在する限り、処罰されないことは上記説示のとおりであるから、**原告の主張は、結局において単なる事実上の処罰のおそれをいうも

第8章 特別講義（3）解雇予告除外認定の論点と理解

のであって、採用することができない。

（3）以上によれば、本件行為は抗告訴訟の対象となる公権力の行使に当たる行為ということはできないから、原告の本件訴えは不適法というべきである。

せっかくなので、控訴審も見ておこう。なぜこのケースで労働基準監督署にが不認定としたのかの推察も行っているので参考になる。

|判例| ②東京高判平14．7．30（上野労基署長（出雲商会）事件控訴審）

1 当裁判所も、本件行為は抗告訴訟の対象となる行政処分に当たらないので、その取消しを求める本件訴えは不適法として却下すべきものと判断する。その理由は、原判決の理由説示（「事実及び理由」第3）と同一であるから、これを引用する。

「控訴人は、使用者は労働基準法（以下「法」という。）20条1項ただし書に規定する即時解雇の要件を具備していても、不認定行為を受けながら労働者を即時解雇すれば、法119条1号に基づく刑事処罰を免れないから、不認定行為は使用者の法律上の利益に直接影響を及ぼす行為、すなわち抗告訴訟の対象となる行政処分である旨主張する。しかしながら、上記説示のとおり、使用者は単に不認定行為に従わないことのみをもって刑事処罰を受けることはなく、客観的に解雇予告除外事由が存在する場合には刑事責任を負わないと解すべきであるから、控訴人の主張はその前提を欠く。すなわち、上記説示のとおり、解雇の効力は専ら法20条1項ただし書の定める客観的な解雇予告除外事由の存否によって決せられ、使用者は、不認定行為を受けた場合であっても有効に即時解雇をすることを妨げられず、逆に、認定行為を受けた場合であっても、客観的にみて解雇予告除外事由が存在しないときは即時解雇を有効なものとすることはできないのであるから、その意味において、解雇予告除外事由の存否についての行政官庁の認定は一応のものにすぎないということができる。そのことは上記罰則規定の適用についても当てはまり、使用者は不認定行為を受けながら労働者を即時解雇した場合であっても、客観的にみて解雇予告除外事由が存在するときは、上記の刑事責任を負わないと解すべきである。もっとも、このように解すると、解雇予告

外事由の存否について行政官庁の認定を受けなければならないとしている法20条3項の規定が意味を失うようにも考えられるが、使用者は、認定行為を受けた上で即時解雇をした場合には、認定行為が誤っていたとき、すなわち客観的には解雇予告除外事由が存在しなかったときでも、法20条1項違反により刑事処罰を受けることはない（行政官庁の誤った判断に従った使用者の刑事責任を問うことはできない）と解すべきであるから、認定行為が意味を有しないものということはできない。これを要するに、解雇予告除外事由の認定の制度は、前記説示のとおり、解雇予告除外事由の存否について使用者の恣意的な判断を抑止するという行政取締り上の見地から設けられたものであって、使用者は、不認定行為を受けながら労働者を即時解雇した場合であっても、客観的にみて解雇予告除外事由が存在するときは、法119条1号に基づく刑事責任を負わないと解すべきであるから、この場合に上記規定に基づく刑事処罰を受けることを前提として、不認定行為が抗告訴訟の対象となる行政処分に当たる旨をいう控訴人の主張は失当である。

　なお、付言すると、行政官庁が本件につき不認定行為をした理由は明らかでないが、控訴人は**甲野の窃盗行為を理由に解雇予告除外事由の認定を申請した**ものであるところ（〈証拠略〉）、**本件証拠によれば、控訴人と甲野の言い分には相当の食違いがあることがうかがわれるから、行政官庁が不認定行為をしたのは**、本件につき解雇予告除外事由が存在しないと判断したことによるのでなく、**その存否の判断が困難なため、申請に係る解雇予告除外事由の認定をしないとしたことによるもの**ではないかと思われるが、仮にそうだとしても、行政官庁がする解雇予告除外事由についての認定の性質ないし効力は前記のようなものであるから、そのような判断も許されるというべきであろう。

　また、控訴人は、本件行為には理由が付されていないので行政手続法8条1項に違反する旨主張するが、行政庁が拒否処分をする場合にいわゆる理由の付記が求められるのは、行政庁の判断の慎重・合理性を担保するとともに、不服申立ての便宜を図ることにあると解されるところ、上記のとおり、本件行為は抗告訴訟の対象となる行政処分に当たらない

から、本件行為に理由が付されていないことを理由としてその取消しを求めることはできない。」

6．ケーススタディ～配置転換拒否を理由とした解雇と解雇予告～

近時、次のような事例があった。

> 　金属加工会社の従業員甲は、専門性を有する安全には特に注意しなければならない部署に配置されていた。ところが、最近、甲に些細なミスが目立つ。このまま、同部署に勤務させていたら、大きな事故を引き起こす可能性が大きいとして、会社は配転命令を発令した。この配転命令は、従前の労働条件を維持するものであり、何らの不利益変更は行われていなかった。
> 　にもかかわらず、甲は、この配転命令に応じず、出社拒否を重ねたものである。
> 　そこで、会社は甲に対して、配転命令に従わないのであれば、業務命令違反であるとして、就業規則の定めに従い懲戒解雇した。
> 　これに対し、甲は、それを不服として裁判所に対して「地位確認の申請」を求める裁判を提起し、同時に、労働基準監督署に対して、解雇予告除外認定を受けていないにもかかわらず、甲に対して解雇予告手当の支払いがされておらず、当該解雇は不当であるとして申告を行ったものである。

　ここで、本件解雇の当否、解雇予告支払の必要性、ならびに、解雇予告除外認定を解雇前にしなかったことによる、20条違反と、119条の罰則規定の適用を考えてみよう。

　本件解雇は、配転命令拒否に起因する、懲戒解雇である。

　有効な配転命令を正社員が拒否した場合、それは重大な業務命令違反となるため、一般に懲戒解雇の合理的理由があるといえる。

　企業が人事制度において、就業規則に定めている配転条項は、ひろく合理

性が認められている。配転に関し、地域や職種を特定するなど、限定的な契約が行われていない限り、労使間の労働契約において、配転命令を容認する合意が成立していると解されるのである。したがって、使用者は、個々の従業員の同意を得ることなく、従業員の勤務地を決定する権限を有しており、従業員は、原則として配転命令に従わねばならない。しかし、この場合でも、権利の濫用は許されない。この点につき最高裁判例は、「当該転勤命令につき**業務上の必要性が存しない場合又は業務上の必要性が存する場合であっても、当該転勤命令が他の不当な動機・目的をもってなされたものであるとき**、若しくは、労働者に対し**通常甘受すべき程度を著しく越える不利益を負わせるものであるとき（最判昭61．7．14（東亜ペイント事件（労判477-6)）**」と示しており、こうした背景がなければ、配転命令は有効とされる。

　本件の場合、職種を限定した契約をしておらず、**安全配慮義務**の観点から労働者の職種に対する著しい不適性が配転の目的であるため、当該配転命令は、有効な業務命令であると判断される。有効な業務命令である以上、労働者は当該配転命令に従う義務がある。

　労働者がこの義務を正当な理由なく拒否した場合、会社が就業規則に定められた懲戒事由に該当していることを理由として、懲戒手続きの処分をすることは合理性が肯定される。本件の場合、それが懲戒解雇だったわけである。

　では、その懲戒解雇は、先の民事上の契約解約における分類に当てはめた場合、何に該当するのか。

　それは、**追完が不可能な「不完全不履行」**に該当する。当該労働者は、債務の本旨に沿った履行、すなわち、会社の業務命令に従うとする義務に従っていないわけである。この場合、相当な期間を定めて催告しなくても、直ちに契約を解除できると解される。よって、民事上は、解雇予告の問題は発生しない。

　次に、解雇予告除外認定の問題である。前述したとおり、民事上は有効な解雇であっても、行政上の義務として、使用者は当該労働者を解雇しようとするときは、また、即時解雇した後においても解雇予告除外認定を申請しなければならないものと思料される。なお、20条違反の罰則適用についても、即時解雇したことには、労働者の不完全履行が理由であることが明確である

ため、原則、懲戒する前に申請しなければならなかった解雇予告除外認定が遅れたからといって、それ一事をして罰則が適用されることはないと解される。

もう一度整理しよう。

使用者が懲戒解雇の事由に該当する、刑事事件に発展するような重大な非行を行った労働者や、配転拒否のような**不完全履行、履行不能の労働者に対して解雇の意思表示をすれば**、たとえ事前に、**労働基準監督署長からの、解雇予告除外認定を受けていなくても、当該解雇は有効に成立する**。それに付随して、**届け出が遅れたことのみを理由として、罰則の適用はされない**ものと解される。

ただし、解雇予告除外認定は、**使用者に課せられた行政上の義務**であるため、**事後であっても申請すべきである**と解される。

仮に、労働基準監督署が「解雇後の解雇予告除外認定の申請を受け取らない。」と拒否した場合には、行政不服審査法に基づき、不服を申し立てることになる。もっとも、そもそも、行政法上受理という概念はなく、不受理という対応はできないのが原則である。形式的な要件が揃っていない等の理由がない限り、申請自体を拒否することは違法である。行政庁は申請を受け付けたうえ、申請を認容するか却下するかを決定しなければならない。したがって、不認定がなされた後に労働者から解雇予告手当の支払請求の裁判を起こされたり、労働基準監督署が労働基準法違反を理由に送検する等の手続をとってきたときに毅然と戦えば良いのである。

さらに、是正勧告等により、解雇予告手当の支払いや119条罰則の適用を指摘されたら、審査請求で争い、会社の正当性を主張することになる。

7．判例の立場

ちなみに、競業避止義務違反ならびに詐欺を理由として、懲戒解雇された労働者が、解雇予告手当の支払を請求した**東京高判平21．10．21（ライドウェーブコンサルティング事件）労判995-39**では、「《証拠略》によれば、原告は、被告甲野の**競業避止義務違反**及び丙川に関する詐欺を理由に被告甲野を解雇したことが認められるところ、前示のとおり、被告甲野の競業避止

義務違反及び丙川に関する詐欺が認められるから、原告による被告甲野の解雇は、**労働者である被告甲野の責めに帰すべき事由に基づくものというべきである。**

したがって、被告甲野は、原告に対し、解雇予告手当を請求することはできないというべきである。」と示した。

くわえて、解雇予告除外認定をせずに解雇したケースにおける、解雇の効力と、20条違反の罰則適用につき示された判例を2つ挙げておこう。

まず、従業員が職務上その他で不当な行為をしたとして、解雇予告除外認定を受けずに即時解雇した事案につき、「原告は本件解雇の意思表示は前同条第三項の労働基準監督署の除外認定を受けないでしたものであるから無効であると主張する。しかしながら**同条に定める除外認定は同条第一項但書に該当する事由の有無につき確認する処分であって右に該当する事由があれば除外認定申請をなさず、また除外認定がなされなくとも即時解雇の効力が生じ、ただ使用者が故意に申請を遅延させ或いは除外認定を受けることを拒否しようとした場合罰則の適用を受けることがあるに過ぎないものと解すべきである**から原告の主張は理由がない（東京地判昭30．6．21（麹町学園解雇事件）ジュリストL01030100）。」と示した。

次に、飲酒運転により事故をおこしたことを理由に懲戒解雇されたドライバーが、本件解雇は無効であるとして、雇用契約上の権利を有する地位を仮に定め賃金支払の仮処分を申請した事案では、「本件解雇が所轄川崎労働基準監督署長の労働基準法第20条の規定によるいわゆる**除外認定を経ないでなされてしまつたことは、当事者間に争いのないところである。しかしそれがため、本件懲戒解雇の効力が左右されることにはならないと解するのが相当である。除外認定制度は、労務行政の立場から、使用者が恣意的に懲戒解雇乃至即時解雇をなすことを抑制せんとし、かかる場合まずもって行政官庁の認定を受けるよう使用者側に義務づけたもので、その本質は事実確認的なものである。除外認定を経たかどうかということと、客観的に労働基準法第20条第1項但書に該当する事由が存在するかどうかということ（本件では懲戒解雇事由の存否）とは別個の問題であって、除外認定を受けないで懲戒解雇をした場合でも、現実にその事由が存するならば、有効であり、これに

反し除外認定を経た場合でも、本来その事由を欠いているときは、解雇は無効とされざるをえないのである。従って、前示認定のごとく本件懲戒解雇はその理由ありとされたのであるから、それが除外認定を経ずになされたからといつて、その効力に消長をきたすことはないというべきである。また、会社就業規則第21条4号に、懲戒解雇に関して申請人主張のような条項の定めがあることは、当事者間に争いがないが、右条項は労働基準法第20条第1項但書、第3項、同法施行規則第7条の規定をそのまま要約してひきうつしたものにすぎず一方被申請人代表者本人尋問の結果によると、会社では従前から懲戒解雇の場合に右条項による除外認定を受けるべきことを必らずしも明らかに認識していなかったことが認められるから、右条項の定めあることをもつて、会社が懲戒解雇の効力を除外認定の有無によって左右さるべきものとして、懲戒解雇をなすにつき自律的制限を加えた趣旨のものとみることは相当でない。会社が除外認定の申請もせずに懲戒解雇を行つたときは、罰則の適用を受け、また債務不履行の責に任ずべきことがあるにすぎないものと解すべきである。してみると、本件懲戒解雇の効力が左右さるべきものでないことは、さきの説明から明らかであろう（**横浜地判昭40．9．30（共同タクシー懲戒解雇事件）労判34-15）**」と示し、たとえ解雇予告除外認定を受けずに解雇したとしても、その解雇は有効であり、かつ、除外認定を受けなかったことに、使用者の故意がない場合には、労働基準法に定められた罰則を受けることはないのである。

　よって、こうした裁判のお墨付きをもらえば、行政処分に対しても、客観的な証拠を提出することができ、自らの主張の正当性を証明することができる。

8．解雇予告除外認定と就業規則の定め

　さらに、解雇予告除外認定に関し、前掲共同タクシー懲戒解雇事件のように、就業規則に定めがある場合、その扱いにつき判例は対極の判断をすることがあるので注意を要する。すなわち、**就業規則に「労働基準監督署長の除外認定を得て即時に解雇する」といった主旨の一文を置いている場合、解雇除外認定を得ないでされた懲戒解雇につき、判例は、その効力を認めるもの**

と、そうでないものとに二分されているということである。

共同タクシー懲戒解雇事件のように、解雇の効力が有効とされたケースには、**高松高判昭49．3．5（四国電気工事事件）労判198-51**がある。

判決は、「前記就業規則に定める行政官庁の除外認定は、使用者の懲戒解雇権を自律的に制限したものとは解し難く、解雇予告手当を支給しないで即時解雇することにつき、労働基準法20条1項但書、3項所定の行政官庁の認定を受けるべきことを明らかにした趣旨と解されるから、解雇の理由が同条項但書に該当する限り（本件懲戒解雇の理由とされているところは、就業規則第七五条第三号および第五号であり、右規定の内容は労働者の責に帰すべき性質のものであること後述のとおりである。）行政官庁の除外認定が受けられなくても、解雇は有効であり、除外認定の有無は本件懲戒解雇の効力に直接のかかわりをもたないというべきである。」と示している。

他方、無効とされたものには、「乙4号証によれば、被控訴人の就業規則140条7号は、『懲戒解雇は原則として行政官庁の認定を受け、予告せず解雇し、退職金は不支給とする。』と定めていることが認められる。

この就業規則にいう『行政官庁の認定』とは、労働基準法20条3項、19条2項の『行政官庁の認定』をいうものと解される。同法の行政庁の認定を受けるのは使用者の行政上の義務であって、これを欠いているだけでは解雇は私法上無効とはならない。しかしながら、本件のように就業規則でこれが解雇の前提として定められた場合は同様に解することはできない。労働基準法の右条項は使用者と国との関係を規制するものであるが、就業規則は使用者と労働者との私法関係を規制するのが本来の目的であるから、就業規則の定め、本件では解雇に先立ち行政官庁の認定を受けるべきことも、使用者（被控訴人）と労働者（控訴人）との私法関係を定めたものと解すべきであって、この認定を欠いた解雇は無効とするのが相当である。この点に関する原判決の判断には賛成できない。

本件において、被控訴人がこの行政官庁の認定の申請を行わず、勿論その認定を受けていないことは弁論の全趣旨により明らかであり、行政官庁が不当にも事前に申請を拒否する意思を明らかにしたとかの例外的事情も認められないから、この点でも被控訴人の懲戒解雇は無効である。」と示した**大阪**

高判平7．10．25（フットワークエキスプレス事件）などがある。
　以上判例の在り方を考えるに、解雇予告除外認定を受けることが、即時解雇の要件として就業規則に定められていた場合、それをしないときより、使用者のもつ懲戒権が制約される可能性が否定できないので、就業規則へのこうした規定は、その必要性を根本から見直すことが大切であるといえよう。

9．就業規則と解雇予告除外認定の関係

　労働者Xを使用者Yが解雇予告除外認定を受けることなく即時解雇した場合の法的問題についても論じておきたい。たとえば、労働者Xが経理上の不正処理を働き、不当に金銭を着服していた（刑法上は業務上横領罪や詐欺罪となる）ことに関し、使用者Yが就業規則の解雇事由にあたるとして、労働基準法における解雇予告の除外認定を受けずに即時解雇したような場合である。
　この場合、ＸＹ間の労働契約関係という**私法上の関係**と、行政官庁と使用者Yとの**公法（行政法）上の関係**を区別して考えることが大前提であることは、私が常日頃から強調していることである。私法上の関係は当事者が対等平等の関係に立って、契約関係を結ぶ**横の関係**であり、公法上の関係は、法令の定めを根拠とする指揮命令関係を基本とする**縦の関係**である。
　本来的には、労働者Xが経理上の不正処理を働いた時点で、「**債務不履行**」が生じているのである。労働者が「**債務の本旨**」である各種の義務を履行しないならば、それは債務不履行であり、経理上の不正処理は労働契約の主たる目的である労働義務を履行していないばかりか、誠実義務や忠実義務に違反する重大な契約違反なのである。そのため、債務不履行の効力として「**解除**」が認められるのだが、わが国の場合は各種の労働法制によって、その「解除」の一形態である「**解雇**」が極端に制限されているのである。とはいえ、労働契約も契約である以上、その契約違反については解除、つまり解雇が可能でなければならず、その解雇を可能にするための基準が、現在は労働契約法に明記されるに至ったというだけの話である。
　労使トラブルを考える際には、あくまで**民法**を出発点として考えるべきであり、そこから各種の特別法を理解するようにしないと、法の適用について

応用がきかないことになってしまうことに注意されたい。

　使用者Ｙが労働者Ｘを就業規則上の規定に基づいて解雇（繰り返しになるが、これも、債務不履行による解除の一場面である）することは、それが**労働契約法16条**の定めにもあるとおり、**客観的合理性**と**社会的相当性**を有しているならば、私法上の効力に関しては否定されるものではない。たとえ労基法上の解雇予告の除外認定の届出がなされないままされた解雇であったとしても、解雇の効力は、あくまで横の関係である私法上の契約に基づくものであって、解雇予告の除外認定の届出という縦の関係である行政上の届出義務の有無に左右されるものではないからである。

　たとえば、スーパーの食品売り場を担当していた労働者Ｘが食品売り場の商品を自宅に持ち帰っていた（刑法上は窃盗罪となる）ため、使用者であるスーパーＹが就業規則の解雇事由にあたるとして、解雇予告の除外認定を受けずに即時解雇したような場合である。

　この場合、ＸＹ間の労働契約関係という私法上の関係と、行政官庁と使用者Ｙとの公法（行政法）上の関係を区別して考えることが大前提となる。すでに説明したことだが、私法上の関係は当事者が対等平等の関係に立つ横の関係であり、公法上の関係は、指揮命令関係を基本とする縦の関係であることを念頭に置いて、以下の説明を理解されたい。

　まず、使用者Ｙが労働者Ｘを就業規則上の規定に基づいて解雇することは、それが正当な事由に基づくものであれば問題はない。たとえ解雇予告の除外認定の申請がなされないままになされた解雇であったとしても、解雇の効力は、あくまで横の関係である私法上の契約に基づくものであって、解雇予告の除外認定の申請という縦の関係である行政上の申請義務の有無に左右されるものではないからである。

　もう一つ、例としてあげよう。仮に労働者Ｚが殺人を犯したとする。それにも関わらず、解雇予告の除外認定を受けずしての即時解雇である以上、解雇の効力が発生しないなどという盗人に追い銭のような事態になる解釈があり得ないことはすぐにお分かり頂けるだろう。

　もっと極端な例で考えてもらおう。仮に労働者Ｘがドローンに爆弾を搭載してテロ行為を行い、多数の死者を出した殺人犯人だったとしよう。そのよ

うな重大な非違行為を行なったにも関わらず、「解雇予告の除外認定を受けずしての即時解雇である以上、解雇の効力が発生しない」などという「テロリストに雇用の保障」のようなことを認める解釈などあり得ないことはすぐにお分かりいただけるだろう。

このように、行政上の申請の有無は、解雇の効力の有無とは関係ないのである。

さらに言うならば、その解雇の効力の有無を最終的に決めるのは、司法権を担う裁判所（**憲法76条**）以外に存在しないのである。司法権とは、「具体的な争訟について、法を適用し、これを解決する国家作用」と定義されている。ここにいう「具体的な争訟」とは、裁判所法3条の「法律上の争訟」と同義とされており、法律上の争訟とは、「当事者の具体的な権利義務ないし法律関係の存否に関する紛争であって、かつ、それが法律を適用することにより終局的に解決することができるもの」をいう。

たとえば、いま死刑制度をめぐって、死刑存置論者Xと、それを真っ向から否定する死刑廃止論者Yとの間で口論が起きた。そこで、Xはどちらの意見が正しいかを裁判所に決着をつけてもらうためにYを訴えた。しかし、Yが「死刑存置論の考え方は正しくない」と主張しているからといって、それによってXが具体的な法律上の権利をYから侵害されているわけではない。これは、「当事者間に具体的な権利・義務があるかについての、紛争であることを満たしていない。また、この問題は、刑事政策上の問題に帰結するので、いくら日本の法律を適用しても解決することはできないからである。

もう一つ例をあげよう。

X宗教では宗教上の教義をめぐって甲教祖から教義や信仰の内容の秘技を直接受けた者が、宗教法人の代表者になるとされていた。

あるとき、信者Aが代表者になったが、このことに不満を抱いた信者Bは上記の秘技をAは教祖から伝授されていないから、AはX宗教の代表者になれないと主張し、Aが代表役員でないことの確認の訴えを提起した。

宗教法人の代表者は法律上の権限を持つことになるから、この紛争は具体的権利関係の争いであることには間違いない。しかし、Bが代表者となれるかどうかを判断するためには、「Aに秘技が伝授されたか」についての判断

を下すことが必要である。しかし、Aに教祖から秘技が伝授されたかどうかは宗教上の教義に関する事項であるから、法律の適用による解決はできない。

さて、労働関係に話をもどそう。

使用者と労働者の間の解雇をめぐる争いは、まさしく「具体的な権利義務ないし法律関係の存否に関する紛争」であり、裁判所が法律を適用することで「終局的」に解決すべきものである。行政上の届出義務の有無によって解雇の効力が左右されるとするなら、それは司法権の侵害であり、憲法の定める三権分立に反することにもなるのである。

では、解雇予告の除外認定という手続きについては、どう考えれば良いのであろうか。そもそも解雇予告の除外認定の法的性質は行政法学上の「確認」処分にすぎないのである（**大阪地判平20．8．28（旭運輸事件）労判975-21**）。

経歴詐称を理由として懲戒解雇された契約社員が、解雇無効を求めた事件において、懲戒処分の有効性及び、除外認定を受けないままでの解雇予告手当不支給などが争われた事件の判決では「労働基準監督署長による解雇予告の除外認定は、行政官庁による事実の確認手続きに過ぎず、解雇予告手当支給の要否は、客観的な解雇予告除外事由の存否によって決せられ」るものとし、解雇予告手当支払義務はないと請求を退けている（**東京地判平16．12．17（グラバス事件）労判889-52**）。

よって、後から解雇予告の除外認定の届出を出したとして、それが認められなければ認められないで、届出義務を尽くした以上はそれで良いのである。

冒頭の例で、解雇後に解雇予告の除外認定を受けようとしたスーパーYが、仮に不認定となって是正勧告を受けたとしても、使用者側はそれに対して、裁判中であるならば、「現在裁判所で係争中であるため、最終的な判決を待って対応いたします」と答えれば良いし、そうでないならば、「労使で話し合って解決するつもりです」と回答しておけばよいだろう。

このように、解雇予告の除外認定は行政上の問題であるため、解雇予告手当の支払を民事上強制されることはないのである。

ところが、就業規則に、解雇予告の除外認定についての規定を設けてしまうと、話は変わって大問題となる。解雇に際して、解雇予告の除外認定を受

第8章 特別講義（3）解雇予告除外認定の論点と理解

けることを就業規則の中に定めた場合、個別の労働契約よりも就業規則が優先される結果、解雇予告の除外認定を受けることが民事上強制されることになってしまうのである。

たとえば、プレス工場で働く労働者Xがプレス機械の操作を担当していたが、あまりの能力不足のため、プレス機械の誤操作により、機械の故障を頻発させていたとしよう。このままXを現在の業務に就けたままだと、Xのみならず他の社員にも誤操作による事故の危険が及ぶ可能性があるため、他の社員達からXの配置転換を求められた使用者Yは、Xを検品などを行う他部署へ安全配慮義務に基づき配置転換することを決めた。この配転命令に対しXは現在の部署で働き続けたいと、配転を頑なに拒否している。このような場合、配転命令を拒否したXをYが即時解雇したとしても、安全配慮義務にも、雇用の継続にも意を砕いた上での解雇である以上、使用者の正当な権利の行使といえよう。

ところが、このようなケースであっても、就業規則に、解雇の際には解雇予告の除外認定を受けることと規定されていると、解雇予告の除外認定が解雇の要件となり、除外認定を欠く本件解雇は許されないものになってしまうのである。本来、行政上の届出義務にとどまる話が、就業規則に取り込まれた段階で、私法上の権利義務関係の問題にもなるからである。よって、就業規則に解雇予告の除外認定についての規定に設けることは、プレス工場の事例のように、問題社員（非常識社員）に対して即座に適切な対処を成し得なくなるなど、使用者にとって不利であるばかりか、他の社員達の会社業務の正常な運営にも多大な影響を及ぼしかねない話であるため、避けるべきである。

関連判例

①大阪地判平20．08．28（旭運輸事件）

判決要旨　争点1　本件解雇における「労働者の責に帰すべき事由」の有無

原告は、〔1〕被告の運送業務に従事した際、集配先又は配送先の取引関係者との間で、不当な発言をして、トラブルになることを繰り返し、

複数の取引先から出入り禁止とされたこと、〔2〕被告車両の運行中、先行車両又は後続車両にパッシング、幅寄せ、急ブレーキ等の不当又は危険な運転行為を繰り返し、事故を起こしたり、運転者とトラブルを起こすなどし、運転者等から苦情を度々受けたこと、〔3〕被告車両の運行中、速度違反で警察官に検挙された際、警察官の対応に反発して不当な言動をとり、警察官とトラブルになったこと、〔4〕これらの事故又はトラブルにおいて負傷した後、相当期間にわたり就労しない状態を繰り返したこと、〔5〕乙山社長に対して、業務上の指示に従わず、また、勤務態度について注意された際、反省する姿勢を示さずに反抗的な態度をとったことが度々あったこと、〔6〕乙山社長から、退職勧奨を受けた際、反省の意思を示し、勤務態度の改善を確約する旨の確約書を提出したが、その後も、取引関係者に不当な発言をしてトラブルになったことが認められる。

　そして、被告は、このような原告の言動によって、被告の業務遂行及び職場秩序において、少なからず支障を来したことが認められる。

　以上によれば、本件解雇の解雇事由は、解雇予告手当の支給による保護を図る必要のないものと認めるのが相当であり、本件解雇は、労働基準法20条1項但書の「労働者の責に帰すべき事由に基づく解雇」に当たるというべきである。

争点2　原告主張の解雇予告手当の支給事由の有無について

（1）原告は、被告が解雇予告手当の支給義務を負う理由として、〔1〕本件解雇を通知した際、解雇予告手当を支払う旨を告知し、その支払を約束したこと、〔2〕被告が、雇用保険との関係で会社都合の解雇としたことを挙げる。

　しかし、上記〔1〕について、本件解雇の通知書には、解雇予告手当を支払う旨の記載とともに、本来、解雇予告手当の不要な事案である旨が記載されており、これらの記載を併せ考えると、本件解雇につき労働基準法20条1項但書の不支給事由がある場合においても、上記通知書の送付をもって、原告が被告に対し、解雇予告手当の支払を求める権利を取得したとまでは認められない。

第8章 特別講義（3）解雇予告除外認定の論点と理解

　上記〔2〕については、以上の認定判断及び証拠（〈証拠略〉、被告代表者）に照らすと、被告が原告の離職票に会社都合による解雇である旨を記載したこと（〈証拠略〉）をもって、本件解雇が会社都合によるものとは認められず、被告が原告に対して解雇予告手当の支給義務を負うとは認められない。

　仮に原告が上記〔1〕、〔2〕に関する事由によって雇用の終了を受入れるに至ったとしても、このことは上記の判断を左右するものではない。

　(2) 原告は、被告が解雇予告手当の支給義務を負う理由として、本件解雇について労基法20条3項所定の行政官庁による除外認定をされていないと主張する。

　しかし、上記除外認定は事実確認的な性質なものと解されるから、上記除外認定がされていなくとも、労基法20条1項但書の「労働者の責に帰すべき事由」が認められる場合は、使用者が労働者に対して解雇予告手当の支払義務を負わないというべきである。

判例 ②東京地判平16.12.17（グラバス事件）

事案　被告は、コンピュータソフトウェアの開発保守を目的とする株式会社である。原告は、平成一四年七月ころ、被告の契約社員の募集に対して、履歴書に技術経歴書を添付して、応募し、原告と被告は雇用契約を締結するに至った。

　本件開発の開発担当者にはJAVA言語を自由に操れる能力が必要であった。この点、原告の経歴書には、開発担当者として十分な能力があり、他社での実績も十分ある旨記載されていた。

　しかし、原告に上記能力はなく、原告がJAVA言語のプログラミング能力がないにもかかわらず、それがあるかのような記載をした本件経歴書を提出し、被告に採用されたと判断して、被告は原告を即時解雇することとした。なお、被告は、解雇予告の除外認定を労基署長に対して申請していない。

　これに納得できない原告は、被告に対して、未払賃金、時間外手当、交通費、解雇予告手当、控除額を請求してきたため、被告は、本件解雇は懲戒解雇であり解雇予告手当を支払う必要はないとした上、重大な経

歴詐称などの懲戒事由があったとしてこの支払いの請求を拒否している。

判旨　原告は、JAVA言語プログラマーとしての能力に係る経歴を詐称して、被告に採用されたもので、かかる経歴詐称を理由に被告を解雇されたものであるから、本件解雇は、労働基準法二〇条一項ただし書の「労働者の責めに帰すべき事由」に基づく解雇に該当するというべきであり、解雇予告の除外事由がある。

　この点、被告の就業規則には、除外認定を受けたときは、解雇予告手当を支給しない旨定められているところ、被告が本件解雇について解雇予告の除外認定を受けた事実はない。ところで、労基署長による解雇予告の除外認定は、行政庁による事実の確認手続にすぎず、解雇予告手当支給の要否は、客観的な解雇予告除外事由の存否によって決せられ、使用者は、除外認定を受けられなかったとしても、有効に即時解雇することを妨げられず、逆に、除外認定を受けた場合であっても客観的にみて除外事由が存しない場合には、解雇予告手当の支払義務を免れるものではないと解される。そうすると、前記就業規則の定めは、労基署長の除外認定を受けていないものの客観的に解雇予告の除外事由があると判断された場合においても、被告が解雇予告手当を支払うことを定めたと解するのは不合理であり、就業規則を定めた被告の合理的意思に反するというべきであるから、客観的に解雇予告の除外事由がある本件においては、就業規則の定めにかかわらず、被告が原告に対して解雇予告手当を支払う義務はないと解するのが相当である。

　よって、原告の予備的請求のうち、解雇予告手当の請求は理由がない。

解雇予告除外認定なしの即時解雇

1．法的問題の所在と対応

　労働者Xを使用者Yが解雇予告除外認定を受けることなく即時解雇した場合の法的問題についても論じておきたい。たとえば、労働者Xが経理上の不

正処理を働き、不当に金銭を着服していた（刑法上は業務上横領罪や詐欺罪となる）ことに関し、使用者Xが就業規則の解雇事由にあたるとして、労働基準法における解雇予告の除外認定を受けずに即時解雇したような場合である。

この場合、ＸＹ間の労働契約関係という**私法上の関係**と、行政官庁と使用者Ｙとの**公法（行政法）上の関係**を区別して考えることが大前提であることは、私が常日頃から強調していることである。私法上の関係は当事者が対等平等の関係に立って、契約関係を結ぶ**横の関係**であり、公法上の関係は、法令の定めを根拠とする指揮命令関係を基本とする**縦の関係**である。

本来的には、労働者Ｘが経理上の不正処理を働いた時点で、「**債務不履行**」が生じているのである。労働者が、「**債務の本旨**」である各種の義務を履行しないならば、それは債務不履行であり、経理上の不正処理は労働契約の主たる目的である労働義務を履行していないばかりか、誠実義務や忠実義務に違反する重大な契約違反なのである。そのため、債務不履行の効力として「解除」が認められるのだが、わが国の場合は各種の労働法制によって、その「解除」の一形態である「**解雇**」が極端に制限されているのである。とはいえ、労働契約も契約である以上、その契約違反については解除、つまり解雇が可能でなければならず、その解雇を可能にするための基準が、現在は労働契約法に明記されるに至ったというだけの話である。

労使トラブルを考える際には、あくまで**民法**を出発点として考えるべきであり、そこから各種の特別法を理解するようにしないと、法の適用について応用がきかないことになってしまうことに注意されたい。

使用者Ｙが労働者Ｘを就業規則上の規定に基づいて解雇（繰り返しになるが、これも、債務不履行による解除の一場面である）することは、それが**労働契約法16条**の定めにもあるとおり、**客観的合理性**と**社会的相当性**を有しているならば、私法上の効力に関しては否定されるものではない。たとえ労基法上の解雇予告の除外認定の届出がなされないままされた解雇であったとしても、解雇の効力は、あくまで横の関係である私法上の契約に基づくものであって、解雇予告の除外認定の届出という縦の関係である行政上の届出義務の有無に左右されるものではないからである。

もっと極端な例で考えてもらおう。仮に労働者Ｘがドローンに爆弾を搭載

してテロ行為を行い、多数の死者を出した殺人犯人だったとしよう。そのような重大な非違行為を行なったにも関わらず、「解雇予告の除外認定を受けずしての即時解雇である以上、解雇の効力が発生しない」などという、「盗人に追い銭」、いや「テロリストに雇用の保障」のようなことを認める解釈などあり得ないことはすぐにお分かり頂けるだろう。このように、行政上の届出の有無は、解雇の効力の有無とは関係ないのである。

　さらに言うならば、その解雇の効力の有無を最終的に決めるのは、司法権を担う裁判所（**憲法76条**）以外に存在しないのである。司法権とは、「具体的な争訟について、法を適用し、これを解決する国家作用」と定義されている。ここにいう「**具体的な争訟**」とは、裁判所法3条の「**法律上の争訟**」と同義とされており、法律上の争訟とは、「当事者の具体的な権利義務ないし法律関係の存否に関する紛争であって、かつ、それが法律を適用することにより終局的に解決することができるもの」をいう。使用者と労働者の間の解雇をめぐる争いは、まさしく「具体的な権利義務ないし法律関係の存否に関する紛争」であり、裁判所が法律を適用することで「終局的」に解決すべきものである。行政上の届出義務の有無によって解雇の効力が左右されるとするなら、それは司法権の侵害であり、憲法の定める三権分立に反することにもなるのである。

　では、解雇予告の除外認定という手続きについては、どう考えれば良いのであろうか。そもそも解雇予告の除外認定の法的性質は行政法学上の「確認」処分にすぎないのである（**大阪地判平20．8．28（旭運輸事件）労判975-21**）。

　経歴詐称を理由として懲戒解雇された契約社員が、解雇無効を求めた事件において、懲戒処分の有効性及び、除外認定を受けないままでの解雇予告手当不支給などが争われた事件の判決では「労働基準監督署長による解雇予告の除外認定は、行政官庁による事実の確認手続きに過ぎず、解雇予告手当支給の要否は、客観的な解雇予告除外事由の存否によって決せられ」るものとし、解雇予告手当支払義務はないと請求を退けている（**東京地判平16．12．17（グラバス事件）労判889-52**）。

　よって、後から解雇予告の除外認定の届出を出したとして、それが認めら

第8章 特別講義（3）解雇予告除外認定の論点と理解

れなければ認められないで、届出義務を尽くした以上はそれで良いのである。不認定となって是正勧告を受けたとしても、使用者側はそれに対して「現在裁判所で係争中であるため、最終的な判決を待って対応いたします」あるいは、「労使で話し合って解決するつもりです」と回答しておけばよいだろう。

　このように、解雇予告の除外認定は行政上の問題であるため、解雇予告手当の支払を民事上強制されることはないのである。ところが、**就業規則**に、解雇予告の除外認定についての規定を設けてしまうと、話は変わって大問題となる。解雇に際して、解雇予告の除外認定を受けることを就業規則の中に定めた場合、個別の労働契約よりも就業規則が優先される結果、解雇予告の除外認定を受けることが民事上強制されることになってしまうのである。

　たとえば、プレス工場で働く労働者Xがプレス機械の操作を担当していたが、あまりの能力不足のため、プレス機械の誤操作により、機械の故障を頻発させていたとしよう。このままXを現在の業務に就かせていると、Xのみならず他の社員にも誤操作による事故の危険が及ぶ可能性があるため、他の社員達からXの配置転換を求められた使用者Yは、Xを検品などを行う他部署へ安全配慮義務に基づき配置転換することを決めた。この配転命令に対しXは現在の部署で働き続けたいと、配転を頑なに拒否している。このような場合、配転命令を拒否したXをYが即時解雇したとしても、安全配慮義務にも、雇用の継続にも意を砕いた上での解雇である以上、使用者の正当な権利の行使といえよう。

　ところが、このようなケースであっても、就業規則に、解雇の際には解雇予告の除外認定を受けることと規定されていると、解雇予告の除外認定が解雇の要件となり、除外認定を欠く本件解雇は許されないものになってしまうのである。本来、行政上の届出義務にとどまる話が、就業規則に取り込まれた段階で、私法上の権利義務関係の問題にもなるからである。よって、就業規則に解雇予告の除外認定についての規定に設けることは、プレス工場の事例のように、問題社員（非常識社員）に対して即座に適切な対処を成し得なくなるなど、使用者にとって不利であるばかりか、他の社員達の会社業務の正常な運営にも多大な影響を及ぼしかねない話であるため、避けるべきである。

第9章 特別講義（4） 安全配慮義務とは何か

Scientia otentia est
「知は力なり」

Live as if you were to die tomorrow.
Learn as if you were to live forever.
「明日死ぬと思って生きなさい
永遠に生きると思って学びなさい」

1 安全配慮義務の意義

１．安全配慮義務とは

　安全配慮義務とは、労働者の生命・身体の安全を守り、さらに労働衛生・保健に留意して労働者の健康を保持する義務をいう。

　労働者の生命・健康は、その最も重要な利益であるため、安全配慮義務は、使用者の付随義務の中でも特に重要な義務とされている。

　このような安全配慮義務の法理は、判例を軸に展開されてきた。安全配慮義務は、公務員の健康管理に対する国の責任の有無が論点となった**最判昭50．２．25（陸上自衛隊八戸駐とん地事件）**労判222-13で、最高裁によって初めて認められ、その判断は、その後の判例に大きな影響を与えることになった。

　最高裁は、この事件につき、「国は、公務員に対し、国が公務遂行のために設置すべき場所、施設もしくは器具等の設備管理または公務員が国もしくは上司の指示のもとに遂行する公務の管理にあたって、公務員の生命及び健康等を危険から保護するよう配慮すべき義務（以下「安全配慮義務」という）を負っているものと解すべきである。もとより、右の安全配慮義務の具体的内容は、公務員の職種、地位及び安全配慮義務が問題となる当該具体的状況などによって異なるべきものである」との見解を明示したうえ、「右のような安全配慮義務は、ある法律関係に基づいて特別な社会的接触の関係に入った当事者間において、当該法律関係の付随義務として当事者の一方または双方が相手方に対して信義則上負う義務として一般的に認められる」と述べ、国と公務員の関係のみならず、民間企業における労働災害にも適用があると考えられるとの判断を示した。

　したがって、この判決は、安全配慮義務は、公務員関係に限定して認められるものではなく、理論的には民間部門の労働関係にも適用され得るということを示唆したものともいえるのである。

　実際、その後の最高裁はこの安全配慮義務の法理を踏襲し、「労働者は、

使用者の指定した場所に配置され、使用者の供給する設備、器具などを用いて労務の提供を行うものであるから、使用者は報酬支払義務にとどまらず、労働者が労務提供のため設置する場所、設備もしくは器具などを使用し、または使用者の指示のもとに労務を提供する過程において、労働者の生命および身体等を危険から保護するよう配慮すべき義務を負っているものと解するのが相当である」(最判昭59．4．10（川義事件）労判429-12と述べて、民間部門でも使用者に安全配慮義務があることを確認している。

そのうえで、「もとより、使用者の右の安全配慮義務の具体的内容は、労働者の職種、労務内容、労務提供場所など安全配慮義務が問題となる当該具体的状況等によって異なるべきものであることはいうまでもないが、これを本件の場合に則してみれば、上告会社は、A一人に対し昭和53年8月13日午前9時から24時間の宿直勤務を命じ、宿直勤務の場所を本件社屋内に、就寝場所を同社屋1階商品陳列場と指示したのであるから、宿直勤務の場所である本件社屋内に、宿直勤務中に盗賊などが容易に侵入できないような物的設備を施し、かつ万一盗賊が侵入した場合は盗賊から加えられるかもしれない危害を免れることができるような物的施設を設けるとともに、これら物的施設を十分に整備することが困難であるときは、宿直員を増員するとか宿直員に対する安全教育を十分に行うなどし、もって右物的施設などとあいまって労働者たるAの生命、身体などに危険が及ばないように配慮する義務があった」と述べている。

こうした考え方に立って、最高裁は、会社側は盗賊侵入防止のためののぞき窓やインターホン、防止チェーン、防犯ベルなどの物的設備を施していないこと、休日・夜間の宿直員を適宜増員するとか十分な安全教育をしていないことなどをもって、安全配慮義務の不履行があったと判断して、会社に損害賠償を命じた。

ただし、本判決は、一般論としては正しいとしても、この事件の強盗犯は元社員で、宿直していた被害者をだまして社内に入っていることからすれば、このような物的設備はほとんど役に立たなかった事件ともいえる。

ところで、このような「安全配慮義務は、当該法律関係の付随義務として当事者の一方又は双方が相手方に対して信義則上負う義務」（前掲・陸上自

衛隊八戸駐とん地事件）である。

　同義務は、「ある法律関係に基づいて特別な社会的接触の関係に入った当事者間」に妥当し、必ずしも雇用・労働契約の存在を前提とするものではない（**最判昭55．12．18**（**鹿島建設・大石塗装事件**）**労判359-58**）。

　このような考え方によれば、安全配慮義務は労働契約関係の当事者間に限られるのではなく、労働契約以外の法律関係、たとえば、学校における児童の事故のように、雇用関係どころか労働関係とは無関係の状況においても安全配慮、労働関係でいえば、雇用関係のない製造会社とその工場で働く社外工との間、派遣先会社と派遣労働者との間、そして後述する元請会社と下請・孫請業者の従業員との間などにおいても、「事実関係」によっては他方の会社が雇用関係のない労働者に対して安全配慮義務を負っていると認めることがある。

　そして、その「事実関係」というのは、**昭50．2．25**（**陸上自衛隊八戸駐とん地事件**）のいうところの「特別な社会的接触の関係に入った」といえるような事実関係が認められるか否かということになるのである。

　判例　■**最判昭59．4．10（川義事件）**

　【事実】宿直勤務中の労働者が盗み目的で侵入した元従業員に殺され、遺族が会社側に安全配慮義務違反があるとして、損害賠償を求めた事案である。

　第１審（**名古屋地判昭56．9．28労判378-75**）は、遺族の主張を認め、会社側に対し総額1,560万円の支払いを命じた。第２審（**名古屋高判昭57．10．27労判399-25**）も１審の判断を維持し、最高裁もこれを維持した。

　【判旨】雇傭契約は、労働者の労務提供と使用者の報酬支払いをその基本内容とする双務有償契約であるが、通常の場合、労働者は、使用者の指定した場所に配置され、使用者の供給する設備、器具などを用いて労務の提供を行うものであるから、使用者は、右の報酬支払義務にとどまらず、労働者が労務提供のため設置する場合、設備もしくは器具等を使用し又は使用者の指示のもとに労務を提供する過程において、労働者の生命及び身体等を危険から保護するよう配慮すべき義務（以下「安全配慮義務」という。）を負っている

ものと解するのが相当である。(…中略…)

　そこで、以上の見地に立って本件をみるに、前記の事実関係からみれば、上告会社の本件社屋には、昼夜高価な商品が多数かつ開放的に陳列、保管されていて、休日又は夜間には盗賊が侵入するおそれがあったのみならず、当時、上告会社では現に商品の紛失事故や盗難が発生したり、不審な電話がしばしばかかってきていたというのであり、しかも侵入した盗賊が宿直員に発見されたような場合には宿直員に危害を加えることも十分予見することができたにもかかわらず、上告会社では、盗賊侵入防止のためののぞき窓、インターホン、防犯チェーン等の物的設備や侵入した盗賊から危害を免れるために役立つ防犯ベル等の物的設備を施さず、また、盗難等の危険を考慮して休日又は夜間の宿直員を新入社員1人としないで適宜増員するとか、宿直員に対し十分な安全教育を施すなどの措置を講じていなかったというのであるから、上告会社には、被害者に対する前記の安全配慮義務の不履行があったものといわなければならない。

　そして、上告会社において前記のような安全配慮義務を履行しておれば、本件のような被害者Aの殺害という事故の発生を未然に防止しえたというべきであるから、右事故は、上告会社の右安全配慮義務の不履行によって発生したものということができ、上告会社は、右事故によって被害を被った者に対しその損害を賠償すべき義務があるものといわざるをえない。

　してみれば、右と同趣旨の見解のもとに、本件において上告会社に安全配慮義務不履行に基づく損害賠償責任を肯定した原審の判断は、正当として是認することができ、原審の右判断に所論の違法はない。

2．安全配慮義務の内容

　前掲の**最高裁判決昭50．5．25（陸上自衛隊八戸駐とん地事件）**によれば、「安全配慮義務の具体的内容は、公務員の職種、地位及び安全配慮義務が問題となる具体的状況によって異なるべきものである」とされている。

　問題は安全配慮義務の具体的内容いかん、つまりそれが実際上どのように機能するかということである。

この点について、労働関係を個別具体的に検討し、そこにみられる諸事情を総合的に考慮した上で決するほかはないのであるが、一般的には、安全配慮義務の内容は物的側面、人的側面から考えられる。

まず物的環境については、①労務提供の場所に保安施設・安全施設を設ける義務、②労務提供の道具・手段として、安全な物を選択する義務、③機械等に安全装置を設置する義務、④労務提供者に保安上必要な装備をさせる義務などがあげられる。

また、人的措置は、①労務提供の場所に安全監視員などの人員を配置する義務、②安全教育を徹底する義務、③事故・職業病・疾病後に適切な救済措置を講じ、配置替えをし、治療を受けさせる義務、④事故原因となりうる道具・手段につき、適任の人員を配する義務などに類型化することができる。

労働者は使用者が設定する人的・物的環境の下で使用者の指示に従った労働を誠実に遂行する義務を負うから、使用者は、これに対応して労働者の生命・健康の安全確保のために必要かつ適切な人的・物的環境を整備する義務を負う。

したがって「人的・物的諸条件の整備」と無関係な義務は、安全配慮義務の内容とは、たとえば、自衛隊員の車輌運転・航空機操縦上の通常の注意義務違反（過失）は、雇用主たる国の安全配慮義務違反を構成しない（**最判昭58．5．27（自衛隊331会計隊事件）労判414-71**）。

しかし、宿直勤務中の労働者が、窃盗目的で来訪した元従業員に殺害された事件の被害者となった場合**最判昭59．4．10（川義事件）**や動哨勤務中の自衛隊員が自衛官を装って駐屯地内に侵入した過激派活動家２人により刺殺された場合については、雇用主たる国の安全配慮義務違反が認められるとしている（**最判昭61．12．19（陸上自衛隊朝霞駐とん地事件）労判487-7**）。

前掲・川義事件や陸上自衛隊朝霞駐とん地事件は「安全配慮義務」の内容をかなり広くとらえている点が注目される。

なお、安全配慮義務については、その後の労働契約法（平成20年３月１日施行）５条で明文化された。

3．元請企業の安全配慮義務

　元請会社の安全配慮につき、特に問題となるのは、元請企業が下請あるいは孫請企業の従業員に対して安全配慮義務を負うか否かである。

　最高裁は、「雇傭契約ないしこれに準ずる法律関係の当事者」として、元請企業が下請企業の従業員に対して安全配慮義務を負うことを認めている**（最判昭55．12．18（鹿島建設・大石塗装事件））**。

　元請会社と下請会社または孫請会社の従業員との間には、通常は、雇傭関係はないが、実質的に元請会社と使用従属関係にあり、労務の提供の対価として元請会社から賃金が支払われているという事実関係が認められる場合には、実質的に雇用契約関係にあるものとして元請会社に安全配慮義務が認められることになる。

　また、そのような関係にない場合であっても、元請会社の支配下に下請（孫請）労働者をおいて、これを使用する関係にある場合には、両者は「特別な社会的接触関係」に入ったものとして、元請会社に安全配慮義務が認められることがある。

　たとえば、船舶の製造を請け負った造船会社において、下請会社の労働者が「社外工」として労務の提供を行い、造船会社の管理する設備、工具などを用い、事実上造船会社の指揮監督を受けて稼動し、その作業内容も造船会社の従業員である本工とほとんど同じであったという事実認定に基づき、「このような事実関係の下においては、（元請の）造船会社は、下請会社の労働者との間に特別な社会的接触関係に入ったもので、信義則上下請会社の労働者に対し安全配慮義務を負うものである」として会社側の上告を棄却している**（最判平3．4．11（三菱重工業神戸造船所事件）労判590-14）**。

　また、ベルトコンベア建設工事現場での末端下請業者の従業員の転落死亡事故につき、「法形式上は請負契約であっても注文者が大資本を有する製造販売業者であり、請負人がその材料を用い製品の規格はもとより使用する道具についても注文者の指図に従う場合など、実質的には雇用契約と同視しうるような契約の当事者間においても注文者は右安全保護義務を負うものと解すべきものである」とし、「材料の供給、機械の貸与関係の有無、指揮監督

関係の実態、提供された労務の性質および内容、事実上の専属関係の有無、労賃の支払方法などの諸点を総合判断して、実質的には雇傭契約の当事者の関係と同視するに足りる特別な関係が右両者間に認められる場合にのみ、右安全保護義務が認められると解すべきところ、元請業者から下請業者まで数次の請負契約などの内容および実体が必ずしも明らかではないから、右特別の関係について証明がないことになる」と判示したうえで、「本件ではそのような特別の関係は認められない」としながらも、「元請業者、中間請負業者の従業員がそれぞれ被害者を直接指揮監督すべき立場にあった」として、元請などに対する安全保護義務違反を理由とする損害賠償請求を肯定した（大分地判昭51．4．14（栗本鉄工所・德脇工作所事件）労判253-66）。

さらに、川の護岸工事に使用中のバイブロ機が倒れて従業員が負傷した事故につき、「元請企業が作業現場に監督員を常駐させ、本件工事における品質管理、工程管理、安全管理の各点につき元請企業作成の工事工程表により、すべてにおいて現場を把握して管理監督しており、下請企業は請負契約においてその作業につき元請企業の工程表および係員の指示に従うことが合意されていたという事実関係のもとでは、被告の元請企業は下請企業の従業員に対して雇主と同視できる程度にその労務管理について指揮監督をなし得る関係を有していたということができ、信義則上、雇主である被告（下請企業）と同様の安全配慮義務を負っていたというべきである」としている（東京地判昭59．10．22（藤代組建設事件）労判462-149）。

また、石綿製造作業に従事した従業員のじん肺罹患に関連して使用者および親会社の安全配慮義務違反が問題となった事案につき、「使用者の安全配慮義務は、労働者の労務供給に伴う危険性に対し、使用者が当該労働者の労務を支配管理するという法律関係があるが故に信義則上右労働関係の付随義務として認められるのであって、必ずしも雇傭契約に付随してのみ存するものではないから、当該労働者の労務を支配管理するという意味において、事実上雇傭契約と同視しうる使用従属の関係が存する場合には右安全配慮義務を負うこととなる場合がある」としたうえで、「いわゆる親子会社の場合について、親会社・子会社の支配従属関係を媒介として、事実上、親会社から労務提供の場所、設備、器具類の提供を受け、かつ、親会社から直接指揮監

督を受け、子会社が組織的、外形的に親会社の一部門のごとき密接な関係を有し、子会社の業務については両者が共同してその安全管理に当たり、子会社の労働者の安全確保のためには親会社の協力および指揮監督が不可欠と考えられ、実質上子会社の被用者たる労働者と親会社との間に、使用者、被用者の関係と同視できるような経済的、社会的関係が認められる場合には、親会社は子会社の被用者たる労働者に対しても信義則上右労働関係の付随義務として子会社の安全配慮義務と同一内容の義務を負担するものというべきである」としている（**長野地判昭61．6．27（平和石綿工業・朝日石綿工業事件）労判478-53**）。

　以上の判例により、元請会社が、雇用関係のない下請・孫請業者の従業員に対しても安全配慮義務を負うか否か、つまり特別な社会的接触の関係に入ったと認められるか否かは、具体的な事実関係を総合勘案して判断されることになるが、その判断要素となる事実関係としては次のようなことをあげることができる。

　①下請・孫請業者が、元請会社とは別個の独立した企業といえるだけの人的、物的な組織を備えているか。

　②元請会社において下請・孫請業者の従業員が労務を提供する際、元請会社の機械、工具などを使用しているか。

　③下請・孫請業者の従業員が労務を提供する際、元請会社が指揮・監督をしているか。

　④元請会社の従業員と下請・孫請業者の従業員のそれぞれの作業場所や作業内容がきちんと分けられているか。

　⑤元請会社が、下請・孫請業者の従業員の勤務管理などを直接しているか。

　⑥元請会社が、下請・孫請業者の従業員の労働災害防止につき直接に注意・指導しているか。

　⑦元請会社の従業員と下請・孫請業者の従業員のそれぞれの作業服や制服は別個のものであったか。

　このように、元請企業は、下請企業の労働者に対しても、信義則上安全配慮義務や注意義務を負うとするのが判例法理である。上記の近時の裁判例以外でも、そうした視点から判断が示されている事例が少なくない。以下に、

典型例を掲げる。

判例①■東京高判平18．5．17（高橋塗装工業所事件）労判935-59＝屋根の塗装工事で作業員が転落して死亡するなどした事故につき、塗装請負業者の安全配慮義務違反が問われた事案。

判決は、「転落死亡事故を相次いで起こしながら、十分な注意・配慮を怠った塗装業者の過失の程度は大きい」として、屋根塗装工事の請負会社の下請業者に対する安全配慮義務違反を肯定している。

判例②静岡地判平19．1．24（矢崎部品・テクノサイエンス事件）労判939-50＝ブラジル国籍の労働者が、訴外会社（D社）に雇われ、被告B社（被告）の工場内で就労中に機械に手を挟まれる事故によって負傷し、後遺障害が残ったことから、債務不履行に基づく損害賠償を請求した事案。判決は、「B社及びD社の事業を継承した被告C社は、機械の表示の改善、安全カバー、安全装置の設置、安全教育の実施等により作業員の身体の安全を保護するよう配慮すべき義務があり、B社及びC社は、これらの各安全配慮義務を怠った」として、元請会社の事業場内下請会社従業員に対する安全配慮義務違反を肯定している。

4．労働者がすでに健康を害している場合の安全配慮義務

労働者がすでに健康を害している場合における使用者の安全配慮義務の内容は、判例によれば、「使用者は、（…中略…）労働者が労務提供のため設置する場所、設備もしくは器具等を使用し又は使用者の指示のもとに労務を提供する過程において、労働者の生命及び身体を危険から保護するよう配慮すべき義務を負っている」とされ、「右義務の具体的内容は、労働者の職種、労務内容、労務提供場所等安全配慮義務が問題となる当該具体的状況等によって異なるべきものである」（前掲川義事件）としている。

そこで、労働者がすでに健康を害している場合における使用者の安全配慮義務の具体的内容を考えるときに、労働者の健康状態という事情も右にいう

第9章 特別講義（4）安全配慮義務とは何か

「具体的状況等」の一つとして考慮すべきものなのかどうかが問題となる。
　裁判例を概観すると、労働者の健康状態も考慮する傾向にあると考えてよいだろう。
　この点に関する裁判例では、以下にあげるものがある。
　■交通事故後に復職した労働者が心不全で死亡した事案につき、「被告は、復職については、被告がこれを強制したものではなく、専ら労働者Aの判断によるものであるし、また、労働者Aからは、何ら体調に異常がある旨の申し出もなされなかったと主張するが、被告の負う前記安全配慮義務は、労働者の申し出により初めて生ずる義務ではなく、労働者の使用という事実により当然に発生するものであり、また、被告も労働者Aの前記療養の事実を認識していたのであるから、被告主張の右事実が存在したとしても、被告がこれにより免責されるものではない。したがって、被告は、安全配慮義務の債務不履行によって労働者Aに生じた損害を賠償すべき義務があるというべきである」（**神戸地姫路支判平7．7．31（石川島興業事件）労判688-59**）としたもの。
　■基礎疾患として高血圧がある事案につき、「高血圧患者は、脳出血などの致命的な合併症を発症する可能性が相当程度高いこと、持続的な精神的緊張を伴う過重な業務は高血圧の発症及び増悪に影響を与えるものであることからすれば、使用者は、労働者が高血圧に罹患し、その結果致命的な合併症を生じる危険があるときには、当該労働者に対し、高血圧を増悪させ致命的な合併症が生じることがないように、持続的な精神的緊張を伴う過重な業務に就かせないようにするとか、業務を軽減するなどの配慮をするべき義務があるというべきである。本件においては、医師による業務軽減措置の指示がされていないが、使用者が選任した産業医が使用者に対して業務軽減の指示をしなかったという点も、被告の前記業務軽減措置を採るべき義務の有無に消長を来すことはないというべきである」（**東京地判平10．3．19（システムコンサルタント事件）労判736-54**）としたもの。
　■警備業務中に脳梗塞で死亡した被災者の遺族が、使用者およびその代表者に対し、雇用契約上の安全配慮義務違反などを理由として損害賠償を請求した事案につき、「被告会社は、労働基準法及び就業規則に定める労働時間、

休日の保障を全く行わず、恒常的な過重業務を行わせながら、被災者を採用して以降、健康診断を実施せず、健康状態の把握を怠ったうえ、被災者が就職当初から高血圧症の基礎疾患を有することを認識できたにもかかわらず、その後の勤務内容等について、年齢、健康状態等に応じた作業内容の軽減等適切な措置を全くとらなかった結果、被災者の基礎疾患と相まって、被災者の脳梗塞を発症させたものであるから、右安全配慮義務に違反したものというべく、民法415条に基づき、被災者に生じた損害を賠償すべき責任がある」（東京地判平8．3．28（富士保安警備事件）労判694-34）としたもの。

　また、労働者が過重労働に起因して死亡したり、うつ病を罹患して自殺するいわゆる労働者の過労自殺が問題となっている事例もすくなくない。

　■常軌を逸した長時間労働によってうつ病に陥り、そのために**自殺**し死亡したとして、長時間労働とうつ病の間、およびうつ病と自殺による死亡との間に相当因果関係があるから、被告会社に雇用契約に基づく安全配慮義務違反があるとされたことにつき、「使用者としては指揮監督に付随する信義則上の義務として、労働者の安全を配慮すべき義務があり、本件では被告には雇い主として、その社員である労働者Yに対し、同人の労働時間及び労働状況を把握し、同人が過剰な長時間労働によりその健康を害されないよう配慮すべき安全配慮義務を負っていたものというべきところ、労働者Yは、社会通念上許容される範囲をはるかに逸脱した長時間労働をしていたものである。被告には労働者Yの常軌を逸した長時間労働及び同人の健康状態の悪化を知りながら、その労働時間を軽減させるための具体的な措置を採らなかった債務不履行がある」（岡山地倉敷支判平10．2．23（川崎製鉄（水島製鉄所）事件）労判733-13）としたもの。

　■昼休み時間に応接室で生徒に注意、指導中昏倒した高校教師が入院10日後に脳内出血で死亡した事案につき、「定期の健康診断の項目に血圧検査があれば、当該教師の悪性の高血圧症は容易に判明したものということができ、また、尿検査についても、受検を促し、他で検査したというならば、その結果の報告を義務付け、しかも、健康診断個人票を作成していれば、同人の悪性の高血圧症の原因ともいうべき腎疾患の存在と程度を含む総合的な健康状況を容易に把握し得た筈である。職員らに対する雇用契約関係上の付帯義務

として信義則上要求される健康管理に関する安全配慮義務にも反していたものと認めるのが相当である」(**岡山地判平6．12．20（真備学園事件）労判672-42**)としたもの。

―などがある。

以上の判例を通していえることは、使用者は個々の労働者の健康についてかなり高度な配慮を要求されるようになってきたといえるのではないか。

このように安全配慮義務は、「労働者の生命及び健康を害しないように配慮すべき義務」である以上、健康状態の変化について随時適切な注意を払うことを当然にその内容として含むべきものと解される。

そうだとすると、基礎疾患を含む労働者の健康状態を「具体的状況」の1つとして考慮しなければならなくなる。

したがって、労働者が健康を害している場合には、健康の内容・程度如何により、必要に応じて、職場環境や就労条件などの軽減などに配慮しなければならないことになるだろう。

しかし、一方で、このような義務を過度に求めていくことになると使用者が健康に不安のある労働者を雇用しなくなったり、それらの労働者がリストラの対象者のリストに載りやすくなるといった問題が出てくるおそれがある。

これらの問題は、職場環境や就労条件を向上させることとなり、結果として労働者の安全や健康に資することになると思われるが、しかしこのことは労働者の健康状態に応じて労務軽減などの措置を講じるなどの安全配慮義務を認めることに伴ういわゆる陰の部分であるといえよう。

ところで、このような中、長時間の残業を伴う業務に従事していて、うつ病に罹患して自殺した事案につき、最高裁は、「労働者が労働日に長時間にわたり業務に従事する状況が継続するなどして、疲労や心理的負荷等が過度に蓄積すると、労働者の心身の健康を損なう危険のあることは、周知のところである。労働基準法は、労働時間に関する制限を定め、労働安全衛生法65条の3は、作業の内容等を特に限定することなく、同法所定の事業者は労働者の健康に配慮して労働者の従事する作業を適切に管理するように努めるべき旨を定めているが、それは、右のような危険が発生するのを防止することをも目的とするものと解される。

これらのことからすれば、使用者は、その雇用する労働者に従事させる業務を定めてこれを管理するに際し、業務の遂行に伴う疲労や心理的負荷等が過度に蓄積して労働者の心身の健康を損なうことがないよう注意する義務を負うと解するのが相当であり、使用者に代わって労働者に対し業務上の指揮監督を行う権限を有する者は、使用者の注意義務の内容に従って、その権限を行使すべきである」と判示している（**最判平12．3．24（電通事件）**労判779-13）。

　これは、使用者の注意義務の内容を具体化し、これまでの物的な施設設備・器具の安全管理や人的安全性の確保だけではなく、労働者に対する業務の指示管理に際し、疲労や心理的負荷が過度に蓄積して心身の健康障害を防止する安全配慮義務を負担することを明らかにしたものであり、本判決は、社員の長時間労働による過労の蓄積とうつ病による自殺との間に相当因果関係を認め、会社にその責任を肯定した最高裁の初めてのケースとして注目される。

　これに似た事件は近時、相次いで発生している。

　システムエンジニアのうつ病の発症と業務との因果関係が問われた**大阪地判平20．5．26（富士通四国システムズ（FTSE）事件）**労判973-76では、「社会に出て間もない者が、社会的未熟さに起因して不適応問題に直面することは決して珍しくない」としたうえで、「発症前6か月間の平均1か月あたり100時間超の長時間労働がほぼ常態化していることから社員の長時間労働による過労の蓄積とうつ病発症との因果関係を認められる。会社は雇用契約上の信義則に基づき、使用者として労働者の健康状態などに応じて作業時間および内容の軽減、就労場所の変更等の措置をとるべき義務を負う」として、会社の安全配慮義務違反を認め、会社に当該労働者への損害賠償の支払いを命じた。

　また、就任直後から不正経理を続けていた営業所長がうつ病を発症し、自殺したことにつき上司の叱責・注意が同所長の自殺という結果を招いたとして争われた**松山地判平20．7．1（前田道路事件）**労判968-37でも、「上司の行った電話などによる叱責等は、社会通念上許される業務上の指導の範疇を超えるものであり、ノルマの達成の強要あるいは執拗な叱責として違法であるというべきである」と指摘し、不法行為として違法であると同時に、債

務不履行（安全配慮義務違反）も認められるとの判断を示した。

さらに、**てんかん**の既往症のある研修医がうつ病で自殺したことにつき病院の健康管理義務などが問われた**大阪地判19．5．28（積善会（十全総合病院）事件）**労判942-25も、同人のうつ病の発症・悪化にはてんかんが影響していることは否定しがたいとしながらも、「病院における業務と被災者の自殺との間には、相当因果関係を認めることができる。休職を命じるほか、あるいは業務負担の大幅な軽減を図るなどの措置をとり、被災者に十分な休養をとらせるべき注意義務を負っていた」と述べ、病院の安全配慮義務違反などを認め、研修医の遺族への損害賠償を命じた。

一方、こうした一連の判例に対して、新卒入社したシステムエンジニアが半年後にうつ病に罹り、自殺したことにつき争われた**東京高判平20．7．1（みずほトラストシステムズ事件）**労判969-20のように、会社の安全配慮義務違反を否定したものもある。

この事件は、新入社員が入社半年で精神面での不調を訴え、退職を申し出た直後に自殺したもので、遺族が、「息子の自殺は過労が原因で、会社は健康管理を怠った」として、同社に計約1億4,000万円の損害賠償を求めた。

これに対し、**第1審（東京地八王子支判平18．10．30）**労判934-46は、「労働条件や職場環境からみて、会社が自殺を予見できたとか、注意義務を尽くせば予見可能だったと認めるのは困難だ」と指摘し、遺族の請求を棄却し、会社側の民事損害賠償責任を否定した。**第2審（東京高判平20．7．1）**も、会社には適正労働条件措置義務や健康管理義務、増悪防止義務のいずれの違反もないとして、安全配慮義務違反を否定した。

ところで、これまで取り上げてきた判例を概観して特に注目されるのは、富士通四国システムズ（FTSE）事件において、意図的に居残り残業を続ける長時間労働者に対し会社が安全配慮義務を果たすためには、残業をしないように助言・指導を繰り返し、それでもなおこれに応じない場合には残業中止を命じたり、帰宅を強制したりしないと、真に安全配慮義務を履行したことにならないという使用者側には極めて厳しい、むしろ"行き過ぎ"の感がある見解が示されたことである。

上司の指導・助言にも従わずに深夜まで勤務する当該労働者の長時間労働

によるうつ病の発症と業務との因果関係について論じる中で、判例は、労働者の「長時間労働」について、次のように指摘したのである。

「当該労働者の長時間労働の状況が容易に是正される見込みはなかったのであり、このような状況下で会社が安全配慮義務を履行するためには単に残業しないよう助言・指導するだけではもはや十分ではなく、端的に、これ以上の残業を禁止する旨を明示した強い指導・助言を行うべきであり、それでも応じない場合、最終的には業務命令として、遅れて出社してきた当該労働者の会社構内への入館を禁じ、あるいは一定の時間が経過した以降は帰宅すべき旨を命令するなどの方法を選択することも念頭において当該労働者の長時間労働を防止する必要があったというべきである」。

この判例を概観して思うに、健康を心配する上司らの注意を無視して意図的に居残り残業を続ける労働者に対しては、使用者は、残業を中止し直ちに帰宅するよう命令を出し、これさえも"拒否"する場合には強制的に会社外に退去させることや場合によって業務命令違反として懲戒処分に処するなどの強硬手段、また対象労働者が未成年の場合は、家族に連絡して直ちに引き取ってもらうことや配達証明などを出して居残り残業禁止・早期帰宅を指導してもらうなどの措置を講じなければ、この先安全配慮義務の履行を確保しえなくなってしまうのであろうか。

そして、判例も指摘しているように、「社会的に未成熟で公私の別をわきまえず、自分勝手で上司の指示を聞かない」労働者にはあまり自己責任を問えないとの"過保護"ともいえる配慮を示したこうした判例は、今後いっそうエスカレートするのであろうか。

労契法の真の目的である労働者の保護と個別労働関係の安定を実現する意味でも、また真の個別労働者の自立を図る意味でも、もうそろそろ労働者の「自己責任」問題が論じられてもよい時期にきていると思えてならない。

5．安全配慮義務の立証責任

使用者が労働者に対して安全配慮義務を負うといっても、その具体的な内容については、当該事案における労働者の職種、地位、安全配慮義務が問題

となる具体的状況などによって異なるから、個別の事案において、使用者の安全配慮義務違反を理由に、労働者側が損害賠償を請求する場合は、当該状況において、使用者が具体的にどのような安全配慮義務を負っていたのか、内容を特定しなければならない。

たとえば、ヘリコプターの墜落事故で死亡した労働者の遺族が安全配慮義務違反を理由にして損害賠償請求する場合は、事故の原因を特定しなければならない。その場合、気象の異常、操縦ミス、機体の整備不良などさまざまな原因が考えられる。

したがって、被災労働者側はこれらの事由のうちどれが墜落の原因となったかを特定し、それについての会社の安全配慮義務違反の具体的内容とその不履行の事実を、被災者側において立証しなければならない。

もし事故の原因がわからない場合は、会社が講ずべき安全保護策とその不履行の事実も特定できないことから、損害賠償の請求は認められないことになる。

この点、**最判昭56．2．16（航空自衛隊航空救難芦屋分遣隊事件）労判387-8**は、安全配慮義務に違反したことを理由として損害賠償を請求する訴訟において、「右義務の内容を特定し、かつ義務違反に該当する事実を主張・立証する責任は原告にある」と判示している。実務上もこの考え方が定着している。

ところで、不法行為を理由とする損害賠償請求の場合は、原告側において、加害者の故意・過失を主張・立証しなければならないのに対し、債務不履行を理由とする損害賠償請求の場合は、原告は、加害者が「債務の本旨に従った履行をしない」事実を主張・立証すれば足り、かえって右事実が債務者の「責めに帰すべき事由によって履行をすることができなくなった」事実を被告側において主張・立証する責任があるとされていることから（**民法415条**）、不法行為構成によるものよりも、債務不履行構成による方が、主張・立証責任の負担の軽減が図られるといわれている。

しかし、安全配慮義務の具体的内容は、「職種、地位及び安全配慮義務が問題となる当該具体的状況などによって異なる」**最判昭50．2．25（陸上自衛隊八戸駐とん地事件）労判222-13**ものであるから、個々の事件の周辺

事情から安全配慮義務違反の具体的事実を抽出して、これを明らかにすることは容易な作業とはいえない。

事案によっては事実関係が高度に専門技術的な領域に及ぶため、その解明にあたって被告（使用者側）の資料・証拠に依拠せざるをえない場合もある。こうしたケースにおいては、安全配慮義務の内容を特定し、これを主張・立証することは、原告にとって極めて困難な作業となることが少なくない。

そうすると、主張・立証責任の負担軽減という観点から安全配慮義務構成に基づいて損害賠償を求めることが、不法行為構成の場合に比して有利であると一概にはいえないのではないか。

もしそうだとすると、安全配慮義務違反に基づく損害賠償請求は、立証責任の点で不法行為の場合とほとんど異ならなくなる。

6．安全配慮義務と予見可能性

使用者の安全配慮義務違反については、労働者の側で具体的な義務の内容とその違反の事実を立証しなければならないが、これが立証されても、使用者側で予見可能性がなかったことを立証すると義務違反は生じないとするのが判例法理である。

最判平2．4．20（林野庁高知営林局事件）労判561-6において、林業に従事する作業員の振動障害の発症について、国の安全配慮義務違反の債務不履行責任が問われ、「予見可能性がなかった」、つまり、予見することができず結果回避できなかったという抗弁が認められた場合には、責任が否定されることが判示された。

また、市のごみ処理プラントに勤務する作業員が重症を負った**大阪地判平3．10．21（荏原製作所事件）労判655-31**では、本件プラントの設計思想、設計の前提条件、当時の技術常識、当時の業界が到達している技術レベル及び本件プラントの稼働実態に鑑み、本件事故の発生を当時の技術水準に照らして予見できたと認めるに足りる証拠がなく、本件事故は「予想外の事故」ということに帰着し、瑕疵の存在を認めるに足りる証拠がないとして賠償責任を否定している。

最近の裁判例として、**名古屋地判平19．1．24（ボーダフォン（ジェイフォン）事件）**労判939-61では、労働者のうつ病罹患と通院の状況を使用者が認識しておらず、労働者の勤務状況等からそのことの認識の可能性がない場合には、予見可能性がないとして、安全配慮義務違反が否定されている。

判例 ■最判平２．４．20（林野庁高知営林局事件）

【事案】国有林での伐採作業における重労働の軽減・効率化のため昭和32年から林業機器の本格的な導入が始められたところ、これらを使用した作業員の中から手指の蒼白やしびれを訴える者が昭和35年頃から生じはじめ、俗称「白ろう病」と呼ばれる振動障害が問題となった。昭和40年には労働省（現・厚生労働省）により職業病に、41年には人事院により公務災害として認定された。原告らは高知営林局内の営林署で長期間勤務したのち退職したが、退職の前後に振動障害の公務災害認定を受けている。原告らはこのような振動障害の発症につき、被告の国に対して安全配慮義務違反等を理由とする損害賠償を求めたものである。

【判旨】「昭和40年までは振動障害に関する医学的知見は、削岩機、鋲打機等のものがほとんどであって、同年に至ってはじめて、チェンソー等の使用による振動障害を予見できるようになったと言える。したがって、昭和40年までは、チェンソー等使用による振動障害発症の予見可能性が否定される以上、予見可能性を前提とする結果回避義務を問題にできず、国の安全配慮義務違反を問えない。

そうすると、昭和40年までに、林野庁としては振動障害発症の結果を回避するための相当な措置を講じてきており、振動障害発症の結果回避義務の点において国に安全配慮義務違反があるとはいえない。

社会通念に照らし相当と評価される措置を講じたにもかかわらずなおかつ損害の発生をみるに至った場合には、結果回避義務に欠けるものといえない」と判示し、安全配慮義務違反を否定している。

判例 ■大阪地判平3．10．21（荏原製作所事件）

【事案】市の焼却炉を有するごみ処理プラントに勤務する作業員及びその両親（原告）が、業務たる灰出し作業に従事中、残った灰を処理するために灰バンカー（焼却炉で燃え残った灰溜め）の点検口を開けて内部の点検中、灰づまりが生じて灰が下に落ちなくなったため、鉄棒を使用して灰だまりを2、3回突き崩そうとしたところ、水素ガスの爆発と思われる爆風及びそれに伴う灰を浴びて約7.5メートル下の構内地面に落下し、脊椎損傷、性機能不全、顔面やけど、両眼内異物混入の重症を負ったため、市及びごみ処理プラントを納入した業者に対して損害賠償を求めたものである。

【判旨】仮に、本件事故原因が灰バンカー内の水素ガスの爆発であるとしても、本件プラントの設計思想、設計の前提条件、当時の技術常識、当時の業界が到達している技術レベル及び本件プラントの稼働実態に鑑み、当該プラント業者には水素ガスの発生及び爆発事故を予見できたと認めるに足りる証拠はなく、市についても当時の技術水準に照らして通常予想される危険に対する安全性を欠くとはいえない。したがって、本件事故発生の予見可能性を認めるに足りる証拠がない以上、原告らの事故防止対策を講じる義務は生じないとした。

 判例 ■名古屋地判平19．1．24（ボーダフォン（ジェイフォン）事件）

【事案】Aは、長年勤務してきた訴外通信機会社から通信サービス業会社に出向したのち転籍し、営業カスタマーサービス部担当課長等を歴任していた。Aは、精神科に通院歴があったものの、部分的に寛解する程度にあった。Aは、保守センターへの異動の指示を受けたものの拒絶し続けており、その正式勤務（異動）日から5日後Aは自宅において、自ら首を吊って窒息により死亡した。そこで遺族らが、長時間労働等の過重業務と新規業務に従事したことによる心理的負荷を受けたためにうつ病を発症し、その後の異動の強行によりうつ病を悪化させた結果自殺に至ったとして、会社に対し、安全配慮義務違反等を理由とする損害賠償を求めて提訴したものである。

【判旨】「異動を命じることによって労働者の心身の健康を損なうことが予見できる場合には、異動を説得するに際して、労働者が異動に対して有する不安や疑問を取り除くように務め、それでもなお労働者が異動を拒絶する態度を示した場合には、異動命令を撤回することも考慮すべき義務がある」としつつ、Aが会社にうつ病罹患や通院の事実報告をせず、職場において特に異常な言動を見せることもなく、年に数回の突発的欠勤があったのみでは通常の体調不良による欠勤と考えるのが自然であって、うつ病罹患の認識が不可能であったとして、請求を棄却した。

これらの判例に対し、予見可能性がないとしながらも安全配慮義務違反を**肯定**した例として、**大阪地判平18．12．25（日本海員掖済会事件）労判936-21**につき判決は、化学物質被ばくによる過敏症の発症について、予見の困難さを認めながらも、次のような理由から、その段階で発症軽減の措置を取らなかったことに安全配慮義務違反があるとしている。

「①長時間殺菌消毒剤を吸入する可能性のある透視室に勤務していた原告Xの業務内容からすると、病院側においてXの症状が透視室内での洗浄作業に起因するものと認識することは十分に可能であった。

②会社の労働者の間で一定の症状が出ており、それが業務に起因する疑いが相当程度あったから、原告Xに対しては防護マスクやゴーグルの着用を指示すべきであった。」。

熊本地判平19．1．22（山田製作所（うつ病自殺）事件）労判937-109でも、判決は、うつ病にり患して労働者が死亡したことにつき「使用者側が労働者の健康状態の悪化を認識していない場合、これに気づかなかったから予見できないとは直ちに言えないのであって、死亡についての業務起因性が認められる以上、労働者の健康状態の悪化を認識していたか、あるいは、認識していなかったとしても、その健康状態の悪化を容易に認識し得たというような場合には、結果の予見可能性が認められるものと解するのが相当である」と判示している。

ごく簡単にいえば、使用者が現実に労働者の健康状態の悪化を認識していなくても、それを認識し得たと言える場合には、予見可能性が認められ損害

賠償責任を負うとする。

7．履行補助者の過失

　履行補助者とは債務者が債務の履行のために使用する者をいい、債務者の手足として債務の履行に協力するか、債務者に代わって債務の全部又は一部を完成するか（履行代行者）は問わない。

　債務者が債務の履行について履行補助者を用いる場合、債務の履行につき生じた履行補助者の故意・過失は、債務者はこれを自己の故意・過失と同視して債務不履行の責任を負わなければならない。

　したがって、安全配慮義務の履行補助者に故意・過失があれば、使用者は自ら安全配慮義務違反の責任を免れない。

　問題となるのは、履行補助者が労務提供における使用者の支配管理権とまったく関係のない過失により事故を引き起こしたような場合にも、使用者の安全配慮義務違反が肯定されるか否かである。

　この点について最高裁は、隊長の自動車運転ミスが原因で生じた事故により生じた同乗隊員の死亡事故に関して、当該同乗者に対する国の安全配慮義務違反の成否が問題となった場合につき、「公務員に対する国の安全配慮義務は、国が公務遂行に当たって支配管理する人的及び物的環境から生じ得べき危険の防止について信義則上負担するものであるから、国は、自衛隊員を自衛隊車両に公務の遂行として乗車させる場合には、その自衛隊員に対する安全配慮義務として、車両の整備を十全ならしめて車両自体から生ずべき危険を防止し、車両の運転者としてその任に適する技能を有する者を選任し、かつ、当該車両を運転する上で特に必要な安全上の注意を与えて車両の運行から生ずる危険を防止すべき義務を負うが運転者において道路交通法その他の法令に基づいて当然に負うべきものとされる通常の注意義務は、前記安全配慮義務の内容に含まれず、また、前記安全配慮義務の履行補助者が前記車両に自ら運転者として乗車する場合であっても、その履行補助者に運転者としての前記のような運転上の注意義務違反があったからといって、国の安全配慮義務違反があったということはできない」としたうえで、「前記事故は、

運転者が道路交通法上、当然に負うべきものとされる通常の注意義務を怠ったことにより発生した事故であるから、国の安全配慮義務の不履行があったということはできない」とした（**最判昭58．5．27（陸上自衛隊331会計隊事件）労判414-71**）。

また、**最判昭58．12．9（自衛隊員遺族損害賠償事件）ジュリストL03810166**においても、自衛隊の航空機の機長が、出張先から隊員を同乗させて帰る途上、同機の位置の不確認等により正規の航空路を外れて航行するなど、操縦者において航空法その他の法令等に基づき当然に負うべき通常の注意義務を怠ったことによって同機を山腹に激突させ、同乗していた前記隊員を死亡させた事故に関して、国の前記隊員に対する安全配慮義務違反の成否が問題となった場合につき、判例は前掲**最判昭58．5．27（陸上自衛隊331会計隊事件）**を引用し、「自衛隊機の操縦士の通常の操縦上の注意義務違反による事故であり、国に安全配慮義務違反はないとしている」とした。以下に判旨を述べる。

「国が公務員に対して負担する安全配慮義務は、国が公務執行に当たって支配管理する人的及び物的環境から生じ得べき危険の防止について信義則上負担するものであるから、国は、自衛隊員を公務の遂行として自衛隊機に搭乗させる場合には、その自衛隊員に対する安全配慮義務として、構造上の欠陥のない航空機を航空の用に供し、かつ、その整備を十全にして航空機自体から生ずべき危険を防止するとともに、航空機の操縦士としてその任に適する技能を有する者を選任配置し、かつ、適切な航空交通管制の実施等につき配慮して航空機の運航から生ずる危険を防止すべき義務を負うが、操縦者において航空法その他の法令等に基づき当然に負うべきものとされる通常の操縦上の注意義務及び国において人的、物的諸条件の整備とは無関係に搭乗員を安全に輸送すべきものとする義務は、前記安全配慮義務に含まれるものではないとした上で、前記事故は、自衛隊機の操縦士の通常の操縦上の注意義務違反によって発生したものであるから、国に安全配慮義務違反はない」。

このように、履行補助者が労務提供における使用者の支配管理権とまったく関係のない過失によって事件を発生させた場合には使用者の安全配慮義務違反が否定される。

8．安全配慮義務違反と損害賠償請求権

1）消滅時効期間

　安全配慮義務違反を理由とする債務不履行に基づく損害賠償請求権の消滅時効は、不法行為の場合の3年と比べて10年とかなり長いことが安全配慮義務違反を主張するひとつのメリットとされてきた。

　安全配慮義務違反を理由とする損害賠償請求権は、「権利を行使することができる時」（民法166条1項）から進行が始まり、10年の消滅時効にかかる。

　最高裁は、安全配慮義務の違反を理由とする損害賠償請求権の消滅時効期間につき、「会計法30条は、金銭の給付を目的とする国の権利及び国に対する権利につき5年の消滅時効期間を定めているが、これは国の権利義務を早期に決済する必要があるなど主として行政上の便宜を考慮したことに基づくものであるから、（…中略…）国が、公務員に対する安全配慮義務を怠り、違法に公務員の生命、健康等を侵害して損害を受けた公務員に対し損害賠償の義務を負う事態は、（…中略…）前記のような行政上の便宜を考慮する必要はなく、また、国が義務者として被害者に損害を賠償すべき関係は、公平の理念に基づき被害者に生じた損害の公正なてん補を目的とする点において、私人相互間における損害賠償の関係とその目的及び性質を異にするものではないから、この場合における国に対する損害賠償請求権の消滅時効期間は、同条所定の5年と解すべきではなく、民法167条1項により10年と解すべきである」と判示している（最判昭50．2．25陸上自衛隊八戸駐とん地事件）労判222-13）。

2）消滅時効期間の起算点

　問題はその起算点をいつとすべきであるかである。

　たとえば、1回の災害（交通事故や労働災害）については原則として事故時からということになるが、継続的な権利侵害については、侵害の進行の程度が一律でないことから難しい問題がある。

　消滅時効期間の起算点に関しては、炭坑従業員として炭鉱労務に従事した労働者らが、雇用者の安全配慮義務違反により、じん肺にり患したと主張し

て損害賠償を請求した事案につき、「じん肺は肺内に粉じんが存在する限り病状が進行するという特異な進行性の疾患であるが、その進行の有無、程度、速度は患者によって多様であり、症状が今後どの程度まで進行するかはもとより、進行しているのか、固定しているのかすらも現在の医学では確定することができないのであるから、じん肺法に定める管理区分のうち軽い区分に該当する旨の行政上の決定を受けた者は、その時点では、将来の重い決定に相当する病状に基づく損害賠償請求をすることはできず、「重い決定に相当する病状に基づく損害は、その重い決定を受けた時に発生し、その時点からその損害賠償請求権の行使が法律上可能となるものというべきである」として、「雇用者の安全配慮義務違反によりじん肺にかかったことを理由とする損害賠償請求権の消滅時効は、最終の行政上の決定を受けた時から進行を開始するものと解するのが相当である」としている（**最判平6.2.22（鉄鉱業事件）労判646-7**）。

9．自殺と安全配慮義務

問題となるのは、自殺は労働者の意思であるので、長時間労働や過重業務への従事など、業務と死亡との間に因果関係が認められるかどうかである。

最近の判例は、自殺には労働者側に損害発生の寄与があるとして過失相殺の規定を適用して、加重業務からうつ病、そして自殺という因果関係の流れを肯定する傾向にある。

1）裁判例
（1）使用者の責任を肯定した例

自殺には業務起因性が認められるとして使用者に安全配慮義務責任ありとした、いわゆる因果関係を認定した裁判例として、以下のようなものがある。

■係長に昇進後の労働者が長時間労働などによってうつ病に陥り、自殺したことにつき、「長時間労働とうつ病の間、およびうつ病と自殺による死亡との間にいずれも相当因果関係がある。これに対し、会社は、死亡した労働者の長時間労働および健康状態の悪化を知りながら、労働時間を軽減させる

ための具体的な措置を採らなかったのだから、会社に雇用契約に基づく安全配慮義務違反がある」と判示し、遺族の使用者に対する安全配慮義務違反による損害賠償請求を認めたもの（前掲岡山地倉敷支判平10．2．23（川崎製鉄（水島製作所）事件）労判733-13）。

ただし、損害額の算定につき、労働者にもうつ病罹患の一端の責任があるとして過失相殺により損害額の5割を会社の負担とした。

■保母（現保育士）が幼児園を退職して1か月後にうつ病で自殺したことにつき、「当該保母が、新しい仕事に対する不安、責任感、環境の変化などで精神的にも肉体的にも極度に疲労していたこと、園の勤務条件が劣悪で当該保母をうつ状態に陥らせるものであったことなどの事情を総合すれば、当該保母は園の過酷な勤務条件がもとで精神的重圧からうつ状態に陥り、その結果、園児や同僚保母に迷惑をかけているとの責任感の強さや自責の念から自殺に及んだものと推認される。園は当該保母の仕事の内容につき通常なすべき配慮を欠き、その結果、当該保母の自殺を招いたものであり、債務不履行（安全配慮義務不履行）の責任を負うことは明白」とし、園に対する損害賠償を認めたもの（大阪高判平10．8．27（東加古川幼児園事件）労判744-17）。

ただし、当該保母の死亡による損害額については、「うつ状態に陥って自殺するに至ったのは、多分にその性格や心因的要素によるところが大きい」として、8割を「過失相殺」により減額し、被控訴人園に対しその2割の賠償を命じた。

■労働者が課長昇進後、業務遂行に伴う疲労や心理的負荷などが過度に蓄積して精神的疾患にかかり、自殺したことにつき、「当該労働者の自殺は、その性格、痴呆の実父の介護、家族への負い目、友人の転勤などのさまざまな要因が重なって再度の自殺の企てに及んだものと認められるものの、会社が当該労働者からの休暇願に適切に対応し、あるいは当該労働者の自殺未遂事故を知った時点で、当該労働者の精神面での健康状態を調査して、改めて当該労働者の休養の必要性を検討していれば当該労働者の自殺を防止しうる蓋然性はあった」と判示し、会社に対する損害賠償を認めたもの（東京高判平14．7．23（三洋電機サービス事件）労判852-73）。

ただし、損害額については自殺した労働者の家族側の落ち度を重視して、損害額の8割の減額を認め、2割を会社に賠償させるのが相当とした。

■農協給油所所長が台風の影響で給油所が浸水し、その後始末に忙殺されて不眠状態からうつ病に陥り、それが原因で自殺したことにつき、「同所長の精神状態が不安定になったのは台風後であり、他に自殺の原因がないことから、同所長は台風への対処のまずさなどを思い悩んで、うつ病に罹患した末に自殺したもので、自殺と業務遂行との間には因果関係が認められる」としたうえ、「使用者は労働者の心身を損なうことがないよう注意する義務を負うが、それを怠っており、本件自殺につき使用者に安全配慮義務違反および不法行為上の過失が認められる」と判示したもの（**和歌山地判平14．2．19（みくまの農協（新宮農協）事件）労判826-67**）。

ただし、損害額については当該労働者の健康状態を通知しなかった家族にも過失があったことを理由に、原告の主張する損害の7割を減額した。

■A社とB社間の業務請負契約により、A社の従業員としてB社で作業に従事していた労働者が、過重な労働などを要因とするうつ病が原因で自殺したことにつき、「B社における業務は過度の仕事量ないし勤務・拘束時間の長時間化があり、精神障害を発病させるおそれがある強い心理的負担があったと評価することができる。自殺の原因の重要な部分は、業務の過重性に基づくうつ病にあるというべきであり、業務起因性を肯定できる。したがって、A、B両社は、自殺した労働者に対し、それぞれ安全配慮義務違反及び不法行為に基づく責任を負うものであり、両社の安全配慮義務違反ないし不法行為と、自殺した当該労働者がうつ病に罹患し、自殺を図ったこととの相当因果関係が認められるので、被告らは連帯して当該労働者に対し、損害賠償責任を負担すると解するのが相当である」と述べ、使用者の損害賠償責任を認めたもの（**東京地判平17．3．31（アテスト（ニコン熊谷製作所）事件）労判894-21**）。

ただし、損害額については当該労働者の自殺の原因をめぐる諸事情を考慮して、公平の見地から3割の減額を相当とした。

■国の行政機関である社会保険庁勤務の公務員が、反応性うつ病が原因で自殺したことにつき、「亡くなった公務員の業務内容、職場環境、勤務形態

から生じた疲労は、人間の身体面・精神面の双方に慢性的な過労状況を招くものといえ、うつ病を惹起するのに十分な程度であったものと認められる。継続的な業務負担が睡眠不足、食欲不振などを導き、疲労が回復しないまま業務を続ける中で抑うつ状態が生じ、それが高じてうつ病を発症し、自殺に至ったことが認められる。国(被告)に、亡き公務員に対する安全配慮義務違反があったことは明らかである」と述べ、国に対し安全配慮義務違反による債務不履行に基づく損害賠償(3591万円)を原告に支払うよう命じたもの(**甲府地判平17．9．27(社会保険庁事件)労判904-41**)。

ただし、過失相殺については「被災者側には落ち度はない」として、これを認めなかった。

■職員が職場での上司らのいじめにより精神障害を発症し、自殺に至ったことにつき、「職員の自殺は、いじめによる精神障害の結果生じたものであり、自殺といじめとの事実的因果関係が認められる。その防止策などを講じなかった管理職の行為は安全配慮義務違反に該当すると判断される」と述べ、損害額については、「自殺は本人の資質ないし心因的要因も契機になっていた」として過失相殺が類推適用され、7割を減額したもの(**東京高判平15．3．25(川崎市水道局事件)労判849-87**)。

なお、上司などによるいじめ行為などは国家賠償法上の公権力の行使にあたるとして、市に対する国家賠償責任を認めた。

■看護師が上司の継続的ないじめにより自宅で自殺したことにつき、「本件いじめと被災者の看護師の自殺との間に事実的因果関係が認められる。上司らのいじめは3年近くに及んでおり、雇用主である病院は当該看護師の生命及び身体を危険から保護する安全配慮義務を尽くす債務、具体的には職場の上司および同僚からのいじめ行為を防止する義務を負っていた。それを認識することが可能であったのに、いじめを防止する措置をとらなかったのは、安全配慮義務違反の債務不履行があったといえる。また、いじめによって被災者の看護師が被った損害を賠償する不法責任がある」として、上司(被告)に対し1000万円、使用者の病院(被告)に対し500万円の慰謝料の支払いを命じたもの(**さいたま地判平16．9．24(誠昇会北本共済病院事件)労判883-38**)。

なお、こうした自殺のケースでは過失相殺の問題が生じ得るのが一般的だが、本判決では、過失相殺の適用はない。

■消防署の管理係長がうつ病により自殺したことにつき、「死亡した労働者の症状に内在性うつ病の症状を示すものがあるからといって、そのことのみから直ちに公務起因性を否定するのは妥当ではない。同人の罹患したうつ病についての内在的素因の程度、従事した公務の内容・状況、公務外の事情などを総合考慮し、社会通念上、同人の公務がうつ病を発生させる危険を内在、または随伴しており、その危険が現実化したといえる関係にあることが認められるか否かによって判断するのが相当である。同人は過重な公務により、うつ病に罹患し、その自殺念慮によって自殺したものといえるから、公務起因性を認めるのが相当である」と述べ、「死亡した消防署管理係長のうつ病と当該公務との間、および同人のうつ病と自殺との間に相当因果関係があるものと認めるのが相当」としたもの（**大阪高判平15. 12. 11（地公災基金神戸市支部長（長田消防署）事件）労判869-59**）。

■自動車会社に設計課係長として勤務していた労働者が投身自殺したことにつき、遺族が過重な業務に起因するうつ病が自殺の原因として、労基署長（被告）に対し、労災保険法に基づく遺族補償年金などの支給を請求したところ、同署長は、「同労働者の自殺は業務による死亡とは認められない」と不支給の処分をしたため、その取消しを求めて本訴を提起した。1審（名古屋地判平13．6．18）は、原告の請求を認め、労基署長の本件処分を取消したので、被告側が控訴した。

この控訴に対し、「本件においては、当該労働者の業務外の要因による心身的負荷はさほど強度のものとは認められず、そのうつ病は過重、過密な業務及び職場委員長への就任内定による心身的負荷と本人のうつ病親和的な性格傾向が相乗的に影響しあって発症したものであり、さらに、開発プロジェクトの作業日程及び出張命令が急激にうつ病を悪化させたものと認め、業務とうつ病発症との間に相当因果関係があると認められる」との判断を示し、控訴人労基署長の処分を違法として取消した1審判決を支持して控訴を棄却し、うつ病による自殺につき相当因果関係を肯定したもの（**名古屋高判平15．7．8（豊田労基署長（トヨタ自動車）事件）労判856-14**）。

■過密勤務で医療業務に追われていた外科医が勤務先の病院から転勤後自殺したことにつき、遺族（原告）が、外科医の自殺は本件病院における業務に起因するうつ病が原因として、労災保険法に基づき、労基署長（被告）に対し遺族補償年金の支給を請求したが、「外科医の自殺は、業務上の事由によるものとは認められない」との理由により不支給処分を受けたため、本件不支給処分の取消しを求めて提訴した。

これに対し、裁判所は、「当該外科医が本件病院でしていた月間平均170時間を超え、時に200時間をも超えた時間外労働の時間の長さ、およびその内容、性質に照らすと、外科医のうつ病は心理的負荷の重い本件病院における長時間の業務が相対的に有力な原因となって発症したとされる。外科医の性格傾向とされるメランコリー親和型性格とは、あくまでも人格の特徴、人間の存在様式の１つであり、個性の多様さとして通常想定される範囲内のものにすぎず、それ自体がうつ病発症に直結するほどの強い関連性をもつとはいえない」と判示し、"過労自殺"と業務との因果関係を認めたもの（**水戸地判平17．２．22（土浦労基署長（総合病院土浦協同病院）事件）労判891-41**）。

■中学校の校長および教頭による執拗な叱責・指導、教員免許外の科目担当による業務過重、当該教諭の精神疾患の存在を考慮しない指導力向上のための特別研修の受講命令、研修担当官による人格攻撃等のいわゆるパワハラが原因で、当該教諭Ｘが精神障害を増悪させ自殺したことにつき、遺族らが県と市に対し、連帯して民法715条に基づく使用者責任、信義則上の安全配慮義務違反の債務不履行、または国家賠償法１条１項及び３項による損害賠償請求権に基づき、各4830万円余の支払を求めた。

これに対して、裁判所は、以下のように述べて、「校長らについて信義則上の安全配慮義務違反があったと認められる」として、遺族らの損害賠償請求を認めた。

①使用者は、その雇用する労働者に従事させる業務を定めてこれを管理する際し、業務の遂行に伴う疲労や心理的負荷等が過度に蓄積して労働者の心身の健康を損なうことがないよう注意する義務を負うと解するのが相当であり、使用者に代わって労働者に対し業務上の指揮監督を行う権限を有する者は、使用者の上記注意義務の内容に従ってその権限を行使すべきものである。

②精神疾患のによる通院歴があり、ストレス反応ないしパニック障害による病気休暇を取得したことのある当該教諭に対し、音楽科の教員免許しか有していなかったのに受験科目である国語科の授業を担当させるなどしたところ、急な年次休暇を取得する等勤務態度に問題があるとして、県教委が当該教諭Xを指導力不足と認定して指導力向上の特別研修を受けさせるよう命じた。研修開始から1か月で自殺したが、校長や教頭による指導、県教委が行った人事上の措置、研修において指導官らが行った指導といった一連の行為は、当該教諭Xの精神疾患を増悪させる危険性の高い行為であって、当該教諭Xに対して心理的な負荷を与えていた。

③校長や県教委らの取った一連の行為と当該教員Xの精神疾患の増悪および自殺との間に相当因果関係の存在が肯定され、校長らについて信義則上の安全配慮義務違反があったと認められる（鹿児島地判平26．3．12（鹿児島県・U市（市立中学校教諭）事件）労判1095-29）。

判例においてほぼ共通した傾向は、自殺に対し過失相殺の規定（民法418条、あるいは722条2項）の類推適用で、企業などの安全配慮義務違反の責任を認めながらも、本人の資質ないしは心因的要因にも原因があったとして損害賠償額の減額を認め、妥当な結論を導き出そうとしていることである。川崎製鉄事件では賠償額の5割、東加古川幼児園事件では同じく8割も減額されている。

ところで、こうした一連の判例の中で、特筆すべきなのは、**最判平12．3．24（電通事件）労判779-13**であろう。入社後約1年5か月後に過重労働によるうつ病に陥り、自殺に追い込まれたとして、遺族らが約2億2200万円の損害賠償を請求した事案だが、判決は、過労死自殺と業務との因果関係を認め、企業に過失・責任（安全配慮義務・健康配慮義務違反）があることを認定した。

また、使用者の賠償額を決定するに当たり、労働者の性格などを斟酌することの可否については、同判決は、「自殺に至った本人の事情について、過失相殺で斟酌すべきでない」との画期的な判断を示し、自殺者本人の過失を否認した。つまり、過失相殺なしとしたのである。

その判断根拠について、次のように述べている。

「身体に対する加害行為を原因とする被害者の損害賠償請求において、裁判所は、加害者の賠償すべき額を決定するに当たり、損害を公平に分担させるという損害賠償法の理念に照らし、民法722条2項の過失相殺の規定を類推適用して、損害の発生又は拡大に寄与した被害者の性格等の心因的要因を一定の限度で斟酌することができる（**最判昭63．4．21判タ667-99・民集42巻4号243頁**）。この趣旨は、労働者の業務の負担が過重であることを原因とする損害賠償請求においても、基本的に同様に解すべきものである。

しかしながら、企業などに雇用される労働者の性格が多様のものであることはいうまでもないところ、ある業務に従事する特定の労働者の性格が同種の業務に従事する労働者の個性の多様さとして、通常想定される範囲を外れるものでない限り、その性格およびこれに基づく業務遂行の態様等が業務の過重負担に起因して当該労働者に生じた損害の発生又は拡大に寄与したとしても、そのような事態は使用者として予想すべきものということができる。

しかも、使用者又はこれに代わって労働者に対し、業務上の指揮監督を行う者は、各労働者がその従事すべき業務に適するか否かを判断して、その配置先、遂行すべき業務の内容等を定めるのであり、その際に、各労働者の性格をも考慮することができるのである。

したがって、労働者の性格が前記の範囲を外れるものでない場合には、裁判所は、業務の負担が過重であることを原因とする損害賠償請求において使用者の賠償すべき額を決定するに当たり、その性格およびこれに基づく業務遂行の態様などを、心因的要因として斟酌することはできないというべきである」。

簡単に言えば、労働者の精神状態には差があり、労働者本人の性格面の弱さなどは、「通常想定される範囲を外れるものでない限り」、それを労働者に不利益な形で損害の算定要素として考慮してはならないと本判決は指摘しているのである。

過失相殺により本人や家族に責任を転嫁することに対し、本判決は厳しい判断を示したわけである。

なお、**電通事件の第1審**（**東京地判平8.3.28**）労判692-13は、「健康状態の悪化を知りながら、その労働時間を軽減するための具体的措置を取ら

なかったことにつき安全配慮義務不履行の過失がある」として、約1億2600万円の賠償を会社に命じた。

これに対し、**第2審（東京高判平9．9．26）**労判724-13は、損害賠償額の請求については、第1審を支持しつつ、損害額の算定につき、「被害者にもうつ病罹患に一端の責任があり、民法722条2項の過失相殺の規定を類推適用して発生した損害の7割を会社に負担させるのが相当」として損害額を減額した。このため、控訴人らは、最高裁に上告した。

（2）使用者の責任を否定した例

一方、自殺と業務との因果関係を認められず、使用者に安全配慮義務違反はないとした、いわゆる使用者の責任を否定した裁判例として、以下のようなものがある。

■医療ミスによる自責の念から医師が自殺したことにつき、「業務との因果関係があることは明らかであるが、病院側に専門医の診断を実施したり、診断業務の休止ないし制限をするなどの措置を採るべき安全配慮義務違反があったとはいえない」として、病院側の不法行為または債務不履行（安全配慮義務違反）を否定し、遺族らによる損害賠償請求を棄却したもの**（広島地判平15．3．25（日赤益田赤十字病院事件）労判850-64）**

■一時休職後に職場復帰し、課長職として転勤・単身赴任した労働者がうつ病を再発させて自殺したことにつき、「転勤後に当該労働者のうつ病は完全に寛解状態にあったから管理職としての業務一般および同労働者が従事した個々の業務が同労働者にとって心理的負担を及ぼすような過重な業務であったと認めることはできない」としたうえ、「会社は同労働者の職場復帰に際し、同労働者の心身の状態に相応の配慮をしたと認められることから、会社側に安全配慮義務違反があったとまで認められない」との見解を示し、同労働者の遺族らの損害賠償請求を棄却したもの**（名古屋地判平18．1．18（富士電機E＆C事件）労判918-65）**。

■JRの運転士であった労働者の自殺について、「当該運転士は、本件日勤教育の指定を契機に、従前から聞き及んでいた日勤教育のつらさを想起して不安感に見舞われ、日勤教育開始後は、虚偽の記述や成績の悪さから自責感

や自己卑下を伴ううつ状態に陥り、発作的に自殺に至ったと推認され、本件日勤教育と当該運転士の自殺との間の事実的因果関係を否定することはできない」としながらも、日勤教育と自殺との相当因果関係については、「自殺についての予見可能性を要するというべきところ、本件の認定事実からすると、予見可能性は認められない」と述べ、同運転士の自殺に対する損害賠償請求を認めなかったもの（**大阪高判平18．11．24（JR西日本尼崎電車区事件）労判931-51**）。

2）自殺以外の死亡に関する裁判例

問題となるもののもうひとつは、たとえば、高血圧症などの持病のある労働者が、長時間労働などが引き金となって死亡した場合にも、使用者側は安全配慮義務があるとして、その責任を問われるのかどうかである。裁判例も使用者の安全配慮義務違反を認めたもの、これを認めなかったものに分かれる。

以下に、典型例をいくつか紹介する。

（1）使用者に責任があるとした例

■高血圧症疾患のあるシステムエンジニアが脳幹部出血で死亡したことにつき、「使用者の安全配慮義務として適正な労働条件を確保し、さらに、健康診断を実施したうえ、労働者の年齢、健康状態などに応じて従事する作業時間及び内容の軽減、就労場所の変更等適切な措置を採るべき義務を負う」との一般的見解を述べ、「高血圧症の労働者に対して業務の軽減措置などを講じなかったことに安全配慮義務違反がある」とし、遺族からの使用者に対する損害賠償請求を認めたもの（**東京高判平11．7．28（システムコンサルタント事件）労判770-58**）。

ただし、本人側にも精密検査を受けるよう指示されていたにもかかわらず、受診しなかったなど、自らの健康管理になんら配慮を行っていなかったとして、損害賠償額については5割の過失相殺を認めた。

■建物のリフォーム会社で取締役に次ぐ高いポストにあった課長が勤務中に発作を起こして急性心臓死したことにつき、「資材業務課の当該課長が従事してきた被告会社における過重な業務により、精神的、肉体的な負荷や疲

労の存在、蓄積が当該課長の基礎疾患たる拡張型心筋症を増悪させて、急性心臓死に至ったものと認めるのが相当であり、当該課長の業務と死亡との間には相当因果関係が認められる」としたうえ、会社（被告）の責任について、「会社は労働契約に基づき従業員に対して安全配慮義務を負うものと解されるから、会社は債務不履行（**民法415条**）による責任も負う」と言及。また、代表取締役（被告）の責任いついて、「当該課長の就労を適宜軽減して、心身の健康を損なうことのないように注意すべき義務に違反した過失が認められ、当該課長の急性心臓死による死亡と業務との間に相当因果関係及び同取締役の上記過失と当該課長の死亡との間に相当因果関係が認められるから、同取締役は不法行為（**民法709条**）による責任を免れない」と述べ、被告らの注意義務違反ないし安全配慮義務違反を認めたもの（**大阪地堺支判平15．4．4（南大阪マイホームサービス事件）労判854-64**）。

（2）使用者の責任を否定した例

■関連会社に出向中の高血圧症を有する労働者がくも膜下出血を発症したことにつき、「原告の業務の性質上、業務が多岐にわたり、休日出勤や夜間出勤などを余儀なくされていたことは認められるが、安全配慮義務違反と評価できるほど過重な業務であったとは認められない。原告が主張する産業医に過失があるとはいえない」として、当該労働者（原告）の請求を棄却。会社（被告）に安全配慮義務違反はないとしたもの（**静岡地判平11．11．25（三菱電機（安全配慮義務）事件）労判786-46**）。

10．第三者による加害と安全配慮義務

1）裁判例

労働者が職場内でまたは業務遂行中に、使用者や履行補助者以外の第三者の行為によって災害を被った場合も、使用者は安全配慮義務違反の責任を負うのかどうかということである。第三者による加害と安全配慮義務違反につき裁判例には、肯定したものと否定したものがある。

（1）肯定例

　第三者による労働者への加害に対して、隊員の行進を管理すべき国や、会社などに「安全配慮義務の違反がある」とされた例として、

　■夜間、道路の左側を進行中の自衛隊員が、後方から来た自動車に追突されて死亡した事故につき、「被告は、信義則上、自衛官として服務する亡Eに対し、国若しくは上司の指示のもとに遂行する公務の管理に当たって、その生命及び健康を危険から保護するよう配慮すべき安全配慮義務を負っているものである。しかるに、被告の履行補助者Iは、このような配慮をすることなく、第一小隊を本件道路左側に整列させた際、それまで配置していた交通整理員及び各分隊の班長及び班付の配置を解き、隊列内を歩行させたものであるから、この点において、被告は亡Eに対する安全配慮義務を怠ったものといわざるをえない。したがって、被告はその履行補助者であるIの安全配慮義務の不履行に起因する本件事故により亡Eの被った損害を賠償する義務がある」としたもの（**東京地判昭53．7．27（航空自衛隊防府南基地事件）労判313-27**）。

　■動哨勤務中の自衛隊員が駐とん地内に侵入した過激派活動家によって刺殺された事故につき、「駐とん地司令及び警衛司令は、当該駐とん地内の自衛隊員（動哨勤務中の者を含む）の生命、身体を危険から保護すべき国の安全配慮義務の履行補助者であると解されるところ、右事実によれば、本件駐とん地司令は、過激派活動家の活動状況、とくに自衛隊駐とん地への度々の侵入、自衛隊の制服、階級章等が入手容易であったこと、本件駐とん地において徒歩の幹部自衛官及びその随従者は制服を着ている限りは身分証明書の提示を要しなかったこと等の事実から、過激派活動家の本件駐とん地に対する幹部自衛官の制服着用による不法侵入を予想し（…中略…）

　自衛隊幹部でない者が自衛隊幹部の制服を着用し幹部をよそおって営門から不法侵入することがないように営門の出入を管理すべき注意義務があった。そうすると、被控訴人は、その履行補助者である本件駐とん地司令及び本件警衛司令が前記のとおりそれぞれの公務を管理するにつき安全配慮義務を尽くさなかったことにより、本件駐とん地内で動哨として勤務中Aらに殺害されたI士長が被った損害を賠償すべき責任があるものといわねばならな

い」としたもの（**東京高判昭57．12．23**（陸上自衛隊朝霞駐とん隊事件）労判416-33）。

■宿直勤務中に侵入してきた盗賊により従業員が殺された事件につき、「上告会社は、被災者A一人に対し24時間の宿直勤務を命じ、宿直勤務の場所を本件社屋内、就寝場所を同社屋1階商品陳列場と指示したのであるから、宿直勤務の場所である本件社屋内に、宿直勤務中に盗賊等が容易に侵入できないような物的設備を施し、宿直員を増員するなどして労働者たるAの生命、身体等に危険が及ばないように配慮する義務があったものと解すべきである」としたもの（**最判昭59．4．10**（川義事件）労判429-12）。

（2）否定例

駐とん地の営舎内で新隊員の自衛官同士の喧嘩により負傷し死亡した事案について、その上官自衛官に営内服務の指導監督の過失がなかったとして、国の安全配慮義務違反が否定された。以下のような理由からであった。

「自衛官の営内服務は、営舎という特定の施設内において、統一的集団生活を通じ、自衛官をしてその使命を自覚させるとともに、部隊活動の基礎を確立させることを目的として行われるものであり、しかも、一等陸・海曹以下の階級にある自衛官は、原則として、駐とん地内の営舎に居住することを義務づけられていること（**自衛隊法52条、55条、同法施行規則51条、自衛官の居住場所に関する訓令1条、陸上自衛隊服務規則3条参照**）に鑑みれば、営内服務の指導・監督に当たる上官は、常に部下の融和を図り、保健・衛生に留意するのはもとより（陸上自衛隊服務細則14条参照）、生命、身体の安全を保護すべき義務を負うものといわなければならない。

しかし、およそ自衛官たる者は、国家防衛の重大な任務を負託されているのであるから、その営内生活にあっても、自己の良識と良心に基づき自ら律することを本旨とし、いやしくも放縦に流れたり節度を失して他に迷惑を及ぼすがごとき言動は厳に慎むべきであり、反面、営内生活の指導・監督に当たる上官としては、部下の個人の生活を尊重し、その自律心を助長するよう努めるべきであって、みだりにその生活に干渉するがごときは、許されないこと明らかである（服務規則5条、36条、37条参照）。

それ故、事故の発生が客観的に予測されるような特段の事情がある場合は格別、然らざる限り、営内生活の指導に当たる上官には控訴人ら主張のごとき部下の行動を逐一監視すべき義務はないものというべきであり、このことは、当該部下が未成年者であるとか、新隊員課程の教育を受けている者であるからといって別異に解すべき合理的理由はないものというべきである。
 債務不履行と不法行為との請求権の競合が認められるとしても、本件事案のもとでは、両者の間に義務の内容、故意過失等の帰責原因、責任の態様等につき軽重は存しないのであるから、本件事故によるOの死亡につき被控訴人には隊員の生命、身体の安全保護義務に違背がなかったとする上来の説示は、そのまま被控訴人の債務不履行責任についても妥当するものというべきである。
 それ故、被控訴人の債務不履行責任を問う控訴人らの主張もまた、理由がないこと明らかである」(東京高判昭52. 10. 27 (陸上自衛隊武山駐とん地事件) 労判306-33)。

2) 3つの要件―第三者による加害行為

 これらの判例から、第三者による加害行為について、使用者の安全配慮義務違反が認められるためには、おおむね、次の3つの要件が必要といわれている。
 ①　労働者の災害を生ぜしめた事故は、何らかの形で業務遂行と関連性を有していなければならない。職場内で発生した事故であっても、業務遂行中と関係のない私的行為中のものは除外される。
 ②　第三者による労働者の身体加害への可能性が、事故当時の職場環境などから客観的に存在していなければならない。
 ③　第三者による加害はいわば突発的な事故でもあるから、事故発生について使用者が予見可能であること、事故の発生を未然に防止する措置を使用者が取りえたこと、あるいはこのような措置を講ずることが社会通念上使用者に要求しうることも必要である。
 ところで、第三者の加害行為により労働者に生じた損害について何故、使用者が相当の責任を負わせられるのだろうか。

それは、労働者が労働契約によって、使用者の設置した場所で、その指揮・命令の下に労務の提供をなすことを義務づけられているからである。

すなわち、労務の場所・施設・器具の指定権、労務への指揮命令権に随伴する従たる義務として、使用者に労働者への安全配慮義務が課されるのであり、その義務違反があった場合にはじめて、使用者は責任を問われるのである。

その責任は、債務不履行によるときは、損害賠償請求にとどまらず、履行請求（使用者が安全配慮義務を履行せず、労働者の生命・健康に対する危険が現実に存在する場合には、労働者はその危険の除却を求める請求権）、労務給付の拒絶（労務給付拒絶権は、安全配慮義務を先履行義務として把握し、使用者がこれを履行しない限り労働者は労務を給付する必要がないとする権利）といった対応をも可能とする点において、損害賠償請求による不法行為制度によるより、多様な法的保護が可能となって妥当といえるだろう。

3）労務給付の拒絶

なお、労務給付の拒絶に関連する判例をやや長文であるが、事実関係を知るうえで重要なので関係部分を以下に紹介することにする。

事案は、会社が組合対策のため雇用した者らの暴力行為により組合員が就労を拒否したことは、会社（債権者）の責めに帰すべき事由による履行不能にあたり、組合員らはその間の賃金請求権を失わないとされた例である。

判決内容は次のようなものであった。

「雇用契約に基づいて使用者が労働者から労務の提供を受ける場合において、使用者は、労働者に対し、雇用契約に付随する信義則上の義務として、労務の提供に必要な諸施設を労働者の利用に供することはもとより、労働者の労務の提供及びその準備行為等が安全に行われるよう配慮すべき義務を負っているものと解されるから、使用者が右の義務を尽くさないために労働者が労務を提供しようとすればその生命及び身体等に危害が及ぶ蓋然性が極めて高く、そのため労働者において労務を提供することができないと社会通念上認められる場合には、労働者の使用者に対する労務の給付義務は履行不能に帰し、しかもその履行不能は使用者の責に帰すべき事由による履行不能に当たるものと解するのが相当である。そうすると、この場合、労働者は民

法536条2項によりその間の賃金請求権を失わないものといわなければならない。

　本件についてこれをみるに、前記日臨労系の者の原告らに対する行為は、ヌンチャクや木刀などの凶器を事前に準備して行われた計画的かつ危険性の高い暴力行為であり、これによって原告X1らは頭部などに傷害を負ったのであるから、原告らが日臨労及びその仲間の者に対して、強度の恐怖心を抱いたであろうことは推測に難くない。

　加えて、M1らこのような事件を引き起こした者たちは、そもそも被告会社が原告ら全臨労の者の活動を抑制するために採用した者であって、被告会社は、本件暴力事件の中心となったM1及びHに対して、昭和51年12月まで何ら処分せずに放置しただけではなく、M1らの実質的な指導者で、民族派青年の労働組合を標榜しているM2総長ら非従業員に作業を行わせ、形式的には、事件の翌々日である同年10月22日をもって同人らの作業を禁じたものの、実際には、翌23日以降同52年2月28日に至るも、同人らが下請運送会社の臨時従業員として引き続き平河町センターで作業することを黙認し、また、日臨労系の者らが従業員の集合場所でかつ深夜業務のための休憩所、仮眠所である本社3階の控室を『日臨労事務所』の掲示を挙げて占拠することをも黙認して、安全確保のために同人らを排除してほしいという原告らの要求を無視し続けたのであるから、被告会社には、暴力事件の再発を防止し、職場での安全を確保しようとする努力が十分ではなかったといわざるを得ない。

　そうすると、原告らがこのまま平河町センターで就労を開始したならば、再び日臨労系の者から集団暴行を受け、その生命及び身体に危害を加えられる蓋然性が極めて高かったものというべきであるから、原告らは、被告会社においてさらになんらかの安全確保の施策を講じない限り同センターにおいて就労することができなかったものと認めるのが相当であって、原告の被告会社に対する労務給付義務は、社会通念上履行不能に帰し、しかも、その履行不能は被告会社の責に帰すべき事由による履行不能に当たるといわなければならない。

　被告会社は、同年10月23日以降、職制8名を配置したことなどで職場の安全を確保したと主張するが、……右8名の職制はいずれも中高年齢者で体力

に劣り、監督業務に不慣れであったばかりでなく、仮に日臨労系の者が仲間の右翼的な非従業員等を召集して本件と同様の暴力事件を企図するならば、その人数からみても、到底これを防止しうるものではないことが明らかであるから、被告会社の右主張はこれを採用することができない。

（…中略…）

ところで、被告会社は、昭和51年12月24日から芝浦センターへの分離就労を命じた時点をもって、職場の安全は確保されたと主張するので、この点について判断するに、この被告会社の分離就労の提案は、日臨労系の者を平河町センターのみで就労させ、原告ら全臨労の者を芝浦センターのみで就労させることとするものであって、この分離就労によって、日臨労及びその仲間の者と原告ら全臨労の者とは、完全に就労場所が分離され、両者は全く接触することなく業務を行うことが可能となるのであるから、このような分離就労であれば、原告らの生命及び身体等に危害が加えられるおそれはないと考えられる。

そうすると、同日以降は原告らが現実の労務の提供を行うについて特段の支障はなくなり、被告会社の責に帰すべき事由による履行不能状態は解消されたものと解するのが相当である。

（…中略…）

「右によれば、本件事件当日である昭和51年10月20日から芝浦センターへの分離就労を命じた同年12月24日の前日である同月23日までの間については、被告会社の責に帰すべき事由によって原告らは労務を提供しえなかったのであるから、民法536条2項によりこの間の賃金請求権を失うことはないというべきであるが、芝浦センターへの分離就労を命じられた同月24日以降については、原告らは現実に労務を提供することが可能であるのに独自の判断に基づいてこれをしなかったのであるから、賃金請求権は発生しないものといわなければならない」（東京地判昭57.12.24（新聞輸送事件）労判403-68）。

11．安全配慮義務違反による損害賠償と労災補償との調整

安全配慮義務違反につき民事上の損害賠償を請求することができると同時

に労働災害として、労働者は労災保険の保険給付を請求することができるが、両方がそのまま支払われることになると、同じ損害を二重にてん補されることになり、労働者に不当に有利になる。

1）安全配慮義務違反の損害賠償請求と労災給付

そこで、判例は、「労基法上の補償が行われたとき、使用者はその価額の限度において民法による損害賠償の責めを免れる（労基法84条2項）。同様の調整は労災保険給付と民事損害賠償責任との関係についても類推適用し、『同一の事由』については調整が行われる」（**最判昭52．10．25（三共自動車事件）労判300-41**）と判示している。

問題は、民事損害賠償の際に、労災保険の給付分はどこまで控除されるのかという、調整の範囲についてである。つまり、「同一の事由」の解釈が問題となる。

この点につき、最高裁は、「保険給付と損害賠償とが『同一の事由』の関係にあるとは、保険給付の趣旨目的と民事上の損害賠償のそれとが一致すること、すなわち、保険給付の対象となる損害と民事上の損害賠償の対象となる損害とが同性質であり、保険給付と損害賠償とが相互補完性を有する関係にある場合をいうものと解すべきであって、単に同一の事故から生じた損害をいうものではない。

そして、民事上の損害賠償の対象となる損害のうち、労災保険法による休業補償給付及び傷病補償年金並びに厚生年金保険法による障害年金が対象とする損害と同性質であり、したがって、その間で前示の同一の事由の関係にあることを肯定することができるのは、財産的損害のうちの消極損害（いわゆる逸失利益）のみであって、積極損害（入院雑費、付添看護費はこれに含まれる）及び精神的損害（慰謝料）は右の保険給付が対象とする損害とは同性質であるとはいえないというべきである。

したがって、右の保険給付が現に認定された消極損害の額を上回るとしても、当該超過分を財産的損害のうちの積極損害や精神的損害（慰謝料）を填補するものとして、右給付額をこれらとの関係で控除することは許されない。

労災保険法による保険給付を慰謝料から控除することは許されないとする

第9章　特別講義（4）安全配慮義務とは何か

当裁判所の判例（昭和35年（オ）第381号同37年4月26日第1小法廷判決・民集16巻4号975頁、同55年（オ）第82号同58年4月19日第3小法廷判決・民集37巻3号321頁。なお、同38年（オ）第1035号同41年12月1日第1小法廷判決・民集20巻10号2017頁参照）は、この趣旨を明らかにするものにほかならない」として、積極損害や慰謝料から保険給付を控除することができないと判断している（最判昭62．7．10（青木鉛鉄事件）労判507-6）。

　具体例をあげよう。たとえば、積極損害（治療関係費等）が80万円、消極損害（休業補償費）450万円、慰謝料100万円で、合計630万円の損害が認定されていて、労災保険及び厚生年金から合計850万円の給付が行われていた。

　この場合、保険給付の合計額は、損害額を上回ることになるから、保険給付は消極損害の部分からしか控除されないので、積極損害と慰謝料の合計分180万円は、なお請求することができるのである。

　次に、問題となるのは、労災保険給付の上乗せ的な機能をもつ特別支給については、損害賠償から控除することができるのかどうかということである。

　この点につき、最高裁は、「労働者災害補償保険法（以下『法』という）による保険給付は、使用者の労働基準法上の災害補償義務を政府が労働者災害補償保険（以下「労災保険」という）によって保険給付の形式で行うものであり、業務災害または通勤災害による労働者の損害をてん補する性質を有するから、保険給付の原因となる事故が使用者の行為によって生じた場合につき、政府が保険給付をしたときは、労働基準法84条2項の類推適用により、使用者はその給付の価額の限度で労働者に対する損害賠償の責めを免れると解され（最高裁昭和50年（オ）第621号同52年10月25日第3小法廷判決・民集31巻6号836頁参照）、使用者の損害賠償義務の履行と年金給付との調整に関する規定（法64条、平成2年法律第40号による改正前の法67条）も設けられている。

　また、保険給付の原因となる事故が第三者の行為によって生じた場合につき、政府が保険給付をしたときは、その給付の価額の限度で、保険給付を受けた者の第三者に対する損害賠償請求権を取得し、保険給付を受けるべき者が当該第三者から同一の事由について損害賠償を受けたときは、政府はその価額の限度で保険給付をしないことができる旨定められている（法12条の4）。

他方、政府は、労災保険により、被災労働者に対し、休業特別支給金、障害特別支給金等の特別支給金を支給する（労働者災害補償保険特別支給金支給規則（昭和49年労働省令第30号））が、右特別支給金の支給は、労働福祉事業（現在の社会復帰促進等事業）の一環として、被災労働者の療養生活の援護等によりその福祉の増進を図るために行われるものであり（平成7年法律第35号による改正前の法23条1項2号、同規則1条）、使用者又は第三者の損害賠償義務の履行と特別支給金の支給との関係について、保険給付の場合における前記各規定と同趣旨の定めはない。

このような保険給付と特別支給金との差異を考慮すると、特別支給金が被災労働者の損害をてん補する性質を有するということはできず、したがって、被災労働者が労災保険から受領した特別支給金をその損害額から控除することはできないというべきである」と明示している（最判平8．2．23（コック食品事件）労判695-13、最判平9．1．28（改進社事件）労判708-23）。

さらに、問題となるのは、労災保険に、年金制度が取り入れられてから、労災保険給付が年金給付で行われる場合、将来における年金保険を損害賠償保険から控除できるかどうかということである。

年金保険給付分をあらかじめ控除できるとなると、民事賠償で一括して補償を受けることができないことになり、また、死亡などにより、途中で年金受給権が消滅したりすることになる。

他方、労働者は民事賠償と労災保険年金給付の双方から二重てん補を受ける可能性があり、事業主は国から強制的に保険料を徴収されたうえ、将来の保険給付により労働者の損害が填補される分についてまでも損害賠償の義務を負い、保険による利益を受けないことになる。

すなわち、事業主の立場からいえば、労災保険料を払っているにもかかわらず、民事責任を免れることができないのであれば、労災保険に入っている意味がないのではないかという批判が出されている。

このように控除・非控除のどちらにも、それなりの理由があると思われるが、最高裁が非控除説を採用したことから（最判昭52．5．27（中村自動車事件）労判300-39、最判昭52．10．25（三共自動車事件）労判300-41）、現在では控除すべきではないということに落ち着き、所定の法改正も行われ

ている（**労災法64条**）。

　法64条によると、使用者は将来の保険給付分（障害補償年金や遺族補償年金）のうち、前払い一時金の最高限度額までは損害賠償の支払いを猶予され、その猶予期間に現実に年金給付または一時金が支給された場合には、その給付の限度で使用者の損害賠償責任が免除されることになった（法64条1項）。

　前払い一時金の最高限度額を超える部分については、労働者が損害賠償を受けたときには、その価額の限度で保険給付が支給停止することになっている（同条2項）。

　他方、最高裁は、地方公務員等共済組合法上の遺族年金について、将来の年金についても支給を受けることが確定した額の限度で、損害賠償から控除すべきとの判断を行っている（**最判平5．3．24（寒川・森島事件）判タ853-63**）。

　なお、問題となるのは、損害賠償を行った使用者は、被災労働者が有する保険給付請求権を取得することができるのかどうかである。

　この点について、最高裁は、「民法422条の賠償者による代位の規定は、債権の目的たる物または権利の価額の全部の損害賠償を受けた債権者がその債権の目的たる物または権利を保持することにより重複して利益を得るという不当な結果が生ずることを防ぐため、賠償者が債権の目的たる物または権利を取得することを定めるものであり、賠償者は右の物または権利のみならず、これに代わる権利をも取得することができる。

　そして、右規定が不法行為による損害賠償に類推適用される場合についてみるに、賠償者が取得するのは不法行為により侵害された権利またはこれに代わる権利であると解されるところ、労災保険法に基づく保険給付は、業務上の事由または通勤による労働者の負傷、疾病、障害または死亡に対して迅速かつ公平な保護をすることなどを目的としてされるものであり（労災保険法1条）、労働者が失った賃金等請求権を損害として、これを填補すること自体を目的とする損害賠償とは、制度の趣旨、目的を異にするものであるから、労災保険法に基づく給付をもって賠償された損害に代わる権利ということはできない。

　したがって、労働者の業務上の災害に関して損害賠償債務を負担した使用

者は、右債務を履行しても、賠償された損害に対応する労災保険法に基づく給付請求権を代位取得することはできないと解することが相当である。

また、労災保険法に基づく給付が損害賠償により填補されたものと同一の損害の填補に向けられる結果となる場合に、いかなる者に対して、いかなる範囲、方法などで労災保険法による給付をするかは、労災保険制度に関する法令において規律すべきところ、関係法令中に損害賠償債務を履行した使用者が労災保険法に基づく給付請求権を取得することを許容する規定は存しない」(**最判平元．４．27（三共自動車事件）**労判542-6)と述べ、損害賠償を行った使用者は、被災労働者が有する保険給付請求権を代位することはできないとしている。

なお、同事件は、先の**最判昭52．10．25（三共自動車事件）**で従業員の労災事故に関し使用者に対し損害賠償の支払いを命じる判決が確定したものの、右損害賠償の認定に際し、将来の長期傷病給付金が控除されなかったことから、使用者が同給付金の代位請求権を主張して、国に対し同給付金の支払いを求めて改めて提訴した。**第１審（大阪地判昭57．９．20）**労判399-50は右請求を棄却したが、**第２審（大阪高判昭58．10．18）**労判425-69は民法422条を類推適用してこれを認容した。これに対し、最高裁は**第２審**判決を破棄し、**第１審**判決を維持した。

２）第三者行為災害と示談

労働者が被った業務災害または通勤災害が第三者の行為によって生じることがある。問題は第三者とは誰を指すのかということである。

最高裁によると、「被災労働者との間に労災保険関係のない者」(**最判昭41．６．７（損害賠償債務不存在確認事件）**)のことであり、労働省（現厚生労働省）によると、「保険者（政府）及び被害労働者以外の者」(昭30．11．12基発台301号)のことである。そうすると、労働者を使用している事業主も第三者に含まれることになるから、労働者は事業主に対しても不法行為などがあれば、求償することになる。

事業主が第三者に含まれることになると、政府は保険給付を行った場合に、その保険事故が事業主責任により発生したものであれば、その価額の限度ま

で事業主に対して求償権を行使できる場合がある（**労災法12条の4第1項**）。

　それでは、事業主は労災保険に加入している意味がなくなってしまうことになる。

　そこで、この点について、厚生労働省は次のような見解を述べている。

「第三者の範囲に事業主を含めることは文理上可能であるが、この保険が事業主の責めに帰すべき場合を含めて、労働者の負傷、疾病を保険しようとするものであることから考えれば、本条における『第三者』には、事業主が含まれないことは当然である」（厚生労働省労働基準局労災補償部編著『再訂新版労働者災害補償保険法』　労務行政研究所）。これにより、事業主は第三者には該当しないものとして、取り扱うことになっている。

　では、第三者の加害行為によって災害が発生した場合にはどうなるのか。

　第三者行為災害について保険者である政府が労災保険給付をした場合、被災労働者の加害者に対する損害賠償請求権を代位取得する（労災法12条の4）。

　被災労働者（受給権者）が、加害第三者に対して損害賠償請求権を有するときには、政府は保険給付をした限度でその請求権を取得し、また、保険給付を受けるべき者が当該第三者から同一の事由について損害賠償を受けたときには、政府はその価額の限度で保険給付をしないことができる（**労災法12条の4**）。

　実務上は、消滅時効を考慮して、災害発生後3年間になされる給付についてのみ行うこととされている。

　次に問題になるのは、示談の効力である。被災労働者が、加害第三者と示談を行って損害賠償請求権を放棄した場合には、それは損害賠償が行われたのと同視してよいのかということである。

　このことについて、最高裁は、次のように判示している。

「労働者が第三者の行為により災害を被った場合に、その第三者に対して取得する損害賠償請求権は、通常の不法行為上の債権であり、その災害につき労働者災害補償保険法による保険が付せられているからといって、その性質を異にするものとは解されない。したがって、他に別段の規定がない限り、被災労働者らは私的自治の原則上、第三者が自己に対し負担する損害賠償債務の全部または一部を免除する自由を有するものといわなければならない。

ところで、労働者災害補償保険法第20条（現第12条の4）は、その1項において、政府は、補償の原因である事故が第三者の行為によって生じた場合に保険給付をしたときは、その給付の価額の限度で、補償を受けた者が第三者に対して有する損害賠償請求権を取得する旨を規定するとともに、その2項において、前項の場合において、補償を受けるべき者が当該第三者より同一の事由につき損害賠償を受けたときは、政府は、その価額の限度で災害補償の義務を免れる旨を規定しており、右2項は、単に、被災労働者らが第三者から現実に損害賠償を受けた場合には、政府もまた、その限度において保険給付をする義務を免れる旨を明らかにしているに止まるが、労災保険制度は、もともと、被災労働者らの被った損害を補償することを目的とするものであることに鑑みれば、被災労働者ら自らが、第三者の自己に対する損害賠償債務の全部又は一部を免除し、その限度において損害賠償請求権を喪失した場合においても、政府は、その限度において保険給付をする義務を免れるべきことは、規定をまつまでもない当然のことであって、右2項の規定は、右の場合における政府の免責を否定する趣旨のものとは解されないものである」（最判昭38．6．4（小野運送損害賠償請求事件）判タ151-72）。

最高裁は、このように述べて、同視するのは当然であるとした。そうすると、被災労働者がうっかりして示談を行うと、そのため保険給付を受けることができなくなるおそれがある。

しかし、労働者が、使用者から災害補償を受ける権利は、放棄不能であると解されているから、たとえ、被災労働者が示談によって加害第三者に対する損害賠償請求権を放棄しても、労基法第8章に定める使用者の災害補償義務は消滅しないから、労働者から保険給付の請求があれば、政府は保険給付を行わなければならない。

その場合に、政府が加害第三者に対して、損害賠償請求権を取得しないことについては、被災労働者の加害者に対する損害賠償請求権が消滅しているため、政府が労災保険給付を支給しても代位取得すべき請求権が存在しないわけであるから、したがって、求償権を行使できないのである。

このことについて、前記の最高裁判決は、次のとおり、述べている。

「補償を受けるべき者が、第三者から損害賠償を受け又は第三者の負担す

る損害賠償債務を免除したときは、その限度において損害賠償請求権は消滅するものであるから、政府がその後保険給付をしても、その請求権がなお存することを前提とする前示法条第2項による法定代位権の発生する余地のないことは明らかである。補償を受けるべき者が、現実に損害賠償を受けない限り、政府は保険給付をする義務を免れず、したがって、政府が保険給付をした場合に発生すべき右法定代位権を保全するため、補償を受けるべき者が第三者に対する損害賠償請求権をあらかじめ放棄しても、これをもって政府に対抗しえないと論ずるごときは、損害賠償請求権並びに労災保険の性質を誤解したことに基づく本末顛倒の論というほかない。

　もっとも、以上のごとく解するときは、被災労働者らの不用意な、又は必ずしも真意にそわない示談等により、これらの者が保険給付を受ける権利を失い、労働者の災害に対し迅速、かつ公正な保護を与えようとする労災保険制度の目的にもとるがごとき結果を招来するおそれもないとはいえないが、そのような結果は、労災保険制度に対する労働者らの認識を深めること、保険給付が労災保険法の所期するように迅速に行われること、並びに損害賠償債務の免除が被災労働者らの真意に出たものかどうかに関する認定を厳格に行うこと（**錯誤**又は**詐欺**なども問題とされるべきである）によって、よくこれを防止しうるものと考えられる」（前掲**小野運送損害賠償請求事件**）。

　そこで、厚生労働省は、示談の取扱いについて、次のような通達を発している（**昭38．6．17基発第687号**）。

「受給権者と第三者との間に示談が行われている場合は、当該示談が次に掲げる事項の全部を充たしているときに限り、保険給付を行わないこと。
　　イ　当該示談が真正に成立していること。
　　　　次のような場合には、真正に成立した示談とは認められないこと。
　　　a　当該示談が錯誤または心理留保（相手方がその真意を知り、または知り得べかりし場合に限る）に基づく場合
　　　b　当該示談が、詐欺または強迫に基づく場合
　　ロ　当該示談の内容が、受給権者の第三者に対して有する損害賠償請求権（保険給付と同一の事由に基づくものに限る）の全部の填補を目的としていること

次のような場合には、損害の全部の填補を目的としているものとは認められないものとして取り扱うこと。
a 損害の一部について保険給付を受けることとしている場合
b 示談書の文面上、全損害の填補を目的とすることが明確でない場合
c 示談書の文面上、全損害の填補を目的とする旨の記述がある場合であっても、示談の内容、当事者の供述などから、全損害の填補を目的としているとは認められない場合

　なお、国家公務員と地方公務員の場合には、被災者が損害賠償請求権を放棄しても、国または地方公務員災害補償基金の補償義務は免れないとされ、その場合には加害者に対する求償も行われない」(昭和48．11．1職厚―905、昭和43．5．10地基補第151号ほか)。

このように、厚生労働省は、示談の効果をなるべく狭く解釈することによって、被災労働者が不用意な示談をして、不利益を被らないよう労働者を保護しようとするものである。

3) 損害賠償請求と不法就労

外国人労働者の労災による損害賠償額の算定にあたっては、合法的に就労する外国人については、日本人と区別する理由はない。

問題は、在留資格をもたない外国人労働者が使用者に損害賠償を請求する際に、後遺障害による逸失利益をいかに計算するかである。

(1) 3つの考え方

この点につき、次の3つの考え方がある。

第一の説は、母国賃金基準説というものである。この説は、不法就労者は直ちに任意に出国しなければ、退去強制を受ける立場にあり、本来は母国で就労して賃金を得るべき者であったから、母国で就労したならば得たはずであろう収入額を基礎として逸失利益を算定すべきとの見解である。

ここで逸失利益について、確認しておこう。逸失利益とは、すなわち、事故により被害者が後遺症を負い、または死亡したために得られなくなってしまった収入などを算定するためには、まずは、事故に遭わなかったとすると、

被害者は将来どれだけの収入を得られたはずか、という金額を算定するものである。

第二説は、日本賃金基準説である。この説は、憲法14条の平等原則を根拠にして、被害者が外国人だからといった理由で、日本人に認められている損害賠償額と比較して不公平・不平等な結論は許されない。したがって、不法就労者であっても、日本人と同様にわが国での就労先から支払われている賃金を基礎収入として逸失利益を算定すべきとの見解である。

第三の説は、多くの下級審が支持する折衷説である（**東京地判昭51．8．19ジュリストL03130202、東京地八王子支判平4．11．25ジュリストL04730423、大阪地判平5．7．6ジュリストL04850355、東京地判平5．8．31判タ843-240**）。

この説は、逸失利益をいくらとするかは事実認定の問題だから、事実認定してみた場合、わが国で就労している不法就労者を母国で賃金を得ている労働者とみなす母国賃金基準説を採用できない。他方、不法就労者の在留資格の不安定性に照らせば、日本人と同一方式で逸失利益を算定すべきとの日本賃金基準説も妥当とはいえないとし、相当期間については、わが国で事故前に得ていた賃金額を基礎とし、その余の期間については母国賃金を基準として逸失利益を算定すべきとの見解である。

（2）判例の立場

在留資格をもたない外国人労働者の労災による損害賠償額の算定につき、最高裁は、「財政上の損害としての逸失利益は、事故がなかったら存したであろう利益の喪失分として評価算定されるものであり、その性質上、種々の証拠資料に基づき相当程度の蓋然性をもって推定される当該被害者の将来の収入などの状況を基礎として算定せざるを得ない。損害の填補、すなわち、あるべき状態への回復という損害賠償の目的からして、右算定は、被害者個々人の具体的事情を考慮して行うのが相当である」とし、逸失利益の額の算定は「評価の問題」ではなく、種々の証拠資料に基づく「事実認定等の問題」であることを明らかにしたうえで、次のように述べている。

「こうした逸失利益算定の方法については、被害者が日本人であると否と

によって異なるべき理由はない。したがって、一時的に我が国に滞在し将来出国が予定される外国人の逸失利益を算定するに当たっては、当該外国人がいつまで我が国に居住して就労するか、その後はどこの国に出国してどこに生活の本拠を置いて就労することになるか、等の点を証拠資料に基づき相当程度の蓋然性が認められる程度に予測し、将来のあり得べき収入状況を推定すべきことになる。

そうすると、予測される我が国での就労可能期間ないし滞在可能期間内は我が国での収入等を基礎とし、その後は想定される出国先（多くは母国）での収入等を基礎として逸失利益を算定するのが合理的ということができる。そして、我が国における就労可能期間は、来日目的、事故の時点における本人の意思、在留資格の有無、在留資格の内容、在留期間、在留期間更新の実績及び蓋然性、就労資格の有無、就労の態様等の事実的及び規範的な諸要素を考慮して、これを認定するのが相当である。

在留期間を超えて不法に我が国に残留し就労する不法残留外国人は、出入国管理および難民認定法24条4号ロにより、退去強制の対象となり、最終的には我が国からの退去を強制されるものであり、我が国における滞在及び就労は不安定なものといわざるを得ない。

そうすると、事実上は直ちに摘発を受けることなくある程度の期間滞在している不法残留外国人がいること等を考慮しても、在留特別許可等によりその滞在及び就労が合法的なものとなる具体的蓋然性が認められる場合はともかく、不法残留外国人の我が国における就労可能期間を長期にわたるものと認めることはできないものというべきである」（最判平9．1．28（改進社事件））。

このように、逸失利益の額の算定が事実認定の問題である以上、右の「折衷説」の見解を支持した。

そして、最高裁判決は、「短期滞在」の在留資格で入国した後に不法残留し、事故発生まで約1年4か月間にわたり、継続してわが国で就労し続けた資格外就労外国人労働者の損害賠償の算定につき、「原審は、右事実関係の下において、上告人が本件事故後に勤めた製本会社を退社した日の翌日から3年間は我が国において被上告会社から受けていた実収入額と同額の収入を、そ

の後は来日前にパキスタン回教共和国（パキスタン・イスラム共和国）で得ていた収入程度の収入を得ることができたものと認めるのが相当であるとしたが、上告人の我が国における就労可能期間を右の期間を超えるものとは認めなかった原審の認定判断は、右に説示したところからして不合理ということはできず、原判決に所論の違法があるとはいえない。

　また、出国先ないし将来の生活の本拠、労働能力喪失率等所論の点に関する原審の認定判断も、原判決挙示の証拠関係に照らして是認するに足り、その過程に所論の違法はない。論旨は、違憲という点を含め、原審の専権に属する証拠の取捨判断、事実の認定を非難するか、または右と異なる見解に基づき原判決の法令解釈の誤りをいうものであって、採用することができない」としている（前掲・改進社事件）。

　この判決は、最高裁が、今回、外国人、特に資格外就労外国人労働者の状態にある者の将来の収入算定方法について具体的な基準を示したものといえる。

　示された基準についてまとめると、次のようになる。

① 　逸失利益の算定については、相当程度の蓋然性をもって推定される被害者の将来の収入などを基礎として行うほかなく、このことについて、被害者が日本人か外国人かによって異にするべき理由はない。

② 　外国人である被害者の将来のあり得べき収入などを推定するには、
　・予測される日本での就労（滞在）可能期間内は日本での収入などを基礎とし。
　・その後は、想定される出国先（多くの場合は母国）での収入などを基礎として、それぞれ算定することが合理的である。

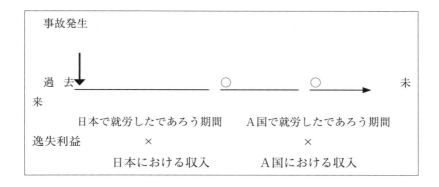

③　日本における就労可能期間の認定については、
（ア）来日目的
（イ）事故の時点における本人の意思
（ウ）在留（就労）資格の有無・内容
（エ）在留期間更新の蓋然性
（オ）就労の実態
　　等の諸要素を考慮するべきである。
④　不法残留外国人については、退去強制の対象となるのであるから、日本における滞在・就労は不安定なきものであり、就労可能期間を長期にわたるものと認めることはできない。
⑤　本件で、上告人（資格外就労外国人労働者）が被上告人（会社）を退社した日から3年間は日本における収入（来日前のもの）を前提にした逸失利益を算定することにつき、誤りはない。

次に問題となるのは、わが国と不法就労者の母国との間の物価水準の違いを慰謝料にどう反映させるかということである。

この点について、前掲・**改進社事件**の最高裁判決は、不法就労者の人身損害のうち慰謝料をどのように算定すべきかについては、特段の説示はしていない。

確かに、物価水準の違いは、慰謝料の額を算定するにあたって、裁判所が斟酌することができる事由のひとつであるが、それは慰謝料の額を算定する

上で、必ずしも決定的な事由にはならない。
　結局、弁論に現れた諸般の事情をどのような形で、どの程度考慮するかは、原則として、裁判所の裁量に委ねられているところである。

第10章 改正行政不服審査法 改正行政手続法 社労士補佐人制度について

Scientiaotentia est
「知は力なり」

Live as if you were to die tomorrow.
Learn as if you were to live forever.
「明日死ぬと思って生きなさい
永遠に生きると思って学びなさい」

改正行政不服審査法

1．はじめに

　行政庁の処分・不作為等に関する不服申立制度について、国民の利便性向上のために**行政不服審査法**が52年ぶりに全面改正となった。行政不服審査法は1962年制定以来、国民の権利意識も向上し、行政に対する監視の目も厳しくなっていたにも関わらず、実質的な改革がなされないまま適用が続けられたが、ようやく全面的な改正が施され、内容を一新することとなり、2014年6月13日に、行政不服審査法ほか関連二法（行政不服審査法の施行に伴う関係法律の整備等に関する法律、行政手続法の一部を改正する法律）が交付され、2016年4月1日から施行された。

　そこで、新たな行政不服審査法や、あわせて改正された行政手続法等の内容について、そのポイントを学び、日々の業務に活用できるようにすることとしたい。

2．改正行政不服審査法の理念・目的・特徴

1）改正の理念・目的

　行政不服審査法の**改正の理念**としては、①**公正性の向上**、②**使いやすさの向上**、③**国民の救済手段の充実・拡大**が挙げられる。これらの観点から抜本的な見直しが行われたわけであるが、具体的にいかなる箇所に反映されているかについては後に各箇所の解説において詳述することとする。なお、③については行政手続法の一部改正とも関連するため、その点についても後に解説する。

　改正行政不服審査法（以下、「**新法**」とする。）の改正の目的は、1条1項に明確に示されている。以下、特に付言しない限り、条文は新法のものである。

第10章 改正行政不服審査法 改正行政手続法 社労士保佐人制度について

行政不服審査法

> （目的等）
> 第1条　この法律は、行政庁の違法又は不当な処分その他公権力の行使に当たる行為に関し、国民が簡易迅速かつ公正な手続の下で広く行政庁に対する不服申立てをすることができるための制度を定めることにより、国民の権利利益の救済を図るとともに、行政の適正な運営を確保することを目的とする。

「公正な手続」という文言で、前述の理念である①公正性の向上を、「簡易迅速」という文言で②使いやすさの向上を、「広く行政庁に対する不服申立て」、「国民の権利利益の救済」という文言で国民の救済手段の充実・拡大を、それぞれ明記している。

2）新法の特徴

新法の大きな特徴としては、①**審理員**による審理手続が導入されたこと、②行政不服審査会等への諮問手続が導入されたこと、③審査請求人の権利が拡充されたこと、④審査請求期間がそれまでの60日から3ヵ月に延長されたこと、⑤不服申立ての手続において、「異議申立て」を廃止し、「**審査請求**」に一元化されたこと、⑥標準審理期間の設定等による迅速な審理の確保、⑦不服申立前置の見直しがなされたこと、⑧情報提供制度が創設されたこと、が挙げられる。

これらの特徴については、1）で触れた改正の理念・目的から整理するとわかりやすいだろう。以下、改正の理念のそれぞれに対応させて、解説することとしよう。

3．改正の内容

1）公正性の向上　審理員による審理手続きの導入

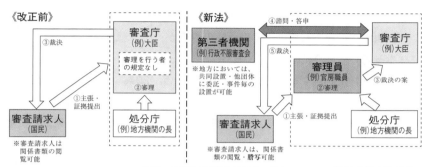

出典：『行政不服審査法関連三法』について（総務省行政管理局）

　行政庁の処分または不作為に関する審査請求に関する審理において、職員のうち処分または不作為に関与しない者が**審理員**となり、請求人および処分庁等の主張を公正に審理することとなった（**行政不服審査法９条１項・２項**）。審理員が自ら、請求人および処分庁等の主張および立証に関する証拠の整理などを含む審理を行うこととなったのである。

　改正前の行政不服審査法（以下、「**旧法**」とする。）では、審査請求の審理を行う者については明文が存在せず、住民税や生活保護をめぐる不服申立の際に、当該住民の課税額や、当該生活保護受給者の支給額を決定する部署の職員が不服審査に加わることがあったため、公平性、公正性の観点から問題点が存在すると長らく指摘され続けてきた。新法においてようやく、公平・公正を保つために、職員のうち処分または不作為に関与したものを排除する規定が創設されることになったのである（**同条２項各号**）。ただし、審理員はあくまで審査庁の所属する職員であるため、完全に組織体の外部にいる第三者というわけではなく、審理員の職権行使に関しての独立性を担保する明文の規定が置かれているわけではないことには注意を要する。

　加えて、旧法では処分庁が提出する弁明書・請求人が提出する反論書のみでは、審査請求の趣旨や、請求人と処分庁の主張の対立点を正確に把握でき

ない場合があると指摘されていたため、新法では、両者の主張を明確にすることで争点の把握を容易にするため、審理員の審理関係人に対する**質問権**を設けた（**36条**）。さらに、争点・証拠の**事前整理手続**（**37条**）を導入した。これにより、事前に審理員による争点整理を図ることができ、質問権による両者の主張の明確化と合わせて、より公正な審理が可能となった。

その他の改正点としては、**審理手続の併合**が導入された。審理員は、必要があると認める場合には、数個の審理請求にかかる審理手続を**併合**し、または、併合された審理手続を**分離**することができ（**39条**）、さらに、**執行停止の意見書**（**40条**）や、審査庁がすべき裁決に関する意見書（**審理員意見書**）を事件記録とともに審査庁に提出する（**42条**）など、権限の内容が明確化された。

今後は審理員による審理の導入と、審理員の権限の明確化により、公正性の確保が図られたことを前提にして対応しなければならない。審査請求の請求人や代理人は、審理員の質問権行使を想定した上で、事前整理手続の段階で主張およびその立証に関して、明確な論点整理と資料整理をしておく必要がある。

2）公正性の向上　行政不服審査会等への諮問手続の導入

（1）国の行政不服審査会

国の審査庁の行う裁決について、有識者からなる第三者機関として**行政不服審査会**が創設されることになった。行政不服審査会が審査庁の判断の妥当性をチェックすることにより、裁決の公正性の向上、確保が期待されている。

行政不服審査会は、総務省に設置される（**67条1項**）。委員は9人で構成され（**68条1項**）、任期は3年、再任可能である（**69条4項・5項**）。審査会は、個別法領域ごとではなく、法領域を横断する機関として位置づけられている。従来設置されていた、情報公開・個人情報保護審査会は、情報公開や個人情報保護に関する専門性が考慮され、審査会には吸収されず、従来通り内閣府に存置されることとなった。

行政不服審査会での手続は、**簡易迅速な手続の確保**の目的を反映し、審理員意見書および事件記録に基づく書面審理が中心となる。審理員による審理

手続が終結し、審理員意見書の提出を受けた審査庁は、原則として審理員意見書および事件記録の写しを添えて行政不服審査会に諮問し、判断の妥当性についてチェックを受ける必要がある（**43条1項**）。行政不服審査会の権限として、書面審理を補完するために、審査請求人や審査庁等の審査関係人に対して主張書面や資料の提出を求めたり、参考人にその知っている事実を陳述させたり、または鑑定を求めたりするなど**必要な調査をする権限**が付与されることとなった（**74条**）。その一方で、審査関係人には、口頭意見陳述権が付与され（**75条1項**）、また、行政不服審査会の許可を得て、補佐人とともに出頭することもできる（**同条2項**）。

この行政不服審査会への諮問手続であるが、審査請求人が希望しない場合には、その旨の申出をすることができ、申出があった場合は、原則として諮問を要しないとされている（**43条1項4号**）。たとえば、審査請求前置主義が採られているため、やむなく審査請求をしたものの、審査請求人の本音としては取消訴訟の提起によって争いたいと考えているような場合に、この申出制度の活用が考えられよう。

（2）地方における機関

地方公共団体においては執行機関（首長のほか、委員会や委員など）の附属機関として、行政不服審査会に対応する機関が設置されることになる（**81条1項**）。ただし、不服申立ての状況等に鑑み、この期間を設置することが不適当または困難であるときは、条例で、事件ごとに執行機関の附属機関を置くことができる（**同条2項**）というように、常設でない機関の設置が許容されている。

3）公正性の向上　審査請求人の権利の拡充

公正性の向上策の一環として、審理手続における審査請求人の権利を拡大している。審査請求人または参加人の申立てがあったときに、申立てをした者（申立人）に意見陳述の機会（**口頭意見陳述**）を与えなければならない点は旧法と同じ（**31条1項**）であるが、申立人は審理員の許可を得て、処分庁に**質問**を発することが可能になった（**同条5項**）。

第10章 改正行政不服審査法 改正行政手続法 社労士保佐人制度について

　また、**証拠書類等の閲覧・写しの交付請求権**が審理手続終結までの間に認められるようにもなった（**38条1項**）。旧法においては、処分庁から提出された書類等に限って文書閲覧請求権が認められていたが、新法においては、書類の閲覧対象が拡大し、写しの交付も請求できるようになった。これらの改正は、審理手続において審査請求人あるいは参加人が適切な主張・立証を行えるようにすることで、公正性の確保を図ったものである。

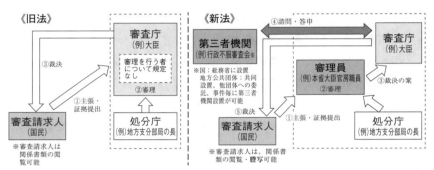

出典：『行政不服審査法関連三法』について（総務省行政管理局）

4）使いやすさの向上　審査請求期間の延長
（1）審査請求期間

　行政庁の**処分**についての**審査請求期間**は、旧法の60日から延長されて、処分を知った日の翌日から起算して**3カ月**（再調査の請求を前置したときは、当該再調査の請求の決定があったことを知った日の翌日から起算して1カ月）という**主観的請求期間**と、処分の日の翌日から起算して1年という客観的請求期間が規定された（**18条1項**）。また、「天災その他審査請求をしなかったことについてやむを得ない理由があるとき」という例外規定も、客観的事情に限られない形である「正当な理由があるとき」に拡張・緩和された。

　行政庁の**不作為**についての**審査請求期間**は、事の性質上制限は存在しない点については旧法から変わりないが、「申請から相当の期間が経過しないでされた」審査請求については、不適法なものとして却下裁決となることが明記されるようになった（**49条**）。

(2) 不服申立適格

不服申立適格については、処分・不作為のいずれも変更はない。処分について審査請求できる者は「行政庁の処分に不服がある者」（2条）であり、不作為について審査請求できる者は、「法令に基づき行政庁に対して処分についての申請をした者」（3条）である。

判例 ■最判昭53.3.14（主婦連ジュース不当表示事件）判タ360-132

【事案】Y（公正取引委員会、被告・被上告人）は、昭和四六年、社団法人日本果汁協会などの申請にもとづき果汁飲料等の表示に関する公正競争規約の認定をした。この規約によれば、果汁含有率五％未満のものまたは無果汁のものについては「合成着色飲料」「香料使用」などとのみ表示すればよいとされていた。Xら（主婦連合会及びその会長、原告・上告人）は、右のような表示では一般消費者の誤解を招く等の理由を挙げて、本件規約が景表法一〇条二項一号ないし三号に違反すると主張し、同条六項にもとづき不服を申立て認定の取消を求めた。ところが、公正取引委員会は、本件規約の認定により具体的個別的な権利ないし法律上保護された利益が直接侵害されたか、少なくとも必然的に侵害されると主張しうる者でなければ、これに対し不服申立てができないとし、Xらが右不服申立ての資格を有しないという理由で、不服申立てを却下する審決をした。

そこで、XらはYのなした審決の取消を求めて出訴したが、原審判決は、①景表法は公正な競争を確保することを直接の目的とし、一般消費者の保護は右の直接の目的をとおして得られる間接の目的たる地位に止まるものであり、一般消費者として、正当な認定がなされれば得られるべき利益を得られなかったというのみでは、その認定に対する不服申立て資格はない、②かといって、Xらが、右認定によって自己の法的に保護された利益を具体的に侵害され、または必然的に侵害されるおそれがある者ということもできない、という理由で、Xらの請求を棄却したため、Xらは上告。

【判旨】一「景表法一〇条一項により公正取引委員会がした公正競争規約の認定に対する行政上の不服申立ては、これにつき行政不服審査法の適用を排

除され、専ら景表法一〇条六項の定める不服申立手続によるべきこととされているが、行政上の不服申立の一種にほかならないのであるから、景表法の右条項にいう『第一項……の規定による公正取引委員会の処分について不服があるものとは、一般の行政処分についての不服申立の場合と同様に、当該処分について不服申立をする法律上の利益がある者、すなわち、当該処分により自己の権利若しくは法律上保護された利益を侵害され又は必然的に侵害されるおそれのある者をいう、と解すべきである』。

　二「景表法の目的とするところは公益の実現にあり、同法一条にいう一般消費者の利益の保護もそれが直接的な目的であるか間接的な目的であるかは別として、公益保護の一環としてのそれであるというべきであり、してみると、同法の規定にいう一般消費者も国民を消費者としての側面からとらえたものというべきであり、景表法の規定により一般消費者が受ける利益は、公正取引委員会による同法の適正な運用によって実現されるべき公益の保護を通じ国民一般が共通してもつにいたる抽象的、平均的、一般的な利益、換言すれば、同法の規定の目的である公益の保護の結果として生ずる反射的な利益ないし事実上の利益であって、本来私人等権利主体の個人的な利益を保護することを目的とする法規により保護される法律上保護された利益とはいえないものである。……したがって、仮に、公正取引委員会による公正競争規約の認定が正当にされなかつたとしても、一般消費者としては、景表法の規定の適正な運用によって得られるべき反射的な利益ないし事実上の利益が得られなかったにとどまり、その本来有する法律上の地位には、なんら消長はないといわなければならない。そこで、単に一般消費者であるというだけでは、公正取引委員会による公正競争規約の認定につき景表法一〇条六項による不服申立をする法律上の利益をもつ者であるということはできない」。

5）使いやすさの向上　「審査請求」への一元化
（1）不服申立ての手続きを「審査請求」に一元化

　旧法においては、審査請求と**異議申立て**が原則択一的な関係にあったが、新法では異議申立てを廃止し、「**審査請求**」に一元化することとなった（**2条**）。従来、異議申立手続においては、処分庁から説明を受ける機会が与えられて

いないなどの手続上の問題点が指摘され、また、上級庁の有無により手続保障のレベルが左右されるという不都合が旧法にはあったため、新法においてはそれらの不都合を解消することとした。

新法における不服申立手続は「審査請求」に一元化されることとなったわけであるが、これには①審査請求、②再調査の請求、③再審査請求という3種類の不服申立手続が含まれることになる。特に代理人が気をつけなければならないのが、③再審査請求が存置された点である。これについては後述する。

（2）審査請求すべき行政庁

審査請求を行う行政庁についてであるが、旧法は直近上級行政庁を原則としていたが、新法においては、処分庁・不作為庁の最上級行政庁を原則としている（**4条4号**）。

（3）再調査の請求

再調査の請求は、処分庁以外の行政庁に対して審査請求ができる場合において、個別法が特に定めた場合に許容される（**5条1項・54条**）。この制度は、国税、関税など処分が大量に行われ、処分に関する不服が法定の要件事実該当性の当否にかかるような法制度において、処分庁自身が審査請求よりも簡易な手続で、迅速に紛争を処理することを可能ならしめる例外的な手続である（**61条**）。それゆえ、審理員による審理はなされず、行政不服審査会等への諮問手続もない。審査請求に関する規定のうち準用されるものは、口頭意見陳述や標準審理期間等、必要最小限のものにとどまっている（**61条**）。

また、再調査の請求をすることができる場合でも、旧法の異議申立前置主義のような考えは採用されず、審査請求と再調査の請求のいずれを利用するかは自由選択である（**5条1項**）。要件事実の認定判断の見直しを求めるのではなく、法令解釈それ自体を争いたい場合に直ちに審査請求できることは、国民にとって手続負担の軽減が図られることになる。

たとえば、共に改正された国税通則法を例に取ると、改正前は、国税に関し税務署長による処分に不服がある者は、①税務署長に対する異議申立て、②国税不服審判所長に対する審査請求、③取消訴訟の提起という順番で手続

を行う必要があった。それに対して改正後では、税務署長に対する「（①の異議申立てに相当する）再調査の請求」を経ずに直接国税不服審判所長に対する審査請求をすることが可能になったのである。ただ、取消訴訟については、審査請求前置主義が採られているため、国税不服審判所長の判断が下された後で、取消訴訟を提起することになる。

　注意すべき点として新法では、「再調査の請求」をした場合、審査庁の負担軽減の観点から、原則として、当該再調査の請求についての決定を経た後でなければ審査請求できないことになっている点である（**同条2項**）。ただし、再調査の請求をしてから3カ月を経過しても決定がない場合には、決定を経ずに審査請求することができ（**同条同項1号**）、処分庁は、3カ月を経過した時には、決定を経ずに審査請求できる旨を教示しなければならないとしている（**57条**）。また、不作為については、再調査の請求についての規定が存在しない（**5条1項参照**）。

（4）再審査請求

　再審査請求は、社会保険、労働保険等の領域で、審査請求の裁決に不服のある者が、さらにもう一段階の不服を申し立てる手続として存置されることになった。再審査請求は基本的に、審査請求と同じ手続構造が与えられている（**66条**）。したがって、審理員による審理手続など、審査請求と基本的に同等の手続がもう一段階なされることになる。再審査請求は、個別法が特に定めた場合にのみ許容される（**6条1項**）が、この場合に再審査請求をするか、取消訴訟を提起するかは原則として自由選択である。なお、処分権限を委任した場合の再審査請求の制度は廃止された。新法では処分庁の最上級行政庁が審査庁となるため、処分権限を委任した場合でも、審査請求すべき行政庁が変わらないことがその理由である。

（5）裁決

　処分について全部認容裁決がなされた場合、原処分は、取り消し、変更されることになる（**46条1項**）。ここでなされた裁決は処分庁等を拘束するものであり、以後処分庁は争えない（**52条**）。

しかし、審査請求の全部または一部を棄却または、却下する裁決がなされた場合、審査請求人は、行政事件訴訟法に基づく裁決の取消の訴え（**行政事件訴訟法3条3項**）を提起するかなどの判断することになる。

その裁決取消の訴え根拠として、審理員に除斥事由があること（**9条2項**）、審査請求人に処分庁等の主張や提出証拠に対して反論する機会を与えないこと（**30条**）、口頭意見陳述における「質問」を不当に制限したこと（**31条**）、記録の閲覧・謄写を不当に拒否したこと（**38条**）など、裁決固有の瑕疵として裁決の違法事由となりうる（状況によっては、国家賠償等の損害賠償責任を基礎づけることもあろう）。

また、裁決をした行政庁は、裁決等の内容その他当該行政庁における不服申立ての処理状況について公表する努力義務が課された（**85条**）。

6）使いやすさの向上　標準審理期間の設定等による迅速な審理の確保

審査庁となるべき行政庁に、審査請求が事務所に到達してから裁決をするまでの期間について、審理期間の目安となる標準審理期間を定めるように努めるとともに、これを定めたときは公にしなければならないと規定した（**16条**）。審査請求の審理の遅延を防ぎ、審査請求人の権利利益の迅速な救済を図るという趣旨によるものである。

標準審理期間は、審査請求に要する合理的な期間であり、当該期間内に処理する義務を課すものではない。したがって、当該期間内に行政庁の裁決がなされなかったとしても、これをもって直ちに不作為の違法があることにはならず、裁決固有の瑕疵が認められることにもならない。これは、行政手続法に規定する標準処理期間（**行政手続法6条**）を経過した場合の取り扱いと同様である。

標準審理期間は裁決をするまでの機関であるから、行政不服審査会等への諮問に要する期間も含まれる。

7）口頭意見陳述

旧法の行政不服審査法では、「審査請求の審理は、書面による」とされていた（**旧法25条**）が、今次の改正によってこの文言は削除された。

第10章 改正行政不服審査法 改正行政手続法 社労士保佐人制度について

　そして、旧法では「審査請求人又は参加人の申立てがあつたときは、審査庁は、申立人に口頭で意見を述べる機会を与えなければならない」とのみされていたが、新法では口頭意見陳述の詳細が規定されるようになった（**31条各項**）。

　なぜなら、旧法では、審査請求人と処分庁が審査庁の前で攻撃防御を行うという裁判における法廷でのような対審構造まで予定されていなかったため、処分庁が審査請求人の口頭意見陳述に立ち会うことが義務付けられていなかったことが問題となったためである。

　このような旧法の状況については、審査請求人による口頭意見陳述も単に審査請求書や反論書に記載した事項を口頭で述べるのみに留まり、審査自体が形骸化する傾向があったこと等、透明性のある行政を目指す上で、適正で実効性のある手続きとは言いがたいものであった。

　形式的な制度のみ整ったからといって、実質的な運用が伴わなければ意味が無いのは周知の事実である。

　その反省もあり、新法では、口頭意見陳述の実施時における全審理関係人の招集義務や処分庁に対して質問する機会の付与が明記され、一定の対審的制度を用意することで、審査請求人の手続保障の充実、今改正の目的である公正性の向上および国民の救済手段の充実・拡大が図られているのである。

（1）口頭意見陳述の出頭者

　申立てによる口頭意見陳述を実施する場合については、「全ての審理関係人を招集して」行わなければならないとされている（**31条2項**）。

　「全ての審理関係人を招集して」とは、審理員が、審査請求人、参加人および処分庁等に対して、口頭意見陳述の日時および場所を通知して、口頭意見陳述に出頭させることを意味し、審理関係人である処分庁等（処分庁および不作為庁）は、口頭意見陳述に必ず出頭しなければならない。

　新法が、申立人および処分庁等のみならず他の審査請求人や参加人等といった全ての審理関係人を招集するとしているのは、申立人による処分庁等に対する質問権の行使の実効性を担保するだけでなく、審理員が、口頭意見陳述の場での質問を通じて、充実した審理を行うことができるようにする目

的であり、ひいては国民の権利利益の救済を図り、行政の適正な運営を確保する目的のためである（1条）。

（2）出頭する処分庁等の職員

処分庁等は口頭意見陳述には必ず出頭しなければならないが、実際には処分庁等の補助機関たる現場の職員が出頭することになるものと思われる。

具体的に誰を出頭させるかについては、処分庁等の判断に任されているが、全ての審理関係人を招集させるとしている法の趣旨を勘案して、当該処分を行った担当者など、申立人の質問に適切に回答できる者を出頭させるのが適当であろう。

（3）処分庁等に対する質問
①概要

今改正により、審査請求人または参加人の手続保障を充実させることを目的として、口頭意見陳述を申し立てた審査請求人または参加人は、口頭意見陳述において、審査請求に係る事件に関し、処分庁等に対して質問ができるようになった（**31条5項**）。

新法における口頭意見陳述制度の重要な点は、次の3点に要約される。

1．申立人は、原処分の違法ないし不当についての意見のほか、不服申立人適格や審査請求期間を徒過した場合の「正当な理由」など、審査請求事体の適法性についても意見を述べることができる（**31条1項**）。
2．口頭意見陳述は、審理員が期日および場所を指定し、全ての審理関係人を招集して行う（**同条2項**）。
3．申立人は、審理員の許可を得て、処分庁等に対して、直接「質問」を発することができる（**同条5項**）。

②質問対象

申立人の質問は、審査請求に係る事件に関してのみ認められる（**31条1項**）。ここでの質問の内容は、審理関係人の主張の趣旨や内容が不明瞭である場合や、処分や不作為についての違法性または不当性に係るものと解されるの

で、関係する事項以外の審理に不要な質問は認められない。また、審査請求の適法要件に関する質問もすることができる。

ただし、裁判官役たる審理員に対しての質問はできない（**31条5項**）。

法廷での口頭弁論を思い起こしてもらえればよいだろうか。

③**質問の申立て**

質問の申立て方法を定めた法令の規定はない。

しかし、書面審理主義を前提としていた旧法の「審査請求の審理は、書面による（**旧法25条**）」との文言は削除されたものの、正確性を担保し、一覧性を確保し、また、審理関係人に質問をする必要性を審理員に理解してもらうためにも、書面によることが適当であろう。当該書面には、質問の対象となる審理関係人、質問事項、質問を必要とする理由等を具体的に記載することが適当である（下例参照）。

平成○年○月○日

審理員　○○○○　殿

審査請求人　○○○○　㊞

質問申立書

審査請求人（○○○○）が、平成○年○月○日付けで申し立てた○○処分にかかる審査請求（○○（審査請求の事件番号））について、下記の通り審理関係人への質問を求めたいので、行政不服審査法36条の規定により申し立てるものである。

記

1　質問の対象となる審理関係人
　　○県○市○町○○番地　　○○○○
2　質問事項

```
          （1）・・・・・・・・・・
          （2）・・・・・・・・・

    3  質問を必要とする理由
          ・・・・・・・・・・・・・・
                                              以上
```

④**審理員の許可**

　質問は、事前に審理員の許可が必要となる。これは、申立人に対して無制限に質問を認めた場合に、不当または不必要な質問が多発されるおそれがあるためである。

　また、同様に実際の質問の内容が審査請求事件に関係のない事項にわたる場合や、繰り返しとなる場合等相当でないには、審理員は質問の許可を取り消し、質問者の発言を制限することができる（**31条4項**）。

（4）審理員の対応

　質問の方法について、審理員が審理関係人への質問が必要と判断した場合、審理関係人への質問が実施されることになるが、その方法については規定がなく審理員が個別に判断することになる。

　口頭による質問をするとなると、日程の調整や質問場所の準備等の手続きが新たに必要となり、手続きが遅延するおそれがあるため、実務上は書面によるものになろう。

　書面による場合は、質問事項と回答期限を記載した質問書を審理関係人に送付されるものと思われる（下例参照）。

```
                                      平成〇年〇月〇日

    審理関係人　〇〇〇〇　殿


                                      審理員　〇〇〇〇
```

第10章 改正行政不服審査法 改正行政手続法 社労士保佐人制度について

質問書

　審査請求人（○○○○）が、平成○年○月○日付けで申立てた○○処分にかかる審査請求（○○（審査請求の事件番号））の審理のために必要がありますので、行政不服審査法36条の規定により、下記の質問事項について、平成○年○月○日までに文書で回答するよう求めます。

記

1　質問事項
　　（1）・・・・・・・・・・
　　（2）・・・・・・・・・・

以上

　また、口頭による質問等がなされる場合は、招集のため、質問手続きの実施日時、場所、質問事項および陳述を聴取するもの等を記載した書面が、審理関係人に送付されるものと思われる（下例参照）。

平成○年○月○日

審理関係人　○○○○　殿

審理員　○○○○

口頭意見陳述実施について

　審査請求人（○○○○）が、平成○年○月○日付けで申し立てた○○処分にかかる審査請求（○○（審査請求の事件番号））の審理のために必要がありますので、行政不服審査法36条の規定により、下記の通り質問を実施しますので、出席して下さい。

　　　　　　　　　記
1　実施日時及び場所
　　平成○年○月○日　午前○時より
　　○県○市○町○○番地
　　○○庁舎○階○○号会議室

2　質問事項
　　（1）・・・・・・・・・・・
　　（2）・・・・・・・・・・・

3　陳述を聴取する者の氏名等
　　　　○○○○
　　　　　　　　　　　　　　　　　　　　　　　以上

（5）口頭意見陳述の活用
①的確な主張を行うために

　せっかく口頭意見陳述の制度が制定されたと言っても、充実した主張を行う場として活用できなければ意味がない。そこで、活用のための方策を考えてみよう。

　口頭意見陳述の制度において最も重要な点は、申立人自身が処分庁等に対して直接「質問」できることである。各種士業者等の代理人においては、その役割として「質問」の機会を実質的な反対尋問の場として活用すべきことを考えるべきである。

　「質問」を通して、審理員に処分庁等の主張に理由がないとの心証を抱かせる事ができるならば、審査請求を認容する旨の「審理員意見書」に向けての重要なステップになるし、その後に想定される訴訟等の手続きにおいても優位性を保つことができよう。

　申立人の質問が不当に制限されれば、手続きの瑕疵の問題（**憲法31条（適正手続の保障）**）にもなり、場合によっては国家賠償も請求しうることになる。

第10章 改正行政不服審査法 改正行政手続法 社労士保佐人制度について

　審理員は、申立人に対して、口頭意見陳述の機会に先立って質問の内容を提出するよう求めることも考えられるが、処分庁等に詳細な記述を求める必要もなく、訴訟における尋問事項書程度の上述の記載で十分であろう。また、この書面に記載していない質問も口頭意見陳述の場で発しうると考えられる。なぜなら、これができないとなると、この度新たに設けられた口頭意見陳述の機会の意義を没却してしまうからである。
　そして、この「質問」を実質的な反対尋問として機能させるためには、処分庁等に対し、その場で適切な回答を行わせる必要がある。その場で、処分庁等に回答を行わせる根拠としては、口頭意見陳述の趣旨のほか、審理関係人の協力義務（**28条**）、法律による行政の原理があげられよう。法令上、口頭意見陳述の回数が制限されているものではなく、処分庁等がその場での回答を留保しようとする場合には、代理人としては再度の口頭意見陳述の申立てをすべきであろう。

　②事件記録の入手
　新法において、審理手続きが集結したときは、事件記録を作成するとされている（**41条3項**）。そして、法令上作成方法の定めはないが、口頭意見陳述が行われたあと、審理員はその記録を作成する（**新法施行令15条1項**）。ただし、この記録は、法文上、閲覧・謄写の対象には含まれていない（**38条**）。
　しかし、審理員は、口頭意見陳述の結果、あるいは、その際になされた質問に対する回答を踏まえて審理員意見書を作成するであろうし、審査会の答申や審査庁の裁決も、口頭意見陳述の記録を参照して行われるであろう。このような口頭意見陳述の機会の重要性に照らし、代理人は審理員に対して、口頭意見陳述の記録の案を作成した時点でその内容を確認させることおよび当該記録が作成された後はその写しを送付することを積極的に求めるべきである。また、ICレコーダー等の電子機器の活用も考慮し、証拠の保全に努められたい。
　このような積極性に基づく的確な手続き進行が、結果的に請求の認容に結びつくのである。

（6）処分庁等からの回答

　審査請求人または参加人からの質問に対し、処分庁等の回答義務を定めている条文はないが、今回申立人に質問権が付与された趣旨からすれば適切に回答する義務があるものと解される。

　よって、申立人からの質問を受けた処分庁等は、その質問に対して、口頭意見陳述の場において回答することが求められるが、回答にあたって調査を必要とする等その場での回答が難しい場合には、後日の回答も許容されうる。

　しかし、処分庁等は申立人からのあらゆる質問に対して回答義務があるものではなく、守秘義務に抵触する等の正当事由が存在する場合には、回答を拒むこともできると解される。

　回答については、審理員の指示により、上述の質問の際と同様の理由で書面による回答が想定される。

コラム

　今回の改正以前にも、労災保険の審査請求に関して、その取扱いに注目すべき改正があったので、念のため触れておくこととする。

　「労災保険審査請求事務取扱手引の一部改正」（平成22年10月1日施行）によって、労働保険審査官は、労働基準監督署長からの意見書を事前に審査請求人に提示し、労働基準監督署長の処分理由を明確にした上で審査請求の審理を行うこととされた。

　この改正は、審査請求人にとっては非常に大きな意義を有するものといえる。労働基準監督署長からの意見書が、審査請求の具体的な審理に入る前に示されるということは、審査請求人が、審査請求の対象となる労働基準監督署の判断の判断根拠を確認することができるため、争点を明確化できるとともに、その対応策の明確になるからである。

第10章　改正行政不服審査法　改正行政手続法　社労士保佐人制度について

8）使いやすさの向上　不服申立前置の見直し

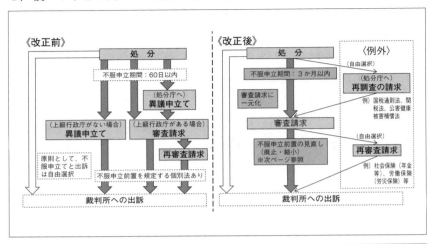

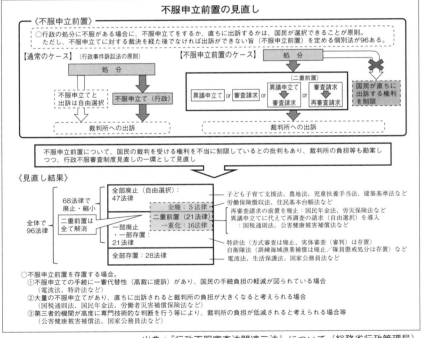

出典：『行政不服審査法関連三法』について（総務省行政管理局）

行政不服審査法の改正に伴い、個別法令が整備され、不服申立前置が縮小された。**不服申立前置主義**とは、あらかじめ行政庁に不服申立を行い、その判断を経なければ裁判所に出訴することができないとする原則である（**行政事件訴訟法8条1項但書**）。不服申立前置を定める個別法は96あるが、そのうち68の法律で全部または一部を廃止された。

　不服申立前置を存続するもので代表的なものは、①不服申立手続に一審代替性があり、第一審が高等裁判所とされているもの（特許法や電波法）、②年間1000件を超えるような大量の不服申立てが行われるもの（国民年金法や国税通則法）、③第三者機関が高度に専門技術的な判断を行うもの（公害健康被害補償法や国家公務員法）である。

　社会保険労務士として特に注目しなければならないのは、今回の改正により、いわゆる「**二重前置**」を規定していた21の法律はすべて解消されたという点である。たとえば、労災認定の処分に不服があった場合、異議申立て後に審査請求をしなければならず、審査請求の後に再審査請求という流れ（二重前置）であったが、審査請求に一元化され、審査請求後の再審査請求は自由選択となり、再審査請求を経ずに裁判所への出訴も可能となった。

9）使いやすさの向上　情報提供制度の新設

　改正法は、不服申立てに必要な情報の提供、不服申立ての処理状況の公表について、行政庁側の努力義務を規定している（**84条、85条**）。情報提供制度については、現行法に規定がなく、行政救済を求める国民の便宜に配慮したものといえる。

　なお、情報公開制度と情報提供制度の違いであるが、その最たる違いは、情報公開制度が請求対象の特定の上、「開示請求手続」によって情報開示を求める制度であるのに対して、情報提供は「開示請求手続」を前提とせずに情報を入手できる制度であるという点である。

改正行政手続法

1．国民の救済手段の充実・拡大　行政手続法改正

1）改正行政手続法総論
（1）趣旨・目的
　前述の行政不服申立ては、国民が行政庁の処分等により不利益を受けた場合に、行政に不服を申し立てる事後手続であったが、事前手続を定めた法律たる行政手続法（以下、略す。）も以下のような改正を行い、国民の権利利益の保護の充実を図るための手続整備が行われた（2015年4月1日施行）。
　改正法では、
　　1）行政指導の方式
　　2）処分等の求め
　　3）行政指導の中止等の求め
の3つが規定されたが、とりわけ社会保険労務士にとって業務との関連が深いのが「行政指導の中止等の求め（**36条の2**）」であると考えられる。このような、労働関係法令に関して「行政指導の中止の求め」が可能となると考えられるケースについては後に詳述するが、ここではまず「行政指導」とは何かについて確認しておこう。

　「行政指導」とは、2条6号で、

> 　行政機関がその任務又は所掌事務の範囲内において一定の行政目的を実現するため特定の者に一定の作為又は不作為を求める指導、勧告、助言その他の行為であって処分に該当しないものをいう。

と定義されている。
　この定義から、「処分に該当しないもの」というのが行政指導の要件の一つとなる。
　では次に、行政「処分」について確認しておこう。

「処分」の定義は、2条2号で、

> 行政庁の処分その他公権力の行使に当たる行為をいう。

とされている。

それゆえ、行政指導は、「処分」たる「行政庁の処分その他公権力の行使に当たる行為」に該当しないものであり、公権力の行使とはならず、法的効力のない事実行為を意味することになる。よって、行政指導が行われる場合は、その内容があくまでも相手方の任意の協力によってのみ実現されるものでなければならないのである。

しかし、協力を依頼するのが国や公共団体となると、嫌だからと簡単に断ることは容易でないであろう。不服従の事実の公表や、給付打切り等をおそれて、やむを得ず従うことも実際には多いものと思われる。たとえば、**国土利用計画法24条1項**の土地の利用目的変更についての勧告に従わない時に、**同法26条**により、その勧告に従わない旨を公表することができるとされている。また、**生活保護法62条3項**は、被保護者は、実施機関の指示に違反したときは、保護の変更、停止または廃止をすることができるとしている。（他、資源有効利用法20条2項、同法23条2項、社会福祉法58条3項、国民生活安定緊急措置法6条3項、食品衛生法63条、大規模小売店舗立地法9条7項等）。

また、行政指導は実務上多用されており、国民の利益に極めて大きな影響を与える結果を生み、日夜報道で見聞きすることも多いであろう。

その上、行政指導は形式的には国民の権利を制限するものでも義務を発生させるものでもない建前であるため、処分性が否定され、抗告訴訟の対象にできないのが原則である。

それゆえ、行政指導に従って損害が発生した場合でも、あくまで行政庁は指導したにすぎず、その指導に従ったのは自由意思であるとされると、国家賠償請求も難しいということになる。

さらに、国民が素直に行政指導に従った場合、行政としてはスムーズに事が運んで良いということになる。たとえば、建築基準法に違反するヒサシを

軒先に作ったとしよう。その際、行政は行政指導で「違法なのでそのヒサシをどけて下さい。」と言い、穏便に片付けようとするだろう。なぜなら、違法建築物について除去命令や使用禁止命令、行政代執行ができるが、膨大な手間と費用がかかるためである。

そしてその国民に対して別の場面で便宜を図るという、監督官庁と業界の癒着を生むおそれさえある。

たとえば、マンション建設を指導要綱に従い建設負担金を納付する代わりに、行政が時間のかかる建築確認を手早く行うなどの例である。

なお、改正法によっても、適用除外規定（**3条3項**）に変更はないため、地方自治体の機関が法律に基づかないで行う処分・行政指導や、また条例に根拠がある処分・行政指導には、この法律の適用はない。

しかし、自治体の場合は、規定の趣旨に則り、行政運営における公正の確保と透明性の向上を図るための必要な措置を講じるよう努力義務が課されているため（**46条**）、本規定の趣旨を踏まえた対応が求められている。

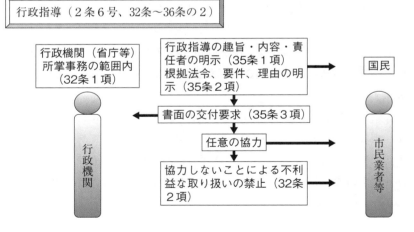

2）改正行政手続法各論

（1）権限行使を示す行政指導を行う際の根拠の明示（35条2項）

①概要・趣旨

新設された35条2項は、いわゆる「**権限濫用型行政指導**」を行政が行う際

に、これを抑制する狙いがある。

　この「権限濫用型行政指導」とは、本来行政には権限（行政指導を行う際の根拠となる法律がない）がないにもかかわらず、あたかも許可のない取り消しの権限が存在するかのような権限を乱用して行う行政指導のことを言う。

　例えば、当該行政指導に従わなくとも許認可等が認められるのに、当該行政指導に従わなければその許認可等が認められないと相手方に告知することや、当該行政指導に従わなくとも既に有する許認可等が取り消されることはない（取消要件を充足しない）のに、当該行政指導に従わなければその許認可等を取り消すと相手方に告知することなどが該当すると考えられる。

　ここで、具体例をあげてみよう。たとえば、食品営業許可を受けて喫茶店を営んでいる者がいたとする。その店は街の外れたところにあるため、タバコを吸ったり騒いだりする不良少年のたまり場になっていた。この噂を耳にした教育委員会の人が来て「店に中高校生を入れないで下さい。もし入れたら保健所に言って営業許可取消します。」などと、喫茶店店主に言うようなことは「権限濫用型行政指導」にあたる。

　また、事業主が建設業の許可を求めて都庁に申請した場合に、許可は法が定めた一定の基準、本来その基準を満たしていれば、営業許可がされることになるのだが、都庁の担当者が、当該建設業者の資本金につき事情聴取したところ、資本が十分であるにもかかわらずその資本金が不適切であると勝手に考えて、担当者が資本増資を行うよう、行政指導をしたとしよう。しかし、これは都庁の権限外の行政指導である。よって、こうした行政指導に従わないからと建設業の許可をしないことは、「権限濫用型行政指導」ということになる。

　同様に、既に営業許可を受けて食堂を営んでいた国民に対して、保健所の調査が入り、その際に、保健所の権限外である、食堂の防火構造について行政指導がされ、これに国民が従わない場合に、営業許可を取り消すといった場合も「権限濫用型行政指導」に当たる。

　つまり、この様な法律に根拠のない行政指導が行われることを防止することによって、許認可等を威嚇として行政指導に従わせることを抑制し、また不適切な行政指導を防止し、相手方国民の権利利益の保護を図ろうとするも

のである。

②根拠明示の要件

行政指導に携わる者は、行政指導をする際に、行政機関が許認可等をする権限または許認可等に基づく処分をする権限を行使できる旨を示すときは、その相手方に対して、

---
①当該権限を行使し得る根拠となる法令の条項
②当該条項に規定する要件
③当該権限の行使がその要件に該当する理由

を明示する義務が課されることになった（**35条2項各号**）。

役人が許認可権を盾に相手方国民に不利益を与えかねない行政指導をする際には、申請者に①その行政指導を行う根拠法令の条項と、②その行政指導を行うための要件と、③行政指導が法令上適法に行使することができる理由を示さなければならない。

これは、行政指導の手続きの透明性を高め、不適切な行政指導を防止し（**34条**）、もって行政指導の相手方の権利利益の保護を図ることを目的とするものである。

行政指導服従の要否は、当該行政指導を受けた相手方国民の判断に基づくものであり、必ずしも指導に従う義務はない。しかし、行政指導に従わないと、許可の条件等を満たさず、結果的に許認可等が下りない場合がある。その場合、行政指導自体に義務はないものの、間接的に義務が課されていることと変わらない効果を及ぼすことになる。

もちろん、行政指導とそれに引き続く後の処分は、当然別の事象であり、切り離して考えることが必要である。その場合、後に予定されている処分の可能性まで先の行政指導で指示されるおそれがあるとの考えから、今般の法改正が行われたものである。

要するに、行政指導の相手方国民にとって、これが、従うべき行政指導なのか、単なるお願いなのかを、行政指導の際に合理的に判断することが可能となるのである。

条文を示し明確かつ丁寧に説明することによって、徐々に法の理念を浸透させ理解してもらう姿勢が肝要である。

なお、「**行政指導**」の定義自体は改正前と変更はない（**2条6号**）。

【明示の例】

あなたの◇◇という行為が、○○法○条の規定に違反することが認められたため、◆◆業務の運営の改善措置を講ずるよう指導します。また、この指導に従わず、業務の運営の改善が確認できない場合や、再び違反行為があった場合には、以下のとおり、◆◆業務に関する許可が取り消される場合があります。

（1）当該権限を行使し得る根拠となる法令の条項（**35条2項1号**）
　　○○法○条

（2）上記の条項に規定する要件（**35条2項2号**）
　　○○法○条○号の政令で定める技術的基準に適合しないこと

（3）当該権限の行使が上記の要件に適合する理由（**35条2項3号**）
　　あなたの◇◇という行為が、許可取消処分の要件である○○法○条○号の政令で定める技術的基準のうち○○施行令○条○号に定める「■■」という類型に該当しないため

第10章　改正行政不服審査法　改正行政手続法　社労士保佐人制度について

（2）行政指導中止等の求め（36条の2）

行政指導（その根拠が法律に置かれているものに限る）の中止等の求め（36条の2）

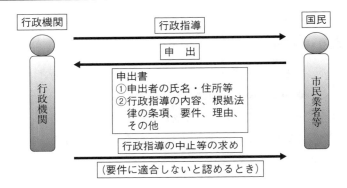

①概要・趣旨

　この条項は、法令違反行為の是正を求める行政指導（根拠規定が法律に置かれているもの）を受けた事業者等が、当該行政指導が法律の要件に適合しないと思料する場合に、行政に改めて調査すること等を促すための法律上の手続を定めるものである。

　法令に違反する行為の是正を求める行政指導であって、その根拠や要件が法律に規定されているものについて、当該行政指導の相手方に大きな事実上の不利益が生ずるおそれがある。例えば、「雇用の分野における男女の均等な機会及び待遇の確保等に関する法律（雇用機会均等法）」では、「法令の規定に違反している事業主に対し勧告を行い、その勧告に従わなかったときには、その旨を公表できる。」とされている（**雇用機会均等法30条**）。この法律に基づいて、行政機関が相手方に対し勧告に従わないときには、公表するということになった場合、その行政指導が前提となる事実認定に誤りがあって違法であったとしても、その相手方は、当該行政指導に従わない事実を公表されることにより社会的信用を損なわれることを恐れる。この様な理由から相手方は不本意ながら当該行政指導に従うといる事実上の不利益を受けるおそれがある。

　そこで、こうした行政指導については相手方に大きな事実上の不利益が生

ずるおそれがあることから、相手方の権利利益の保護を図る観点から相手方の申出を端緒として当該行政指導をした行政機関が改めて調査を行い、当該行政指導がその要件を定めた法律の規定に違反する場合にはその中止その他必要な措置を講じなければならない。

これは、行政運営における公正の確保と透明性の向上を図り、もって当該行政指導の相手方の権利利益の保護を図ることによって国民権利利益の保護に資することを目的とするものである（**1条1項**）。

申出人は、後述の申出書によって、「行政指導が（略）要件に適合しないと思慮する理由（**36条の2第2項5号**）」について、具体的かつ合理的な根拠を示す必要がある。

②**中止等申立の要件**

「法令に違反する行為の是正を求める行政指導（法律に根拠があるものに限る）の相手方は、当該行政指導が当該法律に規定する要件に適合しないと思料するときは、当該行政指導をした行政機関に対し、その旨を申し出て、当該行政指導の中止その他必要な措置をとることを求めることができる。ただし、当該行政指導がその相手方について弁明その他意見陳述のための手続を経てされたものであるときは、この限りでない。」（**36条の2第1項**）。

（2）行政指導に対する是正の申出

上述の条項から、行政がこの「行政指導の中止等の求め」を行うためには、次の要件を満たすことが必要となる。

① 法令に違反する行為の是正を求める行政指導であること
② 当該行政指導の根拠となる規定が法律に置かれていること
③ 当該行政指導がその相手方について弁明その他意見陳述のための手

続きを経てなされたものでないこと

A）「①法令に違反する行為の是正を求める行政指導」について

「**法令**」とは、**2条1号**で「**法律、法律に基づく命令（告示を含む。）、条例及び地方公共団体の執行機関の規則（規定を含む。…。）をいう。**」とされている。通常「法令」は、「法律」および「命令」を指す。しかし、本法では「法令」に「命令」と同視される「告示」が含まれることに注意を要する。

次に、法令に「**違反する行為**」とは、法令に規定されている義務、または、要件に反する相手方国民の行為を指す。

法令に違反する行為の「**是正を求める行政指導**」とは、実際に「違反する行為」があった場合において、法令に違反する行為自体の中止や、適法状態への回復その他の法令に違反する行為を改め正す行政指導である。

なお、「行政指導」とは、従来の定義どおり「処分に該当しないもの」である（**2条6号**）。

この例をあげると、法令に違反する行為の中止を求める行政指導や、法令の基準に適合していない場合に、基準に適合するようにする勧告のように、法令違反行為の解消を内容とするものが典型例である。

法令違反行為自体は終了している場合であっても、当該行為によって生じた影響の除去または現状の回復を内容とするものや、当該行為の再発防止を内容とするもの等もここに含まれると考えられる。

B）「②行政指導の根拠となる規定が法律に置かれている」について

本条の、中止の求めの対象となる行政指導は、行政指導の根拠となる規定が法律に置かれているものに限定された（**36条の2第1項**）。

「根拠となる規定が法律に置かれているもの」とは、当該行政指導を行う**権限**とその**要件**が法律に規定されているものをいう（要件の具体的な内容が政省令等に委任されているものを含む）。

たとえば、生活保護法について見てみると、同法62条1項では、「…被保護者に対し、必要な指導又は指示をしたときは、これに従わなければならない。」として、行政指導の根拠となる規定をおいており、このような規定が本条の対象になる。

これは、法律に基づく行政指導が相手方の国民や業者等に与える事実上の不利益が大きいことに鑑みて設けられたのである。

　通常、企業に対して行政指導が行われ、それが報道されたりすると、一般国民は、行政が正しい判断をしていて、良くない企業に行政指導していると受け取られる事が多い。

　しかし、本来行政指導は、行政が国民に対し任意の行為を促すものにすぎないものであり、従うか否かは国民の任意であることは前に述べた。そして、その行政指導は正しいものであるとは限らない。

　にも関わらず、国民や企業等はその正しいかどうかも分からない行政指導によって、不本意な被害を受けかねない。

　また、この「法律に基づく行政指導」がなされた後に「法律に定められた公表」や「不利益処分」がなされること等が多く、保護の必要性が高い。

　たとえば、上記生活保護の場合においては、62条3項で「…被保護者が前二項の規定による義務に違反したときは、保護の変更、停止又は廃止をすることができる。」として、行政が生活保護の給付の支給を止めたり、減額したりという不利益な処分が待っている。

　このような事情を踏まえて、本条項は根拠となる規定が法律に置かれている行政指導を規制の対象としているのである。

　ただし、組織法上の規定によるものを根拠とする行政指導については、該当しない。これは、根拠となる規定が概括的すぎるためである。

　たとえば、**厚生労働省設置法3条41号**ではその所掌事務として「労働契約、賃金の支払、最低賃金、労働時間、休息、災害補償その他の労働条件に関すること。」と定めているが、これに基づく行政指導がされた場合には「中止の求め」ができないのである。

　C）「**③弁明その他意見陳述のための手続きを経てなされたものでない**」**について**

　要件③について条文では、「当該行政指導がその相手方について弁明その他意見陳述のための手続きを経てされたものであるときは、この限りでない」（**36条の2第1項但書**）とされている。

　すなわち、当該行政指導を行うことについて、当該行政指導の相手方とな

るべき者が意見を陳述する機会が付与された場合は、当該行政指導は本条の定める中止等の求めの対象とならないことを意味する。

これは、行政指導を行おうとする場合に、行政指導の相手方となるべき者に意見を陳述する機会が付与され、行政指導をするか否かについて慎重に判断されている場合は、行政指導をより慎重かつ適正に行うための手続きが既に取られているということができ、重ねて本条に基づく申し出をさせる必要はないと考えられるためである。

ここには、法定された弁明手続きにのっとってなされたもの限らず、運用上、相手方の意見を聴取する機会を付与した場合も含まれる。ただし、行政指導の相手方となるべき者に対し、書面等により、行おうとする行政指導の内容およびその理由（根拠条項、原因となる事実）を明らかにした上で、当該行政指導を行うことについて意見を陳述する機会が付与されたものである必要がある。

また、行おうとする行政指導の内容等を明らかにすることなく、単に当該行政指導の原因となるべき事実の有無について意見を聴取したに留まる場合等は該当しない。

さらに、行政指導の相手方となるべき者に対し、社会通念上、意見を陳述するために十分な期間を定めて意見陳述の機会を付与したにも関わらず、正当な理由なく何等意見が提出されなかった場合等は、「意見陳述のための手続きを経て」に含まれるものとして良いだろう。

要するに、当該行政指導の根拠となる関係各法令等に定められた弁明、聴聞、調査等の手続きを経ていない場合に当てはまるのである。

D）「行政機関」について

申出を行う「**行政機関**」については、法律の規定に基づき内閣に置かれる機関若しくは内閣の所轄の下に置かれる機関、宮内庁、内閣府設置法49条1項もしくは2項に規定する機関、国家行政組織法3条2項に規定する機関、会計検査院もしくはこれらに置かれる機関またはこれらの機関の職員であって法律上独立に権限を行使することを認められた職員と、地方公共団体の機関（議会を除く）と2条5号で規定されている。

社会保険労務士業務と直接関係のある省庁たる厚生労働省は「国家行政組

織法3条2項に規定する機関」ということになり、都道府県労働局や労働基準監督署はその地方支分部局として、「行政機関」となる。

③**具体的な事案**

ここで、具体的な事案について考えたい。今回の行政手続法改正によって「行政指導の中止の求め」の申出が可能となったが、たとえば、**時間外労働の限度に関する基準（平成10年労働省告示154号）**違反に関して行政指導が行われた、といった場合を考えてみよう。労働基準監督署への三六協定の提出時に、その内容が時間外労働の限度に関する基準に違反していると、行政指導を受けることになる。仮に、この行政指導の中止を求めるとするならば、当該行政指導について、①法令に違反する行為の是正を求めるものであること、②根拠となる規定が法律に置かれていること、③その相手方について弁明その他意見陳述のための手続きを経てなされたものでないこと、という3要件を満たす必要がある。

A）　事案その1

時間外労働の限度に関する基準についての行政指導の場合、

［労働基準法］

（時間外及び休日の労働）

第三十六条

（略）

○2　厚生労働大臣は、労働時間の延長を適正なものとするため、前項の協定で定める労働時間の延長の限度、当該労働時間の延長に係る割増賃金の率その他の必要な事項について、労働者の福祉、時間外労働の動向その他の事情を考慮して<u>基準を定めることができる</u>。

労働基準法36条2項に基づく基準である、時間外労働の限度に関する基準（平成10.12.28労働省告示154号　最終改正平成21.5.29）は、前述のように「告示」も「法令」に含まれるため、その違反に関する行政指導は、前記①の要件である「法令に違反する行為の是正を求めること」という要件を満たすことになる。

次に、

[労働基準法]

> （時間外及び休日の労働）
> 第三十六条
> 　（略）
> ○4　　行政官庁は、第二項の基準に関し、第一項の協定をする使用者及び労働組合又は労働者の過半数を代表する者に対し、<u>必要な助言及び指導を行うことができる。</u>

　その行政指導は、**労働基準法36条4項**に「必要な助言及び指導を行うことができる」とあるため、前記②の要件である、「根拠となる規定が法律に置かれていること」も満たすことになる。

　よって、前記③の要件「その相手方について弁明その他意見陳述のための手続きを経てなされたものでないこと」を満たす、弁明の機会を与えずにしてなされた行政指導であるならば、当該行政指導をした行政機関である労働基準監督署長等に対して、その中止を求めることが可能になる。

　B）　事案その2

　では次に、果たして労働基準監督官の行う是正勧告がその対象となるかについて考えてみたい。

　先に掲げた「行政指導の中止の求め」のために必要な要件をもう一度見てみよう。

> ①　法令に違反する行為の是正を求める行政指導であること
> ②　当該行政指導の根拠となる規定が法律に置かれていること
> ③　当該行政指導がその相手方について弁明その他意見陳述のための手続きを経てなされたものでないこと

　まず、①の「行政指導であること」という要件であるが、労働基準監督官による是正勧告（是正勧告書の交付）は行政指導であるとするのが判例の立

場である。判例は、労働基準法違反であると指摘されて是正勧告書を交付された場合、その是正勧告によって直接に使用者に法的効果が発生するものではなく、使用者は当該是正勧告の取消しを求めて行政訴訟を提起することができないとしている（札幌地判平2.11.6（札幌東労働基準監督官（共永交通）事件）労判576-59）。

つまり、是正勧告によって直接に法的効果が発生するものでない以上、処分に該当するものではなく、公権力の行使とはいえないため、行政指導の範疇にあるとされるのである。この点につき、使用者が是正勧告に応じなければ、送検され刑事処分を受ける対象となることをもって、処分性を有し取消訴訟の対象となるとの前掲判例における使用者側の主張に対し、裁判所は「労働基準監督官が検察官に事件を送致するのは、使用者が是正勧告に従わなかったという事実に基づくものではなく、使用者に労働基準法違反が存するという嫌疑に基づくものである。又、労働基準法違反の事実の態様、労働基準監督官の抱く嫌疑の程度によっては、是正勧告を発せずに直ちに検察官に事件を送致することもあれば、是正勧告を発しても検察官に事件を送致しないこともある。さらに送致された事件が当然のように起訴されるわけでもない」と判示し、これを否定している。

①の要件は満たしていることになるが、問題は②の「当該行政指導の根拠となる規定が法律に置かれていること」という要件である。労働基準監督官による是正勧告という行政指導について、その根拠となる明文の規定が労働基準法上に存在しているわけではない。よって、「行政指導の中止の求め」の申出を可能とする要件を欠くことになる。

とはいえ、労働基準監督官による是正勧告はあくまでも行政指導であり、たとえば「未払残業代を過去２年間に遡って○○○万円支払え」と言った命令を可能とするものではない。よって、改正法に定める「行政指導の中止の求め」の申出が不可能であったとしても、労働基準監督官が行う、是正勧告の名の下に行われる権限無き行為に関しては、是正勧告の性質を踏まえた上で対処可能であるということを付言しておく。

④申出のための手続き

行政指導の中止等の求めの申出をするには、以下の事項を記載した申出書

を提出することになる（**36条の２第２項各号**）。

> ①申出をする者の氏名又は名称及び住所又は居所
> ②当該行政指導の内容
> ③当該行政指導がその根拠とする法律の条項
> ④③の条項に規定する要件
> ⑤当該行政指導が前号の要件に適合しないと思料する理由
> ⑥その他参考となる事項

　これは、行政指導の中止等の求めを受けた行政機関は、必要な調査を行い、当該行政指導が当該法律に定める要件に適合しないと認めるときは、当該行政指導の中止その他必要な措置を取らなければならない義務を追うが（**36条の２第３項**）、そのような義務を履行するためには、申出人から必要な事実等の情報が摘示されていなければ、当該行政機関は、どういった事実について、どのような調査を行わなければならないか等を判断することが難しい。そこで、上述のような事項を記載した申出書を提出して申出を行うことを求めている。
　なお、申出書の書式については、法令上の定めはなく、申出人は任意の書式により申出をすることが可能である。

　申出書を作成する際には、中止を求める当該行政指導の内容につき、そのポイントを的確に押さえる必要がある。そのポイントを簡単に示すならば、

> 「いつ（When）」行政指導が行われたのか
> 「どこで（Where）」行政指導が行われたのか
> 「だれが（Who）」行政指導を行なったのか
> 「何について（What）」行政指導を行なったのか
> 「なぜ（Why）」行政指導が行われたのか
> 「どのように（How）」行政指導がおこなわれたのか

という「5W1H」を踏まえる必要があるということである。

　これらはいずれも重要であるが、社会保険労務士として、申出書作成に関わる際に最重要視すべきなのは、「なぜ（Why）」と「どのように（How）」というポイントになろう。

　「なぜ（Why）」の方は、行政指導の根拠となる規定がどの法令に置かれているのか、という確認をする必要があるということである。そもそも、根拠となる規定が法令にない場合は、中止を求める申出を可能とする要件を満たさないことは先に見たとおりである。よって、行政当局に対し、行政指導の根拠規定を明示するよう求め、場合によっては書面を交付するよう求めて**（35条3項）**、根拠規定の存否についてしっかりと確かめておかなければならない。

　また、「どのように（How）」の方は上述要件③の、「弁明その他意見陳述のための手続」がなされていない行政指導であることを示さなければ、中止の申出の要件を満たすことにならないからである。

　　　　　　　　　　　　　　　　　（申出日）平成○年○月○日
（担当部署名）○○○○　殿
　　　　　　　　　　　住所・居所　　　○県○市○町○番地
　　　　　　　　　　　氏名・名称　　　　　　○○○○　　㊞
　　　　　　　　　　　電話番号　　○○-○○○○-○○○○
　　　　　　　　　　　FAX番号　　○○-○○○○-○○○○
　　　　　　　　　　　メールアドレス　○○○○＠○○○○

行政指導の中止を求める申出書

　下記の通り、○○○○は、下記行政指導が下記法律に規定する要件に適合しないと思料するため、当該行政指導を中止することを求めます。

　　　　　　　　　　　　　記

```
1  法令に適合しない行政指導の内容
    ・・・・・・・・・・・

2  当該行政指導が根拠とする法律の条項
    ・・・・・・・・・・・

3  当該行政指導が根拠とする法律の条項に適合しないと思料する理由
   （可能な限り具体的に記入して下さい）
    ・・・・・・・・・・・

4  その他参考となる事項
   （可能な限り具体的に記入して下さい。資料があれば添付して下さい。）
    ・・・・・・・・・・・

                                                      以上
```

⑤行政の対応

　改正前においては、法令に違反する行為の是正を求める行政指導が行われた場合に、相手方が行政指導に誤りがあると思うときでも、その行政指導を中止させる法的手段は規定されていなかった。新設された**36条の2**はこれを克服し、行政指導の相手方から行政機関に申出書を提出して（**同条3項**）、行政指導の中止等を求めることができるようにした。

　行政指導の中止を求める申出があったときは、行政機関は必要な調査を行い、法律の要件に適合しないと認めるときは、当該行政指導の中止その他必要な措置をとることが義務付けられる（**36条の2第3項**）。

　したがって、まず、申出を受けた行政機関には「必要な調査」を行う義務が生じることとなる。「必要な調査」とは、当該行政指導の根拠となる法律に規定する要件に違反するか否か、違反がある場合にはその違反の内容および程度等を確認し、どのような是正手段が適切かを判断するのに必要な調査のことをいう。

　その調査の具体的な内容および手法については、申出の具体的な内容や当

該行政指導の内容、社会通念等に照らして、各行政機関が判断することになるが、過去にあった類似の申出の対応記録を確認する関係部局にて問い合わせるといった当該行政機関内部における対応経緯等の確認も含むものであり、申出書の記載に具体性がなくその確認が困難な場合や既に詳細な調査を行っており、事実関係が明らかで申出書の記載によっても、それが揺るがない場合などは、改めて「必要な調査」を行う必要が無いと判断されることもあり得る。

なお、行政機関は、今般本条項が定められた趣旨に鑑み、申出書の記載が具体性を欠いていたとしても、申出の対象となる具体的な行政指導が特定され、当該申出を受けた行政機関が必要な調査や措置をとるのに特段の支障が生じない場合には、この理由について必要な調査を行う等の対応をするべきである。

また、同様に申出の記載が具体性を欠いており、申出の対象となる具体的な行政指導が特定されない場合であっても、後述の申出書の記載事項である「当該行政指導がその根拠とする法律の条項（**同項3号**）」や「前号の条項に規定する要件（**同項4号**）」が申出人に具体的に示されず、当該申出の際に具体的に記載することが困難であった事案も想定されるので、そのような場合に当該申出書の記載が具体性を欠いていることを理由に不適法な申出として取り扱うことは許されないであろう。

当該行政機関としては申出人と面談をする等によって当該行政指導の内容を確認し、申出の対象となっている行政指導の特定に努めるべきである。

そして、申出を受けた行政機関は、必要な調査を行い、当該行政指導が当該法律に規定する要件に適合しないと認めるときは、「当該行政指導の中止その他必要な措置」を取らなければならない（**36条の2第3項**）。

「行政指導の中止」とは、行政指導をやめることをいい、「当該行政指導の中止その他必要な措置」とは、当該行政指導がその根拠となる法律の規定に違反する場合に、その是正のために必要となる措置をいう。では、違法な行政指導に対しどのような是正措置が適切かどうかは、当該行政指導の内容やその相手方が受けた不利益の内容等に応じ、適切な措置を取らなければならないとしている。

たとえば、当該行政指導が継続している場合には、その中止や変更といった措置を講ずることが考えられるが、他方、行政指導がされたことをうけて相手方が社会的信用の低下等の不利益を受けている場合には、併せて当該行政指導が違法であった旨を公表し、相手方の社会的信用を回復すること等が考えられる。

　なお、相手方からの申出を受けて、「当該行政指導の中止その他必要な措置」を取るか否かは当該行政機関が必要な調査を行って見直した結果の職権判断であり、その意味において「**行政指導の中止等の求め**」は、行政機関に必要な措置をとることを促す制度とも考えられる。

　また、立法時に、中止措置等の申出を受けて必要な措置が取られたか否かについては、当該行政指導の相手方である申出人は、行政機関との間で相互にやり取りを重ねる中で、通知がなくともこれを知りうると考えられた。したがって、申出の結果について申出人に通知を求める法律上の権利まで付与しなければならないものではないとされ、申出を受けた行政機関の対応の結果については、法律上、申出を受けた行政機関に申出人に対する通知義務までは課していない。

　ただし、この点については、改正行政手続法施行通知において、申出を受けた行政機関の対応の結果については、法律上、申出を受けた行政機関に申出人に対する通知義務は課していないが、各行政機関は、行政指導の相手方の権利利益の保護等に資する観点から、行った調査の結果、講じた措置の有無やその内容等、申出を受けた対応の結果について、申出人に通知するよう努めるべきである。

　なお、処分等の求めや行政指導の中止等の求めが拒否された場合、当該拒否を「**処分**」とみなして審査請求や取消訴訟を提起できるか、という問題がある。この点に関して、明文を設けていない。請求や申請という文言でなく、「**申出**」という文言が使われているため、処分性は否定する立法趣旨とも思えるが、この点は今後議論があるところだろう。

(3) 処分等の求め（36条の3）

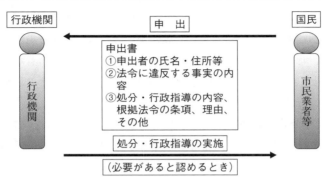

①概要・趣旨

　何人も、法令違反の事実がある場合において、その是正のためにされるべき処分または行政指導（その根拠となる規定が法律に置かれているものに限る）がされていないと思料するときは、権限を有する行政庁または行政機関に対し、その旨を申し出て、その是正のための処分または行政指導をすることを求めることができる（**36条の3第1項**）。

　これは、国民が法律違反の事実を発見した場合に、行政庁や行政機関に対し適正な権限行使を促すための法律上の手続きを定めるものである。改正前においては、法令違反の事実がある場合に、その是正のためにされるべき処分または行政指導がされていないと思うときでも、処分または行政指導をすることを求める制度は設けられていなかった。

　この点について、行政事件訴訟法の2004年改正で非申請型義務付け訴訟が法定されたことに照らし、これに相当する審査請求を行政不服審査法に定めることも考えられたが、今回の行政不服審査法関連三法の改正では、法令違反事実の是正を求めるための手続きを、事後救済手続きとしてではなく、当該是正のための処分等の前提となる事前手続きとして位置づけたものと解される。

　改正により新設された本条では、このような場合に行政庁に申出書を作成して(**同条2項**)、その是正のための処分等を求めることができるようになった。

第10章 改正行政不服審査法 改正行政手続法 社労士補佐人制度について

　一般に、法令に違反する事実がある場合には、当該法令違反を是正する権限を有する行政庁等は、その権限を行使する責務を負っていると考えられる。しかし、そのような権限を行使するためには、そのような事実を行政情報として取得していることが前提となるが、その事実のすべてを把握することは現実には困難であり、その権限の行使が不十分なものとなる場合もある。

　そこで、行政庁または行政機関は、法令違反の事実を知る者からの申出をきっかけとして、必要な調査を行い、必要があるときは、その是正のための処分または行政指導を行うとする。

　また、「**処分等の求め**」は、何人もこれを申出て、当該処分または行政指導をすることを求める事ができる制度となっており、申出権者に制限はない。これは、この制度が行政庁または行政機関が法令に違反する事実の是正のために処分または行政指導を適切に行うためのきっかけとなる情報を収集することを第一義的な目的とするものである。それゆえ、広範に情報を収集することが望ましく、申出権者となる主体を制限せず、何人にも申出を認めることが制度趣旨に適い、申出人個人の権利利益を保護するための主観的制度ではなく、法律上の利益の有無や利害関係の有無等による制限をする必要もないのである。

　そして、当該申出は、申出人が、法令に違反する事実がある場合において、その是正のためにされるべき処分または行政指導がされていないと思慮するとき、すなわちそのように考えるときに、することができる対象の幅広い制度なのである。

　なお、行政庁がした処分を違法であると思慮して求める当該処分の取消については、行政不服審査法の審査請求や行政事件訴訟法の取消訴訟によることとなり、「処分の求め」の対象とはならない。

　申出人は、「法令に違反する事実の内容（**36条の３第２項２号**）」や「当該処分または行政指導がされるべきであるとする理由（**同項５号**）」について、合理的な根拠をもって客観的にその旨を考えられる理由を具体的に申出書に記載する必要があるが、提出する行政機関の宛先の誤り等の軽微な記載上の誤りについては、国民が法律違反の事実を発見した場合に、行政庁や行政機関に対し適正な権限行使を促すための法律上の手続きを定めるという制度趣

旨に照らし、直ちにこれを不適法とするのは相当でない。

この場合、申出書の提出を受けた行政庁や行政機関は、申出人に適切な提出先を教示し、場合によっては申出人に事情を説明した上で、行政機関相互間で申出書を移送する等の措置を講じるべきであり、それを受けた行政庁や行政機関は、特段の支障が生じない限り、必要な調査を行う等の対応をするべきである。

社会保険労務士に関係する例としては、社会保険労務士法に違反する事実が存在し、その違反が懲戒処分に該当するものであるにもかかわらず、厚生労働大臣が懲戒処分を行なっていない場合に、当該社会保険労務士に対して懲戒処分をするよう厚生労働大臣に対して求めるような例が考えられる。

また、厚生労働大臣から全国社会保険労務士会連合会や都道府県社会保険労務士会に対し、社会保険労務士に対する注意・指導を行うよう行政指導をすることを厚生労働大臣に対して求めることもまた可能であろう（**社会保険労務士法4章等**）。

②要件

「処分等の求め」は、処分をする権限を有する行政庁または行政指導をする権限を有する行政機関が、法令に違反する事実を知る者からの申出を端緒として、必要な調査を行い、必要があると認めるときは、その是正のための処分または行政指導を行うこととすることにより、行政運営における公正の確保と透明性の向上を図り、もって国民の権利利益の保護に資することを目的とするものである（**36条の3第1項**）。

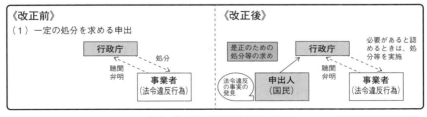

出典：『行政不服審査法関連三法』について（総務省行政管理局）

この、「行政指導の中止等の求め」を行うためには、次の要件を満たすこ

第10章 改正行政不服審査法 改正行政手続法 社労士保佐人制度について

とが必要である。

> ① 法令に違反する事実がある場合において、その是正のためにされるべき処分または行政指導（その根拠となる規定が法律に置かれているものに限る。）がされていないと思料されること。
> ② 処分等の権限を有する行政機関に対しての申出であること。

A）「①法令に違反する事実がある場合」について

「法令に違反する事実」とは、法令に規定されている義務または法令に規定される要件に反する事実をいい、「ある場合」とは、申出の時点において法令に違反する行為または状態が反復継続している場合に限らず、申出の時点では法令に違反する行為または状態自体は終了している場合も含まれる。

ただし、具体的な法令に違反する事実の発生を前提とせずに、将来における法令に違反する事実の発生を未然に防止することを内容とする処分または行政指導は、「法令に違反する事実」が存在しないため、本条の対象とならない。

B）「①その是正のためにされるべき処分又は行政指導」について

「その是正のためにされるべき処分又は行政指導」とは、法令に違反する事実自体の解消や、適法な状態へ回復する措置その他の法令に違反する事実を改め正すことを内容とする「処分又は行政指導」をいう。

具体的には、法令に違反する事実を生じさせた者等に対して行われる次のような「処分又は行政指導」を指す。

> ①法令違反の事実自体の解消を内容とするもの
> ②法令違反の事実によって生じた影響の除去又は原状回復を内容とするもの
> ③法令違反の作為又は不作為の再発防止（業務停止命令や許認可等の取消し、課徴金の納付命令等を含む。）

なお、個々の「処分又は行政指導」が本条の対象となるか否かについては、

当該処分または行政指導行使の法律上の要件が「必要があると認めるとき」とされている場合等、法令違反の事実の存在が明文上の要件とされていない場合も含めて、法令違反の事実を改め正すことを内容とする処分または行政指導か否かという観点から、個別の事案ごとに判断する。

　加えて、行政庁がした処分を違法であると考えて求める当該処分の取消しについては、行政事件訴訟法の取消訴訟または行政不服審査法の不服申立て等によることとなり、本条の対象とはならない。

　「行政指導」の定義については、前述と同じく、**2条6号**に定める通りである。

　　C）「②処分等の権限を有する行政機関」について

　独立行政法人その他の法人であっても、処分を行う権限を法令上付与されている場合には、行政庁に当たるものとして、「処分等の求め」を受ける対象に含まれる。

③申出のための手続き

　処分等の求めのための申出は、次の事項を記載した申出書を提出することになる（**36条の3第2項各号**）。

---

①申出をする者の氏名又は名称及び住所又は居所
②法令に違反する事実の内容
③当該処分又は行政指導の内容
④当該処分又は行政指導の根拠となる法令等の条項
⑤当該処分又は行政指導がされるべきであると思料する理由
⑥その他参考となる事項

　これは、処分等の求めを受けた行政庁または行政機関は、必要な調査を行い、その結果に基づき必要があると認めるときは、当該処分または行政指導をする義務を追うが（**36条の3第3項**）、そのような義務を履行するためには、申出人から必要な事実等の情報が摘示されていなければ、当該行政庁または行政機関は、どういった事実について、どのような調査を行うべきか等の判断が難しい。そこで、上述のような事項を記載した申出書を提出して申

出を行うことを求めている。

　なお、申出書の書式については、法令上の定めはなく、申出人は任意の書式により申出をすることが可能である。

　申出書を作成する際のポイントは、上述の「行政指導の中止を求める申出書」と同様に、要点を的確に押さえる必要がある。

　　　　　　　　　　　　　　　　　　（申出日）平成〇年〇月〇日
（担当部署名）〇〇〇〇　殿

　　　　　　　　　　　住所・居所　　〇県〇市〇町〇番地
　　　　　　　　　　　氏名・名称　　　〇〇〇〇　　㊞
　　　　　　　　　　　電話番号　　〇〇-〇〇〇〇-〇〇〇〇
　　　　　　　　　　　FAX番号　　〇〇-〇〇〇〇-〇〇〇〇
　　　　　　　　　　　メールアドレス　〇〇〇〇@〇〇〇〇

処分又は行政指導を求める申出書

　下記の通り、〇〇〇〇は、法令に違反する事実があると思料するため、処分（行政指導）をすることを求めます。

　　　　　　　　　　　　　　　記

1　法令に違反する事実の内容
　　・・・・・・・・・・・・

2　当該処分又は行政指導の内容
　　・・・・・・・・・・・・

3　当該処分又は行政指導の根拠となる法令等の条項
　　・・・・・・・・・・・・

```
 4  当該処分又は行政指導がされるべきであると思料する理由
    （可能な限り具体的に記入して下さい）
    ・・・・・・・・・・・

 5  その他参考となる事項
    （可能な限り具体的に記入して下さい。資料があれば添付して下さい。）
    ・・・・・・・・・・・

                                                        以上
```

④行政の対応

　申出を受けた行政庁は必要な調査を行い、必要があると認めるときは、当該処分または行政指導をしなければならない（**36条の3第3項**）。

　ここでいう「必要があると認めるとき」とは、必要な調査の結果に基づき、法令に違反する事実があり、その是正のために処分または行政指導をする必要があると当該行政庁または行政機関が認めるときを指す。

　求められた処分または行政指導が、その本来の目的やその根拠となる法令の規定の趣旨等に合致しない場合や、求められた処分または行政指導により、法令に違反する事実が是正されることに伴う利益に比べて、その相手方の受ける不利益が著しく大きい場合等は、「必要があると認めるとき」には該当しないと考えられる。

　ただし、その場合であっても、当該行政庁または行政機関は、法令に違反する事実の是正のために、求められた処分または行政指導に代わって、別の現実的かつ適切な措置を講じることができないかを積極的に検討した上で、そのような措置があれば速やかに実施すべきである。

　また、行政指導の処分等の求めがあった場合において行政機関等に求められる「必要な調査」として、各行政機関等は、法令に違反する事実があるか否かを確認することが必要である。

　具体的には、申出書の内容を確認する、関係部局に問い合わせる等の対応が必要となるが、申出書の記載に具体性がなく、内容の確認が困難な場合や、

既に詳細な調査を行っており、事実関係が明らかで申出書の記載によっても判断が揺るがない場合等は、改めて「必要な調査」を行うことはしないという判断もありうるであろう。

2．行政不服審査法の施行に伴う労災保険等の改正要綱案

　厚生労働省から、行政不服審査法の施行にともなって労働者災害補償保険法の一部改正に関する法律案の要綱が出されているため、これについても紹介しておきたい。

　行政不服審査法の改正に伴い、労働保険審査官および労働保険審査会法に基づく労働保険審査制度をはじめ、労災保険関係法律のうち、行政不服審査制度に関する部分について、所要の見直しが行われる。

1）従来の審査請求制度

　今回の改正について学ぶ前に、現状の審査請求制度について確認しておこう。

　労働基準監督署に提出された請求については、その全てが労災認定され、所定の保険給付を受けられるわけではない。労働基準監督署は、通達や認定基準等に沿って調査を行い、その結果として労働基準監督署長が支給決定または不支給決定を行うことになるが、時にはいったん支給された給付が、遡って不支給決定されることすらある。

　行政は、様々な処分にあたり、処分内容を記載した通知を送付するが、その際に、通知の相手方に対して、①当該決定について不服申立てができること、②不服申立てをすべき行政庁、③不服申立てをすることができる期間について、通知文によって教示しなければならないことになっている。

　この通知を受けた被災労働者あるいは遺族が、下された処分に対して不服申立てをする場合の手続きは、**労働者災害補償保険法38条**以下に規定されている。現状の不服申立ては、労働基準監督署が行なった処分について、都道府県労働局の労災保険審査官に対して、「審査請求書」を提出して行う審査請求（第1審）、その次の段階として、労働保険審査会に対して「再審査請求書」を提出して行う再審査請求（第2審）の二審制になっている。そし

て、それら労働者災害補償保険法に定める不服申立ての手続きを経た後でないと、行政訴訟として労働基準監督署が行なった処分の取消しを求める訴えを提起できないという「不服申立て前置主義」がとられているのである。より正確に言えば、審査請求、再審査請求という二段階の不服申立てを経なければ行政訴訟に進めないため、不服申立ての「**二重前置**」となっている（この点が改正されることは前に説明した）のである。

　都道府県労働局の労災保険審査官に対する審査請求は、原処分（労働基準監督署長による処分）があったことを知った日の翌日から起算して60日以内に行わなければならないことになっている（この日数も改正されることになった）。

　この審査請求の対象となる処分は、労働者災害補償保険法38条に「保険給付に関する決定に不服のある者は、審査官に対して審査請求をし、その決定に不服のある者は、労働保険審査会に対して再審査請求をすることができる。」とあるため、労災保険給付に関する決定に限られる。

　審査請求ができる者は、処分によって、直接、自己の権利または利益を侵害された者をいう。この審査請求は、労働保険審査官および労働保険審査会法第9条の2の規定により、審査請求は代理人によってすることができるが、この代理人には資格要件がないため、審査請求人と代理人との関係と代理人の職業を記してある委任状を提出することで代理権を明確にすることで、だれでも代理人になることができる。

　審査請求がなされると、都道府県労働局に置かれた労災保険審査官が審査請求書の提出を受け、労働基準監督署の調査内容、調査結果を精査し、審査請求人からの聴取や、必要があれば追加調査を行い、労働基準監督署長の処分の妥当性を判断し、審査結果を記載した決定書を審査請求人に送付することになる。

　この、労働保険審査官の決定に対して、なお不服がある場合には、決定書かを受け取った日から60日以内（この期間も改正となることは後述する）に労働保険審査会に対して再審査請求を行うことになる。また、審査官が審査請求書の受理から3カ月以内に決定を行わない場合にも再審査請求ができることになっている。

第10章　改正行政不服審査法　改正行政手続法　社労士保佐人制度について

　ここで気をつけておきたいのは、再審査請求は、審査請求に対してではなく、あくまで原処分に対して不服を申し立てる形式となっている。
　労働保険審査会は全国に一か所、東京のみに設置され、９人の委員で構成される合議制の機関で、委員は厚生労働大臣により国会の同意を得た上で任命されている。
　では、この審査請求制度が、行政不服審査法の改正を受けて、どのように変わったかを次に見ていくこととしよう。

＜労働保険審査制度における主な改正内容＞

① 不服申立の二重前置の廃止
　→再審査請求を経なくても裁判所への出訴が可能

② 審査請求期間の延長
　→現行の60日から３月に延長

③ 標準審理期間の設定
　→審査官が審査請求に対する決定をするまでに通常要すべき標準的な期間を定めるよう努める（努力義務）

④ 審査請求手続の計画的進行の創設
　→審査請求人や審査官に対し、相互に協力し計画的に審理を進行するよう努める

⑤ 口頭意見陳述の充実化
　→利害関係者等を招集して行うとともに、申立人は処分庁に対して質問をすることができる。

⑥ 特定審査請求手続の計画的遂行の創設
　→事件が複雑である等により、迅速かつ公正な審理を行うため審査請求の手続きを計画的に行う必要がある場合に、審査請求人等を招集し、審査請求の手続の申立てに関する意見の聴取を行う。

⑦ 審査請求人等による物件の閲覧
　→審査請求人等は、提出された文書その他の物件の謄写を求めることができる。

2）労働者災害補償保険法の一部改正

（1）保険給付に関する審査請求をしている者は、当該審査請求をした日から3月を経過しても決定がないときは、**労働者災害補償保険審査官**が審査請求を棄却したものとみなすことができるものとすること。

（2）保険給付に関する処分の取消しの訴えは、当該処分に関する審査請求に対する労働者災害補償審査官の決定を経た後でなければ、提起できないものとすること。

（3）その他所要の規定の整備を行うものとすること。

3）労働保険審査官および労働保険審査会法の一部改正
【参考】現行の労働保険審査制度の仕組み

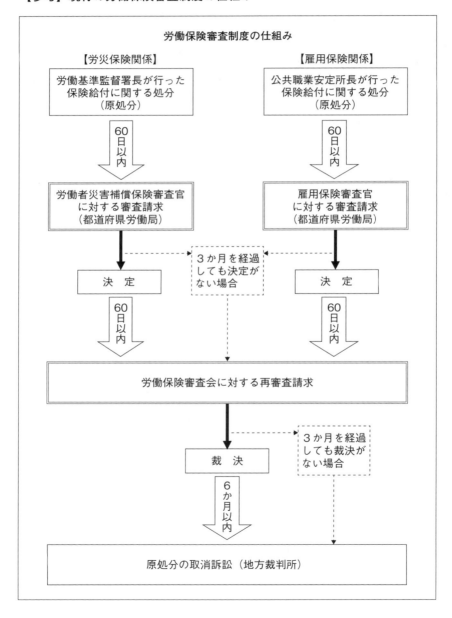

■審査請求の流れ （現行と改正後の比較）

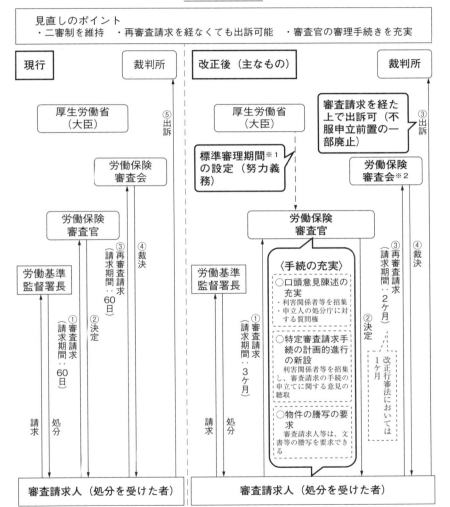

第10章　改正行政不服審査法　改正行政手続法　社労士保佐人制度について

■労働保険審査制度関係の比較表

労働保険審査制度関係　現行法・20年法案・改正案の比較（主な項目）

主な項目	現行法	20年法案	改正案
不服申立構造	・審査請求（対審査官） ・再審査請求（対審査会）	・再調査請求（対処分庁） ・審査請求（対審査会）	審査官及び審査会を存置
不服申立期間	・処分を知った日の翌日から60日以内（審査請求） ・決定書の謄本が送付された日の翌日から60日（再審査請求）	・処分を知った日の翌日から3カ月以内（再調査請求） ・決定書の謄本が送付された日の翌日から2カ月以内（審査請求）	20年法案と同じ
標準審理期間	—	設定するように努めることを規定	〃
審査請求手続の計画的進行	—	審査請求人等の審理における相互協力義務を規定	〃
口頭意見陳述	申立てがあった場合、審査請求人等に意見を述べる機会を与える義務を規定	（現行法に追加して） ・全ての審理関係人を招集して行うこと ・申立人の処分庁に対する質問権を規定	〃
特定審査請求手続の計画的進行	—	必要がある場合に当事者を招集し、審査請求の手続の申立てに関する意見の聴取を行うことを規定	〃
物件の閲覧	—	審査請求人等は、提出された文書その他の物件の閲覧を求めることができることを規定	〃
不服申立前置	再審査請求の後でしか裁判に行けない	審査請求の後でしか裁判に行けない	審査請求を経た後、再審査請求か裁判に行くか選択できる

（1）審査請求

①労働保険審査官の除斥事由

　労働保険審査官（以下「審査官」という。）は、審査請求に係る処分に関与した者等以外の者でなければならないものとすること。

②標準処理期間

　厚生労働大臣は、審査請求がされたときから当該審査請求に対する決定をするまでに通常要すべき標準的な期間を定めるよう努めるとともに、これを定めた時は、都道府県労働局における備付けその他適当な方法により、公にしておかなければならないものとすること。

③審査請求の期間

　審査請求は、正当な理由があることを疎明したときを除き、審査請求人が処分があったことを知った日の翌日から起算して3月を経過したときは、することができないものとすること。

④審査請求の手続の計画的進行

　審査請求人、原処分をした行政庁、審査請求の結果について利害関係の有

る行政庁その他の第三者(以下「利害関係者」という。)、厚生労働大臣に使命された関係労働者および関係事業主を各々代表するもの(以下「参与」という。)並びに審査官は、簡易迅速かつ公正な審理の実現のため、審査請求の手続において、相互に協力するとともに、審査請求の手続の計画的な進行を図らなければならないものとすること。

⑤**口頭による意見陳述**

イ 審査官は、審査請求人または審査請求があったことについて審査官から通知を受けた利害関係者からの申立てがあったときは、意見を述べる機会を与えることが困難であると認められる場合を除き、当該申立てをした者(以下「申立人」という。)に**口頭で意見を述べる機会**を与えなければならないものとすること。

ロ イの意見の陳述(以下「口頭意見陳述」という。)は、審査官が期日および場所を指定し、利害関係者を招集してさせるものとすること。

ハ 口頭意見陳述において、審査官は、申立人のする陳述が事件に関係のない事項にわたる場合、その他相当でない場合には、これを制限することができるものとすること。

ニ 口頭意見陳述に際し、<u>申立人は、審査官の許可を得て、審査請求に係る事件に関し、原処分をした行政庁に対して**質問**を発することができるものとすること。</u>

⑥**文書その他の物件の提出**

イ 審査請求人、審査請求があったことについて審査官から通知を受けた利害関係者および参与は、証拠となるべき文書その他の物件を提出することができるものとすること。

ロ 原処分をした行政庁は、当該原処分の理由となる事実を証する文書その他の物件を提出することができるものとすること。

ハ イおよびロの場合において、審査官が、文書その他の物件を提出すべき相当の期間を定めたときは、その期間内にこれを提出しなければならないものとすること。

⑦**審理のための処分**

審査官は、審理を行うために必要な限度において、審査請求人、審査請求

があったことについて審査官から通知を受けた原処分をした行政庁、利害関係者若しくは参与の申立てによりまたは職権で、文書その他の物件の所有者、所持者または保管者に対し、相当の期間を定めて、当該物件の提出を命ずる等の処分をすることができるものとすること。

⑧特定審査請求手続の計画的遂行

　審査官は、審査請求に係る事件について、審理すべき事項が多数でありまたは錯綜している等事件が複雑であることその他の事情により、迅速かつ公正な審理を行うため、⑤、⑥および⑦の審査請求の手続（以下この⑧において「特定審査請求手続」という。）を計画的に遂行する必要があると認める場合には、期日および場所を指定して、審査請求人または原処分をした行政庁、利害関係者および参与を招集し、予め、特定審査請求手続の申立てに関する意見の聴取を行うことができるものとすること。

⑨審査請求人等による文書その他の物件の閲覧

　イ　審査請求人または原処分をした行政庁、利害関係者および参与は、決定があるまでの間、審査官に対し、⑥および⑦により提出された文書その他の物件の閲覧（電磁的記録にあっては記録された事項を厚生労働省令により定めたところにより表示したものの閲覧）または当該文書の写し若しくは当該電磁的記録に記録された事項を記載した書面の交付を求めることができるものとすること。この場合において、審査官は第三者の利益を害するおそれがあると認めるとき、その他正当な理由があるときで無ければ、その閲覧または交付を拒むことができないものとすること。

　ロ　イの交付を受ける審査請求人および利害関係者は、政令で定めるところにより、実費の範囲内において政令で定める額の手数料を納めなければならないものとすること。ただし、審査官は、経済的困難その他特別の理由があると認めるときは、政令で定めるところにより、手数料を減額し、または免除することができるものとすること。

（2）再審査請求等

①秘密保持義務

　労働保険審査会（以下「審査会」という。）の委員は、職務上知り得た秘

密を漏らしてはならないものとすること。その職を退いた後も同様とすること。
②**再審査請求期間**
　再審査請求は、審査請求の決定書の謄本が送付された翌日から起算して２月を経過したときは、することができないものとすること。
③**参加**
　イ　再審査請求への参加は、代理人によってすることができるものとすること。
　ロ　イの代理人は、各自、当該再審査請求への参加に関する一切の行為をすることができるものとすること。ただし、再審査請求への参加の取下げは、特別の委任を受けた場合に限り、することができるものとすること。
④**意見の陳述**
　イ　意見の陳述は、審査会が審理期日に、全ての当事者を招集してさせるものとすること。
　ロ　イの意見の陳述において、審査庁は、当該申立てした者のする陳述が事件に関係のない事項にわたる場合、その他相当でない場合には、これを制限できるものとすること。
　ハ　イの意見の陳述に際し、当該申立をした者は、審査庁の許可を得て、再審査請求に係る事件に関し、原処分をした行政庁に対して、質問を発することができるものとすること。
⑤**その他**
　前述の②、④および⑥から⑨までの規定を再審査請求においても準用するものであること。

（３）**罰則**
　審査会の委員である者または委員であった者で、（２）の①に違反して、職務上知り得た秘密を漏らした者は、１年以下の懲役または50万円以下の罰金に処するものとすること。
（４）**その他**
　その他所要の規定の整備を行うものとすること。

4）労働保険の保険料の徴収等に関する法律の一部改正

①概算保険料および確定保険料の額の決定に関する処分に係る**異議申立てを廃止**するものであること。

②労働保険料その他この法律の規定による徴収金に関する処分の取消しの訴えに係る**不服申立前置を廃止**するものとすること。

5）石綿による健康被害の救済に関する法律一部改正

①一般拠出金の額の決定に関する処分に係る**異議申立てを廃止**するものであること。

②一般拠出金の額の決定に関する処分の取消しの訴えに係る**不服申立前置を廃止**するものとすること。

社労士補佐人制度について

1．補佐人制度

　平成26年の社会保険労務士法改正により、新たに裁判所での「補佐人」業務が認められ、平成27年4月1日から改正法は施行された。

　平成17年の第7次改正に次ぐ、9年ぶりの社会保険労務士法改正であるが、その改正の概要は以下のとおりである。

> 改正の概要
>
> 1　個別労働関係紛争に関する民間紛争解決手続における紛争の目的の価額の上限額の引上げ
> 　厚生労働大臣が指定する団体が行う個別労働関係紛争に関する民間紛争解決手続において、特定社会保険労務士が単独で紛争の当事者を代理することができる紛争の目的の価額の上限を、120万円（※改正前は少額訴訟の上限額（60万円））に引き上げること。（第2条第1項関係）

> 2　補佐人制度の創設
> （１）　社会保険労務士は、事業における労務管理その他の労働に関する事項及び労働社会保険諸法令に基づく社会保険に関する事項について、裁判所において、補佐人として、弁護士である訴訟代理人とともに出頭し、陳述をすることができることとすること。(第２条の２関係)
> （２）　社会保険労務士法人が、上記（１）の事務の委託を受けることができることについて規定すること。(第25条の９の２関係)
> 3　社員が一人の社会保険労務士法人
> 　　社員が一人の社会保険労務士法人の設立等を可能とすること。(第25条の６等関係)
> 4　施行期日
> 　　上記１及び２の規定については平成27年４月１日、上記３の規定については平成28年１月１日施行。

　改正法では、個別労働関係紛争に関する民間紛争解決手続における紛争の目的の価額の上限額の引上げや、社員が一人の社会保険労務士法人の設立などの法改正もなされたが、本講義では補佐人制度に絞って、解説を加えることとしたい。

　従来、社会保険労務士には、司法手続への関与権限が認められていなかった。たしかに、裁判所の許可があれば、補佐人として出頭して陳述をすることはできた（**民事訴訟法60条**）が、本改正により、裁判所の許可を要することなく、補佐人として出頭して陳述することができるようになったことで、極めて限定的ではありながらも、司法手続きへの関与権限を得たことになる。

　社会保険労務士としての補佐人制度は、能力担保研修を受け試験に合格したいわゆる特定社会保険労務士でなくても、社会保険労務士でありさえすれば、裁判所に出廷し陳述することができる。これは、弁護士である**訴訟代理人**とともに出頭するという条件がついていることもその理由の一つであるが、社会保険労務士が「労働社会保険諸法令に基づく社会保険に関する事項」等についての専門知識を有する専門家であることから、裁判所の許可を要することなく補佐人として出頭して陳述することができるようになったという

第10章　改正行政不服審査法　改正行政手続法　社労士保佐人制度について

立法趣旨からすれば、特定社会保険労務士に限らずとも、社会保険労務士としての専門知識を法廷で発揮できることにすることが、制度の趣旨にかなうためである。

基　発1121第1号
年管発1121第1号
平成26年11月21日

都道府県労働局長　殿
地方厚生(支)局長　殿

厚生労働省労働基準局長
（公　印　省　略）

厚生労働省大臣官房年金管理審議官
（公　印　省　略）

　　　　　社会保険労務士法の一部を改正する法律の公布について
　社会保険労務士法の一部を改正する法律については、本年6月13日に第186回通常国会に提出され、同年11月14日に第187回臨時国会において可決成立し、本日、平成26年法律第116号として公布されたところである。
　この法律は、一部を除き、公布の日から起算して9か月を超えない範囲内において政令で定める日から施行される。
　改正の趣旨及び概要は下記のとおりであるので、了知されたい。

記

第1　改正の趣旨
　　近年、企業組織の再編や人事労務管理の個別化等に伴い、個別労働関係紛争が増加しており、以前にも増して紛争の迅速かつ的確な解決が求められている。そのため、労働及び社会保険諸制度に係る業務に熟達した社会保険労務士の活躍に対する要請は、量的にも、質的にもますます増大しているところである。

こうした状況に対応するため、①厚生労働大臣が指定する団体が行う個別労働関係紛争に関する民間紛争解決手続において、特定社会保険労務士が単独で紛争の当事者を代理することができる紛争の目的の価額の上限を引き上げること、②社会保険労務士が、裁判所において補佐人として出頭し陳述できることとすること、③社員が一人の社会保険労務士法人の設立を可能とすること等の改正を行ったものである。

第2 改正の概要
1 個別労働関係紛争に関する民間紛争解決手続における紛争の目的の価額の上限額の引上げ

　厚生労働大臣が指定する団体が行う個別労働関係紛争に関する民間紛争解決手続において、特定社会保険労務士が単独で紛争の当事者を代理することができる紛争の目的の価額の上限を、120万円（※改正前は少額訴訟の上限額（60万円））に引き上げること。（第2条第1項関係）

2 補佐人制度の創設
（1）社会保険労務士は、事業における労務管理その他の労働に関する事項及び労働社会保険諸法令に基づく社会保険に関する事項について、裁判所において、補佐人として、弁護士である訴訟代理人とともに出頭し、陳述をすることができることとすること。（第2条の2関係）
（2）社会保険労務士法人が、上記（1）の事務の委託を受けることができることについて規定すること。（第25条の9の2関係）

3 社員が一人の社会保険労務士法人
　社員が一人の社会保険労務士法人の設立等を可能とすること。（第25条の6等関係）

4 施行期日等
（1）この法律は、公布の日から起算して9月を超えない範囲内において政令で定める日から施行すること。ただし、上記3は、公布の日から起算して2年を超えない範囲内において政令で定める日から施行すること。（附則第1条関係）

> （2）その他所要の規定を整備すること。

1）補佐人制度の概要と他士業との比較

補佐人制度は、**社会保険労務士法第2条の2で**、

[社会保険労務士法]

> 第2条の2　社会保険労務士は、事業における労務管理その他の労働に関する事項及び労働社会保険諸法令に基づく社会保険に関する事項について、裁判所において、補佐人として、弁護士である訴訟代理人とともに出頭し、陳述をすることができる。
> 2　前項の陳述は、当事者又は訴訟代理人が自らしたものとみなす。ただし、当事者又は訴訟代理人が同項の陳述を直ちに取り消し、又は更正したときは、この限りでない。

と規定されている。

他士業における全く同様の規定としては、**税理士法2条の2**に「税理士」に関して、「租税に関する事項」について「補佐人」として「弁護士である訴訟代理人とともに出頭して陳述することができる」旨の規定がすでに存在している。

弁理士の場合は、「補佐人として当事者又は訴訟代理人とともに出頭し、陳述し、尋問することができる」（**弁理士法5条**）とされており、社会保険労務士、税理士に比して補佐人の権限が広くなっている。具体的には、「当事者」とともに出頭できること、「尋問する」ことができることが大きな違いである。これは、特定弁理士には訴訟代理権が認められていることなどから、補佐人についても社会保険労務士や税理士より広い職務権限を認めたものである。

2）民事訴訟法における補佐人

補佐人制度は、民事訴訟法において認められているもので（**民事訴訟法第

60条)、同条では補佐人について、

［民事訴訟法］

> （補佐人）
> 第60条　当事者又は訴訟代理人は、裁判所の許可を得て、補佐人とともに出頭することができる。
> 　２　前項の許可は、いつでも取り消すことができる。
> 　３　補佐人の陳述は、当事者又は訴訟代理人が直ちに取り消し、又は更正しないときは、当事者又は訴訟代理人が自らしたものとみなす。

と規定されている。

　この、補佐人制度が民事訴訟において認められる理由は、当事者または訴訟代理人は専門知識に精通していない場合が多々あるため、当事者または訴訟代理人を援助する者として、裁判所の許可を得て、当事者または訴訟代理人を補佐するために裁判所に出頭して訴訟の弁論について当事者または訴訟代理人を援助するというものである。他にも、当事者が難聴・言語障害・老齢・知識不十分などのために十分な訴訟行為をなし得ないような場合も補佐人制度が想定する場面とされている。

３）社会保険労務士法改正による補佐人業務

　社会保険労務士は、その有する労働社会保険諸法令や労務管理その他の労働に関する事項に関する専門知識に精通し、それら専門知識による補助が期待できる、そのため、「社会保険労務士は、事業における労務管理その他の労働に関する事項および労働社会保険諸法令に基づく社会保険に関する事項について、裁判所において、補佐人として、弁護士である訴訟代理人とともに出頭し、陳述することができることとすること」（**平26.11.21基発1121第1号・年管発1121第1号**）として、今回の法改正で、社会保険労務士に裁判所での「補佐人」業務が認められたのである。

　社会保険労務士は国家試験に合格した専門的知識を有する有資格者であり、**社会保険労務士法２条**において、労働社会保険諸法令に基づく申請書等

の作成、申請書等の提出の手続代理（1号の2）、労働社会保険諸法令に基づく行政機関の異議申立等（事務代理）（1号の3）および事業における労務管理その他の労動に関する事項および社会保険事項についての相談、指導（3号）の業務を業として行うことが規定されている。よって、事業の労務管理や社会保険に関する事案の性質上、当事者が専門的知識を欠き、適切な訴訟における活動を行うことが困難で、訴訟進行に円滑を欠き、権利義務の保護や確保に欠けるおそれがある場合も想定されるため、社会保険労務士の補佐人業務の必要性は従来から提唱されていたが、平成26年法改正でやっと認められることとなった。

4）民事訴訟法における補佐人と社会保険労務士法における補佐人業務の違い

民事訴訟法における補佐人の場合、裁判所に出廷し陳述するには、「裁判所の許可」が必要である。しかし、社会保険労務士の場合は、社会保険労務士法に定める「事業における労務管理その他の労働に関する事項及び労働社会保険諸法令に基づく社会保険に関する事項」（**社会保険労務士法2条の2**）について専門的な知識を有していることから、これらの専門的知識に関する特殊な事項や事案に限っては、裁判所の許可を要することなく、社会保険労務士法に定めることにより補佐人となることが認められたのである。

社会保険労務士が補佐人としての業務を行うためには、「裁判所において」「訴訟代理人である弁護士とともに出頭」するという要件を満たさなければならないことが社会保険労務士法に明記されている。これは税理士法と全く同じ要件であり、弁理士法も原則的には同様である。訴訟代理人である弁護士とともに出頭することが求められているのは、訴訟代理権に関してはあくまで弁護士が有し、弁護士以外の者が訴訟代理をすることは法の定める例外を除いて弁護士法72条の非弁行為に該当し処罰を受けることとの関係によるものである。

補佐人はあくまでも当事者または訴訟代理人の陳述を支援、補助する存在であり、訴訟代理人としての代理権を有しているわけではないため、今回導入された社会保険労務士の補佐人制度では、社会保険労務士が補佐人業務として法廷で陳述行為をする際には、社会保険労務士として単独で陳述するこ

とはできず、弁護士である訴訟代理人とともに出頭し陳述しなければならないことになっているのである。

　ここで注意をしたいのは、弁理士との違いである。弁理士の場合には、「当事者又は訴訟代理人とともに出頭」（**弁理士法5条1項**）と規定されているため、当事者とともに出頭した場合も補佐人として陳述することができる。しかし、社会保険労務士の補佐人の場合は、「訴訟代理人である弁護士」と一緒に出頭して初めて陳述行為ができるのである。これは、社労士の場合は税理士の場合と同様に、「訴訟代理人である弁護士とともに出頭」することが要件とされているためである。したがって、当事者本人とともに出頭しても補佐人としての行為は認められないことになる。

　簡易裁判所の事件の場合に認められる「弁護士でない者を訴訟代理人とすることができる」（**民事訴訟法54条1項**）旨の規定により弁護士でない者が訴訟代理人となった場合には、補佐人にはなれないことにも注意を要する。

　訴訟の種類においても、民事訴訟法上の補佐人と社会保険労務士としての補佐人とでは違いがある。民事訴訟法上の補佐人は、**民事訴訟法60条**を根拠とするものである以上、出頭し陳述できるのは民事訴訟事件に限られる。それに対して社会保険労務士としての補佐人は、社会保険労務士法に基づく制度であり、その対象範囲は「裁判において」とあるため、**民事訴訟**（私人間の法的紛争）だけでなく、**行政訴訟**（私人と国や地方公共団体との間の法的紛争）も含まれることになる。そのため、社会保険労務士としての補佐人は、雇用保険被保険者資格喪失確認処分取消事件等や労災保険給付の不支給決定についての「行政処分取消訴訟」や「失業給付制限処分取消事件」といった労働保険についての行政訴訟事件や、健康保険や厚生年金保険に関する不支給決定の「行政処分取消訴訟」のような社会保険に関する行政訴訟事件についても弁護士とともに出頭し補佐人としての陳述が可能である。

5）補佐人となるには

　社会保険労務士が補佐人としての行為を行うためには、「**補佐人選任届**」が裁判所に提出されることが必要である。補佐人選任届は、当事者（依頼者本人）からの「補佐人を選任する」旨の委任状であるが、これは、「陳述は

当事者又は訴訟代理人が自らしたものとみなす」(**社会保険労務士法2条の2第2項**)という規定があり、当事者にとっては、補佐人の陳述は自らしたものとみなされるため、委任が必要なのである。この選任行為の必要性は、社会保険労務士法人が法人の社員または使用人である社会保険労務士に補佐人の事務を行わせる場合に、委託者に当該社会保険労務士法人の社員等の中から補佐人を選任させなければならないという規定(**社会保険労務士法25条の9の2**)が存在することからも明らかである。

この補佐人の選任は、当事者本人の権限である。社会保険労務士がその専門的知識に基づいて当事者を補助し支援するための陳述を行うことに伴う利益・不利益はすべて当事者に帰する以上、当事者が選任すべきものだからである。したがって、選任行為として作成される委任状である「補佐人選任届」はあくまで本人名義のものでなければならないことになる。受任の方法は、私人間の契約であるため、特に法的規制はないが、委任契約の形でなされることになるだろう。

実際には、弁護士である訴訟代理人の委任状と訴状や答弁書とともに、裁判所に補佐人選任届が提出されることになる。

それでは、補佐人は「**復補佐人**」を選任することはできるだろうか。復補佐人とは補佐人に代わって補佐人としての行為をする者であるが、社会保険労務士法において補佐人制度が認められた趣旨は、事業における労務管理その他の労働に関する事項と、労働社会保険諸法令に基づく社会保険に関する事項についての専門家として補佐人の行為を行う趣旨であるので、当該専門家本人でなければ陳述はできないものと解されている。

6) 補佐人としての陳述事項の範囲

社会保険労務士法による補佐人としての陳述の範囲は、①事業における労務管理その他の労働に関する事項と、②労働社会諸法令に基づく社会保険に関する事項に限定されている(**社会保険労務士法2条の2**)。これら事項は、社会保険労務士のいわゆる3号業務の相談・指導の範囲と同じである。

①に関しては、その範囲に関する解釈適用の範囲について疑義問題が生じる可能性は低いであろう。というのも「事業における労務管理その他労働に

関する事項」という文言が対象とする労働に関する事項とは広範にわたるものであるからである。具体的には、労働に関する法令に規定がある事項であるか否かを問わず、工場、事業場における労務管理（賃金、賞与、退職金等の賃金問題、労働時間、休暇、交代勤務等の労働時間問題、採用、昇進、昇格、人事考課、解雇、退職等の人事雇用問題、職場の安全衛生、災害補償等の問題、表彰、懲戒等の服務規律の問題、教育訓練、福利厚生問題など）に関する一切の事項を指すことになる。

　問題は、②の「労働社会諸法令に基づく社会保険に関する事項」、なかでも『社会保険に関する事項』という文言の解釈である。「社会保険」とあるため、「労働保険」に関する事項は陳述の範囲に含まれていないのではないか、という疑義が生じることになる。社会保険労務士が関与する労働保険に関する問題につき、陳述行為が行えないとなれば、社会保険労務士に補佐人行為を認めたところで、その専門的知識の活用範囲が大幅に制限をうけることになってしまう。

　たしかに、「労働社会保険諸法令」には労働法と労働保険および社会保険に関する法律並びにこれらの命令が含まれるが、条文上は『社会保険に関する事項』とされてしまっているため、労災保険や雇用保険、労働保険徴収法による労働保険料に関する問題など「労働保険」に関する事項は含まれていないかのようにも思われる。しかしながら、**社会保険労務士法2条の2**は、前述のように社会保険労務士法のいわゆる3号業務と同一の規定であり、3号業務の「社会保険に関する事項」には、労働保険も含む広く労働社会保険諸法令上の保険を指すものと立法当時より解釈されているため、労働保険も補佐人としての陳述範囲とされることになる。

　また、補佐人としての陳述範囲は「法律関係に関する事項」に限られているのではないか、という論点も存在する。これは、補佐人が労務管理や労働社会保険諸法令に基づく社会保険についての専門的知識、経験等の立場から陳述するものであるため、その陳述範囲が法律関係に関する事項に限られるのではないかというものである。しかし、**社会保険労務士法2条の2**に規定される①事業における労務管理その他の労働に関する事項と、②労働社会諸法令に基づく社会保険に関する事項に関する事項であれば、事実および法律

関係の両方について陳述をすることができる。具体的な争訟について法を適用しこれを解決するという司法の働きからすれば、たとえ法律事項といえども、事実から遊離した純粋な法理論について陳述するものではなく、法適用の前提としての事実認定が行われた上で、労働社会諸法令の適用が行われるものである以上、前記①および②に関する事項であるならば、法律事項にとどまらず、事実についても、補佐人は当事者または訴訟代理人の発言機関として陳述できる事項の範囲に含まれると解されている。

7）陳述について

「陳述」とは、当事者や訴訟代理人が裁判所または裁判官に対し、事件または訴訟手続について、口頭または書面で、法律上の主張をし、または事実と理由をのべることをいう。口頭での陳述も可能であるが、訴訟では書面審理が原則的形態であり、補佐人が陳述するのはその専門的知識に係る事項であることから、陳述すべき事項については当事者や訴訟代理人と事前協議の上、書面を作成して期日前に予め裁判所に提出することが、とくに訴訟の争点となるような重要な事項については通常となるであろう。そして、裁判期日当日の弁論においては、「書面のとおり陳述する」とのみ述べることになる。

社会保険労務士が補佐人としての職責を十全に発揮するためには、民事訴訟に関する基礎的知識を遺漏なく習得しておく必要がある。自らが補佐人としてなす陳述が当該訴訟の全体構造の中でどのような位置づけにあるのかを理解し、いかなる陳述をすることがより当事者の利益にかなうのかを知るためには、民事訴訟に関する理解が欠かせないからである。

民事訴訟における裁判期日としては、口頭弁論期日（**民事訴訟法139条、148条以下**）、弁論準備手続期日（**民事訴訟法168条以下**）、証拠調期日（**民事訴訟法185条**）等がある。社会保険労務士である補佐人は、前述のように、専門家として当事者や訴訟代理人から助力を必要とされる場合に「訴訟代理人である弁護士とともに出頭」という条件を満たせば、いずれの期日においても、陳述が認められる。

補佐人選任届を事前に提出した社会保険労務士である補佐人は、期日においては出頭カードに社会保険労務士である補佐人として氏名を記入する（具

体的には「補佐人　社会保険労務士　○野○一」というように記入する）ことで、「期日調書」（裁判所が裁判期日ごとに作成する記録）に「出頭した当事者、代理人、補佐人の氏名」（**民事訴訟規則66条1項4号**など）として、記載されることになる。

　なお、補佐人の当事者等に対する支援・助力のための「陳述」には、法廷における尋問も含むかという論点も存在するが、これについては弁理士法との規定の違いから否定される。弁理士法の場合、「弁理士が補佐人として陳述及び尋問を行うことができる」（**弁理士法5条1項**）と明文で尋問を行える旨の規定が存在するが、社会保険労務士法では「陳述」のみの規定にとどまっているためである。税理士法においても同様に「陳述」のみしか規定されておらず、これは争訟事務に関しても専門家ではないため、裁判においては陳述のみにとどまり、尋問までは認められないという趣旨であると解されている。

8）補佐人と和解

　裁判は判決だけでなく、「**和解**」という形で決着を見ることがある。この和解に関して裁判所は、訴訟がいかなる程度にあるかを問わずに和解を試みることができる（**民事訴訟法89条**）ため、弁論期日とは別に和解期日を開いて和解協議を進行することができる。この和解期日は、訴訟の進行上の期日であるため、弁論期日と同様に「訴訟代理人である弁護士とともに出頭」すれば、社会保険労務士である補佐人も陳述可能となる。

　それに対して「即決和解」の場合には、社会保険労務士である補佐人は陳述できない。なぜなら、「即決和解」とは訴え提起前の和解（**民事訴訟法275条**）であるため、補佐人制度の適用の余地がなく出頭できないからである。

9）労働審判と補佐人

　労働審判法に基づく**労働審判**に、社会保険労務士としての補佐人が出頭して陳述することはできるのだろうか。現在、この点に関しては通達等が存在しないため、見解が分かれている。

　労働審判においては、**労働審判法29条**により、裁判所の許可を要する**民**

事訴訟法60条の補佐人であれば、裁判所の許可を得て補佐人として出頭することが認められている（**非訟事件手続法25条**）。今回、**社会保険労務士法2条の2**において、補佐人制度が創設されたことで、労働審判においても、裁判所の許可を得ずして社会保険労務士法2条の2を根拠として社会保険労務士としての補佐人の立場で、労働審判に出頭し陳述することは可能なのであろうか。

　この点に関しては、社会保険労務士法の条文上の文言から否定説も存在する。それは、**社会保険労務士法2条の2**には「訴訟代理人である弁護士」とあるため、労働審判は非訟事件であり、弁護士は労働審判「手続」の代理人となっても「訴訟」の代理人となることはないため、法の定める要件には該当しないとするものである。

　しかしながら、否定説は社会保険労務士による補佐人制度創設の趣旨を考慮に入れておらず、妥当ではないと考える。何より、本案訴訟（通常の裁判）という労働審判より厳格な手続において、裁判所の許可なしに社会保険労務士である補佐人が出頭して陳述できる規定が創設されたことを重く見るべきである。本案訴訟において出頭し陳述することが可能であるならば、本案訴訟よりも簡易な争訟的非訟事件である労働審判において社会保険労務士である補佐人が出頭して陳述できなければ、制度間のバランスを欠く。よって勿論解釈的に肯定されるべきであろう。さらに、社会保険労務士が労働社会保険諸法令の専門家として、その専門家としての知識を有効活用することで、個別労働紛争解決の円満かつ適正な運営に資することを目的とした社会保険労務士法2条の2の立法趣旨も、労働審判における出頭と陳述を肯定する根拠となる。文理解釈上も、**社会保険労務士法2条の2**では「裁判所において補佐人として」と、「裁判所」という広義の文言が用いられており、労働審判における補佐人としての出頭および陳述を認めることに問題はない。

10）調停と補佐人

　調停制度についても、社会保険労務士としての補佐人が出頭し陳述することが可能かどうかについては現状では明らかでない。調停制度とは、民事に関する紛争について、訴訟によって争うことを避け、当事者が互いに譲歩し

あうことによって条理にかない実情にあった解決を図ることを目的とする（**民事調停法1条**）。この調停制度において、**民事訴訟法60条**における補佐人、つまり裁判所の許可を要する補佐人は、「特別な定めがある場合を除いて」、「その性質に反しない限り」認められている（**民事調停法22条、非訟事件手続法25条**）ため、労働問題に関する民事調停に関しては、労働審判同様、社会保険労務士としての補佐人制度が創設された立法趣旨と制度間のバランスから、出頭し陳述することが肯定されるべきであろう。

11）終わりに

　社会保険労務士法改正による補佐人制度の創設自体は、社会保険労務士がその有する専門的知識を活用し、社会に貢献できる範囲を拡大するものであるため、素直に喜びたい。とはいえ、補佐人として真に意義のある陳述を行うためには労務管理や労働関係諸法令に関する知識のみならず、民事訴訟法という手続法の理解や、私法の一般法であり実体法である民法の知識がなければならない。私は常日頃から、法を体系的立体的に理解することの重要性を訴えてきたが、それは労使トラブルを解決する際に、労働法のみでは解決できないということと表裏一体をなす事柄である。私人間に生起する紛争は、民法の基礎原理を理解していなければ、真に解決できない。その解決が法廷に持ち込まれれば、民事訴訟法の知識も必要になるわけだが、社会保険労務士が労使トラブルの予防や解決に携わる際には「最終決戦」の場である法廷で繰り広げられる裁判闘争まで視野に入れて、問題点を発見し解決策を探らなければならないのである。補佐人制度導入を機に、社会保険労務士の民法や民事訴訟法に対する理解が深まることを切に望むものである。

　また、行政訴訟においても補佐人は出頭し陳述することが可能である以上、行政法に関する知識も社会保険労務士は身に付けておかなければならない。行政法を真に理解するためには憲法の知識が必要なのだが、憲法の理解の重要性は行政法に限った話ではなく、先に必要性を強調した民法や民事訴訟法の理解にとっても非常に重要なものである。折しも、行政手続法や行政不服審査法が改正されたが、補佐人制度の創設と相まって社会保険労務士が審査請求・再審査請求、そして取消訴訟といった一連のシステムに関わる確率は

格段に向上にしたのである。

　願わくは、補佐人制度の創設を機に、社会保険労務士それぞれが法を体系的立体的に学ぶ機運が高まり、それぞれの資質の向上がなされるとともに、社会保険労務士試験の試験科目に憲法・民法・民事訴訟法が追加されるなどの具体的動きを加速してもらいたい。現状の形骸化した特定社会保険労務士制度では、真に個別労使紛争の解決に社会保険労務士が貢献できているとはいえない。社会保険労務士が、今まで以上に社会から求められ社会に貢献できる社会保険労務士になるために、簡裁訴訟代理権の獲得を含めた、次なる法改正を目指さねばならないが、そのためにも法を体系的立体的に理解しなければならないのである。

第11章 労働者災害補償保険法特別加入者の全部労働不能についての一考察

Scientiaotentia est
「知は力なり」

Live as if you were to die tomorrow.
Learn as if you were to live forever.
「明日死ぬと思って生きなさい
永遠に生きると思って学びなさい」

1 はじめに

　労働保険の**特別加入制度**について、行政通達と、判例に見る法の運用について、大きな隔たりがあることを知らない弁護士も、社会保険労務士も少なくない。

　たとえば、特別加入の中小企業（建設業）の事業主が勤務時間内に業務上でケガをしたケースを考える。この受傷者が、特別加入者として申請した建設現場での従前の業務はできないものの、事業主として事務所で労務管理をするために、また、デスクワークなら少しは手伝えるとして週に数回程度、事務所に出勤していたとする。こうした場合、この特別加入者は休業補償給付の支給対象者となるのか？

　おそらく、少なからずの弁護士や、社会保険労務士は、

　「特別加入者の休業補償費の支給要件は、全部労働不能と行政通達で定められていますから、デスクワークができるなら、給付を受けることはできません。」

と答えるのではなかろうか。

　確かに、労働者災害補償保険法（以下、「法」という。）の一部を改正する法律第２条の規定施行について（昭和40年11月１日付け労働省労働基準局長通達・基発1454号・改正基発1118第２号、以下、「基1454号通達」という。）は、特別加入者についての業務上外の認定（特別加入者の被った災害が当該業務に起因するものといえるか）につき、「特別加入者に対する休業補償給付の支給要件（保護の要件）として、所得喪失の有無にかかわらず、療養のため『業務遂行性が認められる範囲の業務又は作業について』全部労働不能であることを要求している。この全部労働不能とは、入院中又は自宅就床加療中若しくは通院加療中であって、上記業務遂行性が認められる範囲の業務又は作業ができない状態をいう（第２・10）」としている。

　したがって、先の建設業で特別加入をしていた特別加入者の受傷につき、「従前の仕事ができなくても、他の仕事ができているのだから、休業補償給付の支給はされない」との帰結は一見正しく思えるが、本当にそうだろうか。

半世紀近くにわたり、当然とされていた全部労働不能の解釈が、実は誤りであったことにつき、以下、検討していくこととする。

特別加入者、休業補償給付の支給要件

まず、労災法に定められる特別加入制度と、特別加入者にかかる休業補償給付の支給要件を把握しておく。

1．特別加入の趣旨

労災保険は、労働者の労働災害に対する保護を主目的とするものであり、労働者以外の者（中小事業主、自営業者等）の労働災害については本来、関与しないところであるが、これらの者の中にも、業務の実態、災害の発生状況等からして、実質的に労働基準法適用労働者に準じて労災保険による保護を与えることが相当である者が存在する。そこで、法及び、労働者災害補償保険法施行規則（以下、「規則」という。）は、労災保険の建前及び保険技術的に可能な範囲で、これらの者にも労災保険への特別加入を認めたものである。

2．支給要件について

特別加入に関する規定は、法33条、特別加入者の労働者としてのみなし規定である法34条、これを受けて休業補償給付である法14条、さらに特別加入者に係る業務災害及び通勤災害の認定における労働基準局長への委任を規定した規則46条の26等により、中小事業主等に対する休業補償給付の支給要件として、〈1〉中小事業主等が「業務上負傷若しくは疾病にかかった」場合において、〈2〉「その負傷若しくは疾病についての療養のため当該事業に従事することができない」などといえることを要求し、この要件を満たす場合に、労働基準法76条に規定する災害補償の事由が生じたものとみなすことにより、休業補償給付を支給するものとしている。

このうち、〈1〉は業務上外の認定に関する要件であり、当該負傷若しくは疾病が業務上の事由によるかという業務起因性の判断の問題であるが、本稿では、特別加入者の受傷につき、業務起因性の認められるものであることについては争いがないこととする。
　そこで、〈2〉の従事不能要件の判断対象となる「当該事業」（業務遂行性の認められる業務）の範囲につき、特別加入制度の趣旨に鑑みながら検討することになる。具体的には、
（ア）業務遂行性の認められる業務の範囲で発生した疾病であること
（イ）療養していること＝全部労働不能であること（従事不能要件の判断対象となるべき業務の範囲が、（ア）の業務遂行性の認められる業務の範囲と同じか、また、その具体的内容をどのように解釈すべきか）
を検討する必要がある。
　この点、中小事業主については、当該中小事業主自身が、労働者が従事する作業と同様の作業に従事する場合が多く、労働者に準じて保護するのがふさわしいことから、特別加入が認められている。そうすると、法は、当該業務の内容、就労形態に注目して特別加入制度を設けたものであるから、休業補償給付の支給要件の解釈についても、特別加入申請にあたり申請した事業の内容を基準として、当該業務内容、就労形態を踏まえながら行うのが相当であり、特別加入にあたり申請した業務は、業務上外の判断の基礎となるだけでなく、従事不能要件の判断対象たる業務遂行性の認められる業務の判断の基礎ともなるというべきであって、業務上外の判断の基礎となる業務の範囲と、業務遂行性の認められる業務の範囲は、同一であると解するのが相当である。

3．法14条に関する通達

　休業補償給付は、原則として労働者が「業務上の負傷又は疾病による療養」のため、「労働することができないために賃金を受けない日」の「第四日目」から支給するものとされている。
　ただし、「特別加入者に対する休業補償給付の支給要件（保護の要件）と

して、所得喪失の有無にかかわらず、療養のため『業務遂行性が認められる範囲の業務又は作業について』全部労働不能であることを要求している。この全部労働不能とは、入院中又は自宅就床加療中若しくは通院加療中であって、上記業務遂行性が認められる範囲の業務又は作業ができない状態をいう」前記のとおり、通達に定めがある。

くわえて、業務遂行性の認められる業務の範囲について昭和50年11月14日付け労働省労働基準局長通達・基発第671号（以下、「基発671号通達」という。）は、「特別加入申請書別紙の業務の内容欄に記載された所定労働時間（休憩時間を含む。）内において、特別加入の申請に係る事業のためにする行為（当該行為が事業主の立場において行う事業主本来の業務を除く。）及びこれに直接附帯する行為（生理的行為、反射的行為、準備・後始末行為、必要行為、合理的行為及び緊急業務行為。）を行う場合。特別加入者が特別加入申請書に記載した労働者の所定労働時間内において業務行為を行っている場合は、労働者を伴っていたか否かにかかわりなく、業務遂行性を認めるものとする。」とされている。

さらに、先の基発1454号通達では、

「（エ）（前略）特別加入は、中小事業主等が特別加入に係る事業の保険関係に組み込まれることによって行われるので、2以上の事業を行っている中小事業主がこれらすべての事業につき特別加入しようとするときは、それぞれの事業ごとに、それぞれの事業について成立している保険関係に基づいて特別加入しなければならない」

「（オ）中小事業主等の業務の内容は、労働者と異なり、労働協約、就業規則、労働契約などによっては特定されないので、災害の業務上外の認定に困難を生ずる場合が少なくない。そこで、特別加入申請書には、業務の内容を記載させ、これをもって業務上外の認定の一資料としている（労災保険法施行規則46条の19第1項3号）。したがって、この業務の内容の記載は、特別加入予定者の業務の範囲を明確に特定し得る程度に具体性をもってされなければならない。」と示されているのは周知の事実である。

よって、これらを踏まえて、特別加入者における、法14条の休業補償給付支給要件を判断することになる。

3 判例検証から見える、法の要求

　特別加入者に対して、法の保険給付がされるためには、大きく、「特別加入者の業務の範囲」と、「全部労働不能」につき判断がされることになる。つまり、被災の原因となる事故が、「特別加入者の業務の範囲」として、特別加入の加入申請時に申し出た業務の範囲であるか否か、そして被災者は、その業務の範囲が全てできないのか否かということである。

　この点につき、以下、過去の判例を検証することとする。

1．特別加入者の業務の範囲にかかる判例

　　　　…最判平9．1．23（姫路労基署長事件（井口重機）労判716-6）
　まず、「特別加入者の業務の範囲」にかかる判例を見ておこう。

1）事件概要

　本件被災者の個人事業主である訴外Aは、当初、①重機を単体又は運転業務付で貸し付けてその対価を受領する業務を営んでいたが、その後、②土木工事請負業務も行うようになった。Aが雇用する4名前後の労働者らは、②の業務にのみ従事していた。Aは、昭和61年5月14日、労働者災害補償保険法27条1号（現33条1号）にいう「事業主」として、Aの長男とともに特別加入を認められる。その際、Aが提出した特別加入申請書における「業務の内容」欄には「土木作業経営全般」と記載されていたものである。

　訴外B会社からユンボ（掘削機）1台のリースの依頼を受けていたAは、昭和62年12月8日午後8時30分頃、B会社指定の場所でトラックの荷台からユンボを降ろす作業をしていたところ、昇降版が外れたために転落してきた同機の下敷きとなって即死した。

　Aの妻Xは、Aが労災保険の特別加入者であること、前記災害が業務上の事由により生じたことを理由として、葬祭料の支給を姫路労基署長に請求したが、同署長は、昭和63年2月25日、葬祭料の不支給処分を下した。当該処

分の不服申立が斥けられたXは、その取消請求訴訟を提起した事件である。

2）裁判所の判断

「土木工事及び重機の賃貸を業として行っていた事業主が、その使用する労働者を土木工事にのみ従事させ、重機の賃貸については労働者を使用することなく土木工事と無関係に行っていた場合、一掲記の特別加入の保険関係は、土木工事が関係する建設事業について成立したにとどまり、右事業主は重機の賃貸業務に起因する死亡等に関して保険給付を受けることができる者となる余地はない」と判断した。

3）行政の主張

結局、本件において、特別加入者が死亡した原因となった業務は、特別加入の申請時に申請した業務外であると判断されたため、葬祭費の支給が否定されたものである。ただしこの判例において「特別加入者の業務の範囲」の考え方につき、行政が非常に参考になる主張をしているため、以下抜粋するものである。すなわち、姫路労基署長は、前記最高裁判決の原審（**大阪高判平6．10．6労判716-7**）において、次のように主張している。

（1）本件基準の解釈の指針について

（一）　特別加入者の業務は、労働者のそれとは異なり、労働契約に基づく使用者の指揮命令により他律的に決まるものではなく、当人自身の判断により主観的に決定されるものであるから、その範囲を客観的に確定することには困難が伴う等、特別加入制度には特殊性がある。

そこで、特別加入の申請に際し、申請者にその特別加入予定者が担当する業務の具体的内容及びその者の従事する事業の所定労働時間を記載させ、当該記載事項をもって、政府が特別加入申請を承認するかどうかの判断の資料とするとともに、特別加入者に災害が発生した場合は、業務上外の判断をする資料とするのが相当であり、かつまた、本件基準を設定したこともやむを得ないものである。

（二）　控訴人は、作業時間、作業内容の決定につき加入者自身の主観が入

りにくい場合には、本件基準を文言どおり適用すべきではない旨主張する。

　しかしながら、特別加入制度創設の趣旨及び同制度の特殊性からすれば、本件基準が保護の対象となる業務の範囲を原則として特別加入申請書に記載した業務の内容及び所定労働時間の範囲に限定し、これから保護の対象を拡張するのには制限的であることはやむを得ないところであり、本件において、井口重機がリース業を行っていたことが被控訴人において客観的に明らかであったとはいえないし、加入者たる亡學の主観的意思決定が入る余地が少ないなどとは到底いえないことは明らかである。

（２）本件基準イの該当性について

（一）　特別加入者の業務は、その性質上、範囲を客観的に確定するのは困難で、窓口職員が把握できるような類のものではなく、そうした実態にかんがみれば、本件基準イにいう「特別加入の申請に係る事業」とは、特別加入申請書に記載された「対象業務」をいうものと解すべきである。

（二）　また、特別加入の業務上外の認定に当たっては、就業時間については、右申請書の記載を基礎としつつも必ずしもこれのみに拘束されることなく、実情をも考慮し当該制度の趣旨に副って、右申請書とは異なる認定をすることも許されるものと解されるとしても、右は、一般論として業務上外の判断に際し、特別加入申請書の記載内容にとらわれる必要はないというものではなく、前記と同様、特別加入者の業務の範囲を客観的に確定することは困難であるとの前提に立ち、就業時間については、その業務上外の認定は、特別加入申請書の「業務の内容」欄の記載を基礎としてなすべきであるとの当然の事柄をいうに過ぎない。

　これに対し、本件のように、就業時間外であったばかりか、特別加入申請書の「業務の内容」欄の記載とは異なる業務に従事していた際に発生した災害についてまでも、業務上のものと認定することはできない。

（三）　井口重機においてリース業務と土木工事請負業とが別個の業務として位置付けられていた。

　この点に関する〈証拠略〉の内容は、担当官の誘導もあって事実に反したものとなっている旨の控訴人の批判は当たらない。右の各聴取調書は、いず

れも本件災害が発生した後供述者の記憶が鮮明な比較的短期間の内に作成されたもので、その聴取内容も、控訴人にとって不利益な供述ばかりではないのであって、その内容が信憑性に乏しいとはいえない。

（四）　控訴人主張のように、重機類のリース先が建設事業であれば、保険料は全く変わらず、亡學の経済的負担にも労災保険の保険料収入にも、影響しないというものではない。

すなわち、労災保険適用の原則は、一つの事業につき一つの労災保険の保険関係を成立させるというものであり、個々の事業に対する保険料の適用については、その事業の種類（事業の内容）ごとに、労災保険率表をもって定められた保険料率が適用されることになる。したがって、本件のように、土木建設事業者がリースの事業も併せ行っているような場合の取扱いについては、リース部門と建設事業部門とをそれぞれ別個の事業とみており、それぞれの事業について保険関係の成立をさせるものとされており、よって、保険料についてもそれぞれ別個に納入することが必要となるのである。」としている。

4）小括

「特別加入制度の特殊性から、特別加入の申請に際しては、申請書にその特別加入予定者が担当する業務の具体的内容及びその者の従事する事業の所定労働時間を記載させて、政府が加入申請を承認するかどうかの判断の資料とするとともに、特別加入者に災害が発生した場合は、申請書に記載された業務の内容及び所定労働時間を基礎として業務上外の判断をするのが相当である。そして、基準が保護の対象となる業務の範囲を原則として特別加入申請書に記載した業務の内容及び所定労働時間の範囲に限定し、これから保護の対象を拡張するのには、制限的であることの合法性についてであるが、前記のような特別加入制度創設の趣旨及び同制度の特殊性からすれば、右のような制限的な基準の設定はやむをえない。**（神戸地判平5．9．28（井口重機事件）労判716-16）**

と示すとおり、特別加入者の業務上外の判断については、原則として申請書に書かれた業務内容等を基礎として、保護の対象も同範囲に限定るとする判

断が定着している（同旨の判例として、①　平成23年１月31日／高松地方裁判所／平成18年（行ウ）12号／休業補償給付不支給処分取消請求事件国・三好労働基準監督署長（振動障害）事件、労判1028-67②　平成24年12月27日／札幌高等裁判所／平成24年（行コ）第17号／労働者災害補償不支給決定取消請求控訴事件、③平成24年２月24日／最高裁判所第二小法廷／判決／平成22年（行ヒ）273号／竹藤工業事件労判1064-18（原審・平成22年３月19日／広島高等裁判所／第２部／判決／平成21年（行コ）15号労判1064-23）、④昭和58年４月20日／浦和地方裁判所／第３民事部／判決／昭和57年（行ウ）７号／田中製作所・所沢労働基準監督署長事件等労判412-26）。

２．全部労働不能の解釈にかかる判例（その１）

…高松地判平23．1．31（三好労働基準監督署長（振動障害）事件）労判1028-67
次に、「全部労働不能」にかかる判例を見ておこう。

１）事件概要

　本件は、林業に従事し、その業務の中でも、特に限定して「伐採及び搬出の作業・午前７時〜午後７時」、特定業務との関係を「振動工具使用の業務」として中小事業主として労働者災害補償保険（以下、「労災保険」という。）に特別加入していた原告が、振動障害と診断され、その療養のため、前述の申請業務に従事することができなかったとして、三好労働基準監督署長（処分時の名称は「池田労働基準監督署長」。以下、処分時の名称を用いる。）に対し、平成11年４月２日から平成12年３月31日までの期間に係る労災保険の休業補償給付の請求をしたものである。そうしたところ、同人は、被告（国）から、特別加入時の申請した業務ではないが、申請業務に直接付随する業務として「地ごしらえ、植付け、下刈り、集材、はい積み、トラック積込みなど」の作業をすることはできるものであり、特別加入者の休業補償給付の支給要件である、「療養のため業務遂行性が認められる範囲の業務又は作業について全部労働不能とは認められない」として不支給処分を受けた。このため原告は、同処分を不服として不服申し立てをしたものだが、審査請求及び

再審査請求も棄却されたことから、被告に対し、本件処分の取消しを求めた事案である。

2）裁判所の判断

　林業に従事し、労働者災害補償保険に特別加入していた中小事業主は、振動障害の療養のため、業務遂行性が認められる業務につき全部労働不能であったと認められるとして、**休業補償給付**を支給しないとした処分の取消請求が認容された。

　注視すべき判断として、以下の点があげられる。

（1）業務遂行性の認められる業務

　まず、業務遂行性の認められる業務の判断として、
　「特別加入の制度は、本来、労災保険が労働者の労働災害に対する保護を主目的とするものであり、労働者以外の者（中小事業主、自営業者等）の労働災害については関与しないはずであるところ、これらの者の中には、業務の実態、災害の発生状況等からして、実質的に労働基準法適用労働者に準じて労災保険による保護を与えることが相当である者も存在することから設けられたものである。このうち、中小事業主については、当該中小事業主自身が、労働者が従事する作業と同様の作業に従事する場合が多く、労働者に準じて保護するのがふさわしいことから、特別加入が認められている。そうすると、法は、当該業務の内容、就労形態に注目して特別加入制度を設けたものであるから、休業補償給付の支給要件の解釈についても、特別加入申請にあたり申請した事業の内容を基準として、当該業務内容、就労形態を踏まえながら行うのが相当であり、特別加入にあたり申請した業務は、業務上外の判断の基礎となるだけでなく、**従事不能要件の判断対象たる業務遂行性の認められる業務の判断の基礎ともなるというべきであって、業務上外の判断の基礎となる業務の範囲と、業務遂行性の認められる業務の範囲は、同一であると解するのが相当**である。

　法及び規則の委任を受けて定められた基発671号通達（〈証拠略〉）も、これと同様の解釈を採用していると解されるところ、同通達は、Ⅱにおいて、

業務遂行性の認められる業務の範囲につき、業務上外の認定基準と同じく「業務遂行性が認められる範囲の業務又は作業」を基準とする旨規定し、中小事業主等におけるその内容等については、Ⅰ・第1・1において、特別加入申請書別紙の業務内容欄に記載された所定労働時間（休憩時間を含む。）内において、**特別加入の申請に係る事業のためにする行為（当該行為が事業主の立場において行う事業主本来の業務を除く。）及びこれに直接附帯する行為（生理的行為、反射的行為、準備・後始末行為、必要行為、合理的行為及び緊急業務行為をいう。）を行う場合**をいうものとし、特別加入者が、加入申請書に記載した所定労働時間内において業務行為を行っている場合は、労働者を伴っていたか否かにかかわりなく、業務遂行性を認めるものとしている。」と示している点である。これは、特別加入者の業務範囲を、申請時に申請した業務に限定する点（ただし、同業務に直接附帯する行為に限って、業務を拡張する）など、前述した井口重機事件と同旨の判断をしている。

（2）全部労働不能の判断について

次に、注視すべきは、「伐採、搬出の作業のためにする行為」を業務範囲として特別加入を申請した、原告たる特別加入者の業務上災害に対して、「地ごしらえ、植付け、下刈り、枝打ち、はい積み、トラック積込みなど多くの作業に従事可能である、従業員に対する指図や山林の下見等が可能であるから、原告は全部労働不能とはいえない」などと主張し、休業補償給付の不支給とした被告たる原処分庁に対しての裁判所の判断である。

すなわち、「被告の主張するトラック積込み等の業務は、業務遂行性の認められる業務である伐採、造材、集材、搬出及びこれに直接附帯する作業に含まれるものではない。また、従業員に対する指図や山林の下見等が、伐採、造材、集材及び搬出に直接附帯する作業に含まれるとしても、甲野林業においては、原告が振動工具を使用して伐採等の作業を行うことが事業の前提であり、この伐採なくして集材、搬出など他の作業も遂行不能であり、他人を雇うのは原告単独での搬出作業が困難な場合に限られたものであるから、このような甲野林業の実態からすれば、原告において振動工具を使用しての伐採等ができない以上、従業員に対する指図や山林の下見等が可能であったと

しても、結局、甲野林業の事業（業務遂行性の認められる業務）全部を継続することが不可能というべきである。原告も主張するとおり、原告は、振動障害によって自ら伐採及び搬出ができなくなる場合に備えて本件特別加入をしたものであり、特別加入制度の趣旨目的からしても、事業の実態を踏まえて全部労働不能該当性の判断をすべきである。」とし、**本件の場合、仮に特別加入者が他の業務に従事することができても、申請時に示した業務ができなければ全部労働不能であったと認められる**と示したことである。この点が、後述する、行政通達の解釈と決定的に異なる部分である。

3）小結

よって、同判例が示すように、特別加入者の休業補償給付の支給要件についても、業務遂行性の認められる業務の範囲につき、「業務上外の認定基準と同じ業務又は作業」を基準とすべきであり、特別加入申請書別紙の業務内容欄に記載された所定労働時間（休憩時間を含む。）内において、特別加入の申請に係る事業のためにする行為（当該行為が事業主の立場において行う事業主本来の業務を除く。）及びこれに直接附帯する行為（生理的行為、反射的行為、準備・後始末行為、必要行為、合理的行為及び緊急業務行為をいう。）を行う場合をいうものであり、特別加入の申請に係る事業のためにする行為以外の行為遂行を、当該支給要件の判断として扱うことは、相当でないということである。

4）本判例の図解

上記判例において、特別加入者は、甲野林業の業務の一部である「伐採及び搬出の作業」の業務に限定して特別加入申請を行っている（網掛け部分）ため、当該業務ができなければ全部労働不能になる。仮に、その他の甲野林業の業務である「地ごしらえ、植付け、下刈り、集材、はい積み、トラック積込みなどの作業」を行えたとしても、それらは、当該特別加入者の業務の範囲ではなく、「全部労働不能」についての判断において何ら変わりないため、休業補償給付の支給が認められたものである。

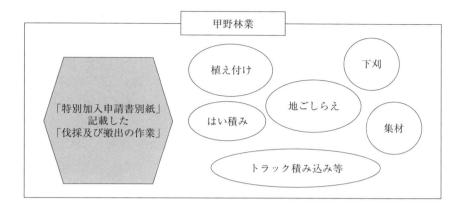

3．全部労働不能の解釈にかかる判例（その2）

…札幌高判平24．12．27（労働者災害補償不支給決定取消請求控訴事件）

前記、三好労働基準監督署長（振動障害）事件と対比する判例として、以下検証する。

1）事件概要

控訴人は、配管工として振動業務に従事し、中小事業主として特別加入して労働局長の承認を受けていた。同人は、振動障害と診断され通院治療を受けていたため、労基署長に対し、振動補償給付及び休業補償の各請求をしたところ、前者は認められたが、後者は全部労働不能要件に該当しないとして、当該給付不支給の処分を受けた。控訴人は本件処分を不服として審査請求等をしたが、棄却されたことから、被控訴人（国）に対し、当該処分の取消しを求めた。原審は、控訴人の請求を棄却したため、控訴人が控訴した事案であるが、控訴審は、控訴人は、振動障害の原因となった振動業務以外の業務等を行なうことができ、全部労働不能要件に該当しない等として、控訴を棄却した事案である。

2）裁判所の判断

裁判所は、「控訴人は、平成16年1月7日には振動障害と診断されており、

既に認定初期以降に至っているものであり、また、平成16年1月から同年2月までの間の検査、診察所見を基にして平成20年2月26日にされた証人Bの控訴人の振動障害に関する診断内容と平成19年9月15日頃の検査、診察所見を基にして同日にされた同証人の控訴人の振動障害に関する診断内容が、この間控訴人が手工具を用いる業務に従事していたにもかかわらず、悪化することなくおおむね同様のものにとどまっていることが認められる。そうすると、控訴人が今後、振動障害を理由として、重筋労働に該当するとは認め難いレンチ、ドライバー等の手工具を使用した作業もすべきでないと認めることはできない。(中略)控訴人について業務遂行性が認められる範囲の業務は、管工事・給排水設備工事業務及びこれに直接附帯する行為であり、この業務等のうち、控訴人は、振動障害の原因となった振動業務以外の業務等を行うことができるというべきであるから、全部労働不能要件に該当するということはできず、これは控訴人の上記主張及び甲18以外の証拠によっても左右されるものではない」と示した。

つまり、本件では特別加入者が特別加入の申請時に「管工事・給排水設備工事」を業務範囲として加入を認められたものであり、同業務が業務遂行の範囲となる。よって、当該特別加入者の業務遂行の範囲は、「管工事・給排水設備工事業務及びこれに直接附帯する行為」となり、手工具を用いる業務に従事していたにもかかわらず、悪化することなくおおむね同様のものにとどまっていることが認められる以上、たとえ振動工具を使用することが不能であっても、手工具を用いる業務に従事することは可能であるため、全部労働不能が否定されたものである。

3）小結

前記三好労働基準監督署長（振動障害）事件では、振動障害により、他の業務に従事可能であっても、林業のうち、「伐採及び搬出の作業」に限定して特別加入の申請をしたものであり、当該申請業務にかかる業務そのものが全部労働不能であれば、休業補償給付が支給されたものである。

他方、本判例では、申請業務を広く「管工事・給排水設備工事」としたため、たとえ振動工具が使用できなくても、手工具を用いる業務に従事するこ

とは可能であったため、全部労働不能が否定されたものである。

　仮に、本判例で、「振動工具を利用した掘削作業」などと、業務範囲を狭く申請していたとしたならば、先の三好労働基準監督署長事件のように、休業補償給付の支給が認められた可能性は大きいと思料される。

4）本判例の図解

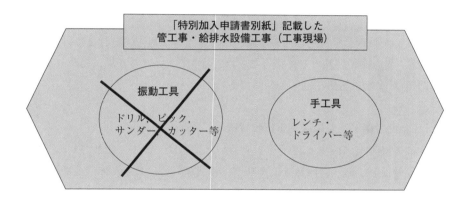

　上記判例においては、「管工事・給排水設備工事（工事現場）」の業務全体につき、特別加入申請を行っている（網掛け部分）ため、業務上災害により、振動工具を用いた業務ができなくても、手工具を用いた業務が可能であれば全部労働不能にはならない。事実、この事案では、振動障害を患った後も当分の間、手工具を用いて、すなわち業務を行っていたにもかかわらず、症状が悪化することなく、概ね従前と同様の状態にとどまっていることが認められた。よって、レンチ、ドライバー等の手工具を使用した作業への従事は可能であると認定されたことから、当該特別加入者は、「全部労働不能」ではないとして、休業補償給付の支給が認められないとされたものである。

4．判例と行政解釈の乖離

　さて、ここからが、行政通達と判例の相違の指摘である。

まず、行政通達も判例も、特別加入者の業務遂行性の認められる業務の範囲につき、「業務上外の認定基準と同じ業務又は作業」を基準とすべきであり、「特別加入申請書別紙の業務内容欄に記載された所定労働時間（休憩時間を含む。）内において、特別加入の申請に係る事業のためにする行為（当該行為が事業主の立場において行う事業主本来の業務を除く。）及びこれに直接附帯する行為（生理的行為、反射的行為、準備・後始末行為、必要行為、合理的行為及び緊急業務行為をいう。）を行う場合をいう」ものであり相違はない。

よって、両者とも特別加入の申請に係る事業のためにする行為以外の行為遂行を、当該支給要件として扱うことは、相当でないとの立場に変わりない。

問題は、「全部労働不能」の判断である。

1）「全部労働不能」に関する行政解釈

全部労働不能に関する判断基準を示した通達は、前述したとおり、「基発1454号通達」であり、同通達によれば「特別加入者に対する休業補償給付の支給要件（保護の要件）として、所得喪失の有無にかかわらず、療養のため『業務遂行性が認められる範囲の業務又は作業について』全部労働不能であることを要求している。この全部労働不能とは、入院中又は自宅就床加療中若しくは通院加療中であって、上記業務遂行性が認められる範囲の業務又は作業ができない状態をいう」としているものである。これを文理解釈すると、

ア　所得喪失の有無にかかわらない（所得があっても構わない）

イ　療養のため『業務遂行性が認められる範囲の業務又は作業について』<u>全部労働不能であること</u>

とされており、さらに、この「全部労働不能」の定義は、

ウ　①入院中又は②自宅就床加療中若しくは③通院加療中であって、

エ　上記業務遂行性が認められる範囲の業務又は作業ができない状態

であるとされている。

つまり、行政の解釈によれば、全部労働不能とは、被災者が、病院に入院するか、入院していなくても、自宅で床について起き上がれないような状態、もしくは、通院のために物理的に労働ができない場合、相当程度に重篤な場

合に限り、なおかつ、このような状態に加えて、特別加入者が同制度加入の申請時に申請した業務に従事できなかった場合でなければ休業補償給付が受けられないことを定めたものである。

では、前記（ウ）の①②ような状態で、かつ（エ）に定める務遂行性が認められる範囲の業務又は作業ができない状態とは、どのようなことが考えられるかということになる。

そうした事例はあまりないものの、たとえば、出版業務に携わる特別加入者が業務上で足を複雑骨折し、長期入院を余儀なくされたが、ベッドの上でも校正作業ができるような場合は、全部労働不能とは認められず、休業補償給付が支給されないものと解される。

2）判例解釈と行政解釈の図解比較

行政解釈によれば、全部労働不能とは、少なくとも入院中又は自宅就床加療中であることが前提とされる。たとえるならば、手足が出ない「ダルマ」のように重篤な傷病でない限り、休業補償給付がされないことになる。

その支給範囲を、以下に図解で示すと図2の網掛けの部分となるわけだが、先の三好労働基準監督署長（振動障害）事件である図1と比べると、著しく支給範囲が狭まることが理解できる。くわえて、行政通達によれば、三好労働基準監督署長（振動障害）事件の特別加入者は、入院中又は自宅就床加療中ではなく、申請業務以外の業務が可能なため、全部労働不能とは認められず、休業補償給付が支給されることはないことになる。

第11章 労働者災害補償保険法 特別加入者の全部労働不能についての一考察

図1　判例の全部労働不能の解釈
（三好労働基準監督署長（振動障害）事件）

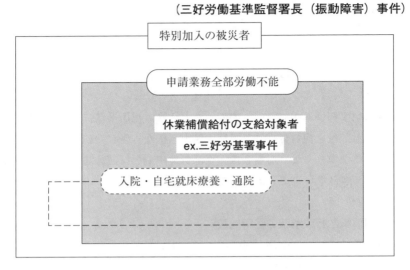

図2　行政通達の全部労働不能の解釈

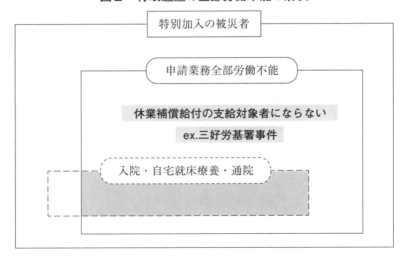

5．総説

　少なくとも全部労働不能について争われた、前記2つの判例において、「入院中又は自宅就床加療中若しくは通院加療中」であることが、特別加入者の休業補償給付の支給要件において、必須とされていない。あくまで、「業務遂行性が認められる範囲の業務又は作業について」全部労働不能であることが要求されているものである。

　他方、行政は全部労働不能の判断において、前記基発1454号通達により、入院中又は自宅就床加療中など、すなわち起き上がることができない、いわゆる「ダルマ」のような状態を必須としているわけであり、裁判所と行政の二重の判断基準は、国民にとって非常にわかりづらいものである。法が行政によって、適切に運用されているのか否かを判断することは、三権分立の司法の権限であることからして、司法の判断は行政通達を凌ぐものと解される。

　そうであるにもかかわらず、法が不服申し立てに審査請求前置主義をとっている以上、行政の通達が裁判前の審査請求、再審査請求において、全部労働不能の判断に優先して適用されるのは必然で、司法の判断を仰ぐまでに、申立人は長期にわたり不安定な立場に置かれることとなる。また、法に明るくない申立人が行政の決定に対して不服申し立てをしようとするとき、裁判も視野に入れつつ、資力と時間と気力が必要とされ、労働法に精通した弁護士に依頼しなければならなくなる。その結果、手続きの煩雑さや、裁判の長期化を懸念して、特別加入の休業補償給付の請求を、当初から断念するケースが、少なからず存在していることは容易に推測される。

　以上のことから、特別加入制度の趣旨に鑑み、また、判例の動向と異なる判断基準を示す基発1454号通達の規定は、早急に見直しが必要と考えるものである。また審査請求の前置主義が、特別加入制度の趣旨を没却し、救済を求める被災者にとって、保険給付の支給申請を事前にあきらめさせる高いハードルとなることがないよう、適切な運用を望むものである。

あとがき

すでに本書を読み終えられた皆様は、はしがきで述べた、

「労働法だけでは労使トラブルを予防・解決できない」

という言葉の意味を、深く理解することができたのではないだろうか。

　私は本書「労働法を理解するための基本三法」の表紙に、4つの名言を掲げた。
　「汝自身を知れ」は古代ギリシャの格言である。現代では「自分探し」などという言葉もあるが、自分を知るということは、生易しい作業ではない。人は一生をかけて「自分自身」を作り上げていくものであり、そのためには、今の生き方が正しいか、常に疑う姿勢を持たなければならない。
　ただ、デカルトの言う通り、**「我思う故に我あり」**である。どんなに疑ったとしても、疑っている自分自身の存在は疑えない。自分自身とは、人生の出発点であり、到着点である。どんなに横道にそれようと、自分自身からは離れることができない。つまり、より良く生きたければ、自分自身を良くしていくしかない。では、自分自身を良くするためにはどうすればよいのだろうか。
　その答えがベーコンの名言**「知は力なり」**にあると私は思う。物事を知り、深く学ぶことで、人生を切り開く力を手に入れる。「労働法を理解するための基本三法」という知識を手に入れた皆様は、労使トラブルを予防・解決する力を手に入れたのだ。ぜひ、随所でその力を活用してもらいたい。
　最後に、マハトマ・ガンジーの**「明日死ぬと思って生きなさい、永遠に生きると思って学びなさい」**という名言であるが、これは私の座右の銘だ。人生は一生勉強の連続であり、我々が皆、「自分自身」というたった一つの場所に命を懸ける覚悟で学び続ければ、素晴らしい人生になると私は信じる。

あとがき

　そしてぜひ、次の課題として学んでもらいたいことがある。本書は、憲法・民法・刑法という基本三法の学習を通じて、労働法を理解するように執筆した。憲法・民法・刑法、そして労働法は「実体法」であることは、すでに理解されていることだろう。実体法とは、権利義務関係（法律関係）の実体について定めた法のことであるが、この実体法に規定された権利義務を真に実現しようとすれば、もう1つの領域の法が必要となる。

　その権利義務実現のための法が、「手続法」である。手続法とは、訴訟を通じて法の規定を実現する手続を定めた法であり、民事訴訟法や刑事訴訟法がそれにあたる。たとえば、実体法である労働基準法に時間外労働に関する割増賃金についての規定が設けられているが、いかに規定があったとしても、使用者が割増賃金を支払わなければ、労働者の権利は真に実現されたとはいえない。労働者が自らの権利を真に実現しようとするならば、最終的には民事訴訟手続によることになる。つまり、民事訴訟法という手続法が存在しなければ、実体法である労働法の規定は「絵に描いた餅」になってしまうのである。

　読者の皆様には、もう次の課題が何であるかおわかりいただけたであろう。実体法の学習を終えたその先には、手続法という新たな分野が待ち受けているのである。私は、本書の冒頭で、本書が「労働法」という山の頂上を目指すガイドブックであると書いた。今、さらに手続法を学ばなければならないと書けば、高く険しい山を登り切った読者の方々に、さらなる試練を課すことになるが、どうしてもこの山には登ってもらわないといけない。

　実体法と手続法はよく「車の両輪」に例えられる。両者が揃って初めて、法制度は安定して運用されるものだからである。

　この両輪を揃えることで、読者の皆様が労使トラブルの予防・解決という最終目標に向かって、スムーズに走り出せるようにしたい。その思いで私は、民事紛争解決のために必要な基礎知識を一冊の本にまとめた。それが、「社会保険労務士のための要件事実入門（仮）」（日本評論社より近刊予定）である。ぜひ、発刊された暁には、このもう1つの山にも登っていただきたい。本書という高く険しい山を登り切った皆様なら、次の高峰もかならず制覇できるはずである。もちろん、私が再び皆様を山頂に導くことになるので、

ご安心いただきたい。

　本書の学習を通じて、皆様が労働法について理解を深めていただけたら、これに勝る喜びはない。私もまた、本書の執筆を通して、労働法という一つの場所にこれからも命懸けで取り組んでいく思いを新たにした。

「一所懸命」
河　野　順　一

事項索引
（五十音順）

94条2項 ……………………… 508

〈あ行〉

愛 ……………………………… 197
相手方選択の自由 …………… 549
アウフヘーベン ……………… 191
悪意 …………………………… 594
アクセス権 …………………… 327
悪法も法なり ………………… 54
芦部信喜 ……………………… 250
与える債務 …………………… 657
アダム・スミス ……………… 148
アナクシマンドロス ………… 63
アナクシメネス ……………… 63
アプリオリ …………………… 189
アリストテレス ………… 70、122
アルケ ………………………… 63
安全配慮義務 … 560、561、662、667、
　　　　　　　　747、951、967、985
アンチテーゼ ………………… 191
イェリネック ………………… 8
異議申立て …………………… 1048
違憲立法審査権 ……………… 246
意思能力 ………………… 574、575
意思表示 ……………………… 581
意思表示義務の執行 ………… 661
いじめ ………………………… 911

遺贈 …………………………… 763
一事不再理 …………………… 379
一般法 …………………… 20、545
イデア論 ……………………… 62
イドラ ………………………… 84
委任 …………………………… 747
委任命令 ……………………… 16
イヌマエル・カント ………… 160
違法性 …………………… 395、417
違法性阻却事由 ……………… 396
違約手付 ……………………… 706
因果関係 ……………………… 405
印象 …………………………… 161
インフォームド・コンセント …… 427
請負 …………………………… 741
内金 …………………………… 766
うつ病 ………………………… 1008
営業の自由 …………………… 349
エロス ………………………… 66
演繹法 ………………………… 82
王権神授説 ……………… 97、221
応報 …………………………… 385
臆見 …………………………… 50

〈か行〉

懐疑論 ………………………… 45
外形理論 ……………………… 789

事項索引

解雇	945	家族	197、199
外国人	256	神の存在	116
外国人労働者	1032	仮差押え	648
解雇権の濫用	669	仮処分	648
解雇権濫用法理	565、672、901、921、937	監禁	523
解雇予告	726	勧告	878
解雇予告除外認定	950	慣習	7、13
解雇予告手当	670	慣習法	18
解釈	23、29、30	間接強制	661
解除	671、753、950	間接正犯	415
回答猶予	646	間接占有	632
開発危険の抗弁	831	間接適用説	278、282、336、341、352
回避可能性	784	カント	178
買戻し	269	観念	161
解約	726、733	機会の平等	226、299
解約手付	766	企業秩序	933
快楽計算	203	危険責任	810
拡張解釈	34	期限の利益	695
確定日付のある証書	680	危険負担	708、719、743
学理解釈	32	規制目的二分論	349
隠れた瑕疵	768	帰責事由	542、558、892
瑕疵ある意思表示	605	規則	16
仮言命法	175	貴族制	144
瑕疵修補請求	743	期待可能性	475
瑕疵担保責任	768、743	帰納法	81
過失	457、461、784	規範	4、7
過失責任の原則	541、548、550、782	詭弁家	45
過失相殺	677	基本代理権	621
過剰防衛	442	基本的人権	248、250
		義務	41

義務論	183	緊急避難	424、445
休業手当	668、706	禁反言	558
休業補償給付	1124	勤労の権利	361
教育を受ける権利	357	クリーン・ハンズの原則	558
恐喝	516	君主制	144
競業避止義務	352、561、780、968	経過法	27
強行規定	718	経済的自由	270
強行法	21、545	経受法	24、546
教唆	477、486	継受法	618、627
行政解釈	32	形成権	41
行政機関	16、838、843、877、953、1062、1072	刑罰	384
		刑法	145
強制規範	5	刑法各論	498
行政権	878	刑法総論	498
行政行為	838	契約	541
行政指導	838、877、1062	契約自由の原則	541、547
行政処分	878	契約締結上の過失	665
行政不服審査会	1044	契約締結の自由	549
行政不服審査法	1042	契約内容の自由	549
強制履行	660	契約方式の自由	549
形相	71	結果回避義務	801
供託	691	結果の平等	301
共同正犯	481	結果犯	405
共同不法行為	792	結果無価値論	419、429
強迫	608	結果予見の可能性	801
脅迫	511	欠陥	829
共謀共同正犯	485	原因において自由な行為	474
共犯	477	厳格な合理性の基準	310
強要	512	現実の提供	688
居住移転の自由	347	原始的不能	665、707、708

限時法 …………………………… 26
憲法 ……………………… 15、237
顕名 …………………………… 618
謙抑主義 ……………………… 884
権利 ………………… 39、101、137
権利外観法理 ………………… 599
権利能力 ……………………… 574
権力行為 ……………………… 837
権力の分立 …………………… 132
権力分立原理 ………………… 880
権利濫用の禁止 ……………… 894
権利濫用法理 ………………… 937
故意 ……………………… 457、784
故意犯処罰の原則 …………… 882
行為規範 ………………… 5、10
行為能力 ……………………… 575
行為無価値論 ………… 419、429
更改 …………………………… 698
公共の福祉 …… 257、356、556、894
公権 …………………………… 39
工作物責任 …………………… 804
公序良俗 ……………………… 550
公序良俗違反 ………………… 626
硬性憲法 ……………………… 240
構成要件 ……………………… 393
構成要件該当性 ……………… 394
口頭意見陳述 ………………… 1051
後発的不能 …………………… 666
幸福追求権 ……… 280、300、342
公平な観察者 ………………… 150

抗弁権 ………………………… 41
公法 ………………… 20、544、885
功利主義 ……… 175、183、201、218
合理的区別 …………………… 301
国際法 …………………… 19、546
告知期間 ……………………… 25
国内法 ………………………… 546
国富論 ………………………… 147
国民主権 ……………………… 245
心の平静 ……………………… 157
個人の尊厳 …………………… 279
国家 …………………………… 98
コペルニクス的転回 ………… 164
コモンウェルス ………… 95、98
固有責任説 …………………… 810
固有法 …………………… 24、546
雇用 ……………………… 542、722
混同 …………………………… 699
根本規範 ……………………… 239

〈さ行〉

罪刑法定主義 …… 37、365、384、388、903、936
裁決 …………………………… 1050
債権 …………………………… 657
債権者遅滞 …………………… 659
債権譲渡 ……………………… 678
債権侵害 ……………………… 658
最高法規 ………………… 238、240
催告 ……………………… 634、640、646

財産刑	385	事業者	703
財産権	41、354	事業の執行について	789
再審査請求	1050	慈恵	158
最大多数の最大幸福	203、205	私権	39
再調査の請求	1050	四元徳	69
裁判上の請求	641	時効	629
債務	568、576、634、651、657	時効の援用	633
債務引受	686	時効の中断	634
債務不履行	568、580、632、661、972	時効の利益の放棄	633
債務名義	819	自己決定権	293
詐欺	605、1031	自己実現の価値	326
錯誤	601、1031	自己情報コントロール権	283
錯誤無効	613	自己統治の価値	326
差押	77	事後法の禁止	389
差押え	648	自殺	800、995、1008
指図債権	680	事実行為	579、837
三六協定	360	事実の公表	868
サンクション	206	使者	617
三権分立	869、879	辞職	732
参政権	40、251	私人間効力	336
三段論法	29	自然権	91
サンデル	180	自然状態	97、117、126、221
産婆術	49	事前整理手続	1044
三百代言	37	自然的自由権	140
死因贈与	763	自然法	91、546
指揮監督関係	703	思想及び良心の自由	315
時季指定権	568	下請負	741
時季変更権	568	実行行為	400
自救行為	434	執行命令	16
事業	788	実質的公平の原理	263

事項索引

実質的平等	304
実践的正義	227
実践理性批判	164
実体法	21、546
実定法	546
質的功利主義	211
質問権	1044
質料	71
私的自治の拡張	616
私的自治の原則	550、886
私的自治の補充	616
自働債権	694
支配権	41
支配人	624
自白	377
支払督促	640
シビリアンコントロール	247
私法	19、544、875
司法解釈	32
司法権	870
市民的自由権	140
事務管理	771
指名債権	680
社会規範	511
社会契約説	221
社会契約論	117、133、137、143、146
社会権	252、254、257、357
社会国家	244
社会的身分	295
宗教	7、11
就業規則	106、324、352、559、632、732、779、932、938、970、972
住居侵入罪	528
自由刑	384
自由権	40、248、251、254
自由国家	243
私有財産制	354
集団行動	327
就労請求権	689
自由論	211、213
受益権	40
縮小解釈	35
出向	349、564、738
受働債権	694
取得時効	630
受領遅滞	659
純粋理性批判	164、168
準物権行為	681
止揚	191
商業使用人	624
消極目的規制	345
条件関係	405
証言拒絶権	318
使用者	689、700、712、722
使用者責任	787
使用従属性	703
譲渡禁止債権	630
承認	648
情念論	115
情報提供制度	1061

消滅時効	9、630、1006
条約	17
証約手付	766
条理法	18
条例	16
職業選択の自由	351、354、652
職務専念義務	568、925
所持品検査	77
職権濫用罪	500
処分	1063
処分等の求め	1081
所有権	100、123
所有権絶対の原則	547、551
ジョン・ロールズ	218
ジョン・ロック	117
自律	85
知る権利	253
人格	185
人格権	41
信義誠実の原則	557、561、894
信教の自由	319
人権	245、248、255
審査請求	1042、1048
人身の自由	365
ジンテーゼ	191
じん肺	991
シンボリック・スピーチ	342
審理員	1042、1055
心裡留保	593
ストライキ	714
正義	10、52、58、75、79、159、218
正義の二原理	223
請求	639
請求権	41
政教分離	322
制限規範	240
精神的自由	200
製造物責任	822
生存権	358、359
正当業務行為	426
正当行為	425
正当な補償	355
正当防衛	436
制度的正義	229
制度的保障	322
成文法	14、23
整理解雇	897
整理解雇の四要件	233
成立上の牽連関係	707
責任	392
責任主義	391
責任阻却事由	396、455、476
責任能力	456、472
セクシュアルハラスメント	798、918
是正勧告	840、871
積極目的規制	350
善意	594
全額払いの原則	696
善管注意義務	748、772
戦争状態	122

占有	10
善良の風俗	550
相殺	693
相殺適状	693
捜索	77
相当因果関係	832
相当因果関係説	406、672
双務契約	700、716
贈与	759
遡及効	25、734
遡及処罰の禁止	379、389
即時解雇	945
属人主義	27
属地主義	27
ソクラテス	45
訴訟代理人	1099
ソフィスト	45

〈た行〉

代位責任説	809
第三者行為災害	1029
第三者による加害	1018
退職届	587
退職願	595
代替執行	661
代表	617
代物弁済	691
逮捕	520
代理	616
諾成契約	700

単独行為	580
治外法権	27
痴漢行為	928
知行合一	52
知徳合一	50
中間責任	788
中止等の求め	1068
中止犯	403、491
抽象的権利説	360
中庸	72、80
懲戒解雇	920
懲戒処分	932
重畳的債務引受	686
重畳適用	622
調停	1110
直接強制	661
賃金債権	684
賃金直接支払の原則	685
陳述	1108
沈黙の自由	318
追完	666
追求効	26
追認	618、627
通信の秘密	341
通達	1117
通謀虚偽表示	596
ディアロゴス	49
ディケー	72
定言命法	174
抵抗権	132

テーゼ	191
デカルト	81、103
適正手続	242、388、903
適正手続の保障	364
手付	765
手続法	21、546
デビット・ヒューム	161
デュープロセス	78
デルフォイの神託	46
てんかん	997
典型契約	699
転籍	738
填補賠償	666
同意傷害	429
登記	681
動機	581
動機説	183
洞窟の比喩	67
同時履行の抗弁権	664、706
到達	589
到達主義	584
道徳	7
道徳律	171
徳	52
特定社会保険労務士	1098
特定物	660、717、768
特別加入制度	1115
特別権力関係	271
特別損害	797
特別法	19、20、545

取消し	23、625
取消訴訟	855
取引の安全	681

〈な行〉

内在的制約	263
内定	583
内容証明郵便	591
なす債務	657
軟性憲法	240
二重譲渡	682
二重の基準論	265、268
二重前置	1061、1089
任意規定	718
任意法	21、545
人間不平等起源論	133、140
ノーワーク・ノーペイの原則	670、711

〈は行〉

賠償額の予定	673
配転	966
配転命令	569
売買	764
破産手続参加	640
発信主義	588
パノプティコン	212
パワーハラスメント	910
犯罪	383、881
バンジャマン・コンスタンス	179
反対解釈	35

事項索引

判断力批判 …………………… 164	不法就労 …………………… 1032
万人の万人に対する闘争 ………… 6	プライバシー ………… 330、334、341
万人の万人のための闘争 ………… 6	プライバシー権 ……………… 281
万物流転説 ……………………… 60	プラトン ……………………… 62
判例法 ………………………… 18	文民 …………………………… 247
被害者なき犯罪 ……………… 387	文理解釈 ……………………… 32
被害者の承諾 ………………… 427	平和主義 ……………………… 257
非権力行為 …………………… 837	ヘーゲル ………………… 187、190
必然的性格 …………………… 174	ベーコン ……………………… 80
非典型契約 …………………… 699	ヘラクレイトス ………… 59、191
非難可能性 ………… 392、395、461	弁済 …………………………… 687
表現の自由 ……… 251、286、292、330	ベンサム ……… 34、176、201、212
平等原則 ………………… 294、314	弁証法 ………………………… 190
表見法理 ……………………… 620	片務契約 ……………………… 700
ファシズム …………………… 70	包括的基本権 ………………… 252
不完全履行 ……………… 662、666	包括的支配権 ………………… 624
福祉国家 ……………………… 243	法源 …………………………… 13
不作為 ………………………… 393	法三章 ………………………… 3
不作為犯 ……………………… 408	報酬 ……………………… 701、722
不退去罪 ……………………… 529	報酬後払いの原則 …………… 724
物権 …………………………… 657	報酬の労務対価性 …………… 702
物権的請求権 ………………… 660	幇助 ……………………… 489、794
不当利得 ……………………… 775	報償責任 ……………………… 810
不特定物 ………………… 718、768	法人 ……………… 255、510、617
不能犯 ………………………… 404	法人の人権 …………………… 255
不服申立前置主義 …………… 1061	法治主義 ……………………… 242
不服申立適格 ………………… 1047	法定代位 ……………………… 818
不文法 …………………… 17、26	法定追認 ……………………… 628
普遍妥当性 …………………… 174	法適用の平等 ………………… 295
不法行為 ………… 636、658、781	報道 …………………………… 329

法と道徳	8、11
法の支配	241
法の適用	28
法の適用範囲	25
法の下の平等	294
法律	15
法律行為	578、837
法律による行政の原理	878
法律不遡及の原則	25
保護事由	542、558、892
補佐人	1102
ホッブズ	6、122
穂積重遠	33

〈ま行〉

未遂	403
三つの格率	111
未払い残業代	638、644
身分権	40
身分犯	495
ミル	176、211、212、263
民事不介入の原則	866
民主主義	244
民主制	144
民法	144
無過失責任	787、823
無過失責任主義	554
無権代理	618
無効	22
無償契約	700
無知のヴェール	222
無知の知	46
名誉毀損	289、330
命令	15
免除	698
免責的債務引受	686
メンタルヘルス	800
申込み	580
申込みの誘引	582
黙示の意思表示	586
黙示の追認	529
目的論的解釈	38
黙秘権	371
勿論解釈	37
モノロゴス	49
問題社員	891
問答法	49

〈や行〉

夜警国家	243
雇止め	726
雇止め法理	727
有益費	773
有権解釈	31
有償契約	700
有責性	454
要式契約	549
要物契約	700
予見可能性	784
四元徳	69

事項索引

〈ら行〉

リヴァイアサン ……………… 89、91、99
履行遅滞 ……………………………… 662
履行不能 ………………………… 662、665
履行補助者 …………………… 663、1004
理性 …………………………………… 51
立憲主義 ………………………… 238、244
立証責任 …………………… 664、783、999
立法解釈 ……………………………… 31
立法権 ……………………………… 569
立法不作為 ………………………… 359
リベラリスト ……………………… 219
リベラリズム ……………………… 219
留置権 ……………………………… 664
量的功利主義 ……………………… 203
類推解釈 …………………………… 37、390
ルソー ……………………………… 133
令状主義 …………………………… 366
労働基準監督官 ………… 500、840、893
労働基準法 …………………… 358、362、430
労働契約 …………………………… 542
労働契約法 ………………………… 893
労働災害 ………………… 1033、1113
労働者 …… 360、431、531、560、670、702、720、724
労働者災害補償保険審査官 …… 1091
労働審判 …………………………… 1109
労働争議 …………………………… 435
労働保険審査官 ………………… 1069
ロールズ …………………………… 218
ロックアウト ……………………… 715
論理解釈 …………………………… 33

〈わ行〉

ワイマール憲法 …………………… 552
和解 ………………………………… 640
我思う、ゆえに我あり …………… 104

裁判例等索引

民録……大審院民事判決録	大民集……大審院民事判例集
民集……最高裁判所民事判例集	裁判集民……最高裁判所裁判集民事編
下民集……下級裁判所民事裁判例集	高民集……高等裁判所民事判例集
労民集……労働関係民事裁判例集	金判……金融・商事判例（経済法令研究会）
判時……判例時報（判例時報社）	判タ……判例タイムズ（判例タイムズ社）
労判……労働判例（産労総合研究所）	労旬……労働法律旬報（旬報社）
労経速……労働経済判例速報（経団連事業サービス）　中労……別冊中央労働時報	

大判明36.5.21	390
大判明43.10.11	423
大判明43.11.15	510
大判明44.2.28	518
大判明45.4.15	519
大判明45.4.22	518
大判大2.4.24	514
大判大3.7.4（桃中軒雲右衛門事件）	785
大判大3.7.24	405
大判大4.5.2	786
大判大4.11.5	521、525
大判大6.5.19	35
大判大6.9.10	405
大判大8.6.3	513
大判大9.4.2	753
大判大11.3.11	521
大判大11.3.22	607
大判大12.5.26	407
大判大13.10.13	523
大判大14.2.27	664
大判大14.10.23	797

大判大14.11.28（大学湯事件） ……………………………… 785
大判大15.3.24 ………………………………………………… 513
大判大15.5.22（富貴丸事件） ……………………………… 672
大判大15.6.15 ………………………………………………… 511
大判昭2.4.22 ………………………………………………… 519
大判昭2.10.25 ………………………………………………… 403
大判昭4.3.30 ………………………………………………… 664
大判昭6.6.9 …………………………………………………… 635
大判昭6.12.10 ………………………………………………… 511
大判昭7.2.2 …………………………………………………… 523
大判昭7.3.17 ………………………………………………… 514
大判昭7.7.20 ………………………………………………… 514
大判昭8.6.21 ………………………………………………… 443
大判昭8.9.27 ………………………………………………… 452
大判昭8.11.21（第5柏丸事件） …………………………… 477
大判昭8.11.30 ………………………………………………… 452
大判昭8.12.18 ………………………………………………… 518
大判昭10.6.10 ………………………………………………… 794
大判昭10.12.3 ………………………………………………… 523
大判昭11.1.31 ………………………………………………… 430
大判昭11.2.14 ………………………………………………… 593
大判昭11.5.30 ………………………………………………… 511
大判昭12.6.5 ………………………………………………… 403
大判昭12.11.6 ………………………………………………… 452
大判昭13.12.17 ……………………………………………… 797
大判昭16.2.27 ………………………………………………… 513
大判昭17.9.30 ………………………………………………… 607
最判昭22.11.29 ……………………………………………… 378
最判昭23.1.27 ………………………………………………… 378
最判昭23.2.12 ………………………………………………… 378

最判昭23.7.1 …………………………………………………………… 511

最判昭23.7.14 ………………………………………………………… 370

最大判昭23.7.29 ………………………………………………370、378

最判昭23.12.14 ………………………………………………………… 689

最判昭24.2.8 …………………………………………………………… 517

最大判昭24.4.20 ……………………………………………………… 378

最判昭24.5.18 ………………………………………………………… 514

最判昭24.12.20 ………………………………………………………… 525

最判昭25.3.1 …………………………………………………………… 370

最判昭25.3.31 ………………………………………………………… 407

最判昭26.9.28 ………………………………………………………… 519

最大判昭26.12.19 ……………………………………………………… 378

最大判昭27.6.25 ……………………………………………………… 378

最大判昭28.2.12 ……………………………………………………… 378

最判昭28.6.17 ………………………………………………………… 525

最判昭28.11.27 ………………………………………………… 511、526

最判昭28.12.23（農地改革事件） …………………………………… 355

最判昭29.7.16 ………………………………………………………… 373

最決30.9.29 …………………………………………………………… 523

最判昭31.7.4（謝罪広告事件） ……………………………………… 317

最大判昭31.7.18 ……………………………………………………… 374

最判昭和31.8.22 ……………………………………………………… 529

最判昭32.2.20 ………………………………………………………… 372

最判昭32.3.26 ………………………………………………………… 794

最大判昭32.5.2 ………………………………………………………… 374

最大判昭32.6.5 ………………………………………………………… 689

最判昭32.11.29 ………………………………………………………… 498

最決昭32.12.24 ………………………………………………………… 523

最決昭33.3.19 ………………………………………………………… 523

最大判昭33.5.28 ……………………………………………………378、486

最判昭33.11.21	430
最判昭34.4.26	514
最判昭34.2.5	443
最判昭35.3.1（細谷服装事件）	948、949
最判昭36.11.21	407
最決昭38.4.18	523、524
最判昭38.5.15（加持祈祷事件）	321
最判昭38.6.4（小野運送損害賠償請求事件）	1031、1032
最判昭38.6.26（奈良県ため池条例事件）	354
最判昭39.10.29	962
最判昭40.11.24	706
最判昭40.11.30	789、790
最判昭40.12.3	746
最判昭40.12.17	754
最判昭41.4.20（請求意義上告事件）	652、653
最判昭41.6.7（損害賠償債務不存在確認事件）	1029
最決昭41.7.7	445
最決昭42.5.25	463
最判昭42.6.30	817
最判昭42.10.24	407
最判昭42.10.27	684
最判昭43.2.9	646
最判昭43.3.12（小倉電話局事件）	685
最判43.5.28（伊予相互金融事件）	685
最判昭43.9.20	754
最決昭43.12.11	518、519
最判昭43.12.24	678
最判昭43.12.25（秋北バス事件）	559
最判昭44.1.31	700
最判昭44.6.25（夕刊和歌山事件）	331

最判44.11.26（博多駅テレビフィルム提出事件）·················329
最判昭44.12.4··················442
最判昭44.12.24（京都府学連事件）·················284
最判昭45.1.29··················422
最判昭45.4.10··················680
最判昭45.7.28（横浜ゴム事件）·················930、931
最判昭46.11.16··················441、443
最判昭47.11.22（小売市場距離制限事件）·················349
最大判昭47.11.22（川崎民商事件）·················366、374
最大判昭47.12.20··················368
最判昭48.1.19（シンガー・ソーイング・メシーン事件）·················431、699
最大判昭48.4.4（尊属殺重罰規定違憲判決）·················297
最判昭48.4.25（全農林警職法事件）·················273
最判昭48.6.7··················785
最判昭48.7.19··················680
最判昭48.12.12（三菱樹脂事件）·················278、550
最判昭和49.3.7··················682
最判昭49.11.6（猿払事件）·················273
最判昭50.2.25（陸上自衛隊八戸駐とん地事件）
················667、985、986、987、988、1000、1007
最判昭50.11.28··················441
最判昭51.7.8（茨石事件）·················792、811
最大判昭52.5.4（全逓名古屋中郵事件）·················424
最判昭52.5.27（口村自動車事件）·················1027
最判昭52.7.13（津地鎮祭訴訟）·················322
最判昭52.10.25（三共自動車事件）·················1025、1027、1029
最判昭52.12.13（富士重工業事件）·················933
最判昭52.12.13（目黒電報電話局事件）·················325、925
最判昭53.3.14（主婦連ジュース不当表示事件）·················1047
最判昭54.7.20（大日本印刷事件）·················583、584

最判昭55.1.11 ……………………………………………… 683
最判昭55.7.10（下関商業高校事件）……………………… 854
最判昭55.11.13 ……………………………………………… 428
最判昭55.12.18（鹿島建設・大石塗装事件）………987、990
最判昭56.1.19 ……………………………………………… 754
最判昭56.2.26（航空自衛隊航空救難芦屋分遣隊事件）……1000
最判昭56.4.14 ……………………………………………… 284
最判昭56.11.26 ……………………………………………… 376
最決昭57.1.28 ……………………………………………… 503
最小判昭和57.3.18（此花電報電話局事件）……………… 568
最判昭58.5.27（陸上自衛隊331会計隊事件）………1006、1006
最判昭58.6.22（「よど号」ハイ・ジャック新聞記事抹消事件）……… 275
最判昭58.9.8（関西電力事件）……………………933、935
最判昭58.12.9（自衛隊員遺族損害賠償事件）……………1006
最判昭59.2.24（石油価格協定刑事事件）………………… 853
最判昭59.4.10（川義事件）………… 562、986、987、989、993、1020
最決昭59.7.3 ……………………………………………… 473
最判昭60.7.16（品川マンション事件）…………………… 855
最決昭60.7.16 ……………………………………………… 503
最決昭和61.6.24 …………………………………………… 423
最判昭61.7.14（東亜ペイント事件）………………570、967
最判昭61.12.19（陸上自衛隊朝霞駐とん地事件）………… 989
最判昭62.4.22（森林法共有林事件）……………………… 354
最判昭62.4.24（サンケイ新聞事件）……………………… 328
最判昭62.7.10（青木鉛鉄事件）……………………………1026
最決昭62.7.16（百円札模造事件）………………………… 471
最判昭62.7.17（ノースウェスト航空事件）……711、712、715、721
最判昭63.4.21 ………………………………………………1015
最決平元3.14 ………………………………………………503、504
最判平元4.27（三共自動車事件）…………………………1029

最決平元.11.8（武蔵野市マンション事件）	855
最決平元12.15	411
最判平2.4.20（林野庁高知営林局事件）	1001、1002
最判平2.11.20	407
最判平3.4.11（三菱重工業神戸造船所事件）	991
最判平5.2.18（武蔵野市教育施設負担金事件）	855
最判平5.3.24（寒川・森島事件）	1028
最判平5.3.30	683
最判平6.2.8（ノンフィクション「逆転」事件）	287、335
最判平6.2.22（鉄鉱業事件）	1008
最決平6.3.28	505
最判平7.2.28（定住外国人地方参政権事件）	256
最判平8.2.23（コック食品事件）	1027
最判平8.3.19（南九州税理士会事件）	256
最判平8.11.28（横浜南労基署長事件）	705
最判平9.1.23（姫路労基署長事件（井口重機））	1119
最判平9.1.28（改進社事件）	1027、1036
最判平10.1.30	332
最判平10.4.9（片山組事件）	689
最判平12.3.24（電通事件）	997、1014
最判平14.2.28（大星ビル管理事件）	549
最判平14.4.25（群馬司法書士会事件）	256
最判平14.6.11（土地収用法事件）	356
最判平14.9.24（「石に泳ぐ魚」事件）	288
最判平15.3.14（長良川リンチ殺人報道事件）	335
最判平15.10.10（フジ興産事件）	935
最判平17.7.15（病院開設中止勧告取消等請求事件）	856、857
最判平18.10.3	329
最判平24.1.16（教職員国旗国歌伴奏事件）	344
最判平24.2.24	1123

裁判例等索引

最判平24.12.7（堀越事件・世田谷事件） ……………………………… 273
名古屋高判昭25.7.17 …………………………………………………… 519
名古屋高判昭26.6.14 …………………………………………………… 373
大阪高判昭29.4.20 ……………………………………………………… 437
東京高判昭31.4.3 ………………………………………………………… 519
東京高決昭33.8.2（読売新聞社事件） ………………………………… 690
大阪高判昭33.9.10（平安学園解雇事件） ………………………947、949
東京高判昭38.3.7 ………………………………………………………… 519
東京高決昭45.4.13（「エロス＋虐殺」事件） ………………………… 287
高松高判昭46.11.30 ……………………………………………………… 519
高松高判昭49.3.5（四国電気工事事件） ……………………………… 971
広島高判昭51.9.21 ……………………………………………………… 522
東京高判昭52.10.27（陸上自衛隊武山駐とん地事件） ……………1021
大阪高判昭53.11.7 ……………………………………………………… 593
東京高判昭56.8.31 ……………………………………………………… 817
名古屋高判昭57.10.21（川義事件） …………………………………… 987
東京高判昭57.12.23（陸上自衛隊朝霞駐とん隊事件） ……………1020
大阪高判昭58.10.18（三共自動車事件） ……………………………1029
大阪高判平6.10.6（姫路労基署長（井口重機）事件） ……………1120
大阪高判平7.10.25（フットワークエキスプレス事件） …………… 971
東京高判平9.9.26（電通事件） ………………………………………1016
札幌高判平9.10.7 ………………………………………………………… 854
東京高判平9.11.20（横浜セクハラ事件） …………………………… 799
大阪高判平10.8.27（東加古川幼児園事件） ………………………1009
東京高判平11.7.28（システムコンサルタント事件） ……………1017
福岡高裁那覇支判平13.12.6（M運輸事件） ………………………… 814
東京高判平14.7.23（三洋電機サービス事件） ……………… 804、1009
東京高判平14.7.30（上野労基署長（出雲商店）事件控訴審） …… 964
大阪高判平14.8.29（アジア航測事件） ……………………………… 817
福岡高決平14.9.18（安川電機八幡工場事件） ……………………… 736

判例	頁
東京高判平15.3.25（川崎市水道局事件）	1011
名古屋高判平15.7.8（豊田労基署長（トヨタ自動車）事件）	1012
大阪高判平15.12.1（地公災基金神戸市支部長（長田消防署）事件）	1012
東京高判平18.5.17（高橋塗装工業所事件）	993
大阪高判平18.11.24（JR西日本尼崎電車区事件）	1017
東京高判平18.12.26　CSFBセキュリティーズ・ジャパン・リミテッド事件	899
広島高判平19.9.4（杉本商事事件）	636、637
東京高判平20.7.1（みずほトラストシステムズ事件）	998
東京高判平21.10.21（ライドウェーブコンサルティング事件）	968
東京高判平21.12.25（東和システム事件）	650
広島高判平22.3.19	1123
大阪高判平22.10.27（郵便事業（身だしなみ基準）事件）	934
大阪高判平24.4.18　南淡漁業協同組合事件	900
札幌高判平24.12.27.（労働者災害補償不支給決定取消請求控訴事件）	1123
熊本地判昭26.5.7　労働基準監督署指示取消事件	861
新潟地決昭26.8.31（日通新潟支社事件）	947
東京地判昭30.6.21（麹町学園解雇事件）	969
名古屋地判昭30.11.19（津田パチンコ店事件）	947、949
長崎地判昭33.7.3	524
東京地判昭39.9.28（「宴のあと」事件）	282、336
横浜地判昭40.9.30（共同タクシー懲戒解雇事件）	970
前橋地判昭43.12.24	959
名古屋地判昭45.9.7（レストランスイス事件）	690
福井地判昭45.9.25（橋本商事是正勧告取消請求事件）	861
京都地判昭45.10.12	521
奈良地判昭45.10.23（フォセコ・ジャパン・リミテッド事件）	352、780
京都地判昭47.4.1	959
大分地判昭51.4.14（栗本鉄工所・徳脇工作所事件）	991
東京地判昭51.8.19	1034

判例	頁
東京地判昭53.7.27（航空自衛隊防府南基地事件）	1019
東京地判55.12.15（イースタン・エアポートモータース事件）	345
名古屋地判昭56.9.28（川義事件）	987
大阪地判昭57.9.20（三共自動車事件）	1029
大阪地判昭57.12.20	959
東京地判昭57.12.24（新聞輸送事件）	1024
浦和地判昭58.4.20	1123
東京地判昭59.10.22（藤代組建設事件）	991
広島地決昭59.12.18（都タクシー事件）	928
長野地判昭61.6.27（平和石綿工業・朝日石綿工業事件）	992
名古屋地判昭62.7.27（大隈鉄工所事件）	813
大阪地判平元.10.25（小料理屋「尾婆伴」事件）	948
札幌地判平2.11.6（札幌東労働基準監督官（共永交通）事件）	864、1075
大阪地判平3.10.21（荏原製作所事件）	1001、1003
岡山地判平3.11.19（岡山電気軌道事件）	586
東京地判平4.1.21（セキレイ事件）	949
東京地決平4.2.6（昭和女子大事件）	596
福岡地判平4.4.16（福岡セクシュアルハラスメント事件）	798
東京地八王子支判平4.11.25	1034
東京地判平5.5.21	593
大阪地判平5.7.6	1034
東京地判平5.8.31	1034
大阪地判平5.9.27	758
大阪地判平5.9.27（アクティ英会話スクール事件）	948
神戸地判平5.9.28（井口重機事件）	1122
名古屋地判平6.6.3（中部ロワイヤル事件）	780
岡山地判平6.12.20（真備学園事件）	996
神戸地姫路支判平7.7.31（石川島興業事件）	994
東京地決平7.10.16（東京リーガルマインド事件）	563
東京地判平8.3.28（電通事件）	1015

東京地判平8.3.28（富士保安警備事件）……………………………… 995
大阪地判平8.9.30（日本周遊観光バス事件）………………………… 110
東京地判平9.3.13（三晃印刷事件）…………………………………… 647
仙台地判平9.7.15（東北福祉大学事件）…………………………690、691
津地判平9.11.5（三重セクシュアルハラスメント事件）……………… 800
岡山地倉敷支判平10.2.23（川崎製鉄（水島製鉄所）事件）……… 995、1009
東京地判平10.3.19（システムコンサルタント事件）………………… 994
大阪地判平10.3.23（関西フエルトファブリック事件）……………… 948
東京地判平10.9.25（新日本証券事件）……………………………… 674
那覇地判平10.12.2（琉球バス事件）………………………………… 110
東京地判平10.12.25 ……………………………………………593、646
東地判平11.3.26（ソニー生命保険事件）…………………………… 696
大阪地決平11.5.26（ヤマハリビングテック事件）…………………… 604
長野地佐久支判平11.7.14（日本セキュリティシステム事件）
　　　　　　　　　　　　　　　　　　　　　　…………… 644、645、656
静岡地判平11.11.25（三菱電機（安全配慮義務）事件）……………1018
水戸地龍ヶ崎支決平12.8.7（ネスレ日本事件）……………………… 611
大阪地判平12.8.9 ……………………………………………………… 849
東京地判平14.1.31（上野労基署長（出雲商会）事件）…………952、961
和歌山地判平14.2.19（みくまの農協（新宮農協事件））……… 804、1010
東京地判平14.2.20（野村證券事件）………………………………… 551
大阪地判平15.1.22（新日本科学事件）……………………………353、780
広島地判平15.3.25（日赤益田赤十字病院事件）……………………1016
大阪地堺支判平15.4.4（南大阪マイホームサービス事件）…………1018
大阪地判平16.8.30（ジェイ・シー・エム事件）……………………… 752
さいたま地判平16.9.24（誠昇会北本共済病院事件）………………1011
東京地判平16.12.17（グラバス事件）………………………………975、981
水戸地判平17.2.22（土浦労基署長（総合病院土浦協同病院）事件）……1013
大阪地判平17.3.30（ネスレコンフェクショナリー関西支店事件）……… 736
東京地判平17.3.31（アテスト（ニコン熊谷製作所）事件）…………1010

裁判例等索引

名古屋地判平17.8.5（オンテック・サカイ創建事件）……………………648、649
和歌山地判平17.9.20（新宮労基署職員国家賠償事件）………………………508
甲府地判平17.9.27（社会保険庁事件）………………………………………1011
名古屋地判平18.1.18（富士電機Ｅ＆Ｃ事件）………………………………1016
東京地判平18.2.6（農林漁業金融公庫事件）…………………………………576
大阪地判平18.8.31（フランチャイズ店舗店長）……………………………706
東京地八王子支判平18.10.30（みずほトラストシステム事件）……………998
大阪地判平18.12.25（日本海員掖済会事件）………………………………1004
熊本地判平19.1.22（山田製作所.(うつ病自殺)事件）……………………1004
静岡地判平19.1.24（矢崎部品・テクノサイエンス事件）…………………993
名古屋地判平19.1.24（ボーダフォン（ジェイフォン）事件）……1002、1003
岡山地判平19.3.27（セントラル・パーク事件）…………………………642、643
大阪地判平19.5.28（積善会（十全総合病院）事件）………………………998
千葉地判平20.5.21（学校法人実務学園ほか事件）…………………………642
大阪地判平20.5.26（富士通四国システムズ（FTSE）事件）………………997
東京地判平20.6.4（コンドル馬込事件）………………………………………676
松山地判平20.7.1（前田道路事件）……………………………………………997
大阪地判平20.8.28（旭運輸事件）………………………………975、976、981
東京地判平21.3.9（東和システム事件）………………………………………655
東京地判平21.4.28（国・亀戸労基署監督官（エコシステム）事件）……861
宇都宮地栃木支決平21.5.12（いすゞ自動車事件）…………………………713
鹿児島地裁名瀬支判平22.3.23……………………………………………………757
高松地判平23.1.31.(三好労働基準監督署長（振動障害）事件）…………1123
東京地判平23.5.19（執行役員）………………………………………………705
神戸地裁洲本支判平23.9.8（南淡漁業協同組合事件）………………………900
京都地判平23.10.31（エーディーディー事件）………………………………819
東京地判平23.10.31ジボダンジャパン事件……………………………………571
福島地白河支判平24.2.14（前掲日本セキュリティシステム事件、東栄衣料破産管財人ほか事件）………………………………………653、654、656
東京地判平24.8.23（ライトスタッフ事件）…………………………………903

名古屋地判平24.12.20（損害賠償求償（X社）事件）……………………815
神戸地判平25.1.29（姫路市（消防職員・酒気帯び自損事故）事件）……940
鹿児島地判平26.3.12（鹿児島県・U市（市立中学校教諭）事件）………1014
大阪簡判昭60.12.11 ………………………………………………………454

著者紹介　河野順一（こうの　じゅんいち）

　日本橋中央労務管理事務所所長、東京法令学院長、NPO法人個別労使紛争処理センター理事長、全国企業連盟（労働保険事務組合）専務理事
　長年にわたる資格試験指導および独立開業の経験を活かし、多数に上る書物を出版。人事・労務コンサルタントとして、銀行など各企業を対象に、幅広く経営全般にかかる指導業務を行っている。
　さらに、複雑な法律問題を身近な事例に置き換える、やさしくかつ熱のこもった講演はわかりやすいと評判である。とりわけ「就業規則の作成セミナー」「残業代請求と是正勧告の現状、問題点、解決策まで」のセミナーは有名であり、毎回受講を希望する人があとを絶たない。

●主な著書

　『労働基準監督機関の役割と是正勧告』『秘伝・弁護士に頼まない「少額訴訟の勝ち方」教えます』『労働災害・通勤災害認定の理論と実際』『労働関係紛争における「裁判外紛争解決手続」の手引き』『本人訴訟　自分でできる手続きマニュアル』『労災トラブル解決の達人』『労働法を学ぶための「要件事実」講義』『労働法を学ぶための「法学」講義』（以上、中央経済社）、『時間外労働と、残業代請求をめぐる諸問題』『労務管理の理論と実践』（経営書院）『会社の変更登記のことならこの1冊』『残業代支払倒産から会社を守るならこの1冊』『給与計算をするならこの1冊』『労働災害・通勤災害のことならこの1冊』『株式会社をつくるならこの1冊』『労働法のことならこの1冊』『建設業許可の申請手続きをするならこの1冊』『身の回りの法律トラブル対処法』（以上、自由国民社）、『負けず嫌いの哲学』（実務教育出版）、『ドキュメント社会保険労務士』（日本評論社）、『労使トラブル解決マニュアル』『無敵の就業規則のことならこの社会保険労務士に任せたい』『不当な残業代請求のことならこの社会保険労務士に任せたい』『解雇・退職をめぐる実務対策』『労働基準法違反と是正勧告・就業規則・個別労働関係紛争をめぐる実務対策』『紛争解決手続代理業務試験の基礎講義Ⅰ　Ⅱ』『紛争解決手続

著者紹介 ◆━━━━━━━━━━━━━━━━━━━━━━━━━━━━━━━━━━━━━━

代理業務の手引きⅠ　Ⅱ』『図解民法案内Ⅰ　Ⅱ　Ⅲ』『図解憲法案内Ⅰ　Ⅱ』『図解刑法案内Ⅰ　Ⅱ　Ⅲ』（以上、酒井書店・育英堂）、ほか多数。その他論文、講演多数。

労働法を理解するための基本三法

2016年12月17日　第1版第1刷発行

著　者　河　野　順　一
発行者　平　　　盛　之

㈱産労総合研究所
発行所　出版部　経 営 書 院

〒112-0011
東京都文京区千石4-17-10　産労文京ビル
電話 03(5319)3620　振替 00180-0-11361

落丁・乱丁はお取替えいたします　　　印刷・製本　勝美印刷
ISBN978-4-86326-229-4